# 唐大詔令集

〔宋〕宋敏求 編

中華書局

**圖書在版編目(CIP)數據**

唐大詔令集/(宋)宋敏求編. -北京:中華書局,
2008.4(2024.12 重印)
ISBN 978-7-101-06072-0

Ⅰ.唐… Ⅱ.宋… Ⅲ.詔令-匯編-中國-唐代
Ⅳ.K242.065

中國版本圖書館 CIP 數據核字(2008)第 037276 號

# 唐大詔令集

〔宋〕宋敏求 編

*

中華書局出版發行
(北京市豐臺區太平橋西里 38 號 100073)
http://www.zhbc.com.cn
E-mail:zhbc@zhbc.com.cn
北京建宏印刷有限公司印刷

*

787×1092 毫米 1/16 · 48 印張 · 870千字
2008 年 4 月第 1 版 2024 年 12 月第 3 次印刷
印數:3901-4200 册 定價:260.00 元

ISBN 978-7-101-06072-0

# 出版說明

唐大詔令集是唐史研究的重要史料。爲滿足廣大讀者的需要，現據商務印書館一九五九年排印本重印。另外，原排印本前面以商務印書館編輯部名義所寫的出版説明，實係趙守儼先生執筆，此次重印我們徵得趙先生哲嗣趙珩先生的同意，採用了趙先生的署名，並將原出版説明改爲前言，謹以此表達對趙守儼先生的敬意和懷念之情。

中華書局編輯部　二〇〇八年三月

# 前言

用皇帝口氣發佈的官文書叫做詔令，尚書誥誓就是現存最早的這類文件。文心雕龍詔策曾對詔令的沿革，作過簡明的敍述。唐代，皇帝本人的文告有制、勑、册三種名稱。無論名稱如何改换，無非是指書面記載的皇帝的命令，四庫提要所謂「王言所敷，惟詔令耳」（詔令奏議類敍），正是這個意思。它在形式上像是皇帝的親筆，而實際上絕大部分是臣僚執筆的。就一方面説，它是道地的官樣文章，但由於它在一定程度上可以曲折反映出某些歷史事件的真相，以及記載着某些典章制度的興廢變革，因此和「起居注」、「實録」一樣，成爲歷代修史的人所依據的重要文件之一，也是被歷史研究者相當重視的原始資料。今天我們所以要印出唐大詔令集這部書來，意圖也就在此。尤其唐代「實録」，除順宗一朝外，都早已散佚，而兩唐書、通典、唐會要、册府元龜等所收詔令又多不完整，因此就更顯得這部書可貴了。

以本書和新、舊唐書參讀比較，可以發現不少的歧異，清人如錢大昕等曾做過一些這樣的工作（見錢氏諸史拾遺）。可是這部書在清代還比較希見，所以充分利用它的人並不多。現在舉幾個例子在下面：

新書方鎮表九咸通三年下：「升邕管經略使爲嶺南西道節度使，增領蒙州。」按唐大詔令集九九咸通三年十月分嶺南爲東西道勑：「宜分嶺南爲東、西道，節度、觀察、處置等使，以廣州爲嶺南東道，邕州爲嶺南西道，別擇良吏，付以節旄。其所管八州，俗無耕桑，地極邊遠，近罹寇擾，尤甚凋殘，將盛藩垣，宜添州縣，宜割桂州管内龔州、象州，容州管内藤州、巖州，並隸嶺南西道收管。」據此，表内蒙州應爲象州之誤，而且劃歸嶺南西道的州縣也不只一州。

新書肅宗子彭王僅傳：「……於是詔僅充河西節度，兗王北庭，涇王隴右，杞王陝西，興王鳳翔，並爲大使。」這裏所謂的詔，當卽是唐大詔令集三十六所收乾元三年閏四月彭王僅等河西節度大使制，但據詔令，同時尚有邵王偲，改封蜀王，充邠寧鄜延節度大使，傳裏漏列。

新書憲宗子澧王惲傳：「三子：曰漢，王東陽郡；曰源，安陸；曰演，臨安。」按唐大詔令集三十八大和八年八月封諸王男爲郡王制：「澧王第三男潢，可封臨川郡王。」新書作演，而封地是臨安，可能有誤。

修撰晉書的年代，王鳴盛、浦起龍都據舊唐書房玄齡、令狐德棻傳，以爲是貞觀十八年。本書卷八十一有修晉書詔，所注年月是貞觀二十年閏三月，可見舊唐書是錯的。

以上所舉，都是用詔令來補正唐書的訛奪，除此以外，還有不少的材料僅見於詔令，爲唐書所不載。按舊書本來收録詔令較多，但因爲它多據唐代國史、實録舊文，對於當時史臣替本朝迴護的地方很少更動，所以在若干問題上掩蓋了事實的原貌。如李湛（敬宗）之死，本爲宦官所殺，舊書隱諱不載（新書亦僅稱「（寶曆二年）十二月，中官劉克明反，辛丑皇帝崩」），而本書一一四江王下教（文宗李昂）卻透露了這件事的秘密。又如楊太真本是壽王妃和後來度爲女道士的經過，舊書記載也頗爲隱約，而册壽王楊妃文及度壽王妃爲女道士勅都收在卷四十裏，是其明證。至於新唐書，基本上是不收詔令的，宋祁自己說得很清楚：「文有屬對平側用事者，供公家一時宣讀施行以快便，然久之不可施於史傳。發修唐書，未嘗得唐人一詔一令可載於傳者。唯捨對偶之文，近寓古者乃可著於篇。大抵史近古，對偶宜今，以對偶之文入史策，如粉黛飾壯士，笙匏佐鼓鼙，非所施云。」（宋景文筆記上）從文體劃一和壓縮篇幅方面來說，他的見解是未可厚非的，但詔令原文一概不録（就是節取其大意也必然帶有主觀成分），卻使得能夠反映一些真實情況的原始材料不能再和讀者見面，這實在是新書的一個令人感到遺憾的地方。顧炎武曾說過：「……宋子京不喜對偶之文，其作史，有唐一代，遂無一篇詔令。如德宗興元之詔，不録於書，徐賢妃諫太宗疏、狄仁傑諫武后營大像疏，僅寥寥數言，而韓愈平淮西碑則全載之。夫史以記事，詔疏俱國事之大，反不如碑頌乎？」（日知録二六）王鳴盛也曾指摘：「新唐書本紀較舊書減去十之七，可謂簡極矣。……夫文日趨繁，勢也，作者當隨時變通，不可泥古。……而其尤不滿人意者，盡削詔令不登。獨不思班紀猶多載詔令，而唐紀反無詔令，惡可乎！且左史記言，右史記動，全削詔令，是記動不記言也。」（十七史商榷七十新紀太簡）這些都是頗有見地的議論。因此對於新唐書來說，它特別具有補充發明的作用。第八十三卷以後政事、蕃夷兩大類，直接關涉有唐一代的政治、經濟、法律、選舉、職官、婚姻制度，以及對外關係，史料尤其豐富，是研究唐史的人所不可忽略的。至於表面看來像是官樣文章的皇帝即位、改元、祭天赦書，細讀其内容，也對於當時人民的生活、土地制度，或手工業工人的僱傭情況，提供了不少線索。如卷二順宗即位、穆宗即位赦，卷五改元天復赦，卷二九太和七年册皇太子德音，卷六九廣德二年南郊赦等，都是時常爲人們引用的。

既然肯定了它的價值，那末可不可以說這就是一部完全能夠信賴的史料呢？要解決這個問題，還必須弄清以下幾個方面：（一）詔令的内容是否翔實可靠；（二）現存的本子是否完整；（三）本書所收詔令有無遺漏和删節。

（一）前面已經提到，詔令是用帝王名義通過文人學士之手的作品，而封建社會的臣屬對於皇帝的過惡，是只能迴護不敢宣揚的，遇到「反道敗德」的事情，就巧運詞藻，曲爲文飾，使桀紂的君主也披上了堯舜的外衣。讀者只能從字裏行間尋找它的蛛絲馬跡，或體察它的弦外餘音。因此詔令本身在反映真實一點上，有很大的局限性。唐代史論家劉知幾說過：「古者詔令，皆人主所爲，故漢光武時，第五倫爲督鑄錢掾，見詔書而歎曰：『此聖主也，一見決矣。』至於近古則不然，凡有詔敕皆責成群下，但使朝多文士，國富辭人，肆其筆端，何事不録。是以每發璽誥、下綸言，申惻隱之渥恩，敍憂勤之至意，其君雖有反道敗德，惟頑與暴，觀其政則辛癸不如，讀其詔則勛華再出，此所謂假手也。」（史通五載文）他所謂「近古」，實在也包括當代，唐人論唐事，應當是可信的。

（二）現存各本，都非全帙，共闕二十三卷。即第十四至二十四，八十七至九十八。諸本皆同，很難校補。

（三）四庫提要已經指出，舊唐書裏的詔令有些是本書遺落未載的，但它接着又説：「以敏求博洽，不應疎於蒐採，或即在散佚之中，亦未可定也。」這個假設是不正確的。因爲本書所闕是帝王與妃嬪之間的部分以及政事類的詔令十二卷，例如提要所指的除李光弼兵馬副元帥制，按其性質應入五十九卷大臣類將帥門命將項下，該卷有郭子儀兵馬副元帥制與此情形全同，尤足證明。張說贈太師，楊綰、顔真卿、李絳贈司徒，郭曖贈太傅，鄭朗贈司空，田布贈僕射諸詔，應入六十二卷大臣類册贈門。這兩卷全文具在，並沒有散失。這些詔令之所以闕如，不是輾轉傳鈔的遺漏，便是宋氏父子的疎失，不能一概歸之於殘闕。至於已收的詔令，也有删節的情形，如卷七一會昌五年正月三日南郊赦，亦見文苑英華四二九，據英華，「可大赦天下」之後還有「自會昌五年正月三日昧爽已前，大辟罪以下」云云很詳細的條文兩千六百餘字（本書的赦文並非都不載赦條），從史料的角度看，這部分記載比詔書本文更有用處。又如卷七一長慶元年正月南郊改元赦，與英華四二六同一篇文章對照，「如無親近承佃」句下略去「各委州縣，切加檢實，據桑地數具本戶姓名申」十餘字。「其官健仍借種糧」下尚有「分番上下，各任營農」兩句。「放三年租稅」下缺「年限滿後，據桑地准例團定，合當下番營農者，停給月糧，其衣物賜及雜賞給並如舊，應天下典人莊田園店，便令祇承戶稅，本主贖日，不得更引令式云。依私契徵理以組織貧人天下」一段（以上均見三九二頁倒五行）。類似的情形還有不少，這裏不一一列舉了。

總之就全書而論，不失爲研究唐史的一部重要材料書。然而因爲它存在着上述的缺點，在使用其中的材料時，還須要審謹地選擇，並以有關類書史乘來比較對照。盡信書不如無書的老話，對這類「王言」尤其要慎重又慎重。

下面附帶談談本書的闕卷是什麽時候散失的，以及材料來源問題。

現存明隆慶元年（一五六七）閩刻本文苑英華是用唐大詔令校過的，其中許多篇爲今本詔令所無，按其性質可能是殘闕各卷內容的一部分。如閩刻英華確曾據詔令核對，則本書的散佚當在隆慶以後。至少隆慶時的本子內容比現在多。

四庫提要還提到本書一個可疑處，就是令狐楚草擬的裴度門下侍郎彰義軍節度使宣慰等使制（卷五十二）及寶曆元年册尊號赦，與史籍所記修改後的文字不符，還保持着初稿的面貌。提要作者只作爲一個問題提出來，並沒有推論其原因。我們姑且揣測一下，很可能這兩篇詔令是編者根據令狐楚的文集和其他詔令總集輯入的。我們知道在宋代，令狐的梁苑文類、表奏、斷金集都還存在（都見宋史藝文志）；和本書性質類似的如馬文敏王言會最、唐制誥集、李琪玉堂遺範等，亦有多種流傳。另一方面，有人因爲唐朝制詔總集存留到宋代的很多，就說唐大詔令集全是輯這些書的材料編成，這也是相當武斷的說法。反過來說，唐代實録流傳到宋朝的爲數亦不少（私人文集還不算），宋敏求本人編著過唐武宗以下實録一百四十八卷，又曾預修唐書，很有看到這些原始文件的機會，我們有什麼理由說這位素以諳悉唐代史事見稱的編者只用第二手材料，把實録置於不顧呢？

最後簡單介紹一下作者和版本。本書玉海和宋史藝文志均著録，編者題宋綬；清代書目則改題宋敏求。按敏求序，該書是由宋綬纂輯，其子敏求整理成書的，脱稿於熙寧三年（一〇七〇）。綬字公垂，敏求字次道，趙州平棘人，父子都做過史官，宋史二九一有傳。敏求著作還有長安志及春明退朝録等，今存。本書經歷宋元明清四朝迄無刻本，直到光緒間才由南潯張鈞衡據明抄本鏤板行世，收入適園叢書。排印本以鐵琴銅劍樓原藏顧廣圻校舊抄本（今藏北京圖書館）爲底本，用適園本校勘，並加斷句。遇有疑義，參照四庫文津閣本和北京圖書館藏翁同龢校本改正了一些錯誤。顧廣圻校語凡屬正誤性質的，大部分已據改（少數幾處未從顧校），至於和文苑英華比較異同的，擇其重要者，與本館校勘中所發現的疑而未決的問題合併在一起，另列校勘表附於書後。底本原無目録。茲據適園本排印。四庫本遇有文句缺漏一律以意填補，甚至把清朝公牘用語也混入了唐人詔令；適園本雖自稱用三個明抄本互校，錯誤和臆改之處還是不少（凡「夷狄」、「胡虜」等字樣，都代以「邊陲」）。排印本雖儘量想採取各本之長，供給研究工作者一個比較合用的本子，但缺點恐怕還難免。卷一一九討李錡詔後委王錡進兵一段，各本均不載，細審其文字，不是詔令的原文，而且提行另起，與全書體例也不一致，大概是誤入。當然，如以文苑英華、册府元龜、唐人文集、通典、唐六典、唐會要所載詔令與本書仔細核對，一定還可以發現不少的問題。我們出版這部書，目的只是爲讀唐史的人提供參考資料，因此付印之前沒有進行這樣的整理。日人仁井田陞有唐令拾遺之作，於唐令的搜集下過一番功夫，可是編者意圖不單是校補唐大詔令集的殘闕，所收範圍很廣，把法令律令也包括在內，和本書體例是不同的。

趙守儼　一九五八年十二月

# 唐大詔令集總目

宋　宋敏求編

## 卷一

### 帝王

#### 卽位册文



## 卷二

### 帝王

#### 卽位赦上



## 卷三

### 帝王

#### 卽位赦下



#### 改元上



## 卷四

### 帝王

#### 改元中

## 卷五

### 帝王

#### 改元下



#### 改名



## 卷六

### 帝王

#### 尊號批答

## 卷十二

### 帝王

#### 遺詔下



#### 遺誥



## 卷十三

### 帝王

#### 謚議上



## 卷十四至卷二十四並闕文

## 卷二十五

### 妃嬪



## 卷二十六

### 追謚

## 卷三十

### 皇太子



## 卷三十一

### 皇太子

## 卷三十二

### 皇太子



## 卷三十三

### 諸王

## 卷三十四

### 諸王

#### 册文



## 卷三十五

### 諸王

#### 除親王官上

## 卷三十六

### 諸王

#### 除親王官下



## 卷三十七

### 諸王

#### 册親王官



## 卷三十八

### 諸王

## 卷四十一

### 公主

#### 封號



#### 冊文



## 卷四十二

### 公主

#### 出降



#### 出降冊文



#### 加實封



#### 和蕃

## 卷四十五

### 大臣

#### 宰相

命相二



## 卷四十六

### 大臣

#### 宰相

命相三

## 卷四十七

### 大臣

#### 宰相

命相四



## 卷四十八

### 大臣

#### 宰相

命相五



## 卷四十九

### 大臣

#### 宰相

命相六

## 卷五十

### 大臣

#### 宰相

##### 命相七







## 卷五十一

### 大臣

#### 宰相

##### 館職

## 卷五十二

### 大臣

#### 宰相



## 卷五十三

### 大臣

#### 宰相



## 卷五十四

### 大臣

#### 宰相

## 卷五十五

### 大臣

#### 宰相

##### 罷免上



## 卷五十六

### 大臣

#### 宰相

##### 罷免下



## 卷五十七

### 大臣

#### 宰相

##### 休致

## 卷五十八

### 大臣

#### 宰相



## 卷五十九

### 大臣

#### 將帥

## 卷六十

### 大臣

#### 將帥

##### 賞功



##### 貶責



## 卷六十一

### 大臣

#### 尊禮大臣



#### 異姓王



#### 異姓王妃



#### 册三公

## 卷六十二

### 大臣



## 卷六十三

### 大臣

## 卷六十四

### 大臣

#### 鐵券



#### 附屬籍



## 卷六十五

### 大臣

#### 錄勳



#### 錄舊



## 卷六十六

### 典禮

#### 封禪

## 卷七十一

典禮

南郊五



## 卷七十二

典禮

南郊六



## 卷七十三

典禮

東郊



北郊



明堂



社稷



## 卷七十四

典禮

籍田



九宫貴神



嶽瀆山川

## 卷七十七

### 典禮

#### 陵寢下

優勞



供薦



親謁



## 卷七十八

### 典禮

#### 追尊祖先



#### 加謚祖宗

謚議



册文



赦



#### 國忌



## 卷七十九

### 典禮

#### 巡幸

## 卷八十二

### 政事



## 卷八十三

### 政事

## 卷八十四

### 政事

#### 恩宥二



## 卷八十五

### 政事

#### 恩宥三



## 卷八十六

### 政事

#### 恩宥四



#### 時令



## 卷八十七至九十八並闕文

## 卷九十九

### 政事

#### 建易州縣

## 卷一百

### 政事

官制上



## 卷一百一

### 政事

官制下

## 卷一百二

### 政事

#### 舉薦上



## 卷一百三

### 政事

#### 舉薦下



#### 按察上



## 卷一百四

### 政事

#### 按察下



#### 褒勸



## 卷一百五

### 政事

## 卷一百八

### 政事

#### 營繕



#### 禁約上



## 卷一百九

### 政事

#### 禁約下



## 卷一百十

### 政事

#### 誡諭

## 卷一百十一

### 政事



## 卷一百十二

### 政事

## 卷一百十三

### 政事



## 卷一百十四

### 政事

## 卷一百十五

### 政事

#### 慰撫上



## 卷一百十六

### 政事

#### 撫慰中



## 卷一百十七

### 政事

#### 慰撫下

## 卷一百十八

### 政事

#### 招諭



## 卷一百十九

### 政事

#### 討伐上



## 卷一百二十

### 政事

#### 討伐下

卷一百二十一

政事

捨雪上



卷一百二十二

政事

捨雪下



卷一百二十三

政事

購募



平亂上



卷一百二十四

政事

平亂中

## 卷一百二十五

### 政事

#### 平亂下



## 卷一百二十六

### 政事

#### 誅戮上



## 卷一百二十七

### 政事

#### 誅戮下

## 卷一百二十八

### 蕃夷

#### 綏撫



#### 命官



#### 封立



## 卷一百二十九

### 蕃夷

#### 冊文



#### 盟文



#### 賑卹



#### 捨雪

## 卷一百三十

### 蕃夷

#### 討伐



#### 平亂



#### 告廟

# 唐大詔令集序

唐大詔令集者。先君宣獻公景祐中書第三□所纂也。先公以文章名世。更內外制之選。而朝廷典册多以屬之。及入陪宰政。仁宗數面命撰述。於是有中宮册文。三后不遷、及條列兵農、置睦親宅、朝集院等詔。機務之隙。因裒唐之德音號令、非常所出者。彙之未次甲乙。未爲標識。而昊天不弔。梁木遽壞。小子不肖。大懼失墜。祕其書於家楹者。蓋有年矣。僕射王文安公累以爲問。謂當垂世不朽。乃緒正舊稿。釐十三類。總一百三十卷。錄三卷。文安見許序而名之。未果而公薨。治平二年。先皇帝簡拔孤陋。寘在西掖。固欲澡雪蒙滯。而鑽仰衆製。方繕寫成編。會忤權解職。顧翰墨無所事。第取唐大詔令目其集而弃藏之云。

熙寧三年九月晦右諫議大夫宋敏求謹序

# 唐大詔令集卷第一

## 帝王

### 即位册文



## 即位册文

### 太宗即位册文

維武德九年、歲次丙戌、八月丙辰朔、九日甲子。云云。夫天生蒸人。樹以司牧。三靈輔德。百姓與能。粵自夏殷。傳業胤祚。軌物長世。罔不由茲。朕□膺靈命。肇開寶曆。聲教所覃。無思不韙。然而萬機塡委。九區輻湊。明發不寐。極夜觀書。聽政勞神。經謀損慮。深思閑曠。釋茲重負。咨爾聰明神武。德實天生。

人君之量。爰備夙成。王業初基。雲雷伊始。英謀獨斷。祕策潛申。及拓定關隴。澄清河洛。北通玄塞。東靜青丘。宏圖遐舉。元功克茂。氛霧廓清。鯨鯢斯盡。澤霑方外。聲暢無垠。揔統機衡。百工以乂。誕敷弘德。四門允穆。謳歌所屬。宇宙宅心。象緯告徵。靈命斯在。朕是用上稽蒼昊。俯順黔黎。推而弗居。永垂顯號。今傳皇帝位于爾躬。命司空魏國公寂、尚書左僕射宋國公瑀、齎璽綬授爾。其纂成洪緒。對揚休命。式隆寶祚。以康四海。

肅宗即位册文

維天寶十五載、歲次庚申、七月癸丑朔、十二日甲子。皇帝若曰。咨爾元子某。惟天惟大。惟人君則之。順乃德。故舜禹揖讓而履皇極。咈乃道。故丹朱商均不能保鴻業。是以啓有惠迪而夏嗣焉。隋有亂紀而唐受焉。五聖之御極。皆勤儉兢業。日愼一日。故能享祚長久。垂慶無窮。洎予大業。恭位四紀。厭于勤倦。緬慕汾陽。當保靜怡神。思我烈祖玄元之道。是用命爾元子某、當位嗣統。於戲。爾有忠孝之誠。極於君父。爾有友愛之義。信于兄弟。爾有仁恕之行。通于神明。爾有戡難之才。彰于兆庶。予懋乃懿績。嘉乃神武。天之曆數在爾躬。汝惟推誠禍亂。將冀爾而能清。汝惟從諫社稷。將冀爾而復寧。佞言爲疵。直言惟師。任賢勿貳。去邪勿疑。民非后何戴。后非賢罔與守邦。欽哉。愼乃有位。無忝我祖宗之丕烈。

德宗即位册文

維大曆十四年、歲次己未、五月辛丑朔、二十三日癸亥。皇帝若曰。於戲。昊天有命。皇王受之。立嫡以賢。春秋之義。傳之於子。漢氏成規。宗廟社稷。實賴其慶。咨爾皇太子适、稟天地之仁。含日月之耀。道光三善。孝著十倫。頃者國步多艱。委以戎律。理軍靖難。保大定功。克復帝圖。廓清祆孽。既表建侯之業。俾承守器之重。仁孝之德。夙夜惟寅。朕天命有終。弗興弗瘳。非至公無以主天下。非至德無以臨四海。是用命汝陟於元后。嗣守皇業。上繼宗祧。下安羣望。其命門下侍郎同中書門下平章事常袞奉册即皇帝位。於戲。宜遵太宗之法度。肅宗之儉約。任賢勿貳。去邪勿疑。與衆守邦。祇敬予訓。

順宗即位册文

維貞元二十一年、歲次乙酉、正月辛未朔、二十三日癸巳。皇帝若曰。於戲。天下之大實。惟重器。祖宗之業。允屬元良。咨爾皇太子誦、睿哲温恭。寬仁慈惠。文武之道。稟自生知。孝友之誠。發于天性。自膺上嗣。毓德春闈。恪愼于厥躬。祇勤于大訓。必能誕敷至化。安勸庶邦。朕寢疾彌留。弗興弗瘳。是用命爾繼統。俾紹前烈。宜陟元后。永綏兆人。宜命中書侍郎同中書門下平章事高郢、奉册即皇帝位。爾惟奉若天道。以康四海。楙建皇極。以熙庶工。無忝我高祖太宗之休烈。

憲宗即位册文

維永貞元年、歲次乙酉、八月丁酉朔、九日乙巳。太上皇若曰。咨爾皇太子純、惟皇上帝。降休于我家。用集大命。克綏厥猷。惟后祗率大典。茲惟艱哉。朕承累聖休德。膺守邦之重。不蒙天祐。降疾在躬。上不能昭事郊丘。祗見烈祖。下不能臨視庶政。保綏兆人。是用命爾當位嗣統。宜陟元后。代予憂勤。今遣使檢校司徒平章事杜佑、副使門下侍郎平章事杜黄裳、持節册命。於戲。爾有光大之德。敷于方邦。爾有仁孝之誠。刑于九族。慈和寬簡。克饗天心。玄符不可以固違。明命不可以不畏。爾惟察納忠直。子惠困窮。咨予正言。慎乃儉德。臨庶官以信。哀庶獄以情。允執其中。無忝我祖宗之丕訓。

## 穆宗卽位册文

維元和十五年歲次庚子、閏正月甲辰朔、三日景午。皇帝若曰。於戲。上天降鑒。保佑于我國家。十聖丕承。光宅四海。鴻休大業。以逮予一人。嚴恭祗畏。懼弗克荷。賴宗社垂慶。生靈乂安。今朕寢疾彌留。弗興弗瘳。神器所付。屬之元良。咨爾皇太子恆。孝友聰明。温文睿哲。自主匕鬯。日新厥德。必能纘敘朕志。綏靖萬邦。是用命爾陟于元后。宜令中書門下侍郎平章事令狐楚、奉册卽皇帝位。赫建皇極。無忝我祖宗之休烈。

## 敬宗卽位册文

維長慶四年、歲次甲辰、正月辛亥朔、二十六日景子。皇帝若曰。惟天輔唐德。我祖宗克答天意。邁德勤道。紹休大業。洎予一人。嗣守四海。祗事天地。愛育萬類。罔或怠惰。于茲五年。今寢疾彌留。不興不瘳。獲以重器付之元良。咨爾皇太子湛。烈祖儲慶。自天生德。孝友慈惠。温良敬恭。必能輯寧家邦。輝光緒業。是用命爾陟于元后。宜令中書侍郎平章事牛僧孺、奉册卽皇帝位。爾有廣厚之量。可以奉天地。爾有孝敬之志。可以事神祇。和惠可以撫萬邦。仁愛可以親九族。任賢尚德。遠佞去邪。爾惟欽承。無忝我祖宗之休烈。

## 文宗卽位册文

維寶曆二年、歲次景午、十二月甲午朔、十二日乙巳。太皇太后若曰。大行皇帝睿哲英靈。對天明命。方夏底績。夷蠻貢庭。罔有不端。太康有截。宜荷九廟之重。永享億年之祿。豈虞姦妖竊發。矯專神器。蠱惑中外。扇誘羣萌。駭動神人。釁深梟獍。咨爾江王某。聰哲孕粹。清明毓和。智算機開。玄謀電發。躬率義勇。大清兇徒。且膺當辟之符。爰攄枕戈之憤。既殲巨害。當享豐福。是用命爾陟于元后。宜令司空平章事裴度、奉册卽皇帝位。永惟高祖太宗之翦定隋亂。玄宗之寖漬利澤。憲宗之堅拔蠹孽。艱難險阻。勗乃負荷。小心以事上帝。儉德以刑家邦。懋於令聞。持久如始。敬之休哉。

## 宣宗卽位册文

維會昌六年、歲次丙寅、三月壬寅朔、二十六日丁卯。皇帝若曰。惟玄穹降祚。啓我唐運。奕葉重暉。赫羲方纂。承列聖顧懷。敷佑沖昧。獲承大寶。君臨兆人。懼不能任。夙夜兢厲。祗事九廟。于今七年。實賴宗社之靈。台衮之輔。忠良畢力。內外叶心。北剪山戎。東殲孽豎。不失傳付之業。方期仁壽之寧。屬頤護或虧。寒暑致恙。禱神餌藥。有加無瘳。乃面親賢而委家國。皇太叔權勾當軍國政事忱。温慈睿哲。孝友端明。蘊東平爲善之心。尙河間好學之志。必能燾煦天下。穆清大中。於戲。惟敬惟和。克敏克寬。斥去奇邪。親任仁人。是用中陟元后。宜令某官、奉册卽皇帝位。欽若天道。緝熙帝圖。懋哉戒哉。無墮休命。

## 懿宗即位册文

維大中十三年、歲次己卯、八月甲申朔、十三日丙申。皇帝若曰。眷彼羣生。必有司牧。纘承丕構。允屬元良。故命嗣惟賢。立長則順。夏禹惟公於聖子。漢文終守其成規。茲乃萬國攸同。百王不易之道也。朕以菲薄。獲奉宗祧。十有四年。未臻至理。惟天示譴。降疢于躬。藥石無功。彌留斯迫。曆數云在。天命有歸。咨爾皇太子朕之元子。幼有聖資。孝敬溫文。弘博慎敏。稟天地之仁厚。含日月之貞明。承訓嚮方。秉禮抱義。是用命爾陟于元后。宜令攝中書令中書侍郎兼禮部尚書平章事蕭朗、奉册即皇帝位。邦家以寧。統緒以正。惟嚴恭祗畏。可以事天地。惟寬明睿哲。可以御臣下。惟慈惠欽和。可以撫黎庶。惟道罔咈。惟賢必親。實爾生知。豈竢訓誨。著于典册。文事無詞。懋昭耿光。紹休前烈。嗚呼敬之。嗚呼戒之。

## 哀宗即位册文

維天祐元年、歲次甲子、八月壬辰朔、十五日丙午。皇后若曰。高祖太宗。撥亂返正。奄有天下。垂三百年。重熙累聖。莫不功光祖業。克紹丕圖。予遭家不造。變起宮奚。雖號慟期至于終天。而負荷寔先於立嗣。咨爾皇太子監國事、天資岐嶷。神授英明。孝比東平之蒼。學富陳留之植。恭謙守政。和順稱仁。友愛聞於弟兄。令譽播於區宇。比則隆元帥。深暢戎機。今迺位儲宮。益歸羣望。是用爰循舊典。上纂鴻基。既允集於天人。當欽承於宗社。宜即皇帝位。於戲。萬機不可以久曠。四海不可以乏君。膺紹寶圖。光踐皇極。節儉以勵戎夏。文德以戢干戈。無怠無荒。克慈克弟。永保厥躬。用揚祖宗之丕績休命。可不敬哉。

# 唐大詔令集卷第二



## 即位赦上

### 神堯即位赦

詔曰。舜禹殊時。禪代存乎揖讓。殷周異世。革命事乎干戈。至於據龍圖。握鳳紀。統御皇極。撫拯黎民。奄有四方。朝宗萬國。垂法作訓。其揆一焉。朕以寡薄。屬彼澆季。大業末年。綱維廢弛。三光改耀。九服移心。既戡定時難。緝和庶績。一匡海內。再造黎元。隋氏以天祿永終。曆數攸在。敬禪厥位。授于朕躬。顧惟慙德。屬當景運。懼甚履冰。懍乎御朽。上答蒼靈之睠。俯順億兆之心。寶曆初基。溥天同慶。宜布茲寬惠。咸與惟新。可大赦天下。改隋義寧二年爲武德元年。自五月二十日昧爽以前。罪無輕重、已發露、未發露、皆赦除之。子殺父、奴殺主、不在赦限。有官及庶人、賜爵一級。義師所行之處、給復三年。自餘給復一年。孝子順孫、義夫節婦、旌表門閭。孝悌力田、鰥寡孤獨、量加賑恤。

## 太宗卽位赦

詔曰。惟天爲大。七政所以授時。惟辟奉天。三才於是育物。故能彌綸宇宙。經緯乾坤。大庇生民。闡揚洪烈。我大唐誕膺嘉運。載協休期。丕受龍圖。肇開鳳紀。太上皇徇齊作聖。叡哲欽明。奄有八荒。光宅四表。牢籠軒昊。躡跨殷周。金鏡俯臨。玉燭遐被。然而至德弗宰。成功不居。高謝萬邦。委茲重器。郊禋曠禮。士民翹屬。欽惟宗社。義存享獻。朕以寡昧。寔膺統緒。辭不獲免。式纂洪業。靈命既臻。是升寶位。君臨兆庶。繼軌百王。若涉大川。罔知攸濟。方資令哲。共康至道。今紹祚伊始。奉答天休。思敷惠澤。被于黎獻。可大赦天下。自武德九年八月九日昧爽已前。罪無輕重、已發覺、未發覺、繫囚見徒、悉從原免。武德元年以來流配者、亦並放還。凡厥庶寮、進爵一級。其五品以上先無爵邑者、開國男。六品以下、各加一轉。關內及蒲芮虞秦陝鼎六州、免二年租調。自餘率土、普給復一年。年八十以上、各賜米二石、綿帛五段。百歲以上、各賜米四石、綿帛十段。仍加版授。以旌尙齒。鰥寡孤獨、不能自存者。量事優卹。其有至孝純著、達於鄉黨、徵詣闕庭、厚加褒擢。節義之人、貞順之婦、州閭列上、旌表門閭。高年碩學、直言正諫、所在長官、隨狀薦舉。亡命山澤。挾藏軍器、百日不首、復罪如初。敢以赦前事告言者、以其罪罪之。

## 中宗卽位赦

門下。天地盈虛。四時有消息之度。皇王興替。五運有遷革之期。稱號斯殊。驪騵亦異。受明命者。罔不由茲。我大唐高祖神堯皇帝。聖期首出。天與神器。有大功於區夏。有大造於生靈。太宗文武聖皇帝。道則繼明。業推構極。類商湯之起亳。若姬發之承周。彈壓九皇。牢籠萬古。高宗天皇大帝。上聖御圖。大明司契。手調元氣。心運洪鑪。齊五緯而平太階。應三神而登日觀。網羅開闢。包冠羲胥。大猷備闡。能事斯畢。僊駕不返。逆臣開釁。敬業挺災於淮甸。務挺濳應於沙場。天柱將搖。地維方撓。非撥亂之神功。不能定人之危矣。則天大聖皇帝。亶聰成德。濬哲應期。用初九之英謨。開太一之宏略。振玉鈐而殪封豕。授金鉞而斬長鯨。受河洛之圖書。當昊羲之曆數。惠育黎獻。並登仁壽。既而凝懷問道。屬想無爲。以大寶爲勞生。復忝於明辟。且有後命。俾承先緒。光啓大唐之國。用崇興復之基。交際在辰。情深感慰。奉高祖之宗廟。遵太宗之社稷。不失舊物。寔在于茲。業既惟新。事宜更始。可改大周爲唐。社稷宗廟陵寢郊祀禮樂、行運旗幟服色、天地等字、臺閣官名、一事已上、並依永淳已前故事。其神都依舊爲東都。北都依舊爲幷州大都督府。永昌來庭兩縣並從廢省。其百姓依舊分屬河南洛陽兩縣。周朝宗廟陵寢及官、宜令所司商量處分。朕之遠系。出自老君。靈祐所資。貽慶長久。宜依舊上尊號爲玄元皇帝。省司差使册告。天下村落佛堂。並令開門灑掃。不得因茲聚斂。創加脩葺。庠序之規。風教之首。京都兩學。尙且闕修。欲令四方何以取則。其京都學館及先聖廟堂。所有破壞未營造者。逐要修葺。速令畢功。仍不得浪有勞擾。樂府之設。國風所繫。豈惟易俗。抑乃和神。至若絲竹繁聲。

倡優雜伎。深乖禮則。並宜量事減省。國之禮儀。已經改撰。隨時逐變。務在弘通。宜令禮官重加詳審。於行事有不便者。卽從損益。制勅删定。處分已久。宜從易簡。務速施行。設官量才。固須稱職。比來委任。稍亦乖方。遂使鞫獄推囚。不專法寺。撰文修史。豈任祕書。營造無取於將作。句勘罕從於比部。多差別使。又着判官。在於本司。便是曠位。並須循名責寔。不得越守侵官。皇家親屬籍沒者。則天大聖皇帝雖已溥暢鴻恩。其先有任五品已上官枉遭陷害者。並宜改葬。式遵典禮。若有後嗣。還其資蔭。其別勅安置幷左貶者。亦復其屬籍。量還官爵。仍遣諸流移人。除犯贓賄及畜蠱毒造僞避讎反逆緣坐勘會不免者。餘並放還。天下軍鎭。不要者多。轉輸艱辛。府庫虛耗。事須改弊。不可循常。宜簡內外官人有材識者。分遣充使。巡邊按覆。須留鎭遏及應減一事已上。並委使人、共所管詳度。還日具利害聞奏。其應支兵、先取當土及側近人。仍隨地配割。分州定數。年滿差替。各出本州。永爲格例。不得踰越。五品以上致任曾伏事先朝者、賜爵一級。曾任州府幕府及任洛州牧官人、並勘責聞奏。經任東宮官僚。見任六品官、計階應入五品者、特宜不拘年限。餘依常例。三衛細引主帥直司行署蕃官七絕等、通前各減二年勞考。滿者、各加勳一轉。合得官者、稍與處分。中書門下官人、計階考入五品者。優量與番官准羽林例處分。直省及外司官、與二十二日誅賊之時、緣祗承在中書省者、各賜勳一轉。諸司有品直司。宜加一階。無品直司。賜勳一轉。禮官緣卽位修執儀注者。各賜物二十段。正月當番三衛監門等、於武成衙內明福門外南衙及諸門者。賜物十段。左右羽林、及東宮北門廚供膳及匠、准例各賜物十段。正月量追三衛細引監門細引直長飛騎雜伎飛騎、各賜物十段。東宮北門官及三衛細引主帥直司行署番官七絕等例工夫多少奏聞。其引玉册及轝册讀册等官人、各賜物五十段。授册使人、賜物一百段。書册人、各賜物十段。其轝腰轝官人、賜物二十段。飛騎、各賜物十五段。其轝香蹬三衛及轝寶人、各賜二十段。頃者戶口逃亡。良由差科繁劇。非軍國切要者。並量事停減。若要和市和雇。先依時價付錢。自非省支勑索。不得輙有進送。諸貢物皆須任土。當處無者不得別求。仍於常數每事量減。緣百姓間所有不穩便者。並委州府具狀奏聞。朕當親覽。卽爲釐革。天下百姓。並免今年租及地稅。自今以後。租庸准符配定。更不須徵折脚價錢。其已前未徵得者。亦卽免放。天下宗姓。並准舊式。房州百姓。宜給復三年。其諸司官員、幷雜色役掌幕士門役之徒、兼音聲之人及丁匠等。非灼然要籍。並量事減省。所司速爲條制。廄馬數多。皆須秣飼。食人之粟。日費茲深。殿中諸閑廄馬。量支留以外。抽送外州馬坊及本監牧。其東宮諸王公主等馬應官供者。亦令隨事減省。奢淫伎巧。寔爲蠹弊。皆因節日宗屬婚親王公妃主競相賀遺。或造珍麗。妄爲進奉。帛綵異飾。雕鏤奇文。假撰樓臺。僞裝禽獸。諸如此類。深是害時。宜明勅格。嚴加禁斷。衣服采章。一准令式。夫鄒纓齊服。尙且變俗移風。朕率先百僚。必期化成兆庶。東都正月當上番兵、年至五十五、卽放出。前赦及今制處分有不盡者。並令所司類例續奏。布告遐邇。咸使知聞。主者施行。神龍元年二月五日

## 睿宗卽位赦

門下。朕聞自古帝王。光膺圖籙。則尊尊親親之義。著于典册。諒在至公。蓋非獲已。我大唐乘時撫運。累聖重光。當四海之樂推。受三靈之眷命。大行皇

帝奄弃寓縣。痛結仇讎。朕志掃亙逆。保寧嗣主。今皇帝哀煢在疚。託于朕躬。懃懇再三。願成茲意。朕以不德。猥承丕緒。念今追昔。載感于懷。若涉大川。罔知攸濟。思荷宗祧之業。屬此惟新。式揚渙汗之恩。與之更始。可大赦天下。

## 明皇卽位赦

朕承累聖之鴻源。荷重光之積慶。昔因多難。時屬遘屯。寶位深墮地之危。神器有綴旒之懼。事殷家國。義感神祇。吟嘯風雲。蘢行雷電。致君親於堯舜。濟黔首於休和。遂以孟侯。允昇儲貳。旋承內禪。繼體宸居。拜手之請空勤。讓王之誠莫展。恭臨億兆。二載于茲。上稟聖謨。下凝庶績。大荒同軌。瀛海無波。不謂姦慝潛謀。蕭牆竊發。逆賊竇懷貞等、並以庸妄。擢在朝廷。毫髮之效未申。丘山之釁仍積。共成梟獍。將肆姦回。太上皇聖斷宏通。英謀獨運。命朕率岐王範薛王業等。躬事誅鋤。齊斧一麾。凶渠盡殪。太陽朗耀。闢氛霧於天衢。高風順時。屬肅殺於秋序。人靈叶贊。夷夏相歡。四族之慝旣清。七百之祚方永。爰承後命。載闡休明。惣軍國之大猷。施雲雨之鴻澤。愛敬之道。旣光被於無垠。作解之恩。思式覃於品物。當與億兆。同此惟新。可大赦天下。大辟罪已下。咸赦除之邠王守禮、加實封三百戶。宋王成器、申王成義、各加實封一千戶。岐王範、薛王業、各加實封七百戶。內外官人、被諸道按察使及御史所通惡狀、咸宜洗滌。選日依資叙用。先天二年七月

## 肅宗卽位赦

朕聞聖人畏天命。帝者奉天時。知皇靈眷命。不敢違而去之。知曆數有歸。不獲已而當之。在昔帝王。靡不由斯而有天下也。乃者羯胡亂常。京闕失守。天未悔禍。羣兇尙扇聖皇久厭大位。思傳眇身。軍興之初。已有成命。予恐不德。罔敢祗承。今羣公卿士。僉曰孝莫大於繼德。功莫大於中興。朕所以治兵朔陲。將殄逆寇。務以大者。本其孝乎。須安兆庶之心。敬順羣臣之請。乃以七月癸丑朔十二日甲子卽皇帝位於靈州。敬崇徽號。上尊聖皇曰上皇天帝。所司擇日昭告于上帝。朕以薄德。謬當重任。旣荷承天之禮。宜覃率土之澤。可大赦天下。改元曰至德。大辟罪已下、常赦所不免者、咸赦除之。其逆賊李林甫王鉷楊國忠近親合累者、不在免限。百姓官吏、能率親屬、去逆歸順、有官加其優獎。斬得逆賊父子、不問首從、當錫茅土。別有褒崇。其有直言極諫、才堪牧宰、文詞博達、武藝絕倫、孝悌力田、沉淪草澤、委所在長官聞薦。詣闕自陳者亦聽。東宮官屬、旣會昌期。合承寵命。量加改轉。諸色勾徵逋租懸調、及官錢在百姓腹內、並宜放免。靈州改爲靈武大都督府。上縣爲望。中縣爲上。官寮等一切便授。天下耆壽、各賜物五段。侍老版授太守縣令有差。各賜物五段。天下諸道百姓、本道採訪使差郡縣官存問。四方將士、各賜馬一匹。六品以下、賜物十段。天下寺觀、各度七人。太守並限三考、然後轉御史。取曾任郡縣理人官者、後可薦用。所有彈奏。一依貞觀故事。官吏犯枉法贓。終身勿齒。自古聖帝明王、忠臣烈士。五岳四瀆、名山大川、並令所在致祭。孝子順孫、義夫節婦、旌表門閭。內外文武官九品以上、各加兩階。賜勳兩轉。三品以上賜爵一級。

## 代宗卽位赦

高宗嗣興。諒陰成受終之禮。康王承統。翌日奉顧命之書。況萬事尙殷。蕭牆有釁。蒼生佇理。社稷謀安。教雖達於通喪。禮有變於金革。順人聽政。僶俛從權。朕頃侍鑾輿。率彼西夏。佐成草昧。俾掌戎車。國步艱難。睿圖廣運。再淸寓縣。崇復宗社。稟成命以受律。敢貪天以爲功。聖慈弘深。册踐明兩。奉若廷訓。敢有怠心。嗚呼。不弔昊天。殃咎荐至。皇祖之哀未釋。閔凶之罰奄鍾。攀號罔極。若無天地。誓終喪紀。企及前王。百辟抑予。俾恭遺訓。俯遂衆望。嗣膺丕烈。欽茲大寶。懼不勝任。若蹈春冰。如集喬木。日者先聖哀損。朕在問安。而閱牆構災。陵長成禍。閹闈作孽。闍寺滔天。職爲亂階。潛置巫蠱。將行竊弄。覆我邦家。賴良弼匡戴。爪牙同德。天道助順。神理害盈。昭此共工之心。終貽管蔡之辱。舍彼有罪。咸伏其辜。廢于離宮。寘於城潁。今天衢雖泰。率土未康。式協公卿之心。仰遵易月之命。奉時斯在。先甲未孚。宜允人神。覃茲渙汗。可大赦天下。自寶應元年五月十九日昧爽已前。大辟罪已下、已發覺、未發覺、已結正、未結正、繫囚見徒、常赦所不免者。罪無輕重。咸赦除之。自開元已來。所有諸色犯累者、並宜雪免。在降官幷諸流人、及罰鎭效力、配軍團練等、一切卽放還。其中有見任刺史縣令及正員者、並依本任。其四月十五日已後。諸色流貶者。與量移近處。逆賊史朝義已下、有能投降及率衆歸附者。當超與封賞。天下禁囚不得過五日。所有推劾不得、分外拷掠、亦不得信支證便結罪名。諸色文武官、應在凌霄門內謁見者、幷飛龍射生等、並宜以寶應功臣爲名。諸州刺史與一子官。縣令入五品減兩考。內外文武官三品以上、賜爵一級。四品以下、各加一階。諸州刺史父母在無官者與致仕官及母邑號。已亡歿者追贈。諸州防禦使並停。天下子爲父後者各賜勳一轉。州縣官、自今已後、宜令三考一替。太官饔膳等、特宜減省。有涉奢侈。一切宜停。天下百姓逋租懸調、貸粮種子、諸色欠負官物、一切放免。開元乾元等錢。並宜准一文用。不須計以虛數。益昌郡王邈進封鄭王。延慶郡王迥進封韓王。故庶人皇后王氏、故庶人太子瑛、鄂王瑤、光王琚、宜並復封。棣王琰、永王璘、及應安祿山詿誤反狀等、並宜昭雪。益昌王追封齊王。崇恩王追封衞王。靈昌王追封鄆王。其有明於政理、博綜典墳、文可經邦、謀能制勝、及孝悌力田。諸州刺史並宜搜揚聞薦。投匭者不須勘以停處姓名。務招直言。以副朕意。

## 順宗卽位赦

朕纂承天序。嗣守鴻業。以不敏不明。託于萬國兆人之上。永惟高祖太宗。肇造區夏。列聖休德。洽于人心。肆惟寡昧。膺受多福。大懼不克負荷。爲宗廟羞。若涉大水。罔知攸濟。思與羣公卿士方伯連帥。祗若丕訓。惟懷永圖。內熙庶績。外弘至化。以弼予理。臻于大中。俾懷生之類。各遂其性。咸得自新。導迎休和。蕩滌瑕累。可大赦天下。自貞元二十一年二月二十四日昧爽已前。大辟罪已下、罪無輕重、已發覺、未發覺、已結正、未結正、囚繫見徒、常赦所不原者。咸赦除之。左降官、量移近處。如復資者、任依常調選。如有親故在上都、任於所司陳狀、便與處分。分別勑責降資正員官者、亦與進改。亡官失爵、放歸不齒、量加收敘。流人放還。僧尼道士移隸者、罪人已亡歿、家口未許歸者、一切放歸。如自情願住者、勿抑令歸。如先有勑云縱逢恩赦不在放還限者、及別勑安置者、並宜放還。其安置人五品已上待進止、左降官及流人亡歿有官者、各還本官。今日已前。痕累禁錮、及反逆緣坐者。一切並與洗滌。應緣山陵制度、及喪儀禮物。博詢可否。務遵禮度。必誠必信。副朕哀懷。橋道置頓。並以內庫錢充諸有費用。先給工價。仍以見錢。更不折物。不得輙令科配。天下百姓、應欠貞元二十一年二月三十日已前榷酒及兩稅錢物、諸色逋懸、一物已上。一切放免。京畿諸縣、一應今年秋夏青苗錢。並宜放免。天下諸州府、應須夫役車牛驢馬脚價之類。並以兩稅錢自備。不得別有科配。仍並以兩稅元勑處分。仍永爲恆式。不得擅有諸色榷稅。常貢外。不得別進物錢。金銀器皿、奇綾異錦、彫文刻鏤之類。若已發在路者。並納左藏庫。淸淨者理國之本。恭儉者修己之端。朕臨御萬邦。方弘此道。苟可濟物。予何愛焉。宮掖之中。宜先省約。其後宮細人弟子音聲人等、並宜放歸。親族應緣宮市、並出正文帖、仍依時價買賣。不得侵擾百姓。所緣諸宮要妳母並取食粮戶充稅。不得科配寺觀。諸軍先擒吐蕃生口、配在諸處者。宜資給還本國。大下官吏應行鞭捶、本罪不至死者。假以責情。致令殞斃。每念於此。良增惻然。宜切加察訪。內外文武見任及致仕官、并諸道將士等、賜爵加階賜勳有差。二王三恪褒聖侯各與一子官。大長公主嗣王等各與一子官、及出身有差。宗子中有才用者、委宗正卿以名聞。量才叙用。皇五等已上親、賜爵加階有差。陪位者、年十五已上、並放出身。武德以來。配饗功臣張巡許遠南霽雲顏杲卿顏眞卿等子孫中、各與一人正員官。故尙父子儀、贈太師晟、太尉秀實、子孫中、各與一人正員五品官。及諸州府長官、及京常參官、父見在未官者。並與五品致仕官階。父歿母存者與邑號。父母亡歿、量與追贈。陝州元從寶應功臣。與元從奉天定難功臣、賜爵勳有差。亡歿者與追贈。中書門下、節度使、東都留守、度支鹽鐵等使、京兆尹、觀察招討等使、及神策神威金吾六軍將軍大將軍、英武威遠鎭國軍使、隴右經略軍使、節度留後、各與一子官有差。其神策神威六軍、英武軍等使、並與加官。神策神威六軍、英武威遠營左右金吾及皇城將士、及緣御樓立仗將士等、賜物及爵階有差。應東宮官及侍書教授、在正月二十六日以前者。國哀已來、職掌行事及册命官受顧命撰制誥官等、賜爵加階勳進改有差。蕃客等共賜物三千八百四十五匹。立仗將士等、量加改轉。內侍省及內坊官正諸道進奏院及奏事官、賜爵勳階有差。內外五品已上文官及臺省常參官宜至四考滿與改轉中外遞遷。量才叙用。其中政績尤異須甄升者。不在此限。常參官及諸州刺史、有先得替、及假百日經喪去官、未授官者、並即與進擬。百司及在城諸使息利本錢。徵放多年。積成深弊。內外官料錢職田等厚薄不均。兩稅及諸色榷稅錢物重輕須有損益。並宜委中書門下與所司商量具利害條件以聞。不得擅有閉糴禁錢。務令通濟。諸色人中、有才識兼茂、明於體用者。經術精深可爲師法者。達於吏理可使從政者。宜委常恭官各舉所知。其在外者、長吏精加訪擇。具以名聞。仍優禮發遣。朕當詢事考言。審其才實。如無人論薦者。卽任自詣闕庭。內外官及諸色人任上封事。極言時政得失。才有可觀。別當甄奬。百姓九十以上、版授及賜各有差。仍令官吏就家存問。順孫孝子、義夫節婦、旌表門閭。重加優恤。

## 穆宗卽位赦

著大明者日也。出乎震而見乎離。則八紘開朗。萬象昭煥。孚大號者風也。發厚地而鼓羣動。則氛蒙盪滌。鬱伏舒散。王者如口之照臨。故聖功作而庶類覩。如風之號令。故德音降而兆人從。朕以寡薄。方茲法象。荷天地之眷祐。承宗祧之祚運。夙夜祗勵。懼不克周。永惟風教之流弊。叱俗之疾苦。思布濟時之政。宜弘利物之澤。庶有以導迎和氣。感致歡心。宜申在宥之恩。用啓自新之路。可大赦天下。自元和十五年二月五日昧爽已前。大辟罪已下、罪無輕重、咸赦除之。唯官典犯贓及故殺人者、不在免限。左降官量移近處。已經量移者。更與量移。如復資者卽任依常調選。責授降資正員官者、亦與進改。亡官失爵不齒者、量加收叙。流人及僧尼道士移隸者、節級放還及移近處。諸色得罪人中、如先有勑云縱逢恩赦不在放還之限者。並與量移。若曾任五品已上官者、奏待進止。左降官及流人先有官者、如已亡歿、各還本官。自今日已前。曾有係累禁錮□身等、一切並與洗滌。永懷罔極。弓劒不留。奉號終天。用深哀感。應緣山陵制度、及喪儀禮物、宜委中書門下及諸司長官等、博詢故實。務遵禮度。必誠必信。副朕哀懷。所緣山陵造作、及橋道置頓所須。並以內庫錢充。不得輒令科配百姓。度支諸州府監院、從貞元八年已後、至元和十年已前、共計欠錢壹百萬伍仟玖百餘貫、鹽鐵使諸監院應欠元和十三年已前錢物、除准前制疎理外。共計壹百捌萬捌仟陸百餘貫石等。戶部諸州府、從建中三年已後至元和十三年已前、應欠在州貧窮并遭水旱逃亡百姓腹內兼連接淮西河南賊界并燒刼散失及貸百姓錢物伍拾萬玖百餘貫石等。京兆府從元和五年已後至十三年已前、應欠諸色物共肆拾壹萬玖仟陸百餘貫石束等。州府監院百姓欠負但不在官典所由腹內者。一切放免。諸州府除京兆河南府外。應有官莊宅舖店碾磑茶菜園鹽畦車坊等、宜割屬所管官府。諸道除邊事營田處、其軍粮既取正稅米分給其所管營田自為軍中如要營田任取食粮健兒不得輒妄招召。天下百姓等自屬艱難。棄其鄉井。戶部版籍。虛繫姓名。建中元年已來。改革舊制。悉歸兩稅。法久則姦弊滋生。自今已後宜准例三年一定兩稅。非論土著俗居。但據資產差率。其擇刺史縣令、宜委門下中書尚書省御史臺官、有所諳知。卽具聞奏。如贓汚賤人。當坐舉主。榷稅之法。雖合同遵。瘡痍之餘。姑欲寬假。其河北鹽、宜委度支與榷鹽使審細商量。具條流聞奏。內外百官食料錢一倍至五倍以上、節級放免。仍每經十年。卽內外百司各賜錢壹萬貫充本。各據司額大小、公事閑劇、及當司貧富、作等第給付。應屬諸軍諸使司人等在村鄉及坊市店舖經紀者。宜與百姓一例差科。不得妄有影占。如有違越。所司具所屬司并其人名聞奏。如聞度支鹽鐵監院等所在影占當商高戶。庇入院司。不伏州縣差科。疲人偏苦。事轉不濟。如有此色。仰當日勒歸。諸道州縣除正勑率稅外。不得妄託進奉。擅有諸色榷率。天下州府、除兩稅合送上都錢物及所司常貢外。輒不得別進物錢。并方鎮得替後至城。亦不得輒有進獻。掖庭籍沒罪人妻女等。宜放歸親族。其諸軍先擒獲吐蕃生口、配在諸處者。並放歸本國。願住者亦聽。內外文武見任致仕官、三品已上、賜爵一級。四品已上、加一階。諸軍將士等、普恩之外、賜階爵有差。二王三恪、文宣王、及公主縣主嗣王、節級賜與一子官及出身。宗子有才行者。悉以名聞奏。仍委中書門下量才叙用。皇□五等已上親、皇太后二等已上親、並賜階爵。武德已來配饗、及第一等功臣、并張巡許遠南霽雲顏杲卿顏眞卿等、尙父子儀贈太師晟贈太尉秀實子孫中、與一子官有差。其中有才行堪在臺省者。量才叙用。中書門下、并諸道節度使、諸州府長官、東都留守、及京常參官、諸軍使等、父母祖父祖母、並節級與追贈。父母存者與官封。已經追贈者更與改贈。興元奉天功臣、及蔡郾立功將士、普恩之外。更賜勳爵。亡歿者與追贈。中書門下及節度等使東都留守度支鹽鐵使京兆尹諸軍使等賜一子官有差。在城諸軍將士、節級賞賜、仍加階爵。京西京北及振武天德八道節度、及都防禦使下神策一十二鎮將士等、共一十八萬六千七百餘人、都賜物一百八萬一千八百餘匹。東宮官及侍讀、普恩之外賜爵加階。仍並與進改。自國哀及行事命職事官、普恩之外賜階爵及勳。其受顧命撰制誥及册文、并寫制誥官等、特加一階、賜爵一級、并賜上柱國、優與進改。書册官特加一階。尊親之禮、既展於徽章。廣愛之恩、宜申其慶賜。皇太后諸親、委中書門下量等第節級優賞。文武常參官及外官職事五品已上有母者、並加邑號。如已至郡太夫人國太夫人者、許迴授周親。緣皇太后册禮職事官、並節級賜物。天下百姓有父母高年者、賜粟帛。城內蕃客等、並節級賜物。今年正月二十八日至閏正月三日、宮苑諸門守捉、西內立仗將士等、量加改轉。應內侍省及內坊宮正等、並賜勳爵。常參官及諸州刺史、少尹、赤令、有先得替者、因病假滿百日解官、并終制未授官者、及致仕官、並與進擬。天下諸道州、不得擅有閉糴禁錢、務令通濟。內外文武官及諸色人等、任上封事、極言時政得失。才有可觀、別當甄獎。應流外色役人等、賜勳有差。

## 敬宗即位優賜諸軍詔

朕以寡昧、祗膺寶位、載懷悼懼、豈所克堪。而羽衞爪牙、禁營司旅、晝巡夜警、叶力悉心。自始銜哀、至於踐祚。忠勤匪懈、誠節用彰。將圖錫賚、務欲豐厚。屬頻年旱歉、御府空虛。如聞邊上將士、至今未給衣賜。永言軫慮、深切寤懷。需卹之時、所期均濟。兩軍官健、各宜賜絹十匹、錢十千。畿內諸鎮、各賜絹十匹、錢伍千。軍吏及城內諸軍、賞物節級有等。仍於內庫更出綾絹共二百萬匹、付度支、充邊軍春衣。并天下州府賦稅、如要蠲放者、並委所司約此數均勸取濟。凡百將士、宜悉朕懷。長慶四年正月

# 唐大詔令集卷第三



## 即位赦下

### 武宗即位赦

朕粤自蕃邸。來握乾符。銜哀授遺。當宁興感。永惟我高祖太宗。艱難創業。其後列聖。奕葉重光。英睿相繼。臮于先帝。秉文之德。光闡皇猷。將洽理平。甫臻仁壽。顧予沖昧。叨承大統。祗命若臨於泉谷。思理未詳於政刑。空懷濟物之心。將纘已成之業。所尚者樸儉。所寶者忠良。肆眚法開網之仁。厚生敷流澤之惠。上憑靈祉。下便物情。期中外以叶心。冀遐邇而咸乂。爰遵典訓。特霈鴻恩。諒表政於維新。敢忘憂於馭朽。可大赦天下。自開成五年二月八日昧爽已前。大辟罪已下、罪無輕重。咸赦除之。唯十惡叛逆、故殺人、官典犯贓、不在此限。

### 宣宗即位赦

天分四時。必始發生之德。帝臨九有。是先蕩滌之恩。故雷雨作而萬物滋榮。慶澤行而兆人悅服。皇王之典。今古所遵。朕以眇身。獲纂丕業。上承宗社之眷祐。下繫生靈之安危。夙夜祗勤。庶臻于理。永惟黎元之困。賦役之繁。干戈未寧。輸發尙急。流移未復。寃滯猶多。刑獄未平。姦詐斯起。進獻無度。淫巧競生。思與蠲除。俾從開泰。將以導迎和氣。咸致歡心。爰因大慶之晨。式舉惟新之令。可大赦天下。會昌六年五月五日

### 懿宗即位赦

門下。朕聞龍之騰天漢也。則必乘風雲。鼓雷電。以濡六合。君之踐大寶也。則必敷仁惠。渙號令。以煦萬方。是以地不間於幽遐。事罔許於輕重。洪聖興而皇澤溥。德音振而庶類蘇。故愆咎咸除。枯沉盡起。斯皆前代令典。國朝成規。委轡諒戒於惠姦。凝命始懷於布澤。顧予寡德。嗣纘丕圖。夙夜乾兢。若俯泉谷。永惟我高祖太宗之艱難締構。又惟我列聖之慈儉統承。思所以克紹休明。弘濟億兆。剗眊俗之弊。清理化之源。啓祥導和。應天順物。致驩心於率土。知恭己以臨民。爰申九宥之恩。因洽惟新之慶。可大赦天下。自大中十三年十月九日昧爽以前。大辟罪無輕重、已發覺未發覺、已結正未結正、繫囚見徒。常赦所不免者。咸赦除之。唯犯十惡叛逆、及故殺人、官典犯贓、及持杖行刼、並不在此限。其故殺人者、已傷未死、意欲殺傷、偶得免者、並同已殺人法處分。又刑獄之內、官吏用情推斷不平、因成寃獄、無問有贓無贓、不在原免之限。

## 改元上

### 改元貞觀詔

詔曰。朕遐觀方册。歷選前王。大道既隱。至公斯革。莫不思樹風聲。用隆鼎命。太皇膺籙受圖。功成治定。鄙聖人之餘事。顧天下而窅然。永言俗累。高居物表。爰以大寶。俯授微躬。自肅奉神器。亟移灰律。屬三正在旦。萬國來廷。長世之術既弘。惟新之命方始。體元居正。今則其時。可改武德十年爲貞觀元年。

### 改元總章詔

朕以寡薄。忝承丕緒。奉二聖之遺訓。撫億兆以初臨。馭朽兢懷。推溝在念。而上玄垂祐。宗社降休。歲稔時和。人般俗阜。車書混一。文軌大同。檢玉泥金。升中告禪。百蠻執贄。萬國來庭。朝野懽娛。華夷胥悅。但爲郊禋嚴配。未安太室。布政敷化。猶闕合宮。朕所以日昃忘疲。中宵輟寢。討論墳籍。錯綜羣言。採三代之精微。探九皇之至賾。斟酌前載。製造明堂。棟宇方圓之規。雖兼故實。肆筵陳俎之法。獨運財成。宣諸內外。博考詳求。度其短長。冀廣聞見。而鴻生碩儒。俱稱盡善。庶具宜命有司。及時赴作。務從折中。稱朕意焉。今陽和在辰。景風扇物。昆蟲草木。咸獲康寧。朕之百姓。尙多勞止。恩覃澤沛。與其

更新。可大赦天下。改乾封二年爲總章元年。大辟罪已下。皆赦除之。

## 改元弘道詔

朕以寡昧。謬膺丕緒。未嘗不孜孜訪道。戰戰臨人。馭懷朽駕之危。負重積冰之懼。日愼一日。三十四載於今矣。何則。足寒傷心。人勞傷國。下安卽上逸。時弊卽君憂。所以身處九重。而情周萬姓。建本之懷遽切。抑末之念踰深。今雖庶績已凝。淳源未洽。履素歸厚者。遂寂寥而靡聞。徇華趍利者。尚馳騖而不息。顧以薄德。有謝移風。永睠羣方。在予多愧。況朕之綿系。兆自玄元。遠叶先規。光宣道化。變率土於壽域。濟含生於福林。屬想華胥。載勞寤寐。所冀內外寮寀。各竭乃誠。□□□□。俱崇簡質。舊染薄俗。咸與惟新。憑大道而開元。共普天而更始。宜申霈澤。廣被紘埏。可改永淳二年爲弘道元年。大赦天下。前後責情流人。並放還。老人年百歲已上者。版授下州刺史。婦人版授郡君。九十已上者。版授上州司馬。婦人版授縣君。八十已上者。版授縣令。幷婦人節級量賜粟帛。孝子順孫、義夫節婦。表其門閭。終身勿事。鰥寡惸獨、篤疾不能自存者。量加賑給。仍令天下諸州。置道士觀。上州三所。中州二所。下州一所。每觀各度七人。比來天后事條。深有益於爲政。言近而意遠。事少而功多。務令崇用。式遵無怠。見任內外官。五品已上經四考、及守五品經三考、六品已下計滿三考。政用清勤。狀無私犯者。各加二階。

## 改元光宅詔

鸞臺。朕聞上皇建極。體元氣以育羣生。大聖承天。法開陽而陶庶類。與時舒卷。叶三正而推移。隨道汙隆。應五鈐以通變。故能牢籠宇宙。埏埴人靈。符景運而財成。契休期以光宅。昔有隋標季。率土淪胥。豺狼肆吞噬之災。億兆被虔劉之酷。高祖神堯皇帝。披圖汾水。仗鉞參墟。廓氛祲而安四維。掃欃槍而清六合。太宗文武聖皇帝。負日月而膺運。鼓雷霆以震威。蕩海夷山。功浹八荒之外。救焚拯溺。仁霑萬域之表。樂和禮洽。天平地成。茂績光於遂初。鴻名冠於闔闢。高宗天皇大帝。雲房誕睿。虹渚降靈。受綠錯之禎符。應朱綈之景命。飛車乘毳。臣軒項之不臣。沒羽浮金。服禹湯之未服。開邊服遠。更闡寓於先基。富貴寧人。重增輝於前烈。撫琁當宁。調五氣於明堂。考瑞升中。朝百神於日觀。茫茫衆俗。寧知覆燾之恩。蠢蠢庶萌。孰辨陶甄之力。固已千年啓旦。三聖重光。歷選前書。無聞往載。豈謂道隆金鏡。運迫鼎湖。方延翠渚之祥。遽託白雲之駕。以社稷之大任。屬荒眇之微躬。欽奉遺言。載深悲懼。遂以菲德。開導嗣皇。式綜萬幾。載宣風化。所賴王公卿士。各竭迺誠。若濟巨川。實資舟檝。然自恭臨朝序。已積炎涼。教靡致於移風。道尚慚於變俗。良以哀迷在疚。荼棘纏心。陵廟未安。匪遑專慮。今者鳳京遙踐。龍馭上升。既因大禮之終。宜更中區之始。朕居臨赤縣。求瘼之志每盈。子育蒼生。恤隱之懷鎭切。唯欲勵精爲政。克己化人。使宗社固北辰之安。區寓致南風之泰。以斯酬眷命。用此報先恩。冀上不負於穹靈。下微申於至懇。夫五行遞用。列代相承。欲崇其德。先遵所尚。故夏以金運。乘驪而尚玄。周以木行。貴騂而尚赤。將隆母德。必欲子扶。近者地不藏珍。山無祕寶。皇家土德。勝氣彌彰。宜從白賁之象。以輔黃中之運。自今以後。旗幟皆從金色。仍飾之以紫。畫以雜文。其應合改者。所司詳依典故。供奉帷幙。咸用紫色。自錄府衞所旗並改以皂。八品已下舊服青者。並改以碧。其在京諸司文官職事五品已上清官、幷六品七品清官、並每日入朝之時、常服袴褶。諸州縣長官、在公衙亦准此。自餘官朔望朝參依舊。其色皆依本品。又鎭星之在太微。已歷年載。著土精之美。應表坤祚之元符。宜同感帝以時薦享。又東都改爲神都。宮名太初。但列署分司。各因時而立號。建官置職。咸適事以標名。而今曹僚之中稱謂多爽。宜改尙書省爲文昌臺。左僕射爲文昌左相。右僕射爲文昌右相。吏部尙書爲天官尙書。戶部尙書爲地官尙書。禮部尙書爲春官尙書。兵部尙書爲夏官尙書。刑部尙書爲秋官尙書。工部尙書爲冬官尙書。門下省改爲鸞臺。中書省改爲鳳閣。侍中改爲納言。中書令改爲內史。太常寺改爲司禮寺。鴻臚寺改爲司賓寺。宗正寺改爲司屬寺。光祿寺改爲司膳寺。太府寺改爲司府寺。太僕寺改爲司僕寺。衞尉寺改爲司衞寺。大理寺改爲司刑寺。農寺依舊。左右衞亦依舊。左右驍衞亦爲左右武衞。左右武衞爲鷹揚衞。左右威衞爲左右豹韜衞。左右領軍衞爲左右玉鈐衞。左右金吾衞依舊。其餘曹司及官僚名未改者。所司速制名奏聞。又司隸之官。監郡之職。所以巡省風俗。刺舉愆違。今人物殷繁。區寓遐曠。而所在州縣。未能澄肅。可置右肅政御史臺一司。其職員一准御史臺。專知諸州按察。其舊御史臺改左肅政御史臺。專知在京百司及監諸軍旅。幷出使。其諸州錄事參軍。並宜依舊。仍令在京五品已上清官、每日章善顯福等門各一人待詔。朕當親訪政道。詳求得失。又玄元帝者。皇室之源。韞道德而無爲。冠靈仙而不測。業光衆妙。仁覃庶品。豈使寶胤見御宸居。先母竟無尊位。可上尊號曰先天太后。宜於老君廟所敬立尊像。以申誠薦。又洛州界內所有帝王之陵。及自古清直之臣。忠廉之佐。並令州縣就其塋域。一申祭享。又自武德已來。元勳佐命。或以忠鯁事主。或以道德匡君。非身有犯。緣子孫絕封者。前詔雖已處分。或恐仍有闕遺。宜降霈澤。重申前命。又往日先朝聖武蕩定遐方。日月照臨。咸爲郡縣。皆荷生成之惠。無復遠近之殊。朕矜撫之懷。豈隔中外。每念其後嗣。愍愴良深。繼絕興亡。寔惟本志。各宜求其後胤立之。以承享獻。其諸都護漢官及鎭兵等。並悉放還。其營奉山陵使及鹵簿等。並依別勅處分。又兩京之所。徭賦實繁。亦令所司作優量法。使勞逸得所。靈駕所涉。千里斯遙。在路黎萌。莫不哀奉。念其勞弊。情增感惻。其緣供頓及山陵者。並免今年課稅。又比來諸道軍行敍勳多濫。或端居不出。以貨買勳。眞僞相蒙。深爲巨蠹。自今以後。所司宜明爲條例。務令禁斷。責成斯在。可以勉歟。如更有違越。必法科處分。又比命放出宮女。已降詔書。然以在內多時。咸悉願住。但念其各有親屬。豈可久致分離。宜准前恩。卽令放出。又隆平日久。戶口滋多。物務既煩。欺隱斯衆。其上州三萬戶已上。大縣萬戶已上。各宜析出別置州縣。唯雍洛二州不在此限。又濟時之道。求賢是務。其官人及百姓等。或器標瑚璉。材堪棟幹。或在職淸慎。或抱德幽棲。或武藝馳聲。或文藻流譽。宜令京官九品已上、諸州長官、各舉一人。咸以名薦。務取得賢之實。無貽濫吹之譏。又前者有詔。具述內外官僚。備陳行事。以申勸沮。但恐百官在職。尙有虧違。今欲重降深恩。更垂寬宥。棄瑕錄用。罔責於前非。滌罪論功。必期於後善。若又不悛已過。重掛疏羅。當使寘以嚴刑。倍加其罰。思與士庶共此惟新。可大赦天下。改文明元年爲光宅元年。自九月五日昧爽已前。大辟罪已下。罪無輕重。已發覺、未發覺、已結正、未結正、繫囚見徒、皆赦除之。流人未達前所者放還。其犯十惡。官人枉法受財。監臨主守自盜。所監臨劫殺人、故殺人、謀殺人、反逆緣坐、幷軍將臨戎挫威喪律、鎭遏失所、虧損師徒、及常赦所不免者、並不在赦例。亡官失爵、量加收敍。諸年八十以上、各賜粟二石、綿帛二段。九十以上、賜粟三石、綿帛三段。百歲已上、賜粟五石、綿帛五段。並依舊例版授。孝子順孫、義夫節婦、咸表門閭。鰥寡惸獨、篤疾之徒、不能自存者、並加賑恤。亡命山澤、挾藏軍器、百日不首、復罪如初。敢以赦前事相告言者、以其罪罪之。布告天下、咸使聞知。其詔書內事有未盡者、仍令所司作條例處分。

# 唐大詔令集卷第四

## 帝王

### 改元中



### 改元中

#### 改元載初赦

朕聞元皇纂曆。則天地以裁規。大聖握圖。法陰陽以施化。故能牢籠品類。陶鑄生靈。敷景運於休期。闡宏基於光宅。昔有隋失馭。率土分崩。赤縣爲禾黍之場。蒼生遇塗炭之酷。我高祖神堯皇帝龍興汾晉。鳳起寰區。殪梟獍而安八荒。剪鯨鯢而清四海。太宗文武聖皇帝膺昊穹之曆數。鼓雷電之雄威。服遠冠巢燧之前。開邊越羲農之際。鴻名邁於三五。茂績隆於往初。高宗天皇大帝稟雷澤之禎符。降天縱之神器。湛恩所被。匝乾坤覆載之鄉。至化所覃。盡舟車所通之境。撫璇丹極輯瑞蒼嚴。天平地成。淳風啓千年之運。樂和禮備。寶祚隆三聖之基。逖聽王猷。無聞帝載。朕以虛薄。虔奉睿圖。業業兢兢。不遑寢食。幸穹昊貽祐。宗社延祥。河薦合天之符。洛出永昌之籙。時和歲稔。遠肅邇安。斯皆先德所延。屢彰嘉貺。自恭臨億兆。已積炎涼。尙想移風。未臻於至道。顧循菲德。媿切於深衷。思弘顧託之恩。再闡混元之始。夫以玄穹列象。三辰所以麗天。厚載含章。五行於焉紀地。易曰三五以變錯
綜其數。通其變。遂成天下之文。極其數。遂定天下之象。水火相變。其卦爲革。象曰天地革而四時成。言五德更相生。變革萬物。故帝者改政施教。明受
之於天。不定之於人者也。仲尼曰其或繼周者。雖百代可知。蓋以文質相因。法度相改。故矣。是以伏犧高陽有周。皆以建子之月爲正。神農少昊陶唐
有殷。皆以建丑之月爲正。軒轅高辛夏后漢氏。皆以建寅之月爲正。後雖百代。皆可知者以此。雖遭遇不同。步驟殊致。未有不表明軌物。以章靈命之
符者也。我國家創業。有意乎改正朔矣。所未改者。蓋有由焉。高祖草創百度。因循隋氏。太宗緯地經天。日不暇給。高宗嗣曆。將弘丕訓。改作之事。屢發
聖謨。言猶在耳。永懷無及。自五帝纘統。三王馭宇。或父子相承。同體異德。或金木迭改。應天順人。故納麓登庸。粤受終于文祖。干戈革命。必理歷於明
時。然則開元配永。肇自陽來之旦。統曆履端。基于朔易之首。孳萌發內。氣律由中。品物任而昭蘇。生類蕩而敷革。是知夏之人統。不逮殷之地正。殷之
地正。有殊周之天統。元命所苞。實在茲矣。周文稽古。制禮於成王之日。漢高握德。改元於武皇之代。則知文物大備。未追於上葉。損益之道。諒屬於中
平。朕所以遵式禮經。奉成先志。今推三統之次。國家得天統。當以建子月爲正。考之羣藝。厥義昭矣。宜以永昌元年十有一月爲載初元年正月。十有
二月改臘月。來年正月改爲一月。自載初元年正月一日子時已前。大辟罪已下、罪無輕重、已發覺未發覺、已結正未結正、繫囚見徒、皆赦除之。其叛
逆緣坐、及子孫殺祖父母父母、部曲容姦。奴婢殺主、不在赦限。其與敬業虺冲幷與諸虺友往還、其魁首已伏誅、其支黨事未發者、並特從原免。不得
更相言告。內外見任文武、九品已上職事官、並賜爵一級。天下百歲已上老人、版授下州刺史、米粟五石、帛十段。九十已上、版授上州司馬、米粟四石、
帛七段。八十以上、版授縣令。通縣調幷丁夫雜匠衞士、及有番弟等違番及逃走應陪番及徵課調者、並特宜免放。其欠負官物、及盜詐三庫物、並不
在赦限。鰥寡孤獨篤疾等、不能存立者、量加賑恤。孝子順孫、義夫節婦、旌表門閭、終身勿事。天下百姓、年二十一身爲戶頭者、各賜爵一級。女子百戶
賜以牛酒。明堂役工人未被恩及者、所司即類例定等級奏聞。十五日內使了、緣供明堂致死人、其有未霑勳賜者、亦宜準例酬給。今年麥不熟處、及
遭霜澇之處、並量放庸課。州縣好加檢校。勿使飢饉。新平軍差科百姓、稍有辛苦、亦宜量加優恤、蠲其傜役。所司類例處分。供象州軍百姓艱辛處未
得復者、宜給復一年。洛州輦轂傜役繁多、代朔並忻等州行軍、及諸州供明堂木及銅處、所司各類例節級給復。皇親諸陪位未出身者、量材處分。已
出身者賜勳一轉。富商大賈衣服過制、喪葬奢侈、損廢生業、州縣相知捉搦。兩京兼委金吾檢校。天下百姓、皆須嫁娶以時。勿使外有曠夫、內有寡女。
戰亡人、格外贈勳兩轉。迴授朞親。子孤惸者、州縣給糧安養。征鎮人家口、州縣存恤、勸課般有之家、助其營種。勿使外人侵欺。仍令所司刊正禮樂、删
定律令格式、不便於時者。內外官五品已上、各舉所知。九經文字。集學士詳正。革其訛舛。亡官失爵、量加敍錄。長流人並別勑流人移貫人降授官人
及後緣逆人用當及造罪過特處分者、雖未至前所、並不在赦限。西府功臣及晉府子孫屈滯者、量加收敍。所司奏聞。亡命山澤、挾藏軍器、百日不首、
復罪如初。敢以赦前事相告言者、以其罪罪之。率土之內、賜酺三日。赦書日行五百里。朕又聞之。人必有名者。所以吐情自紀。尊事天人。是故以甲以

乙成湯爲子孫之制有類有象申繻明德義之由朕今懷柔百神對揚上帝三靈眷祐萬國來庭宜膺正名之典式敷行政之方朕宜以明空爲名自卦演龍圖文開鳥跡萬人以察百工以乂所以弘敷政道宣明禮樂指事會意改易異塗轉注像形屈伸殊制周宣博雅史籀興古篆之文尼父溫良丘明述春秋之傳自諸侯力爭姬室浸微離爲二周分成七國法律異令田疇異畝言語異聲衣冠異制秦兼天下剗滅古文隸卒屢興兵車歲動官獄繁鶩爰創隸書自著秦文肇興八體刻符兼於大篆摹印逮於殳書兩漢因之九千餘字張敞杜業講學於前揚雄甄豐校理於後魏晉以降代乏名儒穿鑿多門形聲轉繆結造新字附會其情古今訛舛稍益繁□布畫無端平之體魚鳥增奔放之容轉相放效日滋月甚遂使後生學徒罔知所據先王載籍從此湮沉言念澆漓情深憫悼思返上皇之化佇移季葉之風但習俗多時良難頓改特創制一十二字率先百辟上有依於詁體下有改於新文庶保可久之基方表還淳之意昔在苞犧開木德之運軒轅應土行之序循環終始布在方册莫不績著帝猷功宣皇道方列三微之統乃膺五行之曆雖則盛比共工強踰嬴政齊桓晉文之業大彭豕韋之美纔爲霸者豈登帝籙自炎精蕩覆王風衰息漢氏蒙塵中原離析當塗逆取但肆兵威典午專權無聞德化故三方鼎峙五胡幅裂或道乖嗣德或業匪孫謀良由取之不以樂推失之在乎虐用者也及齊梁竊據僻在江淮周魏勃興奄宅咸洛雖變夷從夏號令唯行於境內而智小謀大聲教不通於天下隋之御極陳氏猶存開皇之中纔開混一嗣主失道俄至分崩七八年間生人泯絕秦項之酷猶未之半開闢已來蓋未之有我國家祖宗積德文武重光仁風被于四表英猷冠于三代易不云乎天地之道久而不易者也仲尼曰善人爲邦百年可以勝殘去殺則知聖王久於其道而天下化成矣自魏至隋年將四百稱皇僭帝數十餘家莫不廢王道而立私權先詐力而後仁義勳未踰於列國德不慚於霸圖雖復時合諸侯一匡區域晉武踐祚茂烈多慚於水官隋帝乘時雄圖不逮於秦氏惟彼二君閏位況區區者豈宜當三統之數者乎朕遹聽皇綱幽求帝典定王伯之眞僞洗生人之耳目庶叶三推之美光宣五帝之次況合宮布政景化惟新太初開曆上元伊始宜以發揮大寶申明曆數恢皇家貞土之符繼炎劉眞火之序擒之罔極垂之無窮以周漢之後爲二王仍封舜禹成湯之裔爲三恪所司求其苗裔即加封建其周隋宜同列國其嗣使主祭焉布告遐邇咸知朕意主者施行

## 改元開元元年大赦天下制　　蘇頲

黃門朕聞聖人無心同於吹萬上皇有道契於明一居天下之尊者□大體其大以照臨成天下之務者至公順其公以康濟故能稽昌歷考元符通于神祇格于上下鴻名不可以深拒盛典不可以固違斯豈在予而狗於物也朕以菲德丕承聖訓掃除攙搶保衞宗稷內問安以承志外聽理以推誠始自朝廷納之以軌物加於蠻貊洎之以聲教命跂行喙飲含齒戴髮去其夭札蠲其疵癘每□兢於紫座寧自貴於黃屋而凡我羣辟顧斯兆庶以爲人謀協從天意欽若王者人所歸也帝者天之號也歸之者以德號之者以功然號以功成則功不可以不表歸以德厚則德不可以不勵朕猥屬與能之運遂忘沖讓之私將逮建寅之歲首甫擇建子之天統是用發揮景命受茲禮册夫循名者責實謀始者慮終勉而全之非敢自滿所以克

己思政。惟懷永圖。懼弗勝荷。用多慚惕。赦令所作。其來尚矣。是則奸人之幸。嘗思奔馬之喻。朕但欲令其畏惡。化之爲善。庶比屋可封。豈開羅名惠。朕之此志。每用形言。自頃冬序。頗愆農澤。未洎簡辰練日。有司備禮。則上天同雲。北風雨雪。意者將乘廣慶。必待湛恩。宜憑宥過之典。以叶隨時之義。可大赦天下。改先天二年爲開元元年。自開元元年十二月一日昧爽已前。大辟罪已下。已發覺未發覺。已結正未結正、繫囚見徒、咸赦除之。云云。禮尚於儉。書誡於奢。朕方歸敦樸。以存勸沮。至於乘輿服御、及土木之功。觸塗撙節。貴從簡省。王公已下。宜識此心。將欲先自朕躬。冀能化行海內。薛伯陽以凶魁之子。合寘嚴刑。緣尚主之恩。特令遠貶。旋念從夫之禮。深矜自我之出。宜復舊婚。再承新命。可唐州別駕員外置同正員。郭元振往立大功。保護於朕。頃因閱武。頗失軍容。責情放逐。將收後効。可饒州司馬員外置同正員。朕聞罪不相及。先王之制。叔向豈坐於凶弟。展禽見稱於哲兄。劉廙不以劉偉獲辜。王導不以王敦廢職。崔滌爲其兄湜構禍。每進款誠。事朕有年。心則無隱。忠邪既判。賞罰宜均。俾踐儲卿。式彰臣節。可太子僕員外置同正員。國初以來。宰相及實封功臣子孫。一房沉翳未承恩者。令所司訪擇。有才用者。量加擢用。周朝酷吏來俊臣周興之徒。殘害宗枝。毒陷良善。永言及此。深所嘆恨。其酷吏有身在及酷吏子孫。亦令所司勘會甄別處分。諸軍將士。有年歲深久。所由要籍。或不得選集。及未敍勞効。或委軍將據實奏聞。仍令所司早勘處分。諸軍守將惣管以上。自今已後。冬正東帛一准京官例給。亡命山澤。挾藏軍器。百日不首。復罪如初。敢以赦前事相告言者。以其罪罪之。赦書日行五百里。布告遐邇。咸使聞知。主者施行。開元元年十二月一日

## 改元天寶赦

古先哲王之教理也。皆上順天心。下稽人事。時令贊發生之德。靈符叶紀年之稱。考彼前載。斯爲大猷。恭惟烈祖玄元皇帝。天寶錫慶。象帝之先。垂裕後人。重光五聖。自朕嗣守丕業。洎三十年。實賴宗祏降靈。昊穹孚祐。萬方無事。六府惟修。寰宇晏如。庶臻于理。然則乾元在上。仁覆爲德。皇王臨下。惠化攸先。思弘善貸。用廣滋育。尊道寶而建元。錫玄風於不宰。況屬陽和布氣。獻歲發生。宜覃在宥之恩。式降惟新之澤。可大赦天下。改開元三十年爲天寶元年。自天寶元年正月一日昧爽已前。大辟罪已下、罪無輕重。已發覺、未發覺、已結正、未結正、繫囚見徒、常赦所不原者。咸赦除之。諸色左降官、並其流人經量移者、亦與量移。禁麛卵以遂生成。自今已後。每年春天下宜禁弋獵採捕。如聞百姓之內。或有戶高丁多。苟爲規避。父母見在。乃別籍異居。宜令州縣勘會。其一家之中有十丁以上者。放兩丁征行賦役。五丁已上者。放一丁。即令同籍共居。以敦風教。天下侍老八十已上者、宜委州縣官每加存問。仍量賜粟帛。侍丁者令其養老。孝假者矜其在喪。此王政優容。俾申情禮。而官吏不依令式。多雜役使。自今後不得更然。國之急務。莫若求才。頃者雖屢搜揚。士庶尚慮遺逸。更宜精訪。以副虛懷。其前資及白身人中。有儒學博通。及文詞秀逸。或有軍謀越衆。或武藝絕倫者。委所在長官、具以名薦。若乃弘我風化。寔惟方岳。必佇其人。以膺共理。其京文武官五品已上清資。並郎官據資歷人才、堪爲刺史者。各任封狀自舉。但文宣垂訓。事必正名。而黃鉞古來以金爲飾。飾金者應五行之數。有肅殺之威。去金稱黃。理或未當。其黃鉞宜改爲金鉞。副威武之義焉。內外文武九品已上、各

賜勳兩轉。前王重典。在乎祭祀。况屬惟新。事宜昭告。五岳四瀆、名山大川、諸靈迹、及自古帝王、忠臣義士、並令所由州縣致祭。

## 改天寶三年爲載制

履端正名。義取垂範。體元設教。在乎變通。雖沿革從宜。罔不稽古。朕纘復興運。恭守睿圖。常恐至化猶微。淳風尙薄。未臻華胥之俗。以登可封之人。故未明求衣。日昃忘食。勵精爲理。思致邕和。歷觀載籍。詳求前制。而唐虞煥乎可述。是用欽若舊典。以叶惟新。可改天寶三年爲三載。今春事將興。陽和布澤。發號施令之日。革故履新之時。宜弘在宥之恩。以助生成之化。其天下見禁囚徒。應雜犯死罪者。宜各降一等。自餘一切放免。其十惡、及造僞妖妄頭首、官吏犯贓、並姦盜等。害政既深。情難容恕。不在免限。凡諸郡縣。仍令太守縣令勸課農桑。其先處分太守縣令在任。有增減戶口成分者。由所司量爲殿最。自今已後。太守縣令兼能勾當租庸。每載加數成分者。特賜以中上考。如三載之內。皆有成分。所司錄奏超資與處分。其丁戶口仍須按寔。不得取虛掛之名。使親隣代納。受其姦弊。凡在黎獻。寔資存恤。一失生業。則流庸不歸。每軫于懷。深可憐憫。諸色當番人應送資課者。宜當郡縣具申尙書省勾覆。如身至上處。勿更抑令納資。致使往來辛苦。從閏二月至六月已來。其當上人中有單貧老弱者。委郡縣長官與所由計會。便放營農。諸軍征鎭。及防人有尫羸疾病者。委節度使揀擇放歸。中外庶寮。勉修其職。各副朕意。宣布遐邇。咸使知聞。正月一日

## 改元上元赦

自古哲王。恭承景命。莫不執象以御宇。歷時以建元。必當上稽乾符。下立人極者也。朕承累聖之鴻緒。紹大中之寶位。屬故孽干紀。王師尙勞。乾乾之心。豈忘鑒寐。一物失所。每軫納隍之憂。萬邦未寧。深懷馭朽之懼。賴上玄垂福。宗廟降靈。百辟卿士。同心戮力。方冀干戈載戢。區宇乂安。常勵躬於帝圖。恆取則於天道。屬天人叶紀。景象垂文。爰遵革故之典。將契維新之命。義存更始。庶有應於天心。澤被無私。宜載覃於率土。可大赦天下。改乾元三年爲上元元年。自上元元年閏四月十九日昧爽已前。大辟罪已下。已發覺未發覺。已結正未結正。繫囚見徒。罪無輕重。常赦所不免者。咸赦除之。其與逆賊元謀。及脅從受驅使。懼法來降。並潛藏不出者。已頻處分。但能歸順。捨罪除元惡之外。一無所問。其史思明必能改圖。束手來款。亦當洗其瑕釁。議以勳封。內外文武官賜爵各有差。其六軍及飛龍閑廄。加賜物。其成都靈武元從扈從。遞加有差。在外諸軍。各錄賞物。陣亡將士。優加褒贈。行人家口。所在賑給。定禍亂者必先於武德。拯生靈者諒在於師貞。周武創業。克寧區夏。惟師尙父。寔佐興王。况德有可師。義當禁暴。稽諸古昔。爰崇典禮。其太公望可追封武成王。有司依文宣王置廟。仍委中書門下。擇古今名將。同文宣王置亞聖及十哲等享祭之典。自古帝王。欽慎刑法。蓋以法者人之命。刑者國之權。苟或失其科條。固難措其手足。頃或姦臣擅命。中典不修。造次便行。哀敬何在。自今已後。其有犯極刑者。宜命本司依舊三復。庶平反之際。人謂不冤。幽明之間。理皆無濫。又書稱羣望咸秩。詩曰祀事孔明。爰自遐代。尤崇祀典。朕深惟古義。必在至誠。苟德之不修。則神亦無據。故知精誠有感。黍稷非馨。而况宋景發言。固三徙而可驗。漢文深誡。爲千載之明徵。事可遵行。理當變革。有司所立祕祝之法。或移於歲。或移於人。君人之

心。寧所忍也。自今已後。削去此法。其中祀並雜祭祀等一切並停。其諸應合祭祀。列於恆典。所用祭料。一依古制。務從減省。以副朕心。又車服以庸。有虞盛典。威儀以等。周禮舊章。往屬承平。多歷年所。下至於公卿列位。中外在官。多以奢僭爲心。流弊成俗。宜命所司、定王公已下車服產業。各詳古制及令式。作節限聞奏。自頃戎車未息。殘孽猶虞。軍吏獻功。務陳首級。且四海之內。孰非王人。豈以苟從昏迷。陷在夷戮。一朝授首。懸彼藁街。朕志存好生。憫其驅脅。其諸軍所獲首級。除元惡之外。一切不須傳送。又設官分理。本在安人。遞遷之政。務於利用。今寰瀛之內。兵革未清。加以時或不登。物皆踴貴。軍儲是急。廩稍靡供。冗官之流。固甚勞弊。其京閑司官等、材堪釐務者。宜命中書門下。卽類例量資。出授外官。王者設教。擇賢以理。廣徵巖穴。用副薪楢。宜令中外五品已上文武正員官、各舉賢良方正直言極諫一人。武藝文才。俱堪濟理者。亦任狀舉。其或文乏詞策。武非騎射。但權謀可以集事。材力可以臨戎。方圓可收。亦任通舉。並限制到一月內奏畢。自古明王聖帝、名山大川、並委州縣長吏擇日致祭。義夫節婦、孝子順孫。旌表門閭。終身勿事。

## 去上元年號赦

爲人上者。與衆守邦。自古哲王。懼其滿假。聰明睿哲。罔不在躬。文武聖神。乃以爲號。顧序菲薄。運屬經綸。一旅成師。復其舊物。聖皇納人壽域。遊意道源。神器之重。傳歸於朕。獲守丕業。若履春冰。敢忘謙冲。日益招損。欲垂範而自我。亦去華而就實。其乾文大聖光天文武孝感等尊崇之稱。何德以當之。以欽若昊天。定時成歲。春秋五始。義在體元。惟以紀年。更無潤色。至于漢武。飾以浮華。非王者之茂典。豈永代而爲則。三代受命。正朔皆殊。宗周之王。實得天統。陽生元氣之本。律首黃鍾之尊。制度可行。叶用斯在。自今已後。朕號唯稱皇帝。其年但號元年。去上元之號。其以今年十一月爲天正。歲首使建丑建寅。每月以所建爲數。承天陟后。稽古臨人。必由革故之源。方合天中之道。風行寓縣。澤□無涯。欽上帝之心。錫蒼生之慶。可大赦天下。自二年九月二十一日昧爽以前。大辟罪無輕重、已發覺未發覺、已結正未結正、見繫囚徒、常赦所不免者、咸赦除之。其十惡五逆、及僞造頭首、官典犯贓。法實難容。刑故無小。並不在免限。其史朝義若能飜然改圖。背逆歸順。罪無所問。加以勳封。自乾元元年已前、開元已來。應反逆連累、赦慮度限所未該及者、並宜釋放者、降資與官。無官者、依奉本色例收敍。內外官三品已上、賜爵一級。四品五品各加一階。六品已下賜勳兩轉。成都府及靈武元從、普恩之外。三品已上更賜爵一級。四品更加一階。六品已下更賜勳一轉。眷及勤勞。俾其卓敍。每以田功在謹。農事惟勤。不有司存。何成重穀。諸州等各置司田參軍一人。令主農事。每縣各置田正二人。於當縣揀明閑田種者。務令勸課。國之大事。郊祀爲先。貴其至誠。不美多品。黍稷雖設。猶或非馨。牲牢空多。未謂能享。今以元玄孚祐。至道爲心。將臻大和。不欲多殺。禮樂殊制。孝敬同歸。圓丘方澤。任依恆享。宗廟諸祠。但臨時獻熟。用懷明德之馨。庶合西隣之祭。唐虞之代。肇有九州。王者所都。文無異制。其京兆府河南府太原府三京之號宜停。其鳳翔先爲西京。亦宜准此。所設諫曹。欲聞諷議。允副從繩之望。須成削藁之書。其諫官令每月一上封事。指陳時政得失。若不舉職事。當別有處分。其諸州別駕、可依舊却置。每除京官五品已上正員、清望官及郎官御史諸州刺史、皆令推薦一兩人以自代。仍具錄行能聞奏。觀其所舉。以行殿最。京文武官等賜物各有差。自今已後。有隱欺須勾剎者。宜勾當年。若事連去年亦在通勾。其隔年者不在勾限。官典隱贓在腹內、不在此例。其氏姓雖得之久遠。有與俗諱及隱疾同聲者。宜改與本族望所出大姓自逐穩便。名山大川、明王聖帝所在廟祠。各委州縣長官虔誠致祭。天下侍老先版授者、更改與版授。未版授者與版授。鰥寡惸獨不能存立者。委刺史縣令量加賑恤。義夫節婦、孝子順孫、旌表門閭、終身勿事。赦書有所未及者。各令有司速勘會類例條件聞奏。

改元永泰赦

叶五紀者建號以體元。授四時者布和而順氣。天心可見。人欲是從。爰立大中之道。式授唯新之命。朕嗣膺下武。獲主多方。顧以薄德。承茲艱運。戎麾問罪。今已十年。飲至策勳。雖凶渠之授首。勞師黷武。豈人主之用心。況乃軍役屢興。干戈靡定。茫茫士庶。斃于鋒鏑。噫。皇穹以朕為子。蒼生以朕為父。至德不能以被物。精誠不能以動天。俾我生靈。擠於溝壑。非朕之咎。誰之過歟。朕所以馭朽縣旌。坐而待曙。勞懷罪己之念。延想安人之策。亦惟羣公卿士。百辟庶僚。咸聽朕命。叶宣乃力。履清白之道。還淳素之風。率是黎元。歸于仁壽。君臣一德。何以尚茲。邇者刑政不修。惠化未洽。既盡財力。良多抵犯。靜惟哀敬。實軫于懷。今將大振維綱。益明懲勸。肇舉改元之典。弘敷在宥之澤。可大赦天下。改廣德三年為永泰元年。自永泰元年正月一日昧爽已前。大辟罪已下、罪無輕重、已發覺未發覺、已結正未結正、繫囚見徒、常赦所不免者、咸赦除之。僕固懷恩戰伐有功。訏謨任重。不終臣節。輒肆姦凶。妄誘異蕃、同為不軌。朕務惟責己。情重舊勳。如能翻然來歸。必從寬宥。其下偏裨等、因被驅馳不獲已者。及所在山谷草竊反側未安者。如能束身而來。一切並無所問。自廣德元年已前。天下百姓所欠負官物、一切放免。在官典腹內者、不在免限。其百姓除正租庸外。不得更別有科率。刺史縣令。與朕分憂。凋瘵之人。切須撫字。一夫不獲。情甚納隍。有能招緝逃亡。平均賦稅。增多戶口。廣闢田疇。清節有聞。課効尤著者。宜委所在節度觀察具名聞奏。即令按覆超資擢授。其有理無能政迹涉贓私。必當重加貶奪。永為殿累。農政本也。食人天也。方春之首。重於東作。除軍興至急。餘一切並停。令百姓得專營農事。其逃戶復業及浮客、情願編附者。仰州縣長吏、親就存撫。特矜賦役。全不濟者、量貸種子。務令安集。孝悌力田。懷才抱器。遺逸未經薦達者。各委州府聞奏。親當策試。量能敍用。應見立仗諸軍將士等、宜共賜錢五萬貫。書稱咸秩。詩美懷柔。仰惟衆靈。念茲多祐。其五岳四瀆、名山大川、宜令所管牧宰、精誠致祭。中外寮吏、各揚其職。無或曠官。克副朕意。

改元大曆赦

王者欽若昊天。誕受丕命。莫不叶五紀而乘運。稽三微以體元。上齊璿衡。下立人極。乃頒曆於惟歲。更覃恩於率土。朕嗣守洪業。恭臨寶位。頃時當寇難。運屬干戈。誓衆興師。為人除害。實賴宗社降福。寰宇小康。用興淳樸之風。庶洽雍熙之化。乾坤敷祐。大庇生靈。文武叶心。同力王室。非朕薄德而臻於此。乃者金革所聚。綿歷歲時。賦頗繁。人猶瘵。是用疚心疾首。當宁興懷。罪以在予。馭朽而貽懼。每思弘濟之道。用拯黎元之弊。月躔星昴。律中黃鍾。

合天正之符。承日至之永。祥雲在矚。既當伯趙之司。惠澤布和。宜順一陽之氣。建元發號。革故惟新。俾及履長之節。用深行慶之典。可大赦天下。其永泰二年宜改爲大曆元年。自大曆元年十一月十二日昧爽已前大辟罪已下、已發覺未發覺、已結正未結正、繫囚見徒罪無輕重、常赦所不免者、咸赦除之。長吏犯贓。不在免限。夫從簡之道。大易至言。薄賦之規。前王令範。朕志遵儉約。務欲息人。徵斂無期。誠爲勞弊。天下百姓、除正租庸及軍器所須外。不承正勑。一切不得輒有科率。國以人爲本。人以農爲業。頃因師旅征稅殷繁。編戶流離。田疇荒廢。永言牧宰。切政親人。其刺史、縣令。宜以招輯戶口、墾田多少。用爲殿最。每年終本道觀察節度等使按覆聞奏。如課績尤異。當加超擢。或政理無聞。必寘科貶。逃亡失業。萍泛無依。特加招綏。使安鄉井。其逃戶復業者。宜給復三年。如百姓先貨賣田宅盡者。宜委州縣取逃死戶田宅。量丁口充給。仍仰縣令親至鄉村。安存措置。務從樂業。以贍資糧。玉畿之間。賦斂尤重。百役供億。當甚艱辛。哀哉疲人。良深憫念。盍徹之稅。著自周經。未便於人。何必行古。其什一稅宜停。周徵俊造。漢辟賢良。垂之典謨。永代作則。天下有安貧樂道、孝悌力田、未經薦用者。委所在長官具以名聞。朕當親自策試。量才敘用。其立仗將士等。宜賜物五萬匹。五岳四瀆名山大川。祀典攸存。神理昭著。宜以禮致祭。

# 唐大詔令集卷第五



## 改元下

### 改元建中敕

敕。春秋有五色之統。蓋王者踰年建號。體元居正。上以繼業反始。下以書事布策。示不忍有變於中年也。朕以不造。銜恤在疚。而三事大夫迫至公之命。喻大孝之道。實奪予哀。爲衆所戴。恐墜祖宗之遺烈不若先帝之前訓。如履薄將陷。如乘奔失御。濡露之感。忽焉歲初。罔極之懷。瞻天靡及。舊物未改。常典惟新。勉而從之。良增感奉。其以大曆十五年改爲建中元年。所司准式。庶協履端於始載符皇極之義也。

## 奉天改興元元年赦　　陸贄

門下。致理興化。必在推誠。忘己濟人。不吝改過。朕嗣服丕構。君臨萬邦。失守宗祧。越在草莽。不念率德。誠莫追於既往。永言思咎。期有補（作復）於將來。明徵厥初。以示天下。惟我烈祖。邁德庇人。致俗化於和平。拯生靈於塗炭。重熙積慶。垂二百年。伊爾卿尹庶官。洎億兆人衆。代受亭育。以迄于今。功存於人。澤垂於後。肆予小子。獲纘鴻業。懼德不嗣。罔敢怠荒。然以長於深宮之中。暗於經國之務。積習易溺。居安忘危。不知稼穡之艱難。不察戍役之勞苦。澤靡下究。情不上通。事既壅隔。人懷疑阻。猶昧省己。遂致（作用）興戎。徵師四方。轉餉千里。賦車籍馬。遠近騷然。行齎居送。衆庶勞苦。或一日屢交鋒刃。或連年不解甲冑。典祀乏主。家室靡依。死生流離。怨氣凝結。力役不息。田萊多荒。暴命峻於誅求。疲甿空於杼軸。轉死溝壑。離去鄉里。邑里丘虛。人烟斷絕。天譴於上而朕不悟。人怨於下而朕不知。馴致亂階。變興都邑。賊臣乘隙。肆逆滔天。曾莫愧畏。敢行凌逼。萬品失序。九廟震驚。上累于祖宗。下負于黎庶。痛心靦面。罪實在予。永言媿悼。若墜泉谷。賴天地降祐。人神叶謀。將相竭誠。爪牙宣力。屏逐大盜。載張皇維。將弘丕猷。必布新令。朕晨興夕惕。惟念前非。乃者公卿百寮。頻抗章表。猥以徽號。加于朕躬。固辭不獲。俯遂輿議。昨因內省。良用矍然。體陰陽不測之謂神。與天地合德之謂聖。顧惟淺昧。非所宜當。文者所以化成。武者所以定亂。今化之不被。亂是用興。豈可更徇羣情。苟膺虛美。重予不德。祇益懷慚。自今已後。中外所上書奏。不得更稱神聖文武之號。夫人情不常。繫於時化。大道既隱。亂獄滋豐。朕既不能弘道惠人。又不能一法齊衆。苟設密網。以爲（作罹）非辜。爲之父母。是增愧悼。今上元統曆。獻歲發生。宜革紀年之號。式敷在宥之澤。與人更始。以答天休。可赦天下。改建中五年爲興元元年。自正月一日昧爽已前。大辟罪已下。罪無輕重。已發覺、未發覺。已結正、未結正。繫囚見徒、常赦所不原者。咸赦除之。李希烈、田悅、王武俊、李納等。有以忠勞任膺將相。有以勳舊繼守藩維。朕撫馭乖方。信誠不著。致令疑懼。不自保安。兵興累年。海內騷擾。皆由上失其道。而下罹其災。朕實不君。人則何罪。屈己弘物。予何愛焉。庶懷隱匿之誠。以洽好生之德。其李希烈、田悅、王武俊、李納及所管內將士官吏等。一切並與洗滌。各復爵位。待之如初。仍即遣使諸道宣諭。朱滔雖與賊泚連坐。路遠未必同謀。朕方推以至誠。務欲弘泰。如能効順。亦與惟新。其河南河北諸軍兵馬。並宜各於本道自固封疆。勿相侵軼。朱泚大爲不道。棄義滅恩。反易天常。盜竊名器。暴犯陵寢。所不忍言。獲罪祖宗。朕不敢赦。其應被朱泚脅從將士官吏百姓及諸色人等。有遭其扇誘。有迫於兇威。苟能自新。理可矜宥。但官軍未到京城已前。能去逆効順。及散歸本軍本道者。並從赦例原免。一切不問。天下左降官。即與量移近處。已經量移者。更與量移。流人配隸、罰鎮効力、並緣罪犯與諸使驅使官人、別於州縣安置、及得罪人家口未許歸者。一切放還。應先有痕累禁錮、及反逆緣坐、承前恩赦所不該者。並宜洗雪。亡官失爵。放歸勿齒者。量加收敘。未復資者。更與進取。諸色降黜配隸人中。有才能著聞者。特加錄用。勿拘常例。人之行業。或未必兼。構大廈者方集於羣材。建奇功者。不限於常檢。苟在適用。則無棄人。況黜免之徒。沉鬱頗久。朝過夕用。勿拘常例。諸軍諸道赴奉天及進收京城將士等。或百戰摧敵。萬里勤王。捍固金城。驅除大憝。濟危難者其節著。復社稷者其業崇。我圖爾功。特加彝典。錫名減賦。永永無窮。宜並賜名奉天定難功臣。身有過犯、遞減罪三等。子孫有過犯、遞減罪二等。本戶應有差徭使役、一切蠲除。其功臣已后雖衰老病患、不任軍旅、當分糧賜、並宜全給。身亡之后、十年內仍回給家口。其有食實封者、子孫相繼。代代無絕。其餘收錄及功賞條件、待收歸日、並依去年十月七日十一月十四日敕處分。諸道諸軍將士等、久勤扞禦。累著功勳。方鎮克寧。惟爾之勳。其應在行營者、並超三資與官。仍賜勳五轉。不離鎮者、依資與官。賜勳三轉。其累加勳爵、仍許回授周親。內外文武三品已上、賜爵一級。四品已下、各加一階。仍並賜勳兩轉。見危致命、先哲攸貴。掩骼埋胔、禮經所先。雖効用之或殊、在惻隱而何間。諸道將士有死王事者、各委所在州縣給遞、送赴本管。官爲葬祭。其有因戰陣殺戮、及捕獲伏辜暴骨原野者、亦委所在逐近便殯葬。應沿流貶及犯罪未收葬者、並許其家各據本官品以禮致葬。自頃軍旅所給、賦役繁興。吏因爲姦。人不堪命。咨嗟怨苦。道路無聊。汔可小康。與之休息。其墊陌及稅間架竹木茶漆搉鐵等諸色名目、悉宜停罷。京畿之內、屬此寇戎。攻劫焚燒。靡有寧室。王師仰給。人以重勞。宜特減放今年夏稅之半。朕以兇醜犯闕。遽用于征。爰度近郊。悉駕茲邑。供儲克辦。師旅攸寧。式當褒旌。以志吾過。其奉天宜升爲赤縣。百姓並給復五年。向德者教化之所先。求賢者邦家之大本。永言茲道。夢想勞懷。而澆薄之風。趨競不息。幽棲之士。寂寞無聞。蓋誠所未孚。故求之不至。天下有隱居行義、才德高遠、晦迹丘園、不求聞達者。委所在長吏具名聞奏。朕當備禮邀致。諸色人中有賢良方正、能直言極諫、及博通墳典、達於教化、並識洞韜略、堪任將帥者。委常參官及所在長吏聞薦。天下孤老鰥寡、惸獨不能自活者。並委州縣長吏量加優恤。有其年九十已上者。刺史縣令就門存問。義夫節婦、孝子順孫、旌表門閭。終身勿事。大兵之后、內外耗竭。貶食省用。宜自朕躬。朕當節乘輿之服御。絕宮室之華飾。率以節儉。爲天下先。諸道供獻、自非供宗廟軍國之用、一切並停。應內外官有冗員、及百司不急之費。委中書門下即商量條件、停減聞奏。布恩行賞、抑惟舊章。今以餘孽未平。帑藏空竭。有乖慶賜。深愧于懷。赦書有所未該者、委所司類例條件聞奏。敢以赦前事相言告、以其罪罪之。亡命山澤、挾藏軍器、百日不首、復罪如初。赦書日行五百里。布告遐邇。咸使聞知。

## 改元貞元並招討河中李懷光淮西李希烈赦

門下。王者體元立極。欽若乎天地。纘業承統。嚴奉乎祖宗。所以敬事修誠。務本敦孝。尊其上以御其下。謹其身而訓於人。百神允懷。庶兆永賴。國之大典。莫重於斯。朕燭理不明。違道招損。往遭大難。臨陷都國。天地宗祧。曠而莫主。是欽若嚴奉之義缺矣。朕甚懼焉。洎再復京師。遽將告謝。有司以人力耗斁。禮物廢墜。日居月諸。歲聿云暮。卜其近日。式在上春。齋心永懷。坐以待曙。而百辟卿士。抗表上言。咸謂人心未寧。不足以盡敬。寇孽猶在。不可以告功。迫於羣情。俯抑誠願。郊廟孔邇。瞻言莫從。悼心慚顏。胡寧自處。重以和平未洽。災沴荐臻。去歲旱蝗。兩河爲甚。人流不息。師出靡居。加之以徵求。因之以荒饉。困窮餧殍。轉死丘墟。而又關輔之間。冬無積雪。土膏未發。宿麥不滋。詳思咎徵。其失安在。豈兵戎之后。餘寇尙在。將獄犴之中。深冤未息。且河中淮右。逆將阻兵。汚脅齊人。陷之死地。雖欲自雪。厥路無由。抱義銜冤。足傷和氣。此皆由朕寡德。播災于人。爲之父母。實用愧恥。今玄陰已謝。春日載陽。勾萌畢申。幽蟄咸震。思與海內。同心自新。布澤更元。用符天意。宜改興元二年爲貞元元年。自正月一日昧爽已前。大辟罪已下、已發覺未發覺、已結正、未結正、繫囚見徒、罪無輕重、咸赦除之。

## 改元元和赦

朕聞明王之以孝理也。必先之以莊敬。由一人之至德。鼓四表之歡心。臻于大和。以育庶類。則下知禁而不犯。上措刑而勿用。斯道不遠。弘之在予。朕以寡昧。嗣守丕業。荷累聖之洪休。稟太上之嚴訓。夙夜寅畏。不敢荒寧。承顏而退省萬機。問寢而下臨四海。虔奉惟眘。施于兆人。皇王以來。孰有斯慶。端本之化。自予恭行。惣百行之源。刑四方之理。推恩以覆育。廣敬以昭事。王者要道。朕亦庶乎。則日月之燭臨。可以率彼昆蚑之涵養。期於不夭。是必家至日見。而後化洽刑清。圖始所難。愼終斯免。猶恐下愚之人。因循陷辟。官司之長。教道未明。迫於飢寒。遂愆禮節。詿誤之網。顧失政之多途。哀矜之懷。雖得情而勿喜。思與公卿大夫下及士庶。勵翼循省。以圖將來。且因體元之始。覃此惟新之澤。上報于君父。下念于蒼生。頒慶紀年。鴻恩斯洽。可大赦天下。改貞元二年爲元和元年。正月二日昧爽已前。大辟罪已下、常赦所不原者、咸赦除之。京畿諸縣、今年十二月苗錢及榷酒錢、並宜放免。地稅率每斗量放二升。淮江荊襄等十州管內、水旱所損、四十七州、減放米六十萬石、稅錢六十萬貫。內外文武見任致仕官、神策六軍諸道將士等、各賜爵加勳有差。武德以來功臣子孫、與官及出身。文武常參官、觀察節度團練經略刺史、六軍大將等、父母亡歿、與封贈官。至德以來任宰相與追贈及謚。陝州奉天元從功臣、恩外更賜爵。中書門下及外使宰相宜與一子官。七品東宮官並與改官。其撰册文官等、與一子官及勳爵有差。天下百姓高年者、賜粟帛羊酒。國子監祭酒司業及學官、並先取朝廷有德望舉職者、充東都國子監諸館共置學生百員。應天下州府每年所稅地丁數內、宜十分取二、均充常平倉及義倉、仍各逐當處穩便收貯。以時糶糴。務在惠人。

## 改元太和赦

朕聞古先哲王之爲理也。修己以安百姓。恤刑以矜庶獄。端立政以謹始。弘厚澤以體仁。推其心以及於物。誠其中而化於外。和氣斯洽。休徵以臻。故兵革不試而四海寧。疵癘不作而三靈泰。我有唐祖武祖文。光宅天下。列聖承統。遂康區中。漸濡丕冒。掩軼前載。宏茲道以騰英聲。煥其文以耀中宵。惟此鴻業。屬于冲人。荷無疆之丕構。託於兆人之上。晝惕宵儆。惄焉如疢。抑惟宗社儲休。神功協力。克靖內難。恢復皇綱。思布和以立極。爰正風於更始。因體元紀號之典。舉肆眚覃恩之命。昭我恤隱。與人惟新。可大赦天下。改寶曆三年爲太和元年。正月十三日昧爽已前。大辟罪已下、罪無輕重、已發覺、未發覺、已結正、未結正、見繫囚徒、常赦所不免者、並赦除之。惟十惡五逆、及故殺人、官典犯入己贓、不在免限。左降官量移近處。已經量移者、更與量移。其合復資者、五品已上、中書門下速與處分。六品已下、任從常例選。丁憂去任、在憂未赴貶所者、服滿日亦與量移。如故舊在上都任經本司陳狀。不必更待州府申請。流貶中縱勑不許量移者、及言終身勿齒者、亦與依例處分。亡官失爵、各與收敍。痕累禁囚、並從洗滌。其沿去年十二月十八日坐累流隸者、不在此限。應緣上陵制度、及喪儀禮物、宜委中書門下及諸司長官博詢故實。務遵禮度、必信必誠。副朕哀懷。所沿山陵造作、及橋道致頓所、並以內庫錢物充用。如不足、以度支戶部錢充。京兆府今年夏稅青苗量放一半。太皇太后第二等已上親、大行皇帝皇太后第一等親、委中書門下量材敍用。九廟子孫陪位者、各加兩階。仍據始封王後與一人出身。委宗正卿檢尋圖譜、取一房最沉翳者充數、具名聞奏。內外文武官及諸色人任上封事、極言得失、無有隱諱。天下諸色人中、有賢良方正、能直言極諫者、及經學優深、可爲師法、詳閑吏理、達於教化、軍謀宏遠、堪任將帥者、常參官及官牧郡守各舉所知。無人舉者、亦聽自舉。並限來年正月到上都。今年正月上皇太后尊號及朕受册進寶文承制宣制等官、各與一子正員七品官。江王府官去年十二月已前在任者、並與進改。其去年十二月九日立功將士、普恩之外、三品已上、更賜爵一級、四品已下、更加一階。其赴難將軍軍使兵馬使都虞候將士等、各與改轉名銜聞奏。

## 改元開成赦

朕以寡昧、祗奉昌圖。兢業爲心、不敢自怠。庶乎播祖宗之光烈、致區宇之康平。推誠不疑、惟才是用。豈謂姦兇背德、宗社將危。中外叶謀、咸加顯戮。知人則哲、雖在帝以猶難。罪己興懷、誠爲君之不易。緬慚古理、良用惕然。是用因元正御正殿、先明首罪、仍布鴻恩。王守澄累朝掌任、久握禁兵、効力雖多、愆諐難掩。交通雜類、引進姦邪。專弄威權、蠹害時政。鄭注、李訓引見竊恩。二三舊臣、誣陷非罪。誠予寡昧、抑有其由。遂使姦惡搆連、竊起前殿。王涯、賈餗、舒元輿、李訓宰輔股肱、叶謀不軌。王璠、郭行餘節將在京、率兵上殿。羅立言、李孝本紀綱臺府、深入領徒。韓約誘金吾衞兵、立成向背。魏逢馴騎來往。鄭注自出戎師、將相通謀、情狀咸具。上天降祐、氛祲已清。討其本因、以正刑辟。王守澄既已云亡、難議深責。自特進已下官爵及實封、並宜削奪。釁以鍾於既往、恩宜覃於有截。可大赦天下。宜改太和十年爲開成元年。自正月一日昧爽以前、大辟罪以下、罪無輕重、常赦所不免者、咸赦除之。其在降官量移、復資及才用足稱者、中書門下處分。流貶人中、元勅不許量移及終身勿齒者、並與量移。其去年因沿朋黨連累、並十一月二十一日坐罪流貶者、不在此限。其身亡伏法者、委所在州府量給棺殮、任所親收葬制服。其戶部度支鹽鐵應有諸色欠負、太和五年以前者、並放免。諸道賀正、端午、誕降、賀冬進奉、起今權停三年。其錢充紐放百姓兩稅。所在除藥物口味茶果外、不得輒有進獻。百司及諸道應宣索製造一物以上、並停三年。京畿百姓兩稅已降、凡一歲之內徵取者、並百官職田、並全放一年。其京兆府一年所支用錢物斛斗草錢等、並勒鹽鐵使以開成元年直進綾絹充還。同州、河中、絳州三州旱歉、賦稅不登、宜放開成元年夏青苗錢。同州賜雜穀六萬、河中、絳州共賜十萬石、委度支戶部見貯粟麥充。賜三省九列御史臺、選黜陟使十人、親問風俗、進賢退不肖、興行新制、務令通俗。天下鎮戎文武帶憲官者、解補進退、並須奏聞。其邊州合置譯語學官、常令教習、以達異意。內外文武官及諸色人任上封事、極言得失、有補時政者、必加升擢、待以不次。其有藏器待時、終身巖穴、奇節特行、可激風俗者、委常參官及所在長吏各以名聞。文武之道、合而兼濟。勳臣子弟有能修詞務學、應進士明經及通諸科者、委有司先加獎引。河朔節將以州縣歸國者、張茂昭、田弘正、程權各與一子官。子弟堪任使者、委中書門下量加引用。應內外文武官進階加爵有差。

改元廣明詔

朕祗膺寶命。嗣守丕祧。夙夜一心。勤勞八載。實欲驅黎元於仁壽。致華夏以升平。而國步猶艱。羣生寡遂。災沴荐起。寇孽仍臻。竊弄干戈。連攻郡邑。雖通降款。未息狂謀。江左淮南。瘡痍既甚。湖湘荆漢。耕織屢空。言念疲羸。良深軫惻。我心未濟。天道何如。賴近者嚴勅師徒。稍聞勝捷。皆明聖之潛祐。寧非德以言功。屬節變三陽。日當歲首。仍御正殿。爰命改元。況及發生。是宜在宥。繼業守文之主。握圖御宇之君。必自正月吉辰。發號施令。所以垂千載之懿範。奠百代之洪基。莫不由斯道也。可改乾符七年爲廣平元年。

改元天復赦

門下。三階彗孛。暫移宸極之尊。兩耀暗昏。始表忠正之救。朕臨御寡德。妖孽殊常。蒙塵於便殿之中。受制於逆臣之手。奪璽捩指。備肆侵凌。挾刃揕胸。幾羅酷毒。閉關行僞。則公卿不在其謀。懸牓見誣。則黎庶不堪其詐。害我骨肉。殺我嬪嬙。悖惡滔天。古今未有。側陋嘗膽。幽憂下宮。皇穹降悔禍之靈。將相竭同心之德。鳳翔節度使尙書令岐王茂貞、鎭于右輔、首激剛腸、有食失匕筯之驚。有車及蒲胥之怒。關內之沉幾貫日。剛納衞兵。夷門之忠憤凌雲。顯懲邸吏。三藩唱義。四海叶詞。咸以密謀。咨于上相。於是禁軍之內。三傑挺生。上玄假以良時。高廟付其英斷。月正元日。新正吉辰。質明而逆首梟懸。中旦而兇渠剖裂。共申匡復。皆著功庸。尋下詔書。遞行賞典。而茂貞既平國難。來覲天庭。驅武旅而簞食爭迎。駐皇都而秋毫不犯。推殊功以薦同志。留愛姪而董雄師。繼筠能禀規程。肅淸輦轂。人神洽慶。華裔偕來。亦既十旬。曁于初夏。朕以脫於幽辱。復正宸嚴。重守寶圖。不改舊物。上愧于列聖。下慚于兆人。思弘蕩穢之恩。仍革紀年之號。庶明有罪。皆在朕躬。可大赦天下。改光化四年爲天復元年。四月十五日昧爽已前。大辟罪以下、罪無輕重、已發覺未發覺、已結正未結正、繫囚見徒、常赦所不原者、咸赦除之。惟十惡五逆、屠牛鑄錢、合造毒藥、故殺人、及持仗行刼者、官典犯入己贓、兼以踰濫身名冒優官秩、及刑獄之內、官吏用情、致成冤濫、不問有贓無贓、並不在原免之限。其劉季述王仲先王彥範薛齊偓同謀凶逆徒黨支屬追究未到者、不在赦原之例。其疎遠親屬、素不通連、衆知良善、一切不問。其左降官、非與十一月五日交涉者、並與量移。元勅不在量移者、亦與量移。已經量移者、更與量移近處。其情非蠹政、心不挾邪。曾經兩度量移者、便與復資。委中書門下酌量處分。流人及降流者、與移近處。如已收敍者、量才敍用。其左降官、與流人已達貶所者、或至亡歿、家口欲還、及須歸葬者、任從所便。如孀幼孤窮不能自濟者、則委所在州府、量與優恤發遣。先有官者、各還本官。上帝降靈。將安丕祚。中朝多難。爰有誠臣。登好爵以報殊庸。尋行令典。錫嘉名而溥大慶。用表洪勳。靜海軍節度使檢校太保平章事李繼昭、嶺南西道節度使檢校司徒平章事李繼誨、寧遠軍節度使檢校司徒平章事李彥弼、並早參禁衞。累著勳勤。生知忠孝之源。洞識君臣之義。齊心瀝血。果成復國之功。左袒一呼。遂定安劉之業。叔姪繼先臣之烈。彥弼禀大父之規。據其大勳。曠古難比。宜加美稱。以播無窮。繼昭繼海彥弼宜賜號扶傾濟難忠烈功臣。各加食封一百戶。六軍將士、並賜號懷忠定難功臣。應樓前左右神策及諸軍、並鳳翔興德兩道立仗兵士等、各委所司、准例各與優賞。以報勤勞。宰臣司空崔胤、揮涕入朝。含酸蒞事。防禍發於趁翔之際。阻兇謀於譚讌之間。明大直若屈之機。見反經合道之旨。忠唯愛我。奮不顧家。始則裂帛爲誓。合契禁軍。班列之臣。忠良景附。再安宗社。寧愧古賢。雖已疇庸。未爲報德。宜賜回天興祚平難功臣。並加食封一百戶。仍圖形凌煙閣。功著定傾。名高死難。永言風烈。詎廢賞延。故尙父子儀、贈太師晟、贈太尉秀實、贈太保瑊、贈司徒杲卿、贈太師眞卿、張巡、許遠、南霽雲等家有主祭祀本房子孫中、每家各與一子九品正員官。功格一時。賞延後嗣。既配廟筵之享。仍傳棨戟之門。所以勵壯節於千秋。勸能臣於百代。況新誅叛黨。尤景英風。武德貞觀以來。歷朝配享功臣、及安金藏等。宜委中書門下、各搜訪本房主祭子孫。第其勳蔭。量其人才。各與敍用。其有進狀敍陳者、委所司磨勘。不得令有僭濫。闕畿不守。先帝西巡。惟我輔臣。首圖義計。故能收復京城。西面行營諸軍都統鄜夏節度使李思恭、揚威北鄙。決勝東橋。佐鄭畋匡復之謀。倅岐陽統制之命。提戈奮勇。運策摧兇。終成逐雀之功。顯就回鑾之計。逮予初位。尙洽嘉謀。追矚崇勳。宜膺廟食。其鄭畋已有別勅處分。其李思恭宜委中書門下特與加贈。仍配享僖宗皇帝廟庭。故西面行營副都統涇原節度使程宗楚、故收復京城行營都統行軍司馬前朔方軍節度使唐弘夫、各持將節。來佐台旌。爭鋒而深入王城。力屈而銜冤寇壘。莫覩歸元之貌。空留不朽之勳。言念竭忠。更隆茂典。宜委中書門下並與追贈。故南面招討使天平軍節度使曹全晸、頃當強敵。大振奇勳。彎弧百戰於陣前。奪槊橫飛於馬上。天時莫救。壯氣空存。宜從超等之褒。用勸百夫之特。委中書門下優與嘉贈。有客之詩。前經具載。繼絕之義。歷代所先。言念於斯。豈忘舊典。介公酅公各與一子九品正員官。其二王三恪後、各委有司准舊制修建。夫匡國之臣。歿身無悔。所祈後代。雪彼沉冤。太和七年故宰相王涯已下一十七家。並見陷逆名。本蒙密旨。遂令忠憤。終被冤誣。六十餘年。幽枉無訴。宜霑恩霈。用慰泉扃。宜並與洗雪。各復官資。如有子孫在人家隱藏者。任自詣闕、及州府投狀。如非虛謬。則與量材敍用。故鎭海軍節度使李順節、頃歲姦邪亂政。慷慨不平。偶洩藏謀。遂罹橫禍。仍遭誣搆。被以罪名。雖已行昭雪之文。未降褒崇之命。宜申縟禮。以慰忠魂。委中書門下優與追贈。寢園之內。充奉之間。夙夜兢憂。慮有遺闕。其諸陵臺令、委中書門下切加選用。仍令所司給與優料。陵丁柏子。不得別有役使。切須陵料以時栽植。其每年奉陵諸縣差配芟刈人夫不少。殊不切用。徒爲勞擾。自今已後。但每年芟薙之時。委京兆府於本縣苗稅錢數內、酌量功價、支付陵令、遣自和雇人夫。委拜陵官常加點檢。其下宮宇舍、委宗正卿京兆尹差官縣司同加點檢。修飾務致尊嚴。維城之重。本枝之良。敦敍是先。渥恩當厚。其宗室子孫、自興德行在及光化元年所放出身、及合許非時而參選者。並委本司准舊例處分施行。切令詳實。不得致令踰濫。仍令吏部切加磨勘。修集之人。辛勤可閔。訪聞旅食。動必逾年。皆是吏曹及門下省因循。致茲留滯。始於磨勘。逮至進黃。自冬涉春。不得了絕。自今委中書門下切加提舉、吏部一事已上。並須准舊例程限。不得致有淹延。自兵興已來。吏道全消。辦已及期者或衆人恤者幾希。遂使桑柘日摧。荊臻歲茂。將救黎元之命。宜求撫字之仁。應兩京畿赤縣、委中書門下切加選擇。務在得人。諸州府縣令錄宜三選不得輕於注受。切須審以人材。畿內編人。久罹兵革。雖連年豐稔。而尙困艱貧。念彼瘡痍。宜加隱惻。應光化元年二年三年秋夏稅合輸納屬府州縣及諸州斛斗草錢等、所有逋懸。並宜放免。不得輒令官吏尙有追徵。其去年秋所欠。即不在此限。郊圻之內。兵革以來。言念凋殘。固宜矜憫。差徭人役須羅撓人在司局中之人。又宜集事。其京兆府每月合差赴飛龍掌閑雜是輪差諸縣。不免長撓疲人。宜令府司於苗稅錢內、每月據所差人數目、每人支錢、送付飛龍司、仰自和雇人夫充役。途路所先。通商是切。關畿之地。橫賦非宜。致物價之益高。自商徒之難濟。令鹽鐵司及兩神策軍、先有兩市雜稅、並令停罷。自今已後。畿內軍鎮。不得擅於要路及市井津渡、妄置率稅雜物及牛馬猪羊之類。其有違犯者。有人糾告。以枉法贓論之。諸鎮縣節級及諸津渡訪聞、每年興販百姓、廣有邀求、致令滯停。切令兩軍京兆府差人覺察。顯行痛斷。都市之內。屋宇未多。聞浮造之人。常須更出地課。將期招葺。宜有指揮。應諸坊於公私地內浮造屋宇、每月地課、不得更有收徵。甸服生靈。正當彫瘵。太倉輸納。務在均平。儻容厚斂之姦。頗失憂人之意。自今後太倉所納斛斗、仰司農卿准舊例主掌。校量之際。切在奉公。不得先任吏人抑屈百姓。朝廷舊制。止有榷酒。喪亂以來。遂行賣麴。本自度支營利。近年兼借兩軍。畿甸之人。皆言不便。所宜徇衆。不廢贍軍。起今年五月已後、京畿內任自制造私麴。仰度支京兆府依舊例、於酒店量戶大小、逐月納榷沽酒錢。仍酌量隨月依前借軍諸司充諸色支用。其兩軍元造麴、制下後便勒逐斤減價。六月三十日已前、貨賣官麴、其私不得更貨賣。至七月一日以後。不得更賣官麴之限。爰自亂離、殆將二紀。關畿之內。掠奪頗多。遂令黔首人徒。或被丹書之辱。睠茲寃抑。須杜姦訛。舊格買賣奴婢、皆須兩市署出公劵、仍經本縣長吏、引檢正身、謂之過賤、及問父母見在處分、明立文劵。並關牒、太府寺。兵戈以來。條法廢壞。良家血屬。流落佗門。既遠家鄉。或遭典賣。州府曾不尋勘。豪猾得恣欺凌。自此准京兆府並依往例處分、兩市立正印委所司追納毀棄改給朱記行用、其傳典賣奴婢、如勘問本非賤人、見有骨肉、證驗不虛、其賣主並牙人等、節級科決。其被抑壓之人。便還於本家。委御史臺切加察定。其天下州府如有此色。亦仰本道觀察防禦刺史各行條制。務絕沉寃。堯懸諫鼓。禹拜昌言。在明哲而尚然。實古今之所重。況乍祛蒙昧。希致和平。思謇諤而若瘵朝飢。雖激訐而亦不加罪。諫官舉職。須務濟時。其文武常參官、素懷述業者。任上封章。極言得失。必當召見親問所陳。其有才識幽深、事裨時政者。即予升擢。或其藏器俟時、隱於嵓谷者。委文武朝官、所在州縣。以行實聞薦。舉衆目者。實資於綱領。惣庶務者必究乎本根。將尋沿革之宜。諒繫弛張之道。其有事不稽古。官不易方。欲正濫原。須遵故實。應有諸司、法廢制墜。多時未復舊規者。自今後宜委諸司各檢舉條錄聞奏。委中書門下詳酌處分。漢徵極諫。晁董陳理亂之端。晉策能言。詵玄貢闕遺之政。乃登道廣。請舉公平。試在得人。以匡不逮。應天下諸色人中、有賢良方正、能直言極諫、博通墳典。達於教化。軍謀宏遠。政術詳明者。文武常參官、及諸道節度觀察等使、具姓名聞薦。至十一月到京。朕當親臨册試。擇其可否施行。鮐背燕毛。禮經所重。卽驗頌繫。漢詔所矜。克存尚齒之規。免致疑年之誚。天下高年鰥寡八十以上、委所在長吏切加安恤。其有不幸者。量與葬送。仍存撫孤裔。嗚呼。文王羑里。克建周邦。太甲桐宮。用興殷道。朕不敢忘六旬之辱。公侯宜獎成萬代之功。進忠賢以啓政途。黜邪倖以懲覆轍。庶乎上下共保我高祖太宗之洪基。

## 改名

### 武宗改名詔

門下。王者昭臨萬寓。名豈尚於難知。敬順五行。理宜避於刑剋。徵諸前史。義實炳然。昔大漢之興。洛旁去水。所都名號。猶乃避之。況我國家運昌土德。豈可常以王氣勝於君名。所以憲宗皇帝繼明之初。實以捨水。必有冥數叶於貞祥。漢宣帝柔服北夷。恢弘祖業。功德之盛。侔於周宣。御曆十年。乃復美稱。朕遠推漢主之事。近稟聖祖之謀。爰擇佳名。式遵令典。庶承天意。永保鴻休。宜改名為炎。仍令所司擇日分命宰臣告天地宗廟。其舊名、中外表章不得更有迴避。布告遠邇。咸使聞知。主者施行。（會昌六年三月十二日）

臣聞運行之道。實本於惟新。稱謂之尊。必資於前兆。□天人相與之際。明曆數陰騭之祥。恭惟烈光。布在方册。伏為仁聖文武章天成功神德明道皇帝陛下。仁深九有。道冠三無。紹列聖而垂休。奄百王而邁德。六氣雖序。重之以調均。五音雖和。資之以損益。使刑剋自消於聖曆。陰陽永遂於洪爐。亦由周樂去金。以享卜年之兆。漢都罷水。用興繼代之光。此皆九廟之靈。兆人之慶。臣等官叨近密。職奉絲綸。抃躍之誠。倍萬常品。謹奉制如右。請奉制付外施行。

# 唐大詔令集卷第六

帝王

尊號批答

## 尊號批答

先天二年不允上尊號

朕觀上古之主。惟稱帝王一字。秦漢以來。乃兼皇帝。朕以薄德。嗣守寶圖。乾乾厲惕。懼不克堪。豈自崇飾。以招譴咎。雖迫公卿之請。終負平生之心。所請加尊號甚無謂也。

依王公等請上尊號制　　蘇頲

門下。朕聞天授命者爲天所子。人歸德者爲人之主。故崇高有莫大之尊。司牧有非常之號。蓋承天敍而立人極也。我唐丕業□□之初。朕以眇身託元元之上。紹休聖緒。欽若昌圖。戡多難而拯綴旒。蕩羣兇而夷觸柱。下安區宇。上戴君親。朝廷以乂。家國以治。斯又叶天心而從人願也。太上皇釋海內之重負。官公陰之遠情。以朕功宜提劒。運膺拜紐。爰奉睿謀。惣親庶政。日愼一日。問安以慶於三朝。爲子爲臣。順色靡違於五讓。虔共若厲。寢興是祗。賴遐邇宅心。戎夷內面。冀敦風於寬大。思致俗於仁壽。而王公卿士。獻書草議。陳帝皇之籙。考天人之符。迺以鴻名。加于菲德。然則狗至公之議。難以私拒。當至誠之請。不可詞奪。陟川罔濟。當宁興懷。敬遂禱祈。增益夤畏。所請上尊號曰開元神武皇帝者。宜依有司。涓日練辰。虔告郊廟。詳諸舊典。備禮進册。布告天下。咸使聞知。主者施行。先天二年十一月五日

答朝集使蔣欽緒等上尊號詔 開元聖神文武

禮貴正名。法無虛美。朕以薄德。嗣守丕圖。常恐不迨。安敢自足。今羣岳稱引。衆善勞加榮號。聞之增惕。奚可當仁。惟聖與文。焉得輕議。況太宗睿宗俱稱聖謚。予末小子。安敢同之。宜斷來表。開元二十六年

答侍中裴光庭等上尊號初表

卿等思致君堯舜。欲加號聖文。朕內省虛懷。安敢當此。又太宗睿祖。皆有聖謨。纂承祖號。安敢同稱。幸體朕懷。宜斷來表。

答再請表

聖文之名。稱號所極。卿等致君堯舜。亦宜導以沖撝。超駕前王。彌增夕惕。豈朕好譽之心。內著自矜之色。外形招此假辞。以相虛美。靜思反照。撫事求心。詩云。我心匪石。不可轉也。幸悉所守。卽斷來章。

答三請表

惟聖與文。洪名極稱。內省虛缺。安敢冒承。匪石之心。已具前答。方與卿等上調元氣。下遂蒼生。政削浮華。化歸敦樸。斥崇高之號。去滿假之端。勉建皇極。以迎天祐。悉此至言。宜斷來表。

肅宗答右僕射裴冕上尊號

朕以眇身。敬承明兩。比遭狂胡擾亂。宗社不寧。稟上皇至聖之謀。當仗鉞秉旄之任。大師一振。殘孽無遺。上皇猒彼代紛。棄茲人事。萬邦之重。畀付朕躬。傳受寶符。仍加徽號。朕再三固讓。實增僶俛。恭膺典策。感慶良深。覽卿等來章。倍加祗懼。依卿等所請。至德二年十二月

太上皇答皇帝上尊號誥

昊穹垂祐。宗社發祥。往在齠年。素彰岐嶷。洎乎問寢。日增孝敬。吾久勤庶務。常奉至眞。特好淸虛。尋將付託。爾以華戎銳士掃定神州。功乃格天。悳惟邁古。是用受茲國寶。加以大號。典章私集。喜慰盈懷。寔惟道映前王。何必志在讓禮。克承丕業。以副至公。卽斷來表。

太上皇再答皇帝上尊號誥

三朝問禮。五讓丕圖。用殷后之師。載戡牧野。同周王之步。來入鎬京。固美暎縑緗。功侔造化。命之守器。加以鴻名。掃尼運而有融。當樂推而難拒。予棲神道。要養志眞元。邦家乂寧。自多愉悅。

太上皇答皇帝上尊號幷讓大聖字誥

天地肇啓。皇華聿興。故三王垂御圖之迹。典墳著牧人之要。爰立邦家。其來尙矣。予承百王之遐運。繼五聖之丕業。亭育區宇。寵綏蠻夷。罔不率從。多曆年祀。頃者姦臣煽禍。中原搆釁。汝睿略懸於兩曜。鴻勳格於九天。終古莫儔。上天是賴。故加之大聖。建以崇名。用膺多福。何所與讓。予夙達玄妙。遠寄眞宰。凝神澹泊。足可自怡。至於宗廟陵原。嘗展慶矣。郊禋豫動。固陳儀焉。方期仙於上境。已遺榮於中域。汝欲歸尊於父。實在因心。爰及朝臣。亦同懇願。且無爲於沖漠。又何取於徽名。宜悉此懷。用全至道云耳。

太上皇再答皇帝上尊號幷辭大聖字誥

古者華胥大庭。神農黃帝。淳俗歸於太素。正眞契於無爲。雖不累煩纓。亦崇其稱號。吾久尋玄旨。遠襲仙宗。既欣襄野之遊。更樂瑤池之宴。儵然自逸。豈在尊名。爾親率百寮。至于再請。則蒸蒸之孝。實覿於當今。而蕩蕩之德。獨慚於上古。頻覽章表。懇志難違。汝寶命惟新。鴻勳允集。用加大聖之字。克副昊天之心。若承命無渝。萬國同歡於翊戴。儻固辭不已。吾亦未膺乎典册。勿爲多讓。宜協至公。朝野之情。固多榮幸也。

太上皇三答上尊號幷辭大聖字誥

道高者必傳其迹。德著者必享其名。汝廓淨妖氛。載安社稷。萬靈式敍。豈非大乎。兩儀交泰。豈非聖乎。吾所以親受寶符。自題徽號。寧唯對於列辟。諒已聞於率土。渙汗之出。理不可收。綸言之行。事必有在。將固撝謙之道。是違億兆之情。天地神祇。未以爲當。宜膺景命。卽斷來章。

太上皇允上尊號誥

汝孝以事親。明以御宇。上從君父之命。下徇黎元之請。既弘茂寔。爰副洪名。千古攸高。百王是式。徇還章奏。嘉慰可知。予思每集虛。心恆遺照。方契眞宗之旨。豈云稱號之榮。汝就養無違。歸尊有裕。再獻從龜之吉。復當乙巳之辰。已備典章。當依來請。

寶應二年上尊號答詔

朕嗣守洪名。欽承丕搆。克清多難。奄甸萬方。聖靈在天。玄德敷祐。南面共己。朕何有焉。巨猾削平。非予之武。言念海內。生人至艱。兵鋒猶虞。暴骨未掩。日旰忘食。宵分疚懷。遽稱成功。良謂虛美。玄官甫畢。豈期卽及改元。寶位至尊。何以更言加號。宰臣之任。職在匡弼。進勸之辭。深所不取。

答第二表詔

朕內省德薄。在於人上。紹高祖太宗之天下。承上皇先聖之丕業。惕然南面。常懼君難。豈因樂推。亦自光大。況山陵甫爾。濡露增懷。寓縣凋殘。薰風未暢。遽行古制。虛受鴻名。是用繹思。未宜獻可。五始之義。誠在體元。三年之道。取其無改。所陳徽號。亦有舊章。若更尊崇。得非自聖。股肱輔弼。惟欲致君。容勤誠請之辭。未副昌言之理。

答第三表詔

□叶五紀。成歲以受時。君臨萬邦。向明而聽政。體元不潤其色。處實不爲其賓。朕若昔大猷。允懷共己。務於簡易。豈曰崇高。常深負荷之憂。敢忘祖宗之烈。卿等總括羣議。昭升舊章。周爰典籍之文。鈎校天人之理。對揚耿命。進勸皇圖。請踰年而改元。㱏正位以加號。敢廢春秋之義。用諧啓沃之心。敬允乃誠。良多慚德。

批答百寮請復尊號表

三省來章。彌用兢惕。再崇大號。何以當之。前者示懷。蓋非沖讓。尙勞敦請。豈所宜然。卿等博學古今。列於朝右。思弘獻替。共致太和。豈以虛名。重予不德。再三循復。增恧于懷。想爾深衷。勿更陳請。貞元六年

元和元年答宰相上尊號

伏以高祖太宗。接千載之統。垂無疆之休。太上皇承九聖之烈。傳莫大之慶。嗣德績業。允文允武。弘帝堯之欽明。宗玄元之清淨。付朕天下。頤神保和。至道光於唐虞。至仁合於天地。卿等虔述休德。祇獻鴻名。循省再三。允符朕意。朕獲守寶位。丕承睿訓。雖虔恭寅畏。不敢怠遑。而澤未洽於羣生。理未臻於皇極。遽言徽號。何以當之。雖嘉乃誠。難遂來請。其上獻太上皇尊號。宜依所奏。凡百卿士。當體至懷。元和元年

元和二年答宰臣請册尊號第三表

朕獲承丕敍。以撫萬邦。臨照無日月之明。膏潤無江漢之浸。常恐吉蠲雖備。未享於天心。教道雖勤。未諧於人欲。諒慚匪德。敢議鴻名。而鼎臣羣公。宗后庶尹。上引祖宗之丕矩。下述黎獻之誠心。誠予以處泰而思勞。告予以愛名而務寔。陳以懇迫。至于再三。先典不可以固違。羣情不可以屢阻。與其牢讓而繁飾。不若納規而徇公。遂抑至懷。勉從來請。顧惟不稱。兢惕殊深。元和二年十二月二十二日

元和十四年答南省官上尊號

朕纂嗣洪業。託于王公之上。常恐涉道猶淺。燭理未明。夙夜祗畏。罔敢寧逸。至於法天象以垂制。順人心而平亂。立刑辟而不峻。興禮教而不倦。簡黜澆浮。延納忠直。思濟于道。保合太和。今寰海削平。載弢弓矢。皆賴輔弼之臣。盡規於□□。將帥之略。宣力於邦家。循省表章。請崇徽號。武功文德。揚美於予。用愧于懷。何以及此。尙以昆夷未靖。邊鄙猶虞。不敢允從。宜卽斷表。元和十四年

答宰臣請册尊號第三表

昔我祖宗。每崇徽號。皆以道侔天地。澤被生靈。故請之不疑。而受之不愧。謂是典禮。鴻光赫然。朕以寡昧。祗承寶位。虔躬惕厲。不敢荒寧。常懼禮化未敷。非以自尊爲意。若蕩清寇孽。修舉政刑。此乃中外英賢。叶心所致。復于前疏。亦已言之。卿等善則稱君。過陳功德。表章三至。益愧于懷。豈大體之必然。何懇言之不已。沉吟終日。未果允從。

答第四表

建崇功。加大號。必自盛德。而因全功。苟非其時。難以擬議。朕紹十聖之統緒。遵百代之憲章。冕而事天。憂懼不暇。乃者忠臣敦化。良將策勳。有寇難而必殄必平。用兵戈而不蝗不旱。此乃多士叶力。成此小康。豈予一人。獨運而致。卿等四陳章疏。每瀝肺肝。表士庶之誠心。徵朝廷之故寔。願飾虛美。皆爲過談。諭而復來。勢不可止。雖重煩典禮。殊不自安。而深念奏陳。亦當從允。勉依所請。良用愧懷。元和十四年六月七日

長慶元年答宰臣上尊號

朕以菲德。初承大寶。嚴恭夙夜。修己臨人。燭理未明。舉政多闕。雖克展郊禋之禮。或未稱瑞應之符。而俗尙彫訛。人未康乂。所患德之未立。不患名之不尊。至於北狄求和。西戎卽敍。南越投戈而率化。東夷繼踵而來王。不俟七旬之期。自銷積紀之弊。此皆祖宗垂祐。公卿叶贊之力也。朕何有焉。遽議虛名。深愧未稱。卿等志思將順。誠切志君。宜體至懷。勿徇虛美。長慶元年四月

答第二表　元稹

朕聞天職生植。聖職教化。天職擧則四時行。聖職修則萬方理。然而天不以行四時而爲德。故蕩蕩無名。聖不以理萬物而爲功。故謙謙不宰。顧朕小子。獲承丕圖。上賴祖宗之靈。下託股肱之力。先靖鎭冀。次來幽燕。皆吾日月之所照臨。車書之所徹迹。失之則有以自愧。得之則何足自多。況今四方雖清。物力方困。六戎雖伏。邊備尙勞。百吏雖存。官守多曠。萬目雖設。紀律未張。此四者不敢遑寧。思與卿等夙夜俾乂。卿宜爲我提振大法。修明政經。襲竄戎狄。康阜黎庶。回者旣理。名焉用哉。朕方以皐夔之務委卿。卿宜以堯舜之事教朕。驟加徽號。深恥近名。循省表章。難徇來請。長慶元年四月

答批第三表　元稹

昔齊桓議封禪。管叔驟諫其未宜。晉武平江東。何曾深惟其遠。馭彼二臣者。居安思危之志明。有犯無隱之誠切也。況朕寡德。謬膺昌期。賴先帝削平

之威。蒙列聖寖漬之澤。聿來燕翼。克靜華夷。既無德而有威。實以祥而爲懼。卿所宜朝夕納誨。警予荒寧。雖休勿休。日愼一日。而乃過爲溢美。頻上鴻名。諒多丹赤之誠。殊非藥石之愛。汝爲予礪。爲朕揣磨。汝爲予舟。爲朕康濟。致我懿號。不若致我爲有道之君。加我虛尊。不若加我於無過之地。宜罷來請。用副乃懷。

答第四表　元稹

朕以元月正日。祗見九廟。對越于上玄。千官在前。萬乘居後。覩聲明文物之盛。望城社宮闕之尊。尙念高祖太宗艱難於營制。憲考駿勤於纘復。懼不克荷。以羞前人。寅畏嚴恭。式冀無過。而燕趙底定。戎獯和寧。實惟列聖之休。安敢自大其意。左右輔弼。庶尹師長。猥以鴻名。願加薄德。三詔執事。抑而未行。物議逾堅。予衷未信。荐陳章表。備列古今。且曰告虔之時。寧忘繼志。問安之下。胡不畏心。事有切於顯榮。理難從於封執。於戲。允恭克讓。既見奪於羣情。克己爲仁。庶自勤於三省。勉依來奏。深用媿懷。長慶元年五月　日

寶曆元年答宰臣上尊號第四表

前上三章。皆有報旨。推本帝王之道。研究天人之際。可謂盡矣。能無諒哉。朕辭愈堅。來奏愈懇。考蓍龜之意。酌卿士之心。義貴從人。事難徇志。然體未濟之象。警愼將然。復大畜之文。模法往行。虞舜勤民以恭己。文王事帝而小心。自厲則鑒乎殷湯盤銘。持盈則戒乎周廟欹器。還珠却馬。使無愧於前賢。非食罷臺。冀有示於來世。率是道也。庶無悔乎。勉遂羣心。祗循祖訓。敬允誠請。愧惕良深。寶曆元年四月三日

太和六年答中書門下上尊號

朕以否德。纂承睿圖。業業乾乾。懼不克荷。是用發天地無私之道以成化。象日月無私之照以燭幽。纂唐堯虞舜之爲君。繼貞觀開元之致理。朕以夕惕宵興。不遑遐逸。冀將昭復聖哲。保綏華夷。至於鴻名。猶不輕議。尙未富庶。豈可屬心。卿等台鉉重臣。翼宣元化。宜匡朕志。臻予緝熙。今陰雪傷和。尙貧寛宥。乃以文武至德。加予朕躬。省視奏章。難從虛美。宜斷來表。深諒予懷。太和六年正月　日

會昌四年批答宰臣上尊號第五表

前覽四表。報旨一辭。可謂君臣之義至矣。天人之理盡矣。朕辭益固。來情益堅。誠獻可之不移。忝虛美而難處。山雖崇而降地。易象明言。海雖大而下川。玄元深旨。文王以小心事帝。虞舜以恭己臨民。盤銘取勵於殷湯。欹器戒盈於周廟。皆以畏惕而自警。不聞滿足而虛尊。卿等以塞北平胡。山東殄寇。韜兵偃武。鑄戟爲農。郊天之年。瑞雪淸路。册號之夏。嘉雨滅災。毀摩尼壞法之邪。蕩幷寇亂常之暴。此皆上玄厭禍。宗社儲休。至於刑政克明。文武具舉。年登適臻其氣順。俗阜實自於官修。內承宰輔之謀。外盡藩侯之力。余雖垂拱。且有何功。況增鴻徽。尤非稱德。既頻推美。何以當之。然體貴從人。事難徇志。祗循前訓。允遂羣情。殊不自安。諒非縱欲。勉俞所請。深用愧懷。會昌四年十月七日

大中元年答百寮上尊號第三表

朕獲承丕緒。奄有萬方。憂物之心。常懷惕厲。荷天之力。漸至底寧。此中外元僚。文武庶政。咸有一德。以匡沖人。而卿等猥以鴻名。加于菲薄。拜章瀝懇。至于再三。伏念自列聖以來。何嘗無今日之請。然率不能讓者。上慰宗廟之靈。下迫羣臣之願。粤予小子。豈敢久勞卿士之心哉。敬允乃誠。良深自愧。所乞宜依。（大中元年十月）

大中三年答宰臣上尊號

勑旨。沒陷河隍。百有餘載。中原封界。咫尺戎疆。累聖含容。久勞征戍。伏思元和中將攄宿憤。常欲經營。屬誅鋤叛臣。未暇收復。今則恭行先志。克就前功。不遠徵兵。不勞財力。二州之外。兼得七關。又取維州。粗成邊業。尚以息民解甲。未收山外諸州。且以肆眚申恩。所以頒示天下。其御樓依所乞。（大中三年十一月二十五日）

咸通十年答上尊號第四表

夫功合天者稱皇。德合地者稱帝。皇帝二者。朕以享之。況孤寡不穀之名。靡遵於玄祖。明聖孝德之號。久忝於沖人。業業兢兢。惟懼不稱。南蠻未讐。師旅尤屯。東寇雖平。瘡痍尚大。方將罪己。曷敢矜功。卿等修德。銳於臯陶。恥君不如堯舜。鋪陳故事。增飾洪名。謙恭愈堅。表章疊至。對敭之際。忠懇彌彰。私我以奉先。勉我以從衆。亦念乙酉之歲。堅請不俞。今復固違。以矜小讓。名實不副。朕當不敢荒寧。始終相成。卿亦勤於獻替。勉俞來請。深用愧懷。（咸通十年十月十日）

光啓元年答上尊號

朕猥以寡德。丕承耿光。宵旰雖勤。兵戈繼作。困生靈於豺豕。委宮闕於榛蕪。罪己則深。噬臍何及。尙賴天地悔禍。祖宗降靈。內之則公卿大臣。外之則方伯元老。上憑眷祐。下憫烝黎。允叶一心。克濟四海。廓妖氛於寓縣。剗戎壘於郊圻。雖復舊都。匪遑高枕。嗚呼大恥才雪。羣生未蘇。文武典章。墜無半在。威權法制。行亦幾何。土疆徒繫於地官。征賦罕歸於國帑。肅恭常祀。猶在正辭。昭格上玄。寧容溢美。卿等同匡艱運。嘗識深衷。加以虛名。斯爲不急。步驟錙銖之際。自有至公。昭臨顯晦之間。寧資外獎。當勤納誨。宜斷來章。（光啓元年五月日）

答第三表

朕以寡昧。嗣守丕圖。思臻太和。不敢寧處。干戈載戢。稼穡少登。禮樂中興。聲教遂被。是用郊上玄以報本。解密網以緩刑。豈非九廟降靈。羣賢叶力。共贊薄德。致茲少康。永惟眇躬。實懼虛飾。卿等上稽天意。下採人謠。旁訪典謨。俾奉明訓。以爲天地之道。旣不讓於强名。皇王之心。宜屈己而從物。累貢勤懇。至於再三。雖鑿井耕田。未及勛華之理。而樂推欣服。難違億兆之情。旣徇衆詞。終疑溢美。勉爾來請。深用媿懷。

# 唐大詔令集卷第七

帝王

尊號册文上



## 尊號册文上

### 應天神龍皇帝册文　李嶠

維神龍三年、歲次丁未、九月景申朔、五月庚子。具官某及文武羣臣等謹昧死再拜稽首奉册言。爰自厥初。肇興司牧。皇矣撫極。蒸哉察道。莫不因時適變。改物殊徽。推五運而陟崇高。步三微而應曆數。天地人皇之立稱。始別洪荒。唐虞夏帝之居尊。漸詳文質。姬水以推輪發號。烈山以斲耒增名。然後仁被德宣。功昭業遠。歷訪前古。茲爲舊式。我大唐受乾坤之睠命。當寓縣之謳歌。奄有黎庶。遂荒宸象。應天皇帝陛下垂旒御辨。截海披圖。承四業之休光。握三靈之寶契。虞舜蒸蒸之德。永錫羣方。周文翼翼之心。其凝庶績。駈齊人於仁壽。致雅俗於醇醲。六府咸修。五戎不用。航海梯山之客。奉贄輸賝。耕田鑿井之夫。擊壤鼓腹。中外靜謐。表裏邕熙。而孽子滔天。亂臣干紀。謀同觸瑟。禍劇弄兵。不虞之災。忽生於肘腋。無象之鑒。獨憤於神祇。于時凶豎逼樓。聖君憑檻。威靈下濟。覺封豕之周惶。醜逆上瞻。見神龍之輔翼。寶仗似億千之衞。天儀成丈六之容。衆瑞共臨。羣妖大駭。盡迷方而失據。咸奪氣而忘精。顧眄而斬馘羣屍。指麾而冰銷霧廓。雖復草爲兵甲。秦師驚蔣帝之神。樹作幡幢。釋主屈魔王之衆。虵軀之變。媧后蛟影之隨。漢高未足以匹此奇徵。方斯偉應。自非冥符幽贊。睿感潛通。何以承波若之護持。享高明之福助。昔者伏牛之主。是曰犧皇。名鳥之君。仍題鳳紀。法身用馬鳴成道。上士以龍德爲仙。敢託元符。爰賓故實。謹上尊號曰應天神龍皇帝。鴻猷載肇。昌曆惟新。庶以仰順乾心。俯從人欲。天長地久。更隆四大之尊。名玉振金聲。恆爲百王之稱首。盛矣美矣。唐哉皇哉。臣某等誠懽誠喜頓首頓首死罪死罪再拜以聞。

## 開元神武皇帝册文　蘇頲

維先天二年、歲次癸丑、十一月辛酉朔、二十八日戊子、攝太尉臣某等六千五百一十四人等言。臣聞厥初生人。首出庶物。物不自理。惟后所以康乂。后不自尊。惟人所以歸往。古先哲後。安人育物。表初崇號。不可辭也。皇矣上帝。臨于巨唐。降氤氳。垂耿光。重熙而累盛。至太皇而授聖皇。臣等敢稽首而言曰。曩者景龍之末。長虵縱禍。陛下慮宗社之墜。提劍夷之。則因親以尊主。間者朝有賊臣。天罰大憝。陛下拯邦家之難。援旗剿之。則厝枉以舉直。戮不及嗣。惡惟其身。思與王公卿士。下逮元元。揚闓澤而布和氣。臣又聞之。軒夢華胥。堯期姑射。未有一其道而順太皇之心。文王昭事。武王纘緒。未有一其時而居聖人之位。褰裳釋重至公也。端扆嚮明。至孝也。使九族惇敍。百工允釐。東西南北。砥礪聲教。彼靈有四。招翠黃而可乘。我寶有三。指珠玉而不御。然猶發揮禮樂。馳騖典墳。論思獻納。進善從諫。日愼於一日矣。上稽天意。下考人謀。卓哉協元符而鑠靈命者。已夫開者泰也。罔弗亨。元者善也。罔弗利。神者聖也。罔弗通。武者威也。罔弗服。臣等不勝大願。昧死上尊號曰開元神武皇帝。謹上玉册玉璽。臣等誠惶誠恐死罪死罪謹上。

## 開元天寶聖文神武應道皇帝册文

維天寶七載、歲次戊子、五月庚午朔、十三日壬午、攝太尉銀青光祿大夫守刑部尚書兼京兆尹上柱國潁川郡開國公臣蕭炅、及文武百僚等。謹稽首奉開元天寶聖文神武皇帝陛下。臣聞惟道至大。王者均其名。惟天丕應。聖人光其德。陛下弘啓玄宗。紹開皇運。淳化旣洽。勞謙有恆。每滌覽眞經。虔心明祀。將以答三靈之貺命。爲萬姓而祈福。故得玉芝。敷白魚。見卿雲。降仙露。傳對歇之休。必有不可讓者也。於是公卿宗子。耆艾法流。詣闕奏章。願增徽號。至于再。至于三。伏奉甲戌詔曰。禎祥者所以合天人。鴻名者所以彰德業。今封章繼至。誠請甚勤。敬膺神休。允答人望。臣等不勝大慶。謹上加尊號曰開元天寶聖文神武應道皇帝。伏惟開闢之功。簡易之德。與道同運。體乾無極。

## 開元天地大寶聖文神武應道皇帝册文

維天寶八載、歲次己丑、閏六月癸亥朔、五日丁卯、攝太尉開府儀同三司行尚書左僕射兼右相吏部尚書崇玄館大學士集賢院學士修國史上柱國晉國公臣林甫、特進行左相兼兵部尚書崇玄館大學士太清宮太微宮使上柱國臣希烈、及文武百官正議大夫檢校禮部尚書上柱國清河縣開國男賜紫金魚袋臣崔翹等、謹再拜稽首奉册開元天寶聖文神武應道皇帝陛下。臣聞自昔帝王與道同功者。道寶降焉。與天合德者。天命彰焉。

陛下功冠九皇德包三古而猶虔恭夕惕朝禮上清復玄化之雍熙致蒼生於仁壽故昊穹眷命烈祖垂休玉芝再產於宸居瑤圖懸記於仙洞混成徽旨允屬聖躬陛下推美廣孝克崇祖宗之禮羣臣以公議納忠庶叶承天之意乃有卿雲散彩瑞日重輪對敭大號固不可辭讓者也於是公卿宗子耆艾法流顒然詣闕奉章陳請陛下猶謙沖之德至于再至于三伏奉景辰詔曰陰隲既啓公議屢陳惟懷永圖敬依來請臣等不勝大慶謹上加尊號曰開元天地大寶聖文神武應道皇帝伏惟覆載之功廣大之業丕膺鴻烈寶祚無疆也

## 太上皇加光天文武大聖孝感皇帝册文　徐浩

維至德三載歲次己亥正月甲戌朔五日戊寅太上皇若曰古之握乾符建皇極社稷不可無主帝王唯其有歸則堯禪舜舜禪禹畏天命也啓嗣禹武嗣文從人望也革命易姓舉至公於國纂戎繼統用不私於親斯美大矣朕承五聖之丕業宅萬國而爲君膺時撫運載將四紀夢帝與齡實受多福曷嘗不虔恭至道亭育羣生早厭黃屋之勤每懷紫霄之馭惟父知子我有元良惟君安人久思付託皇帝天縱睿哲日躋孝敬率性之至通於神明財成之道冠于宇宙朕往以蕭牆之難克保宗祏故先帝俾予以生悶頃者中原之禍期輯邦家我於是命爾以仗鉞當經綸雲雷之除櫛沐風雨之時思勰宿心累有成命而義不奉詔謙不踰尊至于再三明兹懇讓洎卽戎致討觀兵朔漠駈馭豪傑用服乃功于明辟天亦集大命于爾躬推之至公終陟元后夫名以制義器以昭德今羣公卿士咸旅于庭明聽朕言敷厥成訓於戲奄有四海克康兆人光天之業也經綸天地戡定禍亂文武之公也雄圖英算大聖也保國安親孝感也今加徽號于皇帝曰光天文武大聖孝感皇帝授傳國璽符受命寶符各一上副于天中契于神下叶于人三者朕無愧焉永保累聖之鴻緒對一人之休命朕將訪道崆山追蹤汾水超然金闕之上終以玉京之遊不其至哉良願畢矣宜令所司擇日卽行册禮

## 睿聖文武皇帝册文　李吉甫

維元和三年歲次壬子正月癸未朔十一日癸巳攝太尉銀青光祿大夫守兵部尚書兼御史大夫上柱國趙郡開國公臣李巽及文武官五千七百九十四人等言臣聞自天玄而升地黃其凝皇王之道堯舜首出故典謨述焉自堯及唐曆紀三千致理之君不過十數升平之運不至五百天人之交際不其難歟我唐運之興昌期是膺四海一統十聖丕承以至于皇帝則君十一而年二百矣歷考前代丁于斯時皆王澤已竭君明寖替未若我后之惟新厥命我唐之中興厥祚顧視周漢不其蔑與伏惟皇帝陛下紹太宗之英武稟德宗順宗之寅畏乾乾翼翼若不滿志故愛于文母順色之孝也睦于兄弟因心之友也崇讜議察邇言去疑謀杜讒說俾王道正直砥爲夷塗發前聖之韞匵披人文之光耀而氣有沴者及時爲妖若黎崇之不恪苗人之逆命或誕敷文誥或震疊武功聖造不疚而速非陛下疇能之然後奉四表之歡心物百神之受職禋祀於清廟嚴禋於上玄天地察而神祇著矣臣聞之君人者謙遜靜慤則天應之以福故休祥出焉慈惠愛育則人應之以誠故鼓舞從焉王者因人心稽天意天人俱應而徽號加焉

至公之道。不可辭也。臣等所以勤勤懇懇。至于再至于三。願奉鴻徽。以彰休德。陛下猶三揖而五讓之。久而罔已。始降俞詔。於是百辟卿士。洎四方侯衛之臣上言曰。陛下誕睿聖之姿。膺會昌之期。經天地之謂文。禁暴亂之謂武。臣等不勝大願。謹奉玉册玉寶。上尊號曰睿聖文武皇帝。惟陛下懋一德。勤萬邦。千祿百福。垂唐之無疆。

## 元和聖文神武法天應道皇帝册文　崔羣

維元和十四年、歲次己亥七月丁丑朔十三日己丑、攝太尉金紫光祿大夫檢校司空兼太子少保上柱國鄭□公食邑三千戶臣綬、及文武官五千七百一十八人等言。臣聞惟天惠人。惟元后作人父母。大寶曰位。至公者名。帝皇尊稱。肇自三五。其義尚矣。堯舜禹湯文武成康。垂于典籍。爲萬代法非名歟。殷有天下。武丁大其業。周有天下。宣王嗣其訓。在漢七葉。亦稱盛彊。中興之美。與我不類。皇唐統天二百有二載。祖宗崇光。四海一家。禮文憲矩章焯大備。元符昌曆。畀付有在。洎我后之握圖也。齊心於穆清。垂意於大寧。文昭武烈。冠今邁古。始負固不若者。莫匪顛踣。輸忠來附者。克保蕃祉。天寶之季。孽臣干紀。靈誅亟埽。餘氛未弭。兵不得戢。六十五年于玆矣。元和致理。思櫜弓矢。睿謀前定。所嚮風靡。兩河既清。太階砥平。戴白之老。欣感出涕。不其盛歟。伏惟睿聖文武皇帝陛下、德配天地。明並日月。嚴薦于宗廟。盡敬于郊禋。孝通于神祇。仁浹于動植。內睦于九族。外懷于四夷。乙夜觀書。日昃聽政。恤刑懋賞。劭農勸學。歷選列辟。英聲茂實。其何以加焉。日者□顓不龔。告讓罔悛。任下推誠。出師徂征。道玉壘金陵之遐阻。懸瓠營丘之險。或肆于都市。或懸于藁街。其餘瑣細。蓋不足紀。上以攄列聖之憤。下以叶千齡之慶。然後闢四門。貞百度。會寓縣之玉帛。旅梯航之貢篚。咸曰不圖貞觀開元之化。復睹於今日矣。陛下勞謙祗畏。不自遐逸。讓德乎上天。推功於羣臣。訪闕政。修墜典。不以龜龍爲瑞。以賢俊爲瑞。不以珠玉爲寶。以慈儉爲寶。卓哉煌煌。信可假玄穹而蟠厚載者。已是宜尊徽名。膺顯號。以光于典册。以順于人心。以答于天意。不可辭也。臣又聞之。居安思危。納諫盡下。遠讒慝。旌讜直。愛養黎庶。敦尚朴素。斯皆高祖太宗順宗之遺訓也。而陛下躬行之。造次必於是。寤寐必於是。實萬姓之福。無疆之休。僉曰功成而禮不崇。德廣而名未稱。臣子之罪也。於是百辟卿士。藩衛耆耋。稽首上言。至于四三。陛下深秉謙沖。詔諭徃復。不得已而從之。伏以紀年之盛。冠于大號。厥有舊典。書不云乎。乃聖乃神。乃武乃文。傳曰。惟天惟大。惟堯則之。則法也。王者昭事上帝。取法於天。道德經曰。天法道。道生一。唯上聖至德。兼則利物行清淨自然之道。爲能應之。臣等不勝大願。謹奉玉册玉寶。上尊號曰元和聖文神武法天應道皇帝。伏惟陛下景福是膺。如日之昇。雖休勿休。翼翼兢兢。對越鴻名。丕赫成能。萬壽百祥。罔不豐登。天祚聖唐。惟聖欽承。臣綬等誠懽誠躍。頓首頓首。謹上。

# 唐大詔令集卷第八

帝王

尊號册文下



## 尊號册文下

### 文武孝德皇帝册文

維長慶元年、歲次辛丑、七月乙未朔、十八日壬子、金紫光祿大夫檢校司徒兼太子少保上柱國□□公食邑三千戶嚴綬、文武官六千二百七十七人等言。臣聞天以萬物付聖人。聖人本天意而保乂之。惟犧農先天而貞。惟軒轅奉天而行。惟堯舜法天而明。莫不絪縕粹精。昭建鴻名。以至于夏殷周漢。謙儉服義。仁愛忠利。亦著稱謂。代濟其美。當隋之末。我高祖神堯皇帝救拯焚溺。應天立極。蕩氛昏。揚凱澤。父教而母育。恩德高肌骨肥。天寶季歲。賊臣棄常。塵起幽陵。毒流四方。累聖含弘。視人如傷。餘枿勢滋。專土擅強。憲宗因天時。順人心。舉武經。明大刑。連拔堅險。顛踣同惡。冥冥深穴。猶恃榛穢。干戈不得息者。綿六十七祀。洎我后之御曆。紹太宗之求賢。審官舉直。措枉體玄宗之尊師敬道。清靜致理。法肅宗之循名求實。刑賞用中。廣德宗之亭毒含容。博採虛受而後展嚴於配。玄夷思於法宮。從物無私。推誠至公。霈矣乎廣。受寂然乎感通。神武不殺而天下會同。昔少康祀夏。聿修皇祖之訓。周武繼統。務廣文王之聲。爰洎宣王克服蠻荊。勞來安集。洎漢光武既平隴蜀。聽政忘寐。伏惟皇帝陛下、以至聖之姿。誕啓昌運。重明之業。紹開中興。豈無避違。從風悅化而自革。豈無氛翳。大明昇中而自除。皇澤暢於九圍。文命敷于萬國。則向之數王。何足稱哉。尙復孜孜。庶本不遑。勞謙日昃。講道求賢。議獄恤刑。退讒進直。以利物勤人爲政本。以檢身戒懼爲化先。自誠而明。日慎一日。是以天道惟新。於景命玄德亟聞於四方。億兆咸曰大哉君心。復曰懋哉君功。降延禧之玉。揚仁壽之風。恢帝圖。廓皇綱。崇鴻名。顯無疆。不然者。何以答上靈之眷命乎。何以惠庶氓之懇望乎。於是垂白之老。緇黃之衆。與侯甸藩衞之士。守闕稽顙。日以上請。臣等所以勤勤懇懇。敢固以言。陛下猶堅秉撝抑。至于三四。不得已而降前詔。於是百辟卿士。考天人之意。稽典禮之義。進而言曰。陛下崇儒問道。恭默致此。文之明也。保大安乂。感懷夷夏。武之彰也。嚴恭寅畏。博受廣敬。孝之大也。宜慈惠和忠恕利物。德之盛也。臣等不勝大願。謹上玉册玉寶。上尊號曰文武孝德皇帝。伏惟陛下敬天之錫。昭聖之功。高明有嚴。愼德無窮。赫赫融融。與天比崇。臣綬等誠歡誠懼。頓首頓首。

## 文武大聖廣孝皇帝册文　李逢吉

維寶曆元年、歲次乙巳、四月甲戌朔、二十日癸巳、攝太尉銀青光祿大夫檢校右僕射兼太子少師上柱國天水郡開國公食邑二千戶臣趙宗儒、及文武官六千五百四十一人等言。臣聞自古王者之御極也。必上奉乎天地。丕承乎廟祧。法天地所以宅八紘。嚴宗祧所以垂萬葉。非休聲震越。不足以齊燾載。非尊稱超卓。不足以光祖宗。則名實之際。不可誣也。肇自上古。質文未具。號兼三五。事本嬴劉。其後正閏相承。南北更主。僉事因襲。而罔圖旌別。苟鴻猷既洽。徽數莫申。貽諸裔昆。靡所稱謂。抑當時臣子之罪。非所謂納君於善者。皇唐烈聖。備有典常。高宗而降。代享丕號。以至于玄宗之治平。肅宗之盪定。德宗之烈文。憲宗之戡翦。先聖之克荷重熙。累盛震邁。古昔未有不由斯者已。伏惟皇帝陛下、濬哲自天。寬仁在躬。聖齡方富。睿德咸備。行懋于朱邸。聲飛于青宮。始踐祚而虞舜之大孝聞焉。旣郊天而文王之小心著焉。竭愛敬於兩宮。示儀刑于四國。愼簡名傅。優寵直言。自嗣位已來。百度惟貞。九圍式敍。邊烽罔不罷。屬國罔不來。靈化有肸蠁之助。風雨無伏愆之候。至玄至賾。可勝道哉。由是百辟群司。耆儒碩生。文武臣庶。緇黃幼艾。殊形一心。異聲同辭。隳肝瀝膽。願上徽稱。其誠至矣。吾皇猶惕然三讓。不得已而俞焉。斯謙尊而光。卑而不可踰者也。夫經緯天地曰文。則二儀交泰矣。克定禍亂曰武。則八蠻順軌矣。格于上下。非聖歟。通乎神靈。非孝歟。臣等恭考庶言。強名聖德。不勝大願。謹奉玉册玉寶。上尊號曰文武大聖廣孝皇帝。伏惟陛下、祇上帝之眷命。荷累聖之儲休。外順四夷。內從百辟。時承昌運。昭受鴻名。然後躬大易不已之義。思禮經日新之旨。鑒□、休之至誠。考無逸之格言。以緝熙庶績。重其文以斥去群邪。盛其武以日達四聰。載大其聖以愼守九廟。益廣其孝。克儉克難。有初有終。所疎者佞。所近者忠。畋遊必省。獻替必從。無忘我高祖太宗之丕烈。以永家邦。臣宗儒等誠歡誠懼。頓首頓首。謹上。

## 仁聖文武至神大孝皇帝册文　李德裕

維會昌二年、歲次壬戌、四日乙丑朔、十四日戊寅、攝太尉光祿大夫守司空兼門下侍郎同中書門下平章事臣德裕、銀青光祿大夫守尚書左僕射兼門下侍郎同中書門下平章事臣夷行、金紫光祿大夫守尚書右僕射兼中書侍郎同中書臣珙、銀青光祿大夫守中書侍郎同中書門下平章事臣紳、及文武百官金紫光祿大夫檢校司徒兼太子太保臣僧孺等、六千五百七十四人等言。臣聞羲皇首太古之號。成湯顯神武之稱。我高祖皇王是憲。尊名若古。詒厥丕訓。爲子孫之法。豈不善始善述哉。矧乃巨唐受命。繼體承業。理運將至。大君以興。昊穹所以開至聖也。曩者明兩未定。帝華不協。舍胤傳聖。深惟至公。先后所以昭天命。亦由堯發於唐侯。文興於代邸。神明之祚。不其難乎。伏惟皇帝陛下、淸明溥暢。光耿四海。玄德莫隣。天休大賚。日角見表。志氣如神。爰初定命。正心理物。如辰居其極。而天下無邪矣。由是昭德塞違。尊賢遠佞。禹不自滿。成不敢康。罔遊于田。不邇于色。自閨壼以施王教。由家道而形國風。去比周。核名實。擥權綱。擇聖紀。修舊典。協誠質。抎嘉壇。款太一。進正臣以端治表。禮故老以求讜言。遠無蔽獄。近無留令。祈玄祖而膏雨降。祀靈嶽而嘉穀登。省刑罰而蓬孛消。發倉廩而螽螟息。去歲龍旂承祀。大輅親郊。捧玉瓚而一獻。光靈來格。振金石而六變。魄寶昭臨。然猶古訓是學。緝熙于道。天文炳煥。雲漢其章。温恭敬遜。承太任之教。和樂愷悌。洽戚藩之心。德風偃于羣黎。威霆動于絕域。又以敬養不逮。於是長樂昭配。未升於禰宮。每懷嗣徽。蒸蒸而纂。所以奉天若慈訓。對越兩儀。因心立制。永錫其教。寬虔劉之罪。興惻隱之仁。廻霜收電。爲之反汗。及單于慕義。景附朔邊。耀德戢兵。兼臨是受。至於備文物。展國容。莫不先甲而布甘澤。丁辰而廓陰翳。和景晏温。卿靄絪蘊。斯所謂神祇之心應矣。天人之際交矣。於是服冕之士。戴鶡之倫。暨藩衞邦伯。黃髮鮐背。不謀而進曰。陛下玄默天晬。輝光日新。大矣孝熙。四極爰臻。而應誠宜玉版。温潤鏤鴻名之德。神寶焜燿。薦萬斯之年。丕矣大典。不可辭也。陛下猶謙退固拒。至于三四。羣臣不已。乃曰俞哉。夫偏覆包含之謂仁。極深研幾之謂聖。憲度著明之謂文。蠻夷震疊之謂武。感而遂通之謂神。無思不服之謂孝。臣等不勝大願。謹奉玉册玉寶。上尊號曰仁聖文武至神大孝皇帝。伏惟陛下乾健不息。謙尊而光。樂戒其躭。禽戒其荒。壽乃侔於殷宗。俗乃厚於成康。貽燕後昆。受福無疆。臣德裕等誠歡誠懼。頓首頓首。謹言。

## 仁聖文武章天成功神德明道大孝皇帝册文

李德裕

維會昌五年、歲次乙丑、正月己酉、光祿大夫守太尉兼門下平章事臣德裕、光祿大夫守尚書右僕射兼門下侍郎同中書平章事臣悰、朝議大夫檢校尚書右僕射兼中書侍郎同中書門下平章事臣李讓夷、朝議大夫守中書郎中兼戶部尚書同中書門下平章事臣崔鉉、及文武百官大中大夫守太常卿臣孫簡等六千二百二人等言。臣等聞在昔周宣。獫狁內侵。四牡薄伐。以定王國。則詩人大其功。暨乎漢宣。北夷乖亂。呼韓慕義。郅支遠遁。則簡册著其美。惟此二代。稱爲中興。間者開成之末。星孛如雲。螟飛蔽天。先帝戚之。黎人懼焉。乃授至聖。遺大投艱。迄兹成功。厥有冥數。伏惟仁聖文武至神大孝皇帝、表應龍翼。粹含乾剛。神全而正氣凝。宇定而天光發。智燭千里。動必察微。心鏡萬機。物來斯應。於是五材用。四維張。建中和之極。綴前聖之綱。重樞機。修法制。刑御家之理。無出梱之言。銷讒邪。遠巧佞。斥背公之黨。退好怪之人。內嚴體貌。增堂陛之峻。外絕締交。去輔車之勢。古所謂受命於天。唯舜獨也已。又曰一心定。萬物服。唯陛下得之。曩者北狄矜功。耗蠹中國。種類盤互。根柢封殖。異術胏附。縞衣如荼。扶邪作蠱。浸淫宇內。倒懸不解。百有餘年。既而龍祠禋滅。攜國款塞。質帝女。蹙漢壇。有狠顧平城之心。鯨吞盛樂之志。爰命梟將。搴旗刈旃。兵鏖穹廬。火烈荊榛。颺劅幙。碎轒輗。六贏遯逃。貴主生還。剗滅妖迹。剷除醜類。故名王結髮。冠帶入臣。堅昆稽首。鞮譯來獻。而又奸臣放命。二紀陸梁。據太行之固。下窺洛邑。通故絳之道。旁睨近關。樹其遺孽。以竊兵柄。議者僉曰。精甲十萬。積穀十年。泉魚不察。湯網宜懸。陛下雄斷霆聲。羣疑冰釋。揚清風以掃雲。鼓迅雷以破山。任㒟異則拔天井而震上黨。杖吳漢則發突騎而傾邯鄲。壺關失險。山東奪魄。屬有戍邊叛將。竊發參墟。人心搖蕩。異議放肆。陛下臨朝而言曰。二寇獲罪于天。予所不捨。未三旬而定晉陽。纔期年而滅潞子。不以金購。豨將多降。不勞師克。粤首馳報。非至德感物。孰能臻此乎。由是台宰百辟。藩屏將帥。上言曰。成伐東夷而肅愼來賀。景剪七國而王室乃安。莫不始於武功。終致刑措。將以禋上帝。薦祖宗。且受鴻名。以答玄貺。陛下猶謙而五讓之勤罔已。乃屈己以俞之。雲漢爲章。所以昭法度也。神明其德。所以成教化也。巍乎有功。帝堯之則也。勤于大道。玄祖之訓也。臣等不勝大願。謹奉玉册玉寶。上尊號曰仁聖文武章天成功神德明道大孝皇帝。伏惟陛下不有其名。以保其成。不德其功。以戒其盈。享殷宗之福。致周道之平。熙我王度。永振金聲。臣德裕等誠懽誠懼頓首頓首謹言。

## 應乾聖壽太上皇册文　張弘靖

維永貞二年、歲次景戌、正月景寅朔、皇帝臣某稽首再拜奉册言。臣聞上聖玄邈。獨超乎希夷。强名之極。猶存乎言象。豈足以表無爲之德。光不宰之功。然稱謂所施。簡册攸著。涵泳德澤。感於精誠。願奉鴻徽。有以自竭。伏惟太上皇陛下、道侔玄元。業纂皇極。膺千載之休曆。承九聖之耿光。宣昭化元。發揚大號。政有敦本示儉。慶有格天漏泉。恩翔春風。仁育羣品。而成功不處。褰裳去之。付神器於冲人。想汾陽以高蹈。體堯之德。與神同符。其動也天。其靜也地。巍巍事表。無得而言焉。顧茲寡昧。屬膺大寶。懼忝傳歸之業。莫申繼述之志。夙夜兢畏。惟懷永圖。今天下幸安。皆睿訓所被。而未極徽號。孰報君親。是以臺臣庶官文武之列。抗疏於內。方伯藩守億兆之衆。同詞於外。請因壽曆。以播鴻名。臣不勝大願。謹上尊號曰應乾聖壽太上皇。當三朝獻壽之辰。應五紀啓元之始。光膺徽稱。允叶神休。斯天下之慶也。臣稽首再拜。

# 唐大詔令集卷第九

帝王

冊尊號赦上



## 冊尊號赦上

### 開元二十七年冊尊號赦

門下。古之執大象建皇極者。必藉彝訓而受鴻名。所以應乎天而順乎人也。朕嗣守丕業。二十七年。受命之初。旣膺明號。尙多祗懼。已謂崇高。公卿宗子。緇黃耆艾。披誠瀝懇。詣闕上言。僉以爲乃聖乃文。祖宗大烈。恭惟纘服。必在欽承。願以休名。施于薄德。抑而不許。凡已十年。爰迨于今。又陳八請。上追奉先之義。下稽從衆之言。將存至公。不可固拒。以今日敬依大號。曰開元聖文神武皇帝。勉從典冊。良增感懼。惟新之號。旣不私於朕躬。非常之澤。宜普覃於率土。可大赦天下。自開元二十七年二月七日昧爽已前。大辟罪已下。罪無輕重。已發覺、未發覺。已結正、未結正。繫囚見徒。常赦所不免者。咸赦除之。自開元已來。諸色應附疚累人等。咸從洗滌。令許自新。所司更不須以此爲累。其有敕停官及亡官失爵者、放歸不齒之類。量加收敍。左遷官及諸色流人。並稍量移近處。朕每念黎甿。常恐失所。求其困乏。必在及時。比來諸州。或有□損處所。振給例逼春農。比及奏報。又淹時月。旣無救於縣絕。亦何成於惠養。自今已後。每年至秋收後。卽宜遣使分道宣慰。仍與采訪使及州縣相知巡檢。百姓間或有乏絕、不自支濟者。應須蠲放及振給。便量事處置訖奏聞。天下百姓、宜放今年地稅。古者三載考績。黜陟幽明。允叶大猷。以勸天下。比來諸道所通善狀。但優仕進之輩。以爲選調之資。責實循名。或乖古義。自今日已後。諸道使更不須通善狀。每至三年。朕當自擇使臣。觀察風俗。有淸白政理著聞者。當別擢用。宗廟致敬。必先於如在。神人所依。無取於非族。深惟至理。用切因心。其應緣太廟五享。宜於宗子及嗣郡王中。揀擇有德望者。令攝三公行事。其異姓官吏不須令攝。其草澤間有殊才異行、文堪經國、爲衆所知、不求聞達者。所由州長官以禮徵送。皇太子瑛男宜並封授官。邠王守禮、寧王憲各與一子三品官。其內外文武三品以上、賜爵一級。四品以下、各加一階。長公主及嗣郡王各與一子官。郡主縣主各放一子出身。二王後及諸方蕃客、宜各賜物。諸致仕官、量與進改。依前致仕。天下侍老百歲已上。版授下州刺史。婦人版授郡君。賜粟五石。絲帛五段。九十已上、版授縣令。婦人版授鄉君。賜粟三石、絲帛三段。八十已上、版授縣令。婦人版授鄉君。賜粟兩石、絲帛兩段。京城父老等、宜共賜物三千段。僧道等、賜物一萬匹。天下觀寺、每六齋日、宜轉經讀典。懲善勸惡。以闡文教。率土之內。賜酺五日。

## 天寶七載册尊號赦

惟天法道。惟后奉天。旣合德以降符。必執象以明本。則上玄眷命。有以丕承。大寶鴻名。斯爲公義。朕纘宗社之重。揚文武之烈。克勤匪懈。服道齊心。允迪茲猷。聿求至理。日愼一日。三紀於茲。屬區夏大寧。靈祇集貺。而公卿宗子。耆艾法流。僉曰玉芝白魚。神日瑞景。天之應也。敦信興禮。務本崇儒。人之應也。化洽而風俗休寧。氣和而疵癘不作。天啓道運。其可讓也。上荅元符。願增徽號。披誠詣闕。累日封章。至請逾勤。懇詞難奪。以今日敬膺典册。曰開元天寶聖文神武應道皇帝。式副人神。感懼交集。宜廣恩於善貸。俾叶慶於惟新。可大赦天下。自天寶七載五月十三日昧爽已前。大辟罪已下。罪無輕重。已發覺未發覺。已結正未結正。繫囚見徒。常赦所不免者。咸赦除之。其左降官及流移配隸安置罰鎭効力之類。並稍與量移。亡官失爵。放歸不齒。及諸色被停與替。非衰老疾病者。宜所司量加收敍。人和年登。休運斯屬。輕徭省賦。惠政攸先。將洽小康。必弘厚貸。其天下百姓、來載租庸。並宜放免。及諸色勾徵等、亦一切放免。自古帝王。建邦受命。必敬先代。以修舊章。周備禮文。旣存三恪之位。漢從損益。唯立二王之後。自茲已降。且復因循。將廣繼絕之恩。式弘復古之道。宜於後魏子孫中。簡擇譜屬灼然相承者一人。委所司勘責。准酅公介公例。定爲三恪。陵廟所奉。典職維崇。事雖更於有司。任豈循於恆秩。其宗正卿與太常卿同品。其少卿及丞亦宜准此。又上古之君。存諸號代。雖事先書契。而道著皇王。緬懷厥初。寧忘咸秩。其三皇已前帝王、宜於京城共置一廟。仍與三皇五帝廟相近。以時致祭。自古受統之主。創業之君。皆經濟艱難。戡定禍亂。雖道謝於古今。乃功施於人庶。用率典章。亦崇禋祀。其歷代帝王肇跡之處。未有祠宇者。宜令所由郡、量置一廟。以時享祭。仍取當時將相德業可稱者、二人配祭。仍並以圖畫立像。如先有祠宇、未霑享祭者。亦宜准此。式閭表墓。追賢紀善。事有勸於當時。義無隔於異代。其忠臣義士、孝婦烈女、史籍所載、德行彌高者。所在亦置一祠宇。量事致祭。古者鄉有塾。黨有庠。所以明尊卑之儀。正長幼之序。風化之道。義在於茲。先置鄉學。務令敦勸。如聞郡縣之間。不時訓誘。閭巷之內。多虧禮節。致使言詞鄙褻。少長相淩。有玷清猷。何成雅俗。自今已後。宜令郡縣長官、申明條式。切加訓導。如有禮儀興行及綱紀不立者。委採訪使明爲褒貶。具狀聞奏。道教之設。風俗之源。必在弘闡。以敦風俗。須列四經之科。冠九流之首。雖及門求進。頗有其人。而覩奧窮微。罕聞達者。豈專精難就。爲勸獎未弘。天下諸色人中。有通明道德經及南華等四經。任於所在自舉。各委長官考試申送。其崇玄生出身。自今已後。每至選宜減於常例一選。以爲留放。朕每以道元有屬。思竭精誠。經教所存。豈忘崇奉。且宗其道者師其人。行其教者尊其禮。晉瑯琊王公府舍人楊眞人。護軍長史許眞人。丹陽上計掾許眞人。皆道著妙門。感通玄闕。降高眞之跡。爲上清之宗。後漢張天師教達元和。德宗太上一正之道。幽贊生靈。梁中散大夫貞白陶先生、高尙塵表。博達玄微。綜緝眞經。傳俾後學。並令有司審定子孫。將有封植。以嗣眞也。天師册爲太師。貞白册贈太保。其天下有洞宮山。各置天壇祀宇。每處度道士五人。幷取近山三千戶。蠲免租稅差科。永供灑掃。諸郡有自古得道昇仙之處。雖令醮祭。猶慮未周。宜每處度道士二人。其靈迹殊尤、功應遠大者。度三人。永修香火。其茅山紫陽觀、取側近百姓二百戶。太平崇玄二觀、各一百戶。並蠲免租稅差科。長充修葺灑掃。應天下靈山仙迹、並宜禁斷樵採弋獵。如聞山林學道之士。每被搜尋。且法之防邪。本有所以。至於宿宵妖訛。亡命聚衆。誘陷愚人。故令禁斷。郡縣遂一槩迫逐。至道之者不得安居。自今已後。審知清潔、更不得恐動。以廢修行。其五岳四瀆、名山大川、各令本郡長官致祭。朕刻意眞經。虔誠至道。冀憑玄祐。永錫黔黎。每朝禮三清。則宵衣忘寢。或齋戒一室。則蔬食屬猒。不以勤躬爲倦。務以徇物爲心。況於宰殺。尤加惻隱。自今已後。天下每月十齋日、不得輒有宰殺。又閭閻之間。例有私社。皆殺生命。以資宴集。仁者之心。有所不忍。亦宜禁斷。且因親設教。式本於人倫。自葉流根。必逮於榮養。內外文武職事官、有五品已上、其父祖見在而無官者。各授一官。仍聽致仕。其祖母見在、准母例處分。京官五品已上正員官、如父母已沒、未有官者。亦宜追贈。所司勘會。卽與處分。睦親之義。因心不忘。前開府儀同三司竇珙。頃以容納微人。頗虧典憲。永懷舅氏。追感渭陽。宜申國恩。再復榮秩。可開府儀同三司。仍放優閑。不須朝會。王澤無私。豈殊於中外。天瑞有慶。頻屬於京輦。寬大之典。則已溥覃。惠施之恩。特申曲被。其京城父老。宜各賜物十段。七十已上。仍授本縣令。其妻版授縣君。六十已上。版授本縣丞。天下侍老百歲已上。版授上郡太守。婦人版授郡君。九十已上。版授上郡司馬。婦人版授縣君。八十已上。版授縣令。婦人版授鄉君。仍並量賜酒麪。內外見任文武官。九品已上。宜各賜勳兩轉。其京文武官見在京及致仕、幷陪位官、諸方通表使及月番官等。一品賜物一百匹。二品三品並八十匹。四品五品五十匹。六品七品三十匹。八品九品二十段。兩京留守各八千匹。其節度使、採訪使幷諸官稱充使未廻、並同在京例賜物。貴妃楊氏稟性柔和。因心忠孝。克恭克愼。蹈禮循詩。加以勤志玄宗。叶誠嚴奉。率勵宮掖。以廸關雎。宜賜物三千匹。嬪御等賜物有差。太眞觀雖先度人住持。尙少。宜更度道士七人。太子諱賜物二千匹。慶王琮已下各有差。率土之內。賜酺三日。

## 天寶八載册尊號赦

自昔皇王受命。必降於元符。天人叶心。乃彰於大號。朕纘承玄緒。虔奉睿圖。何嘗不精意眞宗。勵心庶政。幸以邊隅底定。風雨時若。人和歲稔。且洽於邕熙。極瑞殊祥。荐臻於昭應。故得玉芝再產。祕牒玄通。斯皆至道降休。先聖儲祉。顧惟菲德。曷以克當。是用祗薦崇名。永揚鴻烈。而羣公百辟。援義比事。誠請不已。固辭不獲。以今日敬膺典册。曰開元天地大寶聖文神武應道皇帝。徽章載茂。寅畏增深。宜因稽古之典。式布惟新之澤。可大赦天下。自天寶八載閏六月五日昧爽已前。大辟罪已下、罪無輕重、已發覺、未發覺、已結正、未結正、繫囚見徒、常赦所不免者、咸赦除之。朕永惟風俗之本。漸冀返璞。至於弘貸之名。亦思復古。天下百姓、丈夫爲戶頭者、宜各賜爵一級。征鎮之役。其來自久。雖存素備。諒在變通。頃者用兵。蓋非獲已。今西戎摧殄。北虜歸降。南蠻東夷。咸皆稽顙。亦可謂四海無事。萬里廓清。減戍息人。思弘善貸。其諸軍鎮兵、非切要可均減者、宜令本鎮節度使與所司商量處置聞奏。其百姓有頻經征鎮者、已後差點之次、不在取限。高年給侍。本屬存養。因時定式。務廣仁恩。其天下百姓、丈夫七十五已上、婦人七十已上、宜各給中男一人充侍。仍任自簡擇。至八十已上、依常式處分。唐虞省刑。畫冠不犯。秦漢制法。密網唯煩。理亂之間。得失斯在。朕常想淳古。務崇敦朴。刑期不濫。政叶無爲。豈惟守於升平。庶有臻於大道。頃者詳諸條目。已從簡易。至於結斷。尚虛深刻。所貴從寬。示其知禁。宜令中書門下與刑部大理法官審更詳定。法律之間有所非便者。具牒自奏。禘祫之禮。以存序位。質文之變。蓋取隨時。國家系本仙宗。業承聖祖。重熙累盛。既錫無疆之休。合享祭神。宜弘不易之典。自今已後。每遇禘祫。並於太清宮聖祖前設位序正。上以明陟配之禮。欽若玄宗。下以盡虔恭之誠。無違至道。比來每緣禘祫。時享則停。事雖適於從宜。禮或虧於必備。自今已後。每緣禘祫。其常享無廢。又奉先追遠。禮惟昭德。崇福展敬。義在因心。自今已後。獻祖宣皇帝宣莊皇后忌日、宜令京城一日設齋。太祖景皇帝景烈皇后代祖元皇帝元貞皇后忌口、京城三日行道。玄宗妙本。實備徽言。垂範傳策。將宏至化。朕所以發求遺之使。遠令搜訪。因聽政之餘。親加尋閱。既判謬誤。爰正簡編。必在闡揚。以敦風教。今內出一切道經。宜令崇玄館卽繕寫。分送諸道採訪使。令管內諸郡轉寫。其官本便留採訪郡太一觀持誦。聖人垂訓。蓋先乎道。學者崇本。必有其師。文宣王與聖祖同時。俱爲教首。雖考言比德。理在難明。而問禮序經。跡彰親授。思廣在三之義。用崇得一之尊。宜於太清太微宮聖祖前、更立文宣王像。與四眞人列侍左右。且道降眞符。天有成命。藏之于密。則取固名山。彰之以類。則發祥星洞。況靈仙所集。宜表殊休。太白山可封爲神應公。所由口時祭祀。其金星洞改爲嘉祥洞。所管華陽縣改爲眞符縣。仍於洞所置一祠宇。仙人臺下置一觀。兩京并十道於一大郡亦宜各置一觀。仍並以眞符玉芝爲名。每觀度道士七人。修持香火。戶部侍郎兼御史中丞王鉷以才受委。以忠奉上。須命精求玄記。克叶神心。宜旌洒誠。俾正章綬。特與三品。其李渾等四人。既親傳眞誥。因獲元符。當有甄明。用旌福應。宜令中書門下量其所能。具狀聞奏。當別處分。又九州之鎮。實著禮經、三代之典。必崇望秩。事既屬於報功。義有弘於錫命。其九州鎮山除入諸岳外。宜並封公。仍各置祠宇。如先有祠宇者。量更增修。以時致祭。其五岳四瀆。雖載常祀。儲慶發祥。當申昭報。宜令所在長官、各陳祭禮。名山大川。亦量事致祭。天下侍老。並量賜酒麪。內外見任文武官、職事官三品已上、賜爵一級。四品已下、各加一階。其京文武官見在職及諸色陪位官、通表使等、賜帛有差。率土之內。賜酺三日。

## 天寶十三載册尊號赦

王者事天明。事地察。修身愼行。孝德彰矣。故風化天下。和睦興焉。致敬宗廟。祖考來格。是則禮莫大於嚴享。孝莫大於揚名。有以通于神明。有以光于四海。朕承眞之道。纘聖之業。欽若先訓。惟懷永圖。寶儉寶慈。無爲而理。自南自北。有截來成。五教聿興。家服仁孝。四靈感應。物必純誠。百郡公卿。萬方夷夏。僉奉玄貺。徽長發於眞源。屢薦鴻名。願昭彰於至德。封章守闕。于再于三。加以聖祖錫符。玄中啓迪。天心垂裕。榮光降臨。敢不丕承。固執冲讓。乃展因心之義。以弘推尊之典。虔上册禮。齋肅思成。入室僾然。敢忘于目。出戶而聽。庶幾有聞。揚美謚於無疆。展永懷於罔極。敬從拜後。禮旣尊先。式副羣心。以允成義。今日敬膺典册。曰開元天地大寶聖文神武證道孝德皇帝。大號載崇。祇若增懼。宜因布和之序。式弘在宥之澤。可大赦天下。自天寶十三載二月九日昧爽已前大辟罪已下、罪無輕重。已發覺、未發覺、已結正、未結正、繫囚見徒、常赦所不免者、咸赦除之。官人犯入己贓、不可更令却上。後不須爲累。其左降官、並稍量移近處。其反逆緣坐流配者、宜與量移。其王鉷李林甫柴崇耀阿布思等、並寄任非輕。苞藏特甚。原情議法。深所難容。況日月未淹。罪坐尤重。卽從寬宥。何以懲肅。應緣親累流配者、並不在該及之限。左降官、承前遭憂、皆不得離任。孝行之道。所未弘通。情禮之間。深可哀恤。如有此類。宜並放歸。仍申省計至服滿之日、准法處分。自今已後。編入常式。其中有非反逆緣坐、及情理切害、有父母年老不任相隨、無昆弟養者。許停官歸侍。及有身□衰老、久羅譴責、情願停官者。委本道採訪簡擇具名、牒中書門下、然後放還。鰥寡惸獨乏絕者。量加賑給。三載黜陟。百王令典。殿最之迹。廉問攸歸。欲更別遣使臣。慮有煩擾。今歲宜委本道採訪使、具官人善惡奏聞。以申勸沮。自臨御已來。四十餘年。棫樸延想。寤寐求賢。林藪無遺。旌招不絕。猶慮昇平以久。學業增多。至於徵求。或遺僻陋。其博通墳典、洞曉玄經、淸白著聞、詞藻宏麗、軍謀出衆、武藝絕倫者。任於所在自舉。仍委郡縣長官精加銓擇。必取才實相副者奏聞。朕尊崇先謚。霜露增感。于以孝思。無忘錫類。其內外見任官階俱是三品已上、父未有五品官及無官已亡歿者。宜各贈五品。及母無邑號者。亦與追贈。其見任四品五品淸官官階俱是五品已上者。亡父母先無官號、亦准此追贈。且厚其風俗。五教之旨聿興。賁于丘園。十翼之風斯在。士庶間、其衆推孝悌、累代義居、高尚確然、隱循巖穴者。委採訪使博訪聞薦。其孝義之人。已經旌表。雍睦無易。純至有終。著美鄕閭。深可嘉尙。各賜勳兩轉。以彰德行。天下侍老、百歲已上、版授本郡太守。婦人版授郡夫人。各賜綿帛五段。粟三石。八十已上、版授本縣令。婦人版授縣君。各賜綿帛兩段、粟兩石。太淸宮闕。聖祖仙居。頻降休徵。屢貽啓迪。不有優異。豈表殊常。其本宮道士、宜各賜物三十段。道門威儀王、靈貞賜物五十段。陪位大德、各賜物二十段。因心推崇。增上美謚。惟官統職。必在正名。今以太常尊事宗廟。安可別署爲名。禮不逼尊。情期達敬。五陵署改爲臺。其獻陵臺、等五令及丞。並昇一階。以彰崇奉。五岳四瀆及名山大川、幷靈迹之處、先賢祠廟、各委郡縣長官致祭。其有陵墓祠宇頹毀者、量事修葺。亞獻皇太子、賜物一千段。終獻榮王琬、賜物五百段。其餘各賜階爵有差。其郡守縣令。職在親人。必務公勤。用康黎庶。凡所推擇。皆竭悃誠。寵錫之間。須甄異等。普恩之外。太守等並賜爵一級。縣令賜勳兩轉。庶期勉勵。以表朕心。其京文武官、一品賜物一百匹。二品八十匹。三品七十匹。四品五品五十匹。六品七品各三十匹。八品九品各二十段。東京北京留守、節度採訪使、并京官准勑出使來回者、所賜物並同見在例。左相陳希烈純粹之道。載穆朝廷。文儒之風。式瞻師表。且叶和時令。翊贊昇平。柔嘉其德。克壯元老。與子五品官。賜物五百匹。攝太尉、冀瓚上册書寶册讀册。右丞楊國忠當朝正色。百寮紀綱。廉節遺身。三階柱石。況發揮孝理。潤色鴻猷。金玉王度。典禮增緝。不有殊等。何用爲勸。宜與一子三品官。仍與一子五品官。更賜五百段。左僕射安祿山以貞一之心。惣文武之任。出清北落。入贊南宮。既押登歌。又揮寶册。與一子官。賜物四百匹。攝太尉張均、太清宮祠及修儀注等使。普恩之外。又賜物一百匹。武德功臣、貞觀初宰輔等。緬想忠義。感會風雲。用集大勳。肇興王業。其有子孫零落。冠冕陵夷。無任官者。宜令所司勘責。依資與一人京官。唐初功臣。續叅締搆。錄勞念舊。每寘于懷。普恩之外。宜放一子出身。如已出身。所司依資與一官。率土之內。賜酺三日。

## 乾元元年册太上皇尊號赦

古者父有天下。傳歸於子。子有天下。尊歸於父。有國所以繼統。立身莫若揚親。其義遠矣。我太上至道聖皇天帝、惟皇降衷。敷佑于上。允文允武。乃聖乃神。道合乎乾坤。德明乎日月。粤若增崇九廟。巡謁五陵。天子之孝也。嚴禋二郊。昇中東嶽。聖人之表也。制禮作樂。闡學明刑。帝皇之業也。戡定多難。懷柔百蠻。霸王之功也。於是乎爲而不宰。成而勿居。神超象外之先。心契合莫之境。釋負于小子。俾承于丕搆。討伐叛逆。綏懷四方。豈朕之能。皆聖皇之訓也。頃者親授寶符。載錫美稱。顧朕不德。何以克荷。君父之命。若登于天。祖宗之緒。恐墜于地。一昨與羣公百寮庶尹衆士。圖惟帝載。欽若聖謨。自古已來。百王垂範。文明濬哲。孝友寬仁。豈有如我開元之盛也。乃稽大典。上徽號曰太上至道聖皇天帝。累日誠請。不蒙許納。至于數四。今兹俯從。允膺天休。克副人望。朕迫嚴旨。曲被保私。迎春之初。承奉嘉命。聖皇所賜曰光天文武大聖孝感皇帝。名以制義。亦爲實賓。卑不踰尊。是昭物則。恭惟聖造。何敢當仁。初以洪業載昌。有虧公議。復以大聖二字。深僭□猷。讓非飾詞。言必形泣。承順顏色。而宸睠不回。祗膺寵光。乃夕惕增勵。今惟新景命。禮洽於尊親。誕受徽章。敬在於順上。發生萬物。行慶其時。孚佑兆人。緩刑斯在。宜弘霈澤。以布陽和。大赦天下。改至德三載爲乾元元年。自二月五日已前大辟已下。罪無輕重。常赦所不免者、咸赦除之。其兩京文武官、應三司先推勘者。本罪中遞減一等處分。其合放者。三司具條件奏聞。自開元已來、將相大臣、非反逆及犯名教枉法贓罪者。流死許其家人以禮收葬。其陷在賊境。爲其殺戮。未經追贈者。據本官追贈。公主並郡王嗣王郡主縣主及皇五等已上親、被逆賊殺害者。各與子孫一人官。使瘞藏。失骸骨者、令招魂葬。身歿王事者。三品已上各與追贈。仍各與一子官。五品已上、一子出身。六品已下。量事追贈。其元從聖皇天帝至成都府文武官五品已下、宜與一子官。六品已下、超資進改。聖皇至成都府後到官及靈州寧州首末扈從、三品已上與一子官。五品已上放一子出身。情願迴授周親及近親者亦聽。六品已下。量與轉改。鳳翔府已歸順前者。普恩外加一階。車駕出城後任官、潛藏不仕逆賊。即與處分。唐元功臣。普恩外賜爵一級。身亡歿者。與子孫一人加一階。其諸道節度下將士三品已上。與一子官。六品已上。放一子出身。六品已下。量與改轉。勳業高者。各委本使奏聞。諸道留守將士。普恩外賜勳三轉。自開元已來宰輔之家、不爲逆賊所汚者。與子一人官。自賊陷兩京、文武常參官、及諸州刺史、有絕脰仰藥、不事叛人、爲衆所知者、量加優贈。有脫身賊庭、妻子被屠戮者、委所在勘會聞奏。其天下孝義門、各與一子官。委採訪使具名聞奏。量文武處分。其左降官、非反逆緣坐、及犯惡逆名教、枉法盜贓、如有親年八十已上、及疾患在床枕者、不堪扶持、更無兄弟者、許其停官終養。其流人亦准此。自今已後。應以醫術入仕者、同明法例處分。其天下百姓、今年租庸、並放免。其百司及府縣諸色雜供、各宜減半。其雜役非切要者、一切並停。其天下州縣、有遭逆賊攻擊、堅守不下、竟以獲全、其官人百姓中有誠效灼然、爲衆所知者、宜令本道使按驗奏聞。據狀迹酬其官賞。身亡歿者、重加褒贈。有父母存者、仍與一官及邑號。無父母者、與一子官。有一家丁壯盡被屠害者、其父母妻子、仍令州縣以官物賑恤。并量造屋宇。使得安存。其州因城陷被殺戮殘毀者、委本道使勘責取實、各量免其三二年租賦。自寇逆已來、有匹夫匹婦、節義可稱者、並旌表其閭墓。其流亡戶復業者、委本道使與刺史勾當賑給、并與種子犂牛、仍免三年租賦。內外文武官、三品已上、各賜爵一級。四品已上、及四方通表使、各加一階。五品已上有父沒者、各賜勳兩轉。其刺史上佐錄事參軍、縣令、委中書門下速於諸色人中、精加訪擇補擬。判司丞已下、宜令所由先於兩京潛藏、不仕逆賊、及故託疾病官中、簡擇資考深者才堪銓注續發遣。皇五等已上親、及九廟子孫、有才學政理、委宗正寺簡擇聞薦。其有任僞官及掌兵馬軍將、能卽來還、各還本官。仍別優賞。其左降官、諸色流移配隸安置罰鎮効力之類、亡官失爵、解退放歸田里、及安祿山支黨緣坐、不在免限。李林甫王鉷楊國忠等一房、去年十二月十五日制後所犯、並准前制處分。

## 廣德元年册尊號赦

惟高祖太宗、敷大德于天下。覆載之內。湛恩茂育。累聖同道。□康兆人。寶位重光。深其德澤。被服漬漸。洽于生靈。百有五十年之間。兵不作而刑將措矣。自寇虐橫厲。山東不開。釁起渠魁。毒流區宇。三軍七卒之士。豪傑忠良之徒。制在風波。遭其駈刼。由是干戈不息。征賦實煩。哀我人斯。並罹災患。憫茲有犯。無罪萬方。朕上戴皇天。下臨黔首。奉先聖之成命。集一切之大勳。元惡既誅。羣生思乂。是欲鏡清六合。綱決八紘。庶齊大道之時。克復太平之理。至化猶鬱。兵嚴初解。百辟卿士。中外重臣。並進昌言。請上徽號。曰寶應元聖文武孝皇帝。朕涉道日寡。慙德良多。恐阻樂推之心。自增神器之重。俯膺典册。敬受鴻名。便欲謁報昊天。展事郊廟。又以孟秋多稼。垂及西成。王畿之間。人實勞止。輟茲大禮。或候玄冬。切爲踰年改元之制。纘承鴻業。敢廢舊章。博採羣公之議。乃貞叶用之紀。其寶應二年改爲廣德元年。爰屬履端。乃弘肆告。救茲湯火。俾雲行而雨施。滌其瑕穢。將玉振而金聲。宜廣更始之恩。用明嚮勸之福。可大赦天下。自廣德元年七月十一日昧爽已前。大辟罪已下、罪無輕重。已發覺、未發覺、已結正、未結正、見繫囚徒、常赦所不免者、咸赦除之。左降官、卽量移近處。亡官失爵、各與收敍。諸色流人、罰鎮効力安置配隸等、一切放還。其安祿山史朝義親族、應在諸道一切原免。並無所問。天下所有諸色結聚羌渾党項等、但能悔過自陳。各歸生業、一切並捨其罪。其中有頭首能勸率并束手來歸者。並加官賞。仍令本道防禦使本管刺史縣令分明曉諭。所有到者各具名錄奏。諸道百姓逋租懸調、及一切欠負官物等、自寶應元年十二月三十日已前、並放免。一戶之中有三丁、放一丁。庸調地稅依舊每畝稅二升。天下男子、宜二十五成丁、五十五入老。應徵租稅、刺史縣令等據見在戶徵科。其逃亡死絕者、不得虛攤隣保。河北百姓復三年。應是迴紇行營經歷處、免今年租稅。內外文武三品已上、賜爵一級。四品已下、加一階。各賜勳兩轉。天下兵馬元帥雍王、智謀夙成。忠孝純至。恭行討伐。親統元戎。撫外蕃以仁。訓羣帥以義。班師獻捷。勳茂武成。宜兼尚書令、加實封二千戶。迴紇可汗。册爲頡咄登密施合俱錄英義建功毗伽可汗。可敦册爲墨光親麗華毗伽可敦。可汗及左右殺內外宰相已下、共加實封二萬戶。令御史大夫王翊持節就衙帳册禮。左右殺胡祿都督。並封爲王。諸都督並封國公。河北副元帥懷恩、宜兼太保。仍與一子三品官。一子四品官、幷階。更加實封五百戶。河南副元帥光弼、與一子三品官、幷階。加實封三百戶。幽州節度使懷仙、與一子三品官、幷階。加實封二百戶。李抱玉郭英乂辛雲京侯希逸田神功孫志直白孝德令狐彰並各與一子三品官、幷階。加實封二百戶。李寶臣薛嵩田承嗣張獻誠等、各與一子五品官幷階。加實封二百戶。魚朝恩寄崇師律。程元振勳高佐命。各加實封二百戶。仍與一子五品官、幷階。僕固瑒高彥崇渾日進李建義李光逸楊崇光李懷光張如岳白元光溫如雅拓拔澄泌高暉盧欽友成惟良曹楚玉等、各與一子五品官。加實封一百戶。仍各賜鐵券。以名藏太廟。畫像於淩烟之閣。幷寇難已來將相、勳業高者、其名籍圖畫亦准此。郭子儀與一子四品官、幷階。加實封二百戶。苗晉卿劉晏裴遵慶元載各與一子四品官、幷階。加實封一百戶。儀王及彭王已下男、未有官者、並准舊例與官及封、永穆及長樂已下長公主及郡縣主嗣王郡王等、各與一子官。皇親五等已上諸親、三等已上，各與一子出身。二王後各與一子官。諸道節度使及立功將士、其父兄□在無官者、依子文武與官、已歿者追贈。陣亡將士、襲父官爵。河南河北、有懷材抱器、安貞守節、素在丘園、不仕爲衆所知、委所在官長具名聞薦。應授僞官等並已昭洗。矜才宥過、宜有甄收。委所由勘會本官名銜資歷聞奏。量才處分。文武正員常參官、幷諸州刺史、父母無官邑號者。宜與致仕官及邑號。贈者更與改贈。刺史縣令已後改轉。刺史三年爲限。縣令四年爲限。員外及攝試官、一切不得釐務。諫官每月一上封事。無所迴避。河北僞度僧尼道士女冠、並與正度。天下刑獄、洎大理正斷刑部詳覆不得中書門下便即處分。諸色人中有孝悌力田、經術通博、文詞雅麗、政理優長。本州各以名薦。

# 唐大詔令集卷第十

帝王

冊尊號赦下



痊復



## 冊尊號赦下

### 元和十四年冊尊號赦

朕聞惟人戴后。因事必極於推尊。惟辟奉天。有善必歸於讓德。式敷景化。以答玄功。居有勞謙之思。進多滿假之懼。緬自遠古。何嘗不由是而致理焉。

朕獲纘睿圖。祇膺神器。上奉大祭。下安羣生。恭己臨軒。兢懷馭朽。志欲周于四海。念常切於一夫。旰食宵興。惟恐失墜。運屬休泰。時丁小康。方隅廓清。氛祲銷盪。斯乃上荷乾坤之垂佑。宗社之降靈。下賴卿士之叶心。戎臣之宣力。端拱嚮道。推誠任能。豈予寡昧。用集丕績。況至化猶鬱。勤憂未寧。而中外臣僚。文武多士。累誠懇疏。並進昌言。願獻鴻名。以增虛美。拒衆心而率籲轉切。顧眇身而內愧靡安。乃撰吉良。爰受典册。禋告于清廟。虔聞于昊天。當茲盛儀。夕惕增勵。於戲。朕自御極。再加景號。在徽章而孔備。諒浮實而多慚。宜因行慶之辰。誕布惟新之澤。與物咸遂。永孚于休。可大赦天下。自元和十四年七月十三日昧爽已前。大辟罪已下。已發覺、未發覺、已結正、未結正、繫囚見徒。罪無輕重、咸赦除之。唯故殺人及官典犯贓、不在此限。左降官、量移近處。已經量移者、更與量移。如復資者、即任便赴選集。亡官失爵、放歸不齒者、量加收錄。前資見任官、因瑕累未經錄用、并左降官事情可恕。才行足稱者、宜簡拔獎用。淄清舊管內官吏人等、將士百姓等、縱有跡同惡逆、掛涉流言、事在往時、一切不問。京畿今年秋稅青苗、及榷酒錢、每貫量放四百文。從元和五年至十年已前、諸縣百姓欠負錢物斛㪷等、委京兆府疎理減放。淮南浙江東道宣歙江南西道湖南福建山南東道荆南等九道、今年秋稅錢合上供者、每貫量與減放。度支鹽鐵戶部應有逋懸、並委本司疎理具可放數聞奏。比來州縣並不定戶、貧富變易、遂成不均、前後頻有制勑、長吏不盡遵守、今宜三年一定、必使均平。內外文武見任及致任官三品已上、賜爵一級。四品已下、加一階、仍賜勳兩轉。神策六軍金吾皇城威遠諸道將士、經淮西淄青兩度立功者、更賜勳兩轉。二王三恪、及文宣公、神策六軍、金吾皇城威遠等諸軍、應在城內蕃客、並節級賜物。讀册官侍中韓弘崔羣、讀寶官皇甫鎛並各加一階。已至三品者賜爵二級。撰册文官崔羣、與一子正員官。其餘應職掌行事、加階賜勳有差。故尚父子儀、贈太師晟、贈太尉秀實及張巡許遠南霽雲顏眞卿杲卿子孫、各與官及出身。寶應興元功臣、各賜勳爵。天下諸色人有賢良方正、能直言極諫、博通墳典、達於教化、軍謀宏達、堪任將帥、詳明政術、可以理人者、委內外官各舉所知。當親自策試。中書門下選黜陟使分巡天下。百姓高年者、頒賜有差。

## 長慶元年册尊號赦　　元稹

我高祖太宗。化隋爲唐。奄宅區夏。包舉四海。全付子孫。其何事哉。彼昏盈而我勞敬也。明皇承之。能大其業。六戎八蠻。罔不貢奉。由是庶尹弛政。庶吏弛刑。視人不勤。視盜不謹。燕冦勃起。洞无藩籬。六十有七年。兵革大試。其何事哉。據逸安而易萌漸也。逮我聖父。勤身披攘。斬斷誅除。天下略定。曾是幽冀。賜予懷來。荷賴景靈。丕訓不墜。環歲之內。二方平寧。粤予何功。時帝之力。而卿大夫猥以大號。加于眇身。讓于四三。益甚其請。皇太后如聞其事、歡然慰心。慈旨下臨。臣誠上迫。祇受典禮。懍乎予懷。尙念昔者七十二君。莫不升中慶成。自以爲堯舜莫己若也。然而不爲堯舜之行者。來代無傳焉。朕嘗推是爲心。不欲名浮於實。今卿大夫謂我爲文武孝德矣。其將何道以匡予。予其業業兢兢。日愼一日。慕陶堯虞舜之行以自勉。思文祖憲考之道以自勤。予苟不思。無忘納誨。於戲。溢美之名。既不克讓。潤物之澤。夫何愛焉。可大赦天下。自長慶元年七月十八日昧爽已前。罪無輕重、咸赦除之。唯故殺人并官典犯贓、不在此限。應左降官及流人、本因犯贓得罪者、宜依今年正月三日制處分。京畿諸縣及度支鹽鐵戶部負欠、各疎理放免有差。應經戰陣處之所在州縣、收瘞遺骸、仍量事與櫬櫝兼以禮致祭。李師道吳元濟自絕於天。並從誅滅。念其祖父嘗事先朝。墳墓所在。並不得令人擅有毀廢。愛人本於省賦。雖在必輕。國用出於地財。又安可闕。今淮蔡幷山東率三十餘州。約數千里。頒賜或踰於鉅萬。給復有至於連年。應河北等州給復限滿處置、宜委所在長吏、審詳墾田幷親見定數、均輸稅賦、兼濟公私、每定稅訖所增加賦申奏。其諸道定戶、宜委觀察使刺史必加審實、務使均平。京兆府亦宜准此。其百司職田在京畿諸縣者、訪聞本地多被所由侵隱。抑令貧戶佃食蒿荒、百姓流亡、半在於此。宜委京兆府勘會均配。務使公平。其京兆百姓屬諸軍諸使者、宜令各其挾名、勅下京兆府、一戶之內、除已屬軍使、餘父兄子弟、據令式年幾合入色役者、並令京兆府明立簿籍。普同百姓。一例差遣。頻年已有制勅處分。委京兆府舉明舊章條件聞奏。刑獄所繫理道最切。如聞比來多有稽滯。一拘囹圄。動變炎涼。自今已後。宜令御史臺切加訪察。每季差御史巡囚。事涉情故。或斷結不當、有失政刑、經沒官被人請射本官及子孫到並委却還。天下諸色人中、有能精通一經、堪爲師法者、委國子祭酒訪擇。其有課績特殊堪任朝獎者、臺省官有闕、宜先選擢。自今郡守恪奉詔條。清廉可紀、四考與轉。諸道或閉糴禁錢、自爲條約、切宜禁斷。其內外文武及致仕官、三品已下各加一階。陪位白身人賜勳兩轉。故尙父汾陽王贈太師晟贈太尉秀實各與一子八品官。顏眞卿杲卿張巡許遠南霽雲各與一子出身。武德已來功臣子孫、量加獎用。中書門下及節度使帶平章事者、各與一子八品正員官。祖父母及父母並與贈官封。父歿母存者與邑號。已贈已封者更與追贈及邑號。禮儀使大禮使度支鹽鐵使京兆尹各與一子出身。文武常參官、幷致仕官、諸道節度觀察經略等使、及神策等諸軍使、父見存者量與致仕官。母存者與邑號。父母亡歿與贈官及邑號。東都留守、及諸道節度觀察經略等使、神策金吾六軍將、威遠鎮國軍使。各與一子出身。陝州奉天、與元功臣、更賜勳爵有差。身歿未經追贈者與追贈。應緣大禮移仗宿衞御樓立仗將士、普恩之外、賜勳爵有差。仍准舊例賜錢二十萬、四千九百六十端匹段貫。大禮職掌行事官、及留守等、更賜勳爵及加階。升壇殿行事官、更特加一階。應在城內蕃客等、賜物有差。常參官及刺史有停替及病假解官、及終制未授官、委中書門下量才進擬。其有情願致仕官者、亦聽。天下諸色人中、有賢良方正、能直言極諫、博通墳典、達於教化。軍謀宏遠、堪任將帥、政術詳明、可以理人者、委有司各舉所知、限今年十月到上都、天下具事由聞奏。其天下州縣、並委御史臺幷出使郎官御史、兼諸道巡院、切加察訪。近邊所置和糴、皆給實價。如聞頃來積弊頗甚。美利蓋歸於主掌。善價不及於村閭。或虛招以奉於强家。廣儲用資於游客。若不嚴約。弊何可除。宜委度支精擇京西京北應供糧軍幷和糴院官並營田水陸運使、切加訪察。仍作條流檢轄速具奏聞。應停諸道年終勾、幷不許刺史上使幷錄事參軍不得擅離本州。委御史臺切加糾舉。內外文武見任幷致仕官、賜官爵有差。神策六軍金吾威遠皇城將士、普恩之外、各賜勳三轉。大長公主公主、嗣王郡主縣主、神策六軍、金吾威遠皇城等諸軍將統軍以下、兼將士等、長行立仗及守本軍本營者、各賜物有差。鴻臚禮賓院、應在城內蕃客等、並節級賜。陰山貴女。來迓天孫。會王明庭。克親盛典。念吾妹之將遠。於禮賓而宜加。其迴鶻公主別有賜物。攝侍中讀寶、戶部侍郎平章事崔植各加一階。撰册文官中書侍郎平章事崔植與一子正員官。奉册奉寶綬書玉册書寶官各加兩階。進寶綬進册中進中嚴外辦禮儀贊導押册押寶綬舁寶册官各加一階。其餘應職掌行事官、并寫制書官、太常修撰儀注禮官、并內定行事中使、三品已上賜爵一級、四品已下加一階、仍並賜勳兩轉。鐫造玉册幷塡金事造寶裝寶官等、各賜五十段。尊師重傅有國常經、李逢吉韋綬薛倣丁公著等普恩之外各加一階、如已至三品四品者、賜爵一級。天下百姓年九十已上、委所在長吏量加存問。孝子順孫義夫節婦先已旌表者、亦量加優恤。五嶽四瀆名山大川、并自古聖帝明王忠臣烈士、各令所在、以禮致祭。

## 寶曆元年册尊號赦

門下、朕聞奉天地之大統、必酌于人心。荷祖宗之成訓、必參于國典。顧惟眇身守任重器、道未能被物、德不足蓄身。賴于宗公碩老輔導承弼、享祧奉鬯熏燎告虔、履曆正元。敷施大號、庶萬方咸若、四表穆然。皇祖披攘之基、列聖焦勞之業、恬焉而有泰焉而居。晝以度心、夜以省己、其何德以堪之。方將法乾以行健、體咸而致和、執沖以固高、守約以持滿。而文武百辟章奏四上、以爲人心不可以曲讓、國典不可以矯違。亦用慰于太皇太后皇太后之意、屈而後俞、諒非獲已。豈不以予非生知、欲以徽稱懿號、誘掖勸慕之乎。將使循名而勉其實、力實而應其名乎。然則予方且以爲韋絃、方且以爲箴誥、楙于皇極、庶無尤違。是宜與物同利、惟新大澤。可大赦天下、自寶曆元年四月二十二日昧爽已前大辟罪已下、已發覺未發覺、已結正未結正、繫囚見徒、罪无輕重、咸赦除之。唯故殺人及官典犯贓、不在此限。

## 會昌二年册尊號赦

門下、昔我高祖太宗、始造區夏、闢乾坤以覆載、揭日月以照臨。盛德耿光、格于上下。昊天有成命、我二后受之。列聖丕圖、克大其緒。文綏武靖、弈葉連枝。逮予纘修、罔敢失墜。誠欲追蹤在昔、貽範將來。陶末俗於至和、返大朴於已散。而道不足以居域中之大、文不足以成天下之化。恭己南面、夙興夕惕、遐想理古、歉然于懷。至於嗣歲豐穰、寰海康靜、妖沴滅息、華夷大同、茲實鑒祐自天、匡救在下。諒非己出、安敢自多。而三臺百辟、陳忠瀝懇、加我大號。其何以堪。謂予守文、宜述先志。抑而不行者三請、確而不拔者羣誠。豈貪在己之名、姑念從人之欲。祗膺典册、良深惕厲。於戲、顏子匹夫也、猶舜何人哉。矧有其位、行其教化、而不思齊其道也。尚念交脩、俾克用乂。今維首夏、長養之時、動植之物、莫不自遂。思有以導迎和氣、生活吾人。是用稽犧文之作解、法虞書之肆赦、推恩宥過、與物同休。可大赦天下、自會昌二年四月二十三日昧爽已前大辟罪已下、已發覺未發覺、已結正未結正、繫囚見徒、罪無輕重、咸赦除之。唯犯十惡叛逆已上、故殺人及官典犯贓、不在此限。

## 會昌五年册尊號赦

門下、王者事帝、必嚴禋祀之容。臣下歸功、爰極推崇之義。既膺顯號、式展盛儀。因時布和、順歲更始。前聖垂範、逮予是遵。矧以眇身、幸逢昌運、雖履冰惟懼、而涉道未周。繄我輔臣、洎茲列岳、內盡交修之志、外分共理之憂。乃者虜衆乖離、部族款附。救帝子於氊裘之所、致名王爲冠帶之臣。堅昆來朝不遠萬里。夷貊嚮化。克同九州。重以上黨狂童。竊襲叛跡。問罪之師既集。元兇之首遂梟。廓清亂風。洗滌汚俗。翦逆弁而故都底定。寘摩尼而壞法永除。由是退惡進賢。化行令舉。刑奸贓之吏。破黷貨之家。此皆宗社降靈。助成時政。豈朕涼德。獨擅厥功。而中外誠臣文武多士。累陳懇疏。再舉鴻名。辭不獲從。祓此虛美。是用虔告清廟。明禋上玄。煙燎所升。靈貺如答。既展郊禮。重申國經。宜因行慶之辰。誕布惟新之令。同我景福。永孚於休。可大赦天下。自會昌五年正月三日昧爽已前大辟罪已下。罪無輕重。已發覺未發覺。已結正未結正。繫囚見徒。常赦所不原者。咸赦除之。

## 大中二年册尊號赦

門下。我國家披皇圖以立極。執大象以升中。睿嗣神宗。重熙累盛。逮予稽古聖考。紹復中興。洗滌宿氛。廓開昌運。天命不易。賜予元符。荷宗社之耿光。致寰瀛之小泰。干戈戢戢。風雨順時。北狄來賓。西戎効款。豈予菲薄。迄此肅清。皆中外元寮。文武多士。同心協贊而使之然。益用兢惕。以戒盈滿。而乃累陳丹懇。願上鴻名。牢讓不從。瀝誠彌切。於戲。昔賢有云。舜何人也。我何人也。苟或讓之不遂。予亦敢不思齊。今百執事。謂予曰聖敬。敢忘湯武日躋之詩。謂予曰文思。敢忘放勛欽明之典。謂予曰和武。敢忘保大之功。謂予曰光孝。敢忘繼志之義。以是自勗。庶無悔焉。浮實之名。既不獲已。乘春之澤當務惟新。可大赦天下。自大中二年正月三日昧爽已前。大辟罪已下。已發覺未發覺。已結正未結正。繫囚見徒。罪無輕重。咸赦除之。惟犯十惡五逆已上、故殺人及官典犯贓。不在此限。

## 乾符四年册尊號德音

天地運無私之道。以遂羣生。帝王弘在宥之仁。是章含垢。得不廣霑濡澤。昭洽寰區。爰施解網之恩。用叶垂衣之化。朕君臨大寶。子育含靈。前歲中外臣僚藩方將帥。獻我徽號。詢于憲章。雖云前赦不遙。既受鴻名。咸施慶澤。稟列聖之法制。致兆人之惠康。然以赦宥恐頻。變通宜審。權停舊典。再及新春。每念貶降遐荒。遷流裔土。傾心望闕。延頸祈哀。繫於朕懷。常深惻憫。宜順陽和之候。追行盪滌之恩。自乾符四年正月五日已前。京畿及天下州府、大辟罪已下、見禁囚徒。各委長吏遞減二等。限五日決遣。唯犯十惡五逆、故殺人及官典犯入己贓、持刃行劫、合造毒藥、不在此限。於戲。朕居億兆之上。于今四年。業業兢兢。如履冰馭朽。苟有闕教道。可致時雍。未嘗不更自勞心。尤思致理。況允契羣臣之望。欽承列聖之規。特降鴻恩。獲遵彝典。今則已覃惠澤。俾洽生成。復遇陽春。同均煦育。宣布中外。深體朕懷。

# 痊復

## 太上皇康復詔

書不云乎。一人有慶。兆民賴之。朕虔奉大安。愛敬崇極。日嚴之養。祇慄斯在。近日聖躬違豫。寢膳有虧。憂懼在懷。不遑寧處。博求醫術。備盡綢療。祈告明靈。具陳懇篤。上玄降福。遂蒙昭祐。應時康愈。萬福咸宜。喜幸之隆。實兼家國。思班愷樂。洽于卿士。然而尙齒崇孝。德教所先。饗餼是加。義超常等。諸州都督刺史及文武官、老人八十已上、幷孝子旌表門閭者、並宜節級賜物。以申饗宴。庶使萬國之內。同此歡心。施于四海。皆知朕意。貞觀四年七月

疾愈德音

朕遐思三古。傍考百王。邁德彰仁。在於兢愼。故詩稱翼翼。易美乾乾。惟此之格言。豈忘於終日。況天地之仁。莫先於利物。朕乃者膳飲非適。興居不時。風霜所侵。遘厲瘧疾。賴上玄降鑒。列聖垂休。尋克有瘳。至于安節。深慙愼德。重切貽憂。爰因康復之初。式表兢勤之至。況江淮旱歉、滑鄆水災。方念恤人。寧忘約己。應緣御服及器用、在淮南浙西宣歙等道各供進者、幷端午降誕常例進獻等、一切權停。其諸道每年准旨條合貢者、委度支商量疏理。如非切要。涉於冗費者。一切停進。夫適情悅目。肆巧雕文。翫好雖充、農蠶實蠹。朕將齋服應用。每念黎元。應諸道除常貢外。不得別進翫好之物。近日諸道多奏祥瑞。且休徵所感。靈跡所昭。必驗祥經。應孚玄化。自今已後。除合准式申奏外。餘一切不得妄有進獻。虛爲煩費。卑宮菲食。常遵大禹之心、馳騁畋遊。每奉玄元之誡。朕勞思惜費。恭念好生。將欲濟人。期於尅己。每日供御及供宮內食料等、一物已上。各委本司商量節減。仍具所收費用數、速分析聞奏。當付度支管計。以添充經用。五坊鷹狗之類。量留充備蒐狩之外。一切盡放。其淮南等道、當臨遣使臣。別有處分。於戲。天鑒在上。敢不嚴恭。人視在下。敢不兢畏。既驗有喜之兆。永懷無逸之規。凡在中外。宜表朕意。長慶三年二月

太和三年疾愈德音

朕祇若天命。纘承睿圖。正統紀以淸庶方。序彝倫以貞百度。慄慄寅畏。于茲九年。雖儉己飭躬。推誠育物。懼有未至。不遑安寧。屬節氣交時。疾恙嬰體。列聖垂祐。涉旬復初。既上慶於兩宮。宜覃恩於兆姓。庶與寰宇。同茲福祥。自太和八年二月九日昧爽已前。天下應犯死罪。降從流。流已下罪。遞減一等。唯官典犯贓、及諸色所由破用官物、故殺人、十惡等罪。不在此限。左降官流人。宜准去年八月十九日勅、卽與處分。爲政之要。必在去煩。厚下之恩。莫先己責。應度支戶部鹽鐵積欠錢物。或囚繫多年。資產已盡。或本身淪歿。展轉攤徵。簿書之中。虛有名數。囹圄之下。常積滯冤。言念于茲。所當矜恤。其度支戶部鹽鐵應有懸欠、委本司具可徵放數條流聞奏。不得容有奸濫。在京諸司使食利錢、已納利計五倍已上者。本利並放。其有攤徵保人納利、計兩倍已上者。其本利亦放免。京色之內。本無榷酤。屬貞元用兵之後。費用稍廣。始定店戶等第。令其納榷。況萬方所聚。私釀至多。禁令既不可施。榷利自無所入。徒立課額。殊非惠人。其長安萬年兩縣、見徵納榷錢一萬五千十貫八百文。若先欠者。並宜放免。其榷酒錢。起今亦宜停。比者滄寇干紀。稽誅數年。諸道興師。累獻戎捷。時方討叛。難議釋縲。免死戍邊。已有恩貸。今滄州一道。久被朝章。念其懷土之心。必有向隅之歎。俾之遂性。用洽優恩。其諸道所送滄州將健配流、及邊鎭營田役使者。並委本道據見在人放歸本管。如有已効軍職。及自有生業、不願去者。亦任便住。董昌齡自邕州

累平溪洞。兵威所向。首惡皆擒。言念蒼生。無非赤子。況在荒徼。尤當撫循。其溪洞如有未歸附者、向後非因侵擾。更不用進討。仍加存撫。各使懷安。所獲黄洞百姓、並分配側近州縣。令自營生。不得沒爲奴婢。將充賞給。如元是奴婢者。卽任充賞。南海蕃舶。本以慕化而來。固在接以恩仁。使其感悅。如聞比年長吏。多務徵求。嗟怨之聲。達於殊俗。況朕方寶勤儉。豈愛遐琛。慮遠人未安。率稅猶重。思有矜恤。以示綏懷。其嶺南福建及揚州蕃客、宜委節度觀察使、除舶脚收市進奉外。任其來往。自爲交易。不得重加率稅。天下諸州府、如有寃滯未申。宜委御史臺及出使郎官、察訪聞奏。朕百靈所祐。獲遂痊和。虔奉神休。敢忘昭報。其五岳四瀆、天下名山大川、各委所在長吏致祭。仍加豐潔。以副精誠。朕以寡德。上承丕構。宗社流慶。玄穹叶靈。徽恙愆和。旋就康復。渥澤思及於人瘼。敬戒先自於朕躬。俾我華夷。共歡富壽。中外臣庶。宜體予懷。主者施行。

## 咸通八年痊復救恤百姓僧尼敕

勅。朕比寒暑致疾。綿滯經時。今旬朔之間。寢膳已復。蒙天地保祐。宗社寵靈。旣疾痛之有瘳。念疲羸之無告。爲之父母。得不憫傷。慮赦令之或頻。則奸人之得計。儻恩惠之遠布。冀窮氓之稍蘇。應天下百姓僧尼道士女冠等有年七十已上、疾病癃痼、委頓床榻者。宜各賜絹兩匹。在軍旅行陣經敵傷害手足、眼目、不能營生、亦各賜絹兩匹。應州縣病坊貧兒多處、賜米十石。或有少處卽七石五石三石。其病坊據元勅各有本利錢、委所在刺史錄事參軍縣令糾勘。兼差有道行僧人專勾當。三年一替。如遇風雪之時。病者不能求丐。卽取本坊利錢市米爲粥。均給飢乏。如疾病。可救卽與市藥理療。其所用絹米等、且以戶部屬省錢物充。速具申奏。候知定數。卽以藩鎭所進賀疾愈物支、還所司。此勅到。仰所在州縣寫錄勅牓於州縣門、幷坊市村閭要路。其州縣所給卹絹米。恐下吏之所隱欺。仍委刺史縣令、設法頒布。不得令不利本身。所在給卹之後。一一分析聞奏。俾令速濟疾病。稱朕意焉。咸通八年十一月六日

# 唐大詔令集卷第十一

帝王

遺詔上



## 遺詔上

### 神堯遺詔

嗚呼。夫壽命終畢。人之大倫。修短之所共同。聖賢之所不免。朕往逢喪亂。思濟黎元。櫛風沐雨。東征西伐。剋平宇內。從此樂推。遂膺景命。恭承寶曆。但蒙犯矢石。羈束戎旅。久厭干戈。常思閑逸。是以拂衣高謝。歸老櫟陽。爰委萬機。屬之才子。所授得人。遐邇寧輯。四海清晏。八表來庭。養志怡神。於今十載。但去秋已來。夙疾咸發。自爾彌留。至于大漸。皓首歸全。斯何恨矣。洮頮憑几。略陳素志。朕每覽漢文遺詔。慇懃歎焉。以爲當今之世。咸嘉生而惡死。厚葬以破業。重服以傷生。吾甚不取。且朕既不德。無以佐百姓。今崩又使重服久臨。以罹寒暑之數。以重吾之不德。謂天下何。吏民令到出臨三日。皆釋服。無禁嫁娶飲酒食肉。此豈非深達天命。哀矜百姓者歟。又魏文終制。亦有可取。朕雖德愧古人。豈忘景行。屬纊之後。三日便殯。文武官人三品已下、三日朝晡哭臨十五舉音事訖便出四品已上臨於朝堂殿中當臨者非朝夕臨時無得擅哭其方鎮岳牧在任官人、各於治所舉哀三日且今王師四討軍機急速小殮既竟嗣子宜於別所視事軍國大事不得停闕尋常閑務任之有司其服輕重悉從漢制以日易月於事爲宜其園陵制度務從儉約斟酌漢魏以爲規矩百辟卿士孝子忠臣送往事居勿違朕意焉（貞觀九年五月六日）

## 太宗遺詔

夫天命之重綠錯奉其圖書天子之尊赤縣先其司牧而功兼造化喬山之樹已陰業致昇平蒼梧之駕方遠至於平寇亂安黎元洒洪災攘大患黃帝之五十三戰商湯之二十七征以此申威曾何足筭昔者亂階斯永禍鍾隋季鬱宇凝氛曀昏辰象綿區作梗搖蕩江河朕拂衣於舞象之年抽劒於斬蛇之地雖復妖千王莽戮首輗車兇百蚩尤釁尸軍鼓垂文暢於炎野餘勇澄於斗極前王不闢之土悉請衣冠前史不載之鄉並爲州縣再維地軸更張乾絡禮義溢於寰瀛菽粟同於水火破舟船於靈沼收干戈於武庫辛李衞霍之將咸分土宇搢紳廊廟之材共垂帶綬至於比屋黎元關河遺老或羸金帛或賚倉儲朕於天下士大夫可謂無負矣朕於天下蒼生可謂安養矣自櫛風沐雨遂成弭沴憂勞庶政更起沉痾況乃漢苦周勤禹胼堯腊以矜百姓之所致也道存物往人理同歸掩乎玄泉夫亦何恨矣皇太子治大孝通神自天生德累經監撫熟達機務凡厥百僚羣公卿士送往事居無違朕意屬纊之後七日便殯宗社存焉不可無主皇太子卽於柩前卽皇帝位依周漢舊制軍國大事不可停闕尋常閑務任之有司文武官人三品已上、並三日朝晡哭臨十五舉音事畢便出四品已下臨於朝堂其殿中當臨者非朝夕臨無得擅哭諸王爲都督刺史任者並來奔喪濮王萊王不在來限其方鎮岳牧在任官人各於任所舉哀三日其服紀輕重宜依漢制以日易月園陵制度務從儉約昔者霸陵不掘則朕意焉遼東行事並停太原元從人見在者、各賜勳官一級諸營作土木之功並宜停斷（貞觀二十三年五月）

## 大帝遺詔

朕聞皇極者天下之至公神器者域中之大寶自非乾坤幽贊曆數在躬則鳳邸不易而臨龍圖難可輒御所以滎河綠錯彰得一之符温洛丹書著通三之表緬稽前古斯道同歸朕之聖祖神宗降星虹而稟樞電乘時撫運逢海沸而屬山鳴濡足橫流拯蒼生之已溺援手具岳救赤縣之將焚重補九寰止麟鬪而淸日月再安八極息龍戰而蕩風波自彼迄今六十六載黎元無烽柝之警區寓恣耕鑿之歡育子長孫擊壤鼓腹遐邇交泰誰之力歟朕以眇身嗣膺鴻緒欽若穹昊肅雍淸廟顧諟明命載迪彝倫嘉與賢士大夫勵精爲政勗己想蛟冰之懼爲善慕雞鳴之勳幸戎夏乂安中外禔福亘月窟以覃正朔匝日域而混車書端拱無虞垂衣有截其天意也豈人事乎每導俗匡時既弘之以禮讓恤刑薄罰復躋之於仁壽聞九農之或爽則虧膳以共其憂見一物之有違則撤樂以同其感斯亦備諸耳目非假一二言也憂勤之至庶有感於明靈亭育之懷謂無負於黔庶興言薄德遘疾彌留往屬先聖初崩遂以哀毀染疾久嬰風瘵疾與年侵近者以來忽焉大漸翌日之瘳難冀賜年之福罕期但存亡者人之晦明生死者物

之朝夕。常情所滯。唯聖能通。脫屣萬方。無足多恨。皇太子哲、握衷履己。敦敏徇齊。早著天人之範。夙表皇帝之器。凡百王公卿佐。各竭廼誠。敬保元子。克隆大業。光我七百之基。副斯億兆之願。既終之後。七日便殯。天下至大。宗社至重。執契承祧。不可暫曠。皇太子可於柩前卽皇帝位。其服紀輕重。宜依漢制。以日易月。於事爲宜。園陵制度。務從節儉。軍國大事。有不決者。兼取天后進止。諸王各加封一百戶。公主加五十戶。內外文武九品已上各加一階。三品已下賜爵一級。永徽以來入軍年五十者。並放出軍。天下百姓年五十者。皆免課役。廢萬全芳桂等宮。弘道元年十二月四日

## 肅宗遺詔

勑。帝王享國。天命有常。大寶傳歸。皇綱無易。朕幸以涼德。繼承宗祀。在長樂問安之日。屬元凶開釁之初。南奉聖皇。北集戎事。賴將相同德。社稷降靈。爰發五原。戒師一旅。丕圖克振。華夏乂寧。旰昃之心。每勤思於兆庶。晨昏之禮。嘗不匱於庭闈。而天禍上延。神心未悔。正當金革。罹此凶災。遂構膏肓。惟幾大漸。及茲理命。獲着誓言。庶安國以保人。豈嘉生而惡死。審以大計。屬于公卿。皇太子豫、仁孝元良。聰明齊聖。佐成大業。能事神祇。朕既彌留。可守宗祏。宜令所司。當日具禮。於柩前卽皇帝位。應緣朕喪事制度。並准聖皇遺誥。其諸道節度使都督刺史等、並不須赴哀。又爲兵革未寧。郵驛艱弊。一切不須專使奉慰。朕執喪在疚。不食葷羶。所設饋奠。皆須如在。有違本意。神亦不歆。其祭祀之禮。一切不得宰殺。且國儲非廣。虛費稍多。宮掖之間。須有釐革。所有三宮內人。宜量事減省。及至德巳來。籍沒家口。非切要者。並與放出。諸王院內亦宜准此。其文武官僚。合須褒賞。天下百姓。宜在優矜。每當變易之時。皆下維新之命。並委皇帝節級處分。嗚呼。股肱勳臣。敬保元子。事居送往。諒在于茲。宣示萬邦。宜從朕意。寶應元年四月十八日

## 代宗遺詔

朕以眇身。祗奉鴻業。不能光宣大訓。嘉靖萬邦。奉祖宗重熙之德。答公卿寅亮之勤。旰食宵衣。痛心疾首。嗚呼。天地之理。死生常數。疾既大漸。彌留日臻。惟懷永圖。嗣守丕業。皇太子元良繼明。睿哲齊聖。宜陟元后。保守宗祧。宜令所司。當日具禮。於柩前卽皇帝位。仍以司徒兼中書令汾陽郡王子儀攝冢宰。其喪儀及山陵制度。務從儉約。並不得以金銀錦綵爲飾。天下節度觀察團練使刺史等、並不須赴哀。祭祀之禮。亦從節儉。其三宮內人。宜令量事減省。諸王院亦宜准此。其天下人吏、勑到後出臨三日。皆釋服。無禁婚娶祠祀酒肉。其宮殿中當臨者。朝夕各十五舉音。禮固從宜。喪不可久。皇帝宜三日而聽政。十三日小祥。二十五日大祥。二十七日而釋服。獲奉宗廟之靈。永終天祿。所痛不得與佐命勳賢。庶尹卿士。顧命永訣。以託萬方。內外腹心之臣。文武忠良之士。敬保元子。以安家邦。嗚呼。其聽朕命。大曆十四年五月

## 德宗遺詔

朕承八聖之休德。荷上天之眷祐。嗣守丕訓。不敢荒寧。賴宗廟之靈。羣后之力。戡定大難。以康兆人。嚴恭寅畏。二十有七載。今天降疾。不興不瘉。是用審訓。宜聽朕言。皇太子誦。元良繼明。睿哲齊聖。孝友和惠。恭敬溫文。必能覲祖宗之耿光。紹邦家之大業。卽宜於柩前卽皇帝位。嗚呼。朕常奉聖祖玄

元清靜之教。勵精至道。保合太和。每忘己以愛人。豈嘉生而惡死。咨爾將相卿士、方伯聯帥。其敬保元子。永綏萬邦。各有叶心。同底于道。無廢我高祖太宗之休命。諸道節度使觀察防禦等使及諸州刺史等、膺鎮守之任。有軍旅之事。所寄尤重。不可暫曠。不須赴喪。易日之制。宜遵舊典。文武官等朝晡哭臨十五舉音。朕每覽漢史至孝文薄葬之詔。未嘗不歎息嘉尚。緬慕其風。園陵制度。務從儉約。百辟卿士。孝子忠臣。送往事居。無違朕意。貞元二十二年正月

## 憲宗遺詔

朕以薄德。嗣膺祚寶。執珪璧以奉九廟。垂衣裳以臨萬邦。十有六年于茲矣。賴天地敷祐。宗社降靈。內有百辟多士。外有州牧方伯。文武並用。忠賢叶心。以弼予一人。以康彼兆庶。戡剪羣慝。廓清九圍。方保和平。共登仁壽。而萬務所逼。六氣或侵。遘疾有加。至於大漸。用申顧命。式合典謨。皇太子恆、天縱睿哲。日躋誠敬。惟孝惟友。克寬克仁。必能嗣祖宗之丕訓。守邦家之鴻業。宜令所司具禮。於柩前卽皇帝位。仍以司徒兼中書令弘、攝冢宰。應諸道節度觀察防禦等使及諸州刺史、寄任尤切。並不須赴哀。皇帝易月之制。皆依舊典。文武官等、朝晡哭臨十五舉音。其喪儀及山陵制度。務從儉約。嗚呼。始終常禮。奚可甚哀。漢文至言。朕所遵慕。咨爾將相。洎中外腹心爪牙之臣。其敬保元子。惟懷永圖。以纘我高祖太宗之耿光。無廢朕命。元和十五年正月

## 穆宗遺詔

勑、朕以眇身。嗣守丕構。雖勤求理道。不敢荒寧。而保慎或乖。遘茲厲疾。賴上玄垂祐。宗社降靈。洎中外庶臣。克輔寡德。服餌頤養。踰于周星。而陽氣熇煩。宿恙暴作。頃刻之際。至于彌留。伊死生之理。必有其分。顧託有所。予何恨焉。皇太子湛、睿哲溫恭。孝友明敏。自膺儲貳。休德日新。必能嗣于耿光。紹我先業。宜令所司備禮。於柩前卽皇帝位。咨爾卿士。洎方伯連帥。敬輔元子。永綏萬邦。宜叶乃心。用底于道。宜令門下侍郎平章事李逢吉攝冢宰。諸道節度觀察防禦等使及諸州刺史、守鎮任重。戎旅事殷。並不須赴喪。易月之制。宜遵舊典。文武官等朝晡哭臨十五舉音。山陵制度。務從儉約。無禁婚嫁祭祀飲酒食肉。其醫官等念其勤瘁。亦可矜憐。並不須加罪。宜便釋放。將相卿士。中外臣寮。送往事居。無違朕意。長慶四年正月

# 唐大詔令集卷第十二



## 遺詔下

### 文宗遺詔

勅朕以寡昧。祗承丕業。慕貞觀之至化。希開元之中興。十有五年。勤勞宵旰。雖俗未臻於仁壽。而物或近於乂寧。斯乃羣后叶心。豈朕獨致。自謂勵精未已。治平可期。誠不感通。宿疾重遘。藥石無補。至於彌留。惟懷懿圖。宜有顧託。是用審訓。其聽予言。皇太弟瀍、睿哲明裕。孝友温文。中正寬仁。博達周敏。必能揚祖宗之休烈。闡皇王之令猷。宜於柩前卽皇帝位。仍以門下侍郎平章事楊嗣復攝冢宰。軍國務殷。豈可久曠。以日易月。宜遵舊章。皇帝三日而聽政。二十七日釋服。天下節度觀察防禦等使及監軍諸州刺史、職守非輕。並不得離任赴哀。天下人吏百姓、告哀後出臨三日。皆釋服。無禁婚嫁祠祀飲酒食肉。釋服之後。無禁舉樂。文武官等、朝晡臨事。皆十五舉音。宮中當臨者。非時無得擅哭。漢文薄葬。朕實慕之。營奉山陵。務從儉約。勿以金銀錦綵緣飾喪具。醫術之徒。夙夜勞苦。深可矜念。不須加罪。仙韶樂官。勒歸本司。五坊鷹犬。並令解放。嗚呼。生死常期。今古無異。予所素達。何足甚哀。咨爾將相卿士。內外腹心爪牙之臣。其敬保我令弟。緝寧邦家。成朕素懷。克底于道。布告遐邇。咸使聞知。開成五年正月

## 武宗遺詔

朕以寡德。祗守丕業。恭臨萬寓。迨茲七年。夙夜憂勤。聿修大政。剗除黠虜。通款堅昆。誅殄壺關。擒弁并部。去摩尼壞法。革釋氏邪風。免蠹生人。式資正教。漸移時俗。庶及和平。撫育黎元。冀成理道。行化逾切。親政益勤。寒暑所侵。厥疾斯遘。藥石無補。以至大漸。皇太叔父之親。賢長之順。天資睿哲。聖敬日躋。光揚祖宗。善繼休烈。而能內睦九族。外臨萬機。德可以寧庶邦。仁可以安百姓。朕之推擇。無愧神明。付託得人。顧復何恨。宜令所司具禮。柩前即皇帝位。仍令太尉平章事德裕攝冢宰。軍國事重。不可暫闕。以日易月。抑惟舊章。皇帝三日而聽政。二十七日而釋服。天下節度觀察防禦使監軍諸州刺史。職守非輕。並不得擅離任赴哀。天下人吏百生、告哀後出臨。三日皆釋服。無禁婚嫁祠祀飲酒食肉。釋服之後。無禁舉樂。文武官朝晡臨時。十五舉音。宮中當臨者。非時無得擅哭。漢文薄葬。常所慕之。營奉山陵。備從儉約。勿以金銀錦綵緣飾喪具。醫人陸行周奪章服及官。與趙全素任從所適。醫官郭玄已下三人釋放。依前翰林收管。五坊鷹犬除留備蒐狩外。並解放。噫。生也有歸。人之大數。脩短定分。天理惟常。雖古聖賢。無能免者。在乎守其道而知其終。全其義而歸其正。節哀順變。存者不至於傷生。委化觀空。逝者無勞於哀痛。素達此理。何足興嗟。咨爾元老大臣內外庶位。敬奉皇帝。保寧邦家。布告遐邇。咸使知委。會昌六年三月

## 宣宗遺詔

詔曰。死生之理。脩短之期。古往今來。是其常也。爰以宗祧所繫。嗣續有歸。眷彼臣寮。宜申顧託。我先朝憲宗昭文章武大聖孝皇帝。承十聖之基構。翼翼為心。平五道之寇讎。孜孜不怠。雖長慶促運。寶歷生奸。文宗揚其耿光。武宗付朕鴻業。自臨億兆。十有四年。每思偃武修文。庶幾聖德。要道賴諸良弼。罄乎嘉猷。或陳無逸之篇。或進勿休之說。東后畢覲。西旅繼來。克復河湟。拓疆三千里外。告成宗廟。雪恥二百年間。僅稱太平。咸曰丕變。顧朕寡昧。何以堪之。今也天命靡常。冥數先定。與我之齡雖盡。卜世之年甚長。趣彼若遇。歸之命而非夭。釋然何慮。貽厥孫而有謀。皇太子漼。羽翼早成。春秋已盛。既膺主鬯。克荷承祧。宜柩前即位。仍以門下侍郎平章事令狐綯攝冢宰。軍國務殷。豈可以久曠。以日易月。宜遵舊制。皇帝三日而聽政。二十七日而釋服。天下節度觀察防禦等使及監軍諸州刺史。職守非輕。並不得離任赴哀。天下人吏百姓告哀後、出臨三日皆釋服。無禁婚嫁祠祀飲酒食肉。釋服之後、無禁舉樂。文武官等、朝晡臨時。皆十五舉音。宮中當臨者、非時無得擅哭。前漢與後魏孝文。俱從薄葬。朕甚慕之。營奉山陵。稍減常制。勿以金銀錦綵緣飾喪具。醫術之徒。夙夜勞苦。深可矜念。不須理問。五坊鷹犬。並令解放。咨爾內外將相爪牙腹心之臣。其敬保我令子。緝寧我邦家。咸成

朕懷。克底于道。布告遐邇。咸使聞知。大中十三年八月

## 懿宗遺詔

朕祗事九廟。君臨四海。夕惕如厲。宵分靡寧。必求政化之源。思建大中之道。至於懷柔夷貊。偃戢干戈。皆以德綏。亦自馴致。冀清淨之爲理。庶治平之可臻。自秋以來。忽爾嬰疾。坐朝既闕。踰旬未瘳。六疾斯侵。萬機多曠。醫和無驗。以至彌留。嗚呼。數之有窮。聖賢所同。明於斯言。是爲達節。載申顧命。式叶典謨。皇太子權勾當軍國事儼、性稟寬和。生知忠孝。德包睿哲。聖表徇齊。必能揚祖宗之重光。荷邦家之丕構。宜令所司具禮。於柩前卽皇帝位。仍以司空門下侍郎平章事韋保衡攝冢宰。軍國務殷。豈可久曠。況易月之制。行之自古。皇帝宜三日而聽政。二十七日釋服。諸道節度觀察防禦團練等使及監軍諸州刺史、委寄至重。並不得離任赴哀。文武常參官、朝晡之臨。十五舉音。宮中當臨者。非時不得擅哭。天下人吏百姓、告哀後。出臨三日。皆釋服。勿禁食肉飲酒婚姻祭祀。釋服之後。無禁舉樂。薄葬之禮。宜遵漢魏之文。其山陵制度。切在儉約。並不得以金銀錦繡文飾喪具。五坊鷹犬等。除蒐狩外。餘並解放。其醫官段璲趙玘符虔休馬仮等、並釋放。咨爾將相卿士中外臣寮。竭力盡忠。匡予令嗣。送往事居。無違朕志。布告遐邇。咸使聞知。咸通十四年七月

## 僖宗遺詔

門下。朕以冲眇。祗荷鴻基。每惟祖宗之締構艱難。念中外之始終匡輔、常同馭朽。豈忘納隍。而乃重去廟朝。兩違陵寢。始則黃巢犯闕。後則朱玫欺天。險阻道塗。蒼黃播越。唯思罪己。但念勞人。宗社降靈。妖氛尋蕩。六龍回轡。萬乘還宮。方將陳玉帛以充庭。會蠻夷而向闕。寧期殷憂成疹。宵旰奪神。走羣望而靡徵。希勿藥而罔効。臣寮愛我。攻療無遺。曾未小瘳。以至大漸。嗚呼。脩短定分。古今常期。著在格言。斯爲達理。是用降茲訓誓。祗聽朕言。皇太弟知軍國事傑、聽政明敏。孝友天資。聰明神助。龍顏表異。日角標奇。居夫麓而風雨不迷。輔中興而山河備歷。寬弘及物。清明在躬。必能保守宗祧。奉承天地。內撫百姓。外鎮四夷。實億兆之念同。固威靈而是屬。付託無恨。予復何憂。宜令所司備禮。於柩前卽皇帝位。仍以太保兼侍郎韋昭度攝冢宰。軍國事重。不可暫闕。以日易月。抑惟舊章。皇帝三日而聽政。十三日小祥。二十五日大祥。二十七日釋服。天下節度觀察防禦等使及監軍諸州刺史、守職非輕。並不得離任赴哀。應天下人吏百姓、告哀後出臨三日。皆釋服。無禁婚嫁祠祀食肉飲酒。釋服之後。無禁舉樂。文武官朝晡臨時。十五舉音。宮中當臨者。非時不得擅哭。五坊鷹犬。除備蒐狩外。餘並解放。醫官及伎術人等、晝夜勞苦。知無不爲。宜各安存。勿或加罪。噫。朕念兵革以來。耕農久廢。尤傷畿甸。莫不流亡。豈堪復土之規。獨昧弔人之旨。且累朝遺制。畢及山陵。以漢文薄葬之詞。爲烈聖循常之命。約錦繡金銀之飾。禁奢華彫麗之工。皆例作空文。而並違先旨。今者流離若是。痛毒堪悲。仗百姓卽百姓一空。捐國用則國用無取。不可踵從前之計。度困此日之生靈。俾朕厚顏。下見先帝。應緣山陵事務。宜令中外商量。比從來每事十分各減六七。桐棺瓦器。朕所慕之。況在今晨。勿欺大夜。咨爾股肱重臣。內外文武。爪牙之士。腹心

之徒．合志同心．輔予令弟．布告天下．咸使聞知．文德元年三月

## 遺誥

### 睿宗遺誥　　蘇頲

誥．朕聞古之建皇極承天序者．雖創業垂統．則至公之器．固不可違．而居常待終．則必定之期．固不可易．況朕以薄德．累承聖緒．常願致虛守靖．用遂其眞．至於崇高富貴．本非所重．故三爲天子．三以天下讓．蓋從人之欲．方御於萬邦．知子既明．復傳於七廟．爰命皇帝．寄之司牧．觀其體自舜禹．以成厥政．則朕窅然汾陽．無負於時．何嘗不問寢以侍膳．候顏而順色．孝已達於神明．愛已兼於君父．成朕之志．何慶如斯．然朕頃感舊疾．欻焉大漸．聖賢共爾．脩短其分．古無不歿．同謂之歸．付託得人．夫復何恨．屬纊之後．三日便殯．以日易月．行之自久．厚葬傷生．可以深誡．其喪紀及山陵制度．一依漢制故事．社稷務重．皇帝不可諒闇自居．小斂之後．宜即別處視事．軍將及岳牧等．所在發哀．並不須來赴．百辟卿士．孝子忠臣．送往事居．無違朕意．主者施行．開元四年六月二十日

### 明皇遺誥

惟天鑒下．享年有期．惟人奉天．獲沒爲善．予嗣承丕業．敬守宗祧．中暱憸人．幾淪大寶．賴皇帝撥亂反正．戡難濟時．幸以暮年．復茲安養．常懼有悔．以羞先靈．今病既彌留．殆將不寤．其國務之事．非予所圖．哀制之間．茲審遺訓．日者皇帝不豫．厥疾近瘳．禮貴適時．或無封執．宜令天下吏人．令到出臨三日．皆釋服．無禁婚娶祠祀飲酒音樂．其殿中當臨者．曉夕各十五舉音．禮畢而罷．皇帝宜三日而聽政．十三日小祥．二十五日大祥．二十七日而釋服．以日易月．固有前聞．人子之念．皆所未忍．而艱難之際．萬國事殷．其葬送之儀．尤須儉省．特宜改裁．無守常規．嗚呼萬方．勿乖予志．上元元年建巳月

### 順宗遺誥

朕聞生死者．物之大歸．脩短者．人之常分．古先哲王．明於至道．莫不知其終以存義．順其變以節哀．故存者不至於傷生．逝者不至於甚痛．謂之達理．以貫通喪．頃在弱齡．即敦淸淨．逮于近歲．又嬰沉痾．嘗亦親政．益倦于勤．以皇帝天資仁孝．日躋聖敬．爰釋重負．委之康濟．而能內睦于九族．外勤于萬機．問寢益嚴．視膳無曠．推此至德．以安庶邦．朕之知子．無愧天下．今厥疾大漸．不寤不興．付託得人．顧復何恨．四海兆庶．亦奚所哀．但聖人大孝．存乎善繼．樞機之重．軍國之殷．纘而承之．不可蹔闕．以日易月．抑惟舊章．皇帝宜三日而聽政．十三日小祥．二十五日大祥．二十七日釋服．方鎮岳牧．不得離任赴哀．天下吏人．誥至後出臨三日．皆釋服．無禁嫁娶祠祀飲酒食肉．宮中當臨者．朝晡各十五舉音．非朝晡臨時．禁無得擅哭．釋服之後．勿禁

心。常志夙行。景言永令。遺著皆文二魏漢況。矜哀所朕。奉營勞重又今。幾未功休。人疲邑甸。旋纔土復。寢仙陵崇以伏。事從類以皆中詔。載不他樂。舉

士卿辟百所得令務容優在必誠極謂頗悴盡其念。懈無夜夙人之術伎藥醫留彌至以久歲疾寢朕。飾爲綵錦銀金得不並約儉從務度制陵山其。

宜力盡忠克申送往之哀宜展事居之禮布告天下。明知朕懷。元和元年正月十九日

# 唐大詔令集卷第十三

帝王

謚議上



## 謚議上

### 高宗天皇帝謚議　武后

竊聞星迴日薄。懸象著明之謂天。龍躍鳳翔。握鏡乘時之謂聖。天以不言爲德。非言無以暢其神。聖以無名會道。佇名然後筌其用。營窟橧巢之代。猶昧典章。如雲類海之君。方崇號謚。所以闡揚功美。榮鏡古今。伏惟大行皇帝稟樞電以降靈。膺星虹而延睿。以大聖而乘聖。克昌寶歷之基。由至德而纂德。載廣金圖之運。對日之歲。窮象外之微言。弄田之辰。盡天下之能事。迨入膺儲副。養德春闈。恆侍禁中。問安之道斯極。長居膝下。候色之誠逾勵。因心隆於愛敬。率性感於神明。此先聖之孝德也。洎乎正位旒扆。光宅區縣。孚俗軫如傷之念。負重懷若厲之心。求瘼恤隱。寒扇渴漿。追夏禹之焚甲。襲殷湯之解網。一物有違。則滿堂興慮。一夫弗獲。則推溝寘懷。此先聖之仁德也。無幽不察。觀六合於目前。無遠不招。視八紘於掌內。循機授政。則傍燭於九圍。命將出師。則坐知其萬里。此先聖之明德也。夤畏上玄。肅雍清廟。以義制事。以禮制心。提衡均馭朽之危。履石同蹈冰之懼。雖處泰罔泰。休而勿休。此先聖之恭德也。卑宮菲食。土簋茅簷。身好弋綈之衣。手無金玉之玩。翬褑必燼。絳帳必易。捐雕鏤而莫施。屏鸞龍而弗馭。此先聖之廉德也。

榮河綠錯。鎣宸鑑而生知。温洛丹青。藻璇襟於性與。汾水秋風之唱。仰天翰而扶輪。嬀汭叢雲之謌。欽睿詞而擁篲。此先聖之文德也。駕狄□狄。無遠而不懷。以戎伐戎。有征而必伏。提封所亘。拓地伍於鄒瀛。正朔所通。闢境踰於亥步。此先聖之威德也。爲於無爲。事於無事。鳴鑾訪道。□拜小童之言。脩已就閒。載感大庭之夢。此先聖之玄德也。體至道而調一氣。舒卷陰陽。運冲和而契兩儀。發揮風雨。將百靈以交際。□萬物而通誠。珍瑞普彰。休徵畢應。此先聖之神德也。以兹九德。上則九玄。顧漣陸於後塵。掩胥燧而高視。若乃亭育羣方之惠。財成庶類之仁。百姓日用而不知。萬品歲計而不測。握河沈璧。既受貺於玄符。封岳泥金。復推功於大帝。巍巍蕩蕩。無得而名。方冀千祥翊聖。萬翊讚德。長居北極之尊。永契南山之壽。豈謂十枝墜景。遽淪悲谷之暉。八柱傾天。奄落閶陽之構。雲輿在御。仙路方遙。攀號無再奉之期。摧殞深百身之痛。鼎湖弓劍。逾增日遠之悲。璇寢衣冠。空愴月游之感。顧以虛菲。夙承乾蔭。既忝彰明之地。常懷輔佐之誠。薦螢燭以助光。引鶴露而添海。而聖德虛受。無來不應。每聽覽餘暇。侍奉話言。論道德則洞啓玄樞。語忠孝則廣通心極。敍軒頊之淳化。積若神交。述堯禹之清風。宛成晤對。在位三十五載。功超七十二君。圖象所莫傳。開闢所不覩。磬楚越之竹。書善未窮。極泉雲之才。頌德難盡。自賢猷厭俗。緹律亟移。禍變相仍。荒梗彌切。正惟憑几之夕。爰及啓衾之際。神情湛正。顧託慇勤。痛遺晉之既遠。懼先旨之無述。所以偷延荒息。强綜彝倫。望霄漢以興摧。瞻扆筵而永慕。今者龜謀既襲。蛩隧將臨。敬上尊號之儀。冀叶大名之典。謹按自然覆育曰天。明一合道曰皇。無所不包曰大。謹狀上議曰天皇大帝。廟稱高宗。

## 德宗神武孝文皇帝謚議

許孟容

皇莫大于義軒。帝莫加于唐虞。姒氏商鎬。亦纘憲度。咸紀名謚。以揚昭光。徽儒臣之議。所以本至公也。號全德之尊。所以節一惠也。發揮茂曜。如揭日月。伏惟大行皇帝。文思睿哲。天縱神授。大明繼聖。大孝尊親。服道稽古。洗心藏密。巍巍易簡。赫赫難名。嚴祖宗而上下昭假。仁睽兆而飛塵表靈。始者薊寇殘魂。戎旌未偃。方由雍邸。出總虞師。刷讎恥而戴君父。超維城而升少海。元良有問。曆數誕膺。同商宗而心在諒陰。泣漢制而禮從權令。然後諏咨對越。端拱而理。時丁祲沴。盜起洮烈。宸筭獨復。雲雷駿奔。浹旬底定。鯨燎殲洗。反己哀痛。大猷彌尊。阪泉威武。止殺弔人之志也。金方朔陲。獫狁昆夷。趦趄獷悍。不敢不率。丹穴南裔。扶桑東極。自古未化。占風而至。鏡照廣及。無思不服之德也。大本達道。是爲中和。鼓而舞之。名我至樂。變革繁淫。以貞神人。奉順聖元侯繼獻。九成八佾。聖作明述。垂衣脫劍。訢合猗那之奏也。觀文化成。匠物研精。四始六義。動諧風雅。洪音亘麗。焜燿皦繹。立言垂訓。丹青玄烏之作也。蠲疴保全。壽夭之門。方疏溥錫。目之廣利。札瘥不聞。長養推仁。施齊天地。如保赤子之誠也。教由德禮。人乃恥格。古作訓夏。我箴政刑。載弘哀敬。用息刀鋸。利見大人。循本媿心之旨也。躬信厚而偷薄以革。體清明而貪饕以懲。納匪躬之直。無毁校防川之誤。推輔弼之功。有輻輳並進之歡。泥金方草。仙鼎忽成。汗漫無從。希夷永閟。哀同軌之將會。仰鴻名之可易。鋪衍至頤。錫乎無窮。謹按經義。參諸謚法。曰應物無方之謂神。保大定功之謂武。尊仁安義之謂孝。經天緯地之謂文。大行皇帝變化無窮。樞衡在握。神莫過焉。金湯善師。豺狼馴擾。武莫盛焉。承休繼志。永錫不匱。孝莫大焉。輝煌玉度。煥乎黼藻。文莫逾焉。考文史而徵德實。請上尊謚曰神武孝文皇帝。廟號曰德宗。

## 順宗至德大聖大安孝皇帝謚議

臣上稽太古皇帝之建尊謚也。咸揭盛德。以旌至公。備禮于郊。卽天成命。易名之典也。故堯不稱巍巍成功。而以傳聖爲盛德。禹不稱乃錫玄圭。而以成功爲盛德。此乃五帝三王統天作謚之大範也。伏惟大行太上皇。天作睿哲。生知大和。揚九聖之耿光。開萬祀之休運。雲行雨施。不俟終日。廣愛博教。克成浹辰。澤萬物。德大乎犧軒。公天下。道高乎堯舜。原夫君人之表。發於岐嶷。造物之用。先乎蓍龜。在藩播爲善之樂。主器流作貞之慶。視膳有法文之孝。撫軍有戡羿之庸。毓全德於春闈。積大望於覆育。垂三十載矣。三善方躋乎聖敬。六氣遽嬰乎沉痾。德宗皇帝虞繼明之重。深唯疾之憂。積其不懌。至乎大漸。天崩地坼。當瞑眩之辰。流沙漸海。有震動之懼。而大行太上皇明德動天。神化無眹。上虔九廟。下恤兆人。深冀翌月之瘳。大慶卽端之祚。於是建冢嫡以發大號。赦天下以壯皇猷。聖作明遠。周流灌注。若乃奄岩穴以搜賢才。能官則哲之道也。黜進獻以藝貢賦。籍田任土之利也。滌疵瑕而復放竄。解網泣辜之仁也。蠲逋責而惠困窮。寬大易簡之義也。用能垂拱而神人交泰。玄默而動植究安。巍巍蕩蕩。聖德如風烈雷迅。不崇朝而溢乎八紘矣。猶以爲黎獻之富教未洽。陵寢之制度未成。深圖甘害於恬頤。力政不憚於增劇。旣而同軌畢至。萬邦咸寧。奉先之孝克終。傳聖之義斯舉。釋負寶位。棲神玉淸。追姑射之高蹤。樂華胥之妙道。大矣哉。與天地合其德。則不爲而成。與變化合其神。則不疾而速。聖造盤薄。玄風汪洋。所謂天授。非人力也。方陋唐虞之異族。樂文武於同時。振曜重光。永淸四海。孰謂初陽變候。素疾彌留。徵祕術而俞扁必臻。走羣望而圭璧斯罄。何翠華之不駐。乘白雲而上仙。攀號弓劒。哀震寰區。皇帝悼極憂以致養。痛大數之不延。外遵易月之命。內茹終天之酷。詞不朽於禮謚。旌罔極於孝思。敢歔聖德。垂鴻惇史。謹按易曰。天地之大德曰生。聖人之大寶曰位。謚法曰、寬裕平和曰安。敬愼所安曰孝。大行太上皇。乘運統天。端拱造物。可謂至德。威神翊運。光明正位。可謂大聖。永圖丕構。傳聖保和。可謂大安。九族安之。兆人賴之。可謂大孝。下探華夷之望。上合神祇之心。請上尊謚曰至德大聖大安孝皇帝。廟號曰順宗。謹議。元和元年六月

## 憲宗聖神章武孝皇帝謚議

王者崇高以配天。廣大以法地。章明以象日月。誠信以合四時。謂之令王。謚以全德。所以名盛烈。昭至公。堯舜禹湯文武成康是也。伏惟大行皇帝。由疏封以繼明。自前星而受命。以四海爲養。以萬乘問安。稽古法天。自家刑國。穆穆峻德。煌煌大明。煥乎人神。塞乎天地。國家天寶之季。宿兵中原。强侯專地。往往而有。號令不一。朝廷包羞。元和燀威。霆擊彗掃。戡夏翦蜀。擒潞殄吳。夷蔡取濟。朝滄納定。應千載之期。運平六葉之梗。俗動也用軒轅之干戈。靜也戢武王之弓矢。聖神之道。其至矣乎。以無方之能。行不宰之用。濟天下之務。施天下之仁。夷狄之情僞。遐裔之虛實。揣其變化。權其後先。屈指前箸。若合符契。多士濟濟。任其器略。文武俊傑。畢力致用。綱目張而萬化具。斟酌明而百事宜。委庶務於廟堂之上。壽百姓於循良之府。開直言之路。

耳無蔽聽。廣弘大之恩。物無違性。宥怨刑獄。哀惠困窮。省薄徭役。尊禮耆老。約己恭儉。推心平明。公卿大夫。任德終始。近狎貴寵。畏忌守法。採納詳正。聽斷精慎。忠直樹立。纔邪不行。巍巍成功。赫赫在上。春秋左氏傳曰。武有七德。禁暴、戢兵、保大、定功、安人、和衆、豐財之謂也。殲夷姦宄。災害訖息。禁暴也。淮河底定。大赦庇人。戢兵也。歸馬於汝南。漢南散卒於齊梁淮楚。保大也。封有勞。爵有德。定功也。寬天下之疊絲。舉域中之方正。安人也。赦生致之寇虜。爵拒命之戎將。和衆也。乘輿服御。儉而有制。賜與供給。惠而中節。豐財也。神武不殺之德。其若是焉。不登軒年。不享舜壽。百姓思慕。如喪考妣。同軌畢至。祖庭有時。敢奉官常。尊名稱德。謹按謚法。兵禁殘暴曰聖。應變無方曰神。法度大明曰章。爲人除害曰武。慈惠愛親曰孝。戮鯨鯢而清四海。不曰聖乎。裁造作而刑一德。不曰神乎。洞明哲而貞百度。不曰章乎。推仁義而服萬物。不曰武乎。載尊親而諧五典。不曰孝乎。書曰。惟天聰明。唯聖時憲。憲法也。敏也。謹酌之謚法。質諸六經。謹上尊謚曰聖神章武孝皇帝。廟號憲宗。謹議。

## 穆宗睿聖文惠孝皇帝謚議

臣祐議曰。惣天人之盛美。庖犧建其極。含昊穹之正氣。金天倬其稱。仁聖或異號。謚則殊。至於兼包二體。昭宣一德。有自來矣。我今因之。爰徵克類。以騰茂實。伏惟大行皇帝。睿鑒通微。神智周物。早由藩邸。式踐儲闈。誕膺睿命。用建皇極。纘承丕緒。克紹洪勳。允釐帝載。光被王度。以易簡凝庶績。以仁和壽蒸人。明遂事而虛受。進昌言而不咈。清廟嚴薦。中壺問安。彰愛以誠。因心則著。永言恭默。思致雍熙。敷祐庶甿。宗承古訓。徵特牲之盛禮。蘊祈穀之至誠。親率公卿。祗奉郊祀。爰昇大輅。俯及端門。休祥告應。非烟在上。輪囷五色。迴復半空。六轡時按。百辟稱賀。洎圓丘展敬。天感樂和。柴燎告終。人神胥悅。於是雷雨作解。惠及萬方。布乘春之煦育。行推新之頒賜。詳延莊彥。敷納正辭。納哀敬之書。用寬大之典。鮐背是恤。虐繆斯平。優賚困窮。矜錮逋賦。三光增耀。羣物照蘇。葳蕤汪濊之澤。不可得而名也。東寇猖狂。在浚爲叛。有征之日。殲厥渠魁。此所謂王者之師。不戰而剋也。昆夷恃衆。崆峒騁武。亟爲邊患。時漸睿謨。煩戊己之戍。勞癸庚之備。自我新命。咸歸舊封。款歉旁午。求成修好。俯從坎血之懇。猥加築館之榮。弓矢載櫜。亭障罷警。倚成輔弼。清一寰區。無私之覆既均。不宰之功遽化。矧乃優遊乎文史之內。精窮乎草隸之源。崇杖席而選文儒。設官司而尊侍從。所以講求爲務。聽納居多。邁三代之盛猷。垂億載之休烈。雖疾留聖體。而慮發宸衷。每求衣夙興。與太陽俱出。泥金是請。方事撝謙。憑玉俄聞。奄承末命。年冀踰於堯壽。時忽促於軒鼎。六龍飛蓋以上昇。萬姓號天而靡及。今因山既卜。同軌將臻。爰究德威。式循典禮。周書曰。睿作聖。又前儒云。睿聖也。謹按謚法曰。敬祀禮享施於爲人。皆曰聖。大行皇帝。虔恭郊廟。軫念黎元。教尙不嚴。化行無眹。不爲聖歟。又慈惠愛人。道德博聞。皆曰文。赦三就之刑。採百氏之奧。仁恕育物。寬明致理。不爲文歟。又慈仁好與。柔質慮受。皆曰惠。溥錫貧窶。哀及鰥寡。開延納之路。容讜直之言。不爲惠歟。又曰。秉德不回。慈惠愛親。皆曰孝。文以繼明。聖資統御。服勤不贊。就養無方。不爲孝歟。考古謚而符德教。請上尊謚曰睿聖文惠孝皇帝。廟號曰穆宗。謹議。

## 敬宗睿武昭愍孝皇帝謚議

賈餗

定尊號。考聖烈。終古之重事。有司宜用大者遠者。上質百王之明例。下開千載之成法。參之意極。臣下之誠。酌而舉之。以立大謚。故稱天以誄。大莫加焉。微臣得議。公莫至焉。所謂大者遠者。蓋惣夫一朝之治化。四海之惠澤。夷夏之率職。元元之受賜。皇明所臨之遠近。睿斷所繫之巨小。何如耳。其他苟不足以升降盛德者。固得略而不論。伏惟大行皇帝以英睿之姿。紹膺丕曆。啓皇輝於磐石。浴聖德於少海。欽承册命。天下感悅。既即尊位。孝思逾顯。列聖之道。率履無違。禮行乎郊禋。敬達乎宗廟。富四海以致養。榮兩宮以問安。推恩廣愛。累霈鴻渥。發號施惠。洽于百靈。而又天姿嚴正。睿德沉毅。時海內承憲宗穆宗威靈德澤之後。朝野無事。生人休息。初臨大寶。委政宰庭。雖春秋至富。而遠蓄剛辯。既閱庶務。四聽蓋達。英斷自已。任賢不疑。故卒能光啓承明。載安天下。横議或熾。聖衷逾堅。忠勳內外叶贊雄略。於是舉兵食之大計。示經營乎四方。而不庭之藩。首自夷殄。勵忠奮節。將帥於朝。遐邇抱天閼生靈之惋憤。其可旣乎。七月將至。同軌旣集。臣謹上稽國典。傍考物情。約以經義。合諸謚法。表功節惠。庶叶大中。書曰。睿作聖。夫以睿哲之材。經聖明之業。而祖宗成式。脩舉罔墜。禮百神而親九族。尊儒術而容諫諍。鋪鴻闡號。德用章明。非睿而何。謚法。威强睿德曰武。制勝朝堂之上。而稜威遠馭。不俟車甲。非武而何。昔漢昭帝之所以爲昭。知臣而已。謚法亦曰。明德有功曰昭。大行皇帝雖□謙讓。然終任其剛斷。以顯明德。非昭而何。夫愍者。臣下追惋之誠所深切者也。謚法在國逢難曰愍。聖朝既討讎戡亂。明告四方。有司所宜率億兆之心。極君親之義。薦誠旌感。非愍而何。謚法慈惠愛親叶時肇享皆曰孝。孚愛敬於率土、刑家邦之孝理、躬親嚴配之典、奔走職來之助、廣慈至德。非孝而何。傳曰。臨之以莊則敬。又記曰。莊敬則嚴威。擬盛烈之形容。參歷古之訓典。謹上尊謚曰睿武昭愍孝皇帝。廟號敬宗。

# 唐大詔令集卷第十四至二十四卷並闕文

# 唐大詔令集卷第二十五

妃嬪一

## 妃嬪

### 册楊恭道女爲婕妤文

維貞觀某年月日、皇帝遣使某官某持節册命曰。於戲。惟爾前魏王府諮議參軍楊恭道第三女。門襲鍾鼎。訓彰禮則。幽閑表質。柔順爲心、備職後庭。實惟通典。是用命爾爲婕妤。往欽哉。其光膺徽命。可不慎歟。

### 册崔弘道女爲才人文

維貞觀某年月日、皇帝使某官某副使某官某持節册命曰。於戲。惟爾兼徐州都督府司馬崔弘道長女。門稱著姓。訓有義方。婉順爲質。柔明表行。宜升後庭。備茲內職。是用命爾爲才人。往欽哉。其光膺徽命。可不慎歟。

### 册蕭鏗女爲才人文

維貞觀年月日云云。於戲。惟蕭鏗第二女。幼習禮訓。夙表幽閑。胄出鼎族。譽聞華闕。宜遵舊章。授以內職。是用命爾爲才人。往欽哉。其光膺徽命。可不慎歟。

### 册蕭鑠女爲美人文

維貞觀年月日云云、於戲。蕭鑠第二女。稟訓冠族。著美家聲。習禮流譽。鏡圖有則。宜升後庭。允茲令典。是用命爾爲美人。往欽哉。其光膺徽命。可不慎歟。

### 起復上官氏爲婕妤制

門下。易著鳴謙。禮稱辭貴。稱以崇讓。退而忌滿。推心自得。其道彌光。前昭容上官氏。相門積善。儒宗雅訓。文學冠時。柔嘉順則。內守恬淡。外防奢侈。發於少長。持以周旋。樂無靡嫚。衣必澣濯。珠璣不珍。墳籍爲寶。故能誠切一室。功宜兩朝。讜議日聞。屢援楚筆。忠規歲納。方輕漢輦。惟此邦媛。鬱爲宮師。遂能寘綜十倫。孝高百行。頃罹創巨。爰命權奪。秩茂左嬪。思被光寵。志齊班女。懇陳撝挹。而賢明之業。經濟之才。素風逾邁。清輝益遠。不成厥美。將蔽斯言。今依表奏。以憲圖史。可起復婕妤。主者施行。景龍三年十一月二十九日

### 皇帝良娣董氏等貴妃誥

關雎之始。化於國風。貫魚之序。著於大易。用能輔佐王道。叶宣陰教。皇帝良娣董氏、良娣楊氏、良媛武氏等。門襲鍾鼎。訓彰禮則。器識柔順。質性幽閑。美譽光於六寢。令範成於四教。宜升徽號。穆茲朝典。董氏可貴妃。楊氏可淑妃。武氏可賢妃。延和元年十月

### 睿宗貴妃豆盧氏等食實封制

有德者位崇。有功者秩厚。事本關於國體。理無隔於邦媛。故周母有亂臣之名。漢嬪有比侯之爵。睿宗貴妃豆盧氏、賢妃王氏、性執陰禮。實毗內政。訓行九御。譽滿六宮。歲祀雖淹。徽庸未昧。宜啓非常之命。特賜湯沐之邑。可各食實封二百戶。

### 趙國夫人一品制

門下。問君以禮。乃受齊封。免主於危。方延漢渥。賢妃啓邑。萬古一時。趙國夫人、義範端肅。操履堅正。四德聿修。六宮攸仰。承恩蘭掖。累變葭灰。送往事居。備盡忠勤之節。利人益國。每陳匡贊之規。頃屬二豎構兇。九重起亂。將危宗社。謀害聖躬。屬申逐鳥之誠。克勵鷹鸇之志。方効節於松竹。宜寵錫於苴茅。可一品。

### 册元妃某氏弟爲貴妃文

維年月日、皇帝若曰。易著六位。正天下者先齊于家。詩本二南。厚人倫者理成于國。垂芒耀于帝極。符紀燦乎河圖。蠲潔莊齊。祇奉織紝。膺是典册。宜歸淑明。咨爾元妃某氏。濬源洪宗。靈派茂緒。植性懿哲。禀姿端柔。竭奉兩宮。總理衆御。弘古以行己。逮下以率人。循師傅之嚴。躬勤儉之訓。色不恃貴。言無矜驕。和以能容。遜以自牧。致茲蘭馥。洽于椒房。是宜首四星以居元。冠三妃以推惠。今遣使某官某副使某持節册命爲貴妃。爾惟公乃視聽。底于聰明。聽靡有偏。視靡有忒。言違而志必觀其誠。言順而心必觀其佞。婦順之化。資汝而彰。陰教之端。資汝而正。敬之戒之。無替成式。可不愼歟。

### 良娣楊氏等爲貴妃詔

詔曰、六位時成。方祇所以載物。四始爰著。樛木於焉逮下。故能風化聿定。肅雍昭被。皇后虔恭粢盛。儀刑邦國。詠螽斯而闡業。閔關雎而蹈禮、邁樊姬而進善。踰鄧后之推賢。去歲及茲。累陳表疏。以爲內職未備。有虧前代之禮。朕祇奉靈命。君臨邦域。在紫宸之重。若馭朽於秌駕。處黃屋之尊。猶履冰於春旭。志崇簡約。性靡徽求。絕良家之選。曠後庭之列。寧唯矯正百王。亦將垂鏡千祀。皇后所陳□切。理在難違。式順徽音。敬依來請。良娣楊氏、良娣于氏。並家承鍾鼎。心標婉淑。夙侍儲闈。從升天禁。久淹歲月。先著恭勤。咸擬職上台。分榮中壼。楊可貴妃。于可淑妃。于可德妃。良媛陳爲昭儀。良媛閻爲充儀。良媛陸爲充容。崔氏爲修儀。

### 册獨孤穎長女爲貴妃文

維大曆三年、歲次戊申、月日、皇帝遣使某官某册命曰。於戲。位亞長秌。坐論婦道。聽天下之內治。序人倫之大端。御于邦家。式是風化。惟爾贈禮部尚書獨孤穎長女。祥會鼎族。行高邦媛。體仁則厚。履禮惟純。有沖敏之識。不資姆訓。有淑愼之行。自成嬪則。藴此貞懿。灼其方華。選躬之初。奉承先命。肅恭之儀。克稱尊旨。鑾輿北幸。侍從勤誠。祇事壽宮。備申哀敬。能盡其節。實同我心。久奉椒塗。載揚惠問。勤於道藝。每鑒圖書。動有箴規。必脫簪珥。進賢才以輔佐。知臣下之勤勞。謙讓益勤。記功惟最。聲流彤管。道洽紫庭。克副宮教。載修壼職。眷求賢淑。用峻等威。百辟抗辭。六宮歸美。宜崇禮册。俾舉彝章。是用册曰貴妃。往欽哉。无或居上而驕。无或處貴而逸。降情以逮下。誡事以防微。潔其粢盛。服其澣濯。敬循禮節。以率嬪御。膺兹嘉命。可不慎歟。

許氏等爲美人等制

勑。許氏、尹氏、段氏等。素稱柔順。式禀惠和。頗閑閨壼之儀。早備組紃之訓。服勤有素。寵秩宜優。是嘉內範之良。並命中宮之職。許氏可美人。尹氏、段氏並可才人。

鄭氏爲才人制

勑。古者天子設六宮。以詔內理。是以關雎樂得淑女。憂在進賢。將聽雞鳴之詩。豈唯魚貫之序。鄭氏山東令族。海內良家。每師班女之文。嘗慕樊姬之惠。桃姿焜燿。蘭行馨香。爰用擇才。冀无傷善。勉當選進之重。无忘平和之心。可才人。

贈孀婆元氏潁川郡太夫人制

古者緣情立禮。著慈母之制。蓋聖人示德。无不報之理。而漢宣帝亦追錄掖庭郡邸嘗有阿保之勤。以功深淺。並授封賞。記于前典。歷代是之。故孀婆元氏。朕在襁褓。賴其撫育。推燥就濕。慈愛特深。可謂仁人厚惠。茂德者矣。可贈潁川郡太夫人。大曆八年六月

婕妤王氏等爲淑妃制

門下。禮重內朝。國有彝制。德既備於宮壼。位宜峻其等威。婕妤王氏、劉氏。並體坤順之德。循姆師之訓。齊莊知禮。淑慎有儀。揚懿軌於中閫。表柔明於內則。惠流宸禁。芳藹椒塗。慕辭輦之智。弘逮下之德。宜極寵數。以彰徽猷。必能重正閫儀。助修陰教。無媿於女史之誠。國風之詩。王氏可淑妃。劉氏可賢妃。仍並令所司擇日備禮册命。主者施行。開成五年二月二十一日

吳氏等封昭儀制

吳氏可封昭儀。張氏可封婕妤。晁氏、梁氏並可封美人。羅氏、史氏並可封才人。錢氏可封長城郡夫人。曹氏可封武威郡夫人。

勑。位亞長秋。毗於內理。必資懿範。方被寵章。吳氏等佩服禮經。周旋法度。有柔婉之行。既表於天資。有恭儉之儀。可施於嬪則。慕班氏之辭輦。偉馮媛之當熊。思在進賢。義高前史。是用列於紫殿。冠彼後宮。俾洽彤管之榮。式俟金環之慶。可依前件。會昌六年五月二十三日

王氏爲才人制

勑。王氏性禀惠和。行推柔順。自備宮闈之選。頗彰令淑之才。組紃獻繭館之功。圖史服椒庭之訓。既嘉懿範。爰錫寵章。宜脩九御之教。以正三星之位。可才人。

# 唐大詔令集卷第二十六

## 承天皇后哀册文

# 追謚

### 皇太子謚孝敬皇帝制

朕肅承鴻緒無忘御朽之懷虔奉聖謨每切臨深之懼幸以穹昊垂祐宗社降靈公卿盡叶贊之謀黎庶遂懷生之望故得乾坤交泰日月休徵垂衣而晏九瀛端拱而家六合方將迴鑾峒岫體高尚於軒皇脫屣汾川追逸軌於伊后成功弗處思遵象帝之規守器斯傳用申知子之授皇太子弘生知誕質惟幾毓性肅敬著於三朝仁孝聞於四海若使負荷宗廟寧濟邦家必能永保昌圖克延景曆豈謂遽嬰霧露遂至彌留顧惟輝掌之珍特切鍾心之念庶其痊復以禪鴻名及腠理微和將遜于位而弘天資仁厚孝心純確既承朕命掩欷不言因茲感結舊疾增甚億兆攸係方崇下武之基五福無徵俄遷上賓之駕昔周文至愛遂延慶于九齡朕之不慈遽永訣于千古天性之重追懷哽咽宜申往命加以尊名夫謚者行之跡也號者事之表也慈惠愛親曰孝死不忘君曰敬可謚爲孝敬皇帝仍遵故典式備徽章布告遐邇使知朕意（上元二年四月）

### 寧王謚讓皇帝制

勑能以位讓爲吳太伯存則用成其節歿則當表其名非常之稱旌德斯在故太尉寧王憲誕含粹靈允膺大雅孝悌之至本乎中誠仁和之深非因外獎率由禮度雅尚文儒謙以自牧樂於爲善比兩獻而有光與二南而合蕙自出臨方鎮入配台階逾勵忠勤益聞周慎實謂永爲藩屏以輔邦家曾不慭遺奄焉殂歿友于之痛震慟良深惟王朕之元昆合昇上嗣以朕奉先朝之睿略定宗社之阽危推而不居請予主鬯又承慈旨焉敢固違不然者則宸極之尊豈歸於薄德茂行若此易名是憑自非大號孰副休烈按謚法推功尙德曰讓德性寬柔曰讓敬追謚曰讓皇帝宜令所司擇日備禮册命（開元二十九年十一月日）

### 靖德太子謚奉天皇帝制

門下聖人立號天下至公膺其美者必歸有德有其德者或無其位苟徽烈可紀則追崇之典行焉况義貴因心禮優加等稽夫往策抑有前聞盛業鴻猷久不可替故端德太子琮慶鍾霄極親則朕兄性與天通行高時望宣慈惠和聰明睿哲四科兼綜一以貫之而福壽不遐既隨往運緬惟友愛實軫于心朕昔踐儲宮顧誠非次於君父之命所不敢違以長少而言豈忘其序每思懇讓竟莫獲從遽順聖慈守茲寶位安可不申夙志有闕推恩宜加尊異之名載茂哀榮之典敬用追謚曰奉天皇帝妃竇氏曰恭應皇后宜委有司卽擇日册命更以禮葬仍令右僕射裴冕充使監護少府監竇

履信爲副主者施行。上元元年建寅月

齊王謚承天皇帝制

勑。藩屏之謚。古無鴻名。先朝親親。則有殊禮。自我立制。垂萬代法。嗣位以長。天睠在予。崇德報功。固當昇號。況時逢多難。首建大册。進昌言以啓聖期。告成命以開皇運。易名之儀。特異常典。故齊王倓、承天祚之慶。保鴻名之光。降志尊賢。高才好學。藝文博洽。智略宏通。斷必知來。謀皆先事。識無不達。理至逾精。洒者寇盜橫流。鑾輿南幸。先聖以宸扆之戀。將侍君親。惟王以宗廟之重。誓寧家國。克叶朕志。載符天時。立辯羣議之非。同獻五原之計。中興之盛。實藉奇功。景命不融。早從原穸。天倫之愛。震慟良深。流涕追封。胙于東海。頃加表飾。未極哀榮。夫以參舊邦再造之勳。成天下一家之業。而存未峻其等。歿未尊其稱。非所以旌徽烈、明至公也。朕以眇身。纘膺大寶。不及讓王之禮。莫申太弟之嗣。所懷靡殫。邈想逾切。非常之命。寵錫攸宜。敬用追謚曰承天皇帝。與興信公主故第十四女張氏冥婚。謚曰恭順皇后。有司准式。即擇日册命。加以禮葬。大曆三年五月七日

## 册謚文

### 册謚孝敬皇帝文

維上元二年八月五日、天皇若曰。於戲。咨夫御圖籙者。至聖荷提衡之業。承宗廟者。元良膺受命之期。眇尋千古之外。縱觀百王之表。成功不處。高讓之躅、惟崇在賢。斯授則哲之風。逾遠。睠彼勛華。鼎祚傳於有虞。洎夫湯武。寶曆歸於孟侯。揖前載之宏模。成後王之茂範者也。炎精失馭。巨猾挻災。普天陷塗炭之危。區寓墜豺狼之毒。我高祖神堯皇帝。應天御物。撥亂反正。斬白蛇而定天下。誓蒼兕而會諸侯。底綏萬邦。□寧六合。太宗文武聖皇帝。循機統極。出震開階。練彩石而補乾綱。拯橫流而恢地絡。遠穆邇肅。時清頌平。朕式纂昌基。欽承睿緒。幸憑累聖之福。高居兆人之上。靈符叶贊。天命允集。是以昭報先功。鏤玉於升中之觀。聿崇嚴配。禋珪於布政之宮。俗阜歲豐。化淳刑措。幽明以之効祉。夷夏由其乂安。馭朽逾兢。寢繩多愧。嘗以人之所寶者位。雖處位以思沖。心之所存者道。希寮道而求逸。是以載想褰迎。虛襟脫屣。凝神不宰。宣遊汾水之陽。滌慮无爲。訪道襄城之野。咨爾故皇太子弘、克岐克嶷。有德有行。事親以孝。愛敬極於寢門。奉上以忠。恭慎形於馳道。孝慈不犯。惠以及人。載隆三善之規。無俟八繁之誡。發揮弦誦。遜業之道彌光。黼藻温文。承祧之望攸重。撫軍監國。大闡良圖。百揆萬機。佇令居攝。庶幾乾坤交泰。主鬯之業方新。日月重光。繼昭之明斯遠。頃炎氛戒節。屬爾沉痾。實冀微痊。釋余重負。粤因瘳降。告以斯懷。爾忠懇特深。孝情天至。聞言哽咽。感絕移時。因此彌留。奄然長逝。伊川可望。泣笙駕之無追。瑤嶺難逢。痛琴風之永絕。循今念往。震悼良深。然事欲必行。禮雖崇而未極。德惟可尚。身已謝而宜尊。加以隆名。允符心許。是用謚爾爲孝敬皇帝。式昭典

册。俾夫位光一德。叶帝載於將來。名參四大。播天聲於終古。明靈若存。享茲寶命。嗚呼哀哉。

### 册謚殤皇帝文

維開元二年歲次甲寅、八月景辰朔日、皇帝若曰。於戲。咨爾襄王象月降靈。自天生派。弱不好弄。長而勤書。衣冠待明。有淸河之畏愼。狗馬不玩。得淮南之恭儉。往以中宗宴駕。嗣位登皇。制于凶逆。是膺虛器。懼深禍亂。□爲掃除。推位太皇。誠請懇到。至公克遂。雅懷是宜。其受茲多福。享彼遐齡。而腠理俄纏。膏肓不救。感念親懿。用隱悼于厥心。夫避德與能。傳聖永祚。成萬方之大福。在三讓之高節。周之太伯。王則有焉。豈可禮均藩臣。名上列國。等昌邑之厭毒。同營陽之淪棄者哉。是用超于舊典。享以榮號。遠推仁慈之心。特傷短折之壽。可謚爲殤皇帝。仍遣某乙持節授册。宜膺寵靈。式慰泉壤。嗚呼哀哉。

### 册謚讓皇帝文

維開元二十九年歲次辛巳、十一月戊申朔、二十五日壬申、皇帝若曰。於戲。古者崇德考行。猶謚大名。飾終追遠。亦膺徽册。況乃元昆之戚。天倫之重。豈循恆典者哉。咨爾故太尉寧王憲。純粹秉靈。冲和成量。孝友之性。發乎天然。仁義之道。彰乎日用。加以好學不倦。樂善有聞。休問掩於間平。淸猷光於魯衞。實謂儀刑邦國。保乂藩維。景命不融。奄從薨逝。興言震慟。哀疚纏懷。惟王地居元子。合膺主鬯。昔朕上稟先訓。克淸羣兇。遂固守撝謙。懇讓儲副。然則深仁厚德。茂行已表於生前。寶位尊名。盛禮寧忘於歿後。是用謚王爲讓皇帝。今遣使尙書左丞相裴耀卿、副使太常卿韋縚等持節禮册。因心之戚。備物飾情。贍典策而哀深。想棣華而望絕。所冀幽穸。嘉茲寵榮。嗚呼哀哉。

### 册謚恭皇后文

維開元二十九年歲次辛巳、十一月戊申朔、二十五日壬申、皇帝若曰。於戲。尊名備禮。所以悲友于也。因親錫號。所以申悼往也。讓皇帝故妃元氏。門承華烈。代襲淸猷。柔範夙著。徽音允穆。自作儷天人。能修壼訓。克茂詩箴之教。載修圖史之規。豈謂福善無徵。遽先殂逝。天倫有感。追悼兼懷。福貴從尊。事資飾贈。有行梁苑。早膺藩邸之榮。將祔壽原。允叶椒房之位。是用册妃爲恭皇后。今遣使尙書左丞相裴耀卿、副使韋縚持節禮册。車服式陳。典章攸備。永惟神路。嘉是哀榮。

### 册謚承天皇帝文　常袞

維大曆四年歲次己酉、五月甲辰朔、十二日乙卯、皇帝遣使某官某乙持節册命曰。於戲。稽于古典。考于謚法。戚藩升號。禮或闕文。爰自先朝。特追尊稱。蓋以長而教順。豈私親而立制。今之殊禮。允屬元勳。天下至公。不可廢也。爾故齊王某。慶稟霄極。氣陶元和。孝彰純行。忠表令德。學師申穆。文友徐陳。達東平之詔。尤推達理。辯南陽之牘。可謂知微。靜而有謀。敏亦能斷。往以王室多故。翠華南巡。緬懷家邦。首建大議。上戴君父。紹開中興。會五原之兵車。復四海之疆宇。懋此徽烈。屈於流運。愛深同氣。痛結中腸。頃雖褒錫。猶未僉允。言念經啓之功。載加飾終之數。爰革舊典。追崇大名。是用册王曰承天皇帝。改置園邑。從饗淸廟。贈以黃屋左纛。龍旆九旒。必備王者之儀。用極送哀之禮。庶榮厚夜。有感于懷。嗚呼明靈。尙服休命。

## 哀册文

### 孝敬皇帝哀册文　薛元超

維上元二年、夏四月己亥、皇太子弘薨于合璧宮之綺雲殿。年二十四。五月戊申、詔追號諡爲孝敬皇帝。八月庚寅、將遷葬於恭陵。有司奏哀册文曰。赫矣皇統。昭哉帝耆。光膺寶曆。大啓瑤圖。昌原緬鏡。隤阯不渝。欽惟妙質。誕靈居震。若木資芳。咸池毓潤。韶襟日湛。英姿岳峻。裕玉摛華。鋪金協韻。肇外作翰。爰歸養德。衢室成規。軒庭稟則。聖敬斯踐。温文匪忒。傍照四方。下貞四國。虔誠問寢。鳴謙齒胄。洞掩儒城。横披禮囿。璧流揚彩。環林搴秀。飛遁來儀。鴻生入授。率性謂道。攸縱自天。明蹤視牘。文冠題鞭。裁山聳仞。綈席開筵。絕簡時繹。精義咸甄。豪飛紫露。言控曬泉。務殷監撫。寄深社稷。鮑俎不陳。龍雋在側。聽達有裕。莊婉兼極。瑜珮增輝。金華動色。乾慈衍渥。廼睠儲皇。惟天下之重器。將釋負於巖廊。竭因心之孝。辭受終之禮。蹐厚載以兢魂。跼層穹而擘涕。沖旨逾邈。神鑒不留。少微告沴。大漸無瘳。方劭尊師之業。奄從賓帝之遊。嗚呼哀哉。大象潛運。灰飛緹幕。輕霜霣兮文梓寒。高飈起兮仙桂落。未戢歸庖之薦。空對栖闕之鶴。嗚呼哀哉。玉靈獻兆。蜃隧合陰。拖儀旌之委鬱。翊羽騎之森沉。轢湯渠而迴駕。指亳轍以遙臨。楚挽驚而疑斷。悲笳咽而復尋。蕭索動風雲之氣。蒼茫感天地之心。嗚呼哀哉。流日黯以西傾。奔川淼而東度。地擬橋山之曲。塋如畢陌之路。攀宇宙而無追。仰音顏以纏慕。嗚呼哀哉。瀛區有變。天柱終飛。懷蒼梧而日遠。望白雲而不歸。沉沉隴樹。漠漠泉闈。竭庸音而載筆。藹千祀而騰徽。嗚呼哀哉。

### 哀皇后哀册文　宋温璩

維開元六年、歲次戊午、夏五月甲午朔、三日景申、哀皇后裴氏梓宮、啓自先殯。將遷祔於恭陵之山塋。禮也。皇上御寰區而翼翼。纂洪緒而親親。感上仙於周副。痛未從於虞嬪。攀鶴駕於終古。贈鸞輅而增新。時無遠而惟吉。物有容而必陳。纂芳佇思。徽幽寄神。淸載陽懿之烈。爰屬有司之臣。其詞曰。月麗雲昇。靈叶爽馮。鼉鄉茂族。晉邑丕承。土厚河廣。祥發慶膺。公侯必復。紱冕攸興。艮精兌象。室家化國。昌胄延和。榮門誕德。淑問不已。柔順允塞。素里揚英。淸閨仰則。一人元良。萬邦大本。天作之合。興能列壼。家本楙於漢封。地先歸于晉袞。主饋旌善。賀酒騰歡。承暉養德。奉景訪安。搖金羽之頍頍。結環珮之珊珊。賁日月之光色。妙靈象而無端。含章握文。敬徽情獨。崇法服於翬組。接懿筐於蠶簇。覲皇英而上親。祗霄燭而下睦。庶無違於信順。期有馮於福靈。忽虧光於輪月。奄落彩於前星。爽仁壽於偕老。遘天禍而期丁。瞻神宇之惟漠。感靈衣之靡形。驚廻風於虛殿。宿衆鳥於空庭。顧長御以擘涕。甘自殉於山扃。制立時而遽終。情循節而恆苦。草驕春而繞砌。虫冷秋而入戶。限百刻之不延。周六脈其誰補。嗚呼哀哉。殂謝緬其永久。氣節浸以流換。感窀穸之幽偏。軫皇情以悽歎。稽舊章之典。樂崇新命之綸。渙齊天地而德合。綜神靈而道貫。嗚呼哀哉。日吉兮辰良。玉珮兮金章。命騏校以進駕。翊龍輴而上驤。伐靈鼗於河鼓。建參旗於太常。號宮女之嗷嗷。遣使臣之皇皇。騰魚軒兮背北渚。亂鳳管兮越南嵩。當赫曦之畏日。如徒靡之秋光。望曾城而不返。遵厚夜而何長。嗚呼哀哉。神理惟昧。萬物同宅。人生有終。駟馬過隙。訊虞妃於前古。聞賓帝於在昔。感伊洛之山川。懷靈仙之影迹。彼霄形兮天壤。云誰同兮金石。惟彤管之芳輝。與青史而無斁。嗚呼哀哉。

讓皇帝哀册文　　徐安貞

維開元二十九年、歲次辛巳、十一月戊申朔、二十四日辛未、寧王薨于西京之邸第。旋殯于正寢之西階。翌日有制。册王爲讓皇帝。蓋景龍歲先帝即位。王嫡長。將立爲皇太子。讓大功於我皇。洎薨落讓存。有追崇之義。粵若天寶元年夏五月乙巳朔十七日庚申、將遷座于惠陵。禮也。龜策先遠。龍輴此時。嗚呼哀哉。皇帝遣金紫光祿大夫守尚書左僕射攝太尉上柱國許平縣開國侯耀卿奉霄載奠祖筵。以申天倫之慽也。乃命詞臣。敍之典册。其詞曰。

昔眞人述作。表高節於讓王。太伯聞乎有周。皇昆昭于聖唐。古往今來。身退業昌。沒而不朽。揚乎耿光。玄祖錫慶。重熙累盛。茲冢嗣之謙德。迨遺靈而受命。童孺之辰。初王壽春。開國方大。進封于蔡。以委親賢。是兼中外。奄有于宋。復遷于寧。正疇庸於地理。配明德於天星。或建符節。言歸闕廷。既睦天愛。承歡帝樂。東扈溫泉。西侍平樂。風雅屬和。論思辯博。晨趨北上。謁紫殿於蓬萊。夕息南歸。對瓊樓於花蕚。莫匪恩遇。周爰諮度。坐而論道。實惟三公。登太尉。兼儀同。拜司徒。命司空。儀刑作孚。宣和國風。稽以前事。緬懷逝者。五王同日。曜大君之一龍。萬國來朝。無梁王之駟馬。讓則有之。崇名可追。踰周盟之禮。會七月之期。太史造時。遣奠于茲。自藩王之邸第。見天子之旌旗。度春明而春盡。下長樂而長辭。經灞川與渭川。慘容衞兮遲遲。當苑門之宮觀。攀宇宙而難追。仰晉顏以纏慕更吾君以望思。嗚呼哀哉。瀛區有變。天柱終飛。懷蒼梧而日遠。望白雲而不歸。沉沉隴樹。漠漠泉闈。竭庸音而載筆。藹千祀而騰徽。嗚呼哀哉。高寢林間。陰堂晝開。代謝今昔。神之往還。列昭穆兮斯在。奉忠孝於橋山。嗚呼哀哉。

恭皇后哀册文　　韋良嗣

維開元二十八年、歲次庚辰、月朔日、寧王妃元氏薨于西京之第。旋窆于某塋。天未忘釁。相次徂落。其明歲十一月二十四日、王薨。在殯。制册爲讓皇帝。且有後命。追謚妃爲恭皇后。蓋以王有讓統之實。而妃有恭德之美。所以孝行追崇。皆聖王天倫篤愛。有光於古先者也。粵天寶元年五月乙巳朔、十七日庚申、將遷祔於惠陵。王薨及葬。凡爲七月。天子之禮也。乃命侍臣。敍以册書。其詞曰。

皇矣有熊。處乎玄宮。衣冠所在。祉胤無窮。以武而興。復于土中。以文始大。元氣比崇。禮侔周峈。慶漸柔風。展我邦媛。倫昭有融。至靜委和。如天克令。莫莫中谷。天夭作詠。黃繐導容。素紗增暎。鑒圖閱史。陰儀壼政。帝寵元昆。妃承累命。降家人之禮。擬陰安之盛。（漢書文紀陰安侯高帝嫂）鵲巢行化。人倫以正。或幾望於終古。故守沖而益敬。祥開寤兆。服媚蘭蓀。女延陽邑。男受推恩。緣車齊軫。絲戟盈門。各稟柔訓。常貽話言。天授戩穀。無非審諦。歸賵事凶。毀臺成沴。團月忽蝕。朝雲亦霽。滅綵韶陽。收華邸第。嗚呼哀哉。魯宮未考。津門遽哀。帝以讓而追謚。后從夫而永陪。翟褕暫舉。瑋瓚誰開。用小君之備物。怨吾王之不來。嗚呼哀哉。娥輪半上。蜃輅將移。追雙旐兮遲遲。卷六衣兮披披。靑門一別兮不駐。素滻旣濟兮相隨。入長陵之松栢。顧漢苑兮參差。司馬門兮纍纍。恭后墳兮在斯。嗚呼哀哉。

## 奉天皇帝哀册文　王縉

維元年建寅月、二十六日。故靖德太子謚曰奉天皇帝。妃竇氏謚曰恭應皇后。啓自細柳。將遷座于新豐。望黃山而入土苑。遇紫極而出天門。傍臨鳳闕。雙引龍轜。乃詔左僕射冕祖饋於行宮。禮也。今上孝悌通於神明。追崇徽謚。用達皇情。陟岡目送。避殿涕盈。爰命述者。以振休聲。其詞曰。

昔在高祖。文思武德。龍戰必勝。海飛爭息。威加八荒。奄有萬國。累業繼聖。惟天是則。昌運斯應。睿哲乃生。爰自弱歲。有如老成。稱象知小。測日言輕。率爾之對。略而不行。問安內竪。豈獨重明。深居邸第。亦稱維城。禮無不執。藝或可遊。聯行魯衞。虛佇應劉。鴈鶩非好。神仙不求。爲善自樂。俾躬處休。行成於內。聲聞於外。性實匪驕。迹能用晦。朝野多歡。兄弟高會。主客曳倨。閑園飛蓋。仁者當壽。天道何昧。小山未傾。盤石忽碎。嗚呼哀哉。天慈罔極。寵命猶新。前星告位。少海遷神。黃公誰客。靑宮自春。空悲玉牒。獨有芳塵。正位乎內。進賢□美。肅肅令妃。幽公之子。家自漢室。代爲戚里。百兩比肩。四教盈耳。不藝珩珮。能循沼沚。傳訓公宮。留箴女史。旋稱未亡。自誓之死。柔質泯焉。徽音不已。嗚呼哀哉。帝念元昆。人無閒言。不及讓國。於是追尊。惟儲出震。惟儷居坤。備陳服御。更起陵園。來九重兮復去。動萬乘兮還靜。挽悽楚而凝哀。駕逶遲而轉影。別靑門之早春。背素滻之斜景。路已窮於咫尺。時不延於俄頃。嗚呼哀哉。神輝永戢。軒曜長扃。麥臺椒闈。泉戶彤庭。開壽宮兮寂寂。虛玉座兮冥冥。賓上帝於窅眇。陪五后之明靈。海爲田兮岸爲谷。德不朽兮名惟馨。嗚呼哀哉。

## 承天皇帝哀册文　常袞

維大曆三年、歲在景午、四月丁未朔、六日壬子。故齊王謚曰承天皇帝。興信公主季女謚曰恭順皇后。初天寶十五載。會有國難。王首建大議。扈先帝於朔垂。以其年八月薨于行在。某年某月追封齊王。今上親親念切。册贈大號。以大曆三年六月遷座於咸陽。銀棨傳蹕。金根在馭。出仙禁兮逶迤。指橫橋兮西去。乃詔禮儀使工部尙書祖奠于行宮。禮也。聖慈友愛。痛結天倫。爰命作册。授之儒臣。其詞曰。

天祚我唐。帝系其昌。鴻明皇皇。子孫保光。長發其祥。倬生賢王。英華外揚。五色含章。聰敏明粹。孝友純至。文麗春華。神淸顥氣。所全者德。不有其貴。昔在開元。錫羡其蕃。儲后愛子。天皇弄孫。勝衣超拜。卽啓東藩。山委慶賚。雲翔渥恩。紫殿丹臺兮相屬。臨洞音窅窅兮沉沉。聯日光與金友。煒芳蕚於瑤林甲觀宴兮承顏數。寢門侍兮鍾愛深。既閑詳於占對。亦自守於沖退。忘外事之嬰拂。服前言之箴誨。謂歡娛之未央。何覬否之相會。雷雲遘屯。關洛揚塵。乘輿南幸。定議北巡。上戴君父。協于天人。中興之業。實賴經論。如何上玄。不假之年。丹誤金鼎。樽空玳筵。軫于震慟。澤漏重泉。東負蒼海。錫其土田。顧謀始之言。慱謂飾終之恩薄。崇章大號。自我天作。賜梁國之旌旗。用魯侯之禮樂。備物宮庭。巍巍寵靈。寶符玉牒。照曜青瑩。仙駕帝儀。上昇紫冥。邦媛之姝。婦道不踰。遽辭金屋。久閉珠襦。錫以象服。合於鮒隅。嗚呼哀哉。出國門兮蒼山轉。辭白日兮長安遠。驚飈落於桂宮。霧露沾於蘭坂。建翠鳳兮葳蕤。瞻輅馬兮遲遲。壽宮閉兮與天畢。玉座深兮無曉時。嬪嬙儼兮侍新寢。梟鴈遊兮非故池。戢神輝之杳靄。結吾君之眷思。惟鴻勳之不泯。眇然終古兮同斯。

## 承天皇后哀册文

楊炎

維大曆三年、歲次景午、四月丁未朔、六日壬子、故齊王謚曰承天皇帝。妃張氏謚曰恭順皇后。天寶末賊臣構難。王從二聖南幸成都。自武功定策禁中。扈先帝於靈武。以是年八月薨于行在。今上錄功追遠。詔謚鴻名。以大曆三年六月遷座于咸陽。禮也。雲翻宿懸。天雞空響。建翠鳳以雙引。度蒼龍而長往。皇帝慟極天倫。齋于閒館。望桂嶼之蕭颯。撫蘭臺之傷斷。爰詔近臣。遺音是纂。其詞曰。

皇圖氛氳。麗于天文。本支百代。聯華千載。維王斯會。其祥則大。祖武之烈。宗文之配。令德純粹。溫恭慈愛。和必有節。動而無悔。持盈以沖。明道若昧。金玉是式。鼓鐘于外。伊昔慶衍。維皇握圖。天孫載弄。甲觀晨趨。善問居講。嚴師服儒。瓊林秋實。寶蓂晴敷。皇用錫土。苴茅剖符。大邦之翰。滄海之隅。遙分朱邸。近植青梧。愛鍾嘉惠。寵被宸渥。從侍寢門。觀風大學。禮聞齒讓。聽辯聲樂。曆運中否。災鯨構昏。帝初避狄。聖有昌言。王叶羣議。天迴乘轅。適于碭之野。進于閶闔之門。雲趍北河。電掃中原。方從廟告。言守藩垣。忽川逝于東海。怨夜長於西園。嗚呼哀哉。志業見於屯蒙。勳名留於天壤。成宗禋之有聖。悲歡愛之易喪。獨精聚而魂遊。奉君親以長往。展我邦媛。德容可仰。魯館而家齊。風是長翟。拜三月。輧歸百兩。豈鳳吹以有歸。而虹銷之無像。嗚呼哀哉。帝念伊始。晬容生憂。傷桂色之幽蠹。望山河之林丘。解劒龍而追慟。燭鴻徽以冥搜。駕之輅旗。服以冕裘。儼千官於天衢。將合祔而從周。嗚呼哀哉。笳鼓宵陳。河山曉發。地快圠兮聲遠。天空同兮影沒。入幽隧之穹林。伏盤原之宮闕。嗚呼哀哉。考至公與至性。見爲子兮爲臣。臨難不忘其社稷。感時思致其君親。短而非病。逝豈同塵。惟德名與盛典。可觀法以求仁。嗚呼哀哉、

# 唐大詔令集第二十七

## 皇太子

### 立太子

立秦王爲皇太子詔

儲貳之重。式固宗祧。一人元良。以貞萬國。天册上將太尉尚書令陝東道大行臺尚書令益州道行臺尚書令雍州牧蒲州都督領十二衞大將軍中書令上柱國秦王某、氣質沖遠。風猷昭茂。宏圖昔著。美業日隆。孝惟悳本。周於百行。仁惟任重。以安萬物。王迹初基。經營締構。戡翦多難。征討不庭。嘉謀獨舉。長算必剋。敷政大邦。宣風區奥。功高四履。道邁二南。任總機衡。庶績惟允。職兼內外。彝倫載穆。遐邇屬意。朝野具瞻。宜承鼎業。允膺守器。可立爲皇太子。所司具禮。以時册命。武德九年六月

立中山王爲皇太子詔

尚書奏議。以爲少陽作貳。元良治本。虔奉宗祏。式固邦家。中山王承乾、地居嫡長。天姿岐嶷。仁孝純深。業履韶茂。早聞叡哲。幼觀詩禮。允茲守器。養德春宮。朕欽承景業。嗣膺寶圖。憲則前王。思隆正緒。宜依衆請。以答僉望。可立承乾爲皇太子。武德九年七月

立晉王爲皇太子詔

昔者哲王受圖。上聖垂範。建儲兩以奉宗廟。總監撫以寧邦國。既義在於至公。亦事兼於權道。故以賢而立。則王季興周。以貴而升。則明帝定漢。詳諸方册。豈不然乎。幷州都督右武候大將軍晉王治、地居茂親。才惟明悳。至性仁孝。淑哲惠和。夙著夢日之祥。早流樂善之譽。好禮無倦。強學不怠。今承華虛位。率土繫心。疇咨文武。咸所推戴。古人云知子莫若父。知臣莫若君。朕謂此子。實允衆望。可以則天作貳。可以守器承祧。永固百世。以貞萬國。可立爲皇太子。所司備禮册命。貞觀十七年四月

立代王爲皇太子詔

洊雷揚祉。承祧之道爰著。重離闡曜。守器之方斯存。故能撫寧軍國。永保邦家。詳覽瑤圖。緬瞻遐册。繼業垂統。咸率茲典。代王弘道居嫡胤。天縱英姿。器質沖華。神鑒昭遠。恭謙表志。仁孝居心。夙章睿哲之風。早通詩書之業。朕以虛薄。方啓無疆之祚。永傳不朽之基。取則前王。思隆正緒。宜升上嗣。養悳東宮。可立爲皇太子。仍令所司擇日備禮册命。永徽七年正月

立平王爲皇太子詔

舜去四凶而功格天地。武有七德而戡定黎人。故知有大勳者受神明之福。仗高義者爲匕鬯之主。朕恭臨寶位。亭育寰區。以萬物之心爲心。以兆人

之命爲命。惟承繼之道。咸以冢嫡居尊。而無私之懷。必推功業爲首。然後可保安社稷。永奉宗祧。第三子平王隆基、孝而克忠。義而能勇。比以朕居藩邸。虔守國彝。貴戚中人。都無引接。羣邪害正。兇黨寔繁。利口巧言。讒說罔極。韋溫延秀。朋黨競起。晉卿楚客。交構其間。潛結回邪。排擠端善。潛貯兵甲。將害朕躬。隆基密聞其期。先難發奮。挺身鞠旅。衆應如歸。呼吸之間。兇渠殄滅。安七廟於幾墜。濟羣生於將隕。方舜之功過四。比武之惪逾七。靈祇在望。昆弟樂推。一人元良。萬邦以定。爲君副者。非此而誰。可立爲皇太子。有司擇日備儀注册命。唐隆元年六月

## 立郢王爲皇太子制

樹之后王。所以輯寧黎獻。承之儲副。所以安固宗祧。故能崇四術之科。爲萬國之本。長幼君臣之序。齒胄知歸。溫文恭敬之風。羣生攸屬。古之制也。其在茲乎。郢王嗣謙、聰睿夙成。端莊特秀。三雍禮樂。必也生知。五官詞藻。居然暗合。體道爲器。非假於學問。資靈受惪。自符於神解。夏弦春頌。地義天經。立人之道既彰。爲子之誠益著。今升平在運。中外咸寧。將有事於元良。固不踰於三善。宜光近日之敏。俾則前星之耀。宜以來年正月四日備禮册爲皇太子。所司准此。開元二年十二月十七日

## 立忠王爲皇太子制

孫逖

門下、大寶曰位。寶在乎丕承。萬邦以貞。必建於明兩。朕嗣守鴻業。祗嚴永圖。恭惟匕鬯之主。豈捨人神之望。開府儀同三司兼單于大都護河北河東行軍元帥朔方軍節度使兼關內度支營田鹽池押諸蕃部落等大使上柱國忠王璵、天假聰明。生知仁孝。君親一致。友悌三成。溫文之惪。合於古訓。敬愛之風。聞於天下。嘗亦視其所以。察其所安。考言有章。詢事皆中。知子者父。允叶於元良。以長則順。且符於舊典。宜膺擇嗣之舉。俾受升儲之命。可立爲皇太子。仍取來月內擇日册命。所司准此。開元二十六年六月三日

## 立宣王爲皇太子制

主器者莫若長子。繼明者必建儲兩。既已傳重。亦以崇本。則君親之大義。帝王之弘範。無先於此矣。朕以眇身。纘承丕緒。夕惕祗畏。惟懷永圖。承八葉之耿光。居四海而稱大。則匕鬯之主。粢盛之重。樹元貴嫡。有邦之先。宣王誦、生知古訓。既賢且長。聰敏明博。溫恭孝友。不自滿假。率由憲章。慶發高禖。兆由甲觀。爲子之道。惟父能知。審觀其志。宜承大統。固能總戎監撫。載乎鼎實。不絕馳道。謙敬益崇。問安必自於因心。立學固知其讓齒。昇茲上嗣。庶貞萬國。可立爲皇太子。宜令所司擇日備禮册命。建中元年正月

## 立廣陵郡王爲皇太子制

鄭絪

萬國之本。屬在元良。主器之重。歸于長子。所以固社稷。正邦統。古之制也。廣陵郡王純、孝友莊敬。慈仁忠恕。博厚以容物。寬明而愛人。祗服訓辭。文皆合雅。講求典禮。學必承師。居有令問。動無違德。朕獲纘丕緒。祇若大猷。惟懷永圖。用建儲貳。以承宗廟。以奉粢盛。爰舉舊章。乃俾茂典。宜册爲皇太子。

改名統。仍令有司擇日備禮册命。（貞元二十一年三月）

## 立鄧王爲皇太子制

門下、朕聞君天下者纘承統業。何嘗不樹儲建貳。安固邦家。況長子有主器之義。元良貞立國之本。上以嚴宗社之重。下以順恆久之宜。歷考前載。率由斯道。鄧王寧、性與忠敬。生知孝友。秉寬明之度。體慈愛之心。學師訓舊。詞尚經雅。動皆中禮。慮不違仁。稽以舊章。允膺上嗣。朕獲纘丕緒。夙夜虔恭。常懼神明未歆。政理多闕。曠茲茂典。亟涉歲時。今屬方內甫寧。品物咸遂。監皇王之制。詢卿士之謀。時瞻大猷。莫此爲甚。是用授之匕鬯。位以青宮。欽惟永圖。俾奉休命。宜册爲皇太子。令有司擇日備禮册命。主者施行。（元和四年四月）

## 立遂王爲皇太子制

門下、承廟祧之尊。固邦國之本。重其緒業。貞以元良。斯今古之通制也。乃者春宮曠位。已涉歲時。祼獻闕主鬯之儀。膠庠虛齒學之道。其何以億寧方夏。彰示教源。稽諸往册。用舉彝典。遂王宥、孝敬忠肅。寬明惠和。遵保傅之言。佩經訓之旨。友于兄弟。睦于宗親。博愛而恕己以誠。愼行而飭躬以禮。載觀所履。克愼厥謀。宜升儲闈。以對休命。朕祗若成憲。惟懷永圖。法三王垂統之規。紹十聖重光之烈。致嚴禋配。俾奉粢盛。式昭上嗣之崇。庶叶明離之吉。宜册爲皇太子。改名恆。仍令有司擇日備禮册命。主者施行。（元和七年十月）

## 立景王爲皇太子制

門下、朕聞王者敬承廟祧。欽若天命。必建元子。用寧邦家。所以光叶繼明。嚴當主鬯。朕纂承聖緒。夤奉丕圖。惟懷國本之安。爰在皇儲之重。而青宮久曠。望苑未開。則何以表式元良。昭宣鴻業。稽於往册。用舉彝章。長男景王湛、孝愛恭和。忠敬誠肅。慈惠特稟。寬仁夙彰。言通典謨。動合儀矩。睦友宗屬。遵承傅道。克修令問。日茂佳猷。宜踐儲闈。以承休命。君尊父嚴。每推乾道。聞詩學禮。用首人倫。嘉翼翼於誠心。覩蒸蒸於孝敬。古稱知子。无讓前修。俾奉粢盛。式昭元嗣。宜册爲皇太子。有司擇日備禮册命。主者施行。（長慶二年十二月七日）

## 立魯王爲皇太子制

禮重承祧。義承繼體。思崇守器。必務建儲。王者所以固大本而貞萬國也。魯王允、溫仁寬明。聰敏孝敬。動合至性。居无放心。樂善承顏。曠度容衆。恭勤詩書之教。率由忠厚之風。懿茲猷徽。光我胤嗣。朕纂承寶位。丕寧永圖。欽若舊章。用建儲貳。爰俾主鬯。以率問安。統正龍樓之粲。昭宣甲觀之兆。宜膺茂典。允屬元良。宜册爲皇太子。宜令所司擇日備禮册命。（太和七年八月）

## 立陳王爲皇太子制

門下、古先哲王之有天下也。何嘗不正國本而承天序。建儲貳而主重器。朕以寡昧。祗荷丕圖。虔恭寅畏。思固鴻業。愼擇令懿。曠于旬時。而卿士獻謀。

龜筮告吉。以爲少陽虛位。願舉盛儀。列聖垂休。俾合予志。選賢而立。式表無私。敬宗皇帝弟六男陳王成美、天假忠孝。日新道德。溫文合雅。謙敬保和。裕端明之體。度尙詩書之辭。訓言皆中禮。行不違仁。是以順考舊章。欽若成命。授之匕鬯。以奉粢盛。宜回朱邸之榮。俾踐青宮之重。可立爲皇太子。宜令所司擇日備禮册命。開成四年十月十四日

## 立悳王爲皇太子制

我國家上法夏殷。遵遠漢魏。爰設儲貳。式固宗祧。既明兩而作離。在立嫡而惟長。矧玆沖眇。獲嗣丕基。將弘永圖。宜舉令典。德王佑、朕之元子。孝敬日躋。早茂溫文。克彰岐嶷。屬者朝廷多故。兵革尙興。懷柔方務於舞干。典禮未行於主器。而忠臣獻議。百辟上言。請建元良。至于三四。以奉祖宗之彝教。必在前星。係億兆之人心。宜崇嗣體。由是考彼史册。詢于蓍龜。厥惟舊章。乃建嘉命。爾其嚴奉師傅。敬慎威儀。必使流慶萬邦。垂芳三善。稟教諭之道。作圖牒之祥。勿怠令猷。克光帝載。服我明訓。永孚于體。可册爲皇太子。仍改名裕。令所司擇日備禮册命。乾寧四年正月

# 唐大詔令集卷第二十八

皇太子

册文



## 册文

冊晉王爲皇太子文

維貞觀十七年、歲次甲辰、四月某朔日、於戲。惟爾幷州都督右武候大將軍晉王治、忠肅恭懿。宣慈惠和。仁孝出於自然。信義備於成德。禎祥夙著。睿哲日新。永言少陽。匕鬯是寄。疇咨朝列。卿士協從。是用命爾爲皇太子。往欽哉。爾其思王道之艱難。遵聖人之烱戒。勤修六德。勉行三善。无或舉非法度。忘恭儉而好驕奢。无或理乖彝倫。遠忠良而近邪佞。非履道无以彰名。非任賢无以成德。爾身爲善。國家以安。爾身爲惡。天下以殆。穆九族而禮庶僚。懷萬邦而憂遐裔。兢兢業業。无怠无荒。克念爾祖宗。以寧我宗社。可不愼歟。

冊代王爲皇太子文

維永徽七年、歲次景辰、正月景寅朔、六日辛未、於戲。夫明兩載象。道貫三才。元良表德。業隆千古。是以夏啓作貳。光闡高猷。姬誦升儲。發揮王道。詳求典册。式瞻匕鬯。固本垂統。允歸正緒。惟爾代王弘、猗蘭毓祉。喬桂凝華。岐嶷表於天姿。符瑞彰於神授。器業英遠。風鑑昭朗。踐嘉義而總深仁。捨幼志而標成德。爰資玉裕。早振金聲。朕虔奉靈圖。夙膺丕業。仰惟七廟之重。思隆萬葉之慶。疇咨列辟。欽若前修。是用命爾爲皇太子。往欽哉。爾其祗奉憲章。率由軌度。盡謙恭於齒胄。審方俗於迎郊。春禮冬詩。趍庭靡懈。三善六德。勖志無愆。絕驕奢之心。納忠良之訓。播徽猷於外宇。申敬奉於中闈。允睦周親。務殷堯族。永隆四術。式寧萬類。無荒無怠。固保我宗基。可不愼歟。

冊平王爲皇太子文

維唐隆元年、歲次庚戌、七月庚戌朔、二十日己巳、皇帝若曰。天有丕命。集寶位于朕躬。所以奉若天道。建茲元嗣。其明聽朕言。咨爾平王隆基、幼而聰允。長而寬博。有夙成之量焉。夫禮以修外。樂以修內者。是務於文也。春夏學干戈。秋冬學羽籥者。是兼於武也。繫於百姓。聞於天下者。是由於仁也。一日三朝。嘗藥侍膳者。是資之於孝也。爾有文武仁孝之德。以知父子君臣之道。朕甚休之。間者賊臣構逆。窺竊神器。則我有唐之祚。危若綴旒。爾義寧家邦。忠衛社稷。誅其凶惡。以之康濟。主匕鬯者。非爾而誰。是用命爾爲皇太子。古人有言曰。爾身克正。罔敢不正。爾罔不忠。惟爾之忠。昭昭臨下。不可不畏。愼簡乃僚。允廸端士。恭儉惟德。遠於憸人。則萬邦以貞。答揚我四聖之鴻烈。敬之哉。

冊郢王爲皇太子文

維開元三年、歲次乙卯、正月甲申朔、四日丁亥、皇帝若曰。於戲。書不云乎。一人元良。萬邦以貞。易不云乎。黃離元吉。得中道也。將以守監從撫。主器承祧。執經陳東序之容。端冕見南郊之禮。本支百代。宜哉福祿。咨爾郢王嗣謙、忠肅恭懿。元亨利貞。遵在鎬之惠慈。稟生譙之祥應。學能知道。孝乃因心。書及春卿。懸推早秀。言窮叔譽。遠愧生知。當試象之年。備成人之敏。九玄贊命。百姓與能。正位少陽。欽惟大典。是用命爾爲皇太子。其在靖恭爾位。聿修厥德。詩書禮樂。敦悅爲本。父子君臣。威儀罔忒。寢門問豎。必視寒暄。望苑招賢。用資端直。使三靈合契。四海係心。延我纍聖之業。積爾重輝之慶。必敬必戒。無怠無荒。往欽哉。可不慎歟。

册忠王爲皇太子文

維開元二十六年、歲次戊寅七月戊寅朔、二日己卯、皇帝若曰。於戲。受天命者皇王之業大。爲國本者儲副之位。崇所以上承宗祧。下固黎獻。咨爾開府儀同三司單于大都護河東河北道行軍元帥朔方軍節度大使兼關內度支營田鹽池押諸蕃部落等使上柱國忠王璵、幼而夙成。長有宏量。佩服仁義。周旋禮樂。忠孝極於君親。友愛聞于兄弟。正以率下。謙以持盈。識動於微。知周於物。通刑政之大體。負文武之殊能。果於積德。樂於爲善。凡此數德。嘗試皆能。豈矜知子之明。諒曰至公之義。况復仰稽天道。俯察人心。立長則順天所助也。議才則賢人之望焉。是用命爾爲皇太子。往欽哉。爾其敬膺典策。無忘誡愼。思創業之多難。知守器之爲重。作貞萬國。允協重明。以揚列祖之耿光。永貽多嗣之承式。可不慎歟。

册成王爲皇太子文

維乾元元年、歲次戊戌十月庚子朔、五日甲辰、皇帝若曰。於戲。自昔聖王。咸建儲貳。蓋將嗣守神器。虔奉宗禋。是以禮經著元貞之德。易象載重明之義。朕纂服鴻緒。丕承前烈。爰升匕鬯之賢。是符當璧之命。咨爾太尉成王俶、道備文武。生資睿哲。温文彰於日就。孝友稟於天成。往以兇醜亂華。干戈集事。是能出陪戎駕。入奉廟謨。克符丹水之師。實剪綠林之盜。所謂功定社稷。義寧君親。令萬邦以貞。三善斯屬。宜膺上嗣之典。俾踐少陽之位。是用命爾爲皇太子。以副朕躬。爾其思王業之艱難。遵聖人之烱戒。非尊賢无以成德。非廣孝无以承親。遠斥便佞。詢謀正直。兢兢業業。庶保于大猷。然後無忝爾祖宗。克寧我邦國。往欽哉。丕膺景命。可不愼歟。

册雍王爲皇太子文　　潘炎

維廣德二年、歲次甲辰三月戊辰朔、二日己巳、皇帝若曰。昔在哲王。必建元子。上以奉宗廟。下以係生人。固本乃安。立長乃順。經明者是稱其兩。樂善者不止于三。資于君父之運。間在神明之側。稽古承式。肆予命汝天下兵馬元帥尚書令雍王适、智崇天錫。悳茂日新。文實志經。武兼講藝。孝深於性。尤切於問安。識蘊其明。更精於簡牘。奉辭伐叛。稟命成師。積稔逋誅。一戎底定。業著于內。功加于時。萬方以貞。朕志允定。用是命爾爲皇太子。以踐于儲宮。往欽哉。無以不副忘其恭。無以不會易其度。觀圖書之得失。思締搆之艱難。夙夜惟寅。主兹匕鬯。永懷我高祖太宗之丕命。可不慎歟。

册廣陵郡王爲皇太子文

維貞元二十一年、歲次乙酉四月庚午朔、六日乙亥、皇帝若曰。建儲貳者必歸於上嗣。固邦本者允屬于元良。咨爾元子廣陵郡王純、幼挺岐嶷。長標恂淑。佩詩禮之明訓。稟忠孝之弘規。居常保謙。動必循道。識達刑政。器含温文。愛敬奉於君親。仁德聞於兆庶。神祇龜筮。罔不協從。是用命爾爲皇太子。於戲。維我烈祖之有天下也。功格于上帝。祚流於無窮。光纘洪緒。逮于十葉。虔恭寅畏。日慎一日。付爾以承祧之重。勵爾以主鬯之勤。以貞萬國之心。以揚三善之德。爾其尊師重傳。親賢遠佞。非道勿履。非禮勿行。對越天地之耿光。丕承祖宗之休烈。可不慎歟。

## 冊鄧王爲皇太子文

維元和四年、歲次己丑、十月癸酉朔、十八日庚寅、皇帝若曰。於戲。昔禹有聖子。克承父業。故三王代襲。以天下爲家。我唐受天明命。垂二百年。欽惟十聖。虔嗣寶曆。亦罔敢越于丕子。傳敍相受。以及予一人。獲奉珪幣。事上帝。承宗廟。夙夜祗懼。不敢荒寧。永惟負荷。思建儲貳。須假五載。相時一德。允屬于爾元子鄧王寧。惟爾兩曜分輝。五行總秀。體資上哲。性被至仁。粤在幼沖。挺然岐嶷。寬厚之量。匪由師訓。温文之德。稟自生知。爰撫藩封。式崇磐石。河間之泉懿。決策不窮。東海之開明。視牘能辨。陪享宗祀。贊獻郊禋。展禮克誠。執事惟敬。勤龔子道。左右朕志。旋覲表識。宜踐青宮。訊于蓍龜。靈命不二。謀及卿士。人心協同。尙膺匕鬯。允事監撫。是用命爾爲皇太子。往欽哉。莫尊匪君。爾爲之臣。莫親爾父。爾爲之子。愛敬誠矣。忠孝並焉。爾其虛受以下賢。齋肅以成德。無以崇廣處己。無以怠忽臨人。繼明四方。作貞萬國。永言配命。可不慎歟。

## 冊遂王爲皇太子文

維元和七年、歲次壬辰、十月景戌朔、十七日壬寅、皇帝若曰。於戲。建立儲嗣。崇嚴國本。所以承祧守器。所以繼文統業。欽若前訓。時爲典常。越我祖宗。克享天祿。奄宅九有。貽慶億齡。肆予一人。序承丕構。纂武烈祖。延洪本枝。受无疆之休。亦无疆惟恤。負荷斯重。祗勤若厲。永懷嗣訓。當副君臨。咨爾遂王恆。體乾降靈。襲聖生德。教深蘊瑟。氣叶吹銅。早集大成。不屑幼志。温文得於天縱。孝友因於自然。符采昭融。器業英遠。爰膺錫社。實寄維城。懿河間之不羣。慕東平之最樂。自頃離明輟曜。震位虛宮。地德可尊。人神攸屬。式稽令典。載煥徽章。是用冊爾爲皇太子。往欽哉。有國而家。有君而父。義兼二極。重繫萬邦。何好非賢。何惡非佞。何行非道。何敬非刑。居上勿驕。從諫勿咈。懋茲乃德。惟懷永圖。用陪貳朕躬。以對揚休命。可不慎歟。

## 冊景王爲皇太子文

維長慶二年、歲次壬寅、十月丁亥朔、二十日景午、皇帝若曰。於戲。惟辟奉天。必建儲位。率命上嗣。以立人極。所以大一統而貞萬邦也。粤我祖宗。乃聖乃神。繼體垂休。奄宅四海。洎于寡昧。祗荷丕敍。夙夜兢勵。深惟永圖。用稽古命。嗣以承無疆之慶。咨爾元子景王湛。粹哲自天。温文在躬。夙成厚德。弗形幼志。爰謀表社。克彰孝恭。敏事居敬。日新其度。用是命爾爲皇太子。爾其欽哉。主善勿懈。由禮勿違。勉以入德。勤以聚學。修志罔怠。自誠而明。則可以刑于邦家。對于上下。用光我烈祖之休命。可不慎歟。

## 冊魯王爲皇太子文

維太和七年、歲次癸丑、八月甲申朔、七日庚寅、皇帝若曰。王者欽若天道。君臨萬方。必崇上嗣。以固邦本。所以尊守器而重承祧也。我祖宗受天明命。光宅區夏。玄光被于生靈。利澤霈于遐荒。逮予寡昧。繼纘洪緒。虔寅畏懼。不克負荷。思崇大典。用建元良。俾膺主鬯之重。式叶奉先之慶。咨爾元子魯王永、惟哲淑莊明。温文粹和。夙表岐嶷。生知孝敬。洎茅苴分社。磐石啓藩。藴東平樂善之心。慕河間大雅之操。天縱宏量。日新令猷。人神協志。蓍龜獻兆。是用册命爾爲皇太子。往惟欽哉。修己有度。敬事無違。居必思義。動必率禮。講道勵學。親師尙賢。則可以正耀於前星。配德於重海。以承列祖。以奉粢盛。恢弘懿圖。無忝丕命。可不愼歟。

## 册德王爲皇太子文

薛庭珪

維乾元四年、歲次丁巳、三月癸卯朔、十四日己未、皇帝若曰。夫立愛惟明。建善則固。先王盛躅。有國丕圖。承祧仰鏡於前星。守器適當乎長子。遐瞻載籍。眇覿洪荒。雖步驟隨時。質文異制。逮於傳序。罔不率循。國家高視百王。同符三代。平一區宇。統和人神。垂三百年。歷十八葉。曁朕寡昧。祇荷景靈。屬天步艱難。代宗牢落。蒸人未乂。舊典爰曠。庶尹卿士。藩輔元僚。思正儲闈。式固鴻業。咨爾長子德王裕、象叶曾構。明啓少陽。温文在躬。睦友成性。博聞強識。无愧於老成。學禮讀書。庶資乎師訓。迺輯羣議。爰咨舊章。是用命爾爲皇太子。嘻毓問承華。重輝望苑。永貞萬國。明詔四方。入則有師。出則有保。无怠三善。往崇四術。務親正人。誡近邪僻。淑愼爾止。峻防所岐。勉爾厥猷。罔墜丕訓。

# 唐大詔令集卷第二十九

## 皇太子

### 册太子赦

景雲元年册太子赦

開元三年册皇太子赦

開元二十六年册皇太子赦

立成王爲皇太子德音

貞元二十一年册皇太子赦

元和四年册皇太子赦

元和七年册皇太子赦

長慶二年册皇太子德音

太和七年册皇太子德音

### 加冠

皇太子加元服制

皇太子加元服宴百官詔

### 改名

皇太子諸王改名勑

### 齒胄

皇太子國子監釋奠詔

皇太子詣太學詔

# 册太子赦

## 景雲元年册皇太子赦

天下公器。非上聖无以運其機。域中大業。非元良无以固其本。朕欽若靈命。寅奉神宗。屈己順人。用安四海。承祧主鬯。實貞萬國。頃者家臻大憫。在疚爲憂。梟獍滿朝。豺狼塞路。武職戎政。必任凶徒。國要時權。咸畀逆黨。社稷之守。望絶苞桑。忠義之懷。誰其艾棘。階禍稔惡。伺隙乘間。煩言碎辭。所不勝述。皇太子諱、正氣凝姿。端命毓德。自家刑國。英徽日湛。移孝爲忠。雄謀電發。北軍馳入。掃欃槍於紫衢。南宮反正。開日月於黄道。平亂寧夏。翼戴朕躬。一旅不勞。功踰復禹。百神咸舉。事邁興周。聲應吹銅。望歸當璧。今遣司空讀册。命侍中授璽。實由立義。豈曰尚親。承華肇開。元嗣以建。宜申洊雷之澤。仍紀景雲之瑞。可大赦天下。改唐隆元年爲景雲元年。内外官子爲父後者、賜勳一轉。公卿各舉孝友忠正堪任東宮官一人。

## 開元三年册皇太子赦

黄門、朕聞王者神器。天之大業。震百里而崇孟侯。昭四方而建元子。其所由來尚矣。我國家參天貳地。濟以豐功。祖武宗文。承於密命。顧循菲德。夤畏鴻名。太上皇命朕以位。卿大夫補朕之闕。僉率先自邇。稽古爲新。國本不可以不立。故宵衣當宁。聞義是將。朝服昇階。擇賢而舉。皇太子嗣謙、生知禮樂。性成仁孝。子孫之愛。則敬不絶。馳問豎之安。則恭而至寢。觀其言精視牘、思敏題鞭。固以覈東序之討論。契南山之調護。今少陽踐位。獻歲發春。草樹自榮。乾坤交泰。副君之牓。已別其宮。太史之書。更藏於府。帝圖斯永。人望所歸。庶符知子之明。豈獨在予之慶。用施寬弘。光于政理。今望苑初開。端僚是切。天下有高才懋德。碩學純儒。比迹春卿。齊名夏綺。具以徵辟。正月

## 開元二十六年册皇太子赦

制曰。自昔聖人。恭有神器。必立儲兩。崇其繼明。所以尊宗廟而重社稷也。朕獲纘丕運。丕承寶曆。五聖之業。敢不克勤。萬邦之本。期諸永固。是以式遵彝訓。乃擇元良。太子璵、植性温恭。因心孝友。文武之道既著。君親之義以弘。有命之初。咸聞慶躍。興言士庶。能叶朕心。是用擇以吉辰。申之册命。思惠率土。以暢休期。可大赦天下。自開元二十六年七月二日昧爽以前。大辟罪已下、罪無輕重、已發覺未發覺、已結正未結正、繫囚見徒、常赦所不免者、咸赦除之。比年以來。十道採訪使道官人惡狀。以其徼瑕。爲終身之累。豈得永無甄敘。許以自新。宜令御史臺及刑部大理寺。參詳所犯輕重類例條奏。内外文武職事官、九品已上、各賜勳一轉、五品已上、子爲父後者、亦賜勳一轉。其忠王府官及侍讀侍文侍書、除賜之外、二品以上、賜爵一級。四品已下、各加一階。仍並即與改轉。緣册命行禮官、各賜物有差。今月番見上飛騎萬騎監門直長三衛引駕細引執扇黄衣長上等、各賜勳一轉。彍騎番

兵各放免一番。天下侍老八十已上、各賜粟三石、帛三段。百歲已上、賜粟五石、帛五段。並加版命。至如磧西行人、途路遙遠、往復勞弊、頗異諸軍。其中願長往者、已別有處分。訖年鎮向滿、應令放還、未到之間、稍宜優假。其家內諸色差科、並宜放免。如有營農不自辦者、州縣量事借助、各使存濟。京畿近輔、百役所出、雖庶務簡省、終異於諸州。其百姓等應單貧下戶者、特放今年半租。率土之內、賜酺三日。

## 立成王爲皇太子德音

守器爲重、擇賢而立。萬國由其永貞、百王以之垂範。蓋以重社稷而奉粢盛也。朕纘承洪緒、惟懷永圖、丕膺皇極、既符域中之大、茂建元儲、用崇天下之本。皇太子俶、植性恭懿、因心孝友、文武之德、克聞於日躋、君親之誠、實表於天性。時屬艱阻、義扶宗社、故能外淸玄祲、內復皇圖。由是肇啓承華、懋昭嘉緒。今撰辰斯及、册命攸行、宜承繼明之慶、俾廣洊雷之澤。可大赦天下。頃者頻興大典、累洽殊私、率土之間、屢經蕩滌。猶慮近有抵犯、或滯狴牢。其天下見禁囚徒以上罪、一切放免。內外文武官三品以上、賜爵一級。四品以上、各賜加一階。五品以上官子爲父後者、賜勳兩轉。頃緣國用不足、頒賜未周。今所鑄新錢、數盈於萬。其京官文武五品已上、及常參官、六軍將士、東北京留守及諸道節度將士等、各賜有差。其唐元功臣、成都元從、及朕元從功臣等、普恩之外、更賜一爵。四品以下、更加兩階。其在靈州及寧州至鳳翔者、仰所司類例、更遞加一等。皇親及諸色陪位人、各賜勳兩轉。其鴻臚蕃客、共賜絹一千匹。天下義夫節婦孝子順孫、旌表門閭、終身不事。京官五品已上、各舉忠正孝友、文儒周愼、堪任東宮官者。務取實才、不得虛薦。今餘寇未殄、有脅在賊中未歸順者、一切不以爲罪。其有受賊節制、能以兵降者、酬其封爵。且爲政之要、求賢是急。比令中外薦舉、多非實才、所以詢事考言、登科蓋寡。猶慮巖穴之內、尙有沉淪、宜令所在州縣、更加搜擇。其懷才抱器、隱遁丘園、並以禮徵送。如或不赴、具以名聞。凡與前詔科目相當、一切委內外文武五品以上、有所知者、不限人數、任各薦聞。如自舉者、亦聽於所在投狀。有堪任用、不限常資。其行人家及羸老單貧鰥寡惸獨、已頻有處分、宜令州縣長官、倍加優䘏。應緣册禮職掌要重者、及撰册書、舁寶官、禮官等、普恩之外、賜勳兩轉。其禮儀使特賜一階、副使普恩之外、賜爵一級。敕文有不該者、所司類例奏聞。乾元元年十月

## 貞元二十一年册皇太子敕　鄭絪

門下、惟先哲王光有天下、必正邦本、以立人極、必建儲貳、以承宗祧。所以啓迪大猷、安固鴻業、斯前代之令典也。皇太子純、繼體秉哲、恭敬溫文、德協元良、禮當上嗣。朕奉若丕訓、憲章成式、永惟社稷之重、載考春秋之義、授之匕鬯、以奉粢盛、爰以令辰、俾膺茂典。今册禮云畢、慶感交懷、思與萬方同其惠澤。可大赦天下。自貞元二十一年二月二十四日已後、至四月九日昧爽已前、天下應犯死罪、特降從流、流已下遞減一等。文武常參官、幷州縣府官子爲父後者、賜勳兩轉。古之所以教太子、必茂選師傅、以翼輔之、俾法於訓詞、而行其典禮、左右前後、罔非正人、是以教諭而成德也。給事中陸質、中書舍人崔樞、積學懿文、守經據古、夙夜講習、庶叶于中、可充皇太子侍讀。天下孝子順孫、先旌表門閭者、委所管州縣、各加存䘏。五嶽四瀆、名山

大川、委所在長吏量加祭祀。

## 元和四年册皇太子赦

朕丕承寶圖。撫有方夏。夙夜寅畏。不敢荒寧。永惟祖宗之鴻業。歷考前王之令典。思所以垂統立極。事神保人。推明至公。安固大本。尊廟祧而主匕鬯。嚴社稷而奉粢盛。俾開春闈。乃命元子。斯古今之通誼也。皇太子寧、淸明體仁。莊敬好禮。服典謨之誼。□君親之誠。允諧詢謀。用建儲貳。爰以吉日。册于明庭。鼓鍾載和。文物大備。盛禮云畢。慶感良深。是宜布澤申恩。自中達外。厥有前躅。舉而行之。自元和四年十月十八日昧爽以前。天下應犯死罪、非殺人者、降從流。流罪已下、遞減一等。左降官未經量移者、與量移。文武常參及諸州府長官、子爲父後者。賜勳兩轉。應緣册禮行事官、賜階及勳爵有差。鄧王府官、量與進改。夫輔翼元良。教諭成德。使目睹正事。耳聞正言。形于施爲。漸于心術。非齋莊忠愨之士。不在茲選。工部侍郎歸登、給事中呂元膺、並踐履端方。行義修潔。通於經訓而得其要。達於教化而蹈其中。侍講承華。師範磐石。訪乃公議。副予精求。並可充皇太子諸王侍讀。登宜加一階。元膺宜賜紫金魚袋。天下孝子順孫、先旌表門閭者、委所管州縣各加存恤。五嶽四瀆、名山大川、委所在長吏、量加祭祀。

## 元和七年册皇太子赦

崔羣

王者司牧黎元。紹膺統緒。必建儲貳。以貞家邦。故春秋垂冢祀之文。易象著震方之位。朕屬承景運。嗣守丕圖。稽前王之令模。奉列聖之彝訓。上以嚴宗祧之顧。下以繫億兆之心。無疆之休。用崇主鬯。祇荷成憲。敢怠于懷。皇太子恆、忠孝溫文。率義由禮。寬粹莊重。自誠而明。慶靈所積。姿器夙茂。能辨南陽之牘。允符東海之貴。承華載啓。命以居之。撰吉展儀。神人允洽。舉是典册。授之軒墀。百辟在庭。四方來賀。以言承序。所感則深。永惟固本。爲慶滋大。宜弘欽卹之令。亦覃命賜之恩。與衆共之。無思不被。自元和七年十月十七日昧爽以前。天下應犯死罪、非殺人者、遞減一等。左降官、流人、並與量移。如因流貶亡歿、以及得罪之人、並任歸葬。文武常參官、及諸州府長官、子爲父後者。賜勳兩轉。應緣册皇太子行事官、加階賜勳爵有差。文武常參官、及陪位官、并宗子諸親、賜勳一轉。遂王府官、量與進改。春闈毓德。肇錫嘉名。磐石聯華。義深敦序。澧王寬宜改名惲、深王察宜改名悰、洋王寰改名忻、絳王寮改名悟、建王密改名恪。夫習近遷性。聖賢所慎。詳觀古昔。輔正元良。必惟其人。朝夕講訓。然後明君臣父子之道。通禮樂教化之情。自非學究宗源。行可師範。則無以膺茲茂選。式是儀刑。其皇太子及諸王侍讀、宜委中書門下精擇二人、具名奏聞。天下孝子順孫、先旌表門閭者、及高年廢疾者。委所管州縣各加存卹。五嶽四瀆、名山大川、委所在長吏量加祭祀。布告遐邇。咸使聞知。

## 長慶二年册皇太子德音

朕上奉廟祧。下寧邦國。承烈祖垂鴻之慶。當累聖奕葉之尊。祇膺寶圖。敬守丕業。體明離立象之重。表青宮建嗣之崇。元良以貞。國本斯固。皇太子諱、恭孝溫文。生知夙稟。日者春闈尚曠。東序未興。朕常訓以義方。舉明嚴敬。匪資調護。已達詩書。克保承休。爰當主鬯。膺茲典禮。慶感良深。夫踐位少陽。

允孚明命。用弘惠澤。庶洽兆人。自長慶二年十二月二十日昧爽已前。天下應罪合死、除犯贓降從流。流罪已下、遞減一等。左降官及流人、並與量移。亡歿者任歸葬。文武常參官、及諸州府長官子爲父後者、賜勳兩轉。緣册太子攝太尉稱賀、攝侍中承旨宣制、進中嚴外辦、攝中書令讀册授册、各賜爵一級。其行事職掌官、及書寶宣册舁舉册寶禮儀使、禮官等。三品已上。賜爵一級。四品以下、加一階。撰册文官、特加一階。仍並賜物有差。導引官、各加一階。鐫造册寶及禮生等、賜勳有差。文武常參官、及陪位幷宗子諸親、賜勳一轉。景王府官。量與進改。夫師資友善。庶發清明。習近性遷。必資弘道。所以愼簡師傅。用保元良。其太子侍讀、宜委中書門下精擇二人、具名聞奏。

## 太和七年册皇太子德音

門下、帝者承天地。貞邦國。法明離之象。固鴻業之本。必命元子。以備儲闈。斯皇王之令謨。古今之丕典。朕祗受眷祐。虔恭寶圖。欽若彝章。光修聖緒。皇太子永、幼稟仁智。生知孝愛。體溫文以立德。資敏哲以保躬。寬裕有常。貞愼無怠。爰膺盛禮。俾奉青宮。嚴宗廟主鬯之儀。遵朝夕視膳之節。册命云畢。感悅良深。問安既慶於寢門。布澤宜覃於天下。自太和七年八月七日昧爽已前。天下應犯死罪、降從流。流以下罪、遞減一等。唯官典犯贓、及故殺人、劫獄奪囚持仗強盜者、不在此限。左降官、流人、並與量移。如因流貶及諸色得罪人、所在亡歿、並任歸葬。宗周之盛。實在於維城。二漢之隆。亦由於磐石。自開元以後。累聖子孫。皆長於深宮。罔知稼穡。並不得習詩以修禮樂。交氣類以敍人倫。雖有閒平之才。莫施魯衞之政。永言淪廢。深疚朕懷。諸王等宜以今年已後。相次出閣。且授緊望已上州刺史上佐。觀其才能。續有序用。人倫所先。婚禮爲重。笄年許嫁。別有明文。其十六宅諸縣主、亦宜選擇良偶。以時出適。仍委吏部於諸色選人中、取情願者、擇揀具名聞奏。亦當別加優獎。令其就禮。漢代用人。皆由儒術。故能風俗深厚。教化興行。近日苟尙浮華。莫修經藝。先聖之道。堙鬱不傳。況進士之科。尤要釐革。雖鄉舉里選。不可復行。然務實抑華。必有良術。既當甚弊。思有改張。今寰宇乂寧。干戈已戢。皇太子方從師傅。傳授六經。一二年之後。當今齒胄國庠。以興墜典。宜令國子監於諸道搜訪名儒、置五經博士各一人。其公卿士族子弟、明年已後、不先入國學習業。不在應明經進士之限。其進士學、宜先試帖經、幷略問大義。取經義精通者、次試議論各一首。文理高者、便與及第。其所試詩賦、並停。其試帖經官、便以國子監學官充。禮部不得別更奏請。弘文崇文兩館生、齋郎、並依令式試經畢。仍差都省郎中二人覆試。須責保任。不得輒許替代。苟涉情故。必加罪責。卿大夫者、羣下之所視。遠方之所傚。若非恭儉克己。廉貞化人。而望其服從。固不可得。況朕不寶珠玉。不御纖華。逮于六宮。皆務儉薄。卿大夫得不叶朕此志。率先兆民。比年所頒制度。皆約國家令式。去其甚者。稍謂得中。而士大夫苟自便身。安於習俗。因循未革。以至于今。百官士族。起今年十月。服冬裘已後。其衣服輿馬、並宜準太和六年六月十七日勑處分。如固違制度。九品已上量加黜責。其布衣五年不得舉選、百姓軍人、各委州府長吏漸施教化。使自遵行。不要便爲禁制。令其驚擾。惠養疲民。木於廉吏。阜其生殖。在絕貪求。其諸道方鎭刺史等、有聚斂貨財。潛行饋遺者。委御史臺糺察以聞。仍委度支鹽鐵分巡院、同爲訪察。不得容蔽。親人之官。切在守長。久於其道。政乃可成。方鎭刺史、三考已下。不得輒議替換。如理有異等、委中書門下訪察、就加寵獎。如灼然可錄者、別與甄昇。其或政理有乖、害及百姓者、即不在滿三考限。易譏豐部、傳美卑宮、彫刻磨礱、先賢有戒。近者官纔昇於郎署、位始至於郡符、莫不高其閈閎、廣以池榭、非惟僭侈踰制、實亦耗蠹傷財。其百官第宅已造成者、並許仍舊。今日已後、如更有創立新宅及屋宇高大者、並委御史臺彈糾、必嚴加黜責。御史臺所置六察、分糾百司、比來因循、鮮能舉職。起今已後、諸司如有身名僞濫、盜官錢及違法等事、他時發覺者、本察御史各並當貶斥。考課之法、前王所重、蓋以綜覈吏理、勵精政途、名實苟違、將何勸激。宜準故事、署內外知考使、兼令中書舍人給事中各一人監考。百姓困窮、弊由姦吏、政苟不擾、民皆自安。其司農寺供宮內及諸司廚冬藏菜、並委本寺自供、其菜價仍委京兆府約每年時價支付、更不得配京兆府和市。其諸陵守當夫、宜委京兆府以價直送陵司、令自雇召、並不得差配百姓。寒食杏仁、雞子、月進土蘇、白麥、樹栽、選場棘、斜修橋梁等、便於本戶稅錢內剋折、不得更令和市。天下諸州縣、應納義倉及諸色斛㪷、除準式每斗二合耗外、切宜禁斷。仍委度支鹽鐵分巡院及出使郎官御史切如訪察。如聞今歲所在農稔、其義倉斛㪷、先有借用處、委戶部勾當、並須及時填足。文武常參官及諸州府長官、子爲父後者、賜勳兩轉。緣册太子、攝太尉稱賀、攝侍中承旨宣制、進中嚴外辦、攝中書令讀册授册、各賜爵一級。其行事職掌官及書寶、引册寶舁舉册寶、禮儀使禮官等三品已上、賜爵一級。四品以下、加一階。撰册文官特加一階。仍並賜物有差。導引官各加一階。造册寶填金字裝寶人、賜勳兩轉。行事流外及禮生等、各賜勳一轉。文武常參官及陪位官、并宗子諸親、各賜勳一轉。魯王府官未經進改者、量與進改。其皇太子侍讀、宜委中書門下精擇二人、具名聞奏。天下孝子順孫、先旌表門閭者、及年高廢疾者、委所管州縣各加存卹。五嶽四瀆名山大川、委所在長吏量加祭祀。布告遐邇、咸使聞知。

## 加冠

### 皇太子加元服制

元良所以主匕鬯。奉社稷。貞于萬國。祝以三加。皇太子居長德之地。務親仁之道。爰就師保。克修志業。寢門問安而資敬。太學齒胄而徽善。大猷且酌。元服宜申。史稱周誦之年。傳記魯襄之禮。粤若敬始。謂之成人。逮茲建正。式展嘉事。可以來年正月加元服。所司擇日奏聞。禮官博士、詳考故實。允符令典。開元七年十二月

### 皇太子加元服宴百官詔

皇太子以守器之重。有成人之量。屬陽和肇歲。甲子惟日。加乃元服。循於舊章。慶因雷洊。歡洽雲上。王公卿士。中外寀寮。布以慈惠。廣茲頒賜。在會官

一品一百疋。二品九十疋。三品八十疋。四品六十疋。五品五十疋。六品五十疋。七品四十疋。八品三十段。九品二十段。諸州都護都督刺史上佐、諸軍及副使、亦同在會例。宜以當處物給。（開元八年正月）

## 改名

### 皇太子諸王改名敕

敕。古之名子。必由象類。人道之大。可無愼乎。皇太子鴻、及慶王潭以下。往所製名。或亦未愜。今以德命。悉宜更之。太子鴻爲瑛。慶王潭爲琮。忠王浚爲璵。棣王洽爲琰。鄂王涓爲瑤。榮王滉爲琬。光王涺爲琚。儀王濰爲璲。潁王澐爲璬。永王澤爲璘。壽王淸爲瑁。延王洞爲琦。濟王溢爲環。信王沔爲理。義王泚爲玼。陳王潅爲珪。豐王澄爲珙。坦王潓爲瑱。涼王淀爲璿。汴王滔爲璥。及寧王惠文太子、惠宣太子之子。皆改從玉。（開元二十三年二月）

## 齒胄

### 皇太子國子監釋奠詔

庠序之興。教自元子。禮經之最。奠始先師。中古迄今。斯道無替。皇太子隆基、天資聖敬。日就文明。絃誦之業已高。元良之德斯茂。自升儲博望。主器承華。執經之問雖勤。用幣之儀未展。今仲丁獻吉。有事兩塾。備禮三尊。宜遵舊章。俾緝徽典。（景雲二年八月）

### 皇太子詣太學詔

儒道爲百王之政。元良乃萬國之貞。屬大學舉賢。賓庭貢士。當其謁講。故行齒奠。所以弘風闡教。尙德尊師。宜有頒錫。以成光寵。陪位官、一品宜賜五十疋。二品三品四十疋。四品五品三十疋。六品七品二十疋。八品九品十五疋。緣行禮及別職掌者、各遞加一等。六品巳下五疋爲等。五品巳上十疋爲等。座主加二等。學生賜物三疋。得舉者及諸方貢人各賜五疋。（開元七年十二月）

# 唐大詔令集卷第三十

## 皇太子

### 監國

神堯命皇太子決斷庶政詔

太上皇崩命皇太子承乾知軍國事詔

太宗征遼命皇太子監國詔

太宗破高麗回怡攝命皇太子斷決機務詔

大帝命皇太子領諸司啓事制

則天太后命皇太子監國制

睿宗命皇太子監國制

允皇太子奏讓政事詔

明皇命皇太子監國親總師徒東討詔

肅宗命皇太子監國制

順宗命皇太子勾當軍國敕

穆宗命皇太子檢校軍國敕

文宗立潁王爲皇太弟勾當軍國敕

武宗立光王爲皇太叔勾當軍國敕

宣宗立鄆王爲皇太子勾當軍國敕

懿宗立晉王爲皇太子勾當軍國詔

僖宗立壽王爲皇太弟勾當軍國詔

傳位



## 監國

### 神堯命皇太子決斷庶政詔

朕君臨率土。劬勞庶政。昧旦求衣。思弘至道。而萬機繁委。成務殷積。當扆日昃。實疲聽覽。皇太子世民、夙稟生知。識量明允。文德武功。平一海內。九功惟敍。四門以穆。朕付託得人。義同釋負。遐邇寧泰。嘉慰良深。自今以後。軍機時務。兵仗倉糧。凡厥庶政。事無大小。悉委皇太子決斷。然後奏聞。旣溥天同慶。宜加惠澤。爲父後者、若有封爵。皆令襲繼。諸赤牒擬授職事官見任者、並卽爲眞。其已得替者、參選之日聽依階敍。亡官失爵者、量加擢用。逋租宿賦、及先負官錢物、悉從蠲免。文武官人、節級頒賜。務存優洽。稱朕意焉。武德九年六月

### 太上皇崩命皇太子承乾知軍國事詔

朕以不天。夙罹偏罰。假息旦暮。分沉苦壤。仰賴先皇慈恩鞠育。爰自幼年至於成家。未及弱冠。仍屬亂離。翼奉義旗。身當矢石。克平多難。任居藩屛。遂

復委以萬機。膺茲景命。祇懼虛薄。弗克負荷。日夜兢兢。不遑寧晏。加以氣患。屢幸九成。晨昏定省。廢於朝夕。今歲停行。盡其養禮。不謂殃罰深重。大行崩背。號天叩地。無所逮及。伏奉遺詔。追跡漢文。以日易月。降其常期。顧命之旨。誠不可違。然三年之喪。自天子達。殷周以來。罔弗遵用。漢文變古。有乖前式。但慈顏日遠。所謁無由。俯就之文。理卽遵奉。然朕之情切。不同前昔。荼毒之心。何可堪忍。皇太子承乾。年過志學。識性聰敏。頻年治國。理務允諧。今欲於東宮平決。朕得盡哀廬室。終其喪紀。望羣公卿士。股肱王室。興言及此。唯增哽絕。朝多君子。恕朕哀心。（貞觀九年五月）

## 太宗征遼命皇太子監國詔

朕以寡薄。君臨區夏。奉神祇之永命。當億兆之重責。宵衣旰食。憂六官之未安。寒心銷志。懼一物之失所。玁狁僻遠。豺狼縱毒。元惡尙稽乎天罰。遺黎久陷於坑穽。朕是以發自瀍澗。言巡遼碣。命元戎以先驅。播凱澤於遐裔。省方之務。既勞於躬親。監國之重。允屬於儲貳。皇太子治。溫文表德。睿哲日躋。仁孝之誠。彰於溫凊。絃誦之美。著於膠庠。禮義既茂。徽猷彌遠。委以賞罰之權。任以軍國之政。詳諸前載。實惟令典。發定州巡遼左之後。宜令太子治監國。其宗廟社稷百神。咸令主祭。軍國事務。並取決斷。（貞觀十九年正月）

## 太宗破高麗回怡攝命皇太子斷決機務詔

朕學在妙年。時逢道喪。懷生之類。盡塗原野。是用疚心疾首。攘袂救焚。以戰場爲俎豆。以干戈爲章服。夕不遑息。寧濟四方。饑不及飡。推移一紀。幸賴上玄幽贊。下土宅心。忝承嗣曆。厲精求政。蠲百王之積弊。振千紀之頹綱。旰食宵衣。百齡行半。洎乎至道方泰。荼毒遽侵。自九年以來。極罹哀卹。又屬高麗逆亂。毒被韓夷。微物不安。無忘隱惻。遂復躬行吊伐。遠涉遐荒。時歷暄寒。體親風雨。雖復澄氛海外。有慰深衷。久倦征途。乃多虛弊。方今兆庶殷阜。六合廓清。垂拱無爲。允在茲日。而皇太子某。令德遠彰。所有機務。可令斷決。百辟卿士。咸宜受其節度。朕當親調五藥。暫屏萬機。三兩月間。且自怡攝。（貞觀二十年三月）

## 大帝命皇太子領諸司啓事詔

東臺、貳極之基。道光於上嗣。貞國之本。事表於元良。故能創北極之風。敬東序之業。均少海而逾潤。浮前曜而增華。皇太子弘。寢門標美。壽街騰懿。三善夙茂。瑜珮以之含鏘。四學早優。斑翰以之凝映。正以年在沖丱。未從監撫。雖調護方勤。助琢磨之器。而穡稼靡喩。爽德教之途。然爲政之方。義資素習。宜令皇太子弘。每五日於光順門內坐。諸司有奏事。小者並啓皇太子。主者施行。

## 則天太后命皇太子監國制

鸞臺、多難興王。殷憂啓聖。蕭牆之禍。自古有之。朕以虛寡。宿承先顧。社稷宗廟。寄在朕躬。親理萬機。年踰二紀。幸得九玄垂祐。四海乂安。何嘗不日昃忘食。夜分輟寢。戰戰而臨寶位。虔虔而握聖圖。憂百姓之不寧。懼一物之失所。但以久親庶政。勤倦成勞。頃日以來。微加風疾。逆豎張易之昌宗兄弟、比緣薄解調鍊。久在園苑驅馳。錫以殊恩。加其顯秩。不謂豺狼之性。潛起梟獍之心。積日包藏。一朝發露。皇太子顯。元良守器。純孝奉親。知此釁萌。奔衞宸極。與北軍諸將戮力齊心。勦撲兇渠。咸就梟斬。乃天地之大德。而幽明之所贊叶者乎。豈惟朕躬之幸。抑亦兆庶之福。朕方資藥餌。冀保痊和。機務既繁。有妨攝理。監臨之寄。屬在元良。宜令皇太子顯監國。百官總己以聽。朕當養閑高枕。庶獲延齡。可大赦天下。神龍元年正月

## 睿宗命皇太子監國制　張說

維天生蒸人。牧以元后。維皇立國。貳以儲君。將以保綏家邦。安固後嗣者也。朕纂承鴻業。欽奉寶圖。夜分不寐。日昃忘倦。茫茫四海。懼一心之未周。蒸蒸萬方。恐一物之失所。雖卿士竭誠。守宰宣化。緬懷庶域。仍未小康。皇太子隆基。仁孝因心。温恭成德。深達理體。能辨皇猷。宜令監國。俾爾爲政。其六品以下授官及徒罪以下。並取處分。景雲二年二月

## 允皇太子奏讓政事詔

朕恭臨宸極。嗣守丕圖。承九服之康寧。當二儀之交泰。窅然汾水。願遂放勛之遊。皇太子諱。孝德茂於周儲。恭慎超於漢兩。翼宣景化。光輔朕躬。頃以宇宙事般。宗社事重。委以機務。叶贊謀猷。志切承師。情殷問道。夏絃春誦。心存養德。威刑慶賞。固不當仁。循省奏章。嘉而不奪。景雲二年四月

## 明皇命皇太子監國親總師徒東討詔

詔曰。通三立極。正維之業大明。兩作離。繼照之功博。是以貞我萬國。必在元良。弼予一人。歸之上嗣。將寄丈人之律。實資長子之師。亦既戒嚴。當除羣慝。皇太子亨。仁明植性。孝友因心。稟上德之粹靈。宅中和之正氣。恭敬之虔。豈伊橋梓。剛柔之適。無取韋絃。韞公忠而事君。總文武而行己。既有絕馳之美。可稱問膳之勤。以三善之明。助百揆之務。邇安遠肅。天平地成。屬凶險負恩。稱兵向闕。人神同憤。命爾撫軍。將徼福於宗祧。以保安於社稷。憑天之德。何嚮不濟。順人之心。所戰必剋。庶清彼氛沴。以寧我國家。宜令太子監國。仍卽親總師徒。以誅叛逆。取今月二十三日先發。所司准式。務從省便。無使勞煩。布告遐邇。咸令知悉。天寶十四載十二月

## 肅宗命皇太子監國制

門下。天下之本。屬於元良。四方之明。資其繼照。是有傳歸之義。必膺監撫之重。克廣前烈。與人守邦。非君父之獨親。俾生靈之同戴。朕號慕弓劍。寢居縗絰。頃以疾苦。未能康寧。殘寇猶虞。中原多壘。軍國大務。理須參決。乃眷匕鬯。共承宗祧。皇太子豫。天縱聰明。日躋德業。中興締構。已有大功。問安內寢。知九國之夢。制勝戎闈。高五官之才。時方艱難。禮在諒闇。其以庶政。委之元子。宜令權監國。又以上天降寶。獻自楚州。神明告歷數之符。金璧定祆災之氣。總集瑞命。祇承鴻休。因以體元。叶于五紀。其元年宜改爲寶應元年。建巳月改爲四月。其餘月並依常數。仍舊以正月一日爲歲首。受茲福應。佇以升平。因日月之重光。布雲雷之渥澤。其天下見禁囚徒。罪無輕重。并已發覺未發覺。已結正未結正。四月十五日昧爽以前。一切放免。左降官宜

卽量移近處。流人卽一切放迴。有司更不得輒有類例條件。其楚州刺史幷出寶縣官及進寶官等、量與進改。隨進寶官典傔等、各量與一官。宣示中外。咸知朕意。主者施行。

司徒兼中書令下缺

戶部侍郞同中書門下平章事兼知中書事臣元載

宣德郞檢校中書舍人臣楊綰奉行

特進行侍中上柱國韓國公臣晉卿

銀青光祿大夫行黃門侍郞同中書門下平章事臣遵慶朝請大夫守給事中臣液等言。臣聞明兩作離。所以照天下。洊雷爲震。所以貞萬邦。故書美元良。易昭匕鬯。伏惟皇帝陛下、玄德廣被。仁風大洽。匡復宗社。弘濟艱難。孝道純深。聖懷罔極。居憂致毁。恭默何言。伏惟皇太子、承累聖之資。稟自天之訓。問安有禮。無闕三朝。保大成功。已申七德。是命守邦之重。允彰知子之明。況神其告符。天不祕寶。克昌景命。必靜祆氛。豈謝金縢。啓翌日之期。玄符告彝倫之敍。是故紀元立極。復舊維新。因瑞以表年。順人而定嗣。宥過無大。囹圄皆空。俾人遷善。遐荒必被。休徵昭其靈貺。官吏沐其鴻私。臣等叨侍軒墀。恭承典禮。感戴之極。倍萬恆情。無任懇款之至。請奉制付外施行。謹言。

## 順宗命皇太子勾當軍國敕

敕、朕承九聖之烈。荷萬邦之重。顧以寡德。涉道未明。虔恭寅畏。懼不克荷。常恐上墜祖宗之訓。下貽卿士之憂。夙夜祗勤。如臨于谷。而積疹未復。至于經時。怡神保和。常所不暇。永惟四方之大。萬務之殷。不躬不親。慮有曠廢。加以山陵有日。霖潦踰旬。是用警于朕心。思答天戒。其軍國政事、宜權令皇太子純勾當。百辟羣后。中外庶寮。悉心輔翼。同底于理。宣布朕意。咸使聞知。貞元二十一年七月

## 穆宗命皇太子檢校軍國敕

敕、朕獲嗣祖宗。祗荷重器。常恐失墜。若蹈泉谷。而萬務所繫。憂勤是切。宿疹在體。不遑自安。陽氣歊蒸。沉恙復作。不能日臨庶政。親領萬機。皇太子湛、睿哲温文。孝敬明敏。其軍國政事、宜權令檢校。百辟卿士。中外臣寮。宜竭乃心。輔我元子。同底于道。以寧邦家。宣布朕意。庶使知悉。長慶四年正月

## 文宗立潁王爲皇太弟勾當軍國敕

敕、朕顧以眇身。獲承丕構。嚴恭寅畏。十有五年。列聖鴻猷。朕豈能荷。涉冰匪懼。馭朽非難。雖寓內小康。而大道猶鬱。方自砥礪。期臻洽平。天不祐予。夙嬰疾疹。政慮多闕。心靡遑安。近者凝沍所侵。久而寖劇。臣僚愛我。內外一心。禱祀畢爲。藥石備至。亟換旬朔。有加無瘳。懼不能躬總萬機。日釐庶政。稽于古訓。謀及大臣。用建親賢。以貳神器。親弟潁王瀍、朕昔在藩邸。常同師訓。動成儀矩。性稟寬仁。俾奉昌圖。必諧人欲。可立爲皇太弟。應軍國政事。便

令權勾當百辟卿士中外庶臣宜竭乃心輔成予志陳王成美、先立爲皇太子以其年尚沖幼未漸師資比每念重難不行册命迴踐朱邸式叶至公可依前復封爲陳王嗚呼萬務不可以久曠萬方不可以乏統惟義所在朕不敢私宣布中外咸令知悉（開成五年正月二日）

## 武宗立光王爲皇太叔勾當軍國敕

敕、朕以微眇獲守宗祧祗荷鴻休懼不克濟乾乾夕惕若涉春冰旰昃忘疲宵分假寐而陽和布候固陰交爭寒暑所侵乖於攝理忽嬰疾疹倏已經時漸覺衰羸藥餌未効臣寮愛我中外叶心禱祀畢爲針石備至皇子沖幼未經師資軍國事重須選賢德稽於訓典謀及大臣用建明哲以貳神器親叔光王怡、宜改名忱植性忠孝翼翼小心禮樂生知聰明天縱温文敏裕博厚寛仁言必依經雅符於詩禮動不違矩式合於典謨俾奉丕圖必愜人欲可立爲皇太叔應軍國政事便令權勾當百辟卿士中外庶官宜竭乃心輔成予志嗚呼萬機不可以久曠兆人不可以乏統惟義是守朕不敢私宣布中外咸令知悉（會昌六年三月二十一日）

## 宣宗立鄆王爲皇太子勾當軍國敕

敕、朕以寡昧獲承丕構潔誠以奉九廟恭己以臨兆人宵旰在懷罔敢暇逸而憂勞所迫蒸暑或加疾恙未瘳既踰旬朔萬機繁重不能躬親詢於大臣稽以古訓永惟負荷之重思建儲貳之賢用舉徽章式固大本長子鄆王温、宜改名漼濬哲天縱孝敬日躋秉德不回出言可法英姿齊聖粹厚而恭道叶繼明義符立長可以貳于神器增輝前星宜立爲皇太子權勾當軍國政事咨爾三事百辟內外臣僚宜協乃心敬輔元子罔違于道俾致時雍布告遐邇咸令知悉（大中十三年八月九日）

## 懿宗立晉王爲皇太子勾當軍國詔

勑曰、朕守大器之重居兆人之上日愼一日如履如臨旰昃勞懷寢興思理涉道猶淺導化未弘而攝養乖方寒暑嬰厲實有慮於闕政且無暇於怡神竟未少瘳日以寖劇萬務繁綜須有主張考之舊章謀於列辟思闡鴻業式建皇儲第五男晉王儼、宜改名儇孝敬温恭寛和博厚日新令德天假英姿言皆中規動必由禮俾崇邦本允洽人心宜立爲皇太子權勾當軍國政事咨爾中外卿士洎于腹心之臣敬保胤子輔成予志各竭乃心以安黎庶布告中外知朕意焉（咸通十四年七月十七日）

## 僖宗立壽王爲皇太弟知軍國詔

門下、朕幼荷丕構夙夜不遑蓋以三百年之鴻基十七聖之大業守文重事偃武貞期唯懼沖人不克負荷果致干戈四處寇盜連年再省藩維兩違陵廟上媿高祖太宗之締構下慙中外羣後之匡扶既積殷憂俄成疾疹而上天降祐中道獲痊萬乘還宮六龍稅駕御端門而賜赦閱諸夏而駿奔雖有愧中興而克全舊物繄爾中外方俟報功寧期□疾未瘥尙嬰沉痼徒思勿藥詎報有徵腠理是加連綿莫瘳永惟八方之大萬務之殷既不躬親。固當壅滯。朕親弟壽王傑、天資穎悟。生稟温文。孝友通于神明。仁愛格乎上下。必能體我憂惕。濟我艱難。用叶和平。得就頤養。宜册為皇太弟。知軍國政事。咨爾內外大臣。羣方庶尹。悉宜聽監國處分。盡心輔戴。寧國安人。酌變從宜。同底于理。布告天下。咸使聞知。光啟四年三月六日

昭宗命皇太子監國制

門下、朕以眇身。祗膺大寶。十有三載。懼不克勝。上荷祖宗之靈。託于兆人之上。虚受謙益。每勵於恭勤。示儉守文。靡忘其宵旰。而乃兩經播越。薦興兵革。生類莫躋於仁壽。理道未致於治平。尚賴左右大臣。尊獎侯伯。共戡多難。歸復神州。豈我眇沖。拯此艱運。恭念高祖睿宗玄宗順宗。或經多難。或苦沉痾。遂厭萬機。授于令嗣。是使進退無爽。孝慈兩全。人心盡服。其至公天性。克彰於具美。近者忽嬰疾疹。旦夕未瘳。雖思養襟靈。而亦循典故。皇太子裕、温恭有立。和粹積中。蘊孝悌以生知。稟聰明而夙賦。動惟樂義。進則思賢。必能廣繼絕之心。副傳歸之命。萬機至重。不可暫闕。宜令皇太子裕監軍國事。咨爾中外匡弼。將相卿士。輔朕元子。永孚于休。凡關庶務。悉宜聽監國處分。布告遐邇。當體朕意。主者施行。光化三年十一月六日

何皇后立輝王為皇太子監軍國令

門下、我國家化隋為唐。奄有天下。三百年之盛業。十八帝之耿光。聖上自纂丕圖。垂將二紀。雖恭勤無怠。屬運數多艱。致寰宇之未康。覩兵戈之屢起。賴勳賢叶力。宗社再安。豈意宮闈之中。禍亂忽作。昭儀李漸榮、河東郡夫人裴貞一、等潛為逆節。輒肆兇謀。傷痕既深。已及膺革。萬機不可以久曠。四海不可以乏君。神鼎所歸。須有纂紹。輝王祚、幼彰岐嶷。長實端貞。褎然不羣。予所鍾愛。必能克奉丕訓。以安兆人。宜立為皇太子。仍改名柷。監軍國事。於戲。孝愛可以承九廟。恭儉可以安萬邦。無樂逸遊。用寧寰宇。百辟卿士。佑茲沖人。再揚我太宗之休烈。主者施行。天祐元年八月

## 傳位

神堯傳位皇太子詔

乾道統天。文明於是敍曆。大寶曰位。宸極所以居尊。昔在勛華。不昌厥緒。揖讓之禮。旁求歷試。三代以降。天下為家。繼體承基。胤嗣相襲。故能孝饗宗廟。卜世長遠。貽慶後昆。克隆鼎祚。朕膺期受命。握圖闡極。大拯橫流。載寧區夏。然而昧旦丕顯。日昃坐朝。馭朽兢懷。履冰在念。憂勞庶政。九載於茲。今精華已竭。耄期倦勤。久懷物表。高蹈風雲。釋累遺塵。有同脫屣。深求閑逸。用保休和。皇太子世民、早叶禎符。夙彰奇表。天縱神武。智蘊深機。自雲雷締構。霸業伊始。義旗之舉。首創成規。京邑克平。莫非其力。及皇極已建。天步猶艱。內發謀猷。外清氛祲。英圖冠世。妙算窮神。伐暴夷凶。無思不服。薛舉負西戎之衆。武周引北狄之兵。蝟起蜂飛。假名竊號。元戎所指。折首傾巢。王世充藉府庫之資。憑山河之固。信臣精卒。承間守險。建德因之。同惡相濟。金

鼓鼙振。一縱兩擒。師不踰時。戎衣大定。夷劉闥於趙魏。覆徐朗於譙兗。功格穹蒼。德孚宇宙。雄才宏略。振古莫儔。造成大唐。緊其是賴。旣而居中作相。任隆羣后。百揆時總。三階以平。地居元良。實惟國本。萬邦咸正。庶兆樂推。晷緯呈象。休禎允集。華夏載佇。謳訟知歸。今傳皇帝位於世民。所司備禮。以時册授。公卿百官。四方岳牧。爰及長吏。下至士民。宜悉祗奉。以稱朕意。夫政惟通變。禮貴從宜。利在因民。義存適要。條章法度。不便於時者。隨事改易。勿有疑滯。昔漢祖撥亂。身定大功。羣臣推奉。光宅帝位。而事父資敬。五日一朝。備禮尊崇。號稱太上。朕方游心恬淡。安神玄默。無爲拱揖。憲章往古。稱謂之儀。一準漢代。庶宗社之固。申錫無疆。天祿之期。永安勿替。布告天下。咸使知悉。武德九年八月

## 神堯命皇帝正位詔

書曰。知人則哲。惟帝難之。易曰。變通則久。使民不倦。故太伯端委。周道以隆。東海就國。漢祚方永。立權致治。不其然乎。朕世濟淄衣。家傳鼎鼐。佐魏匡周。勤勞王室。有隋御曆。地居戚里。常以補天在慮。納揆爲心。大業道喪。皇極如燬。傾維折柱。天下分崩。塗炭納隍。黔黎殆盡。顧茲九有。鋒鏑縱橫。靜念一匡。計無所出。世民幼懷大度。性合天道。蘊經緯之奇才。苞湯武之弘略。深謀秘策。沃朕拯溺之心。壯志雄圖。起予救焚之志。因其感激。許以經綸。糾合義師。投袂而起。車及於平陽之郊。劍及于孟津之會。元戎所指。冰銷霧捲。曾未浹旬。廓清京邑。定非常之業。建不世之功。亙古以來。未之聞也。朱旗西指。則仁杲喪元。白羽東臨。則世充泥首。摧武周如拉朽。收建德若拾遺。至於黑闥遺誅。圓朗小醜。三捷七擒。不可勝計。一人之力。冠今超古。暴之遐邇。豈待昌言。以建成嫡長。冀其養德日就。不謂匿怨友于。忌能毀善。讒言屢發。殆至鑠金。賴天啓朕心。宗社降福。密悟凶邪。指麾殲殄。朕愧受浸潤。深念元功。乃敬授帝圖。先天傳政。懼其溢滿驕上。未稱三靈之心。縱欲肆情。不恤萬方之重。朕故仍居紫極。處之肅成。察其復禮。觀其齊政。露往霜來。四載於茲矣。比聞思我王度。克難克艱。昧旦丕顯。去奢去泰。朝夕視膳。蒸蒸之性日嚴。昃景憂民。翼翼之情□愼。南越驟水。北狄欵關。四海晏然。五兵偃戢。招君章之黨。止用尺書。屠師都之城。無虧寸刃。公卿輯睦。遠邇乂安。金鼓絕於疆場。玉鏡懸於億兆。盡善盡美。吾無間然。匪天祐之。孰能至此。今令月吉辰。風調雨順。朕俯觀人事。仰鑒穹旻。自當養性別宮。使其正居宸極。宜令有司具禮。務在周備。朕得脫屣高蹈。擬跡於軒轅。授曆傳璽。爰屬於□啓。大寶既固。卜年惟永。付託有所。何樂如之。百辟卿士等、或晉陽從我。同披荊棘。或秦邸故吏。早預腹心。並以德舉言揚。進忠顯効。保乂社稷。天平地成。惟當帶礪山河。與國休戚。可以悉心匡弼。無黨無偏。罔或隳哉。替爾丕績。善事元首。稱朕意焉。武德九年八月

## 睿宗命皇太子卽位詔　賈曾

朕以寡昧。虔奉鴻休。本殊王季之賢。早達延州之德。昔在聖曆。已讓皇嗣之尊。爰暨神龍。終辭太弟之授。豈惟衣冠所睹。抑亦兆庶咸知。頃屬國步不夷。時艱主幼。大業有綴旒之懼。寶位深墜地之憂。議迫公卿。遂司契象。日愼一日。已至于今。一紀之勞。勤亦至矣。萬方之俗。化漸行矣。將成宿願。脫屣寰區。昔堯之禪舜。惟能是與。禹以命啓。匪私其親。神器之重。允歸公授。皇太子某有大功於天地。定阽危於社稷。溫文既習。聖敬克躋。委之監撫。已逾

年歲。時政益明。庶工惟序。朕之知子。庶不負時曆數在躬。宜陟元后。可令即皇帝位。有司擇日授册。朕方比迹洪古。希風太皇。神與化遊。思與道合。無爲無事。豈不美歟。王公百僚。宜識朕意。延和元年七月

睿宗命明皇總軍國刑政詔

大寶之尊。諒非於爲己。神器之重。必在於與能。自昔興王。率由茲道。我國家運光五聖。業盛百齡。大賚洽於人心。淳風偃於區外。而道不恆泰。時更小屯。朕以菲薄。屬茲多難。仰讓王之宿志。順公議於羣情。丕業既康。天保斯定。皇帝神武攸縱。睿哲克躋。安宗社於綴旒。拯生人於在溺。用遵內禪。令總朕師。夙夜在勤。刑政益理。昨者姦臣構釁。竊犯禁闈。凶黨布於蕭墻。飛變聞於帷扆。朕慮深倉卒。爰命討除。皇帝遂與岐王範、薛王業等。勵茲孝心。率彼義勇。戮鯨鯢於闕下。掃欃槍於天路。元惡大憝。罔不伏誅。人神用康。功業彌廣。信可總璿衡之大政。守家國之鴻緒。能事備矣。朕又何憂。自今已後。軍國政刑。一事已上。並取皇帝處分。其岐王範、薛王業宜各實封一千戶。朕方高居大庭。緬懷汾水。無爲養志。以遂素心。凡百卿士。洎于黎庶。宜體朕懷。各盡臣節。布告遐邇。咸使聞知。光天二年七月

明皇令肅宗即位詔　賈至

敕。帝王受命。必膺圖錄。上叶天道。下順人心。不可以智求。不可以力取。是故我國家之有區夏也。乾符疊委。人瑞洊臻。土應其德。山呼其祚。高祖當寶運。太宗定鴻業。高宗寧蒸人。中宗復舊績。睿宗弘至理。朕承五聖之謨訓。師三代之淳樸。常以道德爲念。不以富貴爲心。爰自弱齡。即尚玄默。屬神龍之際。邦家中否。是用憤發。掃除欃槍。翼戴先皇。再正宸極。蓋宗廟是爲。豈私朕躬哉。先帝以朕有戡難之功。命朕當主鬯之任。辭不獲已。遂踐皇極。聿來臨御。垂五十載。嘗師我烈祖玄元之道。保其清靜之宗。伊萬方事殷。或昃不暇食。昔堯厭勤倦。尚以禪舜。高居汾陽。況我元子。其睿哲聰明。恪慎克孝。才備文武。量吞海岳。付之神器。不曰宜然。今宗社未安。國家多難。某英勇雄毅。總戎專征。代朕憂勤。斯爲克荷。宜即皇帝位。仍令所司擇日。宰相持節往宣朕命。其諸禮儀。皆准故事。有如神祇簡册。申令須及者。朕稱誥焉。衣冠表疏。禮數須及者。朕稱太上皇焉。且天下兵權。制在中夏。朕處巴蜀。應卒則難。其四海軍郡。先奏取皇帝進止。仍奏朕知。皇帝處分訖。仍量事奏報。寇難未定。朕實同憂。誥制所行。須相知悉。皇帝未至長安已來。其有與此便近。去皇帝路遠。奏報難通之處。朕且以誥旨隨事處置。仍令所司奏報皇帝。待克復上京已後。朕將凝神靜慮。偃息大庭。蹤姑射之人。紹鼎湖之事。於戲。禪讓之禮。聖賢高躅。前代明主。非不慕之。皆享祚短促而不暇也。惟唐虞靈長。能擅厥美。俱革命易姓。宗廟失尊。非一其心。萬古不易之道也。朕之傳位。有異虞典。不改舊物。其命維新。奉禋祀於祖宗。繼雍熙於宇宙。布告億兆。咸使聞知。至德元年八月十六日

肅宗命皇太子即位詔

於戲。奉天地者。是稱大寶。承宗廟者。必在元良。吾以薄德。纂承丕緒。今以憂勞所積。遘疾彌留。用申顧命。誡爾元子。爾性稟生知。幼有明德。蒸蒸之孝。

言必因心。溫恭睿哲。允文允武。往在西土。爰討兇渠。命爾總戎。克宣王略。收復中夏。惟爾之功。遂昇以儲闈。將守我鴻業。爾有令問。萬方宅心。吾大漸之後。卽宜膺寶位。夫天下至廣。神器所重。丕承累聖之德。虔奉大中之道。必當任賢勿貳。去邪勿疑。以慈惠爲心。開諫諍之路。兢兢業業。無怠無荒。嗚呼戒之。無替厥命。

## 順宗命皇太子卽位詔　　鄭絪

敕、惟皇天祐命烈祖。誕受萬國。九聖儲祉。萬邦咸休。肆予一人。獲纘丕業。嚴恭守位。不遑暇逸。而天祐不降。疾恙不瘳。將何以奉宗廟之靈。展郊禋之禮。疇咨庶尹。對越上玄。內愧于朕心。上畏于天命。夙夜祗慄。深惟永圖。一日萬幾。不可以久曠。天工人代。不可以久違。皇太子純、睿哲溫文。寬和慈惠。孝友之德。仁愛之誠。通于神明。格于上下。是用舉皇王至公之道。遵父子傳歸之制。付之重器。以撫兆人。必能宣祖宗之重光。荷天地之休命。奉若成憲。永綏四方。宜令皇太子卽皇帝位。朕稱太上皇。居興慶宮。制敕稱誥。所司擇日冊禮。布告中外。令知朕意。（貞元二十一年八月）

## 順宗傳位皇太子改元誥　　鄭絪

門下、有天下者。傳歸於子。前王之制也。欽若大典。斯爲至公。式揚耿光。用體文德。朕獲奉宗廟。臨御萬方。降疾不瘳。庶政多闕。乃命元子。代予守邦。爰以令辰。光膺冊禮。宜令今月九日冊皇帝於宣政殿。仍令檢校司徒平章事杜佑充冊使。門下侍郎平章事杜黃裳充副使。國有大命。思俾惟新。宜因紀元之慶。用覃在宥之澤。宜改貞元二十一年爲永貞元年。自永貞元年八月五日昧爽已前。天下應犯死罪。特降從流。流罪已下、各減一等。布告中外。咸使聞知。

## 何皇后命皇太子卽位令

予遭家不造。急變爰臻。禍生女職之徒。事起宮奚之輩。皇帝自罹鋒刃。以至彌留。不及顧遺。號慟徒切。定大計哉。安社稷。纂丕圖者。擇賢明。議屬未亡人。須爾建長策。承高祖之寶運。緊元勳之忠規。仗爾股肱。以匡沖昧。皇太子柷。宜於柩前卽皇帝位。其哀制竝依祖宗故事。中書門下准前處分。於戲送往事居。古人之令範。行今報舊。前哲之格言。抆淚布宣。言不能喻。（天祐元年八月）

# 唐大詔令集卷第三十一

皇太子

納妃



册妃嬪



退讓



廢黜



追復

## 納妃

### 納蘇亶女爲皇太子妃詔

配德元良。必俟邦媛。作儷儲貳。允歸冠族。祕書丞蘇亶長女、門襲軒冕。家傳義方。柔順表質。幽閑成性。訓彰圖史。譽流邦國。正位儲闈。實惟朝典。可皇太子妃。所司備禮册命。主者施行。貞觀□年

### 開元十九年皇太子納妃制

龍樓內範。輔成元良之德。鳳邸中閨。克諧樂善之美。自非門第兼茂。容則聿修。何以式副好逑。允茲華選。薛紹第六女、竇希瑊第四女、戚里承休。渭陽傳慶。婉順成性。柔閑有容。言必圖史之規。動遵珩珮之節。惠問蘭郁。淸心玉映。足以儷淸宮之寵。伉朱邸之義。式昭闡訓。用光嬪則。紹女可皇太子妃。瑊女可慶王妃。仍令所司備禮至都册命。開元十九年十月

### 開元二十一年皇太子納妃敕

張九齡

敕、禮有謹於初。義亦重其本。凡是姻媾。且猶正於人倫。況在元良。更將承於宗祀。皇太子鴻儲副是屬。仁孝自然。爰從吉辰。式備嘉禮。上事下繼。君子重之。言告言歸。朕豈無慰。非獨在子之慶。宜申與衆之澤。天下囚徒。死罪特宜免死、配流嶺南遠處。流罪降至徒。徒以下罪並宜釋放。其造僞頭首勾合知情受僞人等罪、雖徒流。仍便隸爲百姓。至彼勿許東西。諸道征行人家及鰥寡惸獨、委州縣官長檢校、於放差科。使安其業。中間有不支濟者、量事賑給。仍量助其營種。長安萬年兩縣百姓、及今月當上彍騎衞士雜匠掌閑幕士駕士工人樂人供膳官馬主角手、並免其家今年地稅。三衞細引飛騎監門長上及禮生有職掌者、各減一年勞。京文武官九品已上見在外官、因公使及當上、在京新除五品已上外官未辭、幷致仕官朝朔望者、各賜勳一轉。東宮官九品已上、及諸司緣禮會祇供官等、更加勳一轉。五禮使兵部尚書兼中書令蕭嵩特封徐國公。禮會使黃門侍郎同中書門下平章事韓休特與三品。妃禮會使少府監馮紹正賜紫金魚袋。諸副使及判官更加勳一轉。禮官儐者、夾侍官、及孔目官使典主旌節等、擇日優與處分。仗內馬家內侍省級教坊音聲人、緣太子禮會祇供者、各賜勳一轉。皇太子舅尚輦奉御趙迴遵、特與三品。仍改與三品官。前右威衞騎曹趙迴遵、特與五品。仍改與五品官。皇太子侍讀侍書等、各加一階。其太子諭德潘肅、特與五品。太子妃兄通事舍人薛愿、特與五品。仍改與五品官。兄吏部常選岱與五品。仍與五品官。今日應預會官等、各節級賜物。卽宜領取。晏慰者所以宣其情。頒錫者所以將其意。公卿百辟。庶知朕心。開元二十一年五月二十一日

### 令兩京選皇太子妃敕

冢嗣其良。家國之慶。人倫之始。宜娶元妃。雖吉事尙須待年。而嘉耦宜深善教。志於先定。冀及義方。屬在德門。遂成好合。在東京委裴度、西京委宰臣、各申旨諭。令本宗家長舉言十歲已來嫡女、及妹、姪孫女。兩月內送中書門下。務令宜稱。無有不盡。（開元元年八月）

## 册妃嬪

### 册皇太子蘇妃文

維貞觀年月日云云。於戲惟爾祕書丞蘇亶長女、族茂冠冕。慶成禮訓。貞順自然。言容有則。作合春宮。實協三善。曰嬪守器。式隆萬葉。備茲令典。抑惟國章。是用命爾爲皇太子妃。往欽哉。其光膺徽命。可不愼歟。

### 册皇太子韋妃文

維開元二十六年、歲次戊寅、七月戊辰朔、十二日己卯、皇帝若曰。於戲。天下之本。實在於元良。人倫之端。是先於內則。咨爾忠王妃韋氏、門承鼎盛。質稟賢和。動中環珮之節。言成圖史之訓。克明女憲。無假於師氏。能勤婦道。自合於國風。固可以齊體儲位。正位妃壼。佇聞六行之美。以引三善之德。是用册爾爲皇太子妃。往欽哉。爾其祇服寵章。光膺茂典。協和以逮下。恭儉以率先。式昭徽猷。永保祚胤。可不愼歟。

### 册章懷太子張良娣文　沈佺期

維景雲二年、歲次辛亥、十月壬寅朔、十日辛亥、皇帝若曰。於戲。咨爾故章懷太子良娣張氏、家承峻閥。代襲徽猷。法度有章。言容克備。始應良選。入奉元儲。柔規緝於上下。淑問揚於中國。恩絕賓帝。七日無歸。義申從子。百齡先謝。言念窀穸。憫悼良深。追崇徽號。典故斯在。是用命某官某乙册爾爲章懷太子良娣。魂而有靈。膺茲寵數。

## 退讓

### 降太子忠爲梁王詔

詔曰。昔泰伯高讓。載昌姬宗。東海之藩。克隆漢祚。故能業傳端委。胙錫龜蒙。飛茂實於前英。播淸塵於遠葉。皇太子忠、分景扶木。稟慶天津。早加寵樹。禮絕羣后。比因朝見。屢陳撝挹。論嫡庶之分。辨貴賤之禮。以貴則皇后有子。以賢則不敢當仁。前後數四。情辭懇惻。義高曠古。道邁前修。宜遂雅懷。以成厥美。可封梁王。食邑二萬戶。使持節都督梁洋集壁四州諸軍事梁州刺史。仍別食二千戶。賜物二萬段。甲第一區。梁州仍置都督府。顯慶元年正月

## 廢黜

### 廢皇太子承乾爲庶人詔

詔曰。肇有皇王。司牧黎庶。咸立上嗣。以守宗祧。固本忘其私愛。繼世存乎公道。故封季歷而樹姬發。隆周享七百之期。黜臨江而罪戾園。炎漢定兩京之業。是知儲副之寄。社稷繫以安危。廢立之規。鼎命申其輕重。詳觀歷代。安可非其人哉。皇太子承乾、地惟長嫡。位居明兩。訓以詩書。教以禮樂。庶弘日新之德。以永無疆之祚。而邪僻是蹈。仁義蔑聞。疎遠正人。親昵羣小。善無微而不背。惡無大而不及。酒色極於沉荒。土木備於奢侈。倡優之伎。晝夜不息。狗馬之娛。盤遊無度。金帛散於姦慝。捶楚遍於僕妾。前後愆過。日月滋甚。朕永鑒前載。無忘正嫡。恕其瑕釁。倍加訓誘。選名德以爲師保。擇端士以任宮僚。猶冀中人之性。可以上下。蟠木之質。可以爲容。愚心不悛。凶德彌著。自以久嬰沉痼。妄憂廢黜。納邪說而違朕命。懷異端而疑諸弟。恩寵雖厚。猜懼愈深。引姦回以爲腹心。聚儓隸而同遊宴。鄭聲淫樂。好之不離左右。兵凶戰危。習之以爲戲樂。既懷殘忍。遂行殺害。然其所愛小人。往者已從顯戮。謂能因茲改悔。翻乃更有悲傷。行哭承華。制服博望。立遺形於高殿。日有祭祀。營窀穸於禁苑。將加改厝。贈官以表愚情。勒碑以紀凶迹。既傷敗於典禮。亦驚駭於視聽。桀跖不足比其惡行。竹帛不能載其罪名。豈可守器纂統。承七廟之重。入監出撫。當四海之寄。承乾宜廢爲庶人。朕受命上帝。爲人父母。凡在蒼生。皆存撫育。況乎冢嗣。寧不鍾心。一旦至此。深增慙歎。貞觀十七年四月

### 廢皇太子瑛爲庶人制

朕恭承天命。嗣守先業。不敢失墜。將裕後昆。所以擇元良。策奇器。爲國之本。豈不謂然。太子瑛幼而鍾愛。爰加訓誘。親範之師。所望日新。年既長成。與之婚冠。而妃之昆弟。潛搆異端。頃在東都。頗聞疑議。所以妃兄薛愿。流謫海隅。導之誨之。謂其遷善。駙馬都尉薛鏽、亦妃之兄也。今又扇惑。謀陷弟兄。朕之形言。愧於天下。教之不改。其如之何。蓋不獲已。歸諸大義。瑛可廢爲庶人。鄂王瑤、光王琚等、自幼及長。爰加撫育。爲擇師資。欲其恭順。而不率訓典。潛起異端。及與太子瑛搆彼凶人。同惡相濟。亦既彰露。咸引其咎。孽由己作。義在滅私。並降爲庶人。駙馬都尉薛鏽、離間骨肉。惑亂君親。潛通宮禁。引進朋黨。陷元良於不友。誤二子於不義。險薄之行。遂成門風。皆惡迹自彰。凶慝昭露。據其所犯。合寘嚴誅。言念瑣姻。用申寬典。捨其兩觀之罰。俾就三危之竄。可長瀼州百姓。開元二十五年四月

## 追復

### 息隱王追復皇太子詔

詔曰。昔戾園敗德。西都表其號諡。楚英干紀。東漢錫其湯沐。斯皆屈邦國之禁。申骨肉之恩也。故息隱王地乃居長。守器運初。自貽伊戚。陷於禍難。日月逾邁。松檟成行。朕嗣守鴻基。緬尋遺烈。何嘗不陟彼崗而靡覿。瞻同體而疚懷。思備哀榮。式加禮命。可追復皇太子。諡仍依前。陵曰隱陵。置陵令以下官。幷加戶守衞。貞觀十六年六月

### 贈廢太子承乾恆山愍王制　孫逖

門下、理天下者必弘於在宥。厚仁德者莫尚於追遠。故廢太子承乾、昔在先朝。嘗陷深過。因是殛竄。至於淪沒。雖臣子之罪。義則不私。而骨肉之親。情則無絕。況年代浸遠。典憲宜寬。言念往時。已申公葬。將崇後命。是錫王章。式遵仍舊之封。更表易名之諡。可贈恆山愍王。

### 贈重俊皇太子制　蘇頲

門下、朕聞曾氏之孝也。慈親惑於疑聽。趙虜之族也。明王哀而望思。歷考前聞。率由舊典。重俊、大行之子。元良守器。往罹構間。困於讒嫉。莫顧鈇鉞。輕盜甲兵。有此誅夷。無不悲惋。今四凶咸服。十起何追。方申赤暈之寃。以紓黃泉之痛。可贈皇太子。主者施行。唐隆元年六月二十五日

# 唐大詔令集卷第三十二

惠宣太子哀册文

恭懿太子哀册文

昭靖太子哀册文

莊恪太子哀册文

罷祭

停官祭贈太子敕

## 追贈

### 邵王贈皇太子制

門下。悼往興哀。事極於人理。飾終追遠。禮著於國經。故邵王重潤、漸履雲霄。分輝日月。體謙恭之質。蘊忠順之誠。愛敬盡於宮闈。仁孝聞於區寓。地居長嫡。允膺崇樹。天不慭留。奄隨運往。朕丕膺寶命。迺眷承祧。瞰朱邸而無從。傃青方而結欷。宜加贈典。正位元儲。可贈皇太子。所司備禮改葬。主者施行。（神龍元年二月九日）

### 申王贈惠莊太子制

德盛者必享休名。道高者必膺殊典。況人倫之重。義切因心。天屬之深。情殷追遠。故司徒申王撝、叡哲聰明。本乎天性。溫恭孝友。挺自生知。樂善好書。清猷過於兩獻。深仁厚義。美化侔於二南。可謂具瞻百寮。儀刑列辟。朕將永康兆庶。方自友于。天不慭遺。奄從薨逝。永惟仁範。哀慟纏懷。用表非常之榮。少寄天倫之戚。可追贈惠莊太子。宜令所司備禮。就加册命。陪葬橋陵。（開元十二年十一月）

### 岐王贈惠文太子制

褒崇名器。所以尊德也。光昭典禮。所以飾終也。況天倫之愛。親親之至乎。故太子太傅上柱國岐王範、特稟聰明。率由孝友。好書不倦。樂善無忘。固已作則列藩。儀刑百辟。方憑魯衞之政。率流雍穆之風。豈圖輔德儆期。殲良奄及。想同氣而逐遠。望驂駕而何追。言念平生。情深震慟。宜加殊禮之命。用寄孔懷之哀。可追贈惠文太子。所司備禮。就加册命。（開元十四年四月）

### 慶王贈靖德太子制

追終悼往。諒著於國章。考行易名。匪私於天屬。故司徒兼太原尹持節充河東道諸軍節度大使度支營田等使上柱國慶王琮、地居長嫡。道茂中和。爰在幼沖。克光撝挹。既著讓賢之美。逾聞樂善之風。加之彫琢文藝。周旋禮樂。固力行以近仁。亦因心而爲孝。自析珪胙土。藩翰載崇。授鉞分符。權略斯遠。年方在壯。未虞夭喪。疾瘵不救。憫惜良深。宜循加贈之典。式寵元儲之位。可贈靖德太子。應緣喪葬一事已上。宜並官供。仍令太子少師韋縚充監護使。京兆尹裴士淹充副。天寶十一年五月

## 興王贈恭懿太子制

門下、厚禮所以飾終。易名所以表行。況情鍾天屬。寵及褒封。載疇加等之美。式備元儲之贈。永懷軫念。有惻彝章。第十二子故興王佋、毓慶璿源。分華若木。天資純孝。神假聰明。河間聚書。幼聞樂善之旨。延陵聽樂。早得知音之妙。頃以暫嬰沉瘵。殆積旬時。而資敬益彰。穎悟逾爽。愛親之戀。言不間於斯須。告訣之辭。事先符於夢寐。顧惟至性。實切深哀。將胙土析珪。載崇藩翰。聞詩對易。爰就琢磨。方冀成立。豈期夭喪。瑤英始茂。遽摧落於當春。隟駟俄遷。忽沉淪於厚夜。興言痛悼。憫惜良深。宜寵賁於青宮。俾哀榮於玄穸。可贈太子。謚曰恭懿。應緣喪葬。所司准式。仍令兼京兆尹劉晏充監護使。少尹陶銳爲副。主者施行。上元元年八月

## 齊王贈懷懿太子制

夫褒善飾終。王者常典。況我友于之愛。手足之親。永言痛悼之懷。用錫元良之命。故齊王湊、孕靈天宇。擢秀本枝。孝敬知於孩提。惠和洽於親愛。將固磐石。遂分茅社。學探蟻術之精。智有象舟之妙。好書樂善。造次不失其清規。置醴尊師。風雨不忘其至敬。方期鮐耇。以保怡怡。天胡不仁。殲我同氣。念周宣好愛之分。長慟莫追。覽魏文榮樂之言。軫懷無已。繇是稽諸前典。式展追崇。特峻徽章。表恩泉壤。雖禮命之儀則爾。而天倫之恨何攄。遐想幽魂。宜膺寵數。可贈懷懿太子。仍命有司擇日備禮追册。開成三年正月

## 晉王贈悼懷太子制

王者重統。紀尊儲副。所以上嚴國本。祗叶禮經。睦人倫以正邦典。崇丕基而昭彝式。其或德契元良。恩當追命。道雖間於存沒。義有表於哀榮。抑惟舊章。用攄憫志。故開府儀同三司晉王普、先帝冢胤。間氣夙鍾。孝敬發於岐嶷。溫仁形於襁褓。剪珪分社。光祝策於參墟。錫土啓藩。假威尊於上黨。朕頃戡內難。謬屬與能。以王齒在嬰提。事絕推讓。方期就傅。謂致修齡。既因猶子之義。俾膺主鬯之選。天不憖遺。殲我本枝。泣悼永往。空餘典禮。嗟樂善而莫報。顧十起而何追。銜悲長慟。此誠無極。是用稽諸前訓。申我宿愛。布曩懷於茲日。告如在於幽靈。式愴虛儀。曷瘳深痛。可贈悼懷太子。仍令有司擇日備禮追册。太和二年六月

## 節愍太子謚册文

維景雲元年、歲次庚戌十月戊寅朔二十九日景午、皇帝若曰。咨爾故皇太子重俊。業隆繼體。才膺守器。辨日高視晉儲。防年遐吞漢兩。撫軍監國。皇基攸固。齒冑問安。聖圖惟永。頃以讒邪浸潤。恩禮疎薄。外迫伊戾之謀。中啓驪姬之譖。彼則兇計斯甚。搖動元良。爾乃誠心密運。掃除悖德。興晉陽之甲。以罪荀寅。擁漢闕之兵。而誅趙虜。嗚呼。逆首雖殄。釁黨未清。屬投杼生疑。亂兵旋及。朕代天理物。推亡固存。近勤四凶。緬懷三善。言徽備禮。以慰冥魂。銀牓山門。畫堂泉室。三年遂遠。上賓之馭不留。千載猶生。全節之名長在。存著徽烈。歿有餘裕。志業若此。痛悼良深。宜加寵號。用旌不朽。今册謚爾曰節愍太子。魂而有靈。嘉茲茂典。嗚呼哀哉。

## 惠莊太子册文

維開元十二年十一月甲申、皇帝若曰。於戲。夫縟禮所以飾情。崇名所以表德。義存追遠。愛洽因親。故司徒申王撝、璇極稟靈。邦家維翰。體孝友以成性。用淳和而合道。沛獻受易。率以鳴謙。河間聚書。時其好學。加以出爲方伯。弘宣六條。入登司徒。大敷五教。天則不憖。奄薨於行。留邸無期。同輿遂遠。興言哀痛。震動於厥心。夫先王演親親之恩。春秋著加等之義。上嗣之位。飾終斯在。今遣攝太尉侍中源乾曜持節册贈王爲惠莊太子。宜率茂典。以永徽猷。魂而有靈。式昭哀贈。嗚呼哀哉。

## 惠文太子册文

維開元十四年四月二十二日、皇帝若曰。於戲。帝室之幹。曷降年不永。天倫之戚。而因心有加。飾以徽章。孔懷之義也。咨爾太子太傅上柱國岐王範、孝友至性。聰達多才。樂善爲詞。言行俱敏。好學流譽。經傳悉通。德既訓於東宮。化且行於南國。而輔仁或爽。倚福無稽。奄忽遷殂。震悼何及。夫禮以情爲體。欲增追遠之數。行以名而尊。是圖褒德之軌。故擇茲茂典。崇以上嗣。言念逝者。用申友于。今遣工部尚書攝太尉盧從愿持節册王爲惠文太子。魂而有靈。昭是哀贈。

## 恭懿太子册文

維上元元年、歲次庚子、冬十月戊午朔、四日辛酉、皇帝若曰。於戲。夫睦親加等。有國之彝訓。悼往申恩。因心之所切。是以增其縟禮。漢藩追鸞輅之榮。備以徽章。魏屏飾龍旗之贈。興言故典。感惻良深。第十二子故興王佋、慶襲紫庭。慿華丹極。温良資其性本。孝友稟於天成。加以神假聰哲。身周藝美。

故六變之樂。聆音以洞微。百家之書。經目而成誦。年雖在於髫齓。學已該於典墳。自位列三珪。胙班五土。綠車爰錫。亟承疏邸之榮。青社云封。實屬維城之望。豈謂藏舟易往。過隙難留。顧蘭坂而如昨。痛梧宮之遂掩。況幼有至性。實由生知。心惟愛親。歿不忘孝。幽夢克申於告訣。至懇能貫於存亡。言念淪喪。尤深憫惜。是用叶茲純德。贈以元儲。夫恭者行之先。懿者文之美。易曰表稱。俾永徽猷。今遣銀青光祿大夫行中書侍郎同中書門下平章事集賢殿崇文館大學士修國史上柱國姑臧縣開國伯李撝持節册命爲恭懿太子。申予至感。賁爾寵光。雖倚門之懷。永銜酸於碣館。而告柩之禮。庶延渥於泉扃。魂而有靈。昭此哀贈。嗚呼哀哉。

## 哀册文

### 懿德太子哀册文　李嶠

維神龍二年、歲次景午、夏四月甲戌朔、二十三日景申、懿德太子梓宮。啓自洛邑。將陪窆於乾陵。禮也。厥衣夕陳。祖奠朝設。蜃輅俄軫。龍旗按節。皇帝嗟蟻庭之寢籥。惜鳳渚之韜簧。撫萬乘而懷國本。綏六姻而悼乾將。情無輟哀。禮有加數。刻純懿乎金版。播聲芳於玉軺。其詞曰。

靈命將興。元符是膺。皇基茂立。帝武丕承。祥集畫堂。慶流朱邸。棘矢延貺。桐圭備禮。實惟天族。載挺人英。川寶岳秀。虹暉電精。舞象得玄。佩觿聞道。刻舟敏遽。牽衣慧早。幾神闇體。理識宣資。心韜鍾律。情含蔡蓍。曰仁曰孝。非訓非師。寬惠深博。温良肅祗。苞舉六文。網羅羣籍。詩接楚彥。賦延梁客。淮國傳騷。雲臺對易。樂善超輩。多才掩昔。乃崇匡衞。實屏實藩。乃列朝請。爲鴻爲鵷。揚聲北路。振彩西園。儀表姬戚。光輝舜門。恭事闈闥。歡迎黨族。怡色玉潤。温詞蘭馥。中外克諧。親疎允睦。常德有裕。間言無讟。榮深出幸。寵茂留中。婉孌羣辟。綢繆二宮。陪輿澤厚。錫馬恩隆。西蜀欽義。南山向風。禮縟天孫。望高元嗣。重海闕象。前星虛位。方輟頒彝。行膺主器。奄喪門軸。俄催隙駟。嗚呼哀哉。鳳下朝陽。龍牧暝光。瓊田滅彩。桂苑淪芳。國軫傾翰。朝悲壞梁。惟靈徽之寂寂。怨天道之茫茫。嗚呼哀哉。玄聖登期。恩榮下賁。爰命典册。式昭名謚。七鬯雖崇。粢盛不蒞。闔壞同戚。具寮增欷。嗚呼哀哉。築思臺兮竟不旋。還作室兮復何年。訪來人兮傷對日。瞻去鶴兮感昇天。惜明離之虛繇。悵風樂之徒懸。懟銀牓之留月。泣銅樓之送烟。嗚呼哀哉。司兆獻占。掌圖辨域。挽鐸初警。帷帨既飭。引文衞之逶迤。度繁笳之悽惻。纏永慕於青府。結餘酸於紫極。嗚呼哀哉。辭交風之近甸。出避雨之層巒。望八水而遙集。懷三川而顧歎。麥枯兮夏旱。花落兮春殘。林野晦而天無色。烟雲愁而景欲寒。嗚呼哀哉。稅駕昭塗。卽宮下土。執斧供事。揚麾按部。藏日兮山門。埋燈兮地戶。痛平生兮冥漠。哀倏忽兮今古。視不見兮聽不聞。天無曉兮夜無分。同變化兮光陰盡。配陽秋兮蘭菊芬。嗚呼哀哉。

### 節愍太子哀册文　李乂

維景雲元年、十月朔日、節愍太子梓宮啓自鄠社。粤某日、將陪窆於定陵。禮也。蜃衞初引。鳳仙將遠。閱少海而不留。赴窮泉而莫返。皇帝懷副君之大義。降猶子之深慈。飾忠烈於逝者。備哀榮以送之。漢幄虛侍。周牆肅事。思臺空築。幽埏永閟。金相兮玉裕。揆行兮旌能。峻節兮無泯。芳聲兮有恆。其詞曰。

素雲流祉。白水呈祥。祀及百代。威加萬方。勃焉家國。赫矣皇王。帝子攸降。乾男以將。邁德誕靈。懷文抱質。漢臺占雨。秦京近日。敏對不羣。能言罕匹。藝該百變。詞含六律。朝霞自舉。夜月嘗遊。醴薦推穆。書成重鄒。典戎仙衞。作牧神州。是謂元子。光膺孟侯。少陽正位。太學知道。春誦夏絃。尊師敬老。榮承玉匕。寵殷瑜珮。三善不忘。四章旋逮。過闕則下。入廟斯趨。曰仁與孝。終始不渝。聖敬曰躋。温文歲廣。望高周副。才優魏兩。用事有倫。出言無黨。政成中外。聲溢天壤。邪臣作蠱。匹夫知恌。不顧身尤。將夷國難。忠義期杖。謀猷是斷。獲戾宮朝。歸魂霄漢。白駒過隙。蒼蠅止藩。水逝西沼。霜彫北園。鶴闕誰馭。鳩里徒寃。瞑目於此。傷心詎論。嗚呼哀哉。重日淪輝。前星墜彩。形神遠謝。德音如在。物是人非。年移運改。聖明延鑒。徽章有待。聖明伊何。慶逢開闢。延鑒伊何。恩降典册。卽鳴鳳之崗嶺。啓占烏之塋宅。人辭中壘之桑。鳥思平陵之柏。地如伊水。山連紀市。嗟委化於仙期。欲問安於神里。五營成列。萬國銜酸。挽鐸朝喝。旌麾曉寒。指牽牛以南渡。乘飮龍而北儫。顧青舍兮非春。掩玄扉兮天暮。昔之來矣。銀牓銅樓。今之往矣。曠野荒丘。冉冉兮辰促。蒼蒼兮道悠。惟聲華與純懿。比金石而恆留。嗚呼哀哉。

## 惠莊太子哀册文　張九齡

維開元十二年、歲次甲子、十一月丁巳朔、二十四日庚辰、司徒申王薨於行在所。册謚惠莊太子。旋殯于寢。粤閏二月二十七日壬午。將陪葬於橋陵之柏城。禮也。黼幕宵布。羽纛宿設。西亭啓攢。南省成列。皇帝深天倫之慼。崇后儲之禮。擬容衞於青宮。申孔懷於朱邸。爰命史氏。於稽令則。無俾直書。不彰遺德。其詞曰。

昊天有命。先後受之。分王子弟。藩衞京師。克荷成憲。罔不肅祇。懿哉明哲。誕惟神粹。宣慈日聞。孝友天至。道則聰合。跡無自異。性實生知。學兼時習。易徽書遠。詩言禮立。德必有鄰。善如不及。貴而能損。量固難挹。方伯出鎭。邵南取斯。司徒入掌。鄭武其宜。義之所在。政乃克施。物留遺愛。事著成規。西夏息人。東征叶卜。韡韡同輦。皇皇改服。疾遘中路。凶傳左轂。寧不慭遺。奄鍾斯酷。嗚呼哀哉。昔在沖眇。具惟兄弟。四國並封。五王均體。遊必連騎。居則同邸。各承愛於含飴。俱受經於置醴。既荏苒而云邁。屬殷憂之將啓。實定禍於蕭牆。遂繼明於雲陛。雖隔深宮之衞。常洽家人之禮。曷殂謝以痛心。慼平生而流涕。嗚呼哀哉。爰擇茂典。將崇上嗣。表先聖之元良。申友于之褒異。紛鹵簿以徒設。儼文物而空備。彼神儀之如在。乃羣悲之所萃。周禮從祔。漢塋是陪。先遠日而撰吉。會同盟以送哀。夜漏盡兮暗室啓。庭燎殘兮曉挽催。□三按而徐進。將一去而不迴。嗚呼哀哉。背朱門兮遲遲。驅白驥兮騤騤。野蒼茫而助慘。風蕭颼而增悲。翩翩兮素蓋。寂寂兮晝帷。遵舊途而何有。覽陳跡以如疑。面都邑兮不入。待陵寢兮有期。惟光儀之永閟。與昭代而長辭。嗚呼哀哉。潛清輝於幽穸。昭鴻名於美跡。將在皇儲之史。豈伊諸侯之册。播遺芬於蘭桂。傳不朽於金石。諒紀言之在茲。嘉德音之無斁。嗚呼哀哉。

## 惠文太子哀册文　蘇頲

維開元十四年、太歲景寅四月己酉朔、十九日丁卯、太傅岐王薨于洛。册諡惠文太子。殯于正寢之西階。仲夏景申。將祔於橋陵。禮也。曉風北淸。魄月西照。列鐸挽以嚴鼓。出軒除而滅燎。皇帝戚深天倫。寵異天人。追遺奠於將遠。動哀懷其若新。震以貞位。文以光諡。爰詔司存。迺甄遺懿。其詞曰。

重玄之門。唐系居尊。五色之土。岐封効古。瑤圖正位。兄一弟二。寶蕚承庇。帝三王四。嘗急難兮特詢以事。竟扶翼兮能竭其志。其志伊何。程才則多。武以之靖。文以之和。勇超東牟。思奪東阿。是曰具爾。曷云其他。覃訏守成。忠肅鍾美。克順克比。爲臣爲子。河書聚學。沛易窮理。毫使露濡。賦令雲起。出咨岳政。入愼邦紀。魯衞則侔。武桓斯擬。傳於元嗣。欽若端士。往錫朱旂。來朝紫微。家人輯穆。藩后增輝。甘旨不同而不膳。珍華不共而不衣。楚謀或隱。梁籍寧違。屬巡岱以封還。侍升天而慶歸。猗那兮揚名於後。鑠兮修業可久。富貴兮於何不有。闇忽兮曾莫之壽。嗚呼哀哉。胥欲分漏。革傳於奏。天初辨時。慮切乎思。駿馬連蹄而交使。近臣駢命而挾醫。望君王兮何遲遲。俯檽檻兮猶若期。至不至兮欸長辭。悲莫悲兮惟此思。外皆罷輟兮。內獨漣洏。豈我季之在哉。崇后儲以諡之。孝依喬岳。仁本京師。莊泊文兮疇能忍茲。靈輴稍發。淸道徐按。塈承華之鹵簿。瞻德陽之宮觀。樹陰陰於國門。橋耿耿於天漢。盈舊戀以迴復。畜新哀以聚散。煢然嗣王。若不勝喪。慘天地之何心。愁關山之已長。夫儉爲之德。謙固其則。存歿是膺。惠文是徽。存也高臺深池之不競。歿也備物重器之不矜。嗚呼哀哉。典册之有馮。惠文之有稱。故奉先皇之松柏。成太子之園陵。嗚呼哀哉。

## 惠宣太子哀册文　韓休

維開元二十二年、歲次甲戌、七月庚申朔、十日己巳、司徒薛王薨於洛。册諡惠宣太子。翌日殯於正寢之西階。粤八月二日庚寅、將陪葬於橋陵。禮也。涼陰戒秋。白露凝夜。僚哀挽於郊道。儼虛容於池榭。皇帝痛棣華之既凋。矚蘭坂而增欷。撫徹奠以無及。恨潛泉之永閟。光於典册。昇彼儲嗣。爰命史臣。颺言其懿。其詞曰。

於昭帝系。濬發玄裔。建堯昇唐。自薛而王。粤有成德。遂荒東國。大啓土宇。聿崇典則。夫其秉靈在初。迪哲惟濬。惇敏秀鑠。淳龐淑愼。謀謨以成。蹈道而順。文英獨越。武烈惟振。百辟式瞻。五常以訓。惟茲大賢。克楙天秩。爲藩爲屏。是輔是弼。保厘我邦家。左右我王室。沛獻演易。楚元說詩。藝無不綜。學罔有遺。分以寶玉。建其旌旗。出弘聲政。入贊雍熙。咨爾公族。是惟敦睦。王曰介弟。寵其車服。俾侯於京。怡怡弟兄。穆以家人之禮。崇其藩后之榮。曷常不樂彼同輿。却東平之歸奏。詢其異政。欽北海之能名。將以天倫之愛。可以昭於載籍。友于之道。可以貫於神明。善有其慶。禍無其胎。享此眉壽。祐其多才。胡勿藥以爲疾。逮彌旬而成災。躬爲禱兮無不至。誠以精兮無不備。走羣祀以累祈。徵上醫而畢泊。蒼黃而晦明未隔。闇忽而古今斯異。嗚呼哀哉。神理無昧。人寰已非。想河洛其猶在。望淮仙而不歸。悲由中而自切。情限禮而相違。悵丙舍之云遠。飾承華以增暉。嗚呼哀哉。靈龜肇吉。服馬先路。悼津門之永違遵河橋以直度笳哀洛陽之道旐靡咸京之樹換憂歎於今昔變風景於新故嗚呼哀哉夫行以謚尊恩由禮盛申備物以增飾緬貞徽而獨映俾重爲善之名以彰有後之慶嗚呼哀哉庭樹槭以驚秋川波咽而不流歷神皋兮望國寢背華宇兮歸山丘流塵滿兮虛榭暗綠苔生兮行徑幽惟盛德與鴻烈亦天長而地悠嗚呼哀哉

## 恭懿太子哀册文　李揆

維上元元年、太歲庚子、六月己未朔、二十六日甲申皇帝第十二子持節鳳翔等四州節度觀察大使興王佋、薨於中京之內邸殯於寢之西階粵八月丁亥册贈皇太子廟號恭懿冬十有一月庚寅詔葬於長安之高陽原禮也鸞隊開封龍輴進轄陳祖載而就位儼塗芻而成列皇帝哀玉林之闕景憫瑤蕚而罹霜瞻扆紵而增思懷鳫池而永傷考謚惟古褒崇有式爰詔史臣恭宣懿德其詞曰

維天祚唐纍葉重光中興景運再紐乾綱本枝建國磐石疏疆克開聖胤實曰賢王驪源孕彩日幹騰芳深仁廣孝蘊藝含章秀發童年惠彰髫齒蹈禮知方尊賢叶旨對日流辯占風繼美魯衞後塵間平絕軌胡孽初構王師未班爰從襁褓載歷險艱愛備中掖名崇懿藩居常稟訓動不違顏禮及佩觿朝加分器胙土延渥登壇受帥閱書成誦觀樂表音五經在口六律諧心才優藝洽絕古超今虵豕猶梗寰區求乂滌慮祈眞焚香演偈食去葷血心依定慧庶福邦家俾清兇穢霜露嬰疾聰明害神沉痾始遘彌曠盈旬正慮無擾發言有倫在膏方亟問善逾勤雲物告徵星辰變象楚藥無救秦醫莫仗靈儀香而上賓徽音邈其長往違舊邸於青社卽幽陵於黃壤嗚呼哀哉魂氣奪兮去何之精靈在兮孝有思痛君親之永隔託夢寐而來辭延桂宮而震悼貫椒壺而纏悲旌遺芳於碣館賁新命於儲闈嗚呼哀哉先遠戒候占龜獻吉指鶉野而西臨背鳳城而右出天慘慘而若霧山蒼蒼而翳日揚薤挽之哀悽盼松埏之蕭瑟羅鳥伏以禮峻掩黃腸而□密望馳道而長辭赴幽途而永畢嗚呼哀哉生爲寵王兮宸愛所鍾歿追上嗣兮朝典斯崇昇玉笙於洞府閟銀槃於泉宮金石誰固兮人生有終簡册攸記兮德音無窮敢直詞以篆美庶永代而承風嗚呼哀哉

## 昭靖太子哀册文　蕭昕

維大曆八年、歲次癸丑、五月乙亥朔、十七日辛卯開府儀同三司元帥鄭王藐薨旋殯於內侍省二十七日甲午册謚曰昭靖太子洎十年歲在乙卯十二月庚申朔二十六日乙酉遷窆於萬年縣細柳之北原乃詔京兆尹黎幹監護喪事展飾終之義禮也嗚呼哀哉窮陰肅列煞景凝沍蜃輅方申龍驂在御設庭燎以終夕啓攢塗而卽路皇帝悼賢王之不淑念愛子之云亡齊彭殤以理遣顧形影而神傷錄舊勳於藩邸議新謚於太常睠承家於七鬯追嗣位於元良爰命侍臣式纂遺芳其詞曰

維昔啓土膺茲册命錫爵爲王建封於鄭梁國寵異魯邦禮盛明哲在躬温良成性國步艱難遘茲師旅克生才藝允是文武乃拜元戎俾殲醜虜職思靖亂功期禦侮守師律以殿邦振威聲而先舉問安內豎視膳寢門隨肩明兩順色晨昏光輝棣蕚友愛鴒原率禮不違人無間言招賢南楚愛客

西園宗子維城王室以藩樂善未終沉痾斯起羣望並走衆醫咸理有加無瘳蘭銷玉毀馳光度隟逝川閲水軫皇慈之怛化嗟國人之罷市嗚呼哀哉疇庸未紀度德則優崇以徽號闡其謀猷善則可旌禮無不酬吉凶同域神理難求列前星之儲位昭甲觀之虛慶撰日月以有時備塗芻之將命卜窀從吉辨方居正堇原霜若松阡雪映起寢廟之崇嚴制園陵之尊盛嗚呼哀哉輼車發軔緹騎前旌祖載奠撤蕭笳哀鳴挽出離宮路迴直城羽儀以列徒馭不驚越素滻以東指背黃山而北征聯崗走以迴抱遠樹靡而低傾對驪宮以立表依細柳以開塋閟重扃於夕壤悲執紼於桓楹川杳杳以暝色野稍稍以寒聲仰清芬之不泯實昭晰於鴻名嗚呼哀哉

莊恪太子哀册文　王起

維大唐開成三年、歲次戊午、十月乙酉朔、十六日庚子皇太子薨於少陽院十七日辛丑遷座於大吉殿十一月乙卯朔二十四日戊寅命册使太子太師兼右僕射門下侍郎國子祭酒平章事鄭覃、副使中書侍郎平章事楊嗣復、持節册謚曰莊恪十二月乙酉朔十二日景申葬於驪山之北原莊恪陵禮也玉琯歲窮金壺漏盡祖奠告徹哀笳將引庭燎滅而月寒路搖旆而風緊皇帝念主鬯之缺位悼佩觿之夭年銅樓已閉銀牓徒懸方追思於對日遽冥寞而賓天典册具舉文物咸備爰詔侍臣顯揚上嗣其詞曰

皇矣帝緒肇基綿古種德尊道宗文祖武上聖開成天下和平儲祉發祥是主元良覃訏之初岐嶷用彰蘊才游藝玉裕金相既免孩提是加封殖俾維城於東魯錫介珪於上國辭榮朱邸正位青宮尊師重傅養德含聰畏馳道而不絕問寢門而益恭招賢警戒齒胄謙沖冀日躋於三善奉天慈於九重漢莊好學既顯於外魏丕能文方循於內美不貳於顏過嘉得三於鯉退焜耀甲觀鏗鏘瑜珮方積善於為山何反眞而游岱嗚呼哀哉憂兢損壽沉痾始遘羣望並走百靈宜祐吳客之問徒為越人之方靡救占前星之掩曜知東朝之降咎天垂象而則然人由己而何有嗚呼哀哉稅駕乘華兮即宮夜臺鳳笙長絕兮蜃輅徐來啓青門而右出歷玄灞而左迴度凋林兮魂斷入曠野兮心摧水助挽而幽咽雲帶翣而徘徊悲佳城之已掩見新廟之方開嗚呼哀哉授經兮曷期執紼兮增欷九原作兮何嗟及七日還兮安可希有少海之波逝無西園之蓋飛商山之羽翼已散望苑之賓客咸歸瑟彼玉簡閟於泉扉用傳信於文字庶不泯於音徽嗚呼哀哉

## 罷祭

停官祭贈太子敕

敕、諸贈太子、頃年官為立廟并致享祀雖禮欲歸厚而情且未安蒸嘗之時子孫不預若專令官祭是以疏間親逐此為常豈云教孝其諸贈太子有後者但官為置廟各令子孫自主祭其祭署及官悉停若無後者宜依舊（開元二十二年七月）

# 唐大詔令集卷第三十三

## 諸王

### 封建

封鄂王潤制
封衛王灌等制
封蘄王緝等制
封棣王琰等制
封景王祕等制
封雅王禎等制

## 封建

### 封周王顯制

昔周武垂則。汾邑啓維城之固。漢文承統。睢陽樹磐石之基。所以作鎮邦家。克隆景業。第七子顯、毓粹雲峯。分輝日觀。風儀秀舉。神識沖和。挺玉質而含章。振金聲而發彩。夙遵教於詩禮。方導德於閒平。既表岐嶷之姿。宜申珪社之貺。可封周王。食邑一萬戶。（顯慶二年二月）

### 封申王成義等制　蘇頲

門下、古者帝王受命。以臨萬國。子弟建封。用尊五等。其所由來尚矣。右衛大將軍衡陽郡王成義等、惇詩執禮。本仁祖義。名教之樂。自得幾深。溫良之容。發於忠孝。晨趨魏闕。則望掩軒霞。夕賦曹園。則思含澄景。朕祇奉歷數。旁稽載籍。克輔王室。所謂通邑大都。俾爲唐藩。故能帶河礪嶽。分應往命。咨爾諸王。可依前件。仍各食實封一千戶。（唐隆元年六月二十七日）

### 封郯王嗣直郢王嗣謙制

詔、昔在姬劉。分王子弟。用能本枝碩茂。算祀遐長。皇帝元子嗣直嗣謙等、若木分暉。咸池疏派。孝愛成性。佩服天經。岐嶷誕靈。風儀遐舉。奉聞詩之寶訓。資樂善之芳規。錫命惟崇。已申綠車之寵。登庸在運。宜開朱邸之藩。嗣直可封爲郯王。嗣謙可封作郢王。（先天元年八月）

### 封陝王嗣昇制

詔、皇孫之寵。禮絕於諸侯。帝子之封。制殊於列國。爰自前代。茲義存焉。皇子第三子嗣昇、岐嶷夙成。聰明天假。東海壽街之對。昔未云奇。瑯琊日遠之談。今可連類。允宜胙茲茅土。光彼磐石。永固鴻業。式繼維寧。可封爲陝王。（先天元年九月）

改封寧王憲制

爰分寶玉。載錫綏章。必在親賢。致之侯甸。開府儀同三司兼涇州刺史上柱國宋王憲。儀表碩望。忠肅令名。藝總經書。才推禮樂。列上公之位。兼大藩之寵。瞻彼竹園。舊稱茅邑。孰如北地。今邇西都。宜考良日之封。用弘景風之命。可改封寧王。食邑三千戶。餘如故。開元七年九月

封濟王溢等制

王者之制。疇庸展親。古之道也。洒眷諸子。非曰私之。第二十二男溢等。籍慶邑源。□致繁祉。始自內保。漸乎外傳。四方六甲。辨志離經。可以識君臣之義。可以接朝廷之禮。宜建以方社。錫之分器。肆予有命。克慎厥猷。其封溢爲濟王。沔爲信王。泚爲義王。漼爲陳王。澄爲豐王。潓爲恆王。淀爲涼王。滔爲涇王。開元二十一年九月

廣平王進封楚王制

自寇戎奸宄。王師未振。瞻言境邑。尚聚犬羊。廣平王俶、修學好古。令德孝恭。志安邦家。誓雪讎恥。爰鞠其旅。克復二京。可封楚王。食實封二千戶。寶應元年三月

改封雍王适制

錫瑞創封。義先藩屏。離疆畫野。禮敘推恩。必因時以命拜。協天性以爲輔。天下兵馬元帥特進上柱國魯王适、識度明敏。執心仁恕。智侔對日。位偶前星。修禮檢身。流謹自牧。元良有裕。忠孝可嘉。且禮標內舉之文。父存故子之道。頃以俾侯于魯。兼掌戎車。眷彼龜蒙。僻居東夏。乃惟沂雍。近接西周。宜改邑於京關。列維城於上國。可改封雍王。食邑一萬戶。依前充天下兵馬元帥。本官勳如故。寶應元年八月

封睦王述等制

廣夏之制。諸子疏封。漢魏以還。十連授律。是用錫珪班瑞。磐石開疆。信通邑之紀綱。爲中都之屏翰。然則施鉞之寄。推擇攸難。因親之任。各膺其命。弟四子述、弟五子逾、弟六子連、弟七子迥、弟八子遘、弟十三子造、弟十四子暹、弟十五子運、弟十六子遇、弟十七子遹、弟十八子通、弟十九子逵、弟二十子逸等。並敏茂純懿。稟於衷誠。溫良孝恭。形於進退。動皆合義。居必有常。可以理衆靖人。撫封宣化。而總列城之賦。繕分閫之謀。克勤公家。允輔王室。今則均茅社之寵。盛槐庭之儀。授鉞登車。副茲朝典。維城之固。爾其懋哉。述可封睦王。充嶺南節度支營田五府經略觀察處置等大使。逾可封郴王。充渭北鄜坊等州節度大使。連可封恩王。韓王迥。可封汴宋等州節度觀察處置等大使。遘可封鄜王。造可封忻王。充昭義軍節度觀察處置等大使。暹可封韶王。運可封嘉王。遇可封端王。遹可封循王。通可封恭王。逵可封原王。逸可封雅王。仍並可開府儀同三司。大曆十年二月

封欽王諤等制

王者之制。子弟畢封。所以固藩輔而重社稷。古今之通義也。第十弟諤等、寬簡忠厚。生知孝敬。行皆由禮。志不違仁。樂善本於性情。好賢宗於師傅。朕承天之序。稽古展親。宜舉徽章。俾開土宇。第十弟封欽王。第十一弟誠封珍王。男建康郡王湊封鄭王。改名經。洋川郡王沔封均王。改名緯。臨淮郡王洵封溆王。改名縱。弘農郡王浼封莒王。改名紓。漢東郡王涗封密王。改名綢。晉陽郡王湜封郇王。改名總。高平郡王淑封邵王。改名約。雲安郡王滋封宋王。改名結。宣城郡王湋封集王。改名緗。德陽郡王湑封冀王。改名絿。河東郡王浥封和王。改名綺。第十七男絢封衡王。十九男纁封會王。二十男綰封福王。二十二男紘封撫王。二十三男緄封岳王。二十四男紳封袁王。二十五男綸封桂王。二十七男綽封翼王。貞元二十一年四月

封鄧王寧等制

門下、昔周室制法。備建宗盟。漢氏垂統。畢封子弟。其盛也二南教化。首在國風。其詳也九國土疆。載于侯表。朕嗣守丕業。恭惟令圖。永言磐石之固。宜本介人之重。男平原郡王寧等、孝友忠敬。溫文惠和。稟其樂善之姿。強於好古之學。君親之教。罔敢失墜。保傅之言。亦惟佩服。由是寡悔。至于通方。庶可膺茲典章。列是藩屏。疏爵以冠于侯伯。分茅以錫其山川。用明至公。且叶前訓。男平原郡王寧、可封鄧王。同安郡王寬、可封澧王。延安郡王宥、可封遂王。彭城郡王察、可封深王。高密郡王寰、可封洋王。文安郡王寮、可封絳王。十男審、可封建王。宜令所司擇日備禮冊命。主者施行。元和元年八月七日

封沔王恂等制

門下、朕獲承天序。欽若前訓。用建藩翰。以明親賢。斯古先哲王之令典也。弟憬等、孝友寬厚。溫文肅敬。行有枝葉。道無緇磷。踐君子之中庸。究賢人之義理。情惟樂善。志不近名。纂閒平之令德。希曾閔之至行。是宜分建茅土。衞我邦家。叶于展親。永固磐石。是用舉其成命。錫其徽章。第十弟恂、可封沔王。第十一弟懌、可封婺王。第十二弟愔、可封茂王。第十三弟怡、可封光王。第十四弟協、可封淄王。第十五弟憺、可封衡王。第十六弟悅、可封澶王。長男湛、可封鄂王。第二男涵、可封江王。第五男瀍、可封潁王。宜令有司備禮擇日冊命。主者施行。長慶元年三月

封晉王普制

門下、昔周室之興也。藩戚並建。式資於維城。漢氏之制也。皇子畢封。用固於磐石。斯所以載弘丕緒。惟懷永圖。宜茂德於本枝。遂推恩於後嗣。況祗荷眷祐。屬當長賢。宜承寵章。允膺舊典。長男普、幼稟異質。夙膺嘉祥。既表岐嶷之姿。日茂恭良之性。朕以寡昧。虔奉宗祧。庶明父子之親。以及君臣之義。命以樂國。錫其介圭。用敷可久之基。爰叶至公之道。可封晉王。宜令有司擇日備儀冊命。主者施行。寶曆元年十一月

封魯王永制

朕恭承寶位。欽若璿衡。兢業戒懷。懼忝洪構。今皇嗣誕秀。旣流慶於天枝。白茅啓封。宜分王於土宇。用崇大典。式固丕圖。長男永、植性端莊。稟靈聰哲。神氣挺於岐嶷。和粹精於儀刑。姿範藹然。是用嘉慰。將奉聞詩之教。冀彰樂善之風。俾洽寵恩。允膺錫命。庶表祥於麟趾。爰建社於龜蒙。敬哉戒哉。無

忝我列聖之休德。可封魯王。仍令所司擇日備禮册命。太和四年正月

封梁王休履等制

王者胙土畫疆。封建子弟。所以承衞帝室。蕃茂本枝。祖宗成式。朕曷敢廢。況天付正性。夙奉至訓。尊賢好善。體仁由禮。是可舉建侯之命。應分社之榮。親親賢賢。於是乎在。敬宗皇帝第二子休復、第三子執中、第四子言揚、第六子成美。皆氣藴沖和。行推敬慎。游泳墳索。佩服師言。宜開土宇之封。用申睦族之典。休復可封梁王。執中可封襄王。言揚可封杞王。成美可封陳王。宜令有司擇日備禮册命。開成二年八月

封蔣王宗儉制

周宅土中。藩衞並建。漢有天下。子弟畢封。朕承列聖之鴻構。託於兆人之上。順考古道。用保乂于皇家。第二男宗儉、孝友齋莊。恭肅明懿。蹈師氏之典訓。佩古人之格言。動必有程。雅不好弄。遵道誠資於積習。樂善實本於生知。洪量不矜。芳猷自穆。是宜光分茅社。作我藩翰。式發麟趾之祥。欽若犬牙之制。爰舉成命。錫其寵章。可封蔣王。仍令有司備禮册命。開成二年八月

封棣王惴制　沈詢

門下。朕聞王者建植子弟。胙以茅土。將欲蕃昌磐石。深固本根。周漢之降。率由此道。及我列聖。每用舊章。所以撫安生靈。保佑中外。朕恭承天序。敢紊前規。爰加立愛之恩。庶廣推公之義。憲宗第十八子惴。生則温柔。性惟聰達。神邁氣朗。聞禮知方。藴積中之粹和。資奉上之孝敬。必能副予友愛。始終令圖。以耀金枝。以輔王室。是命俾開朱邸。盛建戚藩。載啓唐虞之風。用崇麟趾之慶。嗚呼。惟茲盛典。用別親賢。必思繼美二南。紹休五等。佩維城之重。思外屏之尊。無怠無荒。服我丕命。可封棣王。仍令擇日備禮册命。大中六年十一月

封鄂王潤制　蔣伸

門下。周家受命。諸子疏封。漢氏造邦。五等垂制。式崇藩屏。思固本根。逮于國朝。必稽典憲。太宗創久長之業。乃建親親。列聖遵繼守之文。廣分土宇。朕獲承丕構。敢廢彝章。非惟永保於皇基。蓋亦無忘於天下。第六男潤、生而聰敏。性則温恭。孝敬夙彰。誠明自至。能服詩書之教。居然禮義之姿。雖在幼年。動由義訓。周旋知爲善之樂。謙和無自伐之心。是可以膺犬牙之封。厚麟趾之慶。授以茅社。錫其桐珪。俾爲戚藩。以輔王室。亦宜繼二南之慶。蹈習三雍之舊儀。敬服斯言。用光禮命。可封鄂王。令所司備禮册命。大中五年六月

封衞王灌等制

門下。朕聞先王建萬國。親諸侯也。周漢建藩樹屏。我國家以錫土分茅。沖人敢易彝制。爰稽典禮。式固家邦。第三男灌等、生則岐嶷。幼而徇齊。忠厚實見其天資。才識若符於神授。敦詩聞禮。不假其師嚴。踐義由仁。同勞於庭訓。術通六藝之妙。學奧百氏之書。是宜邀桐葉之榮。舉梓材之誥。胙以土宇

誓之河山。我圖爾居。以謹王度。無懈其位。永孚于守。第三男灌可封衛王。第十一男滙可封廣王。宜令有司擇日備禮册命。主者施行。大中十一年六月二十八日

## 封蘄王緝等制

門下、朕祇承祖業。獲奉寶圖。常欲茂枝葉於千齡。壯根本於九族。所以建茲茅社。分命親賢。參酌令儀。用垂嘉稱。順宗皇帝第二十八子緝、憲宗皇帝第二十子憒、瑤源挺秀。朱邸傳芳。生於宮壼之中。雅得詩書之奥。加以温恭成性。孝敬日聞。不勞保傅之嚴。巳彰閒平之德。是宜疏封大國。屏衛本朝。錫介圭於明廷。固磐石於淸廟。於戲。謹爾侯度。敬我典章。無怠無荒。往承休命。緝可蘄王。憒可榮王。仍令所司擇日備禮册命。咸通二年十一月

## 封棣王祤等制

陸扆

門下、我國家奄宅中區。光啓祖業。析珪胙土。惟賢與親。故本根茂而枝葉榮。王室尊而藩屏壯。肆予眇末。叨獲纂承。賴至道之玄慈。鍾列聖之餘慶。顧茲胤嗣。實謂蕃昌。爰稽典謨。用建邦土。第三男祤、星辰毓粹。岳瀆降靈。早彰岐嶷之姿。克稟徇齊之度。第五男禊、龜龍應瑞。鵬鶚淩空。温恭自得於天和。穎悟實由於神賦。第六男禋、璆琳挺秀。鸑鷟呈祥。爰當好弄之年。雅號夙成之器。第七男禕、珠璣耀彩。箘簵含貞。風神潛茂於端莊。質性巳彰於敏惠。而皆生知孝敬。志樂文儒。問安靡曠於晨昏。稟訓每由於詩禮。智有刻舟之妙。辨多對日之奇。是宜分以白茅。錫其朱邸。叶犬牙於漢制。光麟趾於周詩。猷汝名邦。境連於齊魯。南康奥壤。土接於荆吳。瑯琊敦儒素之風。遂寧實阜殷之俗。咸稱重地。各服徽章。於戲。器以琢成。道由學顯。勉稟君親之教。敬承友傅之規。勿追平樂之歡。無好任城之勇。懋建厥德。永孚于休。祤可封棣王。禊可封虔王。禋可封沂王。禕可封遂王。仍令所司擇日備禮册命。主者施行。熙寧元年十月

## 封景王祕等制

鄭璘

門下、昔明王臨御之理。立德於至道。茂緒於惟親。朕嗣守丕圖。祗若鴻訓。未嘗不稽古以建邦家。厲精以奉宗祖。況洎漢而還。封册之重。抑有前典。煥乎彝章。當知子之敢私。亦內舉之良媿。第八男祕、粹和色美。謹厚自居。踐禮樂之德文。佩詩書之義府。第九男祚、生而向善。夙賦好謙。克明教導之風。蔚有端莊之質。第十男祺、後星增潤。甲觀呈祥。妙彰岐嶷之姿。雅得聰明之性。又並標嘉器。皆稟温文。慰沃且多。寵數宜舉。爰擇重地。式崇其名。於戲。恭乃修持服諸訓順。俾成磐石之固。允膺典禮之榮。勉堅令徽。各欽休命。祕可封景王。祚可封輝王。祺可封祁王。乾寧四年十月

## 封雅王禛等制

張玄晏

門下、成周之建藩翰也。本以宗盟。大漢之分茅社也。先諸子弟。承強榦弱枝之義。遵自家刑國之文。用能夾輔公朝。尊奬王室。朕上承宗廟。下撫黎元。固安萬邦。惠綏羣品。事必在於師古。理寧繫於狥私。爰舉舊章。式爲令典。十一男禛、忠肅挺志。淸明在躬。孝敬本於生知。端粹資乎神授。藴題鞭之妙思。纂置醴之前規。第十二男祥、美秀呈姿。温文毓德。體寬雅以成性。持愿恭而立身。踵爲善之懿圖。繼好學之休譽。咸在齠齔。克守義方。必當益茂淸

徽。俱爲令器。是用各分圭瑞。並列封疆。申以渥恩。委之善地。於戲。當綺紈之歲。膺茅土之榮。鴈序聯芳。犬牙錫壤。爾宜簡以涖衆。儉而在公。善友應徐。敬師申白。交修魯衞之政。俾成虞芮之風。往惟欽哉。服我丕訓。禛可封雅王。祥可封瓊王。仍令所司擇日備禮册命。主者施行。光化元年十一月

# 唐大詔令集卷第三十四

## 諸王

### 册文

## 册文

### 册梁州都督漢王元昌文　岑文本

維貞觀十二年、四月己卯、皇帝使某副使某持節册命曰。於戲。夫易陳利建。道貫三才。傳稱夾輔。業隆百世。是以周之魯衞。式固維城。漢之梁趙。克隆磐石。惟爾使持節都督梁洋集壁四州諸軍事梁州刺史漢王元昌、幼聞教義。器識聰敏。早開土宇。禮數優崇。遏矣南郊。襟帶西蜀。按部之重。茂親是寄。持民之譽。期月有聞。是用錫以茅賦。備兹典册。爰誓山河。永作藩屏。朕聞之曰。事君盡禮。資於孝敬。爲政以德。始於仁厚。故士無貴賤。由之者揚名。時無古今。背之者殄行。往欽哉。爾其執心於忠孝。踐行於儉約。無好逸豫。以犯非禮。無縱嗜慾。以邇宵人。明率舊章。永保疆土。可不愼歟。

### 册徐州都督徐王元禮文

於戲。惟王建邦。惟聖垂範。安兆民者。實敦親戚。固鴻業者。必樹藩衞。惟爾使持節都督徐譙泗三州諸軍事徐州刺史徐王元禮、器能明敏。業履祥和。幼聞詩禮。早膺車服。海岱及淮。俗兼齊魯。胙土按部。僉曰爾諧。是用斟酌前代。率由令典。俾屏迺辟。傳爾後昆。朕聞曰。友于兄弟。施於有政。弗學面牆。涖事無煩。緬求大訓。兹爲要道。往欽哉。爾其執心於忠孝。踐行於儉約。無好逸豫。以犯非禮。無縱嗜欲。以邇宵人。明率舊章。永保爾疆土。可不愼歟。

### 册荆州都督荆王元景文

夫建官之道。實資明德。列爵之義。必俟茂親。故晉鄭佐周。功宣於寅亮。間平輔漢。業崇於藩屏。惟爾業尙忠肅。器懷恭懿。幼稟庭訓。早膺朝寵。仁恕聞於封畿。廉平著在方岳。荆衡作鎭。江漢爲紀。包括巴漢之域。跨躡吳越之郊。褰帷爾諧。分珪僉屬。是用備兹令典。錫以休命。奄有楚甸。代爲唐輔。可不愼歟。

### 册潞州都督韓王元嘉文　岑文本

維貞觀十二年、於戲。肇自黃唐。洎乎漢晉。莫不敦穆親戚。任用賢能。咸胙疆土。世爲藩翰。惟爾使持節潞沁韓澤四州諸軍事潞州刺史韓王元嘉、識量沉厚。德業尙修。夙稟趨庭之訓。早膺析珪之寵。上黨奧壤。地連秦晉。開國之典攸歸。按部之譽允穆。是用率由故實。光備典章。式固維城。傳之永世。朕聞詩書禮樂。仁義之府也。孝友忠信。人倫之基也。是以河間之賢。在於修學。東平之譽。成於爲善。往欽哉。爾其覽載籍之旨。求聖賢之訓。戒茲邪僻。以仁厚爲心。勗彼怠荒。以愼重爲德。明乃服命。勿替敬典。可不愼歟。

## 冊遂州都督彭王元則文　岑文本

於戲。蓋五等肇於帝軒。殷周不改其制。六條創於有漢。魏晉必循其道。是知選賢建戚。莫先於藩衞。經邦致治。允資於刺擧。惟爾使持節遂普果合四州諸軍事遂州刺史彭王元則。幼稱岐嶷。夙稟義方。褰帷汝潁之地。聲績可紀。建旗巴蜀之境。民俗以康。是用率由令典。錫茲寵命。傳爾子孫。長爲唐輔。朕聞爲臣子者。踐行繼於忠孝。處富貴者。貽式在於驕奢。故能播美當時。垂芳後裔。往欽哉。爾其鑒於經籍。詢於蓍龜。見善如不及。見惡如探湯。無違禮以害身。無縱欲以敗俗。夙夜匪懈。罔有後羞。可不愼歟。

## 冊雍州牧左武候大將軍越王泰改封魏王文

維貞觀某年月某日甲子。皇帝若曰。於戲。在昔哲后。受命君臨。並建茂親。以爲藩衞。然則古之列國。今之按部。循名或異。立政則同。皆所以共治黎元。俱奬王室。克隆鼎祚。咸悉由之。惟爾雍州牧左武候大將軍越王泰。生而韶敏。幼而好學。樂善不倦。才藝日新。地則維城。禮優分器。惟彼三魏。實號五都。非親勿居。夾輔攸屬。是用命爾爲使持節都督相衞黎魏洺邢貝七州諸軍事相州刺史。改封魏王。傳之子孫。長爲藩翰。古人有言。皇天無親。惟德是輔。民心無常。惟惠之懷。往欽哉。爾其鑒茲格言。無自驕奢。無邇邪佞。兢兢業業。以保爾茅土。可不愼歟。

## 冊洛州刺史鄭王惲改封蔣王文　岑文本

於戲。朕光膺寶圖。欽若前典。崇穆親之義。固維城之業。並錫之以土地。授之以刺擧。爰誓山河。永作藩翰。惟爾洛州刺史鄭王惲。幼稱岐嶷。早聞詩禮。式開土宇。光備車服。惟彼漢湘。地兼舊楚。作鎭之重。僉議攸歸。是用命爾爲使持節襄州諸軍事襄州刺史。改封蔣王。傳之子孫。長爲唐輔。朕聞立身之基。曰忠與孝。爲政之本。曰禮與德。行之則成名。違之則喪道。詳求大訓。莫此爲先。往欽哉。爾其祗服朕詔。敦悅禮經。無奢侈以乖節儉。無逸豫以虧謹肅。聿修厥德。垂徽永世。可不愼歟。

## 冊岐州刺史許王元祥改封江王文　岑文本

於戲。蓋王者受命。聖人作則。垂法度以經邦。選賢戚以布政。作屛王室。莫先於胙土。共治天下。實寄於班條。惟爾岐州刺史許王元祥。幼稟義方。早有志尙。他惟邢晉。禮優河楚。姑蘇奧壤。舊吳是宅。旣建作牧。必俟懿親。是用命爾爲使持節蘇州諸軍事蘇州刺史。改封江王。傳之子孫。世爲唐輔。朕聞孝敬忠貞。人之美行也。禮讓仁恕。政之善經也。是以奉上者戒於邪僻。御下者勗於驕傲。然後能保其疆土。育其民人。往欽哉。爾其鑒持身之規。求爲邦之道。尊五美而屏四惡。近君子而遠小人。祇畏兢兢。無替朕訓。可不慎歟。

### 册揚州都督沛王賢文　　上官儀

維龍朔元年、歲次辛酉十月癸亥朔十七日己卯、皇帝若曰。於戲。夫翦商統歷。建侯以崇藩衞。纂堯開運。分土以光震聞。故迺族茂麟趾。經國之令圖。地利犬牙。裁化之明準。惟爾雍州牧幽州都督上柱國潞王賢。擢穎玄樞。抽榮紫極。姿儀暎徹。占對淹凝。機悟韶敏。風徽簡令。雕鎔信義。振英挺於觽年。苑囿文詞。標秀發於髫日。藝優楚沛。道駕天人。繇蟻層臺。舞鶴懸鏡。湛清襟於篁沼。鼓芳譽於蘋風。是用命爾爲沛王。使持節都督揚和滁潤常宣歙等七州諸軍事、揚州刺史。兼左武候大將軍、牧及勳官並如故。而徐方奧壤。泗水名區。榮耀虞珪。賞延漢礪。加以作牧淮海。式道京畿。申大雅而鶱風。資樂善而揚德。必宜靖恭廼位。克懋聲猷。光被寵章。可不祇慎。

### 册殷王旭輪文　　上官儀

維龍朔二年、歲次壬戌十二月景戌朔六日辛卯、皇帝若曰。於戲。夫握鏡黃道。經邦盛於建侯。司契紫宸。體國昭於宗翰。故廼祚延郟鼎之業。歷峻豐社之基。惟爾第四子旭輪。疏景星躔。導源天漢。要重離而接耀。承少海而分瀾。秀實瑶華。芳聲金潤。天人之望夙彰。髫綺大雅之規遽形。襁絡幼智該於玄表。潛識冠於黃中。舟象垂風。方慚性與。封蟻宣譽。終謝生知。是用命爾爲殷王。上柱國。往欽哉。將用齊衡兩獻。比迹二南。彫藻珪璋。粉澤仁義。竹池逾浚。棣屏增華。受茲茅土。可不祇慎。

### 册冀王輪文

維總章二年、歲次己巳十二月景午朔、二十二日丁卯、皇帝使銀青光祿大夫守司戎太常伯上騎都尉崔餘慶副使中御大監上柱國靈丘縣開國侯万俟肅持節册命曰。於戲。夫天垂景宿。上躔帝子之宮。地載兼山。下列乾男之域。是以聖人之興。瓜瓞棣韡。哲王之立。建侯樹屏。莫不磐石於周親。樹良翰於宗懿。故黃神命社。降若木以疏封。蒼精建侯。奄中都而錫壤。用能克久寶祚。式固鴻基。茂緒藹乎龍圖。盛業光於麟趾。惟爾冀州大都督單于大都護右金吾衞大將軍上柱國豫王輪。層漢毓靈。上枝擒景。瑶光甫薦。允標墜鸞之祥。玉檢初開。遽叶占熊之兆。中和在己。仁義爲資。洽藝通玄。驗奔駒之入隙。潛幾應物。見巨象之浮舟。識茂髫辰。神清綺歲。趨庭承訓。孝敬極於觀喬。金殿傳經。敏學踰於括羽。擅三雍之雅對。韞七步之閎才。足以道架河書。聲芬鄴頌。暨龍荒北鎮。鴒水東臨。海食之渠。稟稜威而革暴。鳴弦之俗。感惠化以遷訛。製杼垂風。舍棠流詠。若乃兩河之地。實曰奧區。就曰分封。郊唐虞之舊國。均霜闢野。總虞夏之餘萌。我圖爾居。形勝斯在。是用命爾爲冀王。餘官勳如故。往欽哉。爾其勞謙勉志。樂善居心。□丹黻之徽章。崇綠車之寵秩。受茲中壤。用保大藩。允迪前修。無忒僭度。維城之寄。可不慎歟。

### 册汴王邕文　　蘇頲

維景龍四年、歲次庚戌、五月辛亥朔、二十八日戊寅、應天神龍皇帝若云。易不云乎。義崇於利建。書不云乎。道尙於敦睦。故知樹藩屛者。以奉先王之言。强宗室者。乃歸諸父之胤。咨爾光祿大夫行祕書監檢校殿中監知隴右三使仗内諸閑廄上柱國嗣虢王邕。爾門膺魯邦。地冠虞封。本以忠孝仁義之規。成乎宣慈惠和之業。恩窮沾雨。沛經不測其精。詞高賦月。陳詩莫踰其麗。匪惟政修中夏。稱於虢叔。固以姻連外戚。寵則吾姨。遂能在位不驕。鳴謙自牧。造次何者。寧忘服儒。從容謂之最樂爲善。加以望隆才位。聲軼典司。動則有常。靜而無撓。載刊三豕。廚委於殺青。爰捧六龍。廄愼於伏皁。故可以榮絕乎四履。位儌乎九就。夫陳留者、從梁之邑。在浚之郊。井邑遂割於鴻溝。舳艫遠通於巨壑。雖帝堯遺俗。國中承重厚之風。而王武舊邦。天下擅膏腴之地。親旣賢矣。我圖爾居。是用命爲汴王。於戲。爾其敏厥行。祗厥典。思不怠。畏不法。取則前鑒。罔貽後羞。作我唐藩。以惠于汴。王愼之哉。其保朕之休命。

册魯王永文

維太和四年、歲次庚戌、二月景午朔、十二日丁巳、皇帝若曰。咨爾元子。其敬聽朕命。我國家累葉重光。紹休昌運。奄有區宇。垂二百年。良以親親無私。建立子弟。克固磐石。作藩王家。洎予踐位。敢忘丕訓。是用酌於舊典。謀及台臣。撰兹吉日。錫以青社。惟爾道扶正性。天假令儀。巳彰岐嶷之名。載嘉信厚之器。持大公之道。且不愧於知子。舉守藩之命。亦將教其事君。爰擇樂郊。俾王曲阜。環以沂水。遂荒海邦。今用命使兵部尙書平章事牛僧孺副使左散騎常侍吳士矩持節。册爾爲魯王。於戲。爾宜守正閑邪。去奢昭儉。害於德者不作。逆於耳者必聽。無昵宵人。無遠端士。纂東平之樂善。師河間之好古。日愼一日。行之爲難。敬爾有國。無墜我休命。

册魏王佾文

維咸通三年、皇帝若曰。夫剪珪分器。事炳周經。裂地疏封。道光漢册。莫不克隆磐石。作固本枝。並建親賢。以崇藩翰。朝有定制。朕安得私。爰稽盛時。俾榮錫社。咨爾長男佾、通暉日月。稟慶霄漢。蔭若木之凝華。派璿源之積潤。天姿岐嶷。神授聰明。早彰樂善之規。夙有辨牘之智。卓爾器度。藹然徽猷。宜荷寵章。以開土宇。今遣使門下侍郎兼吏部尙書平章事杜悰副使左散騎常侍趙格等持節、策爾爲魏王。於戲。河外名都。漳滏奥宅。爾其竭奉上之孝。敬愼臨下之儀。刑守道宜鑒於遠名。尊賢無忘於置醴。用親魯衞之政。以紹間平之德。服我休命。可不愼歟。

册涼王侹文

皇帝若曰。夫維城作扞。實隆定鼎之業。犬牙列國。以盛建瓴之功。故廣樹戚藩。畢土子弟。歷朝茂典。列聖宏規。舉而行之。朕不敢廢。咨爾第二男侹、分暉紫極。挺質丹宮。器度沉詳。姿容端粹。藹有成人之量。形乎佩韘之年。志玩楚詩。情通沛易。不勞師傅之訓。動形忠孝之規。爰嘉令猷。俾建侯社。今遣使門下侍郎兼吏部尙書平章事杜悰副使左散騎常侍趙格等持節、策爾爲涼王。爾其奄長洪河。大啓西土。紹于前烈。恢我舊疆。敬愼於朱邸之間。

謹睦於玳筵之上。靖恭其位。克廣厥心。無從非彝。服我休命。

## 册蜀王佶文

皇帝若曰。夫堯序九族。周列五等。事高維翰。道在睦親。況居帝子之尊。宜荷封王之典。用彰慶美。以固鴻基。咨爾第三男佶、符彩昭融。姿容朗悟。騰英日域。儲秀星樞。已多秤象之能。纔是勝衣之歲。靜不好弄。言必成文。曾無紈綺之心。每服詩禮之訓。嘉其幼智。錫以大封。今遣使門下侍郎兼吏部尚書平章事杜悰、副使左散騎常侍趙格等持節册爾爲蜀王。爾其宅於坤維。建兹赤社。疏以江漢。鎮以岷嶓。列爲侯王。邇我宮禁。以謹恭而接下。秉忠孝以律身。服是寵光。終于戒慎。

## 册景王祕文　錢珝

維年月日、皇帝若曰。周官八統。其一親親。昔制皇子爲王。得使立社於國。固本之大。哲后皆然。咨爾第八男祕、當保抱之間。有敏惠之性。亦既總角。遂能勝衣。默識天經。潛資日就。未嘗玩物。可以疏封。乃告守龜。且聞叶吉。來受兹典。永爲東藩。今遣某官某乙持節册爾爲景王。於戲。見不賢而能思賢。爾則必賢矣。知可逸而能無逸。爾則常逸矣。是宜廣洪緒。承丕休。敬而聽之。罔失厥度。

## 册輝王祚文　錢珝

維年月日、皇帝若曰。古君子篤於其親者。使天下皆興於仁也。故二王五子之封。非獨立愛而已。咨爾第九男祚、克岐之質。見善欲遷。稟訓道而必開。故戲言而不受。一隅已達。四術可陳。乃申胙土之章。俾奉成人之禮。今遣某官乙持節册爾爲輝王。於戲。爲臣爲子。皆在爾躬。有器有名。敢私國典。錫類則非孝不可。遠恥則非恭不能。無替聿修。以光利建。白茅金璽。昭物具焉。爾其夙夜循思。用稱休命。

## 册祁王祺文　錢珝

維年月日、皇帝若曰。廟立之重。天序可承。將茂本枝。式遵成法。爰就至公之體。諒非吝子之心。咨爾第十男祺、稟性惟和。挺材亦秀。飾躬罔念於紈素。樂善欲忘於鍾鼓。析壤之休。自天而啓。臨軒之命。秉禮則安。今遣某官某乙持節册爾爲祁王。於戲。保在深宮。鮮知正範。任之作傅。我必擇人。茍有如韋孟之諷諭。安國之輔導者。爾當俯聽其言。勤行其教。使我公家之訓。克彰於萬邦。而固爾建社之寵。不其大哉。

## 册雅王禛文　錢珝

維年月日、皇帝若曰。周王之嗣。分茅土者十五國。漢景之代。書簡册者十三王。朕以寡昧之姿。奉神靈之統。每顧諸子。實惟天休。期訓導之將成。諒封建而可享。咨爾第十一男禛、方當稚齒。復在深宮。有知憂知懼之心。見學禮學詩之性。自然而稟。最樂不渝。遂詔有司。往申舊典。今遣某官某乙持節册爾爲雅王。於戲受册之命。重屬汝躬。列聖在天。百辟在位。在天必聽。在位必觀。罔怠交修。用承多祜。

冊瓊王祥文

維年月日、皇帝若曰。不廢懿親。大封同姓。吾嘗觀於經籍矣。然而歷代賢君。正名用典。必擇材行。使之光昭。其可以子弟之私恩。冒先王之成憲。朕雖不德。必愼有爲。咨爾第十二男祥、於兒戲之間。多幼敏之智。謂之材也不曰近乎。處昆弟之間。有推讓之性。言其行也不曰類乎。是宜疏封。且命申誥。今遣某官某乙持節冊爾爲瓊王。噫。作德日休。爾則逸。作僞日拙。爾則勞。擇利而行。令名斯至。

# 唐大詔令集卷第三十五

## 諸王

### 除親王官上

## 除親王官上

### 秦王太尉陝東行臺制

論道經邦。任惟勳德。分陝作伯。實寄親賢。尙書令雍州牧右武候大將軍上柱國秦王某、器宇沖深。志謀英果。義師云舉。首贊奇謀。親率熊羆。搴旗斬將。廓清函夏。忠孝克彰。狡寇逋誅。虔劉西土。惣戎薄伐。戡翦無遺。策尙權謀。遠猷沉密。宜在鼎司。肅清槐路。令區宇方緝。鞏洛猶蕪。鎮俗治戎。允資望實。可太尉使持節陝東行臺。其蒲州河北諸道總管及東討諸府兵竝受節度。餘官悉如故。武德元年十二月

### 秦王兼涼州總管制

京室般阜。鈎陳嚴祕。肅遏警巡。職務尤重。然而玉門遐阻。控御乖方。金城衝要。尉候攸屬。宣風作牧。親賢是寄。太尉尙書令雍州牧陝東道行臺右武候大將軍上柱國秦王某、地實藩枝。任惟心膂。職參三事功著二南識度優閑。性理濟治典戎敷化。聲績備舉。宜攝九門。總司八校。撫蒞河右。允兼望實。可左武候大將軍使持節涼甘瓜鄯肅會蘭河廓九州諸軍事涼州總管。其太尉中書令雍州牧陝東道行臺右武候大將軍上柱國王如故。武德二年五月

### 秦王益州道行臺制

蜀郡沃野。田惟井絡。控馭邛笮。臨制巴渝。求瘼宣風。朝寄尤重。總司岳牧。是屬懿親。太尉尙書令陝東道行臺雍州牧左武候大將軍使持節涼州總管上柱國秦王某、器宇沖深。體識明允。專征閫外。茂績克宣。敷政京畿。嘉聲已著。鎮撫岷漢。僉論攸宜。可益州道行臺尙書令。武德三年四月

### 秦王天策上將制

德懋懋官。功懋懋賞。經邦盛則。哲王彝訓。是以寵章華袞。允洽希世之勳。玉戚朱干。實表宗臣之貴。太尉尙書令雍州牧左武候大將軍陝東道行臺

尙書令涼州總管上柱國秦王某、締構之始。元功夙著。職兼內外。文敎聿宣。薛舉盜寇秦隴。武周擾亂河汾。受脤專征。屢夷妖醜。然而世充僭擅。伊洛未清。建德憑陵。趙衞猶梗。總戎致討。問罪三川。馭以長筭。兇黨窘蹙。旣而漳濱蟻聚。來渡河津。同惡相求。志圖抗拒。三軍爰整。一舉克定。戎威遠暢。九圍靜謐。鴻勳盛績。朝野具瞻。申錫寵章。實允僉議。宜崇徽命。位高羣品。文物所加。特超恆數。建官命職。因事紀功。肇錫嘉名。用標茂實。可授天策上將。位在王公上。領司徒陝東道大行臺尙書令。增邑一萬戶。通前三萬戶。餘官並如故。加賜金輅一、袞冕之服。玉璧一雙。黃金六千斤。前後鼓吹九部之樂。班劍四十人。武德四年九月

### 秦王領左右十二衞大將軍制

禦侮折衝。朝寄尤切。任惟勳德。實佇親賢。天策上將太尉領司徒尙書令陝東道大行臺益州道行臺尙書令雍州牧涼州總管左右武候大將軍上柱國秦王某。宇量凝邈。志識明劭。爰始締構。功參鼎業。廓淸秦隴。茂績以彰。戡定周韓。戎威遐暢。河朔餘寇。取若拾遺。濟代逋誅。克同振朽。宣風都輦。綜務朝端。政術有聞。綱目斯舉。宜加褒寵。式兼常秩。總攝戎機。望實惟允。可領左右十二衞大將軍。餘並如故。武德五年十月

### 秦王等兼中書令等制

絲綸樞祕。寄任帷扆。功當納獻。職惟顯要。望實兼隆。親賢斯屬。天策上將太尉兼司徒尙書令陝東道大行臺尙書令雍州牧十二衞大將軍秦王某。宇量沖深。風神爽悟。任兼文武。聲績著聞。司徒幷州大都督稷州刺史左領軍大將軍右武候大將軍上柱國齊王元吉。器懷淹密。業紹英茂。歷內外。政務克舉。用加蟬珥。朝典攸宜。某可中書令。元吉可侍中。餘如故。武德八年十一月

### 齊王元吉司徒制

三台望重。仰叶辰曜。五教任隆。俯安邦國。寔資懿德。式寄親賢。侍中幷州大都督左衞大將軍上柱國齊王元吉。宇量凝邈。風神爽邁。徽猷夙著。嘉譽早隆。出蒞方岳。政績兼懋。入侍帷扆。獻替斯允。推轂閫外。備展勳庸。職司禁旅。戎章已緝。燮理之任。朝典允宜。可司徒。餘如故。武德九年二月

### 荆王元景等子孫世襲刺史制

門下、皇王受命。步驟之迹以殊。經籍所紀。質文之道匪一。雖治亂不同。損益或異。至於設官司以制海內。建藩屏以輔王室。莫不明其典章。義存於致治。崇其賢戚。志在於無疆者也。朕以寡昧。丕承洪緒。寅畏三靈。憂勤萬姓。考往哲之餘論。求經邦之長策。帝業之重。獨任難以成務。天下之廣。因人易以獲安。然則侯伯肇於自昔。州郡始於中代。聖賢異術。沿革隨時。復古則義難頓從。循今則事不盡理。遂規模周漢。斟酌曹馬。採按部之嘉名。參建侯之舊制。共治之職重矣。分土之實存焉。已有詔書。陳其至理。繼世垂範。貽厥後昆。維城作固。同符前烈。荆州刺史荆王元景等。或地居旦奭。夙聞詩禮。或望及間平。早稱才藝。並爵隆土宇。寵兼車服。誠孝之心。無忘於造次。風政之譽。克著於期月。宜冠常典。胙以休命。其所任刺史。咸令子孫世世承襲。

有司仍准前詔詳爲條制奏聞。俾克本枝之盛。隨天地而長久。剌舉之榮。共山河而無絕。貞觀十一年六月

## 鄧王元裕等除官制　岑文本

門下、膏腴之地。允屬茂親。藩屏之重。寄深磐石。鄧王元裕、譙王元名、並器懷韶令。業尚明敏。望兼梁趙。譽冠酇郇。並建之議可歸。按部之職斯重。加茲寵命。抑惟國章。元裕可使持節鄧州諸軍事鄧州刺史。改封鄧王。元名可持節壽州諸軍事壽州刺史。改封舒王。食邑並如故。貞觀十年正月

## 安州都督吳王恪等除官制

門下、體國經邦。資懿親而作屏。設官分職。俟方岳以宣風。用能式固本枝。克隆磐石。前安州都督吳王恪等、並識量明允。體業貞固。禮高彝器。望重維城。學藝之譽日新。孝忠之風早茂。分命有典。僉議攸歸。可依前件。

## 相州都督魏王泰雍州牧制

門下、牧伯之重。莫先畿甸。周衛之職。任切巡警。詳求今古。必俟賢戚。相州都督魏王泰、器業凝遠。文藻夙成。好學見稱。樂善不倦。入作卿士。抑有前規。重司文武。允膺僉議。可雍州牧。

## 鄧王元裕等刺史制

門下、維翰之寄。允屬茂親。建旟之重。必資令望。鄧州刺史鄧王元裕、襟神韶令。理識清確。壽州刺史舒王元名、休業夷雅。志尚淹和。並夙膺朝寵。早莅藩任。政績著於謠俗。嘉譽洽於搢紳。宜加榮命。允茲朝典。元裕可梁州刺史。元名可許州刺史。封並如故。

## 相王并州牧制

鸞臺、神畿緝化。沓牧所難。天府屯兵。命將爲重。惟賢是擇。非親勿居。太子左千牛衛率安北都護相王旦、黃道承暉。紫庭趨訓。儀表瓌傑。識量虛明。資忠孝以立身。仗經書而致德。勇高衞霍。詞優楊史。必能外振威聲。內清戎政。宜膺夾輔之寄。兼司羽翼之重。可并州牧。餘如故。長安二年五月

## 相王雍州牧制

鸞臺、京輔才難。神畿化首。四方取則。萬邦承流。自非明德懿親。何以宣風翊政。并州牧太子左千牛衛率相王旦、紫庭趨訓。青社疏封。雅度沖深。瓌資秀傑。忠孝天假。禮樂日宣。朔□掌□。望隆前率。北野莅戎。聲高臥護。懷共理之幹。有兼辦之能。宜紓朝綍。用清都輦。可雍州牧。長安三年七月

## 相王太子左衛率制

鸞臺、宮寮之任。朝選所難。相王旦、地在懿親。躬此明德。持沛獻之法度。□河間之儒雅。元良肇建。博望初開。徽章既陳。禁旅增肅。宜紓金璽之重。式掌銅樓之衛。可依前件。

宋王成器太子太師制　　蘇頲

門下、孟侯之禮、雖歸於冢胤。太伯之風、實尚於高節。左衛大將軍宋王成器、幼而聰敏。長而溫仁。禮樂同歸。質文相半。孝以爲政。每用因親。忠以立誠。所期尊主。故能樂於爲善。好在服儒。占蟻穴以探微。登雀臺而成賦。自奄有梁宋。作藩邦家。其儀孔臧。其德可大。朕之元子。當踐副君。以隆基有社稷大功。神祇僉屬。由是朕前懇讓。言在必行。天下至公。誠不可奪。爰符立季之典。庶協從人之願。況別爲九州。必資於牧伯。貞夫萬國。允佇於師傅。式副僉諧之求。仍光不拜之寵。可太子太師雍州大都督。別加實封二千戶。賜物五千段。紬馬二千匹。奴婢十房。金銀器皿二百事。甲第一區。良田三十頃。餘如故。主者施行。唐隆元年六月二十五日

宋王成器太尉等制

門下、古有知通於道。情辯於物。可以調陰陽。節風雨者。委之三事。以康萬人。鼎司之謂也。司空兼揚州大都督上柱國宋王成器、益州大都督兼右衛大將軍申王成義、單于大都護兼右金吾衛大將軍邠王守禮等、並明德茂親。崇儒樂善。爲國翰屏。當朝羽儀。皇其朱芾之詩。美則緇衣之詠。寧止愛均花蕚。禮錫苴茅而已哉。必能論道經邦。佐朕爲政。俾允升臺之望。宜膺補袞之闕。成器可太尉兼揚州大都督。成義可司徒兼幷州大都督。守禮可司空。勳封如故。主者施行。先天二年八月九日

岐王範華州刺史等制

黃門、周以魯衛之親。夾輔王室。漢以間平之寵。來朝京師。旁稽舊章。允迪前訓。太常卿兼左衛率幷州大都督岐王範、荊州大都督兼祕書監薛王業等、朕之同氣。邦之偉才。周旋禮樂。佩服儒雅。爰執奉常。則墜典咸秩。是司外史。則羣言罔遺。光我謨猷。敷於事典。日同問安之慶。時歸受制之速。出入重於楚元、□始欽於沛獻。家人撫愛。雖屬於從梁。國史垂聲。必期於分陝。迺眷畿輔。不遠闉闍。漆沮既從。河華作鎮。剖桐所寄。磐石攸宜。遂其至公之請。佇聽牧人之術。範、可使持節華州諸軍事兼華州刺史。太常卿勳封如故。業、可使持節同州諸軍事兼同州刺史。祕書監勳封如故。至州日須稍優游。不可煩以細務。自非大事及奏事。餘並令上佐知主者施行。開元二年十月二十九日

邠王守禮兼襄州刺史制

黃門、樹于藩屏。莫非親屬。居以形勝。必任親賢。司空兼隴州刺史邠王守禮、德比間平。賢於魯衛。動不忘於仁恕。言必備於忠肅。入聯花蕚。擁駟來朝。出剖竹符。憑熊往鎮。睠茲樊鄧。是稱漢沔。惟城池之枕倚。乃川陸之雄要。故鳴騶戒路。建隼爲邦。副朕陝東之美。更聞峴南之政。可使持節襄州諸軍事兼襄州刺史。司空勳如故。至州日須稍優游。不可煩以細務。自非大事及奏事。餘並令上佐知主者施行。開元三年十二月九日

郯王嗣直安北大都護等制

黃門、虞格三苗。允歸於敷德。周稱二陝。用切於聞政。頃以驕子夭亡。匈奴運盡。願爲臣妾者望塞款門。編我甿黎者雲屬波委。北窮大漠。西被流沙。撫而柔之。僉曰分命。鄎王嗣直、陝王嗣升。聰察天假。英明日新。忠肅恭懿。寬仁孝友。探沛易之象。象自詣精微。讀楚詩之比興。能傳麗則。故可暢威懷之旨。宣鎮靜之風。畀以藩翰。俾清疆埸。嗣直可安北大都護。仍充安撫河東門內隴右諸蕃部落大使。嗣升可安西大都護。仍充河西道四鎮諸蕃部落大使。右衛大將軍兼安北大都護上柱國長平郡開國公張知運、右羽林大將軍兼安西大都護四鎮經略大使上柱國潞國公郭虔瓘等。國之老臣。朝之宿將。□□長策。子房所以運籌。安邊遠圖。充國所以言事。必能寬則得衆。惠以養人。各綏一方。兼委貳佐。知運可安北副大都護。仍兼鄎王府長史及安撫諸蕃副大使。虔瓘可安西副大都護。仍兼陝王府長史安撫諸蕃副大使。餘如故。主者施行。開元四年正月二十一日

岐王範太子少師等制

黃門、贊翼皇儲。允歸師保。崇敬叔父。諒屬親賢。虢州刺史岐王範、祕書監兼幽州刺史薛王業等。明允篤誠。溫良恭儉。忠孝光於令典。儒雅偉於成業。自宜爲我藩翰。擁其干旄。雅聞邵伯之詩。尤羨魯公之政。雖頒條是務。而道理兼資。因入拜於承明。佇來儀於博望。範可太子少師兼虢州刺史。業可太子少保兼幽州刺史。勳封等各如故。主者施行。開元四年六月七日

邠王守禮等兼晉州刺史制

禮著睦親。書稱分命。鎮彼黎獻。莫如元弟。司空兼滑州刺史上柱國邠王守禮、開府儀同三司兼潭州刺史上柱國宋王憲、司徒兼虢州刺史上柱國申王撝、太子少師兼鄭州刺史上柱國岐王範、太子少保兼衞州刺史薛王業等。朕之花萼。人之珪璋。文儒在躬。孝友成性。入踐朝列。望優桓武。出綜藩條。聲均魯衞。凫在涇水。鸑鳴岐山。新田擬於晉汾。舊陝鄰於虢國。眷茲翰屏。密邇京都。宜扇百城之風。佇延九里之潤。守禮可使持節晉州諸軍事兼晉州刺史。憲可使持節涇州諸軍事涇州刺史。撝可使持節絳州諸軍事絳州刺史。範可使持節岐州諸軍事岐州刺史。業可使持節虢州諸軍事兼虢州刺史。餘各如故。務非灼然要重者。各令上佐知。開元元年十二月

# 唐大詔令集卷第三十六

## 諸王

### 除親王官下

慶王潭涼州都督制
慶王琮司徒制
榮王琬安北大都護制
命三王制
停潁王等節度誥
趙王係天下兵馬元帥制
彭王僅等河西節度大使制
奉節郡王适天下兵馬元帥制
普王誼荆襄江西等道兵馬都元帥制
虔王諒申光節度制
嘉王運横海軍節度制
撫王紘河東節度制
遂王宥彰信軍節度制
嘉王運等檢校司空制
濮王澤成德軍節度制
昭王汭成德軍節度制
撫王紘開府儀同三司守司空制

蜀王佶西川節度制

建王震魏博節度制

## 除親王官下

慶王潭涼州都督制

朕欽承丕緒。司牧黎元。訟息刑清。遠安邇肅。思弘備位。式樹藩維。列鎮而考其政聲。謀帥而訓其戎旅。徵皇漢之故事。並建親賢。採分陝之遺塵。化行江汜。爰崇磐石。永固宗祧。慶王潭等、並稟秀玉林。分華瓊苑。夙彰韶譽。久踐義方。說禮敦詩。好賢樂善。履忠肅而無替。遵法度而不愆。器蘊謀猷。才兼文武。任茲連帥。統彼元戎。幹略攸歸。能賢是擇。分麾作鎮。綬鉞專征。式茂朝章。宜恭嘉命。以慶王潭為涼州都督兼河西節度大使。忠王浚為單于大都護朔方節度大使。棣王洽為太原以北軍州節度大使、鄂王涓為幽州大都督兼河北諸州節度大使。榮王滉為京兆牧兼隴右節度大使。光王琚為廣州都督兼嶺南經略大使。儀王濰為河南牧。潁王澐為安東都護平盧軍節度大使。永王澤為荊州大都督。壽王清為益州大都督兼劍南節度大使。延王洄為安西大都護兼四鎮節度大使。盛王沭為揚州大都督。開元十五年五月

慶王琮司徒制

門下、汝作司徒。以親百姓。予有禦侮。爰整六師。中外之寄。藩維是屬。太子太師兼涼州大都督河西諸軍州節度大使支度營田九姓長行轉運使上柱國慶王琮。克勤于躬。允協厥訓。每有志於敦學。常不忘於樂善。事上之道。忠順在焉。舉能之義。親疎一也。固可委以邦教。受之廣謀。勉圖乃功。無替朕命。可守司徒。餘如故。開元二十四年

榮王琬安北大都護制

衛畫輿壤。戎夏所交。岳鎮專城。藩衛攸重。開府儀同三司兼涼州牧單于大都護充持節朔方節度副大使榮王琬、溫仁植性。孝友因心。言必備於忠肅。動必循於德義。爰就師傅。學行可觀。載錫珪符。名器斯允。移郛築壘。功存禦要。距河臨塞。籌切雄邊。僉論所歸。式遏斯寄。宜加外總之命。俾授中權之略。可兼安北大都護。餘並如故。天寶八年八月

命三王制　賈至

門下、我唐受命。百有四十載。德澤浸於荒裔。聲教被於殊隣。紹三代之統緒。綜百王之禮樂。我高祖神堯皇帝。奄有大寶。應天順人。我太宗文武聖皇

帝。戡難造邦。光宅天下。高宗天皇大帝。脩文偃武。惠綏四方。我中宗孝惠皇帝。聿遵孝德。惟新景命。我睿宗大聖眞皇帝。淸明在躬。玄化溥暢。朕承累聖之洪訓。荷祖宗之丕緒。兢兢業業。不敢自寧。往歲韋氏作逆。宗社將隳。是用翼戴先后。掃蕩兇徒。宸極既貞。寰區載晏。爾來在位。垂五十年。中原幸無師旅。戎狄歲月朝貢。夙興旰食。懃念蒼生。庶弘至禮。以躋仁壽。愧無帝堯之聖德。而有奇鮌之不明。致令賊臣內外爲患。蔽朕耳目。遠朕忠良。或竊弄威權。或厚歛重賦。蟻壤一漏。成此滔天。構逆召戎。馳突中夏。傾覆我河洛。撓亂我崤函。使衣冠奔竄於草莽。黎庶狼狽於鋒鏑。伊朕薄德。不能寧定。厥禍海內。負茲蒼生。是用罪己責躬。寤寐焚灼。上愧於天地。下愧於兆人。外愧乎四夷。內愧乎九族。乾惕若厲。思雪大恥。夫定禍亂者。必仗於羣才。理國家者。先固其根本。太子亨、忠肅恭懿。說禮敦詩。好勇多謀。加之果斷。永王璘、盛王琦、豐王珙、皆孝友謹恪。樂善好賢。雖頃在禁中。未習政事。察其圖慮。可試艱難。夫宮相之才。師傅之任。必資賢哲。永屬忠貞。況四海多虞。二京未復。今所愼擇。惟實其人。太子亨、宜充天下兵馬元帥。仍都統朔方河東河北平盧等節度採訪等都使。與諸路及諸副大使等、計會南收長安洛陽。以御史中丞裴冕兼左庶子。隴西郡司馬劉秩試守右庶子。永王璘、充山南東道江南西路嶺南黔中等節度度支採訪等都使。江陵大都督如故。以少府監竇紹爲之副。以長沙郡太守李峴爲都副大使。仍授江陵郡大都督府長史兼御史中丞。盛王琦、宜充廣陵郡大都督。以府長史□彙爲之副。以廣陵郡長史李成式爲都副大使兼御史中丞。豐王珙、宜充武威郡都督。仍領河西隴右安西北庭等路節度度支採訪等都使。以隴西太守鄧景山爲之副。兼武威郡都督長史御史中丞充副大使。應須兵馬甲仗器械糧賜等。並於本路自供。其諸路本節度採訪防禦等使。號王等。並依前充使。其署官屬並本路郡縣官、並各任自揀五品已上署置訖聞奏。六品已下任便授。已後一時聞奏。其授京官九品已上、並先夾名奏聽進止。其武官折衝已下、並嘗借緋紫、任量功便處訖、具聞奏。其有文武奇才。隱居山藪。宜加辟命。量事獎擢。於戲。咨爾元子等、其敬聽朕命。謙恭祗敬。以見師傅。矜莊簡肅。以見衆官。慈恤惠愛。以養百姓。忠恕哀矜。以折庶獄。色不可犯。以臨軍政。犯而必恕。以納忠規。往欽哉。無替朕命。各須所管咸令知悉。天寶十五載七月十五日

## 停潁王等節度誥　　賈至

誥、鑿門命將。授鉞專征。杖以方面之威。執夫賞罰之柄。邦家重任。固實在茲。潁王永王豐王等、朕之諸子。早承訓誨。琢磨詩書之教。佩服仁義之方。樂善無厭。好學不倦。頃之委任。咸緝方隅。今者皇帝卽位。親統師旅。兵權大略。宜有統承。庶若網在綱。惟精惟一。潁王以下節度使、並停其諸道先有節度等副使。便令知事。仍並取皇帝處分。李峴未到江陵。永王且莫離使。待交付兵馬了。永王豐王並赴皇帝行在。至德元年八月二十一日

## 趙王係天下兵馬元帥制

握兵之要。古先爲重。命帥之道。心膂攸憑。是知靖難夷兇。必資於金革。揔戎受律。實仗於親賢。蓋將庢寧邦家。保息黎獻者矣。朕以薄德。纘承鴻緒。往屬元兇暴亂。中夏不寧。上憑宗社之靈。下藉熊羆之力。由是廓淸咸洛。拯此生人。頃以河朔殘妖。尙稽天討。虵豕竊依於城堡。塗炭久被於齊甿。朕以

為人父母寧忘憫念雖好生息戰必冀於歸降而餘孽昧恩靡聞於悔禍所以軒后親征於獯鬻周文致役於昆夷古之用兵蓋非獲已趙王係幼稟異操夙懷韜略負東平之文學蘊任城之智勇性惟忠孝持愛敬以立身志尚權謀有經通之遠智知子惟父方有屬於維城擇能而授俾克申於戎律且兇徒嘯聚頗歷歲時惡既貫盈理當撲滅君親有命可不敬乎俾展龍豹之韜永清梟獍之類可充天下兵馬元帥應緣軍司署處置所司准式乾元二年七月

## 彭王僅等河西節度大使制

古之哲王宅中御寓莫不內封子弟外建藩維故周稱百代仰聞麟趾之美漢命六王亦樹犬牙之制歷考前載率惟舊章朕以薄德纘承鴻緒屬豺狠未殄金革猶虞賴文武藎臣協心同德庶克清於玄祲期永保於皇圖且授鉞分符義已先於用武維城作翰道方弘於建親咨爾分閫之崇成佘磐石之固彭王僅等銀潢育慶璿蕚分輝忠孝稟於天成文武稱其備用今三秦之地萬國來庭誠宜列皇子以建封崇懿藩而制勝是資固本委以臨戎彭王僅可充河西節度大使兗王僩可充北庭節度大使涇王侹可充隴右節度大使邵王偲可改封蜀王充邠寧鄜延節度大使杞王倕可充陝西節度大使興王佋可充隴右鳳翔節度大使必能輯和戎律鎮守封疆外叶樽俎之謀中為社稷之衛是以分麾命社革故取新用叶天地之符俾膺家國之任共蕃王室可不慎歟乾元三年閏四月

## 奉節郡王适天下兵馬元帥制

門下國之大事戎寄為先朝有舊章親賢是屬故求諸必當用制於中權存以至公豈慚於內舉特進奉節郡王适天資淳懿夙表岐嶷深謀秘略可謂生知樂善近仁非由外獎檢身以禮率性惟忠將有事於四方且申爾志俾啓行於十乘式佇其能故可敬慎厥猷勤宣乃力克奉君親之命載清寇孽之餘充副僉諧宜從茲授可天下兵馬元帥餘如故寶應元年四月十一日

## 普王誼荊襄江西等道兵馬都元帥制

敕人君立極所務於勝殘秉律成師實先於謀帥申明號令總制紀綱弘九合之功決百勝之略非慎簡不可以濟事非僉屬不可以臨人集大勳者必振其宏綱體至公者無避於內舉爰擇藩翰俾掌元戎開府儀同三司舒王謨性本忠厚訓知禮則居常樂善動不違仁察其內恕外溫必能安人和衆體方識敏諒可成功庶乎知子之明授以貞師之律可揚州大都督持節荊襄江西沔鄂等道節度及諸軍行營兵馬都元帥餘如故賜名誼改封普王嗚呼小子誼其敬聽朕命國家之有天下百七十載於茲矣祖宗垂化紹統功德維茂威加殊俗惠洽普天海隅蒼生受其亭育躋之於福壽煦之以和平源廣流長慶深祚遠歷數有歸纘于朕躬兢兢業業懼不負荷虔恭寅畏歲五周星循列聖之耿光稽上古之明訓一物失所是用疚心萬方有罪每懷咎己懸法皆考於天則舉事必酌於人謀期合大中罔狥私欲而涉道猶淺燭理未明文闕於化成武乏於定亂刑賞失中授任乖方

厚澤未均。大信未著。致使兇慝熾禍。干紀亂常。悖違君親。蔑棄天地。盜據我郡邑。毒痛我士庶。驅脅丁壯。暴骸於原野。攘奪羸老。轉死於溝壑。忠良殞命。義烈銜寃。迫以兇威。莫能自奮。憤深骨髓。怨結蒼旻。朕所以終宵屢興。中食三嘆。哀蒼生之無告。憫赤子之非辜。爲人父母。寧忘愧悼。賴三事大夫竭誠於內。羣帥爪牙宣力於外。交脩不逮。日冀康寧。江漢上游。建瓴制寇。亙千里之地。連十萬之師。保大定功。宜有統一。允副兹選。往哉汝諧。無以貴驕人。無以善自伐。無縱己之欲。無咈衆之謀。納諫如流。改過不吝。卑躬降志。以奉賓傅。絶甘分少。以撫軍旅。有誠信以歸人心。明賞罰以盡士力。詰亂誅暴。茂昭乃勳。敬事恤人。無替成命。膺兹重任。豈不勉歟。建中四年九月二十六日

## 虔王諒申光節度制　　陸贄

門下。自昔哲王疆理天下。必選其明德。樹之宗親。參制藩維。夾輔王室。賢戚並建。時惟欽哉。長淮之西。厥壤千里。人靡寧息。於兹歷年。朕夙夜永懷。慘若焚灼。思得良帥。代予安人。釋其危疑。彰以信惠。以親而授。其在於兹。開府儀同三司虔王諒。性本溫恭。生知忠孝。祇服訓導。忠信不渝。言皆副誠。動必求當。端愼可以化俗。寬厚可以長人。底綏一方。庶無憂厲。可申光隨蔡等州節度大使。兼充管內觀察使。開府封如故。貞元二年七月

## 嘉王運橫海軍節度制　　陸贄

門下。度土分疆。設官涖事。因時立制。期在理安。必順物宜。且從人欲。版圖既盜。則疏邑以制州。統攝或乖。則分部而建長。沿革之道。亦何常哉。滄海之隅。地饒俗阜。隱然北土。實曰雄藩。鎮撫之宜。是資賢戚。開府儀同三司嘉王運。氣本淳清。重承先訓。忠肅孝友。宜慈惠和。勤於服儒。樂在爲善。施於事任。必有可觀。舉不失親。至公斯在。欽率厥職。永孚于休。可橫海軍節度大使。滄景觀察處置。開府如故。

## 撫王紘河東節度制

門下。肇自周漢。至于國朝。莫不建立親賢。以爲藩衛。擇兹賢哲。撫鎮北門。舉是彝章。式協公議。撫王紘。志量端平。體識沉遠。毓德早聞。於詩禮成器。可比於珪璋。居然岐嶷之姿。雅有信厚之譽。是宜奬其令美。授以旌旄。況全晉雄藩。興王故地。屏護狄塞。統制甲兵。撫循緊將領之才。居守藉公侯之重。一昨師徒擾叛。帥令不遵。用爾遙臨。以綏其衆。爾宜持嚴而務恕。約法而推誠。戒之愼之。載揚丕績。可開府儀同三司。充河東節度觀察處置等使。兼太原尹、北都留守。封如故。主者施行。

## 遂王宥彰信軍節度制

國家承周漢之制。疏子弟之封。雖典册載光。而名實或異。故有從中統外。授鉞臨戎。推公則然。所寄尤重。遂王宥。學禮承訓。樂善知方。能遵六義之文。克慕三雍之對。有堅明可以涖衆。有惠和可以撫人。淮右列藩。地綿千里。比喪戎帥。愼擇能臣。裨佐之中。勤効可錄。師徒知義勇之節。封部致肅清之安。朕嘉其誠懇。委以留府。尙乃休懿。宜于殿邦。威重遠資於撫臨。緝綏不勞於事任。副明德茂親之選。膺建侯樹屏之崇。爾惟欽哉。往踐厥職。可開府

儀同三司彰信軍節度管內支度營田申光蔡等州觀察處置等使。元和五年三月

## 嘉王運等檢校司空制

書載堯典。首稱睦族。詩歌周德。實美維城。朕嗣統百王。憲章三代。義雖本於敍族。道無愧於尊賢。式遵舊章。爰舉成命。嘉王運、循王遹、恭王通等。皆孝敬恭懿。敏裕齋莊。播蘭茝之清芬。炳珪符之瑞采。易凌沛獻。詩掩楚元。古人素風。造次於是。師氏訓典。周旋以之。固可以超金紫之貴階。升台鉉之崇秩。策勳詔爵。以寵分茅。並可金紫光祿大夫檢校司空。賜上柱國。仍依百官例給料錢。

## 濮王澤成德軍節度制

門下、錫珪立社。疏戚有倫。畫野分疆。親賢並建。所以左右王室。保乂邦家。乃眷冀方。實為雄鎮。上垂昴宿。下接岳靈。控井陘之要衝。當邯鄲之故地。用是稽諸古訓。考以國章。俾崇尚德之規。式叶至公之選。濮王澤延慶金枝。疏流天派。資忠孝以植性。本仁義以立躬。文摛菁英。敏有逾於七步。學探旨要。對必詳於三雍。刻舟志邁於蒼舒。占雨識高於沛獻。而沖謙自處。矜伐不萌。所宜作我翰垣。副茲毗寄。為臣之道。爾既克脩。知子之言。予復何愧。築齋壇以拜命。杖武節以遙臨。爾其弘樽俎之嘉謀。念折衝之遠略。寵膺十乘。位列三台。勉服新恩。慎守厥執。可開府儀同三司守潁州大都督。充成德軍節度鎮冀深趙等州觀察處置等使。封如故。大中九年正月二十四日

## 昭王汭成德軍節度制

門下、近制諸侯薨歿。朝廷或命其子弟嗣守爵者。且慮職卑望輕。未能彈壓軍行。乃詔親王為帥。以統臨焉。蓋尚體行權之旨也。昭王汭貞祥所聚。姿質幼茂。孝敬天授。溫文日宣。寧勞保傅之規。自識君親之道。學禮不倦。發言有章。式光維城。宜假分閫。朕以趙地名服。常山奧區。人多忠樸。俗尚義勇。少長有禮。里閭自康。屬帥臣云亡。戎府無長。中權劇務。已委諸甥。上將崇名。允歸愛子。顧梁園以雄處。秉漢節以遙臨。桐珪舊封。茅土新命。歡不阻於膝下。詔榮宣於庭中。邦家有光。藩屏斯盛。九命俾尊於開府。一方遠奉於建牙。實惟至公。勉服丕訓。可開府儀同三司守鎮州大都督。充成德軍節度鎮冀深趙等州觀察處置等使。封如故。主者施行。大中十一年八月二十日

## 撫王紘開府儀同三司守司空制　獨孤霖

門下、尙德尊賢。與親親而並建。崇階顯位。表授受以為庸。斯所以憲章堯心。損益周道。自家刑國。徇公絕私。率是而行。何謝前古。撫王紘、生知孝悌。夙稟惠和。鄙曹植之春華。詞刊枝葉。體河間之秋實。學洞根元。況律度自持。韋絃相顧。不斯須以忘善。不造次以違仁。固可以命於典謨。光其簡策。馭貴式登於極品。承榮允踐於上公。敬而戒之。無忝我高祖太宗之丕訓。可開府儀同三司司空。依前百官例給俸料。兼令所司擇日備禮册命。主者施行。咸通四年正月

蜀王佶西川節度制

自古聖帝明王莫不封建子弟錫以茅土寵之珪符俾藩屏皇家翰維天邑朕每讀麟趾識詩人之意念犬牙知漢祖之心眷乃坤維實惟奧壤甲車雄盛貨殖殷繁鈐轄嵩則南詔憚嚴鍵松維則西戎畏懼是用授親賢而統制命良將以經邦維彼遠方稱茲公共蜀王佶、宇量弘廣風神粹和承顏於日域之中稟訓於天庭之內弱不好弄居無慍容語言皆質於詩書造次不離於孝敬蟻封占雨嗣沛獻之明規象艦知斤繼蒼舒之敏智屬者南蠻入寇西蜀纏兵瘡痍生縣道之間荆棘繫師徒之後雖英儒鎮禦火既撲於燎原而權道改張瑟難遵於膠柱由是假爾英略光予翰垣分玉葉之淸陰覆銅梁之重地逸資算畫密受韜鈐必使萬井歡聲三軍懷德致藩夷之稽顙革蠻貊之非心將安永圖在舉長策對敭休命爾其敬之可開府儀同三司兼成都尹劍南西道節度副大使知節度事管內觀察處置統押近界諸蠻及西山八國雲南安撫等使。咸通十年五月

建王震魏博節度制　樂朋龜

門下、玉斗七星降作帝王之子金枝百代生爲列聖之孫冬夏教以詩書春秋訓以禮樂然後封其茅土示以寵光建王震、天賦明哲氣稟粹和含日月之華英蘊山河之瑞秀心懸壽鏡腹貯學川智燭不炳而自明德車非駕而引重信逾剪葉名掩刻舟九苞之鳳降赤霄五色之麟行丹地瑤池仙派非百水之同流銀漢靈源自三天而別注況幼稟師訓生知義方洊雷之象克明元良之名益著四敬咸備三善永全喻葛藟之延長表瓜瓞之昌熾仁義道振忠孝聲聞似覩卿雲如觀景宿堪膺寵擢可賜爵封列國之榮暫領雄藩宜遵故事可授開府儀同三司守太保充魏博節度管內觀察處置等使兼魏州大都督府長史仍令所司擇禮册命主者施行。中和三年三月

# 唐大詔令集卷第三十七

## 諸王

### 册親王官

册秦王天策上將文

册許王孝秦州都督文

册趙王福青州刺史文

册鄧王元裕襄州刺史文

册虢王鳳宋州刺史文

册紀王慎澤州刺史文

册杞王上金鄜州刺史文

册曹王明梁州都督文

册郇王素節申州刺史文

册紀王慎荆州都督文

册周王顯并州都督文

册虢王鳳青州刺史文

册曹王明虢州刺史文

册江王元祥鄜州刺史文

册殷王旭輪單于大都護文

册紀王慎邢州刺史文

册曹王明豫州刺史文

## 册親王官

### 册秦王天策上將文

維武德四年、歲次辛巳、十一月甲申朔、二日乙酉。皇帝若曰。於戲。咨爾太尉尚書令左右武候大將軍陝東道行臺尚書令涼州摠管秦王某、夙標器望。早樹風猷。業創經綸。功高運始。重以廓淸秦隴。翦伐鯨鯢。掃蕩河汾。芟夷凶逆。周韓大盜。趙魏逋誅。二寇弗賓。用阻朝化。嚴兵鞏洛。物率戎麾。內運奇謀。外申威略。凶渠慴竄。假命危城。河朔蟻徒。來相赴援。一鼓誓衆。以擒建德。迴戈旋指。遂獲世充。二方克定。師不再擧。武節旣宣。朝氣遐暢。宏規懿績。獨冠卿尹。宜錫寵章。式加殊號。光備禮物。特超恆典。是用命爾爲天策上將。位王公上。領司徒陝東道大行臺尚書令。增邑二萬戶。通前三萬戶。餘如故。加賜金輅一乘。袞冕之服。玉璧一雙。黃金六千斤。前後二部鼓吹及九部之樂。班劍四十人。欽哉。恭承寵命。可不愼歟。

### 册許王孝秦州都督文

維顯慶元年、歲次景辰、十二月辛卯朔、二十九日己未。皇帝若曰。烏戲。先王創業垂統。分玉展親。所以作固鴻業。克隆景祚。惟爾幷州都督兼同州刺史上柱國許王孝、性履明裕。神志淸遠。資孝敬以立身。體溫恭以成性。舊許是宅。藩屏之寄以深。全晉剖符。維城之任愈切。秦隴形要。跨蹑羌戎。撫寧夷夏。親賢攸屬。是用命爾爲使持節都督秦成武渭四州諸軍事秦州都督。勳官封如故。爾其祗承典訓。審愼刑獄。懷遠以德。招攜以禮。無邇宵人。無怠庶政。對揚休命。可不愼歟。

### 册趙王福青州刺史文

維顯慶二年、歲次丁巳、正月庚申朔、二十一日庚辰。皇帝若曰。於戲。夫姬周創制。任隆方伯。炎漢垂範。寄重維城。所以任固邦基。以藩王室。惟爾右衞大將軍使持節鄜州諸軍事鄜州刺史趙王福、識度夷雅。器業沉秀。建鳥旟以作牧。錫虹珪以命祚。蘭錡上將。旣屬宗英。海岱剖符。允鍾懿戚。是用命爾爲使持節青州刺史。其大將軍及封並如故。爾其愛人理物。愼獄恤刑。率由王道。以康庶績。祗服寵命。可不愼歟。

册鄧王元裕襄州刺史文

維顯慶三年、歲次戊午、正月甲申朔、二十八日辛亥。皇帝若曰。於戲。自九州命職。百部分官。明懿德以宣風。固親支而惣務。歷觀前載。罔踰斯道。壽州刺史上柱國鄧王元裕、志業純深。基宇崇陝。標情文雅之地。植操忠賢之軌。壽春作牧。風教有成。襄陽按部。仁明允屬。是用命爾爲使持節襄州諸軍事襄州刺史。王及勳官如故。往欽哉。其勉思政本。式康萌俗。沔漢舊邦。控帶爲重。變其輕剽之黨。旌其冠冕之望。孤惸者咸恤。正直者必親。威惠並宣。刑禮兼闡。光膺典册。可不慎歟。

册虢王鳳宋州刺史文

維顯慶三年、歲次戊午、正月甲申朔、二十九日壬子。皇帝若曰。於戲。永固鴻基。義屬於藩衛。載孚王化。職隆於制舉。歷選前脩。玆道無替。豫州刺史上柱國虢王鳳、襟神秀發。理識淹遠。夙標懿範。早茂清徽。寬恕以表其情。恭慈以成其美。荆河之地。已洽於仁聲。梁宋之郊。佇聞於善政。是用命王爲使持節宋州諸軍事宋州刺史。王及勳官並如故。往欽哉。其光膺禮命。式遵彝典。崇孝義以訓下。踐忠貞而奉上。布廉平之化。垂愛惠之風。居敬而行簡。恤隱而求瘼。惟良丕寄。可不慎歟。

册紀王慎澤州刺史文

維顯慶三年、歲次戊午、正月甲申朔、三十日癸丑。皇帝若曰。於戲。析壤分珪。寄隆於宗子。罷侯置守。任切於惟良。自昔明王。率由玆典。左衛大將軍徐州刺史上柱國紀王慎、稟慶璇源。分華紫極。崇詩書而軌物。敦教義而明道。入典鈎陳。恭肅表於清禁。出膺刺舉。寬簡洽於名藩。高平形勝。太行重阻。地邇王畿。親賢是屬。是用命王爲使持節澤州諸軍事澤州刺史。王及大將軍勳官如故。朕聞之。諸侯之孝。在上不驕。善人爲邦。朞日而可。往欽哉。其祇膺顯命。率循典禮。慎刑罰而教學校。尊五美而屏四惡。造次於仁。夙夜無怠。勉追風於往哲。以垂裕於後昆。可不慎歟。

册杞王上金鄜州刺史文

維顯慶四年、歲次己未、七月景子朔、四日己卯。皇帝若曰。於戲。昔堯分四岳。漢惣六條。所以光闡帝猷。式調萌俗者也。爰自近古。尤爲重任。襟帶之地。非親不居。形勝之藩。惟賢是處。咨爾益州都督上柱國杞王上金、岐嶷幼彰。英徽早茂。仁慈表性。愛敬因心。磐石之固攸歸。分符之寄斯在。是用命爾爲使持節鄜州諸軍事鄜州刺史。餘如故。夫導德齊禮。爲政之良規。踐義基忠。立身之要道。必恭謙而下士。無驕矜以慠法。勉務農之教。勤恤隱之方。往欽哉。其祗服朕命。緝諧令績。可不慎歟。

册曹王明梁州都督文

維顯慶四年、歲次己未、九月乙亥朔、二十九日癸卯。皇帝若曰。於戲。漢川紀勝。梁山表鎮。南通庸蜀。北達褒斜。地實要衝。人資剛銳。式遏之寄。親賢攸屬。惟爾上柱國曹王明、志業冲遠。襟神爽濟。仁惠之風彌著。慈和之美日聞。析壤分珪。旣隆於藩屏。褰帷按部。允期於政績。是用命爾爲使持節都督梁洋璧集等四州諸軍事梁州刺史。王及勳官並如故。往欽哉。恤隱之任。昔人尤重。班條之執。往哲稱難。宜盡公平之心。用崇寬恕之道。聿遵前典。勉脩厥德。惟良是屬。可不愼歟。

册鄎王素節申州刺史文

維顯慶四年、歲次己未、九月乙亥朔、二十九日癸卯。皇帝若曰。於戲。經邦之術。寄宗子而維城。御下之方。資懿親而調俗。緬尋遐載。率脩斯道。咨爾上柱國鄎王素節。端嶷幼彰。淸徽早茂。夙聞詩禮之訓。式光車服之寵。邑連鍾武。壤接平春。分九塞之遙塗。控三門之險路。形勝之地。馬牧所在。是用命爾爲使持節申州諸軍事申州刺史。王及勳官並如故。往欽哉。夫政化之要。禮義爲先。臣子之規。忠孝爲本。爾其愼修刺舉。祗服炯戒。仰鳴謙以自牧。無侈縱而違道。荷茲隆委。可不愼歟。

册紀王愼荊州都督文

維顯慶五年、歲次□□、□月庚申朔、□日□□。皇帝若曰。於戲。南紀之津。上躔翼軫。西浮之路。旁帶巴巫。信形勝之大澤。實英靈之奧府。恤隱之寄。懿親攸屬。班條之美。良翰爰歸。左衞大將軍澤州刺史上柱國紀王愼。漸天潢於含潤。資日觀以摛華。藝重三雍。道優二陝。粱池挺彥。燕館趍賢。位表銜珠。入光蘭錡。職華分竹。出美棠陰。簡惠以孚聲績斯邵。是用命爾爲使持節都督荊峽岳朗等四州諸軍事荊州刺史。大將軍上柱國王並如故。往欽哉。夫導德齊禮。布政之化。踐孝依仁。立身之本。必宜周旋勿墜。雅譽彌高。勉修迺職。對揚休命。可不愼歟。

册周王顯幷州都督文

維龍朔元年、歲次辛酉、十月癸亥朔、十七日己卯。皇帝若曰。夫騰華星苑。崇名器於藩維。漲暉日御。峻寵章於侯服。故本枝增蔚。鴻緒滋繁。而汾陽奧區。鎭龍山而控遠。冀北腴壤。接鴈塞而疏疆。連率之寄。親賢攸屬。咨爾洛州牧上柱國周王顯、風則開秀。器彩虛明。識表魏舟之象。詞掩漢臺之駕。西園孤月。委心鏡而齊明。小山叢桂。偃情田而並烈。溫恭夙劭。業尚日新。棣蕚交芬。珪璋具美。是用命爾爲使持節都督幷汾箕嵐等四州諸軍事幷州刺史。牧及勳封並如故。爾其克修天爵。聿包地義。方賁化敷大夏。惠漸京陵。必宜歛衽鳴撝。褰帷廣聽。懋宣聲績。長綏福履。光膺顯命。可不愼歟。

册虢王鳳靑州刺史文

維麟德元年、歲次甲子、正月己酉朔、二十一日己巳。皇帝若曰。於戲。翦商胙邑。寵秩盛於隆周。徵秦啓社。徽名崇於有漢。况乎爵窮五等。榮揔六條。乃茂德之攸升。固非賢而靡擇。泌州刺史上柱國虢王鳳。履局端嚴。襟神秀整。道光懿戚。望重宗維。恭愼之心。符小言而緝譽。虛凝之度。包大雅而揚聲。體備剛柔。藝殫文武。騰芳桂巘。動貞韻而鏘金。寫照荷池。響淸文而振玉。若乃淄源迴跨。岱趾斜臨。人被采風。俗兼齊舊。布中和之化。申簡惠之方。觀政所先建。親斯在。是用命王爲使持節青州諸軍事青州刺史。勳封如故。往欽哉。王其克邁十倫。稽往賢之峻躅。勳宣九德。蹈前哲之英規。絕浮競之津。廣貞淳之路。光昭淑問。可不愼歟。

冊曹王明虢州刺史文

維麟德元年、歲次甲子、正月己酉朔二十二日庚午。皇帝若曰。於戲。金楨璿蕚。分器先於茂親。丹帷皂蓋。按部盛於良牧。藩條之寄。載宣河潤之資。斯遠固以聲芳偃桂。德秀坐棠。惟爾梁州都督上柱國曹王明、幼範趍庭。□□□□。風識韶悟。姿儀挺立。賦春靈而馳賞。紘秋竹而舒襟。詞彩星稠。對梁珠而混色。情源冰徹。帶趙璧而交輝。韜兩獻而遐驤。籠二武而孤峙。是用命爾爲使持節虢州諸軍事虢州刺史。勳封並如故。往欽哉。爾其履謙居節。念損辭豐。置醴以挹儒津。賜田以登文囿。敬光橋梓。貞邁修篙。明率舊章。永保疆宇。可不愼歟。

冊江王元祥鄜州刺史文

維麟德元年、歲次甲子、正月己酉朔二十二日庚午。皇帝若曰。於戲。列爵開基。資連屬而敷化。班條馭寓。藉藩衞而裁風。是知光闡帝猷。發揮人極。固宗庶而兼列。必親賢而並建。鄧州刺史上柱國江王元祥、識尙閑偉。體局貞凝。履順而自居。沖撝而待物。梁臺既啓。背淮之裾爰萃。燕宮載闢。發洧之駕相趍。甄綜掩於河書。精通符於沛易。神遺糺察。政叶寬平。包吐茹之奇。遞弦韋之用。乃地鄰京翊。俗格於五方。壤密寰封。潤沾於九里。是用命王爲使持節鄜州諸軍事鄜州刺史。勳封並如故。往欽哉。懋德惟忠。持盈在約。思勤躬而景問。無弛度以虧名。崇簡正之規。邁安恆之節。祗膺寵命。可不愼歟。

冊殷王旭輪單于大都護文　上官儀

維麟德元年、歲次甲子、二月己卯朔九日丁亥。皇帝若曰。於戲。帝子之星。憑紫潯而啓耀。天孫之嶽。峙青路而摛光。故慶表裁梧。德成觀梓。皇跗徽屏。聲孚地軸之西。儲季英藩。飈偃宸衛之北。冀州大都督上柱國殷王旭輪、金楨挺秀。玉穎曾敷。姿表淹凝。器彩閑潤。淮南之鏡。混沖照於髫辰。睢陽之藻。齊洪輝於綺日。綠車就駕。朱邸洞開。牓道招英。賜田期彥。帷獵清風。宣芳於大雅。蓋承流月。澄華於高義。固以聯崇躅於河楚。茂疊軌於酆郇。是用命爾爲單于大都護大都督。兼勳封並如故。往欽哉。其緘訓趍庭。兢懷履薄。方資威橫塞。惠漸龍沙。光膺朝奬。可不祗愼。

冊紀王愼邢州刺史文

維總章二年、歲次己巳、□月庚寅朔十二日辛丑。皇帝若曰。於戲。昔封唐御極。分嶽以鎭寰區。宅鎬乘時。建侯以隆藩衞。用能發輝鼎祚。翊贊昌圖。制犬牙以廓地基。茂麟趾而光天緒。懿親啓翰。其理則然。惟爾使持節澤州諸軍事澤州刺史上柱國紀王愼、稟慶星躔。分華帝圃。器表沖邈。軌鑒端凝。業蘊珪璋。藝包文武。振英詞以五際。陵桂巘而含芬。抗逸議於三雍。警蘋風而鼓譽。仁孝爲立身之本。貞恕存應物之方。及疏社上東。建旗南服。化流江漢道被歌謠。中壘訓兵。自穆銜珠之序。長淮平俗。式崇露冕之規。冠雅政於羣邦。標粹範於賢牧。夷儀勝壤。地乃邢遷。跨全趙之郊畿。掇常山之襟要。維城之寄。僉曰爾諧。是用命爾爲使持節邢州諸軍事邢州刺史。上柱國王如故。往欽哉。爾其光闡六條。敷崇四誡。考間平之令。則酌魯衞之嘉猷。無以慠從康。無以縱敗禮。迪于正典。聿遵王度。祗膺茂寵。可不勗歟。

册曹王明豫州刺史文

維總章二年、歲次己巳、三月己卯朔、十三日辛卯。皇帝若曰。於戲。夫酆京統歷。疏青社以建侯。炎漢握圖。鏤丹書而分國。固以剪桐作屏。實寄於周親。剖竹開藩。允屬於良牧。睠言遐載。諒迺通規。惟爾使持節虢州諸軍事虢州刺史上柱國曹王明、濯秀銀潢。摛華璇極。端潔成性。自叶於遊蘭。孝敬爲心。有踰於訓梓。馳精祕象。驗封蟻之登辭。披翰小山。見騰麐之入頌。業隆燕館。道藹梁闈。累播循風。荐敷簡政。飛蝗感化。不犯漢中之田。猛獸懷仁。還避弘農之境。若乃荆河奧壤。井賦萬家。周楚舊郊。屬城千里。形勝之地。非親勿居。是用命爾爲使持節豫州諸軍事豫州刺史。上柱國王如故。往欽哉。爾其班條述職。務盡於勤誠。求瘼庇人。事歸於平恕。祗服炯誡。勉脩厥德。維城之重。可不愼歟。

册趙王福梁州都督文

維總章三年、歲次庚午、二月甲辰朔、九日壬子、皇帝若曰。於戲。夫姬祚斯永。分瑞玉以建侯。漢歷載融。剖銅符而作鎭。然則道光宗懿。方膺錫社之榮。跡著循良。實允班條之寄。惟爾隰州刺史上柱國趙王福、摛祥丹極。毓慶玄樞。邁德爲資。體仁成性。趍庭演訓。先承喻梓之恩。樹屏凝規。夙奉裁桐之命。樂善忘倦。率禮無愆。聳蓋臨藩。振英風於桂嶼。褰帷按部。流惠化於棠陰。固以埒美酆郇。均聲河楚。若乃華陽舊壤。山抗西傾。道漾名區。地分南鄭。睠言形勝。諒在親賢。是用命爾爲使持節都督梁璧洋集四州諸軍事梁州刺史。上柱國王如故。往欽哉。爾其靖恭迺位。聿遵前典。勗貞恪之心。務廉平之政。茂對休寵。可不愼歟。

册周王顯左衞大將軍文

維儀鳳二年、歲次丁丑、二月甲午朔、十二日乙巳、天皇若曰。於戲。上圖圓極。星躔分帝子之象。下奠方輿。列野宅天孫之鎭。緬徽千古。尙想百王。法靈臺以啓封。俾親賢而作輔。是以軒丘御歷。爰錫蒼林之祚。豳室建侯。載疏曲阜之邑。用能崇寶統。贊昌期。盛業茂於本枝。鴻基峻於磐石。惟爾洛州牧益州大都督兼太子左衞率使持節洮河道行軍元帥蔡州鎭撫上柱國周王顯、高禖薦祉。甫應瑤筐。仙域啓楨。載分金牓。迪中和之粹質。蘊上德之良規。風識俊邁。機神爽澈。純襟洽地義之方。悌性睦天倫之重。發揮沛易。隱括河書。多材之美載光。樂善之風逾振。洎乎遙臨西蜀。控玉宇之全邦。近牧東周。闢銅衢之奧壤。少城故地。不變歌廉之俗。太室餘萌。載陶分陝之化。揔戎未舉。威已讋於三羌。作鎭方崇。聲遽馳於萬里。若迺左軍望重。前驅任隆。司鶡弁於宸階。統熊渠於禁衞。實惟心膂之要。斯謂爪牙之職。迺睠鷹揚。寄乎麟趾。追蹤漢屏。□升驃騎之班。繼美晉藩。初極領軍之選。是用命爾爲左衛大將軍。餘官勳封如故。惟天遵物。厥命弗常。惟人立躬。在心則應。性之所□。邪正由乎積習。事之所通。感召同乎影響。祗畏之道。賢哲同歸。欽哉。往敷乃訓。率由前則。竭愛敬之情。砥温恭之行。在泰期損。居寵思危。無躭樂是從。非禮義勿踐。永保朕命。以蕃王室。誕綏福祉。可不慎歟。

## 大曆五年册親王出將文　常袞

維大曆五年、歲次庚戌、三月丁巳朔、十六日庚午。皇帝使某官乙持節册命曰。於戲。昔武德貞觀之際。親賢兼敍。中外大寧。多以藩王。委之方面。玄宗震耀威武。外攘夷狄。亦選建明德。時惟鷹揚。予之珪瑞。並賜旄鉞。祗奉前訓。敢忘夙夜。爰命小子。統茲元戎。某英茂有才。寬簡彰信。豈孝恭之外。至亦禮讓而中發。能辨雅樂。尤精善書。言表其微。獨有所得。事近於悔。未嘗復行。時因講藝之餘。兼達理戎之要。固可惣以文武。屏于家邦。屬河外名都。方缺上將。難於大任。歷選中朝。雖慚知子之明。不忝安邊之寄。錫以戎輅。分以兵符。撫其四封。式是羣帥。仍求素望。俾副新軍。爾其保靖疆土。惠安氓俗。服我明訓。永孚于休。

## 大曆六年册親王出將文　常袞

維大曆六年、歲次辛亥、五月壬辰朔、十六日乙亥。皇帝使某官某乙持節册命曰。於戲。周之藩翰。選用宗盟。則懷德惟寧。大邦惟屏也。漢之郡國。分建子弟。則燕代邊遼。齊趙漸海。巳莫不賦兼千乘。土過數圻。賜鈇鉞以專征。參卿士而夾輔。拜之於廟。命之於庭。俾其外合羣后。同獎王室。是用師古。率由至公。某王、幼奉君親之訓。兼承保傅之戒。罔敢失墜。勤而行之。忠肅孝恭。賚其令德。温良聰達。輔以多才。辨正五經之儒。采述三雍之樂。不自矜尚。過於謙冲。周旋體仁。恆久其道。懿此休問。流于四方。朕往統藩麾。嘗親戎略。諸子侍從。或有所聞。時與之言。頗詳其旨。必能當我朝寄。叶于師貞。仍選副車。委之留府。錫以彤弓之寵。稱其綠車之尊。爾其大訓六戎。以率諸夏。敬茲厥服。無廢成命。

# 唐大詔令集卷第三十八

諸王

加實封

潞王周王上柱國別食實封制

加相王封制

加邠王守禮實封制

慶王等食實封制

遜位

温王遜位制

封郡王

降親王爲郡王制

封某王男某郡王制

封懷寧郡王制

嗣江王禕封郡王制

加樂安郡王實封制

封廣平郡王等制

封皇太子男寧平原郡王等制

封諸王男爲郡王制

册郡王

册趙郡王孝恭改封河間郡王文

嗣虢王邕同知內外閑廐敕

嗣鄭王希言右衛大將軍制

嗣吳王祇右衛將軍等制

嗣許王瓘太子詹事等制

嗣道王鍊雲安等五郡節度等使制

嗣虢王巨西京留守制

嗣吳王祇太子賓客制

嗣虢王溥太僕少節制

嗣鄭王遜大理卿等制

### 諸王男

諸王男等加封邑制

## 加實封

潞王周王上柱國別食實封制

門下、維城道峻。理恢於邑壤。分社寄隆。義先於榮秩。雍州牧潞王賢、潞州牧周王顯、瑤波挺禎。璇源發彩。令問彰於詩禮。英徽表於岐嶷。戎章之寵。宜允於具瞻。膏腴之恩。式遵於故事。並可上柱國。各加別食實封一千戶。餘如故。

加相王封制　　崔融

鸞臺、尊王子弟。分裂山河。式優征賦。永固藩屛。幷州牧左衞大將軍太子左千牛衞率兼安北大都護相王、地惟茂親。躬此明德。性安卑薄。誠切沖讓。頃以所食相州。願入天府。章表懇到。至于再三。朕難違固請。曲成美志。然以王國所費。觸類弘多。漢晉已來。寵錫彌盛。或食邑五萬戶。或連城數十。豈可遂其撝分之情。忘其推恩之典。宜於相州加實封滿一萬戶。主者施行。

加邠王守禮實封制

門下、疇庸懋賞。允屬親賢。利建疏封。式固藩屏。光祿卿兼左金吾衛大將軍邠王守禮、器兼文武。節蘊忠貞。容範霞軒。孝友天至。豈如服儒歸美。諒以樂善稱仁。載叶推恩。增其井賦。俾夫作翰。誓以山河。可加下闕

慶王等食實封制　張九齡

門下、先王之制。建封有等。諸侯所食。征賦以歸。河西軍經略節度等大使涼州都督慶王潭、河東道諸軍州節度大使太原牧棣王洽、河北道諸軍州經略節度大使幽州大都督鄂王涓等、性皆中和。行無外飾。教以詩禮。能漸義方。雖已裂夫封圻。竟未略於井賦。頃以孝友之習。且在深宮。服用之間。亦從御府。旣申開國之典。宜崇書社之數。可各食邑實封二千戶。主者施行。

## 遜位

温王遜位制

自昔帝王。必有符命。兄弟相及。存諸典禮。朕以孤藐。遭家多難。顧茲蒙識。未曉政術。途茫四海。將何所屬。累聖丕業。若墜于地。王室多故。宜擇長君。思與羣公。推崇明聖。叔父相王。高宗之子。昔以天下讓於先帝。孝友寬裕。彰信兆人。神龍之初。已有明旨。將立太弟。以爲副君。爲王懇辭。未行册命。所以東宮曠位。于今歷年。綴衣在辰。禍變倉卒。後掖稱制。計立沖人。欽奉前懷。式遵理命。上申先帝之意。下遂黔黎之心。俯稽圖緯之文。仰跂祖宗之烈。起今日請叔父相王卽皇帝位。朕退守舊藩。歸于外邸。凡百卿士。敬承朕言。克贊我天人之休期。以光我有唐之鴻業。布告遐邇。咸使聞知。唐隆元年

## 封郡王

降親王爲郡王制

鸞臺、樹之藩屏。所以固本枝也。裁其親疎。所以明秩次也。緬惟上古。欽若至公。君不徒授。臣不虛受。乘分星而提爵祿。候景風而行慶賞。則固以義形廉讓。道叶變通者焉。某周公之胤。地侔曲阜。楚王之孫。業盛平陸。負戴忠孝。踐履温恭。每以車服數隆。井賦秩廣。淸問之際。陳乞備嘗。顧存優禮。且期後命。今者頻詣闕庭。累申章表。志不可奪。誠難固違。宜旌謙損。以鎭浮競。可封某郡王。食邑五千戶、實封六百戶。

封某王男某郡王制　李嶠

鸞臺、睦親之規。既隆於敦敍。建侯之典。或緣於恩澤。某王弟若干男某璿蕚疏翹。珠泉演派。金相玉質。形於載誕之初。芝秀蘭芳。表於克岐之日。淳深發其天性。韶令觀其月將。可以內茂本枝。外光維翰。綠車承貺。□延宗戚之輝。朱紱斯皇。宜啓山河之賦。可封某郡王。

## 封懷寧郡王制

建侯樹藩。命賢列土。以敦戚屬。乃率典常。司徒兼絳州刺史上柱國申王撝、玉林分彩。銀河疏液。靡保慶靈。未繁胤緒。宋王憲男嗣英、魯庭學禮。楚館聞詩。德輝日盛。忠槩特立。宜其釋猶子之序。居承嫡之位。盧江大都。形勝攸屬。用圖爾居。莫如茲地。是錫分珪之寶。俾承磐石之宗。可封懷寧郡王。食邑三千戶。開元七年正月

## 嗣江王禕封郡王制

國之宗盟。樹以藩屏。用親九族。以制萬邦。朕龔默思道。懋勤庶政。將欲克復古訓。貽範方來。頃以王國絕祀。旁宗入繼。事非允正。奚妨命停而立愛自親。推恩由近。禮雖云異。情所未忘。況其嗣侯。已積年歲。永言主祭。因心怵惕。宜降殊常之澤。俾申敦睦之道。再從兄將作大匠嗣江王禕。爲信安郡王。褕爲廣漢郡王。再從叔太子員外率更令嗣密王徹爲濮陽郡王。再從兄太子員外家令嗣越王思順爲中山郡王。開元十二年四月

## 加樂安郡王實封制

門下。兄弟之子。於近屬而特深。恩禮之情。在諸孤而更切。故惠宣太子男守鴻臚卿樂安郡王瑗等。咸自砥礪。克修名檢。纘承先緒。休有令聞。能榮曲阜之封。不忝高陽之族。念往之恨。已無追於百身。撫存之恩。宜受賜於千室。可共食實封一千戶。主者施行。開元二十五年七月

## 封廣平郡王等制

分命本枝。列于庶位。博考方册。斯爲大猷。皇太子之子俶等、觀其器識。日以通敏。仁和之性自然。忠孝之誠克備。率由禮度。能稟義方。業既著於崇儒。材可使於從政。爰茲拜職。宜從紫綬之榮。勉爾修身。式副綠車之寵。可封俶爲廣平郡王。侃爲南陽郡王。倓爲建寧郡王。佖爲西平郡王。僅爲新城郡王。僴爲潁川郡王。又封慶王之子僾爲新平郡王。伸爲平原郡王。棣王之子僎爲汝南郡王。僑爲宜都郡王。榮王之子俌爲濟陰郡王。偕爲北平郡王。儀王之子侁爲豫章郡王。健爲廣陵郡王。潁王之子仲爲滎陽郡王。永王之子儩爲襄城郡王。壽王之子伾爲河間郡王。延王之子倬爲彭城郡王。濟王之子傣爲永嘉郡王。開元二十八年九月

## 封皇太子男寧平原郡王等制

王者嗣統。必上尊祖廟。中立人紀。下及孫謀。所以光贊鴻猷。發揮大典者也。皇太子大男寧等、溫敏茂淑。依仁遊藝。齠齔之歲。自降其心。詩禮之言。夙聞於耳。朕初建儲兩。永固宗祧。既當知子之明。彌稱抱孫之慰。是用依方辨色。錫土疏疆。俾奉邦家。式崇藩屏。本支百代。曾協於周詩。子弟畢封。更隆

於漢室。於戲。承紫極之慶。稟青宮之訓。惟師友是敬。惟忠孝是憑。樂善爲心。好賢爲德。古有成範。爾其欽哉。貞元二十一年四月

### 封諸王男爲郡王制

王者子弟畢封。藩戚並建。所以式固磐石。克茂本枝。故澧王大男漢、可封東陽郡王。第二男源、可封安陸郡王、第三男潢、可封臨川郡王。故深王大男潭、可封河內郡王。第二男溆、可封吳興郡王。故絳王大男洙、可封新安郡王。第二男滂、可封高平郡王。故洋王大男沛、可封潁川郡王。淄王大男滸、可封許昌郡王。沔王大男瀛、可封晉陵郡王。祁王大男溥、可封平陽郡王。仍並賜光祿大夫。宜令所司擇日册命。太和八年八月

## 册郡王

### 册趙郡王孝恭改封河間郡王文　岑文本

維貞觀某年月日甲子、皇帝若曰。於戲。肇有君長。司牧黎元。雖步驟殊時。損益異術。至於建親勳而作屛。陳龜鼎於無窮。其揆一也。惟爾光祿大夫行晉州刺史趙郡王孝恭、器識弘通。風略宏贍。親猶凡蔣。位比燕荊。皇運權輿。寰區未乂。擁節西騖。靖巴漢之妖氛。受鉞南伐。戮荆吳之虵豕。誠著經綸。功宣方面。及入升禮閣。出揔藩麾。令望光於縉紳。惠化洽於謠俗。析珪之重。允屬勳庸。按部之榮。義存帶礪。是用命爾爲使持節觀州諸軍事觀州刺史。改封河間郡王。傳之子孫。永爲唐輔。往欽哉。爾其勉茲忠孝。鑒于典禮。勤恤民隱。無棄朕命。可不愼歟。

### 册隴西郡王博乂特進司宗卿文

維龍朔三年、歲次癸亥、十二月庚辰朔、二十四日癸卯、皇帝若曰。於戲。睦親之訓。理鏡於遙圖。尊戚之規。道光於絕簡。若乃年耆德懋。屬重望隆。釋蠢綜之勞。遂優閑之禮。惟爾光祿大夫行司禮太常伯隴西郡王博乂、發慶秩宗。疏翹靈派。資忠峻業。襲義揚風。懷匪磷之貞心。凌後凋之勁節。榮兼中外。効宣文武。至乃彫組文昌。外嚮淸覽。頻致由衷之請。累申降階之謁。雖鎭茲雅俗。載佇於芳猷。而爰靜澆馳。重違於撝倘。是用命爾爲特進行司宗正卿。封如故。往欽哉。秩亞青槐。朝請之恩斯切。禮華丹棘。序錄之任攸歸。恩邁前徽。齊蹤往哲。光膺寵命。可不愼歟。

### 册漢中王瑀文　賈至

維天寶十五載、歲次景申、七月戊子朔日、皇帝若曰。咨爾漢中王瑀、曁御史中丞魏仲犀、王室多難。兇逆未誅。是用建爾子姪。以爲藩屛。命爾忠良。以攝傅相。安危繫是舉。可不愼歟。夫王侯之體。則以任能從諫爲本。親賢伩信。則以好問樂善爲心。安仁容衆爲節。然後能建其功業。夾輔王室。是以漢之宗王。多委政守相。故能享祚長久。令問不已。朕聞汝瑀、能寬大儉約。樂善好賢。敦說詩書。動必由正。而久於高簡。未習政途。又聞仲犀、才幹振舉、憂

勤庶績。必能固爾磐石。匡補闕漏。軍旅之事。必委其專。獄訟之煩。必與其決。簡賢任能。必使其舉。懲惡勸善。必任其斷。惟協惟睦。其政乃成。同德合義。何往不濟。於戲。瑀其鎮撫黎人。莊肅守位。仲犀其悉心戮力。贊我維城。則瑀有任賢之名。犀有忠勤之績。匡復社稷。戡定寇難。在此行也。勗哉。其無替朕命。

## 除郡王官

### 淮安王神通等開府儀同三司制

褒崇賢戚。有國彝典。厚秩清階。式隆朝望。左武衛大將軍上柱國淮安王神通、宗室之長。德器優弘。締構之初。早樹勳績。右武衛大將軍上柱國燕郡王藝。夙著嘉庸。志懷強寇。久司戎禁。見稱貞確。宜加榮寵。式允具瞻。並可開府儀同三司。武德九年八月

### 壽春郡王成器左贊善大夫制

鸞臺、相王旦男壽春郡王成器。毓彩桂山。承規椒掖。韶容霞舉。美志月將。望苑翹才。搖山佇俊。宜參多士之選。俾從政人之列。可依前件。

### 信安郡王禕滑州刺史制

門下、訓俗安人。是資良牧。棄瑕錄用。茲爲令典。使持節衢州刺史信安郡王禕、器能之美。宗室所推。才堪應務。久當於委任。防缺周身。因從於降黜。情推念舊。義在睦親。宜迴傳於遠方。俾分符於近服。可滑州刺史。

### 褒信郡王璆宗正卿制　孫逖

門下、公族之任。得之則難。舉親而官。選舊惟允。銀青光祿大夫殿中監上柱國褒信郡王璆、雅性恭友。虛懷敏達。近屬藩翰。中朝羽儀。無競維人。不矜於貴富。克勤于位。每効於忠公。惇敍是司。疇咨所屬。宜迴六尚之職。以副九宗之委。可宗正卿。

### 濮陽郡王澈宗正卿制　孫逖

門下、宗卿設位。邦族是司。必擇親賢。以光名器。金紫光祿大夫行太僕卿員外置同正員上柱國濮陽郡王澈、清貞履道。淑慎持身。行無越思。勤不逾矩。以才從政。於歷官而則深。以地推恩。在同姓而爲近。惇敍之任。疇咨所難。宜受寄於本枝。更近榮於列棘。可行宗正卿。散官勳如故。

### 廣武郡王承宏光祿卿制

門下、銀青光祿大夫行房州別駕員外置同正員廣武郡王承宏、地在維城。慶延分土。頃乖周慎。因從降黜。捨其小犯。用申猶子之恩。復其舊資。俾踐

列卿之秩。可光祿大夫光祿卿員外置同正員。

### 信安王褘太子太師制

門下、傅導元子。師長庶寮。必在正人。無非舊德。太子少師上柱國信安王褘、宗室良翰。朝廷碩老。踐忠公而立節。體明肅而成用。頃膺大任。頻惣中權。掌夏司春。推爲六官之長。戢兵禁暴。何止萬人之敵。睦親尚齒。念舊錄功。宜優天秩之榮。俾極宮臣之位。可光祿大夫守太子太師。勳封如故。

## 封嗣王

### 加嗣陳王實封制

鸞臺。睦親之仁。推恩之義。家國所同。古今無異。雲麾將軍行太子左鶴禁率嗣陳王延暉、地承枝葉。咸在葭莩。幼聞詩禮。躬踐名教。賞勸未酬。井邑猶虛。宜申優典。用光近族。延暉兄弟。可別令實封一百五十戶。

### 封嗣濮王制

門下、姬運睦親。曲阜祚周公之嗣。漢廷繼絕。平陸紹元王之封。所以宗子維城。本枝百代也。故嗣濮王餘慶、構趾極天。分源帶地。通五演之餘潤。承九秀之曾暉。稟訓梁園。冠池筠而振彩。承規淮岫。掩岩桂而揚芬。往屬艱虞。苴茅中絕。今逢開泰。枝庶畢侯。宜承井賦之榮。以永山河之誓。可封嗣濮王。仍食實封四百戶。

### 封嗣蔣王制

門下、魯胤曹□。並爲建國。文昭武穆。克紹明禋。所以諸侯夾輔。宗子維城。帶礪山河。藩屏社稷。自大運中圮。天步多艱。磐石之基。翦焉落構。今皇圖再紐。鼎祚惟新。興廢繼絕。尙遺凡蔣。格于藝祖。震悼良深。故蔣王惲、宗室羽儀。國朝賢懿。享祭無主。觀守丘荒。非所以惇敘九族。盛□百代之義也。嗣王煒第三子銑。男左千牛衛長史宗兒。雖以淪□之間。未光天秩。而懷姿傑氣。惟曰象賢。可封嗣蔣王。以食舊德。賜食實封四百戶。

### 封嗣荊王制

門下、敦族睦親。疇咨前代。修廢繼絕。率由舊典。故荊王元景嫡孫沈黎縣開國侯長沙男逖、皇再從叔祖故梁郡開國公孝逸第五男璪等、慶協家邦。緒聯戚屬。預聞禮訓。夙踐義方。□藉桐珪之業。合循茅土之制。頃以維城中圮。宗室多艱。錫命弛廢。宅居播越。今皇基重建。國步永康。思樹本枝。載昌綿瓞。是用分封子弟。大誓山河。俾夫作扞京師。爲我藩屏。宜以逖嗣封荊王。仍賜實封四百戶。璪可襲封梁郡開國公。食邑二千戶。

## 嗣江王食實封制

門下、列爵王侯。是歸於藩屏。推恩子弟。用隆於井賦。尚乘奉御有闕先授嗣鄧康王伯濳、太子僕兼徐州別駕嗣江王褘等、文昭武穆。夙延殊獎。沛易河詩。嘗聞雅訓。忠讜恭懿。明敏博通。逸思泉奔。沖情霞舉。中山謝其文藻。北海慙其經術。永言興繼。載擇親賢。析珪受璽。既允分封之命。保國乂人。宜光實食之典。可食實封。

## 封嗣密王制

興滅國。繼絕代。天下歸心焉。況乃仁不遺親。德必在祀。光復土宇。率由教義者哉。徐州刺史密王元曉、望重天人。地居藩屏。家邦依賴。休戚是均。乃者王室多難。睿圖中缺。凡我宗子。咸從殛竄。神龍初歲。寶運紹興。爰命近屬。以後爲嗣。而胤緒凋斁。是非紛雜。曇子乘隙。妄尸茅土。神且不歆。非類人亦奚祀。非族奠享。無主永懷。惻然。其封元曉姪孫銀青光祿大夫行太僕少卿員外置同正員東莞郡開國公徹、爲嗣密王。以奉其祀。開元五年五月

## 封嗣信王制

朕因暇日。嘗幸戚藩。引見諸王。爰加錫宴。而故信王孫林、行列之間。皤然白首。問其年齒。則七十而有七。詢其昭穆。則玄宗之雲孫。朕仰思開元之時。盛明之理。繼體承訓。迨于朕躬。惕然動懷。當食興嘆。況尊祖之義。立愛自親。尚齒之文。由家刑國。觀其威儀甚整。視聽不衰。載懷愍矜。所宜敬異。永惟烈祖之德。用錫孝孫之慶。旌其祚胤。特舉徽章。遽升開府之秩。寵以分茅之貴。俾從異等。式爾殊恩。可嗣信王。仍賜開府儀同三司。開成元年八月

# 册嗣王

## 册嗣澤王文

蘇頲

維景龍四年、歲次庚戌、五月辛亥朔、二十八日戊寅、應天神龍皇帝若曰。夫親先之義。始自家國。嫡後之封。終傳土宇。咨爾故澤王男義瑾、授桐貽緒。訓□垂芳。性與宜於禮樂。行盡成其忠孝。是知周之曲阜。元子建侯。漢之平臺。共王襲父。誰其繼矣。俾爾宜乎。是用命爾爲嗣澤王。於戲。率由軌訓。祗服彝典。故可以不驕不矜。迺惠迺順。北暨于上黨。南臨於太行。俾其井邑。光我藩屏。往欽哉。

# 除嗣王官

嗣澤王珣國子司業制

門下、嗣澤王珣承派咸池。分輝扶景。錫珪前寵。纂周典之親賢。磐石今隆。高漢朝之子弟。機彩明悟。神情峻拔。雅量夙成。宏才早著。儒庠教胄。適資於下帷。藩郡理人。允求於別乘。衣冠就秩。宜班列位之榮。井賦開疆。仍茂承家之業。可國子司業。

嗣虢王邕同知內外閑廐敕　蘇頲

敕、駔駿伏皁。軍國爲容。苟非懿親。莫允斯寄。祕書監檢校殿中監嗣虢王邕、地隆藩屏。才蘊忠賢。以河間之碩儒。膺舞陽之茂寵。學窮四徹。已綜圖書。任司六尙。式光軒冕。必能馴馬擧策。兩驂執轡。用聞玉臺之歌。入侍瑤池之賞。宜與張涉同知內外閑廐。餘如故。景龍三年十二月十二日

嗣鄭王希言右衛大將軍制　蘇頲

門下、銀青光祿大夫太僕卿員外置同正員上柱國嗣鄭王希言、才推近屬。行稟中和。用沉厚以爲謀。體直方而成器。頻升列棘之位。嘗踐執金之秩。歷官斯久。更事逾深。必在親賢。用膺心膂。宜領右軍之寄。仍直大將之任。可雲麾將軍守右衛大將軍。勳如故。

嗣吳王祇右衛將軍等制　孫逖

門下、左衛將軍吳王祇等。國之近屬。朝之多士。或分班警衛。有避於天倫。或列位周行。已淹於歲序。各移官命。用廣朝恩。可依前件。

嗣許王瓘太子詹事等制　孫逖

門下、宮僚之首。必擇正人。邦圻之內。實資良牧。銀青光祿大夫祕書監上柱國許王瓘、文儒致位。所謂宗英。銀青光祿大夫守太子詹事上柱國太原郡開國公□王暐、言行立誠。是稱親懿。常以善而爲樂。每執謙而忘倦。從政已多。議能惟允。惟瓘是屬。宜肅事於東宮。理劇尤難。俾安人於左輔。瓘可太子詹事。暐可使持節同州諸軍事守同州刺史。散官勳如故。

嗣道王鍊雲安等五郡節度等使制　賈至

敕、衛尉少卿嗣道王鍊、簡約忠諒。旣直而溫。鎭守南服。黎人用乂。且三峽艱阻。四方多虞。按撫緝熙。宜分權揔。俾爾攬轡。固茲磐石。可充雲安夷陵南浦南平巴東等五郡節度採訪處置防禦等使。至德二年正月五日

嗣虢王巨西京留守制　賈至

敕、京師初復。宮室始淸。可擇宗臣。俾之居守。銀青光祿大夫守太子少保嗣虢王巨、惠和忠諒。貞幹含弘。嘗處節制之權。更居師傅之任。嘉猷允塞。茂績居多。可以固我維城。殿茲邦國。可權充西京留守。餘如故。至德二年九月二十九日

嗣吳王祗太子賓客制　常袞

敕、古者選孝悌閎博有道術者、輔翼太子、今以宗室之老、處師賓之位、亦親而教敬也、光祿大夫檢校工部尚書兼宗正卿上柱國嗣吳王祗、文昭之慶、蔚于公族、楚元之後、繼有忠賢、達道虛懷、寬厚廉謹、藩翰舊德、人倫憲行、更於內外、執事頗修、年在華皓、未嘗衰墮、參會府而百工時敍、掌宗卿而九族益親、每託肺附、深加優禮、宜以冬官之重、仍在春儲之列、可兼太子賓客、其檢校工部尚書及散官勳封如故、

嗣虢王溥太僕少卿制　元稹

敕、正議大夫行宗正丞嗣虢王溥、守隨州司馬員外置同正員李逢等、昔我憲宗章武皇帝法堯睦族、深惟本枝、乃詔執事曰、伯父叔季幼子童孫在官、各率迺誠、無替厥職、溥可權知太僕少卿、逢可守袁王府長史、餘如故、

嗣鄭王遜大理卿等制　錢珝

敕、九卿間重而顯者、大宗正與廷尉、實次奉常焉、易官而處、惟典之章、具官遜等、皆吾屬之楨幹也、而又荷出相容戟之門、遜繼分郡符、必聞其政、久歷庶位、咸稱有材、克助承忠孝之家、踐修罔墜、多所該練、揚于縉紳、今載蕢京師、敬先宗廟、資乎集事、速以成功、而方備法官、是宜改秩、往趍獄務、更在厲精、伏念旬時、獄可知也、我有其律、遜其盡心、可依前件、

## 諸王男

諸王男等加封邑制　李嶠

鸞臺、昔子弟咸建、姬祚以隆、支體畢侯、漢圖斯永、某王男某等、普谷分彩、天池演派、金相比暎、玉樹聯芳、垂髫欽愛敬之風、惣角聞詩禮之訓、三雍肇建、萬品惟新、褒德敍勞、式遵行慶之典、疏藩樹屏、允叶推恩之令、可封襄陽縣開國男、下闕

# 唐大詔令集卷第三十九

諸王

降黜



追復



收葬



追贈

榮王故男贈文安郡王制

太子第二男追封縉雲郡王賜名諲制

## 册贈

册贈渤海王文

## 降黜

### 降魏王泰東萊郡王詔

詔曰。朕聞生育品物。莫大乎天地。愛敬罔極。莫重乎君親。是故爲臣貴於盡忠。虧之者有罰。爲子在於行孝。違之者必誅。大則肆諸市朝。小則終始僇辱。雍州牧相州都督左武候大將軍魏王泰。朕之愛子。實所鍾心。幼而聰令。頗好文學。恩遇極於隆重。爵位窮於寵章。不思聖哲之戒。自構驕僭之咎。惑讒諛之言。信離間之說。以承乾雖居長嫡。久纏痾恙。潛有代立之望。靡遵義方之則。承乾懼其陵奪。泰亦日增猜阻。爭結朝士。競引凶人。遂使文武之官。各有託附。親戚之內。分立朋黨。朕志存公道。義在無偏。彰厥巨釁。兩從廢黜。非唯作則四海。亦乃貽範百代。可解雍州牧相州都督左武候大將軍。幷削爵土。降爲東萊郡王。（尋改封順陽王於均州爲封邑制宅以處分）

### 黜梁王忠庶人詔　上官儀

東臺、朕儲祉上玄。嗣膺景祚。纘先聖之□。踐至公之道。底罰行賞。御物同歸。房州刺史梁王忠、居庶孽之地。在髫丱之辰。柳奭遂良、上結無忌、頻煩進說。勸立東朝。朕以副宮之位。宜遵周道。苟非其人。不可虛立。正以宗臣之寄。仰在諸公。旦夕勤懇。難違其意。及正嫡升儲。退居列屏。樂善之事。早棄於賓僚。窺怨之詞。日盈於牀第。婦女阿劉、遠有陳告。迹其罪狀。蓋非一塗。乃僞作過所。入關云欲出家逃隱。又令急使數詣京都。覘候兩宮。潛問消息。自說妖夢。戴通天冠。喜形於色。以邀非望。每召巫師。祀龍祈福。畫千菩薩、願升本位。每於晨夕。着婦人衣。妄有猜疑。云防細作。又嗟嘆柳奭。稱其爲我悼傷。韓瑗情發於詞。朕初見此言。疑生怨謗。故遣御史大夫理及中書官屬相監推鞫。證見非虛。然其地則人臣。親則人子。懷姦匿怨。一至於斯。擢髮論罪。良非所喻。考之大義。應從極罰。皇后情在哀矜。興言垂涕。再三陳請。特希全宥。朕戚屬之中。頻虧國典。雖緬惟前載。匪獨茲子。屬懷於此。尤深媿歎。特宜屈法。降爲庶人。主者施行。

### 降永王璘庶人詔

詔曰。臣子之節。君親是奉。或志懷干紀。當義在滅私。蓋前王所以持法割恩。垂涕行戮。言念及此。歎息彌深。頃以兇孽亂常。關畿暫阻。朕乘輿南幸。遵古公避狄之仁。皇帝受命北征。興少康復夏之績。猶以藩翰所寄。非親莫可。永王璘、謂能堪事。令鎮江陵。庶其克保維城。有裨王室。而乃棄分符之任。專用鉞之威。擅越淮海。公行暴亂。違君父之命。既自貽殃。走蠻貊之邦。欲何逃罪。據其兇悖。理合誅夷。尚以骨肉之間。有所未忍。皇帝誠深孝友。表請哀矜。雖解綬全體。禮可行於曩制。而削土勿王。義亦著於前史。昔廣川有罪。廢爲庶人。常山免誅。爰將徙地。是用矜其萬死。屈此九刑。宜寬伏鑕之命。俾黜析珪之典。可悉除爵土。降爲庶人。仍於房陵郡安置。所由郡縣。勿許東西。朕夙存訓誘。勗之忠孝。不虞孱懦。遂至昏迷。中此典章。彌增媿歎。

嗣岐王珍免爲庶人制

經國之制。貳則有辟。爲君之道。將而必誅。況親則宗枝。義兼家國。敢懷逆節。自抵嚴刑。銀青光祿大夫宗正卿員外置同正員嗣岐王珍、志本傾邪。行惟險薄。頃以寇逆未殄。軍國多虞。因集不逞之徒。潛爲亂常之計。乃欲遠通叛虜。構此兇謀。以有上封。備聞其狀。猶以戚屬。初亦致疑。遂令推按。具自承伏。且王者立法。百代所遵。稽彼常科。罪當殊死。以其可諱。不忍加刑。俾從放黜。以申寬典。宜免爲庶人。仍於溱州安置。至彼捉搦。勿許東西。其同謀左武衛將軍竇如玢。試都水使者崔昌。右羽林軍使劉從諫。蔚州長塞鎮將朱融、右衛將軍胡溯、直司天臺通玄院高抱素、右衛率魏兆、內侍省內謁者監王道成等九人。特宜斬決。試太子洗馬兼知司天臺冬官正趙非熊。陳王府長史陳閑。楚州司馬張昂、左武衛兵曹參軍焦自榮。前鳳翔府郡縣主簿李昂、國子監館進士張奐等六人。特宜決殺。駙馬都尉薛履謙。同逆謀。宜賜自盡。上元二年四月

漳王湊降封巢縣公制

王者教先立愛。義不遺親。豈於同氣之中。可致異詞之間。如或慎修不至。詿誤有聞。構爲厲階。犯我邦紀。未加殛竄。尚屈彝章。漳王湊、手足之親。磐石是固。居崇寵秩。列在戚藩。頃多克順之心。亦有尚賢之志。而滿盈生患。敗覆是圖。姦兇會同。謀議滋及。汚我皇化。彰於外朝。初駭予衷。載騖羣聽。尚以未具獄詞。猶資審慎。建侯之命。姑務從寬。於戲。朕嗣守宗祧。敷弘至教。自家之訓未立。掩義之私敢忘。是用降封。有醜朝典。凡百多士。宜諒朕懷。可降封巢縣開國公。太和五年三月

## 追復

成王千里還舊官制

地有二南。載懷敦睦。罪非七國。奄隔休明。故左金衛大將軍兼益州都督上柱國成王千里、懿親賢德。高才重器。強力幹事。獨冠等倫。保國乂人。克成

忠義。願除凶醜。翻陷誅夷。永言淪沒。良深痛悼。俾復舊班。用加新寵。可還舊官。

## 收葬

### 譙王重福三品禮葬詔

集州刺史譙王重福、幼則兇頑。長而險詖。幸託體於先聖。嘗通交於巨逆。子而不子。自絕於天。有國有家。莫容於代。往者頗不含忍。長令幽縶。自大行晏駕。韋氏臨朝。將肆屠滅。尤加防衛。洎天有成命。集于朕躬。永懷猶子之情。庶叶先親之義。所以開置寮屬。任隆刺舉。冀其悛改。永怙恩榮。而詿誤有徒。狂狡未息。便即私出均州。詐乘驛騎。至于都下。遂逞其謀。先犯屯兵。次燒左掖。計窮力屈。投河而斃。雖人所共棄。而邦有常刑。我非不慈。爾自招咎。具聞其故。有惻於懷。昔劉長既歿。楚英遂殞。以禮收葬。抑惟舊章。屈法申恩。宜仍舊寵。可以三品禮葬。

### 收葬絳王詔

叔父絳王、爲逆賊等援立。竊窺天位。無討賊之意。遂使忠義銜冤。及王師擒妖。義旅問罪。前驅勇氣。以致殲殂。朕伏以太皇太后慈仁。思以慰解。宜令有司。量事收葬。申恩討賊。刑禮之中。示于四方。以明朕意。寶曆二年十二月

### 聽越王歸葬詔

越王事迹。國史著明。枉陷非辜。尋已洗雪。其子珍、他事配流。數代漂零。不還京國。玄眞弱女、孝節卓然。啓護四喪。綿歷萬里。況是近族。必可加恩。行路猶或嗟稱。朝廷固須卹助。委宗正寺京兆府與訪越王坟墓報知。如不是陪陵任祔塋卜葬。其葬事仍令京兆府接措。必使備禮。葬畢。玄眞如願住京城。便配咸宜觀安置。開成四年六月

## 追贈

### 皇第三子玄霸追封衛王等制

飾終定謚。往代通規。追遠增榮。前王令典。皇第三子玄霸、幼挺岐嶷。早茂珪璋。第五子智雲、結髮仁明。勝衣敏惠。冀其成立。訓以義方。未被趍庭。遽同過隙。興言夭枉。震悼于懷。今王業初隆。慶賞伊始。既式遵於利建。宜稽古於哀榮。玄霸可追封衛王。謚曰懷。智雲可追封楚王。謚曰哀。武德七年七月

故海陵刺王元吉追封巢王制

詔曰。有虞受終。弘肆赦之典。隆周革命。篤親親之恩。海陵刺王元吉、地惟藩翰。夙承朝寵。陷於不軌。得罪君親。朕嗣膺靈命。無忘敦睦。同生之重。既切於本枝。在原之悼。實纏於歲月。興言泉壤。思備寵章。可追封巢王。謚仍依舊。貞觀十六年六月

謚沛哀王瓛制

門下、緣情制禮。賢聖所不忘。以謚易名。古今之同貴。故右千牛衛大將軍上柱國沛王瓛、雖在齠齔。頗標岐嶷。率以訓典。期於老成。裂地而封。是崇藩屏。享年不永。俄從夭折。秀而不實。有以傷嗟。宜遵考行之義。以備飾終之典。可謚曰哀。

贈恒山愍王承乾荆州大都督等制

門下、聖人立言。因親以主愛。王者垂範。追遠以崇德。故伯祖恒山愍王承乾、堂伯贈越州都督象、再從兄玭等。藉慶大宗。連華近屬。既稱叔父之國。亦云兄弟之政。短長曰命。久從於淪沒。哀榮有典。未洽於褒崇。宜贈徽章。以弘寵數。承乾可贈荆州大都督。象可贈郇國公。玭可贈懷州刺史。

贈河東郡王瑾太子少師制

門下、親親以相及。先王之道也。追遠以歸厚。聖人之教也。故金紫光祿大夫太僕卿員外置同正員河東郡王瑾、克嗣先訓。是爲懿德。方茂枝葉。式崇垣翰。推恩有寄。稟命不融。興言逝促。良深軫悼。宜贈師保之位。以備哀榮之典。可贈太子少師。賻物三百段。米麥三百石。

榮王故男贈文安郡王制

禮以飾情。恩以悼往。詢于前訓。則有舊章。榮王故男僙、粵在幼沖。是稱岐嶷。習詩書而日就。資友悌於自然。方冀成立。克開土宇。而龜蒙未錫。麟族先彫。奄爾淪逝。良增傷憫。宜加於贈於苴茅。且兼榮於符竹。可贈文安郡王。使持節督武威郡諸軍事。應緣喪葬一事已上。宜並官供。令京兆少尹程若冰充使檢校。

太子第二男追封縉雲郡王賜名諲制

親親之義。於禮斯重。傷悼之戚。緣情則深。太子故第二男、性與聰達。體資韶令。早服龍樓之訓。有光麟趾之風。年始勝衣。已彰孝愛。方洽弄孫之慶。遽悲殤子之魂。追以九命。封之二等。仍加美稱。賁爾徽□。可贈揚州大都督。封縉雲郡王。食邑三千戶。賜名諲。大曆三年七月

册贈渤海王文　　上官儀

維龍朔二年、歲次壬戌、五月十三日。皇帝使大司戎彭陽郡開國侯令狐德棻、副使正議大夫行司宰少卿薛敏恭、持節册命曰。咨夫存著嘉猷。歿膺褒顯。所以甄明景行。昭紀勳烈。况地居懿戚。業茂惟貞。用式暢情之禮。實光追寵之義。惟爾故金紫光祿大夫原州都督渤海郡王奉慈、器範閑裕。風裁淹遠。德優時彥。望重宗英。析瑞名區。早荷推恩之澤。分符奧壤。累藉宣條之任。淸白聞於朝聽。威惠暴於甿謳。固以功著旂常。譽光圖史者矣。而壽仁空爽。貞徽奄謝。永言親懿。震悼良深。是用贈王爲都督荆硤岳朗四州諸軍事荆州刺史右衛大將軍、餘如故。魂而不昧。嘉兹榮寵。嗚呼哀哉。

# 唐大詔令集卷第四十

諸王

冊妃



王妃入道

## 册妃

### 册虢王劉妃文

維貞觀年月日、皇帝遣使持節册命曰。於戲。惟爾刑部尚書彭城縣開國公劉威德第二女、地胄淸華。志懷婉順。訓彰圖史。譽聞邦國。式遵典禮。作儷大藩。是用命爾爲虢王妃。往欽哉。其光膺徽命。可不愼歟。

### 册齊王韋妃文

維貞觀年月日、於戲。惟爾兼太常卿扶風郡開國男韋挺長女、地胄高華。質性柔順。訓彰禮教。譽表幽閒。作儷藩閫。實惟朝典。是用命爾爲齊王妃。往欽哉。

冊桂陽郡王楊妃文

景雲二年、歲次辛亥、十月景寅、皇帝若曰。於戲。咨爾故桂陽郡王妻楊氏、誕承華緒。光襲懿風。性識柔明。言容婉嫕。觀詩著範。蹈禮成規。往應高禖。作嬪英邸。謹環珮之節。珊其有章。勵蘋藻之誠。恭而式序。遣使某持節冊命爾爲桂陽郡王妃。爾其克保彝訓。率由茂則。以正于家。無替厥命。往欽哉。

冊壽王楊妃文

維開元二十三年、歲次乙亥、十二月壬子朔、二十四日乙亥、皇帝若曰。於戲。樹屏崇化。必正壼闈。配德協規。允茲懿哲。爾河南府士曹參軍楊玄璬長女、公輔之門。清白流慶。誕鍾粹美。含章秀出。固能徽範夙成。柔明自遠。修明內湛。淑問外昭。是以選極名家。儷茲藩國。式光典冊。俾叶龜謀。今遣使戶部尚書同中書門下李林甫、副使黃門侍郎陳希烈、持節冊爾爲壽王妃。爾其弘宣婦道。無忘姆訓。率由孝敬。永固家邦。可不慎歟。

冊榮王鄭妃文　孫逖

維開元二十三年、歲次乙亥、十二月壬子朔、二十七日戊寅、皇帝若曰。於戲。作配藩維。以正風訓。莫不明慎聘納。聿求儀範。咨爾前相州鄴縣令鄭博古第二女、素聞淑哲。自稟幽閑。習翫不華。圖史成則。宜其發祥茂族。高選當代。俾因邦媛之求。式敍壼闈之化。今遣使侍中裴耀卿、副使吏部侍郎席豫、持節冊爾爲榮王妃。爾其勉茲孝敬。誡彼滿盈。祗率大猷。永膺寵數。可不慎歟。

冊潁王獨孤妃文　孫逖

維開元二十五年、歲次丁丑、七月辛巳朔、十一日辛卯、皇帝若曰。於戲。樹之外屏。義在於展親。修其內則。禮先於擇配。咨爾故右驍衛郎將獨孤禮第十二女、軒冕之族。通姻自久。賢明之行。淑問攸歸。早習組紃之功。備詳圖史之學。實資女士。以儷藩維。今遣使工部尚書同中書門下三品牛仙客、副使行黃門侍郎陳希烈、持節冊爾爲潁王妃。爾其克慎威儀。無忘孝敬。欽承國命。永茂嬪風。可不慎歟。

冊永王侯莫陳妃文

維開元二十六年、歲次戊寅、正月庚午朔、十八日丁亥、皇帝若曰。於戲。燕翼之訓。實屬於維城。婚姻之禮。必求於宜室。咨爾右羽林軍長侯莫陳超第五女、天資清懿。性與賢明。衣冠之緒。克稟於門德。環珮之容。備詳於閨訓。是賴尚柔之質。以弘樂善之心。宜配藩維。用膺典冊。今遣使金紫光祿大夫兵部尚書兼中書令集賢院學士修國史上柱國晉國公李林甫、副使中大夫中書侍郎集賢院學士上柱國徐安貞、持節冊爾爲永王妃。爾其虔恭所職。淑慎其儀。惟德是修。以承休命。可不慎歟。

冊榮王薛妃文

維開元二十九年、歲次辛巳、三月壬午朔、十八日己亥、皇帝若曰。於戲。古人大猷。諒在婚禮。必資令淑。以儷藩維。咨爾京兆府新豐縣令薛巘長女、地承華族。門傳雅範。本幽閒之性。爲禮教所成。循圖覽史。蹈和履順。固可歸于邸第。穆彼嬪風。是用命爾爲榮王妃。今遣兵部尚書兼侍中牛仙客、副使黃門侍郎陳希烈、持節禮册。爾其敬佩前規。克勤內則。式瞻淸懿。垂美無窮。可不愼歟。

## 册濟王崔妃文

維開元二十九年、歲次辛巳、五月庚戌朔、十四日癸亥、皇帝若曰。於戲。乃睠藩王。旣開邸弟。必求士女。以昭壼則。咨爾故絳州司士參軍崔承寵長女、家承茂族。代襲淸和。自幼及長。素有柔和之性。監循圖史。永懋幽閒之德。徽猷益著。淑問可嘉。足以膺茲寵章。主彼中饋。是用命爾爲濟王妃。今遣使兵部尚書兼侍中牛仙客、副使黃門侍郎陳希烈、持節禮册。爾其敬佩箴訓。克愼威儀。輔我維城。永崇磐石。可不愼歟。

## 册信王盧妃文

維天寶二年、歲次癸未、九月戊戌朔、二十一日戊午、皇帝若曰。於戲。建邦爲屛。必先於壼教。嘉偶曰妃。是賴於嬪則。咨爾前殿中省尚書輦局直長盧季融第三女。淑德賢明。令儀柔順。含和自整。備詳環珮之容。稟訓有方。更出衣冠之族。實資女範。作配藩維。是用命爾爲信王妃。今遣使尚書左僕射兼右相晉國公李林甫、副使銀青光祿大夫行中書侍郎徐安貞、持節禮册。爾其肅穆閨闈。虔恭禮度。克終婦道。以正國風。可不愼歟。

## 册陳王韋妃文

維天寶四載、歲次乙酉、三月己未朔、十九日丁丑、皇帝若曰。於戲。咨爾京兆府新豐縣尉韋峑第八女、慶承華族。禮冠女師。欽若保訓。踐修德範。遵圖鑒史。操尚幽閒。內則嬪儀。道彰柔順。陰教之美。國風攸屬。允資邦媛。作配藩闈。是用命爾爲陳王妃。今遣使尚書左僕射兼右相吏部尚書集英院學士脩國史晉國公李林甫、副使中書舍人兼判刑部侍郎孫逖、持節禮册。爾其率循懿行。懋昭令德。祇膺典册。可不愼歟。

## 册壽王韋妃文

維天寶四載、歲次乙酉、七月丁巳朔、二十六日壬辰、皇帝若曰。於戲。古之建封。式崇垣翰。永言配德。必擇幽閒。咨爾左衛勳二府右郎將韋昭訓第二女、毓慶高門。稟柔中壼。動脩法度。居翫琴瑟。夙聞師氏之學。素習公宮之禮。聿求貞懿。作儷藩維。爰資輔佐之德。以成樂善之美。是用命爾爲壽王妃。今遣使光祿大夫行左相兼兵部尚書弘文館學士李適之、副使金紫光祿大夫行門下侍郎集賢院學士兼崇玄館大學士陳希烈、持節禮册。爾其欽承寵數。率由令則。敬恭婦道。可不愼歟。

## 册廣平王崔妃文

維天寶五載、歲次景戌、四月癸未朔、十六日戊戌、皇帝若曰。於戲。朱邸傳封。爰求嘉偶。瓊筓作合。必擇華宗。咨爾太子宮門郎崔珣長女、冑自軒冕。訓承圖記。柔閑內正。淑問外宣。既連榮於姻戚。且襲吉於龜筮。是用命爾爲廣平郡王妃。今遣使光祿大夫行門下侍郎陳希烈、持節禮册。爾其虔奉儀則。祗膺典禮。克昌祚胤。永固宗祧。可不慎歟。

册涼王張妃文

維天寶九載、歲次庚寅四月己未朔、十七日乙亥、皇帝若曰。於戲。內則之禮。用穆人倫。中饋之義。以正家道。咨爾左衛率府親府左郎將羅國公張安仁第二女。門承軒冕。族著清華。蕙性柔明。蘭儀婉茂。早習組紃之藝。克聞圖史之規。儀範聿脩。四德斯備。虔恭蘋藻之訓。式彰珩璜之容。作儷英藩。允資令淑。今遣開府儀同三司行尙書左僕射兼右相吏部尙書崇文館大學士監修國史上柱國晉國公李林甫、副使中大夫行中書舍人權知禮部侍郎事上柱國成紀縣開國男李暐、持節册爾爲涼王妃。爾其祗膺典禮。永綏寵命。可不慎歟。

册蜀王田妃文　陸贄

維建中二年、十一月某日。皇帝若曰。夫茂建親戚。以惇族固本。明慎聘納。以厚別蕃嗣。實人倫之始。王教之端也。朕奉若謨訓。詳求淑哲。賢必有象。鍾慶於令門。姻不失親。載光於戚里。故某官駙馬都尉田擇交第若干女。生稟柔惠。習知禮則。容德純備。孝睦洽聞。可以叶美好逑。輔成樂善。是用遣使某持節册命爲蜀王妃。嗚呼敬之哉。備禮以崇其好合。起家而居其爵位。非義信不固。非溫順不親。克恭匪懈。則罔攸悔。朕言必復。可不慎歟。

册杞王竇妃文　陸贄

維建中二年、十一月某日甲子、皇帝使某官某持節册命故某官竇燒第若干女爲杞王妃。曰。於戲。禮以大婚崇繼嗣。本人倫之教。詩嘉淑女配君子。繫王化之綱。蓋率人成風。由內及外。得不採嘉耦以固磐石。本宗室而御家邦。詳求唯難。歷選滋久。時乃之擇。得于舊姻。柔懿稟乎天和。禮樂成於家法。明章婦順。虔奉母儀。克成鵲巢之功。叶宣麟趾之美。祗膺嘉禮。欽率內教。淑慎厥止。無替有終。嗚呼。可不慎歟。

## 王妃入道

度壽王妃爲女道士敕　孫逖

勑、至人用心。方悟眞宰。淑女勤道。自昔罕聞。壽王瑁妃楊氏、素以端懿。作嬪藩國。雖居榮貴。每在精脩。屬太后忌辰。永懷追福。以茲求度。雅志難違。用敦弘道之風。特遂由衷之請。宜度爲女道士。

## 收葬王妃

### 收葬遇害王妃詔

禍福之源。天不可問。報應之道。理或難憑。遂使積善深仁。併罹荼毒。元惡大憝。得恣兇殘。自古以來。未免斯咎。日者祿山作逆。竊據兩都。塗炭我生靈。傷夷我骨肉。於禮院門遇害王妃及男子等。或閨闈令德。婦道柔閑。或藩邸象賢。幼年聰敏。蒼黃之際。陷沒賊中。嗟其無辜。並遭非命。興言及此。痛悼良深。宜令所司卽擇日收葬。一事已上。並令官供。其失骸骨者。亦令招魂神而有感。庶從改卜之安。魂兮來歸。將就新塋之告。上元元年建丑月

## 睦親族

### 宗姓官在同列之上詔

朕受終揖讓。君臨四海。普天之下。同加惠澤。宗緒之情。義越常品。宜有旌異。以明等級。諸宗姓官、宜在同列之上。未有職任者。不在徭役之限。每州置宗師一人。以相管攝。別爲團伍。所司明立條式。武德二年正月

### 魏王泰上括地志賜物詔

地輿之記。由來尚矣。區外具於山海經。宇內陳於夏本紀。職方王制。纔舉華夷。漢志晉圖。略紀郡國。自茲以後。著述實繁。或學非博通。尚多遺闕。或地分南北。互有短長。求其折中。無聞盡善。左武候大將軍雍州牧相州都督魏王泰。體業貞固。風鑒凝邈。學綜策府。文冠詞林。樂善表於夙夜。好士彰於吐握。討論輿地。詳延儒雅。博採方志。得之於舊聞。傍求故老。考之於傳信。內殫九服。外極八荒。憲章是程。規條有序。兼苞戎夏。無遺今古。簡而能周。博而尤要。足以度越前載。垂之不朽。宜加褒錫。以申獎勸。可賜物一萬段。其書宜付祕閣。貞觀十六年正月

### 令宗屬姑叔不得拜子姪制

君臣朝序。貴賤之禮斯殊。兄弟天倫。先後之儀亦異。聖哲之制。率由斯道。朕臨茲寶極。位在崇高。負扆向陽。雖受宗枝之敬。退朝私謁。仍用家人之禮。近代已來。罕遵軌度。王及公主、曲致私情。姑叔之尊。拜於子姪。違法背禮。情用惻然。自今已後。宜從革弊。安國相王及太平公主、更不得輒拜衞王重俊兄弟及長寧公主姊妹等。先告宗屬。知朕意焉。神龍元年三月

勉勵宗親誥

誥、朕奉天明命。虔受睿圖。而皇室子弟。未能稱職。堂姪餘慶永煦紹宗行淹祚洽、再從弟璲至謙等、不能謹身奉法。而乃輕侮國章。擯斥邊隅。未爲塞責。朕憫其愚昧。屈法申恩。並追赴京。令於國子監安置讀書。如悔過自新。克復先訓。所司條奏。當議其官。皇宗親、更有左貶嶺南、及邊遠州。非惡逆緣坐等色。亦宜准此。其有見任別駕。年齒尚幼。未堪理百姓者。宜委中書門下及新興郡王晉李思訓等、簡擇追赴京。其祿俸一事已上。並要本州勾當。每季附送入京。給付。其餘慶等本州祿俸。亦准此。宗親中有才行灼然、爲衆推挹者。按察使具以名聞。朕當擢以不次。自今後。有如犯贓私違悖禮經者。准法科處。刑茲無捨。庶敦睦之情。必聞於九族。自家刑國。允洽於羣心。宜各勉勵。以識朕意。先天二年二月

選宗子授臺省官及法官京縣官詔

至公之用。本無偏黨。唯善所在。豈隔親疎。四從叔知政等、咸有才名。見推公族。秉惟淸之操。兼致遠之資。朕每慮同盟。不勤于德。嘗懸右職。以勸其徒。先委宗卿。精爲內舉。量能考行。歷載踰時。名數則多。升聞蓋寡。光膺是選。諒在得人。固可擢以淸要。遷于臺閣。將觀志於七子。冀齊名於八人。宜各悉行。佇聞成績。書不云乎。九族既睦。平章百姓。冀由內而理外。必自近而及遠。凡今懿戚。可不愼歟。違道慢常。義無私於王法。修身効節。恩豈薄於他人。期於率先。勵我風俗。深宜自勉。以副明言。開元二年五月三日

天下三等已上親赴上都制　常衮

敕、堯之敦敍。以協萬邦。周之宗盟。必先同姓。莫遠具邇。懷德惟寧。俾强幹於京師。思同獎於王室。所以洽雍和之道。明補察之義也。惟我近屬。聯華本枝。以文昭武穆之宗。有錫土建侯之嗣。往以艱難之際。流寓頗多。或僻在江山。載經時序。或雜居州里。亦既淹留。等威不分。無以自給。儉將逼下。卑或踰尊。將恐合族展禮之義缺。燕毛敍齒之儀廢。言念及此。良深耿然。其三等已上親。除州縣官及帶職掌應在外者。委本道節度觀察。量事給遞發遣赴上都。仍先錄名聞奏。

甄敍皇屬敕

敕、五代則遷。以尊祖禰。三族之別。以辨親疎。故禮曰祖遷於上。宗易於下。六代而親屬竭矣。先王所以敍昭穆。明等夷。不可得而變革也。應追赴山陵、及先在城、於西宮陪位、同五等親宗子等、系自本枝。分於天派。繫之以姓而無別。約之以禮而有差。朕天禍所鍾。哀纏罔極。嗟我公族。儼然來斯。遠倍七月之期。俯就三年之制。降殺以等。存乎典彝。名位不同。禮亦異數。有司定儀。將從籍屬之條。天下爲家。用廣孝慈之道。愼睦九族。其在茲乎。應追到及在城同五等親宗子等、五品以上。各加一階。六品已下。前資常選幷散官。至簡選日。稍優與處分。未出身者。量才授文武散官。其中有才行學藝、爲衆所推者。及嗣郡王、嘗經任使。灼然著聲績者。宜委宗正卿琬、漢中郡王瑀、光祿卿涵、錄其名實。具狀聞荐。自天寶已來。闕造宗籍。宜令宗正寺重申

舊制。昭辨等序。卽宜勘造圖籍。宣示中外。知朕意焉。

## 誡厲

### 責齊王祐詔

吾常誡汝勿近小人。正爲此也。內乖成德。外惑非言。自延伊禍。以取覆滅。痛哉。何愚之甚也。爲梟爲獍。忘孝忘忠。擾亂齊郊。誅夷無罪。去維城之固。就積薪之危。壞磐石之基。爲尋戈之釁。背禮違義。天地所不容。棄父無君。人神所共怒。往是吾子。今爲國讎。萬紀存爲忠烈。死不妨義。汝則生爲賊臣。死爲逆鬼。彼則往聲不隕。而爾惡跡無窮。吾聞鄭叔漢戾。並爲猖獗。豈期生子。乃自爲之。吾所以上慙皇天。下愧后土。惋歎之甚。知復何云。（貞觀十七年三月）

### 誡諸王任刺史別駕敕

朕聞司牧兆人。有國彝訓。敦敘九族。前王令典。念此宗枝。久遭沉翳。近從班命。庶展才能。或授外藩。或居內職。留念訪察。屬想風謠。罕立嘉聲。或聞蠹政。當官不存於職務。處事多陷於偏私。禽荒酒德者蓋多。樂善敬賢者全少。將性之昏昧。違此義方。豈朕之不明。成爾薄德。當從戒愼。勉遂悛改。如迷而不復。自速愆尤。己實爲之。悔之無及。卽宜遞相告示。以副朕懷。（景雲元年十二月）

# 唐大詔令集卷第四十一

## 公主

### 封號

封太和長公主制
封定安大長公主制
封延慶公主等制
封萬壽公主等制
封盛唐公主制

册文

册信成公主文
册昌樂公主文
册高都公主文
册建平公主文
册永寧公主文
册臨晉公主文
册眞陽公主文
册華陽公主文
册益昌公主文

## 封號

### 封長寧公主等制　　蘇頲

門下、璇宿揚輝。爰稱婺女。絳河分彩。是曰天孫。柔德所資。乃生淑媛。長寧公主等、孕靈圓魄。稟粹方儀。載極幽閑。用光婉順。皇基再造。景命惟新。凡在懿親。咸申禮命。肅雍之地。未展徽章。宜正此銀宮。署茲金牓。並開湯沐。廣宣朝慶。可依前件。

### 封常芬公主等制

黄門、諸女皆封先王之制。第二女等、慶聯霄漢。體自穠華。常閲禮於后庭。必聞詩於師氏。朕撫臨億兆。憲章古昔。俾裂山河之賦。用疇湯沐之恩。可依前件。主者施行。開元三年十二月

## 封唐昌公主等制

邦女下嫁。義著周經。帝子建封。制存漢傳。朕訓導諸子。舊有女師。因其婉娩之性。進成肅雍之德。能鑒圖史。頗知法度。今選婚華族。待禮笄年。宜加璽綬之典。俾開湯沐之賦。第四女可封唐昌公主。第六女可封常山公主。第八女可封寧親公主。各食實封五百戸。唐昌公主出降張垍。俱用八月十九日。所司詳備禮物。式遵故事。開元十六年

## 封高都公主等制

門下、肅雍之範。以成女德。湯沐之賜。爰著國章。第十一女等、生於公宮。訓以師氏。温惠之性。頗有天姿。圖史之學。仍聞日就。笄年甫及。外館將歸。宜因待禮之期。式備疏封之典。可依前件。仍各實封一千戸。主者施行。

## 封臨晉公主制

門下、湯沐建封。古今通典。豈獨貴於寵數。亦兼崇於美名。第二女、性與柔和。生知法度。率以師氏之訓。成其天然之質。有行之禮。將及於笄年。備物之恩。俾開於井賦。可封臨晉公主。食實封一千戸。開元二十五年十二月

## 封永寧公主制

門下、自昔帝女。必建封邑。典章不易。等數攸存。第十七女、幼而閑和。長實徽懿。引圖史以自鑒。用肅邕而成德。將擇近日。言遵下嫁。宜承湯沐之賜。以備車服之容。可封永寧公主。食實封一千戸。主者施行。開元二十六年

## 封平昌公主制

門下、詩美肅雍。遠著於風雅。禮有封建。久存於簡策。第十九女、尙柔成德。克順由衷。稟於天烈。自有閑和之性。訓以師氏。備詳圖史之學。宜開湯沐。俾叶典章。可封平昌公主。食邑一千戸。主者施行。

## 封高陽公主制

用嘉成德。將及推恩。疏封錫號。禮典攸在。第二十女、資身淑愼。稟訓柔明。克備肅雍之儀。允彰圖史之德。而方營魯館。宜啓沁園。俾承寵於中閨。復增榮於列賦。仍食實封一千戸。開元二十九年

## 封太華公主制

肅邕稟德。邦化所崇。湯沐疏封。古訓斯在。第二十一女、踐脩圖則。素承阿保之嚴。砥礪嬪儀。率由圖史之範。璁珩既佩。柔愿無違。蕙問克昭。棠華自著。肇施綵紱。將具禮於輜軿。載錫粉田。俾申榮於井賦。可封太華公主。食實封一千戶。（天寶四年）

封壽光公主等制

□□之德。教始宮闈。湯沐之恩。□□□□。皇弟二十二女、二十三女、誕膺□□。昭發令姿。頗漸公宮之訓。遵師氏之則。顧史瞻圖。日將月就。華宗叶慶。方從下嫁之儀。盛典申榮。式備開封之制。二十二女可封壽光公主。二十三女可封樂成公主。仍各食實封一千戶。（天寶五載）

封廣寧公主制

睦親之序。必備恩榮。加命之貴。是存優寵。順成公主、誕姿中掖。習訓公宮。惠心有孚。淑問斯著。夙蘊柔閑之操。克彰婉娩之規。式開湯沐。雖已申於築館。爰擇井田。俾有光於改邑。可封廣寧公主。依前實封一千戶。（天寶八載）

封大長公主制

門下、周室展親。繫車服之等。漢氏右戚。崇湯沐之封。永惟加恩。必遵舊典。第九妹、碧渚開祥。絳河跳彩。成齋莊之惠問。有明婉之柔姿。訓自九重。備茲四戒。雖肅雍之詠。彤管既彰。而穠華之賜。粉田猶闕。宜承金屋之慶。式昭銀牓之寵。可封大長公主。

封永陽長公主等制

皇弟十妹可永陽長公主

第十一妹可普寧長公主

第十三妹可文安長公主

皇女德陽郡主可漢陽公主

咸寧郡主可普安公主

信安郡主可東陽公主

清源郡主可陽安公主

武陵郡主可西河公主

晉康郡主可襄陽公主

第十八女可潯陽公主

第二十一女可臨汝公主

第二十二女可恩平公主

第二十三女可邵陽公主

門下、慶賜之澤。允洽於家邦。肅雍之德。宜正其封邑。第十六女等、皆夙稟柔明。幼閑懿範。傳圖史之訓。行表中闈。奉蘋蘩之則。義昭外館。朕嗣膺丕業。爰□□章。宜申湯沐之封。以承□號。允副恩榮。可依前件。貞元二年

封真寧公主等制

門下、第二女等。皆以柔懿備聞。風訓知中闈內則之義。稟傅姆女史之規。禮有待年。恩從廣愛。徵於舊典。俾洽疏封。式分湯賦之榮。庶成肅雍之德。弘我慶澤。被于家邦。可依前件。元和元年八月五日

封永昌公主制

門下、普寧公主。天泉滋德。崇蘭發彩。纂組之華。每工於經目。保阿之訓。深得於稚年。容禮必叶。言行無間。從容珩璜之韻。婉娩柔嘉之儀。而疏封舊邦。禮宜改避。是擇美邑。再用申恩。可改封永昌公主。主者施行。

封十二妹等四人長公主制　白居易

敕、古者帝子下嫁。必使王公主焉。近代或有未笄年而賜湯沐者。亦加公主之號。以寵重之。第十二妹等、先帝之子也。比朕之子。宜加等焉。故當幼年。各封善地。咸命爲長公主。未及釐降。先開邑封。所以慰太后慈念之心。表先帝肅雍之訓。亦欲使吾孝理之道。敦睦之風。自骨肉間以及天下。可依前件。

封太和長公主制

敕、公主之封號也。或以善地。或以嘉名。立慶展親。茲惟舊典。第四妹、端明成性。和順稟教。靜無違禮。故組紃有常訓。動必中節。故環珮有常聲。歲茂穠華。日新淑問。乃眷肅雍之德。俾開湯沐之封。可依前件。長慶元年三月

封定安大長公主制

門下、我國家制馭戎夷。推崇恩義。示之以大信。重之以和親。所以燀聲教於殊鄰。制骨肉之深愛。累聖弘略。載于國章。太和公主、擢秀天潢。聯華宸極。智惟周物。識可洞微。乃者回鶻輸誠。願求相好。穆宗皇帝、義難違拒。且務懷柔。以鳳樓和淑之姿。降龍庭桀驁之俗。一辭朝闕。二紀于茲。常興去國之悲。已絕還鄉之望。今可汗自竊名號。來依塞垣。朕以渥澤久濡。飄零可憫。齎以粟帛。喻之旋歸。曾無感激之心。益肆貪婪之性。遂得忠義同力。將帥協

謀。未揚金鼓之音。已潰犬羊之衆。遽收貴主。出彼穹廬。上以慰太后之深慈。下以攄兆人之積憤。將修慶覲。坐雪幽寃。名節自彰。嘆賞何極。笳簫凄怨。休傳朔漠之聲。環珮鏗鏘。再齒平陽之列。是用易其舊邑。錫以嘉名。增沁園湯沐之封。釋邊地風沙之思。舉茲典禮。用表忠勤。祇服寵榮。永光簡册。可封定安大長公主。會昌三年二月二十五日

### 封延慶公主等制

門下、車服之制。載美周詩。湯沐之□。□遵漢典。備光內□□□□□等、並稟慶絳河。流芳彤管。穠華懿淑。雅志靜專。柔順之心。叶於禮度。肅雍之道。發於言容。宜錫粉田之榮。用昭銀牓之貴。可依前件。會昌二年十月十日

### 封萬壽公主等制

長女可封萬壽公主

第二女可封永福公主

第三女可封西華公主

第四女可封廣德公主

第五女可封和義公主

第六女可封饒安公主

門下、諸女之封。始資漢制。疏邑之典。今爲國章。長女等、坤道稟柔。條風育德。莊敬柔順。受粹氣於靈源。言容法度。穆昭徽於內則。祥降北渚。教襲南薰。克茂天和。更承姆訓。雖年方齠齔。而體備肅雍。用洽寵私。俾開井賦。可依前件。會昌六年五月二十三日

### 封盛唐公主制

門下、展親外館。則必待年。廣愛中闈。宜光啓邑。第七女、祥開銀漢。秀發天枝。孝敬生知。柔閑夙稟。克奉姆師之訓。每遵詩禮之文。法度自持。穠華益茂。爰申彝典。載錫嘉名。俾承湯沐之封。式示邦家之慶。可封盛唐公主。備禮册命。

## 册文

### 册信成公主文

維開元二十五年、歲次丁丑、八月癸卯朔、十五日丁巳、皇帝若曰。於戲。易著乙歸。詩稱下嫁。所以正風化、厚人倫也。咨爾信成公主、淑愼由衷。柔明形外。訓以師氏。頗詳環珮之儀。修其婦功。更習紘綖之藝。日徵先近。年及有行。宜錫徽章。俾膺茂典。今遣使金紫光祿大夫兵部尚書兼中書令集賢院學士修國史上柱國晉國公李林甫、副使中大夫守中書侍郎集賢院學士徐安貞、持節禮册。爾其光昭闈德。弘長國風。無怠厥心。永綏介福。可不愼歟。

### 册昌樂公主文

維開元二十五年、歲次丁丑、八月癸卯朔、二十九日辛未、皇帝若曰。於戲。好合之禮。以正人倫。肅雍之德。用成婦道。咨爾昌樂公主、生知法度。性與和柔。□□□□言頗識采蘋之事。素以爲絢。旣內則悔□□□式遵於下嫁。宜□□□車服之容。今遣使銀青光祿大夫工部尚書牛仙客、副使黃門侍郎陳希烈、持節禮册。爾其欽崇四教。承順六姻。式是大邦。受茲明命。可不愼歟。

### 册高都公主文

孫逖

維開元二十五年、歲次丁丑、九月十一日、皇帝若曰。於戲。古之聖人。垂訓作則。必正內外之位。以明婚姻之禮。咨爾高都公主、生於公宮。自稟幽閑之性。教以師氏。更有徽柔之則。能循法度。克愼言容。魯館于歸。沁園將啓。宜膺册命。俾叶典章。今遣使工部尚書牛仙客、副使黃門侍郎陳希烈、持節禮册。爾其自下于心。增修厥德。式贍淸懿。永固恩榮。可不愼歟。

### 册建平公主文

孫逖

維開元二十五年、九月十一日、皇帝若曰。於戲。脩五禮者。必本於天秩。合二姓者。將厚於人倫。咨爾建平公主、稟質尙柔。因心克順。默識壼帷之教。明徵圖史之言。黼藻四德。筌簀六行。河洲在詠。將叶於好仇。湯沐疏封。式昭於備禮。今遣使兵部尚書李林甫、副使中書侍郎徐安貞、持節禮册。爾其受茲光寵。愼乃威儀。永保無疆之休。且爲將來之範。可不愼歟。

### 册永寧公主文

維開元二十六年、歲次戊寅、八月丁酉朔、二十二日戊午、皇帝若曰。於戲。人倫式敍。以正國風。女子有行。將成婦道。咨爾永寧公主、自幼及長。終溫且惠。引圖史爲鏡鑒。用柔和爲粉澤。許嫁而笄。旣遵於禮典。備物之册。宜承於寵命。今遣使金紫光祿大夫兵部尚書兼中書令集賢院學士修國史上柱國晉國公李林甫、副使中大夫守中書侍郎集賢院學士上柱國徐安貞、持節禮册。爾其謙恭自下。淑愼爲先。無忝公宮之教。永貽邦媛之則。可不愼歟。

### 册臨晉公主文

維開元二十六年、歲次戊寅、閏八月丁卯朔、十六日壬午、皇帝若曰。於戲。古之帝女下嫁諸侯。所以正婚姻之懿綱。昭肅雍之令德。咨爾臨晉公主、蹈和成性。體順爲心。頗協生知之敏。更承師氏之訓。柔明益著。淑愼攸彰。秉四教而不違。勤六行而無斁。近日云吉。嘉禮有期。宜穆彝章。載光策命。今遣侍中、酺國公牛仙客、副使黃門侍郎陳希烈、持節禮册。爾其克遵法度。用廣徽猷。發明閫德。垂範于後。可不愼歟。

## 册眞陽公主文

維開元二十八年、歲次庚辰、二月戊子朔、八日乙未、皇帝若曰。於戲。□□□德。崇婦道也。河洲之訓。厚人倫也。咨爾眞陽公主、柔順因心。幽閑表質。雅著閨闈之則。能瞻圖史之誡。徽章載茂。淑範無違。禮將及於有行。寵宜循於賦邑。今遣使兵部尚書兼侍中牛仙客、副使黃門侍郎陳希烈、持節禮册。爾其敬愼威儀。無致失墮。用膺寵命。克保宜家。可不愼歟。

## 册華陽公主文

維大曆四年、歲次乙酉、三月壬申朔、五日景子、皇帝若曰。漢家舊制。諸女皆封。儀服比於藩王。膏腴封其井賦。咨爾第某女、承徽自遠。誕秀增華。仁孝才明。夙有天資之慶。言容法度。成於壼教之慈。敏達知微。周旋中節。肅雍是憲。婉靜流芳。雖僅在齠年。禮未主於同姓。而載揚淑問。德已冠於成人。宜錫典章。用疏國邑。是用册曰某公主。欽承徽命。可不愼歟。

## 册益昌公主文

薛廷珪

維乾寧元年、歲次甲寅、十月庚寅朔、十四日癸卯、皇帝若曰。昔漢頒魯國。魏錫常山。慈鍾愛以分封。亦旌賢而別壤。前王茂典。歷代成規。朕今嗣守。不敢失墜。咨爾第七女、蘭茝芳猷。肅雍懿範。坤順之性。體於自然。天倪之資。稟于陰教。不明爾德。敦慰我心。爰考舊章。俾率彝制。乃疏湯邑。仍錫粉田。所以示鳴鳩均養之仁。樂螽斯宜爾之慶。夙興夜寐。無忘女史之箴。下氣怡聲。勉習家人之禮。女儀婦道。可不愼歟。

# 唐大詔令集卷第四十二

## 公主

### 出降

公主王妃不許舅姑父母答拜詔

詳定公主郡縣主出降儀敕

### 出降册文

册興信公主出降文

册樂成公主出降文

册壽光公主出降文

册平昌公主出降文

册廣寧公主出降文

册普寧公主出降文

册嘉成公主出降文

### 加實封

太平公主加實封制

長寧安樂公主加實封制

宣城公主加實封制

鎮國太平公主加實封制

常芬公主食實封制

### 和蕃

## 出降

### 公主王妃不許舅姑父母答拜詔

天地之尊。人倫已極。舅姑之敬。禮經攸重。苟違斯義。有斁彝則。如聞公主出降。王妃作嬪。舅姑父母降禮答拜。此乃子道云替。婦德不循。何以式序家邦。儀刑閨閫。自今以後。可明加禁斷。使一依禮法。若更有以貴加於所尊者。令所司隨事糺聞。顯慶二年三月

### 詳定公主郡縣主出降儀敕

冠婚之義。人倫大經。昔唐堯降嬪。帝乙歸妹。逮於漢氏。同姓主之。爰自近古。禮教陵替。公主郡主、法度僭差。姻族闕齒序之儀。舅姑有拜下之禮。自家刑國。有愧古人。今縣主有行。將俟嘉命。俾親執棗栗。以見舅姑。敬遵宗婦之儀。降就家人之禮。事資變革。以抑浮華。宜令禮儀使與禮官博士、約古今儀禮及開元禮。詳定公主郡縣主出降覿見之儀以聞。

## 出降冊文

### 冊興信公主出降文

維開元二十九年。歲次辛巳閏四月辛巳朔、十八日戊戌、皇帝若曰、於戲。先王作則。女子有行。必開湯沐之封。以成肅雍之美。咨爾興信公主、自幼及長。含和尙柔。鑒圖史而思齊。勤組紃而無斁。能遵法度。克茂幽閑。教于公宮。旣昭雅訓。歸于外館。宜穆彝章。今遣使吏部尙書兼中書侍郎徐安貞。持節禮冊。爾其益自修飭。不忘誡愼。俾昭淑問。貽永無窮。可不愼歟。

### 冊樂成公主出降文

維天寶五年、歲次景戌、七月辛亥朔、二十二日壬申、皇帝若曰。於戲。三綱以正。王化是先。二姓之合。人倫式敍。下嫁之禮。厥惟舊章。咨爾樂成公主、毓質柔明。稟性閑婉。幼彰惠問。長有令儀。教于公宮。頗閱于圖史。遵以女則。克勤於纂組。瓊筓旣襲。紺綬斯榮。方諧卜鳳之期。式叶從人之典。今遣特進行尙書左僕射兼右相吏部尙書晉國公李林甫、持節冊命。往欽哉。爾其祗率外禮。虔恭中饋。順而不違。謙而不滿。日新其德。以正家人。可不愼歟。

### 冊壽光公主出降文

維天寶五載、歲次景戌、八月辛巳朔十三日癸巳、皇帝若曰。於戲。家人以正。易著乎詞。女子有行。詩載其義。王化之本。婦道攸先。咨爾壽光公主、敏質柔閑。資性純懿。芳徽內穆。淑問外宣。能遵阿保之訓。頗聞詩書之旨。煒茲彤史。旣稟教於中闈。襲以瓊笄。斯待年於外館。龜謀允叶。鸞節方舒。率是舊章。式茲典禮。今遣使光祿大夫行門下侍郎同中書門下平章事陳希烈、副使中大夫給事中王壽、持節禮册往欽哉。爾其祗勤敬德。斧藻令儀。履順居中。以永終譽。可不愼歟。

### 册平昌公主出降文

維天寶五載、歲次景戌、十二月戊申朔、九日景辰、皇帝若曰。於戲。婚姻之序。人倫爲大。家道以正。王化乃貞。咨爾平昌公主、性質閑婉。襟靈敏悟。柔順外徹。和惠內融。公宮道訓。備聞勤儉之則。女史箴規。克愼言容之範。頗閱圖象。旣習紘綖。方修中饋之儀。式從下嫁之禮。罽車遵路。沓庋在庭。歸爾好仇。申茲寵典。今遣使特進行尙書左僕射右相吏部尙書晉國公李林甫、副使朝散大夫守中書舍人李暐、持節禮册往欽哉。爾其虔修令德。祗服厥訓。循于法度。宜爾室家。可不愼歟。

### 册廣寧公主出降文

維天寶九載、歲次庚寅、四月己未朔、二十六日甲申、皇帝若曰。於戲。本於王化。正乃人倫。始於國風。成於婦道。咨爾廣寧公主、柔儀明婉。淑性和惠。端閑外肅。敏晤內昭。稟訓公宮。法度彰於懿範。受教師氏。言容順於壼德。頗聞圖史。能習組紃。方遵下嫁之儀。式備親迎之禮。三星迨吉。百兩于歸。申以徽章。弘茲寵命。今遣使特進行左相兼兵部尙書崇玄館大學士集賢院弘文館大學士上柱國潁川郡開國公陳希烈、副使正議大夫給事中權知刑部侍郎上柱國渭源縣開國男李麟、持節禮册往欽哉。爾其祗膺典禮。勤修內則。宜爾家室。叶于肅雍。可不愼歟。

### 册普寧公主出降文　常袞

維大歷七年、歲次壬子、七月庚辰朔、十六日乙未、皇帝若曰。於戲。春秋之義。下嫁之禮。主於同姓。送以上卿。克明大倫。叶用彝典。咨爾普寧公主、孝敬閑婉。朗然夙成。法度言容。資於內訓。詩禮是則。令淑增華。封魯之榮。已開湯沐。適齊之美。更洽肅雍。寵爾有行。舉茲成命。今遣使金紫光祿大夫門下侍郎同中書門下平章事兼弘文館大學士知館事充太淸宮使上柱國齊國公王縉、持節禮册。爾其奉公宮之教。知邦族之姻。載揚夙徽。永作來範。敬承明誡。可不愼歟。

### 册嘉成公主出降文

維貞元二年、歲次景寅、六月朔十二日、皇帝若曰。王者以義睦宗親。以禮敦風化。義之深實先於友愛。禮之重莫大於婚姻。故春秋書築館之義。易象著歸妹之吉。祗考明義。率由舊章。咨爾嘉成長公主、特稟生知。重承先訓。行必中則。意不違仁。柔謙恭和。孝友純懿。嘉乃全德。時惟成人。疏邑啓封。命爲公主。徽章備物。禮實宜之。今遣使金紫光祿大夫檢校司徒同中書門下平章事汧國公勉、持節冊命。嗚呼。戒哉。下嫁諸侯。諒惟古制。肅雍之德。見美詩人。和可以克家。敬可以行己。奉若茲道。永孚于休。懋昭令問。無替朕命。光膺盛禮。可不慎歟。

## 加實封

### 太平公主加實封制

鸞臺、睦親之序。誠有節而難踰。褒善之方。諒無和而不洽。太平公主、延祥紫極。稟慶彤闈。月至漸宮。下金娥而毓照。星分漢渚。迴寶婺以凝姿。踐素依仁。更緝柔閑之範。聞詩蹈禮。還表婉順之容。敏悟發於天機。聰明叶於神授。所以特鍾先愛。偏荷聖慈。動輒承恩。言必中旨。故秦臺下鳳。禮越於常儀。魯館乘龍。榮該於美選。自蹙軒卽路。蛩岩闕寢。途遙千里。時亢九炎。攀從莫由。荒號孰寄。公主親承委屬。代申悲苦。涉履山川。念徒行而彌切。奠奉朝夕。哀獨薦而逾勤。宮務畢修。壺容胥備。中外咸允。情禮兼極。朕以其雖有殊效。蓋是恒途。而凡典樞機。固事奏請。豈可以私親之嫌。累失公道之平。分宜增湯沐之榮。以表肅雍之譽。可加實封五千戶。進號鎭國公主。

### 長寧安樂公主加實封制

門下、長寧公主安樂公主等、金波毓彩。寶婺凝輝。蘊詩禮於心臺。暢柔明於性府。肅雍成德。婉淑居懷。非弄玉之能方。豈修瑤之足美。特荷掌中之愛。尤鍾膝下之慈。宜錫寵榮。再崇湯沐。可更加食寔封一千戶。通前滿二千戶。

### 宜城公主加實封制

門下、敦教睦親。事光彝典。分形共氣。理冠恒倫。宜城公主、慶聯霄極。榮開邸館。柔□應圖。婉順爲範。義歸從子。榮匪求郎。國難初平。朝獎思及。宜加井賦。式崇優寵。可加實封五百戶。

### 鎭國太平公主加實封制

門下、功定宗社者。可以高邁等夷。事超縑簡者。故能永昭徽烈。鎭國太平公主、若華分景。穠李疏芳。以同氣之親。鍾先朝之愛。忠孝行己。仁明絕倫。才無不周。識無不綜。頃夷國難。爰戴朕躬。精義動天。懇誠貫日。氛祲已廓。每聽鳴謙之詞。井田未優。復聞辭貴之請。朕方至公被物。豈以小節從人。宜增土宇。更傳帶礪。可加實封一千戶。

### 常芬公主食實封制

常芬公主、公宮成訓。歸妹有儀。錫號疏封。雖已洽於前典。推恩食邑。猶未崇於後命。宜書沐賦之榮。式昭築館之義。可食實封五百戶。用今年九月丁巳出降張去盈。所司詳備禮物。式遵故事。開元十九年

## 和蕃

### 止和蕃公主入朝制

公主出降蕃王。本擬安養部落。請入朝謁。深慮勞煩。朕之割恩。抑而求許。思加殊惠。以慰遠心。奚有五部落、宜賜物三萬段。其中取二萬段。先給征行遊奕及百姓。餘壹萬段與燕郡公主。松漠王衙官刺史縣令。其物雜以絹布。務令均平給訖奏聞。開元十二年四月

### 金城公主降吐蕃制

聖人布化。用百姓爲心。王者乘仁。以八荒無外。故能光宅遐邇。財成品物。由是隆周理曆。啓柔遠之圖。強漢乘時。建和親之義。斯蓋御寓長策。經邦茂範。朕受命上靈。克纂洪業。憖三才而統極。混六合以爲家。聲教所覃。建木棘林之外。提封爰亘。弱水流沙之表。悠然至道。高詠薰風。載戢干戈。大張禮樂。庶幾前烈。克致和平。睠彼吐蕃。僻在西服。皇運之始。早申朝貢。太宗文武聖皇帝德侔覆載。情深億兆。思偃兵甲。遂通姻好。數十年間。一方清靜。自文成公主往嫁其國。因多變革。我之邊隅。亟興師旅。彼之蕃落。頗聞彫弊。頃者贊普及祖母可敦酋長等。屢披誠款。積有歲時。思托舊親。請崇姻好。金城公主、朕之小女。長自宮闈。言適遠方。豈不鍾念。但朕爲人父母。志恤黎元。始允誠祈。更敦和好。則邊方寧晏。兵役休息。遂割深慈。爲國大計。宜築外館。聿膺嘉禮。降彼吐蕃贊普。卽以今月二十七日。朕親自送于郊外。景龍四年正月

### 封燕郡公主制

漢圖既采。蕃國是親。公主嫁烏孫之王。良家聘氈裘之長。欽若前志。抑有舊章。餘姚縣主長女慕容氏、柔懿爲德。幽閑在性。蘭儀載美。蕙問增芬。公宮之教夙成。師氏之謀可則。今林胡請屬。析津雖無外之仁。已私於上略。而由內之德。亦質於元女。宜光兹寵命。睦此蕃服。俾遵下嫁之禮。以叶大邦之好。可封爲燕郡公主。出降與松漠郡王李鬱于。開元十年

### 封東光公主制

炎漢盛禮。蕃國是和。烏孫降公主之親。單于聘良家之子。永惟前史。率由舊章。故成安公主女韋氏、六行克昭。四德聿備。漸公宮之訓。承內家之則。屬林胡歸命。柳塞無虞。柔遠之恩。已歸於上略。采楚之慶。載睦於和親。宜正湯沐之封。式崇下嫁之禮。可封爲東光公主。出降饒樂郡王魯蘇。

封和義公主制

呼韓來享。位列侯王。烏孫入和。義通姻好。懷柔之道。古今攸同。寧遠國奉化王驃騎大將軍阿悉爛達干、志慕朝化。誓爲邊扞。漸聲教而有孚。勤職貢而無闕。誠深內附。禮異殊隣。爰錫嘉偶。特申殊渥。四從弟前河南府陽城縣令參第四女、質稟幽閑。性惟純懿。承姆師之訓導。實宗黨之光儀。固可以保合戎庭。克諧邦選。宜膺遠好。以寵名蕃。可封和義公主。降寧遠國奉化王。

封寧國公主制

朕聞古之聖王臨御天下。功懋受賞。道無隔於華夷。義存有孚。信必全於終始。故能德被寰宇。化延殊俗。是以周稱柔遠。克著康濟之圖。漢結和親。式弘長久之策。由來尙矣。朕祇若元命。永惟稽古。內申九命。勉膺嗣夏之期。外接百蠻。庶廣懷荒之澤。頃自兇渠作亂。宗社阽危。回紇特表忠誠。載懷奉國。所以兵踰絕漠。力徇中原。亟除青犢之妖。實賴烏孫之助。而先有情款。固求姻好。今兩京底定。百度惟貞。奉皇輿而載寧。纘鴻業而攸重。斯言可復。厥德難忘。爰申降主之禮。用答勤王之志。且骨肉之愛。人情所鍾。離遠之懷。天屬尤切。況將適異域。寧忘軫念。但上緣社稷。下爲黎元。遂抑深慈。爲國大計。是用築茲外館。割自中闈。將成萬里之婚。冀定四方之業。以其誠信所立。家國攸寧。義以制名。式崇寵號。宜以幼女封爲寧國公主。應緣禮會。所司准式。其降蕃日。仍令堂弟銀青光祿大夫殿中監漢中郡王瑀充册命英武威遠毗伽可汗使。以堂姪正議大夫行右司郎中上柱國上邽縣公賜紫金魚袋巽爲副。特差重臣開府儀同三司行尙書左僕射冀國公裴冕、送至界首。凡百臣庶。宜知朕懷。（乾元元年六月）

## 和蕃册文

册金城公主文　沈佺期

維景雲二年、歲次辛亥、□月二十日癸亥、皇帝若曰。咨爾金城公主、幼而敏惠。性實柔明。徽藝日新。令容天假。先帝承皇祖之寶訓。繼文成之舊姻。割天性之慈。徇安人之業。何蒼生不幸。紫宸猒代。朕勉及丕基。兢守大烈。永懷同氣。注心道體。靖言河湟。無忘鑒寐。湯沐之數。信命之勤。追平昔而載深。於骨肉而加等。於戲。禮之降殺。大繫乎情。情之厚薄。抑亦在我。今猶子屬愛。何異所生。然叔父繼恩。更思敦睦。是命用朝散大夫試司賓少卿護軍曹國公甘昭充使。試詹事丞攝太子贊善大夫沈皓仙爲副。持節往册爾爲朕長女。依舊封金城公主。率由嬪則。無替爾儀。載光本朝。俾乂蕃服。豈可不愼歟。

册交河公主文

維開元二十八年、歲次庚辰、四月丁巳朔、十五日辛未．皇帝若曰．於戲．大邦爲好．蕃服惟寧．豈獨元夫．亦資良偶．咨爾十姓可汗開府儀同三司濛池都護阿史那昕妻涼國夫人李氏、柔懿成性．幽閑表儀．能修關雎之德．克奉蘋蘩之禮．自祇率輔佐．肅恭言容．載茂彤箴．允諧內則．足以崇寵蕃扞．懷柔遠人．將適遐荒．更榮封邑．是用册爾爲交河公主．爾其叶化蕃陬．竭誠婦道．膺茲寵命．可不愼歟．

册和回紇公主文

維大曆二年、歲次丁未、五月己酉朔、十三日辛酉、皇帝若曰．帝乙歸妹．表於易象．魯侯築館．列在春秋．咨爾第某妹、雲漢之姿．聯華宸極．河洲之德．著美公宮．整玉笄於錦車．題銀牓於毳幙．善修嬪則．載叶蕃情．實資輔佐之功．廣我懷柔之道．烏孫下嫁．已申飾配之儀．紅綬增榮．爰寵疏封之命．是用册曰某公主．敬承徽禮．可不愼歟．

册崇徽公主文　常　袞

維大曆四年、歲次己酉、五月戊辰朔、二十四日辛卯、皇帝若曰．於戲．魯邦外館．有小君之儀．漢室和親．從閼支之號．命公而主．疏邑以封．煥乎徽章．抑有前範．咨爾第十女．稟秀雲漢．增華女宗．卓爾洵淑．迥然韶異．肅雍之道．能中其和．縟麗之功．自臻於妙．不資姆訓．動會禮經．甫及初笄之年．眷求和鳳之對．用開湯賦．方戒油軿．我有親鄰．夙稱雄貴．分救災患．助平寇虞．固可申以婚姻．厚其寵渥．況有誠請．爰從飾配．是用封曰崇徽公主．出降回紇可汗．册曰可敦．割愛公宮．嬪于絕域．爾其式是壼則．以成婦順．服茲嘉命．可不愼歟．

## 譴黜

郜國大長公主別館安置敕

妖妄莫甚於巫蠱．罪惡莫逾於姦亂．迹涉於此．刑其捨諸．郜國大長公主、澡質天潢．不愼其德．行違禮法．志匿回邪．信妖孽之虛言．求厭勝之非福．惘其將老之年．從我議親之典．置於別館．勿爲無恩．其子蕭位、不思諫正．手疏祝詞．其弟蕭佩儒偲及異父兄駙馬都尉裴掖．相與知情．陷於不義．蜀州別駕蕭鼎、商州豐陽令韋惲、前彭州司馬李萬等．謬居淸貫．輕紊常倫．在其門庭．多行穢德．忝列衣冠之緒．豈宜履舄之交．蕭位等宜令京兆府決重杖四十．配流賀州．裴掖錦州安置．蕭佩儒偲等並配房州安置．其蕭位等並馳驛發遣．（貞元元年）

## 追封

### 追封華陽公主制

周漢之儀。湯沐之制。車服次於王后。容衞榮於戚藩。其有淑德竟夭於茂年。成禮未主於同姓。則加其懋榮。舉於前典。是以東漢追平原之封。西晉崇哀獻之命。故第五公主、天縱柔和。性成聰敏。爰自辨識。秀於人倫。仁孝切於衷誠。怡順過於師訓。先意承旨。不待名言。省醴適饌。每加豐潔。送迎匪憚於寒暑。温凊無待於旁人。甘去繁奢。樂聞禮教。將有詞請。必候温顏。或遇憂勞。輒形焦色。周旋六行。諷味七篇。霽威怒以拯危。迎歡愉而進善。常求惠下。聚請求賢。而髫齓之辰。清羸多疾。沉綿袵席。彌歷紀年。針艾嬰身。藥餌在口。異其殊常之命。實有兼愛之慈。與之名都。假以榮號。未及築館之盛。乃從受邑之期。優典未彰。幼齡已謝。追懷既往。痛悼滋深。方展禮於舊章。稍申哀於備物。叶予素志。厚爾飾終。可追封華陽公主。（大曆九年四月）

### 追封玉虛公主制

敕、因親之愛。存則均慈。緣情之禮。歿而逾厚。故第七公主、敏識沖和。韶姿婉秀。純孝之性。自合於天經。柔順之心。夙成於壼則。動唯中禮。言必知微。承夙烈之玄風。悟道家之眞籙。方開魯館。甫往有行。未啓漢封。遽幽長往。念其早夭。倍軫哀情。用追湯沐之榮。載賜靈仙之號。可追封玉虛公主。

### 追封齊國大長公主制

勑、荆南節度觀察處置等使銀青光祿大夫檢校兵部尚書兼江陵尹御史大夫上柱國沂水縣開國子食邑五百戶王潛母、贈晉國大長公主、於朕、祖宗之姑妹也。始以肅雍之德。下嫁於公侯。淑問怡聲。禮無違者。□其愛子。有過嚴君。（闕）不因恩澤以求郎。每教忠貞而事主。使勤富貴。戒歎廉能。鬱爲勳臣。實資聖善。徽猷盡在典禮。宜加徽狹。平陽之封。式廣營丘之地。克宣朕命。用慰朕心。可贈齊國大長公主。

### 贈故同昌公主衞國公主制

沈畋

門下、死生有命。雖著於格言。夭橫難明。豈由於定數。每念肅雍之德。載纏悲愴之懷。疏土易名。用中彝典。故同昌公主、生和孝敬。天錫聰明。桃李凝華。芝蘭蘊秀。克奉公宮之訓。寧煩女史之箴。洎結慶秦樓。傳芳魯館。蘋蘩潔淨。環珮鏗鏘。不矜帝子之尊。盡執家人之禮。謂乎積善享彼修齡。驚電逝以霜摧。致珠沉而玉折。粉田蕪沒。金牓凄涼。荒沁水之林園。寢平陽之簫鼓。哀情靡極。縟禮宜加。啓衞國之山河。擇周公之謚號。式崇徽數。用慰營魂。可贈衞國公主。兼賜謚曰文懿。仍令所司擇日册命。主者施行。

## 謚議

### 安興公主謚議文　沈佺期

議曰、臣聞表終受名。案存考行。王姬內範。貽教潛流。徽問積中。知之在下。公主降靈宸極。昇慶高禖。貞惠日嚴。柔明天縱。英姿灼乎髫齔。夙智形乎襁褓。孝爲德本。資色以養親。禮卽敬輿。履謙而軌物。生我天族。長自華宮。珠玉滿堂。不忘於澣濯。歌鍾成列。載玩於史圖。恭聞懿風。庶覩嬪則。未延百兩。奄遘重泉。皇帝正位瑤圖。追榮金牓。穠華大秀。軫餘悼於生前。彤管凝芬。追令名於歿後。謹案周書謚法、容儀恭美曰昭。慈仁短折曰懷。請謚曰昭懷公主。謹議。

# 唐大詔令集卷第四十三

郡縣主

## 郡縣主

### 縣主出嫁稱適詔

古稱釐降。唯屬王姬。比聞縣主適人。皆云出降。娶王女者。亦云尙主。濫假名器。甚乖禮經。其縣主出嫁宜稱適。娶王女者稱娶。仍改令文。顯慶二年九月

### 新都郡主適楊洮制

鸞臺、皇太子長女新都郡主、資靈玉裕。比價瑤臺。發豔天庭。仰儷星辰之象。承徽儲禁。內稟河州之德。惠心明婉。柔範端莊。始踰待年之期。甫及有行之歲。通事舍人楊洮。門擅槐鼎。地連姻戚。箕裘克隆。才質兼茂。可以膺合姓之典。奉御輪之躅。標梅興詠。方邀六禮之歡。在楚言歸。宜追三星之夕。郡主可出適楊洮。

### 安樂郡主適楊守文制

鸞臺、皇太子第八女安樂郡主。承規銀牓。毓彩銅樓。寶婺連暉。瓊娥比豔。貞明發於閫訓。窈窕齊於國風。固已儀範不僭。柔閑有裕。蘋蘩入薦。旣成四教之德。桃李方春。宜用三周之禮。可出適符節郎弘農楊承烈男守文。

### 新都郡主適盧咸等制

鸞臺、皇太子第三女新都郡主。相王長女壽昌縣主、第二女安興縣主等。並毓靈天漢。稟訓皇闈。惠性早成。淑德克茂。粉澤四教。針縷七篇。笄年在時。今月有典。宜穆三從之禮。式光百兩之迎。新都郡主可出適左衞翊盧咸。壽昌縣主可出適太子右奉御楊倘。安興縣主可出適梁王府參軍薛琳。所司准式。

### 義安郡主適裴巽制

鸞臺、皇太子第二女義安郡主。重月降輝。發春揚彩。四德淳茂。六行恭修。歲在結纓。時方納幣。均州司倉裴巽。門冑淸顯。風範昭明。旣諧委雁之祥。宜縟盤蠵之禮。郡主可出適巽。仍以今月十四日成禮。所司准式。

### 封安定郡主制

門下、故惠宣太子第三十女。肅邕成性。柔婉爲容。稟訓女師。克明嬪則。爰占近日。用叶初笄。申錫美名。受封良邑。可封安定郡主。主者施行。

### 封新平郡主制　孫逖

門下、惠宣太子第三十二女、柔姿婉訓、淑德閑和、早習組紃、備詳圖史、移天有禮、擇日于歸、宜增列郡之封、允叶睦親之計、可封新平郡主、主者施行。

東光縣主事跡編入國史詔

故紀王女東光縣主、天性純孝、雅操貞烈、感興運之方啓、痛亡靈之不追、休戚是同、悲喜交集、發言鯁塞、因致殂謝、聞之傷悼、震于予懷、忠孝之情深可嘉尚、宜命史官編入國史。神龍元年三月

封壽昌縣主制

鸞臺、相王旦長女第三女第四女等、並毓靈河漢、稟訓天人、蕙問淸淑、蘭儀婉順、徽章所被、□□□□、抑有□□之封、式開湯沐之邑、長女可封壽昌縣主、第三女可封淮陽縣主、第四女可封壽光縣主。

壽昌縣主適崔珍制

鸞臺、相王長女壽昌縣主、第五女仙源縣主、並稟靈天漢、漸訓王門、質耀桃李、性芬蘭蕙、帝孫將降、甫及笄年、國人所承、久歸時望、淸廟齋郎崔珍、太子左奉御薛伯陽、並地襲衣冠、躬履名教、風猷美茂、才藝紛綸、飛鳳之占、既合其吉、乘龍之背、直膺雙舉、壽昌縣主可出適珍、仙源縣主可出適伯陽、仍令所司准式。

封仙源縣主制

鸞臺、相王第五女、資靈桂魄、稟訓蘭宮、六行昭宣、四德淳備、夭桃穠李、既挺淑令之姿、紅綬靑緺、宜開湯沐之邑、可封仙源縣主。

封永年縣主制

鸞臺、某主某第幾女、疏芳桂苑、發豔椒庭、繡袵初笄、已觀於婉淑、瑤筐載弄、更表於柔閑、韶容將寶婺分暉、惠質與瓊娥比秀、承規蹈禮、既漸訓於河洲、延賞推恩、宜加榮於湯沐、可封永年縣主。

封華亭縣主制

黃門、司空兼虢州刺史邠王守禮第二女、王門誕秀、師氏尚柔、婉嫕凝芳、閑和順則、佇儀膏族、俾錫脂田、可封華亭縣主。開元二年九月七日

封安吉縣主制　蘇頲

黃門、宋王長女、流芳桂邸、稟訓梧宮、體自閑和、成其婉娩、玉笄始茂、金燧方嚴、爰寵錫於脂粉、俾開榮於湯沐、可封安吉縣主、主者施行。開元二年十二月二十八日

加襄樂縣主等實封敕　孫逖

敕、故惠宣太子女襄樂縣主等、德稟賢王、名高淑女、資其婉順、遵此偏孤、念遠之德、惟恩是屬、宜受賜於湯沐、俾承榮於敦敘、可各賜實封一百戶。

封恩王等女爲縣主制

王者教化，本於婚姻，由親以理，疏自內而形外。故詩稱好合，所以成子姓也；禮有待年，明其必及時也。恭惟累聖之後，子孫衆多，教於公宮，已知婦順，而從人之義，重擇配之才，難以茲兢慎，久曠嘉禮。言念及此，惕然興懷，思弘厚恩，用叶敦叙。恩王等女六人，並封縣主，仍委中書門下與宗正卿及吏部尚書侍郎詳會，於諸親之內，及常選之中，精求人門，副我誠意。元和六年十二月

# 唐大詔令集卷第四十四

## 大臣

### 宰相

#### 命相一

裴寂蕭瑀左右僕射制
裴寂司空制
長孫無忌右僕射制
房玄齡杜如晦左右僕射制
李靖右僕射制
長孫無忌司空制
温彥博右僕射制
高士廉左僕射制
長孫無忌司徒制
房玄齡司空制
狄仁傑内史制
韋嗣立平章事制
崔日用參知機務制
姚元之同三品制
張説檢校中書令制
劉幽求知軍國大事制

## 命相一

### 裴寂蕭瑀左右僕射制

端揆之職。綜理百司。任望斯重。勳賢攸寄。尚書左僕射魏國公裴寂、風格淹粹。局量弘雅。早預經綸。元功特著。燮諧治本。茂績以宣。中書令宋國公蕭瑀、志懷貞確。業履沖素。歷居顯要。厲精治術。獻納惟允。周慎有聞。宜穆彝章。允釐庶政。寂可尚書左僕射。瑀可尚書右僕射。（武德六年四月）

### 裴寂司空制

槐路清肅。台階重峻。經邦論道。燮諧是屬。然而表德優賢。昔王令典。庸勳紀績。列代通規。尚書左僕射魏國公寂、地胄清華。風神閑悟。立志温裕。局量弘雅。爰自義旗早參締構冥契所感。實資同德譬茲梁棟。有若鹽梅。翊贊綢繆庶政惟允歷居端揆彝章緝穆。元功懋德寵秩未臻。宜處鼎司。膺茲重望。可司空。（武德九年正月）

### 長孫無忌右僕射制

望隆朝右。任重國鈞。尚想風猷。義惟賢戚。吏部尚書齊國公長孫無忌、識量宏遠。神情警發。道照搢紳。才資文武。罇俎之策。電斷風馳。干戈所指。雲銷霧澈。幾深之理彌著。忠義之節以彰斯固立德佐時。降靈輔闕。宜期以翼贊。授之端揆。可尚書右僕射。（貞觀元年七月）

房玄齡杜如晦左右僕射制

尚書政本。端揆任隆。自非經國大材。莫或斯舉。中書令兼太子詹事邢國公房玄齡、器宇沉邃。風度宏遠。譽彰遐邇。道冠簪纓。兵部尚書檢校侍中蔡國公杜如晦、識量清舉。神彩凝映。德宣內外。聲溢廟堂。朕自克平宇縣。締構資始。叶贊經綸。厥功甚茂。深謀祕略。動合規矩。忠義讜言。事多啓沃。及典司樞要。綢繆宸扆。開物成務。知無不爲。可謂神降英靈。天資人傑。並宜惣司衡軸。光闡大猷。玄齡可尚書左僕射。如晦可尚書右僕射。餘如故。貞觀三年二月

李靖右僕射制

端右望隆。寄任尤重。實資勳德。朝難其選。左光祿大夫行兵部尚書代國公李靖、識度宏遠。才略優贍。博綜機務。兼資文武。誠著夷險。效彰出納。便蕃省闥。詳謹有聞。宜緝彝倫。允茲名器。可尚書右僕射。貞觀四年八月

長孫無忌司空制

論道台階。實賴明哲。丹青神化。寄深燮理。自非鹽梅是屬。棟幹有歸。則曠職佚能。罔或必備。開府儀同三司齊國公無忌、器宇凝正。風度峻遠。才包文武。地兼賢戚。誠著草昧之辰。業預艱難之始。功侔十亂。聲高三傑。亮采銓衡。庶僚有序。儀刑端右。彝常以穆。自任參鼎司。位班槐路。撝挹之美。形於縉紳。翼贊之規。章於帷扆。宜崇名器。允副具瞻。可司空。所司具禮。以時册命。貞觀七年十一月

温彥博右僕射制

文昌治本。端副望隆。朝綱所屬。選衆斯在。中書令虞國公温彥博、體業貞固。學藝該明。器惟瑚璉。材稱棟幹。任總絲綸。職居近密。乃心著於帷幄。嘉謀表於尊俎。寄深啓沃。義切鹽梅。宜升禮閣。允茲彝序。可尚書右僕射。勳封如故。貞觀十年三月

高士廉左僕射制

司會政本。執法任隆。歷選攸難。惟賢是屬。特進尚書申州刺史上柱國申國公高士廉、器宇沖邈。機神峻遠。材稱棟幹。望重搢紳。地惟姻婭。迺誠著於疇昔。業預經綸。嘉庸彰於夷險。出總方嶽。入贊機衡。獻替之情。譽光八舍。銓綜之美。聲洽九流。啓沃是寄。鹽梅斯在。宜貳端右。允副式瞻。可尚書左僕射。特進刺史勳官封並如故。貞觀十一年七月

長孫無忌司徒制

古先哲后。咸正庶官。德優者爵高。功多者祿厚。是以經邦緯國。必俟蕭曹之勳。燮理陰陽。允歸鍾華之望。司空趙國公無忌、識量弘博。風度峻遠。地惟親賢。材稱梁棟。締構霸業。茂勳著於艱難。弼成王道。乃心竭於寅亮。鹽梅是寄。丹青攸屬。德綜機衡。聲猷具舉。自升槐鉉。歲月亟移。固以勸美太常。書忠甲令者矣。宜陟中台。式典邦教。可司徒。貞觀十六年七月

房玄齡司空制

惟天爲大。資四序以成功。惟王建國。俟三台以弘化。故隆漢受命。吳鄧飛聲。有晉勃興。荀何底績。開府儀同三司尚書左僕射太子少師上柱國梁國公房玄齡、器範忠肅。識具明允。才稱王佐。望乃時英。霸圖爰始。預經綸之業。鼎命惟新。贊隆平之化。誠固金石。勳勒鍾鼎。自任總庶尹。職重朝端。心力盡於翼亮。憂勞積於歲序。而志在沖退。有懷止足。固陳衰疾。屢上表疏。然則燮揆禮閣。職務實繁。論道槐庭。望實攸屬。宜加寵命。平茲水土。可司空。貞觀十六年七月

狄仁傑內史制

鸞臺、訏謀房帷。秉鈞之任爲重。典綜絲綸。揮翰之才是屬。銀青光祿大夫守納言上柱國汝陽縣開國男狄仁傑、地華簪組。材標棟幹。城府凝深。宮牆峻邈。有八能之藝術。兼三冬之文史。雅達政方。早膺朝寄。出移節傳。播良守之風。入踐臺閣。得名臣之體。豈惟懷道佐時。見期於管樂。故以竭誠匡主。思致於堯舜。九重肅侍。則深陳可否。百辟在庭。則顯言得失。雖從容顧問。禮被於皇闈。而斟酌輕重。事隆於紫誥。宜遷掌壺之秩。式懋專車之寵。可守內史。散官勳封如故。主者施行。聖曆三年十二月十八日

韋嗣立平章事制

鸞臺、鳳池清切。鸞渚便繁。諷納兩闈。允資一德。中散大夫守天官侍郎韋嗣立、當朝人望。奕代相門。道周性全。才高識遠。誠以待物。寬而容衆。往司綸翰。五字見推。洎處提衡。九流式序。懷宗廟之掌。有社稷之能。宜竭忠賢。翊宣政化。可守鳳閣侍郎同鳳閣鸞臺平章事。散官如故。主者施行。長安四年正月

崔日用參知機務制

門下、才爲於時。以宣可大之業。精貫於日。以定非常之勛。古稱王佐。今乃人傑。大中大夫守兵部侍郎兼知雍州長史修文館學士騎都尉安平縣開國子崔日用、果行育德。修辭立誠。孝則揚親。忠於事主。堂堂乎貌。暢君子之風。謇謇其言。蘊大臣之節。故能書讀萬卷。文窮四始。高步登朝。平心待物。日者醜孽未殄。嘉謀潛斷。臨危不顧。見義而作。是用底寧。實所緊賴。師兵戢矣。京兆晏如。宜緝台堦之政。式拜掖垣之寵。可銀青光祿大夫行黃門侍郎參知機務。學士勳封如故。主者施行。唐隆元年七月四日

姚元之同三品制

門下、王佐之重。師兵之任。旁求棟幹。膺此具瞻。同州刺史姚元之、宏略冠時。偉才生代。識精鑒遠。正辭強學。有忠臣之操。得賢相之風。累踐台衡。匡益斯在。頃居藩郡。循良是屬。載懷一德。分命六官。訏謨允歸。文武兼濟。式憑帷幄之算。宜副韜鈐之委。可兵部尚書同中書門下三品。先天二年六月

張說檢校中書令制

門下、朕命百工。傳膺審象。漢推三傑。良屬運籌。不有斯人。孰賚予弼。尚書左丞張說、居正合道。體直理精。朕昔在承華。首延博望。談經之際。欽若讜言。攜翰之間。潤色鴻業。屢陳匡益。見嫉奸回。頃雖抗跡疎遠。而載懷飢渴。今羣兇已服。大猷伊始。永言亮采。光朕側席之期。俾茲啓沃。成朕濟川之望。宜登鼎鉉。式綜絲綸。可檢校中書令。先天二年七月

## 劉幽求知軍國大事制　蘇頲

門下、尚書佐理。四方取則。端揆成務。百工是師。非允具瞻。孰康庶績。封州流人劉幽求、風雲玄感。川嶽粹靈。學綜九流。文窮三變。義以臨事。精能貫日。忠以成謀。用若投水。茂勳立艱難之際。嘉話盈啓沃之初。存讜直以不回。爲奸邪之所忌。釁萌頗露。譖端竊發。元宰見逐。讒人孔多。既殄羣兇。方宣大化。期問政於經始。載登賢於夢卜。可依舊金紫光祿大夫尚書左僕射知軍國大事監修國史上柱國徐國公。仍依舊還實封。主者施行。先天二年八月一日

## 劉幽求同三品制

門下、弼諧庶政。亮采有邦。不遇人傑。孰膺王佐。金紫光祿大夫守尚書左僕射知軍國大事監修國史上柱國徐國公劉幽求、偉量天假。宏才代出。子產之道四。既取諸身。咎繇之德九。以成其用。伊昔搆屯。感憤謀始。洎于開泰。防萌釁初。景化俟其丹青。讒詞變於白黑。頃居炎瘴。受釐之對莫聞。重踐台衡。從政之言益啓。睠茲密勿。方總訏謨。宜兼委於掖垣。仍具瞻於禮闥。可同中書門下三品。餘如故。主者施行。先天二年九月八日

## 張說中書令制　蘇頲

門下、咸有其德。委廊廟之元宰。知無不爲。歸掖垣之成務。銀青光祿大夫檢校中書令上柱國燕國公張說、含和育粹。特表人師。懸解精通。見期王佐。立言布文武之用。定策勵忠公之典。才冠代而不有。功至大而若虛。自頃弘益時政。發揮王道。萬事必理。一心從乂。以觀其獨。伯起慎於四知。嘗得其眞。叔敖謹於三者。故能深而不竭。久而彌芳。宜大號於紫宸。潤昌圖於清禁。我憑柱石。爾作鹽梅。正名之謂。羣議斯集。可守中書令。散官勳封如故。先天二年九月十一日

## 姚崇兼紫微令制　蘇頲

黃門、天之紫微。地在清禁。宰臣爲重。庶政攸先。不有殊才。曷云兼寄。金紫光祿大夫兵部尚書同紫微黃門三品監修國史上柱國梁國公姚崇、河山粹氣。禮樂清英。德量在寬。公心益謹。詞必體要。行之自遠。學以窮微。志於可大。允茲忠讜。光我謀謩。聞善若驚。欲仁斯至。衣冠以爲蓍蔡。廊廟賚其柱石。朕之欽哉。管樂臣之傑者。蕭張遂能以身許國。開物成務。邦是用乂。朝惟得賢。北辰環拱。四垣近密。俾因題劎之榮。式演如絲之命。可兼紫微令。餘如故。主者施行。開元元年十二月九日

## 盧懷慎平章事制

門下、宰輔之任。蓍猷是屬。不有大才。孰康景化。黃門侍郎盧懷慎、貞良敦朴。孝悌仁厚。度量深於江海。堅清邁於冰雪。事皆體大。距觀非聖之書。心必在公。雅契惟賢之典。故能危言正色。直道匪躬。比之微管。而求得說。宜寵瑣闈。參乎鼎坐。可同紫微黃門平章事。開元元年十二月

盧懷慎檢校黃門監制

黃門、古稱納言。亦號常伯。厥命惟允。朕之股肱。俾乂成績。聿歸良輔。銀青光祿大夫行黃門侍郎同紫微黃門平章事上柱國漁陽縣開國伯盧懷慎、氣資溫厚。生於薊北。年始英妙。出自山東。王佐所期。人師見屬。考彼揚歷。多於獻替。學以充其忠讜。才以運其淸明。所謂許國忘身。立朝正色。有仲山甫之節。成管夷吾之能。故其道彌高。其心益下。可以敷我王度。弼于朕躬。用增輝於侍帷。宜拜寵於參乘。可檢校黃門監。散官黃門如故。主者施行。開元三年正月十九日

源乾曜平章事制

門下、軒夢三相。舜舉八元。必佇人傑。以宣邦政。尚書左丞上柱國安陽縣開國男源乾曜、博文強學。達識周才。貞白可以勵時。道義可以弘物。虛懷同於抱月。懸鏡不疲。利器比於成風。鏗鍾無滯。固可光左曹之駮議。翊中禁之謀猷。用參金鉉之司。兼踐玉臺之副。可黃門侍郎紫微黃門平章事。勳封如故。開元四年十一月

宋璟兼黃門監蘇頲平章事制

黃門、虞庭稱盛。任於夔龍。周邦以寧。屬於閎散。是知出納惟允。必俟英奇。啓沃有光。實資茂彥。銀青光祿大夫守刑部尚書上柱國廣平郡開國公宋璟、宇量凝峻。執心勁直。銀青光祿大夫行紫微侍郎兼知制誥上柱國許國公蘇頲、風檢詳密。藻思淸華。或掌憲南宮。持平邦典。或撫翰西掖。匡輔政途。咸竭奉上之心。俱盡匪躬之節。九流俟其澄序。衆務資其弼諧。宜委銓管。兼侍帷幄。璟可守吏部尚書兼黃門監。頲可同紫微黃門平章事。散官勳封並各如故。開元四年閏十二月

張說同三品制

門下、乾坤以陰陽化成。后王以輔弼興理。所以寅亮天極。緝熙帝圖。匪賴大賢。孰寄斯任。天兵軍節度大使右羽林將軍兼幷州長史攝御史大夫燕國公兼修國史張說、挺其公才。生我王國。體文武之道。則出將入相。盡忠貞之節。則前疑後丞。諒可以弘此大猷。惣其邦政。允釐庶績。保乂皇家。可守兵部尚書同中書門下三品。勳封修國史如故。仍卽馳驛赴京。開元九年九月

張說兼中書令制

中書政本。實管王言。咨爾夏卿。僉曰惟允。兵部尚書同中書門下三品燕國公張說、道合忠孝。文成典禮。當朝師表。一代詞宗。有公輔之材。懷大臣之

節。儲宮侍講。早申翼贊。台座訏謨。備陳匡益。入則式是百辟。出則賦政四方。嘉績簡于朕心。茂功著于王室。賚予良弼。光輔中興。迺眷專車。是稱樞密。宜兼出納之任。式副具瞻之舉。可兼中書令。開元十一年二月

# 唐大詔令集卷第四十五

## 大臣

### 宰相

#### 命相二

## 命相二

### 張說中書令王晙同三品制

門下、周稱內史、以司號令、漢曰尚書、是主喉舌。用平邦國。以佐王教。兵部尚書兼中書令張說、履道體正。經邦立言。吏部尚書王晙、忠肅剛簡。博聞宏識。並才包王佐。望重時英。內訓五品。外淸九服。嘉謨必盡。庶績允康。宜參五臣之命。以正三台之象。說可中書令。晙可兵部尚書同中書門下三品。開元十一年四月

### 韓休平章事制　張九齡

敕、思致雍熙。聿求良輔。久勤寤寐。延彼周行。大中大夫守尚書右丞上柱國韓休、蘊道弘深。秉德經遠。淸裁可以軌物。素行可以律人。一自登朝。備聞體國。志存公亮。誠著始終。而羽翼朕躬。金玉王度。人望是在。朝選無踰。宜拜命於瑣闈。俾兼和於鼎室。可守黃門侍郎同中書門下平章事。開元二十一年二月

### 裴耀卿張九齡平章事制　徐安貞

門下、風雲之感。必生王佐。廊廟之任。爰在柱臣。中大夫守京兆尹護軍借紫金魚袋裴耀卿、含元精之休。體度弘遠。正議大夫前檢校中書侍郎集賢院學士仍副知院事上柱國賜紫金魚袋曲江縣開國男張九齡、挺天生之秀。器識通明。並風望素高。人倫是仰。可以叶彼寅亮。當茲啓沃。幹時待士。旣資鼎實之和。爲國急賢。寧唯金革之事。耀卿可黃門侍郎同中書門下平章事。弘文館學士散官勳如故。九齡可起復中書侍郎同中書門下平章事。兼修國史。餘如故。主者施行。開元二十一年十二月

### 裴耀卿侍中張九齡中書令李林甫同三品制

門下、春秋之義。尙重卿才。王國克楨。莫先相位。用增其命。必正其名。中大夫守黃門侍郎同中書門下平章事弘文館學士賜紫金魚袋上護軍裴耀卿、正議大夫中書侍郎同中書門下平章事集賢院學士副知院事兼修國史賜紫金魚袋上柱國曲江縣開國男張九齡、經濟之才。式是百辟。正議

大夫檢校黄門侍郎賜紫金魚袋上柱國李林甫、泉源之智。迪惟前人。既樞密載光。而親賢稱首。審能羣會。所莅有孚。寧惟是日疇咨。故以多年歷選。國鈞緊賴。邦禮克清。宜命曰鼎臣。置之廊廟。耀卿可銀青光祿大夫守侍中學士勳如故。九齡可銀青光祿大夫守中書令集賢院修國史勳如故。林甫可銀青光祿大夫守禮部尚書同三品勳如故。主者施行。開元二十二年五月

## 陳希烈平章事制

翊亮天工。緝熙帝載。賚予良弼。其在是乎。光祿大夫行門下侍郎集賢院學士副知院事兼侍講崇玄館大學士太清太微宮使上柱國臨潁縣開國侯陳希烈。中黄賦象。靈岳誕才。識洞精微。道含淳粹。依仁遊藝。惣儒門之四科。寶儉行慈。守玄宗之三德。自居近侍。忠懿逾彰。匪躬懷不二之心。正色有大臣之節。信可以允釐庶績。爕贊台階。可行門下侍郎同中書門下平章事集賢院弘文館學士。散官勳封如故。天寶五載四月

## 陳希烈左相制

門下、仲虺相湯。言宣雅誥。子魚佐魏。任惣中兵。將代天工。允憑時傑。光祿大夫門下侍郎同中書門下平章事集賢院弘文館學士崇玄館大學士太清太微宮使上柱國臨潁縣開國侯陳希烈、逸量宏達。英才卓邁。既履直而成範。亦資忠而炳德。學該流略。義惟守於經門。文麗風騷。言必詮於理要。自黄樞貳職。侍講金華。紫府弘眞。參謀玉鉉。歲月逾久。而其道彌光。人師有屬。於在三王度式歌於畫一。疇咨既久。亮采惟熙。宜正貂蟬之榮。用兼喉舌之寄。可行左相兼兵部尚書。餘如故。天寶六載三月

## 楊國忠右相制

先王立政。必惟擇賢。所以時亮天功。叶修人紀。惣玆三事。是屬中樞。審于百工。僉曰亞相。銀青光祿大夫御史大夫判度支事權知太府卿兼蜀郡長史持節劒南節度支度營田等副大使本道兼山南西道採訪處置使兩京太府司農出納監倉祠祭木炭宮市長春九成宮等使關內道及京畿採訪處置使上柱國弘農縣開國伯楊國忠、純粹精明。懸解虛受。比之管樂。文多體要之詞。擬于邴魏。武有韜鈐之學。直方其道。簡易能成。往自星郎。爰秉天憲。邦國大政。弘益滋多。則造膝沃心。已期王佐。彌綸經濟。同致雍熙。況南臺冢宰。尤思藻鑒。西垣鼎座。深佇爕和。會予夙心。命爾為相。宜兼密啓。式惣如綸。可守右相兼吏部尚書集賢殿學士修國史崇玄館大學士太清太微宮使。仍判度支及蜀郡大都督府長史劒南節度支度營田副大使本道兼山南西道採訪處置使兩京出納勾當租庸鑄錢等使。並如故。天寶十一載十一月

## 韋見素平章事制

門下、緝熙帝載。必俟大賢。砥礪公才。允膺殊奬。銀青光祿大夫行尚書吏部侍郎上柱國彭城郡開國公韋見素、風度宏遠。操履貞固。懷至公之節。守難奪之誠。學富墳典。每思經濟之義。文雄搢紳。豈獨彫蟲之美。荐居東掖。顧問有光。累拜南宫。銓衡式序。清素之業。惠迪彌彰。爾惟不矜。朕志先定。信

可發揮邦政。翊贊台階。將弘夢卜之感。俾協黎元之望。可守武部尚書同中書門下平章事集賢院學士知門下省事散官勳封如故。天寶十三載八月

### 房琯平章事制

敕、憲部侍郎房琯。清識雅量。工文茂學。秉忠義之規。靡憚艱險。挺松筠之操。寧移歲寒。宜承題劍之榮。式允濟川之望。可文部尚書同中書門下平章事。天寶十五載七月十四日

### 呂諲平章事制

出納絲綸。是稱喉舌。調和鼎餁。必藉鹽梅。况艱難之際。擇賢必資於選衆。密勿之地。論道固期於得人。兵部侍郎呂諲、間氣挺生。宏才迥發。訥言敏行。强識博聞。謀猷出三傑之先。德業處五人之上。允在朝列。尤推審愼。復得鈞璜之慶。宜膺補衮之求。可同中書門下平章事。乾元二年三月

### 李峴李揆第五琦平章事制

出納帝命。經綸王言。兆若見於非熊。位必登於仲虺。行御史大夫兼京兆尹李峴、朝廷碩德。宗室藎臣。中書舍人兼禮部侍郎李揆、文房學府。命代挺生。行戶部侍郎兼御史大夫第五琦、武庫智囊。膺期間出。中和秀氣。維岳降靈。可以宣暢謀猷。恢弘體要。庶得道光風力。名重伊皐。俱當入夢之辰。共舉從繩之直。旣用登王輔。宜以道弼予。峴可行吏部尚書同中書門下平章事。揆可中書侍郎同中書門下平章事。琦可戶部侍郎同中書門下平章事。乾元二年三月

### 苗晉卿侍中制

宰輔之重。陶鈞所寄。用諧時望。必藉素名。是以殷登左相。伊尹成乎一德。漢命舊臣。孔光由其再起。蓋所以上扶皇極。下庇蒼甿。永懷寅亮之美。實屬股肱之任。特進太子太傅上柱國韓國公苗晉卿、衣冠宿望。廊廟公才。體文雅之宏量。負經通之遠識。累踐臺閣。久彰名器。自艱難之際。叶贊有勞。早契風雲之期。備陳匡濟之術。頃以疲痾固辭樞務。重違誠懇之志。爰假優崇之秩。雖訏謨暫間。而寤寐無忘。今戎事猶虞。蒸人未乂。漢將且聞於辭第。留侯豈遂於停湌。成余社稷之本。懿爾勳庸之望。固可勉紆新紱。載珥舊貂。宜罷輜車之禮。俾膺黃閣之政。可行侍中。上元元年五月

### 蕭華平章事制

弼予之選。審象是求。天步未平。廟謀尤切。必資明表。佇以佐時。畫一之才。取則不遠。正議大夫守河中尹兼御史中丞充本州晉絳等州節度觀察處置等使上柱國嗣徐國公賜紫金魚袋蕭華、公輔成名。承家繼業。詞標麗則。德蘊蕃明。道開雲物之先。節貫嚴凝之序。早登臺閣。多識舊章。再履宮坊。尤知至行。致君望美。閔相求能。且推伊陟之賢。更啓漢臣之閤。環依日月。佐理陰陽。俾參政於紫宸。用建中於皇極。可中書侍郎同中書門下平章事集賢殿崇文館大學士兼修國史。散官勳封賜如故。上元二年二月

裴遵慶平章事制

致君惟善。輔德在和。必俟三台之明。用增九鼎之重。彝倫所屬。元氣是調。乃眷公才。作予良弼。銀青光祿大夫行尚書吏部侍郎上柱國河東縣開國侯裴遵慶、體凝精粹。理暢黃中。學奧全經。詞深大雅。行歸於簡。節固其貞。公輔之望。攸先古人之風。非遠。累階朝序。久踐天臺。凡所彌綸。多爲故事。咸有斯在。王猷是經。庶弘翼善之功。克濟投艱之運。登榮璇闥。參政兩闈。宜輟山公之啓。以光說命之求。可行黃門侍郎同中書門下平章事。散官勳封如故。上元二年四月

元載平章事制

天位惟艱。廟謨是切。委在公輔。正于四方。佇鼎實之能調。補袞章之有闕。眷求勵翼。式允僉諧。朝議大夫守尚書戶部侍郎兼御史中丞上柱國許昌縣子賜紫金魚袋充度支等使元載、清明在躬。貞固幹事。信必可復。文而不華。準繩朝端。金玉王度。不有其善。遹觀厥成。固是生靈之傑。咸推宰輔之器。執茲大政。叙以彝倫。建中于人。莫匪爾相。丹青神化。參議兩闈。宜書一德之篇。俾叶賡歌之美。可同中書門下平章事。兼集賢殿崇文館大學士。修國史。餘如故。□□元年建辰月

劉晏平章事制

搆廣廈者審象於宏材。經萬邦者注意於良弼。自非道符夢卜。名冠簪裾。何以允副虛求。式諧時望。銀青光祿大夫國子祭酒兼御史大夫京兆尹判度支勾當度支等使上柱國彭城縣開國伯劉晏、應期生德。維岳降賢。文爲君子之儒。器韞通人之量。學苞前典。志在於直方。詞蔚古風。義存於比興。自兼京劇。職惣均輸。變而能通。弘適時之務。居難若易。多濟物之心。頃者戎事方殷。軍賦惟錯。率皆倚辦。每竭推誠。寇難初夷。皇猷咨弼。周王佐國。必自於天官。漢代登台。咸由於亞相。宜膺選衆之舉。用成亮采之功。可金紫光祿大夫吏部尚書同中書門下平章事。進封彭城郡開國公。食邑二千戶。勳及度支等使並如故。廣德元年五月

楊綰常衮平章事制

休國經務。亮采惠疇。以遂萬物之宜。以刑四方之理。彌縫衮職。金玉王猷。平景緯於台階。濟鹽梅於鼎飪。必先時俊。允應旁求。朝議大夫守太常卿兼修國史賜紫金魚袋楊綰、贍學懿文。崇德廣業。表微藏用。適務知章。朝議郎守尚書禮部侍郎集賢院學士上柱國賜紫金魚袋常衮、志業貞諒。理識宏深。守正居中。確乎難奪。頃以戎車未戢。邊事仍殷。永言庶政。有乖彝叙。今將本俗刑教。澄源振綱。宣九德以阜成。張四維而翼贊。洽于僉論。咨爾具瞻。往副審詳之誠。楙緝時雍之化。綰可平書侍郎同中書門下平章事。集賢殿崇文館大學士。脩國史。散官勳賜如故。衮可門下侍郎同中書門下平章事。太微宮使。崇賢館大學士。散官勳賜如故。大曆十二年四月

蕭復劉從一姜公輔平章事制　陸贄

敕、宰輔之任。獻替爲務。內凝庶績。外撫四夷。調陰陽以成歲功。贊化育而熙帝載。若金用礪。其弼予違。如旱爲霖。允從人望。矧時屬多難。彌切任賢。朕未嘗不朝夕論思。寤寐懷想。道之所在。仁遠乎哉。朝議大夫守戶部尚書兼御史大夫充荊襄江西等道都元帥統軍長史豐縣開國男賜紫金魚袋蕭復、性質端亮。理識精敏。約己弘物。體方用圓。爲邦益表其異能。及□亟聞其鯁議。動可爲範。立不易方。守尚書吏部郎中兼御史中丞充荊襄江西等道都元帥判官賜緋魚袋劉從一、貞白其行。溫恭其文。居簡而適用。必通體和。而臨事有立。持重能斷。色莊有恆。累更委任。多所弘益。守京兆府戶曹參軍翰林學士賜緋魚袋姜公輔、志懷濟物。鑒必通理。主文而諫。忠靡退言。經始以謀。事皆前定。道無屈撓。智叶變通。並可以參贊大猷。允膺僉矚。兵戎未靖。期爾經綸。都邑未康。期爾還定。予一人有過。爾是用匡。伊萬姓不寧。爾是用乂。欽哉。愼乃有位。罔瘝厥官。復可守吏部尚書同平章事。散官封如故。從一可守尚書刑部侍郎同平章事賜紫金魚袋。公輔可守諫議大夫平章事賜紫金魚袋。建中四年十月

劉滋崔造齊映平章事制

門下、朕嗣位君臨。精求理道。小大之務。靡不經心。日愼一日。于今八載。教化未洽。蒸黎未康。因之以甲兵。繼之以災沴。斯固鑒有所不至。慮有所不周。予衷浩然。若涉淵冰。思所以匡我致理。助我官人。宜其澤而四方以寧。執其要而百工式序。允是大任。其惟輔臣。寤想勞懷。敷求俊乂。得茲良弼。爰在周行。權知吏部侍郎劉滋、操履貞淸。介然自守。居能愼獨。動不違仁。析理究其精微。勵學探於旨趣。給事中賜緋魚袋崔造、性合道要。識通化源。適時有成務之才。事上懷匡弼之節。蘊蓄氣業。自明而誠。體賢人可大之規。用君子時中之道。虛受能擇。淸通不流。惟滋之直方。可以激風俗。惟造之體度。可以振綱條。惟映之精深。可以該物理。我有大典。爾其懋昭厥猷。勿替休問。滋可守散騎常侍同平章事。造映可各守本官同平章事。散官勳封賜並如故。貞元二年正月

李泌平章事制

自昔元后。表正萬邦。必兼聽以求聞。乃選賢而自輔。理亂之本。繫乎其任。授之以道。將在其人。朕嗣守丕圖。運逢多難。每虔心至理。思致和平。夕惕與懷。納隍軫慮。今干戈甫戢。而戎狄爲虞。豈誠信所未孚。何聲教之不洎。是以夢想良佐。庶迪前聞。云誰之思。朕志先定。前檢校禮部尚書陝虢觀察使李泌、山河粹氣。道德淸英。發爲禎祥。生我王國。夷簡不雜。高明有融。深厚以致誠。直方而可大。識窮化本。動會時中。讜正居心。謀猷允哲。自膺分陝。累洽嘉聞。宜其入掌中樞。內司闕袞。贊兩儀之化育。貞百度之經綸。協和神人。參揔廊廟。賫爾才實。惠于邦家。往欽哉。式佇成績。可守中書侍郎同中書門下平章事。貞元三年六月

# 唐大詔令集卷第四十六

大臣

宰相

命相三

## 命相三

### 齊抗平章事制　權德輿

敕、寅亮天工。緝熙王度。調陰陽以遂羣品。敷教化以統百官。必得其人。乃濟于理。是資茂德。式允具瞻。中散大夫守太常卿上柱國賜紫金魚袋齊抗、植操清貞。秉心諒實。精達政理。詳明典彝。才器可以濟時。忠正可以激俗。莅事惟肅。休聲茂聞。宜入贊於中樞。俾發揮於景化。式是百辟。毗予一人。可守中書侍郎同中書門下平章事。散官勳賜如故。於戲。政之得失。在於弼諧。爾其竭誠啓沃。以廣視聽。盡規獻納。以贊謀猷。俾人叶□中。時乃之績。無替朕命。厥惟懋哉。貞元十六年九月

### 韋執誼平章事制

門下、宰相之職。寅亮緝熙。導陰陽之和。贊天地之化。裁成百揆。惣領庶官。非道契時中。識通理本。則何以敷暢皇極。阜安羣黎。朕以眇身。嗣守丕業。思立人紀。以承天休。其代予言。允屬良弼。朝議郎守吏部郎中騎都尉賜緋魚袋韋執誼、孝友忠肅。自誠而明。茂實本於宗師。英華發於事業。久參內署。動直靜專。累踐中臺。職修事舉。克有公望。冠于羣倫。以予沖人。襲默思道。用是命爾。納誨弼違。必能刑四方之風。成天下之務。祗服乃職。厥惟欽哉。可守尚書左丞同中書門下平章事。賜紫金魚袋。永正元年二月

### 杜黃裳袁滋平章事制

輔弼股肱之臣。所與共成天功。左右邦理者也。朕承至尊之重。居羣后之上。夙興寅畏。不敢康寧。思所以統天人之和。彰祖宗之烈。以刑四方之政。以遂萬物之宜。敷求哲人。以輔台德。銀青光祿大夫守太常卿充禮儀使上柱國鄭縣開國公杜黃裳、弘深易簡。資博厚之德。朝議郎檢校左散騎常侍兼左金吾衛大將軍充左街使雲騎尉賜紫金魚袋袁滋、沖茂精微。體誠明之性。咸以器業閎茂。服在大僚。祗事先朝。克荷休命。識達道奧。文爲國經。可以儀刑具寮。參綜庶務。寅亮大工。毗予一人。罔不同心。以匡乃辟。黃裳可門下侍郎平章事。滋可中書侍郎平章事。永正元年七月

### 鄭餘慶平章事制

有天下者。曷常不選賢與能。納于輔弼。用乂厥辟。以和羣生。所以叙彝倫。平憲度。建用皇極。底於雍熙者也。朕祗若大訓。圖任舊人。疇咨庶工。用佐予理。朝議大夫尚書左丞輕車都尉賜紫金魚袋鄭餘慶、全器茂學。蹈中秉直。易則可久。和而不流。嘗踐禁闈。亦參袞職。每盡王臣之節。實彰君子之風。服于大僚。克有休問。洎綜理會府。綱紀羣司。率由舊章。載叶成式。固可以儀刑庶尹。寅亮天工。可中書侍郎門下平章事。餘並如故。永正元年八月

## 鄭絪平章事制

朝廷者天下之楨幹。宰輔者王化之根源。朕夙寤晨興。講求爲理之本。思所以仰承宗廟之重。俯協億兆之心。諧和陰陽。茂育區宇。以貞百度。以敘九疇。佐予成功。實賴良弼。具瞻之地。公望攸歸。朝請大夫守中書舍人翰林學士上柱國賜紫金魚袋鄭絪、秉仁迪哲。守約居易。懿以文德。擇乎中庸。體元和之淑姿。服大雅之明訓。累登班序。休有令聞。羽儀周行。黼藻王度。洎發揮綸翰。典職禁闈。以温文雅麗之才。居獻納論思之地。從容中節。密勿盡規。先朝任能。委遇斯重。恪恭夙夜。綿歷歲年。誠節貫於屯夷。茂勳參於顧託。名書彝鼎。心若丹青。朕祗膺睿圖。誕受明命。弘宣大典。澤潤鴻猷。保乂于一人。儀刑于萬國。簡于朕志。用選厥勞。圖任舊人。以匡乃辟。疇咨四國。罔不僉同。宜膺弼亮之求。式懋彌綸之績。於戲。爲君之難。存乎舉而不任。爲臣之患。在乎知而不言。事舉其中。政修其本。永綏厥位。時乃之休。可中書侍郎同中書門下平章事兼集賢殿大學士。散官勳賜如故。永正元年十二月

## 武元衡平章事制

惟人代工。興物施化。弼成者元首。輔翼者股肱。況國之號令。本於內史。政所關決。審於黃樞。爰發四方。用凝庶績。心求同德。賚以弼予。朝議郎守尚書戶部侍郎文水縣開國子賜緋魚袋武元衡、挺生偉才。克振前緒。蹈禮合樂。謙厚端和。居暗室而不欺。處岩廊而益重。文能合雅。吏必立程。再司石室之圖。遂踐春華之署。故事可舉。嘉猷日新。爰委地征。實惟邦本。勤於小物。弘以大綱。一心不移於吐茹。衆務必歸於領會。鬱此時望。稱爲名臣。朕祗奉鴻休。懼於負荷。居則神明之奧。位當億兆之尊。常恐明不燭幽。慮不及遠。一物未獲。萬方在予。書不云乎。臣作朕股肱耳目。是用命爾。處茲弼諧。爾其慎於將明。勉於規誨。必思袞闕。無或面從。直哉惟淸。副我明命。可朝議大夫守門下侍郎平章事賜紫金魚袋。封如故。元和二年五月

## 李吉甫平章事制

門下、昔周宣王思弘文武之道。則以申甫代天工。漢宣帝思繼祖宗之風。則以邴魏執邦柄。是以克紹前烈。俱稱中興。朕以眇身。託于人上。亦思所以纘烈聖之緒。致太階之平。懷柔四夷。親附百姓。將成莫大之業。遂獲非常之才。授之鈞衡。俾作舟檝。銀青光祿大夫行中書舍人翰林學士上柱國李吉甫、符彩外發。淸明內融。體仁而温。抱義而峻。識同精賾。知皇王致理之源。學該古今。窮天人相與之際。自擢於綸閣。列在禁闈。鼓三變之文。潤色王度。揔五才之用。參贊廟謨。化俗思邁於成康。致君願及於堯舜。當注思之所向。每罄心而必陳。深中不回。獨立無懼。經綸常見其道遠。激切多至於涕零。王綱以張。蜀寇斯殄。左右密勿。實由嘉言。降神而生。輔朕爲理。調三光以序六氣。遂物情而熙帝猷。是爲中樞。司我大本。命爾俞往。其惟勗哉。於戲。宰輔之任。安危所寄。百辟爲憲。萬邦所瞻。與其明察以爲公。不若嚴重而有制。與其將順於甚美。不若匡救於纖微。審涇渭以序人倫。謹繩墨以正天下。交泰之運。其在斯乎。敬聽朕言。以踐乃職。可守中書侍郎同中書門下平章事。散官勳如故。主者施行。元和二年三月

## 裴垍平章事制

白居易

門下、朕聞后德惟臣。良臣惟聖。在太宗時。實有房杜贊貞觀之業。在玄宗時。則是姚宋輔開元之化。咸克佐我烈祖。格于皇天。朕祗奉丕圖。懋繼前烈。思欲貞百度。和萬邦。建中于人。垂拱而理。不惟房宋之化。寤寐求思。至誠感通。上帝眷祐。果賚良弼。輔予一人。正議大夫行尚書戶部侍郎上柱國賜紫金魚袋裴垍、器得天爵。文爲國華。行有根源。言無枝葉。忠敬恭實。順之以誠心。方潔貞廉。輔之以通識。中立不倚。扣之有聲。洎潤色綸言。密參樞務。嚴重得大臣之體。温雅秉君子之文。每獻納之時。動有直氣。當顧訪之際。言無隱情。遠圖是經。大事能斷。匡予不逮。時乃之功。及領地官。且司邦賦。會計務劇。出納事殷。投利刃而皆虛。委棼絲而必理。歷試玆久。全才益彰。宜登中樞。以允僉望。夫宰輔者。下執邦柄。上代天工。爲國蓍龜。注人耳目。爾尚隆乃德。以親百姓。廣乃志。以序九流。匡朕心。以清化源。從人欲。以致和氣。予欲宣力。汝爲股肱。予欲詢謀。汝爲心膂。予違。望于汝弼。勿謂不從。汝言逆于朕心。必求諸道。獨立勿懼。直躬而行。明聽斯言。敬踐厥位。烏虖。罔俾房宋。專美于前。可中書侍郎同中書門下平章事。散官勳賜如故。主者施行。元和三年九月

李藩平章事制

皇王理本。繫於輔弼。內以熙庶績。釐百工。外以撫四夷。式羣后。三五已降。崇替由之。朕祗荷丕圖。思底于道。夙夜惟勵。延登俊賢。若涉夫川。俾作舟檝。朝散大夫守給事中上柱國李藩、天鍾粹美。氣稟清英。信在言前。行爲人表。蘊經邦之識度。發自明誠。通理道之本根。鬱爲公器。學探旨奧。文以忠貞。大玉斯實於東序。朱絃可薦於清廟。廣則難挹。寬而有容。處衆無溷其風標。在險嘗推其名節。累登華署。克贊彌綸。擢授左曹。專聞駮議。永惟股肱之任。翼亮是資。必求其人。豈限常次。黃樞還重。僉曰宜之。爰舉朝章。式副公望。於戲。爾惟率正。邪罔不懲。惟匪躬直誠。可以事上。惟秉鈞平施。可以致和。毗予一人。允理三事。懋乃攸績。永孚于休。可朝議大夫守門下侍郎同中書門下平章事。賜紫金魚袋。元和四年二月

權德輿平章事制

門下、夫宰相之任。上以代天工。輔佐之宜。下以立人極。爰得忠正。方膺股肱。正議大夫守太常卿上柱國襄武縣開國侯賜紫金魚袋權德輿、器度端實。知識通敏。學成師法。文爲國華。素履常踐於貞方。黃中允洽於易簡。自出入清列。茂著嘉聲。名利無屑於中懷。風雨不易其常性。驥騄之質。常識夫遠途。鸑鳳之姿。宜巢於阿閣。輔相之德。俾化及平民。導陰陽之和。使物靡疵癘。予違汝弼。言無面從。君可臣否。事已心許。用佇弘美。式副虛懷。可守禮部尚書門下平章事。散官勳封如故。元和五年九月

李吉甫平章事制

輔弼之重。邦家所屬。寄深藩翰。則外撫諸侯。望切股肱。則乂熙庶績。迭居其任。厥惟舊章。前淮南節度副大使知節度事管內支度營田觀察處置等使金紫光祿大夫檢校兵部尚書兼中書侍郎同中書門下平章事揚州大都督府長史上柱國趙國公食邑三千戶李吉甫、弘經遠之才。研極深之

慮。脱落細故。洞開中懷。文稽典蕃。學升堂室。洎司我密命。言屢表於獨明。參予衮職。道每彰於孤直。貢其誠節。竭以公忠。墜典載張。彜倫攸序。匡予不逮。懷之豈忘。曩以淮海大都。吳楚雄鎮。歲屬艱食。人多愁聲。是假全才。用康疲俗。下流乎水利。不憚乎勞心。故矗以長堤。瀦其天澤。變舄鹵爲稻粱之壤。致蒸黎有衣食之源。吏守成規。人無遷志。庶富之教。既宣於封內。輔相之宜。俾及於天下。顧茲重務。屬於良臣。去其外職之繁。專以中樞之任。至於別館良史之褒貶。內殿集賢之清祕。爰舉舊典。式洽新恩。無曠厥官。往踐乃位。可中書侍郎同中書門下平章事。兼集賢殿大學士監修國史。散官勳封如故。（元和六年正月）

## 李絳平章事制

門下、司重柄者允屬於長才。熙大猷者固資於端士。朕纘承鴻緒。撫有萬方。夙夜祗勤。懼遠於道。故注意宰輔。勞懷夢想。誠以得失之效。邦家所繫。疇若僉論。簡予深衷。必惟其人。是舉成命。朝議郎守尚書戶部侍郎驍騎尉賜紫金魚袋李絳、質秀珪玉。文含采章。抱器挺生。居貞特立。有史魚秉直之操。勵山甫匪懈之誠。忠孝兩全。學識兼茂。清操可以範雅俗。正氣可以肅羣倫。頃自周行。俾參密命。動必以義。知無不爲。謇謇懷匡濟之心。孜孜陳遠大之略。言無隱避。居則靜專。貫于初終。其道一致。地卿之貳。爰委典司。理財先示於簡廉。利物每懲其聚斂。經通立制。器用彌光。臺閣之間。鬱有公望。是宜權衡百度。宰理庶工。允副具瞻。宰我樞務。於戲。予欲駈人俗以躋富壽。感人心而致和平。爾尚修明憲章。宣布德澤。必廣大其志。無皦察爲公。恆其道以秉彝。裕其體以臨下。各任以職。無忘陳平之言。苟便於人。勿憚蕭何之請。敬茲寵擢。爾其懋哉。可朝議大夫守中書侍郎同中書門下平章事。勳賜如故。主者施行。（元和六年十一月）

## 武元衡平章事制

門下、邦國興理。將相是資。選衆而舉。思賢俾乂。故有台臣外撫。宣力以靖於四方。衮職迭居。懋功復凝於庶績。允茲崇踐。爰屬上才。前劍南西川節度副大使知節度事管內支度營田觀察處置統押近界諸蕃及西山八國雲南安撫等使銀青光祿大夫檢校吏部尚書兼門下侍郎同中書門下平章事成都尹上柱國臨淮郡開國公食邑二千戶武元衡、粹厚端莊。簡易常一。有誠明之道以致用。有宏茂之略以佐時。貞方自得於性術。操尚不愆於風雨。加以懿文合雅。聚學承師。通禮樂刑政之源。達古今沿變之要。歷登華貫。休問穆然。洎處鈞衡。中立不倚。致君思堯舜之盛。修職以邴魏爲宗。益部大藩。比仗兼濟。而能布宣威惠。撫莅蠻髦。縣道輯寧。疲黎安息。推心而下皆率附。正己而人自嚮方。臨之累年。理有異等。朕以出納王命。緝熙帝圖。總庶官之職業。爲百度之扃鍵。惟此重任。屬于黃扉。分憂遂輟於殿邦。具瞻再歸於碩望。爾尚行之以忠正。煦之以和平。毗予一人。膏潤天下。祗膺禮命。無替徽猷。可守門下侍郎同中書門下平章事、兼崇文館大學士、充太清宮使。（元和八年三月）

## 張弘靖平章事制

門下、虞以爲盛。猶咨五臣。殷之用興。亦賴三后。朕勵精恭己。十載于茲。常以國鈞。委之公輔。務熙庶績。敢怠旁求。思欲左右有人。在廣股肱之任。歷選列辟。洎于藩維。冀獲賢能。俾匡正道。今茲所命。允屬至懷。河中晉絳慈隰等州節度支度營田觀察處置等使正議大夫檢校禮部尚書兼河中尹御史大夫上柱國高平縣開國子食邑五百戶賜紫金魚袋張弘靖、德稟精微。器含沖用。温恭諒實。明允克誠。素推君子之風。雅有大臣之體。蘊積稽古之學。發揮經緯之文。常司朕言。動叶謨訓。歷踐清貫。具揚淑聲。爰統方州。載膺節制。奉法遵道。首公忘私。人無不懷。績用丕茂。予欲正百工之理。成太平之階。若臨巨川。以重舟楫。是用命爾。列于中台。每念臣隣之規。以貞崇棟之吉。少翁積慶。嗣德漢廷。文子勤身。繼匡晉室。爾惟朝夕納誨。以翊朕躬。是資袞職之勤。式重緇衣之美。仍帥司寇之屬。俾靖皐陶之刑。懋宣厥猷。往踐于位。可守刑部尚書平章事。散官勳封如故。元和九年六月

## 韋貫之平章事制

門下、弼成大化。參叙彝倫。克光元首之明。斯在股肱之任。朕所以不自暇逸。務求賢能。式重舟楫之才。以弘經濟之道。疇若予志。僉諧乃公。中大夫守尚書左丞上輕車都尉賜紫金魚袋韋貫之、清明在躬。禮樂之器。蘊珪璋特達之德。茂廉正博雅之規。靜而知微。動必有守。凡踐列位。備聞嘉猷。當官而行。臨事能斷。道可鎮於風俗。望彌積於朝倫。是宜和靜陰陽。紀綱邦國。命作心膂。列于台階。夫能慮四方。揆百事。愛利萬物。辨論羣才。示公忘私。時乃之職。而況圖精藩服。繫在廟謨。爾惟順下以訓人。奉上以宣力。因衆功而致用。熙衆志而爲心。朝夕獻可否之誠。經綸底文武之績。祗膺厥命。勿懈于時。可守尚書右丞平章事。散官勳賜如故。元和九年十二月

## 裴度平章事制

門下、輔相之任重。作予股肱。經濟之才難。注人耳目。苟非慮研物表。識洞事先。則何以出納中樞。平章大政。詢于時論。僉曰汝諧。朝議郎守御史中丞兼尚書刑部侍郎飛騎尉賜紫金魚袋裴度、勁直徇道。清明秉彝。文融菁華。行茂枝葉。居然廊廟之器。出于領袖之門。西掖司言。南臺執憲。常陳明略。屢告嘉猷。實宣力以徇公。能外身而憂國。俾霜雪無改。雷風有恆。朕欲全觀其才。用試於事。俾歷戎閫。載馳使軒。王澤渙汗以遐宣。軍情密勿而上達。將議抽擢。因罹震驚。崇道德之藩籬。士有致命。資忠信之甲冑。兵無容刃。人具瞻爾。天方賚予。昆命于龜。爰立作相。爾其展四體。堅一心。廣其道以用賢。厚其風以易俗。五兵未戢。爾惟保定武功。百姓未康。爾惟勤恤人隱。臨事必斷。當官而行。齊台階於底平。補袞職之有闕。光膺愼選。其戒之哉。可朝議大夫守中書侍郎同中書門下平章事。勳賜如故。元和十年六月

# 唐大詔令集卷第四十七

## 大臣

### 宰相

#### 命相四

# 命相四

## 李逢吉平章事制

門下、朕觀古先哲王。興化致理。未嘗不選建良弼。熙寧庶工。俾之敷陳大猷。左右乃辟者也。朝議郎守中書舍人權知禮部貢舉輕車都尉賜緋魚袋李逢吉、疏通而守於經制。質厚而輔以文章。貞恆自居。和易待物。體賢人之志業。茂端士之風規。履歷班行。發揮事任。厥心匪懈。所至有聲。自彌綸粉闈。駁正璅闥。且司言於西掖。嘗納訓於東儲。誠明一貫。聞望旁洽。俾司貢士。彌著嘉聞。方今外興不得已之師。內有不獲安之俗。恆忘食於將旰。每求衣於未明。冀冀清原野之誅。用止干戈之役。登爾匡輔。代予憂勤。爾宜宣至化於吾人。告嘉猷於厥後。銷弭氛祲。導迓和平。事有不舉。其中政或未孚于下。爾惟啓沃。無乃面從。可朝議大夫守門下侍郎平章事。賜紫金魚袋。元和十一年二月

## 王涯平章事制

門下、上宰參職。所以發三臺之耀。中樞議政。在乎遂萬邦之宜。朕獲承鴻休。思建皇極。冀沃心而納誨。恆注意以求賢。通議大夫尚書工部侍郎知制誥翰林學士上柱國清源縣開國男食邑三百戶賜紫金魚袋王涯、動直靜專。踐方居易。挺歲寒之勁質。抱夙夜之端誠。言唯守中。慮每經遠。屬者禁垣揮翰。五字日宣。選部持衡。九流風動。荐居肘腋之地。歷試股肱之才。進嘗伏於青蒲。出不洩其溫樹。牟融得大臣之節。毛玠有古人之風。詢廟算以生知。論兵鈐而暗合。方今戎車尚駕。郊壘猶多。必俟清明。以消氛沴。是用付以機密。陟于崇高。爾惟發號令以端其四方。陳便宜以寬于百姓。行臺閣之故事。弘朝廷之大體。秉德以立。徇公不回。俾予一人。垂拱而理。敬聽成命。懋哉懋哉。可守中書侍郎平章事。元和十一年十一月

## 崔羣平章事制

門下、成萬方之化。通天下之志。緝熙帝載。昭暢玄猷。在于股肱之臣。共凝理本。旁求時彥。以敘彝倫。朝散大夫守尚書戶部侍郎上柱國賜紫金魚袋崔羣、粹密由道。端莊保和。本清明之上才。體博厚之重德。學貫通儒之業。詞含大雅之風。居敬有恆。循性能斷。自承我密命。職參內廷。高文煥發於綸言。敏識詳達於國典。伏奏無挽。直躬不回。勤勞八年。始終一致。春闈取士。必後其浮華。地官理財。能制其輕重。儉以約己。忠惟事君。才適而用深。望積而實著。風猷已洽於人聽。倚屬方注於朕心。乃膺審象之誠。以副具瞻之望。況奸兇叛逆。尚駕戎車。未明求衣。思戢干櫓。爾宜酌古今之要。奉刑政之中。艱厥位以代天工。陳其謩以明皇極。敬茲重命。往踐台階。可守中書侍郎同中書門下平章事。散官勳賜如故。元和十二年七月

李鄘平章事制

弼成庶政。必屬於長才。經制四方。是資於碩望。況參酌理本。燮和化源。苟非傑賢。孰允斯任。爰立舊德。將諧具瞻。淮南節度副大使知節度事管內支度營田觀察處置等使銀青光祿大夫檢校尚書左僕射兼揚州大督府長史御史大夫上柱國江夏縣開國侯食邑一千戶李鄘、性惟直方。器本弘固。沖敏足以成務。通明可以質疑。懷匡主之忠規。蘊經邦之遠略。歷居雄鎮。累服大僚。臺閣藩方。勳流成式。資爲重望。綽有餘材。必能翼宣鴻猷。導迎和祉。是用徵拜。陟於黃樞。竭爾訏謨。司我號令。法期畫一。俗俾康寧。寅亮庶工。屬在良輔。爾其勤思至道。以洽太和。戒之敬之。往踐厥職。可守門下侍郎同中書門下平章事。散官勳封如故。元和十二年十月

李夷簡平章事制

門下、致理之道。王者由其盡心。弼成之功。輔臣所以宣力。皇極是建。蒼生乃安。敷求實難。倚任斯重。將付大政。必惟僉諧。正議大夫守御史大夫上柱國成紀縣開國侯食邑一千戶賜紫金魚袋李夷簡、才稱通明。性本嚴重。守以正直。傅之文華。羽儀朝端。冠耀宗籍。早司邦憲。爰揔地征。糾逖無聞於避强。經費克均其定制。中立不撓。孤標出倫。聳善激貪。法行令肅。自鎮漢土。洎臨蜀川。儉德載彰。淸規一貫。山岳比厚。雷風有恆。勵貞峻以理心。竭忠勞而奉上。人望汲黯。印歸趙堯。俾之持綱。萬目皆舉。固可以綜參庶務。允釐百工。燮和陰陽。宣發號令。是用申命。陟于台階。於戲。說積爾躬。夢協朕志。虛己將求其弘濟。鯁言罔懼於弗違。道必舉中。位無苟曠。膺此寵擢。敬哉戒哉。可守門下侍郎同中書門下平章事。元和十三年三年

皇甫鎛平章事制

六符成象。所以平太階。九賦克均。所以阜羣物。爰資宰臣。弘贊謀猷。達其富庶之源。以致雍熙之化。用輔台德。其允具瞻。朝請大夫守尚書戶部侍郎兼御史大夫判度支上護軍賜紫金魚袋皇甫鎛、行惟孤貞。性本堅直。秉仁履義。守正持方。才適變通。辭去枝葉。蘊沖用於靈府。表公器於士林。夙懷經濟之謀。早在賢良之選。累踐華貫。服于大僚。端肅有常。發揮事任。自揔邦計。貳領地官。屬以徵戎車。討平淮寇。發輓調食。制外自中。法無過差。動有成績。山甫彰勤恪之效。志在奉公。夷吾職輕重之權。誠宜佐國。是用命爾。俾昇台司。望以沃心。勞乎注意。尚興師旅。方殄妖氛。翼亮是參。經費仍屬。爾其悉乃心力。副予簡求。物有未遂其宜。望有未洽于道。罔或安位。必思匪躬。酌下土之盈虛。擴中樞之政令。光昭厥辟。時乃之休。可守尚書戶部侍郎同中書門下平章事。依前判度支。元和十三年九月

程异平章事制

門下、昔漢宣帝弘祖宗之業。正刑德之本。簡求輔相。以致中興。朕祗荷丕圖。思揚聖緒。每懷舟檝。以涉巨川。俾人不迷。用底于道。今獲良弼。式允僉諧。朝散大夫守衞尉卿御史大夫充諸道鹽鐵轉運等使賜紫金魚袋程异、厚德外嚴。沉機內朗。抱精微以致遠。本誠明以格物。盡瘁事國。誠明在躬。常

探化源。雅尙學術。揚歷斯久。公望藹然。自位列大寮。惣茲劇務。達権酤之利。適財賦之方。贍出納於邦家。申績效於官業。頃以淮夷未殄。師旅在郊。有漕輓之勞。兼供億之費。言念多事。恐傷吾人。而异法能變通。道益明著。言無伐善。動必由衷。蘊夷難致君之心。見懷道佐時之略。況屬饋軍之事。尙倚良能。載閱前功。宜當大用。乃服休命。俾參中樞。爰表秩於冬官。仍兼綜於舊職。膺茲重任。用表全材。爾宜左右朕躬。朝夕啓沃。干戈未戢。尤佇廟謀。敬聽斯言。副我明獎。可守尙書工部侍郎同中書門下平章事。依前充諸道鹽鐵轉運使。元和十三年九月

### 令狐楚平章事制

門下。贊天工而成光濟。叶帝力以致升平。非中和稟氣。不能符燮調之道。非誠明在躬。何以膺弼亮之位。況今積妖已殄。而邊鄙猶虞。大化方行。而里閭未泰。將欲舉百度。甄羣材。外經四夷。內輯諸夏。納之壽域。被以仁風。代予之勤。其孰克任。耷求斯得。是用命之。河陽三城懷州節度使朝議郎使持節懷州諸軍事守懷州刺史兼御史大夫賜紫金魚袋令狐楚。根於粹厚。著以端明。表山立之莊容。洞泉渟之精識。文高雄富。學茂該通。自頃揮翰掖垣。持囊禁署。常延造膝。屢竭沃心。發言必誠。臨事無惑。藹是公望。居然國楨。及剖符近郊。兼暢牧人之術。仗節分閫。尤深馭衆之方。可謂器適中外。效宣文武。宜展舟檝之用。式登鼎鉉之司。管于中樞。持我大柄。於戲。輔翼之任。人臣極崇。未至而衆議有歸。既處而其名罕副。萬務攸託。朕何賴焉。爾其敬聽此言。深思其道。行致君之志。終始勿渝。以報國爲期。夙夜蓋勵。無俾厥后。有慙知臣。可朝議大夫守中書侍郎同中書門下平章事。元和十四年七月

### 韓弘中書令制

門下。納大忠。樹嘉績。爲臣所以明極節。錫殊寵。進高秩。有國所以待元臣。況乎邦教誕敷。王言惣會。百辟攸憲。四方式瞻。永念于懷。久虛其位。載揚成命。僉曰休哉。宣武軍節度使知節度事汴宋亳潁等州觀察處置等使開府儀同三司守司徒兼侍中使持節汴州諸軍事汴州刺史上柱國許國公食邑三千戶韓弘。降神挺材。積厚成器。中蘊深閎之量。外標嚴重之姿。有匡國濟時之心。推誠不耀。有夷凶禁暴之略。仗義益彰。自鎭浚郊。二十餘載。師徒稟訓而咸肅。吏士奉法而愈明。俗臻和平。人用庶富。威聲之重。隱若山崇。屬者淮濆濯征。命統羣帥。克殄殘孽。惟乃有指蹤之功。及齊境興妖。分師進討。逐梟元惡。惟乃有略地之效。既聞旋旅。俄請執珪。深陳魏闕之誠。遠繼韓侯之志。朝天有慶。湛露方濃。又抗表章。固辭戎旅。三加敦教。所守彌堅。于藩于宣。謙切於注意。我弼我輔。難違其衷懇。式遂良願。載兼上司。論道之崇。因之以齊八政。中樞之長。升之以贊萬務。玄衮赤舄。備乎寵光。不有其人。孰膺斯任。於戲。出總兵柄。入參廟謨。家國之慶盈門。君臣之道交泰。爲我柱石。古今曷儔。服而滋恭。以佐乃辟。可依前守司徒兼中書令。散官勳封如故。主者施行。元和十四年八月三日

### 蕭俛平章事制

廊廟之任。萬邦所瞻。調一氣之和。序五材之用。出納王命。發揮帝猷。簡求賢能。弘我理本。朝議郎守御史中丞飛騎尉襲徐國公賜緋魚袋蕭俛。識通

化源。道契休運。有載君峻節之志。秉見義匪躬之誠。代襲公台。族高軒冕。學貫古今之要。詞探雅誥之宗。嘗事先朝。職居宥密。奏議無撓。忠勞益彰。洎執憲南臺。肅清朝序。休望彌洽。直聲日聞。朕方臨萬邦。思致于理。若涉大水。浩無津涯。將務簡以安人。欲息兵而論道。審象而授。其代予勤。爾其端志絕私。去末崇本。叙禮樂於邦國。正風教於人倫。舉其鈞衡。明示天下。無俾一德。專美于殷。爾其敬之。奉我成命。可朝散大夫守中書侍郎同中書門下平章事。仍賜紫金魚袋。元和十五年閏正月

段文昌平章事制

眷於良弼。期在濟時。必惟才臣。乃克成務。況端潔剛毅。可以肅具寮。敏裕周通。可以熙庶績。外無飾虛之禮。中有効實之誠。簡于朕心。乃命以位。朝散大夫中書舍人翰林學士武騎尉賜紫金魚袋段文昌。門襲忠勳、器抱才傑。廣而不雜。峻而能溫。修詞每掇其菁華。所尚者風格。發言必深於指要。所貴者變通。識古今理亂之源。知遐邇利病之本。自掌文翰苑列籍金門出入五年。恭勤一致。屬朕承寶命。屢進嘉猷。諒我憂惕之懷。竭其公忠之志。昨因召見。更有咨詢。造膝之言。注意斯得。必能奉將相之大任。申獻替於虛襟。爰升鼎鉉之司。冀展舟檝之用。於戲。萬務之始。九有所瞻。將致洽平。可不兢勵。爾其夙夜惟慮。以匡朕躬。使四夷咸賓。百度惟理。阜俗必蘇其疲瘵。審官無鬱其賢能。理當詳於機深。道當固於久大。惟自誠可以化物。惟克己可以律人。勉哉戒哉。無忝我命。可守中書門下平章事。元和十五年閏正月

崔植平章事制

夫宰相者。上調元化。以亮天工。下熙庶績。以輔君德。未有心不直而能叶于道。跡不正而能致其君。必求斯人。乃命以位。朝議郎守御史中丞武騎尉賜紫金魚袋崔植、氣志凝遠。風標粹清。率性而行。潔己以進。周歷臺閣。藹然聲猷。頃者奸臣未除。利權方擅。情惟刻下。其事將行。而植獨能橫抗申以駁議。朕每嘉重。不忘于懷。自膺寶圖。俾掌邦憲。又能悉心秉執。造膝敷陳。歸於無私。多所弘益。爰擢作相。冀能弼予。於戲。惟爾先太傅。當德宗始初淸明。首居相位。克固直道。于今稱之。爾其嗣乃家法。無廢朕命。可朝散大夫守中書侍郎同中書門下平章事。元和十五年八月

杜元穎平章事制　李德裕

門下、王者昭宣令德。臨覿百官。必有臺臣。惣其方略。況先朝正姦佞之罪。慰海內之心。旣成大勳。付朕洪業。思欲述事繼志。偃武興文。揚其耿光。屬在髦哲。朝散大夫尙書戶部侍郎知制誥翰林學士上柱國建平縣開國男食邑三百戶賜紫金魚袋杜元穎、識稟人秀。才爲國華。器縝密以含章。言淸明而體要。廉方不雜。峻直無徒。洞朗鑒而心運陽秋。鼓雄詞而氣幹河岳。爰以精粹。列於內庭。通賈生理亂之言。達管氏政刑之本。未至高位。蔚爲名臣。間者妖孽相挻。紛亂南北。朝夕機命。迅如風霆。而翰動若飛。神無滯用。思職必盡其心力。避榮能保其謙光。虔奉綴衣。導揚訓命。雅就忠貞之志。實有安定之功。本於忘身愛我。以德感激無隱。切劘盡規。旣納誨於三篇。亦陳戒於六事。朕常委以大政。詢其遠猷。研機必精。應變當理。布舊章於河朔。

推大信於昆夷。無所不諧。實由密贊。令器煇燿。淑聲流聞。升於台階。允是瞻望。於戲。昔爾先祖。爲唐宰衡。惟爾傳臧孫有後之慶。秉召公是似之德。宜纂舊服。協於至公。思貽厥之謀。率攸行之道。扼制羣動。衡平衆邪。俾人不迷。時乃之績。可守戶部侍郎平章事。長慶元年二月

### 王播平章事制　元稹

門下、昔蕭何用新造之漢。而能調發子弟。完補敗亡。使關東粮餽不絕者。以其盡得秦之圖籍。而周知其衆寡也。我國家乘十一聖之區寓。提億兆人之生齒。而曰不能足食足兵。朕甚懵焉。則非□陰陽撫夷夏者。不欲侵泉府之任。而主會計校盈虛者。不得參邦國之重乎。予將兼之。允在能者。諸道鹽鐵轉運等使太中大夫守刑部侍郎騎都尉太原縣開國男賜紫金魚袋王播、在德宗時。以對詔入仕。踐更臺閣。由御史中丞大京兆。掌縣官鹽鐵。爲春曹尚書。乃長巴彖。以控蠻蜒。盡稱厥職。達于予聞。洎詔徵還。便殿與語。得所未聞。昭然發曚。幾至前席。重委操劃。鋌刃益精。國有羨財。而人不加賦。東師在野。物力蕭然。不有主張。孰能戡濟。是用命爾作相。仍以舊務因之。爾其西備戎羌。東定燕冀。內實九府。外豐萬人。百度羣倫。罔不在爾。於戲。典謨訓誥。行之具存。邪正是非。知之孔易。予惟以爲不敏不明。茲故用爾爲股肱耳目。又安能一一戒誨垂之空言。爾其勵于爾心。無令人觀聽者論爾於鄉校。可守中書侍郎同中書門下平章事。依前充鹽鐵轉運等使。散官勳封如故。長慶元年十月

### 元稹平章事制

門下、朕聞御大器者。登俊賢以爲輔弼。布大化者。擢公忠以施政教。故能成天下之務。達天下之情。俾三光宣明。百度貞正。我之倚注。方得其人。天實賚予。允副僉望。中散大夫守尚書工部侍郎上柱國賜紫金魚袋元稹、珪璋茂器。鸞鳳貞姿。文涵六義之微。學探百氏之奧。剛而有斷。忠不近名。勁氣嘗勵於風霜。敏識頗知於今古。自恪居朝序。休問再揚。不自飾以取容。不苟安以迴慮。行直忘屈。在屯若夷。卓然懷陶鑄之心。豁爾見江湖之量。間者司文禁署。主朕樞機。每因事以立言。累披誠而獻計。心唯體國。義乃忘身。深陳濟物之方。雅見經邦之志。朕思弘理本。用洽生靈。式賚康濟之材。以暢和平之化。於戲。爾率于正。則不正者知懼。爾進于善。則不善者必悛。惟直道可以事君。惟至公可以格物。秉是數德。毗予一人。永孚于休。以底於道。可守尚書工部侍郎同中書門下平章事。散官勳封賜如故。

### 裴度平章事制

涉大川者。操巨艦不畏於洪波。構廣廈者。揭宏材乃安於棟宇。朕祗奉神器。尊臨萬邦。思弼諧輔相之臣。致易簡雍熙之業。爰擇耆舊。委之樞衡。冀弘嘉猷。以闡玄化。淮南節度大使知節度事管內營田觀察處置等使光祿大夫守司空同中書門下平章事兼揚州大都督府長史上柱國晉國公食邑三千戶裴度、氣稟宏廓。材優康濟。達識高議。堅明不渝。儀型可以光巖廊。度量有以方海岳。操握政柄。弛張化權。彝倫典謨。合若符契。昔我先聖。以武略深計。中樞密勿。委之廟堂。四海咸理。朕仄席虛己。勞懷宵旰。禮命元老。聞斯格言。衷懷洞然。雲霧皆豁。是用輟撫淮海。畀之台衮。換其戎律。列自

黄扉。秩崇上公。望積師長。寄爾以蕭曹。任爾以埏埴。授爾以鈞衡。於戲。衽席樽俎之內。堂室牖戶之間。無俟窺臨。可以觀察。達爾宴息。期爾折衝。庶乎陰陽叶和。品物昭泰。惟言是納。爾舉必從。使益稷臯陶。爾無慙德。垂衣南面。我獲任賢。無易斯言。式遵明命。可守司空兼門下侍郎同平章事。散官勳封如故。長慶二年二月

## 李逢吉平章事制

朕聞天地洪鑪。鼓之者橐籥。帝王大業。成之者股肱。堯舜垂衣。禹湯恭己。弘道任德。爲予輔臣。則八表淸寧。萬邦咸理。故伊尹之舉。臯陶之升。庶績其凝，不仁自遠。正議大夫守兵部尚書輕車都尉李逢吉、大方比量。中正持心。貞玉無瑕。堅金在礪。峻節而高山是仰。惟誠而止水可觀。剛柔所持。吐茹無易。往以靑宮齒學。導我典墳。儀型式孚。蘭茝馨茂。洎升台席。翊奉先朝。訏謨密聞。獻替潛達。外順昭德。中探至言。温恭聿修。終始一貫。朕嗣守丕業。思得賢良。將俟和羹。期於舊老。易之襄漢。居以南宮。每詢嘉言。啓沃惟允。今授之相印。委以樞衡。代天之工。爾在專任。於戲。發號施令。選賢與能。申於百辟之上。行於四海之內。朝無黨比。人絕澆浮。白黑粲然。淄澠不溷。使巖廊重位。揚我淸風。弘宣大猷。以暢王度。可守門下侍郎同中書門下平章事。散官勳如故。

# 唐大詔令集卷第四十八

大臣

宰相

命相五

# 命相五

## 韓弘中書令制

帝王之理天下也。外有方岳。所以宣教化。內立宰輔。所以秉樞衡。授任之重。莫踰人臣之位。斯極至於出分垣翰。入作股肱。非聞望尊高。功庸顯赫。則何以允膺僉屬。光贊謀猷。前忠晉絳隰等州節度觀察處置使開府儀同三司守司徒兼中書令河中尹上柱國許國公食邑三千戶韓弘。德器寬和。識度宏遠。才資英特。學茂韜鈐。持蕭何畫一之心。有杜晦立斷之利。頃以關河右地。藩屏近郊。爰輟台臣。仗茲戎節。以淸靜廉平之理。牧我黎元。以通明簡正之方。撫我師旅。奸盜自息。欺詐不生。晨不飲羊。夜無驚犬。五郡富庶。已飽仁惠之風。三軍訓齊。旣習嚴明之令。寧資借寇。是用徵黃。今選日來朝。乘軒卽路。宜先極拜。光我元臣。上宰□□三公崇秩。俾復乃位。惟其敬之。可守司徒兼中書令。散官勳封如故。長慶二年十月

## 牛僧孺平章事制

舟檝所以濟大川。棟梁所以成大廈。舟具而湍波不竦。材具而廊廟用崇。朕若涉之心。浩然增畏。垂衣端拱。期在股肱。是用擢彼英髦。付以衡石。朝議郎守尚書戶部侍郎上柱國賜紫金魚袋牛僧孺。方直秉心。誠敬由己。玉潔持操。松貞表姿。文著經邦。業推匡代。中立不倚。孤標介然。日者選自南宮。掌綸西掖。升諸憲府。授以人曹。典謨訓誥之詞。紀綱準繩之度。施之必當。僉曰汝能。朕將寄以台階。委之鼎鉉。貞我庶績。澄諸化源。爾宜克念前修。聿懷明哲。體乾坤易簡之法。廣日月無私之照。使風俗益厚。澆浮自化。好惡不競。彝倫永淸。於戲。予視以能。乃升于位。我心愼擇。惟賢是求。昔公孫弘以射策馳聲。名光相府。今爾以掞天高稱。亦踐台司。勉同素□之風。克副甄陶之舉。乃加命秩。用表新恩。可朝散大夫尚書戶部侍郎同中書門下平章事。勳封如故。長慶三年三月

## 李程平章事制

門下、理多務者。必資經遠之能。摠衆材者。實在選舊而任。疇咨輿議。參詢廟庭。果獲誠臣。副予虛位。正議大夫尚書吏部侍郎上柱國渭源縣開國男食邑三百戶賜紫金魚袋李程。文含鍾律。器挺珪璋。行己蹈常。與物無私。早以詞翰。密侍帷幄。開弘顧問。發揮訓謨。周旋臺閣。閱歷中外。遴造稱其得俊。衡鏡表於無私。卑牧難踰。深藏不耀。朕負荷重構。祗守大業。自顧寡昧。動遵先規。委成台司。不操匠斲。自居無悔之地。以馳至正之途。而元輔披陳。勇於進類。常思任人與自任。不若因賢以求賢。命之僉求。以名列上。而程爲舉首。是必至公。爾宜謹繩墨以視諸侯。平好惡以待多士。秉彝倫以澄躁競。覈名實以鎭浮虛。叶睦乃僚。無替朕命。爰因銓品之鑒。載佇烹飪之功。可尚書吏部侍郎同中書門下平章事。散官勳賜如故。長慶四年五月

竇易直平章事制

門下、昔周宣王漢宣帝、思弘祖業。克紹先構。用申甫邴魏爲相。然後周道重熙。漢德累洽。朕以沖眇。託於億兆之上。緬惟文祖玄宗之理。若涉大水。浩無津涯。詢於岩廊。俾舉髦碩。果得才傑。副予虛求。必惟其人。乃命以位。朝議郎守尚書戶部侍郎兼御史大夫判度支上柱國賜紫金魚袋竇易直、端厚靜慤。直方簡廉。氣深而和。識敏而達。每黜華而務實。不爲善以近名。早以器能。揚歷中外。司憲著紀綱之績。廉俗垂惻隱之仁。輟于天官。掌我邦計。底慎財貨。均節委輸。賙給不窮。贍濟皆足。國有大柄。屬於全材。況朕新臨寶圖。萬務資始。審象而授。其代予言。爾尚弼予一人。用底于道。且漢以丞相調兵食。周以冢宰執歲成。我國家雜用古制。以重其事也。爾往欽哉。無忝我成命。可朝散大夫守尚書戶部侍郎同中書門下平章事。判度支。長慶四年五月

裴度平章事制

朕周觀帝王之道。春秋富則倚附舊老。享曆久則簡擢俊髦。故我玄宗開元之始。任宋璟姚元崇之輩。以調陰陽。東封之後。乃用李元紘張九齡之儔。以承法度。洎予恭守大位。于今二年。巖廊藩封。逮于左右前後。皆皇祖聖父之人。罔有易置。況勳望冠代。器業絕倫。副予揣掄。贊此休運。凡百有位。敬而聽之。山南西道節度觀察處置等使光祿大夫守司空同中書門下平章事興元尹上柱國晉國公裴度、以忘家捍患。協于憲宗。以匪躬不撓。佐于先帝。十拜相詔。四登帥壇。接士猶布衣之心。悲時急戀闕之思。價重乎內外。名殷乎華夷。藉是風猷。俾參大柄。且滿吾志。亦用僉聞。於戲。君臣合符。不可多得。千載一遇。猶爲比肩。爾宜援古以自強。垂後以居重。文終之畫一。平陽之幷容。諸葛持衡之公。相如引車之意。率彼四子。足爲成人。服茲昌言。往踐乃位。可守司空同中書門下平章事。仍令所司擇日備禮册命。寶曆二年二月

韋處厚平章事制

構大廈者。實先梁棟之材。濟巨川者。必資舟楫之用。朕越自藩邸。膺斯大統。夙夜震兢。若蹈泉谷。況齊盳思乂。艱步甫寧。上奉山陵。七月之期。內佇訏謨庶政之始。匡我眇末。寘之樞極。將恢興運之功。俾協具瞻之望。博閱名實。獲茲忠賢。實帝賚予。其誰與讓。正議大夫尚書兵部侍郎知制誥充翰林學士上柱國賜紫金魚袋韋處厚、體道爲徒。見義能往。居易以行古。至和而不流。冰霜挺松柏之姿。貞白秉珪璋之德。文輝風雅。學該儒玄。器洽而保之以謙。識明而用之以晦。選自經藝。侍于穆宗。擢司密命。實贊先帝。壹彼直操。彰其遠猷。臨危勵難奪之誠。推忠備弘益之道。屬者變生宮掖。謀傒經綸。首參底定之功。載竭忠貞之効。雪憤橫涕。披肝貢詞。約我以禹湯罪己之勤。博我以古今致理之要。聽必感動。悉其條陳。洪纖靡差。夢卜斯協。必能式是中外。啓茲雍熙。俾予沖人。克成垂拱。是用擢升鼎鉉。式亮帝圖。庶無愧於知人。且用光於斯道。於戲。前哲有言。良臣惟聖。處殷憂舉衆之任。荷濟理沃心之期。任四方傾聽之勤。在百度惟新之際。無怠于予誨。無廢於□身。無曠於登庸。無忽於詢□。愼爾初守。固其持平。協廟廷卿士之和。衷復貞

觀開元之令政。用乂乃辟。罔非在中崇易簡久大之規。茂庶富阜康之績。勿替明戒。時惟永圖。汝往欽哉。無忝我命。可中書侍郎同中書門下平章事。散官勳賜如故。寶曆二年十二月

王播平章事制

宰相之任。所以撫鎮國家。出納王命。弼亮刑政。燮和陰陽。爲一人之股肱。注四方之耳目。僕射之職。在於參贊萬務。統率六官。師長百寮。惣臨臺寺。冠中朝之碩望。爲多士之具瞻。其有久司利權。累分閫寄。位重邦教。任隆台階。爰因入覲之榮。再賜登庸之命。俾升鼎鉉。用輟旌旄。淮南節度副大使知節度事管內營田觀察處置臨海監牧等使兼諸道鹽鐵轉運等使銀青光祿大夫檢校司徒同中書門下平章事揚州大都督府長史上柱國太原縣開國伯食邑七百戶王播、知識精深。機神敏達。長才適於通變。雅量得於寬明。亟登將壇。仍佩相印。休聲早振於全蜀。成績近著于維陽。山澤之貨無遺。輸轉之資相繼。用佐經費。克彰忠勞。朕獲守宗祧。君臨億兆。尙賴匡救。底于輯寧。於戲爾有嘉謨。我求懿德。將期納誨。以及交修。冀霖雨之濡。能普施於四海。舟檝之利。無專美於一方。寵以端揆之崇。仍茲榷筦之重。往踐乃位。汝其欽哉。可尙書左僕射同中書門下平章事。依前充諸道鹽鐵轉運等使。散官勳封如故。太和元年六月

路隋平章事制

綏緝萬邦。實資乎元首。弼成庶績。允屬於股肱。將以導宣化源。崇固理本。立我皇極。贊于時邕。故任賢著於禹謨。納誨彰於說命。眷求懿德。斯惟僉諧。中散大夫守尙書兵部侍郎知制誥充翰林學士上輕車都尉賜紫金魚袋路隋、性稟中庸。氣含大雅。身無擇行。學不爲人。敏識周道。宏才恢博。挺然仁者之勇。蔚爲君子之儒。祗事穆宗。侍經內殿。敷堯舜之大典。暢周孔之遺風。雅言玉音。奧義冰釋。潤色王度。發揮聖聰。出入禁闈。踐歷華貫。位彌高而唯謹。任愈重而滋恭。逮及先朝。復參密命。雍容侍從。早已賦於甘泉。左右便蕃。未嘗言於溫樹。周旋九載。終始一心。直道匪孤。讜言盈耳。每訪謨猷之指。用陳匡益之誠。出不忘於詭辭。退必聞於削藁。器可經國。忠能致君。跡其公正之方。用升毗倚之任。於戲。干戈未息。爾其弘智用以靜寇攘。掾戍尙勤。爾其宣柔服以懷戎狄。均國賦以阜安百姓。振朝綱以綜覈羣才。退無後言。動必慮善。貞爾百度。弼予一人。寵以峻階。委之極務。往踐厥位。時乃之休。正議大夫守中書侍郎同中書門下平章事。勳賜如故。太和二年十二月

李宗閔平章事制

王者祗順天道。統理人極。茂育品類。燮調陰陽。必在旁求股肱。宣翼機務。朕嗣守寶位。于今四年。屬滄景搆奸。河朔未靜。兵甲屢動。烝黎匪寧。納隍在予。輟食興歎。今苗頑旣革。華夏思安。爰登台臣。弼我元化。正議大夫尙書吏部侍郎上柱國襄武縣開國侯食邑一千戶賜紫金魚袋李宗閔、立德秉彝。履道居業。文行可以經邦國。忠正可以動神祇。周知變通。識達今古。自望高多士。名重四朝。奉絲綸於掖垣。平銓綜於省闥。公直有裕。清貞自持。固

可以相導雍熙。光膺夢卜。以匡台德。用濟巨川。宜升樞軸之尊。俾叶鈞衡之政。於戲。知臣匪易。求賢惟□。膺三台之崇。贊萬機之重。啓沃之義。注于予衷。爾其舉正去邪。以清百辟。提綱舉法。以肅羣司。簡政勤心。以安兆姓。推誠忠恕。以靖四方。嚴制度以弘典常。信賞罰以旌淑慝。有犯無隱。進思弼違。服茲寵光。尚致予理。敬戒休命。無替嘉猷。可守本官同中書門下侍郎平章事。散官勳封如故。太和三年八月

牛僧孺平章事制

昔漢宣帝用丙魏。以盛中興之業。我玄宗任姚宋。以致開元之理。其術無他。得賢而已。朕猥居大寶。首涉五年。宵旰靡遑。憂勤至切。將倚任於國柄。宜登進於人傑。俾其復運樞極。載清化源。斷自朕懷。允膺僉屬。武昌軍節度使鄂岳蘄安黃申等州觀察處置等使金紫光祿大夫檢校吏部尚書同中書門下平章事使持節鄂州諸軍事鄂州刺史上柱國奇章郡開國公牛僧孺。氣含元精。體包大雅。識用夷密。襟靈沉粹。窮聖賢旨奧之學。鋪邦國經緯之文。蔚爲名臣。秀出羣萃。長慶御曆。登賢濟人。廊廟有光。臣工得職。代天協理。時乃之休。先朝與能。出兼征鎮。毗俗丕變。師旅大和。宣力事君。時乃之績。朕飽聞器業。虛竚風儀。會曹參之促裝。喜韓侯之來覲。便殿延對。前席與言。通古今理亂之源。知教化損益之務。其應如響。不知所然。是宜卿長夏官。平章大政。康濟四海。毗予一人。於戲。君不能自爲堯舜。必待其臣以致之。臣不能自爲伊皐。必待其君而任之。致則期於盡忠。任固在於聳善。然後上下交泰。君臣相需。爾其使百官得其人。萬事得其序。邪正之路必判。清濁之流必分。永堅一心。提制羣類。無重否德。予皆仰成。可兵部尚書同中書門下平章事。散官勳封如故。太和四年正月

宋申錫平章事制

出納大命。宰司化源。調四氣以統和天人。貞百度以鎮安夷夏。必資髦傑。用委鈞衡。朕嗣守丕圖。思弘至理。萬務之重。屬于台臣。仄席勤求。冀匡不逮。況素効久彰於密勿。精材已得於詢謀。擢自內廷。授以衮職。爰立左右。斯爲得人。朝議郎守尚書右丞上柱國賜紫金魚袋宋申錫。岳降全德。天資正性。處約居厚。蹈中秉彝。文每擬其菁華。學必探其玄賾。夙播休問。拔乎羣倫。自選于周行。參我內署。奉職恭肅。率心坦夷。蘊沖淵以究國經。鋪訓詞以潤王度。密贊彌久。私益滋多。朕纍因暇日。召於別殿。訪以大政。觀其立誠。而胸襟洞開。肝鬲無隱。識精詞直。實契虛求。固可以握持化權。參決理本。是用升於鼎鉉。付以樞機。由仙閣惣轄之司。當宰府具瞻之地。熙此庶績。弼予一人。於戲。元首以司牧萬方。股肱以協贊皇極。上推公以馭下。臣竭忠以戴君。際會交感。而臻大化。歷視前古。何莫由斯。予方悉是道以臨兆人。爾宜悉乃心以成一德。敬戒厥位。永孚于休。可正議大夫行尚書右丞同中書門下平章事。勳賜如故。太和四年七月

李德裕平章事制

弼亮鈞衡。宣翼統紀。明景化以凝庶績。啓嘉謀以建大中。爰求國楨。以輔台德。銀青光祿大夫守兵部尚書上柱國贊皇縣開國伯食邑七百戶李德

裕、元精孕靈。和氣毓德。堅直成性。清明保躬。貞規澹夷。敏識沖遠。學綜九流之奥。文師六義之宗。令問夙彰。僉諧允屬。自提綱柏署。掌誥禁闈。釐紀律詳平之司。竭訏謨密勿之節。洎廉視浙右。惣鎮滑臺。再委旌麾。緝安邛蜀。克有殊政。咸懷去思。諒惟全才。茂此聲績。朕以疇庸之典。彝訓所先。入遷司馬之崇。彌積濟川之望。是宜納誨朝夕。擢居股肱。勉弘伊呂之勳。以嗣韋平之美。業傳相印。門襲戎旃。紹絲綸內職之榮。繼鼎鼐中樞之重。珪紱之盛恩輝罕儔。爾馨乃忠貞。副我毗倚。無忝成命。服茲寵光。可守本官同中書門下平章事。太和七年七月

## 王涯平章事制

居端揆之任。再踐國鈞。稽筦榷之功。兼司邦計。爰崇舊德。以緝新規。簡自朕心。用光僉屬。金紫光祿大夫守尚書右僕射充諸道鹽鐵轉運等使上柱國代郡開國公食邑一千戶王涯、元精降靈。體道秉哲。恬智成性。清貞保躬。文行可以經邦。風操可以鎮俗。以明用晦。處貴滋恭。憲宗以禁署竭忠。擢登輔弼。先帝以台階宿望。寵授旌旟。陰陽燮調。藩服寧謐。機務允理。政經交修。洎銓綜九流。式序百禮。提釐紀律。統明貨泉。法必便人。事先體國。聲績茂暢。洽于羣謠。朕以邊鄙防禦。猶存兵戍。資儲之備。供億尚繁。頃者支費轉輸。任分兩使。量入制用。誠患多門。俾足食以豐財。在省員而簡務。是用合此二柄。委于元僚。正資通變之初。藉我股肱之重。勉思率職。無或憚煩。敬戒乃心。欽承休命。可守本官同中書門下平章事。充度支及諸道鹽鐵轉運使。太和七年七月

## 李宗閔平章事制

職代天工。望歸人傑。必資求舊。允副僉諧。山南西道節度管內觀察處置等使兼興元尹銀青光祿大夫檢校禮部尚書同中書門下平章事上柱國襄武縣開國侯食邑一千戶李宗閔、嚴廊正人。宗室全德。才惟不器。道實生知。粹茂體陰陽之和。周旋成禮樂之用。外弘疎朗。中實誠明。白璧凝溫。朱絲秉直。文窮三變。學洞九流。早以忠規。契于審象。雅有全略。能宣大猷。厎寧戎蠻。協贊郊祀。見可而進。知難靡回。啓心常罄其嘉謀。造膝必聞其法語。行父事君。志存於嫉惡。臯陶丞弼。道遠於不仁。康濟而金柅有倫。燮調而玉燭無爽。謇諤勵大臣之節。端莊清至化之源。修明典章。慎選方岳。敷我利澤。臻于治平。自出鎮漢中。旣周星律。巴俗雖歌乎來暮。國人頗詠於去思。遂用徵還。蓋從公望。及延召宣室。益如前籌。是宜再踐中樞。直修衮職。咨爾良輔。其聽朕言。夫天地交泰則時和。君臣訢合則國治。眷求一德。出納萬機。勉弘如水之心。式副濟川之用。命官罔及於私昵。詔爵必俟於賢能。俾庶績惟凝。彝倫攸敍。無忝注意。敬之戒之。可守中書侍郎同中書門下平章事。散官勳封如故。太和八年十月

## 賈餗平章事制

寅亮皇猷。丹青景化。爰從選衆之舉。乃得非常之才。前浙江西道都團練觀察處置等使朝議大夫檢校禮部尚書使持節潤州諸軍事兼潤州刺史御史大夫上柱國姑臧縣開國男食邑三百戶賜紫金魚袋賈餗、識達韻孤。學優行直。貞和自立。介特不羣。能操至公。每契中道。聲逸羣聽。善諧朕心。

自尹京師。尤彰望實。亟召便殿。屢陳嘉謀。罄肝膈以納忠規。推誠明而無外飾。察言考事。深用得之。近命列藩。益聞僉論。固可以參我大政。陟于中樞。天起予懷。賚此良弼。爾其守法制。平鈞衡。貞王度以振國經。釐百工以凝庶績。舉直措枉。當官而行。於戲。爲君之戒在知賢而不任。爲臣之患在保位而不言。罔或依違。虧吾明哲。可守中書侍郎同中書門下平章事。散官勳封如故。太和九年四月

## 李固言平章事制

惟昔太宗聰明睿聖。克致治平。惟魏徵左右文祖。叶建皇極。矧朕寡薄。思紹丕烈。旁求魏徵之比。寘諸巖廊。庶匡不逮。用底于道。御史大夫李固言、生於山東。瑞此王國。爰在下位。早揚直聲。介然無朋。中立不懼。文經邦俗。行表人倫。和嶠負棟梁之材。辛毗有骨鯁之操。便蕃華貫。光啓令圖。日者徵自近郊。延於便殿。言多方格。道不容面。嘉謀有倫。正色無撓。朱絃暢流越之韻。美玉呈特達之姿。洎長憲臺。彌彰休問。固可以斟酌理本。燮調化源。疇咨僉同。夢卜斯協。命爾予翼。倚爲股肱。登于黃樞。參我大政。爾當一乃心志。罄其忠貞。澄淸品流。旌別淑慝。俾四夷左衽。咸率吾教。侯伯卿士。各稱厥官。罔曰難理。惟其至公。罔曰弗能。惟其悉力。欽哉戒哉。無忝前良。可門下侍郎平章事。太和九年七月

# 唐大詔令集卷第四十九

大臣

宰相

命相六

## 命相六

### 舒元輿李訓平章事制

出納王命。流品衆職。覃理化於區夏。謹法度於岩廊。是有文可經邦。才推濟代。列於百辟之上。俾輝三台之光。今我寀勞。果獲惟肖。爰舉並命。以寵非常。朝議郎守御史中丞兼刑部侍郎上柱國賜紫金魚袋舒元輿、杞梓長材。金玉正性。道懷邴魏。詞贍菁英。居然不器之能。雅蹈中庸之美。自擢領綱紀。肅清朝廷。碩望允歸於應期。讜言莫匪乎體國。守兵部郎中知制誥充翰林學士賜緋魚袋李訓、軒纓鼎族。河嶽間賢。德茂皐夔。文含雅誥。窮易測象繫之表。吐論成邦國之經。洎參職內庭。發揮王度。盛業見乎造膝。明識藹於伏蒲。並沖敏執中。端粹不倚。咸蘊莫磷之志。克弘作礪之規。珪璋有聲。鸞鳳其采。朕常法宮高視。所寶惟賢。方淸化源。遂得時傑。嗚呼。君執象以端扆。臣推公以秉鈞。夙夜一心。小大同體。則和天地。序陰陽。臻乎洽平。吾所寢寤。爾宜率匡國之道。明理人之方。俾其致君。無愧往烈。咸陟樞柄。佇弘大猷。秋官禮闈。莫非寵任。祗厥成命。往惟欽哉。往者朕究大易晉訓之義也。尚未終卷。政事之暇。宜三兩日一度入翰林。元輿可守尚書刑部侍郎同中書門下平章事。訓可守尚書禮部侍郎同中書門下平章事。仍賜紫金魚袋。太和九年九月

### 鄭覃平章事制

朕嗣守丕圖。務弘至理。憂勤是切。宵旰靡遑。所以庶政萬機。悉委丞相。乃者失於任使。妖沴遽生。方思正人。參我大柄。銀青光祿大夫守尚書右僕射上柱國滎陽郡開國公食邑二千戶鄭覃、天資直氣。嶽降上才。性惟端莊。道本孤峻。文含風雅。學洞儒玄。通古今理亂之源。達教化損益之要。歷踐華貫。周旋大僚。休問彰於搢紳。政事滿於臺閣。載居講席。密勿內庭。胸襟洞開。肝膈無隱。嘗奏讜議。發言有先見之明。每勵貞規。勇退守獨立之節。洎擢膺揆務。總領庶言。堅操不回。墜典皆舉。盡瘁憂國。竭忠戴君。必能毗予一人。康濟四海。邪正之路既別。淸濁之流自分。於戲。秉茲鈞衡。委乃髦碩。爾其使萬事得其序。百官得其人。用賢罔不精。立法罔不愼。弼亮刑政。燮和陰陽。其聽朕言。往踐厥位。克紹先德。岩廊有光。可守本官同中書門下平章事。散官勳封如故。太和九年十一月

### 李石平章事制

朕嗣位君臨。精求至道。日愼一日。于今十年。所期輔佐之臣。爲我致理。中立匪懈。知無不爲。今得其人。果副僉屬。朝議郎尚書戶部侍郎判度支上柱國賜紫金魚袋李石、操履堅貞。志業弘茂。性合道要。識通化源。累佐藩方。備聞勳績。用司夕拜之任。旋加尹正之榮。爰委賦征。備宜試効。是宜擢膺輔

弼。俾勵政經。爾當勤成務之規。率致君之道。內貞百度。外靖四方。參毗萬規。課程庶績。盡匪躬之節。竭宣力之能。大振朝綱。兼司國計。致億兆之庶富。成方夏之乂安。副予知臣。勉茂休烈。可朝議大夫守本官同中書門下平章事。仍依前判度支。勳賜如故。太和九年十一月

## 李固言平章事制

自昔皇王之有天下也。君非臣罔以濟其理。臣遇君然後顯其才。以調陰陽。以承法度。雖堯舜不能自聖。雖皐夔不能自賢。君臣相須。今古同體。余之夢卜。實有慕焉。檢校兵部尚書兼興元尹御史大夫山南西道節度使管內觀察處置等使李固言。稟河岳之上靈。孕乾坤之間氣。孤退獨立。公忠自持。擅菁英之雄文。洞旨要之奧學。仁歸信厚。動合典謨。岩廊正人。中外全德。官業夙望。殷乎華夷。歷居大僚。咸稱厥職。乃者擢自輔相。委之樞衡。不依違而徇人。每精恪以憂國。□躬而謇諤彌勵。絕私而節操不渝。洎仗鉞漢中。頒我條詔。端嚴以訓齊師律。寬惠以綏撫蒸黎。遂用徵還。俾副公議。召至宣室。前席與言。聽其誠詞。皆臻理化。是宜再參大柄。正位黃樞。爲朝廷之股肱。聳搢紳之耳目。康濟四海。毗予一人。是非罔及於愛憎。任用必分其清濁。有犯無隱。進思弼違。勿忝吾知。更光爾道。可守門下侍郎同中書門下平章事。開成元年四月

## 陳夷行平章事制

王者任賢能所以緝熙庶績。舉正直期乎獻可弼違。苟非懋茲四德。何以光膺大任。翰林學士將仕郎守尚書工部侍郎知制誥兼太子侍讀上騎都尉賜紫金魚袋陳夷行。元精降靈。厚載儲祉。聚蓄英粹。作時休祥。懷道清貞。執德謙茂。行高嵩華。弘包容之偉量。明洞水鏡。韜姸媸於默識。貞己滋潔。遇物能容。雖牆岸孤峻。襟抱夷曠。孝友爲修己之具。文學誠潤身之餘。衆推全才。時號端士。頃在廊署。雅有名稱。是用擢居襟密。俾輔導元良。論辨見賢人之業。教諭得名臣之體。星琯屢改。才術彌彰。古稱旁求夢卜。曷若選之於言行。是用付以政柄。登于台階。任茲鈞衡之重。處以皐夔之秩。人所注意。予將仰成。勉陳啓沃之術。以副具瞻之望。可守本官同中書門下平章事。散官勳賜如故。開元二年四月

## 楊嗣復李珏平章事制

運行帝載。翊贊天工。必俟輔臣。以宣至化。將叅秉鈞之重。是資並命之求。諸道鹽鐵轉運等使正議大夫守戶部尚書上柱國弘農郡開國伯食邑七百戶賜紫金魚袋楊嗣復。動必居正。言惟在公。峻若孤山。清猶止水。從政稟詩書之教。承家達禮樂之源。朝議郎守戶部侍郎判戶部事上柱國賜紫金魚袋李珏。質本溫明。才推儁茂。智能周物。弘本有容。守和爲君子之儒。可大見賢人之業。挺爲國傑。秀稟元精。生必爲時。寶稱希代。便蕃清秩。操履有常。調黃鍾而協諧。和朱絃而疎越。或惣重鎭。敷惠字人。卒乘有輯睦之功。惸嫠著昭蘇之詠。洎入司邦賦。爰掌版圖。事未裁成。公望猶鬱。是可以宰領樞務。用弼予違。敍彝倫而建大中。罄訏謨而調元氣。乂寧華夏。保合神人。宜申補袞之規。致我垂衣之理。於戲。孔明匡鼎峙之國。尙聞魚水之詞。夷吾輔霸業之君。猶致鴻翼之喻。矧予祗荷丕構。雖未克紹前修。造次之間。而不忘遵道。宵衣旰食。一紀于茲。災沴尙生於旱蝗。黎元屢困於衣食。中夜

靜慮。若涉大川。將求津涯。俟爾而濟。爾謂是。靡以拂吾心而不行。爾謂非。靡以徇吾志而苟用。開物成務。俾乂於得時。求賢審官。寧我以多士。則魚水鴻翼。夫何足言。勉副簡求。無忝我休命。嗣復可守本官同中書門下平章事。依前充諸道鹽鐵轉運使。勳賜如故。珏可守本官同中書門下平章事。依前判戶部事。散官勳賜如故。開成三年正月

## 裴度中書令制

緝熙政柄。亮釆皇猷。弘道德而輔昌圖。調陰陽而平景緯。我惟求舊。人亦與能。正位台階。實資元老。河東節度觀察處置等使開府儀同三司守司徒兼中書令太原尹北都留守上柱國晉國公食邑三千戶實封三百戶裴度、星辰稟秀。山嶽炳靈。文蔚釆章。量苞江海。負經邦之遠略。懷許國之明誠。研幾而識洞蓍龜。運籌而道光竹帛。風雨一致。儀刑四朝。萬邦所瞻。百辟為憲。洎揚旌鴈塞。建旆龍山。謹管籥而戎索烟清。壯襟帶而軍牙氣肅。虜絕南牧。聲雄北門。懿茲殊庸。朕所嘉歎。是用專授衡軸。俾清化源。統和神人。茂育區夏。夫宰相之任。作予股肱。外可以懷柔四夷。內可以親附百姓。大可以贊亭毒。阜生成。小可以激貪廉。正雅俗。爾有休蹈。予不重言。至於玉立岩廊。風行號令。端若植表。為時司南。開予胸襟。端我視聽。實賴人傑。代茲天工。爰罷麾幢。再操舟檝。庶展乞言之禮。豈唯論道之尊。佇竭訏謨。無虛毗倚。可守司徒兼中書令。散官勳封如故。開成三年十二月

## 崔鄲平章事制

朕丕承寶圖。思臻至理。小大之政。皆倚輔臣。選衆惟難。得人而授。中大夫守太常卿上柱國賜紫金魚袋崔鄲、天資正性。岳降瓌材。慎楊震之四知。邁皋陶之九德。抱負直質。秀發英華。動必蹈中。言皆體要。聚學每同於精賾。馳騁九流。摛文若奏乎笙簧。抑揚三代。鴻量難挹。懿聲自高。乃者入典訓詞。出司俊造。能用周密。靡混妍媸。銓總以明允為先。廉察以澄清為重。踐乃要職。顯有休功。秩宗之選方登。公台之論彌鬱。由是酌其望實。付以鈞衡。恢予之規模。廣予之耳目。於戲。宰相之任。弼諧是資。予欲使六氣均調。惟爾贊予。欲使萬方平乂。惟爾成予。欲使臣寮得職。惟爾諧予。欲使斜正不亂。惟爾翼。言罔慮於咈耳。進無忘於沃心。貞觀開元之法度具存。房魏姚崇之規猷盡在。咨爾丞相。舉而行之。可守本官同中書門下平章事。散官勳封如故。開成四年七月

## 崔珙平章事制

一日萬機。熙帝載者輔相。予違爾弼。成台德者股肱。天將瑞時。必有人傑。況當出震之日。實藉濟川之才。諸道鹽鐵轉運等使銀青光祿大夫守刑部尚書上柱國崔珙、應期而生。希代之寶。量涵海嶽。明並日星。懷倜儻之奇姿。抱英邁之正氣。挺質而珪璋比德。彯纓而冠蓋盈門。立言每見於經邦。行己諒先於及物。早持旄節。亟踐齋壇。柔獷悍為忠義之心。變封疆為禮樂之俗。信入人腹。令行軍牙。及尹正神州。儀刑郡國。剛能嫉惡。明可照奸。三輔弘取則之風。四方稟承流之化。逮司筦榷。益茂器能。精若鑑金。利逾淬刃。歲以饒羨。國用富強。懿乃成功。允諸選衆。是宜亮釆皇極。陟降台階。調陰陽

於至和。濟生靈於將泰。四維咸舉。百度以貞。俾時式康。佐朕爲理。夫周以冢宰制國用。漢以丞相調兵食。猶怙牢盆之務。往居鈞軸之尊。於戲。后德惟臣。良臣惟聖。汝其納誨。予亦踐言。勉符魚水之資。永贊文明之運。服茲休命。敬之敬之。可守本官同中書門下平章事。依前充諸道鹽鐵轉運等使。開成五年五月

杜悰平章事制

朕顧惟眇身。纘承大構。思有以允釐百事。表率萬邦。進髦傑於台階。庶緝熙於帝業。布誠聽問。側席旁求。爰於岳牧之中。載叶蓍龜之兆。乃舉成命。以副具瞻。淮南節度副大使知節度事充諸道鹽鐵轉運等使光祿大夫檢校尚書右僕射杜悰。器宇恢弘。襟度夷曠。學通九經之要。道符百行之源。寒松不彫。貞玉無玷。忠信勵事君之節。勤慎得成務之才。任歷殷繁。志惟匡益。洎臨淮海。兼掌貨泉。開張多濟物之功。饒羨指助軍之獻。既而積粟應輓。馳幣待供。師徒無歉食之虞。餽給有羸財之備。克就戎事。在我元臣。由是付以國鈞。俾司邦計。仍兼筦榷之重務。藉輸經濟之良能。師長具寮。亦從舊貫。往踐大位。爾其欽哉。於戲。惟理亂在庶官。矧乎輔翼之臣。寅亮代天之化。必在參脩政本。振起皇綱。興禮樂以厚人倫。竭謀猷以清氛祲。期於啓沃。以弼予違。無金玉爾音。將孤予虛佇也。可檢校尚書右僕射同中書門下平章事。充度支兼諸道鹽鐵轉運等使。會昌四年閏七月甲辰

李回平章事制

我唐之盛。實曰貞觀開元。則有若姚公宋公。彌綸天祿。雖二祖之克聖。亦良弼之是賴。朕自膺寶祚。于茲六年。未嘗一日不念貞觀開元之至理。其命相也。敢容易哉。是用藎臣冀臻于道。戶部侍郎判戶部事李回。風雲玄感。山岳降神。蔚爲人寶。好道天爵。心無適莫。惟直是從。事不沾滯。應機輒發。靈府可以調元氣。宏材可以濟巨川。有君子欲訥之言。有賢人可大之業。掌綸西掖。克潤王猷。執簡南臺。是推邦宜。每揚清以激濁。嘗持正以照邪。凡有敷揚。皆稱朕意。況副予愛子。功茂和戎。掌彼版圖。時惟舉職。歷試皆可。實獲我心。是宜參務中樞。啓揚庶績。式光帝載。且寵正人。敬往欽哉。無忘休命。可中書侍郎同中書門下平章事。充集賢殿大學士。依前判戶部事。會昌五年五月乙丑

崔鉉魏扶平章事制

潤色王業。允俟良臣。丹青帝圖。必資宰輔。朕嗣膺大寶。思闡鴻猷。永惟化源。實屬髦傑。所期調六氣以遂物。總萬機而富人。夢帝賚于。爰立作相。正議大夫守御史大夫崔鉉。山河秀氣。經緯長才。金聲含正始之和。玉立在風塵之表。正議大夫行尚書兵部侍郎判戶部事魏扶。天與全德。性惟中庸。有致遠之宏謀。負佐王之盛業。並操身特立。抱氣挺生。高操旁映於羣倫。明議動符於大雅。早登華顯。備閱休嘉。穆然清風。鬱有素望。居易求己。秉仁立誠。每懷憂國之心。益竭徇公之志。或早以精慮升于鼎司。深陳造膝之言。密勵匪躬之節。或嘗以敏用服于大寮。智有動於機權。才復推於練達。爰委綱憲。仗明命而立朝。亦總地卿。嘗會計而經國。紀綱式敍。征賦□饒。陟其休庸。付以大柄。朕欲宣明號令。弘濟生靈。致寰海之乂安。復河隍之土宇。爾

宜從容奏議。朝夕揣摩。副華夏之具瞻。展舟航之大用。敬服明訓。式揚茂勳。鉉可中書侍郎同中書門下平章事。扶可守本官同中書門下平章事。大中三年四月

## 崔龜從平章事制

丹青神化。寅亮天工。將寄陶鈞。必歸才望。故漢宣大業。魏邴克贊其謀。開元盛時。姚宋同匡其理。嘗覽前載。緬懷斯人。寤寐以求。夢卜終叶。適當舉衆不讓知賢。戶部尚書判度支崔龜從。道峻嵩華。志凌煙霄。氣包元精。識邁前哲。巖廊符瑞。禮樂英華。弘道多鑒物之明。堅正抱佐時之術。而學窮源委詞涌濤波。吐論素勵於公忠。理躬不踰於信厚。烈火方熾。珪璋更寒。飛霜已嚴。竹柏猶翠。自出入劇職。徊翔清途。經歷五年。恭勤一貫。粉署潔□。賜之衣。掖垣高白風之文。澄清宣威。□節持重。暨佇延舊德。再掌地圖。任切良材。移專國用。閭閻不困。帑藏有餘。邦賦程均節之能。軍食表供需之効。我有好爵。本邀茂勳。況乎國楨。宜在人傑。是用命汝同心。弼予升于鼎司。執此政柄。吉甫德全於文武。彥回望著於台衡。旣副具瞻。實允元輔。當酌古訓。以恢令猷。怙人部喉舌之雄。免計曹經費之務。爾其鎭撫。式彰顯崇。於戲。惟木從繩。載懷藥石之誡。惟風偃草。冀流霖雨之功。與其順美以昭忠。不若盡規而輔德。與其嚴刑而就理。不若濟禮以安人。佇聞嘉言。共底交泰。無令伊傅獨美典墳。可戶部尚書同中書門下平章事。大中四年六月

## 魏謩平章事制

天不能獨運。任寒暑而成歲功。君所以稱尊。仗股肱而熙帝載。高拱巖廊之上。卒成天地之宜。故風后登庸。軒圖以穆。文終佐理。漢業遂昌。何莫由斯。夫豈相遠。爰感風雲之會。果符夢卜之求。屬在休期。俾升良弼。戶部尚書同中書門下平章事魏謩。膺賢運之間氣。負王佐之洪材。山岳孤高。珪璋特達。道德忠信。資以脩身。文章政事。乃其餘力。自騰芳詞苑。振迹諫垣。文宗知臣。深加寵遇。檢校甚峻。守道不回。未志達官。蔚爲國器。星霜屢變。流落幾途。秀禾摧風。燎原見玉。汲黯心乎廊廟。望之志在本朝。朕獲奉寶圖。勵精理本。盡伸人隱。思變時雍。佇聞宣室之言。是有夕靡之拜。偉其風望。委司憲綱。正色立朝。不仁自遠。貳于卿秩。掌我地征。吏不敢欺。身無伐善。彌見精強之用。頗聞流衍之能。朕常咨以謨猷。觀其識略。動中理會。慮必輸忠。切劘每賴其沃心。慷慨不忘於造膝。是宜樹爲明表。載之休聲。俾增輝於三台。允僉諧於四岳。於戲。調鹽梅之元鼎。濟舟楫之巨川。上爲四方之安危。下繫羣生之舒慘。提是任者。不其重歟。夫激濁揚清。衆自聳善。著誠去僞。人斯歸厚。爾其開張風教之具。導迎陰陽之和。使萬物各遂其宜。百官得任其體。昔爾先祖。爲唐輔臣。人鏡之名。阿衡比德。爾尙纂承義訓。克嗣清風。勉思貽厥之謀。以闡將明之業。勿畏嫌而避事。無執謙以自疑。永孚于休。用觀乃績。可守本官同中書門下平章事。依前判戶部事。大中五年十月戊辰

## 裴休平章事制

我國家之稱至理。其唯貞觀開元乎。雖盛德成於祖宗。而致君存乎輔弼。委是丕構。付于沖人。實資獻臣。共荷洪業。俾登玉鉉。用振金聲。正議大夫守

禮部尚書充諸道鹽鐵轉運等使裴休、明堂粱棟。清廟瑚璉。道崇五美。學綜九流。持去邪與善之心。藴尊主濟時之術。早升甲乙。首冠賢良。諫垣馳讜正之名。史氏動直書之筆。羽儀著定。律呂搢紳。仙闈道播於彌綸。右掖詞推於潤色。三臨藩郡。皆垂良吏之能。二匹卿曹。益見大臣之體。洎乎司貨泉之重。筦山澤之財。用適變通。法均寬猛。大計如富強之業。常規多饒羨之功。人無告勞。刃有餘地。是可以載光□職。爰陟台階。式贊雍熙。宜應夢卜。爾其允釐庶績。□盛訏謨。陟大川而示爾津涯。馭六馬而遺吾銜策。俾臻皇極。克嗣前修。於戲。人代天工。予違汝弼。悉乃心力。作吾股肱。無使阿衡專美於殷家。山甫獨稱於周室。勉弘懿德。勿忝虛懷。可守本官同中書門下平章事。依前充諸道鹽鐵轉運等使。大中六年八月

# 唐大詔令集卷第五十

大臣

宰相

命相七

張文蔚平章事制

楊涉平章事制

## 命相七

### 鄭朗平章事制

雲因龍興。龍非雲無以施膏澤。臣由君用。君非臣無以播皇猷。信乎際會相須。以康天下。永言良弼。常切寤思。詳求國楨。乃獲時傑。通議大夫上柱國賜紫金魚袋鄭朗、間代應期。稟靈作瑞。王室髦彥。士林菁英。溫華凝珪玉之姿。磊落負棟梁之任。諫垣蘭省。常推讜正之風。廉俗登壇。克懋撫循之績、洎領劇務。益見盡忠。杜邪徑而啓公途。懲姦吏而絕私託。饋軍無闕。枋國有經。委以憲綱。尤彰直道。是宜毗贊大業。翊宣景化。朕以區區齊晉。取霸諸侯。率由三賢協心。五臣同德。況今四海爲宅。百辟盈庭。未能寇靖塞陲。人歸壽域。豈無長策。俾及昇平。惕然疚懷。莫知攸措。肆予命汝。往踐台堦。勉弘濟代之功。罔致曠官之誚。善調兵食。以備我邊虞。慎舉典章。以貞我庶品。敬戒于位。唯其有終。可工部尚書同中書門下平章事。大中十年正月丁巳

### 崔慎由平章事制

朕躬守睿圖。勵精理道。祗勤萬務。靡不經心。緬思垂拱以化成。莫若得賢而共濟。載勞夢卜。果獲貞良。大中大夫守尚書戶部侍郎判戶部事上柱國賜紫金魚袋崔慎由、山嶽降靈。和粹毓德。儀標鸑鳳。識洞蓍龜。文爲國華。行冠人表。紘含清越之音。玉凝縝密之姿。播英聲於士林。彰美望於公器。洎擢參內署。潤色王猷。忠讜盡規。誠明納誨。既而廉問南服。宣暢皇風。盪寇銷災。人安政集。康一方之疲俗。復貳職於中臺。議論必本於古今。趣尚自歸其雅正。渕河之右。仍歲艱荒。一自鎮臨。載聞惠化。俾司征賦。益覩公忠。固可以升于台階。秉我大政。爰授相印。用參樞務。於戲。天地之道。成歲功者陰陽。帝王之基。保鴻業者輔相。念茲匡贊之大。宜竭啓沃之道。必使貞百度以振國經。凝庶績以弘理本。茂育區夏。統和神人。允符魚水之資。克致休明之運。永綏厥位。無忝知臣。可守工部尚書同中書門下平章事。大中十年十二月

### 蕭鄴平章事制

輔相之任也。調陰陽而撫夷夏。貞百度而康兆人。代天爲工。持國之柄。殷周夢卜。竭誠待賢。彼何人哉。予獨不可寘於精懇。果得髦傑。朝散大夫守尚書兵部侍郎判度支上柱國彭城縣開國男食邑三百戶賜紫金魚袋蕭鄴、天寶祐朕。生此令人。星辰降祥。珪玉含瑞。蘊通明經遠之識。抱宰割利用之才。載居禁垣。重參宥密。眷委既至。忠讜愈聞。爰付地征。仍司邦計。善爲均節。益茂事功。道惟剛明。人無侵撓。風望彌峻。遐邇具瞻。思致昌期。必資俊

德。是以簡自朕志。叶于僉諧。擢登中樞。持平庶政。爾其體太和而順元氣。推至公以序彝倫。短長之才。罔有所廢。細大之務。一以居心。扶皇極而作國楨。庇蒼生而遂物性。雖堯舜比聖。朕何敢言。而夔龍致君。爾無多讓。周以冢宰制國用。漢任丞相調兵食。斯舊典也。謂其懋建嘉庸。對茲崇寵。可守本官同中書門下平章事。仍依前判度支。大中十一年七月

## 劉瑑平章事制

闡大化以建皇極。敷至德以乂黔首。百度惟允。八荒用寧。倚于輔臣。付以邦柄。求之夢獵。叶於蓍龜。克諧明謨。允屬僉議。稽能必思於廟略。疇德佇煥其國經。朝議大夫守尚書戶部侍郎判度支上柱國賜紫金魚袋劉瑑、嶽彩舒輝。鸞姿降靈。馭烟霄而六轡齊昇。布雲和而九成合奏。而行居人表。文著國華。潤色詞林。早參宥密。彩筆既符於李夢。溫樹不漏於孔言。再秉絲綸。貳于刑讞。振藻益茂。聽辭無冤。洎尹正洛師。擁旄梁苑。咸能變風俗而求人瘼。和號令以肅軍威。重委北門。輯茲王業。旣聞報政。果叶予懷。是用付以繁難。愼司邦計。彌月探執。繫時功成。已洽咎夔之風。宜膺台鼎之命。爾其平章百姓。敭敷五教。使羣職必舉。四夷率賓。杜回邪之途。開讜正之路。大道必寘其沃心。忠信無懼於逆耳。於戲。大小之政。旣已咨之。成務且輟於司存。均節尙煩於廟算。祗我明訓。服茲休嘉。可守本官同中書門下平章事。依前判度支。大中十二年正月

## 夏侯孜平章事制

自古有天下。得列聖帝哲王之科者。必由良臣。以就景化。故君非輔弼。無以啓昌期。時未清平。不得稱賢相。契合交感。相須而成。苟非其人。豈副斯舉。朝請大夫尚書兵部侍郎充諸道鹽鐵轉運等使上柱國賜紫金魚袋夏侯孜、禮樂重德。響裾上流。才推兼人。智可周物。蘊範時之行義。富經國之文章。識探奧微。器抱沖粹。早踐清列。克彰令名。洎當七目。匡諫無隱。再歷三獨。糾繩不回。廉風俗而政清。提紀綱而望振。旋領版籍。亦司牢盆。推公秉持。悉力完緝。法得其倫。要吏憚其威稜。國財可豐。官事具舉。是用陟此邦傑。付之廟謨。旣諧朕心。且洽僉論。於戲。宰輔巨任。羣倫共瞻。政乖其宜。則四海罹弊。事叶其理。則萬人以蘇。副吾拔擢之恩。勵爾燮諧之道。朝野聳望。爾其戒之。可守本官同中書門下平章事。依前充諸道鹽鐵轉運等使。大中十二年四月

## 杜審權平章事制

天設四序。運寒暑而成歲功。國有三台。仰彌諧以助君德。安危是繫。選任攸難。況朕涉道未明。纂圖方始。詳求英彥。思付洪鈞。至誠感通。果獲良輔。翰林學士承旨通議大夫守尚書兵部侍郎知制誥上柱國賜紫金魚袋杜審權、喬嶽德崇。澄波量廣。稟五行之秀氣。挺百仞之貞材。虹玉潛輝。龍泉蘊利。文窮騷雅。學洞玄儒。毛玠有古人之風。邴吉得大臣之體。自便番華貫。踐歷清途。南宮推起草之工。西掖茂掌綸之業。洎司文柄。俾以掄才。全任至公。號爲得士。甘棠廉問。衆著謳謠。秋卿恤刑。事無枉撓。先皇帝籍其令譽。擢處禁林。振藻屬詞。發揮神化。道一貫於終始。器兼適於圓方。逮予嗣統。屢

承密旨。每多弘益。彌見愼脩。既彰已試之能。宜懋殊常之寵。是用委茲大政。列在中樞。爲朝廷之表儀。實人臣之極地。爾尙竭乃心力。作吾股肱。借箸必罄其嘉謀。推局罔遺於善策。用無黨之道。行惟一之心。使爵位功名。並光竹帛。垂於不朽。豈不務乎。可守本官同中書門下平章事。大中十二年十二月

## 夏侯孜平章事制

篙檝克脩。航艦以之濟海。羽翮可厲。鵾鵬於是摩天。朕恭己寰瀛。勞誠夢獵。將以篙檝賢輔。羽翮寶臣。摩三代至理之英。濟羣生普洽之欲。載伫舊德。期獲我心。劍南西川節度副大使知節度事管內觀察處置統押近界諸蠻及西山八國雲南安撫等使光祿大夫檢校尙書右僕射同中書門下平章事兼成都尹上柱國譙郡開國公食邑二千戶夏侯孜、大昴分精。維嵩挺秀。擅四海之賢儁。作中朝之表儀。禮樂詩書。資其懿範。温恭孝愛。輔以多才。服道以致身。含章而底力。經國之用。貫百川而不改其淸。應物之明。體萬象而莫窮其照。周踐華烈。多謝舊章。郎署諫垣。休聲夙振。東陽故絳。惠愛洽聞。洎甘棠政成。會府徵命。兼領臺轄之任。再居邦憲之尊。正色無私。當官必舉。慇征賦以贍國。幹山澤而富人。美利無遺。嘉猷益覩。積是朝德。昇于台司。內竭謨明。外弘體理。馳咎夔之極摯。陋周漢之遐蹤。克彰爲輔之聲。允叶有開之契。屬者以西南重鎭。邊徼多虞。爰賴專征。以隆外閫。福星時雨。既惠巴庸。景化元和。須歸鼎鉉。是用召於馹騎。待以天工。重開集鳳之池。再仰問牛之化。弼諧萬務。師長庶寮。亟付機衡。俾康區夏。於戲。刀非礪不割。魚非水不行。爲君誠難。得時甚易。決疑定計。吾以爾爲神龜。肥國救人。吾以爾爲藥石。盡布四體。懋堅一心。勉哉勿疑。封揚休命。可尙書左僕射同中書門下平章事。咸通三年七月

## 楊收平章事制

古先聖哲之御天下也。莫不勞於擇賢。逸於恭己。是以岩求匪易。殷代稱宗。畋獲甚難。周王膺命。歸朕在位。天授正人。於言語侍從之問。得亮采惠疇之美。固亦高邁前烈。垂休廟堂。敬遵用汝之言。爰舉弼予之典。雅符不讓。斷自無私。翰林承旨朝議大夫尙書兵部侍郎知制誥上柱國賜紫金魚袋楊收、器茂渾金。寶欽大玉。瑩淸冰於溽暑。挺綠桂於嚴霜。行過曾顏。道兼夷惠。文冠一時而若非游藝。學窮千古而似不能言。自鴻飛名揚。鷺振班列。憲署每聞其守法。曲臺咸著於推公。所蒞有聲。歷試皆可。用彰簡要。已洽譽於含香。業擅精微。遂騰輝於視草。戒愼攸至。初終不渝。常懷造膝之忠。備見沃心之旨。謝安體識。王儉才能。動爲僉論所諧。居益具瞻之望。由是擢於禁苑。升以台階。俾申匡輔之勤。用□燮和之重。爾其慕伊周之志。弘皐益之謩。九流既分。百辟斯正。嘉猷可舒於前席。妙略當寘於止戈。式序三才。允歸一德。懋乃致主。副予知臣。無使載筆之褒。獨稱於姚宋也。可守本官同中書門下平章事。咸通三年五月

## 于悰平章事制

在天垂象。常星既列於三台。惟國建官。庶政必歸於四輔。朕每患至理。益慕無爲。苟非正人。莫付大柄。爰得非熊之兆。乃遵審象之求。契予知臣。命爾

作相銀青光祿大夫尚書兵部侍郎充諸道鹽鐵轉運等使駙馬都尉上柱國于悰、識洞蓍蔡。文窮典籌。居然國華。蔚爲人瑞。自策名筮仕。問望益高。伏蒲彰正直之名。起草著彌綸之績。由是道光獨立。業擅自強。勇退無儔。撝謙有裕。朕早聞博雅。堪備論思。擢於南宮。置之內署。果能恪愼。相副端貞。□□益實。多倚賴。尤切。洎出貳司寇。亟居版圖。見君子之盡心。表人才之果決。讎府任重。爰命專之。積弊潛開。其日除。嘉庸顯彰於歲計。咨爾全美。爲予誠臣。歷試如斯。僉諧所至。是宜升於輔翊。付以燮和。惟賢式契於周官。懋德雅符於殷誥。且有成計。爾其聽焉。夫舉直則百度可貞。推公則彝倫攸敍。進善則孤寒不棄。用才則滯屈自伸。克勉斯言。是爲良弼。敬承休命。往其戒哉。可守尚書兵部侍郎同中書門下平章事。咸通八年七月

王鐸蕭遘平章事制

門下、五帝垂衣。本資乎輔弼。三王御宇。必藉其謀猷。誠聖哲之規章。實邦家之軌範。然則得其人則天下致理。輕其任則海內多虞。興廢之端。古今斯在。開府儀同三司行太子少師上柱國晉國公食邑三千戶王鐸、台階降瑞。昴位呈祥。峻影承天。清暉助日。保道德而立性。因文章而飾身。良玉重燒。貞金百煉。道唯經濟。自西虢以安人。術本匡時。辭東山而爲國。洎揚歷中外。出入班行。栖息鸞臺。優遊鳳沼。榮膺三事。冠絕羣寮。致君之業彌深。及物之功益著。朝散大夫守尚書兵部侍郎判度支上柱國賜紫金魚袋蕭遘、紫庭鍾律。玄圃琳瑯。韻叶英莖。光昭袞黻。自精通藝行。遂履歷清崇。逸翰摩雲。高蹤絕地。近者臺稱綱職。歲計成功。霜威已戢其奸邪。日用無虧於饋輓。昨以東隅寇盜。嘯聚爲羣。傲擾關防。奔衝畿甸。朕巡遊梁益。將復京都。欲救生靈。必資賢相。乃朝廷碩德。社稷誠臣。戴君之力無窮。許國之心益勵。是使重敷五教。爰揔萬機。勿棄前脩。無忘厚獎。乃孤標特立。潔白不渝。利可剸犀。清能鑒髮。輔成乾道。兼領冬曹。各副憂勤。用安宵旰。鐸可門下侍郎兼司徒同中書門下平章事。散官勳賜如故。仍令所司擇日備禮册命。遘可銀青光祿大夫守工部侍郎同中書門下平章事。仍落下判度支事。主者施行。中和元年正月

鄭畋平章事制

門下、任賢勿貳。有國之令圖。惟帝念功。昔人之善訓。遐觀往代。宜愼厥終。其有道濟邦家。任已崇於屏翰。忠存宗社。義可貫於神明。宜徵帷幄之謀。重委廟堂之算。冀清大難。以啓中興。開府儀同三司守太子少傅分司東都上柱國滎陽縣開國侯食邑二千戶鄭畋、八柱比崇。三階垂耀。繁露演先儒之學。高風追大雅之文。外標威鳳之儀。內佇涵牛之量。煥如綸之旨。共許才高。被貝錦之詞。彌彰道直。體兹全德。歷試崇資。燮贊中樞。極致君之事業。鎮臨左輔。標坐樹之威名。洎虜犯封畿。塵飛象魏。避寇之謀既決。微管之賴誠深。而能竭預慮之機。用安君父。舉從權之計。以誤奸兇。當代之勳。格天莫比。此際雖咸思義舉。盡蘊忠謀。且聞盟主臧洪。登壇有誓。將軍祖逖。擊檝忘身。致蕃漢之齊驅。由懷柔之有術。今則下從人望。內斷予衷。罷列岳而登三公。自金壇而昇玉鉉。魚水之懽盡在。君臣之契可知。於戲。寰宇未清。予則仗綏懷之毗。園陵失守。予則佇收尅之功。次則揚惠化以拯窮人。弘無私而敍羣品。山河有誓。金石豈渝。更俟殊庸。以膺極寵。可守司空兼門下侍郎同中書門下平章事。充太清宮使弘文館大學士。餘如故。仍令所司擇

日備禮册命。主者施行。中和二年二月

## 韋昭度平章事制

門下、朕聞先王之道相者。調燮陰陽。則四時順其序。均和品□。則萬物適其性。然後扶危持顛。易亂成理。俾生植咸遂。邦家克寧。故周卜帝師。得諸渭水。殷夢賢佐。求之傅岩。我擇股肱。爰獲時傑。翰林學士承旨銀青光祿大夫行尚書兵部侍郎知制誥上柱國韋昭度。誠貫金石。行通神明。氣含元精。識同蓍蔡。窮文武弛張之道。作棟梁舟楫之資。爲時間生。作我良輔。洎昇名俊造。歷官清華。鴻鶱九霄。驥逸千里。旋居宥密。備著聲猷。使我語言追三代之風。使我典制符百王之法。當風雨之如晦。勵節敬恭。念艱難之在途。憂勤夙夜。臨難得近臣之體。効忠彰明哲之心。是用擢以萬樞。納于百揆。作邦之榦。秉國之鈞。若魚水之相歡。諒雲龍之合應。君臣之道。今古攸同。嗚戲。寇逆滔天。兵戈散地。宫朝未復。宗社靡安。爾宜勤察安危。居圖匡濟。沒六奇之祕策。發三略之沈機。定元兇於一戎。振頹綱於四裔。紹貞觀太平之業。啓開元中興之期。光贊一人。永阜羣庶。勉集盛烈。用勤公□。往欽哉。敬服我休命。可守本官同中書門下平章事。勳賜如故。主者施行。中和元年七月

## 陸扆平章事制

門下、昔在太宗時。有房杜持國鈞。在玄宗時。則有姚宋司政柄。降于列聖。代濟名臣。是知股肱元首之間。未有不相賚以成者也。況我荐逢難運。方討叛臣。宜搜間代之賢。冀適濟時之用。其有瓌材已試。亮節孔彰。俾膺霖雨之求。期正彝倫之敍。式舉茂典。吾無所私。翰林學士承旨銀青光祿大夫守尚書左丞知制誥上柱國嘉興縣開國男食邑三百戸陸扆、簡節正音。溫光瑞玉。咸濩抱降神之韻。珪璋挺華國之容。抱倚相之典墳。有平原之詞藻。爰自高材赴召。丹地代言。絲綸必本於典謨。獻納已觀其事業。仍歲扈和鑾之狩。六年專詔誥之勤。讜正自持。門望彌峻。況爾伯祖贄。昔以才行。嘗居禁林。當德宗避狄之秋。實乃祖納言之日。積其偉節。昇于鼎司。書命諫章。流在人口。用是選自密勿。陟之台衡。昭於前光。期以後效。執我大柄。貳茲地官。旣表殊恩。且有丕訓。於戲。奸兇尚熾。干革未平。生靈流離。宗社榛莽。爾其舉墜典。正頹綱。進賢良。遠奸慝。勿依違而避事。無拱嘿以樹恩。庶平艱難。有望康濟。往踐乃位。敬而戒之。可尚書兵部侍郎同中書門下平章事。餘如故。乾寧三年七月

## 朱朴平章事制　　韓儀

門下、夢傅巖而得其相。則殷道中興。獵渭濱而載獻臣。則周朝致理。是知顯諸仁。藏諸用。君子但守其沉機。懷其寶而迷其邦。大器曷虛其顯位。朕自逢多難。渴佇英賢。晤禱鬼神。明祈日月。果得其哲輔。契予勤求。朝散大夫守國子毛詩博士上柱國賜紫金魚袋朱朴、學業優深。識用精敏。久徊翔而不振。彌貞吉以自多。朕知其才。遂召與語。理亂立分於言下。聞所未聞。兵農皆在於彀中。得所未得。不覺前席。爲之改容。須委化權。用昌襄運。是乃振於庠序。陟彼鈞衡。自我拔奇。寧拘品秩。於戲。時風甚薄。國步方艱。兵戈未息於近郊。經制日隳於故事。宮闕焚蕩。邑里凋虛。外則來殄元兇。內則未凝

庶績。整我綱紀。成我雍熙。百度羣倫。俟爾康濟。勉思敬戒。以服寵章。可朝議大夫同中書門下平章事。上柱國。賜紫金魚袋。乾寧八年八月

崔胤崔遠平章事制

門下、擇股肱良臣。爲社稷大計。斯實安危之本。必資經濟之才。應星象而踐三台。平陰陽而御六氣。成彼非熊之兆。叶兹審象之求。旣遇通賢。爰申並命。扶危匡國。政理功成。新授武定軍節度湖南管內觀察處置等使金紫光祿大夫檢校禮部尙書同中書門下平章事持節都督潭州諸軍事兼潭州刺史上柱國淸河郡開國侯食邑一千戶崔胤、公台貴胄。禮樂名門。秉直道以匡時。挺貞規以華國。玉山孤峭。迥出千峯。水鏡澄明。能韜萬象。翰林學士承旨銀靑光祿大夫行尙書兵部侍郎知制誥上柱國博陵縣開國男食邑三百戶崔遠、珪璋蘊德。鸞鶴呈姿。持偉望以標奇。蘊神鋒而匿耀。朱弦逸韻。旣可禮天。寶劍雄鋩。宜乎折滯。或纖膺倚注。屢執鈞衡。或亟處深嚴。嘗司詔誥。燮和茂績。敏嘿嘉名。昭布朝論。洋溢休稱。而體國勵志。問牛之美早傳。致君輸誠。吐鳳之名夙著。宜陟重任。詳觀厥能。升諸喉舌之司。寵以鑪錘之用。專祕殿之圖籍。度會府之財征。俾操化鈞。仍綰邦賦。當此艱難之運。爰繫輔弼之功。噫。未復神州。尙兹多壘。仍歲有征巡之役。兆人懷蘇息之期。予心浩然。罔知克濟。咨爾良弼。共成懿圖。勉膺三事之榮。恪奉一時之寵。胤可守中書侍郎兼戶部尙書同中書門下平章事集賢殿大學士、判度支。遠可守本官同中書門下平章事。判戶部。散官勳封並如故。乾寧三年九月

王摶平章事制　　韓儀

門下、朕聞軒轅得力牧而爲五帝首。禹任皐陶而爲三王祖。雖不言而化。自契於玄功。端拱仰成。實資於哲輔。況有嘗持大柄。久竭訏謨。振寅亮於岩廊。立惠迪之軌蹈。俾仍舊貫。再委平衡。斷自朕懷。用符僉屬。扶危壯國。致理功臣。新授武勝軍節度浙江東道管內觀察處置宣撫等使金紫光祿大夫檢校尙書右僕射同中書門下平章事使持節越州諸軍事越州刺史上柱國開國公食邑三千戶王摶、道潔秋霜。文含春彩。動不踰矩。立必正方。中孚行絕類之貞。保大有匪躬之節。訥於言而敏於行。深恥名浮。竭其力而致其身。唯將道勝。頃歲朕察其材智。可秉鈞憂國。罄慮匡時。敷沃心之嘉猷。進苦口之良藥。洎汧岐叛渙。京國戒嚴。罔懼觸鱗。屢陳逆耳。摶以明君待我。故每敢極言。我以忠臣任摶。亦加獎納。深知盡瘁。永用寘懷。自鑾輅省方。艱危屆蹕。澄心無撓。臨事應機。爲時而生。信非虛語。昨以初淸鏡水。新蕩稽山。愼擇周材。以康疲俗。是用輟於台鼎。俾踐師壇。□念卿言。皆合朕意。讜正之事。久而彌芳。雖浙右之瘡痍。誠思惠養。顧岐陽之祆逆。尤藉機籌。宜歸班瑞之符。却秉代天之筆。爾宜內凝庶績。外殄元兇。勉精醫國之謀。報我知臣之德。天官重位。光祿崇階。兼以命之。用旌寵數。服兹休命。可不愼歟。可光祿大夫吏部尙書同中書門下平章事。功臣勳封並如故。乾寧二年十月

張文蔚平章事制

門下、古者明王。居億兆之上。慮弗用乂。兢兢業業。卜選夢徵。思得全才。俾謀共理。付之台鉉。仰以和平。旣諧作礪之求。允斷非熊之兆。銀靑光祿大夫行尙書禮部侍郎上柱國張文蔚、宇量冲襟。虛坦平和。而又凌轢淸華。騫翔顯重。久居內署。備著芳猷。論思而高議昇平。扈從而志堅尊奬。視草見博

通之業。寡言彰愼密之規。朕乃輟自翰垣。委之文柄。克盡搜揚之道。頗聞公正之譚。是用列在鼎司。咨之衮職。爾其深研理道。精鍊事機。盡當朝贍國之謀。究前代銷兵之術。書載伊尹。實惟阿衡。今倚依之。亦惟若是。敬乃于位。思其有終。可同中書門下平章事。餘並如故。天祐二年二月

楊涉平章事制

門下、持鈞軸以燮陰陽。是資至德。掌地征而富邦國。必仗通才。難虛作礪之求。式叶爲霖之望。金紫光祿大夫守尙書吏部侍郎上柱國弘農縣開國伯食邑七百戶楊涉、代襲軒裳。業通墳典。踐履華貫。周旋大僚。陳太丘雅尙淸貧。葛稚川不貪榮祿。綽有休問。喧在羣言。往典貢闈。則文行兼探。近司銓管。則淸濁咸分。至必可稱。動皆垂範。朕嗣守丕祚。虔思小康。是用授以鈞衡。委之征賦。爾其克申蘊蓄。用副旁求。使干戈遠偃於四郊。玉帛繼歸於內帑。仍司仙殿。更重化源。勉輔沖人。臻于理道。可尙書吏部侍郎同中書門下平章事。充集賢殿大學士、判戶部事。散官勳封並如故。天祐二年三月

# 唐大詔令集卷第五十一

## 大臣

### 宰相

#### 館職

張說等監修國史敕
宋璟蘇頲修國史制
蕭嵩集賢院學士修國史制
裴光庭弘文館大學士制
陳希烈監祕書省圖書制
齊抗修國史制
李藩弘文館大學士制
牛僧孺集賢殿大學士監修國史制
李固言崇文館大學士等制
魏謩監修國史等制
令狐綯弘文館大學士制
鄭朗監修國史等制
崔慎由監修國史等制
蕭鄴監修國史等制
夏侯孜集賢殿大學士制
白敏中弘文館大學士等制

王鐸弘文館大學士等制

蕭遘監修國史等制

## 館職

### 張說等監修國史敕　蘇頲

敕、古之王者。代有史官。以日繫月。屬詞比事。舉而則書。用存有法。事而不法。是謂空言。蓋貶褒之重愼也。自非經術文雅。進德修業。出忠入孝。匡俗佐時。爲朕寶臣。有邦良輔者。孰可綜覈班紀。發揮蒼籀。銀青光祿大夫守中書令上柱國燕國公張說、銀青光祿大夫守兵部尚書同中書門下平章事三品上柱國梁郡開國公姚元之等。並可監修國史。餘各如故。先天二年十一月二十二日

### 宋璟蘇頲修國史制

古之良史。實難其人。掌邦國之事。明懲勸之道。是以淑駿弘簡。茂先博物。爰自重臣。式膺兼領。銀青光祿大夫吏部尚書兼黃門監上柱國廣平郡開國公宋璟、明允篤誠。有犯無隱。銀青光祿大夫行紫微侍郎黃門平章事上柱國許國公蘇頲、忠肅恭懿。察微知章。並光我國禎。熙我帝載。在公聞山甫之頌。抗直有史魚之節。王言斯典。曾是獻替。君舉必書。亦惟褒貶。宜崇鼎鉉之任。更述盤盂之篇。並可修國史。餘如故。

### 蕭嵩集賢院學士修國史制

門下、國史所以弘闡大猷。觀乎人文。所以化成天下。自非鉤深學海。囊括詞林。盛周公之典謨。懸仲尼之日月。何以纂敍鴻業。允諧僉能。兵部尚書兼中書令蕭嵩、自天生德。惟國之楨。孝友溫仁。稟於性與。明密忠謹。自然道合。禮樂資其黼藻。風雅由其發揮。足以掌書殿之祕文。紬史策之徽烈。論道而講學。司論而記言。俾垂作範之規。用成不刊之典。可兼集賢院學士知院事兼修國史。

### 裴光庭弘文館大學士制

政理鴻業。弘之者大賢。文儒盛美。典之者茂德。自非夔龍間出。周孔挺生。則無以翊贊經綸。發揮圖史者矣。侍中兼吏部尚書裴光庭、忠公性與。禮樂天資。爲社稷之臣。摠喉舌之任。儀刑百辟。則庶績其凝。藻鏡九流。則具瞻惟允。進規獻替。明謨每竭。絕編蠹簡。成誦不忘。固可以論道之餘。闡尊儒之義。緯經廟堂之略。論思祕館之文。僉曰爾諧。期于予理。往膺寵命。克昭丕績。可充弘文館大學士。餘如故。

### 陳希烈監祕書省圖書制

國之載籍。政之本源。故藏於蓬山。緘以芸閣者。以爲義府之代謨。三五以還。皆率茲道也。故每加求購。冀補遺逸。四部名目。悉索而來。七略條流。兼該頗盡。豈若羽陵之蠹簡。汲冢之殘編。如聞頃者以來。不存勾當。或銓次失序。或鈎校涉疎。或擅取借人。或潛將入己。因循斯久。散失遂多。思革前弊。允資盛德。宜令左相兼武部尚書陳希烈、充監祕書省圖書。爰假丹青之餘。以振鉛黃之美。則金華侍講。足繼寵於班伯。石渠司籍。方嗣徽於劉向。至公之選。可不務乎。

齊抗修國史制

敕、天工人代。緝熙庶績。所以達四方之志。遂萬物之宜。王猷以穆。在於宰政。君舉必書。弘厥史職。典領著作。允資藎臣。中散大夫守中書侍郎同中書門下平章事上柱國賜紫金魚袋齊抗。文含大雅。行歸中庸。弘道而致。含章而歸。業稽三王之法。志酌千古之獻。言積醇粹。而外發德輝。性自明誠。而居爲國器。擢登密勿。每竭訏謨。察其忠諒。多所弘益。以序王道之端。辯人事之紀。懲勸教化。在於春秋。錯綜裁成。必歸良直。以中樞之餘力。得東觀之全才。山甫補闕。已彰於匪懈。臧文立言。佇聞於不朽。修明簡策。惟爾之休。可兼修國史。餘並如故。

李藩弘文館大學士制

敕、朕思欲恢弘大化。登乎洽平。翔聲朔於鬼區。煥日月於黃道。王綱開而萬寓垂澤。太階平而百神受職。叶於夢卜。天其賚予。朝議大夫守門下侍郎同中書門下平章事上柱國賜紫金魚袋李藩、德宇凝粹。神襟超曠。量寬而不入漉滓。理當而不留枝葉。行治古之道。爲君子之儒。溫然玉容。流競斯遠。絜矩以居正。開誠以納忠。起文章之廢滯。通天下之惠和。內則褒表良能。塞邪枉之路。外則銷鑠災患。寧黔首之艱。廣予聰明。弘益良厚。言念報禮。發乎深衷。爰加書圃之職。用飾賢人之光。寵靈斯重。汝其敬之。可兼弘文館大學士。餘如故。元和四年三月二十八日

牛僧孺集賢殿大學士監修國史制

門下、寅亮天工。弼諧庶務。弘我一德。綏撫萬邦。佐予沖人。以底于理。將推恩於天下。必首自於輔臣。是用極其褒崇。增其命數。訓正圖書之府。裁成義例之條。銀青之階。光於七命。茲所以賞勞而馭貴也。正議大夫守中書侍郎同中書門下平章事上柱國奇章縣開國子食邑三百戶賜紫金魚袋牛僧孺、大玉不琢。喬松挺姿。文深典謨。學貫流略。自綸闈掌誥。會府貳卿。聲實益彰。人德歸厚。先朝嘉其器業。爰命奮庸。秉事君之小心。蘊難奪之大節。往以聖體違豫。潛心保和。乃能畫一持平。守而不失。朕自膺寶曆。深仗股肱。每申勇退之榮。用廣進賢之路。損而招益。謙乃彌光。實簡朕心。克諧僉論。必能刊魚魯於往籍。垂褒貶於國書。勉承新恩。無替舊服。可除銀青光祿大夫守中書侍郎同中書門下平章事、兼集賢殿大學士監修國史。

李固言崇文館大學士等制

聞至業。敷大化。實賴乎忠賢。逐奸慝。去黨比。必資于正直。非才推閒代。道茂經邦。則安能秉是鈞衡。贊予鴻業。朝散大夫守門下侍郎同中書門下平

章事上柱國賜紫金魚袋李固言。剛毅自任。端嚴不回。常懷疾惡之心。每負佐時之業。頃者奸邪蔽過。黨與比連。非爾固言。孰開予意。況面陳至懇。章疏繼來。辨虞卿宗閔之傾邪。明蕭澣李漢之朋附。爰付大任。益章器能。勵乃公忠。副予委遇。朝議大夫守中書侍郎同中書門下平章事上柱國姑臧縣開國男食邑三百戶賜紫金魚袋賈餗、抱忠與義。秉直端誠。文包經濟之方。學達古今之奧。自付以樞柄。咨其謀猷。瀝懇盡規。夙夜匡輔。竭傅說之啓沃。致山甫之將明。而又舉善推賢。孜孜匪懈。苟利於國。知無不爲。惟嶽降神。邦家永賴。於戲。貞觀之初。共推房杜之德。開元之際。又稱姚宋之賢。思得其人。常勞寤寐。但使固言讜直。除四兇以肅清。餗推至公。拔八元以輔弼。朕之邦家。庶叶斯美。是宜榮加書府之職。寵兼文館之任。或監綜史氏。以潤色大猷。仍進崇階。用奬忠孝。勉服新命。無替前勞。固言可銀青光祿大夫崇文館大學士兼修國史。餗可銀青光祿大夫充集賢殿大學士監修國史。餘如故。

## 魏謩監修國史等制

門下、太宮之崇嚴。史閣之要重。書殿之清祕。近代已來。率命相臣。總統其務。寵擢遷轉。允諧舊規。金紫光祿大夫門下侍郎兼兵部尚書門下平章事監修國史上柱國彭陽縣開國男食邑三百戶令狐綯、上才經邦。正德宰物。瑚璉重器。宜升清廟之中。銀青光祿大夫守中書侍郎兼禮部尚書同中書門下平章事集賢殿大學士上柱國魏謩、直道事主。宏國佐時。珪璋瑞姿。早列太壇之上。金紫光祿大夫中書侍郎兼戶部尚書同中書門下平章事上柱國河東縣開國子食邑五百戶裴休、忠力許國。清規立朝。鸞鳳異儀。高舉重霄之外。並富有天爵。深於人文。早懷匡濟之資。素蘊生靈之望。洎處台位。俾陳廟謨。能有一心。以暢萬務。識我憂勤之旨。罄其弼亮之誠。邊疆寢寧。風雨咸若。念此丕績。懷于深衷。今則各新寵章。迭領重職。所宜闡清靜玄默之化。正褒貶删詳之業。因此嘉命。啓吾規詞。夫獻忠言則君受益。秉公心則人無怨。除吏當則衆職舉。下一令則百度正。是乃吾三后前所施爲也。余尚憂厲。事重切磨。終始不虧。乃曰良相、綯可守本官充太清宮使。謩可守本官監修國史。休可守本官充集賢殿大學士。散官勳封各如故。主者施行。大中九年九月七日

## 令狐綯弘文館大學士制

門下、夫茂育羣生。動資良弼。緝熙庶績。表正萬邦。非竭力戴君。推誠憂國。則何以光膺鼎鉉。高步瀛洲。十載于茲。四方無事。昭文講德。屬自台臣。金紫光祿大夫門下侍郎兼兵部尚書中書門下平章事充太清宮使上柱國彭陽縣開國男食邑三百戶令狐綯、保合太和。從容中道。左右王化。清夷國風。輔相盡天地之宜。啓沃見忠貞之節。直氣能斷。嘉猷日新。納誨之心。義形於色。於戲。發號出令。表率寰區。妙運樞機。式弘敷暢。山甫補袞。夷吾佐時。勉極殊勳。書于太室。朕以虛懷委遇。惟道始終。佩服斯言。敬承嘉命。可充弘文館大學士。餘並如故。主者施行。大中九年九月三十日

## 鄭朗監修國史等制

門下、二相股肱。與我同體。致夷率化。致俗清刑。致戢干戈。致調風雨。垂衣無事。良有愧焉。得不賚刊削之能。佇討論之妙。振揚史職。開啓儒風。予非敢私膺此並命。通議大夫守中書侍郎兼吏部尚書同中書門下平章事充集賢殿大學士上柱國賜紫金魚袋鄭朗、道苞時傑。性蘊天和。得中庸之隱微。合大雅之明哲。大中大夫守工部尚書同中書門下平章事上柱國賜紫金魚袋崔愼由、器稟人秀。材爲國楨。達智者之變通。有良臣之規矩。皆學窮閫奥。文擅精華。辯理必造於事機。吐論同歸於根本。松筠挺色。莫畏嚴霜。鵰鶚淩空。自有俊氣。況協贊大政。允釐萬方。沃心克聞。舉直無隱。圖是懿効。彰其茂功。斯用迭升。俾洽嘉命。主張徽勸。總領典墳。必使書法彌精。動契春秋之旨。化成爲重。豈唯魚魯之文。勉弘大猷。罔俟沖譽。朗可監修國史。愼由可充集賢殿大學士。餘各如故。主者施行。大中十一年三月九日

崔愼由監修國史等制

門下、惟政之艱。非賢勿乂。用熙庶績。實仗羣材。頃所以旰食宵衣。勤求機衡之寄。咸得時哲。副予虛懷。大中大夫守工部尚書同中書門下平章事集賢殿大學士上柱國賜紫金魚袋崔愼由、器識淹通。風鑑明秀。黄香之祗勤彌切。壺遂之深衷足稱。朝散大夫守尚書兵部侍郎同中書門下平章事判度支上柱國彭城縣開國男食邑三百戶賜紫金魚袋蕭鄴、操履清方。詞調凝遠。孔光之愼密早著。山甫之將明可嘉。而並宏典墳。博通理道。亟更顯重。雅有風教。允副僉諧。當茲鈞軸。延謀時務。稽參政途。盡心力以經邦。弘禮樂而緯俗。羣善必舉。庶官乃和。可以勸美太常。書忠甲令者矣。今則三秋式稔。四境無虞。乃眷股肱。厥有成績。至於總史官之徽婉。備帷幄之講求。繼美皐夔。比良遷董。顧茲茂典。式示褒優。敬爾在公。服我休命。愼由可監修國史。鄴可充集賢殿學士。餘如故。主者施行。大中十一年十月十七日

蕭鄴監修國史等制

門下、康濟生靈。必在陶甄之化。稽參政事。允歸王佐之材。況乎元首股肱。義均一體。叶心同德。予懷所嘉。式兼刊綜之榮。用舉褒隆之典。朝散大夫守工部尚書同中書門下平章事充集賢殿大學士上柱國彭城縣開國男食邑三百戶賜紫金魚袋蕭鄴、襟神清肅。器鑒精通。敷贊大猷。孫弘有愼厚之行。朝議大夫尚書戶部侍郎同中書門下平章事判度支上柱國賜紫金魚袋劉瑑、業履清方。風標峻整。彌綸庶務。安國乃任職之臣。而皆詞煥丹青。道潤金璧。匡衡貢禹經術該明。孔光師丹議論寬博。或頃司邦計。茂底愼之規。或嘗擁節旄。著繕完之績。洎膺樞近。益暢謨猷。每見沃心。實諧注意。俾厥后惟堯舜。納百姓於休和。既竭乃誠。期於予理。子長子駿之職。石渠天祿之書。稽合異同。我成褒貶。儒雅之任。迭選攸宜。式表茂勳。用榮兼領。永綏寵渥。往孚于休。鄴可監修國史。瑑可兼充集賢殿大學士。餘各如故。主者施行。大中十二年二月十八日

夏侯孜集賢殿大學士制

門下、朕居兆人之上。當萬機之廣。戎夷式敍。陰陽克調。實賴宗社降靈。輔弼宣力。臻彼富庶。至于洽平。既彰大明。益佇化成之妙。載頒台席。用盛儒林

之選。朝請大夫守尚書兵部侍郎同中書門下平章事充諸道鹽鐵轉運等使上柱國賜紫金魚袋夏侯孜、材協國楨。道稱王佐。以孝友爲家行。以禮樂爲身文。瀇陂納寬。澗松挺節。雄詞擅雅。奥學洞微。利刃發硎而肯綮無滯。代天宰物而埏埴有餘。薰然至和。霈若潛潤。況精列圖籍。煥開禁垣。高列雋髦。翔集近署。雅歸淸重。方在專惣。演暢事功。顯揚懿美。是宜更一乃志。愈專乃衷。吐論雖酌於當今。正學必思於稽古。俾密勿之際。啓沃之間。無忘我以三墳五典。更光丕績。永孚于休。可充集賢殿大學士。餘並如故。主者施行。大中十三年八月

## 白敏中弘文館大學士等制

門下、朕初承天序。方崇政源。屬在輔臣。兼領重職。況仙宮至嚴。專總尤切。儒林之盛。分列掖垣。良史之能。必歸懲勸。將欲比肩上古。耀美一時。勉副旁求。允膺茂典。特進守司徒兼門下侍郎同中書門下平章事上柱國太原郡開國公食邑二千戶白敏中、氣稟嶽靈。道洽王佐。致君之志。發於深誠。銀青光祿大夫守中書侍郎兼刑部尚書同中書門下平章事充集賢殿大學士上柱國譙縣開國男食邑三百戶夏侯孜、材爲國楨。望實人表。濟物之用。彰於顯任。金紫光祿大夫守中書侍郎兼工部尚書同中書門下平章事上護軍樂安縣開國男食邑三百戶蔣伸、識蘊生知。衆推邦傑。徇公之操。本乎進思。並詞峯峭拔。高蹈列岫。學海深奥。遠含百川。邃彼巖廊。付以衡軸。動有弘益。居然矩儀。叶心而和平造膝。而啓沃式諧。僉議能弼予違。實乃知功。信無與讓。是用思闡玄化。冀揚淸靜之規。彌在立言。更佇刊削之妙。愈共討論 下闕 必以化成爲先。副我虛襟。咸佩嘉命。敏中可兼充太清宮使、弘文館大學士 下闕 餘各如故。主者施行。大中十四年正月十六日

## 王鐸弘文館大學士等制

樂朋龜

門下、韋弦互佩。則情性和。文武兼修。則事功濟。況巖廊重德。柱石賢臣。方當殄寇之時。正委運籌之略。各覃恩渥。用奬勳勞。開府儀同三司守門下侍郎兼司徒同中書門下平章事上柱國晉國公食邑三千戶王鐸、太極儲精。華池稟潤。文能師古。業擅經邦。光榮數朝。偃仰三事。挺許國忘家之節。蘊經天緯地之材。金紫光祿大夫守中書侍郎兼禮部尚書同中書門下平章事上柱國裴澈、玉海澄瀾。金莖擢秀。泉渟襟抱。嶽立標儀。道則有常。材惟不器。松竹見後凋之操。輪輗彰致遠之功。銀青光祿大夫守尚書工部侍郎同中書門下平章事上柱國蕭遘、維岳降神。昴星應瑞。琳瑯瑩茂。雲日孤高。業著代天。慮惟周物。偉望而汪洋自遠。淸規而峻拔難偕。並智比蓍龜。祥同麟鳳。備彰器業。遍踐淸華。雲霄次第以登臨。臺閣從容而履歷。或鬱爲國老。或宛是台臣。人無間言。朕所注意。自妖兇搆逆。巡幸西來。皆能間道以潛奔。竟致臨軒而再會。益堅臣節。仍罄廟謀。杜征南注傳彰閑。謝安石圍碁決勝。每聞盡瘁。尤切圖功。更宜講貫安危。錯磨理本。用蕭曹之祕略。繼房杜之高蹤。佇見中興。實資良術。再踐大貂之位。三居文館之權。首鎭元台。備兼衆務。或官當喉舌。職重陽秋。或位正中樞。榮兼祕殿。大儀峻秩。馭貴崇階。式示優恩。更申奬勵。早淸巨孽。俾振皇綱。使雲龍魚水之懽。永光於竹帛。鐸可司徒兼侍中充太清宮使、弘文館大學士兼延資庫使。散官勳封如故。澈可特進行門下侍郎、兼兵部侍郎同中書門下平章事監修國史勳

如故。遘可光祿大夫行中書侍郎兼禮部尚書同中書門下平章事、充集賢殿大學士。勳封如故。主者施行。

蕭遘監修國史等制　樂朋龜

門下、宰相之任。調元氣以作輔。持大柄以匡君。況狂寇未平。戎車尚駕。顧我勤勞之意。在茲籌畫之功。雖循舊規。式加新寵。光祿大夫行中書侍郎兼禮部尚書同中書門下平章事充集賢殿大學士上柱國蕭遘、琮璜上瑞。韶濩正音。灑落襟靈。品流多士。有仲山補袞之業。抱子房借箸之謀。銀青光祿大夫行兵部侍郎同中書門下平章事上柱國韋昭度、山岳蘊靈。星辰耀彩。澄澹不撓。端莊自持。懇懇常務於燮諧。孜孜不忘於贊理。而皆便蕃顯貫。履歷清華。爲宗廟之棟梁。作邦家之柱石。言成損益。知合蓍龜。彌彰及露之誠。盡著匪躬之節。每聽爾嘉話。常寬我殷憂。所宜縱掌上之奇兵。殄茲寇孽。啓胸中之利器。翦彼妖狂。佇見中興之期。須茲輔臣之力。安危是注。倚仗彌深。地官既示其加恩。大儀式彰其峻秩。掌東觀陽秋之重。揔石渠刊校之權。茂勳增榮。崇階示賁。久處黄閣。宜正紫垣。庶其更運籌謀。速見平蕩。佇丹青垂美。鼎鼐勳高。求茲魚水之歡。用契雲龍之會。承我茂寵。爾其勉之。遘可特進行中書侍郎兼戸部尚書同中書門下平章事監修國史。勳如故。昭度可光祿大夫行中書侍郎兼禮部尚書同中書門下平章事充集賢殿大學士、上柱國。主者施行。

# 唐大詔令集卷第五十二

## 大臣

### 宰相

#### 判使 罷判

杜佑諸道鹽鐵等使制
皇甫鎛罷判度支制
王涯諸道榷茶使制
蔣伸罷判戶部制
王鐸判戶部制
蕭遘判度支制
蕭遘罷判度支制
孫偓判戶部制
孫偓判度支兼諸道鹽鐵使等制
王摶諸道鹽鐵轉運等使制

#### 領鎮

姚崇都檢校諸軍大使制
張說兼知朔方軍節度使制
李林甫兼河西節度使制
李林甫兼朔方軍節度使制
王縉侍中兼都統制

杜鴻漸兼東都留守制

王縉兼幽州節度副使制

裴度門下侍郎彰義軍節度宣慰等使制

王鐸中書令諸道行營都統權知義成軍節度使制

鄭畋門下侍郎平章事依前都統制

## 判使 罷判

杜佑諸道鹽鐵等使制

周制國用。委于冢卿。漢調軍食。資於相府。必由中以制外。則政一而事行。所以阜安兆人。平均九賦。弼成富庶之教。馴致雍熙之化。實仗元老。佐予經邦。銀青光祿大夫檢校司空同中書門下平章事充太清宮使上柱國扶風郡開國公食邑三千戶杜佑、體資易直。德含弘大。事君以道。修己以誠。寅亮先朝。毗贊盛業。秉忠直之大節。備文武之全才。保乂朕躬。載申啓沃。發揮政本。開導化源。謨明緝熙。三事允理。必能綜領經制。變而通之。權貨幣之宜。成軍國之務。外均庶士。內贍中邦。俾予一人。恭己而理。弘敷五典。式協于中。可檢校司徒、充度支及諸道鹽鐵轉運等使。依前同中書門下平章事太清宮使。散官如故。

皇甫鎛罷判度支制

門下、古者丞相府不按吏。蓋以任重體大。地親禮崇。苟非征討之時。豈仗貨財之事。爰俾出納。歸諸有司。用嚴台庭。以輔吾道。中大夫守門下侍郎同中書門下平章事判度支皇甫鎛、精明絕倫。乾健不息。蘊是器業。發爲英華。頃以守位聚人。必資大計。因其能事。委以重權。致用之機。所以經天下之務。重輕之法、所以筦天下之財。自淮右不虔。東平犯順。兵車在野。饋食連年。而乃庖無折刃。御有濡轡。既授明命。升之股肱。軒裳所瞻。崖岸益峻。請謁自絕。其風凜然。況贍給之餘。謀慮必至。平二方之險阻。戢諸道之干戈。庸非坐籌佐朕而致。今則百揆攸敍。萬邦保和。宜全相府之重。勿領計司之劇。撫夷夏。調陰陽。用安元元。時乃之職。可守門下侍郎。依前同中書門下平章事。

王涯諸道榷茶使制

門下、王者峻其禮秩。所以報殊庸。崇其職業。所以歸碩望。其竭股肱以宣力。抱誠明而戴君。調四氣以統和天人。貞百度以鎮安夷夏。勳彰於山澤。德冠于巖廊。不舉寵章。曷示褒勸。金紫光祿大夫守司空兼門下侍郎同中書門下平章事充弘文館大學士太清宮使及諸道鹽鐵轉運等使上柱國代郡開國公食邑二千戶王涯、誠貫金石。行通神明。氣含元精。識洞蓍蔡。窮聖賢旨奧之學。擅邦國經緯之文。爲時而生。作予良弼。長才推於精敏。雅量得其寬和。乃者重升帥壇。所至必理。載踐台席。懋昭休勳。當險夷之途。貞白無染。在風雨之晦。操尙不衰。蒞事秉明哲之心。臨難有大臣之節。執萬機之政柄。統四海之利權。處劇而神慮益閑。在貴而家法愈儉。憂國盡瘁。罄其訏謨。爰自累年。江淮水旱。煑海之利。日用而不虧。佐賦之功。歲杪而後顯。均輸之資相繼。牢籠之利無遺。經費有餘。時乃之力。況邦計之務。惣領尤難。付之均節。克有饒羨。朕今以茶法稍弊。理須變更。凡斯重難。悉以資委。禮當優異。式表至公。俾進級於三司。仍策勳於八命。故予皆仰成。汝其欽哉。往踐厥位。可開府儀同三司。充諸道鹽鐵轉運榷茶等使。餘並如故。（大和九年十月三日）

蔣伸罷判戶部制

門下、輔弼之任。陶鈞爲重。所以導陰陽而施化。相天地以成功。寅亮皇猷。藻飾王度。苟或嬰以他務。兼握利權。則異于代天佐理之道矣。通議大夫尙書兵部侍郎同中書門下平章事判戶部事上護軍賜紫金魚袋蔣伸、紫微上才。清廟雅器。潔如寒玉。峻若孤峯。既高絕俗之姿。能履中和之道。秉吉士之操。持然後言。學君子之儒。仁而且勇。洎罷承內旨。權處禁垣。嘉言屢沃於朕心。密贊深知其忠懇。姿司版籍。益彰器能。遂踐台階。頗洽公望。□澄源以正本。相循名而責實。豈以司存。尙煩丞相。爰去劇務。俾專緝熙。所宜竭爾一心。開予四目。推至公而平庶政也。依前兵部侍郎同中書門下平章事。散官勳如故。（大中十二年三月）

王鐸判戶部制

敕、夫足食足兵。古之善政。故趙充國以屯田爲上策。諸葛亮用流運作奇謀。皆前代伐叛之良規。兵家聚衆之急務也。況乎命我元老。平彼羣兇。必兼財力之司。方濟軍師之用。況茲一舉。以保萬全。諸道行營都統指揮收復京城兼租庸等使權知義成軍節度使鄭滑潁等州管內觀察處置等使開府儀同三司守司徒兼中書令判延資庫使上柱國晉國公食邑三千戶王鐸、偉望宏材。弘襟遠慮。三登台輔。久領樞機。蔚爲社稷之臣。實重岩廊之器。近以京都未克。寇孽尙存。妙算屢陳。忠誠奮發。思登壇以糾合。誓建旆以掃除。朕由是暫輟陶鎔。俾專統制。五侯九伯。盡列戎行。猛將謀臣。皆瞻馬首。得不分其國用。委以地征。收租賦於四方。從便宜於萬里。軍須無闕。天討必行。副予倚注之懷。全仗廊廟之力。敬承休命。佇策大勳。可兼判戶部事。餘如故。

蕭遘判度支制　　樂朋龜

門下、經費之權。雖繫乎理本。燮調之任。尤重於國鈞。誠不欲參而委之。蓋所以杖其能者。吾之注意。用表推恩。況方軫阽危。尙屯兵甲。託邦籍於魏相。

佇竭宏規。付軍食於鄭侯。必施良術。爰從成命。俾洽輿詞。特進行中書侍郎兼戶部尙書同中書門下平章事監修國史上柱國蕭遘、業嗣代天。材承搆廈。懿績繼傳於王府。嘉猷允紹於廟堂。衆謂國華。雅得韋平之稱。時推人瑞。諒齊管樂之名。洎辭中殊科。辟隨重地。班行履歷。刀尺精英。由右史以踐南宮。自中戎而昇內署。久傳密命。粲組綉於筆端。旋總憲綱。定準繩於朝右。爾後方調國賦。俄屬時艱。持心於造次之中。首奔行在。秉節於蒼黃之際。足驗歲寒。結身之道既彰。許國之誠可監。俾其爰立。乃爾疇庸。遂契風雲。尋當鼎鉉。可謂佐時之道。知無不爲。奉上之功。久而彌著。今者將平逆寇。須卹王師。方懸飛輓之勞。日俟誅夷之計。非爾洞達。不足以絕奸欺。非爾精能。不足以希饒羨。所宜究其利病。計彼盈虛。使兵實賦均。家給人足。自然凋傷漸起。饋餉不虧。既無艱食之虞。益表和羹之用。唯期竭力。共見沃心。勉副具瞻。式彰殊渥。可兼判度支。餘並如故。

蕭遘罷判度支制　樂朋龜

門下、夫宰相之任。本於佐理陰陽。節宣風雨。允釐百度。康濟萬邦。豈可以經費之繁。勞弼諧之重。比以戎車方駕。國用未克。將欲定其準繩。遂兼委於衡軸。今則立事有制。成規可遵。既陳堅確之誠。益尙執持之節。宜加懋寵。用示渥恩。特進行中書侍郎兼戶部尙書同中書門下平章事監修國史上柱國蕭遘、功高作礪。業茂秉鈞。韻同戛玉之淸。應作鏗鍾之響。九流百氏。供筆下之波瀾。五色六章。集人間之光彩。眞爲王佐。衆號國楨。射策詞高。曳裾望重。優游華貫。黼黻明庭。和符律呂之音。簉合鸞皇之影。譽洽多士。聲振大朝。負嚴樂之才華。既司天語。將徐庾之事業。尤潤帝謨。爰執憲綱。搢紳自肅。及專邦計。饋餉無虧。倚注之期。朝昏是屬。旋以塵侵羽衛。寇犯郊畿。保於患難之中。不改始終之節。首奔行在。備竭忠謀。明知管葛之才。足副皐夔之選。朕念茲士庶。深軫傷痍。授以梅鹽。拯其塗炭。及惣機務。大庇生靈。盟薦之道益光。奉上之心尤著。藉其敏果。委畀繁難。果其能窮利病之源。去奸欺之弊。事皆條貫。法以彰明。特進退讓之誠。益重燮調之任。爾宜潛施祕略。益進昌言。激猛將以殄羣兇。播和風而銷戾氣。焚巢盪穴。促其獻捷之書。定賞策勳。乃是銘鐘之日。今則更加峻秩。別示寵章。宜升黃閣之尊。式表納言之貴。可門下侍郎兼吏部尙書同中書門下平章事監修國史。散官勳如故。仍落判度支。

孫偓判戶部制

門下、在天成象。拱帝座者三台。在地稱崇。鎭方輿者五岳。我有賢輔。立乎大朝。叶三台照耀之功。契五岳匡扶之力。既凝庶績。宜峻徽章。正議大夫守中書侍郎同中書門下平章事上柱國賜紫金魚袋孫偓、璧立孤峯。渭淸一派。早以閨門之行。聞於鄉里之間。張融高文。聚爲玉海。孫綽麗賦。擲作金聲。頗宣鸞座之詞華。遂整冲天之羽翰。朋張上國。顏淵首冠於諸科。弓招小山。穆生道優於置醴。厥後簪御史筆。講博士書。從容累踐於南宮。諫諍俄升於左闥。蘭香見忌。玉冷多猜。比騷人湘浦之行。繼賈誼長沙之役。朕自知直道。召歸掖垣。每於敷陳。必盡肺腑。因朱雲折檻之對。識孔明王佐之才。斷自中宵。爰立作相。彌縫不倦。匡益居先。操心願革於澆浮。進善必先於行賞。搜抉沉滯。拔用隱淪。致我時風。自爾而厚。張說當玄宗之代。初啓集賢。

寶參居德宗之朝別分戶部。一則寵九流之墳籍。一則萃四海之賦輿。式仗英規。遂茲兼領。高見楚子之爵。貴升鄭衆之階。勉殄寇讎。以復廟社。可銀青光祿大夫依前中書侍郎同中書門下平章事、充集賢殿大學士、兼判戶部事。仍封樂安縣開國子食邑五百戶。

### 孫偓判度支兼諸道鹽鐵使等制

門下、朕聞天所以運行不息。維之者星辰。地所以厚載無疆。紀之者海岳。故尹說相殷而帝道盛。旦奭佐周而王業昌。時之替興。事繫輔弼。朕屬精理道。夢卜搜賢。繼叶旁求。並膺爰立。皆號人傑。實爲國華。銀青光祿大夫守中書侍郎同中書門下平章事充集賢殿大學士判戶部事上柱國樂安縣開國子食邑五百戶孫偓。大昴分輝。維嵩孕秀。直如金矢。潔若冰壺。處諫諍之司。言無畏忌。守駁正之任。道不依違。當官而行。遇事必立。自擢居台席。兼領地征。蘊持危扶傾之心。負憂國忘家之志。卓爾孤邁。超然不羣。稽於衆多。僉曰名相。銀青光祿大夫行尚書戶部侍郎同中書門下平章事上柱國嘉興縣開國男食邑三百戶陸扆。清廟升歌。朱干象舞。內健外順。動直靜專。早踐清華。旁流休問。既登禁密。潤暢皇猷。言有準繩。心無吝悔。爰從近侍。委以化鈞。目無全牛。刃有餘地。不斯須而離道。不造次以違仁。考於羣詞。咸稱良輔。而皆道符夔卨。業冠蕭曹。楷式一時。儀刑四海。和松磊落。斯爲大廈之材。賜璉晶熒。宛是接神之器。今朕以運丁艱否。時未洽平。賊臣尙恐其跳梁。國計靡臻於豐羨。煮海之利。多失於舊規。量地之征。未登於貢式。須分重務。屬我台臣。冀大整於頹綱。俾漸昌於衰曆。是用遷皇極紫微之位。總簡書刊集之司。兼以利權。盡付全德。爾宜振提百度。蕩定九圍。勉服寵光。以綏夷夏。偓可門下侍郎同中書門下平章事、監修國史判度支兼諸道鹽鐵轉運使。扆可中書侍郎同中書門下平章事、充集賢殿大學士、判戶部事。散官勳封如故。

### 王摶諸道鹽鐵轉運等使制

鄭璘

門下、天之四序運造化以成功。王者萬機仗輔弼而興理。豈獨安危斯在。實以職任是資。所以發于三光。凝其庶績。則何以迭升崇秩。兼陟總臨。況夫國用維殷。財力未贍。允佇開張之術。盡緊通變之方。屬我名臣。遂行寵渥。扶危匡國致理功臣光祿大夫守吏部尚書同中書門下平章事上柱國瑯琊郡開國公食邑二千戶王摶。地華簪紱。業盛公台。分秀氣於嵩高。襲殊祥於淮水。秉四科之全德。包百行之貞規。夷玉在懸。能發希聲之妙。良金若礪。自標大用之能。夙振嘉名。具揚清貫。右掖演如綸之職。左戶貳版籍之司。望實既光。夢卜斯得。見陳平之知任。識元禮之令名。再委侍衡□□□□朕以運屬多艱。羣經欲舉。便殿每召。前席與言。山甫之秉小心。見稱風雅。陽山之有大體。推重史綸。藹言上才。冠彼前古。今以將圖興復。克集事功。宜付繁難。以表優異。是用踐黃樞之峻級。總青簡之刊修。特以貨泉。資其良畫。於戲蕭何掌輓運之柄。在漢爲功名。夷吾通輕重之權。致齊垂霸業。緊展匡時之道。佇盛富國之謀。勉膺寵靈。服我丕訓。可門下侍郎依前兼吏部尚書同中書門下平章事、監修國史充諸道鹽鐵轉運等使功臣勳封如故。

## 領鎭

### 姚崇都檢校諸軍大使制

蘇頲

黄門、廟堂之儀。不可去兵。帷幄之謀。在於料敵。自非行有餘力。坐而決勝。則何以威百蠻而破萬里者也。兵部尚書兼紫微令監修國史上柱國梁國公姚崇、朝廷宿望。軍國大才。蘊平仲之一心。舉夷吾之六翮。惟此人傑。是稱天賚。銀青光祿大夫行黄門侍郎昭文館學士上柱國中山郡開國公李乂、用窮精微。體自公直。貞規踰於鐵石。詞律比於笙簧。左曹之美。中朝所詠。咸能上言龍筌。備陳胡虜。閱武觀對。闇合孫吳。頃雖衆和。以德軍全非戰。或徵其侍子。久詣闕庭。或勞我偏裨。尚留關塞。行役之苦。寢興弗忘。師臧謂何。豫備斯在。佇恢遙護之略。更屬遠安之算。崇可都檢校諸軍大使。乂爲副。主者施行。開元二年正月二十四日

### 張說兼知朔方軍節度使制

朔方之地。雍州之域。密邇關輔。是稱河塞。頃者胡孽爲寇。擾其居人。王師有征。戎事斯大。戍役之弊。邊甿既勤。雖妖醜底淸。而政理未洽。不有經制。曷云昭蘇。且和衆爲武者。所以詰奸慝。惣軍命將者。所以訓甲兵。匪夫大賢。孰允茲任。兵部尚書同中書門下三品燕國公張說、天與明秀。自然才傑。光備九德。弘宣七政。爰掌邦理。實爲國楨。謀而必忠。言則無隱。寅亮之美。用熙帝載。談笑之餘。更陳戎略。所謂善行樽俎。事立封疆。宜以上台之尊。遙統中軍之任。可持節兼知朔方軍節度大使。餘如故。

### 李林甫兼河西節度使制

孫逖

門下、天討有罪。未可去兵。帝賚良弼。是資決勝。金紫光祿大夫兵部尚書兼中書令持節、隴經略支度營田大使知節度事集賢院學士修國史上柱國晉國公李林甫、高操命代。特秀生人。忠公爲百度之貞。文武成萬邦之憲。自登上相。兼委中權。克致時和。且聞戎捷。踰隴之外。已恢帷幄□□。涉河而西。更是輔車之勢。且欲懲猾夏。必在夾攻。宜以三事之謨。遙制兩軍之律。可兼充河西節度經略支度營田長行轉運九姓等使節度事、赤水軍仍判涼州事。餘並如故。開元二十六年五月

### 李林甫兼朔方軍節度使制

經邦論道。允屬於才賢。保大定功。聿求於長策。不有兼領。孰彰寵賢。開府儀同三司行尚書左僕射右相崇玄館大學士集賢院學士太淸太微宮使修國史上柱國晉國公李林甫、器惟國楨。材乃人範。文標楷式。學究精微。啓沃之誠。罄嘉猷於造膝。淸貞之節。盡公心於匪躬。自登于三事。式是百辟。

具瞻惟允。茂績居多。任總廟堂。既贊邕熙之化。智高帷幄。更資決勝之謀。宜因公輔之重。兼受元戎之寄。可兼安北副大都護、持節朔方節度關內支度營田鹽池押諸蕃部落副大使、知節度事、六城水運節度管內軍郡採訪處置等使。並如故。開元二十四年十一月。

### 王縉侍中兼都統制

門下、天地之德。資陰陽以成功。帝王之道。任將相而興化。聿求左輔。命掌元戎。必資文武之才。用經軍國之務。金紫光祿大夫行黃門侍郎同中書門下平章事兼弘文館大學士知館事仍充太微太清宮使太原縣開國伯王縉。有高妙之行。有弘道之識。學該古訓。文正國風。夢帝賚予。濟川用汝。百揆時敍。四維克張。果陳造膝之言。彌契沃心之道。濱海之右。自河而南。王旅攸同。戎車殷會。監于方伯之制。利用建侯之師。天將息人。予有禦侮。鎮漢沔淮肥之地。統齊梁魯鄭之軍。總制高牙。綱紀羣牧。弘七伐四征之策。成一匡九合之功。式遏外虞。底綏多難。將授銅符之律。爰咨璟闔之謀。往哉汝諧。無替朕命。可侍中持節都統河南淮西山南諸道節度行營事。仍特進封郡公。食邑二千戶。餘並如故。主者施行。廣德二年八月。

### 杜鴻漸兼東都留守制　楊炎

門下、東周以召公相宅。西漢以蕭何居守。則保釐之寄。多屬輔臣。今以廟堂碩老。坐而敷政。和恆居師。用乂厥服。特進行門下侍郎中書門下平章事山劍副元帥太清宮使崇玄館大學士上柱國衛國公杜鴻漸、誕受天和。陶合一氣。德言敬直。動於神明。定議中興。光贊大業。陳三代之禮樂。成一朝之制度。雄詞奧學。洞究天人。以道弼予。于茲五載。每有大事。乃心忠勤。至於危難。尤思赴蹈。叶和堂上之謨。匡濟天下之務。出鎮梁益。西南晏然。人之具瞻。朕所毗倚。實佇弘化。兼撫東郊。宜以二南之風。用增九鼎之重。可兼東都留守。餘如故。主者施行。

### 王縉兼幽州節度副使制　楊炎

門下、王制以二老分理諸侯。則周邵之任。及乎漢魏以還。多以軍國兼總絳侯所以參掌武事。安石所以外綏戎政。況華夷甫寧。金革方偃。實在於文武戮力。上下勦心。則輔弼之臣。豈憚勞也。金紫光祿大夫門下侍郎同中書門下平章事持節河南副元帥都統河南淮西山南東道諸節度行營使兼東都留守王縉、體含元和。器蘊金璞。以才茂邦傑。以識通時化。叶我期運。任當衡石。竭股肱之力。開耳目之明。陟于艱難。致君以道。統是經術。麗茲人文。屬江淮海岱之廣。惣授鉞旌旄之寄。鎮禦方夏。撫寧斯人。含保太和。懋宣庶績。忠而佐命。功比安劉。勤以施下。惠同思杜。叶藩維之志。建竹帛之勳。□□朝謨。載申啓沃。與二三髦碩。同力叶誠。俾予端拱。以弘至道。乃眷北土。古之幽都。嵎夷既雄。負海稱固。思致于理。言恤其人。爰藉台臣。弘敷廟算。持蘇門之麾旆。兼遼陽之鉦鼓。俾膺戎重。式允時望。可兼幽州長史持節充幽州節度副大使知節度事。餘並如故。

### 裴度門下侍郎彰義軍節度宣慰等使制　令狐楚

輔弼之臣。軍國是賴。興化致洽。則秉鈞以居。取威定功。則專閫而出。所以同君臣之體。一中外之任焉。屬者問罪汝南。致誅淮右。蓋欲刷其汙俗。弔彼頑人。雖棄地求生者。實繁有徒。而嬰城執迷者。未翦其類。何獸困而獨鬬。豈鳥窮之無歸歟。由是遙聽鼓笳。更張琴瑟。煩我台席。重茲戎旃。朝議大夫守中書侍郎同中書門下平章事飛騎尉賜紫金魚袋裴度、爲時降生。協朕夢卜。精辨宣力。堅明納忠。當軸而才謀老成。運籌而智略前定。司其樞務。備知四方之事。付以兵要。必得萬人之心。由是禱於上玄。揀此吉日。帶丞相之印綬。所以尊其名。賜諸侯之斧鉞。所以重其命。爾宜布淸問。恢壯猷。感勵連營。蕩平多壘。招懷孤幼。字育夷傷。況淮西一軍。素効忠節。過海赴難。史册書勳。建中初攻破襄陽。擒滅崇義。比者脇於兇逆。歸命無由。每念前勞。亟思安撫。所以內輟佐輔。爲之監師。實欲保全慰諭。使各得其宜。往欽哉。無越我丕訓。可門下侍郎同中書門下平章事、使持節蔡州諸軍事、蔡州刺史、彰義軍節度管內支度營田申光蔡州觀察處置使。仍充淮西宣慰處置使。散官勳賜如故。

## 王鐸中書令諸道行營都統權知義成軍節度使制　樂朋龜

門下、廟堂之上。教化之源。康濟萬方。彌綸百揆。可謂朕自持之蓍龜。不宜斯須。蹔違顧眄。其或繼陳章表。備歷精誠。以大憝未平。每痛心而疾首。以中都未復。常瀝膽以披肝。志在勦戎。期於彌綸。永言許國。眞是藎臣。遂命更陟韓壇。重辭恩鼎。統六師而雷動。屯萬旅以風馳。併集寵光。以堅茂績。開府儀同三司守司徒兼太子太保同中書門下平章事充太淸宮使弘文館大學士兼延資庫使上柱國晉國公食邑三千戶王鐸、名高嵩華。量等滄溟。情田洞開。心地無滯。造次靡忘於忠孝。幾微不捨其規繩。靜彼波瀾。莫分喜慍。洎乎昇甲乙。綴鵷鸞。履歷淸華。從容道德。咸推器業。必爲王佐之材。盡伏機權。乃是公台之望。爾來盤錯。果副重難。筮短龜長。開物成務。同叔敖之爲楚相。比孔光之輔漢朝。出於一時。膺是三命。其爲寵重。負無等倫。朕克荷丕圖。內慙涼德。致其郊廟。陷於豺狼。若墜溝隍。如懷水火。未嘗一飯之飽。一夕之安。省過責躬。臨深履薄。遂致玄穹下鑒。元老請行。面陳衷腸。忠貫天地。振朝廷之武力。挫妖孽之殘魂。遏其疾風。方知勁草。況律臨白馬。地壓洪河。擁東夏之銳師。視中原之沴氣。必期破竹。自可覆巢。昔元凱之著殊勳。謝安之膺上賞。功銘鼎鼐、指誓山河。遐想芳塵。必符壯志。爾宜奪其租賦。贍彼甲兵。使退無翫寇之虞。進有老師之誡。訓齊勇士。剋彼都城。屠梟獍之軀。以爲京觀。戮鯨鯢之首。用獻宗祧。嗚呼。寰海流離。生人塗炭。眷言繄賴。實洞神明。是用棨分和嶠之車。光佩蕭何之印。勉思注意。勿怠厥功。可司徒兼中書令充諸道行營都統、兼指揮兵馬收復京城及租庸等使、判延資庫事、權知義成軍節度管內觀察處置等使。餘如故。仍令所司。擇日備禮册命。軍罷後却赴中書。主者施行。中和二年正月

## 鄭畋門下侍郎平章事依前都統制　樂朋龜

門下、朕聞天下安。注意相。天下危。注意將。爾今應吾內外之委任也。朕以塵昏寓縣。血染生靈。乘輿播越於道途。巡幸奔馳於巴蜀。夙夜思咎。寢食不遑。期早殄於羣妖。冀速淸於國步。今則重煩台德。再秉鈞衡。碧幢不離於岐山。黃閣暫移於隴坻。安危倚望。中外具瞻。諸軍四面行營都統鳳翔隴等州節度觀察處置等使開府儀同三司檢校司空同中書門下平章事兼鳳翔尹上柱國滎陽郡開國侯食邑三千戶鄭畋、岳瀆炳靈。星辰煥發。雅裁

旣揚於冰玉。沖襟咸契於神明。達古今理亂之源。識文武經綸之道。作時柱石。爲國棟梁。洎周旋寵榮。出入將相。功業每留於史册。懿範克播於縉紳。昨鎭近藩。首擒巨盜。今雖狠心漸革。蠆尾將收。干戈尚遍於咸秦。虵豕猶侵於宫闕。運雖至此。天實賴余。況誓掃寇讎。志收社稷。蘊沈機而愈勁。奮獨斷而不回。激喻軍行。統率義旅。下韝必中。傳檄無疑。指揮而方面悅隨。慷慨而懦夫請命。風生貔武。川湧熊羆。期繫頸於逡巡。佇舂喉於旦夕。朕且念用兵汧隴。駐蹕坤維。指揮而遠在一隅。請急而動聞踰月。于以舉疇庸之典。于以圖必勝之謀。在乎畀以軍戎。任其陶鑄。使統制並遵於麾下。訏謨皆在於轂中。將使凱還。佇其册命。於戲。簪裾禮樂。儼然丞相之風。旗幟鼓鼙。蔚爾將軍之貴。裴度以出征淮蔡。敏中以招討羌戎。皆仗以節旄。付之樞柄。期樹功業。固不同年。勉圖大勳。同酬殊渥。位正台階之重。官崇水土之榮。敬之哉。無忝我重命。可守司空兼門下侍郎同中書門下平章事。依前充四面行營都統鳳翔隴等州節度觀察處置等使兼鳳翔尹。散官勳賜如故。仍令所司候收復京後備禮册命。主者施行。

# 唐大詔令集卷第五十三

## 大臣

### 宰相

出鎮上



#### 出鎮上

陸象先益州大都督府長史制

入而弼政。雖佇忠賢。出則分憂。更資循理。中書侍郎同中書門下平章事三品兗國公陸象先。體含淸雅。識備貞慤。早修學行。實允謨明。三蜀稱殷。一都之會。邦寄爲切。朝難其選。朕光宅四海。惠康兆人。乃眷所先。必自于遠。故端寮載舉。重臣攸屬。可益州大都督府長史劍南按察使。開元元年十月

杜黃裳河中節度同平章事制

昔周之周邵。出爲二伯。是以宗公而領方任也。鄭之桓武。入作三事。是以諸侯而宰邦政也。然則荷中外之寵。享崇高之名。不有盛德。孰膺寵命。金紫光祿大夫門下侍郎中書門下平章事兼弘文館大學士充太微宮使上柱國南陽郡開國公杜黃裳。道惟無方。才則不器。陋齷齪之廉謹。本誠明而坦夷。澄波納寬。瑞玉凝素。夙膺簡望。處于達官。論議必通於大經。損益咸酌於中制。代所準的。朝之羽儀。爰授樞衡。俾居左右。所緝者墜典。所陳者格言。色無面從。志不枉撓。弘茲冒遠之化。啓彼夷兇之征。將明則然。忠利斯在。惟股肱之郡。有節制之師。兵威外接於太原。地形內錯於左輔。是用謀帥僉歸碩人。藉台庭之素風。執戎鉞以涖衆。示以嚴重。廣其封疆。罷平陽之十連。復元侯之四履。超列鼎足。仍參廟謀。增二象之光輝。霈一方之膏雨。大邦維屏。羣后所瞻。爾其敬哉。無替舊績。可檢校司空依前同中書門下平章事、兼河中尹、充河中晉絳慈隰等州節度支度營田觀察處置等使。散官勳封如故。元和二年正月

武元衡西川節度同平章事制

地有西蜀。國之奧區。百濮羣蠻。外帀于封域。雙流重阻。內固於襟帶。形勝所屬。撫綏惟艱。近者剪其兇魁。鎮以勳力。實有威惠。至于和寧。而匪遑寧居。累布丹懇。激戀闕之深志。將執圭而展儀。誰其尸之。允在能者。乃聽僉議。輟茲台臣。太中大夫守門下侍郎同中書門下平章事弘文館大學士太微宮使兼判戶部事上柱國蕭縣開國伯賜紫金魚袋武元衡。器惟弘深。行則端敬。珪玉不琢。雷風有恆。夙彰嘉聞。亟歷華貫。乃司邦憲。有遂物之誠。乃踐地官。有阜財之績。益振公望。克諧朕心。擢于鼎司。授以大柄。謀由外而不伐。愼由衷而自彰。展代工之勤。弘冒物之化。以道則直。以心則和。丙吉雅通於國體。山甫誠補於袞職。朝夕有恪。毗予一人。眷茲西南。憂寄方切。非寬大無以涖衆。非慈惠無以厚生。非誠信無以撫蠻夷。非忠賢無以殿邦國。眷我心膂。膺茲重任。外分兵符。以副於重望。中佩相印。不離於具瞻。峻秩爰首於六官。崇階更登於七命。且示加等。仍疏大封。勉承寵光。無替朕命。可銀青光祿大夫檢校吏部尙書兼門下侍郎同中書門下平章事、成都尹、充劍南西川節度使營田觀察處置統近界諸蠻及西山八國雲南安撫等使。進封臨淮郡開國公。食邑二千戶。元和二年十月

李逢吉東川節度使制

蜀門南次。梁部東分。地束江山。境綿賨濮。非志懷端重。不可委以察廉。非識度弘深。不可以節度制。聿求公望。爰自輔臣。朝議大夫守門下侍郎同中書門下平章事輕車都尉賜紫金魚袋李逢吉。文以發華。行惟居厚。忠懇每形於造膝。直方斯見其匪躬。自處台席。再移星琯。溫然德器。休有業風。觀

其動本於仁。足以敷王澤。考其守歸於正。足以奉師貞。乃眷梓潼。茲惟奥壤。用去將相之任。俾專藩宣之功。予欲頒政典於一隅。故兼以夏卿之位。予欲布憲章於列郡。故假以副使之權。爾其節儉以訓俗。澄清以檢吏。因土風之剛悍。使勇且知方。就物產之殷充。則既富而教。苟能積實。期有遐聞。於戲。朕與大臣進退。示全其恩禮。爾之報國。始終宜竭其肺肝。身雖遠於山川。心豈忘於夙夜。服茲休命。俞往戒哉。可檢校兵部尚書、使持節梓州諸軍事、兼梓州刺史、御史大夫、充劍南東道節度副大使、知節度事、管內度支營田觀察處置靜戎軍等使。散官勳賜如故。元和十二年九月

## 李夷簡淮南節度同平章事制

柱石之臣。台庭之老。積其具瞻之德。載有弼諧之功。授以土田。流邦家之愷悌。增其冕服。表國器之形容。此朕與將佐大寮。示中外之一體也。況兵戎重事。東南實繁。輟於廟堂。以示其大。正議大夫、守門下侍郎、同中書門下平章事、上柱國、成紀縣開國侯、食邑一千戶、賜紫金魚袋李夷簡。堅以涖政事而守道。素風彰於操履。浩氣峻於風雷。自朕纘承丕圖。搜拔下位。得文華於宗室。升器幹於朝廷。而所重者準繩。所憂者財賦。資倜儻以振起委強道而演成。江漢之仁風載揚。岷峨之美化斯盛。既執大憲。俄登公台。輔予一人。凝是庶績。忠讜有遭逢之勇。奸邪無侵敗之機。謂之股肱。實無媿言。念淮海斯為奥區。走商賈之貨財。引舟車之漕輓。凡所經理。事非一隅。控制之難。於今尤切。是用錫命。俾為藩宣。式加師長之名。不改平章之務。萬邦表率。丞相勉之。可銀青光祿大夫、檢校尚書右僕射、同中書門下平章事、兼揚州大都督府長史、充淮南節度副大使、知節度使事、管內營田觀察處置押新羅渤海兩蕃等使。元和十二年七月

## 裴度河東節度同平章事制

忠利於國者。效積而事彰。器周於物者。志遠而任重。況入調鼎鼐。出鎮藩垣。荷中外之寵榮。膺文武之重寄。將允僉望。命茲輔臣。金紫光祿大夫、門下侍郎、同中書門下平章事、兼弘文館大學士、上柱國、晉國公、食邑三千戶裴度。量惟弘深。道在匡濟。大玉蘊連城之價。長材負構廈之姿。言必公忠。義本誠馨。自居鈞軸。叶贊機謀。匪躬以務其將明。憂國不忘於造次。當夷兇淮蔡。仗節於師旅之間。及殄寇青齊。建籌於帷幄之內。勤勞靡替。弘益居多。績用是嘉。撝沖逾懇。東夏雄屏。實惟晉陽。控大鹵之山川。司北門之管籥。横制獯虜。遠靖疆陲。是以輟獻納於沃心。撫方隅於注意。倚屬攸切。勳庸可宣。舟楫常賴其弼予。鈇鉞載觀其涖衆。勵山甫之恪德。成方叔之壯猷。式副具瞻。勉揚休問。務既兼於左揆。秩仍踐於中台。爾其戒哉。以服嘉命。可檢校尚書左僕射、兼門下侍郎、同中書門下平章事、太原尹、北都留守、充河東節度觀察處置等使。

## 韓弘河中節度兼中書令制

門下。王者親馭萬寓。緝熙庶政。必有文武全器。柱石之臣。出鎮藩岳。入和台鼎。使其效彰中外。聲播華夷。所居而人心自寧。所涖而軍令自肅。允是任者。其惟至公。開府儀同三司、守司徒、兼中書令、上柱國、許國公、食邑三千戶韓弘。受天地凝粹之氣。得山川崇深之靈。厚其體而壯其容。靈其心而宏

其量早洞戎韜之學。久膺節制之權。隱然大梁。克有成績。及功宜盪寇。志展勤王。懇申戀闕之誠。竟遂來朝之禮。位高百辟。榮冠一時。恩極而愈恭。名光而益勵。朕方欲樹以垣翰。仗乎忠賢。乃睠關河之守。實惟股肱之郡。自昔重寄。無非元勳。是用命以上公。授茲雄鎭。於戲。頃居東夏。父子偕分閫之榮。今處近郊。伯仲並登壇之貴。道苟積於忠實。顧何愛於寵章。往惟欽哉。副我明命。可司徒兼中書令、河中尹、充河中晉絳慈隰州節度觀察處置等使。散官勳封如故。主者施行。

## 牛僧孺武昌軍節度同平章事制

門下、朕恭承大統。屬當平寧。方委心輔臣。釐齊法度。垂茂績於永代。建休風於一時。乃深畏滿盈。雅懷止足。體陰陽迭序之旨。全進退居止之心。詞抗不回。秉忠難奪。得不處之安郡。益以崇名。是用建新軍以統武昌。佩相印而兼齊斧。文武二柄。付于全才。金紫光祿大夫、中書侍郎、同中書門下平章事、兼集賢殿大學士、監修國史牛僧孺。貞方而和、裕愼密而坦夷。秀乎文華。篤乎行實。以直策悟憲祖。以忠啓奉先朝。績有信誠。擢于廊廟。法無越制。官無及私。門無託賓。道無偏倚。逮茲旬歲。亟聞昌言。朕嘗惕然虛己以聽。旣終園寢之重。克修郊廟之儀。前志彌堅。陳懇益固。吾方涉學弘濟斯人。未耜戈矛。仁壽鄙夭。簡予懷者。非爾而誰。是用輟中樞圖史之間。開夏口油幢之府。典儀八座。廉問七州。往惟休哉。無替厥服。可檢校禮部尚書、同中書門下平章事、鄂州刺史、武昌軍節度使。寶曆元年七月

## 李石荆南節度同平章事制

翼亮之臣。寄任攸重。九功未敍。則宜立於廟堂。百度旣貞。則兼制於方岳。中外迭處。式寵才賢。銀青光祿大夫、守中書侍郎、同中書門下平章事、充集賢殿大學士、上柱國李石。元精降祥。河岳鍾秀。文含大雅。學茂全經。贍智通理亂之源。達識究古今之變。望鬱人傑。居爲國楨。頃者嘉其多能。俾調鼎實。動必循道。知無不爲。每竭慮於謀猷。思致予於堯舜。嘗司轉漕。仍總征財。盤錯之難。錐刀不滯。增台耀之光彩。揚鳳沼之波瀾。墜典咸修。遠方畢服。夙夜匪懈。光我知臣。近者情在進賢。願辭衮職。誠不易奪。朕所難違。乃眷荆門。東南巨鎭。江山重險。舟車要衝。比罷節符。是遵權便。台臣往涖。宜復前規。俾登大將之壇。仍持上相之印。尹正望府。兼視雄藩。增榮峻階。無忝我命。可金紫光祿大夫、中書侍郎、同中書門下平章事、兼江陵尹、充荆南節度管內觀察處置等使。勳如故。開成三年正月

## 李德裕荆南節度平章事制

將相之任。中外攸屬。入則揚緝熙以正百度。出則布威令以靖一方。易以才難。委寄咸重。爰設齋壇之禮。仍合台席之榮。式示酬勞。允諧僉望。特進、守太尉、兼門下侍郎、同中書門下平章事、充弘文館大學士、太淸宮使、上柱國、衛國公、食邑三千戶李德裕。嶽瀆間氣。鍾磬正音。葆粹孕和。本仁叶義。道蘊賢人之業。正謂王者之師。詞鋒莫當。學海難測。自入膺大任。克搆崇庸。王猷國經。契合彝矩。邴吉罄安邊之術。虜寇殄夷。張華興伐叛之謀。壺關洞

啓。克荷先朝之旨。弼成底定之功。布在册書。輝映前古。而能處劇不懈。久次彌勤。朕以嗣位之初。懋勤在念。宜先碩望。以表優恩。荆部雄藩。地惟西楚。惣五都之要會。包七澤之奥區。兵賦殷繁。居旅甚衆。必藉舊德。作鎮尹臨。載崇五教之名。俾賦十連之貴。勉弘化理。以續前勞。可檢校司徒、同中書門下平章事、兼江陵尹、充荆南節度觀察處置等使。會昌六年四月

## 白敏中邠寧節度平章事制

昔孫弘以儒學修身。寵兼列士。鄧禹以勳庸著效。儀比三司。是内外共規。今古所重。再揚新命。允屬元臣。特進守司空兼門下侍郎同中書門下平章事、充招討南山夏党項兵馬都統制置等使、並南北兩路供軍使兼邠寧節度使白敏中。才智可以贊玄功。誠明可以匡大務。事君惟恐不盡。守道惟恐不孤。而能以無心爲待物之心。以無用爲當官之用。朕君臨之歲。首付台衡。六更星霜。勁節如一。自羌戎犯塞。師旅屯邊。招懷莫來。征伐無狀。爰用爾往。其鎮撫之。果能潛移梟獍之心。坐獲豺狼之首。始自夏半。及于秦正。大建功業。克寧烽驛。終此誠意。非卿而誰。今封部既清。是用休爾之討伐。馬牛皆散。是用罷爾之統臨。不移論道之榮。更怙持衡之貴。纂乃舊事。副予勤懷。可守司空、同中書門下平章事、邠寧等州節度觀察使。大中五年十月

## 崔鉉淮南節度平章事制

周用邵公爲楨幹之臣。以正天下。故入調鼎鼐。則弼亮之道尊。出撫方國。則藩宣之功著。我有上相。天實間生。文武之用。高並於昔賢。中外之寄。允資於碩德。爰舉旌鉞。仗于股肱。光祿大夫守尚書左僕射兼門下侍郎同中書門下平章事兼弘文館大學士充太淸宮使上柱國魏郡開國公食邑二千戶崔鉉、端玉凝姿。春林發秀。貞諒實德。謙虚葆光。沖用既臻於化源。達識每弘於理本。擅松桂後凋之色。勁節自高。含金石希代之音。正聲特異。洎發揚令問。輝藹公朝。道絶緇磷。言符體要。摛相如之麗藻。夙侍禁林。嗣傅説之旁求。早昇台席。日者歷居廉鎮。嘗惣朝綱。令肅方隅。風行憲署。及膺我寵擢。復司化權。每正惟公。持平不撓。暢緝熙之茂典。弘經濟之明謀。功勒旂常。道光夷貊。勵山甫匡周之操。竭子房佐漢之忠。終始一心。周旋七年。富人斯久。□緝愈勤。是宜載圖爾庸。優爾恩寵。乃睠淮海。號爲通都。控扼實據其咽喉。封部適罹其災患。予所注意。爾其往哉。於戲。居則秉洪鈞。紹阿衡之業。動則駕長轂。圖方叔之勳。苟非全才。孰付重任。若撫封之長術、阜俗之嘉謀。一部之慘舒、三軍之政令。我屬良弼。則又何規。勉登將壇。敬佩相印。副是寵寄。其惟戒哉。可檢校尚書左僕射、同中書侍郎門下平章事、兼揚州刺史、大都督府長史、充淮南節度副大使、知節度事、管內營田觀察處置等使。大中九年八月

# 唐大詔令集卷第五十四

大臣

宰相

出鎭下



出鎭下

裴休宣武軍節度平章事制

將相大臣，中外迭任，入奉股肱之寄，出爲藩翰之雄，無爽具瞻，式章注意。金紫光祿大夫中書侍郎兼戶部尙書同中書門下平章事集賢殿大學士上柱國河東縣開國子食邑五百戶裴休、氣稟嶽靈。夢叶岩瑞。威鳳孤翔於玉圃。仙鶴獨走於芝田。學精典墳。文緯邦國。自彤庭發策。諫列升班。粉署擅二卿之榮。綸闈迴五字之妙。迨司饋運。整葺牢籠。策畫每得於親聞。功庸必見其顯效。章程軌物。歷試無差。是用付以權衡。宜承任委。賫之遠略。炳然無倫。四后協心。方繄爾令。有度有載。庶績其凝。前時屢以疾辭。猶煩卧理。豈無憂賢之道。因遂由衷之意。乃眷梁苑。寔爲重藩。荒大東於周疆。接小沛於貢壤。富庶將及。悍勇無譁。仁化已洽於一方。淸風漸扇於全境。閉關自固。懸皷不鳴。可仗台臣寘之精理。爾其踐厥位。暢厥庸。侯服既增。相印不解。輔弼莫繄於遠邇。聲容暫間於朝昏。爾其戒哉。無隳重命。可檢校戶部尚書同中書門下平章事、使持節汴州諸軍事、行汴州刺史、充宣武軍節度使、知節度事、汴宋亳等州觀察處置兼亳州太淸宮使。大中十年六月

## 魏謩西川節度平章事制

股肱之臣。與君上而合體。心腹之寄。雖中外而同途。入則付之鈞衡。出則委其藩翰。苟非望隆碩德。道備全才。則何以克副具瞻。久膺重寄。銀青光祿大夫守門下侍郎兼戶部尚書同中書門下平章事監修國史上柱國魏謩、天生賢傑。嶽降英靈。深沉莫究其澄波。和裕可羣於愛景。自踐揚華貫。備著徽猷。故事播於三臺。讜論留於兩掖。而式賫重用。任以地征。簡於朕心。爰立作相。惟爾烈祖。左右太宗。輔弼之光。號爲人鏡。代濟其美。厥生令孫。蘊致君匡國之謀。見奉上竭忠之志。勤勞匪懈。夙夜在公。動關典彝。言成啓沃。闡我皇化。由其赤誠。星霜七年。風雨一貫。朕以九鼎巨屏。三川奥區。控臨百城。統馭羣虜。眷茲愼擇。不其才難。爾宜往踐將壇。仍持相印。舉武侯之籌策。底定遠戎。維叔度之謳歌。載康遐俗。勉服休命。恭惟有初。可檢校戶部尚書、同中書門下平章事、兼成都尹、充劍南西川節度副大使、知節度事、管內觀察處置統押近界諸蠻及西山八國雲南安撫等使。大中十一年二月

## 崔愼由東川節度制

夫尊任輔相之道也。入則秉鈞衡以臨羣辟。出則賜弓矢以長諸侯。寵光不渝。寄屬咸重。將求良翰。乃命台臣。大中大夫守中書侍郎兼禮部尚書同中書門下平章事監修國史上柱國賜紫金魚袋崔愼由、繼美德門。承家貴位。縉紳偉望。禮樂上流。挺松筠之貞姿。服蘭蓀之懿行。自居多器。纍歷淸華。禁林才擅於多能。綸閣詞推於巨麗。物情愈茂。廷譽甚高。再列貳卿之崇。亟闡六條之化。爰加奬任。益委重難。屢啓嘉謀。俄參大柄。而周涉寒暑。備見器能。道已著於始終。恩豈殊於中外。睠茲東蜀。實曰奥區。俾授旌旄。以彰優重。昔叔子望高於峴首。次公聲振於潁川。孰有後先。率是爲理。勉弘風教。期懋厥庸。可檢校禮部尚書、使持節梓州諸軍事、兼梓州刺史、御史大夫、充劍南東川節度副大使、知節度事、管內觀察處置等使。大中十二年二月

## 蕭鄴荊南節度平章事制

入調鼎鼐。作我股肱。出鎭藩垣。爲予心膂。分命雖殊於中外。倚才皆屬於安危。將相迭居。文武兼用。允茲遇者。厥惟艱哉。況地控南荊。土連全蜀。振五嶺之通道。當七澤之要津。統馭所難。撫理爲重。顧斯渥命。爰輟輔臣。銀青光祿大夫守門下侍郎兼兵部尚書同中書門下平章事監修國史上柱國

彭城縣開國男食邑三百戶蕭鄴、昴宿垂芒。山庭表異。膺明誕德。佐理生賢。開濟洞達其泉源。進退率由於律度。端亮秉志。寬和待人。而累踐華資。克流芳問。麗卿雲之詞藻。煥登皇猷。邁樂管之智謀。掌司邦賦。臺閣備詳其政事。朝野咸推其上才。由是道觀明成。夢叶先帝。爰立作相。陟於台階。果能經緯巖廊。鎮安夷夏。罄乃一志。凝其庶功。逮予纂承。亟獲匡輔。疇庸任舊。宜乎加恩。是用擇其巨藩。委之碩德。尚執中樞之柄。仍加右揆之崇。相閤良規。豈忘蕭曹之業。戎垣寵寄。更隆羊杜之功。勉服殊榮。佇弘懿烈。可檢校右僕射、同中書門下平章事、兼江陵尹、充荊南節度、管內觀察處置等使。大中十三年十一月

## 杜審權鎮海軍節度平章事制

朕垂衣嚮明。負扆成化。內則委輔弼之重。論道於巖廊。外則寄垣翰之崇。分憂於撫馭。是以入掌鈞軸。出擁麾幢。必仗兼才。乃膺迭任。況軍稱鎮海。地亘長江。建置既殊。寵劇斯在。駕戎車而佩相印。持廟算以統全軍。非我誠臣。豈行茂典。特進行門下侍郎兼吏部尚書同中書門下平章事監修國史上柱國建平縣開國男食邑七百戶杜審權、獨鶴依松。孤鸞上漢。聳三峯之峭壁。澄萬頃之清瀾。早以重名。洽於時輩。擅讜言於諫署。留正範於南宮。史筆弛而更張。憲綱紊而復正。由是如綸不絕。刈楚無遺。紹蔽芾於謳謠。盡倜成於法理。先皇帝知其可用。召入內廷。果能新耳目之見聞。備肺腑之待遇。朕初登寶位。素挹嘉猷。遽行制書。首列台席。故得彝倫攸敍。庶政惟和。舉去無差於激揚。流品並分於涇渭。出入五載。初終一途。每念鴻勳。布在青簡。近者固辭機務。動啓懇誠。雖懷好德之言。難抑好謙之智。是用輟鹽梅於調鼎。賜斧鉞於專征。金陵大藩。正張新幄。式兼啓事。載踐中樞。不移注意之榮。無替沃心之道。勉服休命。厥惟懋哉。可檢校吏部尚書、同中書門下平章事、使持節潤州諸軍事兼潤州刺史、充鎮西軍節度使、浙江西道觀察處置等使。咸通四年五月

## 劉瞻荊南節度平章事制

門下、將相二柄。倚注攸難。委鈞衡則望庶績昭明。授斧鉞則冀一方寧謐。中外迭處。明朝舊規。是用輟於巖廊。付以藩翰。正議大夫中書侍郎兼刑部尚書同中書門下平章事判集賢院彭城縣開國公食邑一千戶賜紫金魚袋劉瞻、早以文學。疊中殊科。俄嬰阻艱。久滯雲路。朕擢授華級。遄躋禁林。羽翼未安。風霜旋迫。洎幷汾解印。輦轂還鑣。熟聞赤心。再陟丹地。而應對多敏。詔書立成。風稜甚高。恭慎無玷。承受密旨。敷陳大猷。洽於具瞻。乃降明命。果能竭忠心力。申行典章。啓宗社之密圖。惜朝廷之故事。振拔沉滯。登錄忠良。思繼美於咎夔。願致君於堯舜。將明啓沃。無慙良史之書。正直公忠。備得賢人之業。而又僻於廉慎。不尚榮華。安數畝之居。仍非己有。卻四方之賂。惟畏人知。雖自樂於清貧。當勉成於富貴。乃眷荊渚。實惟奧區。紀江漢之洪流。振黔吳之要路。舟車所會。財賦咸殷。況台鼎舊臣。拜章辭務。爰思重屏。當委全才。授任無疑。寵章斯備。兵符在手。相印懸腰。吞雲夢於胸襟。□□□於掌握。當年得志。報國圖功。大夫之榮。何以加此。勉膺殊渥。勿替令猷。可檢校刑部尚書、荊南節度使。勳封如故。咸通十一年九月

鄭從讜河東節度平章事制

古者公卿。在朝則輔主致理。有事則統衆出征。是以郤穀行師。爰求悅禮。祭遵推轂。不廢雅歌。今者羌寇未寧。烽煙尙警。愼擇鎭安之路。尤資柱石之功。若非文武兼才。將相全業。夙蘊峻望。爲吾鼎臣。豈傾丹赤之懷。以授股肱之任。開府儀同三司門下侍郎兼兵部尙書同中書門下平章事充太淸宮使弘文館大學士延資庫使上柱國滎陽郡開國公食邑二千戶鄭從讜。秀稟岳靈。操含冰潔。趙衰冬日。樂廣靑天。端操而峭壁寧階。曠度而澄波未測。周密得大臣之體。誠明弘君子之儒。許月品題。人倫自警。膺門步武。明彥知歸。奮飛早踐於脩途。育德愈高於輿論。仗節三光於侯府。題劒累涉於崇班。洎擢處鈞衡。若來麟鳳。才惟應物。動必研幾。屹若嵩華。炳符台曜。嵇松磊落。長擅構廈之姿。和璧溫良。克表如虹之氣。朕以北門重鎭。興王故都。披全晉之山河。有陶唐之風俗。以爾曾施惠化。尙有去思。方當用武之時。暫輟調元之職。爾其厚撫戰士。謹備糧儲。必使黠虜革心。征師賈勇。善守訓齊之令。以圖台鼎之勳。昭以上公。式光元輔。副我憂屬。往惟欽哉。可檢校司徒同中書門下平章事。行太原尹。充北都留守河東節度管內觀察處置兼行營招討等使。廣明元年三月

王鐸義成軍節度兼中書令制　樂朋龜

門下。朕以烟塵犯闕。士庶貽災。思九廟以懷慙。顧萬邦而是愧。危同馭朽。誡甚履冰。遂乃虔祝上玄。冀平積憤。勞于宵旰。實賴神明。其有拾元輔之崇。副大朝之切。拜章瀝懇。西奏請行者。得不超茲爵秩。盛以統臨。今則旟旐經時。駐軍未進。宜更戎號。以煥寵光。諸道行營都統指揮諸軍兵馬收復京城租庸等使兼判延資庫戶部事權知義成軍節度鄭滑潁等州觀察處置等使開府儀同三司守司徒兼中書令上柱國晉國公食邑三千戶王鐸。碩德名門。淸風直道。爲一時之圭表。作百行之源流。騏驥絕塵。方知逸勢。松篁犯雪。更耀寒光。洎中第從軍。昇朝擅價。掌綸業茂。選士功高。進必流芳。勞惟可則。專銅鹽之任。副舟楫之權。雅有令名。不誣信史。爾後再持鈞軸。重領藩維。智識愈精。始終無替。旋屬省方之際。犯難而來。首冒鋒鋩。忠貫天地。繇是將吾大柄。答爾明誠。當其艱苦之時。實有整持之計。沉機累獻。祕畫頻聞。漸理綱條。嚴予班序。致使簪裾復盛。禮樂重興。克念爾勞。諒洽人聽。而又忿茲國難。期以身先。懇望統師。力求專代。既佇平於狡穴。貴獨耀於將星。爰命登壇。俾之仗鉞。載盟白馬。疊降紫泥。雖嘉將就之勳。尙滯進軍之策。而諸軍觀望。相顧遷延。將謀盪定之期。因有改更之制。在吾優賢之道。求舊之心。俾循和嶠之榮。敷其五教。更假郤穀之用。惠此一方。爾宜振彼宏圖。聳于東夏。式資論道。共贊中興。體我深懷。敬承休命。可檢校司徒守中書令。使持節滑州諸軍事守滑州刺史充義成軍節度使滑潁等州觀察處置等使。散官勳封如故。主者施行。

崔胤武安軍節度平章事制　陸扆

門下。入居巖廊。施明略以匡時。出陟齋壇。運沉機而鎭俗。苟非材惟命代。望重當朝。則何以宣我武威。易其風俗。朕志先定。僉謀允臧。持危匡聖。致理

功臣金紫光祿大夫守禮部尙書兼中書侍郎同中書門下平章事兼集賢殿大學士判戶部事上柱國清河郡開國侯食邑一千戶崔胤、文星垂耀。神岳摽奇。襲禮樂之清風。冠簪纓之貴冑。佩觿之際。潛韜經濟之才。筮仕以來。尋積公臣之望。洎更華貫。益振令圖。屬論思而獻替盡忠。提綱紀而回邪斂跡。旋自繁劇。俾司燮調。苟利於君。無所不至。洎寵蒲圾。再秉洪鈞。明謀暗合於蓍龜。雅操不渝於風雨。作礪之業。爲時而生。乃睠重湖。實惟奧壤。荐臻多難。屢易元戎。哀彼征人。倡我皇化。聞爾嘗隨重幣。往曳長裾。迄今鄉閭。尙播謳詠。是用拯彼塗炭。宜予惠和。假其問喘之仁。慰彼來蘇之望。仍持相印。式寵名臣。暫追羊杜之政。能未逸皋夔之事業。往踐迺位。厥惟欽哉。可檢校禮部尙書、同中書門下平章事、功臣散官勳如故。充義安軍節度湖南管內觀察處置等使使持節潭州諸軍事守潭州刺史。乾寧三年七月

## 王摶威勝軍節度平章事制　楊鉅

門下朕聞有國家者。內則立四輔以貞百度。外則建羣臣以寧八區。持吾重權。唯此二事。其有弼諧之道。已溢於簡編。是期訓撫之規。更滿於方岳。中外迭處。古今所榮。扶危匡國致理功臣、金紫光祿大夫門下侍郎兼戶部尙書同中書門下平章事監修國史判度支諸道鹽鐵轉運等使上柱國瑯琊郡開國公食邑二千戶王摶、長淮胤慶。維嶽降神。抱文行忠信以飾身。範珪璧琮璜而爲器。動多偉節。言必匪躬。自踐履清華。汪洋令望。左垣謇諤之稱。凜然古風。右掖絲綸之功。垂作雅誥。嗣後恤刑著效。庀賦推能。陟于梅霖。掌我金穀。果罄致君之道。無慙出相之門。忠謀必陳。茂績仍舉。朕念於越。夙罹兇氛。狂童既平。疲俗未泰。是思被我寬政。暢之皇風。厚其澆漓。滌彼汙染。再造其任。求才惟艱。輟于三台。先以十乘。不改巖廊之任。用資垣翰之光。於戲。阻以重江。負于滄海。賦號殷厚。屬爲剽輕。雖兵革乍銷。而閭井猶弊。撫循之理。可不愼諸。副吾任賢。俟爾報政。可檢校戶部尙書同中書門下平章事、散官勳如故。充威勝軍節度浙江東道管內觀察處置宣撫等使、使持節越州諸軍事守處州刺史。乾寧三年八月

## 獨孤損靜海軍節度平章事制

門下、凝庶績而釐百工。峻列藩而屏中夏。內外迭處。朝廷舊規。乃眷交州。是爲奧壤。我輟良輔。時謂當仁。銀青光祿大夫戶部尙書兼門下侍郎同中書門下平章事監修國史判度支上柱國河南郡開國侯食邑一千戶獨孤損、德參瑞玉。貞配兼金。鬱爲君子之儒。雅得大臣之體。先皇帝爰徵有舊。委以鈞樞。燮調而四序無差。獻納而萬邦取則。昨者大禮雖期於七月。豐財未集於九州。但抱焦勞。莫克負荷。而爾適當重任。頗竭宏才。因山之制。俄然。執紼之儀必備。事君罄節。來工收功。所宜行疇賞之恩。罷繁難之任。登于揆路。陟以師壇。用示獎酬。勉弘治理。服我休命。往惟欽哉。可檢校尙書右僕射同中書門下平章事、兼安南都護、充靜海軍節度使、安南管內觀察處置等使。散官勳封並如故。天祐二年三月

# 唐大詔令集卷第五十五

大臣

宰相

罷免上

長孫無忌開府儀同三司制

李靖特進制

魏徵特進制

王方慶麟臺監監修國史制

姚元之相王府長史制

張説停中書令制

源乾耀停侍中制

裴耀卿張九齡尚書左右丞相制

陳希烈太子太師制

呂諲太子賓客制闕

姜公輔太子左庶子制闕

李勉太子太師制

盧翰太子賓客制

崔造太子右庶子制

盧邁太子賓客制

趙宗儒太子右庶子制

## 罷免上

### 長孫無忌開府儀同三司制

昔東漢功臣。莫任機揆。西京戚里。或存退讓。故能長守富貴。不罹危殆。尙書右僕射齊國公無忌、神識淸舉。風彩凝映。賢戚之望。朝野所推。比軒禁不虞。釁生慮表。倉卒之間。厥功以茂。自居樞要。聲實俄遠。然以椒掖之親。處權衡之地。深知止足。有戒滿盈。收衽之請。言辭懇切。宜遂其心。以勵貪競。可解尙書右僕射。仍進散位開府儀同三司。貞觀二年正月

### 李靖特進制

高秩厚禮。允屬茂勳。貴德崇讓。用光彝典。尙書右僕射代國公靖、器識恢弘。風度宏邈。早申期遇。夙披忠款。宣力運始。効績邊隅。南定荆揚。北淸沙塞。皇威遠暢。功業有成。及參聞政本。職重端副。綢繆翼贊。勤勞庶績。知無不爲。歲寒彌厲。既懷沖挹。以疾固辭。表疏懇至。情理難奪。煩以吏職。有乖養賢。宜加優寵。申其雅志。可特進。封如故。幷賜物一千段。尙乘馬兩疋。祿賜國官府佐及親事帳內防閤等。並依舊給。患若小瘳。每三兩日至門下中書平章事。患若未除。任在第攝養。貞觀八年十一月

### 魏徵特進制

留侯名相。濟北之志已高。疎傅人師。東都之迹彌遠。後進仰其遺烈。前策以爲美談。諒可以砥節厲行。化俗弘風者也。左光祿大夫侍中鄭國公魏徵、器量沉敏。軌儀詳正。文史優贍。學業該通。自參贊機衡。綢繆帷幄。無不爲。心力備盡。格言弗隱。正議日聞。一德載宣。四聰斯達。實賴嘉猷。用宣治道。而

深執謙損。志懷沖退。詞誠懇切。良用憮然。杼軸于懷。屢移氣序。而固陳丹款。義在難違。今便申其雅志。成厥美□。可特進。封如故。仍知門下事。朝章國典。參議得失。自徒流以上罪。詳事奏聞。其祿賜及國官防閤等。竝同職事。貞觀十六年丹

## 王方慶麟臺監監修國史制

鸞臺。芸閣秘文。蓬山奧府。是爲國重。尤切帝難。銀青光祿大夫行鳳閣侍郎同鸞臺平章事上柱國石泉縣開國子王方慶。鐘鼎高門。簪纓舊德。學富今古。才優舒向。自參機密。亟改涼暄。謇諤之風。不忘於獻替。謙挹之美。屢陳於衰疾。西垣掌事。雖藉謀猷。東觀屬詞。更資通博。宜輟鳳凰之省。俾緝麒麟之署。可麟臺監。仍監修國史。勳封如故。主者施行。聖曆元年八月

## 姚元之相王府長史制

忠爲令德。孝乃天經。義著君親。道存敬愛。其或兼者。可不美歟。銀青光祿大夫行鳳閣侍郎兼檢校相王府長史同鳳閣鸞臺三品姚元之。自掖垣趍侍。廊廟謀猷。竭忠盡誠。讜言正議。始終無替。弘益以多。近以母氏衰老。情兼喜懼。在休沐之期。闕晨昏之禮。乞解所職。以就閒養。外奏內請。志到詞勤。宜遂懇情。用敦孝道。睠彼藩邸。高選經佐。俾從梁苑之遊。以致潘園之樂。可行相王府長史。一事已上。並同三品。長安四年六月

## 張說停中書令制

門下。特進行尚書右丞相兼中書令燕國公張說。往屬艱難。輸誠於履險。及茲輔相。潤色於告成。而不肅細微之人。頗乖周愼之旨。朕略小在大。念舊錄功。且法不欲屈。宜罷中樞之務。義亦有在。更全端右之榮。宜停中書令。仍將國史於宅修撰。主者施行。

## 源乾耀停侍中制

尚書右丞相兼侍中源乾耀。十載持衡。一心自牧。台鼎斯重。管綜維繁。雖勤力在公。而暮年徵疾。俾司端揆。罷劇中樞。宜停侍中。其尚書右丞相如故。開元十年六月

## 裴耀卿張九齡尚書左右丞相制

門下。燮和陰陽。儀刑端揆。自非人傑。孰副僉諧。金紫光祿大夫侍中弘文館學士上柱國稷山縣開國男裴耀卿。才實國楨。望爲人範。懷匪躬之節。竭奉上之心。金紫光祿大夫中書令集賢院學士修國史上柱國始興縣開國子張九齡。器識宏遠。文詞博達。負經濟之量。有謀猷之能。自翼贊台階。彝倫有序。直道之心彌固。謇諤之操逾堅。並可以儀刑百寮。緝熙庶績。宜迴掖垣之任。俾列官師之長。耀卿可守尚書左丞相。九齡可守尚書右丞相。散官勳封如故。主者施行。開元二十四年十一月

## 陳希烈太子太師制

門下、輔道元良。發明純德。朝寄之重。莫此爲先。特進行左相兼武部尚書集賢殿弘文館學士崇玄館大學士太淸■諫曹爰資敏才。參掌密命。居易厲脩身之操。見危著從我之勤。自處台司。累疏陳乞。忌滿思退。持盈守謙。留中六之重。難其請。■式撝挹。俾尹宮坊。可太子左庶子。賜如故。（興元元年四月）

## 李勉太子太師制

陸贄

敕、立國之本。所繫於元良。弘教之方。必由於端士。非識精前典。德重當時。恭敬溫文。其德安倣。吾是以輟台階之老。選宗望之賢。輔翼春闈。是資教諭。光祿大夫檢校司徒平章事汧國公李勉、忠信孝友。直方簡儉。達君臣父子之際。知禮樂教化之端。虛襟保和。淸明簡欲。求舊則德茂。序親則屬尊。師範國儲。無易其選。可依前檢校司徒兼太子太師。（貞元二年正月十一日）

## 盧翰太子賓客制

陸贄

敕、求賢審官。以康庶績。就閑優秩。以處舊臣。蓋欲敦始終之恩。全進退之禮。金紫光祿大夫門下侍郎同中書門下平章事范陽郡公盧翰、頃因多難。從我于征。以其年乃老成。仕推先進。方將求舊。擢處公衡。荏苒迄今。再淹星歲。勤勞既著。衰疾有加。宜從職於春闈。用優賢於暮齒。可太子賓客。散官勳封如故。（貞元二年正月）

## 崔造太子右庶子制

陸贄

敕、宰相之職。允釐百工。時惟仰成。不可廢闕。中散大夫行給事中同平章事上柱國平安縣男賜紫金魚袋崔造、頃在掖垣。參掌樞務。總領煩重。積勤彌深。亦既優賢。賜之長告。歲聿云暮。有加無瘳。披誠自陳。羣疏三上。知止之道。守之甚堅。處於休閑。遂其頤養。可太子右庶子。散官勳封如故。（貞元二年十二月）

## 盧邁太子賓客制

任重謨猷。道存忠諒。辭疾之情既懇。優賢之義斯崇。中書侍郎平章事盧邁、朝序公才。操履端敏。弼諧庶政。夙夜惟寅。恭恪之心。每思獻納。而支體未適。固請優閑。累表固陳。懇誠彌切。將遂其志。予衷耿然。爰舉朝章。式加命秩。可太子賓客。（貞元十三年九月）

## 趙宗儒太子右庶子制

任人之道。必在無私。審官之宜。所期適用。給事中平章事趙宗儒、早以文學。累更職任。自居樞近。頗歷歲時。雖夙夜載勤。而政理猶鬱。式移秩序。以叶朝經。可太子右庶子。（貞元十四年七月）

## 鄭珣瑜吏部尚書高郢刑部尚書制

朕承天眷命。獲主兆人。思致邕熙。用康區夏。布和緝化。屬在輔臣。所任適宜。實爲通典。銀青光祿大夫守吏部尚書平章事上柱國鄭珣瑜、銀青光祿大夫守刑部尚書平章事上柱國高郢等、咸以忠淸。累更班列。秉彝廉慎。植操貞恒。自參輔中樞。皆能勵節。祗勤庶務。夙夜惟寅。歲月滋深。嬰纏疾恙。

衮職有闕。無以彌綸。況銓綜爲選士之本。刑法乃生人之命。俾從專掌。以盡至公。宜輟台司。副予所委。珣、瑜可吏部尚書。郢可刑部尚書。永貞元年三月

## 鄭餘慶太子賓客制

御大器者本於至公。服大寮者歸於衆望。故上無虛授。下允具瞻。苟異於斯。則曠邦理。朝請大夫守尚書左丞同中書門下平章事輕車都尉賜紫金魚袋鄭餘慶、嘗以懿文。累更近侍。亦以讜議。出佐遐藩。恭承宣室之召。再處廟堂之任。丞相所請。朕無不從。勞于虛襟。亦既周月。寂寥厥位。不聞直聲。昔魏相持綱樞機周密。左雄匡政朝廷肅然。總錄之司。輕重攸繫。苟云不稱。亦在量能。俾從調護之班。猶示優崇之寵。可守太子賓客。散官勳如故。元和元年十一月

## 鄭絪太子賓客制

門下、王者重輔弼之任。明進退之宜。見可卽升。知否則捨。茲朕所以推誠不惑。與物無私者也。銀青光祿大夫守門下侍郎同中書門下平章事兼弘文館大學士上柱國賜陽武縣開國侯鄭絪。早以令聞。入參禁署。永推勤績。出授台司。期爾有終。匡予不逮。歲月滋久。謀猷寖微。罔清淨以愼身。每因循而保位。旣乖素履。且鬱皇猷。宜副群情。罷茲樞務。朕以其久居內職。累事先朝。恩厚君臣。貴令終始。俾就優閑之秩。用申寬大之恩。可太子賓客。散官勳封如故。主者施行。元和四年二月

## 李藩太子詹事制

爰立輔臣。以熙庶績。聿膺其任。亦曰難能。至於明用捨之宜。全始終之道。茲惟大體。寧忘予懷。中散大夫守門下侍郎同中書門下平章事兼弘文館大學士上柱國賜紫金魚袋李藩。早以學行。聞于搢紳。洎升朝端。克愼素履。頃者拔於非次。列在鈞衡。是宜直己以佐時。匪躬而納誨。用副明獎。越於常倫。而授任以來。再踰年序。夙夜之勤雖著。弼諧之効未孚。將何以允至公之求。成天下之務。宜輟黃樞之重。尙居端尹之崇。爾其勉之。式謂優禮。可守太子詹事。散官勳賜如故。元和六年二月

## 權德輿禮部尚書制

文昌六官。宗伯掌禮。選授之重。自昔攸難。非夫台衮之臣。分全於終始。搢紳之義。素洽於群倫。則無以允是優崇。膺茲名秩。正議大夫守禮部尚書同中書門下平章事上柱國扶風郡開國公權德輿、奧學雄詞。靈襟曠度。稟中和之氣。弘信厚之規。夙彰厥猷。歷踐淸貫。乃者迴翔省闥。祗服大僚。咸推鎭俗之風。遂致濟川之望。朕永惟理本。宵旰在懷。常期獻納之功。深屬弼諧之任。爰徵僉論。俾列鼎司。勤勞亟涉於歲時。謙抑每形於造次。是用委春卿之職。輟樞務之殷。任事程能。庶光會府。帥屬而理。汝往欽哉。可禮部尚書。元和八年正月

## 李絳禮部尚書制

門下、輔相之任。所貴於納忠。進退之宜。實重於由禮。其有以勞奉國。以疾固辭。予懷謙讓之風。是舉優崇之典。朝議大夫守中書侍郎同中書門下平章事上柱國高邑縣開國男食邑三百戶賜紫金魚袋李絳、端莊秉彝。亮直循道。抱凌寒之勁節。標肅物之貞規。嘗以懿文。參于內署。亦以公望。貳於地卿。竭其智能。茂著官業。洎擢居袞職。左右朕躬。遠慮必深。讜言無隱。懷致君之志。弘濟俗之方。確然貞心。鬱有休問。而步履嬰疾。趨侍爲難。披誠上聞。稽首求免。乃睠毗倚。久之未從。星霜屢遷。忠懇彌激。宗伯秩禮。時惟大僚。宜從喉舌之班。用輟鹽梅之寄。庶因清簡。俾遂頤貞。膺茲寵章。敬爾服命。可守禮部尙書。散官勳賜如故。元和九年二月

## 韋貫之吏部侍郎制

朕恭以臨人。勵精思理。二三執政。由吾股肱。念終始之罔虧。於進退而尤重。苟或將命失中。輔導不專。依違以懷。尙愼斯舉。君臣之義。豈不弘乎。中大夫守中書侍郎同中書門下平章事上騎都尉賜紫金魚袋韋貫之、早著淑聲。累經顯貫。潤以文藻。懿其風猷。爰膺選衆之求。式竚弼予之美。而自當鈞軸。屢變星霜。虛襟以聽。未聞至論。非啓沃之道。有所不行。何燮諧之功。蔑爾無效。欲抑浮華之路。在捐朋黨之私。人亦具瞻。事將奚副。用解樞機之務。俾居衡鏡之職。克允斯任。宜和厥心。可守尙書吏部侍郎。散官勳賜如故。元和十一年八月

# 唐大詔令集卷第五十六

大臣

宰相

罷免下

## 罷免下

### 李鄘戶部尚書制

夫爲君者。求舊以申其用。施恕以遂其情。爲臣者。陳力以効其能。奉身以明其志。故在上則始終之道備。居下則進退之義全。茲惟休哉。用厚恩禮。銀青光祿大夫守門下侍郎同中書門下平章事上柱國江夏縣開國侯食邑二千戶李鄘、居潔履方。端明審固。有沉毅莊重之質。有堅剛迅敏之心。勁節夙表於屯夷。利器久彰於中外。朕跡其衆善。詢及庶工。登之台階。授以政柄。將欲藉其碩德。弘厥壯猷。而固辭之誠。再疏頗切。然猶未允其請。所冀或副予懷。迨此旬時。勞于夙夜。蓋願頤養。堅稱衰遲。宜罷樞軸之殷。俾居喉舌之重。就閑高秩。式示優崇。可守戶部尚書。元和十三年二月

### 王涯兵部侍郎制

股肱之臣。與國同體。苟或取容於位。啓沃無聞。將何以寅亮天工。弘宣景化。朕嗣膺丕業。爰任鈞衡。知善必昇。見否而退。茲所以推至公於天下也。銀青光祿大夫守中書侍郎同中書門下平章事上柱國清源縣開國男王涯、素以藝文。早登華貫。參我宥密。再處內庭。位踐公台。拔於非次。誠宜匪躬峻節。納誨盡忠。而乃因循自持。謙默無補。期於進道。屢換星霜。空勞虛懷。未副明獎。雖夙夜之勤久著。而具瞻之望何從。君臣之間。義存終始。宜解職於樞務。俾貳曹於夏官。尚謂優崇。勉敬斯任。可行尚書兵部侍郎。元和十三年八月

### 崔羣湖南觀察使制

致君之道。爰在輔臣。發揮政經。端理教化。其或彝倫未敍。公議不明。免其所職。蓋常典也。正議大夫中書侍郎同中書門下平章事上柱國賜紫金魚袋崔羣、根於溫恭。發以詞彩。踐歷臺閣。潤色絲綸。嘗以敏才。列於宥密。考能觀行。益表謙勤。擢處鈞衡。用參大政。緝熙之績。每竭其謀猷。翊贊之心。亦彰於夙夜。旰食斯理。注於話言。善而可行。無不虛受。而顧問之際。謂近於至公。詳聽之間。或違於事實。將何以同底于道。化洽萬方。宜罷印於中樞。俾報政於外服。優以顯秩。爾其勉之。可持節都督潭州諸軍事潭州刺史、兼御史大夫湖南都團練觀察處置等使。勳賜如故。元和十四年十二月

### 令狐楚宣歙池觀察使制

朕聞爲政以德。必推誠而任人。爲君以道。必存體以立國。況乎位崇元輔。職總庶寮。衆方具瞻。時以輕重。得不明進退之禮。全始終之恩。大中大夫守門下侍郎同中書門下平章事上輕車都尉賜紫金魚袋令狐楚、夙擅懿文。累階清貫。先朝特加寵命。獎擢內庭。出擁旌旄。入居鼎鉉。朕祗膺寶位。注意舊臣。方屬奉陵之時。委以復土之務。是宜竭心徇慮。使下不欺。而頗聞工徒之訴。累彰官吏之罪。遽有章表。固求退閑。宜歸相印之權。往授使符之

命。仍兼榮於司憲。俾奉法以惠人。勉率乃心。思予洪覆。可使持節宣州諸軍事宣州刺史、兼御史大夫宣歙池等州都團練觀察處置使。勳賜如故。元和十五年七月

蕭俛右僕射制

師長庶工。總詳六職。重任久曠。益難其人。自非體參股肱。位列鈞鼎。能引義以知退。復致禮而加恩。則授受之間。可以允茲任也。朝議大夫守門下侍郎同中書門下平章事徐國公賜紫金魚袋蕭俛、門承華袞。位列清貫。用能周物。志在匡時。勤內署之論思。肅南臺之綱紀。朕自承天序。擢處台階。推一心獻納之誠。贊四方經營之績。及此踰歲。累陳懇辭。微恙所侵。堅請難奪。朕憂勤庶政。親委大臣。務厚始終。以全進退。既謝弼諧之任。宜加端揆之崇。爾其戒之。服我優秩。可守尚書右僕射。勳賜如故。長慶元年正月

崔植刑部尚書制

門下、宰相者。朕之腹心。和合天下。在乎鎮靖藩服。附親遠方。將弘遂物之宜。必有更張之道。正議大夫守中書侍郎同中書門下平章事武騎尉賜紫金魚袋崔植、往在先朝。頗推廉直。馴行唯謹。保萬石之風。清德不渝。紹四公之業。遂昇左掖。實著能名。駁正之美。稱於朝列。朕以孝公太傅代載忠貞。擢於相門。授以台席。顧惟寡昧。奉若丕圖。每念爲君之難。敢忘從諫之義。推誠聽納。虛己咨詢。庶洽群心。以迎和氣。叔敖是期於秉羽。汲黯謂致於寢謀。宵分以興。日旰忘食。昔藩國多事。平津讓侯。陰陽未和。石慶辭位。惟爾謙遜。豈常求安。稱疾拜章。勤亦至矣。雖愒日之年未及。而寢氷之意尙堅。遂輟樞機。用成美志。崇以大秩。長於秋官。君臣之間。朕無所愧。可刑部尚書。散官勳賜如故。長慶二年二月

裴度右僕射制

朕端己推誠。資於輔相。求人與衆。諒在訏謨。所以徇公卿之言。從士庶之望。輟任淮海。俾居台階。舉先朝勳舊之臣。當四海具瞻之位。推心委柄。期在賢能。誠效靡孚。余將安望。守司空兼門下侍郎同中書門下平章事上柱國晉國公食邑三千戶裴度、器本端誠。道惟謇諤。挺筠松之操。蘊珪玉之姿。望積巖廊。功書竹帛。策勳報爵。寵極人臣。朕恭守睿圖。推心弼輔。聿求俊彥。思致邕熙。擢昇論道之司。再授樞衡之任。虛心日昃。佇乃嘉猷。而鼎飪未調。弛張異制。誠宜有犯無隱。忠讜必陳。使余誠懷不惑聞聽。何苟容於造次。致有聞於笙簧。棘木既窮。匪辭焉驗。昔漢以陰陽不和。册免丞相。今爾訏謨或爽。宜罷台司。酬勳績以尙功。錄忠勞而念舊。俾居右揆。非謂左遷。用崇師長之榮。勿以優閑自薄。可守本官尙書右僕射。散官勳封如故。長慶二年六月

元稹同州刺史制

宰相者。位列巖廊。權參造化。內操政柄。上代天工。朕嗣守丕圖。思興至治。每於擢用。冀獲雋良。爲善有聞。必資獎寵。罹於讒謗。用罷台階。通議大夫守尚書工部侍郎同中書門下平章事上柱國賜紫金魚袋元稹、游藝資身。明經筮仕。累膺科選。益振芳華。茂識宏才。登名晁董之列。佳辭麗句。馳聲謝

飽之間。頃在憲臺。嘗推舉職。比及遷黜。亦以直聞。擢以周行。典斯誥命。洎參密近。旋委台衡。宜竭謀猷。盡以匡贊。而乃不思弘益之道。遂嬰詿誤之嫌。察以中情。雖非爲己。行玆左道。豈曰効忠。體涉異端。理宜偕罷。朕以君臣之分。貴獲始終。任使之時。亦獻誠懇。每思加勝。寧忍墜泉。猶弘在宥之心。俾列專城之寄。左郡之大。三輔推雄。控壓關河。連屬宮苑。勉於政績。副我恩私。可使持節同州諸軍事、守同州刺史、充本州防禦使長春宮等使。散官勳賜如故。長慶二年六月

宋申錫太子右庶子制

君臣之道。義切初終。股肱之良。任存正直。苟涉邪徑。自紊憲章。既虧恪慎之心。難委弼諧之任。正議大夫、行尚書右丞、同中書門下平章事、上柱國、賜紫金魚袋宋申錫。學習儒門。職參翰苑。備我顧問。洽玆寵光。謂其啓沃竭忠。擢登鼎鉉。而乃踐脩不慎。自抵愆尤。知臣之規。俾予增愧。欲遏姦回之路。宜先懲勸之源。豈可猶秉樞機。仍司考轄。罷居台席。列位龍樓。誠謂寬恩。用全至體。朕以事狀之間。慮其冤濫。鞫驗之際。須務詳明。佇得情以申後命。可行太子右庶子。散官勳封如故。太和五年二月

陳夷行左僕射制

王者推至公以御天下。成庶務以仗群才。況乎寅亮所資。安危攸屬。顧是進退。實惟□□。其有績懋致君。誠深知止。則豈可不優其恩禮。遂以便安。上聽尊賢。於是乎在。銀青光祿大夫、守尚書左僕射、兼門下侍郎、同中書門下平章事、監修國史陳夷行。受天正性。味道至和。雅量川渟。厚德山峙。慮必經遠。詞皆撫徽。舒遲見君子之容。端肅得大臣之體。文雄訓誥。學奧泉源。膏腴五常。枝葉百行。早以精懿。列侍禁闈。溫樹既彰於不言。王度每資於密贊。洎踐登衮職。左右文宗。遇事必陳。犯鱗靡懼。標揭令範。振揚直聲。逮余纂承。再諧夢卜。輔我以大中之道。弘我以可久之規。匡益居多。厥庸甚茂。近者寒暑乖候。步履或難。雖嘉猷屢竭於沃心。微恙有妨於造膝。朕雖倚賴方示優崇。而獻疏披誠。固懷退讓。眷言美志。難議強煩。用是輟燮贊於三台。專儀刑於百揆。庶可資乎頤養。且無替其崇高。仍加貴勳。式表光寵。可守尚書左僕射。仍賜上柱國。會昌二年六月

杜悰右僕射崔鉉戶部尚書制

君之任臣也。進則用其才。勞則逸其事。況丹青大化。左右朕躬。將明之效已彰。歲月之勤亦至。俾其晏息。用保初終。尚書右僕射、兼門下侍郎、同中書門下平章事杜悰。貞莊有容。沉厚多敏。早歷內外之任。備陳經濟之謀。剛厲馳聲。肅恭推美。通議大夫、守中書侍郎、兼戶部尚書、同中書門下平章事、充集賢殿大學士、上柱國、博陵縣開國子、食邑五百戶、賜紫金魚袋崔鉉。誠明挺操。溫粹含章。擢自禁垣之中。列于台司之上。獻替不倦。沉研益光。而皆披衮在庭。事君弘道。方當注意。賚爾令猷。或趍尚之間。時聞於朋比。黜陟之際。每涉於依違。朕尊體大臣。虛襟庶政。將務羲唐之化。所期伊呂之賢。苟曰未諧。豈副僉屬。臨軒永念。能不憮然。宜解職三台。列官八座。揆長天臺之右。地居戶版之雄。勉思令圖。服我成命。悰可行尚書右僕射。鉉可守戶

部尚書。會昌五年四月

鄭朗太子少師制

相輔之臣。賢傑是膺。苟或道茂台階。功宣時柄。洪化方深於倚注。徵痾遽告其退休。宜降寵私。俾安頤養。庶得君臣之義。實全終始之恩。通議大夫守中書侍郎兼禮部尚書同中書門下平章事監修國史上柱國賜紫金魚袋鄭朗、靈鳳濯儀。非熊表德。貞厚可以鎭風俗。謙恭可以和神人。量合澄波。器凝全璞。議論必根於王化。文章雅叶於國經。起于卑寮。積乃重望。自周旋臺閣。總領藩方。故事盡着於典章。仁聲藹流於謠詠。頃司邦計。國用以殷。逮領憲閫。朝綱載肅。洎乎克符夢卜。遂委鈞衡。理庶政而百度惟貞。調元氣而三光增曜。而又久勤獻納。稍失節宣。屢陳謝病之辭。特舉優賢之命。是用釋茲機務。允乃至誠。爾其專壹精神。輔助藥石。將圖有間。務在無營。往參六傅之榮。仍加貳令之職。用爲羽翼。爰輟股肱。嘉猷永播於事功。深睠豈忘於興寢。愼爾多福。祗承寵恩。可檢校尚書右僕射兼太子少師。大中十一年十月

鄭畋太子少傅分司東都制　樂朋龜

門下。將相之權。安危所係。旣專戎律。秉國鈞。謂成靖亂之謀。以著匡時之績。方期功就。俄以疾辭。仍乖撫士之方。且冀毗予之道。尙居崇秩。猶念初心。諸軍四面行營都統鳳翔隴等州節度觀察處置等使開府儀同三司守司空兼門下侍郎同中書門下平章事鳳翔尹上柱國滎陽縣開國子食邑二千戶鄭畋、藝高册府。譽動詞林。禮樂在躬。衣簪奕代。虹玉動連城之價。朱絃含淸廟之音。才無不周。識無不綜。踐歷旣久。聞望時稱。禁林傳麗藻之工。鳳沼著經綸之業。洎兇徒犯順。上國罹災。駕當出於全蜀。鎭方臨於右輔。因時建策。遂首興師。上寬焦灼之懷。下慰蒸黎之望。念其竭節。頻降殊恩。任三事之優崇。兼四面之節制。許於除授。皆俾遵行。則朕於施功之臣。可謂無有愛惜。而不能傾心養士。盡力卹人。致興半菽之嗟。竟起多寒之怨。旣乖拊馭。幾悞機權。賴仗義之徒。叶心王事。舉善暗符於朕意。摧奸必建於勳庸。尙保傅於承華。仍優游於東洛。未妨頤養。猶示渥恩。凡百庶寮。宜體朕意。可太子少傅、分司東都。散官勳封如故。仍且於興元管內逐便將養。候疾損日赴任。主者施行。

裴胤鄂岳觀察使制　樂朋龜

門下、居台衡之重任。固藉通賢。據江漢之上游。必資文德。以祐沖人。竭彼嘉猷。啓予休運。而乃首居帷幄。輕議干戈。棄卿士之臧謀。搆藩垣之深釁。啓詢之際。證執彌堅。果致兵集甸畿。人散都邑。尙賴祖宗垂祐。賢智叶謀。頓悟朕心。別施制命。詢彼輿人之誦。咸推上相之尤。特進行門下侍郎兼兵部尙書同中書門下平章事監修國史上柱國裴胤、挺秀華宗。光膺積慶。高懸天爵。煥發人文。早著令名。亟昇淸貫。自超翔宥密。演暢綸言。因成魚水之歡。遂委棟梁之任。張子房之借筯。遽展謀猷。謝安石之圍棊。將明器度。緊乃之力。毗予化源。旋屬寇犯京師。駕惟巡省。益表忠貞之節。備彰患難之時。冒白刃以脫身。激丹誠而報國。安危所注。中外具瞻。道方被於匡周。功已參於微管。每寬宵旰。用慰憂勞。旣在輿言。當存國體。爰從變替。特假優崇。朕

以夏口奥區。武昌重地。況今萑蒲尙擾。細柳猶勤。全資濟物之仁。式叶觀風之政。念茲鈞軸。付以察廉。連數郡之豐盈。問重江之疾苦。卽冀烽烟弭息。寰宇清寧。俾侯侯。藩重歸相印。往踐乃位。爾宜欽哉。可檢校兵部尙書兼御史大夫、充鄂岳州觀察使。散官勳如故。主者施行。

崔胤吏部尙書制

門下、天地廣運。寒暑所以推遷。帝王任人。理亂繫於用捨。故叔敖三相。往道可追。胡廣七爲。前功斯在。因詳史册。爰示徽章。扶危匡國致理功臣光祿大夫守中書侍郎兼吏部尙書同中書門下平章事判度支上柱國淸河郡開國公食邑二千戶崔胤、金莖擢秀。玉燭資和。朱絃含理代之昔。蒼璧是禮天之器。自付之政柄。累遇時艱。或已去而復還。每勤官而涖事。雖矜直道。終失中庸。朕昨者初復上京。方安庶品。且期靜理。貴保和光。而於敷奏之間。獨有去留之說。徒妨事體。但長紛爭。是用輟乃鈞衡。專茲銓鏡。亦將示朝廷之典制。保君臣之始終。更茂前修。永孚于道。可守吏部尙書。光化二年正月

裴樞崔遠左右僕射制

門下、入則秉鈞衡而凝庶政。出則正冠冕以長具寮。式資夙舊之臣。咸謂重難之地。銀青光祿大夫守尙書右僕射兼門下侍郎同中書門下平章事充太淸宮使弘文館大學士延資庫使諸道鹽鐵轉運等使上柱國河東郡開國侯食邑一千戶裴樞、周事四朝。愼守三紀。再持國柄。屢竭訏謨。光祿大夫門下侍郎兼兵部尙書同中書門下平章事監修國史上柱國博陵郡開國公食邑二千戶崔遠、語默有程。得喪無撓。中樞洊履。盡瘁克彰。俱宣夙夜之勤。備罄匡扶之業。是用均其勞逸。顯爾便蕃。燮調暫輟於劇權。師長並資於碩望。無虧懿效。式佇當仁。或增疏爵之榮。更表優賢之禮。樞可光祿大夫守尙書左僕射、仍進封開國公、加食邑一千戶。勳如故。遠可守尙書右僕射。散官勳並如故。天祐二年三月二十五日

# 唐大詔令集卷第五十七

大臣

宰相

休致

盧懷慎去官養疾敕

杜佑太保致仕制

貶降上

張嘉貞幽州刺史制

杜暹荆州長史李元紘曹州刺史制

宇文融汝州刺史制

第五琦忠州長史制

第五琦長流夷州制

李揆袁州長史制

王縉括州刺史制

楊炎崖州司馬制

鄭餘慶郴州司馬制

韋執誼崖州司馬制

于頔恩王傅絕朝謁制

皇甫鎛崖州司戶參軍制

令狐楚衡州刺史制

宋申錫開州司馬制
李德裕袁州長史制
李宗閔明州刺史制
再貶李宗閔處州長史制
三貶李宗閔潮州司戶制

## 休致

### 盧懷慎去官養疾敕　蘇頲

敕、留侯多病。漢皇許其頤養。呂蒙未瘳。吳主因而懵戚。此則古之義也。銀青光祿大夫檢校黃門監上柱國漁陽郡開國伯盧懷慎、大才宏識。貧忠履信。學窮墳典。言緯邦國。朕之緊賴。人實具瞻。頃者忘身徇公。勞績爲癘。竭誠抗表。固辭在職。方欲省其謀慮。專於導引。且憑針艾之術。副朕鹽梅之期。宜聽去官。許其養病。

### 杜佑太保致仕制

宣力濟時。爲臣之懿躅。辭榮告老。行己之高風。況乎任重公台。義深翼贊。秉沖讓之志。堅金石之誠。敦諭既勤。所執彌固。則當遂其衷懇。進以崇名。尙齒優賢。斯王化之本也。金紫光祿大夫守司徒同中書門下平章事兼崇文館大學士充太清宮使上柱國岐國公食邑三千戶杜佑、巖廊上材。郡國茂器。蘊經通之識。體溫厚之姿。寬裕本乎性情。謀猷彰乎事業。博聞強學。知歷代沿革之宜。爲政惠人。審羣黎利病之要。由是再司邦用。累歷藩方。出總戎麾。入和鼎實。聿膺重寄。歷事先朝。左右朕躬。夙夜不懈。命以詔册。登之上台。肅恭在庭。華髮承弁。茲可謂國之元老。人之具瞻者也。朕纘承丕業。思弘景化。選勞求舊。期致時雍。方申引翼之儀。遽抗懸車之請。而又固辭年疾。乞就休閑。已而復來。星琯屢變。有不可抑。良用耿然。永惟古先哲王。君臣之際。臣有耆艾。以求其退。君有優賜。以狥其情。乃輟鄧禹敷教之功。仍增王祥輔導之秩。俾養浩然之氣。安於敬止之鄉。庶頤神保和。永綏福履。仍加階級。以厚寵章。其惟敬哉。茲謂全志。可光祿大夫守太保致仕。宜朝朔望。

# 貶降上

## 張嘉貞幽州刺史制

中書令張嘉貞備位宰臣。夙承恩命。不能勵其公節。以訓私門。其弟嘉祐。頃緣獎愛。遷任淸秩。憑寵自肆。黷貨有彰。豈可仍踐台階。儀刑百辟。貶居藩守。俾肅朝倫。可幽州刺史。

## 杜暹荆州長史李元紘曹州刺史制

出納王言。發揮綸翰。宰臣之任。選衆推賢。檢校黄門侍郎同中書門下平章事李元紘等、咸勵忠勤。用登樞揆。雖淸以自牧。而道則未弘。不能同心戮力。以祗帝載。而乃肆懷相短。以玷朝倫。朕緣事醜股肱。情深隱蔽。累命不率。其過彌彰。將何以緝敍三光。儀刑百辟。宜回中禁。俾列專城。暹可荆州長史。元紘可曹州刺史。

## 宇文融汝州刺史制

事君之節。在於匪躬。爲臣則忠。期於無隱。黄門侍郎同中書門下平章事宇文融、幸藉藝能。早承推擇。往以封輯田戸。漕運邊儲。用其籌謀。頗有弘益。三遷憲府。再入禮闈。仍仗以訏謨。委其密勿。雖十旬八拜。一日九遷。方此超騰。彼未爲速。庶違爾弼。朕則佇於昌言。謀而不臧。近頗彰於公論。交游非謹。舉薦或虧。將何以論道三台。具瞻百辟。宜輟中樞之位。俾居外藩之寄。可汝州刺史。

## 第五琦忠州長史制

台庭之位。陶甄是屬。在和羮而或爽。當折足而貽憂。由是舜舉二臣。叶心者俾乂。漢閎三相。無能者同免。苟虧公議。抑有彝章。正議大夫行尚書戸部侍郎同中書門下平章事權知門下省事上柱國扶風縣男賜紫金魚袋第五琦、夙表材幹。累昇要近。久專司於國賦。嘗有利於公家。往自艱難。備經任使。以奬其勤效。拔在鈞衡。比來事每涉私。政非近體。率情變法。且違行古之方。封己怙權。稍闕在公之義。薄國靡費。聚歛尤繁。旣罔上而取容。亦害下而資怨。凡所進拔。悉收瑕釁。又與賀蘭進明並居權要。潛結往來。嘗夜會於私第。歸必淹於永漏。殊乖章憲。實表異端。頗招黨比之嫌。甚失弼諧之望。稽諸故事。合議刑章。但以任在股肱。理無按問。遂抑情於含匿。斯以禮而始終。豈可更踐台階。尙塵樞禁。宜申遠謫之命。俾肅懲違之典。可忠州長史員外置同正員。官勳封如故。乾元二年十一月

## 第五琦長流夷州制

君之使臣。斯叶心以輔政。臣之事主。當盡忠以明職。苟或冒官罔上。黷利崇姦。靡懲折鼎之凶。載履覆車之敗。自貽厚責。難捨刑章。正議大夫行忠州長史員外置同正員外上柱國扶風縣男第五琦、素以幹能。早膺任使。自艱難之際。帑藏是司。久彰歲月之勞。頗申強濟之用。所以收其課績。擢在台階。而行闕由衷。任惟過量。務容身之計。虧許國之誠。變法多紊於常經。率情每違於直道。交惟黨比。用匪忠良。頗乖秉鈞之體。諒乏致君之忠。頃者遂從貶削。爰示典章。是以輿議日聞。僭違益露。引承福於肘腋。殖貨於中。處宋晦於膏腴。竊貲於外。懷金暗室。曾不懃於四知。納賄私家。動有踰於萬計。比令按問。咸伏其辜。且國賦邦徭。軍儲歲備。朕以戎車屢駕。甿俗未康。常有誡敕。令其節省。豈謂陰圖聚斂。擅出科條。上延謗於公家。下益疲於人業。徇私封己。歸怨稱君。忝曰人臣。胡寧忍此。況又深尤隱慝。累干刑書。朕亦含垢匿瑕。爲之掩惡。議以明刑。合從秋令。顧君臣之義大。庶終始而禮全。夫除惡務本。國家之彝訓。申恩念舊。王者之深仁。屬陽和在辰。品物咸遂。由是抑從寬典。特屈嚴誅。宜寬殊死之命。俾就投荒之謫。可除名長流夷州。馳驛發遣。仍差綱領。送至彼所。勿許東西。於戲。朕臨御以來。每更輔弼。皆宥以過失。存其祿位。今者琦之所犯。負國誠深。義不可以苟容。法不可以頻貸。申茲憲令。用警庶寮。凡百卿士。宜知朕意。乾元三年二月

李揆袁州長史制

持衡當軸。體備股肱。若鼎餗之不知。慮鼓妖之有變。台司稍紊。王度則乖。宜峻彝章。以懲不道。銀青光祿大夫行中書侍郎同中書門下平章事集賢殿崇文館大學士兼修國史上柱國姑臧伯李揆、本以藝文。累階資序。周旋近密。參掌絲綸。庶其翼亮之勤。列在訏謨之地。任惟過力。誠匪奉公。無聞憂國之心。不懼曠官之責。具瞻何取。進退求容。仍懷罔上之謀。更漏省中之語。端居相府。潛搆禍胎。扇湖南之八州。阻江陵之節制。將圖不軌。俶擾方隅。考驗甚明。發姦斯在。私乘驛傳。自越章程。式按秋官。合從徽纆。但以位叨宰輔。久侍堦墀。特寬丹筆之書。猶任朱轓之職。俾從遠黜。以肅朝倫。可袁州長史員外置。仍卽馳驛赴任。

王縉括州刺史制

門下侍郎中書門下平章事王縉、附會姦邪。阿諛讒佞。據茲犯狀。罪至難捨。矜以耄及。未忍加刑。俾申屈法之恩。貸以岳牧之秩。可使持節括州諸軍事括州刺史。宜卽赴任。於戲。朕恭己南面。推誠股肱。敷求哲人。將弼予理。昧於任使。過在朕躬。無曠厥官。各慎爾職。

楊炎崖州司馬制

尚書左僕射楊炎、託以文藝。累登清貫。雖謫居荒服。而虛稱猶在。朕初臨萬邦。思弘大化。務擢非次。招納時髦。拔自郡佐。登于台鼎。獨委心膂。信任無疑。而乃不思竭誠。敢爲姦蠹。進邪醜正。既僞且堅。黨援因依。勤涉情故。隳法敗度。罔上行私。苟利其身。不顧於國。加以內無訓誡。外有交通。縱恣詐欺。以成贓賄。詢其事跡。本末乖謬。蔑恩棄德。負我何深。考狀議刑。罪在難宥。但以朕於將相。義切始終。顧全大體。特有弘貸。俾從遠謫。以肅具寮。可崖州

司馬同正。仍卽馳驛發遣。

鄭餘慶郴州司馬制

輔弼之臣。百辟是憲。苟二其行。則黷大猷。守中書門下平章事鄭餘慶。頃謂忠貞。擢居台輔。仍乖正直。有涉比周。棄法弄情。公行黨庇。苟徇邪志。頗紊彝倫。謫佐遐藩。以懲不恪。朕擢於不次。誠冀効忠。乃自速辜。亦所難宥。凡百君子。宜悉朕懷。可郴州司馬同正。

韋執誼崖州司馬制

爲臣之道。必在盡忠。其有朋黨比周。挾邪敗度。事資懲戒。必正典刑。正議大夫中書侍郎同中書門下平章事崇文館大學士修國史賜紫金魚袋韋執誼。幸以藝文。久從任使。早從禁署。謬列鼎司。直諒無聞。姦回有素。負恩棄德。毀信廢忠。言必矯誣。動皆蒙蔽。官由黨進。政以賄成。朕初臨萬邦。務於弘大。每存容恕。冀有悛心。而乃不顧憲章。敢行欺罔。宜投荒服。以警無良。以祗事先朝。嘗參近職。尚寬極法。俾佐遐藩。可崖州司馬員外置同正員。仍卽馳驛發遣。

于頔恩王傅絕朝謁制

君之使臣也。有以極崇寵之恩。臣之事君也。是宜懷感勵之志。然後上下交應。始終可觀。導德齊禮之風行。遷善遠罪之功著。寓縣之內。歡然大和。其或誘勸無施。僻違自縱。干我邦紀。黷于彝倫。羣情所非。物聽增駭。雖欲覆護。厥路何繇。尚復裁於朕心。特示弘貸。俯從屈法。用表曲全。非予敢私。誠謂達體。金紫光祿大夫守司空同中書門下平章事充太微宮使上柱國燕國公于頔。軒裳之族。頗習藝文。累踐臺郎。亟分符守。時稱器幹。遂領藩方。爰自先朝。建節襄漢。率情肆暴。敗法作威。蔑易典章。公違詔旨。事皆顯白。僉論不容。朕以臨御之初。務廣德化。政豈尚於至肅。道姑取於包荒。由是大推衷誠。排絕衆議。錫以聯恩之寵。增其公相之榮。禮命所加。焜燿當代。洎秉圭來覲。擢上鼎台。任兼論道之司。位冠輔臣之列。閨門子弟。許章紱於周行。秩命車輿。極紛華於里巷。雖勳藏盟府。行滿搢紳。德澤優深。會未階比。而罔戒盈覆。猶務希求。廣出貲財。潛信卜射。且又縱其男敏。專殺私庭。害及平人。慘深支解。京轂之下。兇毒若玆。聞之震驚。增用悼痛。慮其曖昧。按驗皆明。家道則然。蒐慝斯在。自罹禁網。宜峻刑書。猶以嘗緣恩親。未忍致之嚴憲。遂申寬宥。俾傅王門。服於靜專。庶能循省。可行恩王傅。散官勳封如故。仍絕朝謁。於戲。朕惟漢宣致理。在於信賞必罰。而伯宗有言。亦貴含垢匿瑕。豈化之未至。將善或難躋。孤我初心。良增媿歎。凡百多士。宜悉朕懷。

皇甫鎛崖州司戶參軍制

朕顧眇身。初膺大寶。思有以上諧天意。下悅人心。將澄理化之源。必分邪正之路。言念輔弼。方俟忠賢。其或挾姦容身。斂怨歸國。罪已暴於天下。法宜行於事初。不速去之。曷明予志。中大夫守門下侍郎同中書門下平章事上柱國賜紫金魚袋皇甫鎛。本凡近性尤險狹行靡所顧文無可觀雖早踐朝倫。而素乖公望。自掌邦計。屬當軍興。以剝下爲徇公。旣鼓衆怒。以矯跡爲孤立。用塞人言。洎塵台司。益蠹時政。不知經國之大體。不慮安邊之遠圖。三軍多凍餒之憂。百姓深凋瘵之弊。事皆罔蔽。言悉虛誣。遠近咸知。朝野同怨。而又廣稱方士。上惑先朝。潛通姦人。罪在難捨。合加竄殛。以正刑章。俾黜遐荒。尙存寬典。凡百在位。宜悉朕懷。

令狐楚衡州刺史制　元稹

忠臣之節。莫大於送往事居。君子之方。寧忘於養廉遠恥。況位崇輔相。職奉園陵。蒙蔽之過屢聞。誠敬之忠盡廢。朕雖含垢。人亦有言。深念君臣之恩。難猒公卿之論、宣歙等州都團練觀察處置等使大中大夫使持節宣州諸軍事守宣州刺史兼御史大夫上輕車都尉賜紫金魚袋令狐楚。早以文藝。得踐班資。憲宗念才。擢居禁近。異端斯害。獨見不明。密隳討伐之謀。潛附奇邪之黨。因緣得地。進取多門。遂忝台階。實妨賢路。朕以道遵無改。事貴有終。再命黃扉之榮。專奉玄宮之禮。而不能率下。罔念匡君。致于翬正牧之贓。掩韋珩李鄘之舉。成朕不敏。職汝之由。前命乘軺。尙期改節。人心大惑。物議讙然。雖欲特容。難排衆怒。俾從謫守。猶奉詔條。予豈無恩。爾宜自省。可使持節衡州諸軍事守衡州刺史。散官勳賜如故。仍馳驛發遣。

宋申錫開州司馬制

敕、正議大夫新授太子右庶子上柱國賜紫金魚袋宋申錫、頃由藝文。擢處近密。謂能潔己。可以佐時。遂越常資。超升大任。自參樞務。驟易寒暄。嘉謀蔑聞。醜跡斯露。致茲獄訴。實駭朝聽。俾窮根本。亦具對詞。猶以左驗之間。有所漏網。正刑之際。姑示寬恩。於戲。朕自君臨。推誠宰輔。常務仁恕。以保和平。豈意魚水之期。翻貽胡越之慮。撫事興歎。中宵耿然。是用重難親臨鞫問。謀及耆德。徧于名卿。庶其盡忠。頗爲審克。屈茲彝憲。俾佐遐藩。凡百具僚。宜知朕意。

李德裕袁州長史制

有國之典。本於明罰。爲君之道。必在去邪。皇王大政。諒無易此、姦兇與比。誠敬盡虧。無君之心。因事輒見。豈可尙居崇秩。猶列東朝。銀青光祿大夫守太子賓客分司東都上柱國贊皇縣開國伯食邑七百戶李德裕。性本陰狡。材則脆弱。因緣薄藝。頡頏淸途。旣忝藩鎭。旋處鈞軸。靡懷愧畏。肆意欺誣。廢撓舊章。汨亂彝序。賢良盡逐。當白晝而重關。詭詐是謀。逮中宵而萬變。朕嘗以寒暑得疾。初甚驚人。凡百臣子。奔走道路。而德裕私室晏然。全無憂戚。王涯駐車道左。絡繹追呼。滿朝傾駭。竟以不至。又在西蜀之日。徵逋懸錢僅三十萬貫。使疲羸老弱。徒轉溝壑。交結異類。任用憸人。賄賂流行。朱紫無辨。是宜處之重典。以正刑書。猶以夙經委使。載深寬宥。俾佐遐服。用示寬恩。可守袁州長史。馳驛發遣。

李宗閔明州刺史制

夫宰輔之任。緝熙庶工。苟或政紊彝倫。跡涉黨比。則何以執是邦柄。毗予一人。銀青光祿大夫守中書侍郎同中書門下平章事上柱國襄武縣開國俟食邑一千戸李宗閔、頃以詞藝。列于班行。乃藉宗枝。驟升顯貴。朕嗣膺大寶。寤想勤勞。謂其忠厚小心。再委樞務。每必造膝而問。虛己以求。將欲俾人不迷。致我垂衣而理。付之鈞軸。斷然不疑。而乃事靡滅私。言非納誨。近者別登俊彥。與之同列。忌賢不悅。物論諠譁。翼贊之效蔑聞。怨嫌之聲屢作。前後叨位。中外同辭。唯進奔競之徒。莫修恭愼之道。蔽我卑聽。擅我化權。不思急召之恩。都忘再擢之寵。況且志無報主。舉非正人。顧其操心。乃是速戾。則何以式示百辟。以維四方。尚從屈法之典。俾守遐藩之牧。所謂全體。良愧知臣。可明州刺史。仍馳驛赴任。

再貶李宗閔處州長史制

明州刺史李宗閔。股肱之臣。付以大政。所宜竭節。以答殊榮。事或負予。法所難貸。雖欲終始。其可得乎。且細大之愆。既暴前詔。而交通非類。蹤跡又彰。豈可尚領方州。牧吾黎庶。宜謫遐佐。以肅朝倫。可處州長史。馳驛發遣。

三貶李宗閔潮州司戸制

交結兇邪。叨取榮顯。姦險陰慝。因事盡彰。頃爲吏部侍郎。令沈壥於內人宋若憲處。密求宰相。及事蹤敗露。文字猶存。閱視之際。良深歎駭。既專樞柄。益附私黨。附下罔上。廢義滅公。言多矯誣。動挾欺詐。傷風敗政。負我何深。案諸刑章。法在無赦。尚以早經任使。賜以全生。投之裔夷。示我恩貸。嗚呼。知人則哲。朕方自咎。爲臣苟進。當鑒於斯。百爾君子。宜體予意。

# 唐大詔令集卷第五十八

大臣

宰相

貶降下

李德裕潮州司馬制

李德裕崖州司戶制

李回太子賓客分司東都制

李回賀州刺史制

楊收端州司馬制

楊收長流驩州制

孔緯荊南節度使制

張濬鄂岳觀察使制

杜讓能梧州刺史制

孫偓南州司馬制

朱朴郴州司戶制

王摶工部侍郎制

王摶溪州刺史制

王摶崖州司戶制

崔胤工部尚書制

裴樞登州刺史崔遠萊州刺史制

陸扆濮州司戶王溥淄州司戶制

裴贄青州司戶制

柳璨密州司戶制

## 貶降下

李德裕潮州司馬制

敕、錄其自効。則付以國權。懲彼保姦。則舉茲朝憲。此王者所以本人情而張法理也。特進行太子少保分司東都上柱國衞國公食邑三千戶李德裕、憑藉鎡基。累塵台衮。不能盡心奉國。竭節匡君。事必徇情。政多任己。愛憎頗乖於公道。昇黜或在於私門。遂使冤塞之徒。日聞騰口。猜嫌之下。得以恣心。豈可尚居保傅之榮。猶列清崇之地。宜加竄謫。以戒僻違。嗚呼。朕臨御萬方。推誠庶物。顧彼纖瑣。皆欲保安。豈於將相舊臣。獨遺恩顧。而羣議不息。謗書日盈。爰舉典章。事非獲已。凡百寮庶。宜體朕懷。可潮州司馬員外置同正員。仍所在馳驛發遣。縱逢恩赦。不在量移之限。大中元年十二月

李德裕崖州司戶制

敕、朕祗荷丕業。思平泰階。將分邪正之流。冀使華夷胥悅。其有嘗登元輔。久奉武宗。深苞禍心。盜弄國柄。雖行譴斥之典。未塞億兆之言。是用再舉朝章。式遵彝憲。守潮州司馬員外置同正員李德裕、早藉門地。叨踐清華。累膺將相之榮。唯以姦傾爲業。當會昌之際。極公台之榮。騁諛佞而得君情。遂恣橫而持國政。專權生事。妬賢害忠。動多詭異之謀。潛懷僭越之志。秉直者必棄。嚮善者盡排。誣貞良造朋黨之名。肆讒搆生加諸之釁。計有踰於指鹿。罪實見於欺天。頃者方處鈞衡。曾無嫌避。委國史於愛壻之手。寵祕文於弱子之身。洎參命書。亦引親昵。恭惟元和實錄。乃不刊之書。擅敢改張。罔有畏忌。奪他人之懿績。爲私門之令猷。又附會李紳之曲情。斷成吳湘之冤獄。凡彼簪纓之士。遏其進取之塗。驕倨自誇。狡猾無對。擢爾之髮。數罪未窮。再窺罔上之由。益驗無君之意。使天下之士。重足一跡。皆懾懼奉爾。而慢易在公。爲臣至此。於法何逭。於戲。朕務全物體。久爲含弘。雖黜降其官榮。尚蓋藏其醜狀。而睥睨未已。兢惕無聞。積惡既彰。公議難抑。是宜移投荒服。以謝萬方。中外臣寮。當鑒予旨。可崖州司戶參軍員外置同正員。仍仰所在馳驛發遣。縱逢恩赦。不在量移之限。大中二年九月

李回太子賓客分司東都制

敕、王者懸賞罰以示萬戶。況乎臣下。若奮其良術。則宜擢處重任。或挾彼邪謀。固合稍加懲沮。惟此二柄。吾何敢私。湖南都團練觀察處置等使光祿

大夫行潭州刺史兼御史大夫上柱國隴西郡開國公食邑二千戶李回、早以藝學科名。累登華貫。謂爾奉公約己。旋升大僚。因緣獎遷。遂陟台輔。而不能竭誠以盡忠益。枉道而求庇助。交通財賄。導達姦邪。昨因推鞫兇徒。皆得發其事跡。朕務弘體貌。特免研窮。論旣喧騰。理須移奪。況又聞頃司政柄。每欲除授。咸取決於德裕。不自行其至公。物議所興。以斯爲重。豈可猶委澄淸之任。復領湘潭。是宜輟從調護之班。俾分洛邑。勉莅寵秩。幸予寬恩。可行太子賓客分司東都。大中二年九月

李回賀州刺史制

勑、爲臣竭公忠之誠。朝尊爵賞。事君乖毗倚之望。國有典章。惟是二道。理所不廢。湖南都團練觀察處置等使光祿大夫行潭洲刺史兼御史大夫上柱國隴西郡開國公食邑二千戶李回。始以才術升于台階。作予股肱。亦換星律。寄長兼於授鉞。道且異於匪躬。亦旣左遷。俾居廉問。而跡乖檢愼。事足端倪。秉鈞之勢已移。枉道之蹤乃見。負我非淺。叨榮故深。況又聞前司政柄。應欲除授。咸取決於德裕。不自行其至公。人皆有言。孽亦何逭。朕匿瑕含垢。思全進退之宜。爾則同力叶心。且易樞機之任。合居嚴譴。猶示寬恩。故前制命爾爲太子賓客。給事中封還吾敕。且曰責坐之詞至重。降移之秩太輕。物論喧然。以爲未當。爾實自搆。予何敢私。是用移謫臨賀。冀歆羣議。勉於三省。勿爲無恩。可持節賀州諸軍事賀州刺史。仍所在馳驛赴任。大中二年九月

楊收端州司馬制

敕、人臣之節。莫重於忠良。氏族所修。無過於淸順。二者不立。何以正身。況乎居常伯之崇。應藩侯之寄。雖顧初終之體。當明懲勸之端。宣歙觀察使檢校工部尙書宣州刺史兼御史大夫楊收。始以文華。選在宥密。纔歷二歲。擢升台衡。謂其發自寒門。必有操守。行孤貞之道。報國用恭儉之理。化時夙夜勵精。以酬恩遇。而乃貪黷爲業。溝壑難盈。逞其私懷。盜我名器。以官常爲貨財之逕。持僭侈爲暴横之資。田產遍於四海。臺榭擬於中禁。而又結連姦黨。聽任憸人。險詐千端。回邪萬變。欺罔彌甚。顧慮蔑聞。謂日月之照臨。或所隱漏。意天地之姦慝。可以包容。殊不知心旣不悛。孽無以逭。去歲驗其事跡。未忍揭揚。委以察廉。冀塞愆咎。如聞縉紳之內。物論喧然。班列之中。怨忿未息。朕以寬恕馭下。仁閔爲心。中外臣寮。悉明此意。負我旣甚。其法何如。竄于遐陬。式示嚴憲。爾惟自棄。無或尤人。可守端洲司馬員外置同正員。仍馳驛發遣。咸通八年八月

楊收長流驩州制

敕、端州司馬楊收。起自孤寒。猥承委任。罔思報効。唯恣姦欺。心每挾邪。言常近利。江西置節制之額。務在虛兵。浙右創造船之名。使其盜用。兩地推覆。按驗分明。豈可尙佐專城。猶居仕籍。俾投荒裔。用塞愆尤。中外臣僚。各體朕意。宜除名配驩州。充長流百姓。縱逢恩赦。不在量移之限。仍錮身所在防押遞送至彼。具到日申聞。仍路次縣給遞驢一頭並熟食。咸通十年二月

孔緯荆南節度使制

朕垂衣嚮明。負扆成化。內則委輔翼之任。外則寄藩屏之臣。比用股肱。是爲心膂。況荆衡巨屏。禹貢古封。南制百蠻。西控三蜀。或受統臨之命。爰崇迭處之榮。持危啓運、保乂功臣、開府儀同三司守太保兼門下侍郎同中書門下平章事國子祭酒充太清宮使弘文館大學士延資庫使諸道鹽轉運等使上柱國魯國公食邑四千戶食實封五百戶孔緯、闕里傳宗。儒林植操。出入累更於華貫。超升遂陟於鼎司。宜成我無爲。歌我有截。豈可但崇朋助。罕究否臧。昨者張濬首請興師。親求伐叛。具陳謀畫。累贊征行。決言旬朔之間。克著殊常之效。延英互奏。幾疑朕言。文字繼來。固違朕意。以至干戈一舉。星紀將周。并汾之寇孽未除。蒲晉之生靈已盡。搆茲紛擾。職爾披陳。罔思惑亂之由。堅執比周之計。詢於輿論。曷副旁求。今則止罷中樞。俾安外閫。尚顧始終之念。用成進退之宜。勉服明恩。往祇休命。可檢校太保兼御史大夫、充江陵尹、荆南節度觀察等使。大順二年正月

張濬鄂岳觀察使制

昔漢武因恭儉富庶之後。建置朔方。孫弘沮之。十不得一。良史以弘有宰相之體。誠以愛人治國爲先。拓境開邊爲末。及孝宣帝値雄才削平之餘。將議北伐。魏相爭之。五將俱罷。果致申興。號爲賢輔。況朕値天厭干戈之際。人思休息之時。敢望臯夔。共成堯日。庶幾孫魏。粗及漢年。苟異於斯。如何倚注。光祿大夫守尚書右僕射兼中書侍郎同中書門下平章事集賢殿大學士判度支兼京畿諸道營田修葺太廟使充河東諸道行營兵馬招討指揮制置等使河東節度觀察處置等使上柱國河間郡開國公食邑三千戶食實封二百戶張濬、早以盛名。稱爲奇士。由是再加召用。委以鈞衡。謂其必致小康。克勝大任。而乃罔思守道。但欲邀功。是不詢之計謀。起無名之兵甲。自云一舉。止在旬時。妄請抗論。勢莫能奪。輕葛亮渭濱之役。小裴度淮右之行。而經歷寒暄。糜費百萬。虛誕彰於朝野。詐詭布於華夷。橫草蔑聞。燎原愈急。俾擁旄乘馹之使。囚於虜庭。致勤王奉國之軍。懷歸本土。忘廊廟之威重。結藩屏之仇讎。是使海內生靈。竭於貢賦。豈獨河中郡邑。蕩爲丘墟。生此厲階。欲誰歸咎。於戲。徵晁錯之故事。仍王恢之舊章。國有明文。爾當何逭。尚以愛人以禮。治體宜然。廉鎮極權。武昌善地。宜罷樞軸之任。乃停度支之司。勉自深惟。以逃後命。可檢校尚書右僕射、充鄂岳等州都團練觀察等使。大順二年正月

杜讓能梧州刺史制

輔弼之事。安危所屬。大則調陰陽以期昭泰。次則撫夷夏以務治平。俾比屋之可封。致乃后於無事。兆人允賴。百辟具瞻。苟異於斯。則將安用。扶危啓運、保乂功臣、開府儀同三司守太尉兼門下侍郎同中書門下平章事太清宮使弘文館大學士延資庫使兼諸道鹽鐵轉運等使上柱國晉國公杜讓能、軒裳貴冑。禮樂淸門。蹈姬孔之康莊。邁韋平之閥閱。夙推重望。早歷華資。洎陟台司。亟更年籥。方謂自闡儒風。克承大任。顧贊揆乏力。茲幸頻聞。須示典章。用息騰沸。尚居列郡。式重大臣。可貶梧州刺史。景福二年九月

### 孫偓南州司馬制

敕、金紫光祿大夫守禮部尚書安樂郡開國侯食邑一千戶孫偓、夙通朝籍。累踐華資。竊顧多歧。遽隳直道。秉弼諧之大政。附伎術之小人。罔畏公言。自爲良策。處嫌疑而不愧。謂寵利之可安。而屬我艱危。匪能匡救。頃因丕變。亦貸彝章。雖罷萬機。尚分六職。是惟循省。俾息沸騰。覩諫臣所上之書。陳取戾不已之狀。則正卿之位。非爾宜居。將儆後來。遂投荒服。行當咎已。無或尤人。可貶南州司馬員外置同正員。仍令所在馳驛發遣。乾寧四年八月

### 朱朴郴州司戶制

敕、夔州司馬員外置同正員朱朴、本在寒微。偶升科第。復塵簪組。且列膠庠。不爲自審之謀。但務夤緣之計。實因姦幸。濳致顯榮。亦謂術可弭兵。學能治國。冒半歲容身之責。無一朝輔政之功。唯辱中台。頗興羣論。斥於散列。未絕他腸。越法制以有圖。信慫尤之自作。封章所指。竄逐尚輕。掾彼方州。亦云寬典。非吾好黜。惟爾深思。可貶郴州司戶參軍。乾寧四年八月

### 王摶工部侍郎制

天地之數。寒暑有推遷。輔弼之司。任用有進退。蓋以其宜力斯久。克修是虧。俾夫退列貳卿。式示朝典。以禮之使。其在茲乎。扶危匡國致理功臣開府儀同三司守司空兼門下侍郎同中書門下平章事監修國史判度支上柱國魯國公食邑三千戶食實封一百戶王摶、始以非才。擢升重任。亟移星律。蔑効公忠。唯務回邪。罔思致正。紊朝廷之綱紀。致經費之空虛。而又朋附近臣。隳弛大體。豈可尙持政柄。所宜降處周行。猶念含弘。勉爲循省。可特進尚書工部侍郎。光化三年六月

### 王摶溪州刺史制

敕、工部侍郎王摶、久司邦計。復掌國鈞。致帑庾之不豐。則材謀而安在。況曾無讜正。但務回邪。盡非燮理之心。唯是貪惏之志。今則罷其大柄。復列貳卿。雖優弘之命已行。在問俗之司俾任。可責授溪州刺史。所在馳驛發遣。光化二年六月

### 王摶崖州司戶制

敕、溪州刺史王摶、久居重位。罔著嘉謀。掌邦計而罕致豐盈。顧私室而唯多貪穢。雖示朝黜。未塞羣情。俾從行使之權。許履掾曹之職。可貶崖州司戶參軍員外置同正員。光化三年六月

### 崔胤工部尚書制

食君之祿。合務於盡忠。秉國之鈞。宜思於致理。其有疊膺異渥。繼執重權。遂萌狂悖之心。忽搆傾危之計。人知不可。天固難容。扶危定亂致理功臣開府儀同三司守司空兼門下侍郎平章事充太淸宮使弘文館大學士延資庫使諸道鹽鐵轉運等使判度支上柱國魏國公食邑五千戶崔胤、弈葉

公台。蟬聯珪組。冠歲名昇於甲乙。壯年位列於公卿。趣向有文。行藏可尙。朕採於羣議。詢彼輿情。冀有小康。遂登大任。殊不知漏巵難滿。小器易盈。曾無報國之心。但作危邦之計。四居極任。一無可稱。豈有都城。合聚兵甲。暗養死士。將亂國經。聚貔虎以保其一方。致刀戟遠連於右輔。始則將京兆府官錢。委元規召卒。後則用度支榷利。令陳班聚兵。祿去公朝。權歸私室。白辟休戚。在其顧盼之間。四方是非。繫彼指呼之際。令狐渙姦纖有素。操守無堪。用作腹心。共張聲勢。遂令濫居深密。日在禁闈。罔惑朕躬。僞行書詔。致茲播越。職爾之由。豈有權重位崇。恩深獎厚。曾無惕厲。轉恣睢盱。顯搆外兵。將圖不軌。朕以士庶流散。兵革繁多。遂命宰臣。與之商議。五降內使。一貢表章。堅臥不來。拒詔如此。況又拘留庶吏。廢闕晨趍。人既奔驚。朕須巡幸。果見兵纏輦轂。火照宮闈。煙塵漲天。干戈匝野。致朕奔迫。及於岐陽。翠輦未安。鐵騎旋至。圍逼行在。焚燒屋廬。覩此阽危。咎將誰執。近省全忠表章。兼遣幕吏陳言。宰臣繼飛密緘。促其兵士西上。靜詳搆扇。孰測苞藏。無功及人。爲國生事。於戲。君人之道。委之宰衡。庶務殷繁。豈能親理。盡將機務。付爾主張。負我何多。搆亂至此。仍存大體。不謂無恩。可責授朝散大夫守工部尙書。天復二年十一月

裴樞登州刺史崔遠萊州刺史制

敕、朕謬將渺質。叨荷丕圖。常懷馭朽之心。每軫泣辜之念。諒於黜責。豈易施行。左僕射裴樞、右僕射崔遠、雖罷機衡。尙居揆路。既處優崇之任。未傷進退之規。不能屛志安家。但恣流言謗國。頗興物論。難抑朝章。須離八座之榮。尙付六條之政。勉思咎己。無至尤人。樞可責授朝散大夫登州刺史。遠可責授朝散大夫萊州刺史。並委御史臺催促出京。所在馳驛發遣。天祐二年五月

陸扆濮州司戶王溥淄州司戶制

敕、朕以涼德。獲嗣丕圖。將弘至公。以凝庶績。憲章不濫。賞罰惟宜。俾恢理政之風。用振紀綱之典。其有嘗居宰輔。但叶姦邪。苟玉石之未分。則稂莠而將茂。須行黜責。用致澄清。吏部尙書陸扆、早以文儒。亟揚華顯。洎先皇帝議征岐隴。而扆確有救論。果犯雷霆。旋經遷貶。其後託茂貞之勢。援憑閹豎之梯媒。尋復舊官。再升重位。唯知周比。寧務爕和。邇來多難。罔不由此。工部尙書王溥、亦茂貞奧主。崔胤門人。驟歷禁闈。俄塵袞職。但恣詭隨之志。曾無匪懈之稱。崔胤既寘嚴誅。而溥獨居清列。況朕恭承大寶。思拯彝倫。非爲洗垢求瑕。但冀懲惡勸善。兼宜斥於外掾。不可容在中臺。尙謂寬恩。勉當省過。扆可濮州司戶參軍。溥可淄洲司戶參軍。天祐二年五月

裴贄青州司戶制

敕、朕聞君臣之間。進退以禮。矧於耆舊。欲保初終。苟自掇於悔尤。亦須行於黜責。特進守司空致政裴贄、早以公望。嘗踐台司。靡聞竭力以匡時。每務養恬而避事。洎從請老。不謂無恩。合慎樞機。動循規矩。雖云勇退。乃有後言。自爲徒簿之魁。頗失大臣之體。謫居郡掾。用正朝綱。尙謂從輕。所宜自咎。可貶青州司戶參軍。天祐二年六月

柳璨密州司戶制

敕、明罰飭法。固有彝章。懲惡除邪。用攄衆怒。責授官登洲刺史柳璨、素矜憸巧。每務回邪。幸以庸才。驟持重柄。曾無微效。顯負明恩。詭譎多端。苞藏莫測。但結連於凶險。獨傾陷於賢良。罪既貫盈。理宜竄殛。倘處一麾之任。獨虧三尺之刑。將塞羣言。須行中典。自貽顚覆。無或怨尤。可貶密州司戶參軍。天祐二年十二月

# 唐大詔令集卷第五十九

大臣

將帥

命將

## 命將

### 解琬朔方道後軍大總管等制

門下、鼓旗中軍。是推元帥熊羆後勁。亦屬武臣。金紫光祿大夫行左散騎常侍上柱國濟南郡開國公解琬、學窮經史。才蘊韜略。握兵之要。克壯其猷。右領軍衞大將軍兼檢校單于大都護及鎮守大使上柱國長平郡開國公張知運、久鎮邊庭。備詳虜態。奮劍之勇。隱如敵國。並師旅是習。獯戎所憚。陰陽勝負。咸誦在心。山川向背。若指諸掌。塞膠已折。秋草具肥。宜屯細柳之營。俾作臯蘭之氣。琬可充朔方道後軍大總管。知運可允朔方道後軍副大總管。並准例發遣。主者施行。先天二年九月十六日

### 王晙朔方道行軍總管制　蘇頲

黃門、古者獫狁孔熾。匈奴浸驕。則設以三策。雖屬備胡之典。方於五材。罕聞去兵之義。不有行者。誰能扞之。正議大夫行鴻臚少卿上柱國朔方軍副大總管王晙、倜儻多智。堅剛竭節。每讀前史。思齊古人。辭家而志滅獯戎。報國而躬先將校。頃虜南牧。城彼朔方。蕭關洞開。沙漠無事。既獲全軍之利。則惟保塞之勞。嘉其善謀。必有成績。昔北逐虜者。任專而決外。西獲羌者。功遂而調□用。明分閫之重。式副齋壇之期。朝實僉諧。爾其俞往。可持節充朔方道行軍大總管。仍兼安北大都護。豐安定遠三城等軍。及側近州軍。宜依舊例。並受晙節制。其安北都護府依於中受降城安置。兵須足食。理藉加屯。今正農時。務及耕種。並緣邊兵募。亦委量事通融。苟非切迫。便卽停減。總處置訖奏聞。卽馳驛准例發遣。主者施行。開元二年二月五日

### 薛訥白衣攝左羽林將軍擊吐蕃制

敕、棄瑕錄用。有國通典。捨罪責功。先王奮式。薛訥蘊韜鈐之略。當文武之任。委以分閫。冀靜邊塵。遽聞喪律。實負朝寄。準其所犯。合寘嚴刑。言念老臣。寬其小衂。旣赦孟明之罪。佇收馮異之功。可隴右道防禦軍大使。開元二年八月

## 薛訥朔方道大總管制　蘇頲

黄門、古之命將帥訓甲兵所以宣威武而制戎狄也。自非欒郤之裔。孫吳之才。何以總中軍而絶大漠矣。右羽林軍大將軍上柱國河東郡開國公涼州鎮軍大總管薛訥、家代名將。國朝元老。知通泉源。氣橫風電。廟堂之上。則寬而有謀。旗鼓之間。則勇而無撓。頃者單于地隔。驕子天亡。衆已離心。魁未懸首。弔伐大義。既憑推轂。逋迯殘孽。將待覆巢。鎮于朔陲。屬我南仲。宜持節充朔方道行軍大總管。太僕少卿上柱國呂延祚、謀慮經遠。才明沉斷。右威衛將軍兼靈州刺史豐安軍使上柱國杜賓客、三軍之雄。萬人之敵。以之入幕。孰不師臧。曾謂出車。肅茲王命。宜並充副大總管節度。主者施行。開元三年十月十四日

## 郭子儀兵馬副元帥制

制、昔伊尹與湯合。傅説與高宗合。尙父與周合。故哲后良臣。莫不至合。非賢不乂。有開必先。久大之業。公上略宏才。博信明誼。受我旄鉞。輯寧區夏。典器銘勳。高視前古。實邦家之傑。豈獨爲予社稷之衛。可獨弼予節制。咨謀安危。斯屬懼朕之不稱也。往惟欽哉。司空子儀可兵馬副元帥。主者施行。至德二年四月日

## 郭子儀東京畿山東河南諸道元帥制

時屬艱難。用勤師旅。元帥之任。必藉廟謀。苟非人傑。孰允朝寄。司徒兼中書令朔方節度副大使子儀、風雲有感。星象降生。秉文武之姿。懷經濟之器。自兇狂搆禍。區宇未寧。蘊忠貞以立身。資義勇而成務。加其識度弘遠。謀略沖深。張飛乃萬人之敵。郤縠是三軍之帥。故能掃清強寇。收復二京。建茲大勳。成我王業。雖少康嗣位。夏靡贊其功。光武中興。鄧禹集其事。以今觀古。未足多之。但以氛祲未清。軍戎是急。爰求碩德。伏以師貞。宜承重委。克濟多難。可充東京畿及山南東道並河南諸道元帥。仍權知東京留守。乾元元年三月三日

## 李光弼副知行營事制

元帥之任。實屬於師貞。左軍之選。諒資於邦傑。自非道申啓沃。學貫韜鈐。則何以翊分閫而專征。膺鑿門而受律。求諸將相。允得其人。司空兼侍中薊國公光弼、器識弘遠。志懷沉毅。蘊孫吳之略。有文武之材。往屬艱難。備形忠勇。叶雲雷而經始。保宗社之阽危。由是出備長城。入扶大廈。茂功懸於日月。嘉績被於巖廊。屬殘寇猶虞。總戎有命。用擇惟賢之佐。式弘建親之典。必能緝寧邦家。叶贊天人。誓余丹浦之師。勦彼綠林之盜。載申朝奬。爰藉舊勳。宜副出車之命。仍踐分麾之寵。仍與天下兵馬元帥趙王係副知節度行營事。乾元二年七月

## 王思禮北京留守制

節制之寄。必資於心膂。留守之任。允屬於賢明。苟非其人。莫膺斯授。開府儀同三司兼兵部尚書御史大夫潞州大都督府長史充澤潞沁等州節度

使霍國公王思禮、義槩忠勇。體識深沈。効節艱危。建功竹帛。德可以和衆。武足以威邊。克壯其猷。能集于事。雖繩愆布政。已光於時選。而懷荒歷難。載叶於僉謀。宜總中冀之師。仍兼北門之鎮。坐清邊寇。無以易卿。可兼太原尹。充北京留守河東節度副大使。乾元二年七月

## 郭子儀兼邠寧鄜坊兩道節度使制

昔周命方叔。以征獫狁。漢徵驃騎。用拓匈奴。則知戎或亂華。必有龔行之罰。師將授律。爰求濟代之材。蓋所以禁暴安人。保邦定亂。克清王略。實佇臣謀。党項小戎。敢行草竊。嘯聚郡吏。擾亂人黎。朕志在懷柔。每思鎮撫。間者或令諸將。時出偏師。務申寬人之恩。先啓招降之路。雖種落之內。頻見歸投。而蚊蚋之餘。尚有同惡。或遊魂朔塞。或剽食近畿。頗妨東作之路。尚擾居常之業。將謀靜難。實藉得人。不有社稷之臣。孰堪垣翰之業。司徒兼中書令朔方節度副使上柱國代國公子儀。當朝碩量。佐命鴻勳。吉甫有文武之才。曹參膺將相之任。往者雲雷經始。區宇未寧。顧惟搆廈之初。久茂興邦之績。由是使其討伐。委以寅亮。而義心所激。權略克申。資其體國之誠。重以總戎之職。可兼邠寧鄜坊等兩道節度使。仍以鄜州刺史杜冕、新除邠州刺史桑如珪。爲節度副使。分知兩道招討。而坐籌帷幄。授節軍使。載安函夏之虞。實屬勳庸之望。夫古之謀帥。必先令德。是以士會爲政。盜既出奔。馮異臨戎。人皆樂用。成茲洪伐。俟爾嘉猷。永惟蜂蠆之餘。式懋邦家之業。宜膺休命。用副朕懷。餘並如故。乾元三年正月

## 郭子儀都統諸道兵馬收復范陽制

朕聞昆夷作患。周王授鉞於方叔。大宛不庭。漢主委兵於廣利。則知昏迷之黨。舞干不足以懷柔。聖哲之謀。伐叛必資於用武。事將禁暴。蓋非獲已。司徒兼中書令朔方鄜坊邠寧等節度使代國公子儀、慶鍾五百。運符魚水。挺文武之宏才。蘊韜鈐之遠略。積蒼生之重望。有命代之元勳。負鼎和羹。已申於啓沃。登壇制勝。實佇於謀猷。萬里長城。倚賴攸屬。今殘妖未殄。戎事猶殷。爰資一舉之功。以靖四方之難。宜令子儀都統諸道兵馬使。管崇嗣充副使。取邠州朔方路。過往收大同橫野淸夷。便收范陽及河北。仍遣射生衙前六軍英武長興寧國左右威遠驍騎等左廂一萬人。馬軍三千人。步軍七千人。以開府李光弼進充都知兵馬使。特進烏崇福充都虞候。右廂一萬人。馬軍三千人。步軍七千人。以開府儀同三司李鼎充都知兵馬使。特進王俛充都虞候。渭北官健一萬人。馬軍二千。步軍八千。以開府辛京杲充使。朔方留後蕃漢官健八千人。馬軍八百。步軍七千二百人。以兼御史中丞任敷、渾釋之同充使。蕃漢部落一萬人。馬軍五千。步軍五千人。以御史中丞慕容兆、與新投降首領奴賴。同統押充使。鄜坊等州官健一萬人。馬軍一千人。步軍九千人。以攝御史中丞杜冕充使。寧州官健一萬人。馬軍一千人。步軍九千人。以攝御史中丞桑如珪充使。涇原防禦官健二千人。馬軍五百人。步軍一千五百人。以大將軍閻英奇充使。蒐乘練卒。籍馬賦軍。合四海以齊心。率九夷而同力。金鼓作氣。鐵騎爭雄。欲野噴山。殷天動地。以仗順之師。旅討從逆之兇徒。人事天時。指期可定。令將略高聞。出雲中。驅蚊蚋於幽燕。掃欃槍於鞏洛。削平天下。混一車書。然後獻凱淸廟。策勳盟府。尅寧區夏。豈不盛歟。兵馬既衆。恐路次難爲供應。仍備六十日程糧䭾。遣發馬畜草料。所在量事支供。不得妄有煩擾百姓。仍委子儀即差人先於諸道計

會分般次進發。仍與回紇兵馬犄角相應。逐便討除。所關軍務。應須處置。並委子儀續具狀奏聞。上元元年九月

李鼎隴右節度使制

敕、勇而多謀。是資兼領。有則益辦。實仗宏才。開府儀同三司行鳳翔尹兼御史大夫充本府及秦隴興鳳成等州節度觀察使保定郡開國公李鼎、識用通明。智略深遠。攻守之志。不憚勤勞。報効之誠。無忘夙夜。頃以岐陽近甸。王業大都。爰藉政能。委之鎮緝。下車未幾。克樹奇功。寇盜底寧。聲謠載洽。眷茲隴外。戎馬要衝。時屬艱虞。尤資式遏。制勝千里。諒在伊人。必當振我師徒。展茲籌畫。兼弱攻昧。在此行焉。可持節都督鄯州諸軍事鄯州刺史隴右節度營田等使。餘並如故。上元二年六月

李若幽朔方節度使賜名國貞制

保大定功。事資於弘量。坐籌決勝。政總於中軍。令在必行。寇不可翫。欲清小醜。須委大臣。中大夫守殿中監賜紫金魚袋李若幽、宗室英髦。士林楨幹。出忠入孝。抱質懷文。苞果斷之深謀。蘊韜鈐之祕略。累登清貫。克振休聲。尹正兩京。奸豪屏息。紀綱三蜀。邛僰乂安。庶黎賴其強明。搢紳推其利用。今河洛之境。未殄餘氛。晉魏之郊。比仍多壘。山河襟帶。關輔要衝。東盡太行。南隣魏汭。擁旄亘野。精騎成羣。必俟元戎。以清妖孽。靜言其選。允謂當仁。地官高步於六卿。亞相作程於百辟。綜斯劇務。朝選攸歸。宜兼領護之權。以副師貞之吉。可戶部尚書兼御史大夫持節充朔方鎮西北庭興平陳鄭等州節度行營兵馬及河中節度都統處置使。鎮于絳。仍賜名國貞。上元元年八月

郭子儀汾陽郡王知朔方行營制

命將之選。當仁實難。非夫文可經邦。不能安人和衆。武可禁暴。罔以克敵成功。允藉宏才。爰申錫命。司徒兼中書令靈州大都督府長史單于鎮北大都護持節充朔方節度關內支度營田鹽池押諸蕃部落副大使知節度事、六城水運使兼邠寧鄜坊等道節度副大使上柱國代國公子儀、河嶽間氣。巖廊重寶。器量深識。寬而有謀。術應通方。用而無滯。自經艱阻。實擁旌旄。遂能克復二京。折衝千里。厥戎將殄。時乃之功。久勤啓沃。載竭忠讜。人所望也。天實賚予。今殘寇未寧。興師頗廣。雖鎮守經制。已有區分。而籌畫指麾。必資專制。將軍辭第。無以家爲。丞相憂邊。思平國難。因以訏謨之命。宜申總統之威。其將戡定外虞。澄清列郡。光膺蕃屏之寄。式崇社稷之勳。對揚休命。以永終譽。可封汾陽郡王。知朔方河中北庭潞儀澤沁等州節度行營、兼興平定國等兵馬副元帥。仍充本營管內觀察處置使。餘如故。元年建辰月

僕固懷恩朔方節度使制

工部尚書兼御史大夫隴右觀察處置等使大寧郡王僕固懷恩、經武大才。濟時良具。今以寇窮河洛。思用討除。宜輟務於西陲。俾廓清於東夏。可充朔方行營節度使。本官封如故。寶應年月

## 李抱玉河西等道副元帥制　　常袞

敕、周以元老監方伯。漢以丞相撫四夷。則治軍興國之務。中外一體。自華陽而西。至于隴坂。涉河之右。兼控五原。總三將之師。專萬里之寄。詰禁經武。宜有統制。憂邊謀帥。深仗輔臣。開府儀同三司行兵部尚書同中書門下平章事潞州大都督府長史知鳳翔府事充懷鄭澤潞觀察處置等使仍充南道通和蕃秦隴臨洮已來觀察處置等使上柱國涼國公李抱玉、文以經邦。德以鎮俗。孝友忠信。人之模表。禮樂政刑。朝之訓式。以道匡朕。允升大猷。參聽斷之可否。載清靜以寧一。兼委戎旅。屏于方夏。智謀變化。潛合神明。將校悅從。親如父子。事出韜鈐之外。功成戰伐之前。勤勞王家。以衛社稷。有致君庇人之績。冠旂常彝鼎之銘。顧以國之憑倚。久任憂患。兵車之半。悉以啓之。當不憚煩。以時鎮定也。可兼充山南西道觀察處置支度營田等使、判梁州事、隴右懷鄭潞等州使如故。充山南西道河西隴右等道副元帥。

## 馬璲渾瑊副元帥同招討河中制　　陸贄

敕、天地殊位。君臣異制。苟不率道。茲爲亂常。退而增修。於是有舞干之義。諭以遷善。於是有文告之辭。若猶不悛。乃用致討。興戎動衆。豈得已哉。李懷光擢自軍候。委之節制。亟有勞績。累加寵榮。總衆駿奔。自遠赴難。解圍逐寇。朕甚德之。位極上台。寄崇統帥。親之若同體。信之無間言。朕於斯人。亦已厚矣。而器小任重。固貽顛覆。有功自棄。無過自疑。崇信讒邪。脅逐將帥。養寇資亂。蓄奸幸災。朕素所推誠。尚謂非實。優容任遇。坦然如初。凶德既盈。醜跡彌露。謀危社稷。通結渠魁。公相往來。無復避忌。窮極兇悖。所不忍言。朕播遷巴梁。遠違陵寢。大懼失墜。爲列聖羞。賴先澤在人。兆庶知感。朔方將校。忠節不渝。懷光既阻奸謀。詭稱効順。累陳款疏。請詣闕庭。朕深惟舊勳。務欲全貸。授以師傅之任。疇其井賦之食。璽書勞問。誓以終始。懷光遂殺辱使臣。完聚守備。將以悖慢之罪。加於忠義之軍。因茲脅從。冀與同惡。謂衆可罔。謂天可欺。覆載所不容。人神所共棄。討除大憝。招輯非辜。爰資輔臣。以董戎寄。銀青光祿大夫檢校司空平章事兼太原尹北京留守充河中保寧軍節度觀察處置度支營田等使北平郡王馬璲、操業端亮。氣宇弘遠。秉難奪之節。負不羈之才。恒持至公。深識大體。感激而三軍有勇。彌綸而庶績允諧。威聲所臨。郡邑皆服。殿于北土。隱若長城。元從奉天定難功臣開府儀同三司守侍中兼靈州大都督充靈鹽豐夏等州節度管內支度營田觀察處置押蕃部落等使仍充朔方軍邠寧振武奉天永平等軍行營節度兵馬副元帥上柱國樓煩郡王渾瑊、純粹積中。仁厚成性。蘊寬大以容衆。著誠信以撫人。事必沉詳。臨危益辦。節惟貞固。在險逾彰。弘濟艱難。懋昭勳伐。出納朕命。光膺具瞻。並文武全才。安危注意。副我憂屬。時惟二臣。比德叶謀。往清多難。璲可兼充奉誠軍及晉慈隰等州節度幷管內諸軍行營兵馬副元帥。餘並如故。瑊可兼河中尹充河中絳州節度觀察處置等使。仍充河中同絳陝虢等州節度及管內諸軍行營副元帥。功臣開府本官勳封並如故。嗚呼。朕之不明不敏。失於君道。連禍未息勞師靡居中心自咎。鬱若焚灼。又以朔土之衆。大著忠勞。橫遭汙脅。深所憫惜。爾其敬敷朕命。明諭朕懷。務於招綏。非黷威武。惟輸誠歸順。罔有不赦。惟執迷拒順。罰止元兇。寧失不經。無濫非罪。列爵懸賞。用俟勳賢。布告遐邇。咸令知悉。

## 李晟鳳翔隴右節度使兼涇原副元帥制　陸贄

敕、周之元老。以分陝爲重。漢之丞相。以憂邊見稱。故方岳克寧。疆埸不聳。安人保大。致理之端。今所以重煩上台。作鎮西土。奉天定難功臣司徒兼中書令充神策軍節度京畿渭南渭北商華等州兵馬副元帥京畿渭南鄜坊丹延等州節度觀察處置等使上柱國合川郡王李晟、勵精剛之操。體博厚之德。識時變通。而大節不奪。虛受廣納。而獨斷自明。奉法以身。論功先下。衆無犯命。人用樂從。懷德畏威。令行禁止。誓郡帥於危疑之際。駐孤軍於板蕩之中。氣淩風雲。誠動天地。一鼓而兇徒懾北。再駕而京邑廓清。師皆如歸。人不知戰。載安宗社。功格皇天。而明誠秉彝。清風激俗。雅尚恬曠。撝謙有光。朕以汧隴近郊。扶風右埊。川阜連亘。抵于回中。限界諸戎。藩屏王室。所屬誠重。允付元臣。兼二將之甲兵。崇十連之統帥。宣威耀德。罷警息人。俾予仰成。時乃之烈。可兼鳳翔尹充鳳翔隴右涇原節度兼管內及四鎮北庭行營兵馬副元帥。改封西平郡王。功臣本官兼官勳如故。興元二年八月四日

## 劉洽宋亳兵馬都統制　陸贄

敕、論道經邦。允歸碩望。建牙統衆。必藉雄才。中外具瞻。安危注意。今以二柄。付之元臣。開府儀同三司檢校尚書左僕射同中書門下平章事使持節宋州諸軍事兼宋州刺史充宣武軍節度使支度營田宋亳潁等州觀察處置等使仍權知汴滑亳等道都統兵馬事上柱國懷德郡王劉洽、秉志端亮。飭躬簡儉。博厚足以容衆。和易足以長人。純孝榮親。盡忠事國。分我閫寄。殿于大邦。扼制淮夷。保障楚甸。戎捷繼至。軍聲載揚。殪孽兇於宛丘。驅大憝於梁野。控引漕輓。委輸京師。嘉乃異勳。楙乃貞節。用錫丕命。俾揚洪休。燮贊三台。紀綱郡邑。是式大任。爾惟欽哉。可檢校司空、同中書門下平章事。依前充宣武軍節度支度營田宋亳潁管內兵馬都統。散官勳封如故。

## 范希朝京西行營節度使制

古之命將帥。修封疆。在於整軍。非以耀武。故繕理亭障。訓齊車徒。以申國威。以固王略。非誠節茂著。無以分統六師。非勳績彰明。無以並護諸將。副茲重任。實在忠賢。特進檢校右僕射兼右金吾衛大將軍充街道使成紀男范希朝、有貞臣之節。有良將之風。識達武經。學綜兵革。臨事能斷。好謀而成。嘗領元戎。鎮於朔野。控河上之塞。距漠南之庭。修其政刑。諭以威德。士吏嚮慕。裔夷綏懷。入覲京師。策勳王府。洎司警衛。禁旅增嚴。直道彌彰。嘉庸茂著。固可以總統北路。節制西陲。成魏絳和戎之勳。振晁錯備邊之策。俾異俗率化。穡人成功。師乘以和。烽候無警。懋昭丕績。時乃之休。可開府儀同三司、檢校左僕射、兼右神策京西諸城鎮行營兵馬節度使。封如故。貞元　年　月

## 裴度幽鎮兩道招撫使制　元稹

門下、夫以區區秦伯。而猶念晉國。曰其君是惡。其人何罪。況朕均養億兆。爲之君親。燕人冀人。皆吾乳哺而育之者。安忍以豺狼駈脅之故。絕其飛走。盡納網羅。止行犯命之誅。是用開其一面。河東節度觀察處置等使金紫光祿大夫守司空兼門下平章事太原尹北都留守上柱國晉國公裴度、昔

者區域之中。蜂蟻巢聚。蔡有逆孽。齊有狡童。厥初圖征。疑議滿野。不懼不惑。挺然披攘。苟無司南。允罔能濟。佑我憲考。爲唐神宗。實賴祖宗。運用忠力。肆朕小子。蒙受景靈。冀服於前。燕平於後。而撫馭失理。盤互復生。求思弭寧。中夕有得。國老尚在。夫何患焉。是用亟宣懇惻之誠。就加撫招之命。於戲。頃者師道元濟。乘纍代襲授之資。藉山東結連之勢。以丞相布畫於千里之外。使諸將持重於四封之中。而猶劉悟裂虵豕之軀。李祐潰鯨鯢之腹。蓋逆順之情異。而忠孝之道明也。況彼幽鎮。無名狂暴。以丞相近觀其宜。以諸將、齊奮其力。斧鑕之刑坐迫。椒蘭之氣外薰。誰不自愛其生。焉能與亂同死。度宜開懷綬帶。以待其歸。可依前守司空兼門下侍郎平章事河東節度使充幽鎮兩道招撫使。餘如故。

## 裴度鎮州四面招討使制　元稹

門下、傳云。死者不可復屬。是以先王斬一支指。殺一犬彘。莫不伏念隱悼。至于旬時。決而行之。蓋不得已也。予於鎮人。亦既伏念。俟其悛革。距止旬時。乃命相臣。招懷撫諭。矜其詿誤。示以生門。期於盡脫網羅。豈可驅之陷穽。而豺狼當道。荊棘牽衣。雖欲歸於有仁。厥路無由而至。況王師壓境。義勇爭先。朕每抑其鋒銳。未忍覆其巢穴。是猶愛稂莠而傷稼穡。養癰疽以潰肌膚。獨懷兒女之仁。慮失祖宗之典。今上台居鎮。算畫無遺。操晉陽之利兵。驅屈產之良馬。舉河東義武之衆。合滄景澤潞之師。當元冀受命之初。乘田布雪寃之憤。舉毛拾芥。其易可知。兼用威恩。尚存招致。宜令河東節度使裴度充鎮州四面招討使。於戲。以一城之卒。敵天下之師。徇猖狂之徒。抗君父之命。吾哀爾輩。死實無名。苟能自新。亦冀容汝。主者施行。

# 唐大詔令集卷第六十

## 大臣

### 將帥

#### 賞功

隴右河西節度使哥舒翰西平郡王制

郭子儀中書令李光弼侍中制

李光弼太尉中書令制

滑州節度使令狐彰加御史大夫制

褒勞勳臣制

李晟司徒兼中書令制

渾瑊侍中制

高崇文劍南西川節度使制

李愬移鎮加官階爵邑制

田弘正兼侍中制

李光顔特進賜一子官制

王智興等加官爵制

王元逵同中書門下平章事制

#### 貶責

薛訥除名爲庶人制

## 賞功

### 隴右河西節度使哥舒翰西平郡王制

授鉞登壇。所以理兵用武。錫封命職。所以褒德疇庸。才傑者建稀代之功。績茂者有非常之賞。哲王令典。無或踰之。開府儀同三司兼鴻臚卿員外置同正員西平郡太守判武部事攝御史大夫持節充隴右河西節度支度營田長行轉運九姓等副大使知節度事赤水軍使上柱國涼國公哥舒翰。挺生朔垂。干城隴外。青虵入筒。神發其祥。白武銜珠。天賚我寶。美政以公忠益著。深略以果斷能成。頃者犬戎苞藏禍盈。惡稔南援。蠻落東窺塞垣。特稟廟謀。勵八神於金匱。長驅戎境。麾三軍於玉堂。決水奔雷。固無前敵。屠城拔壘。靡有孑遺。收九曲之舊疆。開千里之沃壤。亭障臥鼓。既成禁暴之勳。屯田饋軍。以益封財之用。則議功行賞。厚禮酬勞。俾吳芮之忠。不獨光於漢策。魏絳之樂。無擅美於晉乘。仍兼望苑之榮。繫以公田之錫。可開府儀同三司、太子少保、封西平郡王。加賜實封二百戶。通前滿五百戶。賜音聲小兒十人。莊園各一所。與一子五品官。更與兩子官。用旌元帥之勞。以益三軍之氣也。餘並如故。天寶十二載七月

### 郭子儀中書令李光弼侍中制

朕聞古之哲王。成功立極。莫不旁求賢佐。用康帝道。由是軒登風力。所以戡亂保邦。漢用蕭曹。所以勤王定國。固能上扶王室。下濟蒼生。爲社稷之寶臣。資帝王之大業。丕膺鼎位。實屬斯人。司徒兼尚書右僕射同中書門下平章事兼靈州大都督府長史朔方節度使上柱國代國公子儀、道備文武。志懷忠亮。表宏才而應運。申茂績而經邦。司空兼兵部尚書同中書門下平章事太原尹河東節度使上柱國薊國公李光弼、業盛勳賢。材優將相。蘊權謀而制敵。勵誠節以匡時。往屬兇醜亂常。雲雷經始。咸能外持戎律。內翊皇圖。披荊棘而有功。歷險艱而無易。或分麾東討。掃昏祲於兩都。或仗節北臨。備長城於萬里。並以掃清寇虐。任切股肱。永維締搆之勳。久著山河之誓。今殘妖佇剪。介士猶虞。將終九伐之功。實藉二南之力。是用增其秩序。寵以樞衡。宜正位於台司。俾克宣於嘉績。子儀爲中書令。光弼爲侍中。乾元元年九月

### 李光弼太尉中書令制

上公之位。寵極人臣。中樞之本。政先綸綍。是知膺乾成象。用分台鼎之司。爲國作楨。必藉勳賢之業。所以漢庭多難。絳侯居太尉之尊。晉室未康。温嶠掌中書之務。至若任兼公相。道濟生靈。必俟非常之才。用膺莫大之寄。司空兼侍中幽州大都督府長史河北節度支度營田經略等使副元帥知諸道節度行營上柱國薊國公光弼、器格沉正。襟靈邃遠。感風雲之密契。蘊縱橫之大才。成經綸之功。足以靜亂。懷忠孝之道。故能匡國。自狂胡搆禍。寰

宇未淸。義勇竭於臣心。勳庸著於王室。頃者豺狼餘孽。尙稽天討。蚊蚋相依。仍侵河外。是用仗其深略。爲我長城。有穰苴之法令。亞夫之威略。遠能挫羣兇之銳。全百勝之師。爲廟堂之寶臣。成軍國之重任。雖吉甫作憲。道可經邦。而孫武論兵。謀能制敵。克壯大業。無愧前賢。且官惟其人。固難虛授。爵以存善。抑聞舊章。況經綸之時。義參於締構。艱難之際。功茂於始終。不有殊獎。寧彰厥德。是以載疇嘉績。俾允具瞻。宜進上台之秩。仍兼右弼之寵。可太尉兼中書令。乾元二年十二月

## 滑州節度使令狐彰加御史大夫制

使持節滑州諸軍事守滑州刺史攝御史大夫充滑衞相魏德博等六州節度使令狐彰、義勇無倫。貞順有素。艱危効用。終始不渝。頃陷賊庭。忠誠屢達。來持漢節。壯志彌高。拔城變六月之師。破敵振三軍之氣。疇庸議賞。須越等夷。今淇澳未寧。河朔猶梗。廓淸醜類。實屬元戎。宜列職於中司。俾承榮於茂秩。登壇受律。藉爾良謀。獻凱論功。佇聞嘉績。可銀青光祿大夫試鴻臚卿使持節滑州諸軍事、兼滑州刺史御史大夫、充滑衞相魏德博等六州節度使。上元二年九月

## 褒勞勳臣制

常袞

敕、方伯連帥。能修其職。則勞之以璽書。載之於正典。式是羣岳。歸於至公。以勸其職。頌聲興矣。周禮以孟春之月。懸法布令。採詩觀俗。亦褒異理行之時也。其有惠訓一方。吏之表率。朗然明舉。固可首之。具官某、受任藩閫。三年有成。淸節獨立。以身率下。化在於言前。風行於疆外。遠淸西南之候。齊一華夷之俗。而憂國如家。上下同體。屬關輔連雨。去秋非穰。以豐財節用之餘。資備邊出師之費。雖給馬官渡。足食成皋。勤王助邊。何以加此。誠屬垣翰之寄。奉上無私。亦將廉吏之淸。夙夜相勉也。寖期休績。至于再三。詔書喩懷。宣示方鎭。

## 李晟司徒兼中書令制

陸贄

敕、雲雷遘屯。寓縣興難。非山岳降神。不生良弼。非股肱叶契。不集大勳。故高宗得傅說。中興殷邦。宣王任吉甫。重光周道。天寶之季。寇陷二京。時則先臣子儀。翼戴肅宗。戡定患難。再造區宇。于今賴之。肆予小子。獲纘丕構。不克負荷。失守宗祧。天祚我唐。降生忠烈。有社稷之臣曰開府儀同三司檢校尙書左僕射同中書門下平章事充神策軍節度使鄜坊等州節度觀察處置等使京畿渭南渭北商華等州兵馬副元帥上柱國合川郡王李晟、沉肅有勇。堅明能斷。聞難發憤。誓師徂征。誠激於衷。義形於色。自河之右。萬里濟師。殷然雷奔。大盜懾駭。屬皇家不造。戎帥誘奸。重茲播遷。郊甸震蕩。而晟畜銳養士。深壘固軍。以謀吞元兇。以義糾羣帥。躬擐甲冑。率先啓行。布忠信爲軍聲。持禮樂爲戰器。廓淸氛沴。寧復皇都。宗社載安。宇宙斯泰。佐予興運。時乃茂功。德厚者任崇。業盛者報重。登以元輔。建于上公。熙庶績而翼宣九歌。擾兆人而敬敷五教。疇其井賦。貽厥子孫。與國咸休。永播丕烈。可守司徒兼中書令。仍賜食封一千戶。餘並如故。朕還京後。所司擇日備禮册命。宣示中外。以彰元勳。

## 渾瑊侍中制

陸贄

敕、王者敦德教以經邦國。興武事以定禍亂。執是二柄。毗予一人。得諸全才。康濟大難。以忠扶王室。以義奉天討。功崇祚土。德盛懋官。振揚洪休。備舉彝典。開府儀同三司檢校尚書左僕射同中書門下平章事兼靈州大都督府長史充靈鹽銀夏等州節度管內支度營田觀察處置押蕃等使朔方邠寧振武等奉天永平等軍行營節度副元帥上柱國樓煩郡王渾瑊、神降才傑。天資忠厚。叶力興運。爲國輔臣。往以盜起上京。駕言出狩。羣兇怙亂。載犯郊畿。時乃奮揚威武。董制師律。深居籌畫。奸慝寢謀。當敵指揮。士旅增氣。危城克固。我武用張。重以賊臣蔑恩。養寇資亂。再罹艱阻。越播巴梁。時乃抍轡載馳。執羈從邁。有見危致命之節。有憂國滅私之誠。凜然貞規。猶若金石。縱橫蘊夷難之略。感激陳復國之謀。分總偏師。徑出重險。秉大節以示羣帥。布寬令以宥脅徒。師次遠郊。羣兇靡抗。軍臨近甸。下邑如歸。推成功而不居。期盡敵以自効。率其全衆。揚師追奔。雄威疾馳。元惡授首。柔德懷服。餘黨歸心。掃關氛昏。安復陵寢。懋乃嘉績。其惟格天。范燮之讓能。耿弇之殄寇。總是二美。瑊其有焉。足以銘勳旂常。垂美竹帛。宜守台階之列。仍疇井邑之賦。祗膺時命。無替厥庸。可侍中。仍賜實封八百戶。兼官本使副元帥開府勳封如故。

## 高崇文劍南西川節度使制

慶賞刑威。所以爲國。既用鉞以誅有罪。則建侯以報有功。懲干紀於未然。勸事君於已著。歷考前載。斯爲大章。劍南東川節度副大使知節度事管內支度營田觀察處置靜戎軍等使開府儀同三司檢校兵部尚書使持節梓州諸軍事兼梓州刺史御史大夫上柱國渤海郡王高崇文、爲時生材。緯武成器。抱厥沉斷。確乎堅剛。鷙隼挺凌厲之姿。高秋凝肅殺之氣。自築壇受命。宜社徂征。形義色以即戎。瀝忠誠而誓衆。康衢以視其重阻。怒心如報於私讎。令踰風行。勢軼霆電。走羣兇於未陣。完危壁於將傾。然後總無前之師。搏猶鬪之獸。仰斷飛鳥。高橫戰鋒。掩鬼神以用奇。越丘陵以制勝。生致逆豎。洞開金城。引漢將之旗鼓。見蜀川之父老。貞以紀律。弔其傷殘。兵無亂行。市不改肆。上靖井絡。下清岷江。銘而纂之。豈有慙德。乃眷庸部。其惟奧區。畢功以除其禍災。圖勞宜享其土地。滌蕩汚俗。統綏異方。觀風勵韓黃之化。按節修方邵之任。爰自六職。俾登三司。仍疏大封。且賜眞食。不踰次以彰殊伐。不踰時以示休利。敬服嘉命。弘宣壯猷。殿茲神維。屏我王室。可檢校司空兼成都尹御史大夫、充劍南西川節度副大使、知節度事、管內支度營田觀察處置統押近界諸蠻及西山八國兼雲南安撫等使。仍改封南平郡王。食邑三千戶。幷實封三百戶。

## 李愬移鎮加官階爵邑制

伐叛除兇。必俟乎奇略。進封超位。允答於殊庸。況四紀逋誅。三州竊據。積妖遺育。縱逆挺災。累年徂征。一舉生致。論功既歸於異等。議賞豈待於踰時。唐隨等州節度觀察處置等使通議大夫檢校左散騎常侍使持節鄧州諸軍事兼鄧州刺史御史大夫賜紫金魚袋李愬、宗臣之胤。王國克生。毅勇蓄深。溫良煦外。禮樂戰之器。默識其源。詩書義之府。洞窺其室。雖早昇朝序。而未展將材。頃以懸弧滔天。宿兵既久。方城壓境。易帥煩頻。永懷韜略之家。必有弓裘之嗣。乃執金鼓。載持干旄。果副眷求。克揚威令。緝傷夷之後。振怯爲雄。制密邇之間。保危成固。惟忠厚以感物。本信惠而和人。一其鬬心。勵彼死力。乘虛徑襲。負雪兼行。風馳如合於百神。雷震若出於九地。堅城立潰。狡豎坐擒。遺甿安堵以知歸。餘黨釋甲而請命。古之良將。其孰過焉。巳申獻捷之儀。當舉策勳之典。爰授名部。俾恢重藩。自洛而遙。惟襄爲大。綿亘楚服。橫臨漢津。總八郡以澄清。秉三軍之節制。式因加地。往繼沉碑。特進左揆之尊。以崇天秩。仍假南臺之長。用峻霜威。表以勳階。錫之茅土。戶封眞實。門貴延恩。洽此寵榮。蘗于茂烈。於戲。天鑒非昧。不庭者必誅。王爵無私。有功者是享。揚名濟美。惟孝著于家。聲鐘鼎山河。惟忠光于國籍。凡曰臣子。得無企歟。可銀青光祿大夫、檢校尚書左僕射、使持節襄州諸軍事、守襄州刺史、御史大夫、充山東南道節度管內支度營田襄鄧隨唐復郢均房等州觀察處置等使。仍賜上柱國。封涼國公。食邑三千戶。幷賜實封三百戶。與一子正員五品官。元和　年　月

田弘正兼侍中制

古之所謂有功諸侯。出征不庭。入覲王室。既展述職之義。必加錫命之恩。彤弓所以表其威。玄衮所以榮其服。然後勳烈炤焯。寵章充崇。臨于一方。示彼四國。風雅所載。不其美歟。我思忠臣。是有茲命。魏博等州節度觀察處置等使光祿大夫檢校司徒同中書門下平章事兼魏州大都督府長史上柱國沂國公食邑三千戶田弘正、受天地之正性。明君臣之大節。才貫文武。識探古今。熙百志以立身。堅一心而奉主。積誠自久。遇事乃彰。曉於羣情。率以大順。遂提六郡之地。首革兩河之風。及負海阻兵。徵師問罪。又能長驅義旅。直抵虜城。一鼓而兇徒褫魄。再戰而元惡傳首。永清氛沴。功實倬然。自秉圭來朝。鳴玉入侍。察其器度。詢以謨猷。每聞匡國之術。彌見致君之道。而懇陳戀闕。不願守藩。朕以將相之權。中外一體。苟意有攸往。則誠難遽從。況彼邦之人。皆願其至。師徒久便其訓令。黎庶咸思其惠和。鎭安之方。倚賴攸切。是用命爾。式遄其歸。且兼八舍之營。俾仍五教之重。又實其井賦。以益土田。褒賞之典。勸忠斯在。往莅乃服。厥惟懋哉。可檢校司徒、兼侍中、依前魏州大都督府長史、充魏博等州節度觀察處置等使。仍賜食實封三百戶。元和　年　月

李光顏特進賜一子官制

朕聞有天下者。道德仁義以爲理。城郭溝池以爲固。故曰不教人戰。是謂棄之。有備無患。何以應變。此先王敺攘夷狄。保障黎元之大略也。五原居宥夏靈慶之中。當虵豕豺狼之突。將搤咽喉之要。爰命腹心之臣。厥有成功。宜加茂典。邠寧慶等州節度觀察處置等使金紫光祿大夫檢校司空使持節邠州諸軍事邠州刺史兼御史大夫上柱國武威郡開國侯食邑二千戶食實封一百戶李光顏、氣敵三軍。心師百行。有卞莊之勇。守之以仁。有日磾之誠。濟之以武。叱咤則風雲迴合。閑晏而罇俎周旋。蓋文武之全才。眞古今之良將。是以淮蔡之役。百勝功高。青齊之師。一面居最。朕以蕭關尙警。馬嶺猶虞。五餌之詐可羞。百雉之防爰度。先是屬役。每難其人。惟爾良能。果諧予願。程功而不愆于素。訖事而不勞于人。比命有司。褒乃實效。僉曰古

論侯勳德優盛。則就加特進以寵之。我國家封植崇重。則朝請一子以異之。予嘉乃勳。兼用兩者。茲謂上賞。爾惟欽哉。可特進。餘如故。仍與一子正員四品常參官。元和年月

王智興等加官爵制

王者誅暴亂。賞勳勞。既正紀綱。式頒爵位。朕以菲德。理乖勝殘。使釁生海澨。刑用戎鉞。屬者庭湊倚滄州爲輔車。以謀專土。同捷持棣州爲屏扞。遂成阻命。實賴英師共恢壯猷。爰議疇庸。式獎宣力。武寧軍節度徐泗濠等州觀察處置等使充滄州行營招撫使光祿大夫守司徒同中書門下平章事上柱國太原郡開國公食邑二千戶王智興。可特進。仍進封代國公。食邑三千戶。餘如故。平盧軍節度使淄青登萊棣等州觀察處置兼押新羅渤海兩蕃等使銀青光祿大夫檢校尚書右僕射御史大夫上柱國會稽縣開國公食邑一千五百戶康至睦。可檢校尚書左僕射。餘如故。太平軍節度鄆曹諸軍事兼鄆州刺史御史大夫賜紫金魚袋崔弘禮。可檢校尚書右僕射。餘如故。其棣州城下武寧軍及諸道立功將士。除已甄錄外。委智興條流聞奏。棣州應見在百姓。宜復一年。其將士有決戰攻壘。奮不顧身。中刃被瘡。遂成廢疾者。並賜衣糧。終身勿絕。其武寧軍及平盧軍、浙西、宣歙、天平等五處兵馬。在棣州城下者。並宜放歸本道。於戲。並命申威。分疆翦寇。界大河之南北。委藩守以廓淸。立績者既以勞旋。圖功者方期盡敵。勉弘勝策。無至老師。共臻輯寧。副我勤屬。元和年月

王元逵同中書門下平章事制　李德裕

門下。古之命師。必重其名。假三事之崇。允萬夫之望。故韓信以丞相擊魏。樊噲以相國伐燕。克成茂勳。抑有前典。成德軍節度鎮冀深趙等州觀察處置兼充北面招討澤潞等使金紫光祿大夫檢校司徒兼鎮州大都督府長史御史大夫駙馬都尉雲騎尉王元逵。生稟忠厚。天資誠信。奇正得於心機。嚴莊表於師律。去病之略。無假孫吳。翁歸之才。實被文武。屬狡童逆命。自固妖巢。果能颺義聲以載馳。繇直道而先奮。鋒逾駭電。勢盛疾雷。上據層巒。削成煙壘。下臨平壤。盡見秋毫。始殄伏莽之戎。遽拔建瓴之險。尋又陳兵原野。漸扼堯山。摧困獸之鬭心。碎螳螂之怒臂。棄甲者萬計。折首者千人。先獻戎俘。益彰臣節。則今望王師之陣。草木爲兵。聞吾帥之風。椒蘭比德。顧其殘孽。豈復稽誅。夫賞不踰時。迷人爲害。雖契敷五教。已列三公。而禹分兵麾。宜佩相印。是用命爾升于鼎司。於戲。昔吳起有大功者三。不爲魏相。竇嬰破蕃國者七。未踐漢台。豈非名器之重。曷常虛授。爾其奮揚威武。殲厥渠魁。當感激以成功。勿遷延而玩寇。朕茲休命。可不敬哉。可檢校司徒同中書門下平章事。兼鎮州大都督府長史。依前充成德軍節度鎮冀深趙等州觀察處置兼充北面招討澤潞等使。散官駙馬勳如故。主者施行。會昌年月

## 貶責

### 薛訥除名爲庶人制

出師不臧。本於喪律。責帥歸罪。聞於記言。薛訥、頃者總戎禦邊。建議爲首。暗於料敵。輕於接戰。張我王師。衄之虜境。偏裨失節。乃斯令之不明。中軍靡旗。則厥謀之不振。況鴈門斬級。魏尚豈得論功。馬邑亡輜。王恢必聞議罪。進退之咎。典刑攸屬。且觀其疇昔。頗嘗輸罄。每欲資忠報主。見義忘身。儻曹沫不死於辱。終能自奮。秦赦孟明之敗。漢從李廣之贖。古嘗有矣。朕所懷之。特緩嚴科。俾期來效。宜放其罪。所有官爵等並從除削。開元二年七月

# 唐大詔令集卷第六十一

## 大臣

### 尊禮大臣

魏公寂已下奏事侍立並升殿詔

郭子儀號尙父制

杜佑每月三兩度入朝商議軍國大事

裴度平章軍國重事三五日一入中書制

## 異姓王

封五王制

册張柬之漢陽郡王文

册崔玄暐博陵郡王文

封衛伯玉陽城郡王制

封辛杲京晉昌郡王制

封王景崇常山郡王文

## 異姓王妃

册崔玄暐妻爲博陵郡王妃文

## 册三公

册齊國公無忌爲司空文

册郭子儀尙父文

册李晟司徒文

冊李晟太尉文
冊馬燧司徒文
冊裴度司空文
冊李德裕太尉文
冊杜讓能太尉文闕

## 尊禮大臣

### 魏公寂已下奏事侍立並升殿詔

貴爵尚齒。列代通規。進秩優賢。有國彝訓。尚書左僕射魏國公寂、太子少保新昌縣公綱、左武候大將軍陳公抗、太常卿沛國公元璹、納言漢東郡公叔達、內史令宋國公瑀、兵部尚書蔣國公通、民部尚書榮陽公善果、右武候大將軍羅睺、御史大夫滑國公無逸等。或歷任前代。職位隆顯。或耆年宿望。德邁老成。翊戴經綸。功績茂重。或險夷契闊。情兼惟舊。並職司近侍。任兼心膂。恩禮所加。義從隆渥。特宜褒異。俾越常倫。寂已下奏事及侍立並令升殿。武德二年二月

### 郭子儀號尚父制

軒皇致理。必資力牧。虞舜布政。實賴皋陶。苟無師臣。豈登仁壽。故呂望輔已成之業。指揮致維師之名。伊尹出空桑之中。翼贊負阿衡之號。司徒兼中書令河中尹靈州大都督單于鎮北大都護充關內河東副元帥朔方節度關內支度鹽池六城水運大使押諸蕃部落兼管內河陽道觀察等使上柱國汾陽郡王山陵使食實封一千九百戶子儀。氣膺台輔。道佐經綸。當乾坤交泰之時。正君臣定位之禮。我肅宗皇帝龍飛靈武。剪滅鯨鯢。公則揚旆宣威。佐清六合。我大行皇帝撫軍鞏洛。收復都邑。公則摧殄殘寇。滌穢兩河。而又獫狁犬戎。共侵涇略。公則挺身鋒刃。獨立戰場。叱退窮醜。威雄七萃。塞垣無警。社稷永康。朕遭閔凶。爰在諒闇。公又外釐百揆。內舉四維。委監山陵。克修制度。萬樞倚辦。庶績其凝。凡所詢謀。必竭寅亮。敬從嘉話。則率土歡心。寄以緝熙。則彝倫式敘。弘宣五教。訓洽生靈。光照七德。威肅禍亂。豈周武有尊師之道。朕無崇德之名。宵衣永歎。夕惕增懷。雖年耆益明。轅門待鎮。然復土寄重。留藉毗倚。可加號尚父。兼太尉中書令山陵使。勳封如故。仍加實封通前滿二千戶。每月給一千五百人糧料。并給二百匹馬草料。有司備禮。以時冊命。

杜佑每月三兩度入朝商議軍國大事

卿量包久大。器茂沖和。事君推一德之誠。與物全四海之信。登於臺閣。則萬事問於胡公。守在方隅。則四國宗於申伯。舉其實行。是可專徵。頃者殷憂在辰。總錄攸重。金甌作鎮。羣情穆然。玉鉉是司。庶官咸事。朕涉理猶淺。惟賢是圖。遽陳請老之章。將輟弼予之道。一二省覽。良用憮然。用捨之間。慎重斯在。謂雅節之難奪。豈余衷之可移。是用徵上德之前經。酌優賢之故實。去繁就簡。勉以職業之勤。置几垂車。優其筋力之禮。卿宜起今已後。每月之內。常三兩度入朝。便至中書商量國事。亦冀延於內殿。沃朕虛心。如此則居多暇辰。退可以吐納頤志。入參大政。進可以偃息藩寮。靈壽將置於上庠。桑梓豈違於下杜。卿乃以朕此意宣示百寮。庶乎君臣作合之期。乾坤交泰之義。無愧前烈。永貽後昆。致政之詞。卽宜斷表。

裴度平章軍國重事三五日一入中書制

昔漢以孔光降置几之詔。晉以鄭沖申奉册之命。雖優隆耆德。顯重元臣。而議政不及於咨詢。用禮猶在於安逸。朕求至理。所寶惟賢。顧諟舊勞。敢不加敬。由是委宰制於大政。釋參決於煩務。時因聽斷。誠望弼諧。遷秩上公。式是殊寵。特進守司徒兼門下侍郎同中書門下平章事充集賢殿大學士上柱國晉國公食邑三千戶食實三百戶裴度。稟河岳之英靈。受乾坤之間氣。珪璋特達。城府洞開。外茂九功。內包一德。器爲社稷之鎮。才實邦國之楨。故能祇事累朝。宣融景化。在憲宗時。掃滌區宇。爾則有出軍殄寇之勳。在穆宗時。混同文軌。爾則有參戎入輔之績。在敬宗時。阜康兆庶。爾則有活國庇人之勳。洎弼朕躬。總齊方夏。爾則有弔伐底寧之力。皆不遺廟算。布在簡編。功利及人。不可悉數。而朝論益重。我心實知。方用咨繇之謀。適值留侯之疾。瀝懇牢讓。備列奏章。塞詔上言。動形顏色。果聞勿藥之喜。更俟調鼎之功。而體力未和。晉容尙阻。不有優崇之命。孰彰寵待之恩。宜其協贊機樞。弘敷教典。論道而儀刑卿士。宣德而鎮撫華夷。嗇養精神。保綏福履。爲國元老。毗予一人。可司徒平章軍國重事。待疾損日。每三日五日一度入朝中書。散官勳封如故。仍令所司擇日備禮册命。

## 異姓王

封五王制

門下、建侯之典。豈獨於懿親。茅土之榮。必覃於茂績。侍中上柱國齊國公敬暉。侍中上柱國譙郡開國公桓彥範、銀青光祿大夫守中書令兼修國史上柱國漢陽郡開國公張柬之、銀青光祿大夫中書令博陵郡開國公崔玄暐、中書令兼檢校安國相王府長史上柱國南陽郡開國公袁恕己等。早竭忠讜。夙罄腹心。在身喻於股肱。在物均乎舟楫。除兇而殄逆。更安宗社之基。策命而褒崇。爰申利建之寵。敬暉可封爲平陽郡王。彥範可封爲扶陽郡王。仍賜姓韋。柬之可封爲漢陽郡王。兼特進。勳及食實封各如故。玄暐可封爲博陵郡王。恕己可封爲南陽郡王。仍令准例朔望朝參。便卽不須推讓。主者施行。神龍元年五月十日

冊張柬之漢陽郡王文

維神龍元年、歲次乙巳五月己卯朔十五日癸巳、皇帝若曰。咨。古者之命官也。有德尊以爵。有功尊以祿。用能百揆時序。庶績其凝。詳其利建之跡也。異姓則羆熊封之於楚。宗子則邵奭宅之於燕。惟皇作極。率由前典。咨爾銀青光祿大夫中書令監修國史漢陽郡公張柬之、効祉星辰。資靈川岳。負佐時之略。有經邦之材。以忠孝爲己任。以仁義爲事業。頃者巨猾未殄。常思克清。一朝奮臂。二兇行翦。竟燃臍於東市。終掛膽於西州。遂得聖祚中興。皇運光啓。乾坤再闢。日月重明。刑白馬而書功。未足云答。指青山而比礪。曾何足酬。是用命爾爲特進漢陽郡王。爾其靖恭乃職。式允具瞻。使厚秩尊官。永全於長代。春蘭秋菊。無絕於終古。往欽哉。可不勉歟。可不愼歟。

冊崔玄暐博陵郡王文

維神龍元年、歲次乙巳六月己酉朔六日甲寅、皇帝若曰。咨。德懋懋官。功懋懋賞。萬古常行之則。千載不刊之典。故五十一之啓漢。三十一之中興。或舉代趙如拾遺。或取秦隴猶偃草。結丹青之誓。蒞白馬之盟。胙土苞茅。與洪河而永固。分珪錫社。共天壤以俱隆。緬考舊章。率由此道。爾中書令上柱國博陵郡公崔玄暐、夙負雄圖。早懷英毅。蘊公輔之量。有王佐之才。頃者元兇搆姦。圖危社稷。遂能懷忠抱義。奮不顧身。重國輕生。竟全王室。艱難既濟。家國永清。勤亦至矣。功亦大矣。昔賞及羆熊。聿封於楚。功尊盧綰。乃建於燕。異姓封王。抑惟前典。憲章故事。疇載厥功。是用命爾爲博陵郡王。用旌誠効。宜其忠節。河山無改。松竹無渝。往欽哉。汝諧。可不愼歟。

封衞伯玉陽城郡王制

門下、建爾茅社。所以親諸侯。加以金紫。所以封異姓。蓋章敍之舊制。必選功而茂賞。開府儀同三司檢校工部尙書兼江陵尹御史大夫充荊南節度觀察處置等使上柱國芮國公衞伯玉、性與弘毅。識資沖遠。公直不撓。智謀尤深。忠厚可移。文武是憲。幼讀墳典。已知名於國庠。晚精韜鈐。因効策於戎幕。累膺將帥之重。積有艱鉅之勳。竭力事邊。乃誠王室。伏波料敵。每合我心。司馬理軍。差強人意。自荊門作鎭。式是南邦。九江孔殷。三楚之會。澄淸節制。實得專征。而講求政理。開示恩信。旣愛人而省刑。將息馬以論道。寬而有制。令協於師貞。簡則易從。風行於剌舉。疆事寧晏。厥功茂焉。二等之榮。允茲馭貴。宜賜褒封之命。俾光優異之禮。可封陽城郡王。食邑三千戶。餘並如故。

封辛杲京晉昌郡王制　常袞

門下、關內河東副元帥左廂兵馬使同朔方節度副使開府儀同三司試太常卿兼御史中丞上柱國肅國公杲京、文武成器。公忠立節。副旌麾於戎

閫戎士馬於轅門。縱橫有謀。沉毅多勇。守能重固。戰必先登。弘變通以制用。崇制勝之嘉績。勤王憂國。艱險不渝。奉職在公。始終無替。封建之制。率由舊章。以功詔爵。議賞從重。宜分茅於二等。俾有國於千乘。可封晉昌郡王。食邑三千戶。

冊王景崇常山郡王文

維乾符五年、歲次戊戌十二月壬戌朔三日甲子、皇帝若曰。朕聞尙德尊賢。九命有專征之寄。論功誥道。四履標列國之榮。睠惟碩臣。統茲巨屛。茂勳克樹。殊寵未升。爰增疏土之恩。式表類能之重。成德軍節度使鎭冀深趙等州觀察處置等使開府儀同三司檢校太尉兼中書令鎭州大都督府長史上柱國趙國公食邑三千戶食實封二百戶襲實封一百戶王景崇。德星垂耀。嵩岳降神。抱匡君濟俗之宏才。蘊武庫文房之重器。智逾炙輠。利比決雲。運叶祥符。懷茂先之博識。道高時傑。同季野之陽秋。臨戎克布其恩威。命代榮彰乎經濟。惟乃祖禰。名光簡書。正氣干霄。忠誠貫日。永言勳績。著美華夷。承家得馭衆之方。共理契無爲之化。成吾心膂。藉乃棟梁。加以政洽兵農。惠分黎庶。俾貔貅之衆。敬若神明。穠穠之徒。愛如父母。況位升台鼎。績著翰垣。華賚復異於陳蕃。顯秩尤光於朱寵。更舉封齊之典。冀同繼越之尊。於戲。啓金縢於周公。翦桐珪於康叔。皆昭彰前史。蔚著殊庸。況今榮耀八紘。富居千乘。式茲優異。尙此渥恩。往惟欽哉。敬服厥命。今遣使給事中柳韜、副使吏部郎中趙祕持節。策爾爲常山郡王。

## 異姓王妃

冊崔玄暐妻爲博陵郡王妃文

維神龍元年、歲次乙巳六月己酉朔、六日甲寅、皇帝若曰。咨。夫母以子貴。妻以夫榮。聞諸通古。列在方册。惟爾博陵郡王崔玄暐妻盧氏。筮惟福胤。歸乃慶餘。備閑詩禮。夙擅言辭。斷織捐金。遵母師之雅訓。採蘋銘菊。得女史之明規。向時王室艱難。逆臣放命。敬暉等忘家徇國。翦暴誅凶。二耀重朗。萬姓相歡。爰命疇庸。聿予茂賞。大名隆器。已錫於所天。徽號寵章。宜覃於齊體。今遣銀青光祿大夫行尙書右丞上柱國蘇瓌、副使通議大夫守太常少卿韋叔夏、持節賫册。於是命爾爲博陵郡王妃。爾其無違藩守。務於和理。而使家可長久。聖人重之。可不美歟。敬之哉。

## 册三公

册齊國公無忌爲司空文

維貞觀某年月日甲子、皇帝若曰。於戲。開府儀同三司齊國公無忌、設官分職。允代天工。致治興邦。實資台輔。永覽前哲。咸在得人。故能成寅亮之功。

弘燮理之業。惟爾識宇沖邈。風範光昭。材稱棟榦。器惟瑚璉。叶贊皇基。克隆鼎業。譬彼舟楫。同茲魚水。任重禮闈。則璣衡以穆。位班職衮。則風雨不愆。固以方軌前烈。齊聲往彥。褒德美功。有國常典。經邦論道。僉曰爾諧。是用命爾為司空。往欽哉。其光膺寵命。可不慎歟。

册郭子儀尚父文

維大曆十有四年五月甲子、皇帝使金紫光祿大夫尚書左僕射彭城郡開國公攝太尉劉某持節册命曰。惟爾太尉兼中書令汾陽郡王某。其聽命。於戲。上天孚佑下民。若保赤子。弗俾罹於毒螫。伊昔殷辛秦季。萬姓愁苦。時則有太公望留侯良。毗武翼高。為之請命。若顛覆而蹻執熱。斯濯其在天寶至德之際。二叛稱兵。犬戎孔棘。則公投袂電赴。捍我於艱方。其擾亂化為安靖。然後燮和徐進。清廟安寧。繄公之勳業。蓋於張呂矣。憫予小子。哀煢在疚。公又熙常之采。納於軌度。小大謀猷。罔不率服。朕實賴公羽翼。為師為保。豈齷齪常典。擬於春秋之褒。今故特册公尚父之號。欽哉。公左右三朝年與德耆。尚迪古訓。匡予不及。節順風雨。參知鼎實。天人之任。將以仰成。公其念哉。惟公克享黃髮。優游廟堂。頤神道和。允綏予任。勗哉尚父。敬聽話言。用成其明德。欽哉。光膺寵命。可不慎歟。

册李晟司徒文

維年月日云云。皇帝若曰。粤惟上天眷佑我唐。賚予元輔。戡夷逆亂。宣振忠貞。光昭永圖。奮揚丕烈。今敬崇典禮。章信於朝。咨爾開府儀同三司檢校尚書左僕射同中書門下平章事合川郡王李晟。希代特生。乘時間出。高明稟忠厚之禎。故得擁是麾幢。徇於封略。旋師中冀。討孽上京。一鼓而兇魁電竄。皇居乃正。清廟重安。大效展於邦家。大惠敷於黎獻。武昭七德。文洽九歌。俾予一人。潛復丕業。抑聞功茂茂賞。義在疇庸。德茂茂官。理在翊善。爾既憂勤戮力。端明一心。申之以武功。重之以文德。是用稽之舊制。册命爾為司徒。爾宜亮采台庭。融光相府。敍彝倫於九牧。凝庶績於百工。祗率典章。阜成邦教。膺茲景命。可不慎歟。

册李晟太尉文

維貞元三年、歲次丁卯、四月乙卯朔、二十四日戊寅、皇帝若曰。在天成象。三辰耀其景。在地成形。五岳峻其位。古先哲后。罔不憲章。故則天之明。因地之利。建官置輔。論道經邦。配六符於太階。運七政於皇極。無其材則禮闕。有其德則榮升。爰自唐虞。率由斯道。故久虛上台之坐。以俟其人。載懷勳賢。聿歸元老。咨爾奉天定難功臣司徒兼中書令上柱國西平郡王食實封一千五百戶李晟。天授明德。為時棟梁。膺期挺生。佐理戡難。作我英宰。保大定功。混忠義以居心。等夷險以為體。魏郊伐叛。申肅殺之威。漢苑摧兇。樹廓清之效。宮城遂復。廟社攸安。三輔釋塗炭之憂。萬方允朝宗之願。及夫藩鎮岐下。黎獻昭蘇。踔威稜於接境。阜農耕於夷壤。欽若朝政。橐戢干戈。弼予一人。永清四裔。聿懷丕茂之績。式崇光大之請。是用命爾為太尉。惟其敬之哉。且德盛故禮殊。功高故賞異。極九命。貫三台。持華歆養德之規。保荀顗清純之道。具瞻斯在。可不慎之。

## 册馬燧司徒文

維某年月云云、皇帝若曰。昔有虞之帝天下也。契作司徒。誕敷邦教。五帝以遜。百姓斯親。其在鄭友。翊亮於周。鄧禹宣猷於漢。亦皆以德當國。以勳持令。天贊我唐。允生忠輔。出則擁旄定亂。重其望以成功。入則調鼎登庸。資其實而論道。再新茲典。棨命攸宜。咨爾檢校司徒兼侍中北平郡王馬燧。岐山粹靈。楨我王國。明謀炳於蓍蔡。雄略極乎韜鈐。文武在躬。剛柔備體。欽崇一德。期叶阿衡。故能受脤專徵。作我心膂。揚旌仗鉞。外鎮雄都。正師律以寧邊。宣國風而撫俗。華夷式敍。朔塞無虞。崇其大勳。謙德彌至。懿茲茂範。實簡予衷。昔貞觀初。戡定羣雄。拯寧庶類。有若趙國公無忌。外建夷兇之效。內申翼善之謨。陟居中台。鬱爲時棟。今予亦命爾光贊大猷。是用册爾爲司徒。宜祗厥位。九功不敍。咨爾緝熙。五品不昭。咨爾寅亮。予違汝弼。無或面從。式宣勵翼之誠。允副寵光之命。具瞻斯在。可不愼歟。

## 册裴度司空文

維年月云云、皇帝若曰。三台羅列。以承斗極。皇王取象。以建三公。將以調陰陽。乂萬國。論道興化。與天地參。故職官物采。不足以昭章物數。於是有明庭册拜清廟謁見之禮。以尊異之。咨爾金紫光祿大夫守中書侍郎同中書門下平章事兼淮南節度副大使知節度事晉國公裴度。有文理。有武功。有直聲。有忠節。弘深如大浸。峭拔如喬岳。愛人如慈母。宰物如權衡。師儒術於素王。授兵符於黃石。百行九德。疊於其躬。先皇以上聖之姿。啓中興之運。咸有一德。時惟汝諧。召雲命呂。翕受交感。翊助神算。底綏四方。大旆東搖。淮夷蕩定。長策獨運。全濟以平。解紛消慝。無小無大。去權樹善。或顯或晦。非可以造次詳。非可以一二計。肆予小子。昔當守器。休功令問。充溢聽聞。逮此纘承。委重藩鎭。達經國之大體。有事君之小心。知無不爲。功多不伐。可謂社稷之元老。經濟之宏材者也。予嘉乃勳。懿乃德。庸建爾於上公。爾惟省厥初。念厥終。任天下之安危。爲夷夏之表式。俾先帝之鴻業休德。不墜於地。俾予一人實受其福。於戲敬哉。

## 册李德裕太尉文

皇帝若曰。維天育生物。必極其壽而後臻於和。惟君保天祿。必登厥德而後底於道。我國家建皇圖。焯鴻業。二百三十祀。祖宗儲休。俾予嗣厥位。予祗若天地紹古之訓。惟賢時念。乃有冢臣光祿大夫守司徒兼門下侍郎同中書門下平章事充弘文館大學士太淸宮使衞國公李德裕、左右予一人。撫四夷。親萬國。文以和政。武以寧亂。於戲。爾有蹈義斷金之操。不渝於險易。爾有移忠匪石之誠。可薦於宗社。故翦吾欲以康務。沃朕心而成德。日者弧星耀芒。朔漠之人。若墜沸鼎。惟爾總合智力。撲其氛燄。盜萌蠹木。牙角滅息。孽豎扇禍。壼關搆釁。閉險聯絳。趙魏澤潞五州之人。是莫不憂其生於旦夕。惟爾叶予一人。經是七德。決自樽俎。發如雷電。風后之握機成陣。密並軒皇。羊祜之沉謀制勝。玄同晉帝。修憲刑爲戰器。閱禮樂爲身文。雖其功不自伐。已爲衆所共欽。不有殊榮。曷酬盛德。茲用命爾爲太尉。往惟欽哉。

# 唐大詔令集卷第六十二

## 大臣

### 册國公



### 册羣臣

册許敬宗太子太師文
册張延師左衞大將軍文

## 册國公

### 册高士廉改封申國公文

維貞觀某年月日甲子、皇帝若曰於戲昔周建五等。漢班六條。經邦之制既弘。載祀之祚惟永。是以樊侯申伯。功成藩翰。喬卿叔節。績宣刺舉。惟爾特進吏部尚書許國公高士廉、識宇宏正。風鑑秀激。地惟姻戚。材稱棟幹。雲雷在運。參霸圖於艱難。龜鼎有歸。奉王猷於獻替。廊廟推重。搢紳佇德。惣方牧之寄。勝殘播美。綜銓衡之職。得人流詠。固以聲高多士。功書太常。桐柏作鎮。渦淮設險。形勝之地。允屬勳賢。是用命爾爲使持節申州諸軍事申州刺史。改封申國公。傳之子孫。世爲唐輔。往欽哉。率循典禮。勉固誠節。垂裕來葉。以保黎庶。可不慎歟。

### 册李勣改封英國公文

維貞觀某年月日甲子、皇帝使某官持節册命曰。於戲。列爵者必侯茂勳。設官者咸資懿德。所以翼贊王室。弘宣帝載。惟爾光祿大夫行并州都督長史太子左衞率曹國公李勣、識量恢弘。風略宏遠。忠以奉上。信以立身。獻款西歸。邶鄘風美。分麾東略。虢鄭景從。預艱難於藩邸。參經綸而方面。南定惟揚。北清大漠。威振殊俗。勳書册府。及入司禁旅。出帥藩鎮。勤勞表於夙夜。績用成於期月。蘄春之地。濱帶江淮。鎮捍之重。允屬功烈。是用命爾爲使持節蘄州諸軍事蘄州刺史。改封英國公。任重六條。地優五等。爲朕屏藩。傳爾子孫。往欽哉。其祗膺朝命。克固臣節。勤恤黎元。垂裕後世。可不慎歟。

### 册程知節改封盧國公文

維貞觀某年月日甲子、皇帝使某官某副使某官某持節册命曰。於戲。蓋宣條作牧。胙土建侯。共治是寄。藩翰斯在。惟爾左領軍大將軍檢校原州都督宿國公程知節、志懷銳穎。氣含強果。業預艱難。效宣行陣。入司禁衞。勤誠著於軒陛。出鎮方隅。惠化洽於黎俗。疇庸有典。式隆寵命。是用命爾爲使持節朗州諸軍事朗州刺史。改封盧國公。傳之子孫。長爲藩屏。往欽哉。爾其戒典謨之訓。固臣子之節。勤修政道。以貽爾後裔。可不慎歟。

### 册侯君集改封陳國公文

維貞觀某年月日甲子、皇帝若曰於戲夫經邦之道。必資長策。利建之義。式固無窮。是以周之列國。世祚藩屏。漢之功臣。永垂帶礪。惟爾兵部尚書潞國公侯君集、體業貞固。識量恢弘。任切腹心。寄深文武。草昧伊始。奉一匡於藩朝。光華在運。典九伐於禮樂。入陪禁中。出臨閫外。贊嘉謀於樽俎。掃逋寇於遐荒。誠量歲寒。勳勒庸器。宛丘之地。實惟舊鎮。胙土作牧。允屬朝望。是用命爾爲使持節陳州諸軍事陳州刺史。改封陳國公。傳之子孫。世爲唐輔。往欽哉。爾其克固臣節。思勗王度。夙夜匪懈。無替典則。可不慎歟。

冊段志玄改封褒國公文

維貞觀某年月日甲子。皇帝若曰。於戲。夫計功裂土。量能分職。所以光贊王室。康乂黎元。惟爾左驍衛大將軍樊國公段志玄。理懷沉毅。氣幹強雄。蜀漢委質。早効忠款。潁川從我。備盡心力。預艱虞於藩朝。陪戎征於閫外。勤宣堦陛。功表旌旗。西域之地。襟帶巴蜀。藩翰之重。實俟勳庸。是用命爾爲使持節金州諸軍事金州刺史。改封褒國公。傳之子孫。世爲藩輔。往欽哉。爾其勉固一心。勗茲六行。克勤政術。無斁彝典。可不慎歟。

## 冊羣臣

冊張允恭鄯州都督文

維顯慶元年。歲次景辰。十二月辛卯朔。八日戊戌。皇帝若曰。夫安邊訓俗。有國之先猷。簡賢任能。爲政之常典。惟爾蘭州都督安陸縣開國公張允恭。器宇詳正。識用邁遠。夙著勤誠。早延恩遇。金方違龕。羌戎荐居。降節監撫。綏懷攸屬。是用命爾爲使持節都督鄯蘭河儒廓淳濛七州諸軍事鄯州刺史。封如故。爾其鎮靜幽荒。式清姦宄。憺威稜以肅遠。明賞罰以垂信。無怠庶政。率由舊章。光膺寵命。可不慎歟。

冊唐臨吏部尚書文

維顯慶二年。歲次丁巳。十月丁亥朔。十九日乙巳。皇帝若曰。昔虞舜分司。元愷膺機揆之任。當塗受命。崔盧處銓綜之重。故能翊宣景化。叶贊時雍。惟爾度支尚書唐臨。器識沉敏。操履貞潔。譽滿周行。效章官次。損益機務。爰著循聲。藻鑑流品。實資淸識。是用命爾爲吏部尚書。爾其懸衡處物。虛心待士。求賢審官。循名責實。祗承朝寵。可不慎歟。

冊段寶玄越州都督文

維顯慶三年。歲次戊午。七月辛巳朔。十九日己亥。皇帝若曰。於戲。夫成俗康邦。寄深於岳牧。宣風闡化。任切於循良。惟爾銀青光祿大夫行洛州長史段寶玄。體量凝整。理懷貞贍。總務仙臺。能官著於綱紀。分司棘署。令德表於平反。三川之野。允敷聲績。九江之地。爰資鎮撫。是用命爾爲使持節都督越台括婺泉建六州諸軍事越州刺史。爾其勤加恤隱。勉思爲政。審之以刑獄。馭之以公平。革剽悍之風。歸淳質之軌。欽茲寵命。可不慎歟。

冊喬師望涼州刺史文

維顯慶三年、歲次戊午、十月庚辰朔十一日庚寅、皇帝若曰。於戲。夫卹隱求瘼。義裕於循良。撫衆懷邊。允資於才幹。惟爾正議大夫守涼州都督駙馬都尉喬師望。風情敏濟。志略明遠。夙承榮寵。早預驅馳。仗節秋方。功勤克展。分符朔野。政科伊肅。玉門遠控。金城遐阻。人兼北狄。俗雜西戎。剌擧爲難。式遏斯重。是用命爾爲使持節□□□□□□□八州諸軍事涼州刺史駙馬都尉如故。往欽哉。祗膺典册。勉修爾令德。思効爾忠規。垂淸白之風。布廉平之化。絕姦宄於亭鄣。徵獄訟於閭里。嗣其和氣之美。革彼貪頑之弊。光我王度。可不愼歟。

## 册閻立本工部尚書文

維顯慶四年、歲次己未、三月戊寅朔十七日甲午、皇帝若曰。職管納言。任參機事。上非德而不受。下非材而不處。咨爾將作大匠上護軍閻立本。識局周敏。理懷通悟。體忠勤而表性。資仁恕以立身。而思叶多能。藝兼衆美。委質運始。策名朝列。知効先於課職。聲猷播於紀律。爰緝水土之官。實諧搢紳之論。是用命爾爲兼工部尚書。勳官如故。往欽哉。其敬承休命。獻善之規。攸屬持平之務。斯在恭惟明允。可不愼歟。

## 册李寬太子詹事文

維顯慶四年、歲次己未、三月戊寅朔二十五日壬寅、皇帝若曰。於戲。弼諧儲副。必俟才英。總務宮端。允資忠量。故漢朝選德。受禮峻於賓卿。晉代光□。升榮歸於謝琰。咨爾金紫光祿大夫懷州刺史上原縣開國侯李寬。識局沉謹。理懷詳正。勤誠表於內外。智效張於文武。聲猷載闡。齒秩兼優。博望斷裁之規。與能僉屬。承華彈肅之寄。任賢在斯。是用命爾爲太子詹事。封如故。往欽哉。其祗膺茂典。勉修乃職。景前哲之高蹤。垂後昆之令譽。對揚休寵。可不愼歟。

## 册李義府司列太常伯文

上官儀

皇帝若曰。於戲。山祇誕況。叶申甫於昌期。河靈屬符。埒蕭張於景運。故乃訏謨帝載。葳蕤鼎業。宣猷曄於樽俎。燮政藻於丹青。望重九霄。道光五政。咨爾兼吏部李義府、遠資門德。獨秀人靈。照赤野而合輝。映青田而寫韻。孝睦爲本。錫類之範彌彰。淸白爲基。畏知之迹逾劭。金籯仞彩。辨終豹於書林。珠握分光。騁鄒龍於筆海。栢臺樆公宴之藻。蓬閣開良直之詞。勝望挺於和車。奇謀表於韓劍。彝倫寄其元穆。品鏡抒其淸通。矯翮培風。絕雲霓而高邁。聳鱗遊霧。排閶闔而上馳。行孚朋親。聲流簪組。是用命爾爲司列太常伯。勳封如故。同東西臺三品。往欽哉。爾其卑以待物。缺隅之理斯存。愼以飭躬。數服之情爲重。道申規獻。義先啓沃。祗膺茂躅。可不愼歟。龍朔二年二月五日

## 册劉伯英左監門衛大將軍文

皇帝若曰。閶闔任隆。周廬禁切。□忠賢之允著。實韜略之兼優。惟冠軍大將軍行左驍衛將軍山陽郡開國公劉伯英、志力沉濟。襟情爽烈。早標奇正之術。彌光巡警之功。宿衛禁林。志齊金石。扈從別館。任重腹心。功宣六豹。氣掩三韓。折衝之效有聞。爪牙之任攸屬。式疇徽烈。擢衛宸闈。是用命爾爲

左監門衛大將軍。封如故。往欽哉。爾其□□職司。無荒朕命。不虞之寄。不可愼歟。龍朔二年二月八日

## 冊竇玄德司元太常伯文　上官儀

皇帝若曰。於戲。總務文昌。司會之名尤重。升榮建禮。內史之職彌隆。自非材氣兼洽。聲望允成。何自式管榮褒。對揚綸爵。唯爾大司憲護軍竇玄德、門列袞章。地華令緒。踐中和而立性。資乂德以含章。禮囿騰芳。儒壇彌寶。宏謀動於簪紱。令範光於廊廟。攝官憲府。勵俗而挺嘉猷。受委皇京。匪躬而輸懿績。宣效朝任。誠著周行。申其寬直之規。參攝損益之任。是用命爾爲兼司元太常伯。勳官如故。往欽哉。爾其供奉彝倫。式昭王度。勉爾忠正之忱。無忝恪恭之表。納言之寄。可不愼歟。龍朔二年十月十一日

## 冊許圉師左相文　上官儀

皇帝若曰。於戲。五官用乂。弼化佇於丹青。宅揆代工。成□資於薪蒸。軼紀龍而遐翥。排命扈而曾騫。承玉劍於副車。儼金璫於重席。便繁斯在。問望攸歸。咨爾左常侍檢校左相兼行太子右中護上柱國平息縣開國公許圉師、箕峯搆精。橫渚派源。幹業峻其家風。象賢溢其門慶。神機朗照。靈府洞開。識綜亡篋。敏該韋珮。列幹雲敷。升漢臺而叶彩。彈毫波偃。懸魏帳而均輝。習武經文。綢繆於丹扆。履忠蹈信。保乂於玄墀。石室蘭坊。剽華纓而振迹。邇闈綸閣。飛若綬而盱衡。揚歷邵能。執鈞伊寄。是用命爾爲左相。勳封如故。往欽哉。爾其爕諧帝載。克固匪躬之躅。恢融王道。式茂如仁之規。削荼止於輕椒。茹茅期於上賞。纂光烈而騰懿。裕後昆而垂則。祗膺朝奬。可不愼歟。乾元二年十一月七日

## 冊薛孤吳仁右金吾衛大將軍文　上官儀

皇帝若曰。於戲。望重韜鈐。藉董戎之寄。志齊金石。膺御武之求。用軫聞鼙之慮。式著銜珠之象。惟爾右金吾將軍朔方郡開國公薛孤吳仁、志局開爽。貞規克濟。自契絳官之術。宜符玉帳之機。賈勇三軍。折□關之效。誠輸八陣。標斬將之功。樹績方隅。書勳王府。出茂於分閫。入隆於交戰。睠此師訓。旣穆朝經。錫以徽章。允疇僉議。是用命爾爲右金吾衛大將軍。封如故。往欽哉。其勵乃忠貞。恭玆奬飾。祗承寵命。可不愼歟。龍朔二年十一月二十五日

## 冊許敬宗太子太師文

皇帝若曰。於戲。鳳紀龍名。茂迹光於鉛槧。礪金鈎玉。嘉庸絢於緹油。蓋以叶贊帝圖。弼成鼎命。矧乃望高咸一。超庶尹而馳風。道鬱半千。冠羣后而宣譽。咨爾光祿大夫行右相許敬宗、藉敬生德。基賢誕秀。謀猷經制。識度英遠。培風逸翰。業峻於巨臣。滅景宏才。器隆於王佐。詞源淸祕。濯色於彤墀。藝苑沖深。抽華於綉牒。揮汗簡於丹掖。矯豐餌於鷄栖。翊弘詞於青闈。彯長纓於鶴籥。訪溫樹之緘對。舉霄燭而題明。盛烈輝於西豪。茂功表於東第。籠翠泉之軒聖。掩丹雲之漢傑。可以作訓元儲。聳遙山之迴搆。喻善貳辟。激伊水之長瀾。是用命爾爲太子太師。監修國史等並如故。同東西臺三品。仍知西臺事。往欽哉。爾其胙土而乘謙牧。克己而蹈禮圖。晨謁金墀。事切於忠謇。夜隨銀檠。義先於調護。靖恭朝列。可不愼乎。龍朔二年十二月二十五日下

册張延師左衛大將軍文　　上官儀

皇帝若曰．於戲．姬歷初沖．是賚方邵之列．漢圖攸永．往隆南北之軍．故鏤鼎垂勳．銘常紀效．坐樹之名爲重．聞鼙之慮實深．惟爾左衛大將軍檢校羽林軍上柱國張延師、志局淹凝．識度閑雅．當風雲之會．遇經綸之日．執覊霸府．盡忠肅之勤誠．聳劍元戎．罄旌麾之茂績．有六奇之祕術．蘊三略之宏規．邁遐烈於孫吳．掩芳聲於□□．□穴報之迹．紀運頻周．光華之典．賢才攸屬．是用命爾爲鎮軍大將軍、行左衛大將軍．餘如故．往欽哉．其敬揚休命．無忝朝奬．勉爾幹愼之規．宣明奇正之理．連徽往彥．可不愼歟．龍朔二年二月三日

# 唐大詔令集卷第六十三

渾瑊配享德宗廟庭詔

實封

加王琚等食實封制

加張暐食實封制

加劉幽求食實封制

加郭虔瓘食實封制

賜李光弼實封一子官制

不許李光弼辭封詔

賜張自勉實封詔

加田承嗣實封制

加田神功實封制

加馬璘實封制

分郭子儀實封賜諸子詔

馬燧李皋賜實封制

## 册贈

### 册贈豆盧欽望司空幷州大都督文

維景龍四年、歲次庚戌、二月□□朔二十二日□□、應天神龍皇帝若曰、咨爾故開府儀同三司知軍國重事上柱國芮國公致仕豆盧欽望、朕聞古之哲王、必有賢佐、其存也俾乂、謂之奮庸、其歿也不朽、謂之立德、可不然歟、爾十紀羽儀、三朝冠冕、專直爲操、非法不言、溫謙在容、非禮勿履、故能揆路斯穆、台階以平、而韋賢罷歸、疏廣辭退、致虛守靜、方密道樞、居常待終、竟從冥錄、是用輟朝增欷、趨哭軫懷、榮以建旗、正其服衰、今贈司空幷州大都督、持節備禮册命、則二儀式奉、九原可作、冀爾幽魂、嘉夫寵數、嗚呼哀哉、

册贈楊再思并州大都督文

維景龍三年、歲次己酉、九月甲寅朔二十三日景子、應天神龍皇帝若曰。昔孔丘云歿。魯哀由其作誄。晏嬰既往。齊景爲之行哭。且謂陪臣義猶存此。甫懷良相。情則過之。咨爾故尚書右僕射同中書門下三品監修國史上柱國鄭國公楊再思。河岳粹靈。廟堂神器。率由百行。能具九德。自弼諧庶績。師長羣寮。淸白所以樹風。丹靑所以成化。有若巫咸之保乂。傅說之欽承。故能宣慈惠和。邁跡垂憲。而運同過隙。悲深撫几。興言軫悼。載想謨猷。發金縢之舊銘。詢葬毫之前訓。俾加印紱。秩齊於子眞。式奉園陵。志畢於元凱。是用增寵命於端揆。茂徽章於連率。今贈爾持節幷州大都督。遣太府少卿韋璿持節備禮册命。方使五公門閥。二臣丘壟。魂而有靈。懿茲榮贈。嗚呼哀哉。

册贈高崇文司徒文

維元和四年、歲次己丑、十月癸酉朔十三日乙酉、皇帝若曰。自我有國大諸侯之勳勞者。必勒功圖形。播於鐘鼎。藏於盟府。歿則極異等之禮。以嘉魂魄。使奮乎百代之上。而百代之下爲臣者莫不興起也。咨爾故邠寧慶等節度支度營田觀察處置等使充京畿諸軍都統開府儀同三司檢校司空同中書門下平章事持節邠州諸軍事兼邠州刺史上柱國南平郡王食邑三千戶高崇文。英姿絕羣。雄略神授。上通星辰之氣。克扶期運之數。少事絕塞。保寧朔方。千秋之勇。常冠軍鋒。吳芮之忠。早書令甲。頃以井絡之下。盜臣流毒。獸心狼顧。誘脅吾人。遂拜於齋壇。授以蕭斧。束馬蓐食。先命戒途。曾無再藉之役。不用一卒之死。繯致首惡。戮屍天街。西南晏淸。按堵如故。禮加九命。秩尊三事。貴列東第。壤踰徹侯。勳邁夷夏。煇灼編簡。進律遷秩。兼制舊疆。偃扉臥鼓。解甲休卒。期以無征。逮乎三垂。喑忽生災。壽量中輟。維屏之歎。怛然疚懷。故命使國子祭酒劉宗經、副使司勳郎中李直方持節册贈爾爲司徒。賻襚命數。率禮加等。式表無原之功。用申不檢之賞。將我悼痛。告於幽神。

册贈吳少誠司徒文

維元和四年、歲次己丑、十二月壬申朔二十七日戊戌、皇帝若曰。歿加榮號。所以勸人。示其爵列之差。用彰禮命之數。咨爾故彰義軍節度支度營田由光蔡等州觀察處置等使光祿大夫檢校司空同中書門下平章事使持節蔡州諸軍事兼蔡州刺史上柱國濮陽郡王吳少誠、嘗賈拳勇。習知戰陣。服上將之號令。爲中書之首出。及鑿門建牙。授以封域。稜威以行法制。峻文以輯賦輿。當先聖之委遇。極寵祿之休顯。序位列公台之盛。茅社有侯王之尊。謂終享遐紀。策勳功令。壽量斯盡。軫於予衷。今遣使權知宗正卿李詞、副使起居舍人裴度持節册贈爾爲司徒。於戲。守屏之臣。注意斯重。昭我寵渥。藏於後昆。

册贈劉總太尉文　白居易

維長慶元年四月某日、皇帝若曰。朕聞古有履忠仗順。生而大有爲者。又有功成身退。歿而永不朽者。非正氣令德。間生挺出。則高名大節。孰兼之哉。

天平軍節度使檢校司徒兼侍中楚國公劉總。降自天和。立爲人傑。得君於先帝。叶運於昌時。纂戎弓裘。守土燕薊。迨此一紀。北方晏然。有開必先。納凝於我。沉斷大事。奮揚奇謀。奉幽都四封之圖。絜盧龍三軍之籍。盡獻闕下。高謝人間。感動君臣。驚激忠義。顧妻子若脫屣。等富貴如浮雲。至道是從。奉身以退。仲連事成而蹈滄海。子房名遂而追赤松。賢明所歸。古今一致。朕方改授兵柄。移鎮鄜郊。命作司徒。倚爲左相。期奮乃志。將沃朕心。而天不憖遺。邦失柱石。夫臣戴君如元首。則君視臣如股肱。股肱或虧。何痛於是。茲朕所以廢朝軫念。備禮加恩。庸建爾於上公。蓋褒贈之崇重者也。嗚呼爾總。尚知之乎。今遣使某官某持節冊贈爾爲太尉。

冊贈李珏司空文　杜牧

維大中六年、歲次壬申五月丁卯朔十六日壬午、皇帝若曰。國有元老。道可咨稟。天命不助。倏然去我。宜加褒命。以慰重泉。咨爾故淮南節度副大使知節度事管內營田觀察處置等使金紫光祿大夫檢校尚書右僕射兼揚州大都督府長史御史大夫上柱國贊皇縣開國公食邑一千五百戶李珏。立德行道。繼長增高。貴而彌篤。在文宗朝。徧歷清近。內備顧問。嘗摧奸兇。外領事權。善提故典。爰付魁柄。實肖象求。鎮撫四夷。莫不尊信。訓導百吏。皆有程品。左官荒服。衆寃非罪。事君以道。知我其天。李固之確論無私。周公之金縢終啓。自朕統御。尊敬舊老。分委戎輅。作鎮孟津。訓兵令行。治人化洽。飽聞聲問。渴見風彩。以大冢宰徵歸朝廷。讜直忠貞。骨鯁魁壘。凡所陳啓。無非法度。遂乃裂授東夏。表率諸侯。能救飢艱。克爲康泰。初陳微恙。請捐重寄。驛騎奔問。侍醫臨理。旋聞大病。却食涕流。命也奈何。痛悼不及。今遣使某官副使某官持節冊贈爾爲司空。魂而有知。鑒茲誠意。嗚呼哀哉。

冊贈李茂莊太師文　錢珝

維年月日某甲子、皇帝若曰。忠信之於人也。若酒醴之有麴糵也。智者厚而愚者薄。能者寡而知者衆。麴糵厚而遺味深。忠信厚而遺美大。存誠所至。享福必全。生死既分。是非乃定。咨爾故山南節度使開府儀同三司檢校太傅兼侍中興元尹李茂莊、懷忠信之寶。以圖其身。行其不迷。用則不匱。得之善始。守之克終。故金蟬左貂。爲爾之冕。昭其冠也。彤弓玈矢。爲爾之器。昭其錫也。而又帶綬係印。曰公曰相。位列元帥。政在中權。馮翊分三輔之豪。成紀接右界之險。俾爾出號令。爾惟有威。俾爾於教條。爾惟有惠。威則鮮犯。惠則鮮違。吾復以漢中控諸蜀塞。耀爾昆弟。聯彼封疆。易武節以授之。實地圖之巨者。勸夫忠信。是亦庶幾。爾其當職必修。許盟必會。更資共奬。且勵率先。使吾擇臣之心。得以示信。萬國之川流靡息。一朝之山立遽頹。嗟復魄以安歸。悼降年之非永。式昭所賴。天奪諒多。言念舊臣。亦不半在。以茲悽惻。何必鼓鼙。昔人能立武者。則太公爲師。慰爾之行。用示追顯。是爲有卒。無或不瞑。今遣某官某等持節冊爾爲太師。嗚呼。爾其聞吾茲命。

冊贈韓遵太尉文　錢珝

維年月日某甲子、皇帝若曰。爵以充其量。祿以報其功。君命之始也。贈以昭其數。誥以申其悲。君命之終也。視朝乃廢。厥悼可知。咨爾故靈武節度使韓遵、緒承三傑。勇抗萬夫。用材既適於輪轅。赴節有同於金鼓。寡言而信。匪怒而剛。握善陣之沉機。貫用伐之祕策。使之奉祀。亦克象賢。提封以寧。在政無改。絕編戶之于役。撫諸戎之允懷。牧馬雖多。罔侵吾土。射鵰自遠。空墮塞雲。攬留黎而安敢渝盟。候甌脫而何嘗得氣。以茲宣力。是謂良哉。而中權未衰。內寇難遏。朔風方勁。朝露已晞。孰爲不永之年。貽我或虧之痛。嗚呼。富則侯矣。貴則相矣。揣摩立則明遂。終身有涯之生。息焉奚恨。舉秦官之顯秩。表漢將之殊庸。以極朕心。庶弘君道。今遣某官某等持節。冊爾爲太尉。雖虛冠劍。且飾丘封。俾篆刻之文。永光漢復魄在地。期爾尚知。

冊贈劉崇望司空文　　錢珝

維年月日某甲子、皇帝若曰。生不能用。死而誄之。爲上者且愧於心。古君子亦云非禮。其或嘗居夾輔。兼授中權。生也無不用之悲。歿也有可追之命。展茲異數。示彼諸孤。我念大臣。庶幾得禮。咨爾故特進兵部尚書劉崇望。氣聚之稟。植性自分。先哲王由是而觀賢。不肖於茲乃定。所以樹爲吉德。彰在令終。論若所爲。信如斯語。始於家事。勵以躬行。處昆弟之歡。恥聞優劣。視僕隸之役。常務寬容。避名無取於白眉。掩過每言乎爛手。愛周疏屬。惠徧故人。位高而唯恐驕矜。權至而未嘗擊斷。剛亦不吐。怨乃用希。是以誠存則安。族大能保。天非有私於若。惟若有順於天。昔者太史秉書。沖人嗣訓。時乃之任。首冠侍臣。罔漏代言。以光誕告。幾乎旬歲。克應旁求。佐理甚勤。念功如在。比從蜀道。入補夏卿。方待嘉謀。共熙庶績。一旦奪吾心膂。寇爾膏肓。夢兩楹而遽難明徵。偃巨室而猶疑假寢。永言辨色。遂絕履聲。且臨將葬之期。彌積或虧之痛。自朝受策。以法登車。往慰遊川。俾稱空土。今遣使左諫議大夫憲王博副使倉部郎中溫緒持節。冊爾爲司空。嗚呼。吾所申命。何若於魯侯之誄。屬辭於若。尚知之哉。

## 陪陵

賜功臣陪陵地詔

乾坤合德。爰著易簡之功。君臣一體。克成中和之治。遠取諸物。若舟檝之濟巨川。近取諸身。猶股肱之戴元首。同心叶契。存歿以之。故諸侯列葬。周文創陳其禮。大臣陪陵。魏武重申其制。去病佐漢。還奉茂鄉之塋。夷吾相齊。終託牛山之墓。斯蓋往聖垂範。前賢遺則。錄曩昔之宿心。篤終始之大義者也。皇運之初。時逢交喪。掃除多難。光啓鴻業。謀臣武將。競進轅門之前。明德異材。爭趨魏闕之下。或雲雷伊始。功參締搆。或光華在旦。績著弼諧。及密戚懿親。舊勳宿德。委質先朝。特蒙顧遇者。自今以後。身薨之日。所司宜即以聞。賜以墓地。並給東園祕器。事從優厚。庶敦追遠之義。以申罔極之懷。貞觀十一年十月

功臣陪陵詔

周室姬公陪於畢陌。漢庭蕭相附彼高園。寵錫墳塋。聞諸上代。從窆陵邑。信有舊章。蓋以懿戚宗臣。類同本之枝榦。元功上宰。猶在身之股肱。哀榮之義實隆。終始之契斯允。今宜聿遵故實。取譬拱辰。庶在鳥耘之地。無虧魚水之道。宜令所司於昭陵南左右廂封境取地。仍即標誌疆域。擬爲葬所。以賜功臣。其父祖陪陵。子孫欲來從葬者。亦宜聽許。貞觀二十年八月

贈郭子儀太師陪葬建陵制

天地以四時成物。元首以股肱作輔。公台之任。鼎足相承。上以調三光。下以象五嶽。允釐庶績。鎮撫四夷。體元和之氣。根貞一之德。功至大而不伐。身處高而更安。尙父比呂望之名。爲師贈周公之位。盛業可久。歿而彌光。故太尉兼中書令上柱國汾陽郡王尙父子儀、天降人傑。生知王佐。訓師如子。料敵如神。昔天寶多難。胡羯作禍。咸秦失險。河洛爲戎。公能翼扶肅宗。再造區夏。國有患勞其戡定。邊有寇藉其驅除。安社稷必在於絳侯。定羌戎無踰於充國。絳郡綏四散之衆。涇陽降十萬之虜。勳高古今。名讋夷狄。而勞乎征鎮。二紀于玆。頃以春秋既高。疆場無事。罷彼旌鉞。寵在台衡。以公柱石四朝。藩翰萬里。忠貞懸於日月。寵遇冠於人臣。尊其元老。加以崇號。期壽考之永。養勳賢之德。膏肓生疾。藥石靡功。人之云亡。梁木斯壞。雖賻禮加等。輟朝增日。悼心流涕。曷可弭忘。更議追崇。名位斯極。尊爲尙父。官協太師。雖爵秩則同。而禮望尤重。歛以袞冕。旌我元臣。聖祖園陵。所宜陪葬。軾墓重文侯之禮。象山追去病之勳。千載如存。九原可作。册命之禮。有司備焉。可贈太師。陪葬建陵。仍令所司備册命。賻絹三千疋、布三千端、米麥三千石。

## 配享

桓彥範等配享中宗廟庭詔

皇輿肇建。必有輔佐之臣。天步艱難。爰仗經綸之業。故侍中譙國公桓彥範、侍中平陽郡公敬暉、中書令兼吏部尙書漢陽郡公張柬之、特進博陵郡公崔玄暐、中書令南陽郡公袁恕己等。並德惟神降。材與運生。道叶台岳。名書讖緯。寅亮帝載。勤勞王家。參復禹之嘉謀。奉昇唐之景命。雖俎謝已久。而勳烈益彰。撫彝鼎以念功。想旂常而增感。緬遵故實。用表徽懿。俾列在淸廟。登於明堂。克申從祀之儀。式茂疇庸之典。並可配享中宗孝和皇帝廟庭。

蘇瓌劉幽求配享睿宗廟庭詔

凡有功者。銘書於王之太常。祭於大烝。司勳詔之。允所謂疇庸紀勞。頒賞旌善。藏於天府。饗於廟庭。臣哉鄰哉。其道光也。故尙書左僕射太子少傅贈司空荊州大都督許文貞公瓌、閑邪存誠。允迪厥德。故尙書右丞相太子少保郴州刺史徐國公幽求、聞義盡節。克茂乃勳。並儀刑羣后。左右厥辟。直

道罔缺。危言孔臧。景龍末年。邦國多難。愷悌君子。服勞王家。或親承顧託。以安劉氏。或潛圖翼贊。願奉唐侯。纘乃舊服。協於先契。弘濟弼亮。厥猷茂焉。俾台小子。嗣守文武之業。獲奉宗廟之靈。實資元輔。是敭末命。茲予大享於先王。爾其從祀。以配我有唐之休烈。並可配享睿宗大聖眞皇帝廟庭。

### 裴冕李晟段秀實配享肅宗德宗廟庭詔

朕聞昔之佐時制物者。咸有大功。是惟五官。以配五帝。自時厥後。有國家者。莫不以輔弼之寄。社稷之勳。登名大烝。陪饗淸廟。苟非茂德。孰允盛儀。贈太師冕。望重巖廊。爲時貞幹。靈武艱阻。首贊經綸。宣力股肱。平心鼎鉉。佐戡定之成業。推翼戴之嘉猷。贈太師晟。識積韜鈐。神假雄武。建中寇孽。躬踐憂虞。垂餌武猥。致威罇俎。刷宮廟之塵穢。回日月之光輝。贈太尉秀實。氣沖斗牛。節固金石。兇渠僭逆。潛蹶根萌。矯命還師。吏刃決死。紓阽危於怵迫。挫狂狡之姦謀。並材爲時生。用當運否。感雲龍而應變。炳辰象以降靈。光復寰區。振揚風槩。勳庸藏于盟府。寵飾備於前朝。光陰不追。盛烈如在。朕頃因郊禮。爰舉典常。俾差茂勳。以配殷祭。惟咸有一德。允屬乎三臣。庶昭示於將來。式崇恩於旣往。冕宜配饗肅宗廟庭。晟、秀實宜配饗德宗廟庭。

### 渾瑊配享德宗廟庭詔

旌勸是先。久叶念功之義。薦羞爰舉。聿追配饗之儀。贈太師瑊。鍾秀誕靈。逢時翼聖。銘鏤金石。帶礪山河。績旣著於先朝。業宜光於後胤。俾之從祀。用表遺勳。宜配饗德宗廟庭。

## 實封

### 加王琚等食實封制

門下、古之書甲令銘太常。若不撫翼靑雲。馳光白日。未有君則議賞速。爲善而知勸。臣亦避榮葆。流謙而受益。豈非君臣之際。感通之理然也。新除銀靑光祿大夫守戶部尙書崇文館學士趙國公王琚、體融純粹。鑒澈精微。謨猷濟時。詞學辯政。新除銀靑光祿大夫守工部尙書楚國公姜皎、宏才倜儻。勝氣淸明。含章揆發。臨事條解。新除銀靑光祿大夫殿中監宋國公李令問、居惟密靜。胄實勳華。率禮而和。立言以信。或受釐則問。或捨講相得。非直蕭曹不遠。自我之舊。故能管樂咸起。致予在斯。頃掃羣兇。緊賴其力。爰升茂寵。固辭厥位。誠非易奪。義所難違。俾增秩於掖垣。更回班於殿省。仍加井邑。以答元勳。琚可行中書侍郎。俸祿防閤品子課等一事以上同三品。給加食實封二百戶。通前滿五百戶。皎可殿中監。仍充內外閑廐使。加實封二百戶。通前滿七百戶。令問可行殿中少監。兼知尙食。加實封二百戶。通前滿五百戶。散官封學士各如故。主者施行。先天二年七月十八日

### 加張暐食實封制　蘇頲

門下、疏爵列土．是稱王制．大功盛德．必建侯封．銀青光祿大夫大理卿張暐、守道恭懿．飭躬明哲．誠亮邦國．實繁於華．愛同君親．忠出於孝．比者潛申翊戴．屢挫兇慝．故以議存謀始．防在慮先．披荆之效不渝．采葛之讒遂起．粤自荒裔．升於王朝．追朱祐之前言．深啓於天命．指蕭何之舊事．獨高於人傑．思弘賞典．用載盟書．惟鄧樂郊．陪京奧壤．宜賜予茅社．永旌采地．可封鄧國公．賜實封三百戶．餘如故．主者施行．先天二年七月十九日

加劉幽求食實封制　蘇頲

門下、忠而獲戾．時所歎息．賞以念勤．邦之彝典．金紫光祿大夫守尚書左僕射知軍國重事監修國史上柱國徐國公劉幽求、長才偉度．博聞強學．周百慮以匡社稷．竭一心而在廊廟．故能見大義．臨大節．智可以不俟終日．誠可以格於皇天．曩者功參誅呂．款深從代．弘宣王化．保乂朕躬．政方議於調鉉．謗遂興於盈篋．良相非罪．空弔長沙．故人有言．寧忘曲突．自翦元惡．旋居左揆．利更稱於狐偃．勳莫逮於蕭何．兼而有之．義固無愧．宜加土宇．永傳帶礪．可加賜食實封二百戶．餘如故．主者施行．先天二年八月十五日

加郭虔瓘食實封制　蘇頲

黃門、聞鼓鼙之聲者．則思於將帥．裂茅土之賦者．則念彼勳庸．右羽林軍大將軍兼安西大都護四鎮經略大使上柱國太原郡開國公郭虔瓘、忠壯超倫．智謀絕等．決勝千里．懷孺子之兵符．通知四夷．有老臣之戎律．往著鎮於荒裔．獨守孤城．賁弩而其人益堅．引弓而彼衆不敵．故得愛子染鍔．名王解辮．穹廬掃地．而□□沙漠．聞風以歸附．功則茂矣．朕實休之．宜誓河山．開其井邑．可進封潞國公．食邑三千戶．仍賜實封一百戶．餘並如故．主者施行．開元三年十月十八日

賜李光弼實封一子官制

功崇望重．加以報章．德厚流光．延其茂賞．爰錫苴茅之典．並明幹蠱之才．副元帥太尉兼侍中都知河南淮南淮西山南東道諸節度行營事上柱國臨淮郡王光弼、元勳濟代．公輔推賢．宣大化之神明．總專征之師律．自出征移鎮．距海負河．連率百城．旌旗千里．東郊誓衆．雅繼魯侯之功．代北擁旄．□稱漢將之略．高牙罷敵．重鼎斯調．尤知武庫之精．實在雲臺之右．疇其眞食．美以保家．僉議允諧．舊章斯舉．敬哉有土．更載丹書之盟．鯉也趨庭．宜升紫綬之寵．可加實封二百戶．仍與一子官階三品．餘並如故．寶應　年　月

不許李光弼辭封詔

爵土之封．以酬勳德．故授之曰適當其分．使賞在必行．而得之者不讓其餘．使人有可繼．國之彝憲．在乎至公．往者寇逆亂常．京闕失守．太尉兼侍中充河南副元帥都知河南淮西山南東道諸節度行營事上柱國臨淮郡王光弼、首奉師律．翊佐先朝．克殄氛祲．底寧宗社．自朕纘承丕緒．又置大功．扶顛履危．勤卹于外．可謂忠存王室．道濟生人．則食邑所加．抑惟常典．爾因疾故．遽有懇詞．不伐茂勳．請歸實食．覽其章奏．增用憫然．且福壽之理．期

於勿藥。井賦之錫。傳於無窮。豈宜暫以微瘵。便思獨善。將使其下者。何顏受封。用阻深誠。蓋存大體。然謙撝有素。志義可嘉。足以激礪名節。光昭退讓。宣示中外。咸使知聞。廣德　年　月

賜張自勉實封詔

頃者逆豎靈耀。阻兵大梁。淮西都虞候試太常卿贈揚州大都督張自勉。往觀釁焉。奉義正詞。無所屈撓。賊臣□忿。斃於鐵鑕。朕用憫焉。雖錫命之恩。已旌窀穸。而賞延之典。宜及子孫。可追賜實封五十戶。大曆　年　月

加田承嗣實封制　常袞

勑、懋策勳之賞。則啓封邑。賜眞食之命。方入田租。故采地以處其子孫。書社以尊其侯伯。開府儀同三司檢校尙書左僕射兼魏州大都督府長史御史大夫兼魏博等州節度觀察處置及管內支度營田等使上柱國雁門郡王食實封二百戶田承嗣、出自河朔。挺茲才器。公忠有素。文武是經。行惟高簡。言必誠信。委之腹心。實所親重。內列端揆。外當藩翰。拒河作鎭。瀕海撫封。貞一以奉上。明恕以臨下。謀出韜鈐之外。功成戰伐之前。專精牧人。盡瘁事國。政刑必中。都鄙有章。訓以農耕之業。課其蠶織之事。家給而禮讓攸興。氣和而札瘥不作。舊章咸舉。厥貢惟殷。來更之職。人勞首循吏之理。行、嘉命休績。允茲褒勸。食其井賦。用叶典常。可加實封二百戶。餘並如故。

加田神功實封制　常袞

勑、土宇服章。以敍其德。田租帖食。以答元勳。故寇鄧兼四縣之封。張陳加萬戶之數。開府儀同三司檢校尙書左僕射使持節汴州諸軍事兼汴州刺史御史大夫充汴宋等州節度觀察處置等使上柱國信都郡王食實封五百戶田神功、間生河朔。性與忠厚。當秉大節。服勞王家。凡所委遇。必當要重。竭其公忠。益用親信。入居百揆之右。外作四方之屏。自河而南。戎鎭斯大。總兵車之所會。錫鈇鉞以專征。考禮正刑。豐材禁暴。敬事節用。老安少懷。懋乃丕績。肆於時夏。服我休命。敬茲分土。可實封一百戶。餘並如故。

加馬璘實封制　常袞

勑、大將在外。勤勞有功。或未進秩。必當加賦。更書侯社。益茂朝章。四鎭北庭行軍兼涇原等州節度使開府儀同三司檢校工部尙書兼御史大夫上柱國扶風郡王馬璘、以牧人御衆之才。膺方叔邵武之任。理事詰禁。以屛西郊。撫和其人。竭乃心力。智謀濬發。忠義偘然。武能用典。師在制命。糺逖伐貳。服柔示懷。懲寇人之不恭。執戎子以數罪。務於禮德。以濟威刑。關右寧謐。賴其鎭定社稷之衛。予嘉乃勳。厚其田租。式寵戎閫。可加實封二百戶。餘並如故。

分郭子儀實封賜諸子詔

故尙父太尉兼中書令汾陽郡王食實封二千戶贈太師子儀、功格上玄。道光下土。積其善慶。垂裕無窮。雖嫡長云殂。而支宗斯盛。汾陽舊邑。蓋有丕承。其男前左散騎常侍駙馬都尉食實封五十戶曖、夙稟義方。居忠履孝。儷崇銀牓。攄美金章。繼撫先封。允宜必復。曖兄檢校工部尙書兼太子賓客趙國公晞、並弟右金吾將軍祁國公食實封二百五十戶曙、太子左諭德暎、並有令名。保其先業。宜允推恩之典。以明延嗣之誠。其實封二千戶。宜准式減半。餘以分襲。曖可襲代國公。仍通前襲三百戶。晞可襲二百五十戶。曙可襲二百五十戶。通前三百七十五戶。暎可襲二百五十戶。貞元年月

## 馬燧李皐賜實封制　　陸贄

敕、列位以旌德。胙土以報功。國有彝章。是存褒勸。朕以不德。間逢多虞。蒲阪有叛亂之臣。淮沂有僭逆之帥。萬姓罹害。四方靡寧。河東保大奉誠軍節度兵馬副元帥檢校司徒兼侍中馬燧、建中之初。忠誠奮激。躬率士旅。討茲不庭。略地如歸。攻城必尅。晉絳慈隰。靡然向風。元兇勢窮。竟就殲滅。淸我甸服。時惟茂勳。荊南節度觀察處置使檢校戶部尙書嗣曹王皐、親率全軍。抗於強虜。晝夜不息。迨於三年。謀成必臧。師出皆捷。復蘄黃之地。拔安陸之城。隱其威名。保乂江漢。並節著於國。功存於人。績效炳然。僉議攸屬。雖懋官已序。而食賦未加。疇庸之科。無乃有闕。宜有寵錫。以答殊勳。燧可賜實封五百戶。通前七百戶。皐可賜實封三百戶。

# 唐大詔令集卷第六十四

大臣

鐵券



附屬籍

# 鐵券

## 裴寂等恕死詔

朕自起義晉陽。遂登皇極。經綸天下。實仗羣才。尚書令秦王某、尚書右僕射寂、或合契元謀。或同心運始。並蹈義輕生。捐家殉節。艱辛備履。金石不移。論此忠勤。理宜優異。官爵之榮。抑惟舊典。勳賢之議。宜有別恩。其罪非叛逆。可聽恕一死。其太原元謀勳効者。宜以名聞。（武德元年八月）

## 賜護密國王子鐵券文

維天寶元年、歲次壬午、九月癸卯朔、十六日戊午、皇帝若曰。咨爾護密王子頡里匐夫、藩捍所寄。唯信是從。節義可稱。雖遠無隔。卿之先代。常附國朝。通使有恆。書譯相次。自卿父繼立。近阻強鄰。被制兇威。有乖夙志。今遂能獻誠款。潛託歸懷。自非心悟遠圖。何以克存先意。念此誠懇。嘉尚尤深。今賜卿丹書鐵券。以旌忠孝。長表信義。永傳子孫。日月同明。山河齊久。可不美歟。可不慎歟。

## 賜突騎施黑姓可汗鐵券文

維天寶十二年、歲次癸巳、九月己亥朔、六日甲辰、皇帝若曰。咨爾骨咄祿毗伽突騎施黑姓可汗登里伊羅密施、惟皇建極。聲教及於遐荒。惟帝念功。禮命加於恭順。卿雖擁在沙漠。常捍烟塵。識進退存亡之端。知古今成敗之數。久率蕃部。歸化朝廷。兼拒兇威。挫其侵軼。精貫白日。義光青史。績用累著。嘉尚良深。今授卿特進。冊爲突騎施可汗。重爵貴號。以崇其寵。丹書鐵卷。以表其忠。宜保始終。永固誠節。山河帶礪。福祿長存。可不盛歟。

## 賜懷化王鄯俱車鼻施鐵券文

維天寶十二年、歲次癸巳、十月戊辰朔、十四日辛巳、皇帝若曰。咨爾故石國順義王男鄯俱車鼻施、夫柔遠之道。必先文德。錄誠之義。是加命禮。卿之先代。累賓朝化。列在蕃王。卿又能効節輸忠。克復居宇。捍邊率下。循職修貢。信彰夷落。義貫幽明。言念懇誠。良多嘉尚。今授卿特進。仍封懷化王。並賜丹書鐵券。以表忠赤。宜執於恭順。保其始終。每資犄角之用。永固山河之寵。可不美歟。

## 賜李納王武俊田悅等鐵券文　陸贄

維興元元年、歲次甲子、正月癸酉朔、二日甲戌、皇帝若曰。咨爾李納。嗚呼。君者所以撫人。失於所撫則叛。下者所以奉上。失於所奉爲尤。各當其理。德用不擾。若乖其分。亂於是非。朕德薄化淺。昧於君道。罔自省咎。姑務責人。是以徵師徂征。連歲靡息。惟爾亦以誠志不達。反側於厥衷。阻衆興戎。結壘拒守。豈非上失所撫。而下乖所奉歟。書曰。萬方有罪。罪在朕躬。我實不德。兆人何咎。俾廢其職業。離其室家。陷於困窮。死於鋒刃。老疾廢養。孤嫠靡依。

怨結蒼旻。感傷和氣。朕爲人父母。得不愧心。晨興以思。夕惕以懷。自予嗣位。迄今六載。天將悔禍。朕方覺悟。爾亦知衆心厭亂。思所以保安。叶於朕懷。有若符契。非天地合德。人神合謀。將止殺好生。則何以臻此。朕是以上順天意。俯從人心。滌爾瑕疵。復爾爵位。坦然靡阻。君臣如初。功書鼎彝。名藏王府。子孫代代。爲國勳臣。河山帶礪。傳祚無絕。朕方布大信。承天子人。若食其言。何以享國。於戲。其敬聽朕命。用保無疆之休。吏部尚書同中書門下平章事蕭復宣。

## 賜安西管內黃蘁官鐵券文　陸贄

維貞元二年、歲次景寅、八月丁巳朔、三日己未、皇帝若曰。咨爾西鎮節度內姓蘁官驃騎大將軍行左金吾衛大將軍試太常卿頓啜護波支、惟乃祖乃父。代服聲教。勤勞王家。勳書鼎彝。名列藩籍。爾克紹祖先之烈。而重之以忠貞。嗣守職官。祇若教化。率其種落。保我疆陲。丹誠向風。萬里如近。是用稽令典。錫以券書。若金之堅。永永無變。子孫繼襲。作我藩臣。爾其欽承。勿替休命。

## 賜陳敬瑄鐵券文

烹巨鰲者鼎大於滄海。斬長鯨者劍倚於青天。既立異勳。克膺殊寵。李晟免其十死。子儀稱其九功。鏤以金鏞。賜其鐵券。後來繼者。豈在他人。歲寒知松柏之心。國難見忠貞之節。卿五山鎮地。一柱擎天。氣壓乾坤。量含宇宙。自居環衛。出擁旌幢。論清正而水鏡無光。吐赤誠而朝霞失色。手持玉節。身鎮錦城。扶乾綱而萬國齊心。紐坤維而百蠻遠指。三川欽化。一境歸仁。朕以稅駕褒斜。省方邛蜀。匍匐而來迎鳳輦。驅馳而速建龍宮。百辟來朝。萬方入貢。夏禹塗山之會。未盛於斯。漢高沛國之觀。無以過此。戮奸能如剪草。除莠更若焚巢。不讓武侯之勳。無愧文翁之化。海東獻款。雲南披誠。九穀豐登。三農茂盛。濟贍軍國。拯接朝寮。內竭家財。外罄公帑。千官咸惠。一國推功。今則巨猾奔逃。神州克復。將歸上國。卽別成都。致朕身安。由卿忠力。前封公爵。後賜郡王。詢於衆情。未愜羣望。今賜卿鐵券。舍其十死。望泰山而立誓。指黃河以爲盟。山無壞時。河無竭日。君君臣臣。父父子子。永遠貴昌。並皆如故。中和三年十月

## 賜韓建鐵券文

朕以前代功臣。實重信賞。至有刻於鼎彝。紀在旂常。垂帶礪之言。保金石之誓。勳賢所付。宜懋明恩。況卿秉謙蹈和。持重守正。屬朕前歲巡狩。而乃躬親奉迎。季孫之道在事君。周勃之心惟安國。畢力扈駕。衛我出居。克奉行朝。更無遺事。可謂忠於社稷。光映簡書。旋以歸復京都。葺修宮闕。載弘舊制。皆叶規程。勝是殊庸。實用嘉矚。雖迭增崇數。而未足酬功。宜申誓券之文。以示旌勳之典。矧夫黃河不竭。青山匪窮。比此賞延。錫於苗裔。使卿永荷祿位。長受寵榮。對銘鏤以同堅。煥聲徽而轉美。卿恕九死。子孫恕二死。或犯常刑。所司不可加責。禮命甚重。往惟欽承。宜付史館。頒示天下。光化元年九月

## 附屬籍

### 安康郡公襲譽聽合譜宗正詔

太僕少卿安康郡公襲譽。我之同姓。派別枝分。惟厥祖考。世敦恭睦。襲譽部率宗人。協同義舉。立功巴蜀。誠節著聞。宜有褒榮。用超恆序。特聽合譜宗正。恩禮之差。同諸服屬。武德元年十月

### 燕公藝賜姓上籍宗正詔

昭德以爵。前王令範。功茂茂賞。有國通訓。使持節幽州總管上柱國燕公藝、早悟機權。夙展誠節。革運之始。立功燕代。鎮守邊要。馭控遐荒。忠績既宣。宜加寵昵。可賜姓李氏。上籍宗正。封燕郡王。食五千戶。武德二年九月

### 楚王伏威賜姓附屬籍詔

五等列爵。茂績超於恆典。四嶽分官。連率總其常賦。山河之賞。義在酬庸。方伯之任。實資賢哲。使持節和州總管和州刺史東南道行臺尚書令上柱國楚王伏威、往因喪亂。糺合徒旅。綏靜淮濆。緝寧江介。閭閻安堵。吏民率職。遠稟朝化。具申忠款。仍請立功。掃除多難。誠節既表。志識可嘉。委以招懷。特宜受命。寵禮之序。式加常秩。可使持節總管江淮以南諸州軍事揚州刺史東南道行臺尚書令淮南安撫大使上柱國。進封吳王。食邑五千戶。賜姓李氏。附屬籍。武德三年六月

### 高開道賜姓上籍宗正詔

褒德敍功。有國彝訓。任賢賞善。列代通規。僞燕王高開道、家本海隅。志懷慷慨。有隋之末。州城彫殘。招集徒旅。自保邊塞。繕修斥堠。捍禦寇戎。民吏肅清。倉庫完實。既而審達機變。遠慕朝風。闔境獻誠。歸款內屬。請申經略。輯寧燕代。厥功以茂。宜從褒寵。禮命之差。用超恆級。可使持節蔚州諸軍事蔚州總管、加授上柱國。賜姓李氏。上籍宗正。封北平王。食邑五千戶。武德三年九月

### 胡大恩賜姓屬籍宗正詔

疇庸旌善。哲王彝訓。任賢使能。有國通典。胡大恩、往因隋季。夷狄交侵。繕甲聚徒。輯寧邊境。既而阻於戎寇。自保方隅。遠慕朝風。因機立效。摧破凶黨。亭徼無虞。抗疏闕庭。以申誠節。忠義克舉。宜隆寵命。因其所統。即加榮秩。可使持節代州諸軍事代州總管。加授上柱國。封定襄郡王。食邑五千戶。賜姓李氏。上屬籍宗正。武德四年正月

許涼武昭王孫絳郡姑臧等四房子孫隸入宗正屬籍敕

敕、古之宗盟。異姓爲後。王者設教。莫遺其親。殿中侍御史李彥允等奏稱、與朕同承涼武昭王後。請甄敍者。源流實同。譜系猶著。雖子孫千億。各散於一方。而本枝百代。何殊於近屬。況有陳請。所宜敦敍。自今後、涼武昭王孫寶以下、絳郡姑臧敦煌武陽等四房子孫。並宜隸入宗正。編諸屬籍。以明尊本之道。用廣親親之化。

令李晟家附屬籍詔

夫能定社稷。弘濟生人。存不朽之名。垂可久之業者。必報以殊常之寵。待以親比之恩。與國無疆。時惟茂典。故奉天定難功臣太尉兼中書令上柱國西平郡王食邑一千五百戶贈太師李晟。間代哲賢。自天忠勇。負濟時之宏算。抱經武之長才。貫以至誠。協於一德。嘗遭迍難之際。實著戡定之功。鯨鯢旣殲。宮廟斯復。眷錄勳伐。則旣褒崇。永言天步之夷。載懷邦傑之力。思加崇於往烈。爰協比於後昆。睦以宗親。將予厚意。其家宜令編附屬籍。

# 唐大詔令集卷第六十五

## 大臣

### 錄勳

長孫無忌等九人各封一子郡縣公詔

封建功臣詔

長孫無忌等十四人並爲刺史封國公子孫承襲詔

圖功臣像於凌煙閣詔

贈淮寧軍大將軍周曾等敕

賜將士名奉天定難等功臣詔

褒贈淮西立功將士詔

錄陷蕃官子孫詔

爲李懷光立後詔

令晝中宗以後功臣於凌煙閣制

錄李洧等子孫詔

錄功臣子康志寧等各除官職敕

叙用勳舊武臣德音

命京兆府修郭子儀墓詔

### 錄舊

宥周隋名臣子孫配流詔

賜盧懷慎家粟帛敕

錄蘇瓌孫繫等各授官詔

錄褚遂良等孫各授官詔

錄魏徵等三人裔孫詔

## 錄勳

長孫無忌等九人各封一子郡縣公詔

惟王建國。厚禮備於元勳。惟帝念功。茂賞隆於延世。是以親賢作屏。著在周經。支庶畢侯。義存漢典。開府儀同三司齊國公無忌、尚書右僕射邢國公玄齡、故尚書左僕射蔡國公如晦、靈州都督吳國公尉遲敬德、左光祿大夫吏部尚書許國公士廉、兵部尚書潞國公侯君集、右武衛大將軍鄖國公宇文士及、左武衛大將軍翼國公秦叔寶、瀘州都督宿國公程知節等。或宇量凝深。地兼賢戚。或風鑒弘遠。功參幃幕。或志懷強正。便蕃左右。或幹略宏舉。契闊戎旃。咸委質藩朝。陳力王室。誠著出納。節表屯夷。經文緯武。忠勤懇至。固已契叶風雲。寄深舟楫。雖褒賢之道。已紀於旂常。而推恩之令。未洽於胤緒。宜錫寵章。式遵故實。無忌、玄齡、如晦、敬德各封一子郡公。士廉、君集、士及、叔寶、知節各封一子縣公。俾夫拜後拜前。比蹤曩烈。如帶如礪。垂裕後昆。貞觀五年九月下

封建功臣詔

欽明愼徽之朝。稽古爲本。體國經野之治。利建爲先。莫不因可大之功。弘可久之德。與萬方同其樂。百姓共其安。享祚遐長。卜年用永。疏爵以五。錫壤惟三。周監二代。煥乎前史。晉魏迄今。舊章寖廢。維城之義缺如。建侯之道斯絕。王綱蹔弛。內無匡救之臣。國步方迍。外無藩屏之衞。致令大盜猖獗。動有覬覦。蒸庶板蕩。屢遭塗炭。進乖爲民之策。退失象賢之典。寧邦固本。其可得乎。朕祗膺大寶。欽承景命。厲精治術。安緝夏夷。九服同軌。六合一家。日月所臨。無思不服。豈伊人力。天實賜之。既荷殊休。思弘大賚。疆理郡國。褒錫親賢。與夫懿戚元功。共享其利。自我作古。未必專依前典。允今約古。隆基垂統。今世祿傳家。足以載德。圖身厚己。足以竭誠。自然國有常典。民獲其福。皇家宗室及勳賢之臣。德行可稱。忠節顯著者。宜令作鎮藩部。宣條牧民。貽厥子孫。嗣守其政。非有大故。無或黜免。酬勤報効。仍宜有差。宜令所司明爲條例等級。具以奏聞。貞觀五年十一月

長孫無忌等十四人並爲刺史封國公子孫承襲詔

周武定業。胙茅土於子弟。漢高受命。誓帶礪於功臣。豈止重親賢之地。崇其禮物。抑亦固磐石之基。寄以藩翰。魏晉已降。事不師古。建侯之制。有乖名

實非所謂藩屏王室。永固無窮者也。隋氏之季。四海沸騰。朕運屬殷憂。戡翦多難。上憑明靈之佑。下賴英賢之輔。廓清寓縣。嗣膺寶曆。豈予一人。獨能致此。時屯既共資其力。世安而專享其利。乃睠于斯。甚所不取。但今之刺史。乃古之諸侯。雖立名不同。而其監統一也。故申命有司。斟酌前代。宜條委共治之寄。象賢存世及之典。司空齊國公無忌等。咸材稱人傑。望表國章。論道廟堂。寄深舟楫。用資文武。誠著艱難。折衝閫外。隱如敵國。或志力忠烈。實爲心膂。或體氣強果。是曰爪牙。策名運始。功參締搆。義貫休戚。效彰夷險。嘉庸懿績。簡于朕心。宜委以藩鎮。改錫土宇。餘官食邑並如故。即令子孫世世承襲。貞觀十一年六月

## 圖功臣像於凌烟閣詔

自古聖王。褒崇勳德。既勒銘於鍾鼎。又圖形於丹青。是以甘露良佐。麟閣著其美。建武功臣。雲臺紀其迹。司徒趙國公無忌、故司空揚州都督河間元王孝恭、故司空萊國文成公如晦、故司空相州都督太子太師鄭國文貞公徵、司空梁國公玄齡、開府儀同三司尚書右僕射申國公士廉、開府儀同三司鄂國公敬德、特進衞國公靖、特進宋國公瑀、故輔國大將軍揚州都督褒忠壯公志玄、輔國大將軍夔國公弘基、故尚書左僕射蔣忠公通、故陝東道大行臺尚書左僕射鄖節公開山、故荊州都督譙襄公紹、故荊州都督邳襄公順德、潞州都督鄖國公張亮、光祿大夫吏部尚書陳國公侯君集、故左驍衞大將軍郯襄公張公謹、右領軍大將軍盧國公程知節、故禮部尚書永興文懿公虞世南、故戶部尚書渝襄公劉政會、光祿大夫戶部尚書莒國公唐儉、光祿大夫兵部尚書英國公李勣、故徐州都督胡壯公秦叔寶等。或材推棟梁。謀猷經遠。綢繆帷帳。經營霸圖。或學綜經籍。德光朝右。隱犯同致。忠讜日聞。或竭力義旗。委質藩邸。一心表節。百戰標奇。或受脤廟堂。闢土方面。重氛載朗。王略遐宣。並契闊屯夷。劬勞師旅。贊景業於草昧。翼淳化於隆平。茂績殊勳。冠冕列辟。昌言直道。牢籠搢紳。固已贍伊呂而連衡。邁方邵而長騖者矣。宜酌故實。弘茲令典。可並畫於凌烟閣。庶念功之懷。無謝於前載。旌賢之義。永貽於後昆。貞觀十二年二月

## 贈淮寧軍大將軍周曾等敕

敕。王者體至公而立極。申明賞以垂法。旌德表善。發揮忠貞。其有推丹誠以奉君。臨大節而不奪。守志明節。殺身定難。則褒勸之典。所宜優異。李希烈背天逆物。通結羣盜。奸謀藏於汴宋。罪迹彰於汝鄭。傾陷城邑。虐毒蒸黎。忠義之徒。因懷感激。故淮寧軍節度都虞候正議大夫試大理卿兼許州別駕占闕兼御史大夫上柱國政和郡王食實封一百戶周曾。忿奸邪之亂紀。處危逼而思正。陰建明義。叶誅元兇。遂與故許州都鎮遏兵馬使持節淮寧軍節度副使開府儀同三司試太常卿兼御史中丞上柱國定州郡王食實封五十戶王玢、故淮寧軍節度左廂兵馬使兼十將開府儀同三司試太常卿兼潞州長史占闕兼御史中丞上柱國常林郡王食實封五十戶呂從賁、故十將輔國大將軍行右金吾大將軍員外置同正員兼試太常卿上柱國合浦郡王食實封五十戶康秀琳、故節度監押衙宣德郎監察御史裏行賜緋魚袋姚憺、故十將銀青光祿大夫試太子賓客上柱國梁興朝、

故十將開府儀同三司太常卿河東縣開國伯賈樂卿、故輔國大將軍員外置同正員兼試太常卿侯仙欽等。誓心定志。潛結忠謀。將臨汝海之郊。耀師襄城之野。方議梟其同惡。獻首鎬京。率彼戎旗。南屯蔡邑。傳檄以定許冀。尅日而西。許冀有應。殲弭可期。事方垂成。爲魁渠之所糾察。緬懷義烈。悉嬰屠戮。無辜殞命。萬夫增憤。形質委於原野。忠魂越於草莽。慌惚幽壤。茫茫無依。朕所以負扆長嗟。坐朝興悼。念忠良之不造。空名在而身歿。休德壯志。貫于神明。而爲元惡矯誣。翻欲歸過。豈可使義烈之績。泯而不彰。宜加褒贈。以示中外。曾可太尉、賜食封二百戶。通前三百戶。玢可司徒、賜食封二百戶、通前二百五十戶。從賁可尚書左僕射、賜實封一百戶、通前一百五十戶。秀琳可贈尚書右僕射、賜食封一百戶。通前一百五十戶。憺可贈兵部尚書、賜實封二百戶。興朝可贈戶部尚書、賜實封一百戶。樂卿可贈刑部尚書、賜實封一百戶。仙欽可贈工部尚書、賜食封一百戶。仍令右散騎常侍蕭昕、往汝州界首。以禮致祭。並委李勉哥舒曜、與州計會。訪其家口父子兄弟。俱以名聞。卽當類敍。別有優獎。有子者、仍許其同授父官爵。其子孫三代以來、有過犯者、得以遞減一等罪論。用彰峻節。淮寧軍節度押衙中散大夫試殿中監兼唐州別駕占闕上柱國韋淸、與周曾姚憺始末同志。曾等遇害。淸以智免。率其麾下間道歸誠。大節可嘉。公賞宜茂。可銀靑光祿大夫守太子賓客兼御史大夫。封定安郡王。食邑三千戶。仍賜實封二百戶。勳如故。朕撫臨億兆。于今五年。每旰食宵衣。勤求政理。推誠委下。日冀休兵。明未燭幽。德慙柔遠。戎車尙駕。大信猶鬱。使忠烈之士。殞身賊庭。靜言興懷。一食三歎。罪己之責。謂其在予。周曾等所賜實封。可載於典策。傳其子孫。永同山河之誓。代代無絕。自建中以來。如有爲國竭誠。密圖元惡。事或未就。翻被誅夷。或名氏未彰。或休聲未振者。旣死節於王事。宜書勳於竹帛。並委諸道招討、節度。所在博訪。明加曉示。得其事迹。具以奏聞。特加褒獎。朕方建明義於蠻貊。宣大信於四海。申必罰以懲其奸慝。施厚賞以報其勳庸。宜宣布天下。令知朕意。建中四年

## 賜將士名奉天定難等功臣詔

陸贄

敕、國家受天明命。平一宇內。自武德迄今天寶百四十載。海內無事。崇德廣化。澤及生人。時洽和平。俗登富教。鰥寡孤獨。咸得其所。鳥獸魚鱉。亦罔不寧。凡今有生。實賴亭育。羯虜伺間。盜起幽燕。率土之人。莫保姓命。肅宗以神武戡大難。先朝以仁德紹興運。區域再造。億兆再康。室家離析而復安。子孫煦嫗而相守。勞來安集。垂三十年。則我列聖之於天下也。惠澤深矣。朕以寡昧。祗膺寶曆。常恐不克負荷。罔敢怠荒。道有未明。事多乖謬。下情壅而不達。大信鬱而不彰。兩河之間。羣寇連禍。朕務除大患。靡憚暫勞。是以興有征之師。問干紀之罪。昨以涇原士庶。將適汝郊。失於撫綏。致茲潰叛。朱泚乘釁。因搆異圖。肆其狠心。誘我蟊賊。謂君可以叛。謂天可以欺。橫恣凌悖。無所愧畏。朕雖失守宮闕。出次郊畿。九廟震驚。萬姓奔駭。內省思咎。外顧懷慚。罪實在予。不敢自蔽。意者宗社降佑。大儆于朕躬。夙夜殷憂。庶乎有補。實賴股肱心膂。勵從戎之節。方岳將校。集勤王之師。赴難如歸。見危思奮。艱貞勵操。何日忘之。平巨猾者。必仗於羣雄。賞茂績者。不限於彝典。保勳庸於帶礪。傳爵邑於子孫。崇功美名。與國終始。其諸軍諸使應到奉天縣將士等。宜並賜名奉天定難功臣。食實封者。子子孫孫。代代無絕。身有過犯。遞減罪二等。子孫有過犯。遞減一等。當戶應有差科徭役。一切蠲免。其功臣已

後雖衰老疾患。不任軍旅。當分糧賜等並全給終身。死亡之後。回給家口千年勿絕。如有能梟擒朱泚者。即以朱泚在身官爵與之。仍加食實封二千戶。朱泚所在有田宅財物。悉便充賜。其梟擒朱泚賊大將以下、並節級特加優寵。仍各與實封。應梟擒朱泚人所有田宅便賜之。其餘立功應合授功給賞。並準今月七日十一日十四日敕處分。其今日已前身死王事者。追贈官爵。亦稱奉天定難功臣子孫。爲功臣之家。應合襲封減罪放免差役等一切同例。宣告中外。令知朕懷。（建中四年十一月二十四日）

## 褒賞淮西立功將士詔

叛臣希烈。竊據淮沂。師旅一興。緜聯莫解。服勞者役從不暇。受污者無路自新。通邑化爲丘墟。遺骸遍於原野。每念及此。心傷涕流。自昔勞師。靡有不悔。以虞舜之聖。屈於苗人。漢武之強。弊於戎虜。矧乎德猶不建。力或未全。我其永懷。亦以自誓。乃者下哀痛之詔。布寬大之恩。普天戴新。殊化畢宥。然則尙勞師旅。禦扞封陲。有累歲離棄室家。有經時不解甲冑。忠雖爲國。咎實在予。君人若斯。寧不知愧。賴將士相依。一其誠心。奮□揚雄。愼固疆宇。遠人思服。元惡就誅。黎蒸方致於安寧。役戍永期於休息。茂官以旌美。賜宴以勞還。賞不移時。式遵彝典。都統檢校司空平章事劉玄佐。宜與子孫一人五品正員官。節度使檢校右僕射李澄。檢校工部尙書曲環。檢校戶部尙書李皋。兼御史大夫樊澤等。各與一人子孫七品正員官。都防禦使工部尙書賈耽。都團練使御史大夫盧玄卿、張建封等。各與一人子孫八品正員官。檢校司空平章事李抱眞。檢校司空平章事李納。檢校右僕射平章事韓滉。工部尙書田緒等。各遣將士五千人赴河南行營。以討不庭。厥有成績。抱眞納滉各與子孫一人六品正員官。緒與子孫一人八品正員官。應淮西界州縣本軍鎭守。及諸道赴行營將士等。宜共賜物三千端疋。以充賞設。仍委本道條例奏聞。並與甄敍。其行營將健。各放歸本道。明加宣諭。令悉朕懷。（興元）

## 錄陷蕃官子孫詔

乃者吐蕃犯塞。毒我生靈。俶擾隴東。深入河曲。朕以兵戎粗定。傷痍未瘳。務息戰伐之謀。將遂通和之請。亦知戎醜。志在貪婪。重違修睦之詞。乃允尋盟之會。果爲隱匿。變發壝宮。縱犬羊兕狡之羣。乘文武信誠之衆。蒼黃淪陷。深用惻然。此皆由朕之不明。致其若此。既無德於萬衆。實有愧於四方。宵旰貽憂。何嗟而及。今兵部尙書崔漢衡等。皆國之良士。朝之藎臣。嬰縶穹廬。眇然殊域。念其家室。或未離於屢空。錄以息男。庶有資於薄俸。漢衡宜與子一人正七品官。司勳員外郎鄭叔矩、檢校戶部尙書路泌、殿中侍御史韓弇、及大將孟日華、辛雲、李至言、范澄、王良貢、樂演明、陽皆、權文誠。各與一子八品官。試金吾兵曹參軍袁同直、前檢次尉裴頲、及副兵馬使已上各與一子九品官。仍委本使即具名銜聞奏。（貞元元年）

## 爲李懷光立後詔

懷舊念功。仁之大也。興滅繼絕。義之弘也。昔蔡叔圮族。周公封其子於東土。韓信干紀。漢后爵其孥以弓高侯。君集之不率景化。我太宗存其胤以主祀。詳考先王之道。洎乎列祖之訓。皆以刑佐德。俾人向方。則斧鉞之誅。甲兵之伐。蓋不得已而用也。曩歲盜臣竊發。國步多虞。朕狩于近郊。指期薄伐。將振昆陽之旅。以興涿鹿之功。徵師未達于諸侯。衞士且疲于七萃。而李懷光三軍夙駕。千里勤王。上假雷霆之威。下逐武狠之衆。議功云始。守節靡終。潛搆禍胎。拒違朝命。棄同即異。捨順効逆。爲臣至此。在法必誅。猶示綏懷。庶其率復。而梟音益厲。豨突莫遷。大戮所加。曾無噍類。雖自貽伊戚。與衆棄之。而言念爾勞。何嗟及矣。以其前効猶在。孤魂無歸。懷之悯然。是用悽軫。予欲布陳大信。冀以化成。保合太和。期於刑措。宜以懷光外孫燕八八賜姓李氏。名承緒。授右衞率府胄曹參軍。承懷光之後。仍賜錢一千貫文。任於懷光墓側置立庄園。供養懷光妻王氏。并備四時享奠之禮。嗚呼。朕實不德。臨於兆人。泣辜宥罪。素誠所志。爾其保姓受氏。宣力承家。勉紹乃考之建國。庸無若爾父之違王命。貞元年

## 令畫中宗以後功臣於凌煙閣制

昔我烈祖。乘乾坤之蕩滌。掃隋季之荒屯。則有熊羆之士。不二心之臣。左右經綸。參翊締搆。用端命於上帝。俾懷柔於四方。宇宙既淸。日月既正。王業既成。泰階既平。乃圖厥容。列于新閣。懋昭績效。式表儀型。朝夕不忘。永垂來裔。君臣之義。厚莫重焉。貞元己巳歲秋九月。我行西宮。瞻宏閣崇搆。見老臣遺像。顒然肅然。和敬在色。想雲龍之叶應。感至業之艱難。覩往思今。取類非遠。且功與時並。才爲代生。尊主庇人。何代不有。在中宗則有桓彥範等。著匡戴之績。在玄宗則有劉幽求等。申翼奉之勳。在肅宗代宗則有郭子儀等。掃殄氛祲。今則李晟等。保乂朕躬。咸盡力肆勤。光復宗祏。方之前烈。夫豈多謝。闕而未錄。孰謂旌賢。況念功紀德。文祖之所爲也。在予其曷敢怠。有司宜敍年代先後。各圖其像。列於舊臣之次。仍令皇太子書。朕是命。紀于壁焉。庶永播嘉庸。昭明天下。俾後之來者。知元勳之不朽。貞元

## 錄李洧等子孫詔

建中以來。州軍及軍國歸人李洧、李再春、田昂、李士眞、康日知、李澄、楊政義、苻璘、李惠登、薛翼、蘇淸沔等。王者報功。義惟過厚。存則加其殊秩。歿則恤其遺孤。然後忠不徒施。人知所勸。故徐州觀察使李洧等。頃逢艱阻。各著款誠。或以地來歸。或率徒效順。名迹昭顯。史册具存。先朝念功。皆極封賞。歲月稍久。湮沉日多。再有甄明。用申激勸。宜委中書門下。即訪其子孫。量材敍用。元和

## 錄功臣子康志寧等各除官職敕

君臣運合。故殉國以毀家。勸賞義明。故褒功而顯節。存則疇其爵祿。歿則錄其子孫。然後忠義不遺。典章斯在。故慈晉隰等州觀察使。檢校兵部尚書康日知、故徐州刺史兼御史大夫李洧等一十家。皆有茂功。藏於盟府。故命搜訪後嗣。光賁前人。今志寧等。或服戎著績。或從官有成。或投迹軍府之中。或滯才州縣之職。咸加甄錄。各茂官榮。庶乎受祿者無忘於聿修。懷忠者使知其必報。勉膺寵渥。無替前勞。

## 敍用勳舊武臣德音

敕。朕聞昭德示威。先王所以用武。禁暴夷難。後代安能去兵。故文德誕敷。武備宜耀。外以環禦四海。內以底靖中原。則軍旅之制有經。師律之能必表。朕纂承鴻業。虔奉丕圖。宵分永懷。何以康濟。豈獨鼓鼙有感。方思將帥之臣。征伐爲心。乃寵干戈之士。況文武並用。古之格言。勳舊不酬。勞者何勸。惟我高祖太宗、以晉陽之旅。平一海內。肅宗以靈武之衆。收復二京。代宗有陝郊元從之臣。德宗有奉天戡難之士。每念勳伐。無忘寤懷。如聞近日武班之中。淹滯頗多。雖負才略。無由自明。又有諸道薦送大將。或隨節度歸朝。自今後、宜令神策大將軍軍使、及南衙常參武臣。各具由歷受官年月前後功勳。牒送中書門下。若勳伐素高。人才特異者。候有相當用處。卽具名聞奏。量加獎擢。其常參官、資考深久。未得速轉者。準具員年月與改轉。不得令有滯淹。其先受文武官者。亦宜准此。使幕賓寮。皆有年限改轉。軍府大將。豈可獨不敍遷。自今已後。諸道節度都團練經略等使下、各隨本處。其大將名目、已曾受監察以上官者。並限三週年、量與改轉。如有功效合非時與改者。不在此限。其職名是兵馬使都虞候押衙以上、前後並未曾奏官者。亦仰量績效奏官。轅門委質。營壘分師。有役干戈。無由稼穡。況天寶以後。屯兵七十餘年。皆成父子之軍。不習農桑之業。一朝罷歸隴畝。頓絕衣糧。言念飢寒。深用嗟憫。應天下節度使都團練防禦經略等軍所置兵數。各委本道據守舊額。以爲定數。不得輒有減省。其有逃亡病死。及過犯解退。當時擇揀有武力藝能者添補。奮於行陣。決命捐軀。不顧危亡。每嘉忠烈。官健有死王事者。三周年不得停本分衣糧。如有父兄子弟。試其武藝。堪在軍中承名請衣糧者。先須收補。孝本安親。惟深養老。用敷恩惠。以慰耆年。應軍將及官健。有父母年及七十已上。委本州本道、每至節歲。量與酒麵優養。守塞備邊。固不可廢。煙塵既靜。亭障無虞。諸道舊有防秋兵馬。在邊上者。自依年限代替。近者師旅屯集。饋餫頗多。不免於諸道留使錢內、每貫量抽二百文。以充國用。幽鎮既以洗雪。供費亦漸有常。其河北諸道、及河東兗鄆淄青汴宋陳許徐泗澤潞河陽鄭滑等道、並諸鎮。並不可抽。刁斗晨嚴。烽煙夜警。勤勞沙塞。寒苦邊陲。集沿邊鎮戍烽子等、並委所管節度及城鎮使、量與交番上下。使其勞逸得均。使命往來。本於傳達。軍期警急。遂至繁多。非惟郵傳不供。抑亦號令難一。自今後、應緣山東行營兵馬來歸本道已來、進退事機。並宜轉委節度使。仍仰條流舊弊。一一奏聞。除事關急切。須遣專使外。其餘書詔文牒、一切分付度支入遞發遣。制使中使到行營、不得輒受人情物錢。及行非理鞭扑。當加訪察。義不優容。榷筦之設。誠爲救弊。隨方適變。所貴便人。其河南河北鹽法、宜委鹽鐵使與本道節度使、審度會計商量。務以便人爲法。閱習土宜。則通吏理。既因誠效。可驗政能。應河北諸道、宜委觀察使訪察管內見攝官中、如或淸強有才行課績者。具前後所攝年月並事迹聞奏。當與改授。從政之方。必原風俗。視人相土。乃合所宜。弛張在達。於無私法令。所期於不擾。應河北諸道拜鄆兗靑等州道、應有新舊等科條。有不便於人。不宜於俗者。委宣慰使與所在長吏、商量廢置。務從人便。於戲。朕代天子人。操執重器。不以四海之富而恃其力。每以百姓爲念而兢于心。慮文教之未敷。慮武備之多闕。所以輟食當宁。求衣未明。揣摩萬機。寧止三省。頃以馭宇之歲。藩方乂安。委寄廟謀。以緝軍政。而有司不達。苟以惜費爲心。致茲停減之名。無裨毫釐之用。使軍中老幼。愁歎無歸。朕博聽羣言。用革前弊。舉其指要。冀叶人情。庶乎侯伯列城。典我師旅。勵精撫士。用副憂勤。中外宜知。共明朕意。長慶二年三月一日

命京兆府修郭子儀墓詔

漢祖護信陵之冢。厥有前聞。晉朝修子房之墓。埀爲故事。況本朝元老。功冠鼎彝。屬胤嗣凋零。墟域摧毁。雖古無修墓。孔子有言。而義存掩骼。周王是命。斷從朕意。適表念功。宜減賜御膳錢三千貫文。雇丁匠即日修築。仍令所司、明年春仲以太牢祭子儀廟。廣明元年十月

## 錄舊

宥周隋名臣子孫配流詔

朕聽朝之暇。每觀前史。每覽名賢佐時。忠臣徇國。何嘗不想見其人。廢書欽嘆。至於近代以來。年載非遠。然其胤緒。或當見存。縱未能顯加旌擢。無容棄之遐裔。其周隋二代名臣、及忠節子孫。有貞觀以來犯流配者。宜令所司具錄奏聞。貞觀十五年七月

賜盧懷慎家粟帛敕

故銀青光祿大夫檢校黃門監漁陽縣開國伯贈荊州大都督盧懷慎。衣冠重望。廊廟周材。訏謨當三傑之一。學行總四科之二。等平津之輔漢。同季文之相魯。節隣於古。儉實可師。雖清白燕翼。籯金非寶。然妻孥貧窶。儋石屢空。言念平昔。彌深軫悼。宜卹凌統之孤。用旌晏嬰之德。宜賜其家物一百段、米粟二百石。開元四年十一月

錄蘇瓌孫繫等各授官詔

朕惟承累世之業。追先正之勞。濟于艱難。代有勳烈。既而本根已遠。枝葉稍零。詔書屢勤于褒飾。有司不忘於遴簡。一命宰輔。載弘搜揚。錄其大功。果獲良嗣。蘇繫等咸有茂學懿行。勗于前修。皆入之領袖。族之狐趙。類能而舉。各命以官。或任以糾繩。或參於閒列。庶乎旌太傅之德。將擬南城之封。紹鄭侯之胤。不侯東門之感。忠義獲寵。古今同之。元和

錄褚遂良等孫各授官詔

褚遂良五代孫虔等。朕觀列聖紀册。祖宗盛業。粲然在前。其或道有汚崇。政有善否。未始不繫乎當時輔弼。嘗因便殿。言諸宰臣。勉其匡益。協心推戴。且以去歲乙巳登應門。敷大號。俾疇賢相。以訪遺裔。或才器擅長。各列官業。或血食不繼。宗祊已蕪。如遂良之委笏面爭。垂名史書。仁傑之恢復廟社。事形先覺。宋璟之文史骨鯁。功參洽平。元紘之守規畫一。時成有裕。其冑僅存。不絕若髮。各受邑吏。使其自試。太和

錄魏徵等三人裔孫詔

武德以來。輔相之臣。以道致君。以勞定國。若贈司空徵、故侍中知古、故太尉冕、語其功次。皆在第一。清風餘祉。宜及乎後昆。爾等乃其曾孫。式叶搜獎。
俾奉貽謀之慶。用覃延賞之恩。各命以官。勉爾祖德。太和

# 唐大詔令集卷第六十六

典禮

封禪

答請封禪詔

貞觀十五年封泰山詔

停封泰山詔

允羣臣請封禪詔

封禪詔

停封禪詔

封禪器用從文詔

永淳二年停封中岳詔

開元十三年封泰山詔

斷屠及漁獵採捕敕

處分行事官敕

乾封玉牒文

開元玉牒文

開元十三年東封赦書

后土

幸汾陰祠后土敕

祀后土賞賜行事官等制

后土敕書

## 封禪

### 答請封禪詔

自有隋失道。四海橫流。百王之弊。於斯爲甚。朕提劍鞠旅。首啓戎行。扶翼興運。尅成鴻業。遂荷慈眷。躬承大寶。每日昃思治。不敢康寧。兢懷夕惕。用忘寢興。履薄御朽。不足以喻。賴三靈顯命。百辟同心。海外無塵。遠夷慕義。但流遁永久。凋殘未復。田疇多曠。倉廩猶虛。家給人足。尚懷多愧。豈可遽追前代。取譏虛美。所望恂恂濟濟。叶力盡誠。匡其不逮。致之至道。如得雅頌形於金石。菽粟同於水火。反樸還淳。當如來議。

### 貞觀十五年封泰山詔

肇有蒸庶。樹之司牧。載籍所紀。風烈猶存。至於道洽品物。功成宇縣。天貺彰於符瑞。人事表於隆平。莫不增封岱宗。廣禪梁甫。榮鏡六合。對越三神。前聖所以垂其尊名。後王所以仰其休烈。蓋由此也。自火德既衰。三光分裂。金行失御。九鼎沉淪。諸華競逐。彝倫大壞。雖周室創平趙魏。隋氏混一文軌。而金革之事。未戢於封疆。雅頌之音。弗聞於朝宁。遂使至教闕如。淳風莫反。齊郊絕類帝之禮。日觀缺升中之儀。其已久矣。朕丕膺景命。嗣修鴻基。承大亂之餘。當率土之責。負扆興惕。納隍在慮。上憑宗社之靈。下資士庶之力。草昧伊始。援干戈以靖亂。區夏既平。弘禮樂以緯俗。尉候無警。菑畬有年。比屋咸保其歡。含氣不違其性。殊方異域。盡地界而來庭。應圖合諜。殫天符而表瑞。緬懷前載。詳求諸己。豈伊寡德。能致此乎。固乃上玄之所叶贊也。而羣公卿士。百辟庶僚。固陳人祇之意。請遵封禪之典。推而不居。至乎數四。文武之情彌切。內外之議日聞。誠請頻繁。淹歷年載。朕繼迹百王。因心萬物。上奉蒼昊。義在薦功。下撫黎元。方祈厚福。既迫茲理。敢不祗從。猥以眇身。齊美上代。永言夙志。懔乎增惕。可以來年二月有事泰山。所司宜與公卿並諸儒士及朝臣有學業者。詳定其儀。博考聖賢之旨。以允古今之中。務盡誠敬。稱朕意焉。貞觀十五年四月

### 停封泰山詔

自古聖王受天之命。建顯號於封禪。揚洪名於竹帛者。莫不功濟夷夏。道叶人祇。然後登泰山之高。刊梁甫之石。未有七德靡紀。九部寂寥。而欲齊聲於聖哲。垂美於篆籀者也。朕承宗廟之重。當區宇之責。寅畏三靈。憂勤百姓。雖戡翦禍亂。克定遐荒。而至教猶鬱。刑典未措。勝殘之化。未洽於率土。和平之風。多慙於往烈。是以覽經籍而自失。想壇埸而增懼。亟寢搢紳之奏。屢拒公卿之請。逡巡大典。荏苒歷載。近者百寮庶尹。頻繁抗表。般勤固陳。咸以爲兩儀交泰。四夷賓服。禮讓興行。年穀豐稔。蒼昊呈符於上。靈符不可以久替。黎獻協心於下。衆欲不可以固拒。朕迫茲羣議。敢不敬從。欲薦功上

玄。大報后土。升中之儀已具。省方之期有日。今太史奏、有彗星出於西方。撫躬自省。深以戰慄。良由功業之被六合。猶有未著。德化之覃八表。尚多所闕。遂使神祇垂祐。警戒昭然。朕畏天之威。寢興靡措。且曠代盛典。禮數非一。行途之間。勞費不少。東夏彫弊。多未克復。將送儀仗。轉運糧儲。雖存節省之儀。終煩黎庶之力。非惟上虧天意。亦恐下失人心。解而更張。抑有故實。前以來年二月有事泰山。宜停。庶夙夜自修。遂其罪己之志。勤恤匪懈。申以納隍之情。儻蒙靈祇迴睠。宗社介福。朝廷同於大道。風俗歸於樸素。告成之美。更思其宜。仍命所司、泰山有前代帝王因封禪立碑及石函玉檢之類。往遭離亂。被賊毀發。並修立瘞藏之。貞觀十五年六月

## 允羣臣請封禪詔

朕遐觀哲王。煥在方册。功既成矣。咸備禮以升中。道既行焉。必奉符而告禪。所以發揮天命。昭告上靈。其有建顯號以創鴻徽。施尊名而騰茂烈。莫不揚輝於鏤玉。絢景於塗金。昭昭然麗三辰而並運。滔滔焉播四溟而極深。朕誠寡德。良深景慕。曩者萌俗彫弊。國步甫安。勉致隆平。日不暇給。槐卿守闕。請繼美於云亭。岳牧叩閽。祈踵武於梁岱。自惟菲薄。至道未凝。抗禮皞穹。實懷疑懼。緬尋幼齒。運終交喪。忘其家以徇天下。委其體以濟寰區。翊戴先皇。削平諸夏。出於萬死。首導五潢之源。不顧一身。先錫兆人之命。越自爐炭。獲反營魂。拔于鬼錄。並登仁壽。竊惟天地之大德。存於施生。朕以徑寸之小心。襲於造育。降斯休泰。諒或由茲。不然者。何能致於此也。遂得池隍象浦。苑囿龍沙。置一候於鶼林。同一文於鯨水。並賫天睠。賁以咸寧。豈朕徽庸。而能及此。今茲列辟卿士。洪生碩儒。各述靈徵。累陳丹款。既迫羣議。當事敬從。貞觀二十年十二月

## 封禪詔

門下、朕聞天大地大。首播黎元。媧皇燧皇。肇恭玄籙。是知施生為德。處崇高而不言。亭毒攸資。委欽明以司契。泊乎三正迭建。五運相遷。休烈存乎典墳。至道流乎雅頌。歷茲千代。咸宅九州。渺聽」風聲。抑可知矣。其有仰齊七政。俯會百神。察靈睠於祥符。報玄功於昭告。莫不罄情梁甫。繼踵云亭。對越兩儀。盡先聖之能事。揚蕤三統。垂曩哲之尊名。懸鏡天衢。罔不由於此也。自中陽絕紐。堙白水於窮流。宮孽紹興。阻黃星於天塹。永嘉東徙。化金馬以為牛。道武南徂。飛蒼鵝以登祚。周呑岳胤。逮三葉以巢傾。隋并舜後。及二世而舟覆。莫不以凶易亂。譬畏迹而橫奔。以暴代昏。同抱薪而止燎。咸資攸斁之道。冀及淳化之源。各肆巨壑之心。規享上靈之祐。却行求進。其可得乎。由是寂寥千祀。無懷之風不嗣。泯棄七經。子長之言殆絕。遂使成山日觀。久闕升中之儀。汶上明堂。疇聞類帝之義。顧瞻禮樂。深有可嗟。朕幼踐危機。愍斯窮運。上同附翼。下靡息肩。化感天狼。虔劉帝寓。鴻波蕩岳。溺橫流而罔訴。大浸稽天。墊重昏而莫拯。惴惴黔首。各垂餌于鯨鯢。籍籍僵屍。並糜肌于猰貐。上靈慈惻。爰啓朕心。景命潛通。稟其仁育之性。陰符煥發。導以戡翦之功。於是負荷休徵。援旗鞠旅。肅恭儲祉。吟雲躍鱗。順朱鳥以行誅。騫丹鳳而反舉。射九烏而懸日月。區品物以煦陽和。煉五石以造乾坤。濟崩角以全眉壽。於是尊奉先帝。凝旒於廟堂。躬履兵鋒。憂勤於燮輔。既而仰逼威命。俯順樂推。越自唐侯。言膺下武。深惟憂責之重。自勗若厲之懷。遂至

靈貺無涯。翦旄頭而降錫。遊魂削衽。盡窮髮以開疆。東苑蟠桃。西池昧谷。咸覃正朔。並充和氣。梭凝旒於往代。窮今古而罕聞。考光宅於前皇。馨油緗而莫覩。方今六合之表。擊壤傳聲。四海之隅。菑畬歲稔。含氣者靡乖其性。稟命者相賀其生。豈朕眇身勤勞所逮。諒由高明垂鑒。祚此隆平。今茲三事大夫。百寮庶尹。各述天人之貺。請躡封禪之蹤。顧惟寡薄。推而不有。杜絕羣言。至于數四。中外之情尤切。企佇之望逾深。朕又詳思。苟財成於穹旻。自古賢哲。並歸功於大帝。迫斯至理。弗獲固辭。展禮上玄。實增慙懼。可以貞觀二十有二載仲春之月。式遵故實。有事於泰山。諸內外臣僚。岳牧卿士。旣相敦喻。將事告成。各罄乃心。無虧政道。恪居所職。務協時邕。所司宜與搢紳先生。載筆圓冠之士。詳求通典。裁其折中。深加嚴敬。稱朕意焉。其今年朝集使、宜集洛陽宮。應朝集依十五年三月八日敕。諸王並聽來朝。其北藩自磧以南大首領赴會。仍令天下諸州、明揚仄陋。其有學藝優洽。文材蔚贍。政術甄明。才膺國器者。並宜申送。限以來年二月一日。總集泰山。庶令作賦擲金。不韞天庭之掞。被褐懷玉。無溺屠釣之間。務得英奇。當加不次。主者施行。貞觀二十一年正月

## 停封禪詔

門下、朕聞探玄賾者。先實而後賓。體至公者。本仁而末禮。名歸於己。往哲存而弗務。德利於人。前聖徇而爲急。是用範圍天地。權輕重以會時宜。取則陰陽。適變通以從衆欲。由是古之封禪。無奪時機。所謂奉天。咸資務隙。朕仰窺前志。歷選哲王。無懷有巢。緬逾繩契之表。龜文鳳紀。越在俎豆之先。扣寂寞以傳疑。故可略而言也。至如三元立統。百物正名。步驟之軌非遙。損益之源可挹。維堯心廣運。局疆域於流沙。禹迹遐宣。限要荒於碣石。猶且先弘郎敘。次展玉帛之儀。首創賓門。方備云亭之典。告成之義。罔弗由茲。況朕全有方輿。闔域該於千古。仰承靈睠。降福超於百王。巨海所環。莫非臣妾。長河攸括。並入封疆。日者夷夏同文。禎符狎至。謂可鳴鑾日觀。勒牒仙閭。許以來春。親行告禪。而今延陀一姓。流竄西陲。控絃萬計。初歸正朔。亡其沙塞之地。遊魂戴斗之鄉。一物之微。猶驚心於夕惕。九夷乃陋。敢忘懷於施生。新就縶維。理須安置。又以朕往歲躬勤拯溺。至於炎月。沿比不安。公卿庶僚。各勤陳請。遂有翠微之役。非無版築之勞。旣而山谷阻深。朝宗有礙。重披丹懇。請建玉華。朕以寸心經綸億兆。冒茲隆熱。貽朝野之深憂。允乃誠忱。副率土之僉望。遂復頻有興造。恐致煩勞。兼聞河北數州。頗傷淹潦。旣爲民父母。思濟黎元。順動升中。理無兼遂。其介丘大禮。宜且權停。前追諸王及四方岳牧並蠻夷酋長。令以明年二月會泰山者。今並宜停。其朝集使及選舉人等。前令詣洛陽宮。可依常年集限。並赴京師。諸爲封禪事舉人營造轉運等事。亦宜並詔停止。其玉華宮所立制度。前已下詔。務從菲薄。今乃庶事減省。更令卑陋。示免風雨。稱朕意焉。可分道馳驛。散頒天下。主者施行。貞觀二十一年八月

## 封禪器用從文詔

古今典制。文質不同。至於制度。皆隨代革。惟祭天地。獨不改章。斯乃自處以厚。奉天以薄。又今封禪之禮。卽用玉牒金繩。器物之間。復有瓦樽秸席。一

時行禮。文質頓乖駁而不倫。深爲未當。其封祀降禪壇所設上帝后土位。先設稾秸瓦甒瓢盃等。並宜改用裀褥罍爵。每事從文。其諸郊祀。亦宜准此也。（麟德二年十月）

永淳二年停封中岳詔

朕聞仁者德之本。叶亨育之至途。禮者道之末。乃帝王之餘事。歷選往初。詳觀曩躅。惻隱以孚其化。變通以會其神。朕以虛薄。祗膺寶位。旰食宵衣。懼忝於宗社。如傷若厲。佇濟於黎元。每以皇基肇開。範圍覆載。遺惠所覃。昭格區宇。虔荷靈命。常慮下虧鴻業。遍封羣岳。不足上報玄功。已升聞於日觀。思款謁於太室。志在告成。諒非爲己。屬今茲豐稔。方有事於嵩丘。崇累聖之丕績。祈兆人之嘉佑。頃者分使出巡。存問風俗。河南、河北尚有十餘州旱澇。如以朔方寇盜。時復侵邊。關內流民。未能復業。一物失所。猶甚納隍。數郡不寧。豈宜備禮。前欲以來年正月封中岳者。宜停之。（永淳二年十一月）

開元十三年封泰山詔

自古受命而王者。曷嘗不封泰山。禪梁父。答厚德。告成功。三代之前。罔不由此。越自魏晉以降。迄至周隋。帝典闕而大道隱。王綱弛而舊章缺。千載寂寥。封崇莫嗣。物極而復。天祚我唐。武文二后。應圖受籙。洎于高宗。重光累盛。承至理。登介丘。懷百神。震六合。紹殷周之統。接虞夏之風。中宗弘懿鑠之休。睿宗穆粹精之道。巍巍蕩蕩。無得而稱者也。朕昔戡多難。稟略先朝。虔奉慈旨。嗣膺丕業。是用創九廟以申孝敬。禮二郊以展嚴禋。寶菽粟於水火。捐珠玉於山谷。兢兢業業。非敢追美前王。日慎一日。實以奉遵先訓。至於巡狩大禮。封禪鴻名。顧惟寡薄。未遑時邁。十四載于茲矣。今百穀有年。五材無眚。刑罰不用。禮義興行。和氣氤氳。淳風淡泊。蠻夷戎狄。殊方異類。重譯而至者。日月於闕庭。奇獸神禽。甘露嘉醴。窮祥極瑞者。朝夕於林籞。王公卿士。罄乃誠於中。鴻生碩儒。獻其書於外。莫不以神祇合契。億兆同心。斯皆烈祖聖考。垂裕餘慶。故朕得荷皇天之景祐。祖廟之介福。敢以眇身而顓其讓。是以敬承羣議。弘此大猷。以光我高祖之丕圖。以紹我太宗之鴻業。永言陟配。祇感載深。可以開元十三年十一月十日。式遵故實。有事泰山。所司與公卿諸儒。詳擇典禮。預爲備具。勿廣勞人。務存節約。以稱朕意。所緣封禪儀注。兵馬陪集。並皆條奏。布告遐邇。（開元十二年十二月）

斷屠及漁獵採捕敕

敕。自古明王。仁及萬物。今助天孳育。方欲告成。其緣祭祀及在路供頓。犧牲餼牢。禮不可闕。除此之外。天下諸州。令並斷屠及漁獵採捕。駕回至京。任依常式。

處分行事官等敕

勑。封祀告成。爲萬姓祈福。必資清潔。以副朕心。其行事官及齋郎應致祭者。宜令御史行牒齋坊。毋容疎怠。（十一月）

乾封玉牒文

嗣天子治敢昭告于昊天上帝。有隋運極屯危。數窮否塞。生靈塗炭。鼎祚淪亡。高祖仗黃鉞而救黎元。錫玄龜而拯沉溺。太宗功宏煉石。定區宇於再廱。業壯斷鼇。飲滄溟而一息。臣忝承餘緒。繆延積慶。遂得崌山寢燎。炎海韜波。雖業茂宗祧。實降靈穹昊。今謹告成東岳。歸功上玄。俾大寶克隆。鴻基永固。凝薰萬姓。陶化八紘。

開元玉牒文

有唐天子臣隆基敢昭告于昊天上帝。天啓李氏。運興土德。高祖太宗。受命立極。高宗升中。六合殷盛。中宗紹復。繼體丕定。上帝眷佑。錫臣忠武。底綏內難。推戴聖父。恭承大寶。十有三年。敬若天意。四海晏然。封祀太岳。謝成于天。子孫百祿。蒼生受福。

開元十三年東封赦書　　張九齡

門下、朕聞天監惟后。后克奉天。既合德以受命。亦推功而復始。厥初作者七十二君。道德洽著。時至乎出。皆用事於介丘。升中於上帝。人情之所望。果有以塞之。皇王之赦。固可得而言也。朕接統千載。承光五葉。惟祖宗之德在人。惟天地之靈作主。往有內難。幽贊而集大勳。間無外虞。守成而纘舊服。未嘗不乾乾終日。思與公卿大夫上下叶心。聿求至理。以弘我烈聖。其庶幾乎馨香。今九有大寧。羣黎樂業。時必敬授而不奪。物亦順成而無夭。懋建皇極。幸致太和。洎乃幽遐。率皆感被。戎狄不至。惟文告而來庭。麟鳳已臻。將覺悟而在藪。以故凡百執事。亟言大封。顧惟不德。初欲勿議。伏以先聖儲祉。與天同功。荷傳慶以在今。敢侑神而無報。大節斯在。朕何讓焉。遂奉遵高祖太宗之業。憲章乾封之典。時邁東土。柴告岱岳。精意上達。肹蠁來應。信宿行事。雲物呈祥。登降之禮斯畢。嚴配之儀復展。百神羣望。莫不懷柔。四方諸侯。莫不來慶。斯是天下之介福也。邦家之耿光也。無窮之休祉。豈獨在予。非常之惠澤。宜其逮下。可大赦天下。自開元十三年十一月十三日昧爽以前大辟罪已下。罪無輕重。已發覺未發覺。已結正未結正。囚繫見禁。咸赦除之。惟十惡死罪。不在此例。流人未達前所。放還。其有挾藏軍器。亡命山澤。百日不首。復罪如初。敢以赦前事言首者。以其罪罪之。內外文武官三品以上賜爵一級。四品以下一階。邠王守禮、寧王憲、岐王範、薛王業各與一子三品官。公主、嗣王、郡主、縣主各與一子官。其應文武行從官。加階之外。並賜勳兩轉。三衞、引駕、引紬、黃衣、長上、飛騎、彍騎。先有武散官者。加兩階。未給武散官。各賜勳兩轉。衞士、馬主、軍戎主、幕士、掌閑、供膳、太常及仗內聲音人、行署及蕃官七色拜別敕雜色定名行從人。亦賜勳兩轉。緣大禮登山供奉侍從行事、轝脚等官三品已上。特賜一階。仍與一子官。四品已下。特賜一階。仍賜勳兩轉。量進改。其四軍別抽登山宿及諸司上山執當官三品已上。賜爵一等。與一子出身。四品已下。加一階。賜勳兩轉。亦量進改。其白身人及行署蕃官放番選。其山下昇壇行事官三品已上。加爵一等。賜勳一轉。四品已下。加一階。賜勳一轉。選日優改。諸獻官及宿衞齋宮將軍、率、中郎、並郎將、并兩京留守、諸軍節度使。并升壇例。諸有職掌押當。非升壇例。諸有職人。加階選日優量。其加階應入三品五品人。非特賜者。並依十一年三月二十八日敕節限。齋郎、禮生、見任官、前資官已上人。並依資量材與處分。未出身者。放出身。皇親別敕承恩陪位者。亦准此。諸州岳牧、四府長史、朝覲陪位者。泛階之外、各賜勳一轉。諸方使人、及諸州父老、宗姓、並從家子孫、至岳不得陪位者、並賜勳一轉、物五段。諸州及兗州道僧、至岳見大禮者、並賜五段。孔子後褒聖侯、量材與處分。天下致仕官、各依本品賜一季祿、并束帛。其陪位者、仍賜勳一轉。諸蕃侯王酋長來會禮者、各賜加一官。至都節級、並與賜物。其入朝留在邊軍人、亦准此。其蕃中祗候衙官、刺史、縣令、並與賜物及袍帶。突厥可汗小殺等諸國王、守護塞垣、歲月朝貢、並賜物、付使將往。侍老年百歲以上者、版授下州刺史、婦人版授郡君。年九十已上者、版授上州司馬、婦人版授縣君。年八十已上者、版授縣令、並婦人並節級量賜粟帛。其預見大禮侍老、各別加侍丁一人。孝子順孫、義夫節婦、旌表門閭、終身勿事。行人之家、及鰥寡惸獨、并疾病不能自存者、委州縣長官倍加存恤。諸軍行有文武散官者、加一階。白身者、賜散勳爵一轉。負欠官物、逋懸租調、並宜放免。其行過州縣、供頓劬勞、並帖頓百姓、有雜差科、并車馬夫役者、並免一年租稅。兗州免二年租稅。當頓官人、始末不絕者、與中上考、仍賜勳一轉。朕永惟王業、緊賴舊勳、元首股肱、其猶一體。自武德以來功臣宰輔、或名存王府、遺嗣沉淪、或身無大故、銜屈泉壤、宜令所司訪擇申理。唐元六月二十日立功官人、往屬艱難、能盡忠義、今成大禮、何日忘之、宜各與一子出身。無子者、任回與周親之人。有司試策三道、等第收獎。朕躬陟天門、宿齋日觀、時屬嚴冬、雪後初夜、風寒。朕因露立祈恩、誓欲代人當咎、俯仰之際、頓息霜飈。奠獻之辰、變同韶景。誠荷上天垂佑、亦賴靈山吐祥。詩云、無德不報。宜封泰山神為天齊王、禮秩加三公一等。宜令所管崇飾廟祠、環山千里、宜禁其樵採、給近山二十戶、復以奉祠神。率土之內、賜酺七日、任於村坊內宴樂、不得率歛煩勞。其節文有未該及者、有司比類奏聞。其封祠諸數處行事者、從一處敘、敘書日行五百里、主者施行。

## 后土

### 幸汾陰祠后土敕

敕、王者承事天地、以為主。郊享泰尊、以通神。蓋燔柴泰壇、祭定天也。瘞埋泰折、就陰位也。將以昭告靈祇、克崇嚴配。爰逮秦漢、稽諸祀典、立甘泉於雍時、祠后土於汾陰。遺廟巋然、靈光可燭。朕觀風唐晉、望秩山川、肅恭神明、思致禋敬、為人祈福、以輔升平。合此神符、應於嘉德。宜以來年正月北巡狩、行幸至汾陰、以二月祀后土。所司宜准式。開元十一年二月

### 祀后土賞賜行事官等制

自古受天之命、作神之主、崇德配地、盡孝配親、存乎禮經、不可闕也。朕承累聖之緒、仗卿士之力、方隅清謐、宇宙乂安、北巡并都、南轅汾上、覽漢武故事、修后土舊祠。時為仲春、地氣萌動、將先政本、為衆祈穀。齋戒惟寅、粢盛惟潔。仲尼曰、吾不與祭、如不祭。豈非躬盡孝敬、以致神祇乎。而經始壝壇、寶

鼎出地。奠茲幣玉。榮光塞河。將何以幽答神心。上應靈貺。朕又懼焉。今大禮克舉。休祥允洽。自天之佑。豈予一人。思與百辟。同茲嘉慶。亞獻邠王守禮、終獻寧王憲各賜帛七百疋。申王撝、岐王範、薛王業各賜帛五百疋。餘升壇官三品以上賜爵一級。四品已下各加一階。應入三品五品見任四品以上官。先授正四品已上階經三十考者。六品已上官授正六品已上階經十六考者。令所司勘責奏聽進止。諸緣大禮有職掌者。官賜勳兩轉。餘陪位官賜勳一轉。中書門下三品、六曹尚書、御史大夫、食實封三品已上功臣各與一子官。其立功萬騎身亡歿者。雖預創業。不見盛時。念功思舊。情有感惻。並令所司檢勘。亦各與一子官。改汾陰爲寶鼎縣。官同升壇官例賜一階。管壇一鄉。復給一年。其駕行幸處百姓沿途供頓。應須供當者。仰置頓使商量奏聞。及制文不該者。所司亦比類條件聞奏。開元十一年二月

## 后土赦書　　張九齡

門下。昔者巡狩所至。柴瘞所在。蓋取誠享。以遵告類。朕躬承祖宗之烈。獲主神祇之祀。夙夜祗畏。不敢荒寧。故勤兵朔陲。先展義於枌社。迴旌睢上。遂有事於郊壇。王者父事天母事地。則漢氏祈穀。未始正名。周禮降神。乃爲徼福而已。朕以天命爲重。子道爲先。惟茲精誠。在乎教孝。庶蒙福於四海。期永康於兆人。是以率由舊章。恭敬明祀。嚴配之誠既展。奠獻之禮又終。且春秋之義。大事在祀。齋祭之福。庶品維祺。豈獨在予。而有斯慶。可大赦天下。自開元二十年十一月二十一日昧爽以前。大辟罪已下。罪無輕重。已發覺、未發覺、已結正、未結正、咸赦除之。官人犯贓及有事被推者。本罪雖原。不得更令却上。仍別與處分。自奉先以來。有雜犯流移人并配隸人。各量移近處。在降官未經量移未復本資者。奏聽進止。天下遭損兗州應損戶減一分已上者、及供頓州、無出今年地稅。如已徵納、聽折來年地稅。逋租懸調、貸糧種子、欠負官物、在百姓腹內者。亦宜准此。其不損兗州、自開元十七年以前、所貸糧種子、欠負官物在百姓腹內者、亦宜准此。諸州沿供頓所差帖助夫、亦放其家今年地稅。孝子順孫、義夫節婦、旌表門閭、終身勿事。諸州侍老百歲已上、賜粟七石。九十已上、賜粟五石。八十以上、賜粟三石。所由速付。勿淹旬日。太原潞府侍老等、先已加恩。不在此例。亞獻皇太子鴻、賜物二千疋。終獻慶王潭、賜一千疋。邠王守禮、寧王憲、薛王業、各賜物一千疋。忠王浚以下、各賜物三百疋。夾侍正衣、進珪、捧珪、汝陽郡王璡等、各賜物三百疋。皇太子夾侍正衣、各賜一百疋。裴光庭、蕭嵩、弼亮朕躬。弘益斯遠。不有優異。何□等倫。加階賜之外、各與一子官。無子者任與周親。仍各賜物三百疋。二王後、各賜物二百疋。長公主各賜物三百疋。嗣王郡主縣主各賜二百疋。行從文武官、三品已上賜物八十疋。四品五品賜物六十疋。六品七品賜物四十疋。八品九品賜物二十段。升壇官、三品以上特賜一階。四品已上各加一階。應入三品五品官階相當、不限考數、聽得入。知頓使、及判官、修禮儀官、撰玉册官、知頓御史等加一階。修壇場州刺史及修壇官各賜物一百疋。其已有升壇職掌從一頭處分。沿去大禮有職掌官賜勳三轉。行從官首末不絕、及陪位官各賜勳兩轉。內外文武官三品以上賜爵一等。四品以下各加一階。致仕官、三品已上賜物七十疋。四品五品各五十疋。從蕃客、鴻臚安置陪官見大禮者、宜賜物五十疋。節級分付。南北衙應宿衛齋宮官及左右廂知兵馬虞候總管已上及判司別奏傔孔目等官、更加勳

一轉、前資官選日稍優與處分、白身人有資勞者、簡選之日優與處分。無資蔭者、賜勳兩轉。南北衙行從、三衛飛騎、萬騎、引駕細仗、監門直長、主師黃衣長上、各賜勳兩轉。仍各賜物五段、兩營弓手六番併行、宜各賜物五段。仍量折番役。諸衛彍騎及兵角弓手官馬主掌閑幕士駕供膳生習馭工人樂人雜戶官戶白身有職掌人合行從人等、各賜勳一轉。物三段。其齋郎既是見任官。準壇上壇下有職掌官吏處分。執彈三衛及禮生贊者、各減二年勞。無勞可減者。簡選日稍優與處分。流外行署從者、各賜勳一轉。有職掌者、各賜勳兩轉。供頓州刺史同陪位官例、始末轉支頓官各與一上中考。蒲州刺史竇鼎縣官、同升壇官處分。管壇一鄉百姓給復二年。蒲州侍老等、准太原潞府例、降一等。武德初功臣、每有大慶。必存追遠。業參運始。義合賞延。其子孫沉翳。無在朝者。宜令勘責。即與一子官。唐元初立功臣等、艱難之際。誠効亦深。言念其初。豈忘終始。其三品已上、各賜紫金魚。有亡歿者、優贈一官。仍與一子官。已得官者、選日優與處分。兩京留守、京兆河南尹、四大都督府長史、諸軍節度副大使、准行從官例處分。諸方通表疏使人、預見大禮、准陪位官處分。諸道陣亡人家、仰州縣存恤。不周濟者、量事賑給。諸道健兒、別敕行人各賜勳一轉。仍令所司速勘會親官奏寫告身、送付諸道行人、或有身死被逃、猶徵課役、累及親鄰、即宜審勘、爲其削除。皇親中有文武才用堪任使者。委宗正具以名上。當與奬擢。五岳四瀆。名山大川。自古聖帝明王。忠臣輔相。各令致祭。務其誠潔。赦書有所未該者。所司比類奏聞。亡命山澤、挾藏軍器、百日不首、罪復如初。敢以赦前事言之者、以其罪罪之。率土之內。賜酺三日。赦書日行五百里。布告遐邇。咸使聞知。主者施行。

# 唐大詔令集卷第六十七

典禮

南郊一



## 南郊一

### 貞觀十七年冬至有事南郊詔

朕聞上靈之應。疾於影響。茂祉之興。積於年代。朕嗣膺寶曆。君臨區宇。憑宗社之介福。賴文武之同心。時無風塵之警。野有京坻之積。厚地降祉。貞石表祥。瑩翠色而流光。發素質而成字。前紀厥初之德。次陳卜年之永。後述儲貳之美。並名字昭然。楷則相次。曠代之所未聞。故老之所未覩。猥以寡德。虔奉成命。緬惟往載。良增兢惕。自天之祐。豈惟一人。無疆之福。方覃九土。自非大報泰壇。稽首上帝。則靡伸奉天之志。寧副臨下之心。今年冬至。有事南郊。所司率由舊典。十月

祭圓丘明堂竝以高祖太宗配詔

夫受命承天。崇至敬於明祀。膺圖纂籙。昭大孝於嚴配。是以薦鰷鱨於清廟。集振鷺於西雝。宣雅頌於太師。明肅恭於考室。用能紀配天之盛業。嗣積德之鴻基。永播英聲。長爲稱首。自周京道喪。秦室政乖。禮樂淪亡。典經殘滅。遂使漢朝博士。空說六宗之文。晉代鴻儒。爭陳七祀之議。或同昊天於五帝。或分感帝於五行。自茲以降。遞相祖述。議論紛紜。是非莫定。朕以寡薄。嗣膺丕緒。肅承禋祀。明發載懷。虔奉宗祧。寤寐興感。每惟宗廟之重。尊配之儀。思革舊章。以申誠敬。禮曰。化人之道。莫急於禮。禮有五經。莫重於祭。祭者非物自外至也。自內生於心也。是以惟賢者乃能盡祭之義。況祖功宗德。道冠百王。盡聖窮神。義高千古。自今以後。祭圓丘明堂感帝神州等祠。高祖太武皇帝太宗文皇帝崇配。仍總祭昊天上帝及五帝於明堂。因心致敬。獲展虔誠。宗祀配天。永光鴻烈。乾封二年十二月

郊禮唯昊天稱天五帝只稱帝制

天無二稱。帝是通名。承前諸儒。互生同異。乃以五方之帝。亦謂之爲天。假有經傳互文。終是名實未當。稱號不別。尊卑相混。自今郊之禮。唯昊天上帝稱天。自餘五帝皆稱帝。永昌元年九月

開元十一年郊天制

帝王承天。必崇告類之典。文武尊祖。是遵嚴訓之義。所以克荷成命。昭升前烈。蓋王者之子道。乃聖人之神教。朕以寡昧。猥承丕緒。獲主祭祀。一紀于茲。輔相之宜。下不足以被物。馨香之德。上不足以動天。故歲或不登。刑且未恤。內省爲媿。大禮猶鬱。星晷驟遷。夙夜祗懼。今四夷內附。諸侯率職。羣生和洽。萬物阜蕃。猶恐教或未孚。求之皇極。誠□不達。觀于國風。故親巡河東。祈穀脽上。神歆有答。歲物以豐。此先聖無疆之休。上玄啓祐之貺。冀因報謁。式展誠敬。宜以迎日之至。允備郊天之禮。所司詳擇舊典以聞。九月

命宰臣等分祭郊廟社稷敕　孫逖

敕、時和年豐。神所福也。精意備物。祭之義也。朕每爲蒼生。常祈稔歲。徵誠有感。丕應乃彰。今宗社降靈。神祇效祉。三時不害。百穀用成。遂使京坻遍于天下。和平之氣。既無遠而不通。禋祀之典。亦有祈而必報。宜令兵部尚書兼中書令晉國公李林甫、工部尚書同中書門下三品幽國公牛仙客、卽分

祭郊廟社稷。尚書左丞相裴耀卿、祭中岳。禮部尚書杜暹、祭東岳。御史大夫李適之、祭西岳。太子賓客王丘、祭北岳。國子祭酒張說、祭南岳。其四瀆、四海、四鎭、及諸名山靈跡等、各委所由州長官祭。仍令所司卽擇日奏聞。務修蠲潔之禮。以致精明之德。冀申誠懇。如朕預焉。道釋二門。玄通衆妙。濟時育物。皆有明徵。是所依憑。豈忘尊奉。其天下寺觀。竝令量脩功德。用齊三聖之教。以叶百靈之心。宜副虛懷。各陳至敬者也。（開元二十五年十月）

## 升壇入廟行事官先去劍佩及履敕

孫逖

敕。精意曰禋。吉蠲爲享。苟乖此義。何以降神。如聞比來祭官及監祭使等。雖受齋戒。殊乖虔潔。如在之典。豈其然歟。又虛心好靜。神聽無聲。倘致喧煩。尤非致敬。自今已後。應升壇入廟行事官。竝去劍佩及履。咸宜勉勵。仍遞相糾察。如或因循。當別有處分。

## 天寶元年南郊制

神之降休。禮無不答。永言禋祀。必在躬親。朕粵自君臨。載弘道教。崇淸淨之化。暢玄元之風。庶乎澤及蒼生。時臻壽域。積以歲月。未嘗懈怠。豈謂微誠感通。烈祖降見。乃昭靈命。是錫寶符。因而求之。應言而獲。亦旣至止。果表殊徵。諒惟祕詞。不可詳說。然邦國大慶。何以過焉。是知神仙所緘。造化同固。爰初有待。經韞櫝而多時。潛應改元。若符契之相合。景福攸介。祗畏良深。而羣官宗室。抗疏於外。元良諸子。屢請於中。逮夫緇黃。兼彼耆耋。懇誠不已。前後相仍。願加天寶之名。用易開元之號。顧惟菲薄。曷以當之。然則玄貺在乎欽承。人心難以推拒。順天從衆。議叶至公。敬從所請。實用多愧。斯蓋上玄厚載。爰及百神。孚佑効靈。通於睿祖。幽贊惟新之曆。克彰永代之祥。宜遵祀典。式陳昭報。可以來月十五日祔玄元皇帝廟。十八日享太廟。二十日有事于南郊。宜令中書門下、與禮官等。卽詳定禮儀。具錄奏聞。應緣行事及檢校官等。各委有司。不須別差人。執當其北郊。宜差公卿擇日祭五嶽、四瀆、及名山大川。各令所在長官備禮陳祭。務申誠敬。副朕意焉。

## 每載四孟合祭天地詔

皇天之典。聿循於百代。郊祭之義。允屬於三靈。聖人旣因時以制宜。王者必緣情以革禮。朕丕承寶運。肅遵明禋。曷嘗不克己齋心。虔恭夙夜。猶慮舊章或闕。誠敬未孚。有一於此。良深祗畏。且尊莫大於天地。祀莫大於祖宗。嚴配昭升。豈宜異數。今烝嘗之獻。旣著於常式。南北之郊。未展於時享。粢盛且略。對越何申。自今已後。每載四時孟月。先擇吉日祭上帝。其以皇地祇合祭。以次日祭九宮壇。皆令宰臣行禮。務崇蠲潔。稱朕意焉。祭神如在。傳諸古訓。以多爲貴。著自禮經。脺膋之儀。蓋昔賢之尙質。甘旨之品。亦孝子之盡誠。旣切因心。方資變禮。其已後享太廟。宜料外每室加常食一牙盤。仍令所司務盡豐潔。發生振蟄。雷爲其始。畫卦陳象。威物効靈。氣實本於陰陽。功乃施於動植。今雨師風伯。久列常祠。唯此震雷。未登羣望。其已後每祀雨師。宜雷神同祭。朕承宗廟之福。爲人神之主。事有未暢。義在得中。庶寅畏之誠。上達於郊廟。祈禳之典。載收於闕遺。凡在有司。各揚所職。倍宜恭肅。以叶靈心。（天寶五載四月）

天寶五載南郊詔

孝享宗廟。所以達思誠也。格于神祇。所以崇嚴敬也。則祈穀上帝。春祠先王。永惟因心。敢忘如在。朕承累聖之丕業。膺上穹之景祐。聿循柴燎。虔奉蒸嘗。慮物未豐。馨香莫達。頃以詳諸舊典。創以新儀。清廟陳牲。特加於常饌。昊天冬祭。重增以時享。庶乎馨齋敬之勤。叶殷薦之義。況履茲霜露。載感惟深。瞻彼郊壇。有懷昭事。今禮歸通變。諒期乎達誠。教在率先。必貴乎親奠。宜以來載正月朕親謁太廟。便於南郊合祭。仍令中書門下即與禮官詳定儀注。擇日奏聞。興言拜獻。先深祇感。凡百有司。各供爾職。十二月

元年建子月祭圓丘詔

皇王俯仰。應協於靈祇。典禮廢興。式存於禋告。蓋重成命。以崇祇肅。朕獲嗣鴻猷。敢忘虔敬。頃以三代正朔。所尚不同。百王徽號。無聞異稱。顧茲薄德。思創常規。爰因行慶之日。將務惟新之典。而建元立制。承命膺符。受於天地祖宗。申於百辟卿士。今既循諸古法。讓彼虛名。革故之宜。以宣於臣下。昭報之道。未展於郊廟。因時備禮。擇日陳誠。克明恭己之心。庶降庇人之福。至誠斯感。其在茲乎。宜取今月二十八日朝獻太清宮。二十九日享太廟、光獻廟。來月一日祭圓丘及太一壇。

百官議大禮期日敕

敕、朕自遷越。旋于京師。將欲請罪祖宗。告謝天地。所司選日。行有期矣。議者多以大盜之後。人勞靡居。懼愆歲功。請俟農隙。若俯順羣議。則私懷不安。將祗率典章。又疲甿重擾。夙夜憂惕。罔知所裁。宜令常參官集議。中書門下詳具折衷聞奏。

罷告謝郊廟敕

朕一經遷徙。久曠禮儀。不唯霜露之感。實貽失墜之憂。賴先澤在人。上帝臨我。克平大難。載復舊京。方欲展禮郊丘。請罪宗廟。而乃左右股肱卿士。詢謀僉同。明孝敬之大端。陳古今之正議。三省章表。深體乃誠。以義制心。允從衆請。予之不德。愧歎良深。其來年告謝郊廟。百寮請俟後期者。可之。其元日御含元殿。准式。

以旱停南郊敕

今年郊畿亢旱。自夏訖冬。以陰陽之久有錯違。懼粢盛之未能豐潔。祖宗上帝。鑒臨左右。德馨未達。暢焉在懷。改龜薦誠。以俟祥歲。詳酌典禮。亦謂合宜。其來年南郊宜停。太和年

# 唐大詔令集卷第六十八

典禮

南郊二



## 南郊二

### 貞觀十七年南郊德音

朕嗣守宗祧。夙夜夤畏。憂勤在於政道。撫育徧於含生。十七載于茲矣。上玄儲祉。貞石表瑞。朕式備禋燎。躬謝蒼旻。逮于儲兩。亦申虔奉。朔風既切。飛雪載零。及登泰壇。六合開朗。神祇介福。豈獨在予。和樂之慶。宜被率土。可賜酺三日。自漢魏已來。或賜牛酒。牛之爲用。耕稼所資。多有宰殺。深乖惻隱。其男子年七十以上量給酒米麵梁州管內大辟罪以下見禁囚皇太子處過諸州並遣使人分往唯十惡不在處限餘皆量情降宥焉。

### 景龍三年南郊赦

朕聞禮展禘祖。昊穹著其成命。就陰卽陽。墳典明其大節。故豺獺有祭。下不隔於微品。犧牲畢陳。上以光於嚴配。軒皇用事。則雍旁五時。漢帝潔齋。則城南七里。用能使敬而不黷。求而不匱。原闕我高祖神堯皇帝開階立極。配永循機。太宗文武聖皇帝仗金策而清四方。運璇璣而齊七政。高宗天皇大帝與乾坤合其德。與日月合其明。則天大聖皇后建補天立極之功。受河圖洛書之統。五精歸運。四葉重光。朕虔順樂推。欽承睠命。紹宏基於纍聖。日慎斯兢。執大象於羣生。夙興如厲。遠人殊俗。占風而集蠻邸。美瑞休符。繫月而輝史筆。故得三邊靜柝。五兵銷刃。寰寓大寧。人神式序。而德慙被物。

誠謝動天。水旱尙臻。政刑猶舛。永以憂惕。無忘鑒寐。然則事天事地。莫盛乎禋祀。弗躬弗親。孰申乎誠敬。朕自臨四海。于今六年。幸承祧社之靈。未展郊丘之謁。方今朔風候律。南晷登辰。乘上日而恭饗。奉高禋而肅事。原闕備般薦之容。行昭報之禮。豈唯光靈所燭。但驗其徵。方冀後先不違。實受其福。至若五刑之屬。十惡爲重。自頃恩赦。罕聞該及。朕以眇身。膺乎大寶。下人不足。每切如子之傷。上帝所臨。敢逃在予之責。閑居三月。未弭厥懲。靜念終朝。載增寅畏。侑神伊始。與物唯新。思崇曠蕩之恩。以答高明之貺。可大赦天下。繫囚見徒及十惡、咸赦除之。雜犯流人、竝放還京。文武官、及應集考使別敕陪位官、邊州都督刺史、諸軍大使副使。三品已上、賜爵一等。四品已上、加一階。入三品者、三品減四考。五品減三考。聽入外文武百官、賜勳一轉。關內諸州、無出今年地稅。令內五品已上。各舉堪任州刺史縣令者。天下大酺三日。景龍三年十一月二十三日

## 開元十一年南郊赦　張九齡

門下、朕獲主三靈。于今一紀。聽政中昃。每不敢康。觀書乙夜。將永諸道。頻年以來。爲理思至。或遠人不率。或嗣歲不登。淳樸未還。惕厲斯在。爲人上而慙德。奉天明以畏威。故祝史正辭。必期於陳信。郊丘備禮。將俟於昇平。今宗廟降靈。克開厥後。乾坤交泰。保合太和。麟鳳龜龍。玄符黃瑞之祉。蠻夷戎狄。梯山航海之琛。莫不日月以聞。道路相屬。顧惟不德。承玆休運。欽若昭報。疇咨故實。所以今年獻春。恭祀后土。季秋吉日。追崇九廟。採先典於魯經。稽肆類於虞典。爰因長至。欽謁上玄。告受命之元符。昭嚴配之成績。大典云備。至誠克展。諸侯駿奔。來於穆之相。百神受職。率咸秩之文。六變已陳。三獻斯畢。蓋春秋之大事。莫先乎祀。王者之盛禮。莫重於郊。而柴燎克終。感慶罔極。豈予一人之福。亦爾萬邦之賴。而因咸和之際。俾承厚下之澤。可大赦天下。自開元十一年十一月十六日昧爽已前。罪無輕重、已發覺未發覺、已結正未結正、繫囚見徒、大辟罪已下、咸赦除之。其十惡死罪、造僞頭首、刼賊刼殺事主、不在赦例。就中仍慮有寃濫者。所司具狀送中書門下。盡理詳覆奏聞。朕將親覽。其有亡命山澤、挾藏軍器、百日不首、復罪如初。敢以赦前事相告言者。以其罪罪之。昇壇行事官及供奉官、三品已上賜爵一級。四品以下加一階。諸獻官竝准昇壇例。內外文武官、及致任、幷前資陪位者、賜勳一轉。緣大禮有職掌、併押當者、更加一轉。齋郞竝放出身。皇親諸陪位、未出身者、竝放選。已出身者、賜一轉。親王公主、各與一子官。三衞監門黃衣長上飛騎、竝仗內雜色人、在齋宮宿衞、及諸色人有資勞人。緣大禮有職掌、竝流外行署、預見大禮者、亦賜勳一轉。其充香爐執扇、及禮生祝史贊者、賜勳外、簡選日優與處分。兵士宿衞齋宮、竝諸資勞雜色無勞資、緣大禮有職掌。及京兆府百姓、緣南郊祗應者。各免其家一年雜科差。南北衞將軍、率中郞將宿衞齋宮者、竝同昇壇例。其諸軍節度大使、及三都留守、雖不陪位。委寄旣重。特宜同昇壇官例。百歲老人、賜綿帛伍段、粟五石。縣令至其家存問給付。孝子順孫、義夫節婦、旌表門閭。終身勿事。已旌表者、量加優恤。諸州百姓、或因逢水旱、流寓未安者。宜令所司朝集使、卽作賑恤安輯法奏聞。其單貧衞士、番鎭久次、令州府長官簡擇灼然者。放免番役。征行人家、州縣檢校、勿使侵欺。磧西鎭人、途路懸遠、特宜賜勳一轉。鰥寡惸獨、亦令州縣倍加矜恤。使得存濟。元置義倉、救人不足。承貸百姓糧及種子未納者。竝放免。不得却徵。自古聖帝明王。忠臣烈士、名山大川、竝令所管

致祭。其已得官人、并轉累未得處分、非老弱疾病、猶堪處事者。量加收錄。使免失職。其差貶官、非逆人五服內親、及犯贓賄名教者、所司勘責奏聞。量移近處。其官人有清白政術、堪任刺史縣令、及抱器懷才、不求聞達者。州長官具以名薦。宗室中有孝悌才術、爲衆所知、仍在卑任者。委宗正具以名奏。君臣一體。休戚共焉。朕今承天命。恭傳太寶。蓋憑累祖餘業。得一之符。亦由羣公舊勳不二之力。永言繄賴。其敢忘之。自武德以來、實封功臣。知政宰輔、有身無大故而亡官失爵、子孫淪屈者。所由勘責。具以狀奏。存者可酬其官。榮逝者當錄其胤嗣。使幽明同慶。知有令辰。亞獻邠王守禮、終獻寧王憲、各賜物一千疋。捧俎申王撝、夾侍岐王範、薛王業、各賜物七百疋。侍中源乾曜、中書令張說、兵部尚書同中書門下三品王晙、各賜物五百疋。正衣駙馬都尉王守一、王繇、溫曦、宗正少卿崔澄、各賜物三百疋。二王後、賜物一百五十疋。壇墠使京兆尹孟溫禮、賜物二百疋。脩造羽儀使、賜物一百疋。脩撰儀注官、五品以上賜物一百疋。六品已下賜物七十段。自餘陪位預宴官、一品賜物一百疋。二品三品八十疋。四品五品六十疋。七品四十疋。八品九品三十疋。鴻臚諸蕃等使、與見大禮及在本蕃王侯大酋長、同宴會例給賜。郡主縣主各賜物八十疋。緣大禮數處有職掌者、任於一頭從高敘。天下州府、賜酺三日。京城五日。前任所在百姓村坊宴樂、不得科率聚斂。其有處分未該者。合所司及本使比類奏聞。赦書日行五百里。主者施行。

## 天寶十載南郊赦

皇天眷命。必順於五行。哲后馭時。實遵於三統。考古之道。何莫由斯。朕欽若上玄。嗣守丕業。察璿衡以齊政。念稼穡以勸人。日愼一日。四十載于茲矣。何嘗不夙夜祗畏。憂勞在懷。思致黎元。臻夫至理。幸以刑理俗阜。天成地平。萬方底寧。羣物咸遂。雖慙大化。且謂小康。此皆至道儲祉。宗社敷祐。豈予菲薄。而克致焉。然則上稽曆象。旁採輿議。爰以土德。承漢火行。是憑大易之辭。用紹前王之烈。禎祥累應。正閏攸分。不改舊章。惟新景運。屬歲初吉。乘時布和。是命展祀崇禋。竭誠昭報。庶叶發生之序。載覃雷雨之澤。可大赦天下。自天寶十載正月十日昧爽以前。大辟罪已下、罪無輕重、已發覺未發覺、已結正、未結正、繫囚見徒、常赦所不免者。咸赦除之、其左降官、及流移配隸安置罰鎮効力之類、竝稍量移近處。其官已復資、至敘用之日、不須爲累。其流人配隸、並一房家口者、所犯人情非切害身已亡沒、家口放還。流人及左降官考滿載滿丁憂服滿者、亦准例稍與量移。其亡官失爵、放還不齒、及諸色被停解免者。與替人等非犯贓者。宜令所司勘責。量加收敘。其衰老疾病者。仍與致仕官。天下百姓、今載地稅、並諸色勾徵欠負等色、在百姓腹內未納者、並一切放免。且京兆府及三輔郡、百役殷繁、自今以後、應差防丁屯丁。宜令所由支出別郡。禮者所以訓導人俗。昭事明祗。有所宜增修。以會其本。況國之大典。在於精禋。必資備禮。以彰遵奉。自今已後。攝祭南郊、薦獻太清宮、薦享太廟。其太尉行事前一日、於致齋所、具羽儀鹵簿公服引入。朕親授祝板。仍赴清齋。用展誠敬。夫孝子奉親。生極敬愛。歿有思感。霜露之感逾深。蒸嘗之敬如在。且廟者貌也。取象存焉。是禮由於情。因心則感。太廟宜置內官、以備嚴奉。仍於廟外別造一院安置。庶申罔極之思。無忘事生之禮。岳瀆山川。蘊靈毓粹。雲雨之澤。利及生人。春秋之義。存乎祀典。況正其運序。式遵咸秩。其五岳四瀆及諸山、宜令專使分往致祭。其名山大川及諸靈跡、並自古帝王、及得道昇仙、忠臣義士、孝婦烈女、先有祠廟者．各令郡縣長官致祭．其有陵墓屋宇頹毀者．量事修葺．應合禁樵採．宜申明捉搦．四海收廣．百川朝宗．德乃靈長．道唯善利．永言澤潤．義在封崇．其四海宜並封王．仍差使備禮册祭．朕每順時令．奉道施法．天心不違．靈鑒非遠．且去載長至．庚子御辰．今茲建元．辛卯應歷．立春乃標於歲首．上巳更叶於清明．此氣序和調．乾坤交泰．既正東方之位．咸歸啓運之祥．則政貴弘通．上符天意．況法以輔德．刑以閑邪．豈在煩苛．必資簡易．朕永懷至理．思致還淳．每軫哀矜之心．屢申寬大之詔．實欲人皆知禁．化洽無違．頃者已令法官．每刊刑典．猶慮尚乖大體．未副朕懷．再令中書門下．與刑部、大理寺、審加詳定．務從寬典．夫共理親人．在於郡守縣令．今二千石朝廷精擇．咸得其人．縣令委之選司．慮未盡善．孰若連職同官．見其蹤跡．今宜令天下太守、各舉堪任縣令一人．善惡賞罰．必及所舉．仍所司明作條例．每搜羅賢俊．旌賁丘園．猶慮匿跡藏名．安卑守位．瞻言及此．寤寐思焉．其諸色人中、有懷才抱器未經薦舉者．委所在長官審訪．具名錄奏．禮之王制．垂範作程．亦既觀德．訓人孝敬．故天子七廟．諸侯五廟．大夫三廟．孝享奉先．禮亦有辨．今三品已上乃許立廟．永言廣敬．載感于懷．其京正員四品清望官、及四品五品清官、並許立私廟．京官五品已上正員清資官階、相當并五品已上正員清官．父母先沒無官號者．並與追贈．又父有封爵．合傳授子孫．或緣申請遲違．准式、遂停承襲．如有此色．自開元以來．宜令所司審加勘責．灼然合襲者．特宜許襲．天下侍老百姓、百歲以上．賜綿帛五段粟五石．八十以上、綿帛三段粟三石．丈夫七十五已上、婦人七十以上、綿帛兩段粟二石．太清宮道士、各賜三十段．陪位道士、共賜物五百段．亞獻太子賜物二千段．終獻榮王琬賜物一千段．文武百官、及有職掌、各賜粟帛有差．率土之內．賜酺三日．

# 唐大詔令集卷第六十九

典禮

南郊三



## 南郊三

### 乾元元年南郊赦

門下、朕聞皇天有命。皇王受之。命之爲君。孝理爲本。莫不欽崇前烈。聿修禋享之儀。對越上玄。式展郊禋之禮。故美其盛德。商頌有奏鼓之音。告厥成功。夏書有錫珪之慶。國之大事。實在於斯。間者孽胡亂常。暴殄天物。致使圖書禮樂。或阻於干戈。宗廟神祇。有虧於饗祀。朕誕受明命。龔行天罰。羣材克濟。討鯨鯢以示威。王室既寧。奉鑾輿而載復。太上聖皇天帝。功格天地。道邁胥庭。思凝神於姑射。將釋負於宸扆。予小子纘承大統。夙夜祗懼。俯盡臣子之心。親親尊尊。庶極於此。是用追崇先后。建立中宮。永言孝思。感徽音於文母。俾行婦道。想鸞降於虞嬪。情禮於是獲申。人倫以之攸敘。然後執瓚清廟。歌五聖之重光。燔柴圓丘。覩百神之受職。復修祭禮。再備樂章。尊祖配天。不失舊物。今大禮斯舉。玄符允合。行慶施惠。尙屬於陽和。出繫挺囚。必當於時令。與天下更布惟新。宜覃肆眚之恩。以洽雍熙之化。可大赦天下。除反逆支黨緣坐、十惡謀殺劫盜、臨監主守。自餘一切原免。其與逆賊元謀、及脅從、今但歸投、並原其罪。仍與官賞。其成都府元從聖皇功臣、及靈武元從功臣、幷收兩京將士、三京留守、諸道節度採訪使、普恩外三品以上賜爵一級。四品以下加一階。行人賜勳三轉。自寇賊已來。官吏百姓。有勞未經酬賞者。委所在長官具狀聞奏。當與甄錄。天下百姓、除正租庸外、一切不得別役。如緣軍務所要、自令和市。兵士尫弱羸老、並揀釋放。其長安萬年兩縣、各借一萬貫。每月收利。以充和雇。其別敕索物、及供諸司、並蕃客等左藏、雖給價直。奏請每引時月、宜先給兩縣各五千貫。貯於兩市。差官專知旋還價直。其州府縣門夫勳官、並於舊額數減一半。其庸丁殘疾人等。不須更差。其州縣官新上什物。並以公廨及官人料錢、依時價和雇造買。不得分配典正。其年支口味、宜減一半。諸使應進鷹鷂狗豽等、一切並停。應緣南郊百司張設、有損百姓苗稼者。委京兆尹隨損多少賠酬。所損錢物。使卽聞奏。百姓中有能行仁義、分濟貧窮、免塡溝壑、賴救恤者。具名聞奏。當寵以官秩。鰥寡惸獨、篤疾不能自存、及陣亡人家、並損免戶、州縣隨事優恤賑給。百姓中有事親不孝、別籍異財、玷汚風俗、虧敗名教。先決六十。配隸磧西。有官品者、禁身奏聞。京官九品已上、許上封事。極言時政得失。朕將親覽。用佇嘉謀。才有可觀。別當甄錄。草澤及卑位之間、有不求聞達、未經推薦者。有一藝已上、恐遺俊乂。令兵部吏部作徵召條目奏聞。其錄事參軍、職司糺舉、自今已後、宜升判司一級。以彰委任。國子監學生、明經法帖策口試各十。並通四已上進士。通三與及第。鄉貢明經、准常式。州縣學生放歸營農。待賊平之後。任依常式。二王三恪。各與一子官。內外文武、三品已上。賜爵一級。四品已上加一階。四月十四日

元年建卯月南郊赦

門下、惟天爲大。事之在明。惟聖能享。承之在德。朕託于人上。獲守丕圖。大道之行。去鴻名之飾。文武徽號。存而不稱。開統履端。建元叶紀。美皆有讓。言必可陳。虔告玄元。致齋淸廟。恭行舊典。展禮南郊。百神允懷。上帝臨我。升聞之際。其亦何言。昭事而誠。實膺多福。高而不遠。復見其心。乃候發生之時。用行嚮勸之道。暘谷出日。登大明於域中。泰山起雲。徧膏雨於天下。君人臨照。德澤周給。布其寬大。豈止於茲。宜弘肆眚之恩。益廣萬邦之慶。可大赦天下。自元年建卯月一日昧爽已前。大辟罪已下、罪無輕重、已發覺、未發覺、已結正、未結正、見禁囚徒、常赦所不免者。咸赦除之。其反逆造僞頭首、謀殺故殺、幷十惡死罪、官吏及典正犯贓。爲蠹既深。在法難容。並不在赦限。其史朝義已下脅從將士。及受僞官等、棄逆歸順。因事立功。封賞之外。餘無所問。其諸色流人及左降官等、前後頻有處分、並與量移。所由稽遲、動歷年序、宜令有司申明前後制敕節文、速勘責類例聞奏。其中有行業夙著、情狀可矜、久踐朝班、曾經任用者。委在朝五品已上淸望官及郎官御史、於流貶人中素相諳悉爲衆所推者。各以名薦。須當才實。其內外文武官、三品以上賜爵一級。四品以上各加一階。成都靈武元從功臣、三品已上更賜爵一級。四品以下各加一階。朕敬授人時。愼徽月令。庶無備極。以獲休徵。自今已後。每至四孟月迎氣之日。與百辟卿士舉而行之。建辰月應番彍騎、宜三分量留一分。其餘放歸營農。至建巳月任依常式。諸州刺史縣令、及司田參軍、令設法勸課。令其耕種。不得失時。貧不支濟戶、仍方圓處置。量事借貸。務令存立。歲終巡按。量其功効。便申賞罰。諸道貢獻、除馬畜供軍之外。其餘鷹鷂狗豽、奇禽異獸、並不得輒進。五都之號。其來自久。宜以京兆府爲上都。河南府爲東都。鳳翔府爲西都。江陵府爲南都。太原府爲北都。孝本天經。禮崇國典。橫於四海。漏及三泉。其京淸資正員文官、五品已上、並兩省供奉官、御史、諸州刺史、諸道節度使已上、三品已上、父母亡歿未曾追贈者。並量與追贈。文武不墜。道弘於人。務在搜揚。俾其展效。其諸道人中、有詞學高深、兼通政理、軍謀制勝、明習韜鈐者。委所在刺史揀擇聞薦。京四品

已上正員文武官、任各舉一人。孝子順孫、義夫節婦、旌表門閭。終身勿事。

## 廣德二年南郊赦

惟我高祖太宗之有邦。罔不昭事于上帝。嚴恭寅畏。與神合符。七聖在天。眷命永固。朕嗣守鴻業。敢忘奉先。尙質貴誠。聿脩盛典。頃以四方多難。責在朕躬。建侯行師。日不暇給。東擒羯胡之首。西禦犬戎之患。元元告病。社稷阽危。內定外攘。不遑展禮。雖□道未高。而精勤克通。□□至誠。以錫純嘏。蕃夷可敍。弓矢載櫜。虔奉泰壇。鑒昧接神祇之顧。永懷宗祏。歲時結霜露之思。近又百辟在庭。儼然而進。奉請元子。以居少陽。册命乃行。匕鬯攸主。按風雨之淸道。乘星火之仲春。朝于玄元。格於藝祖。躬執圭奠。祗見南郊。天何言哉。神所勞矣。敷兆人之戩穀。廣四達之聰明。式重燔柴之經。益申解網之惠。可大赦天下。自廣德二年二月二十一日昧爽已前。大辟罪無輕重、已發覺、未發覺、已結正、未結正、繫囚見徒、常赦所不免者。咸赦除之。左降官、郎與量移近處。亡官失爵放歸不齒之類、並已復資。未得本階者。各量與收敍。諸色流人、及量移人、并罰鎮効力配隸等。一切放還。自兇孽亂常。王室多故。干戈不息。今已十年。軍國務繁。關輔尤劇。念茲疲耗。久困征科。其京城諸司使、應配彍騎官、散官諸色丁匠幕士、供膳音聲人、執祭齋郎、問事掌閑漁師、並諸司門僕、京兆府驛丁屯丁諸色納資人、每月總捌萬肆千伍拾捌人數內。宜每月共支二千九百四十四人。仍令河東關內諸州府、不得偏出京兆府。餘八萬一千一百一十四人並停。所須衞役、便宜撙節定數。官給資錢。不得干擾百姓。其寶應元年十二月三十日已前、諸色人逋欠在百姓腹內者。並宜放免。天下戶口、宜委刺史縣令、據見在實戶、量貧富作等第差科。不得依舊籍帳、據其虛額、攤及鄰保。其天下諸州府長官及縣令、有淸白著聞、善政稱最、能招緝逃亡、編附復業、戶口增多者。具狀聞奏。朕當差人按覆、與所舉狀同者。超資進改。天下所有諸色結聚、及羌渾党項等、能悔過自陳、各歸生業。一切並捨其罪。其中有能率先來降者、仍特加官賞。征人不息。勤戍斯久。丁壯疲弊。老弱困窮。光武有言。頭髮爲白。深戢藏鋒刃。牧養元元、方面重臣。宜悉朕意。應諸州團練將士等、委本道節度使及都防禦使等、審與州府商量。如地非要害無所防虞。其團練人等、並放營農休息。寇戎以來。積有年歲。征求數廣。凋弊轉深。自今已後。除正租稅及正敕並度支符外。餘一切不在征科限內。文武官、三品已上賜爵一級。四品以下各賜加一階。仍賜勳兩轉。武德唐元功臣、勳業特崇、子孫沉翳。所司勘責。各與一人官。成都靈武元從、普恩之外、三品已上更賜一級。四品已下更加一階。寶應功臣、普恩之外、三品以上各與一子六品官。賜爵一級。四品已下各加兩階。更賜勳兩轉。副元帥光弼子儀。各與一子五品官。并階。都防禦使經略等使、各與一子六品官并階。去歲行幸陝州。六軍英武、威遠、威武、寶應射生、衙前射生、左右步軍等、並內外文武百官扈從到行在者。三品已上、與一子官。四品已上。各加兩階。自陝州至上都已來。置頓使、及州府官、普恩外、各與一子出身。置頓使判官已下、緣路縣令、及專知置頓官、各加一階。其六軍神策寶應射生、衙前射生、及左右步軍英武威遠威武等諸軍、左右金吾將士、緣大禮扈從、及在城留後者。共賜錢五萬貫。鴻臚蕃客、共賜錢一千貫文。儀王及彭王已下諸王、男未有官者、並准舊例與官。其已封爲郡王國公者、及永穆長樂已下長公主及諸郡縣主、并嗣王郡王、各與一子官。皇親五等已上、諸親三等已下、各與一子出身。二王之後、各與一子官。臺省之官。事資履歷。刺史縣令。任在親人。職務所更。是爲理本。其左右丞侍郎御史中丞等、取曾任刺史者、郎官亦取曾任縣令者、並所選御史、亦宜於錄事參軍縣令中簡揀。仍須資歷稍深者。其有官非累歷、才行特堪任用者。自布衣已上。任所聞薦。委中書門下尚書省考試堪任者不在此限。尚書省政理所繫。左右丞綱轄攸歸。比來百司職事皆廢。宜令明徵式令。各舉所職。百司有論時政得失。並任指陳事實。具狀進封。必宜切直無諱。有司白身人。亦宜准此。任詣匭使進表。朕將親覽。必加擇用。朕每思素儉。敦以淳風。必約嚴章。以齊侈俗。其珠玉器玩寶鈿雜繡等、一切禁斷。諸道攝官。頻有處分。一切盡停。尚聞因循。其弊未革。即宜申明舊敕。勒停。三年之喪。謂之達禮。自非金革。不可從權。其文官自今已後、並許終制。一切不得輒有奏請。緣大禮應陞壇殿行事者、普恩外、更與一子官。應在太淸宮郊廟諸色職掌者、及册皇太子行事官、撰册、并書册文、及檢校造册官、普恩之外、三品已上賜爵一級。四品已上加一階。仍賜一轉。天下侍老、九十以上版授刺史。七十以上版授上佐縣令。孝子順孫、義夫節婦、旌表門閭、終身勿事。五岳四瀆、名山大川、自古聖帝明王、忠臣義士、宜令所管致祭。

## 貞元元年南郊大赦天下制　陸贄

門下、君天下者。受命于天地。繼業于祖宗。致其誠心。惟敬與孝。違敬莫大於廢祀。虧孝莫大於黷神。朕以眇身。屬承大統。縱欲敗度。浸生厲階。兵連禍深。變起都邑。六師播蕩。九服震驚。郊廟園陵。陷於兇逆。神人乏主。將迨周星。列聖之業。幾墜于地。違敬虧孝。罪由朕躬。撫臨萬邦。甚用自愧。側身思咎。庶補將來。股肱元臣。比義叶德。爪牙衆士。戮力同心。誅大憝而京邑廓淸。翦逋寇而關河底定。茲朕再與王公卿尹。洎億兆之人。備其盛容。條具禮物。薦誠淸廟。展敬圓丘。陳謝罪愆。告情雪恥。感慕慚惕。若無所容。上帝顧懷。再新景命。豈伊匪德。獨荷鴻休。思與普天。誕膺多福。可大赦天下。自貞元元年十一月昧爽已前。云云 李希烈僭逆不道。情所難容。朕憫念蒼生。務息征討。頻有詔命。許其自新。若能歸降。依前待之以不死。淮西管內將士官吏、百姓等、一切原宥。與之如初。官封亦皆復舊。如能特建功効者。當別抽擢。若家口親屬在諸道者。長吏撫綏。各使安存。其歸順百姓。仍委節度觀察刺史給空閑地。任便安居。優復終身。務令全濟。待事平已後。聽歸本貫。云云 自頃兇渠唱亂。逆將附姦。保據國都。憑陵甸服。朕出次郊邑。再遷巴梁。險阻艱難。靡不經歷。暴亂之後。乃彰烈士之功。憂危之中。方見直臣之節。錄勳進善。其可弭忘。應奉天興元元年元從立功、並收京城將士、食實封者、各隨文武與一子官。餘並加兩階。仍賜勳兩轉。其文武百官、應扈從到興元府者、五品已上賜爵一級。六品已下加一階。自建中四年已來、有身死王事、義烈著明、未經褒贈者。本道即具名銜事蹟聞奏。諸道有解退官健、州府長吏切務安存。仍量以空閑田地給付。免其差役。任自營生。社稷之勳。以輔興王業。統帥之任。以惣制戎麾。職殉諸者其德崇。授旌節者其功大。方鎭乃國之垣翰。禁衛實予之爪牙。尹京實賴於肅淸。主計尤資於辦集。所頒慶澤。宜越常倫。司徒兼中書令晟、宜與一子五品正員官。并四品階。諸道副元帥各與一子五品正員官。都統與一子六品正員官。中書門下平章事充節度使各與一子七品正員官。節度使、及神策兵馬使、六軍統軍、金吾、六軍大將軍、判度支侍郎、各與一子八品正員官。都團練都防禦使、京兆河北尹、金吾六軍將軍、殿前兵馬使、各與一子九品正員官。多難以來。三十餘載。克平禍亂。屬在戎臣。或節著艱難。勳高戰伐。受任雖專於總帥。成功亦賴於
羣材。懋賞推恩。宜加胤嗣。諸道大將功業崇高者、各與一子官。本使即詳定錄名聞奏。副元帥都統兼節度使下、每道共三十人。節度下、每二十人。都
團練都防禦使下、各十人。如大將軍子孫之中、有藝業優長、性行純確者。本道使具狀聞薦。仍量事資給。令赴上都。朕當隨材授官。以充侍衛。庶使功
臣之後。與國無窮。故尙父子儀、先朝元勳。再復京邑。贈太尉秀實、以死爲國。節冠古今。宜與子孫一人五品正員官。自至德以後、節度大將、忠烈績效
著明。其後淪翳者。所司即條錄聞奏。與子孫一人正員官。諸色人中、應在賊中。潛奉神主。頃已甄賞。宜賜優崇。云云 江淮運使檢校左僕射同中書門
下平章事韓滉、勵精勤節。夙夜在公。漕輓資儲。千里相繼。事無愆素。人不告勞。拯于凶災。厥有成績。可進封晉國公。關畿之內。連歲興戎。荐屬天災。稼
穡不稔。穀糴翔貴。蒸藜困窮。倉廩空虛。莫之賑贍。每一興念。憫然痛心。宜令度支取江西湖南見運到襄州米十五萬石。設法般赴上都。以救百姓荒
饉。如山路險阻。運輓難通。仍召貧人、令其般運。以米充脚價。務令全活流庸。庶使優饒。副朕勤恤。立國之道。始於親親。所以厚骨肉之恩。明教化之本。
況荐經艱故。宗族漂淪。敦穆之情。有加常典。大長公主、長公主、公主、各與一子七品官。嗣王、郡主、縣主、各與一子官出身。如宗子中有德行才能。宗正
卿具以名聞。當別獎任。致理之本。在乎審官。審官之由。資乎選士。將務選士之道。必精養士之方。魏晉已還。澆風未革。國庠鄉校。唯尙浮華。選部禮闈。
不稽實行。學非爲己。官必徇人。法且非精。弊將安救。宜令百寮詳思所宜。各修議狀。送中書門下。參校得失。擇善而行。有虞建官。三載考績。在漢爲吏。
或長子孫。蓋吏久於官。則人情無苟。官久於事。則理化有成。日者制度廢隳。考課乖舛。淹速靡準。升降無名。欲令庶僚何所懲勸。自今已後。刺史縣令、
未經三考。不得改易。自餘非在職績効殊尤。亦不得越次遷轉。刺史停替。須待魚書。內外五品以上及常參官、在任年考已深者。即量才收用。與改中
外迭處。以觀其能。夫明目達聰。務廣聞見。或慮懷才抱器。輸忠納諫之倫。處地幽遐。無由自達。永言於此。夢想不忘。應諸色人、有長策濟時。忠規匡主。
任具陳所見。詣所居之州。委刺史略與討論。觀其旨趣。但有裨理道。不涉私情。便與附驛遞進。朕當親覽。自立兩稅。經今六年。或初定之時。已有偏併。
或戶口減耗。舊額猶存。輕重不均。流亡轉甚。委度支、即折衷條理。以恤困窮。古者雖有水旱。人無菜色。皆由儲蓄不匱。勸導有方。前代所置義倉。國初
亦循其制。備災救乏。甚便於人。宜即准貞元故事。天下所墾見田。上自王公。下及百姓。每豐稔之歲。秋夏兩時。州縣長官。以理勸課。據頃畝多少。隨所
種粟豆稻麥。逐便貯納。以爲義倉。如年穀不成。即量取賑給。官司但爲其立法勸課。不得收管。各委本道逐便宜處聞奏。敦本厚生。必資播殖。當今所
切。莫甚於斯。自今百姓有墾闢田疇。加於常歲者。所加之地。不得輒稅徵租。其刺史令長考課。亦以本界墾田多少爲殿最。今年蝗蟲損甚。州府於開
春之後。量給子種。以便農功。天下應荒閑田。有肥沃堪置屯田處。委當管官審檢。行情願者。使之營田。如部署精當。收獲數多。本道刺史特加褒升。逃
戶田地。本主復業。即却給還。輦轂之下。四方會同。供應既多。難爲定準。急賦煩役。人何以堪。宜令京兆尹與度支計會長安萬年兩縣。每縣委與貯備
錢五千貫文。縣庫收納。定淸幹官專知。應緣卒須別索及雜供擬升工匠等。縣令與專知官先給付價錢。季冬之後。申度支勘會所市和雇。並須先給

價錢。兩稅外一物以上。不得科配百姓。御史臺、朝廷綱紀。尚書省、理化根本。百度得失。繫乎其人。頃制敕施行。所司多不遵守。王臣奉職。豈所宜然。御史臺左右丞、切糾稽違。無墜朕命。

# 唐大詔令集卷第七十



## 南郊四

### 貞元六年南郊赦

禮稱日至而郊。詩美豐年之報。然則迎日之始。時莫大焉。順成之祐。慶莫重焉。朕承天眷。懷俾作神主。朝夕砥礪。日月永思。惟人安化洽。是勤惟歲稔時和。是冀上靈降鑒。豐祉聿臻。展禮郊丘。申大報之義。祗禋宗廟。極追孝之誠。四海具瞻。百神咸秩。古者凡有大澤。必與天下樂之。慶賜遂行。無思不備。內外文武及致仕官、諸軍將士等。三品已上賜爵一級。四品已下加一階。宰相及東都留守、六軍統軍、諸道節度使、神策威遠金吾六軍都團練防禦觀察使、京兆河南尹、正員尚書御史臺長官、太常卿。各與一子官。大禮行事官各加一階。立仗將士及守營者。共賜物十八萬端疋。故尚父子儀與一子五品正員官。如已五品已上。量與改轉。贈太尉秀實與一子官。張巡、許遠、南霽雲、顏眞卿、杲卿各與一子正員官。天下見禁囚徒。罪至流死者。各遞減一等。徒罪已下。一切放免。左降官經三考。流人配隸效力之類。經三周年者。並與量移近日州縣官吏。專殺立威。杖或踰制。自今已後。有責情決罰致死者。宜令本道觀察使具事由聞奏。並申報刑部御史臺。吐蕃比虧信約。自絕通和。邊鎭之間。事資備禦。因其犯境。累獻俘囚。既懷恐懼之心。復加幽縶之苦。永言覆育。豈間華戎。應所獲吐蕃生口見在者。一切放歸本國。仍並差人送至界首。量事資遣。使得自全。應諸道自艱難已來。戰陣喪歿、及凶死殀亡骸骨暴露者。長吏各令收瘞奠酹。守宰之任。弊在數更。自今刺史縣令。以四考爲限。嗚呼。朕獲主珪璧。十有二年於茲。天地明察。罔敢不祗。一日萬幾。罔敢不慎。遷己之過。庶無吝心。致人之安。實有明志。夫祀之馨香在德。天之視聽在人。惟命不常。聖有謨訓。慶感既集。於茲日儆。勵方戒於將來。冀勉增修。聿懷多福。凡百有位。所宜同之。

## 貞元九年南郊大赦天下　陸贄

門下、朕以寡德。屬承大統。皇天眷祐。俾主兆人。懼不克承。夙夜祗畏。緬懷前烈。致於升平。予心浩然。罔知攸濟。大小之務。曷嘗不勤。芻蕘之人。亦莫不敬。慮每存於致理。志恒在於恤人。中宵屢興。終食累歎。一事乖當。惄焉疚懷。一夫罹殃。惻若傷體。思與海內。同臻太和。息其戰爭。保其生業。降心從衆。實靡有辭。克己利人。誠無所恡。然以視聽有極。思慮難周。況乎長自深宮。安於近習。損益之理。未免過差。幽遠之情。固多未達。由是兢兢砥礪。悔往修來。燭理所患於不明。推心庶幾於無負。日慎一日。於今十有五年矣。上靈降鑒。多士叶誠。五稼屢豐。四鄙不擾。方鎮輯睦。干戈底寧。邊壘繕完。殊方款附。協天地會昌之運。實宗社無疆之休。慶既荷於玄功。禮有昭於大報。矧惟霜露之感。永切孝思。禋燎之儀。每勤精意。將申誠敬。其在躬親。是與公卿大夫。虔奉犧牲。恭奠珪璧。陳其文物。薦其馨香。類秩於泰壇。朝享於清廟。率職來助。萬邦攸同。備物致嚴。百禮具舉。誠慕獲展。神人允諧。明發永懷。慶感斯集。純嘏所錫。豈唯朕躬。思俾普天。均承惠澤。可大赦天下。自貞元九年十一月十日昧爽、云云　其見於官司辨對者。亦並放免。官人犯入己贓。不可令其却上。已後勿以爲累。左降官及流人、並量移。云云　竄謫遐裔。冀速霑恩。比者准制量移。所司皆待申牒。屢加般覆。累涉歲年。既病淹遲。且不均一。宜令吏部刑部審檢、勘本流貶及量移、敕旨比類元犯事狀輕重。月內處分。內外文武　云云　從我巡狩。涉於艱難。錄其忠勞。宜有優異。應從奉天扈從至興元府文武官將士等、普恩之外。三品以上賜爵。云云　兵興已來。垂四十載。稅既繁重。人多困窮。因之以流離。加之以凍餒。爲人父母。實切哀傷。誠由德化未敷。耗斁猶廣。每欲蠲復與之小休。迫於軍儲。有意未就。姑爾勤恤。減其田租。惠貸非多。深自憫愧。天下百姓貞元十年地租、斛斗、應令度支收管者、宜並三分放一分。於當管無屬度支斛斗、卽減放合送上都十分之一。其所放斛斗錢物、並委巡院官與觀察經略等使、計會審勘。定數分明。牓示百姓。仍具申奏。去年以來。所有貸糧種子在百姓腹內者。一切放免。富俗安人。在於薄斂。必不得已。簡則易從。自頃削去煩苛。制爲兩稅。既無他擾。頗便於時。朕推誠御人。所貴存信。保此成法。期於不踰。凡百有司。所宜遵守。倘求取無節。則因緣起奸。獲利失人。殊乖朕意。諸司使及諸州府、除兩稅外別有科配。悉宜禁絶。近年以來。因和市和糴。久負百姓錢物。並卽塡還。已後官司應有市糴者。各須先付價直。不得賒取抑配。因茲歛怨擾人。水旱爲災。古今不免。苟有豐蓄。何患凶年。屬此多虞。里閭凋耗。姑務求於日給。不遑慮於歲儲。一穀不成。人則艱食。害至方救。其傷已多。俾無餒殍之憂。將在備之而已。宜委諸州府長官、每年以當管迴殘餘羨物、穀賤時收糴。各隨便近貯納。年終具有無多少。報中書門下。兼申考功。以爲考課升降。如有替代。各分明交領。准前申報。若遇災害不稔。則量事給百姓。輒有將充諸色用者。以枉準贓罪之。其勸課百姓自置義倉。仍准貞元元年十一月十一日制處分立人之道。唯孝與忠。孝莫大於榮親。忠必先於竭節。唯爾師長卿校。洎乎方岳列藩。保乂皇家。交修庶績。竭節之効。既昭乃誠。榮親之恩。宜合國典。應內外文武清望職事官、並節度觀察都防禦團練等使、父在未有官者。量授五品官。母在未有邑號者。各授邑號。云云　佐運之臣。納忠之輔。功既存於社稷。慶宜及於子孫。故周錫土田。漢傳帶礪。疇其爵號。與國始終。固以明報德之恩。勸爲臣之義。其或時代未遠。利澤猶存。祠宇已變於荒墟。胤嗣不編於仕籍。思其人猶愛其樹。況奠享之主。而不加省錄者乎。興滅國。繼絕代。所以禮先賢也。修宗廟。敬祀事。所以教追孝也。化俗歸原。此其大端。應九廟配享功臣、及武德以來將相名節特高。有封爵廢絕、祀廟無主者。宜許子孫紹封。以時享祀。自今以後。應有家廟。子孫但傳襲爵者。並許享祔於廟。其有毀賣私廟、及買之者。各以犯教義論。自古聖帝明王。忠臣烈士。各令長吏以禮致祭。書敍明四目。達四聰。垂拱而理。詩稱濟濟多士。文王以寧。捨己從人。故能通天下之志。棄瑕錄用。故能盡天下之才。昔在太宗。勤求理道。納諫如響。任賢勿疑。致俗於太平。垂範於永代。朕獲承鴻緒。追纂往猷。書之座隅。恒自儆勵。朝夕翹想。庶聞嘉言。夢寐勞懷。思得良士。凡厥在位。所宜共成。諸司官有陳便宜者。各盡所見。條疏封進。事有寃滯。政有闕遺。悉當極言。無或隱避。詔敕不便於時。所司執奏以聞。天下有蘊德懷才。隱居不仕。委所在觀察使表薦。當以禮邀致。諸色人中。有賢良方正。能直言極諫。或博通墳典。達於教化。或詳練故事。長於箸述。或精於律令。曉暢法理。或詳明吏術。可委理人。或識洞韜略。堪任將帥。委所在州長吏及臺省常參官。詳錄行能舉奏。仍牒報吏部。其所舉人並限來年七月內到京。朕當親試。緣大禮職掌行事。云云

## 元和二年南郊赦

朕聞王者大業。孝莫盛於配天。國之大事。禮莫尊乎享帝。故二儀合祭。知上天所子之仁。萬國駿奔。覩聖人嚴父之道。教之所設。禮極於斯。我國家祖武宗文。繼天撫運。聲名所被。車書必同。承祧而御極。業光十聖。體元而紀號。年將二百。朕以微眇。纘奉昌圖。畏此洪業。若臨深谷。而大事所屬。仙寢繼營。凶德相挺。兩隅皆阻。淮湖奧懷。水旱愆期。惄然疚懷。懼不克濟。既而上天降祐。烈祖垂休。祅氛盡殄。逆節咸伏。精祲有以相蕩。善惡有以相資。五兵纔試而復藏。四氣應序而咸理。物皆滋茂。歲亦豐登。百姓之心。驩然相與。是用致齋三日。欵謁上玄。明發不寐。祗見烈祖。周旋在位。陟降是依。克配之禮既展。如在之誠增慕。嘉此福祐。與物惟新。式敷顯若之化。俾洽沛然之澤。可大赦天下。罪無輕重。常赦所不原者。咸赦除之。左降官與量移。及資復仍聽累敍。流移配隸並放還。天下應有逋欠在百姓腹內者。及京畿今年夏青苗錢稅。並放免。官酤酒及雜榷率。並同禁斷。淮南江南去年已來水旱疾疫。其稅租節級蠲放。天下兩稅。貞元四年制書已及三年一定。委有司舉舊敕商量處置。諸道年終勾當宜停。刺史錄事參軍並不得擅離州。其事類已後制敕速令有司刪定。江淮大縣。每歲據闕。委御史臺三省諸司長官節度觀察使各舉堪任縣令。不限選數。並許赴集臺省官及刺史。亦令有闕。先於縣令中揀擇。如有能否。與元舉人同賞罰。復置具員簿以序內外庶官。禁郵驛假托乘勢。京兆府諸司色役人。各令條流簡省。天下官吏應行鞭捶責情致死者。切令察訪。王府六品已下官、及諸州縣有可並省處分。諸官諸使有要停減者。委有司商量廢省。天下百姓不得冒爲僧尼道士。以

避徭役。其創造寺觀、廣興土木者、舉前敕處分之。內外文武見任及致仕官、諸軍將士等、以品秩節級賜勳爵。文宣王及二王三恪公主諸王與一子官及賜物有差。宗子中有才用者、委中書門下量才敘用。故尙父子儀、太師晟、太尉秀實、顏眞卿、張巡、許遠、南齊雲及配饗功臣與一子官及出身有差。至德已來功臣、未配饗者、速令詳定。文武常參官及諸節度使、觀察使、並諸軍使、並與父母封及追賜、並一子官出身有差。諸軍立仗及在本營節級賜物。應緣大禮職事官、並賜階爵。天下諸色人中、有賢良方正、能直言極諫、博通墳典、達於教化、軍謀宏遠、堪任將帥、詳明政術、可以理人、委內外官各舉所知。朕親策試。天下百姓高年者、賜米帛羊酒及版授官封。名山大川、及古聖帝明王、忠臣烈士、各令以禮致祭。

## 長慶元年正月南郊改元赦

朕聞自昔盛王之所以合天地。諧神人。莫過乎誠敬。致其誠。展其敬。莫重於祭。祭之大者。莫大於郊廟。故必躬行而心奉之。然後百靈助慶。萬國蒙福。此帝王之孝也。我國家祖功宗德。立極配天。日月所照。雨露咸被。孝思善繼。聖敬允升。郊丘歲奉於嚴禋。宗廟時修其明薦。朕以沖昧。自獲纘承。仰荷睠命。懼不克享。幸天多祐。俾歲大穰。河朔底寧。邊封靖謐。及此元日。至於上辛。式遵典禮。有事郊廟。當祗見之夕。感慕增懷。洎大報之辰。誠敬彌勵。因體元而紀號。用敷化以覃恩。可大赦天下。改元和十六年爲長慶元年。自正月三日昧爽以前。大辟罪已下、罪無輕重、咸赦除之。唯故殺人、在十惡內者、及官典犯贓、不在免限。左降官、量移近處。如復資者、便任赴選。亡官失爵不齒者、量加收敘。左降官及流人先有官者、如已亡歿、各還本官。天下百姓、今年夏稅、每貫放一百五十文。州縣應徵科兩稅、榷酒錢內舊額、須納見錢者、並任百姓隨所有疋段及斛斗、依當處時價送納。不得邀索見錢。度支鹽鐵戶部應納茶稅、兼糴鹽價中、須納見錢者、亦與時估疋段及斛斗。如情願納見錢、亦任穩便。永爲常式。其公私便換錢物、先已禁斷。宜委京兆府切加覺察。應度支鹽鐵戶部三司官吏、所有欠負元和十三年已前諸色錢物斛斗、各委本司盡理勘責。如是入己隱欺、即準條處分。如緣欠折攤徵。元保外無可納者、宜並與疏理。諸軍使亦準此處分。兩稅不得別有差科。刺史如違越、觀察使舉奏。觀察使事乖格敕、刺史不得輒受。中使及郎官御史奉使所在、並不得與人事物。諸道諸州縣、宜委中書門下及觀察使刺史、酌量閑劇、便可併省者、具事宜聞奏。河北諸道管內、宜委本道團定兩稅、務令均濟。河北州縣凋殘、戶口未復、其官各據郡邑大小、量公事留置。餘並權停。應諸道管內百姓、或因水旱兵荒、流離死絕、見在業產、如無近親承佃、委本道觀察使、於官健中、取無莊園有人丁者、據多少給付、便與公驗、任充永業。不得令有掌職人妄爲請射。其官健仍借種糧、放三年租稅。榷酒錢已有分配百姓處、又置酒店官酤、並諸色榷率、切宜禁斷。亡官失爵、放還流人、有莊田先經沒官、被人請射、本主及子孫到、並委却還。天下諸色人中、有能精通一經、堪爲師法者、委國子祭酒訪擇、具以名聞。其大理寺官、宜令精擇有志行詞學、詳明法律者注擬。其有課績特殊、堪在朝獎者、臺省官有闕、宜先選擇。自今郡守、恪奉詔條、清廉可紀、四考與轉。諸道或閉糴禁錢、自爲條約、切宜禁斷。其內外文武及致仕官三品已上、賜爵一級、四品已下、各加一階。陪位自身人、賜勳兩轉。故尙父汾陽王、贈太師晟、贈太尉秀實、各與一子八品官。顏眞卿、杲卿、張巡、許遠、南霽雲、各與一子出身。武德巳來功臣子孫量加奬用。中書門下及節度使帶平章事、各與一子八品正員官。祖父母父母並與贈官官封。父歿母存者、與邑號。巳贈巳封者、更與追贈及邑號。禮儀使、大禮使、度使、鹽鐵使、京兆尹各與一子出身。文武常參官、並致仕官、及諸道節度觀察經略等使、及神策等諸軍使、父見存者、量與致仕。母存者與邑號。父母亡歿、與贈官及邑號。東都留守、及諸道節度觀察經略等使、神策金吾六軍將軍、威遠鎮國軍等使、各與一子出身。陝州奉天興元功臣、更賜勳爵有差。身歿未經追贈者、並與追贈。應緣大禮、移仗宿衞御樓立仗將士、普恩之外、贈勳爵有差。仍準舊例賜錢物二十萬四千九百六十端疋貫。大禮職掌行事官、及留守等、更賜勳及加階。壇殿行事官、更特加一階。應在城內蕃客等、賜物有差。常參官、及刺史有停替及病假解官、及終制未授官者、委中書門下量才進擬。其情願授致仕官者、亦聽。天下諸色人中、有賢良方正、能直言極諫、博通墳典、達於教化、軍謀宏遠、堪任將帥、政術詳明、可以理人者、委有司各舉所知。限今年十月到上都。天下百姓高年者、賜米及絹帛有差。

## 寶曆元年正月南郊赦

門下、朕以眇薄。纂承洪構。祗見九廟。肇祀二儀。外飾備物。中惟盡敬。昆蟲水草之實。致豐於蠲潔。哀樂和愉之感。庶交乎神明。四海駿奔。衆祇受職。冀下觀而化。皆內誠乎心。百王之禮樂在陳。列聖之聲詩合奏。敬極嚴配。道備饗親。虔奉成式。惕焉惴懼。而今而後。不敢滿假。庶無大悔。以貽祖考之羞。因體元以統曆。遂洽恩而大宥。可大赦天下。改長慶五年爲寶曆元年。自寶曆元年正月七日昧爽以前。大辟罪以下、罪無輕重、已發覺、未發覺、已結正、未結正、繫囚見徒、常赦所不原者、咸赦除之。其官典犯贓、不在免限。左降官、自長慶四年三月三日制後、未經量移者、與量移近處。已經量移者、更與量移。如復資者、卽任依常調選。丁憂去任、服闋日亦與量移。如有親故在上都、任於所司陳狀、便與處分。不必更待本州申情。別敕因責授降資正員官、未經改轉者、亦與進改。亡官失爵、放歸不齒者、量加收敍。縱元敕云終身不齒者、亦量與收敍。流人未到所在、及已到者、量移近處。如已收敍者、量才錄用。並僧尼道士移隸者、亦與量移近處。得罪人已亡歿、家口未許歸者、一切放歸。如自情願住者、亦任。諸色得罪人中、如有先敕云縱逢恩赦不在放限者、並別敕安置者、亦並宜委中書門下量事狀輕重、節級處分。左降官及流人先有官者、如已亡歿、各還本官。流貶人所在身亡、任其親故收以歸葬。仍仰州縣量給棺櫬、優當發遣。諸色人中、有痕累禁錮、及反逆緣坐等、一切並與洗滌。常參官、及諸州刺史、有先因停替、及因病假解官、並終制未授官者、委中書門下量才進擬、勿令稽滯。致仕官、未經改轉者、量改官、依前致仕。諸軍先擒獲吐蕃生口、配在諸處者、宜委本道資給放還本國、勿許因循所在停住。國家與吐蕃舅甥之好。彼此無虞。自今已後。邊上不得受納投降人、並擒捉生口等。天下諸州府縣官吏、應行鞭捶。本罪不致死者。假以責情。致令殞斃。每念於此。良增惻然。宜委御史臺、及出使郎官御史等、切加察訪。仍具事由聞奏。澄清教化。莫尚乎大學。明治心術。必本乎六經。天下諸色人中、有能精通一經、堪爲師法者。委國子祭酒訪擇、具以名聞奏。天下州縣、各委刺史縣令、招延儒學、明加訓誘、名登科第、卽免征役。刑罰不清。不足以言理。命官不重。不足以棲賢。閉出入之文。束上下之手。必資愼選。庶叶詳平。大理寺官屬、比來吏部所授。多非其才。宜令精選有志行文學、兼詳明法律者、注擬。其有課績特殊、堪在朝奬者、臺省有闕、宜先選擢。一夫不獲、時予之辜。苟有向隅之悲、遂軫納隍之慮。如聞去冬吏部三銓選人駮放者衆。或文狀粟錯。或書判差池。主司守文、不得不爾。既施惠澤、亦在霑恩。其長名及雜駮選人、如有未離京城者、委吏部今月檢勘畢、除涉蹤濫者、餘並却收。以地遠殘闕、量才注擬。如不情願授地遠官、亦不可強之。仍速處分、不得出選限內。比者下令懸科、彰示大信。法既無守、人何適從。赦命不行、因循成俗。誕告四方爲虛設。開施庶政爲空文。豈吾德之未明、爲有司之見負。永言歎息、中夜疚懷。朕即位之初、已有赦令、至如捐徹服御、止絕他獻、限喪葬以息淫費、禁奇靡以專女工、隱實版圖、謹守儲備、及他徭擅賦、閉糴禁錢、吏行姦欺、人冒依庇、僧道蹤濫、流貶重輕、錢幣利害、軍屯侵占、車馬衣服之制度、侵公入己之贓私、悉令條流、貴欲該備。殞宜未幾、廢格已多。或職司惰慢、而不能將命。或詔命纔行、而下已不守。以此求理、不亦難乎。其元和已來詔書、並長慶四年三月三日赦令、委廢不行事、在朕躬者、諫臣極言得失、無有所隱。其在臺閣者、左右丞據詔條、司額重加分配、勿容推倚。若因循寢廢、無所中明、及雖曾宣下、不能提舉者、具事由聞奏、量加沙汰。其在百司州郡者、委御史臺及分察使、出使郎官御史、度支鹽鐵巡院、準前後詔勅、切加訪察、各具犯狀、移堪聞奏。其本判官及刺史已下、必加貶責、用懲不恪。如察舉之司、循默自守、事狀他露者、亦據容庇、量加殿黜、仍並委中書門下重有舉明。去年三月三日赦令、及今年赦文、一事以上、切加懲責、據時限量官吏勤惰、具科殿重輕、聞奏。京西京北邊上諸軍州鎮、自今年已後、如有中使及郎官御史奉使到所管、並不得與人事物。應天下典人莊園田店、便合祇承戶稅、本主贖日、不得更引令式、云依私契徵理。組織貧人、虞氏建官、必明黜陟。漢朝置吏、皆長子孫。政成簡用、咸登右職。近代遷除過速、資給轉繁、扇爲時風、莫有固志。親人之職、爲弊尤深。眈俗土宜、未及周悉。迎新送故、已聞代換。更易雖遽、資望如初。善否不分、升降莫辨。徒爲煩擾、無益公私。自今已後、刺史縣令、若無所犯、非滿三周、不得除替。如理行尤異、但議就加。其有才宜他職、灼然要籍者、中門書下先具事由、及授上年月、奏聽進止。滿歲遷代、無闕敗者、即與進改。盤石維城、義深麟趾。穠華下嫁、禮亦椒塗。搢紳文武之良材、執事恪居之奉職、克參祼獻、載叶肅雍。亞獻嘉王運、終獻循王遹等、各賜物一百疋。夾侍正衣進珪捧珪各賜五十疋。亞獻、終獻、正衣各賜物四十疋。大長公主、嗣王、郡王、縣主各有賜物。內外文武官、三品已上賜爵一級、四品已下加一階、合入三品五品欠考未合敘者、待考足日聽敘。斯文未墜、降聖克昌。道逾三代之英、化立百王之範。象賢崇德、垂裔作賓。教術斯崇、憲章無改。文宣王、二王、三恪與一子官。其祠廟委所司量加修飾。堯稱惇敘、周述本枝。收族是先、睦親斯在。皇五等以上親、三品已上賜爵一級、五品以下加一階、六品已下及前資常選散官、簡選日優與處分。未有出身陪位者、每家放一人出身。應陪位者、皇五等已上親、及太皇太后、皇太后三等已上親、三品已上賜爵一級、四品以下加一階。諸親四等五等、及諸州賀正官、並諸色陪位官、五品已上加一階、六品已下及白身人、並賜勳兩轉。其前資及有出身者、各減一選。締搆興王、弼成昌運。勳藏册府、烈冠史編。九原推可作之風、百代凜如生之氣。載懷丕績、何日敢忘。武德以來、配饗功臣、及將相名節尤著、長慶四年三月三日制、未霑甄敘者、委中書門下條流聞奏、量與優奬。故尙父汾陽王、贈太尉秀實子孫未曾經甄奬者、每家與一子正員官。元和以來、有因戰伐死於王事、其名迹顯著、未有優贈者。各委本道節度使條錄聞奏。如勘覆詣實。當有處分。其有骸骨暴露者、宜令所在埋瘞。弘教愛之理。爰命推恩。念追遠之懷。用頒徽贈。常參官及諸州府長官、父母見存、未有官封者、並量與五品致仕官及階並邑號。父母亡歿、未曾追贈者、量與封官及邑號。已經追贈者、更與改贈。如贈官已至一品。邑號已至國夫人者。不在此限。中書門下、及節度使帶平章事者、宜與一子正員七品官。祖父母父母先歿、各與追贈。經追贈者、更與改贈官已至一品、邑號已至國夫人者、不在此限。節度使、與一子正員八品官。東都留守度支鹽鐵使觀察處置都練團防禦經略招討等使、及神策金吾六軍將軍大將軍上將軍、統軍威遠鎭國軍等使、皇城留守、各與一子正員九品官。京兆尹特加一階。父母先亡歿未經追贈者、各與追贈。職修祀事。禮奉嚴禋。既洽殊恩、宜加異等。應郊廟升壇升殿行事官、普恩外、宜更加一階。如合入三品五品者、任待考足日聽敘。尚書省三品四品已上、中書門下五品已上、特加一階。便蕃殿省。給事郊丘。顧以忠勤。是宜甄獎。內行事官、三品已上更賜爵一級。四品以下更加一階。內侍省及內坊官、四品以上各賜勳五轉。五品已下各賜勳三轉。應從駕至郊廟者、普恩外。三品已上賜爵一級。四品已下各加一階。品官白身賜勳兩轉。環列師營。服勞捍衞。申威攸屬。敷惠是膺。神策六軍金吾威遠皇城及諸道將士等、三品已上賜爵一級。四品已下加一階。無官者賜勳三轉。在城神策六軍威遠營左右金吾及皇城將士、應大禮移仗宿衞御樓立仗等、普恩之外。三品已上賜爵一級。四品已下加一階。仍準舊制賜物有差。神策將士、加一階。仍準舊例賜物有差。其神策將士應在京畿諸縣者、亦各有賜物。應緣大禮職掌行事官、並修撰儀注及留守副留守、倉庫卿等、普恩之外。三品已上賜爵一級。四品以下各加一階。虔奉職貢。載覩郊禋。俾覃錫賚之恩。用廣懷柔之義。鴻臚禮賓院、應在城內蕃客等、各有賜物。翰林待詔供奉、並諸色直見任及前資幷員外試官、三品已上賜爵一級。四品已下各加一階。無官者賜勳兩轉。導蕃服之誠。承帝庭之命。忠誠既著。勳賞宜周。諸道上都進奏院官在城者、各賜勳兩轉。應緣大禮、四方進表疏及賀正官、各賜勳三轉。敬承禋祀。贊執豆籩。列庶衞以觀光。酌多儀而中矩。誠在儼恪。理叶褒升。郊廟行事齋郎、減二年勞。室長掌座禮生贊者、減一年勞。無勞可減者、便放出身。崇玄館行事學生、及齋郎禮生、番考已滿。所司緣大禮却追入行事。各減一選。國子監學生陪位者、賜勳一轉。中書門下儀制官、各特賜一階。應緣祇供作官、直司長上諸州行綱考典兩縣耆壽諸色番投當上、在城、並量留十二月番者、各賜勳兩轉。飛龍閑廐官苑典引掌扇、內園總監栽接少府將作□中尙武德軍器內外弓箭庫等諸司諸使下白身人、及無品直司、定額長上、雜匠、巧兒、黃衣長上、監門直長雜使、三衞七色引駕、細引、執扇、角手、弩手、彍騎武士、天文觀生歷生、漏生、典鼓、典鍾、工人、樂人、主膳、主酪、典食、胡食手、宰手、掌閑幕士、御士、醫士、獸醫、門僕、藥童、御書手、楷書手、典書、流外行署等、各賜勳兩轉。尙年貴老。所以教孝也。聳義嘉節。所以貞俗也。天下百姓高年者、上縣以上、每縣十人。中縣五人。下縣三人。並以縣界年最高者充數。並孝子順孫、義夫節婦、先經旌表、行義不虧者、人各賜米三石、絹兩疋。仍版授上佐縣君。並委令長齎米帛就家宣賜。訖具名本道、一時聞奏。其米及絹、於上供數內申破。神配峻極。德稱靈長。秩既升於三公。禮合加於牲幣。五岳四瀆、宜委本州府長吏備禮致祭。當極豐潔。以副如在之誠。書稱望秩。禮著不封。仰堯舜之聰明。慕文武於方册。遐想忠貞之迹。緬懷忠烈之風。能御大災。咸申典祀。名山大川、及自古聖帝明王、忠臣烈士、各令所在致祭。亡命山澤、挾藏軍器、百日不首、復罪如初。赦書有所不該者。所司具作條例聞奏。敢以赦前事相言告者。以其罪罪之。赦書日行五百里。布告天下。咸使聞知。

# 唐大詔令集卷第七十一

典禮



## 南郊五

### 太和三年南郊赦

王者祗見宗廟。情極於孝思。肅事郊丘。義崇於嚴配。諸侯駿奔於助祭。百靈肸蠁而降祥。感達神祇。斯爲茂範。朕以沖昧。獲嗣丕業。兢慄寅畏。於今四年。屬興伐叛之師。未暇燔柴之禮。今因南至。有事圓丘。薦誠敬於二儀。申感慕於九廟。羣祀來享。至誠必通。旣陳言以告虔。宜覃恩而廣澤。可大赦天下。自太和三年十一月十八日昧爽以前。大辟罪已下、罪無輕重、常赦不原者、咸赦除之。惟犯惡逆以上、及故殺人、官典犯正入己贓、不在赦限。左降官、量移近處。已經量移者、更與量移。縱元敕云終身不齒者、亦量與收敍。諸色得罪人中、如先有敕云縱逢恩赦不在免限、並別敕安置者、亦并委中書門下量事狀重輕、節級處分。常參官及諸州刺史、有先因停替、及以病解免、并終制未授官者、委中書門下量才進擬。其有僞官出身人、近已從流者、與移近處。未處分者、減等處分。未發覺賣官買官人、并仰赦書到後一月內、於所在納官告首、得免其罪。如不陳首者、不在免罪限。其京兆府來年夏青苗錢、宜放一半。應度支鹽鐵戶部三司所管諸司官吏所由人戶等、節級疏理放免。天下除兩稅外、輙不得科配。其擅加雜榷率、一切宜停。仍令御史臺、及出使郎官御史、并所在巡院、嚴加訪察。應緣乘輿服御宗廟供須、一事以上、當從儉約。自今已後。四方并不得輙以新樣難得非常之物爲獻。其機杼織作、纖麗尤甚、若花絲布繚綾之類、及幅尺廣狹不中度者、并宜禁斷。仍仰天下州府、敕到後一月日內、所有此色機杼、一切焚棄。犯者以故違敕論。諸道先割屬支郡將士、如聞衣糧猶繫使司、詳其事理、頗非簡便、宜委本使差官、檢元割名額及糧賜等第、交案與刺史勘會、除續準詔敕抽停外、據所合給錢米、幷以當州合送錢米、依實虛折計割入留州錢米數。勘會訖。州使各具分析聞奏。應緣解補支給。幷委本州。其使司更不得收管。方鎮刺史在京除官所須收補隨從人數、有司卽爲節限。他時替罷。仍令隨使停解。其方鎮交代之時、及知留後官。不得輒有補署。刺史職在分憂。得以專達。事有違法。觀察使然後舉奏。頃年赦令。非不丁寧。如聞遠地多未遵守。州司常務。巨細取裁。至使官吏移攝。將士解補。占留支用。刑獄結斷。動須稟奉。不得自專。雖有政能。無所施設。選置長吏。將何責成。宜委御史臺、及出使郎官御史、嚴加察訪。觀察使奏聽進止。本判官不得匡正、及刺史不守朝章。幷量加貶降。若所管州郡。控接蕃夷。軍戎之間。事資節制。須得使司共爲條理。卽不在此限。如聞近年以來。京城坊市、及畿甸百姓等。多屬州軍諸使諸司占補之時。都無旨敕。差科之際。頓異編甿。或一丁有名。則一戶全免。宜委本軍本使、及京兆府、切加提舉。准元和二年八月京兆府所奏敕、及長慶元年制、節文處分。諸色出身。三衞最濫。假冒官蔭。妄用優勞。其三衞宜三二年且不得補。待人數盡無。始更補。委有司條流。嚴爲限制。每所補注挾名替闕如便可停廢。亦指實聞奏。其六宅十宅諸王女縣主、宜令每年於選人中、擇情願者配尙。授官之時。量加優賞。罷秩之後。仍減二選。其初婚者、更有賜與。使備行李。如非士類。不在選限。武德已來、配享功臣及將相。名蹟尤著。節義顯聞。而子孫凌替。官闕廢墜。未經甄錄者。委中書門下搜訪胤嗣。特加優獎。故尙父汾陽王、贈太師晟、贈太尉秀實、子孫中未經甄奬者、每家與一人正員官。亞獻循王遹、終獻恭王通等、夾侍、正衣、進珪、捧珪、各賜物有差。內外文武及致仕宗室官諸親、太后三等已上親、幷應緣郊廟大禮行事、進階給賞賜各有差。

會昌元年五月南郊赦

門下、古之令王。肇極皇業。莫不嚴禋郊廟。統和神人。將以承上天之眷命。告下土之率服。恪有令典。留爲後法。是以太陽施光。調無私之臨照。和風扇物。樂有截之生靈。明察爲先。誠敬攸屬。斯道不遠。弘之在予。朕以寡昧。入奉丕構。應三靈之協慶。祗一德以咸美。代邸樂推。賴元臣之忠力。虞琴方鼓。冀萬國之驩心。顧以涉道多下闕惕若馭朽。凜如蹈冰。納隍勤誠勵之懷。置器審安危之地。苟一物失所。時予之深辜。粤以獻歲吉辰。禋祀上帝。煙燎既達。牲幣克修。百神受職而恭敬。六合承休而霈洽。禮成而退。慶孰大焉。思與公卿大夫。內外臣庶。導迎喜氣。同我休嘉。變生人之耳目。振大化之綱紀。立號垂統。自中形外。延八表之□福。敬五始之惟新。事天之禮。既因高以薦誠。及物之恩。宜順時以布澤。可大赦天下。改開成五年爲會昌元年。

會昌五年正月三日南郊赦

門下、王者事帝。必嚴禋祀之容。臣下歸功。爰極推崇之義。既膺顯號。式展盛儀。因時布和。順歲更始。前聖垂範。逮予是遵。矧以眇身。幸逢昌運。雖履冰惟懼。而涉道未周。緊我輔臣。洎茲列岳。內盡交修之志。外分共理之憂。乃者虜衆乖離。部族欵附。收帝子於氈裘之所。致名王爲冠帶之臣。昆夷來朝。不遠萬里。夷貊嚮化。克同九州。重以上黨狂童。竊襲叛迹。問罪之師既集。元兇之首遂梟。廓淸亂風。洗滌汙俗。翦逆弁而故都底定。竄摩尼而壞法永除。由是退惡進賢。化行令舉。刑奸贓之吏。黜黷貨之家。此皆宗社降靈。助成時政。豈朕涼德。獨擅厥功。而中外誠臣。文武多士。累陳懇疏。再舉鴻名。辭不獲從。祓此虛美。是用虔告清廟。明禋上玄。煙燎所升。靈貺如答。旣展郊禮。重申國經。宜因行慶之辰。誕布惟新之令。同我景福。永孚於休。可大赦天下。

# 唐大詔令集卷第七十二

典禮

南郊六

大中元年南郊赦

乾符二年南郊赦

## 南郊六

### 大中元年南郊赦

門下、執大象者導陰陽之和。帝率土者茂生植之化。粵自軒昊。曁於唐虞。側身皇階。虛己大寶。握金鏡之朗耀。致玉燭之融明。惠中國以綏四方。欽上玄而育兆庶。所謂至德。勞深企懷。朕荷先帝之眷。求奉祖宗之成憲。獲撫萬國。統和三靈。兢嚴丕構。惕勵神器。實賴昊穹嘉享。神祇降休。蠻夷戎狄之聿來。鳥獸草木之咸若。眞宰潛運。玄功啓光。麥禾豐登。兵革偃息。物不疵癘。人無夭昏。發揚氤氳。敷佑寡昧。夙夜祇戴。訏謨經紀。尙懼德教之未宣。黎元之未泰。暴虐之害政。姦邪之敗常。軫念困窮。思臻富庶。每興赤子之歎。不知黃屋之尊。爰因首歲。克舉彝典。告受命之纂緒。展嚴配之盛儀。柴燎升聞。馨香殷薦。肇祀昭答。百神來享。精誠旣達。感慶良深。是用肆眚恤刑。改元建號。利時者不廢。便人者必行。俾覃在宥之恩。以順發生之氣。與之更始。咸使惟新。可大赦天下。改會昌七年爲大中元年。

### 乾符二年南郊赦

元化序時。日月啓貞明之照。神功宰物。乾坤垂覆燾之仁。萬物仰而遂生。百王體以爲用。朕虔膺睠命。恭守丕圖。懼忝所承。慮違厥道。每馭朽以思戒。若涉川而靡寧。自臨御已來。夙宵增勵。幸而文修政簡。歲稔人安。賞罰惟公。忠厚成俗。道漸臻於淸淨。理將致於雍熙。由是敬禮上帝。用答天休。御端門以崇皇極。是彰報本。式叶體元。尙念蠹於政事者未除。害於時者未革。盡施條制。以絕根源。更表申恩。仍行肆眚。昔殷湯解網。實謂至仁。漢文措刑。永稱聖理。在宥乃爲君之德。好生實有國之規。今復承以陽春之時。布其渙汗之典。上符天意。旁契人心。大禮備陳。彝章克舉。謀猷廣備。聲教遐宣。期昭泰於寰區。亦涵濡於動植。溥天率土。旣樂玄風。四海九州。宜覃慶澤。可大赦天下。自乾符二年正月七日昧爽已前。大辟罪已下、罪無輕重、已發覺、未發覺、已結正、未結正、繫囚見徒、常赦所不原者、咸赦除之。唯犯十惡叛逆已上、及故殺人、官典犯入己贓、兼情涉巨蠹、及持杖行刼、幷故殺人者、雖已傷未死、更生意欲殺傷偶得免者、幷同已殺人法處分。買賣毒藥、開刼墳墓、及刑獄之內、官吏用情、推勘不平、因成冤濫、無問有贓無贓、幷不在原免之限。敦本睦親。古今典制。永惟負荷。常切憂兢。應宗室有材行可昇、淪落在外、幷委宗正卿、專加察訪。旋申尙書門下。量材處分。惠安皇太后、凡有緦麻以上親、各委所在搜訪聞奏。仰酬顧復。何擇親疏。爰念播遷。重命牽復。至於殂謝。亦使惠綏。用表深仁。以彰玄化。左降官量移近處。已經移者、更與量移。如官至刺史、準刺史月限例處分。諸色官未復資者、有司別條流聞奏。如合復資者、五品已上、中書門下便與處分。六品已下、任依常例選集。丁憂去任、及在憂制受貶者、服闋日、亦與量移。緣責除降資正員官、及緣累停免、未經引用者、幷量與進改。流人及降死從流者、移近地。如已收敘者、量材錄用。幷僧尼道士移隸者、亦放還。勸善懲違。朝廷大典。苟或隳紊。何以聳人。其流貶人中、或有情狀巨蠹、物議不容者、不在該恩。流貶人如已亡歿、家口欲還、及須歸葬者、聽隨所便。如緣葬事、幼弱飢寒不能自濟者、委所在長吏量給棺櫬、優恤發遣。左降官及流人等有官者、如已歿、各還本官。亡官失爵、痕累禁錮者、幷從洗滌。諸色流貶人、元敕內云雖逢恩赦不在量移之限、有自前年十月十二日赦書後、已經量移五千里、更與量移一千里。三千里外與量移五百里。情狀難容者、不在此限。天德五城流人、負罪素重、元敕未經十載不得放還、今屬洪恩、須令沾及、宜減三年。如年限已滿、便放還。從九月四日降郊禮敕後流貶、及引決妄稱冤人等、幷重推覆囚徒、幷不在此限。近日奸險之徒。多造無名文狀。或張懸文榜。或譔造童謠。此爲弊源。合處極法。應捉獲此色者、準持杖刼人合造毒藥例。經赦不原。其所得文狀、準律文於所在焚毀、不得□徵逋賦。以利疲人。是叶政經。期爲理本。京兆府去年夏青苗錢、每貫量放三百文。所放錢如是府司占留色目、委戶部准舊例據數支塡。其咸通十一年已前、百姓積欠兩稅斛斗、及青苗榷酒錢、幷稅草職田糠䴭䴸棘等、徵收不得空繫簿書。前年十一月十二日赦令、已令蠲放。至今尙未了絕、宜令所司、速具放免錢物數目、分析奏聞。如在官典所由腹內者、不在此限。從咸通十三年夏已前、京兆府所欠諸陵園及諸軍諸使錢草斛斗、幷諸雜物、一物已上、宜幷放免。其諸縣所交府司錢草斛斗、一物已上、亦幷放免。從咸通十三年夏已前、京兆府所欠諸陵掌閑彍騎丁資三衞等資錢、亦幷放免。甸內逃亡人戶、尙徵稅物、切要條流、以安疲瘵。委京兆府差官逐縣勘覆。其逃亡人戶產業田地、未有人承佃者、其隨田地苗稅、除陌榷酒錢及斛斗等、幷權放三年。勒常切招召人戶。三年後再差官勘覆。據歸復續却收稅。從咸通十三年已前、甸內所欠延資庫、戶部度支榷酒除陌、及和糴賑貸錢物斛斗、一物已上、幷宜放免。內莊宅使巡官及人戶等、應欠大中十四年已前至咸通八年已前諸色錢六萬二千三百八十貫三百文、斛一十萬三千七十四石九斗、絲二十二萬七千五百八兩、麻二千四百七十斤、草二十六萬五千八百五十五束。念其累歲不稔。人戶貧窮。徒有鞭笞。終難徵納。幷宜放免。三司所欠錢物、已遣不徵。必慮依違。尙猶追擾。度支戶部鹽鐵三司應收管在城及諸州府諸場監院、所欠咸通十年已前諸色錢物斛斗等、前年十月十二日赦文幷令放免。所司不得更生節目。妄有進徵。如聞所司官吏。緣循至今。尚有盤勘。都非公事。但務生情。歲月轉深。奸弊頗甚。各委本司差定官一人專勾當。但據見在文帳檢勘。除官典所由請領官錢和糴和市及在場官供招商所由帳內正身見在外。其身已亡歿、曾經檢責、及正身見在、貧窮家業蕩盡、無可。徵納者、并逃竄捕捉未獲、囚繫妻男、攤徵保人等、仰便據年額請免。除去簿書。不得更行文牒。妄有盤問。赦書下後。限一箇月內具放免錢物單數。分析聞奏。如更稽違。本勾當郎官、當議貶黜。典吏等痛加懲斷停解。天下州縣官。銓司注擬。便有選自朝廷。何故三司監院官、索州縣承迎。云是制院。恐嚇州縣。影占富豪。從今後、有監院處。亦仰州縣常加聽察。如監院官有不公不進。各申本州、行牒本司。便如狀事稍重。仰專差使送申狀本司。事大則任聞奏。兼申中書門下御史臺、以憑推勘。所冀遞相檢察。不敢侵凌。諸司更換。素有定規。近日苟且緣循。漸至虛折。商徒則獲利倍於往日。所司則侵損轉難任持。若不條疏。積成蠹弊。其三司更換、宜令準咸通十五年閏四月二十一日度支所奏處分。如尚踵前。必舉朝典。制置新歲酒錢、其戶貧破者。州縣不令破戶、或賣柴傭力以納稅。令所由司條流聞奏。其河南府界蒿荒地、委河南尹於稅錢三分內、量與免二分。勿令無路營生。聚爲草賊。其天下州縣、除已準元敕徵收兩稅榷酒錢茶鹽利旨支米價等分外餘額外。如徵別配、及販柴炭之人納稅等、元無敕文、緣本道奏請降敕、并仰勅內便皆停罷。仍限敕到後二十日內分析聞奏。并不罪。今日已前之事。如又不已。必舉明刑。曾經水旱。已放徵科。或慮緣循。須更提舉。諸道州府或有遭水旱甚處、去年夏稅合納苗稅等錢、委本州府長吏酌量蠲放。其咸通十年已前、所欠負兩稅錢米等、在百姓腹內、徵收不上者。前年十一月十二日赦書已放免。仍委州府速檢勘蠲放、分析聞奏。所州縣除前資寄住、實是衣冠之外。便各將攝官文牒、及軍職賂遺、全免科差、多是豪富之家。至若貧下。準會昌中敕、家有進士及第方免差役。其餘只庇一身。就中江南富人多。一武官便庇一戶。致使貧者轉更流亡。從今後并依百姓、一例差遣。仍委方鎮、各下諸州、准此檢點。江淮運米。本實關中。只緣徐州用軍。發遣全無次第。運脚價妄被占射。本色米空存簿書。遂使倉廩漸虛。支備有闕。緣循弛慢。全自職司。宜令轉運使速具條流、分析聞奏。纔及春暖。便須差清強官吏。節級催驅。嚴立科條。須及舊額。苟或踵前容易。必舉朝章。郵傳供須遞馬。數目素有定制。合守前規。河南館驛錢物至多。本來別庫收貯。近日被府司奏請。滚同支用。遂使遞馬欠缺。料糧不充。憲司又但務緣循。都不提舉。宜令東臺館驛使、逑具條流。分析聞奏。東都留守所管兵數不少。無非市肆之人。緩急抽差。全不堪用。防衞宮闕。尤非所宜。頃有條流。以革前弊。宜令速分析見在闕額、并老弱人數聞奏。應緣州府經費。悉有舊規。近者不務在公。唯思潤己。或聯遇豐稔。亦不貢羨餘。若小有水旱。卽競有論請。致令朝廷事力轉困。全在臣下誠敬何乖。自今以後。如輒將上供一錢物支用。并當加譴責。不在原貸之限。如本道實有災荒積歉。爲甚衆所知者。不在限例。朝廷徵發兵士。固非獲已。道途頓遞。勞費至多。又聞節級須得人事裨補。每縣不下五千文。盡配疲人。深可哀憫。自今後、但供備無缺。輒不得踵前率配。如或違犯。縣令本曹官、重加貶降。人吏決杖配流。其都知兵馬使已下、并以枉法贓論。立法之始。當在必行。諸處本置作坊。只合制造干戈兵甲、及進獻供需。昨徐方用軍。諸道多無兵器。內庫般送。塡塞道途。如聞作坊唯使雜伎。弓甲之匠。十無一人。打築卽唯務精新。器甲則總忘修整。自節察至刺史、皆爲信臣。不能委曲條流。各宜自知改革。諸道兵士、非唯缺額不堪。兼又軍將數多。一員敵官健數分。又占官健當直、遣納課錢。其弊數重。深要除蕩。仰諸道各自檢點。如或本自書題。又無功效。非軍中子弟。空請職名者。幷皆疏理。其軍將等、各遣納課錢者。幷准入己贓結罪、科斷。東畿之內留守、影占最多。稍富者不揀。城外村中盡有一虛名文牒。犯罪者亦稱此名。府縣若追。但行牒却取。事小則推勘了牒送。事重者則與勘停委留。切不得遮奪。免致鬥傷。其在京諸司、亦仰各依此例。如被抑屈。但具奏聞。且徵兩稅自有常期。苟或先自催驅。必致齊人凋弊。蓋緣機織未畢。庤錢未終。便須令賣縑繒。賤糶斛斗。致使豪胥迫蹙。富戶吞侵。須更申明。俾其通濟。諸州府如有不依旨限。先期徵稅者。長吏聽奏進止。縣令錄事參軍幷停見任。書下考。不在矜恕之限。關要之外。聲教至遙。每念疲人。尤多橫役。訪聞五嶺諸郡、修補廨舍城池。材石人工。幷配百姓。至於糧用。皆自齎持。既不折稅錢。又全無優卹。永言凋瘵。實可憫傷。自此、委節度觀察使接借本錢。幷刺史百計收拾。運轉別立修造案名額。遣幹濟官主持。常令急遂修整。勿遣大段摧毀。永放百姓額外差科。己債卹人。斯爲盛美。遐荒賤吏。尤可哀矜。先於咸通五年梧州糴十萬石米、停貯。數載之後。方令盤送邕交。如聞卑濕損傷。雀鼠耗折、計其所言六萬石餘。累載已來。亦頗校料徵納。主持軍將十餘輩。攤保累數百家。或科決不輕。或貲財蕩盡。典男鬻女。力竭計窮。盡虛掛簿書。徒爲羈縶。宜從寬宥。用釋朕憂。其所欠米、委度支一時放免。邕南交趾、屯駐兵士、全無運糧。俾其足食。湖南江西管內諸郡、出米至多。豐熟之時。價亦極賤。綱官若得錢收糴。每斗必有盈餘。道途既可經營。輸納當無敗闕。緣於官倉領米。刮鐵平量既潤資倍便致吞侵耗折。所以經年累月。舳艫相交。江路多有沉淪。軍食常憂欠缺。自今仰所在長吏、切須饒潤。綱官早令交付脚錢。仍與善價糴買。嚴示刑賞。不使稽遲。邕州安南晏州見屯諸道行營兵士、合食錢米等。三處兵數近四萬。日食錢米費用極多。全在諸道州使巡院、饋運相繼。免失支持。近日以南中爲警急抽差。皆務循將相同常事。蓋緣地遠。差綱無利。皆託以鹽鐵戶部指揮、未得分明。申報逗遛。圖延界分。或有未有本色。皆云額望收錢。及綱官進發之時。欠脚錢途路侵盜錢米。所至稽停。每發一綱。便逾星歲。致令供軍使頻申三處月限。不相接續。所司前後申奏。行牒督責。非不丁寧。蓋緣只有科貶之名。曾無必行之令。遂致全無懍懼。但務緣循。若不嚴立科條。必恐轉成敗失。其諸道州使、巡場監院所、合般送南中供軍錢米。各委所在長吏、併發綱舡。以濟軍用。仍委逐道節度觀察防禦經略刺史、差最大判官一人。專判校科。其巡場監院官、場官、自專催促。各令設法勾當。克濟軍需。如依前逗遛。不早送申。遂使邊軍糧儲欠闕。供奉不得相續。便據所欠錢米處勘。逐重加貶責。如州使官吏、巡場監院官、能罄誠節。愼選行綱支遣。及至舟舡繼至。卽重議酬獎。河東向管延資庫、斛斗五十萬石。每歲出陳入新之際。勞擾州縣百姓至多。未有用時。積爲深弊。宜令本道節度使、點檢。除道路與邊鎮接近。緩急勘般充軍糧者。卽且准前。其餘深僻州縣。幷速條流分析聞奏。義倉斛斗。本防災年。所貯積歲多。翻成侵害。又差重丁大戶充倉督子弟主管。凡節察及監軍使刺史縣令到任。仍須一一斛量。差役鄉夫。數重勞擾。每一量覆。欠折轉多。主掌之人。貼家竭產。生靈塗炭。州縣困窮。從今後、宜五年一度變換。便糶貨收錢。入冬却糴。仍委本道監使、常加訪察。如有上下蒙弊欺隱。破除聞奏。但不要初上之日。須重覆量。每度擾人。朝廷大弊。在於令不行。只如經水旱州、三降敕命不許將逃亡規攤見在人戶。遭災水旱處有於見在戶兩倍徵。或至三倍。又近年以來。節度觀察使、或初到任。或欲除移。是正二月百姓飢餓之時。公遣二日條先抽徵見錢。每一千文令納三四百。此時無不兩倍三倍生生舉債。至有賣男女以充納官。行彼貪心。殘我赤子。從今後、有如此者。必舉極法。以謝生靈。諸道事例差使結懽。去信出於官中。答幣歸於私室。駐留供備。迎送優豐。進獻不副常程。結好却爲公事。唯奏欠缺。不思本源。且鄰境結懽。何必事須厚幣。來者若爲私物。去者何必官錢。道慕空門。名爲釋子。若非精進。何以住持。應城及諸州府僧尼、元敕人數外。不得轉令私度。如有死亡等闕。卽任據人數塡補。年終聞奏。待五年限滿時。每收補皆須選擇有戒行事業者。勿令濫雜之輩。於此容身。天下刑獄、申到法寺及刑部。有經數年不得了絕。省寺人吏、競邀賄賂。出入律文。大理寺及刑部官僚不親公事。致使一案之內。半死獄中。從今後、委中書門下每日點檢。如停滯者。大則貶降。小則停勒。其刑部郎中員外、切須選擇。亦不得輒冀奉使。以望賄財。有文案則併送對廳。行貨財則獨收私第。準咸通十一年條流、諸州刺史三千里外限三十箇月。二千里外限二十七箇月。近者勒刺史到郡交代。則可以計到郡月滿便且除移。如新除者、則須待月限滿除替。其餘內外諸官、并依咸通十一年條流。如有限未滿錯替者、任經中書門下過狀。便與追敕。有過失須替、則不在此限。兩省官、本令先任四赤令。貴欲知人疾苦。近者纔三五月則替。何殊罔生。空倍擾人。從今後、宜以十五月爲限。兩畿令府判司、從前吏部注擬頃年或除三人兩人。近者乃至除望縣令、及部尉等。中書自不存體。百司何以仰瞻。其進焉十年本限五年方滿。近者旋替年深。致使入仕多門。三銓無缺。從今後、如或用年深缺補人。兵部郎官、必議貶降。詞科出身。士林所重。本貴踐歷。漸至顯榮。近者唯扇澆風。皆務躁進。麻衣纔脫。結綬王畿。是前十年宦途。今來半歲遷授。頗爲訛弊。須與重明。自今已後、進士及第。并須滿二周年後。諸道藩鎮、及戶部度支鹽鐵、及在京諸司、方得奏請。如未及奏官限內、有攝職處。一任隨牒攝。其弘文館集賢院奏請直館校理、并依此月限。如出身後諸道奏已請初銜、未得兩考者。輒便奏畿內尉。充在職兩考。方得依資除官改轉。其授使下官、先自有月限資序。一一須守舊規。不得超越比擬。準咸通十四年十月九日敕文處分關節。取受本身値財。素來貧無。亦多舉債。祗緣從來赦文。未甚分明。賞罰若行。必當止絕。自今已後。如有人入錢買官。納銀求職。敗露之後。言告之初。取與同罪。卜射無捨。其錢物等并令沒官、送御史臺。以贓罰收管。如是波斯番人錢、亦准此處分。其櫃坊人戶、明知事情。不來陳告。所有物業并不納官。嚴加懲斷。決流邊遠。庶絕此類。萌其清平。樂官乞託。本自人情。既越舊規。過於債負。雖累有明敕。尙不遵行。兩巡不切追擒。教場又不鈐轄。從來上於方鎮。近日方鎮與樂官人事轉多。別有遷除。例皆乞覓。喧呼門戶。擁塞階庭。以此得官人不願除授。自今已後、除方鎮外兩巡使及諸司外巡。切加擒捉。如有此色。具送本司枷禁勘責。痛加懲斷。以絕此端。近年以來。風俗奢侈。不營根本。各務誇張。及第登科。傾資竭產。屋地競踰於制度。喪葬皆越於禮儀。爲册使吊贈之臣。或爭財貨。乞賜章服之類。不畏慙羞。致使兒童。或輕朝列。念茲靡媿。常行歎嗟。委中書門下、次第條流。稍爲改革。輸其常賦。尙慮不充。更或加徵。其何以濟。近年百姓流散。稅錢已多。如聞自朝廷用軍。有納百姓正稅外。每貫紐四十五十文。已是數年。至今不矜放。黎甿寃抑。腿脊瘡疾。所徵錢則將充諸色支分。所添兵則逐月銷減。每思此事。深可歎傷。其天下緣用軍奏加紐貫之外。更有敢徵一文。其長吏及判官錄事參軍。并准入己贓。仍不在以官贖之限。其鄭州庚道尉在任日、加徵稅錢。如或却徵。亦依此例。衡鏡之司。去留雖切。念其覊寓。須與商量。吏部選人。如聞累年駁放至多。或文狀乖錯。或書判差池。有司守文。不得不爾。况選人例迫飢寒。遠來調集。頻年被駁。情實可矜。既遇鴻恩。合與優假。委吏部檢勘去冬選人。若有此色。除非身名踰濫、及欠選欠考外。并以比遠殘缺。取其情願者。特與却收注擬。諸道奏官奏者、緣要缺舊人不理。從今後并須分明其不理罪愆。先加懲責。有罪空替。則是惠姦。其奏前資、及見任、多有虛豎頭銜。用錢計會。從今已後、有官吏更奏者。便仰兼遞告身。至進奏院。以憑點檢。如告身不到。不在奏行。其虛銜所奏。只與九品初任。仍奏狀內須是三代官諱及鄉貫戶頭年幾。餘各依資奏請。河北三道。不在此限。守土長人。切資士族。品流混雜。必害生靈。刺吏縣令、如是本州百姓及商人等、準元敕不令任當處官。不繫高下。蓋以事體不可兼。又十室九親。多有憎愛。一切阻礙。公事難行。近年此色至多。各仰本道遞相檢察。當日勒停。百姓商人。亦不合爲本縣鎮將。若有違越。必舉典刑。裨補除任。實在獎勞。奏請繁多。則爲過濫。咸通七年赦書條流、諸州府奏軍將官、不許除上佐。如有功須獎。卽於本管內除授。仍不得占優厚處。近日諸道不守條章。或分兩三度奏來。所貴前後不相見。但行計會。貴得人多。從今以後、諸道軍將官、并限七月表到京。令之初行。宜武臣之敍進。據所合奏人數一表。令如有別勞効者。卽待明年七月。不得兩度貫行欺隱。忠在社稷。誓著山河。或盟府舊勳。或閟宮配食。宜舉賞延之典。用彰義烈之名。故尙父汾陽王、贈太師晟、贈太尉秀實、贈司徒顏杲卿、太師眞卿、張巡、許遠、南霽雲子孫中未甄獎者。每家與一人正員官。安金藏頃申忠節。實異等倫。合爲疇庸。以勸義士。如有子孫。與一人正員官。武德已來配享功臣。名迹尤著。節義顯文。子孫淩替。官閥廢墜。未經甄錄者。委中書門下搜訪嗣胤。量加優獎。慶連宗室。義重維城。泊文武羣僚。恪恭事務。用酬勞績。宜降恩私。亞獻撫王紘、榮王憒等、各賜物一百疋。夾侍正衣進珪捧珪各賜物五十疋。亞獻終獻正衣各賜物四十疋。大長公主嗣王郡主縣主各賜物。內外文武見任及致仕官、三品已上、賜爵一級。四品已下、加一階。合入三品五品欠考未合敍者、待考足日聽敍。封孔聖之後。加虞賓之恩。式表崇儒。以明繼絕。文宣王之後、及二王三恪、各與一子官。其祠廟、委所司量加修飾。義在奉親。道唯睦族。將申孝敬。合示恩榮。皇五等已上親、三品已上、賜爵一級。五品已上、加一階。六品已下、及前資常選散官、簡選日優與處分。未有出身陪位者、準會昌五年正月三日赦書處分。應陪位皇五等已上親、三品已上、賜爵一級。四品已下、加一階。親四等并諸色陪位者、五品已上、加一階。六品已下及白衣、并賜勳兩轉。其前資及後出身、各減一選。皆懷追養之願。盡有榮終之心。授任封崇。式光存歿。常參官及諸州府長官、父母見在未有官封者、并量與五品致仕官及階、并邑號。如有官者、量與進改。如官已至五品已上者、卽與五品階。父母亡歿、未經追贈者、量與追贈及邑號。任榮輔相。寄重藩方。泊於親軍。咸秉忠節。俾令追贈。以顯榮名。中書門下及節度使帶平章事者、各與一子八品正員官。祖父母父母亡歿、各與追贈。已經追贈者、更與追贈。節度使與一子正員九品官。東郊留守、度支鹽鐵使、觀察處置都團練防禦經略招討使、皇城留守、各與一子出身。先亡歿未追贈者、各與追贈。虔奉典章。肅供祀事。宜覃渥澤。以獎勞能。禮儀使、大禮使、京兆府尹、各與一子正員九品官。應郊廟升壇行事官、溥恩外、中書門下、尚書省、御史臺、三品已上、特加一階。四品已下、各加一階。如入三品者、量減四考。入四品者、量減三考。入五品者、量減兩考。仍待考足日聽敍。其合選人、與減一選。內行事者、官三品已上賜爵一級。四品已下、更加一階。內侍省及內坊官、四品已上、各賜勳五轉。五品已下、各賜勳三轉。應從駕至郊廟者、溥恩之外、三品已上、賜爵一級。四品已下、各加一階。白衣賜勳兩轉。位列牙爪。職掌警衞。念其宣力。宜加疇勞。下闕

# 唐大詔令集卷第七十三



## 东郊

### 親祀東郊德音

皇王之化．載籍所陳．將奉天而育物．必順時而行教．雖禮文則著．而親祀蓋闕．朕自膺寶曆．且踰二紀．承宗社之番祉．賴公卿之叶心．萬物阜成．庶務簡易。思與黎獻。臻夫人壽。是用敦本復古。將必稽於月令。謀始作則。先有事於春郊。宜因展禮之辰。式布惟新之澤。其天下見禁囚、應犯死罪者、特宜免死。配流嶺南已下罪、并放免。朕每念黎甿。弊於徵戍。親戚多別離之慘。關山有往復之勤。何嘗不惻隱於懷。寤寐增歎。所以別遣召募。以實邊軍。錫其厚賞。便令長住。今諸軍所召、人數尙足。在於中夏。自能罷兵。既亡金革之事。足保農桑之業。自今已後。諸軍兵健、并宜停遣。其見鎭兵、并一切放還。京圻之內。雜役囚繫。言念劬勞。豈忘優卹。頃者櫟陽等縣。地多鹹鹵。人力不及。便至荒廢。近者開決。皆生稻苗。亦既成功。豈專其利。京兆府界內、應新開稻田。并宜散給貧丁、及逃還百姓。以为永業。書不云乎。不作無益害有益。語不云乎。奢則不遜。儉則固。緬惟前古。常有在心。將斲雕以爲樸。期上行而下從。自今已後、王公并不得以珍物進獻。所司應緣宮室修造、務從節儉。但蔽風雨。勿崇塈飾。至如金玉器物。諸色雕鏤。朕緣蕃客所要。將充宴賞。今流俗之間。遞相倣效。既損財於無用。仍作巧以相矜。敗俗傷農。莫斯爲甚。并一切禁斷。以絕浮華。古者鄉有序。黨有塾。將以弘長儒教。誘進學徒。化人成俗。率由於是。斯道久廢。朕用憫焉。宜令天下州縣、每一鄉之內。別各置學。仍擇師資。令其教授。其諸州鄉貢進士、每年引見訖。并令就國子監謁見師。所司設食。學官等爲之開講。質問疑義。且公侯之胤。皆稟義方。學禮聞詩。不應失墜。容其僥幸。是長慢遊。如聞近來弘文館學士、緣是貴冑子孫。多有不專經業。便與及第。深謂不然。自今以後。宜一依式令考試。朕之爵位。唯待賢能。雖選士命官。則有常條。而安卑遁跡。尙慮遺才。其內外八品已上官、及草澤間有學業精博。蔚爲儒首。文詞雅麗。通於政術。爲衆所推者。各委本州本司長官、精加搜擇。具以聞奏。發生之月。實在於行仁。利物之心。莫先於作善。先斷捕獵。令式有文。所由州縣。宜嚴加禁止。其每年千秋節日。仍不得輒有屠宰。道釋二門。皆爲聖教。義歸弘濟。理在專崇。其天下觀寺有絕無女冠道士僧尼者。宜量觀寺大小。度六七人。簡擇灼然有經業戒行。爲鄉閭所推。仍先取年高者。凡百卿士。朕之同德。宜勉修所職。以合時令。禮有施惠。義兼行賞。實爲其時。固不可缺。亞獻忠王璵、宜賜物一千疋。終獻潁王璬賜物五百疋。邠王守禮、寧王憲、各五百疋。慶王悰已下、及長公主、郡縣主、二王後、京文武官、賜帛各有差。天下諸州侍老、宜令所由長官、量賜酒肉。務在優養。今朝廷無事。天下太和。美景良辰。百官等任追勝爲樂。宜卽布中外。咸使聞知。（開元二十六年正月）

## 北郊

### 太極元年北郊赦

門下、朕聞大事在祀。禮極乎郊丘。大德曰生。道存乎赦宥。故至誠斯感。允接神明之休。盛典聿修。必敷雷雨之施。古先聖帝。躬祠后土。所以崇兼載之功。配博臨之義。有虞氏之合禘。偏於山川。成周氏之從祀。逮於林澤。西漢汾陰之時。東洛翠嫣之墠。雖制無求備。而道有可觀。曹馬以還。數百餘載。蓋設儀而不復。或誠信而未孚。有其廢之。莫得能舉。我國家之受命也。承百王之季。啓三統之元。高祖神堯皇帝膺籙受圖。繼天立極。太宗文武皇帝弔人伐罪。南征北怨。是用拯生靈於塗炭。登物類於休和。高宗天皇大帝、惟睿作聖。垂衣而理。大聖天后、受託從權。當宁而化、中宗孝和皇帝、允恭克讓。守文御寓。能致刑措。於變時雍。朕以眇身。恭荷丕構。常恐政理乖中。風雨愆期。惕慮周於萬方。疚懷深於一物。幸乾坤交泰。宗社降靈。氣無疵癘之災。物遂生成之性。呼韓慕化。侍子來庭。月支請職。名王入貢。大荒同軌。瀛海無波。俯循涼德。載懷夤畏。故以歲首。肅事禋宗。爰撰令辰。親祀方澤。採黃圖之舊制。定累時之前基。心謀取則於禮經。宥密同規於詩頌。三祖登配。羣望畢從。咸池之舞在列。合鍾之管斯應。祥風入候。當乎八變之般。瑞日揚暉。闡乎三獻之始。臣工助而胥悅。兆庶觀以相趨。誠敬克申。感慶交集。頃緣郊籍。已肆眚災。貸宥之道。未應累降。但精享云缺。既曠代而方修。福釐所被。思寰宇之同沐。宜因大典。式暢洪恩。可大赦天下。改太極元年爲延和元年。五月十三日昧爽以前。大辟罪以下、咸赦除之。其十惡、及劉誠之、胡太宰徒侶、官人受賍、并不在赦限。文武官預大禮、各賜勳一轉。桓彥範、敬暉、崔玄暐、袁恕己、張柬之等。特還其子孫實封二百戶。大酺五日。

## 明堂

### 詳議明堂制度詔

朕聞合宮靈府。創鴻規於上代。太室總章。標茂軌於中華。雖復質文殊制、奢儉異時。然其立天中。作人極。布政施教。歸之一揆。朕嗣膺下武。丕承上烈。思所以答眷上靈。聿遵孝養。而法宮曠禮。明堂寢構。永言大禮。朕甚懼焉。宜命所司與禮官學士等、考覈故事。詳議得失。務依典禮。造立明堂。庶曠代闕文。獲申於茲日。因心展敬。永垂於後昆。其明堂制度。宜令諸曹尚書及左右丞詳議。

### 頒明堂制度詔

首出萬物。實顯崇高之位。周覽八紘。無遺向明之道。合宮聽朔。闡黃軒之茂範。靈府通神。敷帝勛之景化。殷人陽館。青珪備禮。姬氏玄堂。彤璋合獻。雖運殊驪翰。時變質文。至於立天中。建皇極。軌物施教。其歸一揆。洎乎西京創曆。駁政逾繁。東漢開基。舊章猶闕。考圖汶上。僅存公王之儀。度室圭躔。纔紀中元之制。三方鼎據。祚傾於金馬。五胡塵擾。道喪於蒼鷩。自此相仍。時經板蕩。遂使陟配之典。久淪於緜載。端扆之化。允屬於隆平。朕恭膺寶命。肅奉瑤圖。昧旦求衣。昃景忘食。賴上玄垂祐。宗社降靈。幽明宅心。中外禔福。封金岱嶺。昭累聖之鴻勳。勒石九都。成文考之先志。功標偃革。時會委裘。固可以作化明堂。顯榮太室。修機之曆。既表於嘉名。布政之宮。式崇於美制。是用求中測景。取則陰陽。考廣袤於裁圭。定高卑於置臬。傍羅八柱。周建四墉。架宇儀天。疏基象地。窗闥齊布。應路幷興。導璧水以環階。應璇衡而結極。重阿複道。用循測管之模。上圓下方。仍准分蓍之數。木工不琢。土事無文。

豐約折衷。經始勿亟。句芒候序。入春圃而司儀。蓐收戒時。下秋園而奉職。事符神造。鈎繩之用畢陳。儀叶子來。釁落之期非遠。將以肅禋清祀。展殷薦於皇靈。施號法宮。暢休聲於大帝。百神受職。咸尊孝享之風。萬國來庭。共覩太平之政。缺文斯備。大禮聿修。制作之規。可依別敕。宣頒示天下。永垂來葉。

## 親享明堂制

昔軒皇御曆。朝萬國於合宮。丹陵握符。咨四岳於衢室。有虞輯瑞。總章之號旣存。大禹錫圭。重室之名攸建。殷人受命。置陽館以辨方。周室凝圖。立明堂以經野。用能範圍三極。幽贊五神。展尊祖之懷。申宗祀之典。爰從漢魏。迨及周隋。經始之制雖興。修廣之規未備。朕以庸昧。虔膺厚託。受寄於綴衣之夕。荷顧於仍几之前。伏以高宗往年。已屬意於陽館。故宗輔之縣。預紀明堂之名。改元之期。先著總章之號。朕於乾封之際。已奉表上陳。雖簡宸心。未遑營構。今以鼎郊勝壤。圭邑名區。處天地之中。順陰陽之序。舟車是湊。貢賦攸均。爰藉子來之功。式遵奉先之旨。夫明堂者。天子宗祀之所。朝諸侯之位也。開乾封之奧策。法氣象之運行。故能使災害不生。禍亂不作。耆言盛烈。豈不美歟。比者鴻儒禮官。所執各異。咸以爲明堂者。置三里之外。七里之內。在國陽明之地。今旣俯邇宮掖。恐黷靈祇。誠乃布政之居。未爲宗祀之所。朕以京邑之地。去宮遙遠。每月所居。因時享祭。常備文物。動有煩勞。在於朕懷。殊非所樂。今故裁基紫掖。闢宇彤闈。經始肇興。成之匪日。但敬事天地。神明之德乃彰。尊祀祖宗。嚴恭之志方展。若使唯云布政。負扆臨人。則茅宇土階。取適而已。豈必勞百姓之力。制九筵而御哉。誠以獲執蘋蘩。虔奉宗廟故也。時旣沿革。莫或相遵。自我作古。用適於事。今以上堂爲嚴配之所。下室爲布政之居。光敷禮訓。式展敬誠。來年正月一日。可於明堂宗祀三聖。以配上帝。宜令禮官博士、內外明禮者、詳定儀注。務從典要。速以奏聞者。垂拱四年十二月

## 明堂災告廟制

朕君臨紫極。撫育蒼生。期普大澤之流。爲啓無疆之福。神宮之後。式建尊容。頃緣內作工徒。宿火誤燒廡主。遂涉明堂。然朕昧旦憂勤。不遑寢食。慮虧至道。未副天心。內省厥躬。伏增寅畏。槐省棘署。百僚庶尹。宜竭迺誠。各揚其職。內作工匠。可卽放還。刺史縣令。風化之首。宜矜恤鰥寡。敦勸農桑。均平賦役。督察姦盜。里閈妖訛。□當禁止。遠近寃訟。令早決斷。見禁囚徒。速爲處分。老病之色。征鎮之家。亦令州縣加意撫存。諸作非要切者。量事宜停。所司供進之物。并宜節減。其長才廣度。沉跡下僚。據德依仁。韜聲幽閉。懷王佐之器。乏知己之容。宜令京官職事五品已下、及刺史上佐縣令等。各準狀薦擧。仍遣內外文武百官九品已上。各上封事。極言正議。無有所隱。證聖元年正月

## 親祀明堂赦

朕聞惟天爲大。所以上序三宗。惟帝爲尊。於是宏開七廟。故知肇興衢室。爰申宗祀之規。乃建明堂。式廣嚴禋之禮。莫不八窗四闥。分氣□於炎涼。複

室重簷。定尊卑於昭穆。實爲國之洪訓。乃經邦之茂典。我國家睿祖神宗。重光累葉。道軼羲農之上。功侔造化之初。冠今昔而居尊。掩寰區而作大。朕承天撫運。纘聖開元。披鳳曆而乘時。握龍圖而建極。春秋變易。每增霜露之心。日月推移。倍切烝嘗之思。然而城臨丹鳳。清廟久安。水控玄龜。神基未立。金輿往幸。空展望於瑤祠。玉輦來巡。實親幸於碣石。三川帝里。八水皇州。豈京邑之相誇。而郊畿之有謝。所以交風奧壤。還開候雁之庭。揆日名區。更置馴龍之室。巍巍紫座。無虧薦鮪之途。弈弈丹宮。遂得獻羔之所。加以總章霧闢。重屋煙披。懸曉日於梅梁。挂晴虹於桂棟。是以用斯圭璧。奠彼牲牢。鳴孤竹之管籥。奏空桑之琴瑟。爰於祔享之日。乃至禋宗之晨。景色殊常。煙雲冠古。或凱風南至。吹喜氣而分輝。或靈雨東來。引祥雲而合享。固可以作樂崇德。殷薦上帝。而碧海遙澄。覺三邊之霧卷。丹霄上廓。看九野之塵清。祖宗之靈既昭然。宇宙之神心可見。虔誠既展。盛禮斯弘。宜覃作解之恩。以廣奉先之德。但赦者小利而大害。始泰而終否。是小人之幸。非君子之福。今歲已來。頻敷渥命。徒長僥倖。愈犯憲章。非所以弘獎風猷。發揮名教。深慮無知者。因茲獲罪。有識者緣此致譏。遐思管仲之編。緬想吳漢之說。恐負丕構。慨然長想。昔孔明相蜀。王猛佐秦。咸以數赦爲言。俱稱肆眚非便。朕惟新闡政。方事澄源。期望古而裁規。且修今而布澤。伏以禮申崇祔。情展泰禋。式流曠蕩之恩。兼明懲勸之道。可大赦洛州境內、天下諸州見禁囚徒、應致死者、特宜免死。配流者入徒。餘并原宥。在京文武三品已上、賜爵一級。四品已上、各加一階。內外文武九品已上、賜勳一轉。皇親嗣王郡王、仍特許佩金魚袋。內外職事官三品已上及四品清官、并中書門下五品、父已亡者、并量加追贈。如聞天下諸觀、皆畫化胡之變。諸寺亦畫老君之形。一種尊容。兩俱不可。限制到後十日。并除却。有故留者。卽科違敕罪。其化胡經、先有明敕禁斷。如聞在外仍頗流行。自今諸部化胡經事、及諸凡說化胡事處、并宜除削。在外百姓之家、百兩未行。二親俄殞。停哀之際。便卽成婚。遂輟苴絰之容。敢申花巹之禮。寧戚之心安寄。罔極之至缺如。敗俗傷風。莫過於此。自今後、宜令懲革。自弘道已前、繼任三年已上及秦府晉府僚佐、四品已上、并食實封功臣。雖經罪責。不致破家。子孫無任京官者、時宜優與一官。英府周府舊寮、五品已上官子孫。亦宜準此。天下百姓爲父後者。各賜右爵一級。大酺三日。

又制內外文武已上官、并縣令京司清官九品已上、各舉孝悌廉讓一人。（神龍元年九月）

## 社稷

### 親祀太社詔

厚地載物。社主其祭。嘉穀養民。稷惟元祀。列聖垂範。昔王通訓。凡建邦正位。莫此爲先。爰暨都邑。逮於州里。率土之濱。咸極莊敬。所以勸務農本。修治報功。敦序教義。整齊風俗。末代澆浮。祀典虧替。時逢喪亂。仁惠弛薄。壇壝缺昭格之禮。鄉閭無糺合之訓。朕握圖受曆。菲食卑官。奉圭璧於尊嚴。潔粢盛而禮燎。尙想躬稼。勵精治本。永言復禮。深存德紀。是以吉日惟戊。親禮太社。率從百寮。以祈九穀。今旣南畝俶載。東作方興。州縣置禮。宜盡祗肅。四方之民。咸勤植藝。隨其性類。命爲宗社。京邑庶士。臺省羣臣。里閈相從。共尊社法。以時供祀。各申祈報。兼存宴醑之義。用洽鄉黨之歡。宜立節文。明爲典制。進退俯仰。登降折旋。明加誨勵。遞相勸獎。齊之以禮。有耻且格。布告天下。卽宜遵用。（武德元年正月）

## 升社稷及日月五星爲大祀敕　孫逖

敕、祭之爲典。以陳至敬。名或不正。是相奪倫。況社稷孚佑。百代蒙其福。日月臨照。五星叶其紀。兆人允賴。下土式瞻。旣超言象之外。須極尊嚴之禮。列爲中祀。頗紊大猷。永言允當。必在刊革。自今已後、社稷日月五星。幷升爲大祀。仍以四時致祭。庶昭報之誠。格於上下。欽崇之稱。合於典則。

# 唐大詔令集卷第七十四

典禮

籍田



九宮貴神



嶽瀆山川

## 雜祀



## 籍田

### 貞觀三年籍田詔

周宣在位。已墜茲禮。近代已來。彌所多缺。朕祗承大寶。憲章典故。今將履千畝於近郊。復三推於舊制。宜令有司。式遵典禮。（貞觀三年正月十八日）

### 籍田制

門下、粢盛所以奉神祇。耕藉所以助人力。既義率乎下。而敬在其中。是爲先農。存乎大典。故周宣不復於古。而虢公致諫。漢文能修其制。而班史稱美。朕自御極已來。勤咨故實。唯是千畝未展三推。匱缺神因人降。交相移歲。庸不在此。良以憮然。今星紀既周。土膏將動。去農祥而不日。考帝籍之以時。朕其親耕。以實御廩。宜令禮官博士。詳擇典故。有司速卽施行。

### 停籍田雕飾農器詔

古之聖王。臨御天下。莫不務農敦本。寶儉爲先。蓋用勤身率下也。屬東耕啓候。爰事籍田。將欲勸彼蒸人。所以執茲耒耜。如聞有司所造農器。妄加雕飾。殊匪典章。紺轅縹軛。固前王之有制。崇奢尚靡。諒爲教之所疵。靜言思之。良用嘆息。豈朕法堯舜、重茅茨之意耶。其所造雕飾者、宜停。仍令有司依

農用常式。即別改造。庶萬方黎獻。知朕意焉。乾元二年正月

元和五年罷籍田敕

敕、朕以東郊籍田。禮之重者。爰擇吉亥。用祀先農。上以供粢盛。下以勸稼穡。式展三推之義。敢辭四體之勤。亦既草儀。方將肅事。再思理本。旁采衆詞。以江淮水旱之餘。河朔師旅之後。宜寬物力。以濟蒸元。況當三農休息之時。有百司供具之費。道途灑掃。暴露勤勞。惕然在懷。是用中止。雖前有成命。皆已施行。而重煩吾民。則無固必。其來年正月十八日籍田禮宜暫停。於戲。夫聖人無心。以狥百姓。朕亦虛己。用圖大中。苟事未宜。則改而求當。凡百卿士。期悉予懷。元和五年十一月十九日

開元二十三年籍田敕

門下、昔者受命爲君。體元立極。未有不謹於禮。而能見教於人。朕其庶乎。有慙作者。方冊存而可舉。舊章絕而復尋。自古所行。無一而廢。將以上乞靈於社稷。下蒙福于黎元。朕茲精誠。天實降鑒。今嗣歲初吉。農事將起。禮有先於耕藉。義緣奉於粢盛。是所嚴畏。敢不敬事。故躬載耒耜。親率公卿。以先百姓。遂終千畝。謂敦本之爲邇。何布澤之更深。宜有順於發生。俾無偏於行惠。可大赦天下。自開元二十三年正月十八日昧爽已前。大辟罪以下、罪無輕重、已發覺、未發覺、已結正、未結正、囚繫見徒、咸赦除之。其犯十惡死罪、不在赦限。自餘死罪。特宜配流嶺南遠惡官。至流者。亦量貶與遠官。典配諸軍効力。計贓至徒。仍不得重令却上。天下諸州損免處稅地先矜放。其非損免處、有貧乏未納者。並一切放免。代粮種子。開元二十一年已前、並宜放免。京兆河南府秦州百姓、有諸色勾徵、及逋懸欠負、亦宜放免。其在官典及倉督等腹內者、不在免限。天下色役典爰及支用、務令節減。幷諸色貢賦、先令中書門下均融減省。宜准前敕。速即條奏損免。州稅戶錢未納、幷七等已上戶租、先未處分五色資錢課未納灼然不辦者、並放至蠶麥秋收已來、贖納損免。州逃兵健兒、承前訪捉不獲、合取籍田充替、自資送軍、程期逼迫、頗亦辛苦、並放蠶麥已後登遣。仍令所司、預與軍州計會。諸州征行人、並令州縣存恤其父。行人有父母年七十已上者、委本道採放使檢責取實、牒報本軍、即放還本貫軍司據闕募取健兒充替。行人及丁防有身亡者、爲造棺櫬、遞還本鄉。諸州應發防丁、去本貫一千里已上、比來除正課之外、給一丁充資、多不齊辦、宜更量與資助。兩京城內、今年所有雜諸夫役、並宜放免。應須使役、以諸錢和雇取充。農桑之時。不得妨奪。州縣官長、隨時勸課。孝子順孫、義夫節婦、旌表門閭。鰥寡惸獨、不能自存、量加優恤。天下侍老、百歲已上、版授上州刺史。九十以上、中州刺史。八十以上、上州司馬、其七十已上、所由仍量給酒肉、各令存問。亞獻皇太子鴻、賜物二千疋。終獻慶王潭、賜物一千疋。邠王守禮等、各賜物一千疋。忠王浚已下、各賜物三百疋。夾侍、正衣、進珪、汝陽郡王淳等、各賜物二百疋。皇太子夾侍正衣等、各賜一百疋。裴輝卿等、自其翊贊、誠有忠益、頒賞以序、等數須優、宜各與一子官。仍各賜物三百疋。二王後、各賜物一百疋。長公主、各與一子官、仍各賜物二百疋。嗣王、郡主、縣主、各賜物一百五十疋。京文武官、見任及致仕、幷諸色陪位官、一品賜物八十疋。二品七十疋。三品六十疋。四品五十疋。五品

四十疋。六品三十疋。八品九品二十段。節度副大使、三都留守、京兆尹、各一百疋。四大都督府長史、諸道採訪使、各八十疋。諸賜物應兩給者、從一處給。其耕官及侍耕官、各賜勳兩轉。丞相蕭嵩與一子官、仍賜物二百疋。攝九卿諸使等。各與一子出身、仍賜物一百五十疋。侍耕執牛官、各賜物一百二十疋。升壇行事官、修禮儀官、及判官等、更賜一階。應入三品五品官階相當減四考、聽人。攝司徒信安郡王禕禮儀。韋縚、既不敍階。禕與一子官、賜物二百疋。縚與一子出身、賜物一百五十疋。其升壇及兼禮儀、兩兼從一加階。應與一子官及出身者、若無子、聽迴與周親。供奉及押階不升壇幷壇下、及助耕執牛官、別敕差中書門下差定人數等、從階合入三品五品階至考未足者、待考足日聽。非待考者、賜勳兩轉。未承別賜者、各賜一轉。知頓使、賜物一百疋。修壇場長官、屯官、撰玉册官、各賜物八十疋。書玉册官、賜物五十疋。管籍田縣令、賜物六十疋。京文武官、朝集使官、充十道採訪使、幷判官、諸道節度使、及諸道通表使判官、新除五品已上官未赴任、都畿縣令見任陪位者、三品已上轉爵一級、四品已下加一階。皇親、諸親、及九廟子孫、不入等陪位者、幷外文武官九品已上、各賜勳。諸蕃入廟、入賀正、蕃客應陪位者、共賜五十疋。節級付分、南北衙門行從宿衛齋宮官、及武官押當有職掌、幷諸色雜職掌、幷隨耕公卿從官等、各賜勳一轉。萬騎及飛騎見當上者、各賜一轉。其宿衛齋宮者、加賜物三段。仗內待訪諸色從人、各賜物三段。彍騎、當兵、角弓手、弩手、官馬主、見當番及留帖人、掌閑、幕士、駕士、供膳、習馭、工人、樂人、見當上有職掌、幷庶人應耕者、各賜物三段。齋郎、禮生、贊者、行事者、並減兩年勞。無勞可減者、齋郎放出身。禮生贊者選日稍優與處分。三衞七色見當番、幷流外行署、及番官見上有職掌者、各賜一轉。淮南洛陽縣陪位父老、各賜物五段。近壇百姓、各免今雜差科。宗廟致享。務存豐潔。禮經沿革。必本人情。籩豆之薦。或未能備物。服制之紀。或有未通。宜令禮官學士、詳議具奏。朕自臨天下。二紀于茲。不敢荒寧。日加兢業。而災眚未弭。黎人未康。若有由而然。則在予之責。有能直言極諫者。具以狀聞。每渴賢良。無忘鑒寐。頃雖虛佇。未副旁求。其才有王霸之略。學究天人之際。知勇堪將帥之選。政能當牧宰之舉者。五品已上清官、及將軍都督刺史、各舉孝悌力田鄉閭推挹者。本州長官勸責。有才堪應務者、各以名奏。政事久歷清資。終始著稱。年漸衰邁。情有可矜。量與改職。依前致仕。宗子中、有才行著聞、比尙沉屈者。委宗正勸責奏聞。唐元兩營立功官、任折衝、並改與中郎。其亡失官爵、量加收敍。五岳四瀆、名山大川、及自古聖帝明王、忠臣良相、並宜所在長官、以禮致祭。赦書有所未該者、所司比類聞奏。亡命山澤、挾藏軍器、百日不首、復罪如初。敢以赦前事相告言者、以其罪罪之。都城內賜酺三日。赦書日行五百里。布告遐邇。咸使聞知。

## 九宮貴神

### 親祭九宮壇敕

敕、惟神之主。必恭禋祀。率先之訓。義在躬親。朕欽若昊穹。子育黎庶。思通明靈之德。以洽和平之理。是修缺典。咸秩無文。如在之誠。久陳於郊廟。懷柔之志。亦偏於山川。況九宮所主。百神之貴。上分天極。下統坤維。陰隲生靈。功深亭育。故式昭新典。肇建明祠。將以爲人載祈孚祐。宜叶元辰之吉。用申大祭之禮。可以立春日、朕親祭九宮壇。仍令中書門下與禮官等、卽詳定儀注、奏聞。天寶三年十二月

## 親祭九宮壇大赦天下敕　　孫逖

門下、九宮之祀。百代莫修。豈日給不之暇。將神靈之有待。朕當宸君臨。握圖纘業。每聽政中昃。疇咨讜言。觀書乙夜。以求故實。勵精爲理。三紀于茲。上荷宗廟延祥。克開厥後。下賴股肱叶德。以致雍熙。而麟鳳龜龍。近遊郊藪。蠻夷戎狄。遠輸賝賮。乘時來之休運。恢惟皇之遠圖。是以圓丘方澤之儀。升中告類之禮。無典不舉。靡神不懷。恭惟九宮明祀。尙缺載深兢惕。用建靈壇。爰以元辰。親執奠獻。叶青春發生之慶。祈黔黎啓祐之福。今至誠式展。大禮云備。瑞景和風。神心如答。則疆之福。豈獨在予。非常之澤。宜覃率土。可大赦天下。自天寶三年十二月三十五日昧爽已前。大辟罪無輕重、咸赦除之。其十惡死罪、造僞頭首、不赦。立法務從於寬簡。任事必量於齒力。比者成童之歲。卽掛輕徭。既冠之年。便當正役。憫其勞苦。用軫予懷。自今已後、天下百姓、宜以十八已上爲中男。二十三以上成丁。又任土作貢。先標程式。或非所有。不免貿遷。事既非宜。理難經久。并應徵課稅、及支遣諸色物。或期程之間。遲違非便。並委所司與朝集使商議。取穩便處置奏聞。實錄載文云・每載庸調・八月徵收・農功未畢・恐難濟辦・自今已後、延至九月二十日爲限・而却無任土而下至此・諸軍行人。遠爲邊扞。修短之分。雖有定期。從役而終。良深軫念。其有陣前亡歿。骸骨未還本貫。令節度使給棺櫬遞歸。又防邊禦寇。實謂難勞。貧戶單丁。同茲存養。便令差遣。去住難堪。自今以後。應差行人。家無兼丁。不在取限。自古聖人。皆以孝理。五帝之本。百行莫先。移於國而爲忠。長於長而爲順。永言要道。實在人弘。自今已後。令天下家藏孝經一本。精勤誦習。鄉學之中。倍增教授。郡縣官史。明申勸課。百姓間有孝行過人、鄉閭欽伏者。所由長官、具以名薦。其有父母見在。別籍異居。虧敗名教。莫斯爲甚。特宜禁絕。勿使更然。弁親歿之後。亦不得令有分析。郡縣切須勸令在籍推行。自今已後、如有不友不恭。傷財破產者。宜配磧面。用淸風教。朕惟熙庶績。博訪逸人。豈惟振拔滯淹。以期於大用。亦欲褒崇高上。將敦於薄俗。虛佇之懷。兼在於此。其有高蹈不仕。遁迹丘園。遠近知聞。未經薦舉者。委所在長官、以禮勸送。又崇德追遠。式閭封墓。用旌前烈。以叶大猷。自古聖帝明王。名臣烈士。陵墓有頹毁者。宜令所管量事修葺。仍明立標記。禁止樵採。天下侍老、百歲已上賜帛五段粟三石。八十已上、三段粟二石。仍令郡縣長官存問給付。亞獻太子諱、宜賜物二千疋。終獻慶王悰一千疋。正衣夾侍各五百疋。親王各三百疋。新封建郡王及國公各一百疋。賢妃三百疋。長公主各三百疋。公主各二百疋。嗣郡王各一百疋。中書門下三品、竭心翊載。弘益實多。各與一子官。如已授官。量與一階。轉內外文武官三品已上、賜爵一級。四品已下、各加一階。一品賜物七十疋。三品已上六十疋。五品已上賜物四十疋。六品已下二十段。諸節度使、各賜物一百疋。三京留守、及二王後、各八十疋。採訪使各六十疋。諸蕃客、共賜二千疋。其唐元功臣。締構之初。竭其忠欵。錄功念舊。情所不忘。普恩之外。更加一階。其身歿者、各賜一官。皇親五等已上、及九廟子孫、諸親三等已上、未有

出身者、並放出身。其前資者、選日稍優與處分。見任者、更賜勳兩轉。應天下賜酺三日。赦書有所未該者、所司類例聞奏。宣布中外。咸使聞知。主者施行。

## 嶽瀆山川

### 封華岳神爲金天王制　蘇頲

門下、惟岳有五。太華其一。表峻皇居。合靈興運。朕恭膺大寶。肇業神京。至誠所祈。神契潛感。頃者亂常悖道。有甲兵而竊發。仗順誅逆。猶風雨之從助。永言幽贊。寧忘仰止。厥功茂美。報德斯存。宜封華岳神爲金天王。仍令景龍觀道士鴻臚卿員外置越國公葉法善備禮告祭。主者施行。先天二年八月二十日

### 冊東海神爲廣德王文

維天寶十載、歲次辛卯、三月甲申朔、十七日庚子、皇帝若曰。於戲。四瀛定日。百谷稱王。望祀之禮雖申。崇名之典猶缺。惟東海浴日浮天。細來弘往。善利萬物。以宗以都。朕嗣守睿圖。式存精享。神心允穆。每叶休徵。今五運惟新。百靈咸秩。思崇封建。以展虔誠。是用封神爲廣德王。其光膺典冊。保乂寰宇。永清坤載。敷佑邦家。可不美歟。惟南海蕩滌炎州。包括溟漲。涵育庶類。以成厥德。惟西海氾濫疏名。清晏表德。成茲潤澤。奠彼金方。惟北海限蠻阻夷。實資坎德。含奇蘊粹。實曰天池。下闕

### 命盧從愿等祭岳瀆敕

敕、五岳視三公之位。四瀆當諸侯之秩。載于祀典。抑惟國章。方屬農功。頗增旱嘆。虔誠徒積。神道未孚。用申靡愛之勤。冀通能潤之感。宜令工部尚書盧從愿、祭東岳、河南尹張敬忠、祭中岳、御史中丞兼戶部侍郎宇文融、祭西岳及西海河瀆、太常少卿張九齡、祭南岳及南海、黃門侍郎李暠、祭北岳、右庶子何鸞、祭東海、宗正卿鄭繇、祭淮瀆、少詹事張昭、祭江瀆、河南少尹李暈、祭北海及濟瀆。且潤萬物者、莫先乎雨。動萬物者、莫疾乎風。睠彼靈神。允稱師伯。雖有常祀。今更陳祈。宜令光祿卿孟溫、祭風伯、右庶子吳兢、祭雨師。各就壇場。務加誠敬。但羞蘋藻。不假牲牢。應緣奠祭。允宜精潔。開元十四年正月

### 令嗣鄭王希言分祭五嶽敕　孫逖

敕、歲之豐儉。固係於常數。天之感應。實在於精誠。頃者按以陰陽。求諸推步。至於今歲。不合有年。朕乃齋心妙閫。懇祈玄德。靈徵不遠。丕應用彰。果獲西成。頗爲善熟。蓋至道儲祉。惠于蒸人。亦群臣叶贊。錫以昭假。宜令光祿卿嗣鄭王希言、祭東岳、太子詹事嗣許王瓘、祭北岳、太常卿韋縚、祭西岳、衞尉卿嗣吳王祗、祭南岳、宗正卿濮陽郡王徹、祭北岳、所司卽擇日錄奏。其四瀆及名山大川、或遠近不同。各委所由郡長官。便擇吉日致祭。務崇嚴潔。

以稱朕懷

令嗣許王瓘祭東嶽敕

敕、務農勸穡。雖用於天道。人和歲稔。實賴於神休。頃者春夏之交。稍愆時雨。收穫之際。復屬秋霖。慮害農功。每祈孚祐。遂得百神降德。羣望效靈。既不爲災。仍多歲熟。幽贊之道。普洽於生人。昭報之儀。式遵於典禮。宜令太子詹事嗣許王瓘祭東岳。所司郡長官、備禮致祭。務陳蠲潔。以達精誠。

禁驪山樵採敕

敕、驪山峙秀。峯巒俯臨。郊甸上分艮位。每曳雲而作雨。下出蒙泉。亦蕩邪而蠲療。乃靈仙之攸宅。惟邦國之所瞻。可以列于羣望。紀在咸秩。自今已後、宜禁樵採。量爲封域。稱朕意焉。開元四年正月十九日

雨澤頻降昭報山川敕

爰自首春。有愆時雨。朕憂勤祀獻。精禱靈祇。遂蒙九玄垂福。百神効祉。膏澤頻降。嘉生繁育。睠彼山川。能興雲雨。報功享德。祀典存焉。諸州府所管名山大川。宜令當處長官設祭。務盡誠敬。以昭典禮。開元十四年六月

令關內諸州長官祭名山大川敕　孫逖

敕、朕爲人上。未嘗自逸。每勤于政。思致豐年。而去冬已來。雨雪微少。竊恐春事有害農功。是用齋心。躬自申禱。神歆允答。甘澤遂流。豈朕之微誠。敢當丕應。蓋天之鑒督。惠及生人。詩不云乎。無德不報。昭賽之義。豈可缺如。其關內名山大川、及有靈祠。宜令所由長官擇日致賽。務令豐厚。各盡誠潔。以副朕懷。

遣官祭霍山敕

三代之初。皆有神降。鑒其德也。天實啓之。恭惟王業之初。師及霍邑。堅城未下。大將阻兵。連雨經旬。糧儲不給。白衣父老。忽詣軍門。稱霍山之神謁大唐皇帝云。東南取路。八月雨止。助帝破敵。盡如其言。岧岧霍山。九州之鎮。興雲致雨。功已洽於生人。親道輔德。力更宣於王室。朕纘承大寶。膺受洪休。肹蠁之間。誠明可接。永言幽贊。茲謂有孚。謂天命神。據我斯意。宜令禮儀使判官司封員外郎薛頎、卽往霍山致祭。正詞以祭。稱朕意焉。廣德年

蕭昕等分祭名山大川制　常袞

敕、有天下者。祭百神。蓋存乎統法也。山川出雲而致風雨。列在明祀。其來久矣。春秋傳曰。水旱癘疫之不時。於是乎禜之。致其誠信。與其忠敬。精意以享。則神明保佑。命之不疾。古之岳瀆。秩視公侯。以其所生者繁。所濟也廣。鎮厚地而不動。朝滄海而不洩。如是正直。長發其祥。百王相承。五方共賴。既有利物之澤。宜隆報享之文。下闕先朝禮神。以明德恭事。以嚴禋。進其位號。崇其典策。用三代之樂。金石必備。盡九州之味。籩豆有加。俾國之大臣。每

歲頒祀。則執事而有恪。亦莫不寧也。朕纂戎八載。外寇未平。多廢舊章。尚勞戎俗。巡狩之事。有曠於虞書。封禪之儀。尚慙於漢史。雖命方鎮牧長。以時致祭。而事之不親。誠有不達。所以分遣八使。禱于羣望。各供所事。以服官常。宜令某官等分祭名山大川。仍敕有司條其禮物。敬陳明薦。無失正辭。

立終南山祠敕

每聞京師舊說。以爲終南山興雲。卽必有雨。若當晴霽。雖雲他至。竟不沾濡。況茲山北面闕庭。日當恩顧。修其望祀。寵數宜及。今聞都無祠宇。巖谷湫□在。命祀終南山。未備禮秩。湫爲山屬。捨大崇細。誠所謂闕於興雲致雨之祀也。宜令中書門下且差官設奠宣告恩禮。便令擇立廟所。選日以聞。然命有司卽時建立。（開成二年）

## 雜祀

天地宗廟外祭用少牢詔

國家草創。日不暇給。凡厥禮儀。鮮能盡備。且生人未乂。凋弊實多。至於畜產。思致蕃息。祭祀之本。皆以爲身。窮極事神。有乖正直。殺牛不如禴祭。明德卽是馨香。望古推今。祭神一揆。其祭圓丘方澤宗廟以外。並可止用少牢。先用少牢。宜用特牲。時和年豐。然後克循常禮。（武德元年十月）

置壽星壇敕

德莫大於生成。福莫先於壽考。苟有所主。得無祀之。今有上封者、言仲秋日月會於壽星。以爲朕生於是月。欲以配社而祭。於義不倫。且壽星角亢也。既爲列宿之長。復有福壽之名。豈唯朕躬。獨享其應。其天下萬姓。寧不是懷。蓋秦時已有壽星祠。亦云舊矣。宜令所司特置壽星壇。恒以千秋節日修其祀典。（開元二十四年十月）

升風伯雨師爲中祀敕　孫逸

敕、六氣不愆。所以成歲。百神咸秩。必也正名。況風伯雨師。濟時育物。蕃茲動植。溥暢生靈。厥有茂功。當崇於昭報。謂之小祀。頗紊於彝倫。去載諸星。以爲中祀。永言比義。固合同升。自今已後。其風伯雨師、並宜升入中祀。仍令諸郡、各置一壇。因春秋祭祀之時。同申享祀。用刊前典之謬。以致蒼生之福。

五方帝祝文勿稱朕詔

郊祀之義。本於至誠。制禮定名。宜從事實。五方配帝。上古哲王。道濟蒸人。禮著明祀。論善計功。則朕德不類。統天御極。則朕位攸同。而祝文稱朕。以祭。既無益誠敬。有黷等威。此豈朕禋祀聰明昭格上下之意。前京兆府司錄事參軍高佩上疏。其理精詳。朕重變舊儀。訪于卿士。申明大義。是用釋然。宜從改正。以敦至禮。自今已後。五方配帝祝文。勿稱朕。餘禮如舊。

## 親拜風伯雨師祝版詔

風伯雨師等升爲中祀。有烈祖成命。況在風雨。惠切蒼生。今雖無文。朕當屈己再拜。以申子育萬姓之意。貞元年月

## 條貫祀事詔

王者受天地之明命。纘祖宗之鴻業。所以祗服大事。致誠嚴禋。盡其孝敬之心。崇其郊祀之禮。必在匪懈不忒。粢盛豐潔。古今丕訓。無易於此。朕嗣位十載。恭惟萬邦。務三時以厚生。睦九族以修教。每勵薄德。汔茲小康。中宵內懼。愧不克稱。實天地之睠祐。宗祏之威靈。思欲罄其精誠。奉以昭報。豈聿懷之敢望。實如在而齋心。如聞近歲有司因循。將事不恪。牲牷無滌。具乏□□之容。鼎俎雖陳。薦享多缺。祠官或怠於齋肅。胥吏有至於喧呶。戲禮瀆神。莫斯爲甚。永言重事。用惻深衷。起今已後。太廟郊社齋郎。先事前一日。委監察御史子細點檢。如有替代非正身者。當時禁身推問聞奏。當重科懲。旣貴躬親。須議優奬。其齋郎、委中書門下商量與減選。應緣祠祭官、下至齋郎、及樂人胥吏等。致齋日有博奕飲酒、喧呼爭競者。委御史臺糾察聞奏。其牲牢準禮循行之際。合視肥瘠之宜。近日相承。臨時取辦。既乖誠敬。頗失舊章。委太僕寺準禮令處分。如無本色牛羊、速具聞奏。至於酒醴醯醢。簠簋膳羞。各委本司、準禮令切加提舉。凡有廟壖。所宜肅敬。縱云隙地。豈廢修築。如有耕墾藝植者。亦仰御史臺糾察聞奏。攝祭公卿。雖區官品。將朕誠敬。必在得人。委尚書省差定之時。稍加愼選。其祭器禮物中。如有欠缺及濫惡。須塡補改張者。委太常宗正光祿太僕寺少府監諸司。速具條疏聞奏。仍委中書門下。即與疎理處分。於戲。禮崇明祀。神享至誠。上下苟無其僞。必異於備物。由是怵惕齋莊。致祠。咨爾中外。宜悉朕懷。

# 唐大詔令集卷第七十五

## 典禮

### 太清宮

太清宮行禮官改用朝服幷停祝版敕

太清宮行事改爲薦獻制

### 宗廟

令所司與禮官議宗廟制

令公卿議太原建寢廟詔

增置太廟九室詔

### 常薦

宗廟薦享別奠檜爵詔

太廟五享令宗子攝事詔

令兩京各日享廟詔

享太廟料外置牙盤食詔

禘祫不廢常享詔

### 祧遷

遷獻懿二祖詔

### 親享

令皇帝親謁太廟詔

明皇卽位謁太廟赦

親謁太廟錫賜宗支庶官制

親享九廟制

## 太清宮

### 太清宮行禮官改用朝服并停祝版敕

敕、尊祖奉先。必在于崇敬。辨儀正禮。所貴於緣情。伏以太聖玄元皇帝、御氣升天。長生久視。體重玄而不測。與元化而無窮。眞容屢見。寶符仍集。恭惟玄祐。實表常存。比者太清宮行事官。皆具冕服。爰及奏樂。未易舊名。并告獻之時。仍陳策祝。既非事生之禮。皆是降神之儀。但眞俗殊倫。幽明異數。理有非便。亦在從宜。自今已後。每於太淸等宮行禮官。宜改用朝服。兼停祝版。其告獻辭及所奏樂章。朕當別自修撰。仍令所司具儀注奏聞。

### 太清宮行事改爲薦獻制

春秋致享。用存昭敬。祝史陳信。必在正辭。苟名謂之或乖。於上下而非便。經稱崇事。易載顒若。所以展祗肅。明等威。朕欽崇道本。嗣守丕業。每懷如在之誠。敢忘奉先之旨。禮或未達。情實匪寧。承前有事宗廟。皆稱告享。茲乃臨下之辭。頗虧尊上之義。靜言斯稱。殊爲未允。自今已後。每親告獻太清宮、太微宮、改爲朝獻。有司行事爲薦獻。親告享宗廟爲朝享。有子行事爲薦享。親辻陵爲朝拜。有司行事爲陵拜。應緣諸事告宗廟者。改爲奏。其郊天后土及祝云敢昭告者。並改爲敢昭薦。烏乎。式崇專禮。庶表因心。宣示中外。令知朕意。天寶九年十一月

## 宗廟

### 令所司與禮官議宗廟制

朕以不造。哀惸在疚。日月如流。星靈浸遠。霜露所感。觸目殞絕。宗廟之制。有國大典。皇運之始。且事因循。今山陵有日。遷祔非遠。宜允舊章。永世作則。可令所司與禮官等詳議奏聞。貞觀九年九月

### 令公卿議太原建寢廟詔

昔周監二代。崇文武之典禮。漢紹三王。尊高光之功烈。斯固有國之彝訓。不刊之令範。高祖太武皇帝聰明神武。叡聖徇齊。應天順民。撥亂反正。德侔

造化。道濟區夏。靖率土之沸騰。拯黔首之塗炭。一戎大定。四海宅心。制治定之禮。作功成之樂。天地交泰。品物咸亨。聲教遐暨。休徵雜沓。蠻夷戎狄之長。輻湊藁街。麟鳳龜龍之祥。光映圖史。然猶日慎一日。推而弗居。邁遂古之鴻名。踰前王之至治。朕以寡昧。丕承景業。緬惟永往。攀慕終天。思弘尊親之道。庶展罔極之思。竊惟太原之地。肇基王迹。事均豐沛。義等宛譙。理宜別建寢廟。以彰聖德。詳觀漢典。抑有成規。但先皇遺旨。務在儉約。虔奉訓誡。無忘啓處。宜令禮官與公卿等詳議以聞。貞觀九年十二月

增置太廟九室詔

朕聞王者乘時以設教。因事以制禮。沿革以從宜。爲本取舍以適會爲先。損益之道有殊。質文之用甚異。且夫至德之謂孝。所以通于神明。大事之謂祀。所以虔于宗廟。國家握紀命曆。重光累盛。四方由其繼明。七代可以觀德。朕嗣守丕業。祗奉睿圖。聿懷昭事。罔不卹祀。嘗覽古典。爰詢廟制。遠則殷周事異。近則漢晉道殊。雖禮文之不一。固敬嚴之無二。朕以爲立愛自親始。教人睦。立敬自親始。教人順。是知政以道存。禮從時變。將因宜以創制。豈法古而限今。況恩以降殺而疎。廟以遷毀而廢。雖式瞻古訓。禮則不違。而永言孝思。情所未足。享嘗則止。豈愛崇而禮備。有禱而祭。非德盛而流。永其祧室。宜列爲正室。將使親而不盡。遠而不祧。廟以貌存。宗由尊立。俾四時式薦。不間於毀主。百代靡遷。匪惟於始廟。所謂變以合禮。動而得中。嚴敬之典克崇。肅雍之美茲在。又兄弟繼及。古有明文。今中宗神主。猶居別處。詳求故實。當宁不安。移就正廟。用彰大典。仍創置九室。宜令所司擇日啓告移遷。開元十年六月

## 常薦

宗廟薦享別奠樽爵詔

朕以寡德。嗣守宗祧。雖明發有懷。肅恭禋祀。踐霜露而興感。奉洗腆以增哀。每惟宗廟致敬。虔誠祼享。而一尊而止。情有未安。思革舊章。用崇嚴配。管子曰。禮者因人之情。緣理而爲之節也。故三王五帝。禮制不同。損益隨時。期於通變。況罔極之思。旣展於茲辰。終身之慕。情深於是日。豈可以因循禮經。乖違誠敬。自今已後、宗廟享爵及簠簋登鉶。各宜別奠。其餘牢饌。並依常典。乾封元年六月

太廟五享令宗子攝事詔

宗廟致敬。必先於如在。神人所依。無取於非類。深惟至理。用切因心。其應緣太廟五享。於宗子及嗣王中、揀擇有德望者、令攝三公行事。異姓官吏不須令攝。開元二十七年二月

## 令兩京各日享廟詔

朕肅承宗祀。不敢怠遑。誠有未安。夙夜祗惕。頃四時有事太廟。兩京同日告享。雖虔卜吉辰。但遵上日。而義深如在。祀或有乖。自今已後、宜各別擇吉日告享。天寶三年四月

## 享太廟料外置牙盤食詔

敕、祭神如在。傳諸古訓。以多爲貴。著自禮經。脾膋之儀。盡昔賢之尙質。甘旨之品。亦孝子之盡誠。旣切因心。方資變禮。其自今已後、享太廟宜料外。每室加常式一牙盤。仍令所司務盡豐潔。天寶五年四月十六日

## 禘祫不廢常享詔

禘祫之禮。以存序位。質文之變。蓋取隨時。國家系本玄宗。業承聖祚。重熙累盛。旣錫無疆之休。合享登神。思弘不易之典。自今已後、每禘並於太淸宮聖祖前設位序正。上以明升陟之禮。欽若玄宮。下以盡虔恭之誠。無違正道。比來每緣禘祫時享則停。事雖適於從宜。而禮或虧於必備。已後每緣禘祫其常享無廢。又奉先追遠。禮式昭虔。崇福展敬。義在因心。自今已後、獻祖廟宣皇帝莊皇帝懿祖光皇帝光懿皇后忌日。宜令京城寺觀一日設齋。太祖景皇帝景烈皇后代祖元皇帝元貞皇后忌日。京城三日行道。

# 祧遷

## 遷獻懿二祖詔

國之大事。式在於明禋。王者孝享。莫重於殷祭。所以尊祖而正昭穆也。朕承列聖之休德。荷上天之眷命。虔奉牲帛。二十有五年。永惟宗廟之位。禘嘗之序。夙夜祗慄。不敢自專。是用延訪公卿。稽參典禮。博考羣議。至于再三。敬以今辰奉遷獻祖宣皇帝神主懿祖光皇帝神主祔于德明興聖皇帝廟。太祖景皇帝正東向之位。宜令所司備禮。務極精嚴。祗肅祀典。載深感惕。咨爾中外。宜悉朕懷。貞元十九年

# 親享

## 令皇帝親謁太廟詔

諱、昔重華嗣德。格于文祖。高密陟后。至于神宗。蓋所以敬履端之元。申孝享之道。皇帝初嗣大寶。允膺休命。歡洽神靈。慶溢宗社。宜躬親祀典。用展肅邕。可以今月四日謁享太廟。所司准此。先天元年十月

## 明皇即位謁太廟赦

門下、繼明嗣德。王者所以承天。尊祖奉先。聖人所以崇孝。故上日之禮。著乎重華。月朔之祠。襲乎文命。猗歟作頌。發流濬哲之祥。淸廟升歌。思表配天之業。歷選前載。可得而言。我國家首出開元。繼文膺統。七代觀德。至道洽於生人。三后在天。世裕光於後嗣。太上皇帝道超寰表。功軼帝先。名言不測於乾行。仁智不遺於日用。累讓神器。非以黃屋爲尊。俯膺大寶。蓋以蒼生屈志。黎人於變。淳化斯登。載懷脫屣。疇咨菲薄。竭讓德之至。天睠弗回。陳拜首之誠。沖襟逾邈。遂以寡昧。祗踐宸居。循顧紹庭。載深夤畏。爰撰初吉。躬展肅雍。虔肆獻之儀。申大號之典。神保之享斯洽。介福之道攸宜。億兆同歡。人祇咸慶。恭承聖訓。申茲沛澤。可大赦天下。

## 親謁太廟錫賜宗支庶官制

朕聞理莫大於孝。惟所以通神明。事莫大於祀。所以謁宗廟。顧此薄德。獲承丕緒。恭虔夙夜。弗敢遑寧。去歲爰命有司。增營太室。尋以匠者功就。饗人禮舉。雖是效是則。率由舊章。而不躬不親。曷盡誠敬。粤自河洛。旋于京師。聿修齋祭。致用蠲潔。屬群方駿奔。庶位咸旅。祼奠式受。感懷載殷。聖靈在天。若享精意。伊爾王公卿士。下逮黎蒸。道存念茲。惠乃錫類。七廟元皇帝已上、三祖枝孫。恐有失官序者。宜各與五品京官。皇祖妣諸家、有子孫今在選敍者、量加甄擇。內外官三品已上有廟者、各賜絹三十疋、以修祭服俎豆。緣謁廟、亞獻邠王守禮、終獻宋王憲、各賜三百疋。夾侍岐王範、薛王業各賜絹二百五十疋。自餘行禮及供奉、三品已上賜一百六十疋。四品一百四十疋。五品一百二十疋。六品一百疋。七品八十疋。八品六十疋。九品四十疋。鹵薄六引官各減一等。押仗官又減一等。攝官依本官給。有兼充諸使者加一等。兩京文武官、幷朝集使、諸方通表、二品七十疋。三品六十疋。四品五十段。六品七品四十段。九品三十段。從者加一等。皇親諸親、準品等。禮儀、置頓、營幕使各賜物一百段。副使八十段。判官及修定儀注官、各減三分之二。行所州縣刺史上佐縣令等、各准行從官與賜。其給賜人應兩處已上者。從一多給。唯有廟官之賜、聽兼給。謁廟有所修造專當官、及當頓官、始末不絕者、各賜一半上考。知頓州各免一年租及地稅。傍州緣頓供承者、亦準此。行事齋郎及權補充者、各賜物十段。升階者各賜物十五段。三衛飛騎萬騎幷仗內無品人等、各賜五段。十月正番衛士等、各賜三段。緣道路及置營幕、損百姓麥苗者、宜令州縣檢量優還價直。餘應得而制書缺載者。所司類例以聞。開元六年十二月

## 親享九廟制

崇建宗廟。禮之大者。聿追孝享。德莫至焉。今宗以立尊。親無遷序。永惟嚴配。致用蠲潔。棟宇式崇。祼奠斯授。顧茲薄德。獲承禋祀。不躬不親。曷展誠敬。

宜用八月十九日祇見九室。開元十年五月

# 唐大詔令集卷第七十六

典禮

省侍

元和元年輟朝侍膳敕

元和十一年皇太后寢疾權不聽政敕

大中元年積慶皇后寢疾權不聽政敕

大中二年太皇太后寢疾權不聽政敕

咸通六年太皇太后寢疾權不聽政敕

服紀

代宗行再朞服詔

義安太后服制敕

陵寢上

營卜

九嵕山卜陵詔

充奉

厚奉建陵詔

大行太后山陵修奉事敕

扈從靈駕

太宗允百官表請不親至山陵詔

隨靈駕赴陵所詔

親至華陵敕

答百僚不赴華陵詔

## 省侍

### 元和元年輟朝侍膳敕

敕、朕聞爲子之道。莫大於寧親。順色之方。必先於養志。此文王之孝。曾氏之心。每聆遺風。常所景行。伏以太上皇帝、怡神閒館。追想大庭。將以保靜延休。滌慮寧體。初陽變候。舊恙愆和。寢食之閒。有不安節。夙夜憂灼。豈遑寧居。而內奉庭闈。冀承安否。嘗藥視膳。且不暇於衣冠。一日萬機。固有虧於聽覽。庶政關決。遂闕躬親。恐中外具寮。未悉予志。起今月十八日已後。權不聽政。故茲宣示。當體朕懷。正月

### 元和十一年皇太后寢疾權不聽政敕

朕聞事親之禮。問安雖限於晨昏。爲子之心。就養在勤於左右。斯實虞帝明訓。周王遺風。朕率而行之。不敢有墜。伏以皇太后母臨萬國。子惠兆人。存神保和。養素全道。屬韶陽改候。濡露感思。舊恙有加。常膳頓減。夙夜惶惕。不知所寧。今當專奉庭闈。躬嘗藥餌。脫冠解帶。且無暇於寢興。負扆臨軒。安能親於聽斷。起今月三日已後。權不聽政。故茲宣示。宜體朕懷。三月

### 大中元年積慶皇后寢疾權不聽政敕

門下、朕聞恭孝之道。人倫大經。省奉之儀。臣節攸重。況發自誠懇。稽諸典謨。庶叶禮文。式遵前憲。伏以積慶殿皇太后、坤元降秀。皇極居尊。道冠母臨。訓彰壼職。屬時當濡露。感切於孝思。氣爽保和。恙生於寒暑。自春歷夏。有加無瘳。焦憂匪遑。旦夕增灼。豈尙安於聽斷。且欲專於候問。恐中外具寮。未諒予意。起今月十四日已後。權不聽政。故茲宣示。宜體朕懷。四月

### 大中二年太皇太后寢疾權不聽政敕

敕、朕聞孝發乎因心。服勤於遺體。周典著問安之範。戴經存就養之文。垂爲格言。式示達禮。惟朕小子。敢廢前修。伏以太皇太后、母臨六宮。子育群品。清淨養性。恬和保神。屬時暑小侵。違豫不順。寢膳未復。憂灼靡寧。日欲親於藥餌。情豈安於聽斷。凡有事務。且委司存。恐中外具寮。未悉予意。起今月二十日已後。權不聽政。故茲宣示。宜體朕懷。五月

### 咸通六年太皇太后寢疾權不聽政敕

門下、朕聞孝養之道。發於因心。誠敬之文。著在前典。平居以問安自慰。寢疾則省侍宜專。太皇太后玉衣兆祥。瑤齋啓聖。母儀天下。德被寰中。春秋既高。飲食微減。朕親自迎奉。移居永安。期宿就平。勿藥有喜。而精誠未感。良醫無徵。情方切於焦憂。政豈遑於聽斷。須躬問視。以冀平和。恐中外具寮。未諒予意。起今月二十日已後。權不聽政。故茲宣示。宜體朕懷。十一月

## 服紀

### 代宗行再朞服詔

三年之喪。天下達禮。苟或變革。何以教人。朕遘此憫凶。攀號罔極。公卿固請。俾聽朝謨。斬焉縗絰。痛貫心靈。豈可更議。公除便移諒闇。昨見所司儀注。以今月十三日大祥。十五日從吉。仰憑遺旨。又欲抑予。竊惟哀思深謂未可。其百寮並宜以此日釋服。朕將繼武丁之道。成素冠之詩。恭守再周。不忍權奪。凡厥在位。宜悉哀懷。羣臣三表請公除從之

### 義安太后服制敕

皇帝爲義安皇太后制服重輕事。

權知禮部侍郎陳商等狀。伏覩義安皇太后升遐遺令。皇帝三日而聽政。十三日小祥。二十五日大祥。二十七日釋服者。皇帝遵奉遺旨。將欲施行。臣等商量。事貴得中。禮從順變。伏以宣懿太后、常奉太皇太后之令。追尊徽名。附配廟室。今云議禮合有等衰。伏請皇帝降服朞周。行以日易月之制。十三日釋服。其內外臣寮。便以其日除釋。至於所奉陵寢制度法物事。已上。卽請準舊例。無更降授。謹具如前。公卿等議。大行皇太后喪禮狀

中書門下奏。今月十一日大行皇太后遺令。十三日小祥。二十五日大祥。二十七日除服者。伏見陛下以因心之孝。弘博愛之仁。輟視萬機。刑于四海。非臣等愚淺。敢窺聖德。然酌於群議。恐未得中。伏思殷周之禮。年代古遠。史傳所記。簡而未詳。自兩漢已降。文籍大備。未有兄弟相及。三葉重光。如聖朝之比。所以母后之制。罕聞故事。禮經之訓。時爲大體次之順次之稱次之。況臣等奉太皇太后令。已命宣懿太后升祔禰宮。昭配之禮。既存令典。尊親之義。必在正名。皇帝服宜有所降。期年之制。群臣隨君而服。亦從降禮。其山陵制度及禮儀法物。並如太皇太后故事。一無所降。雖屈己申情。陛下動循於禮法。而酌宜定制。群臣難抑於義心。伏希聖明。必賜察納。謹具如前。

敕旨、朕恭承遺令。既遵易月之文。而公卿庶寮。願擧酌中之典。徵引古義。發揮舊章。閔茲敷陳。良用酸惻。朕嗣纘鴻業。豈以自私。勉副羣情。倍深感切。所有降服及山陵制度並依。會昌五年正月十五日

# 陵寢上

## 營卜

### 九嵕山卜陵詔

夫生者天地之大德。壽者脩短之常數。生有七尺之形。壽以百齡為限。含靈稟氣。莫不同焉。皆得之於自然。不可以分外企也。雖復廻天轉日之力。盡妙窮神之智。生必有終。皆不能免。是以禮記云。君卽位而為椑。莊周云。勞我以形。息我以死。聖人之至鑒。通賢之深識。著之典誥。貽之話言。顯說正詞。曾無隱諱。末代以來。明辟蓋寡。靡不矜黃屋之尊。慮白駒之過。並多拘忌。希慕遐齡。謂雲車易乘。曦輪可駐。軌同趍異。其弊甚矣。有隋之季。海內橫流。豺狼肆暴。吞噬黔首。邑里凋殘。鞠為丘墟。朕投袂發憤。情深拯溺。扶翼義師。以濟塗炭。賴蒼昊降鑒。股肱宣力。提劍指麾。天下大定。氛祲清殄。區宇平一。反澆弊於淳樸。致王道於中和。此朕之宿志。於斯已畢。猶恐身後之日。子子孫孫。尚習流俗。猶循常禮。加四重之櫬。伐百祀之木。勞擾百姓。崇厚墳陵。今預為此制。務從儉約。於九嵕之山。足容一棺而已。積以歲月。漸以備之。木馬塗車。土桴葦籥。事合古典。不為世用。又佐命功臣。義深舟檝。或定謀帷幄。或身摧行陣。同濟艱危。克成鴻業。追念在昔。何日忘之。使逝者無知。咸歸寂寞。若營魂有識。還如疇曩。居止相望。不亦善乎。漢氏使將相陪陵。又給以東園祕器。篤終之義。恩意深厚。古人之志。豈異我哉。自今已後。功臣密戚及德業尤著。如有薨亡。宜賜塋地一所。及給以祕器。使窀穸以時。喪事無闕。所司依此營備。稱朕意焉。貞觀十一年二月

## 充奉

### 厚奉建陵詔

人子之道。存乎色養。穹蒼不待。創痛誠深。朕觸目哀荒。攀號無計。終天永訣。先遠有期。欲報之心。不任罔極。務崇兆宅。庶竭哀懷。應緣山陵監護鹵簿等事。宜令有司備其厚禮。不得節減。盡庫藏之所有。成遷厝之大儀。公卿百僚。宜悉朕意。

### 大行太后山陵修奉事敕

蓋聞天地之德。常存煦育之仁。皇天大孝。克念述遵之義。朕纂承丕順。每務躬行。而釁禍緜延。再罹煢疚。大行太后慈顏永遠。仙馭莫追。遺旨丁寧。俾親庶政。祗奉號咽。不知所措。緬懷風樹之慼。俯追龜筮之期。以復土方興。役車未已。慮失農桑之候。或貽凍餒之憂。惻然憫傷。思獲均濟。緣上陵所要

車牛夫役等、除官中自有外並須和雇．仍先折本戶夏稅錢訖．度支以不折估疋段充塡．如本戶所折稅錢已盡．即所司給付．無令損折．仍委山陵使與所司切加勾當．不得輒令侵欺．元和十一年三月

## 扈從靈駕

### 太宗允百官表請不親至山陵詔

朕永懷罔極．實願匍匐園陵．今汝等既以宗社事重．固相敦迫．敬依所請．倍增號絕．

### 隨靈駕赴陵所詔

伏以山陵卜兆．追號罔極．日月遄流．先遠將至．且如追慕之痛．戚在因心．終天之喪．思遵達禮．來月十一日靈駕發引．朕侍從親赴陵所．宜令有司隨事供擬．

### 親至華陵敕

敕、朕祗荷丕圖．惟仰先訓．方追號弓之痛．俯臨同軌之期．將展孝思．宜親營護．皇太后義深鳴鳳．情極攀龍．亦欲專奉靈輿．躬及園陵寢廟．以盡追攀之道．用終哀敬之儀．其大行皇帝發引日．朕當從皇太后親至陵所．宜令中書門下準此指揮．天祐二年正月

### 答百僚不赴華陵詔

朕以痛深創鉅．園陵有期．冀當復土之辰．以慰終天之報．而公卿大臣．敷陳典故．援引今古．以爲一日萬機．不可斯須而曠．既執禮而愈切．難順情而有違．深抑荼蓼之哀懷．俯徇股肱之讜議．爰因晨省．已啓慈顏．倍極哀摧．勉從來請．天祐二年正月

# 唐大詔令集卷第七十七

典禮

陵寢下

優勞

高祖山陵畢賜元從功臣及營奉百姓恩澤詔

崇陵優勞德音

豐陵優勞德音

莊憲皇太后山陵優勞德音

景陵優勞德音

光陵優勞德音

莊陵優勞德音

孝明太皇太后山陵優勞德音

供薦

停諸陵供奉鷹狗詔

九月一日薦衣陵寢詔

親謁

親謁陵曲赦醴泉縣德音

停親謁乾陵敕

謁五陵赦

# 陵寢下

## 優勞

### 高祖山陵畢賜元從功臣及營奉百姓恩澤詔

高祖太武皇帝天縱神武。膺籙受圖。可久之德。格乎區宇。敦睦九族。協和萬邦。賢能必進。德化潛洽。革百王之弊。興三代之風。地平天成。遐安遠肅。至德被於四海。休烈光於千載。巍巍蕩蕩。無得而稱焉。朕嗣膺寶祚。夙夜兢惕。思述先志。被之率土。其內外姻戚、平生故舊、太原元從官人、及歷試之所文武僚佐。爰洎胥吏。往雖每降國恩。恐未周悉。或才用不伸。階品屈滯。或家道貧匱。子孫沉淪。須有矜量。咸使得所。先朝憂勞庶政。惟以卹民為本。諸州都督刺史政績可稱者。具名奏聞。其諸州百姓營奉山陵。宜量有蠲免。可令有司詳為條例聞奏。並務從優厚。稱朕意焉。貞觀九年十一月

### 崇陵優勞德音

朕以寡昧。嗣膺大業。永惟列祖之德。肅奉山園之重。夕惕若厲。懼有缺遺。賴一二元臣。公卿庶士。叶乃心力。克申典禮。今九虞既畢。永慕惟深。爰奉疇勞之義。差其異數之命。山陵使杜佑、若子若孫。與一人五品正員官。禮儀使杜黃裳。特加一階。與一子六品官。副使李鄘、按行山陵地副使李抒。賜一級。各與一子官。鹵簿使鄭雲逵。與一子出身。儀仗使、昇梓宮官、各賜爵一階。諸色職掌。優賜有差。三原高陵高陽縣人夫寒凍。近道鄉村坊市屋宇什物田苗被毀損。并近陵百姓、偏有使役。委京兆府勘覆聞奏。挽郎挽士。量加優恤。甸內百姓、奉山陵秋冬滯雨。供應疲弊。所配折納和糴並停。永貞元年十二月

### 豐陵優勞德音

朕聞王者大孝。本於無違。故由於禮。則不替慎於終。則歸厚。國有大事。付予沖人。永言營奉。哀惶靡措。雖仰遵先旨。已從儉於因山。而俯徇度荒。實載勤於復土。況七月之會。萬方畢臻。有供億之繁。有車騎之雜。賴上天垂祐。庶務肅成。文物盡哀敬之容。道路無風雨之氣。粤自遷座。至于返虞。人之叶從。禮無違者。此皆一二輔弼。洎左右之臣。至于庶寮。罔不盡力。朕所嘉歎。不忘于懷。宜酬厥庸。以序功次。其山陵使宜與一子七品正員官。山陵禮儀使及陵所攝太尉行事官。與一子八品正員官。山陵副使兵部侍郎判度支李巽、禮部侍郎崔頠、按行山陵地使。並賜一級。挽郎代哭、諸司職掌工巧、雜役人夫車牛、並詢其勞績。各以等級賜官及出身、賜勳爵、進階、減勞選、各有差。元和元年

### 莊憲皇太后山陵優勞德音

孝本因心。自天子而下達。禮當從祔。由聖人而設範。朕以寡祜。夙罹憫凶。追攀弓劍。閉橋山而未幾。永慕禕翟。合源陵於此時。昊天罔極。追感無已。俾

竭誠敬。用申哀懷。而冢臣大僚。庶尹羣吏。靡不夙夜。展其勤勞。備物之容旣陳。嚴奉之敬斯在。始終罔替。差次宣勞。式舉彝章。俾新渥澤。山陵所攝太尉行事官、與一子七品正員官。山陵禮儀使、與一子八品正員官。山陵副使、賜爵一級。其下優賜各有差。園陵所在供役爲勞。憫茲充奉之勤。宜頒施舍之令。其富平縣今年夏稅除折諸色價及已徵納靑苗錢除損外、並宜放免。元和十一年九月

## 景陵優勞德音

敕、朕聞孝莫大於愼終。仁必先於卹下。愼終勿使之有悔。卹下固可使忘勞。自陵寢戒期。郊甸充奉。屬春耕肇起。宿麥纔登。百役所集。羣司所備。上懼一物之遺缺。旣懷罔極之誠。下軫兆人之疲瘵。又思不擾之德。方將號從靈駕。親至山園。情爲事奪。竟不獲遂。賴一二元輔。洎內外庶官。嚴敬協心。克修典禮。永言嘉歎。感咽增懷。義有必酬。式舉勞以申命。惠無不浹。仍蠲賦以加恩。山陵使兼陵所攝太尉行事、宜與一子六品正員官。山陵禮儀使、與一子八品正員官。山陵副使柳公綽、按行山陵副使李翺、並賜爵一級。各與一子出身。橋道置頓使、賜爵一級。仍與一子官。內山陵使賜絹一百疋。特加一階。山陵修築使賜絹七十疋。特加一階。監修橋道使賜絹七十疋。內按行山陵地使賜絹五十疋。內山陵副使及修築副使、各加一階。鹵簿儀仗使並賜一級。各與一子出身。橋道置頓副使加兩階。舁梓宮三品已上賜爵兩級。四品五品賜爵一級。六品已上各加一階。其中有合選人前資見任、各減兩選。神策六軍、修築山陵官健、各賜絹兩疋。其檢校軍使及押當所由四品已上、賜爵一級。仍加一階。五品已下、各加兩階。陵所造作押當使等、三品四品各加兩階。仍賜爵一級。五品已下各加兩階。其中正員六品已下、合選人前資見任、各減三選。白身各賜勳三轉。諸司諸使應緣山陵修造、及專知修造作、幷諸色檢校執當官典、白身及直司掌上巧兒工匠等。五品已上各加兩階。六品已下各加一階。合選人前資見任各減兩選。白身各賜勳兩轉。其給直和雇者、不在此限。吉凶儀仗、諸色行從官等、五品已下各加一階。至三品五品未合敍者、賜爵一級。六品已下、各加一階。其中有合選人前資見任、各減一選。諸司諸使押當官、置頓、舉幕、往來檢校軍將中使等、五品已上六品已下並加兩階。白身各賜勳兩轉。合選人前資見任、各減兩選。太極宮宿衞官、及中使大內皇城留守、及押當官等、五品已上各加兩階。六品已下各加一階。白身各賜勳兩轉。撰諡册、哀册、諡議、書册文、及讀諡册、哀册、書寶讀寶官等、五品已上賜爵一級。六品已下各加一階。合選人前資見任各減一選。鐫造寶册裝册、及檢校官、五品已上各加一階。六品已下各賜勳兩轉。合選人前資見任、各減一選。題木主官加一階。舁寶册官、五品已上各加兩階。六品已下各加一階。其中合選人前資見任、各減一選。押鹵簿儀仗挽郎等見任者、各加兩階。合選人前資見任、各減兩選。山陵禮儀、橋道置頓判官、五品已上各賜爵一級。仍加一階。六品已下各加兩階。其山陵使司官與軍將、加一階。合選下闕 其知東渭橋官、非時放選。仍優與處分。知道官、前資見任、各減三選。知頓官、前資見任、各減兩選。按行陵地儀仗、鹵簿判官、及諸副使判官、幷諸司諸使監當雜職掌官吏等、五品已上各加兩階。六品已下各加一階。合選人前資見任、各減兩選。白身各賜勳兩轉。其挽郎、放出身後七選許集。挽士代哭挽歌等、各減三年勞。合選者各減兩選。無勞可減者、各賜勳兩轉。京兆府及諸州偃蘄玄宮石匠及

宮寢作頭巧兒雜給庸直就中辛苦各賜勳一轉。諸色行事官、及齋郎、禮生、幷陰陽官、三品已上各賜爵一級。四品以下各加一階。合選人前資見任、各減一選。白身各減二年勞考。滿人幷放出身。其數處職掌任取穩便。從一頭處分。應緣儀仗三衞、彍騎、及諸色人匠、幷緣山陵應役人夫車牛等。各委本府長官本軍本使本司、量事優賞。諸道應副山陵參佐軍將等、各加一階。諸色職役官吏、應合減選人、如無選可減者、宜令所司非時與處分。如有諸色流外充者、各於本色中量減二年勞。無可減者、選日優與處分。京兆府今年夏青苗錢、應合徵共八萬三千五百六十貫文、並宜放免。仍委令狐楚便以山陵用不盡綾絹、依實支付京兆府、充代百姓納青苗錢。其近迫鄉村坊市屋宇什物田苗等、有被損毀、幷近陵百姓偏有使役、理宜節級優賞。並委京兆府審細勘覆聞奏。應隨靈駕挽郎挽士諸色人夫等、泥雨中不免損傷、委京兆府審細訪姓名聞奏、量加優卹。其山陵禮儀鹵簿儀仗使、幷諸軍諸使諸司將官吏、如執當務重、功效尤異、委本軍本司本使具名聞奏。中書門下商量奏聽進止。宣示中外、咸使聞知。元和十五年六月十九日

## 光陵優勞德音

朕孤藐罹疾、慈嚴早違、靡日不懷、終天無逮。將欲躬護園寢、哀達神明、而公卿庶寮、瀝懇伏奏、迫以重義、奪予至情。是賴一二鼎臣、凡百執事、咸謁嚴奉、各表哀敬、百靈拱衞、六合會同、終始四時、無爽違之憾、往復千里、免塗潦之虞、感歎盈懷、是申勞典、旣加恩以頒錫、遂流澤以蠲租。山陵使、禮儀使、兼陵所攝太尉行事官、各與一子七品正員官、仍特加一階。山陵副使、按行使、並賜爵一級、各與一子出身。橋道置頓使、賜爵一級、與一子出身。內山陵使、兼監修橋道使、賜絹一百五十疋、銀器二事、特加一階。修築使、賜絹七十疋、特加一階。按行使、賜絹五十疋、特加一階。修築副使、賜絹三十疋、加一階。鹵簿使、儀仗使、並賜爵一級、各與一子出身。橋道置頓副使、各加兩階。舁梓宮官、三品五品、賜爵一級、六品已下各加一階。神策六軍修築官健、及檢校軍使、陵所造作押當官吏、及中使等、幷諸司諸使應緣山陵修道造作、及專知執當工匠等、賜物加階爵、減選有差。吉凶儀仗使、諸色行從官等、五品已上、各加一階。如已至三品五品未合敍者、賜爵一級。六品已下各加一階。撰哀册、書寶、讀册官等、五品已上、賜爵一級。六品以下、各加一階。舁寶册官、及橋道置頓官、儀仗鹵簿使判官等、各賜階級勳、改選減有差。其挽郎、放出身後七選、許集。南郊及太尉侍中告謚册謚寶、靈座前進謚寶、奏內嚴外辦、奠玉幣酌獻等、各賜爵兩級。餘減勞考有差。其數處職掌、任所便從一頭處分。奉先縣營奉力役勞斂極深、來年夏青苗錢、宜令放免。櫟陽、美原、高陵、富平、來年夏青苗錢、每貫放二百文。不滿貫者、每百放二十文。仍委逢吉與府司計料、便以山陵用不盡錢、與塡所放錢數。其近道鄉村坊市屋宇什物田苗等、有被毀損、幷近陵百姓偏有役使、理宜節級優賞。並委京兆府審勘聞奏。長慶四年十月

## 莊陵優勞德音

禮重飾終、義崇敦孝、克勤奉卹之志、用申罔極之慼。斯固寅亮輔臣、奔走多士、效其忠力、濟是儀章。俾弘加勞之澤、庶表必誠之報。應緣莊陵營奉、其山陵使、與一子七品正員官、仍特加一階。山陵副使、按行山陵地使、並賜爵一級、各與一子出身。橋道置頓使、賜爵一級、仍特加一階。內山陵兼監修

橋道使、賜絹一百五十疋、銀器二事、特加一階。內按行山陵副使、賜絹五十疋、特加一階。山陵修築副使、賜三十疋、加一階。鹵簿儀仗使、並宜賜爵一級、各與一子出身。橋道置頓副使、加兩階。舁梓宮官三品已上、賜爵二級、四品賜一級。陵所造押當官及中使等、三品四品各加兩階。吉凶儀仗諸色行從官等、各加一階。太極宮宿衞官及中使大內皇城留守、幷押當官等、五品已上、各加一階。撰哀册謚議、讀謚册官、各賜爵一級。書册及讀哀册書寶官等、五品已上賜爵一級、六品已下各加一階。鐫造寶册、裝寶册及檢校官、五品已上各賜勳兩轉。中書門下儀制官、題神主官、舁寶册官、五品已上各加二階、六品已下各加一階。山陵使禮儀使判官、各特加一階、五品已上仍賜爵一級。其專知橋道官、考滿日放選。其知東渭橋官、非時放選、仍優與處分。知道路官、各減兩選。知頓官、各減三選。按行山陵使、儀仗鹵簿使判官、幷諸色諸使監當雜職掌官吏等、各加二階。挽郎放出身後七選許集。南郊及太極殿攝太尉侍中、告謚册寶、及靈座前進謚寶、奏內嚴外辦、奠玉幣酌獻等官、賜勳兩轉。其山陵禮儀鹵儀使等使、幷諸使諸司軍將官吏、如執當務重、功效尤異、制敕中不該者、委本軍本使本司具名聞奏、中書門下奏聽進止。其三原縣百姓今年秋苗錢、並放免。其高陵縣量放一半。太和元年八月

## 孝明太皇太后山陵優勞德音

門下、園陵之重、典禮是崇。憲章旣盡於舊儀、嚴奉式遵於古訓。載深追感、用切哀懷。公卿大臣、洎百執事、竭忠體國、宣力叶心、誠敬有加、恭恪無懈。永告勤瘁、宜洽優恩。山陵使所攝太尉行事官、與一子九品正員官。山陵禮儀使、與一子出身。內山陵副使、昨者責辦事重、與一子出身。山陵使加一階、仍賜物四十疋。副使二十疋。判官十疋。山陵監修橋道使、賜物四十疋。判官各十疋。內山陵副使加一階、仍賜物四十疋。判官各十疋。山陵置頓橋道使、與一子出身。副使加兩階。判官巡官巡檢專知官、各加兩階。合選人前資見任、各減兩選。鹵簿使賜爵一級。儀仗使加一階。陵所造作押當官、及中使等三品已上賜爵一級、四品已下各加一階。其中正員六品已下、合選人前資現任、各減兩選。白身各賜勳兩轉。諸司諸使應緣山陵修造及專知造作諸色檢校執事當官、白身及直司掌上、巧兒工匠等、五品已上加一階、六品已下各賜勳兩轉。合選人前資見任、各減一選。白身各賜勳一轉。其給直和雇者、不在此限。吉凶儀仗諸色行從官等、五品已上各加一階。如已至三品未合敍者、賜勳兩轉。四品已下各加一階。諸司諸使押當官、置頓營幕往來檢校軍將中使等、五品已上、六品已下、並各加兩階。白身各賜勳兩轉。合選人前資見任、各減一選。兩儀衞官及中使大內皇城留守、幷押當官等、五品已上、六品已下、各加一階。白身賜勳兩轉。撰謚册哀册謚議書册、及讀謚册書寶讀寶官等、三品已上、賜爵一級、四品已下、各加一階。鐫造册寶、裝寶及檢校官、五品已上、各加一階。六品已下、各賜勳兩轉。合選人前資見任、各減一選。題木主官加一階。舁寶册官及舉寶官、五品已上、各加一階。六品已下、各賜勳兩轉。其中合選人前資見任、各減一選。押鹵簿儀仗挽郎、各加一階。合選人前資見任各減一選。山陵禮儀置頓使判官、各加兩階。合選人前資見任、各減兩選。儀仗鹵簿使判官、及諸副使判官、幷諸使諸司監當雜職掌官吏等、各加一階。白身各賜勳兩轉。挽郎放出身後

七選。許集挽士挽歌等各減一半勞。合選者前資見任各減一選。無勞可減者、各賜勳兩轉。諸色行事官及齋郎禮生幷陰陽生、三品已上各賜爵一級。四品已下各加一階。合選人前資見任各減一選。白身各減二年勞。考滿人放出身。其數處職任、取穩便從一頭處分。應緣儀仗三衞彍騎及諸色夫匠代選、幷緣山陵應役人夫車牛等、各委本府長官本軍大使本司量事優賞。太常禮直官及中書門下儀制官、主務皆重。事無遺缺。特加一階。如先已加階者。委中書優與進擬。諸道應奉使赴山陵幕府軍將等、各加一階。諸色職掌官吏中應合減選人、如無選可減者、令所司非時與處分。如有諸司流外充者、各與本色中量減一半勞。無可減者、優與處分。充奉陵寢。勞役實繁。新澤所沾。異渥斯及。其奉先縣宜放今年夏稅青苗錢。如已有諸色折納者、卽放於秋稅斛斗。據數矜免。布告中外。稱朕意焉。咸通七年六月八日

## 供薦

### 停諸陵供奉鷹狗詔

園陵之地。衣冠所遊。凡厥有司。罔不祗事。禮存則先型是訓。禮失則後代何觀。欽若永圖。敢忘舊典。頃者別致鷹狗。供奉山陵。至於料度。極多費損。況昔誡禽荒。旣非尋常所用。遠惟龍馭。每以仁愛爲心。彼耕象與耘鳥。且增哀慕。豈飛蒼而走黃。更備畋獵。有乖儀式。無益崇嚴。載懷虧紊。良深悚惕。諸陵所有供奉鷹狗等、並宜卽停。開元二年四月

### 九月一日薦衣陵寢詔

禋祀者所以展誠敬之心。薦新者所以申霜露之思。是知先王制禮。蓋緣情而感時。朕纘承丕業。肅恭祀事。至於諸節。常修薦享。自流火屆期。商風改律。載深追遠。感物增懷。且詩著授衣。令存休澣。在於臣子。猶及恩私。豈可園陵。未標典式。自今已後。每至九月一日。薦衣於陵寢。貽範千載。庶展孝思。且仲夏端午。事無實據。傳之淺俗。遂乃移風。況乎以孝導人。因親設教。感澣衣於漢紀。成獻服於禮文。宣示庶寮。令知朕意。天寶二年八月

## 親謁

### 親謁陵曲赦醴泉縣德音

朕躬膺大寶。嗣隆景業。虔奉成則。光闡洪休。昧旦兢懷。宵分勤慮。蒼旻垂祐。宗祏降靈。順黎元之心。藉忠賢之力。俗登仁壽。道暨升平。遠肅邇安。時康俗阜。履端授節。陽和肇氣。親率庶僚。奉謁陵寢。遺弓茹慕。切終身之憂。撫鏡纏悲。興寒泉之思。敬深如在。哀隆罔極。薦享旣畢。情理獲申。式表因心。宜私愷澤。可曲赦醴泉縣幷行從人、大辟罪以下皆赦除之。百姓免今年租調。左監門員外將軍常基在此宿衞。進爵一等。陵令陵丞各加一階。並節級

賜物。永徽六年正月

## 停親謁乾陵敕　蘇頲

敕、昔有獻高寢禮遵於仲月。將上原陵。昏夢達於中夜。所以銜悲罔極。申敬如在。鑒于前史。抑有舊章。朕以寡昧。早罹酷罰。屬遠安邇。肅慶承於七廟。霜來露往。感積於四時。頃於迴旆洛師。停輿京邑。蓋非省風俗。希先王後后之言。伏以瞻山園。奉聖人因親之教。有司已具成命。必行。渭北衣冠。預嚴於法駕。陵東松柏。傍蔭於清道。先陳翼翼之詩。後展蒸蒸之慕。孟冬戒序。計日數程。義在因心。不忘寢寐。但以近郊井隧。逢時水旱。賦于納秸。未贍規田。取彼盈箱。曾微高廩。而公卿常伯獻書立議。咸以爲明察敬事。撫臨愛育。若萬乘不備其禮。故非敬也。百姓不勝其勞。故非愛也。況駿奔執豆。夙事於象居。攀戀遺弓。載勤於奉邑。以眇身之兼願。殊先志之恤隱。是則乖於濟物。咎必在予。所不忍言。諒非獲已。俯順羣情。逾增遠思。前以今年十一月二十日親謁乾陵者且停。景龍三年十月十日

## 謁五陵敕

祀之大者。莫尊於嚴享。德之至者。莫加於孝敬。故周廟頌思文之章。漢陵躬展事之禮。因心斯在。敢不肅祗。我國家應天受期。駿惠丕命。繼武宗文之德。重熙累洽之盛。故以道高系表。首冠帝先。朕以眇身。獲保鴻業。往屬多難。時逢國屯。推戴神宗。纂復興運。允廸前烈。載康兆人。皆仗卿士之謀。叶人祇之贊。豈伊薄德。敢承天休。露往霜來。久積園陵之思。秋嘗夏禘。聿思孝享之誠。乃夏朔辰。祥芝產於太室。及秋吉日。珍木瑞於神宮。對越上靈。拜茲嘉貺。頃秋稼未實。民力尚勞。每事害農。豈惟在予一人之責。因親設教。恐違先旨。恤隱之方。今三時已和。百禮斯洽。崇牙宿設。萬儛在庭。敬爾臣工。駿奔執豆。蠲潔爲糦。明德惟馨。有來雍雍。載懷怵惕之思。至止肅肅。如聞歎息之聲。降格有終。纏感罔極。閟宮鬱邑。藏貯衣冠。或將親掃松柏。用仰崇飾增嚴。瞻弓劍而莫及。捧鏡奩而嗚咽。始自橋岳。終奉梁山。紫氣昇於舊原。甘露徧於陵樹。白兔訓擾。瑞草呈祥。恭惟昭陵。載感王業。肆台小子。夙奉睿圖。及齋戒虔誠。率祇祀典。聖容昭見。靈跡尤彰。每四方多虞。中國有事。雖升龍已遠。而躍馬如神。及配奠壽宮。親聞抃躍。幽明合慶。今古未聞。蓋皇天眷于我唐。神心昌于後嗣。延祚之祉。豈獨在予一人。錫類之恩。宜廣覃于四海。可大赦天下。自開元十七年十一月二十二日昧爽已前。大辟罪已下、罪無輕重。已發覺未發覺。已結正未結正。繫囚見徒。常赦所不免者。咸赦除之。自天寶以來。有雜犯經移近處流人。幷配隸磧西瓜州者。朕捨其舊惡。咸與惟新。並宜放還。其反逆緣坐長流及戍奴。量移近處。編附爲百姓。左降官量移近處。官人有亡官失爵。齒力未衰者。量加收錄。百姓無出今年地稅之半。如已徵納。聽折來年逋租。懸調在百姓腹內者。一切放免。孝子順孫、義夫節婦、旌表門閭。終身勿事。諸州侍老百歲已上。賜帛十段。九十已上賜五段。八十已上賜三段。獻陵、定陵官吏。幷管陵縣官。各加一階。陵戶並放從良。終身洒掃陵寢。仍每陵側近。取百姓六鄉。以供陵寢。永勿徭役。自古帝王、賢臣、將相陵墓。宜令所在州縣致祭。內外文武官三品已上加爵一級。四品已下各賜一階。亞獻太子鴻、賜物二千疋。終獻慶王潭、賜物一千疋。

邠王守禮、寧王憲、薛王業各賜物八百疋。忠王浚、棣王洽、鄂王涓、榮王滉、光王琚等各賜物七百疋。中書門下賜物五百疋。開府王毛仲賜物三百疋。皇親五等已上、諸親三等以上、及文武百寮各賜物有差。自古明王因心以待人、由己以施物。故休戚共而憂樂同也。中書門下、丞相尙書、開府三司大將軍、父贈三品官。九卿三監十二衞監門羽林軍五省長官三府尹大都督府長史、父各贈四品官。五品已上淸官、父各賜五品官。凡所贈官、宜兼贈母邑號。俾夫群臣受榮上延父母。先帝遺澤、下及幽冥。興言及此、良多感嘆。君臣一體、榮辱是同。龍蛇之歌、古今所慨。其唐隆元年兩營立功官、三品已上與一子官。其四品已下、選日優與進改。京兆府供頓縣免今年地稅。諸道戰亡人家、仰州縣存恤。不支濟者量事賑給。諸軍健兒、別敕行人各賜勳兩轉。

# 唐大詔令集卷第七十八

典禮

追尊祖先

追尊玄元皇帝制

追尊先天太皇德明興聖皇帝等制

上聖祖大道玄元皇帝號幷五聖加謚制

加謚祖宗

謚議

順宗加謚至德弘道大聖大安孝皇帝議

憲宗加謚昭文章武大聖至神孝皇帝議

册文

聖祖大道玄元皇帝加號册

高祖神堯大聖皇帝加謚册

太宗文武大聖皇帝加謚册

高宗天皇大聖皇帝加謚册

中宗孝和大聖皇帝加謚册

睿宗玄眞大聖皇帝加謚册

赦

加祖宗謚號赦

國忌

## 追尊祖先

### 追尊玄元皇帝制

大道混成。先二儀以立極。至人虛己。妙萬物以爲言。粤若老君。朕之本系。爰自伏羲之始。洎乎姬周之末。靈應無像。變化多方。遊元氣以上昇。感星精而下降。或從容宇宙。吐納風雲。或師友帝王。丹青神化。譬陰陽之不測。與日月而俱懸。屬交喪在辰。晦迹柱下。大弘雅訓。垂訓將來。雖心齊於太虛。而理歸於眞宰。若夫絕聖棄智。安神寡欲。寂寞窅冥之際。希夷視聽之表。澹爾無爲。脩然自得。酌之不竭。用之不盈。執大象而還淳。滌玄覽而遺累。邈乾坤而長久。跨陶鈞以亭育。至矣哉。故無得而稱也。況大道所□。克昌寶祚。上德所履。允屬休期。朕嗣膺靈命。撫臨億兆。總三光之明。而宿宵夤畏。居四大之重。而寢興祇惕。盡孝敬於宗祧。罄懷柔於幽顯。行淸靜之化。成太平之業。登介丘以展采。坐明庭而受記。非烟結慶。重幹降祥。鶴應九歌。山稱萬歲。越振古而會休徵。冠帝先而爲稱首。大禮云畢。迴輿上京。肅駕瀨鄉。躬奠椒糈。仰瑞柏而延佇。挹神泉而永歎。如在之思旣深。敬始之情彌切。宜昭元本之奧。以章玄聖之功。可追上尊號曰太上玄元皇帝。祠堂廟宇。並令修創。廟置令丞。以供薦饗。仍改谷陽縣爲眞源縣。宗姓特給復一年。冀崇追遠之懷。用申尊祖之義。主者施行。乾封元年二月二十二日

### 追尊先天太皇德明興聖皇帝等制

門下、庇人生者必崇於大道。受成命者實賴於前烈。恭惟大聖祖玄元皇帝。道光太極。首出渾元。弘敷妙門。廣運眞化。雖乘時御氣。已超昇於上淸。而儲神發祥。每敷祐於來裔。祚我寶運。格於皇天。爰自創業。迨於茲歲。頻彰景貺。屢覩眞容。使夫天淸地寧。物阜民庶。六氣時若。四夷來王。皆聖祖之感也。至道之應也。成功不宰。豈假於强名。降福無疆。敢忘於昭報。是用薦徽號。增禮冊。蠲潔以盡敬。躬親以致誠。亦旣昭格。良深感慶。宜因展事。更廣揚名。夫聖人之生。乃先天地。應變無體。其德猶龍。雖窅冥之初。不知誰子。而誕靈之後。亦必有先聖祖父母。著在圖牒。母益壽氏。已崇徽號、曰先天太后。父周上御史大夫、敬追尊爲先天太皇。仍於譙郡置廟、自餘一事已上。準先天太后例。昔契敷五教。殷以爲祖。稷播百穀。周以配天。況咎繇邁種。黎人懷德。我之本系。千載彌光。敬追尊爲德明皇帝。涼武昭王。朕十一代祖也。積德右地。炳靈中葉。奄有萬國。兆先帝功。敬追尊爲興聖皇帝。其陵側近仍

並禁樵牧。春秋二時。備禮致祭。且聖祖所理。本在諸天。將欲降靈。固欲取象。況爲帝號。豈可名宮。其玄元宮、西京宜改爲太淸宮。東宮改爲太微宮。天下諸郡改爲紫極宮。兩京宮內道士、宜先擇有道行者一十人。自餘於新度人中、簡擇取添滿三七人爲定額。仍各賜近城莊園各一所。并量賜奴婢等。其道士女道士等、旣先令司封檢校。不須更隸宗正寺。所置崇玄署宜停。古人制禮。祭用質明。義兼取於尙幽。情實緣於旣沒。我聖祖湛然常在。爲道之宗。旣殊有盡之期。須展事生之禮。自今已後。每於聖祖宮昭告。宜改用卯時已前行禮。朕深惟復朴。將致無爲。常恐至理難參。玄風未暢。不有時習。焉能化成。自今已後。每至三元日。宜令崇玄館學士講道德南華諸經。群公百辟。咸就觀禮。庶使軒冕之士。盡弘南郭之風。寰海之內。咸爲大庭之俗。其崇玄學士補置猶近。於經術或未精通。又屬初崇聖號。親行典册。宜弘勸獎。以示恩惠。至舉口試及佔畢策各減一條。三年業成。照依常式。其崇玄館大學士、宜賜物一百疋。學士賜六十疋。直學士四十疋。宮內先配住道士、各賜二十疋。仍令所司具作條件處分。宣布中外。令識朕懷。主者施行。

### 上聖祖大道玄元皇帝號并五聖加謚制

握乾圖者。必稟於元命。宗道本者。允屬於強名。是知報功通昭感之德。尊祖貴叶崇□之義。朕祇荷丕業。恭臨大寶。何嘗不宵衣滌慮。菲食齋心。奉玄聖之垂範。爲蒼生以祈福。自頃昊穹眷命。至道降休。玉芝再產。眞容累見。嘉應薦來。罔知攸答。豈謂玄記陰隲。祕牒混成。懸徽造化之源。密紀仙靈之度。慶崇眞籙。昭錫朕躬。初驗神傳。竟彰天授。幽深累跡。旣殊於人代。朴略奇象。固絕於名言。緬覿皇圖。欽承道寶。微旨有屬。寅畏增深。思申嚴敬之誠。以崇廣大之業。謹上玄元皇帝號曰聖祖大道玄元皇帝。仍以來月五日。朕親奉册禮。國家文祖神宗。重熙累洽。無爲之訓垂祐。淸靜之德在人。愼寧後昆。屢承大業。是用欽玄符之景命。歸淸廟之延祥。稟慶眞源。光昭聖烈。謹上高祖神堯皇帝尊謚曰高祖神堯大聖皇帝。太穆皇后竇氏尊謚曰太穆順聖皇后。太宗文武聖皇帝尊謚曰太宗文武大聖皇帝。文德聖皇后長孫氏尊謚曰文德順聖皇后。高宗天皇大帝尊謚曰高宗天皇大聖皇帝。大聖則天皇后武氏尊謚曰則天順聖皇后。中宗孝和皇帝謚曰中宗孝和大聖皇帝。和思皇后趙氏尊謚曰和思順聖皇后。睿宗玄眞皇帝尊謚曰睿宗玄眞大聖皇帝。昭成皇后竇氏尊謚曰昭成順聖皇后。肅明皇后劉氏尊謚曰肅明順聖皇后。庶彰祈精之感。降貽厥之元符。聿修誠□□□。達孝思於罔極。更以來月五日。於太淸宮聖前、恭申册禮。宜令所司卽詳定儀注聞奏。

## 加謚祖宗

### 謚議

順宗加謚至德弘道大聖大安孝皇帝議

臣融議曰、王者則高明以茂育。法博厚而含弘。象日月以照臨。如雨露而膏澤。謚以令德。昭于至公。卽軒轅顓頊文王武王是也。其有褒旌未副。則宜爲增美尊名。伏惟順宗至德大聖大安孝皇帝道合二儀。明齊兩曜。恩沾萬物。信若四時。始位踐重光。名高少海。寢興有度。視聽必端。昔德宗駐蹕奉天。禮行巡狩。掃除兇寇。實賴春闈。每誓衆之初。而吐言激切。及撫軍之際。皆感動師人。洎車馬還都。歡娛宮禁。朝夕視膳。晨昏問安。是居承華。毓德望苑。日彰孝愛。二十七齡。三善益表於元良。六氣忽嬰於沉痼。德宗以龍樓重嗣。唯疾之憂。醫藥躬勞。至于大漸。順宗昭事德宗之節也。洵古無對。德宗鍾念順宗之至也。前史莫倫。父子之親。君臣之義。垂榮萬葉。流慶千年。及曆數自天。紹承丕構。不敢牢讓。方遵永圖。師唐虞之德。以覆燾天下。纂禹湯之化。以煦育黎元。薄賦蠲逋。宥刑恤隱。深仁降感。沛澤旁敷。減去宮人。斥絕奇貢。臨軒廣愛。焚鴆毒於通衢。凭檻興仁。放猛鷙於維縶。歸功臣之甲第。而中外謳歌。黜殘酷之劇吏。而遠邇欣服。虔恭九廟。睠佑萬邦。宵旰勤劬。詎思頤衞。於是託付冢嫡。壯乎皇猷。以明繼明。以聖傳聖。孝德垂名於不朽。睿謨貽慶於無疆。是生聖明。收復河隴。刷百載天地之恥。滌八聖强鄰之羞。陛下不有其功。美歸祖考。追加尊謚。申重鴻名。易曰天地之大德曰生。聖人之大寶曰位。經曰德者同於德。道者同於道。謚法曰寬裕和平曰安。克愼所安曰孝。伏惟順聖皇帝端拱造物。秉運統天。可謂至德也。感神翊思。光明正位。可謂大聖也。永圖丕構。傳聖和保。可謂大孝也。臣融定加謚號。謹上尊謚曰至德弘道大聖大安孝皇帝。謹議。

憲宗加謚昭文章武大聖至神孝皇帝議

臣融議曰、皇莫尊乎義軒。帝莫大於堯舜。咸有上謚。光昭厥猷。先德巍巍。徽美未稱。則必追如大號。式重鴻名。伏惟憲宗神章武孝皇帝。神授英明。天假文武。德推孝養。仁著君臨。功格玄穹。道孚皇極。詞懸日月。學奧乾坤。揚十聖之耿光。冠百王之丕績。伏以天寶之末。大曆之中。郡國有倔强之臣。朝廷行姑息之令。所以李錡拒命。始於宗枝。劉闢稱兵。起於儒吏。伏惟憲宗皇帝上遵太宗之法。究覽軒后之書。親近正人。委任輔相。修明綱紀。震動雷霆。剪滅渠魁。徵討叛亂。無職不舉。無賢不詢。將靖萬方。用淸四海。號令必一。視聽無私。故得夏臺伏鑕於沙陲。上黨受擒於城鎭。西蜀獻俘而玉京正法。東吳納寇而金陵廓開。鄖城纔下而申蔡削平。鄆帥就誅而齊魯盡復。皇威遠振。神算無遺。時也滄景屏息以朝天。易定束身而納地。海內無事。天下一家。萬國來賓。百蠻向化。方興謀於戎虜。深注意於河湟。伏以疆土開拓而有時。腥羶冠帶而有日。遂覩赫赫休烈。留付中興。克生明聖。遠以英運。睿謀心果。越古超今。陛下不有其功。歸於先志。揚茲上善。旣讓於天。能光祖宗。繼述前聖。昨者丞相卿士請加鴻名。陛下固秉謙沖。再三不允。今追尊祖考。榮冠禹湯。伏惟憲宗聖神章武孝皇帝乃聖乃神乃武乃文。盛德大業。經天緯地。記曰、武王周公其達孝矣乎。詩曰、文王受命。有此武功。臣融定加謚號。謹上尊謚曰昭文章武大聖至神孝皇帝。謹議。

閏十一月十七日。宰臣於延英殿面奉聖旨。收復河湟。繼述先志。將欲尊順宗皇帝、憲宗皇帝。

右兵部尚書臣融奉閏十一月二十三日敕牒、差臣定謚號者、學慙淺薄。文愧空虛。先聖尊號。謬膺論譔。不敢不罄竭愚悃。上副天心。今謚號已成。謹輒進順宗皇帝謚號一卷、憲宗皇帝謚號一卷。並各封進。無任云云謹具如前。敕旨。敬依典禮。不任摧感。宜付所司。

## 册文

### 聖祖大道玄元皇帝加號册

維天寶八載、歲次己丑、閏六月癸亥朔、四日景寅、曾孫嗣皇帝臣隆基。奉册大聖高祖玄元皇帝。臣聞有萬物者。本乎大道。稱謂所極。乃强名焉。通三才者。存乎大寶。敬教所底。唯崇號焉。伏惟象帝啓元。猶龍表聖。應代降跡。立言垂範。沖融之功。覆幬於天地。救濟之德。亭毒於生靈。垂裕邦家。克保丕業。顧以眇躬。纘承玄緒。永惟敷祐。以致太和。頃者玉芝再產。玄記陰隲。是用恭膺景命。肅事鴻名。旣刻元辰。薦彰嘉貺。則有卿雲散彩。瑞日重輪。欽承降鑒。載深兢惕。謹上加尊號曰聖祖大道玄元皇帝。伏惟昭膺盛典。永貽休烈。

### 高祖神堯大聖皇帝加謚册

維天寶八載、歲次己丑、閏六月癸亥朔、四日景寅、孝曾孫嗣皇帝臣隆基、敢昭告于高祖神堯皇帝。伏惟乾坤合德。曆數在躬。俯順人心。肇興王業。濟生靈於塗炭。弘至理於馨香。四海樂推。百蠻稽服。故得應圖協緯。開國造邦。顧以眇德。纘承丕緒。永惟孚祐。以致太和。頃者玉芝再產。上玄陰隲。欽承景命。肅事鴻名。旣刻元辰。薦彰嘉應。則有卿雲散彩。瑞日重輪。恭惟降鑒。載深兢惕。謹上加尊謚曰高祖神堯大聖皇帝。伏惟俯鑒虔誠。昭升盛烈。祗奉典册。伏增感慰。

### 太宗文武大聖皇帝加謚册

維天寶八載、歲次己丑、閏六月癸亥朔、四日景寅、孝曾孫嗣皇帝臣隆基、敢昭告于太宗文武大聖皇帝。伏惟英喆自天。應期撥亂。翼戴元聖。大拯橫流。九服載安。百蠻俾乂。功冠開闢。德被生靈。故干戈之動。叶于湯武。文章之盛。懸於日月。克昌大業。永建皇圖。顧以眇身。祗應寶命。恭惟孚佑。以至和平。頃者玉芝再產。玄記陰隲。是用欽承丕祉。肅事鴻名。旣刻元辰。薦彰嘉應。則有慶雲散彩。瑞日重輪。永惟降鑒。載深兢惕。謹上加尊謚曰太宗文武大聖皇帝。伏惟俯睠虔誠。昭升盛烈。祗奉典册。伏增感慰。

### 高宗天皇大聖皇帝加謚册

維天寶八載、歲次己丑、閏六月癸亥朔、四日景寅、孝孫嗣皇帝臣隆基、敢昭告于高宗天皇大帝。伏惟繼文纘聖。嗣武居尊。保合太和。緝熙庶績。萬邦作乂。百度惟貞。興弔伐之師。展封崇之禮。無有遠邇。罔不率從。仁風汪洋。德澤滂沛。能事超於遂古。休聲貫於列辟。顧以眇德。纘承丕緒。永惟敷佑。以致太平。頃者玉芝再產。玄記陰隲。欽承景命。肅事鴻名。既刻元辰。薦彰嘉應。則有卿雲散彩。瑞日重輪。恭惟降鑒。載深兢惕。謹上加尊謚曰高宗天皇大聖皇帝。伏惟鑒睠虔誠。昭升盛烈。祗奉典册。伏增感慰。

### 中宗孝和大聖皇帝加謚册

維天寶八載、歲次己丑閏六月癸亥朔四日景寅、孝姪嗣皇帝臣隆基敢昭告于中宗孝和皇帝。伏惟睿聖日躋。文思天縱。重昌大業。光啓中興。允昭嗣夏之功。克荷纘堯之緒。武以靖亂。文以經邦。流愷悌之風。布寬和之政。故得三靈叶贊。百姓與能。庶績咸康。彝倫有穆。顧以眇德。纘承丕緒。永惟敷佑。以至太和。頃者玉芝再產。玄記陰隲。欽承景命。肅事鴻名。既刻元辰。薦彰嘉應。則有卿雲散彩。瑞日重輪。恭惟降鑒。載深兢惕。謹上加尊謚曰中宗孝和大聖皇帝。伏惟俯睠虔誠。昭升盛烈。祗奉典册。伏深感慰。

### 睿宗玄眞大聖皇帝加謚册

維天寶八載、歲次己丑閏六月癸亥朔四日景寅、孝子嗣皇帝臣隆基敢昭告于睿宗玄眞皇帝。伏惟明哲齊聖。文思光澤。炳茲龍德。潛躍應期。靖難安人。克昌休運。臻于至道。惟懷永圖。顧以眇身。嗣膺寶命。恭惟敷佑。以至太和。頃者玉芝再產。玄記陰隲。是用欽承景貺。肅事鴻名。既刻元辰。薦彰嘉應。則有卿雲散彩。瑞日重輪。恭惟降鑒。載深兢惕。謹上加尊謚曰睿宗玄眞大聖皇帝。伏惟俯睠虔誠。昭應盛烈。祗奉典册。伏增感慰。

## 赦

### 加祖宗謚號赦

王者之御天下也。莫不懋建皇極。惟懷永圖。先德禮以導人。因政刑以佐理。順四時而並施。其化育萬物而各遂其宜。然後闢土開邊。遠柔邇悅。衆享美利。斯爲大寧。我國家以仁義有乾坤。以道德撫夷夏。其高祖太宗經綸之列聖繼體守持之重光累洽延禧景鑠及于憲考。文明武英。剗稂莠於甫田。振威棱於殊俗。肅清澄廓。庶績其凝。實推中興。歷十五載。今予小子大構是承。祗奉宗祧。敬若天命。遐慕唐堯恭讓之德。常勵漢文菲薄之躬。懍乎憂勤。懼忝負荷。每念河湟之壤。陷爲戎虜之疆。百有餘年。一失莫復。元和中將雪前憤。嘗振睿思。方除孽臣。未就成業。永懷遺訓。明發疚心。近者祖禰降靈。中外協慶。不煩攻伐。不費財儲。六郡連收。七關盡復。削衽解辮。樹領乞降。犬羊竄亡。億兆鼓舞。厥庸有功。繼志克成。仰襲丕休。聊用無愧。臣下欲歸虛美。强我鴻名。斯實先聖神功。因願追尊加謚。牢讓乃遂。孝思獲申。殫告寰區。同茲徽慶。且慮烝黎之困。猶疑獄犴之寃。爰因獻歲之辰。乃行在宥之典。可大赦天下。自大中四年正月一日昧爽以前。大辟罪已下、已發覺未發覺、已結正未結正、繫囚見徒。罪無輕重、咸赦除之。唯犯十惡、官典犯入已贓、不在赦限。

## 國忌

### 國忌在近進蔬菜詔

朕聞大孝塞乎天地。色養著乎人倫。自古迄今。乃生民之本也。朕之不幸。往逢煢疚。朱明之間。屢所哀感。舉目歔欷。永懷罔極。追慕之痛。鍾此蕤賓。不樂之辰。繼乎旬朔。宜令外廚斷牲鱗。唯進蔬菜。

### 增忌辰設齋人數敕

忌辰設齋。雖出近制。斟酌損益。貴於得中。況在不遷之宗。允資異數之禮。五月六日二十六日兩忌設齋人數。宜各加至二千人。太穆文德皇后忌日。宜亦各加倍數。其寺觀仍舊。十二月八日忌辰。於五所寺觀共設四千人。宜令所司準式。（太和九年四月）

### 廢國忌日行香敕

朕以郊廟之禮。嚴奉祖宗。備物盡誠。庶幾昭格。恭惟忌日之感。所謂終身之憂。而近代以來。歸依釋老。徵二教以設食。會百辟以行香。將以仰助聖靈。而資福祐。有異皇王之術。頗乖教義之宗。時因崔蠡奏論。遂遣討尋本末。禮文令式。曾不該明。習俗因循。雅當釐革。其京城及天下州府國忌日於寺觀設齋行香。起今以後。並宜停廢。（開成年月日）

# 唐大詔令集卷第七十九

典禮

巡幸

北路幸長安制

南路幸長安制

巡幸東都賜賚從官敕

南路幸西京敕

鑾駕到蜀大赦制

史思明再陷洛陽巡幸東京詔

## 巡幸

### 幸故宅改爲通義宮曲赦京城繫囚制

朕恭膺大寶。克隆景祚。永言孝思。聿追罔極。肇惟自昔。廬宇舊居。王迹所基。積慶攸在。桑梓之敬。每懷踐歷。日不暇給。以迄于茲。今既氛祲廓清。區夏寧謐。時和歲稔。民休俗泰。爰擇良辰。言還邑里。體同過沛。事等歸譙。故老咸臻。族姻相會。肅恭薦饗。感慶兼集。思俾懽心。逮于衆庶。愍茲幽滯。有懷寬釋。都輦之地。宗祊所居。祚固萬邦。義越常等。惟時孟夏。方申長育。宜順天心。宣茲惠澤。可曲赦京城內繫囚見徒及被推問應集之人。死罪以下。並從放免。其內有於政切害情理難原者、宜降死從流。武德六年四月

### 巡幸岐隴二州曲赦

朕恭膺寶命。握圖馭曆。屬喪亂之後。承凋弊之餘。弘宣德化。勵精治道。遐邇肅清。要荒來服。聊因務暇。觀省民風。遵彼岐梁。言臻汧渭。百年之老。俱稱鼓腹。五尺之童。咸欣擊壤。睠言曩昔。亟遊此地。歲月踰邁。以迄于茲。周覽原隰。愴然懷舊。延問鄉黨。僚吏猶存。事異宛譙。情均豐沛。民和俗阜。上下歡洽。宜宣愷澤。俾同慶幸。可特赦岐隴二州管內。自貞觀四年十月一日昧爽以前。大辟罪以下。悉從原宥。放免二州戶民、無出一年租賦。八十以上。鰥寡篤疾、及舊任二州雜職佐史以上、賜物各有差。百歲已上。就加優恤。行經咸陽始平武功三縣。見禁之囚。徒罪以上。各降一等。杖罪以下。並宜釋放。年八十以上。及鰥寡篤疾。并武功縣舊軍主帥。亦加賜物。凡此界內名山大川。望秩之禮。備加牲幣。孝子順孫。義夫節婦。隨事褒顯。旌表門閭。其賜物之差。宜依別敕。務從周厚。以稱朕意。

### 巡幸幷州曲赦

太原之地。興運所階。全晉之人。義深惟舊。自朕恭膺寶曆。二紀于茲。何嘗不御扆長懷。想崤陵之風雨。臨軒遠感。念大麓之雲雷。當於此時。乃忘身而拯溺。實賴同德。並羸粮而樂推。役不踰年。遂淸區域。諒由成都之衆。謳訟闡虞帝之功。戰牧之徒。歌舞興周王之業。仗茲叶力。竟致升平。懷彼勤勞。何忘晷刻。旣因垂拱之暇。再省創業之方。周歷郊原。宛如疇昔。訪其父老。已多長謝。不見所識。魏后遂以興嗟。邮彼故人。漢皇因而式宴。前王是日。哀樂交懷。在朕深衷。義符於此。是用具陳廣樂。共申高宴。取譬還譙之賞。同彼幸代之情。仍曲赦幷州管內。大辟罪以下。繫囚見徒。並赦除之。常赦所不免者。不在赦例。貞觀二十年正月

## 破契苾幸靈州詔

朕勞形育物。盡敬承天。蠢動不安。櫛風而罔倦。荒隅未靜。救焚而靡息。獨運方寸。貫徹上玄。凝想冕旒。化行戎狄。是知惟天爲大。合其德者弗違。謂地蓋厚。體其仁者光被。故能彌綸八極。權輿二儀。大帝福謙。斯其効矣。彼匈奴者。興開闢以俱生。奄有龍庭。共上帝而並列。僭稱驕子。分天街於紫宸。仰應旄頭。抗大禮於皇極。流殃搆禍。乃於運初。憑陵障塞。連年壓境。射雕馳騎。亟飲灞川。如豕騰氛。頻驚渭汭。貽先皇之動色。俾黎庶之塗原。社稷爲虞。軫情何已。朕御天下。二紀于茲。曩者聊命偏師。遂禽頡利。今茲始弘廟略。已滅延陁。麾駕出征。未踰郊甸。前驅所轄。纔掩塞垣。長策風行。巳振金徽之表。揚威電發。遠讋沙場之外。遂使鷹山之北。無復單于。龍燭之南。大開封域。其契苾車苾俟斤。及鐵勒諸姓。迴紇胡祿俟利發等。揔統百餘萬戶。散處北漠。遠遣使人。委身內屬。請同編列。並爲郡縣。引領翹足。暴十日而佇油雲。延首求哀。沉九泉而請營魄。朕當暫幸靈州。親撫歸附。弘茲肆赦。加以施生。頒惠天隅。耀威雲朔。收其瀚海。盡入提封。解其辮髮。並垂冠帶。混元以降。殊未前聞。無疆之業。永貽來胤。古人所不能致。今旣吞之。前王所不能屈。今或滅之。斯實書契所未有。古今之壯觀。豈朕一人獨能宣力。蓋由上靈儲祉。錫以太康。宗廟威靈。成茲大定。卽宜備禮告于淸廟。仍以大慶。頒示普天。俾與黎元同茲有賴。貞觀二十年八月

## 赦行幸諸縣及岐州制

朕恭膺寶命。嗣奉瑤圖。居萬乘之尊。當四海之責。遐觀往烈。詳求前古。每希蹤於哲后。常勞心於庶物。兢懼弗寧。憂勤若厲。屬天下無事。區宇有截。仰高風於汾射。暫淸暑於林泉。朕昔在震宮。侍遊茲壤。山川依舊。歲月不追。今旣俗阜年和。華夷胥悅。緬懷徽範。情兼感慰。宜遵省方之義。且順陽和之序。曲申惠澤。式彰寬宥。行幸所經諸縣及岐州。囚徒人犯罪者。流降徒。徒已下並免之。永徽五年二月

## 幸東都詔

咸京天府。地狹人繁。百役所歸。五方胥萃。雖獲登秋之積。猶虧洊歲之資。睠言於此。思蠲徭賦。夫以交風奧壤。測景神州。職貢所均。水陸輻湊。今茲豐熟。特倍常時。事貴從宜。實惟權道。卽以來年正月幸東都。關內百姓。宜免一年庸調。及租幷地丁稅草。其當道諸縣。特免二年。劍南、隴右諸州。每年供

進物。一二年且停。（儀鳳二年十月）

## 睿宗令皇帝巡邊詔

先王省方。所以觀風設教。聖人順動。所以刑清甿服。故叶時同律。虞典之常道。喬嶽翕河。周家之盛德。自王風不競。茲禮遂闕。兩漢之朝。有時于邁。三國以降。日不暇給。我皇家開元首出。卜代重光。寰宇大寧。車書無外。文祖神宗之德。洽于兆人。考祥展義之規。昭于國典。朕祗若丕搆。夤奉慶靈。夙懷箕嶺之心。久遂汾陽之志。皇帝天賜英武。神與聰明。純孝極於安親。大功深於濟代。自陟元后。實總朕師。時政益明。彝倫攸敍。而邊甿遐阻。藩服悠曠。夷夏殊化。或幽隱未申。將副來蘇之懷。實允卜征之義。加以頃年邊將。授任或乖。師律以虧。軍威不振。皇帝宜順時巡狩。親幸邊陲。掌圖修考事之儀。典樂具陳詩之禮。西洎河塞。東踰燕朔。望秩名山。肆覲羣后。休農問老。誓師訓卒。其有牧州典郡。功施於人。杖節擁旄。隱若敵國者。當崇進律之賞。加以分麾之命。若邦政不舉。軍令莫修。裒斂苛細。侵削戰士者。明茲典憲。肅以天誅。然後七萃騰裝。六軍按節。合符釜山之曲。覽軒帝之遺風。勒銘單于之臺。踐漢皇之故事。使陰山罷祲。大漠無塵。其供帳所資儲積之費。皆令有司支備。州縣不得煩勞百姓。（先天元年十月）

## 行幸東都詔

咸洛京師。建都維舊。乃睠時邁。卜征斯在。朕承天纂曆。恭己臨人。鼎俎雖甘。念疲甿之不足。宮室信美。惕浮戶之未安。事內攢於千慮。心外周於萬物。則知帝業初啓。崤函乃金湯之地。天下大定。河洛爲會同之府。周公測景。是曰土中。揔六氣之所交。均萬方之來貢。引魚鹽於淮海。通秔紵於吳越。瞻彼洛汭。長無阻飢。自中宗入關。于今八載。省方之典。允而莫脩。遂使水漕陸輓。方春不息。勞人奪農。卒歲何望。關東嗟怨。朕實憫焉。思欲寧人而休轉運。綰轂而就敖庾。加以暑雨作害。災拂秦川。歲星有福。祥歸豫野。朕情深救弊。身豈懷安。博考靈心。審聽輿誦。上奉天以爲孝。下利人以爲忠。順時而動。從衆之願。宜以今年十一月行幸東都。凡厥有司。式遵乃事。至於行從兵馬。供頓貯積。務在撙節。勿使煩勞。考使選人。咸令都集東都宮殿。應須修理。量加補葺。不得煩人。朕本爲人而行。非擬勞人自奉。所過州縣。無費黎元。亦不得輒有差科。傍求進獻。宣布遐邇。知朕意焉。（先天二年七月）

## 幸新豐及同州敕

敕。虞之四朝。且偏區寓。漢之三輔。本同京師。善於古者考於今。發乎近者應乎遠。若豫順之事。缺則繫於王制。巡幸之典。備則慮於人勞。朕受籙膺期。勵精設教。幸乾坤幽贊。風雨咸若。百姓既阜。三農已登。同穎獻於宗廟。穭穗生於郡國。我無大桀。實欣於歲。取人有小康。未果於時邁。但左翊之地。近入黃圖。新豐之邑。甫降青綺。山川宮館。咫尺相望。方欲過灞亭而涉滻。經沙阜而臨渭。見彼耆耋。問其疾苦。察長吏之政。恤黎甿之寃。蓋所以展義陳詩。觀風問俗。始自畿甸。化于天下。宜以今月二十五日幸長春宮。停五日。緣頓所須。並令所司支備。一事以上。不得干擾州縣。發日唯量將飛騎行。更不須別遣兵馬。及安有科喚。朕此行之處。進奉在路。有稱寃苦。州縣不能疏決者。委御史金吾收狀爲進。各勉所職。副朕意焉。（開元二年九月十一日）

幸東都制

黃門、朕聞遂物之宜。上則聽其和樂。違人之欲。下則生於怨思。一物安可不遂。萬人安可固違。且先王卜征。觀乎風俗。大易順動。應乎天地。由是巡以五載。尚偏於人寰。設爲兩京。況稱於帝宅。東幸西顧。乃其常也。然以行必淸道。不爲無事。至而供帳。是則有勞。故恤人之隱。憂人不足。于今四年矣。遂使東土耆老。傾心而徯予。中朝公卿。屢言以沃朕。咸謂國之中洛。王者上地。均諸侯之賦。當天下之樞。陸行漕引。方舟繫軑。費省萬計。利踰十陪。更知夫便於物者。非自奉以懷安。嗟於人者。豈不因而阻願。於是乎見品彙之阜。因京坻之饒。則無奪農矣。陳太師之言。獻史臣之頌。則無缺政矣。信可以備法駕。乘陽春。歸于成周。布我時令。宜以來年正月五日行幸東都。仍取北路。所司準式。主者施行。開元四年十二月三日

至東都大赦天下制　蘇頲

黃門、周宅中土。秦里上田。皆王者之都也。時邁觀風。載巡展義。皆王者之政也。朕嗣守宸極。頓移年所。冕旒而視。心每周於萬邦。車轍所屆。迹不出於三輔。豈懷安以憚勞。姑省費而體力。然以設京師者不偏於西據。奉宗廟者亦俟於東征。安可阻從人之心。增徯予之怨。是用闓陽發歲。練日簡辰。乘和氣以應物。御惠風以行令。永言告至。載叶伻來。顧諸菲躬。畏此鴻業。下輦而有宮室。卽舊不加。登臺而有山川。覽今猶昔。森言在目。用軫于懷。思弘遠圖。俾作寬典。不忘師古之義。特布惟新之渥。可以大赦天下。自開元五年二月三日昧爽已前。大辟以下。罪無輕重。已發覺未發覺。已結正未結正、繫囚見徒。常赦所不原者。咸赦除之。謀反大逆。不在赦限。云云夫政欲淸靜。詞尚體要。間者思致于義。未臻其道。文書盈几閣。而吏益欺。詔命下閭里。而人莫諭。得非失於牴牾。弊在煩蕪耶。簡而易從。禁則難犯。令式格敕有不便者。先令尚書省集議刊定。宜詳厥衷。合于大體。亡命山澤。挾藏軍器。百日不首。復罪如初。敢以赦前事相告者。以其罪罪之。赦書日行五百里。布告天下。稱朕意焉。主者施行。

巡幸東都賜賚扈從赦天下制

朕自臨天下。未至于洛。雖二京出遊。蓋惟常典。五載來巡。肇於卽事。念茲扈從。特有加恩。南北衙應從官三品以上。各賜物四十段。四品三十段。五品二十段。六品七品十五段。八品九品十段。從飛騎萬騎。各賜物五段。馬家小兒賜物三段。三衞檢校監門直長引駕等。發京宿衞。執當不闕者。簡日優量。其置頓營幕橋道等使。幷制官。各賜物遞加從官一等。仍與中上考。緣路刺史上佐縣令。祗承頓事。幷專知官。各準從官例與賜。亦與中上考。衞士掌閑幕士等。各賜兩段。大赦天下。唯謀反大逆。不在赦限。餘並宥之。河南府百姓給復一年。河北遭澇及蝗蟲處。無出今年租。武德貞觀以來勳臣子孫。無名在位。更詳求其後奏聞。有嘉遁幽棲。養高不仕者。州牧各以名薦。開元五年五月

幸長安制　蘇頲

門下、觀俗省方。所以愛人治國。尊崇廟貌。所以事神享親。欽若昔典。此焉大義。朕祗膺鴻業。積念于秦。去歲欲幸洛京。已發成命。屬重營太室。因將中

止。誠以其繩削版功且未既。展軨効駕。事何敢急。信弗可違。於東方。是用載馳於西土。流晷不住。通喪永畢。象居始成。如在壙慕。朕之前志。日夜匪遑。故可以詩陳肅邕。禮極禋祀。幽明之隩。時惟雍州。禾稼有年。莫若關輔。王假用吉。后來其蘇。實獲我心。俾從人欲。可以今年十月取北路幸長安。所司準式。務在節省。無得勞費。主者施行。（開元六年七月六日）

幸東都詔

王者觀俗以賦政。考祥以省方。必將叶于人和。而奉若天意。朕祇守鴻緒。用康黎庶。思振德以惠物。豈勞人以奪己。頃年關輔之地。轉輸實繁。重以河塞之役。兵戎屢動。千金有費。九載未儲。懷此勞軫。以增旰昃。且夫苟利於物。可隨事而變通。將適於人。故因時以巡幸。卜洛萬方之隩。維嵩五嶽之中。風雨之所交。舟車之所會。溝通江汴之漕。控引河淇之運。利俗阜財。於是乎在。今欲省其費務。以實關中。卽彼敖倉。少資河邑。乘歲陽之吉。展遊順之儀。豈惟龜筮不違。固復詢謀定是。協修五禮。存問百年。車輿動而不勞。玉帛會而胥悅。所謂先天以弘道。因人以爲利也。宜以明年正月十五日幸東都。（開元九年九月九日）

將離東都減降囚徒敕

獻歲肇春。陽和感氣。且是發生之日。實惟布德之辰。朕將幸秦京。言離洛邑。既省方以觀俗。思弘恩以濟人。載念犴牢。又惻襟抱。宜敷寬大之典。用敦咒泣之意。其都城內見禁囚徒。除身犯十惡、及偽造頭首。餘雜犯死流等各減一等。徒以下並放。河南府遭水百姓。前令量事賑濟。如聞未能存活。春作方興。恐乏粮用。宜令王怡檢問不支濟者。更量賑給。務使安存。（開元十一年正月）

北都巡狩制

朕爰自瀍洛。有事省方。乘茲發生之和。因務豫動之慶。將欲恤鰥獨。問耆老。陳詩展禮。黜幽陟明。使滯伏必申。微物咸遂。其行幸所至處。宜令刺史縣令存問百年老病鰥寡惸獨。及行人家。如有單貧不濟。不能存活者。量加賑給。其侍老仍各賜物三段。見禁囚徒。除十惡、及身犯反逆、并偽造頭首以外。自餘雜犯流死等罪。各減一等。徒已下並放免。百姓有賢良。官人有清白。並令中書門下採訪名聞。其貪濁之吏。委御史覺察彈奏。（開元十一年正月）

幸太原府赦境內制

朕恭承寶位。十有餘年。荷累聖之昌圖。膺三靈之眷命。日慎一日。雖休勿休。今省俗觀風。肆覲羣后。陳詩納貢。親問百年。雖念勞人。事資展禮。太原舊國。王業所興。乃睠成周。西巡豐鎬。曰惟嗣漢。東至沛鄉。皆會彼舊都。睠茲枌社。況興王始封之地。鴻圖創業之初。肇育生靈。大造區宇。永惟丕構。顧慙貽厥。且地稱用武。戎役是殷。用錫懷舊之恩。以順發生之澤。其太原府境內見禁囚徒。除十惡及偽造頭首。餘並赦免。預宴官共賜物二千疋。父老及人吏等共賜一萬疋。百姓宜給復一年。九等戶給復三年。元從家給復五年。其家籍見丁。終身免征役。侍老八十已上。賜物五段。版授上縣令。仍賜緋婦人版授上縣君。九十已上、賜物七段、版授上州長史、仍賜緋。婦人版授郡君。百歲已上、賜物十段、版授上州刺史、仍賜紫。婦人版授郡夫人。孝子順孫、義夫節婦、旌表門閭、終身勿事。其有沉淪草澤、抱德栖遲、及武德功臣幷元從子孫、才堪文武、未有官者、並委縣搜揚、具以名薦。開元十一年正月

## 北路幸長安制

朕粤自酆鎬、省方瀍洛、屬九服寧晏、四時順成、殊徵龐般、景福紛委、遂荷靈貺、登于介丘、居厥成功、允答休祐、蓋敬天之命、不敢以寧也。我來于東、歲亦數稔、而西土耆老、傒予多怨、況關輔之地、比則有年、宜叶卜征之祥、式展時巡之義、可以今年閏九月十日取北路幸長安、所司準式、緣頓支供、一事以上、並同常處官物、不須科歛百姓。其遞運及行從官寮等、務從減降。所在公私、不得輒有進獻。宣布遐邇、知朕意焉。開元十五年六月

## 南路幸長安制

朕君臨區寓、子育黎獻、每存勤恤、不欲勞煩。而鎬京之地、陵寢所在、自展義河洛、已歷歲年、所以式遵卜征、有事時邁、抑惟恒典、寧敢憚勞。將欲西巡、元取北路、今同州有暴水浸于邑居、載懷憂惕、無忘監寐、且從南路幸長安、所司準式。開元十五年八月

## 巡幸東都賜賚從官敕

出震奮豫、本乎觀風、省方展義、期於利物。朕志惟忘己、情在順人、爰採謠謳、式事巡幸。自轉蹕西鎬、卽宮東周、景暖風恬、無凜烈之慘、煙和氣淑、嘉晏溫之色。俾夫軍衞衆庶、靡有郊寒之虞、豈非龜筮允臧、堪獻卜征之吉、天人叶應、傒予至誠、感是休和、良以有慰。思弘慶澤、沃於行所、親王賜物八十疋、嗣郡王六十疋、一品五十疋、三品四十疋、四品三十疋、六品二十五疋、七品二十疋、八品九品十段、三衞引駕、細引、飛騎各四段、彍弩手、幕士、主膳、供膳及諸色白身人等各三段、知頓使、知營幕使各六十疋、知頓御史三十疋、知驛御史及知頓判官、知營幕官、賜各加一等。入仗突厥吐蕃使、共賜物五百疋、令鴻臚據蕃望高下節級分付。供頓州百姓所據緣頓差科、及充夫匠雜役供應等人、宜放今年地稅、自餘戶等免今年地稅之半。應定名供頓縣官、各與一中上考。開元十九年十一月

## 南路幸西京敕

敕、朕所時邁、皆順物情、頃屬關輔無年、遽爾東幸、固非爲己、將以息人。今百穀既成、庶務皆省、而五陵所奉、誠而京師、安可更留周南、致闕時薦。宜以來年正月七日取南路幸西京、所司準式、應緣行幸所須、務從減省、所由明爲條例、勿使勞煩。

## 鑾駕到蜀大赦制

朕以薄德、嗣守神器、何嘗不乾乾惕厲、勤念蒼生。至於水旱或愆、則禱祠請罪、邊鄙微擾、則齋戒思過。聿來四紀、人亦小康、蓋祖宗之靈、卿大夫之助也。是以推心將相、不疑於物。而奸臣兇黨、負信背恩、割剝我黎元、暴亂我幽夏、皆朕不明之過、豈復尤人哉。楊國忠厚歛害時、已肆諸原野、安祿山亂

常搆禍。尙逋其斧鉞。朕用巡巴蜀。訓厲師徒。命元子北略朔方。諸王分守重鎮。合其兵勢。以定中原。將盪滌煩苛。大革前弊。思與億兆。約法惟新。上以安宗廟神祇。下以寧華夷動植。令天下其天寶十五載八月一日昧爽已前大辟罪已下、常赦所不免者、咸赦除之。自中興以來有破家者。一切與雪。流人一切放還。左降官各還舊資。內外文武官節級賜階爵。安祿山脅從官有能改過自新背逆歸順。並原其罪。優與官賞。

史思明再陷洛陽巡幸東京詔

昔昆夷作患。周宣興薄伐之役。陳豨稱亂。漢祖發親征之師。蓋所以禁暴除兇。取威靖難。上以保宗社。下以拯黎元。古帝先王。茲道無替。頃者祿山構逆。背義負恩。惡既貫盈。尋已殄滅。而思明殘寇。尙敢延妖孽之□。蜂蠆之餘。邀我雷霆之伐。朕以干戈屢動。黎庶未安。由是按延天誅。冀其來格。而乃竊兵干紀。自取滅亡。副元帥光弼、統率銳徒。恭行天罰。爰啓絳宮之略。克摧青犢之師。曾未浹辰。大破兇黨。此皆穹昊垂祐。宗社降靈。是以戎律用貞。禍淫斯在。如聞蓬艾之下。蚊蚋猶虞。固當乘破竹以追奔。同燎原而撲滅。朕爲人父母。深念塗炭。是用大整戈矛。方申吊伐。撫綏河洛。以致和平。卽以今月十七日幸東京。率六軍取路進發。乾元二年九月

# 唐大詔令集卷第八十

停諸節進獻詔

以二月一日爲中和節敕

令誕日外命婦賀皇太后敕

許慶成節宴會陳脯醢敕

## 弋獵

放圍兵敕

酬賞鳳泉湯知頓官及百姓敕

禁弋獵敕

## 喪制

聽衞士終制三年敕

不許臨喪嫁娶及上墓歡樂詔

戒厚葬詔

禁喪葬踰禮制

誡厚葬敕

條流葬祭敕

## 朝賀

### 冬至取次日朝賀敕

王者父事天母事地所以昭孝敬之道彰神祇之德朕虔奉明命徧稽大猷實在緣情不惟相襲伏以昊天上帝義在尊嚴恭惟祀典每用冬至既於是日有事圜丘更受朝賀實深兢惕自今已後冬至宜可取以次日受朝仍永爲恒式（天寶三年十一月）

### 五月一日御宣政殿敕

仲夏之時。陽德方茂。陰事始承。聖賢因天地交會之時。爲父子咸覿之禮。既行親戚。豈隔君臣。自我爲初。申恩卿士。起今年五月朔。御宣政殿。召見文武百官九品以上。外官因朝奏咸得就列。仍編入式。以爲恒典。貞元十年四月

### 淮西用兵罷元會敕

敕、淮蔡未賓。師人暴露。而三朝之會。萬國來庭。舉爲稱慶。有懷愧惕。其來年正月朝賀。宜權停。諸軍優賜。並準例處分。元和十年十二月

## 貢獻

### 停貢獻詔

逸遊損德。昔賢貽訓。玩物喪志。前典格言。西旅獻獒。邵公於是作誡。東齊饋樂。尼父所以離心。隋末道喪。肆極奢靡。内騁倡優之樂。外崇耳目之娛。冠蓋相望。徵求不息。公私擾劇。徭費無窮。朕受命君臨。志在儉約。日旰忘食。昧爽求衣。纂組珠璣。皆云屏斥。彫琢綺麗。久從抑止。其侏儒短節、小馬庳牛、異獸奇禽。皆非實用。諸有此獻。悉宜停斷。宣布遐邇。咸使聞知。武德元年十月

### 罷正至進奉敕

敕、伐叛興師。久勞于外。饋軍給費。固以爲煩。獻賀之儀。諒非朕志。務從簡約。式表憂勤。其今年冬至及來年元日。諸司諸道進奉。宜停。元和十二年八月

## 宴集

### 定州賜宗姓老人宴會敕

皇太子愛敬所覃。格於四海。仁孝所感。周於百姓。自春監國。既處定州。首創風規。在乎茲境。所以事親敬養之道。有隱無改之情。爰自中山。流乎率土。地居宣化之本。人稟純孝之深。有足可嘉。特須優異。其定州管内孝行著聞者。宜與宗姓老人同賜宴會。貞觀十九年十一月

### 賜百官錢令逐勝宴集敕

百靈降福。庶尹叶心。陰陽調而生植以滋。政理孚而黎獻咸若。由庚知萬物之樂。華黍洽三農之慶。信可以率禮輔仁。式歌且舞者矣。況生成式序。氤氳致和。卉物發榮。池籞含麗。思順時令。以申惠澤。咸宜遨歡芳月。繼賞前春。夙夜在公。既同咸一之理。休沐式宴。俾共昇平之樂。中書門下及供奉官、

嗣王郡王、左右丞相、少傅賓客、諸司三品以上長官、侍郎少卿、少匠、司業少尹、兩縣令、都水使、朝集使上佐已上、幷新除未赴任者、及東宮諸司長官、中舍中允、少詹事諭德、中郎率府蕃官、三品已上、至春末已來每至假日、宜準去年正月二十九日敕賜錢造食任逐勝賞。（開元十九年二月）

宴朔方將士敕　張九齡

敕、朔方軍節度大使兵部尚書信安郡王禕、總戎朔陲、經略萬里、賦車籍馬、精卒銳兵、自其有虞、莫不素練、而醜虜背誕、偏師致誅、謀若有神、取如俯拾、雖廟略之云遠、亦將士之力焉、威武載揚、頑兇且懾、狂寇覆巢、以奔北鞏師掉鞅而來歸、因其凱旋、聊加宴樂、各宜坐食、相與盡歡、其軍將以下官賞、別有處分、信安郡王禕與一子官。

宴幽州老人敕　張九齡

敕、幽州老人師知禮等、比者林胡翻覆、荐歲不寧、戎馬之鄉、良歷艱苦、而賊虜自叛、天實誘之、主將致誅、略無遺噍、實除邊患、且減征徭、卿等忠義因心、遠來陳賀、深所嘉尚、並宜坐食、各有品物、食訖領取。

平淮西後宴賞諸軍將士放歸本道敕　陸贄

敕、朕纂奉丕業、託于人上、仁不被物、義不勝奸、頌聲蔑聞、暴亂連起、叛臣希烈、竊據淮沂、誠爲彼夫無良、亦由朕之不德、撫馭之道、失之於初、師旅一興、綿聯莫解、服勞者從役不暇、受汙者無路自新、旱蝗相乘、穀糴翔貴、兵民餒死、十室九空、通邑化爲丘墟、遺骸遍於原野、每念於此、心傷涕流、且自昔勞師、靡有不悔、以虞舜之聖、屈於苗人、以漢武之强、弊於戎虜、矧乎德猶不逮、力或未全、我其永懷、亦已自儆、乃者下哀痛之詔、布寬大之恩、普天載新、殊死畢宥、然尙勞師旅、作扞封陲、有累歲棄離室家、有經時不解甲冑、忠雖爲國、咎實在予、軍人若斯、寧不知愧、賴節度將士、旅成一心、奮揚武威、愼固疆宇、遠人思服、元惡就誅、蒸黎方致於安寧、役戍永期於休息、懋官以旌美、錫宴以勞旋、賞不踰時、式遵彝典、都統檢校司空同平章事劉玄佐、宜與子孫一人五品正員官、節度使檢校右僕射李澄、檢校兵部尚書曲環、檢校戶部尚書李皋、兼御史大夫樊澤等、並與子孫一人七品正員官、都防禦使工部尙書賈躭、都團練使檢校左散騎常侍盧玄卿、兼御史大夫張建封等、並與子孫一人八品正員官、檢校司空平章事李抱眞、檢校司空平章事李納、檢校左僕射平章事韓滉、檢校工部尚書田緒、咸遣士旅、遠赴行營、同討不庭、厥有成績、抱眞納滉緒與子孫一人八品正員官、應與淮西接界州縣本軍鎭守及諸道赴行營將士等、宜共賜三十萬端疋、以充賞設、度支即約據界首、及行營軍額、分配定數支送、仍委本道條錄功第名銜聞奏、並與甄敍、其行營將士、仍各放歸本道、明加宣諭、令悉朕懷。

以水災罷九日宴會敕

前者春秋令節、朝野多歡、乃與公族庶僚、同其宴賞、今兩河吳楚、連被水災、悼于厥心、實未寧息、尙軫憂念、豈遑愉樂、其九日宴會宜罷。（貞元八年八月）

# 養老

## 賜孝義高年粟帛詔

百行之本要道維孝一言終身恕而已矣春生夏長寬裕之令行焉齊禮道德恥格之義斯具朕爰自幼年夙稟庭訓豈徒學聞詩禮因令匡定家國是以提三尺之劍起一旅之師戮鯨鯢於原野救蒸人於塗炭雲雷締構備嘗夷險仁發於心義形於色大敵必勇匪爲身謀大憝必誅志安天下太上皇留情姑射尙想軒轅駐蹕大安使朕正居紫極顧惟虛薄辭不獲免祗奉制誥負扆當朝乃瞻宮宇載懷冰谷未明求衣乙夜忘寢靜思七政言念九功何以答上玄之心稱嚴君之志庶欲勤恤典刑舉直措枉允釐人瘼任賢用能拯濟困窮抑損澆僞開直言之路廣不諱之門聞所未聞日愼一日望人皆見德變於至道若一物失所一人有惡則朕躬之責訓道不明也朕聞書曰至誠動神況於兆庶乎比聞遠近黔黎恥爲盜賊州縣囹圄多並空虛豈由德教至此自是人心厭亂因其遷善可以化之朕往因征伐行天下多矣每見村落丘墟未嘗不撫膺歎息自登九五不許橫役一人唯冀遐邇休息得相存養長幼有序敬讓興行其孝義之家賜粟五石高年八十已上賜粟二石九十以上三石百歲加絹二疋婦人正月以來生男、粟一石鰥寡惸獨不能自存逃戶初還郊無粮貯州縣長官量加賑卹諸州官吏或正直廉平刑淸訟息或貪婪貨賄害政損人宜令都督刺史以名封進白屋之內閭閻之人但有文武材能灼然可取或言行忠謹堪理時務或在昏亂而肆情遇太平而克己亦錄名狀與官人同申泣辜愼罰前王所重枉繫一日苦等三秋州縣法司特宜存意布告天下知朕意焉貞觀三年四月

## 老人賜几杖鳩杖敕

古之爲政先於尙老居則致養禮傳三代行則就見制問百年蓋皇王之勸人教黎庶之爲子朕夤奉休曆祗膺聖訓因秋歸而歲成屬星見而郊祀念其將智尤重乞言俾申恩於几杖其布惠於鄉國九十以上宜賜几杖八十已上宜賜鳩杖所司準式天下諸州侍老宜令州縣遂穩便設酒食一準京城賜几杖其婦人則送几杖于其家

# 紀節

## 停諸節進獻詔

顯慶二年四月

朕撫育黎庶。思求政道。欲儉以訓俗。禮以移風。菲食卑宮。庶幾前軌。比至五月五日、及寒食等諸節日。并有歡慶事。諸王妃主及諸親等、營造衣物。雕鏤雞子。競作奇工。以將進獻。巧麗過度。糜費極多。皆由不識朕心。遂至於此。又貞觀年中。已有約束。自今以後。並宜停斷。所司明加禁察。隨事糾正。

### 以二月一日爲中和節敕

四序嘉辰。歷代增置。漢崇上巳。晉紀重陽。咸說禳除。雖因舊俗。與衆共樂。誠洽當時。朕以春方發生。候及仲月。勾萌畢達。天地和同。俾其昭蘇。宜助暢茂。自今宜以二月一日爲中和節。以代正月晦日。備三令節之數。內外官司休假一日。貞元五年正月

### 令誕日外命婦賀皇太后敕

昔者聖王之以孝理天下也。廣愛敬之心。推于四海。盡奉養之志。示于兆人。然後至誠之化。有情斯感。朕以眇身。祇荷鴻業。皇太后就安長樂。朝夕承顏。慈訓所加。慶感兼極。伏以今月六日。是載誕之辰。奉迎皇太后宮中上壽。朕既獲申歡慰。亦欲公卿大夫同之。宜以今月六日平明。於光順門集百寮。及命婦進名賀皇太后。御光順門內殿。與百寮相見。永爲常式。元和十五年七月

### 許慶成節宴會陳脯醢敕

慶成節。朕之生辰。天下錫宴。庶同歡泰。不欲屠宰。用表好生。非是信尚空門。將希無妄之福。恐中外臣庶。不諭朕懷。廣置齋筵。大集僧衆。非獨凋耗物力。兼恐致惑生靈。自今宴會蔬食。任陳脯醢。永爲常例。咸使聞知。開成二年八月

## 弋獵

### 放園兵敕

昔周有岐陽之蒐。漢有扶風之命。講師習武。夸功耀威。故王者狩必以時。招虞人以禮。時則遠矣。朕自祗膺圖籙。于茲四年。每巡狩郊畿。不出百里。且愛力而節用。非盤遊而好樂。今者四方無事。百穀有成。因孟冬之月。臨右輔之地。戒茲五校。爰備三驅。非謂獲多。庶存除害。一昨長圍已合。而大綏未舉也。聞朔天降雪。狐裘且御。未免初寒。鶉衣不充。寧堪凍露。朕更截狡獸。要輕禽。以此遊娛。孰云矜恤。況爲之父母。育彼黎元。中宵耿然。明發增惕。其園兵處並宜放散。開元三年十月

### 酬賞鳳泉湯知頓官及百姓敕

敕、清人賦田。以備蒐狩之儀。王者順時。式崇豫遊之禮。頃者築場初畢。清道來巡。經上林之苑囿。指扶風之藪澤。雖獵將提鼓。虞人植旗。仍憫泫寒之節。不行肅殺之令。豈唯虞舜之典。咸秩山川。所翼周文之風。及於鳥獸。由是罷還士卒。非重盤遊。眷彼吏民。致有煩擾。所謂行者幸也。后來其蘇。宜申恩惠。用符古昔。其所經州縣供頓官及百姓、并造鳳泉湯屋宇使及夫匠、并置營幕橋道使。宜令所司勘會奏聞。其緣御路及頓場麥苗有損者。亦令勘責。量事酬補。開元三年十月二十六日

禁弋獵敕

春夏之交。稼穡方茂。永念東作。其勤如傷。況時屬陽和。令禁麛卵。所以保茲懷生。下遂物性。如聞京畿之內、及關輔近地。或有豪家。時務弋獵。放縱鷹犬。頗傷田苗。宜令長吏常切禁察。有敢違令者。捕繫以聞。太和四年三月

## 喪制

聽衛士終制三年敕

通喪下達。聖哲貽訓。緯俗經邦。咸率茲道。至於嬰蓼莪之巨痛。懷顧復之深慈。得自天經。含生罔極者也。爰自周衰。七雄交爭。逮乎漢末。三方競峙。金革亟動。鉦鼓日聞。先王典章。掃地將盡。遂令三邊武猛。墨絰而匽戎麾。七萃驍雄。素冠而事巡警。亦有內無繼體。旁闕同氣。几筵安寄。奠酹不親。廼睠於斯。用深驚歎。朕膺茲景業。君臨九野。中區富教。化俗承規。宜有解張。勵茲風俗。衛士掌閑幕士等遭喪。合朞年上者。宜聽終制三年。永徽元年五月

不許臨喪嫁娶及上墓歡樂詔

如聞父母初亡。臨喪嫁娶。積習日久。遂以為恒。亦有送葬之時。共為醼飲。遞相酧勸。酣醉始歸。或寒食上墓。復為歡樂。坐對松檟。曾無戚容。旣黜風猷。並宜禁斷。仍令州縣捉搦。勿使更然。龍朔二年三月

戒厚葬詔

朕聞死者終也。欲物之反於眞也。葬者藏也。欲人之不得見也。上古垂風。未聞於封樹。後聖貽範。始備於棺槨。譏僭侈者。非愛其厚費。美儉薄者。實貴於無危。是以唐堯聖帝也。穀林有通樹之說。秦穆明君也。橐泉無丘壟之處。仲尼孝子也。防墓不墳。延陵慈父也。嬴博可隱。洎乎闔廬違禮。珠玉為鳧鴈。始皇無度。水銀如江海。因多藏以速禍。由有利以招辱。朕居四海之尊。承百王之弊。未明求衣。中宵載惕。雖送往之典。詳諸儀制。失禮之禁。著在刑書。而勳戚之家。或流遁於習俗。閭閻之內。或侈靡而傷風。以厚葬為奉終。高墳為行孝。遂使衣衾棺槨。極彫刻之華。芻靈明器。窮金玉之費。富者越法

度以相高。貧者破資產以不逮。徒傷教義。無益泉壤。爲害既深。宜有懲革。其公以下。爰及黎庶。送終之具。有乖令式者。明加檢察。隨狀科罪。在京五品以上及勳戚之家。錄狀聞奏。貞觀十七年三月

## 禁喪葬踰禮制

喪葬禮儀。蓋惟恒式。如致乖越。深蠹公私。廼有富族豪家。競相踰濫。窮奢極侈。不遵典法。至於送終之具。著在條令。明器之設。皆有色數。遂敢妄施隊伍。假設幡稍。兼復創造園宅。雕翦花樹。或桐闒木馬。功用尤多。或告舉凶□。綵飾殊貴。諸如此類。不可勝言。貴賤既無等差。資產爲其損耗。既失芻靈之義。殊乖朴素之儀。此之愆違。先已禁斷。州牧縣宰。不能存心。御史金吾。曾無糾察。積習成俗。頗紊彝章。即宜各令所司。重更申明處分。自今以後。勿使更然。證聖元年三月

## 誡厚葬敕

自古帝王。皆以厚葬爲誡。以其無益於亡者。有損於生業故也。近代以來。共行奢靡。遞相倣傚。浸成風俗。罄竭家產。多至凋弊。然則魂魄歸天。明精識之已遠。卜宅於地。蓋思慕之所存。古者不封。未爲非達。且墓爲眞宅。自有便房。今乃別造田園。名爲下帳。又明器等物。皆競驕侈。失禮違令。殊非所宜。戮屍暴骸。實由於此。承前雖有約束。所司曾不申明。喪葬之家。無所依準。宜令所司。據品命高下。明爲節制。明器等物。仍定色數、長短大小。園宅下帳。並宜禁絶。墳墓營域。務遵簡儉。凡諸送終之具。並不得以金銀爲飾。如有違犯者。先決杖一百。州縣長官不能舉察。並貶授遠官。開元二年八月

## 條流葬祭敕

葬祭之儀。古有彝範。頃來或踰法度。侈費尤多。自今以後。宜儉約。悉依令。不得於街衢致祭、及假造花果禽獸、幷金銀平脫寶鈿等物。並宜禁斷。大曆七年三月

# 唐大詔令集卷第八十一

政事

禮樂



經史

## 太常樂人蠲除一同民例詔

太常樂人。今因罪謫入營署。習藝伶官。前代以來。轉相承襲。或有衣冠胤緒。公卿子孫。一沾此色。後世不改。婚姻絕於士類。名籍異於編甿。大恥深疵。良可哀愍。朕君臨區宇。思從寬惠。永言淪滯。義存刷蕩。其大樂鼓吹諸舊人。年月已久。世代遷易。宜得蠲除。一同民例。但音律之伎。積學所成。傳授之人。不可頓闕。仍依舊本司上下。若已仕宦。見入班流。勿更追呼。各從品秩。自武德元年以來。配充樂戶者。不在此例。（武德二年八月）

## 頒行唐禮及郊廟新樂詔

先王之辨方正位。體國經野。象天地以制法。通神明以施化。樂由內作。禮自外成。可以安上治民。可以移風易俗。揖讓而天下治者。其唯禮樂乎。固以同節同和。無聲無體。非飾玉帛之容。豈崇鍾鼓之奏。日來月往。朴散淳澆。淫慝以興。流湎忘本。魯昭所習。唯在折旋。魏文所重。止於鄭衛。秦氏縱暴。載籍咸亡。漢朝修緝。典章不備。時更戰國。多所未遑。雅道淪喪。歷茲永久。朕恭承明命。嗣膺寶曆。懼深馭朽。情切納隍。憑宗廟之靈。資股肱之力。上下交泰。遐邇乂安。率土阽危。既拯之於塗炭。羣生遂性。思納之於軌物。興言政本。載惕予懷。蓋知禮樂之情者能作。識禮樂之文者能述。作者之謂聖。述者之謂明。朕雖德謝前王。而情深好古。傷大道之既隱。懼斯文之將墜。故廣命賢才。傍求遺逸。探六經之奧旨。採三代之英華。古典之廢於今者。咸擇善而修復。鄭聲之亂於雅者。並隨違而矯正。莫不本乎人心。稽之物理。正情性而節事宜。窮高深而歸簡易。用之邦國。彝倫以之攸敘。施之律呂。金石於是克諧。今修撰既畢。可頒行天下。俾富教之方。有符先聖。人倫之化。貽厥後昆。（貞觀十一年三月）

## 用慶善曲破陣樂詔

國家平定天下。革命創制。紀功旌德。久被樂章。今郊祀四懸。猶用干戚之舞。先朝作樂。韜而未發。其郊廟享宴等所奏宮懸文舞、宜用功成慶善之樂。皆着履執拂。依舊服袴褶。童子冠。其武舞宜用神功破陣之樂。皆衣甲持戟。其執纛之人。亦着金甲。仍量加簫笛歌鼓等。於懸南列坐。與宮懸合奏。（麟德二年十月）

## 訪習禮樂詔

禮樂之用。其來尚矣。朕誕膺明命。克光丕曆。思隆頌聲。以康至道。而曲臺闕訓。猶乖揖讓之容。太樂登歌。徒紀鏗鏘之韻。良以教虧綿蕞。學闕瞽宗。興言盛業。寤歎盈懷。然則幽誠所著。縱九皐而必聞。忠信具存。在十室而無棄。但慮習俎之彥。隱跡於閭閻。辨鐸之英。韜聲於林藪。夫良玉無脛。求之斯來。眞龍難覩。好之而至。其四方士庶。及丘園栖隱。有能明習禮經。詳究音律。於行無遠。在藝可錄者。並宜州縣搜揚博訪。具以名聞。咸亨二年十月

### 禁斷女樂敕　蘇頲

朕聞樂者起於心。心者動於物。物不正不可爲樂。樂不正則不能理人。況天生黎蒸。區別男女。外則不能導之以禮。中則不能由之以樂。苟或不臧。孰云致理。自有隋頹靡。庶政彫弊。徵聲遍於鄭衞。衒色過於燕趙。廣場角觝。長袖生風。聚而觀之。浸而爲俗。所以魯君奪志。夫子遂行也。朕方大變澆訛。用清淄蠹。睠茲女樂。事切驕淫。傷風害政。莫斯爲甚。旣違令式。尤宜禁斷。自今以後。不得更然。仍令御史金吾嚴加捉搦。如有犯者。先罪長官。務令杜絕。以稱朕意。開元二年八月七日

### 內出雲韶舞敕

朕聞舞者所以節八音而行八風。豈徒誇詡時代。炫耀耳目而已也。自立雲韶內府。百有餘年。都不出於九重。今欲陳於百姓。冀與公卿同樂。豈獨娛於一身。且珠翠綺羅。孰非珍玩。常念百金之費。每惜十家之產。是以所服之服。俱非羅綺。所冠之冠。亦非珠翠。至若弋綈之制。大帛之衣。德雖謝於古人。儉不慙於曩哲。庶公卿等觀此。當體朕之不奢。開元十二年正月

### 雅樂名大唐樂制

王者作樂。古之大猷。蓋以殷薦上帝。嚴配祖考。況順天地之體。開山川之風。發揮雅音。導達和氣。揖讓而禮。不其盛歟。自戰國以來。此道墮壞。但紀鏗鏘之節。寧探述作之深。歷代因循。莫之改革。朕嘗以聽政之暇。紬尋前典。雖舊制之空存。而正聲之多弊。將何以列彼祠祀。感於靈祇。斯事體大。諒資合度。是用躬親有以裁較。定六律而爲本。避五行之相尅。哀慢淫過。去其弊也。清濁剛柔。適其中也。亦旣協應。頗爲成文。或得之於自然。乃不知其本。故豈上玄幽贊。俾正闕遺者哉。方於六代之作。亦各一時之義也。乃命奉常。陳於祀事。用昭誠敬。且敦風俗。而王公卿士。爰及有司。頻詣闕上言。請以唐樂名。斯至公事。朕安得而辭焉。然則大韶大濩大夏。皆以大字表其樂章。今之所請。宜曰大唐樂。開元二十九年六月

## 經史

### 命蕭瑀等修六代史詔

經典序言。史官紀事。考論得失。究盡變通。所以裁成義類。懲惡勸善。多識前古。貽鑒將來。伏犧以降。周秦斯及。兩漢繼緒。三國並命。迄于晉宋。載筆備焉。自有晉南徙。魏乘機運。周隋禪代。歷世相仍。梁氏稱邦。跨據淮海。齊遷龜鼎。陳建宗祊。莫不自命正朔。綿歷歲祀。各殊徽號。刪定禮儀。至於發跡開

基受終告代。嘉謀善政。名臣奇士。立言著績。無乏於時。然而簡牘未修。紀傳咸闕。炎涼已積。謠俗遷訛。餘烈遺風。泯焉將墜。朕握圖御宇。長世字民。方立典謨。永垂憲則。顧彼湮落。用深軫悼。有懷撰錄。實資良直。中書令蕭瑀、給事中王敬業、著作郎殷聞禮。可修魏史。侍中陳叔達、秘書丞令狐德棻、太史令庾儉。可修周史。兼中書令封德彝、中書舍人顏師古。可修隋史。大理卿崔善爲、中書舍人孔紹安、太子洗馬蕭德言。可修梁史。太子詹事裴矩、兼吏部郎中祖孝孫、前秘書丞魏徵。可修齊史。秘書監竇璡、給事中歐陽詢、秦王文學姚思廉。可修陳史。務加詳覈。博採舊聞。義在不刊。書法無隱。武德五年十二月

## 修晉書詔

朕拯溺師旋。省方禮畢。四海無事。百揆多閑。遂因暇日。詳觀典府。考龜文於羲載。辨鳥册於軒年。不出巖廊。神交千祀之外。穆然旒纊。臨睨九皇之表。是知右史序言。由斯不昧。左官詮事。歷茲未遠。發揮文字之本。通達書契之源。大矣哉。蓋史籍之爲用也。自沮誦攝官之後。伯陽載筆之前。列代史臣。皆有刪著。仲尼修而採檮杌。倚相誦而闡丘墳。降自西京。班馬騰其茂實。逮于東漢。范謝振其芳聲。蕞爾當塗。陳壽覈其國志。眇哉劉宋。沈約裁其帝籍。至梁陳高氏。朕命勒成。惟周及隋。亦同甄錄。莫不彰善癉惡。激一代之清芬。褒吉懲凶。備百王之令典。唯晉氏膺運。制有中原。上帝啓玄石之圖。下武代黃星之德。及中朝鼎沸。江左嗣興。並宅寰區。各重徽號。足以飛英麗筆。將美□書。但十有八家。雖存記注。而才非良史。事虧實錄。緒煩而寡要。思勞而少功。叔寧課虛。滋味同於畫餅。子雲學海。涓滴堙於涸流。處叔不預於中興。法盛莫通於創業。洎乎干陸曹鄧。略記帝王。鸞盛廣松。纔編載記。其文既野。其事罕傳。遂使典午清高。韜遺芳於簡册。金行曩誌。闕繼美於驪騵。遐想寂寥。深爲歎息。宜令修國史所更撰晉書。銓次舊聞。裁成義類。俾夫湮落之誥。咸使發明。其所須可依修五代史故事。若少學士。亦量事追取。貞觀二十年閏二月

## 簡擇史官詔

修撰國史。義在典實。自非操履貞白。業量該通。讜正有聞。方堪此任。所以承前縱居史官。必就中簡擇。灼然爲衆所推者。方令著述。如聞近日以來。但居此職。即知修撰。非唯編緝踈舛。亦恐漏泄史事。自今以後。宜遣史司於史官內簡擇堪任修史人。錄名進內。自餘雖居史職。不得輒令聞見所修史籍及未行用國史等事。總章三年十月

## 令諸儒質定古文孝經尙書詔

孝經尙書。有古文本孔鄭注。其中指趣。頗多踳駁。精義妙理。若無所歸。作業用心。復何所適。宜令諸儒幷訪後進達解者。質定奏聞。開元七年三月

## 行何鄭所注書敕

朕以全經道喪。大義久乖。淳感之性浸微。流遁之源未息。是用旁求廢簡。遠及缺文。欲使發揮異說。同歸要道。永惟一致之用。以開百行之端。間者諸

儒所傳頗乖通義。敦孔學者冀鄭門之息滅。尚今文者指古傳爲誣僞。豈朝廷並列書府。以廣儒術之心乎。況孔鄭大宗。固多殊趣。諸生會議。曾無所申。而推求小疵。其細已甚。聚訟之訛。人無則焉。其何鄭二家可令仍舊行用。王孔所注傳習者希。宜布繼絕之典。頗加獎飾。子夏傳逸篇既廣。前令帖易者停。開元七年五月

## 改尚書洪範無頗爲無陂敕　孫逖

敕、典謨既作。雖曰不刊。文字或訛。豈必相襲。朕聽政之暇。乙夜觀書。匪徒閱於微言。實欲暢於精理。每讀尚書洪範。至無頗遵王之義。三復茲句。常有所疑。據其下文。並皆協韻。唯頗一字。實則不倫。又周易泰卦中無平不陂。釋文云陂有頗音。陂之與頗。訓詁無別。爲陂則文亦會意。爲頗則聲不成文。應由煨燼之餘。編簡墮缺。傳授之際。差別相沿。原始要終。須有刊革。朕雖先覺。兼訪諸儒。僉以爲然。終非獨斷。其尚書洪範無偏無頗字。宜改爲陂。庶使先儒之義。去彼膏肓。後學之徒。正其魚魯。仍令宣示國學。

## 錄開元以來名臣事迹付史館敕

敕、朕君臨萬邦。多歷年所。於今行事。動必見書。循以舊章。傳諸實錄。豈朕之獨理。所賴良臣。或謀慮以濟其事。或規諷以成其道。開元以來。勳庸德業者。咸宜備敍。其身已沒者。宜令子孫具錄事迹送史館。開元二十五年五月

## 條貫起居注敕

記事記言。史官是職。昭垂法誡。著在舊章。舉而必書。朕所深望。自今後每坐日。宰臣及諸司對後。如是可備勸誡。合在紀述者。委承旨宰相宣示左右起居綴錄。仍準舊例。每季送史館。元和十二年九月日

# 唐大詔令集卷第八十二

政事

刑法

## 刑法

### 頒新律令詔

古不云乎。萬邦之君。有典有則。辨方正位。體國經野。故九疇之敍。興於夏世。兩觀之法。大備隆周。所以禁暴懲奸。弘風闡化。安民立政。莫此爲先。自戰國紛擾。恃詐任力。苛制煩刑。因茲競起。秦并天下。隳滅禮教。恣行酷烈。害虐蒸民。宇內騷然。遂以顛覆。漢氏撥亂。思易前軌。雖務從約法。蠲削嚴科。尚行葅醢之誅。猶設鉗髡之禁。字民之道。實有未弘。刑措之風。以茲莫致。爰及魏晉。流弊相沿。寬猛乖方。綱維失序。下凌上替。政散民凋。皆由法令湮訛。條章混謬。自斯以後。宇縣瓜分。戎馬交馳。未遑典制。有隋之世。雖云釐革。然而損益不定。疎舛尚多。品式章程。罕能甄備。加以微文曲致。覽者惑其淺深。異例同科。用者殊其輕重。遂使姦吏巧抵。任情與奪。愚民妄觸。動陷羅網。屢聞刊改。卒以無成。朕膺期受籙。寧濟區宇。永言至治。鑒寢爲勞。補千年之墜典。拯百王之宿弊。思所以正本澄源。式清流末。永垂憲則。貽範後昆。爰命羣才。修定科律。但今古異務。文質不同。喪亂之後。事殊曩代。因機適變。救弊斯在。是以斟酌繁省。取合時宜。矯正差違。務從體要。迄茲歷稔。撰次始畢。宜下四方。卽令頒用。庶使分曹簡肅。無取懸石之多。奏讞平允。靡競錐刀之末。勝殘去殺。此爲非遠。其修撰之人。宜加官賞。（武德七年四月）

### 糾劾違律行事詔

朕恭膺寶命。撫臨率土。永鑒前王。憲章典故。雖文質遞變。沿革不同。而發號施令。殊塗一揆。皆所以成當世之典謨。開生民之耳目。納之軌度。令其禁止。自律令頒行。積有歲時。內外羣官。多不尋究。所行之事。動乖文旨。此乃臣有所隱。民不見德。與夫不令而誅。何以異也。斯豈守道履正。徇公奉法者乎。自今以後。官人行事。與律乖違者。仰所司糾劾。具以名聞。（貞觀元年八月）

### 頒行新律詔

象服畫冠。化隆上葉。道德齊禮。刑淸中代。暨乎大道既隱。淳風已衰。圄犴所以實煩。手足爲之無措。自斯已降。禁網逾密。太宗文皇帝撥亂反正。恤獄愼刑。杜澆弊之餘源。削煩苛之峻法。道臻刑措。二十餘年。玉几遺訓。重令刊改。朕仰遵先旨。旁求故實。乃詔太尉揚州都督無忌、開府儀同三司勣、尙書左僕射行成、光祿大夫侍中高季輔、右丞段寶玄、太常少卿令狐德棻、吏部侍郎高敬言、刑部郞中賈敏行等。爰逮朝賢。詳定法律。酌前王之令典。考列辟之舊章。適其輕重之宜。採其寬猛之要。使夫畫一之制。簡而易從。約法之章。疎而不漏。再移朞月。方始勒成。宜頒下普天。垂之來葉。設而不犯。均被皇恩。凡在羣臣。逮于列岳。其務在審愼。稱朕意焉。永徽二年九月

法司及別敕推事並依律文詔

朕聞小大以情。義重前誥。哀矜勿喜。道光遐册。朕恭膺寶業。嗣臨億兆。留心聽斷。劬勞日昃。一物乖方。納隍軫慮。今旣科格咸備。憲制久行。訊鞫之法。律條具載。深文之吏。猶乖遵奉。肆行慘虐。曾靡仁心。在含氣之倫。稟柔脆之質。乃有懸枷著樹。經日不解。脫衣迴立。連宵忍凍。動轉有礙。食飲乖節。殘酷之事。非復一途。楚痛切心。何求不得。念及於此。深以矜懷。又投匿名書。國有常禁。凡厥寮庶。咸應具悉。近遂有人向朝堂之側。投書於地。隱其姓名。誣人之罪。朕察其所陳。皆極虛妄。此風若扇。爲蠹方深。自今以後。內外法司及別敕推事。並依律文。勿更別爲酷法。其匿名書。並宜準律處分。庶使泣辜之情。遠覃於四海。卹刑之旨。長垂於萬葉。永徽六年十一月

恤刑詔

哀矜折獄。義光呂訓。明愼用刑。事昭姬象。朕以寡昧。嗣登宸極。思闡大猷。式隆景運。蹈氷彌懼。屬想於寰中。御朽彌兢。馳襟於洛下。虛己待物。每從寬政。如聞率土州縣。留獄尙繁。困於囚繫。致於病死。一歲之中。數盈二百。蓋由上僭亭育之化。下乖堯舜之心。深責在躬。興言多愧。抑又聞之共我理天下者。其惟良二千石。今之所任。或虧政道。未詳欽恤之旨。苟徇苛刻之明。幽縶困滯。證逮遐廣。寒暑相襲。風露交侵。淹乎年歲。成其疾苦。加以榜笞失度。桎梏違方。巧詆深文。生將安望。獄市之寄。何其爽歟。自玆已後。宜革前弊。罪無大小。不得稽留。其囚疾患、及輕罪幷笞杖等。雖法有恒規。恐典吏妄生威福。官人不存檢校。或顏面囑請。觸類以之。若仍舊不悛。當加重罪。布告天下。知朕意焉。龍朔二年八月

頒行新令制

門下、蓋大帝臨下。覆燾之德彰焉。聖人在上。財成之跡著焉。然則統天理運。微政令不能通其道。經國訓人。非渙汗無以宣其化。故羲爻演易。后以施命誥四方。虞典記言。帝乃敷文備九域。豈惟遒人振鐸。理存乎闡教。象闕懸書。義在於垂法。雖時分步驟。必循先甲之規。代變驪驟。無革達名之軌。旣而淳源已往。澆風漸扇。姦宄於是萌生。譎詐以之飆起。相彼羣俗。頗乖於信義。顧玆庶尹。罕嗣於忠勤。尺一交馳。徒有書亭之弊。五條間出。猶招挂壁之譏。非所謂光闡帝圖。作爲人極者也。由此緣綈爰降。尤愼於冗繁。黃素所施。彌崇於喻曉。皇家創業。抑揚前古。粤在貞觀。大啓憲章。浹聲教於幽遐。燭文明於區宇。鴻池衍誥。統理詳密。螭紐騰文。規模弘遠。固以貽厥將來。懸諸日月。朕祗肅鴻業。恭臨寶位。握千載之禎符。承百王之末緒。凝神閒館。

託軒夢以憂人。採誦康衢。用堯心而拯物。然以萬機事廣。恐聽覽之或遺。四海務殷。慮編輯之多缺。南宮故事。綜覈已殫。內史舊章。搜羅殆盡。自御宸扆每懷氷谷。身雖處於巖廊。情實係於億兆。比者在外州府。數陳表疏。京下諸司。亦多奏請。朕以爲帝命多緒。範圍之旨載弘。王言如絲。彌綸之道斯洽。前後處分。因事立文。歲序既淹。條流遂積。覽之者滋惑。行之者逾怠。但政貴有恒。詞務體要。道廣則難備。事簡則易從。故自永徽已來。詔敕惣令沙汰。詳稽得失。甄別異同。原始要終。捐華摭實。其有在俗非便。事縱省而悉除。於時適宜。文雖繁而必錄。隨義删定。以類區分。上稟先規。下齊庶政。導生靈之耳目。闢風化之戶牖。俾夫施之萬祀。周知訓夏之方。布之八埏。共識司南之路。仍令所司編次。具爲卷帙施行。此外並停。自今以後。諸有表奏事非要切。並準敕令。各申所司。可頒示普天。使知朕意。儀鳳元年二月五日

## 申理冤屈制

門下、大帝降鑒。無幽不燭。下人上訴。在屈必申。將使處巖廊者。戶牖絕千里之遙。御億兆者。闕廷無九重之隔。故堯推心以撫俗。業濟天下。湯尅己以察冤。惠孚海內。朕祗膺曆嗣。寅奉璇圖。常居安以戒危。每在得而思失。慮一夫之弗獲。憂萬方之有罪。以爲承平既久。區寓至廣。州邑相望。衆庶殷阜。事繁則詐起。法弊則姦生。念茲冤滯。載懷惻隱。是以頻發詔書。庶幾息訟。比命申理。未副朕懷。百姓雖事披論。官司不能正斷。及於三司陳訴。不爲究尋。向省告言。又却付州縣。至有財物相侵。婚田交爭。或爲判官受囑。有理者不申。或以按主取錢。合得者被奪。或積嫌累載。橫誣非罪。或肆忿一朝。枉加殺害。或頻經行陣。竟無優賞。或不當矢石。便獲勳庸。改換文簿。更相替奪。或於所部頻倩織作。少付絲麻。多收絹布。或營造器物。耕事田疇。役卽伍功。雇無半直。又境內市買。無所畏憚。虛立賤價。抑取貴物。實貪利以侵人。乃據估以防罪。或進退丁戶等色。多有請求。或解補省佐之流。專納賄賂。或徵科賦役。差點兵防。無錢則貧弱先充。行貨則富強獲免。亦有鄉邑豪族。容其造請。或酒食交往。或妻子去還。假託威恩。公行侵暴。凡如此事。固非一緒。經歷臺省。往來州縣。動淹年歲。曾無與奪。欲使元元何所控告。見在京訴訟人。宜令朝散大夫守御史中丞崔謐、朝散大夫守給事中劉景先、朝請郎守中書舍人裴敬彝等。於南衙門下外省共理冤屈。所有訴訟。隨狀爲其勘當。有理者速卽奏聞。無理者示語發遣。其有虛相搆架。浪擾官方。若經處分。諠訴不絕者。宜卽科決。使知懲勵。仍限今年十二月內使了。其在外州縣。所有訴訟冤滯。文案見未斷絕者。並令當處速爲盡理勘斷。務使甘伏。勿使淹滯。若處斷不平。所司糾察得實者。所由官人。隨卽科附。可布告遐邇。使知朕意。儀鳳二年十一月十三日

## 頒行律令格式制

門下、朕聞唐虞膺籙。畫象而人知禁。夏商御圖。設刑而罪不息。周秦以降。沿革罕同。漢魏而還。條流浸廣。雖或輕或重。一弛一張。義在於訓人。事期於肅物。然則刑辟勿用。見稱於昔典。法令滋章。貽譏於前哲。朕情在愛育。志切哀矜。踈網恢恢。實素懷之所尚。苛政察察。良夙心之所鄙。方冀化致無爲。業光刑措。近見所司進律令格式。一一自觀。至於經國成務之規。訓俗懲違之範。萬目咸舉。一事無遺。但能奉以周旋。守而勿失。自可懸諸日月。播之

黎庶。何事不理。何化不成。先聖憂勤萬務。省念庶績。或慮須有弛張。所以迅令刪定。今既綱維備舉。法制弘通。理在不刊。義歸無改。豈可更有異同。別加撰削。必年月久遠。於時用不便。當廣延羣議。與公卿等謀之。今未有疑。無容措筆。其先定律令格式之本。宜早宣布。凡厥在職。務須遵奉。輒造異端。妄踰軌躅者。咸禁除之。庶用刑符於畫一。守法在於無二。內外寮寀。知朕意焉。文明元年四月二十三日

減大理丞廢秋官獄敕

鸞臺、崇德簡刑。列辟之彝範。並官省事。有國之良圖。聖人執契以乘時。道苞乾大。善政改絃而馭俗。義叶鼎新。朕虔荷先基。恭臨下土。運一心之淺慮。憂四海之羣生。馭朽載兢。踐氷惟惕。幸賴九玄垂祐。七廟宣靈。天地以淸。風雨咸若。菽粟登稔。疆徼無虞。茂祉日繁。殊禎歲集。答昊穹之睠命。順億兆之誠祈。蒼璧靈壇。展嚴禋於上帝。黃金祕牒。追顯號於前王。大典聿申。鴻符允暢。斯實祖宗之遐慶。函夏之多福。豈朕虛薄。能臻此乎。但萬歲初元。肇開昌曆。九章恒憲。甫釋嚴科。遠近無縲紲之寃。老幼有歌謠之樂。人皆遷善。政在惟新。丹筆刑官。已絕埋梧之聽。黃沙獄戶。將爲鞠草之場。而法禁之曹。寀寮斯衆。司刑一局。便有八丞。既罕囚徒。靜無推案。豈煩多士。虛習夏書。宜減二員。俾從他職。文昌國府。建禮天閣。庶政是歸。具寮攸仰。諒靑縑之美地。非頳服之攸居。雖復時有申讞。頗須聽斷。兩造之文必具。五詞之理易窮。詎假犴牢。方甄枉直。仙臺置獄。甚謂非宜。今欲總撤踈羅。寧可別施囹圄。其秋官獄。卽宜除毀。朕既深居秘宇。不能偏覽綿區。唯仗時賢。共康天下。州牧縣宰。寄重親人。僚守勾曹。任惟綱紀。百姓或有愆犯。必須盡理推尋。審知罪狀分明。方可禁身科斷。不得纔聞小過。遽縶圜扉。高下其心。同叔魚之鬻獄。輕重其手。爽定國之平刑。黠吏崇奸。恣其乾沒。要囚多滯。積以炎涼。有一于茲。當加重譴。幸悉心而愼罰。同底績以勝殘。佇弘勿辟之規。用闡無爲之化。將使三千之罪。永絕於當年。豈惟數百之刑。僅寬於昔代。布告天下。識朕意焉。萬歲登封元年十月十一日

申寃制

門下、九重嚴邃。非叫閽之可聞。萬邦遐曠。因表疏而方達。朕尊居黃屋。心念蒼生。微物不安。每切納隍之慮。一人失業。更軫宵旰之懷。思欲下情上通。無令壅隔。所以明目達聽者也。其官人百姓等。有寃滯未申。或獄訟失職。或賢才不舉。或進獻謀猷。如此之流。任其投匭。凡百士庶。宜識朕懷。神龍元年二月二十七日

訴事人先經州縣敕

六卿分設。諸郡咸理。在於人下。合免寃滯。如聞越局侵務。背公向私。其傷則多。爲政必紊。宜令天下州縣。百司寮寀。俱守乃曹。各勤所職。或有身名尙屈。刑罰不平。賦役未均。徵差無次。爰及侵奪。亦兼違負。凡人所訴。大略如斯。若縣不爲申。州必須舉。州不能理。府必爲裁。上下相持。寃訟可息。自今已後。訴事人等。先經縣。及府州。并尙書省。若所由延滯。不爲斷決。委御史採訪奏聞。長官已下。節級量貶。開元十年閏三月

減抵罪人決杖法詔

敕、大德曰生。至重曰命。緬觀前典。惟刑是恤。比來犯盜。先決一百。雖非死刑。大半殞斃。言念於此。良用惻然。自今已後。抵罪人合決敕杖者。並宜從寬決杖六十。一房家口。移隸磧西。其嶺南人移隸安南。江淮人移隸廣府。劍南人移隸姚巂州。其磧西姚巂安南人各依常式。開元十二年四月

令宰臣與法官詳死刑敕

朕猥集休運。多謝哲王。然而哀矜之情。大小必慎。自臨寰宇。子育黎蒸。未嘗行極刑。起大獄。上玄降鑒。應以詳和。思叶平邦之典。致之仁壽之域。自今有犯死刑十惡罪。宜令中書門下與法官、詳所犯輕重。具狀奏聞。開元二十五年正月

寬徒刑配諸軍効力敕　孫逖

敕、刑之所設。將以閑邪。法不在嚴。貴於知禁。朕自臨萬國。向踰三紀。思弘至道之化。實務好生之德。比者應犯極法。皆令免死配流。所以市無刑人。獄無寃繫。哀矜勿喜。冀洽於生靈。小大以情。寧忘於鑒寐。至於徒罪。雖非重刑。力役之外。不免拘縶。載罹寒暑。誠可矜量。自今已後。其犯罪應合徒者。並配諸軍効力。庶感激之士。因以成功。寬大之恩。叶於在宥。且本置杖罪。是代肉刑。將以矜人。非惟重法。今官吏決罰。或有任情。因茲致斃。深可哀憫。其犯杖罪、情非巨蠹者。量事亦令効力。宜令所司作載限。仍立條例處分。天寶四年七月

頒行新定律令格式敕　孫逖

敕、簡而易從。踈而不漏。二者之義。良有旨哉。朕思正國綱。舉爲大化。至於律令格式。政之隄防。豈惟沿襲。亦致增損。條流既廣。繁冗遂多。或輕重不倫。或交互相背。侮法之吏。因以情坐。得罪之人。何妨僥入。觸類而長。頗乖折中。永言於此。是用興懷。先令中書門下及明法人等。商量刊定。兼亦採諸羣議。偏示具寮。洎乎畢功。已淹歲序。近者親覽。又歷旬時。如此再三。事亦詳慎。不刊之典。固亦庶乎。適時之方。斯其宜矣。可頒告天下。

罪至死者勿決先杖敕

比者所司斷罪。拘守科條。或至死刑。猶決先杖。處之極法。重此傷殘。非惻隱也。自今罪至死者。勿決先杖。貞元八年十一月

删定制敕

元和長慶之中。皆因用兵。且欲濟事。所下制條。或是權宜。今四方少寧。庶政須理。每有司檢舉行下。則諸道援引申論。所執不同。遂成舛駁。若不刊定。則無準憑。宜令尚書省諸司郎官。各取本司元和已來制勑。參詳定訖。送都省。令左右丞重與尚書侍郎覆視。更加裁度。送中書門下議定聞奏。大和元年六月

禁罪人鞭背敕

朕比屬暇日。周覽國史。伏覩太宗因閱明堂。見五臟之系。咸附于背。乃下制決罪人不得鞭背。且人之有生。繫於臟腑。針灸失所。尙致夭傷。鞭扑苟施。能無枉橫。況五刑之內。笞最爲輕。豈可以至輕之刑。傷至重之命。朕恭承丕業。思奉貽謀。言念于玆。載懷惻隱。其天下州府應犯輕重罪人。除情關巨蠹。法所難原。其他過誤罪僁。及尋常公事違犯。並準貞觀四年十一月十七日制處分。不得鞭背。今年已後。每至夏至之後。立秋已前。犯罪人就州府常條之中。亦宜量與矜減。速爲疎理。不得久令禁繫。委御史臺切加糾察。永爲常式。太和四年四月

## 頒曆

### 頒行麟德曆詔

夫氣象初分。乾坤之位斯定。剛柔遞運。寒暑之節攸施。而晦朔相循。炎涼載革。歸乎推步。方紀歲時。顓頊應期。重黎司天地之職。放勛承統。羲和掌日月之官。履端之道無睽。舉正之法斯在。洎乎末代。漸致疎闊。鄧平之術。旣已多乖。朱浮之言。罕能遵用。九章五紀。莫究精微。日次月躔。寧循晷度。朕御天撫曆。君臨萬寓。眷言玆道。將恐淪缺。欽若垂化。曷所憑焉。爰命所司。研窮詳正。仰稽七曜。傍綜五家。去其繁衍。裁以要密。古所未通。今則備載。陰陽之數可測。盈縮之理無愆。改元履初。占考此曆。歲唯甲子。得於天正。合朔之夜。應以嘉祥。五緯若連珠。二曜若合璧。雖上玄致貺。實增祗愧。而推測所詳。固以精悉。氣序恒順。分餘弗舛。以授農時。升平可致。昔落下閎造漢曆云。後八百歲當有聖人定之。自火德洎我。年將八百。事合當仁。朕亦何讓。宜卽宣布。永爲昭範。可名曰麟德曆。起來年行用之。麟德二年九月辛卯

### 更改閏月制

頃所司造曆。以臈月爲閏。稽考史籍。便紊舊章。遂令去歲之中。晦仍見月。但恐寒暑未節。有爽天經。用敷欽若。中懷式陳。敬授之典。重更尋討。果差一日。履端舉正。屬在於玆。宜改曆惟新。革非於旣往。可以十月爲閏。十月一日甲子朔旦冬至。神功元年七月

# 唐大詔令集卷第八十三

政事

恩宥一



## 恩宥一

### 曲赦涼甘等九州制

朕恭膺寶命。綏靜氓黎。思俾宇內。躋於仁壽。而河湟之表。比罹寇賊。拘逼凶醜。壅隔朝風。元元之民。匪遑寧晏。夙興軫慮。旰食忘疲。重勞師旅。不令討擊。馭以遐算。且事招懷。而慕化之徒。乘機立効。兵不血刃。費無遺鏃。今凶狡即夷。西陲克定。遠人悅附。政道惟新。宜播惠澤。與之更始。可曲赦涼甘瓜鄯肅會蘭河廓九州。自武德二年五月十六日以前罪無輕重、已發覺繫囚見徒。並從原免。桀犬吠堯。非無前喩。棄瑕蕩穢。列聖通規。有惡言不順、及邪謀惑計者。並從洗滌。一無所問。

## 武德二年十月赦

朕祗膺靈命。君臨區宇。承凋弊之餘。拯橫流之難。雖復蠲除徭賦。督課耕農。安集黎元。與之休息。然而鯨鯢未剪。四海多虞。師旅荐興。事不獲已。及其士卒浮惰。苟求逸樂。憚於徵役。離其營伍。因此逃竄。潛匿崎嶇。盜竊爲資。規免朝夕。良由勸勵不明。部署失所。弛慢之責。在於朕躬。琴瑟不調。已云變革。多墜刑網。情兼軫悼。宜從寬宥。許以自新。其義士募力、有背軍逃亡者。自武德二年十月二十日以前。罪無輕重。皆赦除之。飢寒困弊。不能自存。所在官司。隨事賑給。士非素厲。難以應敵。設法垂憲。期於不犯。自今以後。有背軍鎮征役者。隨卽科處。必無容貸。宜明宣告。咸使聞知。

## 益州夔州管內疎理囚徒制

緩刑議獄。哲王彝訓。解網泣辜。前賢茂軌。朕君臨海內。撫育黎元。一物乖所。納隍興慮。其益州道行臺、及夔州總管府。衆務臻集。統攝遐長。囚徒禁繫。其數不少。或控告未申。多有冤屈。或注引肆意。濫及貞良。致使文案稽延。訟獄繁壅。念彼枉滯。情深愍惻。其益州管內諸州。委御史大夫無逸檢校。夔州管內。委趙郡公孝恭檢校。所有囚徒。悉令覆察。務從寬簡。小大以情。但有負罪逃亡。離棄鄉邑。無問輕重。悉令歸首。明加勸導。務修墾植。庶使家給人足。稱朕意焉。武德四年四月

## 貞觀四年二月大赦

天生蒸民。樹之司牧。莫不仰膺靈命。克嗣寶圖。用能永享鴻名。常爲稱首。朕君臨八表。于今四載。夙興夜寐。無忘晷刻。履薄馭朽。思濟黔黎。惟此至誠。庶幾王道。上荷蒼旻之睠。下藉股肱之力。宇內休平。遐邇寧泰。率此區域。致之仁壽。憬彼葷戎。爲患自昔。軒昊以來。常爲寇暴。是以隆周致涇水之師。強漢受白登之辱。武夫盡力於關塞。謀士極慮於廟堂。征伐和親。無聞上策。有隋災亂。憑淩轉甚。疆埸之萌。曾無寧歲。朕韜戈銷戟。務其存養。自去歲迄今。降款相繼。不勞衞霍之將。無待賈晁之略。單于稽首。交臂藁街。名王面縛。歸身夷邸。襁負而至。前後不絕。被髮左衽之鄉。狼望龍堆之境。蕭條萬里。無復王庭。唯頡利挺身。逃竄林穴。天網雲布。走伏何所。大同之世。諒在茲日。斯皆上玄降祐。清廟威靈。豈朕虛薄。所能致此。方欲至仁化物。宜存寬惠。思與萬邦。同享斯福。可大赦天下。自貞觀四年二月十八日昧爽以前。罪無輕重。自大辟以下。繫囚見徒。皆赦除之。逋負官物。三分免一分。其謀反大逆、妖言惑衆、及殺朞親以上尊長、奴婢部曲反主、官人枉法受財。不在赦例。鰥寡孤獨。不能自存者。州縣量加賑濟。賜天下大酺五日。敢以赦前事告言者。以其罪罪之。

## 貞觀九年三月大赦

天地播氣。垂生育之德。皇王御曆。弘覆燾之仁。故能財成萬類。光宅八表。朕祗奉慈訓。嗣守鴻業。承百王之季末。屬四海之凋殘。晨興夕惕。無忘兆庶。

克己勤躬。思隆政道。欲使陰陽順序。干戈載戢。庶幾前烈。致茲刑措。而山東之地。頻年不稔。水雨爲災。飢饉相屬。蠢爾西戎。屢擾邊境。事不獲已。遂勞兵車。良由誠未動天。德不被物。興念及此。撫己多慙。加以澆僞尚繁。刑典仍用。雖復留心聽斷。明慎庶獄。常恐縲紲之中。負冤靡訴。憲網所及。弗辜致罪。一物有怨。責深在余。今歲惟暮春。時屬生長。奉天布澤。與物更新。可大赦天下。自貞觀九年三月十六日昧爽以前。大辟罪已下。皆赦除之。其常赦不免者。不在赦例。鰥寡惸獨不能自存者。所在官司量加賑恤。

## 開元三年正月德音

青春式序。陽和布氣。萬物熙熙。莫不遂其性而嘉其生也。申念愚人。干我王度。日陷坑穽之網羅。朕代天理物。爲人父母。睠言囚繫。良增隱惻。豈憲章之尚密。將教導之不明歟。順時布令。抑惟恆典。兩京及天下見禁囚。除犯惡逆、並造僞頭首(下闕)以前。宜決一百。配流嶺南及磧西諸州。其餘一切放免。

## 原減囚徒敕　　蘇頲

敕。惟刑恤哉。古之道也。朕撫臨四海。茂育萬邦。思致淳風。登之壽域。期畫冠而不犯。故開羅而在宥。念茲下愚。自抵常法。時屬盛夏。天其養生。在物最靈。惟人爲貴。朕處臺榭。猶有鬱蒸之毒。彼居囹圄。能無憯怛之憂。故遣紫微黃門。備加按省。覽其所奏。用憫于懷。爰矜可恕之罪。必務惟輕之義。將布寬惠。從原減。宜依前件。(開元三年五月十六日)

## 宥京城罪人敕

五刑之用。以禁姦慝。三宥之設。以矜愚耄。朕永康四海。憂在兆人。俾臻大化。爰措庶獄。而愚妄之色。抵犯或聞。向隅可哀。當宁興軫。今天地既肅。戒嚴在命。時須其令。罪則無留。載恤幽犴。思布生德。宜崇減死之恩。式明宥過之典。其京城內犯罪等人。昨令按覆。其中造僞頭首、及謀殺人斷死者。杖一百。配嶺南惡處。雜斷死罪。決一頓免死者。配流遠處。雜犯流移者。各減一年。杖罪已下並免。(開元八年九月)

## 孟夏疏決天下囚徒敕

法以閑邪。刑以助化。因時而施。蓋非獲已。朕自臨御天下。憂勞庶務。以至誠感物。道冀有孚。以至理致和。仁或由己。豈欲以刑制政。期於以化清刑。故不用殊絕之誅。每施寬大之令。而遷善者衆。犯法者寡。斷獄十數。聞諸有司。然猶一夫不獲。在予多媿。寰宇殷廣。京都浩穰。繫于徽纆。或未聽理。逮捕斯擾。糧饋爲勞。生業或虧。何以卒歲。言念於此。深用憫然。況今長嬴在辰。耘耨斯切。順時立政。在乎恤人。思弘在寬之典。庶無留獄之弊。其天下囚徒。即令疏決。其妖訛盜賊。造僞頭首。既深蠹時政。須量加懲罰。刑名至死者。各決重杖一百。長流嶺南。自餘枝黨。被其詿誤。矜其至愚。量事責罰。使示懲創。流已下罪。並節級處分。令中書門下就大理及府州縣詳理。(開元十九年四月)

## 以春令減降天下囚徒敕

行慶施惠。所以奉天時。緩刑恤獄。所以愛人命。今陽和布序。草樹自榮。而或入于罪隸。嬰于春藁。同被亭育之恩。未暢生成之施。言念於此。深用惻然。思弘時令。以哀庶獄。天下囚徒罪至死者。特寬宥配隸嶺南遠惡處。其犯十惡及僞造頭首。量決一百。長流遠惡處。流罪、犯罰鎮三年。其徒以下罪並宜釋放。其有官吏犯贓。推問未了者。仍準取實狀定名訖。然後準降處分。計贓一匹及與百姓□然有讎者。並不須令却上。其都委中書門下疏理。京城委留守。天下諸州委長官。並當日處分。其責保停務之類。並宜準此。開元二十年二月

# 唐大詔令集卷第八十四

政事

恩宥二



## 恩宥二

### 遣使往諸道疎決囚徒敕

勑、朕緬稽古訓。思致人和。爰發由衷之詔旨。行順時之政令。孟夏初吉。三農在期。禮先決於薄刑。義必寬於輕繫。既聽其令。用軫于懷。雖囹圄之間。少聞於冒犯。澄清之使。素盡於忠公。猶慮吏有煩苛。人或冤滯。是爽和平之氣。殊乖敬授之心。其天下見繫囚徒、及事發應推身不禁者。即宜差使分往諸道。量事疎決。及宣布時令。除犯贓賄十惡死罪不赦。自餘流徒已下。特宜放免。迴日聞奏。務在欽恤。以稱朕懷。（開元二十年四月）

### 以春令減降囚徒敕

國之用刑。兼在於慎恤。王者布澤。亦在於乘時。所以大易陳規。必議緩獄。周官設教。遵於中典。朕恭臨寶位。憂念黎元。乾乾之心。日慎一日。況兵戎未息。政役猶繁。哀此下人。無忘夕惕。如聞州縣之內。多有繫囚。囹圄之間。動淹時序。每軫納隍之慮。常懷解網之仁。屬陽春布和。品彙咸達。宜覃在宥之澤。俾叶生成之化。其天下見禁囚徒。死罪從流。流罪已下。一切放免。其十惡反逆、及造僞頭首、強盜劫殺、官吏犯贓枉法等。害政既甚。在法難容。不在免限。其諸供司及作曹非切要外。並宜減省。京畿諸色和糴。一切並停。其天下百姓。有灼然單貧、不能存濟者。緣租庸先立限長行。每鄉量降十丁。猶恐編戶之中。懸罄者衆。限數既少。或未優矜。其實不支濟者。宜令每鄉量更矜放。待貲產稍成。任依恆式。以天下未寧。頻申赦令。公私庶務。優恤蓋多。載覃宥過之恩。庶及措刑之美。宣示中外。知朕意焉。乾元二年三月

## 以春令減降囚徒德音

乘時布澤。有國之彝訓。議獄緩刑。前王之茂典。由是捨其䴥卵。殷湯弘解網之仁。順彼陽和。漢后有錄囚之詔。育物施惠。抑惟舊章。朕纘服鴻業。祗膺寶位。何嘗不日旰忘食。中夜求衣。慮一物之失所。憂四方之未乂。雖身居黃屋。而志在蒼生。今寇孽爲虞。征輸未息。猶恐提戈釋耒。未有厚於人時。寘棘埋梧。或慮盈於幽圄。屬三陽啓候。萬物遂生。宜覃在宥之澤。庶叶惟新之令。其天下見禁囚徒。死罪降從流。流已下並宜釋放。京城宜令中書門下、卽分往府縣。御史臺大理寺。卽親自按問決訖。具狀聞奏。諸州府各委所由長官。準此處分。諸色流人及左降官等。所由類例。並與量移。仍委中書門下覆奏取處分。其先緣安祿山僞署、三司有名、應在流貶者。原情議罪。負國誠深。朕已捨其殊死。竄於荒徼。固當與衆共棄。長爲匪人。然皆邦家舊臣。常挂纓冕。使其終沒裔土。永匿魍魂。孰若貸以殊私。俾令効節。亦準例處分。兼委中書門下、量輕重類例。奏取處分。比緣寇盜之內。干戈脅從。白刃臨頸。胡寧忍決。所有陷於兇黨。苟免者多。前後詔書頻已該及。其史思明將士、及僞署官屬等。有束身歸順。並率衆來降。官爵如初。一無所問。以城邑等降者。仍別加封爵。餘凶黨之流。亦同此例。天實臨照。朕無食言。王者設教。務農爲首。今土膏方起。田事將興。敦本勸人。實惟政要。宜令天下刺史縣令、各於所部親勸農桑。百姓中有勤勞耕稼。積其菽粟。或贍於閭里。或能益軍儲。委所由長吏、具狀奏聞。當特與甄賞。仍令有司、第高下量酬。五品已下官勳。其百司及州縣、興功力役、不急之務。一切並停。諸軍兵健、應在行營。有羸老疾病、不任戰陣者。各委節度使、速揀擇放還。路次州縣。量加濟䘏。諸色番役、各令所司減省。放其營農。且寇孽未平。軍戎宜備。甿庶之內。征賦猶繁。朕所以親帥公卿。躬行節儉。而詔書屢下。蠲免蓋多。至國計軍儲。取給而已。猶欲累加損抑。以惠黔黎。宜令中書門下、勾當度支使與諸供司、一切減省。應可蠲免。每司各條件聞奏。當使施行。上元二年正月

## 原免囚徒德音

元首之義。以人爲心。外有凋傷。內懷慘怛。罪歸於己。情見乎辭。伯禹深泣辜之仁。漢王下哀痛之詔。與理同道。惟刑是恤。朕志弘覆載。運屬艱難。思措大刑。俾登壽域。風以解慍。時當發生。國有舊章。已懸書於象魏。思成在宥。宜釋繫於狴牢。其天下見禁囚徒。罪無輕重。一切放免。其官典犯贓。情雖難恕。特從寬典。許以自新。宜納贓放所犯罪。左降官等。卽與量移近處。諸色流人及効力罰鎭人等。並卽放還。其有亡官失爵。亦予收敍。比來兵革不息。米穀未豐。百姓流離。至於困弊。戰士暴露。頗聞闕乏。或有結聚、及有違軍令。但能改過自効。前事捨而不論。艱虞已來。多冒刑辟。道在善貸。屢有德音。

庶其最靈。咸自改勵。宣示中外。知朕意焉。建元二年巳月

## 大曆四年大赦

敕、至理之代。先德後刑。上歡心以臨下。下欣然而奉上。禍亂不作。法令何施。去聖久遠。薄於教化。簡書塡委。獄訟煩興。苛吏舞文。寃人致辟。思欲刷恥改行。厥路無由。豈天地父母慈愛之意也。朕主三靈之重。託羣后之上。夕惕若厲。不敢荒寧。內訪卿士。外咨方岳。日不暇給。八年于茲。而大道淳風。鬱而不振。四郊多壘。連歲備邊。師旅在外。役費尤廣。賦役轉輸。疲耗吾人。困竭無聊。窮斯濫矣。下愚闇昧。不見刑網。戎士在軍。未習法令。犯禁抵罪。其徒實繁。狴牢之間。未詳其事。實吏議不決。動淹時序。傷沮和氣。屢彰咎徵。此皆朕之不明。教之未至。上失其道。而繩下以刑。敢不罪己。以荅災眚。且人者君之支體。害之則君有所傷。刑者教之輔助。失之則人無所措。慮有寃濫。慘然憂傷。用明愼罰之典。俾弘在宥之澤。其天下見禁囚徒、死罪降從流。流已下罪釋放。其左降官及流人、並移隸等。並與量移。仍委本司卽勘責。送名中書門下奏聽進止。如聞州縣官比來率意恣行。麤杖不依格令。致使殞斃。深可哀傷。頻有處分。仍聞乖越。自今已後。非灼然蠹害者。不得輒加非理。仍委觀察節度等使嚴加捉搦。勿令有犯。如違錄名聞奏。量情科貶。宣示中外。宜悉朕懷。

## 大曆五年大赦　常衮

門下、惟辟奉天。作人父母。若天垂戒於上。人不安於下。則修德勤政。以達至誠。恤刑獄之寃抑。痛閭閻之疾苦。招納諫臣。旁求賢良。允迪前烈。率由茲道。朕獲承宗廟之重。託於王侯之上。夙夜齋慄。莫敢荒寧。推誠以撫萬邦。屈己以安百姓。憂勤之至。日愼一日。服御之給。損之又損。而涉道猶淺。燭理不明。國經王度。多有廢闕。加以寇戎驟犯。軍國頻勞。賦重人竭。因之歲歉。田荒業廢。逋散相仍。每深憂悼。頻有蠲降。兼亦簡求良吏。以惠矜人。去除姦宄。用達幽枉。大變風俗。更張刑政。冀人和之漸洽。何天眚之屢彰。固以朕德之寡昧、化之衰薄。其咎不遠。在予一人。亦由郡邑之政。未盡條理。或貪以害物。或擾以傷農。有凌弱暴寡之寃。有不均失中之政。人無所措。多陷刑辟。蓋教之道未至。豈忍以文法繩之。慘然憂嗟。深自引慝。雖靡草麥秋之候。方斷薄刑。而薰風長養之時。宜寬庶獄。大決疎網。與之更新。其天下見禁囚徒、死罪並降從流。流已下並釋放。內外文武官及前資官六品已下。並草澤中有碩學專門、茂才異等、智謀經武、諷諫主文者。仰所在州府觀察牧宰精求表薦。如所由搜揚未盡。遺免林間者。卽宜詣闕自舉。親當策試。量能擢用。朕每覽漢文詔書。至陽和之日。草木羣生之類。皆有以自樂。而吾百姓或阽於死亡。而莫之省。悵然遐想。感歎增懷。哀今之人。又甚於昔。思有贍恤。安其居食。觀察節度使及刺史、各宜訓勵所部。使奉科條。變貪官之節。激廉吏之行。其淸白明著、政理殊尤者。具以名聞。必加奬擢。若冒于貨賄。案我紀綱。一經糾劾。當峻刑憲。其官人犯職、經恩免罪者。並宜申報中書門下及所司。不得容其却上。自王室多故。積有歲時。皆我文武之臣。中外戮力。今天下旣定。崇德報功。與之剖符。傳代不絕。至於莅官述職。各宜愼典刑。貽慶子孫。永同休戚。於戲。武德貞觀之間。有若魏徵、王珪、李靖、李勣、房玄齡

杜如晦等。扶翼大運。勤勞王家。尊主庇人。匪躬致命。咸有一德。格于皇天。緬然常懷。風烈猶在。其後嗣沉翳。特加優獎。如廟宇荒毀。即宜修葺。無德不報。何日忘之。其鰥寡惸獨、老幼貧窮。不能自存者。委州府縣吏取諸色官物量事賑給。仰各招攜戶口。勸課桑農。應所在州府、有興功役處。非灼然急切者。宜並停之。五岳四瀆名山大川。神明所居。風雨是主。宜委中書門下、分使致祭。以達精誠。孝子順孫、義夫節婦、事跡著者。特加旌表。頒示中外。知朕意焉。

## 大赦京畿三輔制

常衮

門下、古者以春季之月。布德行惠。恤刑振乏。朕親執犧牲玉帛。獲奉于上帝神祇。九年于茲矣。克己思理。明不能燭。昆夷未敍。王略猶虞。歲會三秦之師。日有千金之費。悉索弊賦。疲於餽軍。侯甸之間。徵求耗竭。百穀翔貴。關中小歉。窮則斯濫。安能懼刑。因而成盜。多有犯法。至於軍戎之士。致使廩賜不充。因之逃亡。或抵邦憲。事非獲已。情亦可察。近以露濡思亡。明發有懷。屬禁火之令節。方薦鮪於園寢。聖祖敷祐。景靈吉祥。先天後時。載荷嘉貺。以陰以雨。又助發生。固宜順曲成之仁。布惟新之命。赦罪育物。曠然滌除。其京兆府及三輔、並京城內諸司諸使見禁犯死罪已下。特宜釋放。有犯未發覺者。罪無輕重。一切放免。如妄論告者。以其罪罪之。其官典犯贓不在免限。頃者朝恩夙著功勳。委之戎事。而徵求黎庶。空竭閭閻。加之廣有貿易。奪人賄利。京城之內。擅置刑獄。恣行忍虐。幽執無辜。部領師人。乖於撫馭。資糧刻薄。勞役煩苛。惡稔釁盈。自嬰沈痼。念其勳舊。許以優閑。令罷其兵權。遂其養疾。而宗社降鑒。明神所殛。羸瘵不起。旋至斃亡。既往無追。一切不問。所管將士等同勞王事。各効辛勤。是朕爪牙。自致勳業。並宜仍舊。勿有憂懼。蓋以朕誠未感物。明未知人。失於授任。而臻此也。今則虛懷引咎。親御禁戎。必加優寵。以表勞績。其賫聖寺禁人。並追捕勘責等。即宜並停。然以王畿艱弊。務恤疲人。蠲稅罷徭。與之休息。尚恐流庸罕復。貧弱未安。益用憂勤。諒資約損。京兆府百姓、承前應欠官物等。委所由勘責。實在百姓腹內者。一切放免。其所由腹內者。不在免限。畿內官人手力資諫及府官允職掌名額稍多。有所祇供。不免煩費。並諸縣郵遞路次館驛諸色徵科。一物以上。並委中書門下與京兆尹即計會取責色目。一一商量條件處置。務令減省。以息勞人。其諸司使迴易一切並停。不急之務。亦宜且罷。農隙之後。然準常式。宣示中外。知朕意焉。

# 唐大詔令集卷第八十五

政事

恩宥三



## 恩宥三

### 大曆七年大赦

門下、濟於道者化醇而刑措。善於理者綱舉而網疏。朕涉道未弘。燭理多昧。常亦遐想太古。高挹玄風。保合太和。在宥天下。蓋德薄而未臻也。是用因時以設教。便俗以立功。務盡平恕。用申哀恤。又教淺而多犯也。加以邊虞未戢。井賦猶繁。荒瘵之餘。寇攘斯起。遂令圜土嘉石之下。積有纍囚。危章玄簡之中。困於法吏。屬盛陽之候。大暑方蒸。永念狴牢。何堪鬱灼。所以沮傷和氣。感致咎徵。天道人事。豈相遠也。如聞天下諸州自春以來。或愆時雨。首種不入。宿麥未登。哀我矜人。何恃不恐。皆由朕過。益用懼焉。惕然憂嗟。深自咎責。所以悉減常膳。別居齋宮。禱於明神。冀獲嘉應。仲夏之月。靜事無刑。以助宴陰。以弘長養。斷薄決小。已過於麥秋。繼長增高。宜順乎天意。可大赦天下。其大曆七年五月十五日昧爽已前。已發覺、未發覺。已結正、未結正。應天下見禁囚徒。罪無輕重、一切並宜放免。所由不須類例聞奏。宜令諸道節度觀察及州縣牧宰等、於當官內所有名山靈跡。各精誠致祭。祈降甘澤。冀獲豐稔。永思流弊。庶振風猷。其巴南諸州。仍歲水旱。迫於凍餒。或至流離。因有剽攘。苟全性命。懼刑網之所及。始嘯聚以相依。抑有由焉。蓋非獲已。永言其弊。用軫于懷。如能相率來歸。各安生業。並無所問。咸許自新。敢以赦前事相告者。以其罪罪之。亡命山澤。挾藏軍器。百日不首。復罪如初。赦書日行五百里。宣示中外。咸使聞知。

## 大曆八年大赦

自古帝王。順時行令。當北至之炎燠。應南風之長贏。必使無刑。解網申惠。敍麥秋之氣。而代天理物矣。朕獲奉珪璧。虔恭郊廟。二紀有餘。承累聖之鴻業。爲兆人之父母。戰戰兢兢。恐懼不濟。而天地幽贊。陰陽化育。關輔之內。農祥荐臻。嘉穀豐衍。宿麥滋殖。閭閻之間。倉廩皆實。百價低賤。實曰小康。此皆上帝報貺。烈祖儲祉。卿士存誠。元元盡力之效。思與萬方百辟。咸共樂之。而未能也。況或抵常憲。纍然就拘。辨對官曹。深閉獄戶。永惟械繫之慘。追復冒犯之由。皆自王化之未醇。風教之多闕。俾人忘恥格。俗虧禮讓。羅在刑典。久於狴犴。當順陽助生之時。積寃蔽感傷之氣。百姓有過。在予一人。顧諟欽恤。誠切傷痛。用申在宥之旨。庶洽惟新之令。自大曆八年五月二十九日昧爽已前。天下見禁囚徒。及已發覺、未發覺、已結正、未結正。死罪並降從流。流已下並宜放免。敢以赦前事相告者。以其罪罪之。亡命山澤。挾藏軍器。百日不首。復罪如初。夫承天下之序。則三時有成。自申刑外之恩。則四海蒙福。嗟示庶士。諒悉予懷。

## 大曆九年大赦

朕誕膺天命。以撫方夏。夙夜兢惕。保祐惟人。懼庶獄之未孚。俾一夫之不獲。思用哀恤。與人和寧。頃屬夷夏多虞。干戈是務。徵賦頗重。黎元不康。內迫艱窮。外乘師旅。因行盜竊。自陷典刑。纍然圜土之下。佇隙視蔭之命。永念愚惑。惻焉疚心。而寰區之間。舉類斯衆。今火中惟夏。長贏及時。欝然沈繫。致傷和氣。萬方有罪。在予一人。將洽至淳之化。更布惟新之理。其大曆九年四月二十四日昧爽已前。大辟已下罪。已發覺、未發覺、已結正、未結正。罪無輕重。一切並宜放免。敢以赦前事相告者。以其罪罪之。其在軍將士。有刀箭所傷、久嬰沉疾者。戮力疆埸。身當鋒刃。各委所由量給藥物。厚加優賞。其陣亡將士。亦仰本使隨事優恤。妻子各申錫賚。其百姓鰥寡孤獨。不能存濟者。困窮無主。誠可哀傷。所在府州縣長官。每年以諸色官物量加贍恤。令其得所。亡命山澤。挾藏軍器。百日不首。復罪如初。在宥之典。既周動植。純嘏之錫。庶延子孫。凡在品彙。各宜遷善。宣示中外。令悉朕懷。

## 宥京城禁囚敕

頃屬煩暑差候。愆陽積旬。處于高明之中。猶有鬱蒸之歎。而況幽閉獄戶。辨對官曹。甫臨秋期。將正時憲。重循欽恤之道。載弘全宥之仁。其京城內見禁囚犯、流已下罪。並宜釋放。

## 敕京城囚徒制

常　袞

朕以寡薄。獲守丕圖。龔默思道。克謹天戒。常恐至誠不達。景化未敷。寅畏之誠。寢興在慮。自純陽用事。霖雨愆期。麥雖有秋。禾未長畝。有阻三農之候。將貽萬姓之憂。是用齋心滌思。禱于上下神祇。雲從自郊。月未離畢。膏澤不降。憂勤益深。雖水旱成災。陰陽恆數。而政刑失中。或致愆伏。豈簡孚有爽。哀敬未誠歟。嗟我矜人。陷于刑辟。當炎蒸之序。在縲絏之中。久積幽冤。有傷和氣。所以引成湯之六事。過實在予。寬大禹之九刑。誠存育物。期於作解。以救如焚。其京城見禁囚徒、死罪已下降從流。流以下罪一切釋放。仍委中書門下。即疎決處分訖聞奏。用法從輕。或謂之長惡。宥過無小。寧失於不經。庶空夏臺。用綏秋典。宣示中外。令知朕意。

元和十三年大赦

朕聞王者法天作則。與衆守邦。奉天無私。居兆人上。當恭己嚮方之際。切臨深馭朽之懷。憂勤靡遑。今古何遠。所重者兵革不試。軌度自貞。熙仁育和。以至大道。朕顧惟菲德。祇奉睿圖。承昊天之眷命。纘列聖之丕緒。昃食以求至理。虛心而俟昌言。兢兢業業。常懼失墜。逮今十有四年矣。道且希於廣運。意常在於包荒。推誠則深。感物未至。頃歲蜀川浙右。怙亂阻兵。人神共誅。翦滅相次。姑務偃革。期於措刑。方籥勺以懲姦。庶干羽以成化。淮蔡寇孽。稔禍挻災。問罪興師。蓋非獲已。念征行之暴露。軫饋給之煩勞。中宵惕然。載益祇厲。妖兇既殄。黎庶有康。斯皆宗社垂休。中外協力。將勤思於下土。冀昭答於上玄。茲朕所以與羣公卿士。勵精於庶政也。屬獻歲發春。授時惟敬。勾萌盡達。幽蟄咸蘇。徽纆可矜。鰥寡存念。俾疎網之是決。與慶澤而惟新。可大赦天下。元和十三年正月一日昧爽已前。大辟罪已下。咸赦除之。

長慶四年正月一日德音

朕以寡昧。獲守重器。兢厲畏惕。于茲五年。皇王之事。罔不修備。而大典有闕。舉而行之。粵以元正。御于正殿。百辟咸序。萬方來庭。思欲推至仁以布和。奉天時而施令。況上玄貽慶。列聖垂休。光輔予躬。以至寧復。爰思士庶。同被慶靈。並茲囚隸。亦合流澤。自今年正月一日以前。犯死罪者、並降從流。流罪以下遞減一等。其故殺、官典犯贓、十惡者、並不在降赦之例。左降官未經量移者、與量移近處。流人各據本年限、與減一年。如本限止一年、放還。朝賀之禮。國之盛事。肅恭班位。敷讚威儀。俾申慶賀。以示弘普。其應元日緣朝賀行事官、三品已上賜爵一級。四品已下加一階。文武常參官、六品已下及宗子、應加陪位者、並諸賀正使、各賜勳一轉。諸番陪位、賜物有差。今兵革甫寧。典常粗舉。雖慙至理。可謂小康。唯水旱猶虞。蒸黎重困。公私蓄積。頗有未豐。宜令諸道觀察使、刺史各具當處利害、其有弊事可革有益於人者。並言何術可以漸致富庶。附驛以聞。亦不用專使詣闕。以省煩費。其封畿之內。百姓利病。以委京兆、河南尹、具以條奏。於戲。束帶立朝。必資忠讜。濟時利物。式佇謨猷。其文武百寮所上封事。極言得失。無有所隱。事可施行者。便委中書門下量加奬用。朕以執契馭時。任賢興化。教之至道。期致太和。凡在臣寮。宜知此意。

# 唐大詔令集卷第八十六



## 恩宥四

### 曲赦京畿德音

王者愛人如身。推己及物。恤其寒燠之苦。適其舒慘之宜。俾叶太和。用臻至理。夤默思道。憂勤在懷。時屬嚴沍。念深徽纆。當霜雪之候。滯囹圄之中。饋餉爲勞。逮捕斯擾。沍寒所迫。愁嘆必多。惻然疚心。思有矜恤。宜布在宥之令。使無留獄之嗟。應京百司及畿內諸縣、見禁囚徒、應犯死罪、特降從流。流已下者、遞減一等。如欠負官錢。情非巨蠹。責保塡納。不要禁繫。唯故殺人者、及官典犯贓、不在此限。仍委京兆尹及諸司官長、制下當日速決聞奏。朕司牧黎元。存誠康濟。封甸殷廣。京師浩穰。憫觸法以罹辜。式加恩而宥罪。庶止無告。寧失不經。宣示中外。令知朕意。（太和八年十二月）

大中十三年正月赦

天將發生萬物也。則必假以暄妍潤以膏雨。王者之在宥四海也。則必滌其瑕穢。施以渥恩。固頻啓於倖門。豈無彰於皇澤。朕以菲德。獲纘丕圖。常慕唐堯之無爲。漢文之恭儉。宵旰不暇。乙夜觀書。萬務靡有不親。一夫猶慮失所。兢兢業業。不敢荒寧。十有四年。至于茲矣。每懼風俗之未厚。賦役之尙繁。政令之未明。刑獄之多濫。思用克濟。浩無津涯。上荷穹昊垂休。宗祏保祐。下賴股肱翊化。岳牧懋功。五稼屢登。四夷內附。懷仁庶同於行葦。納諫無愧於從繩。疵癘不生。飛翔遂性。日月所燭。庶爲小康。顧予寡昧。何以臻此。近者藩方之任。撫理或乖。潭廣宣□。俶擾相次。雖興師殄寇。本於爲人。而惡殺好生。良多愍□。而又緣河數郡。暴水成災。念其蕩飄。深用憂軫。乘此三元之慶。宜弘肆眚之恩。可大赦天下。自大中十三年正月一日昧爽已前。大辟罪已下。罪無輕重。咸赦除之。唯十惡叛逆、故殺人、官典犯贓、不在此限。

咸通七年大赦

我國家膺天明命。光宅萬方。二百有五十載矣。梯航所及。昭顯於夏殷。文軌攸同。夐逾於漢晉。朕承十六聖之業。居億兆人之上。猥惟眇身。欽荷丕構。遠奉貞觀開元之至理。近宗憲祖宣考之宏規。常慕雖休勿休。豈敢自暇自逸。然而仁不逮於百姓。德不參於二儀。莫致感通。更延災沴。近者兵革未弭。蟲蝗相仍。方懷徵發之勞。復起荐飢之歎。雖頻加錫賚。累有蠲除。尙慮澤未徧通。信未旁及。是用連宵假寐。每日忘飡。思所以拯我黎元。臻其壽考。或多方以革弊。盡慮以鼎新。庶或上下各從願欲。況善爲國者以好生爲首。行王道者唯惘物是先。苟可勝殘去殺。亦冀止戈爲武。於戲。誠明之旨。旣悉於斯。渙汗之恩。夫何所愛。可大赦天下。自咸通七年十一月十日昧爽已前。大辟罪已下。已發覺未發覺。已結正未結正。繫囚見徒。罪無輕重。咸赦除之。唯犯十惡叛逆、故殺人、官典犯贓、不在此限。持杖打劫。必欲害人。苟遇支敵。必行殺戮。拒敵追捕。肆意奸兇。並故殺人者。雖已傷未死。已死更生。意欲殺傷。偶得免者。並同殺人法處分。其賣毒藥、開劫墳墓。及別獄之內。官吏用情推斷不平。因成寃濫。無問有贓無贓。不在原宥之限。朕君臨四海。子有兆人。常恐萬類之中。一物失所。況雲南素推誠節。久慕華風。顧帥臣撫御乖失。不諭朝旨。遂令滋擾邊隅。初陷交邕。旋侵越巂。屢移星歲。彌縱干戈。靡思量力之言。曾無事大之禮。軼我疆理。勞我隄防。爰用徵兵。諒非獲已。且鋒刃之下。多有殺傷。每念于懷。良深慙悼。寧屈己以徇衆。不窮兵以害人。斷自予懷。更弘招諭。應安南邕州西川等道諸軍兵士、各守疆界。不用進師。乃委劉潼審詳事機。明加曉諭。如能重修和好。信使如初。朕當虛懷一切。不問雲南先差專使。昨已有詔旨處分。其先配隷習讀質子、各本道供給。續當指揮。安南邕管西川三道軍士。皆踰山越海。擐甲荷戈。志切勤王。誠深報國。固內侵之封域。收已失之城池。盡欲捐軀。咸思賈勇。險阻數歷。終始一心。言念忠勤。誠用嘉歎。今南蠻已加招撫。冀就弭寧。日下但嚴守封疆。且備要害。雖未用更圖攻討。亦未可便絕訓齊。其將士等義感風雲。志諧金石。屯營旣久。立效已多。大功將成。懇節無奪。俟其歸款。別有指揮。仍委劉潼高駢李鈬等、具此慰勞。以副予懷。其三道軍糧。地界懸遠。致其盡力。當有充腸。如諸道戎兵。未免飢餒。因之隕命。猶用傷懷。宜令常宙劉潼、嚴加條流。丁寧期限。無使供饋。更聞失時。其赴府三道行營兵、有親老及妻子在家者。各委本道切加存恤。勿使凍餒悽惶。俾無迴顧之憂。以勵當鋒之志。其諸將士勇敢用命。當鋒歿身。義節可嘉。孤弱是念。並委本道節度使、據所申報。各須安存。如血屬單弱不能自存者。即厚加給卹。遺骸在野。深可憫嗟。今春已降德音。盡令優給收葬。尚慮暴露。未契幽陰。今更舉明。用慰泉壤。宜令所在長吏、訪尋收殮。如法瘞藏。仍以酒醪殷勤奠酹。應三道兵士經過累路州縣。供應頓遞。徵配里閭。水程船夫。陸路車役。勞弊斯甚。疲瘵可哀。其岳州湖南桂管邕容管內沿路州縣。今年二月二日德音已蠲放今年夏秋兩稅各一半。尚恐鄉村未悉。更要加恩。宜於今年夏稅正錢、每貫量放三百文。沿路州縣。亦甚凋傷。先未霑恩。今須優假。宜於來年夏稅正錢、量放一半。仍各委本處長吏、親自點檢。明閱簿書。勿使恩不布於疲羸。幸或生於桀黠。副予深意。必及遠人。誠信之道。蠻貊可行。苟或未孚。其肯懷惠。應安南邕州容州黔南西川諸溪洞酋長首領、務加優恤。諭以恩信。若須節級賜官秩賞給者。委當管速具分析聞奏。京畿之內。蝗旱爲災。稼穡不收。凋殘可憫。其京兆府今年青苗地頭、及秋稅錢、悉從放免。仍並出內庫錢二十四萬五千三百六十餘貫。賜官府司。充塡諸色費用。河南及同華陝虢等州。遭蝗蟲食損田苗。奏報最甚。除合放免本色苗子外。仍於本戶稅錢上每貫量放三百文。如今年秋稅已納。即放來年夏稅。其諸道有蝗蟲甚處。並具奏聞。亦議蠲減。其河南府水災之後。仍歲飛蝗。想彼蒸人。尤多凋瘵。宜別賜鹽鐵河陰人運米三萬石。委崔璙充諸色用。其諸道州縣。應有逋懸兩稅斛㪷青苗地頭榷酒等錢。既有書簿。不免徵剝。咸通三年已前者。並一時放免。從四年至七年。其中有準赦蠲者。亦不得因此重徵。京畿之內。供億事繁。色役差科。曾無虛日。黎人困苦。深可憫傷。更有逋懸日久。徵追無由收斂。徒繫簿書。應京兆府諸縣。從大中八年後至咸通六年。應欠諸司稅草斛㪷糖棘番匠知食使玉蘇、及府司欠延資、並度支戶部錢物、及賑貸折糴粟、並諸縣欠塡省修堰埭等錢、及莊宅監察使拆寺、並佛堂材木樹等價、及欠左右神策軍捉賊賞錢等、及諸縣應欠咸通三年至六年合送府夏秋稅錢物斛㪷、並䵃麩莊田地租、及諸縣咸通三年至五年賑貸粟、並長安縣大中八年先借太倉粟充賑貸。除已納外、餘欠斛㪷等、並從放免。兼簿書一時毀廢。從今年已後。別立帳。內庫年支。費用雖廣。有司積久。追呼固多。虛繫簿書。頗爲煩弊。朕方弘儉約。深軫凋殘。特示優矜。用蠲逋責。應度支積欠大盈庫年支匹段絲錢、從太和八年已後至咸通元年已前、並宜放免。及欠瓊林庫年支金銀錫器、錦綾、器皿雜物等、自開成五年已後、至咸通元年已前、並宜放免。左降官、量移近處。已經量移者、更與量移。如復資者。任取本官選數聽集。丁憂放還者、服闋日各與量移。並別敕因責降除正員官、所司亦與處分。其左降官及流人、先有官者、如已亡歿。各還本官。失爵痕累禁錮者、並從洗滌。左降官並流人、元敕令終身勿齒、及長流遠惡、並云縱逢恩赦不在量移者、並與量移。如已亡歿者、並許歸葬。如緣葬事困窮、不能自濟者、委所在官吏量給棺櫬、優恤發遣。中外前資見任官中、其有頃因瑕累、未經錄用者、並左降官、如事情可恕、才行足稱者、委中書門下量加簡拔、隨能錄用。戎狄款塞。邊陲無虞。或使臣因備制弛慢。切在搜訪利病。濟便兵農。勿以久安。遽忘遠慮。所宜常加備境。每切訓戎。將弘撫治之功。須爲經久之計。其邊上方鎮、本軍兵數、節度使皆位崇元帥。誓立殊功。必能檢閱軍實。以靜邊。綏撫單寒。以和衆。素有定額。固非空文。然亦慮或因犯法。死亡停解。不便招募。闕額遂多。並須檢勘分明。仍委御史三司監院、切加察訪。即時聞奏。江淮諸州百姓、只合輸本分苗稅。不合分外差科。多爲所在長吏權立條流。臨時差配。或強名和市。都不給錢。自今除納本分苗稅外。一切禁斷。牧守之任。慈惠爲先。欲安遠人。須求廉吏。如聞邕容桂廣等道管內刺史每州皆管三縣。人戶不少。其間選用。尤要得人。訪聞本道觀察使所奏監州官。多是本土富豪百姓。兼雜色人。例皆署爲本道軍職。或作試銜。便奏司馬權知軍州事。既不諳熟文法。又皆縱恣侵欺。多取良家。以爲奴婢。遂使豪酋搆怨。溪洞不安。若不條流。生人轉困。其邕容桂廣等道管內、自今已後。刺史必須精選賢良。久歷官途。不越資序者。始許奏請。其軍職試銜。並不在奏署限。藩條之例。刺舉是資。郡政之方。邑宰是選。斯紀綱共設。次第相臨。苟皆推公。必無敗政。如聞近者廉卓殊無。刺舉牧守。率務並容。邑宰非才。疲人罹弊。必在懲革。以惠惸嫠。自今已後。委觀察使專刺舉之職。如郡守不理。或臨財不廉。酬飲是營。獄訟靡息。以時聞奏。當劾按罪定刑。如藩方不謹察廉。或致下人上訴。推覆得實。觀察使別候敕旨。本判官遠加譴罰。其郡守亦仰察訪縣令。如或有過不舉。停任後別有處分。錄事參軍重加削罰。如刺史縣令有異政灼然可舉者。仰具錄奏。必議超升。人命至重。在愼典刑。國章苟墮。必多枉撓。近日執法之吏。罕得其人。或制敕不行。曾無提舉。或奸巧爲患。莫能辨明。遂使可死者生。可生者死。而又縲紲繁壅。斷決淹延。乃致怨嘆。或成災沴。予懷憯怛。寢食靡寧。宜委御史臺、刑部、大理寺、愼擇官吏。皆須素能折獄。俾務盡心。則人必□□。法當盡善。其天下州縣官等。皆罕習律令。莫知重輕。唯任胥徒。因多枉濫。委本道觀察使、覺察聞奏。又刺史縣令、多務遊宴。不思官常。決遣既妨。囹圄自滿。永言冤滯。豈不由斯。委觀察使表率條流。以懲深弊。度支鹽鐵戶部三司、欠負錢物。頻有赦令。據年額節級矜蠲。如聞所司尚有徵迫。忘豎可徵可放。多因奸吏恣情。遂使恩不及夫窮厄。事無補於經費。其諸色人戶所由等、應欠三司錢物、自大中十二年已前、並宜放免。縣道之間。郵亭具列。行李供億。格敕著明。如聞節度觀察刺史等所經過。不遵品式。公券之外。私費至多。或在道途。有六七百人。行李所在地主。務求交歡。別差吏人。號爲置頓。必皆率配。弊及疲人。自今以後。所在長吏。切加遵守格文。不得違越。赦令所在（下闕）蘇疲瘵。如聞遠處州縣。告示不得分明。今要條流。永爲定制。赦書到後。各委本道全寫錄於縣門牓示。但緣事理繁細。紙數頗多。減放矜蠲。頭項埋沒。鄉村百姓。無因得知。宜令所在長吏細詳。各據本處百姓合得免科段。一一豎項作小牓於要路曉諭。令百姓知悉。宗室子孫。不合淩替。班列之內。人數至稀。宜令宗正寺搜擇宗子、有行義文學、吏事堪稱清實者。具名聞奏。委中書門下量才敍用。如在郡縣。年已蹉跎。士行可獎。困於寒餒。宜委所在長吏。隨分賑策優假。如聞編戶之中。素非宗室。因緣識故。寫錄諸書。投入宗枝。妄認房籍。恃憑攪擾。侵害鄉村。近日此徒。敗露非一。雖已行法。未絕根源。從今以後。委所在長吏、切加搜獲。如涉疑妄。即收錄聞奏。當痛懲之。用安里閭。前代爲賓。素德作範。理合殞恩。二王三恪、及文宣公、各賜物五十疋。衡珣拱衞。執玉會同。俾申懷遠之恩。用展酬勞之錫。神策六軍、威遠營、金吾、及皇城應緣御樓立仗將士等、各賜物有差。鴻臚禮賓院、應在城內蕃客等、並節級賜物。功播一時。名流千古。念其有後。觀以將來。故尙父子儀、贈太師晟、贈太尉秀實、各與子孫中二人八品官。顏杲卿、張巡、許遠、南霽雲、子孫中各與一子出身。中書門下儀制官、及內侍省內教並特加一階。勳著燮和。道彰鎮撫。牧守宣力。卿士叶心。永言盡瘁之誠。宜洽追榮之典。中書門下及節度使帶平章事者、祖父母父母並與贈官封。已經追贈者、更與改贈。京文武常參官、東都留守、度支鹽鐵等使、諸道節度觀察都防禦經略等使、及神策金吾六軍將軍大將軍、威遠營鎮國軍等使、父母已歿。未經追贈者。量與□□。已追贈者、亦與改贈。父歿母存。未封邑號者。父見存、未有官者。量與致仕官。其曾任常參官、出爲刺史縣令分司等官、今已得替、兼前資郎官已上官、其父母並准有見任常參官例、與追贈。冠冕相先。懸車自遂。紀綱之僕。軒陛攸陳。宜升階級之榮。式進勳封之寵。內外文武及見任及致仕官、三品已上贈賜爵一級。四品已下加一階。神策六軍金吾威遠營皇城等將士、普恩之外。各賜勳兩轉。天下百姓。年九十已上、各贈米五石、絹兩疋、綿一屯、羊酒有差。仍令本縣令就家存問。今州府官員多不給付。所用無幾。繫體則深。宜令以上供餘錢物充給訖。各具分析聞奏。

## 咸通八年五月德音

朕聞唯天爲大。唯堯則之。施及文王。昭事上帝。朕遐思古訓。順考前聞。仰止於皇王之間。規範於堯文之際。始如徒涉。而望超溟渤。中若策蹇。而求躡雲霄。思逮于三。希之則至。由是力於恭己。銳以濟人。九載于兹。一致不怠。然而德未甚腆。信未甚孚。雖懷汔可之詩。敢企康哉之詠。尙賴社稷降祉。祖宗垂休。兵革向寧。朝野斯乂。自頃誕施渥澤。冀獲霶流。猶慮莫及昭蘇。逾多困乏。今則夏田豐稔。倍於常時。不足之憂。暫免興慮。又以西成未保。蝗蟲是慮。永惟惠卹之宜。庶叶銷禳之要。苟能利於百姓。賴於四方。可使稼穡有年。邊疆無事。則唯恐不及。豈憚於必行。是用更理闕遺。載新提舉。一陽斯始。爰開蕩滌之恩。晏陰將成。式經矜蠲之令。副我誠切。在爾司存。應京畿天下見禁囚徒。暑毒之時。要令疎理。牢獄之內。慮有滯寃。宜令臺府及該軍司、並所在州縣長吏、據見禁囚徒。德音到後。七日內親詳罪名。疏理訖聞奏。不得更延引時日。除非巨蠹有礙去年赦條外。餘並節級遞減一等。從輕處分。左降官及諸色流人。雖累有赦令。皆已霑恩。欲其悔過自新。豈悋頻施霈澤。經去年赦條已得量移者、更與量移。合復資者、準前例處分。其去年十一月十日後至今年五月已前、續有左降官及流人。亦便與量移。如合放還者、所司速與處分。內人久在宮中。常膺使令。不唯勤勞可憫。固亦親愛是思。宜令揀選宮人五百人放出。各歸其家屬。俾無離怨。用叶推恩。見在宮人尙令揀放。諸節進奉。宜有指揮。應諸親及公郡主等每年端午、及延慶、並妃嬪生日、所進女口。自今已後。宜並停進。鷹鷂之設。本爲畋遊。朕端居穆清。不好馳騁。所宜解放。以遂物情。左右神策軍、各放二十聯。五坊放三十九聯。龍飛一十一聯。其左右神策軍、每年進鷹鷂於數內停減春秋二社兩進。九月十五日各停進鷹二聯。共停一十四聯。應租莊宅使司產業、莊磑店鋪、所欠租斛㪷草、及舍課地頭等錢、所由人戶貧窮。無可徵納。年歲既遠。虛繫簿書。緣咸通七年赦條不該。今宜從大中三年已後至大中十四年已前、並宜放免。京兆府奏雲陽等一十二縣百姓、論去冬宿種麥苗下子後。旋被蝗蟲食損。今年盡不滋生。雖京畿之間。去冬蠲放不少。但以疲人懇訴。須務哀矜。已令府司差官巡檢。如有損處。特與減放。令府司具合放數指實聞奏。戍役辛勤。道途綿歷。將還鄉土。在贍供須。安南邕州已奏放回北軍。其於頓遞過本州縣界須如法先自備辦排比。切不得臨時差配百姓、及借索擾人。仍錄前後德音赦條。於鄉村分明牓示。不得違越。仍委所在長吏嚴立條制。專加覺察。抑禁所施。在防奸蠹。舉便欠負。未涉重條。如聞府縣禁人或緣私債及錮身監禁。遂無計營生。須有條流。俾其存濟。自今日以前應百姓舉欠人債。如無物產抵當。及身無職任請俸。所在州縣及諸軍司、須寬與期限。切不得禁錮校料。令其失業。又輒不得許利上生利。及迴利作本重重徵收。如有違越。勘會奏聞。去年德音赦令條流事件極多。責其普及生靈。惠霑寰宇。聞所在未盡施行。今重舉明。俾無留滯。宜令天下長吏、差清強判官。專切勾當。更分明檢校。一一據節施行訖奏聞。如更因循。必行朝典。所差判官、速具名銜分析聞奏。好生之德。宜及禽魚。卵育之時。須加條制。舊敕每年起三月一日至五月末、不許採捕水禽鳥獸。雖有敕禁。尚恐因循。宜令臺府及諸軍司、及時禁之月。嚴更提撕。勿使違犯。儉德之修。聖賢所重。近日俗多澆靡。時尚矜誇。朕慕素風。思遵去歲赦文之內。已曾明有指揮。所宜克副朕心。用杜奢僭。東川每年進蜜漫荔枝。道路遙遠。勞費至多。自今已後。宜令停進。布告中外。稱朕意焉。

## 咸通十三年五月疎理刑獄敕

敕、慎恤刑獄。大易格言。語曰。如得其情。則哀矜而勿喜。而獄吏苛刻。務在侮文。守臣因循。罕聞親事。以此械繫之輩。溢於狴牢。追捕之徒。煩於簡牘。實傷和氣。因致沴氛。況時屬熇蒸。化先茂育。並赦罪戾。式順生成。應天下所禁繫罪人。除十惡五逆。及故意殺人、合造毒藥。持仗行刼。開發墳墓外。餘並宜疎理釋放。如或信任人吏。多有生情繫留。續察訪得知。本道觀察使判官州府本曹官。必加懲譴。以誡慢易。敕到後十日內。疎理分析聞奏。

## 光啓三年七月德音

朕聞天以陽居大夏。地以陰居玄冬。是明帝任德而不任刑也。在虞舜則舞兩階之干羽。在成湯則開三面之網羅。是明君好生而不好殺也。朕以眇身嗣膺大寶。垂三百年之宗社。奉十七聖之威靈。夕惕朝乾。不忘寤寐。豈謂釁生於地。譎見於天。煙塵暴起於兩京。虵豕交横於四野。宗廟乏饗。干戈莫尋。蓋獲戾於上玄。俾流災於下土。前歲纔歸大國。又及播遷。信由倚任之非良。有愧精誠之未至。貶衣損食。庶塞乎愆違。履薄臨深。每增於戰懼。方修郊廟。且復京畿。而駐驛纔安。還宮可俟。虔誠罔通於穹昊。兵災又起於藩維。蓋以朕不敏不明。君臨兆庶。仁不能叶生成之旨。義不能符斷割之幾。智無周物之明。信寡應時之用。陷蒸黎於塗炭。致王室之艱難。綿歷歲時。于茲八稔。顧茲頹紊。職朕之由。且朕深宮九重。跬步千里。目雖視而不見。耳雖聽而不聞。罪在朕躬。痛入骨髓。但仰天而投泣。恨無地以容身。撫几興言。嗟何及矣。今則敬行避殿。減膳撤懸。食無海陸之珍。耳絕管絃之樂。唯加惕勵。冀遂感通。將弘及物之恩。在布惟新之令。應天下見禁囚徒。除十惡五逆、官典犯贓、持杖刼殺、合造毒藥、開發墳墓。其餘罪輕重遞減一等。左降官、各與詳所犯量移。如已經兩度量移者、宜並放還。仍仰所在州府、限德音到日。準敕處分訖。分析聞奏。左降官及流人身有死者、並許歸葬。其鳳翔府所管吏軍百姓等、切令招輯。務令歸安。縱與李昌符關連情非巨蠹。及父兄在隴州城內、事出脅從者。一切不問。其隴州城內軍吏百姓、不得輒令損傷。戴禮之文。務先掩骼。應有未葬骸骨、及橫屍在路、委所在長吏、速與收斂藏瘞。其自兵荒已來、殺傷之處、委所在州縣、以孟冬加賞。死事之日、於北郭除地、用鷄豚設祭。所貴以導和氣。且慰幽魂。前年冬未出京之時。如聞文武朝臣。倉惶奔竄。或因凍餒。或遭鋒刃。遂致斃踣。深可憫傷。自累年來、朝臣有因謫官。遂致殞身。或制使遽聞枉橫。宜令中書門下尋訪、各與贈官。孝悌承家。忠貞奉國。既顯揚名之道。宜加布澤之榮。應內外文武臣、及諸道節度觀察防禦使、隨駕諸軍頭、亡父母、並准舊例、各與追贈追封。如有母親見存者。各與進封。左右神策、及隨駕諸部兵士等。荷戈負戟。侍衞勤勞。既效節以輸誠。實竭忠而排難。永言勳績。宜有甄酬。其隨駕諸部頭、宜各與勳爵。未有功臣名號。其將士次第塡補。不得虛被衣賜。有紊典章。如覆視不實。節度使奏取進止。本判官重加貶責。其邊地沃壤極多。歲收可望。如聞耕牛素少。戍卒苟安。唯長蒿萊。俱乏衣食。委節度使、良田之處。更議添人。均配膏瘠。令其耕種。制置利便。須令酌中。其南山及平夏党項、盡是百姓。須令保安。長吏若能撫綏。蕃人自然寧息。切不得妄有侵擾。致其怨嗟。常須使商旅往來。部落不得阻塞。致理必先於尙儉。傷風莫甚於窮奢。朕苑囿不修。珠玉不寶。所思敦實。每務去華。如聞卿大夫庶寮近者競崇侈靡。莫辨等威。服翫車輿。皆越制度。蠹於教化。朕甚憫焉。卿大夫當助我紀綱。爲人表則。宜修儉約。以變囂風。其京師應有奢僭違令式者。聞之當行朝典。應諸道申奏。有草賊州縣。本皆齊人。迫於凍餒。多聚徒侶。遂肆猖狂。並仰所在長吏、明加曉諭。有能自新首罪。一切不問。如稔惡不悛。事狀難恕。委所在長吏、設法擒捕。不得漏網。上京諸司、及天下州府、負犯逃走罪人。今春已降德音。除本罪合至死者。從咸平五年已前。並停追捕。歸還故鄉。其數至多。慮被奸人遞相恐動。悉委所在告諭。令其樂業。無致驚惶。如歸復者惡跡貫盈。不能改過。更有違犯。尋勘不虛。便仰併舉前愆。一時痛斷。不得容隱侵害良善。江淮商賈。業在舟船。如聞近日官中擄借甚苦。或傾奪以充運米。或題關以備載軍。非理滯留。散失財貨。州縣雖云和雇。商人焉敢請錢。本求錐刀。纔成損折。縱有冤屈。豈能申論。道路怨嗟。莫甚於此。自今以後。委所在長吏、切加禁斷。其所合供過軍等舟船。唯許空載航船。便給見錢雇召。如見裝貨物者。切不得強令騰倒。其州縣所合雇船脚。多無本色錢物。皆是率配疲人。起今已後。並仰以上供錢充給。如有茶鹽舟船。關係三司榷課者。任準元敕處分。自蠻寇侵擾。連歲用兵。耗蠹生靈。海運爲甚。驅我赤子。深入滄波。覩駭浪而魂飛。汎洪濤而心死。繼有覆溺。多不上聞。仍遣賠塡。急於風火。哀其已死之衆。不可復追。念茲將斃之徒。用延餘息。應江淮四道運糧、所有沉覆損米損船綱官、所由船戶、及元發州縣合賠塡者。並從放免。更不得校料追徵。應闕海運留繫勘者、並一時釋放。唯造船官吏、須有勘覆者、不在此限。近日蟲蝗。米穀翔貴。所在州府、須使通流。況閉糴之條。著在格令。近關州府通舟船處。不得約勒商人。固違敕旨。等候江淮錢物到。各宜優賞。以身許國。致命捐軀。念茲盡瘁之誠。宜飾始終之典。應自兵興已來。所在都頭大將、身歿王事。未曾經贈官者。仰本道各與分析聞奏。量功勞優與贈官。如有子孫。仰本道各與補職。務令存濟。行營將士、如身歿王事者。其衣糧並仰給與兄弟男姪。如有父母無給養者。切在安存。勿令凍餒。雖累有處分。可一切施行。或有義士忠臣。圖功立事。力當國難。身歿賊鋒者。宜委中書門下優與贈官。兼訪子孫。俾霑祿仕。用伸激勸。冀洽恩榮。扈從之勞。辛勤亦至。若無升進。何以獎酬。其到興元宮文武官等、宜令優與遷改。如已經獎擢者。特與量加階爵。自貞觀之後。建中元年已來。翊戴皇家。扶持宗社。勳績已銘於鼎彝。謀猷實在於册書。如聞子孫或多凌替。贈太師汾陽王子儀、臨淮王光弼、西平王晟、咸寧王渾瑊、贈太尉秀實、顏眞卿、顏杲卿已下子孫。宜各與一子九品正員官。其子孫有才術可稱。委中書門下量才敍用。以勸勳賢。律有斷率之科。尙宜原宥。人無險詖之路。固可矜寬。其陷僞庭官寮。多因迫脅。旋宜敍用。勿使棲遲。左右神策軍、及沿邊諸鎭將士。或隄防蕃寇。或控扼封陲。戴甲荷戈。眠沙臥磧。無抱子弄孫之樂。有離鄉去里之嗟。自亂離已來。衣糧多闕。顧茲疲弊。深軫朕懷。蓋緣諸道賦稅未來。致使如此。宜委度支戶部及鹽鐵使、各委官吏、催促江淮及三川上供錢物。充給兩軍及邊鎭將士衣賜。如催勘有序。其官吏各與優獎。如全無次第。必議懲責。嗚戲。朕以寡昧。託億兆之上。不能克相上帝。寵綏四方。履地戴天。痛心疾首。是在股肱叶力。藩幹同心。保列聖之洪基。佐沖人之薄德。共成興運。以副殷憂。爲政之方。實資共理。且一邑之政。由乎令長。一郡之政。由乎牧守。一方之政。由乎藩翰之臣。夫政修於上。則化行於下。可以安人治國。可以阜俗康時。此古今之通理也。自乾符之後。廣明以前。節制廉問之臣。州牧縣宰之吏。或掄擬不當。或詮擇非良。鎭藩翰者。則惠養撫綏之術蔑聞。居牧宰者。則貪惏苛虐之風益甚。或淫刑濫殺。或剝衣及膚。棄業亡家。父南子北。多使飢者不得食。寒者不得衣。奔竄道途。跧藏山谷。耕桑俱廢。旱沴相仍。結爲仇讎。聚爲盜賊。寃憤之氣。上達于九天。激怒之威。橫行於千里。虔劉郡邑。屠戮生靈。懷逆節者。得以逞其兇桀。恣爲暴攘。蘊忠誠者。雖欲平其禍福。益費機謀。既往難追。將來可保。切在遞加激諭。漸致和平。儻或刺史知惠養之方。縣令有撫綏之術。公淸克己。廉愼當官。績効彰聞。當與遷擢。如或貪殘不理。害我疲人。委中書門下重加懲殿。仍令諸道長吏觀察判官切加察訪。每歲具善惡奏聞。自屬兵戈。全妨耕稼。遂令隴畝、盡變汙萊。蓋以殺傷之餘。流亡益甚。宜加招撫。漸復農桑。如有刺史縣令、招收戶口。開墾荒田。買置耕牛。修置農具者。委所在觀察使精加點勘。具數聞奏。當據課効高低優加升獎。朕端拱穆淸。思弘理道。用憂勤而補過。守慈儉以律身。上展孝思。下康庶務。其於祀事。尤在精崇。常憂多難已來。有乖敬謹。至於牲幣之數。醯醢之宜。必盡吉蠲。無或簡易。宜委所司一切鈐轄。不得因循。夫儉者德之恭。侈者惡之大。唐堯土階三尺。夏禹菲食卑宮。先聖遺風。後王軌範。其有司合進常膳三分。宜減一分。六宮嬪御見在者。人數不多。此外不令更有添置。或有因緣寇盜流落外方。宜委所在長吏、便與嫁遣。任自營生。不用送到駕前。冀免虛有勞費。自此諸道更不用進聲樂及女弟子。歌舞衣服綺繪組繡雕鏤珠璣。頗害女工。實妨農事。奇伎淫巧。往哲所譏。況遇艱難。尤宜儉素。其諸道不得進奉紋繡宮錦雕鏤輕靡彩章之物。五坊鷹犬。以備時蒐。方當勤恤之時。寧有畋遊之樂。其鷹犬並令解放。不用更置。諸道亦不須進送。艱難已久。增修未知。展瑞披圖。良多內愧。且以爲白烏丹鵲。不如孝子忠臣。甘露醴泉。未若風調雨順。自今以後。諸道所有祥瑞。並不要圖畫及進。輔成教化。實在賢良。用副旁求。必資博採。宜令文武常參官、舉刺史縣令有異政殊績者、淪滯山林有奇文異行者。所期表異。無或面欺。孝子順孫、義夫節婦、各加旌表。以示鄉閭。父老有年九十已上者、賜帛二疋粟五石。仍令所在以上供物支付。瘖聾跛躄、鰥寡孤獨者。委所在切加存恤。無使悽惶。名山大川。興雲致雨。冀保順成之歲。宜申望祀之儀。太淸宮、及驪山、華嶽、南山、廣惠宮、巖谷湫、鳳翔啓聖宮、邠州要册湫、宜各差官禱謝。其諸道應有祠廟標於祀典、及先聖靈跡。各委長吏差官精誠祭告。凡關百姓安危。風俗利病。俾其蘇息。切在撫綏。訛弊既多。固難偏舉。仰所在長吏審詳利害。一一條奏。所冀凋殘漸成完緝。勿辜委遇。副我憂勤。於戲。朕爲人君父。累屬亂離。一發言未嘗不兢憂。一舉足未嘗不愧悼。徒思罪己。安敢尤人。中外臣寮。宜悉朕意。

## 時令

### 令史官條奏每月應所行事詔

王者欽若天道。率由時令。考六官之化。修五紀之法。故得災害不生。休徵洊委。朕紹膺洪業。于茲六載。每惇政理。思致和平。而陰陽未調。蝗水仍集。天之垂戒。朕甚懼焉。夫正月東郊祈春。賞事孟冬。地陸迎寒。恤孤參四序之運行。稽五材之效用。弗協所尚。或罹于咎。且事必師古。禮重執文。將命有司。允迪厥訓。自今已後。每入月史官條奏應所行事。當斟酌古典。用孚于休。宣布朝廷。使知朕意。開元五年十月一日

### 歲初處分德音

張九齡

敕、天地以大德生羣有。聖人以大寶守萬物。古者受命之君。謂之承天之序。明有所代。夫豈徒然。若道無欽崇。命不永保。帝實臨汝。人曷戴君。朕所以每期庶乎合於人道之意也。夫宓犧神農。黃帝堯舜。或誅而不怒。或教而不誅。彼亦何爲。獨臻于此。朕自有天下。二紀及茲。雖未能晝衣以禁。亦未嘗刑人於市。而政猶踳駁。俗尚澆漓。當是爲理之心。未返於本耳。凡人豈不仁於父母兄弟。不欲於飲食衣服乎。而卒被無孝友之名。溫飽之實。其故何哉。蓋未聞義方。不識善道。或任小智而爲詐。或見小利而苟得。致遠則窮。繼之以暴。已而身受戮辱。家不相保。愚妄之徒。類多自陷。獄訟之弊。恒由此作。吁可悲乎。亦在教之不明也。蓋刑罰者不得已而用之。天下黔黎。皆朕赤子。以誠告示。或知歸向。何必用威。然後致理。先務仁恕。寧不懷之。且五常循行。豈須深識。六親和睦。何待丁寧。自宜勉之。以副所望。刑措不用。道在于茲。今獻歲之吉。迎氣伊始。敬順天常。無違月令。所由長吏。可舉舊章。諸有嫗伏孕育之物。蠢動生靈之類。愼無殺伐。致令夭傷。九土異宜。三農在候。聚衆興役。妨時害功。特宜禁止。以助春事。至若家從征鎭。人或孤惸。物向陽和。此獨憂悴。良可憫也。亦宜所由隨事優恤。蓋不體仁。無以爲長。人不知道。無以用其心。故道者衆妙之門。而心者萬事之統。得其要會。遠可以兼濟於人。識其指歸。近亦能自全於己。故我玄元皇帝著道德經五千文。明乎眞宗。致於妙用。而有位者未之講習。不務淸靜。欲令所爲之政。何從而至于太和者耶。百辟卿士。各須詳讀。勉存進道之誠。更圖前席之議。至如計校小利。綜緝煩文。邀名失行。去道彌遠。違天和氣。生人戾心。朕甚厭之。所不取也。各勵精一。共興玄化。俾蒼生登於仁壽。天下還於淳朴。豈遠乎哉。行之可至。其老子乎。宜令士庶家藏一本。仍勸習讀。使知指要。每年貢舉人、量減

尙書論語一兩道策準數加老子策俾敦崇道本附益化源朕推誠與人有此教誡必驗行事豈垂空言今之此敕亦宜家置一本每須三省以識朕懷開元二十一年正月一日

# 唐大詔令集卷第八十七至九十八並闕文

# 唐大詔令集卷第九十九

鑾革匭函進狀詔

鑾革請留中不出狀詔

## 建易州縣

### 置乾封明堂縣制

東臺、玄天著象於紫微。厚地區域於赤縣。外崇四岳。伊帝闡其宏規。旁別九州。禹王劭其丕績。所以料茲物土。畫野分疆。相彼人事。觀時濟俗。開物成務。理則由然。高祖皇帝誕應靈命。肇開景業。括囊軒項。孕育胥庭。太宗文皇帝大聖登期。自天縱哲。撲崑崙之猛燎。拯滄海之飛流。巍巍蕩蕩。無得而名。朕以虛薄。夙奉瑤圖。承累代之鴻猷。履會昌之嘉運。中外禔福。遠邇乂安。仰薦成功。升禋岱巘。緬惟嚴配。祗建合宮。感事開元。聿光先德。俾我黎獻。永賴隆平。寧濟之方。實資寬簡。鑒寐凝想。思致厥塗。以爲翼翼上京。率土攸仰。窮華抗堞。貫渭疏瀾。城闕崇嚴。都邑夷敞。戶口盈積。市獄殷繁。東西兩縣。官曹尙少。在於撫字。事或難周。至于詞訟。綜理時闕。須分所職。各使兼濟。其長安縣宜置乾封縣。萬年縣析置明堂縣。並於京城內近南安置。其戶口卽於兩縣逐便割隸。應須官寮幷公廨等一事以上。並準長安萬年兩縣各令所司處分奏聞。庶使憂勤之懷。獨映於前古。建元之慶。長垂於後葉。

總章元年十一月二十二日

### 置鴻宜鼎稷等州制

鸞臺、朕聞先王疆理天下也。莫不料其土宇。相其地宜。分五服以應財成。宅三川而適通變。辨方樹辟。協和之道以隆。置郡罷侯。經始之圖載遠。而區分或異。制度罕同。連率法於在鎬。牧守議於起沛。官稀則政殷。地狹則人勞。義在隨時。期於致乂。我大周席蘿闡化。夢梓登期。通三授玄扈之濱。得一昇翠嬀之汭。維嵩設險。聳危峯於少室。在河稱防。導洪波於太史。卜茲洛食。是曰奧區。物產孔殷。形勝斯在。朕仰膺睠命。俯叶樂推。卽瀍澗之基。恢鼎革之運。珍符寶貺。貢發郊藪。佳氣榮光。昭煥州澤。建明堂而陟配。立清廟以嚴禋。方闡隆周之業。以光卜年之兆。況成王定鼎。此則餘基。永言朝貢。實歸中壤。是霜露之所均。當水陸之交會。庶齊勞逸。無隔遐邇。作制王畿。雖憲章於故實。緬惟帝邑。未折衷於新規。宜弘自我之典。式廣來蘇之澤。但京兆之地。舊號秦中。迺睠編甿。最爲繁殖。一州獨治。事多壅滯。宜令雍州管內析置五州。其間以西安爲雍州。置潼關。卽宜廢省。然以千里之內。舊制通畿。征賦所出。事資廣達。又王侯設險。以固其國。若無襟帶。何以爲守。雍州幷州析州同州太州、並通入畿內。洛州南面東面北面各置關。庶食采之地。自分湯沐之邑。棄繻之客。更從軒蓋之遊。其雍州舊管及同太等州土狹人稠。營種辛苦。有情願向神都編貫者。宜聽仍給復三年。百姓無田業者。任其所欲。卽各差清強官押領。并許將家口自隨。便於水次量給船乘。作般次進發。至都分付洛州。受領支配安置訖。申司錄奏聞。朕聞人惟邦本。本固邦寧。將以不肅而成。既庶而富。欲令率土黔黎。咸得遂性。勞來安堵。人不失業。其有諸州人。或先緣饑歲。流宕亡歸。或父兄去官。因循寄住。爲籍貫屬恐陷刑名。荏苒多時。未經首出。衞士雜色人等。並限百日內首盡。任於神都及畿內懷鄭汴許汝等州附貫。給復一年。復滿便依本番上下。其官人百姓有情願於洛懷等七州附貫者。亦聽。應須交割及發遣受領。並委本貫共新附州分明計會。不得因茲隱漏戶口。虛蠲賦役。并新析五州三面及雍州已西置關處。所司具爲條例。務從省便。奏聞。天授二年七月九日

## 却置潼關制

鑾臺、山河作固。肇自往圖。關梁是修。抑惟前典。朕情存太朴。志在無外。成皋姬陝。勿用咽喉。函谷秦封。解其襟帶。欲使羈行靡拾。鶉居不擾。而甿俗澆弊。浮惰者多。非所以禁絕末游。作限中外。事資權變。理貴從宜。未便草率。由舊安置。應須修補及官典兵防、一事以上。所司速準例處分。其神都四面應須置關之處。宜令檢校文昌虞部郎中王玄珪、卽往檢行。詳擇要害。務在省功。斟酌古今。必令折衷。還日具圖樣奏聞。聖曆元年五月十九日

## 置營州都督府制

朕聞舞干戚者。所以懷荒遠。固城池者。所以款戎夷。我國家頃有營州。茲爲虜障。使北戎不敢窺覘。東藩由其輯睦者久矣。自趙翽失於鎭靜。蕃部因此攜離。頗有負塗之睽。旋聞改邑之歎。高墉塡塹。故里爲墟。言念於此。每思開復。奚饒樂郡王李大酺、賜婚來朝。已納呼韓之拜。契丹松漠郡王李失活、遣子入侍。彌嘉秺侯之節。咸申懇請。朕所難爲。宜恢遠圖。用光舊業。其營州都督宜依舊於柳城安置。

## 改梁州爲興元府詔

敕、自昔多虞。順時而動。古公避狄。兆永祚於岐下。高帝徙蜀。建雄圖於漢中。王跡所興。子孫是奉。覩遷居之遐阻。知致業之艱難。矧天下爲家。不常厥邑。王者所至。四方會同。崇號設都。於是乎在。朕遭罹寇難。播越梁岷。蒸庶煩於供億。武旅勤於扞衞。凡百執事。各奉厥司。人皆寬舒。物以豐給。嘉乃成績。予懷不忘。今大憝已除。京邑甫定。將旋法駕。展敬園陵。眷于是邦。復我興運。宜其崇大。以示將來。古者天子省方。則問百年。恤百姓。以頒慶賜。以懋勳榮。用弘布澤之恩。式慰來蘇之望。宜改梁州爲興元府。其署置官資。一切並與京兆河南府同。南鄭縣升爲赤縣。諸縣並升爲畿縣。縣官各令終考秩。至考滿日放選。依本資處分。耆壽與版授五品。仍並賜緋。先已賜緋者、並賜紫。典正等各賜勳五轉。百姓除先減放稅錢外。更給復一年。洋州宜升爲望州。見任州官。亦令終考秩。并諸縣官等各減兩選。無選可減者。各加三階。應山南西道節度下將士、除扈從迎駕已經改官者。餘並卽與甄敍。宜示有衆。明知朕懷。興元元年六月

## 城鹽州詔

設險守國。易象垂文。有備無患。先王令典。況脩復舊制。安固封疆。按甲息人。必在於此。鹽州地當衝要。遠介朔陲。東達銀夏。西援靈武。密邇延慶。保捍王畿。乃者城池失守。制備無據。千里亭障。烽燧不接。三隅要害。役戍甚勤。若非興集師徒。繕修壁壘。設攻守之具。務耕戰之方。則封內多虞。諸華屢警。由中及外。皆靡寧居。深惟永圖。豈忘終食。顧以薄德。至化未孚。既不能復前古之封。致四夷之守。與其臨事而重擾。豈若先備而即安。是用思久遠之謀。修五原之壘。使邊城有守。中夏克寧。不有蹔勞。孰能永逸。宜令左右神策軍及朔方河中絳邠寧慶兵馬副元帥渾瑊、朔方靈鹽豐夏綏銀節度都統杜希全、邠寧節度使張獻甫、左神策行營節度使邢君牙、夏綏銀節度使韓潭、鄜坊丹延節度使王棲曜、振武麟勝節度使范希朝、各於所部簡擇馬步將士。合叁萬伍千人。同赴鹽州。左神策將軍兼御史中丞張昌、宜充右神策軍鹽州行營節度使。權知鹽州刺史。兼御史大夫杜彥光、可鹽州刺史兼御史大夫。應所板築及緣修城雜役等、宜共取六千人充。其餘將士、皆列營布陣。戒嚴設備。明加斥堠。以警不虞。其修城板築功役將士、各賜絹布有差。其鹽州防秋將士。三年滿與代。更加給賜。仍委杜彥光具名聞奏。悉與改轉。其防遏將士等。畢事便合放歸。仍賜布帛有差。其諸軍吏士、都賜帛七千疋。朕情非爲己。志在靖人。咨爾將相之臣。忠良之士。輸誠奉國。陳力忘勞。勉茂功勳。永安疆場。必集兵事。實惟衆心。各相率勵。以副朕意。（貞元九年二月）

置宥州敕

敕、天寶中宥州寄理於經略軍。寶應已後。因循遂廢。由是昆夷屢擾。党項靡依。蕃部之人。撫懷莫及。朕方弘遠略。思復舊規。宜於經略軍置宥州。仍爲上州。郭下置延恩縣。爲上縣。屬夏銀綏觀察使。（元和五年九月）

置行蔡州敕

淮蔡近郊。久隔皇化。未殲兇虐。在拯生靈。況今賊黨攜離。相繼効順。思俾阽危之俗。盡霑牧養之恩。勞徠招綏。今之所切。其新除蔡州刺史楊元卿、宜令與李愬商量計會。且於唐州東界。選擇要便。權置行蔡州。如百姓官健有歸順者。便準敕優恤存撫。令知國恩。必使全活。（元和十年三月）

置遂平縣敕

敕、文城柵將士百姓等。脅汙之中。同心効順。率此危疑之俗。盡爲忠義之人。言念乃誠。思加奬異。爰圖改邑之制。用表移風之美。其蔡州行吳房縣、宜改爲遂平縣。仍於文城柵南新城內置。便爲上縣。權隸唐州。（元和十二年四月）

置孟州敕

敕、昔馮異之守孟津。已建軍號。近光弼之保伊洛。先據三城。蓋以河有造舟之危。山有摧輪之險。左右機軸。表裏金湯。既當形勝之地。實爲要害之郡。今所置制。豈限常規。積萬庾於敖前。尤資地利。列二矛於河上。須壯軍聲。其河陰縣宜割屬孟州。仍改爲望縣。其河清縣却還河南府收管。縣官等並

準前敕處分。其東都鎮遏兵馬。依前屬東都防禦使。鄭滑汝州防戍兵各一千。令敬昕權指揮。使平後續有處分。會昌三年十月

分嶺南爲東西道敕

敕、嶺南分爲五管。誠已多年。居常之時。同資禦捍。有事之際。要別改張。邕州西接南蠻。深據黃洞。控兩江之獷俗。居數道之游民。比以委人太輕。軍威不振。境連內地。不並海南。宜分嶺南爲東西道節度觀察處置等使。以廣州爲嶺南東道。邕州爲嶺南西道。別擇良吏。付以節旄。其所管八州。俗無耕桑。地極邊遠。近罹寇擾。尤甚凋殘。將盛藩垣。宜添州縣。宜割桂州管內龔州、象州、容州管內藤州、巖州。並隸嶺南西道收管。咸通三年十月

降徐州爲團練敕

敕、徐州本貫支郡。先隸東平。建中初、李洧以畏忌歸降。遂創徐海使額。貞元初、張建封以威名寵任。特貼濠泗兩州。當時緣拒捍淄青。犄角光蔡。務張形勢。廣樹藩垣。自寇孽冰銷。區域無事。武寧一道。翻長亂階。曾靡悛心。殆成逋藪。須爲制置。以削驍鋒。徐州宜改爲本州團練使。除當州諸縣鎮外。別更留兵二千人。隸屬兗海節度使收管。濠州本屬淮南節度收管。宿州地居埇口。路扼彭門。北接睢陽。南臨淮甸。當漕運之要。蓋水陸之衝。宜置全師。以臨列郡。仍置宿泗等州都團練觀察處置等使。便以宿州爲理所。王式且充武寧軍節度使、兼徐泗濠宿等州制置使。其兵馬除留在徐州外。仍令王式與玄質。量其多少。分配宿州團練使及泗州兵馬留後、濠州渦口城使下。如人數猶多。即分隸屬淮南、浙西、天平、兗海、淄青等道。逐便收管。各給本分衣糧。其家一任相隨。官中接借發遣。令其存濟。其割配諸道將士。緣皆有家屬。須令裝束。每人各賜絹兩疋。以戶部物充。其徐州諸縣先有鎮鋪處。亦量要害輕重。差配人數守捉。武寧軍大將。如素有軍功及授官已至中丞大夫已上者。各具名薦聞。別加委用。其餘割送兗宿兩道軍前收管。如情願住徐州者。亦聽穩便。王式、玄質一切共爲制置。待公事分配總畢。必知寧帖無事。即令王式與崇憲等自領兩道兵馬。直到汴州。分付仲齊及滑州都將各押領送歸本道。王式、玄質俟許滑將士歸後。既無公事。便赴闕廷。別加勞獎。其衙內銀刀等將官健有逃匿未捉獲者。若能束身自首。所在歸投者。便一切不問。仍準前敕割配諸道。與衣糧并家口任去。敕到後一月內不出陳首者。即不在此限。餘準詔旨處分。咸通三年八月

建徐州爲感化軍節度敕

敕、徐州地當沛野。軍本驍雄。實爲壯國之都。因叶建侯之制。況山河素異。土俗甚殷。豈欲削卑。挫其繁盛。蓋緣比因稔禍。或至亂常。罪由己招。孽非天作。桂林叛卒。繼有逆謀。塗炭生靈。首尾兩歲。殺傷黎庶。汚染忠良。所不忍言。尋皆翦滅。是以卑其鎮額。隸被藩方。遠屬大兵已來。饑年荐至。且聞軍人百姓。深恥前非。願行舊規。却希建節。朕每懷軫念。思致雍熙。欲示渥恩。時議改易。既崇軍實。要備供需。宜賜宣徽庫內綾絹一十萬疋。助其宴犒。必獲周豐。累歲用兵。甚費國力。特與借助。功在節量。如初有脅從後成亡命。或未還鄉里。或逃匿諸州。加意招攜。各歸本業。若稱自樂。所止亦可徇其私情。貴衆士獲安。恐一物失所。用期昭泰。必在均平。典故具存。廢興不昧。仍更鎮額。盛彼軍威。冀覩封疆。永保寧謐。其徐州都團練使。仍改爲感化軍節度

徐宿濠等州觀察處置等使。咸通十一年十一月

升華州爲興德府敕

敕、有虞氏之爲君。始言省狩。周襄王之告難。乃曰出居。或肆覲於他邦。或播遷於近服。然則地圖之內。車輅所臨。備庶官而取象拱辰。入九貢而以時述職。是云守宇。皆可建都。昔者德祖省方平戎。服國升漢中之列郡。同諸府以正名。藩翰之光。典章實重。朕越在關輔。屢經歲時。苟寬失馭之憂。蓋獲覩朝之所。鎮國軍節度使韓建、始者星馳感憤。雪涕奉迎。邀天力以來同。激人情而共固。以茲駐蹕。安類覆盂。邑無夜犬之驚。野有春耕之樂。今則元龜告吉。六馬將還。望山河而信是金湯。顧宮室而若無風雨。眷言至此。我實懷之。俾慰衆心。爰遵故事。宜改爲興德府。其所署官員資望。一切與五府同。鄭縣升爲次赤。諸縣爲次畿。其將校等並賜華州安蹕功臣。光化元年八月

## 修復故事

諸衛隊仗緋色幡改赤黃色詔

三王繼統。質文互於相襲。五德承運。服色遵於所尚。於旗常改制。辟翰異宜。所以表軍國之容。合聲明之度。事之大者。安可因循而已焉。國家應樞軸之期。淸黃鐘之曆。憲章垂範。運既屬於惟新。旗幟用色。義必在於改故。頃者俯納羣議。式明統緒。故得天人致和。風雨時若。豈朕躬菲德。克廣睿圖。實累聖弘休。允膺景運。稽古之大。既有昭明。文物之資。理宜詳正。其諸衛應隊仗所用緋色幡等。改爲赤黃色。庶克遵於通變。諒有叶於從宜。其諸節度幷管內軍使等。亦宜準此。天寶元載七月

復尚書省故事制

唐虞之際。內有百揆。庶政惟和。至于宗周。六卿分職。以倡九牧。書曰。龍作納言。帝命惟允。詩云。仲山甫王之喉舌。皆尚書之任也。雖西漢以二府分理。東京以三公總務。至於領錄天下之綱。綜覈萬事之要。邦國善否。出納之由。莫不處正於會府也。令僕以綜詳朝政。丞郎以彌綸國典。法天地而分四序。配星辰而統五行。元元本本。於是乎在。九卿之職。亦中臺之輔助。小大之政。多所關決。自王室多難。一紀于茲。東征西伐。略無寧歲。內外荐費。徵求調發。皆迫於國計。切於軍期。率以權便裁之。新書從事。且救當時之急。殊非致理之道。今外虞既平。罔不率俾。天時人事。表裏相符。宜昭畫一之法。未布惟新之令。甄陶化源。去末歸本。魏晉有度支尚書。校計軍國之用。國朝但以郎官署領。辦集有餘。時艱之後。方立使額。參佐既衆。簿書轉煩。終無弘益。又失事體。其度支使及關內、河東、山南西道、劍南東川西川轉運、常平、鹽鐵等使。宜停。儀禮之本。職在奉常。往年置使。因循未改。有乖舊制。實曠司

存。委太常卿自舉本職。其使宜停。漢朝丞相與公卿已下五日一決事。帝親斷可否。且國之安危。不獨注於將相。政之理亂。固亦在於庶官。尚書侍郎左右丞及九卿、參領要重。朕所親倚。固當朝夕進見。以之匡益也。頃以邊陲未寧。日不暇給。又省之事務。多有所分。簡而無事。曠而不接。今大舉綱目。重頒憲章。並宜詳校所掌。明徵典故。一一條具面陳損益。如非其時。須有奏議。亦聽詣閤請對。當覽其意。擇善而從。朕受昊天之成命。承累聖之鴻業。齋心滌慮。夙夜憂勞。顧以不敏不明。薄於德化。致使舊章多廢。至理未弘。其心媿恥。終食三歎。雖詔書屢下。以申振恤。而朝典未舉。猶深鬱悼。思與百辟卿士。厲精於理。俾國經王道。可舉而行。各宜承式。以恭爾位。大曆五年三月

## 釐革匭函進狀詔

敕、匭函所設。貴達下情。近者所投文書。頗甚煩碎。或論列祖曾功業。或進獻自己文章。無補國經。有紊時政。極言不諱。豈假匿名。今後如知朝廷得失。軍國利害。實負冤屈。有司不為申明者。任投匭進狀。所由量時引進。不得壅滯。餘不在投匭之限。宜委匭使準此。仍留副本。開成五年四月

## 釐革請留中不出狀詔

近因李延齡告李芳回大逆。其狀請留中不出。朕親覽之際。已得其情。及令鞫問。果辨欺詐。比者朝官論人過失。亦請留中。且嫉惡除奸。人臣明義。知其隱慝。足得顯陳。深務蓋藏。必因嫌恨。事不由於直道。情乃近於讒邪。危人者得騁私懷。罹謗者何從自辯。無裨政理。適長冤誣。昔漢宣帝時。章文必有敢告之字。下闕乃前王令典。實可遵行。宜起今後。應有朝官及上封事人進章表論人罪惡。並須證驗明白。狀中仍言請付御史臺按問。不得更言云請留中不出。如軍國要務。機事密切者。不在此例。推勘後如得事實。必獎奉公。苟涉加誣。當令反坐。如此則人知畏法。事免構虛。各示中外。令知朕意。會昌元年六月

# 唐大詔令集卷第一百

## 政事

### 官制上

誡勵兵吏部兩司敕

置十道採訪使敕

處分縣令敕二道

處分選人敕

吏部引見縣令敕

# 官制上

## 致仕官在見任官上詔

尙齒重舊。先王以之垂範。還章解組。朝臣於是克終。釋菜合樂之禮。東膠西序之制。養老之義。遺文可覩。朕恭膺大寶。憲章故實。永言遵事。彌切深衷。然情存稽古。季世澆浮。而策名就列。或乖大體。至若筋力將盡。桑榆且迫。徒竭夙興之勤。未悟夜行之罪。其有驚心止足。行堪激勵。謝事公門。收骸閭里。能以禮讓。固可嘉焉。內外文武羣官。年老致任。抗表去職者。朝參之班。宜在見任官上。貞觀二年九月

## 定三品至九品服色詔

車服以庸。昔王令典。貴賤有節。禮經彝訓。末代澆浮。釆章訛雜。卿士無高卑之序。兆庶行僭侈之儀。遂使金玉珠璣。靡隔於工賈。錦繡綺縠。下通於皁隸。習俗爲常。流遁忘反。因循已久。莫能懲革。朕纂膺百王。欽承寶運。思弘典制。垂範後昆。永鑒前失。義存釐改。其冠冕制度。已備令文。至於尋常服飾。未爲差等。今已詳定。具如別敕。宜卽頒下。咸使聞知。貞觀四年八月

## 置三師詔

朕觀前代明王聖主。曷嘗無師傅哉。況朕踵百王之末。智不周物。其無師傅。何以匡朕之不逮。詩不云乎。不愆不忘。率由舊章。宜依古道。置三師之位。貞觀六年二月

## 釐革伎術官制

量才受職。自有條流。常秩淸班。非無差等。比來諸色伎術。因榮得官。及其升遷。改從餘任。遂使器用紕繆。職務乖違。不合禮經。事須改轍。自今本色出身解天文者。進轉官不得過太史令。音樂者。不得過太樂、鼓吹署令。醫術者。不得過尙藥奉御。陰陽卜筮者。不得過司膳寺諸署令。神功元年閏十月

## 揀擇刺史詔

朕聞彰善癉惡。有國之常典。糺寬濟猛。爲政之通規。朕以薄德。謬膺明命。瞻言賞罰。未適時宜。致使億兆未安。賢良未進。小人未退。貪吏未懲。流亡者未歸。懷寃者未理。倉儲府庫未免其空。卿士大夫未任其職。在予之責。有愧良深。然不能致君於堯舜者。亦羣公卿士之所恥也。今當勵精爲政。革弊創業。卿等將何以規補。致使咸亨。各以狀聞。朕當親覽。且共理天下者。在良二千石。宜令中書門下、於內外官內揀擇。必取才望兼優、公淸特著。可以宣風導俗者。具以名聞。但百司承寬。共爲苟且。事多愆咎。無復紀綱。各令本司長官、審□善惡。有才職不相當。限十日進狀。（景雲元年十一月）

## 令御史錄奏內外官職事詔

寅亮天功。弼諧庶績。宰臣之任也。彰善癉惡。激濁揚淸。御史之職也。政之理亂。實由此焉。朕丕膺鴻緒。三年于茲。日旰而食。夜分而寢。萬乘非樂。四海爲憂。思欲小康蒸人。允答羣望。黜勸之詔。歲月相仍。然耳不聞彈劾之聲。目未覩剛正之舉。豈內外寮吏。咸未徇公耶。將有司迴避。隱惡不聞耶。每念於此。惄焉如疚。言而不行。責在薄德。知而不奏。誰其過歟。御史等不樹紀綱。合從屛黜。但緣未親處分。志在含忍。宜許自新。以收後効。內外文武官。有老弱疾患、貪暴侵漁、不舉職事、材職不相當者。三日內各錄狀進。外州刺史上佐。多不簡擇。內外之職。出入須均。京官中有才幹堪理人者。量與外官。外官有淸愼者。與京官。（景雲二年十月）

## 命新除牧守面辭敕

蘇頲

敕、自古帝王。莫能獨理。爰樹侯伯。所以分政。則今刺史而已。蓋欲亭之毒之。納於富壽。不夭不札。以致和平。朕受天曉命。作人父母。殷鑒遠圖。罔知攸濟。頃者都督刺史。惟良是求。而寂寞厥聲。孰副虛想。豈六條察舉。未詢事以考言。將三載黜陟。不責實而求當。遂令進之則易。吏煩於送迎。退之則難。人務於苟且。非所謂安孤老長子孫之意邪。漢宣由是興言。劉廣爲之長歎。誠有旨也。今事謀伊始。邦政惟新。俾凝庶績。思改前弊。自今已後。都督刺史每欲赴任。皆引面辭。朕當親與疇咨。用觀方略。至任之後。宜待四考滿。隨事褒貶。與之改轉。諸州上佐五品已上。應改轉限。亦宜準此。夫類其才則適用。久其事則有恆。致用執恆。未聞不至於理也。凡爾在位。可弗勉哉。（先天二年七月二十四日）

## 誡百官與供奉人交通制

敕、朕聞事君者。必在至公。行己者。貴於獨立。如聞供奉近侍之輩。皆因循廣有招攜。未能周愼。爰與朝列。頗相闚覘。苟非親表。不合數至門庭。多行請託。便涉趨附。眷言此弊。須革前非。宜體朕懷。深自戒勵。自今以後。百官輒不得與入內供奉人往還。

## 誡飭御史制

敕、御史之職。邦憲是司。先正其身。始可行事。當須舉直措枉。不避親讎。糾慝繩違。務從公正。如聞愆過。陰自鼓動。不卽彈射。自樹恩私。曾無忌憚。仍有請託。將何以寄之鷹隼。用屏豺狼。如此當官。深負所委。自今以後。不得更然。

### 簡京官爲都督刺史詔

朕聞天爲大者。孰先於育物□最靈者。莫甚於愛人。故樹之后王。以康兆庶。朕緬鑒前烈。深惟遠圖。懼德之不修。化之未偃。寅畏夙夜。如臨泉壑。然則疇咨命於四岳。黜陟存乎三載。既已百姓爲心。非以一人獨理。今之牧守。古稱侯伯。賢者任之。則循良之迹著。不賢者任之。則愁苦之聲作。每冀精於所擇。委之命往。豈時或頹靡。苟且尚多。何吏之殊。尤寂寥不嗣。靜言政要。朕用憮然。間歲水旱。周於郡國。倉廩不蓄。閭閻荐飢。加以出攝頗多。冗官增弊。至於處置。皆憑刺舉。當於京官內、簡宏才通識、堪致理興化者。量授都督。刺史等久在外藩。頻有聲進狀者。量授京官。使出入常均。永爲恆式。課最超等。必議升遷。循默守常。必加黜免。昭昭賞罰。可不慎歟。昔國僑輔鄭。以至和平。曹參相齊。貴於清淨。清淨則不擾。不擾則和平。和平則不爭。不爭則知恥。愛費而與休息。除煩而從簡易。自當農者歸隴畝。蠶者勤紡績。既富而教。乃克有成。導德齊禮。不遠斯復。庶幾在位。弘朕此心焉。開元二年正月

### 誡勵尚書省官敕

尚書禮閣。國之政本。郎官之選。實藉良才。如聞諸司郎中員外。怠於理煩。業惟養望。凡厥案牘。每多停壅。容縱典吏。仍有受財。欲使四方。何以取則。事資先令。義貴能改。宜令當司長官、殷勤示語。并委左右丞勾當。其有與奪不當、及稽滯稍多者。各以狀聞。開元二年六月

### 洗滌官吏負犯制

蘇頲

黃門、朕聞顏回知過。不無過也。蘧瑗知非。不無非也。孔子曰。過則勿憚改。過而能改。善莫大焉。此則古之賢人。所未能免。朕祗膺駿命。光闡鴻猷。思革頹風。以清貪吏。作程者不要於密。貴於必行。行令者不要於嚴。貴於適中。比歲或使者廉按。或憲司繩糾。未能發明大體。頗亦委曲小疵。殊異恢恢之言。遂行察察之事。一從過誤。永玷彝倫。銓管不許其棄瑕。簿書寧容其知恥。懷才則每歲見斥。登用則終身蔑聞。靜言思之。誠未爲得。夫學以從政。祿以代農。代農不可易業。從政不可紊序。永鑒前弊。當無廢人。改而更張。朕之志也。官人負犯經洗滌赦免者。宜並除痕。選日量舊資、依選例處分。諸使通狀。事或有枉。斷豈無失。承前要須却累通狀人、然始爲雪。各懼罪及。致有寃人。其訴枉屈人。任申牒刑部。事狀似枉者。爲牒本使。勘問盡其道理。無本使者。追本案爲其尋究。應雪者。本司斷後。委左右丞更審詳覆。然後牒所由司除痕。并牒紫微黃門附簿。諸處百姓。苦被勾徵。使人貪功。既不納理。州縣承敕。又不敢放。或已輸已役。重被徵收。或先死先逃。勒出鄰保。欲令貧弱。何以安存。自今以後。其有隱欺須勾者、宜勾當年、若事連去年者、亦任通勾。隔年以去、更不在勾限。其官典及前官隱贓在腹內者。不在此例。布告天下。咸使聞知。開元四年四月四日

### 誡勵諸州刺史敕

朕聞御寰瀛者不可以乖化。養黎獻者必存於從理。故專一方。親百姓。有愁苦之聲。非牧伯之德。所以精求臺閣。歷選搢紳。常舉百寮之要。以先出陝

之重。虛想佳政。用成庶績。自今入計者。則循名責實。詢事考言。雖無等差。終未有殊異。得非歲時或淺。風教未洽耶。故一切不遷。各再臨所典。至於敬耆老。恤煢弱。止奸盜。伏豪強。人不忍欺。吏不敢犯。田疇墾闢。獄圄空虛。徭賦必平。逋逃自復。門杜請謁。庭無滯留。若是者。洒聞舉職。思可以力致。至於弭災眚。集休祥。尙德義。崇禮樂。儒風大長。化道滂流。耕夫克讓。織婦知節。草木不夭。昆蟲咸遂。扇彼淳源。登茲壽域。若是者。亦弘之在我。仁遠乎哉。豈惟祿秩就加。當以公卿入覲。其或靡副朝奬。不恭朕言。陟既有之。黜故宜及。勉旃俞往。各勤我之休命。開元五年七月

刺史令久在任詔

輿我共理。惟良二千石。久於其政。然後化成。承前代以來。頗多僥倖。但因入考。卽有改轉。自今已後。非灼然應黜陟者。更無遷易。敦此風俗。冀革苟且。又舊例別駕。皆是諸親。頃年以來。頗多餘色。先授者未能頓已。此後自循舊章。去冬有因計入朝。不可更令却往。過事考了。並量才敍用。開元六年二月

京官都督刺史中外迭用敕

敕。刺史古之通侯。公卿國之重任。百揆時敍。必在得賢。萬邦咸寧。期於共理。郞官出宰。抑惟前事。方伯登台。聞之往躅。頃來朝士出牧。例非情願。緣沙汰之色。或受此官。縱使超資。尙多懷恥。亦有朝廷勳舊。暫鎭外臺。却任京都。無辭降屈。且希得入。衆以爲榮。爲官擇人。豈合如此。自今已後。諸司淸望宮闕。先於牧守內精擇。都督刺史。却向京官中簡授。其臺郞以下除改。亦於上佐縣令中通取。俾中外迭用。賢良靡遺。庶績其凝。九功惟允。卽宜銓擇。以副朕懷。開元八年七月

誡勵吏部禮部掌選知舉官敕　孫逖

敕。官邪則敗國。賞僭則利淫。自昔至言。政之明誡。朕祗膺大寶。豈忘兢業。臨御已來。且踰二紀。期大道之成化。冀天下之爲公。凡百卿士。豈不協力而選舉之司。委任尤重。若名器失序。則勸沮何施。近者流外銓曹。頗多踰濫。有塵淸議。實紊彝章。胥吏之徒。雖則微賤。仕進之路。終爲厥初。必澄源流。無雜涇渭。不愼於細。其傷則多。小既不可不懲。大亦不可不誡。其吏部兵部禮部掌選知舉官等。各宜飭勵。當盡至公。必須杜邪枉之門。塞請託之路。何止一變。仍圖永淸。且銓綜九流。必仗賢俊。取諸賞鑒。立斷可知。何至淹時。致稽團奏。開門之後。餘甲未終。既滯官曹。長茲罪過。舊選未畢。新格不修。此乃因循。實爲煩弊。自今已後。吏部選人。三月三十日已前團奏使畢。兵部二月內畢。其流外銓及武舉。專委郞官。恐不詳悉。共爲取捨。適表公平。每至留放之時。皆就尙書侍郞對定。既上下檢察。庶在得人。而覆車尙存。殷鑒非遠。法不可廢。宜識朕懷。

誡勵兵吏部兩司敕

敕。設官分職。將以奉法禁非。實在上下叶心。中外一德。共熙庶績。用絕姦源。如聞百司。頗皆寬縱。遂令胥吏。得以挾私。近者兵部令史。因令推鞫。或在選曹。增減文狀。雖小人之過。則惟其常。言在司官。亦爲疎略。朕今申之寬宥。許以自新。庶觀將來。冀能効節。至如兵吏兩司。是掌衡鏡。進趍者非一揆。

姦巧者亦百端。推而言之。或所未免。無謂幽昧。朕皆察焉。宜各盡心。靖恭爾位。

### 置十道採訪使敕　張九齡

敕。歲比不登。人或流冗。言念菜色。朕用疚懷。而牧宰是寄。惠養猶缺。黎元爲本。賦斂未均。當宁思之。良所於邑。且十連爲率。六察分條。周漢已還。事有因革。帝王之制。義在隨時。其天下諸道。宜依舊逐要便置使。令採訪處置。若牧宰無政。不能綱理。吏人有犯。所在侵漁。及物土異宜。人情不便。差科賦稅。量事取安。朕所責成。貴在簡要。其餘常務。不可橫干。其便宜令中書門下。即簡擇奏聞。朕將親覽。開元二十二年二月十九日

### 處分縣令敕二道　張九齡

敕旨。諸縣令等。自古致理。其在命官。今之所切。莫如守宰。朕每屬意。尤重此官。有善者雖遠必舉。無能者縱近而廢。固已簡取才實。非務官資。事亦坦然。天下所見。而浮競之輩。未識朕懷。俾其宰邑。便爲棄地。或以煩碎而不專意。或以僻遠而不畏法。浸染成俗。妨奪爲恆。嗷嗷下人。於何寄命。朕所以寢興軫念。思有以濟之。故令吏曹精選才幹。卿等各膺推擇。用簡朕心。若能理化有成。聲實相副。必有超擢。終不食言。如其謂人不知。唯利是視。欲速負敗。兩喪身名。智者所圖。應不至是。各宜勉勵。以副勤屬。開元□年

又

敕。新除河南府密縣令張稷等。令長之任。黎庶尤切。比嘗選衆。未盡得人。然而勇進之流。乃非其好。矯弊之政。豈無所革。今既各膺獎用。當盡良能。周月有成。聲謠若著。所列清要。唯待才賢。既爾有聞。不患無位。各宜勉勵。以副朕心。開元□年

### 處分選人敕

敕。朕憫茲下人。不忘鑒寐。庶乎富教。寄在牧宰。所以推擇才能。親加考覈。卿等各膺時用。副朕虛求。亦既得人。佇聞佳政。若能精銳爲理。聲績有稱。即當待以不次。信斯言之可復。如其政不能舉。行且有遺。豈獨敗于厥躬。必將坐於舉主。此亦明法。不得不然。各宜勉之。以成名節。今賜卿少物。各宜領取。並於朝堂坐食。食訖好去。開元二十二年

### 吏部引見縣令敕

唐虞分理。命以子男。周漢建官。間以令宰。朕稽古前哲。寤寐全才。委之銓衡。慎擇銅墨。至於上敷朝政。下字淳人。親其農桑。均其力役。使惸嫠者視之猶父母。俾匱乏者賴之以安全。然後八使類能。六條舉最。擢以含香粉署。奬以秋簡霜臺。是乃立身効官。移忠入仕。榮家報國。豈不美歟。若徇己冒私。擾人敗政。有懷潤屋。無懼害公。豈唯刑網貽憂。抑亦名節隳替。蓋士君子之不取。亦名教之罪人。鴻漸于磐。豈不勉哉。今卿等將欲赴官。朕之所言。提撕之耳。所謂聽訟吾猶人也。必也使無訟乎。況今之人也與古人不殊。今之官也與古官無別。則轂壁銅印。其猶昔榮。而卓茂魯恭。𠍅然無繼。將奬勸

之道不致。豈淳朴之風未還。撫事君臨。載深惕厲。今者庶乎。卿等能副此心。賞既超倫。刑必當法。各宜自勉。敷我皇猷。無謂堂高。四聽必達。並卽於朝堂坐食。食訖好去。天寶十三載五月

# 唐大詔令集卷第一百一

政事

官制下

釐革選人敕

文武官參用詔

## 官制下

### 改太史監爲司天臺敕

建設邦都。必資懸象分別曹署。皆應物宜。靈臺三星。主觀察雲物。天文正位。在太微西南。今興慶宮。上帝庭也。考符之所。合置靈臺。宜取永寧坊張守珪宅。以充司天臺。所司量事修理。乾元元年二月

### 加散騎常侍員品詔

朕欲左右有人。朝夕進善。發自中禁。刑于四方。獻替于可否之間。論思於密勿之際。通天下之志。斷天下之疑。作而行之。道不遠矣。與我共此者。惟左右常侍乎。散騎之班。日親帷幄。切問近對之地。文章侍從之臣。賢不厭多。才不厭盛。實將助益。以置官階。重其任者。崇其秩。勸其善者。厚其祿。中書門下省各加置散騎常侍四員。其官並爲正三品。祿俸之外。優給雜料。仍委中書門下商量處分。必求望實。以寘周行。臣哉鄰哉。汝爲汝翼。愼茲高選。副朕意焉。

### 升中書門下品秩詔

春秋以九命作上公。而謂之宰。則宰臣者。三公之職。漢制中書令出納詔命。典樞密。侍中上殿稱制。參議政事。魏晉以還。益重其任。職有分於公府。事不綜於尙書。雖納啓沃之謀。未專宰相之稱。所以委遇斯大。品秩非崇。至于國朝。實執其政。當左輔右弼之寄。總代天理物之名。典領百僚。陶融景化。豈可具瞻之地。命數不加。固當進以等威。副其職任。侍中中書令。宜升入正二品。門下中書侍郎。歷代清貴。所掌要重。多用此官。參於樞務。以地則密。以階未峻。宜升入正三品。式存班制。永作典常。其見任官。宜依新升官品。

### 減京畿官員制

夫計人而置官。度事而賦任。因時立制。損益在焉。吏足以理人。人足以奉吏。則官稱其事。祿當其秩。然後上下相樂。公私不匱。昔光武時及魏太和中。並減吏員。兼省郡邑。致理之道。此其一隅。今連歲戎旅。天下凋瘵。京師近甸。煩苦尤重。比屋流散。念之惻然。人寡吏多。困於供費。欲其蘇息。不可得也。設令廉恥守分。以奉科條。猶有祿廩之煩。役使之弊。而況貪猾縱欲。動踰典章。作威以虐下。厚歛以封己者乎。古者惟置縣大夫一人。牧養百姓。奚必

貳佐分掌而後理耶。且京畿戶口減耗太半。職員如舊。何以堪之。豈可以重困之人。供不急之吏。使人不倦。其在變通。制事之宜。式從省便。其京兆府長安、萬年宜各減丞一員、尉兩員。昭應減丞一員、主簿一員、尉兩員。好時同官美原各減丞一員尉一員。其所減官。據闕便停。如無闕簡擇勒停。應得減官、委吏部條件處分。

停河南淮南等道副元帥制　　常袞

敕、古者分建戎號。以張威武。必因事而置。亦有時而戢。以天下征伐之重。方鎮之大。宜有總一。則以元老撫和之。乃者國家平定之後。致理之始。與其休息。則以諸侯訓緝之。自河之南。至于滄海。往屬難故。久勞師徒。連城之鎮累百。授鉞之將十數。主其經略。委在台臣。號令耳目。以之咨稟。服柔威叛。罔不肅清。今萬里無塵。思解戎備。況分閫之重。各任勳賢。悉心憂國。所統皆理。何必更有所屬。適重其煩。軍書取決。又失要會。息人罷鎮。誠亦便之。河南淮南西山南東等道副元帥、宜停。其兵馬宜充東都留守兵馬。張延賞宜權知東都留守事。常休明宜充副留守兼東都鎮守兵馬使。

減京兆尹已下俸錢制　　常袞

敕、輦轂之下。封畿之內。承前戶口五千餘萬。京兆祿廩。不過二百石。俸錢不過三十貫。降至下吏。差次可知。自頃艱虞。且踰星紀。歲有事邊之役。人多盡室之行。閭井蕭然。百不存一。而府縣之俸。十倍平時。高官因其使名。數處受位。卑者假以職掌。悉加優給。致令所典之務。移在他曹。雖齊等倫。頓異豐薄。皆是常稅之外。重斂而供。侵弊既多。因循未改。減我軍國之用。困其疲耗之人。豈計人置官之意。度農制祿之法也。四方取則。其若是乎。比下詔書。務於勤恤。將求致理。切於澄源。遂委中書門下。條錄奏聞。而朕躬親括。巨細精詳。覽其名實之狀。深嘆過差之極。革其既往。制在維新。爰據高卑。以之均節。使人足以奉吏。吏足以資家。務有不急。悉皆除去。仍量閑劇。權省官員。胥徒斷役。亦有蠲減。費用既少。困窮自安。唯出正租。更無徵率。其京兆府官及縣官月俸。除正斷外。不得輒有增加。如判司參軍丞簿尉等、有犯。科錄事參軍及縣令。如令長及錄事參軍及少尹有犯。坐京尹。畫一之令。當在必行。勸百之義。固非末減。各儆于位。無近於刑。

誡別駕縣令錄事參軍詔　　楊炎

敕旨、弛張刑政。興化阜俗。使吏息貪汚之跡。下無愁怨之聲者。不惟良二千石。亦在郡主簿縣大夫。親其教訓。舉其綱目。條察善惡。惠養困窮。方伯得以考其殿最。故漢置刺史。臨課郡國。周制官刑。糾繩邦理。其義明矣。朕思舉舊典。以清時俗。頻詔長吏。精擇此官。如聞近日猶有奸濫。或未習政事。素無令聞。因依請託。尸曠祿位。邪枉附法。愞弱廢官。人弊於下。怨歸於上。閭井減耗。賄政日聞。豈所謂建明職守。共副憂勤者耶。又別駕秩位頗崇。若郡守廢闕。掌同其任。舊制補署。或匪其才。一不稱職。則多傷害。自今已後。別駕縣令錄事參軍、有犯贓私、及暗弱老耄、疾患不稱所職、戶口流散者、並委觀察節度等使、與本州刺史、計會切訪察聞奏、與替。其犯贓私者、便禁身推問、具狀聞奏。其疾患者、準式解所職。老耄暗弱、及無贓私、才不稱職者、量資考改與員外官餘官準前後敇處分。其刺史不能覺察。仰觀察節度使具刺史名品聞奏。如觀察節度管內不能勾當、郎官御史出入訪察聞奏。

## 復先減官員敕

王者建設庶官。允釐九有。量戶口之衆寡。定都邑之等衰。制其職員。約以名數。俾吏足成務。而下克奉公。其有弛張。必在通濟。朕頃緣蕃戎棄信。深犯封疆。興師備邊。資用日費。而黎人困弊。難重徵求。遂權減天下州縣官員。姑務集事。皆由朕不明不德。以至於斯。近聞新授官人。皆已隨牒之任。扶老攜幼。盡室而行。俸祿未請。歸還無所。嗷嗷道路。實疚于懷。雖蒸庶之間。供應有省。而衣冠之弊。流寓無依。苟便於時。豈憚沿革。凡百君子。所當悉之。其先減官員。並宜仍舊。

## 賜常參官錢敕

百辟卿士。實惟股肱。頃屬艱虞。損家循節。累經寇難。靡不困窮。洎復上京。荐遭歉歲。官俸既薄。公田不收。外虧導從之儀。內懷凍餒之戚。朝列尙爾。蒸人何堪。軫于深衷。良用愧惻。應文武常參官等、宜共賜錢七萬貫。委度支據班秩職事、及所損職田多少、量等級。從今至明年四月已來、隨月支給。凡厥多士。宜悉朕懷。（貞元年）

## 置上將軍及增諸衛祿秩詔

左右金吾及十六衛等將軍。故事皆擇勳賢。出鎭方隅。入居侍衛。其左右等衛。自天寶艱難以後。雖衛兵廢闕。而品秩本高。此誠文武勳臣出入遷轉之地。宜增祿秩。以示優崇。並宜加給料錢及隨身幹力糧課等。條件處分。以優寵功臣。令其充給。仍舉故事。置武班朝參。其廊下食等、亦宜加給。其十六衛各置上將軍一人。秩從二品。左右金吾上將軍俸料等。並同六軍統軍。諸衛上將軍。次於統軍支給。欲求致理。必藉兼才。文武遞遷。不令隔限。自今內外文武闕官。於文武班中才望相當者參敍用。仍各依本事。於本衛量置衛兵。所司即條件聞奏。（貞元年）

## 朝臣薨卒給俸料賻贈詔

君臣之際。義莫重焉。每聞薨殂。深用惻悼。宜厚哀榮之禮。以申終始之恩。文武朝臣有薨卒者。自今以後。其月俸料宜全給。仍更準本官一月俸料以爲賻贈。若諸司三品已上官、及尙書省四品官。仍令有司舉舊令聞奏。弔祭之禮。務從優厚。用稱朕懷。（貞元十年二月）

## 罷百官正衙奏事敕

朕勵精庶政。博求嘉言。比者百官正衙奏事。至有移時者。公卿庶寮。屬當寒暑。爲弊亦深。在於朕意。豈謂優禮。自今勿正衙奏事。如陳奏者。宜詣延英門請對。（貞元）

## 停河南水陸運使等敕

朕於百執事辜有司。方澄源流。以責實效。轉運重務。專委使臣。每道有院。分督其任。今陝洛漕引。悉歸中都。而尹守職名。尙仍舊貫。又諸道都團練使。足修武備。以靖一方。而別置軍額。因加吏祿。亦旣虛設。頗爲浮費。思去煩以循本。期省事以便人。其河南水陸轉運、陝府轉運、潤州鎮海軍、宣州採石軍、越州義勝軍、洪州南昌軍、福州靜海軍等使額、並宜停。所收使已下俸料、一事已上、各委本道充代百姓闕額兩稅。仍具數聞奏。如聞河南陝府兩處。比來所給。皆是置本利息。不破正錢。勒便添充兩處飧錢雜給。不要徵納。庶我愛人之心。豈止於惜費。立制之意。必在於正名。元和五年

停諸道支度營田使敕

事關軍旅。並屬節制。務繫州縣。悉歸廉察。二使所領。孰非管轄。諸道支度營田。承前各別置使。自艱虞已後。名制因循。方鎮除授之時。或有兼帶此職。遂令綱目所在。各殊。今者務修舊章。思一法度。去煩就理。衆心爲宜。唯別敕置營田處置使。且令仍舊。其忠武、鳳翔、武寧、魏博、山南、山東、橫海、邠寧、義成、河陽等道支度營田使、及淮南支度、近已停省。其餘諸道。並準此處分。元和十三年七月

停宰臣監搜詔

元首股肱。君象臣類。義深同體。理在坦懷。夫任則不疑。疑則不任。自魏晉已降。參用覇制。虛儀搜索。因習尙存。朕方推表大信。寘人心腹。庶使諸侯方岳。鼓洽化道。血氣飛走。涵泳性分。況吾台宰。又何間焉。自今已後。紫宸坐朝。衆寮旣退。宰臣復進奏事。其監搜宜停。太和

條貫兩省臺官導從敕

敕、憲官之職。在指佞觸邪。不在行李。自大侍臣之職。在獻可替否。不在道途相高。並列通班。合知名分。如聞喧競。亦已再三。旣招人言。甚損朝體。其臺省與供奉官同道。聽先後而行。遇途任祇揖而過。其從人各隨本官之後。少相僻避。勿任衝突。又聞近日已來。應合有導從官手力多者。街衢之中。行李太過。自今已後。應合有導從官。行李傳呼。前後不得過三百步。太和

釐革選人敕

朝廷懸爵賞之科。設掄材之政。言其藻鑒。在乎淸通。況當求理之時。方切任賢之日。將宣至化。實賴平衡。宜於取捨之間。必叶公忠之論。如聞羇棲旅食。貧苦選人。守數考而方及選期。望一官而時希寸祿。注唱纔畢。旋又更移。多被逗遛。莫遂便穩。脂膏之地。須因有賄而升。迂避之官。卽是孤寒所受。言斯猥弊。乃積歲年。縱有條流。尋亦隳改。況今行在。思溥渥恩。不欲使嘆惋栖遲。吁嗟屈滯。歸乎允當。倚在有司。宜令中書門下、切在條流。如選人實有考課。堪理繁劇者。臨時注擬。可以甄升。繫生民之慘舒。在銓衡之愼擇。勿令留滯。切速指揮。仍將朕意。宣示百寮及吏部三銓幷選人等、各令知悉。中和四年二月

文武官參用詔

文武二柄。國家大綱。東西兩班。官職同體。咸匡聖運。共列明廷。品秩相對於高卑。祿俸皆均於厚薄。不論前代。只考本朝。太宗皇帝以中外臣寮。文武參用。或自軍衞而居臺省。亦由衣冠而秉節旄。足明於武列文班。不合清濁優劣。近代浮薄相尙。凌蔑舊章。假偃武以修文。竟棄本而逐末。雖藍衫魚簡。當一見而便許升堂。縱拖紫腰金。若非類而無由接席。以是顯揚榮辱。分別重輕。遽失人心。盡隳朝體。致有今日。實此之由。須議改更。漸期通濟。今文武百官、自一品已下。逐月所有料錢。並須均匀。數目多少。一般支給。兼命使諸道。亦依輪次差遣。既就公平。必臻交泰。叶羣情於天下。崇故事於國初。凡百庶官。宜體朕意。天祐二年四月

# 唐大詔令集卷第一百二

## 政事

### 舉薦上

京官及總管刺史舉人詔
採訪孝悌儒術等詔
求訪賢良限來年二月集泰山詔
薦舉賢能詔
搜訪才能詔
河南河北江淮採訪才傑詔
採訪武勇詔
訪習天文曆算詔
訪孝悌德行詔
京文武三品每年各舉所知詔
求猛士詔
訪天下奇才異行制　校注：與一一〇卷重複，今删。
博採通經史書學兵法詔
文武官及朝集使舉堪將帥詔
諸州舉實才詔
搜揚懷才隱逸等敕
求訪武士詔

# 舉薦上

## 京官及總管刺史舉人詔

擇善任能。救民之要術。推賢進士。奉上之良規。自古哲王。弘風闡化。設官分職。唯才是與。然而巖穴幽居。草萊僻陋。被褐懷珠。無因自達。實資選衆之舉。固藉左右之容。義在搜揚。理歸精確。是以貢士有道。爰致加錫之隆。無益於時。必貽貶黜之咎。末葉澆僞。名實相乖。舉非其人。濫居班秩。流品所以未穆。庶職於是隳廢。朕膺圖馭宇。寧濟兆民。思得賢能。用清治本。招選之道。宜革前弊。懲勸之方。式加恒典。苟有才藝所貴。適時潔己。登朝無嫌自進。宜令京官五品以上、及諸州總管刺史、各舉一人。其有志行可錄。才用未申。亦聽自舉。具陳藝能。當加顯擢。授以不次。賞罰之科。并依別格。所司頒下。詳加援引。務在獎納。稱朕意焉。武德五年三月

## 採訪孝悌儒術等詔

朕以寡薄。嗣守鴻基。實資多士。共康庶政。虛己側席。爲日已久。投竿捨築。罕値其人。自親巡東夏。觀省方俗。興言至治。夕惕兢懷。然則齊趙魏魯。禮義自出。江淮吳會。英髦斯在。山川所感。古今寧殊。載佇風猷。實勞夢想。宜令河北淮南諸州長官、於所部之內。精加採訪。其有孝悌淳篤。兼閑時務。儒術該通。可爲師範。文詞秀美。才堪著述。明識治體。可委字民。并志行修立。爲鄉閭所推者。舉送洛陽宮。□給傳乘。優禮發遣。當隨其器能。擢以不次。若有老病不堪入朝者。具以名聞。庶巖穴靡遺。俊乂可致。務盡搜揚之道。稱朕意焉。貞觀十一年四月

## 求訪賢良限來年二月集泰山詔

朕遐觀前載。歷選列辟。莫不貴此得人。崇茲多士。猶股肱之佐元首。譬舟楫之濟巨川。若夫構大廈者。採衆材於山岳。善爲國者。求異人於管庫。是以陶唐有虞。揖讓之聖帝也。非元凱不能成茂功。商湯姬發。革命之明王也。非伊呂無以定禍亂。況乎齊桓中人之才。器非濬哲。漢武嗣業之主。志在驕奢。猶賴管仲隰朋之用。平津博陸之輔。既爲五霸之長。亦稱萬代之宗。是知得士則昌。失人則亂。朕冕旒夙夜。虛心政道。雖天地効祉。宗社降靈。區宇晏如。俊乂咸事。尙恐山林藪澤。藏荆隋之寶。卜築屠釣。韞蕭張之奇。是以躬撫黎庶。親觀風俗。臨河渭而佇英傑。眺箕潁而懷隱淪。亟移日月。空勞夢寐。而驪熊莫兆。商歌寂寥。豈混跡駑駘。未逢良樂之顧。將毓德巖穴。方追禽向之遊。望雲路想。增其歎息。可令天下諸州、搜揚所部士庶之內。或識達公方。學綜今古。廉潔正直。可以經國佐時。或孝悌淳篤。節義昭顯。始終不移。可以敦風勵俗。或儒術通明。學堪師範。或文章秀異。才足著述。並宜薦舉。具以名聞。限來年二月總集泰山。庶獨往之夫。不遺於板築。藏器之士。方升於廊廟。務得奇偉。稱朕意焉。貞觀十五年月

### 薦舉賢能詔

朕遐想千載。旁覽九流。詳求布政之方。莫若薦賢之典。是以元凱就列。仄微可以立帝功。管隰爲臣。中人可以成霸業。朕緬懷曩烈。虛己英奇。斷斷之士。必升於廊廟。九九之術。不棄於閭閻。猶恐在陰弗和。獨善難奪。永言髦傑。無忘鑒寐。是以去夏之中。爰動翰墨。披露丹腑。疇咨海內。尺木既樹。思覿游霧之羣。雲羅宏舉。佇降翔庭之翼。而諸州所舉十有一人。朕載懷仄席。引入內殿。借以溫顏。密訪政道。莫能對揚。相顧結舌。朕仍以其未覩闕庭。能無戰悚。令於內省。更以墨對。雖搆思彌日。終不達問旨。理既乖違。詞亦庸陋。豈可飾丹漆於朽質。假風雲於決起者哉。宜並放還。各從本色。其舉主以舉非其人。罪論仍加一等。然則今之天下。猶古之天下也。寧容仲舒伯起之流。偏鍾美於往代。彥和廣基之侶。獨絕響於今辰。故其見知也。則平津與樂安并進。其不用也。則敬通與亭伯同悲。淮陰所以興言。子長所以貽歎。因斯論之。良由俊造難進。或固栖遲之節。牧宰循常。未盡搜揚之道。撫事長息。彌增憮然。令州縣依前薦舉。皆集今冬。奇偉必收。浮華勿採。無使巴人之調。濫吹於簫韶。魏邦之珍。沈光於漢水。務盡報國之義。以副欽賢之懷。貞觀十八年二月

### 搜訪才能詔

高明之天。資星辰以麗象。博厚之地。藉川岳而成形。況帝王體元立極。臨馭萬物。字養生靈者乎。所以致理之君。遠讒佞。近忠良。屈己以申人。故能成其化。爲亂之主。親不肖。疏賢臣。虐下以恣情。用能成其亂。明君遵彼而興。國暗主行此以亡身。是以馭朽臨冰。銘心自戒。宵興旰食。側席思賢。庶欲博訪丘園。採搜英俊。弼我王道。臻於大化焉。可令天下諸州。明揚側陋。所部之內。不限吏人。其有服道栖仁。澄心礪操。出片言而標物範。備百行以綜人師。質高視於琳瑯。人不間於曾閔。潔志丘園。揚名里閈。或甄明政術。曉達公方。稟木鐸於孔門。受金科於鄭相。奇謀間發。明略可以佐時。識鑒淸通。偉才堪於幹國。或含章傑出。命世挺生。麗藻遒文。馳楚澤而方駕。鈎深覩奧。振梁苑以先鳴。業擅專門。詞抽載筆。或辯彫春囿。談瑩秋天。發研幾於一言。起飛電於三寸。蓄斯奔箭。未遂揚庭。并宜推擇。咸同舉薦。以禮將送。具狀表聞。限以今冬。并與考使同赴。庶擬焚林之舉。咸矯翼於巖廊。尺木之階。方振鱗於遊霧。翹心俊乂。稱朕意焉。貞觀二十一年六月

### 河南河北江淮採訪才傑詔

朕受命上玄。嗣膺下武。每肅恭旒冕。延想英奇。俯振鷺而企貞臣。仰飛鴻而慕良輔。雲臺仄席。玉管屢移。宣室整衣。金壺亟改。寂寥靡覿。鑒寐興懷。比雖年常進舉。遂無英俊。猶恐栖巖穴以韜奇。樂丘園而晦影。宜令河南河北江淮已南州縣。或緯俗之英。聲馳管樂。或濟時之器。價逸蕭張。學宰帝師。材堪棟輔者。必當位之不次。可明加採訪。務盡才傑。州縣以禮發遣。顯慶元年十月

### 採訪武勇詔

濟時輿國。實佇九工。御敵威邊。亦資七德。朕端拱宣室。思弘景化。將欲分憂俊乂。共逸巖廊。而比貢英奇。舉非勇傑。豈稱居安慮危之志。虔存思亂之心。如不旌賁遠近。則爪牙何寄。宜令京官五品已上、及諸州牧守各舉所知。或勇冠三軍。翹關拔山之力。智兼百勝。緯地經天之才。蘊奇策於良平。馳功績於衛霍。蹤二起於吳白。軌雙李於牧廣。賞纖善而萬衆悅。罰片惡而一軍懼。如有此色。可精加採訪。各以奏聞。顯慶二年六月

訪習天文曆算詔

南正北正。司天地之職。羲氏和氏。統日月之官。蓋所以幽贊神明。發揮曆象。經百王而不易。涉千古而無替。慎竈疊跡於前。甘石比蹤於後。莫不仰稽次舍。俯察禨祥。克窮盈縮之端。備極陰陽之際。朕臨御區寓。多歷歲年。睠彼清臺。罕聞其妙。豈人不逮昔。將求之未盡。雖天道難知。固以不言示教。而時君取戒。寧可遐棄厥司。宜令諸州及諸司、訪解占天文及曆算等人。務取有景行審密者。幷以禮發遣。速送所司。勿容隱漏。貞元三年二月

訪孝悌德行詔

山東江左。人物甚衆。雖每充賓薦。而未盡英髦。或孝悌通神。遐邇推敬。或德行光裕。邦邑崇仰。或學綜九流。垂帷覩奧。或文高六義。下筆成章。或備曉八音。洞該七曜。或射能穿札。力可翹關。或丘園秀異。志存栖隱。或將帥子孫。素稱勇烈。委巡撫大使、咸加採訪。佇申褒獎。亦有婆娑鄉曲。負材傲俗。爲譏議所斥。陷於跅弛之流者。各宜選擇。具以名聞。儀鳳元年十二月

京文武三品每年各舉所知詔

京文武職事三品以上官。每年各舉所知。或材蘊廊廟。器均瑚璉。體王佐之嘉猷。資公輔之宏量。或奇謀異算。決勝千里。或投石拔距。勇冠三軍。或謇諤忠亮。志存匡弼。或繩違糾慝。不避權豪。或威惠仁明。堪居牧守之重。或公正廉直。足膺令長之任。咸宜搜訪。具錄封進。朕當詳覽。量加獎擢。儀鳳二年十二月

求猛士詔

朕君臨宇宙。司牧黎元。普天之下。罔不率服。蕞爾吐蕃。僻居遐裔。吐谷渾是其鄰國。遂乃奪其土宇。往者暫遣偏裨。欲復渾王故地。義存拯救。事匪稱兵。輒肆昏迷。潛相掩襲。既無備豫。頗喪師徒。因茲鴟張。每思狼顧。除兇伐叛。王者所急。前歲將發六軍。問其罪戾。復以小寇無勞大舉。按甲息兵。庶其改過。不思惠養。更起回邪。敢縱狂惑。專爲寇盜。或攻圍鎮戍。或驅抄羊馬。烽燧頻舉。煙塵不息。候隙乘間。倏來忽往。比者止令鎮遏。未能卽事翦除。莫懷寬大之恩。遂長包藏之計。惡盈禍稔。當自覆滅。今欲分命將帥。窮其巢穴。克清荒服。必寄英奇。但秦雍之郊。俗稱勁勇。汾晉之壤。人擅驍雄。宜令關內河東諸州、廣求猛士。在京者令中書門下於廟堂選試。外州委使人與州縣相知揀□。有膂力雄果、弓馬灼然者。咸宜甄採。卽以猛士爲名。儀鳳二年十二月

博採通經史書學兵法詔

才生於代。必以經邦。官得其人。故能理物。朕恭膺大寶。愼擇庶寮。延佇時英。無忘終食。思欲蕭艾咸採。葑菲不遺。而商山幽僻。渭濱寂寞。夫以貴耳賤

目殊通方之論。捨近謀遠。非應務之術。今四方選集。羣才輻湊。操斧伐柯。求之不遠。其有能明三經通大義者。能綜一史知本末者。通三教宗旨究精微者。善六書文字辯聲象者。博度雅曲和六律五音者。韜略孫吳識天時人事者。暢於詞氣聰於受領善敷奏吐納者。咸令所司、博採明試。朕親擇焉。景雲元年十二月

## 文武官及朝集使舉堪將帥詔

將帥之任。軍國斯重。禦侮捍城。良才是急。頃者武臣多闕。戎政莫修。聆鼓鼙以載懷。空熊羆而未遇。古今一也。何代無人。南仲方叔之儔。亦在用之而已。宜令文武官及朝集使五品以上、各舉堪將帥者一人。明敭幽仄。無限年位。務求實用。以副予懷。先天元年十二月

## 諸州舉實才詔

致化之道。必於求賢。得人之要。在於徵實。頃雖屢存賁帛。無輟翹車。而駿骨空珍。眞龍罕覯。豈才之難遇。將舉或未精。且人匪易知。取不求備。瑰琦失於俗譽。韜晦嗟於時宜。其博詢州里。明敭幽仄。使管庫無遺。薖軸咸舉。其諸州、有抱器懷才。不求聞達者。命所在長官訪名奏聞。武勇者具言謀略。文學者指陳藝業。務求實用。以副予懷。先天二年六月

## 搜揚懷才隱逸等敕

敕、立政之本。惟賢是切。朕祇膺天曆。殷監遠圖。揚於王庭。生此王國。朕之所望久矣。豈徵辟爲事。未極於巖藪。而高尚絕塵。見遺於草澤。將何以舉逸而勸賁。然來思且才之或偏。猶器不求備。故非臧文之智。則尙其言。收曲逆之奇。則損其行。過而能改。仁遠乎哉。天下諸州、有懷才隱逸。跅弛不調。及失職寃人等事。幷令諸道檢察使博訪。具以名聞。副朕饑渴之懷。庶廣搜揚之義。先天二年十一月四日

## 求訪武士詔

武設五兵。所以安人禁暴。臣稱三傑。所以戰勝攻取。蜀乃一方之主。尙得孔明。齊爲九合之君。斯由管仲。況宇宙至廣。人物至多。豈乏英賢。無聞韜略。蓋用與不用。知與不知。今邊境未淸。統遏須將。頃林胡蹔擾。柳城非捷。北虜忽驚。西軍莫振。罪由失律。過在無謀。曹劌不言。寧知登軾之効。毛遂緘口。豈彰處囊之奇。長想古今。是思擢用。恐雖霑簪紱。猶晦跡於下流。或蘊智謀。尙沉名於大澤。不加精訪。何以甄收。其兩京中都及天下諸州官人百姓。有智合孫吳。可以運籌決勝。有勇齊賁育。可以斬將搴旗。或坐鎭行軍。足擬萬人之敵。或臨戎却寇。堪爲一隊之雄。各聽自舉。務道其實。仍令州府具以名進。所司速立限期。隨表赴集。朕當親試。不次用之。其有身見在諸軍統押者。但錄所能奏聞。未須赴集。開元九年九月

# 唐大詔令集卷第一百三



## 舉薦下

### 搜訪天下賢俊制　　賈至

朕聞惟理亂在庶官。是以先王旁求俊彥。思皇多士。以倡九牧。阜成兆人。頃者姦臣執權。專利冒寵。惟正直是醜。惟邪佞是比。壅窒賢路。罔蔽天聰。使忠臣不得進其謀。才士不得展其用。廢三載之黜陟。寢九德之推擇。多有老於郎署。滯於丘園。吏稱無人。才不給位。朕以薄質。嗣守大寶。寇戎未殄。王業惟艱。兢兢乾乾。日愼一日。緬惟堯舜求賢之意。周公吐握之義。思欲廣進髦乂。輔寧邦家。實賴公卿大夫。弘我視聽。易曰。方以類聚。語曰。舉爾所知。

凡宰相王臣。宜加搜擇。其常參官及郡縣長吏上佐等。皆從歷試。而踐通榮。如各知其密行異能。博學深識。才堪濟代。術可利人。名不彰聞。位不充量。湮淪屠釣。流落風波者。一善可錄。便宜公舉。遠則封表附驛。近則進狀奏聞。勿避親讎。無限儕伍。其有獨負奇才。未逢知己。卽仰投匭。幷所在陳狀自論。長官登時與奏。夫茲薦士。非止一舉。永爲恒典。有卽登聞。昔荀桓子克翟有功。士伯受瓜衍之邑。柳下惠賢而不舉。臧文仲被竊位之名。春秋書之。千載不朽。凡百在位。可不勉歟。宜宣示中外。令知朕意。至德二載四月八日

### 訪至孝友悌詔

至和育物。大孝安親。古之哲王。必由斯道。朕往在春宮。嘗事先后。問安靡闕。侍膳無違。及同氣天倫。聯華棣蕚。居常共被。食必分甘。今皇帝奉而行之。未嘗失墜。每有銜命而來。戒途將發。必肅恭拜跪。涕泗交漣。左右侍臣。罔不感動。間者旭日抱戴。赤烏白狼之瑞。接武荐臻。此皆皇帝聖敬之符、孝友之感也。故能誕敷德教。橫乎四海。信可以光宅寰宇。永綏黎元者矣。其天下有至孝友悌。行著鄉閭。堪旌表者。命縣長官採聽聞奏。孝子順孫。樂于玄化也。至德二載正月

### 處分舉薦人詔

推薦之道。必務於至公。賞罰之間。亦資於不濫。其諸色舉人等、須有處分。令薦所知。實佇才能。用施政理。自宜慎擇。以副虛懷。古者效官。三歲考績。善惡旣著。褒貶斯存。舉之得人。必受旌能之賞。舉之失選。亦加懲過之罰。賞罰之典。期於勉行。凡百具寮。宜知朕意。寶應元年七月

### 令常參官舉人詔

敕、知人則哲。堯舜猶難。類能而舉。古今常式。自頃中原多故。汔未小康。州縣屢空。守宰多闕。攝官承乏者。頗無舉職之能。懷才抱器者。或有後時之歎。朕所以宵衣不寐。側席未遑。思弘致理之規。冀及大中之道。而庶尹卿士。備列朝廷。豈無協贊之心。以助旁求之義。其內外文武官、如有堪任刺史縣令、及出身前資人中、堪任判司丞尉者。宜令京常參官、各慎擇所知。具狀奏聞。及諸州刺史縣令、旣藉寮屬。宜亦準此。古者得人受賞。曾不踰時。增秩賜金。有國通典。其或任非稱職。舉不當事。顧多附下之心。豈無不適之罰。其所舉人受官後。如政能尤異。清白著聞。三兩考後。仰本道觀察使聞奏。其舉主及所舉人幷量加進改。如懦弱不舉、及暴政處置乖宜。幷冒犯贓私等罪。論刑當亦連坐。宣示中外。知朕意焉。寶應元年九月

### 搜訪天下賢能敕

濟國安民。必先得士。懷才抱器。所切逢時。苟獲賢能。何吝任使。自從近歲。頗乏豐年。百姓凋殘。四方空竭。邕交防戍。邛蜀征行。租賦罄於東南。衣糧耗於西北。欲全國力。須整邊防。所恨利於國者。或迷之而未行。害於人者。或遺之而未去。天下有洞諳邊事。深會軍謀。或決勝於干戈。或運籌於帷幄。及有苦心吏術。深達政經。曾觀已試之能。可致必成之理。各仰自見所在長吏。先共討論。有可取者。發遣赴京。量事資送。或安貞守道。隱遁山林。或勤學

知書。博通今古。并仰所在長吏搜訪聞奏。冀有才者得伸。有能者得用。凡思報國。無若薦賢。如得非常之材。必加不次之賞。布告天下。知朕意焉。

搜訪兵術賢才詔

朕每念艱難之本。思拯救之圖。治少亂多。古猶今也。蓋搜揚之未至。非爵賞之不行。況自鄉里沽名。物情賈怨。朝市有爭先之黨。山林多獨往之人。彼豈自窮軀而莫返。其有文包經緯。道貫儒玄。貞遁自肥。浮名不染。豈無加等之爵。以待非常之流。今委使臣。遠近徵訪。必行備禮。以聳羣方。且機貴研深。用惟體要。運當無事。固垂拱而可恃。時屬多虞。非拔奇而不振。或有材優將略。業洞兵鈐。辨勝負於風雲。計短長於主客。妙得神傳之訣。恥成兒戲之名。不俟臨機。方期制變。或銷聲於屠釣。或屈志於風塵。勿媿自媒。當期致用。至乃旁窺國病。動適時宜。深探貨殖之源。備得富強之術。排於浮議。鬱彼良圖。又有志擅縱橫。久潛縕褐。材推超異。見辱儕流。苟全一藝之工。不必萬夫之敵。亦有推研曆象。校步星辰。言必效於機先。術豈疑於億中。是資奇器。孰曰異端。亦在勤求。佇加殊賞。噫。功名可慕。少壯幾何。在君親則忠孝相資。念國家則安危同切。勿甘流落。猶徇宴安。并委使臣。牓示訪求。長吏津置發遣。同心體國。無使淹延。懸賞俟能。必期升擢。朕雖鍾艱否。亦謂憂勤。高祖太宗之在天。固當垂祐。社稷生靈之有主。夫豈乏賢。達我敷求。咨爾將命。勿孤翹矚。苟自因循。其間儒學優游。軍謨弘遠。密陳時務。願就制科者。已後別勑處分。跅弛遺才。沉淪末位。不礙文武。并須升聞。布告天下。咸使知悉。光啓五年五月

## 按察上

遣使巡行天下詔

昔者明王之御天下也。內列公卿。允釐庶績。外建侯伯。司牧黎元。唯懼淳化未敷。名教或替。故有巡狩之典。黜陟幽明。存省方俗。遐邇遂性。情僞無遺。時雍之宜。率由茲道。朕祇膺寶命。臨御帝圖。稟過庭之義方。荷上玄之嘉祉。四荒八表。無思不服。而夙興夕惕。勤躬約己。日愼一日。雖休勿休。欲萬國歡心。兆民有賴。推誠待物。近取諸身。實謂羣官受拜。咸能自勵。乃聞連帥刺舉。或乖共治之寄。縣司主吏。尙多黷貨之罪。有一於此。責在朕躬。是用中夜憮然。昃景輟食。宜遣大使。分行四方。申諭朕心。延問疾苦。觀風俗之得失。察政刑之苛弊。耆年舊齒、孝悌力田。義夫節婦之家、疾廢惸嫠之室。須有旌賞賑贍。聽以倉庫物賜之。若有鴻材異等。留滯末班。哲人奇士。隱淪屠釣。宜精加搜訪。進以殊禮。務盡使乎之旨。俾若朕親覿焉。貞觀八年正月

遣十使巡察風俗制

古之御天下者。以大寶爲公器。以崇高爲外物。仰則乾行。順性命之理。俛思坤載。成博厚之德。將以財成至道。保邦靜人。用淸三徵。以齊七政。能臻夫

此者。豈一人之力哉。實賴羣才。共康庶績。自季葉淪替。紉棄公道。官匪其人。教無所習。懷才修潔者。則依違以自容。通方宏偉者。則放蕩以求利。由是淳化日漓。澆風歲長。典章訛弊。吒俗凋殘。逶迤陵頹。莫能振理。朕以薄德。丕承寶命。夙夜惟寅。憂勞無怠。昧旦端冕。心被寰瀛。日晏罷朝。念周黎庶。頃者勵精推擇。傍求牧宰。冀聞善政。惠康乃人。虛己勵勤。美化猶怠。貪官傲吏。屢黷於爰書。失職流亡。幾淪於版籍。豈刑賞之柄。不叶其中。將仁恩之誠。未孚于下。永言國本。良深軫悼。古者天子巡狩。省方觀俗。而錫鑾備駕。或以爲煩。故分命輶軒。博採謠訟。以彰善癉惡。激濁揚清。散皇明以燭幽。揚仁風以被物。實資令德。允屬通才。惟懷永圖。式鑒成憲。宜於左右臺及內外五品已上官、識理通明、立性堅白、無所詘撓、志在澄清者、二十人。分爲十道巡察使。二周年一替。以廉按州部。俾其董正羣吏。觀撫兆人。議獄緩刑。扶危拯滯。若能抗詞直筆。不憚權豪。仁恕爲懷。黜陟咸當。別加獎擢。優以名器。如脂韋苟全。蘧蒢戚施。高下在心。顧望依附者。將遷削屏棄。肅以憲章。咸竭迺心。以副朕意。神龍二年二月

## 處分朝集使敕八道　　蘇頲

敕朝集使等、朕自臨萬邦。倏已三載。何嘗不兢兢業業。勵精政道。思欲棄末敦本。阜俗安人。寰瀛之間。日月以冀。所以急於務農。不奪人時。富而教之。庶乎可致。夫苛政甚於猛武。貪人比之蝥賊。頃雖臨遣使臣。未能澄正此弊。或刻以害物。或擾以妨農。或背公向私。或全身養望。至使錢穀不入。杼軸其空。捐瘠相仍。流庸莫返。且四方事廣。非一人獨化。共理之寄。非卿而誰。卿等至州。遞相勗勵。勤卹孤弱。勸率耕桑。各効清勤。無或隳怠。開元三年三月十五日

### 又

敕、朝集使等、朕聞御寰瀛者。不可以獨化。養黎獻者。必存於共理。故專一方。親百姓。能致循良之術。無愁苦之聲。非牧伯之賢。疇能如此。所以精求臺閣。歷選搢紳。常舉百寮之要。以先六刺之重。虛想佳政。用成庶績。自去冬入計者。則循名責實。詢事考言。雖不無等差。終未有殊異。得非歲時或淺。風教未洽耶。故一切不除。各再臨所典。至於敬耆老。恤煢弱。止姦盜。挫豪強。人不忍欺。吏不敢犯。田疇墾闢。獄囹空虛。徭賦必平。逋逃自復。門杜請謁。庭無滯留。若是者、迺關乎職。思可以力致。至於弭災眚。集休祥。尙德義。崇禮樂。儒風大長。道化滂流。耕夫克讓。織婦知節。草木不夭。昆蟲咸遂。扇彼淳源。登茲壽域。若是者、亦弘之在我。仁遠乎哉。豈惟祿秩就加。以公卿入拜。其或靡副朝獎。不恭朕言。陟既有之。黜故宜及。勉旃俞往。各勤我班瑞之分命。開元六年二月六日

### 又

敕朝集使、朕聞天生蒸人。溥于四海。天有成命。孚于萬邦。必內立公卿。外建侯伯。后非賢罔使。賢非后罔事。借耳以廣聽。假目以遐覽。則諭上旨通下情。庶政諧而羣萌樂矣。由是三考黜陟。百官會同。古昔之訓。昭然若揭。朕以薄德。祚膺寶位。受乾坤之顧。荷宗廟之靈。懍乎若涉春冰。如馭朽索。責在司牧。所賴分憂。曷嘗不想望賢才。馨香至化。七年於茲矣。咨爾羣岳。實邦之良。服勤政途。深佇嘉績。豈爲吏罕久。與人未信。何尤異□絕。寂寥厥聲。恭

惟永圖。當副虛屬。孔子曰。苟有用我者。三年有成。漢宣曰。庶人安田里。無愁恨之聲者。政平訟里也。以爲太守數易。則下不安。誠哉是論矣。今之牧守。古之諸侯。寵數特加。情寄尤切。故躬饗廷內。則飲食宴樂。幣帛筐篚。入至朕前。則敷衽以陳。命席而對。所冀仁且不遠。言之必行。以朕憂勞之心。託卿勤卹之助。卿等宜愼厥始。成厥終。往欽哉。祗守爾典。操一州之統。分六條之察。念茲在茲。用光我班瑞之命。有賞有罰。朕無戲言。並即好去。開元七年三月十一日

又

敕、朕自君臨區域。子育黎庶。歲年是愼。夙夜惟寅。而誠或不孚。政猶未洽。所在旱澇。屢觀章表。因饑饉而爲理。竭憂勞以養人。非夫二千石。孰應斯委。下戶給之萬戶。貸之所須賑恤。並先處分。至於常賦。則著恒典。撿據成損。蠲減有條。又近日已來。中外少事。差科調發。殆至於無。處馭通融。當免於弊。不知卿等從州來日。百姓間得以安穩否。其閭閻未便。敕令有闕。具以陳聞。副我深寄。時寒涉路。並平安好去。且三兩日尋親識。後取曹司進止。開元七年十月二日

又

敕、朕聞諸禮曰。刑禁暴。爵舉賢。則政均矣。好惡著。則賢不肖別。非其道然耶。朕以虛薄。祗膺景命。荷宗社之靈。當億兆之責。曷嘗不昃朝晏坐。畏天愛人。思欲保其和樂。躋於仁壽。則與我共理者。其惟良二千石乎。每計吏還州。與之陛見。示其賞罰。錫以筐篚。亦云命而已矣。而朝集使豫州刺史裴綱、分典荆豫。爲政煩苛。頃歲不登。合議蠲復。部人有數。便致科繩。縣長爲言。仍遭留繫。御史推按。遽以實聞。虐政弊人。一至於此。朕夙夜兢惕。匪遑寧居。尋遣使存問。其諸道有損處。已量加賑恤。水旱不時。實朕之過。惠養失所。分刺之由。是用黜綱於嶺裔。儆彼羣岳。朕於蒼生。若保赤子。爲之均田邑。制廬井。必欲其時和年登。遠安邇肅。託于牧宰。代以躬親。故歷難其官。誠經國致理之意也。夫德惟善政。政在養人。故土煩則草木不長。水煩則魚鱉不大。必也寬恕。貴乎清靜。諸刺史都督、宜問疾苦。拯貧窮。杜侵漁。察冤獄。至於賦役。務從減省。深刻爲事。人何以堪。私惠苟行。法或將墜。理須折衷。用存先式。其百姓有穩便者。隨事條奏。將親覽焉。欽爾有官。各勤爲政。如風化允穆。課績殊尤。當擢之不次。旌乃厥美。凡百庶邦。敬聽朕命。開元八年二月十九日

又

敕朝集使、古者覲羣后。比萬國。黜幽陟明。循政思理。罔之廢也。朕以虛薄。屬當期運。受命穹昊。司牧黎元。何嘗不中夜求衣。分晝忘食。欲其日月所燭。霜露所墜。不獨親其親。不獨子其子。五穀豐植。萬物阜安。百姓無事。與能共化。于茲八年矣。而淳流未還。至道猶鬱。豈朕之不德邪。將吏之不賢耶。徭賦或繁耶。綱維或紊耶。故延入階陛。躬問得失。悉如卿所對。則朕無憂矣。書曰。非知之難。行之惟艱。語曰。仁遠乎哉。我欲仁斯仁至矣。卿等宜祗典厥職。克正其身。修于國章。允茲朝寄。因乎風俗。示之訓誘。必也道德齊禮。以公滅私。田里絕愁歎之聲。邦家聞寬厚之化。乃及優賞。如或依勢作威。倚法以削。流之未至。教令不行。加以常罰。自餘宜依別勑處分。勤恤人隱。以副朕懷。並即好去。開元八年三月十一日

又

敕朝集使等、朕承天丕命。子育萬方。樹之師長。俾敷景化。將以固茲邦本。致諸昇平。而大道渺然。淳風未暢。租賦頗減。戶口猶虛。水旱相仍。耕桑莫贍。蓋朕之不德。而吏之無方。永言於茲。良增歎息。往歲河南失稔。時屬荐饑。州將貪名。不爲檢覆。致令貧弱。萍流水境。責在致理。有從貶黜。因茲已來。率多妄破。或式外奏免。或損中加數。至如密州去秋奏澇。管戶二萬八千八百。不損者兩戶而已。無由商估之流。虛入戶數。自餘州、不損戶卽丁少。得損戶卽丁多。天災流行。豈應偏併。皆是不度國用。取媚下人。曩之刻薄也如彼。今之踰濫也如此。不副朕意。一至於斯。疏怠之愆。難以會赦。尸曠之跡。豈不多慙。當令所司比類澄汰。卿等與朕共理。實惟分憂。各勉思政途。以匡不逮。其百姓間事物。去冬赦書已處分訖。若人有疾苦。鄉有姦豪。不勤農桑。不崇學校。并宜敦勸。以正風俗。逃亡之戶。必藉招攜。差科之間。務令停減。如臺省處事。有不穩便於時者。具利害聞奏。勿復依隨。以損百姓。卿等至州之日。宜一一留意。用綏我庶人。並卽好去。開元十年五月十一日

又

敕朝集使等、朕臨御寓內。子育黎元。何嘗不簡易愛人。勤卹庶政。天下至廣。不能獨任。故樹之方牧。資其共理。而淳化未敷。至道猶鬱。庸賦尙減。戶口且虛。水旱相仍。倉儲莫贍。無聞慈惠之政。未息凋弊之流。豈朕之不明。而吏之無術。言念於此。用惻於懷。卿等是行。勉思厥政。百姓間有鰥寡惸獨不能存濟者。務令優養。游業浮墮不勤稼穡者。特令懲肅。敦以學校。勸以農桑。差科之間。務使平允。逃亡之戶。兼藉招攜。令其下人。使得蘇息。諸州遭澇之處。多是政理無方。或堤堰不修。或溝渠未洩。頻已處分。竟無承稟。常破租庸。是何撿校。至州之日。各宜勸勉。應合修塞開導。宜預施功。若不蹔勞。何以獲利。今令御史分知訖。宜勵所職。勿犯常科。今考績深者已有除改。資歷淺者更佇良能。應還州人已令所司各與賜物。待駕發後三五日別親識。並卽好去。開元十年二月二十七日

# 唐大詔令集卷第一百四

政事

按察下



## 按察下

### 處分朝集使勑五道

敕朝集使等、弘風善俗。寄於良吏。求瘼卹隱。職在親人。朕並建藩牧。擇其師長。欽若古訓。俾人用康。而教化或未洽。黎甿或未寧。攘竊者時有犯禁。逋亡者罕聞復業。豈朕教諭之道。尙闕而牧宰之訓未明歟。永念於此。不忘旰食。卿等咸承朝寄。分掌外臺。共理之道。期於康濟。至若率身以正。馭衆以仁。而下不化者。未之有也。卿等還州。宜禁侵漁。絕浮惰。惸獨鰥寡。尤資惠育。盜賊妖訛。特宜禁斷。其征鎭人家。每須優賞。科斂之事。必在均平。頃者水災。荐及河朔。思無不至。憂彼元元。發倉廩。漕江淮以賑之。蠲租稅、停征役以安之。今屬春陽布和。農事方起。慮有乏絕。致妨農桑。雖已遣使安撫。或恐事未周到。如有不支濟者。即更量事賑給。諸道有損之處。亦宜準此。朕不欲一物失所。衆情不遂。納羣生於仁壽。躋大化於昇平。卿等各宜恭守朝章。宣布朕意。雖萬方有罪。莫忘在予。而三載考績。須徵行事。安人稱職。可不勉歟。並宜好去。開元十六年十二月二十七日

### 又　張九齡

敕朝集使等、朕恭己承天。守文繼位。布一心於兆庶。明四目於萬方。恒恐道或未周。物不遂性。傍求俊乂。共理黎元。于茲羣辟。寧不我副。方今政要。略有四端。衣食本於農桑。禮義興於學校。流亡出於不足。爭訟由於無耻。先王務其三時。將以厚生也。修其教化。將以惇俗也。有國有家。同知此義。不患不知。患在不行耳。且長吏敷化。政教屢移。在官當爲國理人。各揚其職。不當冒榮□進。苟利其身。澆俗不可不革。淳風不可不長。近令刺史在任。四考方遷。實欲始終其情。黜陟斯繫。必若縣得良宰。萬戶息肩。州有賢牧。千里解帶。仁政不遠。行之則是。皆能勵節。朕復何憂。且如浮逃客戶。所在安輯。征鎭人家。每事優賞。倉廩惟實。役賦唯均。鰥寡撫存。盜賊禁止。郵驛無弊。姦訛不生。念茲八事。朕常屬想。嗟爾庶尹。可不用心。卿等還州。遞相勸勉。遵此王度。恤彼下人。敬順天常。無違月令。夫星別列躔。次分區域。休咎之徵。惟人所感。善必知主。惡亦有由。每至歲成。當加賞罰。宜知朕意焉。並即好去。開元十二年三月十三日

### 又

敕、朕臨御天下。二十餘載。每思至理。實佇羣賢。何常不敷求循良。共底于道。隼旟熊軾。光寵有加。甘露鳳凰。寂寞無紀。豈朕之不德。感致止然。抑爲庶尹所能。已極於此。是用寤寐增歎。殷憂永懷。更爲後圖。或未晚也。且羣吏之政。繫一人之能。泉源既淸。蓬麻自直。爲長吏者。可不勉之。卿等至州。遞相誨。以副共理之意。用光分命之委。且如河南江左。爰及山南。歲小不登。人亦菜色。皆由好逐朝夕之利。而無水旱之儲。卒遇凶年。莫非艱食。此則致乖慮始。人無勸分。欲免流庸。不可得也。夫萌者冥也。豈能自謀。政者正也。當矯其弊。所由長吏。可不勉歟。相其物土之宜。務以耕桑之本。時無妨奪。吏不侵漁。既富而教。奚畏不理。至若征鎭役重。孤弱命窮。特須哀矜。以遂仁恕。其餘常科所禁。自可舉而行之。豈煩縷說。方振綱領。乃者庚子制書。已明理要。徐思其意。勿謂空言。若風政未弘。議能蓋闕。競入朝計。冀幸遷除。勿曰不知。將自誣也。方牧參佐。各宜思之。朕所待賢能。不惜官秩。唯聲實是與。

唯理行是憑古者刺史入為三公出宰百里豈有恨也何在汲汲不安於理郡哉誠須勵精以俟後命並即好去（開元二十一年閏三月一日）

又

敕朕受命子人義兼君父思致可封之地無忘終食之間自有萬邦幾將二紀而刑政或殊風俗尚澆行所望而未至顧本懷而自失雖朕之不德在予之過有歸而卿等共理患己之誠豈至則如典刑當侯伯之尊宰邑敵子男之寵好進之輩且不務於政成欲速之心獨未思於義取朕所以敷誠敕以見意增祿秩以勸能何嘗有公方清白者不升道理循良者不用若聲績未著黎庶未康牧守來朝而輒遷參佐踰年而競入此獨為人資地耳豈是責成之意耶如故一切還州將矯弊也卿等至茲明諭朕意知不以中外為隔以億兆為憂頃以天下浮逃先有處分所在招附便入差科輒相容隱亦令糾告如聞長吏不甚存心致令流庸更滋前弊未革自昔行法即有姦生逃者租庸類多乾沒長吏明察豈其然乎每年別須申省比類多少以為殿最又獄訟所寄人命是懸近恐妨農特原輕繫俾加閱實仍多幽枉都邑尚爾郡縣可知各已貶官用懲主吏自今已後繫囚非應申覆知証在遠而就中稍重者不得因此復加楚毒且外臺省長吏主之至如禮義不興耕桑不勸孤寡不卹徭役不均不肅吏人不消盜賊不懲侵暴不絕姦訛有一於此是誰之過其遊僧幻道誑誘愚人窮其根萌時須禁絕諸軍征鎮每遣優矜如聞比來未免辛苦時其撫恤使得安存今農鳶戒期耕夫在野事非急切不得追呼卿等至州一一宣示當遣察問勿不用心即宜好去（開元二十一年四月一日）

又　　張九齡

敕十道及朝集使等信賞以勸能必罰以懲惡謂之二柄所以一人朕念彼黎元比遭水旱而賦役不等浮惰相仍且無輯寧漸用凋弊所以重擇長吏兼命使臣寵數所加亦云不薄智能自効豈未是圖政之殊尤永用虛佇且郡縣所理黎庶是切善為政者防於未萌均其有無省其徭役事事有預早為之所雖遭歲惡固亦人安況在豐年不能招輯遂使戶多虛掛人苦均攤務欲削除更成詭詐其已逃者未必得削則為姦者因此便除一啓其端豈勝其弊向若州有明牧縣有良宰而精心緝理豈若是乎卿等至州縣將朕此意優柔慰勉各令用心招撫流庸綏居本業使免浮逃之費是為救弊之先此不存心更知何理且刺史縣令專任不輕自有非違將何率勵至於親識遊客憑恃威權囑託下寮搖動獄訟或差遣不當致令損失或處置有乖便至煩擾兼有不肅諸吏唯只自謹一身姦豪盜賊無所畏懼是虛荷榮寵徒資祿秩此而可容孰為尸曠並委諸道條察具狀奏聞今甘澤以時耕桑為重不急之務先已勒停宜更申明勿妨春事諸處百姓貧窶者多雖有壠畝或無牛力勸率相助令其有秋所繫囚徒速宜決斷無令冤滯致有妨奪鰥寡惸獨征鎮之家倍須存撫勿有科喚朕所懸爵秩唯待賢能若政舉一州惠施一縣使者廉問必以狀聞既能副於朕懷亦當待以不次誠可復也豈食言哉並宜好去（開元二十一年）

## 遣陸象先等依前按察制　　蘇頲

黄門、古者協和萬邦。疇咨四岳。柔遠能邇。明目達聰。以於變人也。自樸散醇醨。割方回直。失於德者格之以禮。失於禮者助之以刑。故懼文網而畏簡書。必振其綱而又操其柄。庶乎政之要也。間歲天下諸州岳牧先充本道按察。誠以今之刺舉。昔之連率。蓋欲爲吏之黜陟。審人之愁苦。中念作姦犯科。獲罪相次。棄材或由於拙匠。採葑不遺於下體。由是申命有司。咸多敍用。至於按察。蹔令休罷。夫泉有魚矣。雖見則不祥。林有獸焉。而爲之不採。與其存而勿用。孰若狎以玩之。俾乂於時。復修其政。銀青光祿大夫益州大都督府長史姚雟處置兵馬使上柱國兗國公陸象先等。早蘊宏量。深甄大體。清能勵俗。仁以敦風。必將檢御權豪。昭明淑慝。宜興化以樹善。佇責成而求當。可依前件。餘各如故。一事以上。並準舊例處分。本道所隸之州。有偏遠不穩便者。仍令所司量宜分割。永爲定額。□訖奏聞。主者施行。開元二年閏二月七日

遣王志愔等各巡察本管内制　　蘇頲

黄門、上天降禍。大行太上皇厭代升遐。俾予一人。煢煢在疚。攀號荼毒。觸向摧損。百辟卿士等。上遵遺誥。下徇羣心。寰區任殷。社稷務重。資於聽斷。不可蹔缺。遂力哀迷。甫從勸請。恭惟顧託之旨。思致和平之化。雖在荒瘁。敢忘負荷。是用泣血撫膺。執喪視事。夫后王者代天理物。師長者助朕理人。天之所以茂育。人之所以蕃庶。蓋遂其性而安其業也。朕每置旌告善。仄席翹賢。恐閭閻有愁苦之聲。草澤無明哲之主。吏或慢法。官或非才。因之致理。且未爲得。其何以廉敗政。恤冤刑。問惸嫠。招茂異。寬賦斂。節征徭。使天下爲無事也。頃分連率。則曰使臣。將求人瘼。克宜朕命。諸道按察使揚州都督宋璟、益州長史韋抗、蒲州刺史程行諶、汴州刺史倪若水、魏州刺史楊茂謙、靈州都督強循、潤州刺史李濬、荆州長史任昭理、秦州都督楊虛受、梁州都督張守潔。並邁迹垂憲。偉才通識。有其直方。無所迴避。宜令各巡本管內人。有清介獨立。可以標映士林。或文理兼優。可以潤益邦政者。百姓中有文儒異等。道極專門。或武力超倫。聲侔敵國者。並精訪擇。具以名聞。其官人、有老弱及久病。妨於政理。并才用劣下。全不稱職者。上佐以下。委使人便停務。其官重要者。便簡清勤人權攝。其京官及畿內州縣。委御史大夫及吏部長官、準此詳察錄奏。諸道僻遠州及嶺南道。委使人量差判官、分道巡按。其天下囚徒。慮有冤滯。宜令大理及本巡所在理滯。死罪以下。非犯名教、及官典取受。並聽減一等收贖。卽是非理均事可疑者、并杖以下罪、並宜放免。緣山陵所科夫匠等、有父母年老、家無中男以上者。容其侍養。不須差遣。其河南河北遭蝗蟲州、十分損二以上者。差科雜役。量事矜放。百姓間有不穩便事。委按察使與本州長官商度。隨事處分奏聞。布告遐邇。令知朕意。主者施行。開元四年七月六日

遣使河南河北道觀察利害詔

伊昔明王。奉若天道。所寶惟穀。所仗惟賢。故能稼穡勸分。興利除害。朕以薄德。纂承洪緒。政期克己。誠不動天。頃歲河南河北諸州。蝗蟲爲患。雖當遺除瘗。恐今仍生育。天戒若此。朕甚懼焉。罪實在予。殃豈移歲。但牧宰之任。朝廷所委。苟得良才。式敷惠訓。古有壽張飛逝。中牟不入者。斯其效也。刺史縣令等。當各竭乃心。用攘厥患。方考休咎。大明黜陟。惟爾凡百。可不勉歟。宜令戶部郎中蔡秦客、往河北道。試御史崔希喬、往河南道。觀察百姓間利

害便與州縣等籌度隨事處置還日奏聞開元五年二月

## 誡勵京畿縣令敕

諸縣令等親百姓之官莫先於邑宰成一年之事特要於春時卿列在王畿各知人務宜用心處置以副朕懷農功不可奪蠶事須勿擾獄市在簡典政宜肅徭賦須平豪強勿恣凡著賢能必無曠職宜即好去開元八年七月

## 遣御史大夫王晙等巡按諸道制

苟慝不作人斯無怨寬猛相濟政是以和故周禮以官刑糾邦理以官敍正羣吏允迪前烈式惟舊章且夫寰宇至大不可以周覽黎甿至殷不可以獨化熙我庶政實惟具寮苟非其才難以稱理是以夙夜不遑寧開元之初分遣按部糾擿奸犯頗聞懲息以其事久則煩尋亦從其停廢綿以歲月浸成寬弛今聞在外具寮多違憲法牧守則寄任滋重令長則祿秩且優亟聞侵竊屢有章奏雖賜金爲惠未媿張武之心還珠表德罕見孟嘗之政豈敦諭之意未孚於就列將貞高之節有謝於前修永懷於此良用深歎且政寬而慢法弊則窮弛而張之其可致理御史大夫王晙等並識通政要位以才達茂其聲實弘此憲章宜分命巡按以時糾察巡內有長吏貪擾獄訟寃抑暗懦尸祿苛虐在官即仰隨事按舉所犯狀並推鞫準格斷覆訖聞奏仍便覆囚夫牧宰之職教道是先錄曹之任綱紀斯在其有政理殊尤淸直獨立者咸以名薦餘官有淸白著稱及諸色不善各別爲科目同狀奏聞其尋常平狀並不須通俾夫善取其尤罰無所濫疏而不漏察不爲苛必將正其源流弘彼綱目不可總此煩碎擾其吏人應是州縣常務事非損益者使人更不干預其百姓有不支濟應須處置有不便於人須釐革者與州縣商量處分訖奏聞宜體虛佇之懷以光澄淸之舉開元八年八月

## 遣使黜陟諸道敕

三載考績以鑒吏能八使觀風因求人瘼茲事體大致理之由朕受命昊穹臨御寰宇慮一物有所未安遍萬方每勞軫念而宇宙之間官吏至多儻有政失其宜即萬人受弊崔翹等或文學見稱或貞白流譽通於理要秉是公心俾爾澄淸式當委任至如黜陟之道國之所務苟有不當將何勸人頃年使臣例皆通狀其盡善者以多有請託求選調之資不善者以凡碎見輕責奏課之數若此銜命豈副虛懷卿等所到之州宜宣朕意其百姓間事或有須釐革者宜與所管商量處置回日聞奏其官吏中貪冒贓私及犯名教或衰老疾病或無政理者刺史已下宜停務奏聞其守職公淸爲政尤異事堪激勸遠近知者具以名聞其諸道有遭損之人應須賑給先頻有處分猶慮凋弊豈忘矜恤亦宜審與州縣商量務令周濟又聞河堤穿決使有漂流諒由州縣寬疏不時修塞亦便檢行處置勿使更然其天下道學固已有置者并鄉學者等此並切於生人比來未復若爲教導各宜敦勸使有成益其征鎭之家或有單貧老弱不自存濟者宜令所由倍加優賞其浮寄逃戶等亦頻處分頃來招攜未有長策又江淮之間有深居山洞多不屬州縣商量處置一時錄奏卿等既當巡按委寄非輕宜勉爾良圖以副朝選無或致有迴避不竭公忠朕之責深各宜自効開元二十九年十月

## 席建侯等巡行諸道敕

敕、黜幽陟明。所以察風俗。求瘼恤隱。所以慰黎蒸。不有其人。孰可將命。禮部尚書席建侯等、亮直淸節。經通大才。多識前言。備閑時政。或久膺任使。嘗參八使之列。或夙蘊公忠。必副四方之委。永懷兆庶。用寄澄清。建侯巡河北道。鉷巡京畿關內及河東道。隱之巡東畿及河南道。見素巡山南東江南黔中嶺南等道。麟巡河西隴西磧西等道。翹巡劍南及山南西道。光譽巡淮南及江南東道。其百姓之間。及官吏之輩。如事或未該。須有釐革者。仍委量事處分。迴日奏聞。其嶺南黔中磧西途路遙遠。若使臣一一自到。慮有稽遲。各精擇判官。準舊例分往。天寶五年正月

## 黜陟楊懋等詔

朕憂彼黎元。寄之牧宰。常慮受任非當。撫字乖方。所以設舉親之科。廣得賢之路。爰初詣闕。亦既明試以言。及乎從政。必欲深考其實。懸之賞罰。要以始終。近日分遣使臣。因之巡察。善惡之驗。事足可明。懲勸之端。言斯可復。其楊懋等七人黜陟使並奏清狀。宜與改轉。其所舉六品已下。付所司準此處分。五品已上各賜一上下考。李漣等七人、既奏善狀。至選日各減三兩選。仍稍優與處分。所舉主並賜一中上考。趙澄等六人、俱犯贓私。罪法科斷。其舉主、各量犯者罪狀輕重貶黜。仍宜示中外。咸使聞知。天寶五年十月

## 察訪刺史縣令詔

朕聞効官者必量力而受任。致理者亦擇才而簡能。況風化之源。本資於長吏。升降之義。用明於朝典。古之建萬國。親諸侯。蓋以撫綏黎人。宣布王化。則今之令長。古稱子男。矜孤恤貧。均徭省賦。皆是職也。朕以薄德。恭膺寶位。屬殘孽猶聚。戎車未戢。雖憂國之計。且務於濟時。而恤人之心。每深於惠物。將求厚俗。必在審官。至於刺史治中。皆制命所授。辨其才術。蓋在朝廷。先令中書門下精加訪擇。務得其良。如非理人之才。即並量宜改授。且諸縣令、員數應多。如聞處理之間。廉平者少。或使司所奏。以功見稱。或主司所擬。循資而授。儻乖任使。空忝親人。或有案牘之間。曾未閑於令式。征賦之際或委任於胥徒。由是吏轉生姦。遂爲蠹政。人不堪命。流而失業。興言及此。良用憮然。夫易柱以調絃。聲之和也。革弊而從善。政之體也。漢宣帝云。與我共理天下者。其惟良二千石乎。固知方岳之任。足以委黜陟之權矣。況諸道節度。皆備職防戎。政在理兵。豈遑廉問。必令郎官御史分命巡察。則乘驛暫往。難於委知。諒無益於澄清。反有增於勞擾。其天下縣令、各仰本州府長官審加詳擇。如有衰耄暗弱。或貪財縱暴。不閑時政。爲害於人。並具名錄奏。即與改替。其才職相當者。並依舊。奏定已後。有不稱者。所由官量加殿黜。庶理人之職。無或謬焉。又入仕之流。本期展用。且無事實。豈可徒勞。今員外之官。所在甚衆。既不釐務。空効駈馳。將適鄉閭。復拘職守。念其旅寓。良可優矜。應州縣見任員外郎官。並任其所適。計考秩滿後。各與成資。仍於本色內減一兩選。與留。其先緣罪累貶授者。不在此限。如員外官中材識幹濟。曾經任使。州縣所資者。亦任量留。每上州不得過五人。中州不得過四人。下州不得過三人。上縣已上不得過一人。古之任官。必寄成政。如長吏數易。則綱條不恤。所以人懷苟進之心。俗靡居常之業。比者或聞此弊。實謂未

便於時。自今已後。刺史縣令更不得數有移改。善政聞於上。則當議擢遷。如道失厥中。亦自申懲誡。黜陟之道。固有典章。又比來刺史任。皆先奏州縣官屬。苟有改作。孰免因情。自今已後。除帶刺史判官外。一切不得奏改。官吏到任之後。察有罪累及不稱職。具狀奏聞。得請然後令所由與替。其刺史非兼節度。但有防禦使副使判官。委於本州官中推擇。亦不得別奏。並委中書門下省著爲恒法。庶使官無失位。政有常經。宣示天下。宜知朕意。乾元二年八月

遣諸道黜陟使敕

朕聞唐虞聖主之理。三載考績。黜陟幽明。兩漢施教之君。亦命八使。澄清天下。朕纂承大業。思服訓謨。雖王公卿士。內勤夙夜。藩岳守將。外盡公忠。而兵革未寧。戎馬未靜。紀綱未振。法令未敷。封圻郡縣。賦稅不一。師旅上下。勞逸不均。所以終宵積憂。監寐增惕。爰命羣士。往代予言。行乎四方。以聽于理。舉其百事。以歸于正。朕之深願。可不勤副也。建中

## 哀勸

甄獎陷賊守節官詔　陸贄

敕、沮勸二柄。國之大綱。獎善懲違。固不可廢。頃以賊臣搆亂。京邑震騷。惟玆士人。奔竄無所。有從其誘脅。遂染汙名。有守以純誠。竟全貞節。昨所司奏議。但舉刑章。奏累者各已條流。守節者並無甄異。忠而不報。豈朕意焉。應在京百司、及京兆府長安萬年兩縣、去年十月三日見任職事官在城陷於賊中。潛藏不受逆命。并前資官在城被署官爵。頻遭迫脅者。始末不出。事跡昭著。衆所明知。並委御史臺訪察磨勘。覈其事實。勿容虛濫。仍限今月內具名銜狀聞奏。五品以上及常參官、已受替者。委中書門下即與處分。六品已下。各減三選。不拘考例聽集。其未得資被替者。非時放選。仍稍優與處分。已喪亡。並與追贈。恩加存歿。以稱朕懷。

錄用鄧州歸順官詔

敕、迫以兇威。陷于寇境。義不受汙。忠能奮感。履重險而不迴。處疾風而愈勁。忘軀徇義。獻款投誠。足以勵彼勤王。激其汙俗。効順去逆。固先典之攸嘉。懋德賞功。在彝章而不昧。咸從序用。俾服官常。

# 唐大詔令集卷第一百五

政事

求直言



崇儒



## 求直言

## 令羣臣直言詔

朕聞堯舜之君。自愚而益聖。桀紂之暴。獨智以添愚。故異逆順於忠言。則殊榮辱於帝道。朕登躡宇內。字育黔黎。恐一德之或虧。懼小瑕之有累。候忠良之獻替。想英俊之徽猷。而諫鼓空懸。逆耳之言罕進。謗木徒設。悖心之論無聞。昔惟魏徵。每顯余過。自其逝也。雖過莫彰。豈可獨非於往時。而皆是於茲日。故亦庶僚苟順。難觸龍鱗者歟。所以虛己外求。披迷內省。言而不用。朕所甘心。用而不言。誰之責也。自斯以後。各悉乃誠。若有是非。直言無隱。貞觀二十年十二月

## 聽百寮進狀及廷爭敕　蘇頲

敕。朕以薄德。祗膺睿圖。何嘗不虛己淳源。勵精至道。將致俗於仁壽。思納人於軌訓。幸乾坤交泰。風雨咸若。中外百寮。盡知戒懼。夷夏萬姓。頗亦小康。猶恐人或未安。政有不便。乃令外司置匭。聽側門進狀。封章論事。靡所不達。軒陛進規。于何不盡。曾無逆旨之罰。實有推心之期。豈朕之不誠。何人則未諭。如聞朝廷之內。噂喈紛然。進不昌言。退多訕議。懸書以謗。國僑之患鄧析。僞言而辯。孔子之誅少正。昔為國蠹。寧不在茲。將求政理。固宜懲絕。自今已後。制敕有不便於時。及除授有不稱於職。或內懷姦忒。或外損公私。並聽進狀。具陳得失。五品已上官。仍許其廷爭。若輕肆口語。潛行誹讟。委御史大夫以下。嚴加察訪。狀涉疑似。推勘奏聞。開元三年十月七日

## 令臺省詳議封事詔

為政者宜之使言。擇言者稽之于衆。切於求道。務以從人。將明目而達聰。亦審理而去惑。經國之體。庶無闕焉。文武百官。及諸色人等。有論時政得失。上封事狀者。出後宜令左右僕射、尚書及左右丞、諸司侍郎、御史大夫中丞等。於尚書省詳議可否。具聞奏。其所上封事。除常參官外。及有詞理可觀。或幹能堪用者。亦宜具言。如詳議官中或見不同者。即任別狀聞奏。

## 令百官言事詔

昔予文祖太宗之御天下也。功格二儀。不私於己。化覃萬宇。猶問於人。外與公卿大夫。討論政典。內與鴻生碩老。演暢儒風。日旰忘勞。時稱至理。猶復旁求諫諍。俯察謳謠。廣延不諱之書。載建登聞之鼓。于時中朝無闕政。四海無疲人。歷代是遵。列聖相範。朕承天序。祗奉睿圖。戰戰兢兢。日甚一日。于茲十六年矣。何嘗不勵精理道。思得忠賢。虛己清心。日有所惕。直詞讜議。時或罕聞。五七諫臣。其人安在。眷懷於此。耿歎良深。頃以任非其人。事多壅蔽。自今已後。諫官所獻封事。不限早晚。任進狀來。所由門司。不得輒有停滯。如須側門論事。亦任隨狀面奏。即便令引對。如有除拜不稱於職。詔令不便於時。法禁乖宜。刑賞未當。徵求無節。冤濫在人。並宜極論得失。無所迴避。以稱朕意。其常參官六品已上。亦宜準此。其擊登聞鼓者。委金吾將軍收以進。不得輒有損傷。亦不須令人遮擁禁止。其理匭使但以任投匭人移表狀於匭中。依常進來。不須勒留副本。并妄有盤問。方便止遏。萬邦之事。無

隔於九重。獻替之謀。不遺於聽覽也。又自頃軍嚴未解。政或隨時。多逐權宜。未歸理本。宜委中書門下即與諸司長官、各舉所司遺闕。商量釐革處置。作條件聞奏。俾昭宜軌度。永備彝倫。便俗安人。典章式敍。宣示中外。咸使知聞。

### 許刺史言事敕

敕。位列選能。功屬守土。分憂求瘼。諒在親人。言念疲黎。載深注意。自今已後。刺史如有利病可言者。不限時節。任自表聞奏。不須時節中報節度觀察使。

## 崇儒

### 置學官備釋奠禮詔

六經茂典。百王仰則。四學崇教。千載垂範。是以西膠東序。春誦夏絃。悅禮敦詩。本仁祖義。建邦立極。咸必由之。自叔世澆訛。雅道淪缺。綿歷歲紀。儒風莫扇。隋季已來。喪亂滋甚。眺言篇籍。皆為煨燼。周孔之教。闕而不修。庠塾之儀。泯焉將墜。非所以闡揚徽烈。敦尚風軌。訓民調俗。垂裕後昆。朕受命膺期。握圖馭宇。思弘至道。冀宣憓化。永言墳索。深存講習。所以捃摭遺逸。招集散亡。諸生冑子。特加獎勸。然而凋弊之餘。湮替日多。學徒尚少。經術未隆。子衿之歎。無忘寢興。方今函夏既清。干戈漸戢。搢紳之業。此則可興。宜下四方諸州。有明一經以上、未被陞擢者。本屬舉送。具以名聞。有司議等。加階敍用。其有吏民子弟。識性開敏。志希學藝。亦具名申送入京。量其差品。並即配學。明設考課。各使厲精。琢玉成器。庶其非遠。州縣及鄉里。並令置學。官僚牧宰。或不存意。普便頒下。早遣修立。若夫安上治民。莫善於禮。出忠入孝。自家刑國。揖讓俯仰。登降折旋。皆有節文。咸資端肅。罔習末業。隨時廢絕。凡厥生民。各宜勉厲。又釋菜之禮。鼓篋之義。下闕 比多簡略。更宜詳備。仲春釋奠。朕將親覽。所司具為條式。以時宣下。武德七年二月

### 興學敕

自古為政。莫不以學為先。學則仁、義、禮、智、信五者俱備。故能為利深博。朕今欲敦本息末。崇尚儒宗。開後生之耳目。行先王之典訓。而三教雖異。善歸一揆。豈有沙門事佛。靈宇相望。朝賢宗儒。辟雍頓廢。公王已下。寧得不慙。朕今親自觀講。仍徵集四方冑子。冀日就月將。並得成業。禮讓既行。風教漸改。使期門介士。比屋可封。橫經庠序。皆遵雅俗。諸公王子弟。並宜率先。自相勸勵。賜學官冑子及五品已上各有差。武德七年二月

### 集學生制

門下、朕聞古之教者。家有塾。黨有庠。術有序。國有學。蓋立訓之基也。故上務之則敦本。下由之則成俗。豈可使黌門殆絕。或乖其義。入室將廢。莫知其

道乎。朕承百王之末，接千歲之統，虛心問政，早朝晏罷，勵精求古，忘寢與食，思所以奉前聖之典謨，隳兹深弊，致後生於軌物，遵我大猷。去歲京畿不稔，倉廩未實，爰命樂羣，暫停課藝，遂令子晉罔嗣，吾道空歸，居無濟濟之業，行有憧憧之歎。雖日月以冀，而歲時迭往，今者甫迨嘗麥，且周於黎獻，永言釋菜，寧軼於生徒，每用惕然，良非所謂。其國子監學生等麥熟後，並宜追集，務盡師資。諸州牧宰亦倍加導誘，先勤學教，必使俊造無濫，名實有歸，庶博士弟子，京邑由斯，日就鴻生鉅儒，海內爲之風化。有司可即詳下，稱朕意焉，主者施行。景龍四年四月二十八日

## 命張説等兩省侍臣講讀敕　蘇頲

敕：先王務本，君子知教，化人成俗，理國齊家，必由於學矣。朕往在儲副，旁求儒雅，則張説、褚无量等爲朕侍讀。詩不云乎：如切如磋，如琢如磨，斯之謂也。咸能發揮啓迪，執經尊道，以微言匡菲德者，朕甚休之。自虔奉聖訓，祇膺大寶，冀天下學士，靡然向風，實獲我心，登于近侍，復欲勉聽虛佇，論思獻納。孔子曰：德之不修，學之不講，是吾憂也。豈食而不知其旨，耕而不知其耨，將何以因於義，求於善，補朕之闕，誨人罔倦哉。宜令銀青光祿大夫、守中書令、上柱國、燕國公張説，銀青光祿大夫、右常侍、崇文館學士、兼國子祭酒、上柱國、舒國公褚无量等，公務之暇，於中書與兩省侍臣講讀。其有昌言至誠，可體要經遠者，仍令銀青光祿大夫、行黃門侍郎、昭文館學士、上柱國、中山郡開國公李乂，銀青光祿大夫、行中書侍郎、兼知制誥、上柱國、成安縣開國男蘇頲，與左右起居，隨事編錄，三兩月進。朕將親覽，庶施乎海內，始自京師，鳳沼擅鴻都之遊，中書有稷下之事。應須紙筆鋪設等，令中書檢校供擬。先天二年十一月八日

## 令明經進士就國子監謁先師敕

古有賓獻之禮，登於天府，揚於王庭，重學尊儒，興賢造士，能美風俗，成教化，先王之所繇焉。朕以寡德，欽若前政，思與大夫士，復臻于理。每日訪道，有時忘食，乙夜觀書，分宵不寐，悟專經之義篤，知學史之文繁，永懷覃思，有足尚者，不有褒崇，孰云奬勸。其諸州鄉貢明經進士見訖，宜令引就國子監謁先師，學官爲之開講，質問其義，仍令所司優厚設食，兩官及監內得舉人亦準此。其清資官五品已上及朝集使，並往觀禮，即爲常式。易曰：學以聚之，問以辯之。詩云：如切如磋，如琢如磨。此朕所望於賢才矣。開元五年

## 求儒學詔

朕聞以道得人者謂之儒，切問近思者謂之學，故以陽禮教讓，則下不爭；以陰禮教親，則遠無怨。豈無習不利，教所由生者乎。朕所以厚儒林，闢書殿，討論易象，研覈道源，冀淳風大行，華胥非遠。而承平日久，趍競歲積，謂儒官爲冗列，視之若遺，謂吏職爲要津，求如不及。頃亦開獻書之路，覲揚己之人，闕下之奏徒盈，席上之珍蓋寡，豈弘奬之義，或有未孚，將敦本之人，隱而未見。天下官人百姓，有精於經史，道德可尊，工於著述，文質兼美者，宜令本司本州長官，指陳藝業，錄狀送聞。其吏部選人，亦令所由銓擇，各以名薦。朕當明試，用觀其能。若行業可甄，待以不次；如妄相褒進，必加明罰。

## 選集賢學士敕

開元十四年六月

古者立大學，教胄子，所以延俊造，揚王庭。雖年穀不登，兵甲或動，而俎豆之事，未嘗廢焉。頃年以來，戎車屢駕，天下轉輸，公私匱竭，帶甲之士，所務贏糧，詖篋之徒，未能仰給。由是諸生輟講，絃誦蔑聞，宣父有言，是吾憂也。投戈息馬，論道尊儒，用弘庠序之風，俾有簞瓢之樂。宜令所司，量追集賢學生，精加選擇，使在館習業，仍委度支準給廚米。敦兹儒術，庶有大成，甲科高懸，好學者中，敷求茂異，稱朕意焉。

## 崇太學詔

理道同歸，師氏爲上，化人成俗，必務于學。俊造之士，皆從此途。國之貴遊，罔不受業，修文行忠信之教，崇祗庸孝友之悳，盡其師道，乃謂成人。然後揚於王庭，考以政事，徵之以理，仕之以官，寘於周行，莫匪邦彥，樂得賢也。其在兹乎。朕志於求理，尤重儒術，先王設教，敢不底行。頃以戎狄多虞，急於經略，太學空設，諸生蓋寡，絃誦之地，寂寥無聲，函丈之間，殆將不掃。上庠及此，甚用憫焉。今寓縣乂寧，文武兼備，方投戈而講藝，俾釋菜以行禮，四科咸進，六藝復興，神人以和，化風浸美，日用此道，將無間然。其諸道節度、觀察、都防禦使等，朕之腹心，久鎮方面，眷其弟子，爲奉義方，修悳立身，是資藝業。又恐干戈之後，學校尚微，僻居遠方，無所諮稟，山東寡聞，質疑必就於馬融，關西盛名，尊儒乃稱於楊震，負經來學，當集京師，幷宰相、朝官、及神策六將軍子弟，欲得習學者，自今已後，並令補國子學生。欲其業重籯金，器成琢玉，日新厥德，代不乏賢。其中身雖有官，欲附學讀書者，亦聽。其學官委中書門下，卽簡擇行業堪爲師範者充，學生員數多少，所習經業，考試等，幷所供糧料，及緣學館破壞，要量事修理，各委本司作條件聞奏，務須詳悉，稱朕意焉。

# 唐大詔令集卷第一百六

## 政事

### 制舉

## 制舉

### 處分舉人敕　張九齡

敕、求賢濟理。詢事考言。務取由衷。以觀深識。頃年策試。頗成弊風。所問既不切於時宜。所對亦何關於政事。徒徵隱僻。莫見才明。以此擇賢。良未得所。卿等各膺推薦。副朕虛求。宜其悉心。各盡所見。勿復仍奮空載游詞。各宜就食。食訖就試。（開元九年）

### 處分制舉人敕

敕、君子之道。所以正其志。全貞吉也。逸人之舉。所以勵天下。激浮躁也。朕欽崇先訓。以道化人。思致栖眞之士。用光咸在之列。是以頻降旌帛。冀空巖藪。虛懷式佇。明發不忘。卿等來膺辟命。遠至城闕。周文多士。既叶於旁求。虞舜疇咨。亦在於僉議。爰命臺省。詢於道業。或善行無跡。名實難窺。或大器晚成。春秋尚少。津涯未測。輪桷何施。事且隔於行藏。道遂分於出處。其馬尚曾、常廣心、賀蘭迪等三人。宜待後處分。崔從一、王元瞻、韓宣、胡賁、趙玄獎等五人。年鬢既高。稍宜優異。各賜綠衣一副。物二十段。餘並賜物十段。不奪隱淪之志。以成高尚之美。並宜坐食。食訖好去。依前給公乘還鄉。

### 孝悌力田舉人不令考試詞策敕

敕、孝悌力田。風化之本。苟有其實。未必求名。比來將此同舉人考試詞策。便與及第。以爲常科。是開僥倖之門。殊乖敦勸之意。自今已後。不得更然。其有孝悌聞於郡邑。力田推於鄰里。兩事兼著。狀跡殊尤者。委所由長官特以名薦。朕當別有處分。更不須隨考試例申送。

### 建中元年試制舉人策問

問、朕聞古之善爲國者。未嘗不旁求正士。博採直言。勤而行之。輔成教化者也。朕臨御日淺。政理多闕。每期忠義。切投藥石。子大夫戢翼藏器。思奮俟時。今啓心以沃予。常有犯而無隱。朕不自滿假。企慕前王。上法羲軒。下遵堯舜。返已散之淳朴。振將頹之紀綱。使禮讓興行。刑罰不用。而人猶輕犯。吏尚徇私。爲盜者未奔。不仁者未遠。豈臣非稷、契而致是乎。抑君謝禹、湯使之然也。設何謀而可以西戎即敍。施何化而可以外戶不扃。五諫安從。三仁孰最。周昌比漢高於桀紂。劉毅方晉武於桓靈。但見含容。兩無猜怒。故君不失聖。臣不失忠。子既其儔。應詳往行。四賢優劣。佇辯深疑。在於朕躬。有所不逮。條問之外。悉書之。必無面從。以重不悳。二月十五日

### 貞元元年賢良方正直言極諫科策問 試官鮑防 獨孤愐

皇帝若曰。蓋聞上古至道之君。垂拱無爲。以臨海內。不理而人化。不勞而事成。星辰軌道。風雨時若。邈乎其不可繼。何施而臻此歟。三代已來。制作滋廣。異文質之變。明利害之鄉。威之以刑。道之以禮。敦其俗而彌薄。防其人而益偷。豈澆醇必繫於時耶。何聖賢間生、而莫之振也。朕祗膺累聖之業。猥居兆人之上。虔恭克厲。如恐失墜。憂濟庶務。夕惕晨興。永惟前王之典謨。是憲是則。師大禹以崇儉。法高宗以求賢。興夏啓之征。作周文之罰。旌孝悌。舉直言。養高年。敦本業。平均徭稅。黜陟幽明。勵精孜孜。勤亦至矣。然而浮靡不革。理化不行。暴亂不懲。奸犯不息。五教猶鬱。七臣未臻。鄉黨廢上齒之儀。烝庶無安土之志。賦入日減。而私室愈貧。廉察日增。而吏道愈濫。意者朕不明歟。何古今之事同。而得失之效異也。思欲剗革前弊。創立新規。施之於事而易從。考之於文而有據。備陳本末。將舉而行。無或憚煩。略於條對。自頃陰陽舛候。祲沴荐興。仍歲旱蝗。稼穡不稔。上天作孽。必有由然。屢降凶災。其咎安在。傳曰。時之不乂。厥罰恆陽。又曰。堯湯水旱。數之常也。二者乖反。其誰云從。今人靡蓋藏。國無廩蓄。朕屢延卿士。詢訪謀猷。至乃減冗食之徒。罷不急之務。既聞嘉話。亦已遵行。而停廢之餘。所費猶廣。候轉輸於江徼。則遠不及期。將搜粟於關中。則擾而無獲。節軍食則功臣懷怨。省吏員則多士靡歸。中心浩然。罔知攸濟。子大夫蘊蓄材器。通明古今。副我虛求。森然就列。匡朕之寡昧。拯時之艱危。畢志直書。無有所隱。九月二十五日

又博通墳典達於教化科策問

皇帝若曰。朕承祖宗之鴻休。獲主神器。任大守重。懼不克堪。思與士大夫共康理道。虛襟以佇。側席以求。而羣議紛然。所見異指。或率古義而不變。或趍時會而不經。七年于玆矣。國制多缺。朕甚恧焉。今子大夫博習典墳。深明教化。褎然充舉。咸造于庭。其極思研精。以諭朕之未寤。仲尼敍禮樂。删詩書。修春秋。廣易道。六經之義。所尙各殊。豈學者修行理當區別。將聖人立意本異。宗源施之於時。孰爲先後。考之於道。何者深淺。差次等倫。指明歸趣。執其本。乃能通於變。學於古所以行於今。用之教人則異於是。工祝陳□樂之器。而不知其情。生徒誦禮樂之文。而不究其事。欲人無惑。其可得耶。將革前非。固有良術。堯舜率天下以義。比屋可封。桀紂率天下以暴。比屋可戮。然則上之化下。罔或不從。而三仁四凶。較然同異。有教無類。豈虛言耶。作樂移風。聞諸昔典。夫至雅必淡。至音必希。文侯、列國之賢君。猶曰則唯恐寢。矧彼流俗。其能化乎。將使天地同和。災沴不作。黎人丕變。奸慝不萌。何施何爲。以至于此。王者制理。必同其時。故忠敬質文。更變迭救。三代之際。罔不由之。自秦刬古法。漢雜霸道。紛綸千祀。王教不興。國家接周隋之餘。俗未淳一。處都邑者。利巧而無恥。躬田畝者。朴野而近愚。尙文則彌長其澆風。復質則莫救其鄙俗。立教之本。將安所從。自古哲王。唯此三正。互用後之術士乃言五運相生。以漢應火行。則周爲木悳。禮猶尙赤。義則頗乖。永言於變。莫識厥理。九流得失之論。歷代興亡之由。王鄭言禮之異同。公穀傳經之優劣。必精必究。用沃虛懷。

又識洞韜略堪任將帥科策問

皇帝若曰。朕遐覽典謨。詳求至理。三代之制。粲然可徵。未嘗不文武並興。農戰兼務。故能居則足食。動則足兵。兵足則暴亂息。食足則教化行。興國之本。實在于此。秦漢已降。王制不修。選士廢射御之儀。教人無蒐狩之禮。卽戎者不知其稼穡。力本者罕習於干戈。於是異文武之人。分農戰之道。守則乏食。征則鮮兵。歷玆千年。竟莫能復。抑知之者蓋寡。將行之者惟艱。朕念之甚勤。思繼前躅。良以軍旅之事。役戍靡寧。勳庸既多。爵秩咸貴。俾服田畝。慮興怨咨。仰於縣官。不可勝計。由是版圖時蹙。阡陌日荒。水旱小懲。廩餉咸竭。欲使軍人悅歸於耒耜。儒者兼達於韜鈐。田萊盡耕。攻取必勝。誘人甚易。其術安施。王者之師。本於立悳。兵家之法。方務出奇。悳以信成。奇以詐勝。理有違反。將何適從。宋襄成列而敗。軍見嘉魯冊。韓信決囊以摧敵。取貴漢朝。然則喪國亡家。豈霸王之道。冒危乘險。非仁義之心。所宜討論。以定褒貶。夫衆寡不敵。克必以謀。樂生下齊。孫子破楚。魏武之勝袁紹。宋高之滅姚泓。成敗之由。備陳本末。古有言曰。誅伐不可偃於天下。又曰。善爲國者不師。二端異焉。其有深旨。子房敍次兵法。任宏論撰軍書。指明異同。詳錄名氏。所聞高略。擇善而行。

貞元元年放制科舉人詔

朕祗膺祖宗之業。猥臨億兆之上。任大守重。不敢康寧。永懷萬事之統。懼有所闕。夕惕若厲。中夜以興。求賢審官。期於致理。而政化猶鬱。太平未臻。思得海內忠良。竭誠匡諫。洎經術之士。才略之臣。以明教化。以立武事。惟茲三者。政之大經。廬巖穴之間。尚多遺逸。故科別條目。廣延異能。賢良方正能直言極諫韋執誼等。達於理道。甚用嘉之。位以旌能。宜其秩敍。其第三等人委中書門下即超資與處分。第四等人即優處分。第五等人即與處分。嗟乎強舉以待問。進惠以及時。昔之孫弘。猶聞十上。失之正鵠。必反諸身。凡爲多士。宜各自勉。

## 貞元四年賢良方正策問

皇帝若曰。朕聞王者統御寰宇。司牧黎元。一人之聽。不足以周聽。一人之目。不足以偏觀。敷求賢良。用輔聞見。朕以寡惪。纂承丕緒。託于人上。十載于茲。雖多難僅寧。而昇平未復。永惟前古之理。布在方册。憲章典禮。可得而詳。考之則易。遵行之則難。至中夜忘寢。莫知所以然。子大夫學覽該通。待問斯久。歛襟應召。朕甚嘉焉。各啓爾心。以祛予惑。成王致理。刑措不用。孝文勵精。斷獄四百。太宗皇帝。籥勺羣慝。削平八隅。囹圄空虛。又踰前代。一歲所決。二十九人。今者官署尚存。法令明具。封域之內。可謂小康。而黔首上僚。尚貲科禁。循源究本。其故何哉。豈朕教之不明。將或人之多僻。佇敷旨要。當酌其宜。文王建邦。經制斯備。周公立政。禮樂增修。然而朝命六卿。揆分百度。鄉閭有長。林澤有官。計其職員。動以萬數。農夫不充於緝伍。編籍不給於虞衡。以是制人。義或安在。永言師效。良用爲疑。唐虞設規。九載三考。俾安其位。將盡其能。列授羣司。寄之衆務。一官不理。事有所曠。一吏非人。官有所廢。罰寧俟於終日。賞不待於踰時。若官廢而後求人。事廢而後變法。政將□澆。其道如何。今欲濟天下於太和。致羣生於仁壽。勸農務本。何術爲先。敦學崇儒。何禮爲切。何方可以順風雨。何典可以序神祇。成湯遇災。何七年而後禱。高宗伐叛。何歷載而不賓。辨於古者通於今。鑒於事者明於理。備陳終始。朕親覽焉。正月

## 元和元年尚書省試制科舉人敕

朕以寡薄。獲奉睿圖。嚴恭寅畏。不敢暇逸。永惟萬邦之廣。庶務之殷。而燭理未明。體道未至。思欲復三代之盛烈。覩十聖之耿光。是用詳求正言。思繼先志。子大夫等藏器斯久。賁然而來。白駒就維。洪鐘待扣。膺茲獻納。朕甚嘉之。言觀國光。宜有廷試。本將詢事。豈忘臨軒。園邑有期。營奉是切。永言誠感。未暇躬親。爰命公相。洎于卿士。親諭朕意。延訪嘉謀。至於興化之源。才識攸重。練達吏理。詳明儒術。當是三道。副朕旁求。意或閑予。靡有所隱。條列所問。畢志盡規。當酌古而參今。使文約而意備。朕將親覽。擇善而行。並宜坐食訖就試。

## 才識兼茂明於體用科策問

皇帝若曰。朕觀古者君人受命。兢兢業業。敬天順地。靡不思賢能以濟其理。求讜直以聞其過。故禹拜昌言而嘉謨罔伏。漢徵極諫而文學稍進。匡時濟俗。罔不率繇。厥後相循。有名無實。而又設以科條。增求茂異。捨斥己之至諫。尚無用之虛文。指切著明。罕稱於代。茲朕所以歎息鬱悼。思索其眞。是用發懇惻之誠。咨體用之要。庶乎言之可行。行之不倦。上獲其益。下輸其情。君臣之間。驩然相與。子大夫得不勉思朕言而茂明之。我國家光宅四海。

年將二百。十聖弘化。萬邦懷仁。三王之禮靡不講。六代之樂罔不舉。霈澤于下。升中于天。周漢已還。莫斯爲盛。自禍階漏壞。兵宿中原。生人困竭。耗其太半。農戰非古。衣食罕儲。茲念疲甿。遂乖富庶。督耕植之業。而人無戀本之心。峻榷酤之科。而人有重斂之困。舉何方而可以復其盛。用何道而可以濟其難。既往之咎。何者宜懲。將來之虞。何者當戒。昔者主父懲患於晁錯、而用推恩。夷吾致霸於齊桓、而行寄令。精求古人之意。用啓迪哲之懷。濬茲治聞。固所詳究。又執契之道。垂衣之言。委之於下。則人用其私。專之於上。則下無其效。元帝優游於儒學。盛業竟衰。光武責課於公卿。峻政非美。二途取舍。未獲所由。余心浩然。益所疑惑。子大夫熟究其旨。屬之於篇。省自朕躬。無悼後害。四月二十八日

## 放制舉人敕

構大廈者、必總於羣材。成大川者、亦資於百谷。故思理之主。求賢罔遺。所以昭宣令圖。廣大前緒。觀文緝化。其在茲乎。朕以寡昧。獲奉丕業。虛己問政。實始於茲。考言求益。敢不祇若。故命左右輔弼。洎有位之臣。會于中臺。必究其論。緘密以獻。省自朕躬。果獲賢能。副予飢渴。才識兼茂明於體用科第三次等元稹、韋惇、第四等獨孤郁、白居易、曹景伯、韋慶復、第四次等崔韶、羅讓、元脩、薛存慶、韋珩、第五上等蕭俛、李蟠、沈傳師、柴宿、達於吏理可使從政科第五上等陳岵。咸以待問之美。觀光而來。詢以三道之要。復于九變之選。得失之間。粲然可觀。宜膺德懋之典。式叶言揚之舉。其第三次等人、委中書門下優與處分。第四等、第五上等、中書門下即與處分。

## 元和三年試制舉人策問 考官楊於陵鄭敬李益韋貫之

皇帝若曰。蓋聞古之令王。體上聖之姿。御大寧之時。猶懼理之未至也。求賢以致用。諮諫以聞道。猶懼動之不中也。矧惟寡昧。膺受多福。思負荷之重。警風浪之虞。求賢諮諫。是敢怠忽。至若窮神知化。以盛其德。經緯文武。以大其業。考古會極。通教化之源。明目達聰。周眡聽之表。實亦夙夜之所志也。子大夫將何道逮而致之乎。自中代已還。求理繼作。皆意其砥礪。而效難彰明。莫不欲還朴厚。而澆風常扇。莫不欲遵儉約。而侈物常貴。莫不欲遠小人。而巧諛常進。莫不欲近莊士。而忠直常疎。莫不欲勉人於義。而廉隅常不修。莫不欲禁人爲非。而抵冒常不息。其所繆盭。豈無根源。爰自近歲。仍歎大澤。霜露所墜。沾濡必同。滌瑕穢以道人心。省徭役以豐物力。蠲田租以厚農室。葺國學以振儒風。督廢職以補綱維。備衆官以序賢俊。庶繼先志。洊乎洽平。而勤事者未聞。輸勞者未艾。務農者無以免艱食。爲學者無以通微言。立事之績。未紀於庶工。乏才之歎。未輟於終食。蠹於法者無不去。而法未修明。切於政者無不行。而政未光大。豈不變其俗。道廣而難濟乎。豈不得其門。事繁而愈失乎。佇聞嘉猷。言無或隱。周之受田有經制。漢之力田有恆數。今疆畛相接。半爲豪家。流庸無依。率是編戶。本於交易。焉得貪富以卑貧。相與因循。是以損多而益寡。酌於中道。其術如何。取人以行。不必文采。命官以姓。不必資考。然則行非造次而備察。才非錯綜而遍知。不必文采爲輕重。而事可進退。不以資考爲課督。而吏有條貫。適變矯枉。渴於良規。何方可以序六氣。來百祥。何施可以壽羣生。仁衆姓。由於前訓。而可據。設於當代。而易從。勿猥勿并。以稱朕意。三月二十三日

## 長慶二年試制科舉人敕　李德裕

敕。古人有言。當引一代之人。以理一代之務。雖雋賢茂彥。不乏於時。然亦在敷納以言。精核其實。若決川瀆以導其氣。叩金石以求其音。使抱忠義者必盡其誠。知古今者必宣其慮。朕纂承鴻業。以撫兆人。嘗欲憲三代之理。脩列祖之法。猶念和氣之未洽。休祥之未臻。百姓之未安。五兵之未戢。故詳延脩潔之士。庶得聞乎未聞。將以達天地之心。究俗化之變。研安危之慮。探理亂之原。子大夫覃思於六經。馳鶩於百代。得不講求至論。以沃朕心。方直者舉朕之闕政。術者體時之要。慕古遠者卑其論。贍文詞者抑其華。言經者折衷於聖人。以明教化。論將者先之以仁義。無效縱橫。於戲。子大夫當朕之時。必冀思自達。且古之翼其君者。尚委輅納說。荷擔吐奇。由壺關以上言。自南昌而諷刺。況文陛之下。負扆親臨。若藏器不耀。結囊而去。顧朕深志。復何望焉。當體于衷。無懼後害。宜坐食訖就試。十月二十三日

### 策問　考官白居易　陳岵賈餗

皇帝若曰。蓋聞舜禹之有天下也。起於側微。積德累勤。多歷年所。夫經盛聖之慮。豈有遺哉。然猶好問察言。勤求賢士。蓋以承天之任重。憂人之志深也。況朕長於深宮。涉道日淺。奉列聖之洪緒。撫萬寓之黎人。夙夜嚴恭。不敢懈怠。實懼燭理未究。省躬未明。所以詳求讜言。以輔不逮。子大夫是宜發所蘊蓄。沃予虛懷。當極意正詞。勿有隱諱。昔王政之興。必臻於康泰。霸道所立。猶致於富強。我國家提封。溢於三代。酌憲兼乎百王。無堯湯之災。積祖宗之化。而人未蕃庶。俗尚凋訛。家無蓋藏。公闕儲峙。卒乘之數。貨幣之資。統而校之。莫繼前代。豈率土生植。變於古歟。將阜時政令。失於今歟。因以揣摩。必窮利病。明徵末失之漸。具陳興復之謨。且文武兼舉。以成身。士農迭居。以豐業。故家給足以戀本。才周可以應時。近古各徇一端。不相資用。致令從事異心。難以成課。民佚無守。輕為惰游。指明共貫之方。訢合二途之利。永言化理。期酌厥中。施為或差。得失斯遠。將修睦勸義。則在下難知。將任數馭情。則人心益偽。思聞旨要。得合誠明。旌別比周之情。敷詳忠厚之道。知人則哲。從古攸慎。九徵恐泥。五事難精。或望可服人。而才非周物。或言皆詣理。而行有乖方。宜陳取舍之端。用彰眞偽之辨。至於朝廷之闕。四方之弊。禮延而至。可得直陳。退有後言。朕所不取。子大夫其勉之。

## 放制舉人詔

朕自郊上玄。御端門。發大號。與天下更始。思得賢儁。標明四科。命羣公卿士、暨守土之臣。詳延下位。周於草澤。咸列待問。副予虛求。昧爽臨軒。俾究其論。止辭良術。精義宏謀。繹之旬時。深見忠益。言刈其楚。列而第之。賢良方正能直言極諫第三等人龐嚴、第三次等人呂術、第四等人韋曙、姚中立、李經。第四次等人崔嘏、崔龜從、任畹。第五上等人韋正貫、崔知白、陳玄錫、博通墳典達於教化第四等人李思玄、詳明政術可以理人第四次等人崔郢、軍謀宏達堪任將帥第三等人吳思。第五等人李商卿。咸以懿學茂識。揚于明庭。況當短晷之晨。頗盡論思之美。燦然高論。深沃朕心。永言藏器之規。豈忘縶駒之美。寵之命秩。允答嘉猷。其第三等人、第三次等人、委中書門下優與處分。其第四等人、第四次等人、第五上等人。中書門下即與處分。

長慶二年十二月

## 除制舉人官敕

昔仲尼之門。以四科品第諸生。所得十哲。今吾徵四海九州之士。而登名者十有五人。搜羅簡拔。非不勤至。以今況古。可謂才難。是用詔爵以嘉奬其忠。超擢以光明其道。俾巖石之下。人思自奮。晁董之盛。遠以爲鄰。延登諫垣。式佇匡益。儲書結綬。皆曰顯途。循其秩次。亦視科等。服我新命。勗哉遠猷。可依前件。

## 寶曆元年試制舉人詔

朕聞心術順道。天下可一言而興。聰明自壅。堂上有千里之遠。故唐虞而降。則考試觀俗。漢魏之際。則詔策求賢。朕纘紹丕圖。撫臨方夏。實懼誠有所偏。信鑒有所未周。乃前歲詔六官九卿方岳尹正有位之士。逮于庶僚。高懸四科。博薦羣彥。將訪衆政之闕。酌至論之中。子大夫庭列儼然。各應其品。是用宵興前殿。永日渴求。條列坦明。咸本經意。固子大夫之所講磨矣。當竭誠盡慮。無有蘊藏。宜坐食訖就試。二月二十八日

策問 考官鄭涵崔琯李虞仲

皇帝若曰。朕恭守憲祖中興之運。穆宗紹寧之業。寅畏兢翼。亦免荒墜。諸侯忠上而奉職。卿士循法而恪官。四夷內向。兆人休息。至於屬統垂文。程示後代。終有致乂之意。未有理人之術。古人云。希顏之徒。亦顏之流也。又曰。舜何人也。予何人也。予竊不讓。欲追蹤乎三代。俯視乎兩漢。陶今俗於至道。濟亂人於太和。子大夫皆蘊器應薦。憤憤悱悱。思所以□奮者。於日久矣。當極其慮。開予鬱滯。夫禮樂刑政。理之具也。禮樂非謂威儀升降。鏗鏘拊擊也。將務乎阜天時。節地財。和神人。齊風俗也。刑政非謂科條章令。繁文申約也。將務乎愧心格恥。設防銷微也。必有其論。何方致之。四人混處。遷於異物。歷代已降。皆所苦患。士本於儒。而有詭道之行。農尙篤固。而多損本之心。工繕用物。而作雕磨之器。商通有無。而齎難得之貨。思矯其弊。必有其術。漢高之基稱蕭曹。孝宣之興稱邴魏。朕觀其書。粲然盡在。我國家之盛。其紀年則曰貞觀開元。其輔相則曰房杜姚宋。朕觀其書。則拔羣絕類者。不能相遠。然兩朝之盛。四子之能。不可誣也。將與元符合德。漠然而無際歟。爲史官詞志不能久其事業歟。口食至多。而懇闢者惰。供億至衆。而財官是空。官無闕員。而家食者告困。德澤仍臻。而鰥弱者未贍。必有其旨。何以辨之。毋泛無略。無游說。無隱情。以副虛求。朕將親覽。

## 放制舉人詔

朕深居法宮。高處宸極。常慮天下多務。壅於上聞。朝廷大猷。闕於中興。至於伏陛叩顙。造膝犯顏。皆驟遷顯榮。寵以優錫。猶思物不得茂。遂道有所鬱堙。是用虛衷訪賢。側席前殿。緘密以獻。閱自朕躬。切鞠予違。無所回忌。第其上下。揚于王朝。吾之不吝。亦可謂信于海內矣。賢良方正能直言極諫科舉人第三等唐仲章、端符、舒元褒、第四等蕭敞、楊曾士、楊儉、來擇、趙祝、裴惲、第四次等王繇、李昌實、嚴荊、田邕、崔璜、第五上等李滻、蕭夷中、馮球、元晦、

詳閑吏理達於教化科第五上等韋正貫、軍謀宏遠材任邊將科第三等裴儔、第四次等侯雲章。咸以讜言正詞。兵符教本。應問如響。不窮于泉。著之于篇。爛然盡在。宜膺中鵠之選。用叶縻爵之經。其第三等人。委中書門下優與處分。第四等、第四次等、第五上等。中書門下即與處分。

## 太和二年親試制舉人敕

士志於道。蓋道以致君爲先。代實生才。蓋才以濟理爲務。不索何以獲其實。不言何以知其志。故帝堯垂詢衆之訓。殷宗首沃心之術。其傳曰。嘉言罔攸伏。又曰。俊乂用彰。漢魏以還。詔策時作。暨於我唐。遵爲故事。由是善政惟乂。魁能間出。朕祗荷大寶。勤恤兆人。明不燭于幽昧。惠未流于鰥寡。御朽兢慮。求賢永圖。是以詔命有司、會羣材。列稽疑。延問闕政。子大夫達學通識。儼然來思。操觚濡翰。條誨宿滯。慰我虛佇。必弘嘉猷。故臨軒命書策以審訪。繼燭侯奏。其悉乃誠。辭各宜坐食。食畢就試。（三月二十九日）

策問（考官馮宿賈餗龐嚴）

問、朕聞古先哲王之治也。玄默無爲。端拱司契。陶萌心以居正。凝日用於不宰。立本以厚生。推誠而建中。繇是天人通。陰陽和。俗躋仁壽。物無疵厲。噫。盛悳之所臻。敻乎其莫可及已。三代令王。質文秩敘。而巧僞滋熾。流失寖多。自漢魏已降。足徵蓋寡。朕昧理道。祗荷丕構。奉若謨訓。不敢荒寧。任賢惕厲。宵衣旰食。詎追三五之遐軌。庶紹祖宗之鴻休。而心有所未達。信有所未孚。由中及外。闕政斯廣。是以人不率化。氣或堙厄。災旱竟歲。播植愆時。國廩罕蓄。乏九年之儲。吏道多端。微三載之績。京師、諸夏之本也。將以觀理。而豪猾時踰檢。太學、明教化之源也。期於宣化。而生徒多墮業。列郡在於頒條。而嚴禁或未絕。百工在于按度。而淫巧或未衰。俗墮風靡。積訛成蠹。其擇官濟理也。聽人以言。則枝葉難辨。御奸以法。則恥格不形。其阜財發號也。生之寡而食之衆。煩於令而鮮於理。思欲救此繆盭。致之治平。茲心浩然。若涉泉水。故前詔有司。博徵羣彥。佇啓宿懵。冀增時雍。子大夫皆識達古今。明於康濟。造庭待問。副朕虛懷。必當箴主之闕。辯政之疵。明綱條之所紊。稽庶富之所急。何施斯革於前弊。何澤斯惠於下土。何修而古理可近。何道而和氣克充。推之本源。著於條對。至若夷吾輕重之權。孰輔於理。嚴尤底定之策。孰叶於時。元凱之考課何先。叔子之克平何務。唯此龜鏡。擇乎中庸。期在洽聞。朕將親覽。

## 放制舉人敕

王者謹天戒。酌人言。叶時政。資贊理。斯爲令典也。朕以菲悳。祗膺大統。歲屬凶旱。入思底寧。庶察弊以勤理。因舉能而詢衆。科別條問。臨軒致誠。載搜尤材。果副虛佇。賢良方正能言極諫科舉人第三等裴表、第三次等李郃、第四等南卓、李甘、杜牧、馬植、鄭亞、崔璵、第四次等崔讜、王式、羅劭京、崔渠愼、田苗惜、韋昶、崔博、第五上等崔煥、王賓、詳閑吏理達於教化科舉人第四次等宋昆、軍謀宏遠堪任將帥科舉人第四等鄭冠、李拭等。皆直躬遵道。博古知微。敷其遠猷。志在弘益。實能攻朕闕政。究天人交際之理。極皇王通變之義。指切精洽。粲然可觀。既效才於明世。宜旌能於受祿。其第三等、第三次等人、委中書門下優與處分。第四等、第四次等、第五上等人、中書門下卽與處分。

## 貢舉

### 條流明經進士詔

學者立身之本。文者經國之資。豈可假以虛名。必須徵其實效。如聞明經射策。不讀正經。抄撮義條。才有數卷。進士不尋史傳。唯讀舊策。共相模擬。本無實才。所司考試之日。曾不揀練。因循舊例。以分數爲限。至於不辨章句。未涉文詞者。以人數未充。皆聽及第。其中亦有明經學業該深者。唯許通六經。進士文理華贍者。竟無甲科。銓綜藝能。遂無優劣。試官又加顏面。或容假手。更相屬請。莫憚糾繩。由是僥倖路開。文儒漸廢。興廉舉孝。因此失人。簡賢任能。無方可致。自今已後。考功試人。明經每經帖試、錄十帖得六已上者。進士試雜文兩首、識文律者。然後並令試策。日仍嚴加捉搦。必材藝灼然。合升高第者。並卽依令。其明法并書筭貢舉人。亦量準此例。卽爲恆式。永隆二年八月

### 令貢舉人勉學詔

古之學者。始入小學。見小節。大學。見大節。知父子長幼之序。君臣上下之位。然後師逸功倍。化人成俗。莫不由之。子不云乎。遠而有光者。飾也。近而愈明者。學也。故道行於上。祿在其中。所期於有成。不唯於遲達。自頃州里所薦。公卿之緒。門人衆矣。孰嗣子晉。國胄顒然。未臻吾道。至使鑽仰之地。寂寥厥化。貴於責實。務於求仕。將去聖滋遠。尙沿澆薄。爲敦儒未弘。不行勸沮。朕承百王之末。居四海之尊。惟懷永圖。思革前弊。何以發後生之智慮。垂先王之法則。朕甚懼之。敢忘於是。天下有業擅專門。學優重席。□堪師授者。所在具以名聞。自今以後。貢舉人等。宜加勗勉。須獲實才。如有義疏未詳。習讀未遍。輒充舉選。以希僥倖。所由官亦寘彝憲。有司申明條例。稱朕意焉。開元二年五月

### 令禮部掌貢舉敕　張九齡

敕。每歲舉人。求士之本。專典其事。寧不重歟。頃年以來。唯考功郎中所職。位輕事重。名實不倫。故盡委良吏長官。又銓□猥積。且六官之職。例體是同。況宗伯掌禮。宜主賓薦。自今已後。每諸色舉人、及齋郎等簡試。並於禮部集。既衆務煩雜。仍委侍郎專知。開元三年四月一日

### 處分高蹈不仕舉人敕　孫逖

敕。古之賢君。貴重眞隱者。將以勵激浮躁。敦厚風俗。傳不云乎。舉逸人。天下之人歸心焉。蓋謂此者。朕緬稽古訓。思弘致理。以爲道之爲體。先崇於靜退。政之所急。實仗於賢才。是用求諸巖藪。假以軺傳。虛佇之懷。亦云久矣。卿等各因旌賁。來赴闕庭。誠合盡收。以光是舉。然孔門荷篠。唯數七人。商山

採芝。空傳四老。今之應辟。其數頗多。朕頃緣幸湯。粗令採賾。或全誠抗跡。固辭避於呈試。或含光隱器。不耀顯於文詞。未測津涯。難於處置。語默之際。用捨遂殊。其弟子春等、並別有處分。自餘人等。宜各賜物十段。用成難進之美。以全至高之節。宜皆坐食。訖好去。仍依前給公乘還貫。其華陰郡李崗等十六人、雖所舉有名。或稱疾不到。宜令本部取諸色官物各賜二十段。以充藥物之資。

## 親試四子舉人敕

朕聽政之暇。常讀道德經、文列莊子等書。文約而義精。詞高而旨遠。可以理國。可以保身。朕敦崇其教。以左右人也。子大夫能從事於此。甚用嘉之。夫古今異宜。文質相變。若在宥而不理。外物而不爲。行遂古之化。非御今之道。適時之術。陳其所宜。又禮樂刑政。所以經邦國。聖智仁義。所以序人倫。使之廢絕。未知其旨。道德經曰。絕學無憂。則乖進德修業之教。列子立命曰。汝奚切於物。又遺懲惡勸善之文。二旨孰非。何優何劣。文子曰。金積折廉璧襲。且申其義。莊子曰。恬與之交相養。明徵其言。使一理混同。二教兼舉。成不易之則。副虛佇之懷。開元二十九年九月

## 條流習禮經人敕

王者設教勸學。攸先生徒肆業。執禮爲本。故孔子曰。不學禮。無以立。又曰。安上理人。莫善於禮。然則禮者。蓋務學之本。立身之端。居安之大猷。致理之要道。屬辭比事而不裁之以禮則亂。疏通知遠而不節之以禮則誣。實百行之本源。爲五經之戶牖。雖聖人設教。罔不會通。而學者遵行。宜有先後。自頃有司定議。計功記習。不量教化淺深。義理難易。遂使博學者例從冬集。習禮經者獨授散官。敦本勸人。頗乖指要。姑務弘獎。以廣儒風。自今已後。明經習禮記及第者。亦宜冬集。如中經兼習周易若儀禮者。量減一選。應諸色人中習三禮者。前資及出身人、依科目例。白身人依貢舉例。每經問大義三十條。試策三道。仍主司於朝官學官中簡擇精通經術三五人。聞奏。主司與同試問。質定通否。義策全通。爲上等。轉加超獎。大義每經通十五條已上。策通兩道已上。爲次等。依資與官。如先是員外試官者。聽依正員例。其習開元禮人。問大義一百條。試策三道。全通者爲上等。大義通八十條已上。策通兩道已上爲次等。餘一切並準習三禮例處分。其諸館學士。願習三禮及開元禮者、並聽。仍永爲恆式。貞元元年

## 釐革新及第進士宴會敕

敕。進士策名。向來所重。由此從官。第一出身。誠宜行止端莊。宴遊儉約。事務率醵。動合兢修。保他日之令名。在此時之慎靜。豈宜縱逸。唯切追歡。近年以來。澆風大扇。一春所費。萬餘貫錢。況在麻衣。從何而出。力足者樂於書罰。家貧者苦於成名。將革弊訛。實在中道。宜令禮部切加誡約。每年有名宴會。一春罰錢及鋪地等相計。每人不得過一百千。其勾當分手不得過五十人。其開試開宴。並須在四月內。稍有違越。必舉朝章。仍委御史臺常加糾察。乾符二年正月

# 唐大詔令集卷第一百七

政事

備禦

閱武詔
置十二軍詔
修緣邊障塞詔
寬繕治器械功程詔
驪山講武賞慰將士詔
鎮兵以四年爲限詔
誡勵諸軍州牧將詔
遣使選擇邊兵詔
遣榮王琬往隴右巡按處置敕
禁諸道將士逃入諸軍制
禁諸道將校逃亡制
命郭子儀等出師制
停河中節度幷耀德軍詔
發兵屯守諸鎮詔
優獎西北庭將士詔
還馬燧賞軍士家財詔
遣胡証巡邊詔

嶺南用兵德音

## 備禦

### 閱武詔

安人靜俗。文教爲先。禁暴懲凶。武略斯重。比以喪亂日久。黎庶凋殘。是用務本勸分。冀在豐贍。而人蠹未盡。寇盜尙繁。欲暢兵威。須加練習。今農收已畢。殺氣方嚴。宜順天時。申曜威武。可依別敕大集諸軍。朕將躬自巡撫。親臨校閱。武德九年十月

### 置十二軍詔

天生五材。司牧資其器用。武有七德。撥亂所以定功。故黃帝垂衣。尙有阪泉之戰。放勛光宅。猶興丹浦之師。禁暴安人。率由茲道。創業垂統。莫此爲先。以是周置六軍。每習蒐狩。漢增八校。畢選驍勇。故能化行九有。威震百蠻。姦宄不萌。虔劉息志。季葉凌替。軍政湮亡。行列不修。旌旗舛雜。部伍符籍。空有調發之名。逗撓乏興。竟無討襲之用。遂使夷狄方命。盜賊交侵。戰爭多虞。黔黎殄喪。朕受天明命。撫育萬方。爰自義師。克成帝業。至如超乘之士。莫匪百金。彀騎之材。豈惟七萃。今雖關塞寧謐。荒裔肅清。伊洛猶蕪。江湖尙梗。役車未息。戎馬載馳。武備之方。尤宜精練。所以各因部校。序其統屬。改授鉦鼓。創造徽章。取象天官。定其位號。庶使前茅後勁。類別區分。玉帳絳宮。刑德允備。蹈茲湯火。譬彼椒蘭。大定戎衣。止戈斯在。武德二年七月

### 修緣邊障塞詔

城彼朔方。周朝盛典。繕治河上。漢室宏規。所以作固京畿。設險邊塞。式遏寇虐。隔礙華戎。自隋氏季年。中夏喪亂。黔黎凋盡。州域空虛。突厥因之。侵犯疆埸。乘間幸釁。深入長驅。寇暴滋甚。莫能禦制。皇運已來。東西征伐。兵車屢出。未遑北討。遂令胡馬再入。至于涇渭。蹂踐禾稼。駭懼居民。喪失既多。虧廢生業。朕分命師旅。挫其鋒銳。頻獲名王。每夷渠帥。然而凶狡不息。驅侵未已。御以長筭。利在脩邊。其北道諸州。所置城塞。粗已周遍。未能備悉。今約以和通。雖云疲寇。然蕃情難測。更事修葺。僉曰宜之。朕以板築之功。方資力役。畚臿之用。興發且多。念彼劬勞。用深怵惕。加以普給優復。詔書始下。旋卽科召。有若食言。百姓將疑。謂予不信。但民惟邦本。本固邦寧。醜虜憑陵。實爲民患。其城寨鎭戍。須有修補。審量遠近。詳計功力。所在軍民。且共營辦。所司具爲條式。務使成功。宣示閭里。明知此意。武德九年九月

### 寬繕治器械功程詔

周氏設官。分掌邦事。漢家創制。先定章程。故百工咸理。五材畢舉。雖沿革有時。而此途莫爽。但欽明之后。役自子來。昏亂之朝。刑盡民力。或祁寒隆暑。

未獲小康。或俾夜作明。繼之以燭。淫費不已。凋喪爲期。朕祗奉明命。撫臨億兆。愛育之心。發於寤寐。每咨謀卿士。詢訪芻蕘。何嘗不以節儉爲懷。憂矜在慮。自非田疇耘穫。軍國資須。未曾別使一人。輒求一物。每有丁匠之所。但申戒作之司。令其寬立功程。務從閑逸。少府僚屬。莫不聞知。而營造牟鎧。催督非理。竭人之力。以求己功。朝夕左右。尙乖期約。遠方勞役。何以克堪。雖四海之內。無煩經始。然繕治器械。修葺城隍。及隄防浸決。橋梁毀壞。旣不獲已。必藉人功。皆須慰彼民心。緩其日用。宜頒告天下。以知朕意。貞觀元年七月

## 驪山講武賞慰將士詔　蘇頲

門下、傳不云乎。兵之設久矣。所以威不軌而昭文德。聖人以興。亂人以廢。皆兵之由也。故文事必有武備。耀德在於觀兵。所以外淸蠻貊。內輯華夏。其經濟之致歟。自有隋失道。三靈改卜。我唐受命。百姓與能。四罪而天下服。一戎而天下定。航海梯山。罔不率俾。休牛歸馬。示不復用。化賚羣物。刑淸百年。而制軍爲旅。先王分職。在祀與戎。前史垂訓。則未學也。孰可棄之。往以韋氏搆逆。近又兇魁作禍。則我之宗社。危如綴旒。故斬長虵。截封豨。戮梟獍。掃欃槍。使武之不脩。人何克乂。朕以薄德。昔奉聖謨。濟邦家之多難。畏君父之嚴旨。撫茲億兆。若臨泉谷。雖重譯雲歸。和親日至。遂五兵之不教。慮七德之未康。今孟冬戒時。農事爰隟。驪山之下。鴻門在望。橫層阜以南屬。耿長川而北流。嚴霜初霣。疾風始至。以時而命羣帥。得地而臨武臣。料其勝負。詳其進退。以振國威。用蒐軍實。故被堅執銳。干戈有容。練卒陳師。金鼓以節。上應於天也。下順於人也。三光之靈可接。五行之德斯用。將孫吳不遠。頗牧同時。非熊所期。怒蛙知勸。布三令。詢九章。且閱宣場之儀。若觀莘墟之禮。情兼慰賞。義弘寵錫。惟此畿甸。比經水旱。惣集士馬。頗有煩勞。曲念元元。更資勤恤。其講武使、各賜物一百段。將軍、各八十段。中郎將、各六十段。郎將及左右軍長史、各四十段。折衝果毅、各三十段。押官六品已下、各二十段。新豐百姓。宜免來年地稅。置頓使賜物一百段。緣頓踏踐麥苗。給米酬直。主者施行。先天二年十月十三日

## 鎭兵以四年爲限詔

王者制五服。綏四方。申畫郊畿。愼固封守。是乃選徒興役。禦寇備邊。欽若前載。率由茲道。朕以薄德。紹膺丕運。奉天明命。爲人父母。永隔綏養。鑒寐以之。每念征戍。良可矜省。其有涉河渡磧。冒險乘危。多歷年所。遠辭親愛。壯齡應募。華首未歸。睠言勞止。期於折衷。但磧西諸鎭。道阻且長。數有替易。難於煩擾。其鎭兵宜以四年爲限。散支州縣。務取富戶丁多。差遣後。量免戶內雜科稅。其諸軍鎭兵。近日遞加年限者。各依舊以三年二年爲限。仍並不得延留。其情願留鎭者。即稍加賜物。征人願往。聽復令行。惟貴勞逸且均。公私咸適。宣布遐邇。識朕意焉。開元五年正月

## 誡勵諸軍州牧將詔

分命督將。保寧封疆。且變無知之俗。長爲不叛之臣。必也仁明。在乎淸整。若脂膏不潤。毫髮無私。開懷納戎。張袖延狄。彼當愛官吏猶父母。安國家如天地。欲其亡散。庸可得乎。若其心不至公。所視唯利。放縱部曲。阿容子弟。此乃求鷹鸇以馴乳。使豺狼以掌牧。欲其輯寧。庸可得也。往年趙文翽在營

府。綏統乖方。近日張知運在單于。徵調失所。遂令東胡擾亂。北虜披猖。爰遘征伐之勤。頗致瘡痍之酷。言念於此。可爲深戒。今諸蕃歸降。色類非一。在蕃者則漢官押領。入附者或邊陲安置。風俗未通。言語不達。至於畜養。實務綏懷。宜令所在軍州牧將等倍加撫恤。申其寃。盡其理。問疾苦。知飢寒。公私不得相侵。巨細必令無擾。儻處馭多僻。威恩不孚。龜玉之毀。典刑斯及。御史出日。仍訪察以聞。開元五年八月

## 遣使選擇邊兵詔

爲國之道。莫不欲家給人足。令行禁止。而旅談者苦疆場之戍役。偶語者傷戶口之凋殘。且夫懷土重遷。人之常性。離邦去里。孰無其情。或委非其才。或政非其要。致令父不保子。兄不寧弟。井邑有流離之怨。道路有吁嗟之聲。靜言思之。良可歎息。是以晝昃不食。夜分不寢。庶息彼弊政。就此淳風。故發使車以巡郡縣。其承前處置。不利於人。卽宜當處商量。隨事釐革。其緣邊兵士等。或遠辭鄉壤。久事戎旃。飢寒而衣食不充。疾病而醫藥不拯。邊烽忽警。將何以堪。宜令使人各視勞苦。其有年齒衰暮。或抱疾羸弱。卽與軍司選擇。給糧放還。行人之家。下闕　開元十二年九月

## 遣滎王琬往隴右巡按處置敕　孫逖

敕。遏寇防邊。在於有備。興師訓卒。用戒不虞。隴右諸軍。地當戎虜。尤資振旅。以壯邊威。宜令隴右節度經略支度營田大使開府儀同三司兼京兆牧上柱國滎王琬自往隴右巡按處置。庶弘廟略。因達誠懷。宜於關內及河東納資飛騎并諸人中間召取健兒三五萬人赴隴右防捍。至秋末無事放還。仍於當道軍將內銓擇一人與所由簡召。應給粮賜。所司速作條例處分。

## 禁諸道將士逃入諸軍制　常衮

敕。頃以寇難未平。師徒尙聚。嗟我有衆。勤王積勞。各隸戎麾。安於所屬。恩信素結。久而益懷。親同父子之軍。戰有手足之扞。上下相得。死生以之。爵祿相先。慰薦亦厚。或有見利而動。不顧所從。棄軍畔官。改事新將。且攜阻而至。雖納而見疑。將欲僥求。終乖始望。至於任用之際。賞勸之間。必以同勞苦之人。久服習於事。旣親又信。固先及之。當不使後居其上。親廢其舊也。況貳於統部。撓我師律。棄恩不義。犯敎不忠。何名節之頓虧。亦功勞之可惜。今未息邊患。猶張威武。實賴干城致命之臣。叶心勠力。勤悴于外。忠衛王室也。所以解衣推食。恤其暴露。念東山之不歸。歌采薇以勤息。未嘗一日而忘于懷。休戚必同。終始宜保。豈輕於去就。而自取累哉。如聞諸節度及團練使下官健多有逃入諸軍。亡而不追。浸以成弊。議於軍令。事則非輕。念以戎勳。恕其旣往。自今已後。切宜禁絕。應有此色。諸軍不得輒容。差人遞還。各付所統。其額內官健有逃死者。不須更塡。宜示軍州。各知朝旨。

## 禁諸道將校逃亡制　常衮

敕。軍興以來。十有四載。未息戎備。尙勞師徒。各以名數。隸於麾管。朕念三軍之勤役。率萬姓以供饋。躬自節儉。而贍濟之。定尺籍伍符。厚其資糧屝屨。掖庭織室。俾給戎衣。鉤盾弄田。亦調軍食。推誠惠養。靡不至焉。雖感激忠義。勇於赴難。而差次官賞。固不遺勞。誠宜勠力。以永所事。如聞諸節度及團

練使下官健。多有逃入諸軍。去其所從。犯我明禁。在於國令。固合懲姦。眘其戎勳。尙容改過。自今已後。切宜禁止。應有此色。諸軍不得輒容。差人遞還。各付所統。其額內官健有逃死者。不須更塡。宜示軍州。令知朕意。

## 命郭子儀等出師制

自古聖帝明王之臨御也。莫不法乾坤之覆載。體山川之受納。立德於太上。還淳於至道。淸靜無事。保合太和。濟於羣生。洽于四海。豈垂意兵革。勞心戰爭也。蓋有德化之所不綏。招懷之所未諭。不式王命。毒流生人。故有除暴禁淫之師。安人止戈之武。則神農黃帝堯舜禹湯之所不免也。朕君臨萬邦。十有三載。薄德內愧。中夜以興。至如易簡寬仁。龔默玄澹。素懷所慕。終食豈忘。然自承統以來。屬當多難。伊川有盜國之孽。朔野有叛君之將。江湖海島。伏戎數輩。其在右武。安能解嚴。所以請于宗廟。親授經略。誅詰姦宄。摧殄暴強。三年之間。方內底定。此皆皇天祐我列祖。羣后戴予一人。是用集大勳于國家。保萬姓於區夏。豈伊寡薄、能及此耶。每思偃兵。姑務柔遠。將息馬以論道。期舞干而修德。而西戎負約。間歲犯邊。朕常棄細過。庶弘大體。疆臣兵吏。亟請長驅。屢有誡敕。不令掩襲。兼約游騎。不許擒生。或誤得之。亦使還遣。固以亭育之義。豈隔華夷。綏撫之恩。寧殊遠邇。故布文告以訓之。敍舅甥以睦之。彼亦嘗遣聘臣。來修舊好。玉帛之禮纔至於上國。烽燧之候已及於近郊。長其無厭。昧於事大。去冬踰我關隴。入我邠岐。驅人之馬牛。掠人之士女。朕許其通好。本在人安。乘此不虞。飜貽我詐。每一興念。悼于厥心。豈朕不叶於親鄰。豈朕有負於恩信。猶期懲艾。未忍討除。今大閱甲兵。以增扞禦。且崇不戰之道。用舉邊備之常。所以然者。念其載勤款疏。求繼嘉姻。事或由衷。義從割愛。因之寧遠。豈復顧私。當罷四方之師。永全二國之好。儻更侵冒。必示威刑。宜令子儀以上郡、北地、四塞、五原、義渠、稽胡、鮮卑雜種、步馬五萬。嚴會狗邑。克壯舊軍。抱玉以晉之高都、韓之上黨、河湟義徒、汧隴年少。凡三萬衆。橫絕高壁。斜界連營。馬璘以西域前庭、車師後部、兼廣武之戍、下蔡之徭。凡三萬衆。據于朝那。遏當路之塞。忠臣以盧龍、柳城、洎右北平、漢東諸鎮、江黃申息之師。凡三萬衆。屯于回中。張大軍之援。忠誠以武落別校、右地奇鋒。凡二萬衆。出岐陽而北會。希讓以三輔太常之徒、六郡良家之子。自渭而合汴宋、淄青、河陽、幽薊。總四萬衆。分別前後。魏博、成德、昭義、永平。總六萬衆。大舒左右。朕內整禁旅。親誓諸將。賚以千金之費。錫以六牧之馬。其戎裝戰器。軍用邊儲。各有司存。素皆精辦。咨爾將相。文武宣力之臣。夫師克在和。善戰不陣。各宜保據經界。屯據要衝。斥堠惟明。首尾相應。若能悔過。何必勞人。如或不恭。自當伐罪。然後眘求統一。以制諸軍。進取之宜。俟於後命。各敬爾事。無黷武經。賞罰之科。國有明典。宣示中外。知朕意焉。大曆九年四月

## 停河中節度幷耀德軍詔

自中原有事。海內不康。殲厥渠魁。人自爲戰。其死亡者。不可勝紀。若非其父兄。卽其子弟。責罰由朕。禍非自天。念茲恫悃。痛入骨髓。明神厭亂。元惡就誅。四寇既平。罔不相賀。遂欲衣裳爲會。天下偃兵。備七德之武。同五星之色。成朕之志。實惟良臣。關內河東副元帥朔方河東節度使司徒兼中書令

汾陽郡王子儀。邁德濟時。盡忠憂國。篤勤王之義。急偃伯之期。思拯生人。免其湯火。善陳利害。屢進封章。以艱阻匪寧。務於淸淨。地非要害。不可猶開幕府。事無防遏。不可更置轅門。請停河中節度并耀德軍。宜依。罷茲凶器。姑欲息人。離散可安。瘡痍可復。率是道也。仁遠乎哉。朕心所嘉。期于至理。宜示中外。明政體焉。廣德二年六月

## 發兵屯守諸鎭詔

在昔聖王之御寓也。常修文德。以勝武威。故能協和神人。撫寧方夏。蓋有國之令圖也。朕自君臨萬邦。于茲三載。明發求理。中夜靡遑。常懼祖宗之威靈。顧惟黎元之未洽。是用君臣之際。推人腹心。賞罰之道。俾無僭濫。每發一詔。施一令。罔不本之以德義。後之以威刑。期戢五兵。思弘七教。庶乎勝殘去殺之理。有恥且格之道。而眇身薄德。肺腑未親。四方諸侯。義信猶阻。近聞曹濮數州。加兵籍馬。探聽飛語。容納奸謀。交質往來。邀結外援。雖各在封略。言備寇攘。而汴郊士庶。頗聞驚擾。閭井奔散。如避寇讎。迨茲春中。首種未入。朕爲人君父。不能以誠明感達股肱之佐。不能以慈惠覆育黔黎之類。使其骨肉相去。情義不通。終宵咨責。心用震悼。亦以社稷之計。億兆之命。防微慮遠。不得不然。至於君臣之道。進退之理。雖造次顚沛。所未嘗忘也。是以分命節制。及集諸軍於汴宋懷鄭之間。使其屯守。發令之日。且嘗言誡。非有侵軼。不令議戰。但田里復業。農桑及時。下無愁怨。外絕師旅。偃旗臥鼓。朕願斯畢。於戲。惟天地日月。實鑒我心。山川鬼神。尙弼予志。布告中外。咸令知悉。建中元年

## 優奬西北庭將士詔

二庭四鎭。統任西夏五十七蕃十姓部落。國朝已來。相率奉職。自關隴失守。東西阻絕。忠義之徒。泣血相守。愼固封略。奉遵禮教。皆侯伯守將交修共理之所致也。其將士敍官可超七資。建中元年

## 還馬燧賞軍士家財詔

忠臣之事君也。願隳家以奉國。良將之養士也。或均財以周惠。爰自古昔。其儔蓋鮮。故竇嬰陳金於廊廡。趙奢分財於部曲。皆受之天府。不取私門。猶能垂名史册。遺芳千載。而況執上將之旗鼓。率先登之士卒。將行命賞。罄乃家財。上以彰憂國之誠。下以竭奉公之效。不有褒美。孰旌忠賢。河東節度使馬燧。誠美夙著。宏略載宣。克揚經武之規。實重安人之寄。屬河朔干紀。磁邢當寇。而能忠義奮發。奉辭問罪。出師之際。宣布明誠。誓將貲產。分給戰士。故得三軍之衆。相與感激。百勝之績。於茲競勸。朕當遂其懇懷。以成厥美。殊常之跡。古人所難。舉而行之。用明信賞。仍班王府之貨。式表忠臣之節。宜令度支出錢。充給將士。馬燧家資。並却還。仍宣付史館。建中二年

## 遣胡証巡邊詔

周禮。政官之屬。掌道王志。以巡天下邦國。況六郡分統。二庭緜邈。居必申儆。動當攝懷。自頃東夏有虞。近郊多壘。沙朔之外。翦爲寇戎。亭鄣烽櫓之嚴。

遐張塞下。使譯道途之要。遠屬湟中。今妖氛可息。思欲肅關隴之右地。制昆吾於盛秋。而慮師無見糧。卒有虛籍。乏守禦之全備。積愁歎之餘音。臨軒永懷。宜俾宣導。非夫忠良練達。文武兼資。信厚足以得人心。恪恭足以奉王事。則何以膺茲選任。布我憂勞。至於問戍役之勤。詳山澤之要。稽軍實之名數。計餽餉之盈虛。宿弊有未除。衆情有未達。兵機虜態。一以上聞。冀在此行。所至循拊。宜令左金吾衛大將軍兼御史大夫胡証充京西京北巡邊使。所經過州鎮。與節度防禦使刺史審度商量利害。具事實聞奏。

## 嶺南用兵德音

朕以寡昧。獲承高祖太宗之丕構。六載於茲矣。罔敢遊是娛。罔聲色是縱。罔刑戮是濫。罔邪佞是惑。夙夜悚惕。以憂以勤。庶幾乎八表用康。兆人以泰。而西戎款附。北狄懷柔。獨唯南蠻奸宄不率。侵陷交阯。突犯邕寧。爰及嶲州。亦用寇擾。勞我士卒。興吾甲兵。騷動黎元。疲力飛輓。每一軫念。憫然疚懷。顧惟生人罹此愁苦。宜布自天之澤。俾垂及物之仁。如聞湖南桂州是嶺路係口。諸道兵馬綱運。無不經過。頓遞供承。動多差配。凋傷轉甚。宜有特恩。潭桂兩道。各賜錢三萬貫文。以助軍錢。以充館驛息利本錢。其江陵江西鄂州三道。比於潭桂。徭配稍簡。宜令本道觀察使詳其閑劇。準此例與置本錢。邕州已西。黎嶲界內。昨因蠻寇。互有殺傷。宜令本道收拾埋瘞。量設祭酹。徐州土風雄勁。甲士精強。比以制馭乖方。頻致騷擾。近者再置使額。却領四州。勞逸既均。人心甚泰。但聞比因罷節之日。或有避罪奔逃。雖朝廷頻下詔書。並令一切不問。猶恐尚懷疑懼。未悉招攜。結聚山林。終成詿誤。況邊方未靜。深藉人才。宜令徐泗團練使、選揀召募官健三千人。赴邕管防城。待嶺外事寧之後。即與替代歸還。仍令召滿五百人。即差軍將押送。其糧料賞給。所司準例處分。淮南兩浙海運。虜隔舟船。訪聞商徒失業頗甚。所用縱捨。爲弊實深。亦有般運貨財。委於水次。無人看守。多至散亡。嗟怨之聲。盈於道路。宜令三道。據米石數、牒報所在鹽鐵巡院。令和雇入海舡船。分付所司。通計載米石數外。輒不得更有隔奪。妄稱貯備。其小舸短般至江口。使司自有船。不在更取商人舟船之限。如官吏妄行威福。必議痛刑。於戲。萬方靡安。寧忘於罪己。百姓不足。敢怠於責躬。用伸欽恤之懷。式表憂勤之旨。咸通三年五月

# 唐大詔令集卷第一百八

## 政事

### 營繕

建玉華宮於宜君縣鳳皇谷詔

玉華宮成曲赦宜君縣制

停修金仙玉眞兩觀詔

停修大明宮詔

大明宮成放免囚徒等制

改明堂爲乾元殿詔

興慶宮成御朝德音

### 禁約上

關內諸州斷屠酤詔

關內諸州斷屠殺詔

廢潼關以東緣河諸關不禁金銀綾綺詔

寫書御名不闕點畫詔

官人百姓衣服不得踰令式詔

禁斷大酺廣費敕

禁珠玉錦綉敕

禁奢侈服用敕

## 建玉華宮於宜君縣鳳皇谷詔

朕聞上代無爲。簷茅而砌土。中季華用。甿玉而臺瓊。燥濕之致雖同。奢儉之情則異。朕承皇王之緒。執造化之綱。包萬類於心端。圖八紘於目際。夷夏一軌。區宇大同。雖則德有劣於難名。道方參於至有。若乃制衣服裳之后。環牛羈馬之君。弦弧剡矢之奇。運車浮舟之智。濟時爲美。功亦大焉。至若浩浩九齡。炎炎七載。融山坼地。滔天襄陵。生人之艱。勞亦極矣。彼數德者。功莫高乎吞狄。此兩災者。勞又甚乎裁宮。今雖菲食卑居。有慙於曩哲。安人濟難。不愆於前賢。然而人皆輕見重聞。貴耳賤目。德雖微也。以其古而爲著。功雖巨也。以其今而成小。不已謬哉。每流鑒於前經。常披懷而自勗。思所以收驕閑逸。卷欲除華。而頃年已來。憂勞煩結。暨於茲歲。風疾彌時。嗟乎。濟世之□患攢躬。而靡制彌天之力。痛沉己而難移。重以景熾流金。風揚溽暑。邅迴几席。旭暮增煩。俯仰巖廊。寢興深弊。唯冀廓景延涼。蕩茲虛憫。近因羣下之志。南營翠微。本絕丹青之工。纔假林泉之勢。峯居隘乎蚊睫。山逕嶮乎蟭原。雖一己之可娛。念百僚之有倦。所以載懷爽塏。爰制玉華。故遵意於淳朴。本無情於壯麗。尺版尺築。皆悉折庸。寸作寸功。故非虛役。猶恐遐邇乖聽。方興怨咨。非其樂勞人而竭力。好峻宇而雕墻。但以養性全生。不獨存私存己。怡神祈壽。良以爲國爲人。比者屢有征行。非無疲頓。前歲問罪遼左。去秋巡幸靈州。皆以剪害除兇。懷柔服叛。豈欲矜轍跡、騁遊盤而已哉。今復土木頻興。營繕屢動。永言思此。深念人勞。一則以爲慙。一則以無愧。何則。匈奴爲患。自古弊之。十月防河。人血丹於水脉。千里轉戰。漢骨浩於塞垣。當此之疲。人不堪命。尚興未央之役。猶起甘泉之功。今毳幕穹廬。聚爲郡縣。天山瀚海。分爲苑池。去既往之長勞。成將來之永逸。避迴一年之占役。創此新宮。想志士哲人。不以爲言也。布告黎庶。明此意焉。（貞觀二十一年七月）

## 玉華宮成曲赦宜君縣制

昔周武應天。尅瑤臺而靡處。漢高作極。獲負陽而不居。散服桃林。革命先於卜洛。既遷枌社。創制肇於疏龍。朕御九成。有乖斯義。以茲撫事。尤須改作。何者。文營仁壽。槩日臨雲。煬起乾陽。銜珠帶璧。比阿房而競爽。猶且有加。擬傾宮而騁麗。全爲具體。隋德云謝。其徵在茲。朕悼于懷。爲日既久。故違其侈義。顯茲令辰。加以心懷濟育。事切於肌膚。亟犯風霜。疾纏於腠理。每至隆曦屆候。大火摛芒。雖對寒泉。如升頭痛之坂。或居珍簟。若涉炎火之林。由是岳牧憂惶。公卿駭懼。因累陳丹款。請建山宮。歷載深惟。竊愛百金之費。詳思至理。宜順萬姓之心。朕往冒兵凶。爲黔首而忘己。今茲清暑。豈勞人而取安。但以上奉宗祧。下寧兆庶。身非己有。不可自輕。敬思休攝之方。兼履古先之道。發明二指。創此一宮。卽澗疏隍。憑巖搆宇。土無文繢。木不雕鏤。嬌鋪首以荆扉。變綺窗而甕牖。負扆協幽貞之賞。垂纊體嘉遁之情。振此冲規。方垂帝範。今既成之不日。賴洽普天。宜順發生。弘茲霈澤。可曲赦宜君縣官、及百姓、并督作官人丁匠等大辟罪以下常赦不免者。不在赦例。其營造監當官人。量加品秩。及衛士已上。並節級賜物。先在宮苑內住、移出外者。給復三年。貞觀二十二年二月

## 停修金仙玉真兩觀詔

營建創造。必有所因。豈欲勞人。蓋不獲已。朕頃居諒闇。煢疚于懷。奉爲則天皇后。東都建荷澤寺。西京建荷恩寺。及金仙玉真公主出家。京中造觀。報先慈也。豈願廣事營構。虛殫力役。朕每卑宮菲食。夕惕宵衣。惟木從繩。虛心啓沃。所欲修營兩觀。外議不識朕心。書奏頻繁。將爲公主所置。其造兩觀並停。其地便充金仙玉真公主邑司。令竇懷貞檢校。所有錢物瓦木一事以付公主邑司收掌。諸處供兩觀用作調度。限日送納邑司。朕當別處創造。終不勞煩百姓。此度修葺。公私無損。若有干忤。當寘於刑。景雲三年正月

## 停修大明宮詔

卑宮致美。愛人之力。露臺罷營。重費之廣。景彼前烈。吾無間然。頃以所居殿院。素非弘敞。時方暑雨。頗有鬱蒸。上稟聖慈。式遵時令。將修別寢。順彼高居。雖復工徒所須。止於番匠。補葺所擬。無煩外力。然以麥秋爰及。農務方勤。維夏在辰。執役爲弊。營之則衆物有勞、而一己逸。罷之則我躬未泰、而萌庶安。夫生人樹君。將利之也。勞人自奉。予所不爲。其修大明宮宜即停。待至閑月。方使畢功。宜示百寮。使知予意。所有先役工匠。即優還價直。勿令懸欠。仍即放散。先天二年五月

## 大明宮成放免囚徒等制

黃門、朕聞養人者謂之帝王。蓋御於天下。故作爲棟宇。以避燥濕。居於臺榭。以順高明。斯乃奉時而行政也。朕以不德。祗膺睿圖。寶十家之產。愛兆人之力。未嘗興功於土木。役思於池籞。冀臻休艾。以致邕熙。自律應長贏。時方大暑。溽雲屢起。溫風且至。伏以太上皇宴居頤衞。滌慮清閑。迹不往於甘泉。心每期於汾水。朕侍于左右。以奉晨夕。助玄默之化。則虧於聽理。當炎蒸之序。又黷以囂煩。惕焉載懷。敢忘順色。然文明創造。先聖所營。即舊不加。因時而往。千門萬戶。外雖謂於別宮。一日三朝。中自連於複道。下所以寧問安之戀。上所以資習靜之娛。實獲我心。俾康政理。古有服珍裘者。則念人之寒。居夏屋者。則念人之熱。況比歲阻飢。甫田不稔。或愚人陷罪。圜土稱冤。凡厥庶寮。將何以恤。兩京及諸州。宜令長官親理冤獄。除犯名教。及官典犯贓。并緣妖僞以外。餘罪徒以下。咸宜放免。其有茂才異等。拔衆超羣。緣無紹介。久不聞達者。咸令自舉。朕當親問。其應宣撫使名聞舉人。試第四等。宜準舊例。別加優獎。見任人各量與改轉。前資常選人至。各依選例與處分。其未出身者。並授散官。先天以來。軍將押官等、在於戰陣亡者。令本軍勘責奏聞。其妄說災祥。誑惑閭里。並令州縣長官等嚴加捉搦。仍令御史金吾訪察繩糾。有能直言極諫、補朕之闕者。各封狀進。朕將親覽。如有可採。當加獎擢。其皇親諸親。及東宮承値任員外檢試等官。近停至今冬處分者。有家道貧迫、情願外任者。亦令所司勘績。量才注擬。其緣坐流人。處置有輕

重不類者。令所司勘會奏聞。主者施行。開元二年六月八日

改明堂爲乾元殿詔

古之操皇綱、執大象者。何嘗不上稽天道。下順人極。或變通以隨時。爰損益以成務。且衢室創制。度堂以筵。因之以禮神。是光孝享。用之以布政。蓋稱視朔。先王所以厚人倫、感天地者也。少陽有位。上帝斯歆。此則神貴於不黷。禮殷於至敬。今之明堂。俯隣宮掖。比之嚴祀。有異肅恭。苟非憲章。將何軌物。由是禮官博士□卿大夫廣參羣議。欽若前古。宜存路寢之式。用罷辟雍之號。可改爲乾元殿。每臨御宜依正殿禮。開元五年八月

興慶宮成御朝德音

朕昔在藩國。此維邸第。乾坤未泰。陰陽尚蒙。則有神物効靈。祥符肇見。飛佳氣於在田之際。湧瑞池於或躍之時。惟此舊居。式加新宇。周墻僅板於百堵。卑宮不階於三尺。棟梁之用。毁撤所餘。聊以紀天地之休徵。貽子孫之儉約耳。屬春令爰始。時惟發生。萬方來朝。千官入賀。既稱觴以獻壽。宜施惠以布德。況農祥在候。稼穡正興。或幽彼囹圄。獨隔陽和之澤。或迫於征徭。不遂農桑之務。言及於此。軫歎良深。其徒以下罪。且令責保。并應當番兵丁匠等、灼然單貧者。所由勘會。並放營農。所在訴訟。長官隨事疎理。勿使寃滯。非軍國所要。餘不急之務。一切並停。仍加勸課。循植農稼。其河北水損戶既屬春事。慮有乏絕。不支濟者。宜委使與州縣相知。量加賑恤。諸處行人之家、及鰥寡惸獨、不能自存者。州縣長官親加優撫。使得存濟。應有差科。量事矜放。且宣風緝化。職在令長。有司銓藻之次。特宜審擇其才。惟德與刑。爲政之要。頃無聞於風化。多取威於檟楚。理人之道。其若是乎。愚昧之流。或輕抵犯。宜加曉諭。使識章程。其含生之類。不得輒有屠殺。天下捕獵。亦宜禁斷。仍嚴加捉搦。百司各遵時令。務弘寬大之典。使政理無失。稱朕意焉。開元十六年正月

# 禁約上

關內諸州斷屠酤詔

酒醪之用。表節制於歡娛。芻豢之滋。致甘旨於豐衍。然而沉湎之輩。絕業亡資。惰窳之民。騁嗜奔慾。方今烽燧尚警。兵革未寧。年穀不登。市肆騰踊。趣末者衆。浮冗尚多。肴羞麴蘖。重增其費。去弊之術。要在權宜。令關內諸州官民。且斷屠酤。武德二年二月

關內諸州斷屠殺詔

有隋失馭。喪亂弘多。民物凋殘。俗化踰侈。躭嗜之娛。競逐旨甘。屠宰之家。恣行刳殺。芻豢之畜。靡供肴核之資。貽卵之羣。莫遂蕃滋之性。傷財墮業。職

此之由。攘敓穿窬。因茲未息。禮曰。君無故不殺牛。大夫無故不殺羊。士無故不殺犬豕。庶民無故不食珍。非唯務在仁愛。蓋亦示之儉約。方域未寧。尤須節制。凋弊之後。宜先長育。豈得恣彼貪暴。殘殄庶類之生。苟徇目前。不爲經久之慮。導民之理。有未足乎。其關內諸州。宜斷屠殺。庶六畜滋多。而兆民殷贍。詳思厥衷。更爲條式。武德三年四月

廢潼關以東緣河諸關不禁金銀綾綺詔

遠至邇安。昔王令典。通財鬻貨。生民恆業。關梁之設。襟帶要衝。義止懲姦。無取苛暴。近代掊刻。禁禦滋彰。因山川之重阻。聚珍奇而不出。遂使商旅寢廢。行李稽留。上失博厚之恩。下畜無聊之怨。非所以綏安百姓。懷輯萬邦。化洽升平。克隆至治。朕君臨區宇。情深覆育。率土之內。靡隔幽遐。欲使公私往來。道路無壅。琛寶交易。中外匪殊。思改前弊。以清民俗。其潼關以東。緣河諸關。悉宜停廢。其金銀綾綺等雜物。依格不得出關者。並不須禁。武德九年八月

寫書御名不闕點畫詔

孔宣設教。正名爲首。戴聖貽範。嫌名不諱。比見鈔寫古典。至於朕名。或缺其點畫。或隨便改換。恐六籍雅言。會意多爽。九流通義。指事全違。誠非立書之本意也。自今已後。繕寫舊典文字。並宜使成。不須隨義改易。顯慶五年正月

官人百姓衣服不得逾令式詔

敕。采章服飾。本明貴賤。升降有殊。用崇勸獎。如聞在外官人百姓。有不依式令。遂於袍衫之內。著朱紫青綠等色短襖子。或於閭野。公然露服。貴賤莫辨。有蠹彝倫。自今已後。衣服上下。各依品秩。上得通下。下不得僭上。仍令所司嚴切禁斷。勿使更然。咸亨五年四月

禁斷大酺廣費敕

敕。禮存寧儉。書戒無益。約費嗇財。爲國之本。至如賜酺合宴。正欲與人同歡。廣爲聚斂。故非取樂之意。況自徇於奢。是不誠也。心勞於僞。是不經也。殷鑒于此。良用憮然。自今已後。兩京及天下酺宴。所作山車、旱船、結綵樓閣、寶車等無用之物。並宜禁斷。先天二年八月二十五日

禁珠玉錦繡敕

敕。朕聞珠玉者。飢不可食。寒不可衣。故漢文云。彫文刻鏤傷農事。錦繡纂組害女工。農事傷則飢之本。女功害則寒之源。又賈生有言曰。夫人一日不再食則飢。終歲不製衣則寒。飢寒切體。慈母不能保其子。君焉得以有其人哉。朕以眇身。託于王公之上。曷嘗不日旰忘食。未明求衣。思使反朴還淳。家給人足。而倉廩未實。飢饉相仍。水旱或愆。糟糠不厭。靜思厥故。皆朕之咎。致有漿酒藿肉。玉食錦衣。或相夸尚。浸成風俗。夫令之所施。惟行不惟反。人之化上。從好不從言。是以古先哲王。以身率下。如風之靡。何俗不易。此事近有處分。當已施行。朕若躬服珠玉。自玩錦繡。而欲公卿節儉。黎庶敦朴。是使揚湯止沸。涉海無濡。不可得也。是知文質之風。自上而始。朕欲捐金抵玉。正本澄源。所有服御金銀器物。今付有司。令鑄爲鋌。仍別貯掌。以供軍

國珠玉之貨。無益於時。並即焚於殿前。用絕爭競。至誠所感。期於動天。況於凡百。有違朕命。其宮掖之內。后妃以下。咸服澣濯之衣。永除珠翠之飾。當使金土同價。風俗大行。日用不知。克臻至道。布告朕意焉。開元二年七月

禁奢侈服用敕

敕、彫文刻鏤。衣紈履絲。習俗相夸。殊塗競爽。致傷風俗。爲弊良深。珠玉錦繡。既令禁斷。準式三品已上飾以玉。四品已上飾以金。五品以上飾以銀。宜於腰帶及馬銜鐙酒杯杓依式。自外悉鑄爲鋌。婦人衣服。各隨夫子。其已有錦繡衣服。聽染爲皂。成段者官爲市取。天下更不得採取珠玉。刻鏤器玩。造作錦繡珠繩。織成帖縚二色綺綾羅作龍鳳禽獸等異文字及豎襴錦文者。違者決一百。受雇工匠降一等科之。兩京及諸州舊有官織錦坊悉停。開元二年七月

# 唐大詔令集卷第一百九

政事

禁約下



## 禁約下

### 禁斷錦綉珠玉敕

蘇頲

敕、朕聞召公曰。弗作無益害有益。孔子曰。奢則不遜儉則固。斯乃聖賢之至言矣。叔代遷訛。僻王驕縱。頗營於玉盃象筯。不務於捐金抵璧。好之者君也。習之者人也。卽用匹帛服長纓之類歟。朕爰在幼沖。每期質朴。手未曾持珠玉。目未嘗觀錦綉。願言其志。造次不忘。寅奉休圖。勉康政道。常想漢文衣綈之德。晉武焚裘之事。竟未能令行禁止。敦本棄末。朕甚懼之。今王侯勳戚。下洎廝養。所得者重於遠。所求者貴於異。至於彫文刻鏤。衣紈履絲。習俗相夸。殊塗競爽。有妨於政。無補於時。豈朕言之不明。教之未篤也。且一夫一女。不耕不織。則天下有受其飢寒者。今四方晏如。而百姓不足。豈不以尙於珠玉。珍於錦綉。墾田疇而奪其務。出布帛而害其功歟。珠玉錦綉等。自今以後。切令禁斷。如更循舊弊。並歸罪長官。仍令御史金吾嚴加捉搦。州牧縣宰。勸督農桑。待至秋收。課其貯積。使人知禮節。俗登仁壽。有司仍爲條例。稱朕意焉。開元二年月三日

## 禁斷臘月乞寒敕

敕、臘月乞寒。外蕃所出。漸漬成俗。因循已久。至使乘肥衣輕。競矜胡服。闐城溢陌。深點華風。朕思革頹弊。返於淳朴。書不云乎。不作無益害有益。功乃成。不貴異物賤用物。人乃足。況妨於政要。取紊禮經。習而行之。將何以訓。自今已後。卽宜禁斷。開元二年十二月七日

## 禁別宅婦人詔

別宅安婦。先施禁令。往年括獲。特已寬容。何得不悛。尙多此事。國有常憲。宜寘于理。方畫一於後刑。故三令以先德。俾從輕罰。以愧其心。今所括獲者。見任官徵納四季祿。前資准見任。自餘諸色。並准九品官祿數納粟。婦女並放出掖庭。卽令京兆尹李朝隱求匹配嫁。行之京都。作戒天下。敢更犯者。一依常格。開元五年七月

## 禁止街坊輕浮言語詔

堯屋可封。孔門無倨。此由淳風。彼洽德教。弘之在人。職歸所屬。如聞輦轂之下。閭閻之內。口無擇言。行不近禮。則失長幼之序。豈儀刑之政。宜令府縣長官左右金吾明加訓導捉搦。若有犯者。隨事科繩。開元五年十一月

## 禁殺害馬牛驢肉敕

敕、自古見其生不食其肉。資其力必報其功。馬牛驢皆能任重致遠。濟人使用。先有處分。不令宰殺。如聞比來尙未全斷。羣牧之內。此弊尤多。自今已後。非祠祭所須。更不得進獻馬牛驢肉。其王公以下及今天下諸州、諸軍宴設及監牧。皆不得輒有殺害。仍令州縣及監牧、諸軍長官切加禁斷。兼委御史隨事糾彈。開元十一年十一月

## 禁斷寒食鷄子相餉遺詔　孫逖

敕、天地之德。莫大於生成。陽和之時。先禁於卵殰。比來流俗間。每至寒食日。皆以鷄鵝鴨子。更相餉遺。既行時令。固不合然。自今以後。永宜禁止。朕每思儉朴。深惡浮華。諸色雕鏤等。已令變革。其公私宴會。比者多假菓及樓閣之類。虛爲損耗。競務矜誇。亦宜禁絕。有違者。準令月八日敕。

## 條貫立戟敕

敕立戟官中大夫守京兆尹上柱國臨淄縣開國男賜紫金魚袋元義方、朝議大夫守尚書戶部侍郎判度支護軍賜紫金魚袋盧坦、立戟雖令式所著。似有闕文。而臺閣相承。久爲定制。盧坦、元義方如有所見。卽合上聞。造次而行。殊乖審愼。宜各罰一月俸料。其戟仍令所司狀納。左司郎中陸則、勾檢之任。發付不精。禮部員外郎崔備、工部員外郎元右等。或以禮許人。或守官假器。比於申請。其過尤甚。各罰一季俸料。緣兵興已來。勳賞超越。其所立戟。須有明文。宜令所司準舊制。待官階勳至三品。然後申請。仍編於格令。永爲常式。元和六年十二月

## 禁天文圖讖詔

敕、天文著象。職在於疇人。讖緯不經。蠹深於疑衆。蓋有國之禁。非私家所藏。雖裨竈明徵。子產尙推之人事。王彤必驗。景略猶寘以刑典。況動皆詿謬。率是矯誣者乎。故聖人以經籍之義。資理化之本。側言曲學。實紊大猷。去左道之亂政。俾彝倫而攸敍。四方多故。一紀于茲。或有妄庸。輒陳休咎。假造符命。私習星曆。共肆窮鄉之辨。相傳委巷之談。作僞多端。順非而澤。熒惑州縣。詿誤閭閻。壞紀挾邪。莫逾於此。其玄象氣局天文圖書讖書七曜曆太一雷公式等。私家並不合輒有。自今已後。宜令天下諸州府切加禁斷。各委本道觀察節度使與刺史縣令同爲捉搦。仍令分明牓示鄉村要路。并勒鄰伍遞相爲保。如先有藏畜者。限敕到十日內齎送官司。委本州刺史等對衆焚毀。如限外隱藏。有人糾告者。其藏隱人先決杖一百。仍禁身聞奏。其糾告人先有官及無官者。每告得一人。超資授正員官。其不願任官者。給賞錢五百貫文。仍取當處諸色官錢。三日內分付訖。具狀聞奏。告得兩人已上。累酬官賞。其州府長吏縣令本判官等。不得捉搦。委本道使具名彈聞奏。當重科貶。兩京委御史臺切加訪察聞奏。準前處分。咨示方面勳臣。洎十連庶尹。罔不誠亮王室。簡於朕心。無近宵人。愼乃有位。端本靜末。其誡之哉。大曆三年正月

## 禁大花綾錦等敕

敕、王制命市納賈。以觀人之好惡。布帛精麤不中數。廣狹不中量。不鬻於市。漢詔亦云。纂組文綉。害女工也。朕思以恭儉克己。淳朴化人。每尙素玄之服。庶齊金土之價。而風俗不一。踰侈相高。浸弊於時。其來自久。耗縑繒之本。資錦綉之奢。異彩奇文。恣其誇競。今師旅未戢。黎元不康。豈使淫巧之功。更虧恆制。在外所織造大張錦、軟瑞錦、透背及大繝錦、竭鑿六破已上錦、獨窠文綾四尺幅及獨窠吳綾、獨窠司馬綾等。並宜禁斷。其長行高麗白錦、雜色錦、及常行小文字綾錦等。任依舊例造。其綾錦花文所織盤龍、對鳳、麒麟、獅子、天馬、辟邪、孔雀、仙鶴、芝草、萬字、雙勝、及諸織造差樣文字等。亦宜禁斷。兩都委御史臺、諸州府委本道節度觀察使。切加覺察。如違犯具狀聞奏。大曆六年四月

## 禁車服第宅踰侈敕

蓋聞儉以足用。令出唯行。著在前志。實爲理本。朕自臨四海。憫元元之大困。日昃忘食。宵興疚懷。躬絕文綉之飾。尙愧茅茨之儉。亦喻卿士。形于詔條。

如聞積習流弊。餘風未革。車服第宅。相高以華靡之利。資用寶貨。固啓於貪冒之源。有司不禁。侈俗滋扇。是朕之教導未敷。使兆庶昧於趣尙也。其何以足用行令。以臻于郅理歟。永念慙歎。迨茲申敕。自今內外列職位之士。其各務素朴。弘茲國風。有僭差尤甚。御史列上。主者宣示。知朕意焉。

## 申禁公私車服踰侈敕

理道所關。制度最切。近者風俗踰侈。歲月滋甚。人隳本業。用多費財。爰命有司。撮舉彝制。務從簡朴。度可久行。將使尊卑有倫。刑罰少息。其喪葬婚嫁吉凶禮物。皆有著定。尤聞僭差。雖不在條件之物。亦委所司準令或勾當。仍切加捉搦。不得輒有容縱。軍國異容。古今通理。禁軍仗衞雜飾、及諸道節度等使。應緣軍裝服。卽不在此限。或有留令慢法。委御史臺彈奏。當坐長吏。用清頹風。

## 禁嶺南貨賣男女敕

敕、朕自臨御已來。常恐一物失所。以傷陰陽之和。致災癘之變。而重困吾民。故推教化之源。務率先之道。減服御。絕玩好。苟利於民者。無不行。阻撓於政者。無不改。而郡縣災疫相繼。屢奏流亡。慘怛之懷。疚于寤寐。將何以臻於富庶哉。苟害生民。豈憚釐革。如聞嶺外諸州居人。與夷獠同俗。火耕水耨。晝乏暮飢。迫於征稅。則貨賣男女。姦人乘之。倍討其利。以齒之幼壯。定估之高下。窘急求售。號哭踰時。爲吏者謂南方之俗。服習爲常。適然不怪。因亦自利。遂使居人男女與犀象雜物。俱爲貨財。故四方鰥寡高年。無以養活。豈理之所安。法之所許乎。縱有令式。廢而不舉。爲長吏者。何以副吾志哉。自今以後。無問公私土客。一切禁斷。勒諸州刺史、各於界內。設法鈐制。不得容姦。依前爲市。如敢更有假託事由。以販賣爲業。或虜刼谿洞。或典買平民。潛出劵書。暗過州縣。所在搜獲。據贓狀依強盜論。縱逢恩赦。不在原宥之限。仍仰所在切加捉搦。如違節級科斷。其方鎮、及監軍使命、並州府寮吏等。自當謹守詔條。率身奉法。儻有踰犯。當重科繩。其白身。除準敕常數進送外。亦準此處分。其百姓兩稅定額。各據土地所出。方圓收納。不得別豎色目。妄配亂徵。致令艱愁。莫相保守。如有貧窮不能存濟者。欲以男女庸雇與人。貴分口食。任於行止。當立年限爲約。不得將出外界。還同交關。各委本道長吏。專加糾察。仍先具條流聞奏。其餘州縣。更有積弊。深害百姓。而因循未革者。亦具分析聞奏。當酌量處分。粗安黎庶。稱朕意焉。大中九年閏四月

# 唐大詔令集卷第一百十

## 政事

### 誡諭

誡表疏不實詔

令內外官相存問詔

令有司勸勉庶人婚聘及時詔

誡勵氏族婚姻詔

誡勵風俗敕四道 校注：其一與一〇〇卷重複，今删

誡諭天下制

不許羣臣干請詔

誡勵官寮制

誡勗內外郡官詔

令州縣以制敕告示百姓敕

誡示諸道制

誡勵風俗詔

令藩鎮候詔方得入覲敕

告諭宗閔德裕親故更不問罪敕

誡諭藩鎮詔

### 休假

許百官旬節休假不入朝詔

## 誡表疏不實詔

前政多僻。人不聊生。怨讟如讎。曾無控告。黎民易子而食。郡縣猶有餘糧。遂使聚斂無厭。窮兵不已。忠良屏跡。邪佞當塗。以妖怪爲禎祥。能希旨爲奉法。至于亡滅。上莫知之。靜言其事。可爲太息者也。朕恭膺寶曆。救斯兆庶。思革前弊。念茲在茲。起軍以來。於今朞月。軍書羽檄。日有百數。一言一事。靡不覽焉。未明求衣。中夜不寐。恐一物之失所。慮一理之或屈。但四方州鎮。習俗未懲。表疏因循。尚多虛誕。申請盜賊。不肯直陳。言論疾苦。每虧實錄。妄引哲王。深相佞媚。矯託符瑞。極筆阿諛。亂語細書。動盈數紙。非直乖於體用。固亦失於事情。千里佇於一言。萬幾湊於一日。表奏如是。稽疑處斷。不知此者。謂我何哉。宜頒告遠近。知朕至意。武德元年五月

## 令內外官相存問詔

立人之道。曰仁與義。爲國之基。德歸於厚。自隋氏馭宇。政刻刑煩。上懷猜阻之心。下無和暢之志。遂使朋友遊好。慶吊不通。卿士聯官。請問斯絕。至乃里閈相接。致胡越之乖。艱棘在身。忘救恤之義。風頹俗弊。一至於此。化民以德。豈斯之謂。朕纂曆膺期。思弘至道。因兆民之所賴。洽萬國之懽心。凡厥庶僚。咸使輯睦。君臣之際。期於無隱。永言前失。特宜敦勵。自今已後。內外官人。須相存問。勿致疑阻。有遇疾疹。遞加訪候。營救醫療。知其增損。不幸物故。及遭憂恤。隨事慰省。以申情好。務從篤實。各存周厚。朝廷無拘忌之節。交遊有久要之歡。遵道而行。率禮不越。斯則上下交泰。品物咸亨。惠政所加。達於四方。布告天下。咸知朕意。武德九年十一月

## 令有司勸勉庶人婚聘及時詔

昔周公治定制禮。垂裕後昆。命媒氏之職。以會男女。每以仲春之月。順行時令。蕃育之理既弘。邦家之化斯在。及政教陵遲。諸侯力爭。官失其守。人變其風。致使謠俗有失時之譏。鰥寡無自存之術。漢魏作教。事非師古。道隨世隱。義逐時乖。重以隋德淪胥。數鍾屯剝。五教俱覆。萬方咸蕩。暨參墟奮旅。救彼艱危。區縣削平。惣斯圖籍。顧瞻禹跡。提封尚存。乃眷周餘。掃地咸盡。痛心疾首。寤寐無忘。惟上玄之大德曰生。蒸民以最靈爲貴。一經喪亂。多餌豺狼。朕夙奉天命。爲人父母。平定甫爾。劬勞求康。厚生樂業。尚多疎簡。永言亭育。實切於懷。若不申之以婚姻。明之以顧復。便恐中饋之禮斯廢。絕嗣之憾方深。有懷怨曠之情。或致淫奔之辱。憲章典故。實所庶幾。宜命有司。所在勸勉。其庶人男女之無室家者。並仰州縣官人。以禮聘娶。皆任同類相求。不得抑取。男年二十。女年十五以上。及妻喪達制之後。孀居服紀已除。並須申以媒媾。命其好合。若貧窶之徒。將迎匱乏者。仰於其親近。及鄉里富

有之家。衰多益寡。使得資送。其鰥夫年六十已上。寡婦年五十已上。及婦人雖尚少而有男女。及守志貞潔者。並任其情願。無勞抑以嫁娶。刺史縣令已下官人。若能使婚姻及時。鰥寡數少。量準戶口增多。以進考第。如其勸導乖方。失於配偶。準戶減少。以附殿失。（貞觀元年正月）

## 誡勵氏族婚姻詔

氏族之盛。實繫於冠冕。婚姻之道。莫先於仁義。自有魏失御。齊氏云亡。市朝既遷。風俗凌替。燕趙右姓。多失衣冠之緒。齊韓舊族。或乖德義之風。名雖著於州閭。身未免於貧賤。自號膏粱之胄。不敦匹敵之儀。問名唯在於竊貲。結褵必歸於富室。乃有新官之輩。豐財之家。慕其祖宗。競結婚姻。多納貨財。有如販鬻。或自貶家門。受屈辱於姻婭。或矜其舊望。行無禮於舅姑。積習成俗。迄今未已。既紊人倫。實虧名教。朕夙夜兢惕。憂勤政道。往代蠹害。咸已懲革。唯此弊風。未能盡變。自今以後。明加告示。使識嫁娶之序。務合典禮。稱朕意焉。

## 誡勵風俗敕

敕。建立州縣。列樹官司。所以導俗宣風。懲奸息暴。頃以承平既久。中外晏安。人懷弛慢之心。官無警覺之意。遂使綏宋二州。屢奏亂常之黨。荊并兩府。頻言構逆之徒。發露雖復數州。包藏猶慮未絕。此等妖釁。尋自伏誅。旬日之間。驚害良善。誠由按察寬縱。禁止不明。或使無辜。陷於非命。興言及此。深用隱惻。自今以後。所在州縣官寮。各宜用心檢校。或惰於農作。專事末遊。或妄說妖訛。潛懷聚結。或棄其井邑。逋竄外州。或自衒醫占。誘惑愚昧。諸如此色。觸類傍求。咸須防糾。勿許藏匿。又屬當首夏。務在田蠶。雖則各解趍時。亦資官府敦勸。若能肅清所部。人無犯法。田疇墾闢。家有餘糧。所由官人。宜加考第。功狀尤異者。別加升擢。若為政苛濫。戶口流移。盜發而罕能自擒。逆謀為外境所告。輕者年終貶考。甚者非時解替。御史及臺郎出使。審加訪察。各以狀聞。宜宣示諸州。各令所在知悉。（文明元年四月十三日）

## 又

門下。朕克纘丕業。誕膺景命。憲章昔典。欽若前王。克己勵精。緬思至道。宵衣旰食。勤修庶政。夙夜寅畏。匪遑底寧。若涉泉水。罔知攸濟。頃屬殷憂啓運。多難興邦。禮章載復。品物咸乂。思欲致萬姓於仁壽。歸六合於昇平。永言政途。庶幾沿革。猶恐學校多闕。賢俊罕登。牧宰不存政理。農桑未加勸導。樽俎之儀不習。冠婚之禮莫修。朕所以當宁興嘆。載懷兢惕者矣。庠序者。風化之本。人倫之先。仰州縣勸導。令知禮節。每年貢明經進士。不須限數。貴在得人。先聖廟及州縣學。即令修理。春秋釋菜。使敦講誦之風。天下有奇才異行。沉伏不能自達。及官人百姓有能極言時政得失者。並令本州責狀封進。鄉飲禮廢。為日已久。尊德尚齒。弘益極深。宜令諸州每年遵行鄉飲之禮。令有勸慕。王公卿士。務存訓獎。子弟成立。則有冠婚。婚禮糟粕或存。冠禮久為廢闕。自今以後。並行冠義。責以成人之道。使知負荷之難。食為人天。農為政本。綏撫萌庶。勸課農桑。牧宰之政。莫過乎此。刺史縣令有課最尤異。委觀察使名聞。當別加甄擢。縣令字人之本。明經為政之先。不稍優異。無以勸奬。縣令考滿考詞。使狀有清字無負犯。明經及第。每至選時。量加優賞。

若屬停選。並聽赴集。冀如設教。理歸清淨。黃老垂範。道在希微。僧尼道士、女冠之流。並令修習冥寂。嚴持戒行。不得假託功德。擾亂閭閻。令州縣嚴加檢察。私度之色。即宜禁斷。諸州縣官有不因選序。別犯贓賄。非時除授官等。皆依倚形勢。恣行侵剝。如有此色。仰州長官、錄事參軍、速勘責奏聞訖。宜停務待進止。仍委吏部、兵部、速勘責處分。諸州百姓。多有逃亡。良由州縣長官。撫字失所。或住居側近。虛作逃在他州。橫徵隣保。逃人田宅。因被賊賣。宜令州縣。招携復業。其逃人田宅。不得輒容賣買。其地在依鄉原例租納州縣倉。不得令租地人代出租課。寺觀廣占田地。及水碾磑。侵損百姓。宜令本州長官檢括。依令式以外。及官人百姓。將莊田宅舍布施者。在京並令司農即收。外州給貧下課戶。凡此數事。咸宜區分。繫乎風俗。義存獎勸。刺史縣令等各申明舊章。勉思撫輯。罷彫弊之務。歸淳厚之源。訓道黎蒸。宣我朝化。書不云乎。德惟善政。政在養人。布告天下。咸知朕意。唐隆元年七月十九日

又

敕、國家祖武宗文。重熙累洽。克清寰極。大庇生人。玄德獨化。與乾元而資始。至道無名。含帝先而首出。自剗平區宇。混一車書。六合晏然。百有餘載。則我文武之業。有大造於生靈。朕嗣守丕運。纂我鴻緒。恐不能敷弘前烈。光闡睿圖。夙夜祗畏。若臨泉谷。曷嘗不龔默思道。寤寐勤政。從人之欲。每以百姓爲心。屈己之勞。常矜一物失所。且夫法久而弊。法弊則通。制國以立法爲先。教人以地著爲事。自屬清晏。人多媮怠。國章或弛。眊僞實繁。今正朔所及。封疆無外。雖戶口且增。租賦不益。莫不輕去鄉邑。共爲浮惰。或豪人成其泉藪。或奸吏爲之囊橐。逋亡積歲。流蠹日滋。雖朕之薄德。罪則在予。亦官無其政。吏不守法耳。今欲去其末而歸其本。閑其邪而正其德。使法有所立。人知嚮方。是用恤窮逸。寬逋貸。式廣自新之路。俾由莫厚之恩。

誡諭天下制

頃屬昊穹降禍。雲馭上僊。外戚成挾主之謀。奸臣起移國之計。皇太子諱見危而起。補天立極。朕方息肩朱邸。拭目淸時。幸太平之無事。期小山之自逸。溫王以推崇叔父。固禪萬幾。諱以克獎帝圖。進登儲貳。此則明有日月。幽有鬼神。朕不敢執私而廢公。違衆而專意也。今君臣既定。天下已安。欽奉鴻業。思臻至理。推心兆人之上。畢志千秋之下。猶望始終一德。無有貳心。人其視余。天實知我。如聞在外。尚有浮言。睥睨朝廷。窺測間隙。或云朕意欲脫屣宸居。或云東宮乃主器非長。嗚呼。無識曾莫之思。昔唐堯、帝摯之弟也。升於帝位。王季、太伯之少也。立爲太子。能明俊德。光啓邦家。見賢思闕 主屢有流言。潛圖廢立。止爲亂階。中宗之時。吾乃一王耳。憂危不暇。今諱靜禍難。安社稷。天下賴之。所謂非常之事。不可以常禮議之。唐隆元年九月

不許羣臣干請詔

設官分職。本期致理。惟賢是任。匪私親昵。若使才勝其任。望重於時。一月累遷。固未爲速。如或代工無取。考績非明。十年不調。豈應論屈。頃者官失其序。僥倖路開。人不務德。惟速是視。在職無幾。已希遷陟。又每謁見之時。多請仗下奏事。不聞公議。惟乞榮班。以爵與能。豈由干請。朕雖遠慙聖哲。多媿大明。自臨寰宇。斯焉兩載。卿士人材。皆所知悉。不被升擢。蓋自取之。當務責躬。何宜往訴。且難進而易退。君子格言。後己而先人。往哲明訓。周文多士。

虞舜舉才。克讓滿朝。故稱爲理。今位參臺省。階列通班。唯務趍競。餘何足紀。朕方欲大革澆浮。俾歸淳俗。自今以後謁見之日。若更有干冒祈榮者。雖地處親勳。才稱俊秀。皆當格之清議。一從屏黜。崇廉耻之節。洽升平之化。景雲二年十二月

## 誡勵官寮制　蘇頲

門下、法之所設。本以懲非。令之必行。期於禁止。致理爲要。何莫由斯。至如官典受贓。國有常法。承前雖有處分。在外多未遵奉。且不戒視成爲暴。不令而罰爲虐。豈含容之自久。將訓導之未明歟。朕情存劃一。過欲不貳。恐愚人陷罪。莫識隄防。姦吏徇私。自嬰徽纆。永言於此。明發興懷。今日已前。既往不咎。從今已後。有犯必繩。朕不食言。爾無荒怠。所以勤勤懇懇。預戒凡百。蓋以罰止罰。可不愼哉。告示遐邇。令知朕意。主者施行。先天二年九月七日

## 誡勗內外郡官詔

國之設法。本以閑邪。苟無所施。雖立安用。朕以寡昧。纂承丕業。夙夜怵惕。恐不克勝。馭朽徒涉。未知攸濟。是用寤寐永歎。常思罪己。冕旒不欲見其臧否。黈纊不欲聞其是非。隱忍含容。十載於茲矣。不能使令行禁止。訟息刑清。家知禮讓之教。人知廉恥之節。此朕之不德也。河南府洛陽縣主簿王鈞。貪殘其性。暴虐其心。輕侮我章程。割剝我黎獻。處事不遵乎法理。黷貨不知其紀極。此而可恕。孰不可容。且輦轂之下。事猶如此。想於遠處。人何以堪。然而當發生之時。屬陽和之月。朕情存惡殺。不加殊死。宜從杖罪。以肅朝端。可於朝堂集衆決殺。自今已後。內外官有犯贓賄至解免已上。縱使逢恩獲免。並宜勿齒終身。御史憲司。職當推劾。不存糾舉。多有顔情。綱紀不施。誰任其咎。又府縣寮寀。上下相蒙。犯法公然。無聞按詰。若知而故縱。卽是職務不舉。各自思審。何以當官。自今已後。所進擬御史。皆須歷職淸白。□衆所推者。不得虛相引進。僥倖祈榮。凡厥朝行。宜悉朕意。開元十年三月

## 令州縣以制敕告示百姓敕

敕、凡制令宣布。皆所以爲人。如聞州縣承敕。多不告示百姓。使閭巷間不知旨意。是何道理。宜令所由提撕。應有制敕處分事等。令終始勾當。使百姓咸知。如施行有違。委御史訪察聞奏。開元十六年六月

## 誡示諸道制　賈至

敕、王者省方。諸侯述職。以時受計。其來久矣。自鑾輿南幸。而巴蜀底寧。俾予小子。受命討難。越自河隴。及于朔陲。兼北狄兵車。億萬同至。待收秦中。後定河洛。狂寇窮窘。不日翦滅。朕以百姓爲心。敢忘終食。中夏未淸。慮有驚擾。且吏者人之師。非吏何以安人。良化惠風。在於循吏。當用兵振旅之際。事充政重之時。必去煩苛。存乎慈惠。須岳牧令長以鎭撫者也。且懲惡勸善。激濁揚淸。尋有使車黜陟。當備知之。朕每命中官及諸出使所至郡縣。妄宣口敕。徵求賦斂。便卽奏聞。不可容隱。朕以軍政孔殷。朝會未備。禮猶闕於筐篚。時且急於甲兵。卿昭宣國命。以示氓庶。履新之慶。與卿等同之。至德二載正月三日

## 誡勵風俗詔　元稹

昔者卿大夫相與讓於列。周武王刑措不用。漢文帝恥言人過。眞至理也。朕甚慕焉。中代以還。爭端斯起。掩抑其言則專蔽。誘掖其說則侵誣。自乏責實循名。不能彰善癉惡。故孝宣必有敢告。乃下光武不以單辭遂行。語稱訕上之非。律有匿名之禁。皆所以防三至之毀。重兩造之明。是以爵人於朝則皆勸。刑人於市則皆懼。罪有歸而當於事也。末代偷巧。內荏外剛。卿大夫無進思盡忠之誠。多退有後言之謗。士庶人無切磋琢磨之益。多銷鑠浸潤之譖。進則諛言謟笑以相求。退則羣居州處以相議。留中不出之奏。蓋發其陰私。公論不容之談。是生於朋黨。擢一官則曰恩皆自我。黜一職則曰事出他門。比周之跡已彰。尙稱獨介。由徑之蹤盡露。自謂貞方。居省寺者不能以勤恪涖官。而曰務從簡易。提綱紀者不能以準繩檢下。而密奏風聞。獻章疏者更相是非。備顧問者互有憎愛。苟非秦鏡照膽。堯羊觸邪。時君之聽。安可不惑。參斷一謬。俗化益訛。禍發齒牙。言生枝葉。率是道也。朕甚憫焉。我國家貞觀開元。同符三代。風俗歸厚。禮讓偕行。兵興已來。人散久矣。始欲導之以德。不欲駈之以刑。然而信有未孚。理有未至。曾無恥格。益用凋刓。小則綜覈之權。見侵於下輩。大則樞機之重。旁撓於薄徒。尙念因而化之。亦旣去其尤者。而宰臣等懼其寖染未克澄淸。備引祖宗之書。願垂誠勵之詔。遂申告敎。頗用殷勤。各當自省厥躬。與我同底于道。凡百多士。宜體朕懷。長慶元年四月

## 令藩鎭候詔方得朝覲敕

方面大臣。皆吾股肱心膂。思與相見。無時暫忘。想其戀闕之心。願修朝覲之禮。其於忠懇。悉亦可知。但緣兵革初停。務先安緝。或地隣戎寇。須有防虞。或鎭重軍雄。切於綏撫。臨機處分。要合便宜。自今已後。諸道節度都團練防禦經略等使。有請朝覲者。但先獻表章。候得詔旨允許。卽任進發。務使行止之際。臨時不失事機。故此宣示。想各知悉。太和

## 告諭宗閔德裕親故更不問罪敕

朕承天之序。燭理未明。勞慮襟以求賢。勵寬德以容衆。頃者或台輔乖弼亮之道。而具寮扇朋附之風。翕然相從。實斁彝憲。致使薰蕕共器。賢不肖並馭。退跡者成後時之夫。登門者爲迎吠之客。繆盭之氣。堙鬱未和。而望陰陽順時。疵厲不作。朝廷淸肅。班列和安。自古及今。未嘗有也。今旣再申朝典。一變澆風。掃淸朋比之徒。匡飭貞廉之俗。凡百卿士。惟新令猷。如聞周行之中。尙蓄疑懼。或有委相指目。令不自安。今斯曠然明喻朕意。與宗閔、德裕、或親故及門生故吏等。除今日已前黜遠之外。一切不問。各安職業。勿復爲嫌。布告中外。令其知悉。太和元年九月

## 誡諭藩鎭詔

我國家天曆自歸。君臨無外。十七聖滂流玄澤。積惠生靈。三百年保定鴻基。方延運祚。其間數纏災否。禍起兇狂。纔聞竊命之妖。已觸震雷之怒。或腹心生變。或骨肉相圖。近事可明。靈誅不漏。蓋人祇之共憤。乃宗社之儲休。亦賴中外重臣。匡助薄德。大恥復雪。小康可期。須申告諭之勤。用致綏懷之旨。而宗權藩垣所屬。倚仗特深。雖章表繼來。臣誠可驗。而兵戈未戢。物論猶疑。是生交構之端。益惑親隣之聽。況位崇將相。爵極侯王。圖功則國禍可

平快志而家寃已雪勸忠貞於部伍莫若率先鑒成敗於古今當思擇福猶冒屬厭之誠適搖怙亂之機且患難雖繁封疆有制各圖侵軼自掇悔尤高潯之下澤州將攻僞帥周岌之窺臨汝本利危邦翻爲致寇之資蓋昧啓讎之釁得土地爲他人所有得貨財亦他人所資勢敵則相傾力均則相忌害莫深於歸怨利莫厚於圖安況井邑皆空耕桑盡廢歎瘡痍而未復軫哀痛而難忘且洛邑通都非列藩之所併河陽要地亦諸夏之必爭若不制自本朝豈可公然竊據節旄寵授須候王人賦稅均輸合資國用至於封疆隣接續可商議指撝但將還舊京尤藉近鎮繼聞蒲陝已被攻圍河外旣事於枝梧關中自妨於完輯迴車或阻奉國逾虧今者先在息兵各令守境爵位本非愛惜君臣足保初終倘或執迷方知誤計若法制不行於一處卽征討須徇於衆情人亦有言理難爲黨雖萬方之罪當責朕躬而九廟之威更憑天力縱以黃巢頃盜宮闕曾會師徒旣戮元兇須遵後命所以寢興念慮詔示殷勤猶期遠保宿心不欲便乘衆怒山河著誓當明指日之心聖哲好生必用舞干之德佇披深志勉蹈良圖（中和四年十二月）

## 休假

### 許百官旬節休假不入朝詔

百工允釐彰乎奉職五日休澣義在優閑方貴無爲之風以弘多暇之政朕欽崇至道思致和平今寰寓克寧朝廷無事將欲叶於淳古豈惟臻於小康當與羣寮暢茲娛樂頃旬遊宴賞已放入朝節假常參未敷後命公私叶慶千載一時上下同歡自中及外自今已後每至旬節休假中書門下及百官、並不須入朝外官等、其日亦不須衙集（天寶五年五月）

# 唐大詔令集卷第一百十一

## 政事

### 田農

勸農詔
温彦博等檢行諸州苗稼詔
置勸農使安撫戶口詔
聽逃戶歸首敕
勸天下種桑棗制
廢華州屯田制

### 賦斂

簡徭役詔
禁止迎送營造差科詔
罷三十六州造船安撫百姓詔
關內庸調折變粟米敕
減徵京畿丁役等制
制置諸道兩稅使敕

### 平糴

置常平監官詔
命諸道平糴敕
令御史巡定諸道米價敕

## 田農

### 勸農詔

有隋道喪。區宇分離。百姓凋殘。弊於兵革。田畝荒廢。飢饉荐臻。黎元無辜。墜於溝壑。朕膺圖馭極。廓淸四海。安輯遺民。期於寧濟。勸農務本。蠲其力役。然而邊鄙餘寇。尙或未除。頃年以來。戎車屢出。所以農功不至。倉廩未登。永言念此。無忘寤寐。今既風雨順節。苗稼實繁。普天之下。咸同盛茂。五十年來。未嘗有此。萬箱之積。指日可期。時惟溽暑。方資耕耨。廢而不修。歲功將闕。宜從優縱。肆力千畝。其有公私債負。及追徵輸送。所至之處。宜勿施行。尋常營造工匠等事。非急要。亦宜停止。見在繫囚。事未決斷。傍引支證。未須追攝。百司常務。並宜且停。內外官人。行署以上。量事分番。皆盡九月三十日。軍機急速。及賊盜之事。不在停限。州縣牧宰。明加勸導。咸使戮力。無或失時。務從簡靜。以稱朕意。武德六年六月

### 温彥博等檢行諸州苗稼詔

蟲霜爲害。風雨不時。政道未康。咎徵斯在。朕祗奉明命。撫育黔黎。愛愍之至。實切懷抱。輕徭薄賦。務在勸農。必望民殷物阜。家給人足。而陰陽不和。氣候乖舛。永言罪己。撫心多愧。河北燕趙之際。山西幷潞所管。及蒲虞之郊。豳延以北。或春逢亢旱。秋遇霖淫。或蟊賊成災。嚴凝早降。有致飢饉。惻惕無忘。特宜矜恤。救其疾苦。可令中書侍郎温彥博。尙書右丞魏徵。治書侍御史孫伏伽。檢校中書舍人辛諝等。分往諸州。馳驛檢行。其苗稼不熟之處。使知損耗多少。戶口乏糧之家。存問若爲支濟。必須詳細勘當。速以奏聞。待使人還京。量加賑濟。貞觀元年九月

### 置勸農使安撫戶口詔

有國者必以人爲本。固本必以食爲天。先王於是務其三時。前聖所以分其五土。勸農之道。實在於斯。朕撫圖御曆。殆踰一紀。旰食宵衣。勤乎兆庶。故兢兢翼翼。不敢荒寧。頃歲已來。雖稍豐稔。猶恐地有遺利。人多廢業。游食之徒未盡歸。生穀之疇未均墾。以是軫念。臨遣使臣。恤編戶之流亡。閱大田之衆寡。至如百姓逃散。良有所由。當天冊神功之時。北狄西戎作梗。大軍之後。必有凶年。水旱相仍。逋亡滋甚。自此成弊。至今患之。且違親越鄉。蓋非獲已。暫因規避。旋被兼幷。既冒刑網。復捐產業。客且常懼。歸又無依。積此艱危。遂成流轉。或因人而止。或傭力自資。懷土之思空盈。返本之途莫遂。朕虔荷丕構。子育萬人。立德非宜。而茲弊未革。納隍馭朽。實切於心。既深在予之責。思弘自新之令。其先是逋逃。並容自首。如能服勤壟畝。肆力耕耘。所在閑田。勸其開闢。任逐土宜收稅。勿令州縣差科。征役租庸。一皆蠲放。若登時不出。或因此更逃。習俗或然。以爲抵法。是阻我誠信。是紊我大綱。爰及所由。須加嚴憲。且天下風壤。多有不同。地既異宜。俗亦殊習。固當因利興事。不可違人立法。宜令兵部員外郎兼侍御史宇文融。兼充勸農事使。巡按

郡邑。安撫戶口。所在與官寮及百姓商量。乃至賦役差科、於人非便者。並量事處分。續狀聞奏。務令安輯。勿使勞煩。當行賞罰之科。各竭公忠之力。所到之處。宣示百姓。達我勤人之心。開元十二年五月

## 聽逃戶歸首敕

朕臨御天下二十四載。何嘗不孜孜問政。業業興憂。以一德一心。與萬人請命。故宗廟降福。乾坤致和。使匈奴成父子之鄉。犬戎爲姻好之國。西南邛筰。皆曰內臣。東北林胡。是稱邊扞。何奉天之德。能遠洽於戎夷。而安人之政。獨不行於諸夏。使黎甿失業。戶口凋零。忍棄枌榆。轉徙他鄉。傭假取給。浮窳求生。言念於茲。良深惻隱。豈惟朕德所未及、教有未弘歟。亦由牧守專城。莫能共理。令長爲邑。多或非才。俾猾吏侵漁。權豪并奪。故貧窶日蹙。逋逃歲增。若不開恩。何從遷善。天下逃戶。所在特聽歸首。容至今年十二月三十日內首盡。其本貫舊有產業者。一切令還。若先無者。具戶數聞奏。當別有處分。其有限外不首。潛匿忘歸。靡懷亭育之恩。仍蓄逋亡之計。即當分命專使。在處搜求。散配諸軍。以充兵鎮。懲其犯命。替彼居人。仍各委採訪使及刺史縣令。明加曉喩。令知朕意。開元二十四年正月

## 勸天下種桑棗制　常袞

敕。詩有豳風。陳王業也。八月剝棗。以助男功。蠶月條桑。俾修女事。贍人之道。必廣於滋殖。分地之利。非止於耕耘。益之以織紝。雜之以菓實。則寒有所備。儉有所資。如旨蓄之禦冬。豈無衣以卒歲。頃屬多難。艱食必資。樹藝以利於人。庶俾播種之功。用申牧養之化。天下百姓。宜勸課種桑棗。仍每丁每年種桑三十樹。其寄住寄莊官蔭官家。每一頃地。準一丁例。仍委節度觀察州縣長吏、躬親勉率。不得擾人。務令及時。各使知勸。一一勉諭訖。具數奏聞。

## 廢華州屯田制　常袞

敕、聞者戎旅未息。徵求煩重。四郊之賦。乃至五稅其一。居人蕩析。邦廩空虛。遂命宰臣。大修農政。天下郡國。散置諸屯。轉漕入關。以資均濟。兼詔中尉、左右內史、表屬州縣閒田。分署農官。俾其耕鑿。南至於華瀕渭而東。林麓州渚之間。榛莽窳邪之處。非吾人所占者。悉舉籍勸分。載芟載柞。稼多豐碩。畝獲數鍾。歲既少殷。軍儲差贍。郡縣之稅。於是十而減七。數從其舊。殆復厥常。今宿麥頗登。秋苗益茂。私田加闢。公用漸充。華州人戶。土地非廣。其屯田並宜給與貧下百姓。自頃關中□乏牛力。封圻千里。半是丘荒。置屯田已來。皆變良沃。惠散其利。以及困窮。藏之於人。孰與不足。宣示郡邑。宜悉朕懷。

## 賦斂

### 簡徭役詔

詩不云乎。民亦勞止。汔可小康。自隋氏失馭。刑政板蕩。豺狼競起。肆行凶虐。徵求無度。侵奪任己。下民困擾。各靡聊生。喪亂之餘。百不存一。上天降鑒。爰命朕躬。廓定凶災。乂寧區域。念此黎庶。凋弊日久。新獲安堵。衣食未豐。所以每給優復。蠲其徭賦。不許差科。輒有勞擾。義存簡靜。使務農桑。至如大河南北。亂離永久。師旅荐興。加之飢饉。百姓勞弊。此焉特甚。江淮之間。爰及嶺外。塗路懸阻。土曠人稀。流寓者多。尤宜存恤。此等諸處。往隔寇戎。自經開泰。歲月未久。猶恐士民積習。不改前弊。州縣官人。未稱所委。迎送往來。尙致勞費。其河南、河北、江淮以南。及荊州大總管內諸州所司。宜便頒下。自今以後。非有別敕。不得輒差科徭役。及迎送供承。庶其安逸。明加檢約。稱朕意焉。武德六年三月

### 禁止迎送營造差科詔

隋末喪亂。豺狼競逐。率土之衆。百不一存。干戈未靜。農桑咸廢。凋弊之餘。飢寒重切。永言念此。悼于厥心。今寇賊已平。天下無事。百姓安堵。各務耕織。家給人足。即事可期。所以新附之民。特蠲徭賦。欲其休息。更無煩擾。使獲安靜。自修產業。猶恐所在州縣。未稱朕懷。道路送迎。廨宇營築。率意徵求。擅相呼召。諸如此類。悉宜禁斷。非有別敕。不得差科。不遵詔者。重加推罰。布告天下。咸知此意。武德六年四月

### 罷三十六州造船安撫百姓詔

朕以寡昧。纂承鴻烈。肅扆巖廊之上。凝襟華裔之表。馭奔深於日愼。儲祉存於勿休。勉己勵精。詳求大化。往爲奉成先志。雪恥黎元。是以數年之間。稱兵遼海。雖除凶戡暴。義匪諸身。而疲人竭財。役興於下。泛滄流而遐濟。踐危途而遠襲。風濤競駭。或取淪亡。鋒鏑交揮。非無隕仆。顧惟菲德。事有乖於七旬。在躬延責。情致懃於四海。湯年罪己。鑒寐斯存。漢載富人。周迴切念。日者翹車聯暎。貢帛相輝。庖鼎之前。猶潛秀異。關柝之下。未盡英奇。佇逸翰於西雍。軔殊珍於東序。比王師荐發。戎務實繁。州縣官寮。緣茲生過。力役無度。賄賂公行。蠹政傷風。莫斯爲甚。前令三十六州造船。以備東行者。即宜並停。訖凡百在位。宜極言得失。悉心無隱。以匡不逮。仍分遣按察大使。問人疾苦。黜陟官吏。兼司元太常伯竇德玄。往河南道。並即持節分往。其內外官五品已上。各舉巖藪幽素之士。廣加詢訪。旁求謠俗。式企英材。允毗闕政。必使八紘之內。咸得朕心。萬寓之中。同夫親覽。宜速頒示。率土知此意焉。龍朔三年八月

### 關內庸調折變粟米敕

敕。關輔庸調。所稅非小。既寡蠶桑。皆資菽粟。常賤糶貴買。損費逾深。又江淮苦變造之勞。河路增轉運之弊。每計其運脚。數倍加錢。今歲屬和平。庶物穰賤。南畝有十千之穫。京師同水火之饒。均其餘以減遠貢。順其便使農無傷。自今已後。關內諸州庸調資課。並宜準時價變粟取米。送至京。逐要支用。其路遠處不可運送者。宜所在收貯。便充隨近軍糧。其河南北有不通水州。宜折租造絹。以代關中調課。所司仍明爲條件。稱朕意焉。開元二十五年二月

### 減徵京畿丁役等制　常袞

敕。天之所命。俾朕子人。豈敢怠遑。期於康濟。勞精極慮。十有四載。務從省約。以訓天下。訪其疾苦。屢有蠲除。公稅之差。僅從盍徹。宮衛之備。仍罷踐更。兼捐服御。用資軍國。大去煩弊。以休邦畿。游食之人。悉歸南畝。墾田之數。漸復平時。神降嘉禾。歲乃大熟。闕于珍物。景福紛委。蓋上玄烈聖之儲祉也。豈寡昧之德而臻此耶。夙夜祗惕。永懷增懼。然以令有緩急。物有重輕。粟輕而易散。錢重而難聚。古人所謂糴之至賤與貴。其傷一也。如聞閭閻未免告病。至乃以數斛易錢一緡。雜以他徭。難於償費。輔用所寶。念之惻然。深可重惜。所宜節省。其京兆府諸色蓄役等。訪聞諸司或有徵課。比緣時儉。資數稍多。物估皆賤。不可仍舊。其掌閑彍騎三衞及橋堰丁匠。如有司頃徵資。並納錢三千。米六斗。其青苗地頭。天下諸州每畝率錢十五。頃以京師煩擾。供應頗多。苟從權宜。遂倍其數。自今已後。宜准諸州例徵率。朕以帝王之教人。如父母之訓子。所以至纖至微。必躬必親。苟或便之。豈憚煩也。宜示百姓。知朕意焉。

### 制置諸道兩稅使敕

兩稅法悉總諸稅。初極便人。但緣約法之時。不定物估。粟帛轉賤。賦稅自加。人力不堪。國用斯切。須務通濟。令其便安。欲遣使臣。巡行國邑。郵驛所屆。豈免煩勞。軺車遽馳。曾未周悉。度支鹽鐵。泉貨是司。各有分巡。置於都會。爰命帖職。周視四方。簡而易從。庶叶權便。政有所弊。事有所宜。皆得舉聞。副我憂寄。其鹽鐵使揚州留後。宜兼充淮南浙西浙東宣歙福建等道兩稅使。度支山南西道分巡院官。宜兼充劍南東川及山南西道兩稅使。其峽內五監舊屬鹽鐵使。宜割屬度支使。便委山南西道兩稅使兼知泉貨。各奉所職。期於悉心。元和

## 平糴

### 置常平監官詔

朕祗膺靈命。撫字氓黎。方緝隆平。躋之仁壽。田畝之賦。一切蠲除。錙銖之律。悉皆停斷。是以特建農圃。用督耕耘。思俾齊民。既庶且富。鍾庾之量。冀同水火。宜置常平監官。以均天下之貨。市肆騰踊。則減價而出。田穡豐羨。則增糴而收。觸類長之。去其泰甚。庶使公私俱濟。家給人足。抑止兼并。宣通擁

滯。武德九年九月

## 命諸道平糴敕　常袞

敕、四海之內。方叶大寧。西戎無厭。獨阻王命。不可忘戰。尙勞事邊。朕頃以兵革之後。軍國空耗。躬率節儉。務勸農桑。上玄儲休。仍歲大稔。益用多愧。不知其然。雖屬此人和。近於家給。而邊穀未實。戎備猶虛。因其天時。思致豐積。將設平糴。以之餽軍。然以中都所供。內府不足。粗充常入之數。豈濟倍餘之收。其在方面藎臣。成茲大計。共佐公家之急。以資塞下之儲。應諸道每歲皆有防秋兵馬。其淮南四千人。浙西三千人。魏博四千人。昭義二千人。成德三千人。山南東道三千人。荊南二千人。湖南三千人。山南西道二千人。劍南西川三千人。劍南東川三千人。鄂岳一千五百人。宣歙三千人。福建一千五百人。其嶺南、江南、浙西、浙東等。亦合準例。恐路遠往來增費。各委本道節度觀察都團練等使。每年取當使諸色雜錢。及迴易利潤贓贖等錢物。每人計二十千文。每道各據所配防秋人數多少。都計錢數。市輕貨送上都左藏庫貯納。充別敕和糴用。並不得尅當軍將士衣糧充數。仍以秋收送畢。大曆元年正月

## 令御史巡定諸道米價敕

河東河北諸道。頻年水旱。重以兵革。農耕多廢。粒食未豐。比令使臣分路賑卹。冀其全濟。得接秋成。今諸道穀價。尙未減賤。而徐泗管內。又遭水潦。如聞江淮諸郡。所在豐稔。困於甚賤。不免傷農。州縣長吏。苟思自便。潛設條約。不令出界。雖無嚴牓。以避詔條。而商旅不通。米價懸異。致令水旱之處。種食無資。昔春秋之時。列國異政。分災救患。猶載册書。況今朝典大行。遠近一統。禁錢閉糴。具在赦文。州縣因循。多不遵奉。宜令御史臺揀御史一人。於江南道巡察。但每道每州界首物價不等。米商不行。卽是潛有約勒。不必更待文牓爲驗。便具事狀。及本界刺史縣令觀察判官名銜聞奏。如河南通商旅之後。淮南諸郡。米價漸起。展轉運接諸處。直至江西、湖南、荊襄已來。並須約勒。依此舉勘聞奏。仍各令觀察使審詳前後赦條。與御史相知。切加訪察。不得容蔽。太和年

# 唐大詔令集卷第一百十二

政事

財利



## 財利

### 用舊錢詔

泉布之興。其來自久。實古今之要重。爲公私之寶用。年月既深。僞濫斯起。所以採乾封之號。改鑄新錢。靜而思之。將爲未可。高祖撥亂反正。爰創軌模。太宗立極承天。無所改作。今廢舊造新。恐乖先旨。其開元泉貨。宜依舊施行。爲萬代之法。乾封新鑄之錢。令所司貯納。更不須鑄。仍令天下置鑪之處。並鑄開元通寶錢。乾封二年五月

### 禁鑄造銅器詔

古者作錢。以通有無之鄉。以平小大之價。以全服用之物。以濟單貧之資。錢之所由急也。然絲布財穀。四者爲本。若本賤末貴。則人棄本而務賤。故有盜鑄者冒嚴刑而不悔。藏鏹者非倍息而不出。今天下泉貨益少。布幣頗輕。欲使流通。焉可得也。且銅者。餒不可食。寒不可衣。既不堪於器用。又不同於寶物。唯以鑄錢。使其流布。宜令所在加鑄。委按察使申明格文。禁斷私賣銅錫。仍禁造銅器。所有採銅錫鉛。官爲市取。勿抑其價。務利於人。開元十七年九月

### 議放私鑄錢敕　張九齡

敕。布帛不可以尺寸爲交易。菽粟不可以秒勺買有無。故古之爲錢。以通貨幣。蓋人所作。非天實生。頃者耕織爲資。乃稍賤而傷本。磨鑄之物。却以少而致貴。頃雖官鑄。所入無幾。約工計本。勞費又多。公私之間。給用不贍。永言其弊。豈無變通。往者漢文之時。已有放錢之令。雖見非於賈誼。亦無廢於賢君。況古往今來。時異事變。反經之義。安有定耶。然終自拘。必無足用。且欲不禁私鑄。其理如何。公卿百寮。詳議可否。朕將親覽。擇善而從。開元九年

### 禁京城酤酒敕

爲政之本。期於節用。今農功在務。廩食未優。如聞京城之中。酒價尤貴。但以麴蘖之費。有損國儲。游惰之徒。益資廢業。其京城內酤酒。即宜禁斷。麥熟之後。任依常式。乾元元年二月

### 行乾元重寶錢敕

錢貨之興。其來已久。蓋代有沿革。時爲重輕。周興九府。實啓流泉之利。漢造五銖。亦弘改鑄之法。必令小大兼適。母子相權。事有益於公私。理宜循於通變。但以兵戈未息。帑藏猶虛。卜式獻助軍之誠。弘羊興富國之筭。靜言立法。諒在便人。御史中丞第五琦奏請改錢。以一當十。別爲新鑄。不廢舊者。冀實三官之資。用收十倍之利。所謂於人不擾。從古有經。宜聽於諸監別鑄一當十錢。其文曰乾元重寶。其開元通寶者。亦依舊行用。所請私鑄捉搦處置。即條件奏聞。乾元二年七月

### 行重輪錢敕

九府陳規。百王不易。或輕爲重。蓋取適時。以重爲輕。用爲救弊。則有形分龍馬。勢寫刀龜。子母相沿。變通斯在。今國步猶阻。帑藏未充。重斂乃人困不

堪。薄征則軍賦未足。是以頃令改鑄。務於濟時。自開元行用已來。頗亦公私弘益。今可於絳州諸鑪。加樣起鑄。更增新郭。不變舊文。每以一錢用當五十。利豐費約。實允事宜。其錢以二十斤成貫。自餘錢監。並聽依舊。享茲厚利。足以富國。人安俗阜。朕復何憂。仍令鑄錢使即勾當起鑄新錢。或有奸濫所由奉法。勿至寬容。仰州縣明示錢樣。切須捉搦。勿使違越。在京官寮。比無俸料。桂玉之費。將何以堪。宜取絳州新錢。給冬季俸料。即仰所由申請計會支給。且艱難之際。家國當同。頃者急在軍戎。所以久虧祿俸。眷言優恤。恒愧于懷。今甫及授衣。略爲賙給。庶資時要。宜悉朕懷。乾元二年八月

## 令百官議罷新錢詔

泉府之設。其來尚矣。或因時改作。則制有重輕。往以金革是殷。邦儲稍闕。屬權臣掌賦。變法非良。遂使貨物相沿。穀帛騰踊。求之輿頌。弊實由斯。夫易柱調絃。政之要者。今欲仍從舊貫。漸罷新錢。又慮權衡轉資艱急。如或猶循所務。未塞其源。實恐物價虛騰。黎人失業。靜言體要。用藉良圖。且兩漢舊規。典章沿革。必朝廷會議。共體至公。蓋明君不獨專法。當從衆議。庶遵行古之道。俾廣無私之論。宜令文武百官九品已上。並於尚書省議。訖委中書門下詳擇奏聞。乾元三年三月

## 重稜錢減價行用敕

因時立制。頃議新錢。且欲從權。知非經久。如聞官鑪之外。私鑄頗多。呑併小錢。踰濫成弊。抵罪雖衆。禁奸未絕。況物價益起。人心不安。事藉變通。期於折衷。其重稜伍拾價錢。宜減作三十文行用。其開元舊錢。宜與乾元錢並行用。仍令京中及畿縣內依此處分。諸州待後進止。上元元年六月

## 放邕府金阬敕

敕、朕聞致理之君。克勤于德。不貴遠物。所寶惟賢。故堯設茅茨。禹卑宮室。光武捨去寶劍。順帝封還大珠。朕以眇身。獲守丕業。仰止前王之德。思齊太素之風。未嘗緣情於服翫。措手於珠玉。庶乎捐金抵璧。返朴還淳。邕州所奉金阬。誠爲潤國。語人於利。非朕素懷。方以不貪爲寶。惟德是務。豈尚茲難得之貨。生其可欲之心耶。其金阬宜委康澤差擇淸强官專勾當。任貧下百姓採斸。不得令酋豪及官吏影占侵擾。聞奏當重科貶。俾夫俗臻富壽。人識廉隅。副朕意也。大曆十四年七月

## 放天下榷酒敕

敕、朕聞孟子曰。國不以利爲利。以義爲利。欽若前訓。賢哉是言。故務德崇賢。理之先也。趣本棄末。政之興也。禹貢徵以財賦。周禮入其貨賄。皆贍國用。無奪人業。漢接秦弊。時匱費殷。置筭緡之科。下榷酤之令。郡國發奸于下。公卿言利于朝。賈誼所以云天下之大殘也。朕獲奉宗廟之祀。永惟淳風。猶聞江淮之間。頃緣兵食未足。榷酒收利。權以救時。雖廣儲蓄之資。實隳商賈之業。方敦禮節。漸致和平。豈財悖而入。與百姓爭利者乎。其轉運使下先諸道榷酒宜停。俾利歸于人。化臻知恥。仍宜示中外。知朕意焉。

## 減鹽鐵價敕

三代立制。山澤不禁。天地財利。與人共之。王道寖微。疆霸爭行。於是設祈望之守。興榷筦之法。以佐兵賦。以寬地征。公私之間。猶謂兼濟。歷代遵用。遂爲典常。自頃寇難荐興。已三十載。服干櫓者。農桑其盡。居閭里者、杼軸其空。革車方殷。軍食屢調。人多轉死。田卒汙萊。乃專煑海之利。以爲贍國之術。度其所入。歲倍田租。近者軍費日增。榷價日貴。至有以穀數斗易鹽一升。本末相踰。科條益峻。念彼貧匱。何能自資。五味失和。百疾生害。以茲夭毙。實用痛傷。嗚呼。朕丕承列聖之緒。遐覽前王之典。既不克靜事以息用。又不獲弛禁以便人。征利滋深。疲甿重困。予則不恤。其誰省憂。應淮幷峽州榷鹽。宜令中書門下及度支商量。裁減估價。兼釐革利害。速具條件聞奏。削去繁刻。杜塞姦訛。務於利人。以稱朕意。

## 條貫江淮銅鉛敕

錢貴物賤。傷農害工。權其輕重。須有通變。比者銅鉛無禁。鼓鑄有妨。其江淮諸州府、收市銅鉛等。先已令諸道知院官勾當。緣令初下。未盡頒行。宜委諸道觀察等使。與知院官切共勾當。事畢日。仍委鹽鐵使據所得數勘會聞奏。元和

## 條貫錢貨及禁採銀敕

敕、泉貨之法。義在通流。若錢有所壅。貨當益賤。故藏錢者得乘人之急。居貨者必損己之資。趨利之徒。豈知國計。斯弊未革。人將不堪。今欲著錢令以出滯藏。加鼓鑄以資流布。使商旅知禁。農桑獲安。義切救人。情非欲利。然革之無漸。物或相驚。已日之孚。在乎消息。天下商賈先蓄錢者。宜委所在長吏、分明曉諭。令其收市貨物。官中不得輒立程限。逼迫商人。任其貿易。以求便利。計周歲之後。此法遍行。朕當別立新規。設蓄錢之禁。所以先有告示。許其方圓。意在他時行法不貸。朕志久定。固無二言。又有銀之山。必有銅鑛。銅者可資於鼓鑄。銀者無益於貧人。適開翫好之端。豈救飢寒之患。況欲加鑄。理須併功。得不權其重輕。使務專一。其天下自五嶺以北。見採銀阬。並宜禁斷。恐所在阬戶。不免失業。委本州府長吏勸課。令其採銅。助官中鑄作。仍委鹽鐵使卽作法優賞。條流聞奏。於戲。人之求利。厥路固殊。斯道炳然。言之不惑。凡百有位。明悉朕懷。

## 停淄青等道糶鹽敕

兵革初寧。方資榷筦。閭閻重困。斯可蠲除。如聞淄青鄆三道。往年糶鹽價錢。近收七十萬貫。資費優贍有餘。自鹽鐵使收管已來。軍府頓絕其利。遂使經行陣者。有停糧之怨。服壠畝者。與加稅之嗟。犯鹽禁者。困鞭撻之刑。理生業者。乏鹽醬之具。雖縣官受利。而郡府益空。俾人獲安。寧我節用。其鹽鐵先於淄青兗鄆等道管內。置小鋪糶鹽。巡院納榷。起今年五月一日已後。一切並停。仍各委本道。約校比年節度使自收管充軍府逐急用度。及均減管內貧下百姓兩稅錢數。至年終。各具糶鹽所得錢。並均減兩稅聞奏。長慶

# 唐大詔令集卷第一百十三

## 政事

### 道釋

禁正月五月九月屠宰詔

爲殞身戎陣者立寺刹詔

道士女冠在僧尼之上詔

僧尼不得受父母拜詔

釋教在道法之上制

條流佛道二教制

禁葬舍利骨制

僧道齊行並進制

令僧尼道士女冠拜父母敕

斷書經及鑄佛像敕

禁斷妖訛等敕

誡勵僧尼敕

不許私度僧尼及住蘭若敕

僧尼拜父母敕

禁三元日屠宰敕

玄元皇帝臨降制

停京都檢校僧道威儀敕

## 道釋

### 禁正月五月九月屠宰詔

釋典微妙。淨業始於慈悲。道教沖虛。至德去其殘殺。四時之禁。無伐麛卵。三驅之化。不取前禽。蓋欲敦崇仁惠。蕃衍庶物。立政經邦。咸率茲道。朕祗膺靈命。撫遂羣生。言念亭育。無忘鑒寐。殷帝去網。庶踵前修。齊王捨牛。實符本志。自今以後。每年正月、五月、九月。凡關屠宰殺戮網捕畋獵。並宜禁止。（武德二年正月）

### 爲殞身戎陣者立寺刹詔

至人虛己。忘彼我於胸懷釋教慈心均異同於平等。是知上聖惻隱。無隔萬方。大悲弘濟。義猶一子。有隋失道。九服沸騰。朕親揔元戎。致茲明罰。誓牧登陑。曾無寧歲。其桀犬愚惑。嬰此湯羅。銜鬚義憤。終乎握節。各殉所奉。咸有可嘉。日往月來。逝川斯遠。雖復項籍放命。封樹紀於丘墳。紀信捐生。丹書著於圖象。猶恐九泉之下。尚淪鼎鑊。八難之間。永纏水火。愀然疚懷。用忘興寢。思所以樹立福田。濟其營魄。可於建義已來、交兵之處。爲義士凶徒殞身戎陣者、立寺刹焉。（貞觀三年閏十一月）

### 道士女冠在僧尼之上詔

老君垂範。義在於淸虛釋迦遺文理存於因果。詳其教也。汲引之迹殊途。求其宗也。弛益之風齊致。然則大道之行。肇於遂古。源出無名之始。事高有形之外。邁兩儀而運行。包萬物而亭育。故能興邦致泰。反朴還淳。至如佛法之興。基於西域。爰自東漢。方被中華。神變之理多方。報應之緣匪一。洎乎近世。崇信滋深。人冀當年之福。家懼來生之禍。由是滯俗者聞玄宗而大笑、好異者望眞諦而爭歸。始波涌於閭里。終風靡於朝廷。遂使殊方之典。鬱爲衆妙之先。諸華之教。翻居一乘之後。流遁忘反。于茲累代。朕夙夜夤畏。緬惟至道。思革前弊、納諸軌物。況朕之本系。起自柱下。鼎祚克昌。旣憑上德之慶。天下大定。亦賴無爲之功。宜有改張。闡茲玄化。自今已後。齋供行法。至於稱謂。道士女冠可在僧尼之前。庶敦本之俗。暢於九有。尊祖之風。貽諸萬葉。貞觀十一年二月

僧尼不得受父母拜詔

釋典沖虛。有無兼謝。正覺凝寂。彼我俱亡。豈自尊崇。然後爲法。聖人□心。主於慈孝。父子君臣之際。長幼仁義之序。與夫周孔之教。異轍同歸。棄禮悖德。朕所不取。僧尼之徒。自云離欲。先自貴高。父母之親。人倫已極。整容端坐。受其禮拜。自餘尊屬。莫不皆然。有傷名教。實斁彝典。自今以後。僧尼不得受父母及尊者禮拜。所司明爲法制。卽宜禁斷。顯慶二年二月

釋教在道法之上制

朕先蒙金口之記。又承寶偈之文。歷數表於當今。本願標於曩劫。大雲闡奧。明王國之禎符。方等發揚。顯自在之丕業。馭一境而敷化。弘五戒以訓人。爰開革命之階。方啓惟新之運。宜叶隨時之義。以申自我之規。雖實際如如。理忘於先後。翹心懇懇。畏展於勤誠。自今已後。釋教宜在道法之上。緇服處黃冠之前。庶得道有識以歸依。拯羣生於迴向。布告遐邇。知朕意焉。天授二年三月

條流佛道二教制

佛道二教。同歸於善。無爲究竟。皆是一宗。比有淺識之徒。競生物我。或因懟怒。各出醜言。僧旣排斥老君。道士乃誹謗佛法。更相訾毀。務在加諸。人而無知。一至於此。且出家之人。須崇業行。非聖犯義。豈是法門。自今僧及道士。敢毀謗佛道者。先決杖。卽令還俗。聖曆元年正月

禁葬舍利骨制

釋氏垂教。本離死生。示滅之儀。固非正法。如聞天中寺僧徒。今年七月十五日、下舍利骨。素服哭泣。不達妙理。輕徇常情。恐學者有疑。曾不謗毀。宜令所管州縣。卽加禁斷。聖曆三年五月

僧道齊行並進制

朕聞釋及玄宗。理均跡異。拯人救俗。教別功齊。豈有於其中間。妄生彼我。不遵善下之旨。相高無上之法。有殊聖教。頗失道源。自今每緣法事集會。僧尼道士女冠等。宜齊行並進。景雲二年

## 令僧尼道士女冠拜父母敕　蘇頲

敕、夫孝者。天之經。地之義。人之行。故自天子下至庶人。資於敬愛。以事父母。所謂冠五孝之表。稱百行之先。如或不由。其何以訓。如聞道士女冠僧尼等、有不拜父母之禮。朕用思之。茫然罔識。且道釋之教。蓋懲惡而勸善。父子之儀。豈緣情而易制。安有同人代而離怙恃哉。哀哀父母。生我勞瘁。故六親有不和之戒。十號有報恩之旨。此又窮源本而啓宗極也。今若爲子而忘其生。傲親而徇於末。日背禮而强名於教。傷於教則不可行。行教而不廢於禮。合於禮則無不遂。二親之與二教。復何異焉。自今已後。道士女冠僧尼等。並令拜父母。喪紀變除。亦依月數。庶能正此頹弊。用明典則。罔虧愛敬之風。自叶眞仙之意。開元二年閏二月三日

## 斷書經及鑄佛像敕

佛教者。在於清淨。存乎利益。今兩京城內。寺宇相望。凡欲歸依。足申禮敬。下人淺近。不悟精微。覩葉希金。逐焰思水。浸以流蕩。頗成蠹弊。如聞坊巷之內。開鋪寫經。公然鑄佛。口食酒肉。手漫羶腥。尊敬之道既虧。慢狎之心遂起。百姓等或緣求福。因致飢寒。言念愚蒙。深用嗟悼。殊不知佛非在外。法本居心。近取諸身。道則不遠。溺於積習。實藉申明。自今已後。州縣坊市等。不得輒更鑄佛寫經爲業。須瞻仰尊容者。任就寺拜禮。須經典讀誦者。勸於寺贖取。如經本少。僧爲寫供。諸州觀並宜準此。開元二年七月

## 禁斷妖訛等敕　蘇頲

敕。釋氏汲引。本歸正法。仁王護持。先去邪道。失其宗旨。乃般若之罪人。成其詭怪。豈涅盤之信士。不存懲革。遂廢津梁。眘彼愚蒙。將陷阬穽。比有白衣長髮。假託彌勒下生。因爲妖訛。廣集徒侶。稱解禪觀。妄說災祥。或別作小經。詐云佛說。或輒蓄弟子。號爲和尚。多不婚娶。眩惑閭閻。觸類實繁。蠹政爲甚。刺史縣令。職在親人。拙於撫馭。是生姦宄。自今已後。宜嚴加捉搦。仍令按察使採訪。如州縣不能覺察。所由長官並量狀貶降。開元三年十一月十七日

## 誡勵僧尼敕

釋迦設教。出自外方。漢主中年。漸于東土。說茲因果。廣樹筌蹄。事涉虛玄。眇同河漢。故三皇作乂。五帝乘時。未蒙方便之門。自有雍熙之化。朕念彼流俗。深迷至理。盡軀命以求緣。竭資財而作福。未來之勝因莫效。見在之家業以空。事等繫風。曾無所悔。愚人寡識。屢陷刑科。近日僧尼。此風尤甚。因依講說。眩惑閭閻。谿壑無厭。唯財是斂。津梁自壞。其教安施。無益於人。有蠹於俗。或出入州縣。假託威權。或巡歷村鄉。恣行教化。因其聚會。便有宿宵。左道不常。異端斯起。自今已後。僧尼除講律之外。一切禁斷。六時禮懺。須依律儀。午夜不行。宜守俗制。如有犯者。先斷還俗。仍依法科罪。所在州縣、不能捉搦。并官吏輒與往還。各量事科貶。開元十九年四月

## 不許私度僧尼及住蘭若敕

夫釋氏之教。義歸眞寂。爰置僧徒。以奉其法。而趨末忘本。去實摭華。假託方便之門。以爲利養之府。徒錮賦役。積有奸訛。至使浮俗奔馳。左道穿鑿。言念淨域。浸成道奸。非所以叶和至理。弘振王猷。宜有澄淸。以正風俗。朕先知此弊。故預塞其源。不度人來向二十載。訪聞在外有三十已下小僧尼。宜令所司及府縣括責處分。又惟彼釋道。同歸凝寂。各有寺觀。自合住持。或寓跡幽閑。或潛行閭里。陷於非僻。有足傷嗟。如聞遠就山林。別爲蘭若。兼亦聚衆。公然往來。或妄託生緣。輒有俗家居止。卽宜一切禁斷。（開元十九年七月）

### 僧尼拜父母敕

道教釋教。其歸一體。都忘彼我。不自貴高。近者道士女冠稱君子之禮。僧尼企踵。勤誠請之儀。以爲佛初滅度。付囑國王。猥當負荷。願在宣布。蓋欲崇其教而先於朕也。自今已後。僧尼一依道士女冠例。兼拜其父母。宜增修戒行。無違僧律。興行至道。俾在于茲。（開元二十一年十月）

### 禁三元日屠宰敕

道家三元。誠有科誡。朕嘗精意禱亦久矣。而物未蒙福。念不在茲。今月十四日、十五日。是下元齋日。都城內應有屠宰。宜令河南尹李適之勾當。惣與贖取。其百司諸廚日有肉料。亦責數奏來。并百姓間。是日並停宰殺漁獵等。兼斷肉食。自今已後。兩都及天下諸州。每年正月、七月、十月三元日。起十三日至十五日。兼宜禁斷。（開元二十二年十月）

### 玄元皇帝臨降制

大道混成。乃先於天地。聖人立教。用明其宗極。故能發揮妙本。弘濟生靈。使秉志者悟微。迷方者知復。以此救物。故無棄人。其孰當之。莫若我烈祖玄元皇帝矣。朕纘承寶業。重闡玄猷。自臨御已來。罔不夙夜。每滌慮凝想。齋心服形。禮謁於尊容。未明而畢事。將三十載矣。蓋爲天下蒼生。以祈多福。不謂微誠上達。睿祖垂鑒。頃因假寐。忽夢眞容。既覺之後。昭然以覩。瞻奉踰時。殊相自然。與夢相協。謂密降仙府。永鎭人寰。告我以無疆之休。德音在聽。表我以非常之慶。靈貺有期。乃昊穹幽贊。宗社儲祉。豈朕虛薄能致茲事。若使寢□。乃乖祇敬。宜令所司卽寫眞容。分送諸道採訪使。令當道州轉送開元觀安置。所在道士女冠等皆具威儀法事。迎候像到。七日夜設齋行道。仍各賜錢。用充齋慶之費。自今以後。常令講習道經。以暢微旨。所置道學。須倍加敦勸。使有成益。是知眞理深遠。弘之在人。不有激揚。何以勵俗。諸色人有能明道德經及莊子、列子、文子者。委所由長官訪擇。具以名聞。朕當親試。別加甄獎。至如道有三寶。慈居一焉。欽若至言。爰茲宥過。天下見禁囚徒。其十惡罪者及造僞頭首。并謀殺、故殺、姦訛、宿宵人等。特宜免死。配嶺南。官人犯贓。據情狀輕重量事貶降。餘一切免。且夫愛人之義。長之育之。務存淸淨。合於簡易。至如州縣造籍之年。因團定戶。皆據資產以爲升降。其有小葺園廬。粗致儲蓄。多相糾訐。便被加等。朕情爲敦本。義在勸農。欲使野絕游人。國無曠土。安可得也。自今歲已後。且三五年間。未須定戶。其中或有家貧破散。檢覆非虛。不可循舊差科。須量事與降。今者眞容應見。古所未聞。福雖始於邦家。慶宜均於士庶。其親王、公主、郡主、縣主、及內外文武官等。並量賜錢。至休假之辰。宜以酒食用申慶樂。諸道節度及將士等。亦宜準此。其兩京及諸州父老。亦量賜錢。同此歡宴。其錢以當處官物充。伊爾公卿。逮乎黎獻。宜勉崇玄化。共復淳源。宣布遐邇。明知朕意。開元二十九年五月

## 停京都檢校僧道威儀敕　孫逖

敕、道釋二教。必在護持。須置威儀。令自整肅。徒衆既廣。統攝尤難。更相是非。却成煩弊。自今已後。京都檢校僧道威儀事宜並停。或恐先有猜嫌。因此妄相糾訴。所由亦不須爲理。

## 令天下寺觀修功德敕　孫逖

敕、道釋二門。玄通衆妙。濟時育物。皆有明徵。是所依憑。豈忘尊奉。其天下寺觀。並令修功德。用齊三聖之教。以答百靈之心。宜副虛懷。各陳至敬。

## 條貫僧尼敕

道釋二教。用存善誘。至於像設。必在尊崇。如聞州縣公私。多借寺觀居止。因茲褻瀆。切宜禁斷。務令清肅。其寺觀除三綱、并老病不能支持者。餘並仰每日二時行道禮拜。如有弛慢。並量加科罰。又崇敬清淨。禮避嫌疑。其僧尼道士。非本師教主。及齋會禮謁。不得妄託事故。輒有往來。非時聚會。並委所由官長勾當。所有犯者。準法處分。亦不得因茲攪擾。分明告示。咸使知悉。寶應元年八月

## 禁天下寺觀停客制　常袞

敕、釋教本以救人。道家先於理國。懲惡勸善。以齊死生。薰然慈仁。美利天下。所庇者大。所益者深。故歷代崇尚而弗易也。朕以玄元烈祖。慶我昌運。西方聖人。福茲下土。常所盡敬。敢忘致誠。且至眞之體。尚於精潔。流俗所尊。不宜褻慢。如聞天下寺觀。多被軍士及官吏諸客居止。狎而黷之。曾不畏忌。緇黃屏竄。堂居毁撤。寢處於象設之門。庖廚於廊廡之下。緬然遐想。愧歎良深。自今已後。切宜禁斷。其軍士委州縣長吏與本將商量。移於穩便處安置。其官吏諸客等。頻有處分。自合遵承。仰敕到當時發遣。應尊像有損壞處。仰隨事修補。其有諸神所居。載在祀典。靈跡昭著。福及生人者。如有毁廢。亦宜增葺。且王者以清淨統法。聖人以神道設教。精意所在。感而遂通。非徼福於朕躬。期降祥於黎獻。申明詔旨。用悉勞懷。

## 禁僧道卜筮制　常袞

敕、左道疑衆。王制無赦。妖言蠹時。國朝尤禁。且緇黃之教。本以少思寡欲也。陰陽者流。所以敬授人時也。而有學非而辨。性挾於邪。輒窺天道之遠。妄驗國家之事。仍又託於卜筮。假說災祥。豈直閭閻之內。恣其誑惑。兼亦衣冠之家。多有厭勝。將恐寖成其俗。以生禍亂之萌。時艱已來。禁網踈闊。致令此輩。尚有矯誣。害政之深。莫過於此。將歸正道。必絕姦源。宜令所司。舉舊條處分。

## 修亳州太清宮詔

聖人立極。教本奉先。王者配天。義惟尊祖。我大聖祖玄元皇帝。肇開寶運。垂祚有唐。致六合於大同。躋羣生於壽域。保茲鴻業。實賴貽謀。如聞亳州太清宮頻經水潦。頗已摧毀。永惟誕聖之地。敢忘崇本之誠。宜令宣武軍節度使李程、兼充亳州太清宮使。仍委漸加修葺。以時致敬。稱朕意焉。太和

## 條流僧尼敕

朕齋居法宮。詳念至理。思欲建皇極。端化源。大蘇生靈。漸復古道。矧伊耗蠹。必在澄清。而釋氏之宗。來自西國。殷周已前。何嘗有此。唐虞之際。寧匪盛時。逮至漢明因夢。以言徵傳。穀卒詞而臆對。遠承象教。從此流行。蕩然相傳。垂七百祀。黎庶信苦空之說。衣冠敬方便之門。異同之論雖多。俗尚之訛未革。遂使風驅成俗。雲構滿途。丁壯苟避於征徭。孤窮實困於誘奪。永言斯弊。宜峻科條。起今已後。京兆府委功德使、外州府委所在長吏。嚴加捉搦。不得度人爲僧尼。累有明敕。切在提舉。惟我元元。務在長育。擅有髡削。亦宜禁斷。比來京城及諸州府三長齋月。置講集衆。兼□戒懺。及七月十五日解夏後。巡門家提剝。割生人妄稱度脫者。並宜禁斷。且僧尼本律科戒甚嚴。苟有違犯。便勒還俗。若有自願還俗者。官司不須制止。如聞兩街功德使近有條約。不許僧尼午後行。雖曰緇徒。無非赤子。有妨自遂。亦軫予懷。從今已後。午後任行。其僧尼在城委功德使、其諸州府委本任長吏。試經僧尼。並須讀得五百紙。文字通流。免有舛誤。兼數內念得三百紙。則爲及格。京城敕下後。諸州府敕到後。許三箇月温習。然後試練。如不及格。便勒還俗。其有年過五十以上。筋力既衰。及年齒未至。夙嬰痼疾。并瘖聾跛躄。不能自存者。並不在試經限。若有戒律清高。修持堅苦。風塵不雜。徒衆共知者。亦不在試經限。天下更不得創造寺院、普通蘭若等。如因破壞。即任修葺。於戲。理國之本。在正風俗。故王化首婚姻之道。所以序人倫。霸圖著胎養之令。所以務生聚。況一夫不耕。人受其飢。一女不織。人受其寒。安有廢中夏之人。習外夷無生之法。略期踈滌。用潔源流。俾爾齊甿。去末歸本。庶富之漸。其在斯乎。凡厥司存。勉率吾教。各勤檢馭。稱朕意焉。太和

## 拆寺制

朕聞三代已前。未嘗言佛。漢魏之後。象教寖興。是逢季時。傳此異俗。因緣染習。蔓衍滋多。以至於蠹耗國風、而漸不覺。以至於誘惑人意、而衆益迷。洎於九有山原、兩京城闕。僧徒日廣。佛寺日崇。勞人力於土木之功。奪人利於金寶之飾。移君親於師資之際。違配偶於戒律之間。壞法害人。無逾此道。且一夫不田。有罹其餒者。一婦不織。有罹其寒者。今天下僧尼。不可勝數。皆待農而食。待蠶而衣。寺宇招提。莫知紀極。皆雲績藻飾。僭擬宮居。晉宋齊梁。物力凋瘵。風俗澆詐。莫不由是而致也。況我高祖太宗。以武定禍亂。以文理華夏。執此二柄。足以經邦。豈可以區區西方之教。與我抗衡。我貞觀開元。亦嘗釐革。剗除不盡。流衍轉滋。朕博覽前言。旁求輿議。弊之可革。斷在不疑。而中外誠臣。叶心正意。條流至當。宜在必行。懲千古之蠹源。成百王之典法。濟人利衆。予不讓焉。其天下所拆寺四千六百餘所。還俗僧尼二十六萬五千人。收充兩稅戶。拆招提蘭若四萬餘所。收膏腴上田數千萬頃。收奴婢爲兩稅戶十五萬人。幷隸僧尼屬主客。顯明外國之教。勒大秦穆護拔二千餘人。並令還俗。不雜中華之風。於戲。前古未行。似將有待。及今盡去。

豈謂失時。駈游惰不業之徒。已踰百萬。廢丹雘無用之屋。何啻億千。自此淸淨訓人。慕無爲之理。易簡齊政。成一俗之功。將使六合黔黎。同歸皇化。尙以革弊之始。日用不知。下制明廷。宜體予意。宣布中外。咸使聞知。會昌五年八月

迎鳳翔眞身德音

朕以寡德。纘承鴻業。十有四年矣。頃屬蠻寇猖狂。王師未息。朕憂勤在位。愛育生靈。遂乃尊崇釋教。致敬玄門。迎請眞身。蓋爲萬姓祈福。今者覲覩之衆。隘塞路歧。載念狴牢。寢興在慮。嗟我黎人。陷於刑辟。況漸當暑毒。繫於縲絏。或身積幽冤。有傷和氣。或關連追擾。有妨農務。其京畿及天下州府見禁囚徒。除十惡、五逆、故意殺人、官典犯贓、合造毒藥、光火持仗、開發墳墓外。其餘罪無輕重。節級遞減一等。其京城軍鎮。限兩日內疎理訖聞奏。天下州府。敕到三日內疎理聞奏。咸通十三年四月

# 唐大詔令集卷第一百十四

## 祥瑞

### 諸符瑞申所司詔

自昔帝王。受天明命。其有二儀感德。百靈効祉。莫不君臣動色。歌頌相趨。朕恭承大寶。情深夕惕。每見表奏符瑞。慙恧增懷。且安危在乎人事。吉凶繫於政術。若時主昏虐。靈貺未能成其美。如治道休明。咎徵不能致其惡。以此而言。未可爲恃。今後麟鳳龜龍大瑞之類。依舊表奏。自外諸瑞。宜申所司。奏者唯顯瑞物色目及出見處。更不得苟陳虛飾。徒致浮詞。貞觀二年九月

### 不許奏祥瑞詔

朕以寡昧。纘承丕業。永思至理。所寶惟賢。至如嘉禾神芝。奇禽異獸。蓋輔化之虛美也。所以光武形於詔令。春秋不書祥瑞。朕誠薄德。思及前人。自今已後。所有祥瑞。但令依式申報有司。不須聞獻。其珍禽奇獸。亦宜停進。宜示天下。知朕意焉。

### 令諸道不得奏祥瑞詔

朕以菲德。祗膺大寶。深求理本。將致時雍。以慈惠恭儉爲休徵。以人和年豐爲上瑞。夙夜思省。無以過之。至於嘉穎連理之祥。飛禽走獸之異。出自邦國。來獻闕庭。虛推功德。非予所尚。歲晏奏陳於清廟。元正列薦於上朝。探討古今。亦無明據。恭惟靈聖。豈候薦聞。事匪經常。允當釐正。庶使溥天之下。知予務實之心。其諸道應有三等祥瑞。並不得更有聞奏。亦不要申牒所司。其臘饗太廟及薦獻太清宮。幷元日受朝奏祥瑞儀注。宜停。

# 醫方 疾病附

## 諸州置醫學博士敕

敕、神農鞭草．以療人疾．岐伯品藥．以輔人命．朕銓覽古方．永念黎庶．或營衛內擁．或寒暑外攻．因而不救．良可歎息．自今遠路僻州．醫術全少．下人疾苦．將何恃賴．宜令天下諸州各置職事醫學博士一員．階品同于錄事．每州寫本草及百一集驗方．與經史同貯．其諸州于錄事各省一員．中下州先有一員者省訖．仰州補勳散官充．開元十一年七月

## 頒示廣濟方敕

朕頃者所撰廣濟方．救人疾患．頒行已久．傳習亦多．猶慮單貧之家．未能繕寫．閭閻之內．或有不知．儻醫療失時．因至夭橫．性命之際．寧忘惻隱．宜命郡縣長官．就廣濟方中逐要者．於大板上件錄．當村坊要路牓示．仍委採訪使勾當．無令脫錯．天寶五年八月

## 頒廣利方敕

敕、立國之道．莫重於愛民．育物之心．期臻於壽域．故安其性命．順其節宜．使六氣不差．百疾不作．斯亦救人之要也．朕以聽政之暇．思及黎元．每慮溫濕不時．壅鬱爲厲．或僻遠之俗．難備於醫方．或貧匱之家．有虧於藥石．失於救療．遂至傷生．言念於茲．載深憂軫．屬春陽在候．寒暑方交．閭里之間．頗聞疾患．每因服餌．尤感予衷．遂閱方書．求其簡要．並以曾經試用．累驗其功．及取單方．務於速效．當使疾無不差．藥必易求．不假遠召醫工．可以立救人命．因加纂集．以便討尋．類例相從．勒成五卷．名曰貞元集要廣利方．宜付所司．即頒下州府閭閻之內．咸使聞知．

## 三衛彍騎疾病給食料敕

育物者、所貴於從宜．養人者、必資於遂性．況加疾苦．豈忘哀矜．內外廊三衛彍騎等．如聞因當上染患者．番滿之後．既不勝．皆致還鄉．又不容在職掌將息．進退無據．何所依投．溝壑是憂．豈謀朝夕．永言及此．深軫于懷．自今已後．如有此色．宜移就三衛廚給食料將養．各委左右金吾將軍存意檢校．所須藥物．仍與太常計會．量事供擬．并差醫人救療．其諸門及街鋪職掌人等．各移就本衛將養．所須食料．各委將軍以當衛諸色迴殘官物等且量事支給．其醫藥宜準內外廊例．自餘色當番人等有疢疾者．並準此處分．其有身死者．各委所由隨事埋瘞．當日牒報本貫．令家人親族運致還鄉．天寶三年八月

## 收瘞

### 收瘞隋末喪亂骸骨詔

自隋室不綱。政刑荒廢。戎役煩重。師旅荐興。元元無辜。墮于塗炭。轉死溝壑。暴骨中原。宗黨淪亡。邑居散逸。墳隴靡託。營魂無歸。朕受命君臨。爲民父母。率土之內。情均亭毒。一物失宜。寢興軫慮。念茲道殣。義先弔恤。雖復令已頒下。普遣葬埋。猶恐吏不存心。收瘞未盡。宜令州縣官司、所在巡行。掩骼埋胔。必令周悉。使郵亭之次。無復遊魂。窀穸之下。各安所厝。姬文惠化。恩及枯骸。庶踵於前。此焉非類。武德三年六月

### 掩暴露骸骨詔

隋運將盡。羣凶鼎沸。干戈不息。飢饉相仍。流血成川。暴骸滿野。朕往因軍旅。周覽川原。每所臨視。用傷心慮。自祗膺寶命。義切哀矜。雖道謝姬文。而情深掩骼。諸色骸骨暴露者。宜令所在官司。收斂埋瘞。稱朕意焉。貞觀二年四月

### 瘞突厥骸骨詔

突厥種落。往逢災癘。疾疫飢饉。殞喪者多。暴骸中野。前後相屬。幽魂靡託。醊奠無所。永言矜悼。有懷惻隱。宜令所司、於大業長城以南。分道巡行。但有骸骨之所。酒酺致祭。速爲埋瘞。務令周悉。以稱朕意。貞觀四年九月

### 剗削京觀詔

甲兵之設。事不獲已。義在止戈。期於去殺。季葉馳競。恃力肆威。鋒刃之下。恣情剪馘。血流漂杵。方稱快意。屍若亂麻。自以爲武。露骸封土。多崇京觀。徒見安忍之心。未弘掩骼之禮。靜言念此。憫歎良深。但是諸州有京觀處。無問新舊。宜悉剗削。加土爲坟。掩蔽枯朽。勿令暴露。仍以酒酺致奠焉。貞觀五年二月

### 收葬隋朝征遼軍士骸骨詔

日者隋師渡遼。時非天贊。從軍士卒。骸骨相望。遍於原野。良可哀歎。掩骼之義。抑惟先典。其令並收葬之。貞觀十九年四月

### 埋瘞暴露骸骨敕

移風易俗。王化之大猷。掩骼埋胔。時令之通典。如聞江左百姓之間。或家遭疾疫。因此致死。皆棄之中野。無復安葬。情禮都闕。一至於斯。習以爲常。乃成其弊。自今已後。宜委郡縣長官。嚴加誡約。俾其知禁。勿使更然。其先未葬者。卽勒本家收葬。如或無親族。及行客身亡者。仰所在村鄰。相共埋瘞。無令暴露。庶叶禮經。諸道有同此者。亦宜準此。天寶元年三月

收葬陣亡將士及慰問其家口敕　賈至

敕、自寇戎猾夏。干戈不戢。涉三載矣。而忠臣義士。死王事者。何可勝言。玆朕痛悼于厥心。若挾瘡痏。是用枕戈寢胄。親總六師。恃神祇之祐。憑宗廟之靈。亦冀尅清。載造京邑。近者諸軍告捷。屢摧賊衆。天意人事。若將叶符。而戰士陣亡。多委溝壑。已令收瘞。猶慮或遺。撫存哀歿。朕之所切。宜令節度使、與郡縣長官計會。悉收骸骨埋葬致祭。仍勘責姓名。續行奏聞。將褒贈其官爵。優恤其妻子。仍仰本道使郡縣、勿差科其家。庶乎幽明慰懷。知王師之不得已也。至德

收瘞京城骸骨詔

凡在生靈。合登仁壽。自逢艱阻。多致傷殘。或寇盜爲災。斃於鋒鏑。或歲時不稔。道殣相望。枯骨轉屍。多未埋瘞。朕爲人父母。良深憫惻。將何以示掩骼之禮。布葬骨之仁。永念前修。豈忘言訓。其京城內外、應有舊骸骨。宜令京兆府即勾當收拾埋瘞。仍令中使與所由計會致祭。寶應

# 禁錮

禁錮隋朝弒逆子孫詔

宇文化及弟智及、司馬德戡、裴虔通、孟康、元禮、楊覽、唐奉義、牛方裕、元敏、薛良、馬舉、元武達、李孝本、李孝質、張愷、許弘仁、令狐行達、席德方、李覆等。大業季年。咸居列職。或恩結累世。任重一時。乃包藏凶慝。罔思忠義。爰在江都。遂行弒逆。罪百閻趙。釁深梟獍。雖事是前代。歲月已久。而天下之惡。古今同棄。宜從重典。以勵臣節。其子及孫。並宜禁錮。勿令齒敍。化及既爲魁首。僭竊名號。一門之內。凶惡尤甚。但其弟士及不預逆謀。雖云昆季。僅免誅戮。委質皇朝。勳庸克著。彰善癉惡。抑有舊章。士及一房不在此例。布告天下。咸使聞知。貞觀七年正月

楊素子孫不得任京官敕

隋尚書令楊素、昔在本朝。早荷殊遇。稟凶邪之德。懷諂佞之才。惑亂君上。離間骨肉。搖動冢嫡。寧唯掘蠱之禍。誘扇後主。卒成請蹯之釁。隋室喪亡。蓋唯多僻。究其萌兆。職此之由。生爲不忠之人。死爲不義之鬼。身雖幸免。子竟族誅。斯則奸逆之謀。是其庭訓。險薄之行。遂成門風。刑戮雖加。枝胤仍在。豈可復隨近侍。齒列朝行。朕接統百王。恭臨四海。上嘉賢佐。下惡賊臣。常欲從容於萬幾之餘。褒貶於千載之外。況年代未遠。耳目所存者乎。其楊素及兄弟子孫已下。不得令任京官及侍衛。聖曆三年五月

## 雜録

### 隋代公卿不預義軍者田宅並勿追收詔

隋政不綱。行止無度。東西馳騁。靡歲獲寧。遂使父子乖離。室家分析。親老絶晨昏之養。嬰孩無撫育之恩。人懷戀本之心。家有望鄉之歎。朕上膺靈命。下字黔黎。一物失宜。情深軫悼。思俾惠澤。逮于鰥寡。其隋代公卿已下。爰及民庶。身往江都。家口在此。不預義軍者。所有田宅。並勿追收。若困窮糧食交絶。其録名簿。速加賑贍。武德元年七月

### 不許言中興勅

勅。朕承天宰物。光宅中區。嗣祖宗之丕基。承聖善之洪業。嚮明負扆。實奉成規。往自永淳。至於天授。姦臣稱亂。鼎運不安。則天大聖皇后。思顧託之隆。審變通之數。忘己濟物。從權御宇。四海由其率順。萬姓所以咸寧。唐周之號暫殊。社稷之祚斯永。天寶□□。實由於茲。朕所以撫璇機。握金鏡。事惟繼體。義即纘戎。豈若文叔之起舂陵。少康之因陶正。中興之號。理異於茲。宜革前非。以歸事實。自今已後。更不得言中興。其天下大唐中興寺觀。宜改爲龍興寺觀。諸如此例。並即令改。神龍三年二月

### 改丹水爲懷水勅

勅。不息惡木。忍渴盜泉。行道之人。避惡名也。朕常覽上黨記。稱秦阬趙卒。血流丹峪。名其水爲丹水。省方此路。懷古惻然。邑號獲嘉。地稱修武。前王故事。將有所憑。宜改丹水爲懷水。改丹水府爲懷仁府。其鄉里名號。亦仰州長官隨事改易。開元十三年三月

### 江王下教

大行皇帝聽斷英明。臨下以法。將期致理。以靖區宇。而奸兇搆禍。矯宣遺言。不詢羣臣。專斷神器。寡人義重君臣。毒甚手足。乃親率左右護軍中尉、心腹近臣、及諸職事官等。并左右神策六軍使。兼諸軍使及將士。并飛龍將士等。搜擿伏慝。大擒諸賊。或血刃當辜。或赴井而斃。其頭首劉克明、田務澄、王嘉憲、石定寬等二十八人。並正刑書。罔有漏逸。此皆宗社威靈。文武協力。豈伊菲薄。敢貪天功。凡百多士。中外藩岳。致茲剮憤。哀慶當同。大行皇帝正柩于太極殿前。率依光陵故事。有司條上。務盡誠敬。其冢宰司空平章事裴度當攝。立功將士節級。各有優賞。布告遐邇。咸使聞知。寶曆

# 唐大詔令集卷第一百十五

## 政事

### 慰撫上

# 慰撫上

## 淮安王神通山東道安撫大使詔

隋惪□□。政荒民散。九州輻裂。四海瓜分。元元無辜。困豺狼之吻。慄慄黔首。罹兵革之災。朕祗膺寶圖。救其危墜。一物失所。情深納隍。今趙魏之人。頃承大化。海岱之境。思稟朝章。然而尙迫寇戎。受拘兇暴。經途遐阻。末由自達。宣風布教。必佇循良。柔服招攜。事資明庶。右翊衞上將軍淮安王神通、地惟近屬。功參運始。杖節建旟。久當重寄。可山東道安撫大使。其山東諸道軍事。並受節度下。武德元年十月

## 皇太子等巡京城諸縣詔

隋末道消。運屬陽九。盜賊蠭起。飢饉荐臻。四海之民。墜於塗炭。是以上天降監。爰命朕躬。綏靜黎元。克定兇醜。府庫倉廩。所在開發。流冗之民。隨加振撫。言念亭育。監寐匪忘。然年穀不登。民多困乏。一物失所。有甚納隍。宜加存問。救其疾苦。可令皇太子建成、巡京城側近諸縣。秦王世民、巡京城以東。左僕射裴寂、巡京城以西。詣彼閭閻。見其耆老。觀省風俗。廉察吏民。乏絕人量加賑恤。有如寃滯。並爲申理。高年疾病。就致束帛。武德二年閏二月

## 鄭國公軌等益州道安撫大使詔

朕受天明命。撫育萬方。康俗濟民。無忘鑒寐。西蜀僻遠。控馭巴夷。厥土沃饒。山川遐荒。往者隋末喪亂。寇盜交侵。流寓之民。遂相雜撓。遊手墮業。其類實繁。敓歟矯虔。因此而作。王業伊邇。務從草創。牧宰庶僚。隨事遷易。州縣分析。權宜廢置。然而王道未洽。民瘼猶存。靜言思之。夙夜軫念。澄源正本。義在更張。可令秦州總管鄭國公軌、御史大夫滑國公無逸。爲益州道安撫大使。宣揚朝典。進擢廉平。貶黜苛暴。申理寃滯。孝弟貞節。表其門閭。鰥寡孤惸。量加贍恤。事有便宜。並委處分。武德二年二月

## 張鎭州淮南道安撫等詔

三楚之地。江山遐阻。五嶺之表。經途遼敻。自有隋失馭。盜賊交侵。聲教莫通。方隅久絕。朕受圖膺運。君臨寰宇。率土之濱。情均撫字。方今函夏肅乂、文軌一同。尉候無虞。要荒率職。然而江蠡之派。或阻寇戎。閩禺之鄉。未聞正朔。左武候將軍黃國公張鎭州、大將軍合浦縣公陳智略。二方首族。早從歷任。思展誠効。緝寧州里。鎭州可淮南道行軍總管。智略可嶺南道行軍總管。以安撫之。武德四年八月

## 存問幷州父老詔

昔隋末喪亂。百姓凋殘酷法淫刑。役煩賦重。農夫釋耒。工女下機。徵召百端。寇盜蜂起。人懷忿怨。各不聊生。水火之切。未足爲喻。先朝不忍塗炭。思濟

黎元。朕纂承神筭。奮劍而起。與彼境英雄。同心叶力。不顧軀命。以救蒼生。爰自晉陽。起兵唱義。摧鋒接刃。櫛風沐雨。除凶去暴。以惪行仁。天下乂安。戎車止息。九夷八狄。莫不來庭。以至于今二十餘載。豈予一人。所能致此。實賴天地之仁。宗廟之福。賢人君子。爲朕股肱。文士盡其才智。武夫宣其勇力。朕端拱無爲。庶幾王道。然漢高悲歌。常思豐沛。晉皇吟詠。惟在温原。此人之情也。況并部之地。創業之基。與諸父老。首立大事。引領北望。感慕兼深。思與父老。一日叙舊。懷之在心。所不忘也。但海內殷曠。萬幾事多。省巡四方。未遑圖息。父老宜約勒鄉黨。教導後生。親疎子弟。務從忠孝。必使風俗敦厚。異於他方。副朕此心。允示遠近。使旌表門閭。榮耀鄉里。書名竹帛。豈不美歟。夏序甚熱。想各平安。善自怡養。動靜開奏。故有此勑。想見朕心。貞觀十五年六月

## 遣畢構等慰撫諸道詔

昔者明王之治天下也。內有公卿。允釐庶績。外有侯伯。司牧羣黎。猶懼至道未孚。淳風或替。故有巡狩之典。黜陟幽明。行人之官。省方察俗。用能遐邇乂寧。情僞無遺。於變時雍。率斯道也。朕祗膺嗣惪。恭守帝圖。上稟過庭之謀。下憑庶尹之力。竭精思理。兩載於茲。冀逮小康。漸及至化。而區宇遐遠。風教未同。負扆長懷。責深在已。近者姦回搆釁。竊起蕭牆。宗社降靈。應時殲殄。今又恭承聖訓。總統大猷。率彼百官。齊茲七政。恐倉廩不實。禮節未興。吏靡息於貪殘。人或滯於幽枉。永言於此。明發疚懷。今卜征未習。時邁仍遠。宜分命輶軒。慰撫黎庶。畢構等並操履公淸。識具明允。茂績彰於歷試。嘉譽滿於周行。宜膺行李。載光原隰。所至之處。申諭朕心。並令屏絕浮華。敦崇仁厚。務修孝弟。勤事農桑。耆老鰥惸。征人家口。不自存者。咸加恤問。德舉言揚。唯賢是急。若有良材異等。藏器下僚。哲人奇士。隱淪屠釣。審知才行灼然者。各以名聞。凡百牧宰。洎乎吏人。咸知朕心。各敬乃事。勤則不匱。仁遠乎哉。勉矣勗之。以副朕意。先天二年七月

## 遣楊虛受江東道安撫敕　蘇頲

敕、淮海是稱谿險。山川重複。水陸殷湊。去歲田收。稍垂豐稔。今茲人庶。頗致飢乏。朕爲人父母。深用惕然。近聞雨澤應節。秔稻有望。目前之困。糊口猶切。思從蠲省。用救荒弊。宜令給事中楊虛受、往江東道安撫存問。不急之務。一切除減。觀察疾苦。量宜處置。刑獄寃滯。委使詳理。百姓間有偉識異才。潛藏鱗羽。隱淪屠釣。棲遲閭閻。官人內有貪欲苟得。背公徇私。循默自守。養望充位者。還日各以名聞。所至之州。具令宣布。求瘼恤隱。稱朕意焉。應須判官及典準例馳驛。卽發遣。開元二年四月十一日

## 遣盧絢等諸道宣慰賑給敕

言念蒼生。心必遍於天下。自求多福。澤猶潤於京師。所以歷選列城。聿求連率。豈徒刺察。將委緝寧。朝散大夫檢校御史中丞關內宣慰賑給使上柱國盧絢等。任寄已深。聲實兼茂。咸貫通於理道。益純固於公心。或華髮不衰。或白珪無玷。可以軌儀郡國。康濟黎元。間歲以來。數州失稔。頗致流冗。能勿殷懷。而吏或不畏不仁。人或不安不便。誠須矯過。必仗賢能。凡此使車。不無殷監。比事掣肘。務欲總權。小有舉於毫髦。大莫振於綱領。本令調察。却

致煩苛。永言所期。豈云自弊。今既各膺重寄。允謂通才。以蠲疾苦之原。當叶大中之義。若令行一道。利及萬人。朕所設官。以俟來者。朝之優秩。必歸令譽。言可復也。宜副朕懷。（開元二十二年二月）

## 宣慰西京逆官敕　賈至

敕西京官吏等。逆胡搆禍。暴犯京邑。我國家圖必勝之勢。取萬全之功。是以避狄而西。外飭師旅。遂使卿等奔竄無所。力屈狂寇。既間之以師旅。又臨之以兵戈。或強逼駈馳。或僞置官爵。事不獲已。皆是脅從。朕深悉焉。無懷反側。今天既悔禍。宗廟垂靈。王師東征。雷擊電掃。逆徒勦絶。關輔載清。卿等代承國恩。家傳祿位。乃祖乃父。爲我純臣。雖陷賊中。固深憂憤。是用惻隱。矜憫于懷。宜各自安。更勿惶懼。朕與人更始。豈求錄微瑕哉。旬日之間。與卿等相見。（至德二年四月一日）

## 宣慰京城僧道父老敕

敕西京緇黄耆壽百姓。頃者逆兵暴至。侵逼長安。王事西巡。修集兵馬。遂使卿等陷於賊首。不得奔逃。或骨肉之間。枉罹屠害。女子之輩。多遭虜掠。朕每念此。流涕痛心。又比來米鹽貴竭。人多餓死。道殣相望。或賊徒逼脅駈使。勢窮力屈。盡是脅從。朕甚察焉。今已京城再復。賊寇殲滅。豈獨宗廟之福。社稷之靈。京師等兆民懇誠。感達天地之所致也。方與卿等雪恥辱。布惟新。大棄疵瑕。弘宥罪戾。恐未達意。或惶恐焉。各宜寧居。勿懷反側。各令宣諭。與卿等不久相見。（至德二年四月一日）

## 安輯京城百姓敕

敕。京城之人。久陷凶醜。亦既底定。莫非王臣。比屋可封。唐之人。闔境皆戴商之舊。復以宗廟之器。府庫之資。散在閭閻。紊煩綱紀。主守者闕以供事。竊取者冒其常用。所以遣其檢括。必使當實。如聞小臣失所。遂使流言寇攘。資財驚擾。士庶官吏。不修其法。豪强横有縱暴。或得一官物。即破人家產。或捕一姦吏。則旁累親隣。仍有不逞之徒。因茲恐嚇。大爲侵暴。百姓寃苦。永言哀念。良深嘆息。委京兆尹兼御史大夫李峴勾當諸使檢括。一切並停。妄有欺奪。宜即推捕奏聞。仍牓坊市。務令安輯。副朕之意焉。（至德三年正月）

## 慰喻朔方將士敕　賈至

敕朔方將士等。自寇逆亂常。殆涉三載。卿等被堅執鋭。暴露原野。東征西伐。未嘗暫寧。雪霜風雨之間。白刃鳴鏑之下。艱勤至矣。朕甚憫焉。頃者出井陘。收趙地。還破同羅。逋虜。復入河東故郡。累有功績。王室賴之。昨者清渠之戰。師徒不利。亦聞卿等傷夷甚多。兵者危事。一挫何損。但當勉勵。以爲後圖。神祇助善。天地厭禍。仗順招逆。無憂不平。知卿等所在屯集。更加訓練。俟於再舉。思滅賊徒。此忠臣義士感激之深也。已令江淮轉運布帛。到日議賞。非遥。今關中麥秋。見將收穫。六軍糧備。實資於此。遞須相勗。勿犯田苗。甲仗刀槍。已令支送。誠宜磨厲。大雪前恥。事平之日。卿等並□封侯。金帛珪

璋。無所愛惜。故令宣慰。知朕意焉。至德元年三月七日

遣使安撫制

敕、戹運者。天之時也。理亂者。人之政也。是以軒轅不能止蚩尤之患。帝舜不能無有苗之征。蓋在於人君。修刑德以除之也。頃者羯賊凶害。當爭戰之地。則肌骨多斃於鋒鏑。在遐僻之方。則杼柚其空於征賦。離鄉去邑。棄業亡家。契闊凍餒。飃颻是逼。朕每永念其匱乏。宥其罪戾。寳其倉廩。捨其逋懸。養其傷痍。賵其死事。將使百姓。永登仁壽。猶慮撫字有闕。尙疾苦之未除。於是分遣使臣。親訪閭里。夫人君高居大位。非可以目遍四海。耳周八極。必仗賢能。以廣視聽。頃之使臣。未稱咸多。俛仰經略。未盡至公。遂令遠人。寃不上達。弊不下去。今擇朝端忠貞仁惠之士。飲水乘馹。巡撫四方。其有政教煩苛。敕令不便。妨於耕稼。害於蠶桑。徵損於人。無論小大。咨爾兆庶。必聞於庶。又有官吏科虐。豪猾侵漁。擾於黎甿。冒於貨賄。上無隱也。當悉懲之。朕方以百姓爲心。蒼生爲壽。非欲自賢自聖而爲理。捨暴惠奸而隨人。率土之濱。宜悉朕意。至德二年二月八日

遣鄭叔淸往江淮宣慰制　賈至

敕、逆賊未平。師旅淹歲。軍用匱竭。常賦莫充。所以稅畝於荆吳。校練於淮海。從權救弊。蓋非獲已。夫法明則吏不欺。歛均則人不怨。輯寧無擾。繫乎使臣。度支郎中鄭叔淸貞固幹事。節用愛人。考志視成。可歷斯任。宜以本官兼御史。充江淮東西道宣撫使。至德二年七月十二日

遣劉晏宣慰諸道敕

歲之不易。征伐繁興。河洛蕭然。江外尤劇。供上都之國用。給諸道之軍須。庶務徵求。未遑小息。火耕水耨。夏葛冬裘。充饋運而屢空。壹戎衣而不足。農人勞而轉困。編戶流而卒歸。自北之化未淳。大東之詞方切。君爲心也。朕甚痛焉。今區宇漸寧。凋殘已甚。惕然在躬。姑息務人。懼惸嫠之無告。思省方以親問。時邁未可。日旰增勞。載懷鴻雁之詩。用解吾人之愠。必資循行。以周爰咨諏。皇皇者華。以申喻朕志。宜令太子賓客兼御史大夫劉晏。往諸道宣慰。應百姓有徵科煩重。人戶逃亡。及水旱所損。不能支濟者。並與本道節度使計會。蠲削安在。逐便處置訖。具狀上奏。官吏之政。在邦必聞。知無不爲。公道斯在。其租庸使、刺史、縣令、錄事參軍。有精於政理。賦均役平。州縣之間。稱爲良吏者。具名以奏。別有甄異。如或殘忍慢法。貪汚贓官。有害於人。不應時務者。具狀以聞。仍與本道節度觀察使計會舉按。四海至廣。九重至深。思使下情上通。常令上旨下達。務於審愼。朕之意焉。

# 唐大詔令集卷第一百十六

政事

慰撫中



## 慰撫中

## 李涵河北宣慰制　　常衮

門下、河朔一隅。地方千里。外捍夷狄。內輔成周。撫勤王之師。修任土之貢。顧其方鎮。可謂崇重。眷我侯伯。是有勳勞。將相、國之股肱。君之支體。事同休戚。寧忘鑒昧。思撫巡而未獲。念征鎮而永懷。爰命宗臣。往申旨諭。銀青光祿大夫行尚書左丞襄武縣開國公李涵、朕之茂親。腹心攸寄。純固所以致命。文質所以經邦。溫恭禮信。讓誠易直。勵匪躬之節。秉憂國之心。美其公才。嘗所委任。再令宣撫。皆合事經。既述謙誠之辭。兼陳理化之迹。慰我憂心。意甚嘉之。今秋冬在候。徭戍未寧。將校有介冑之勞。黎元有賦稅之役。代予親問。諮爾使臣。仍兼副相之榮。式重登車之務。可兼御史大夫充河北宣慰使。本官勳封並如故。

## 李涵再使河北制　　常衮

敕、書有施令以告四方。禮有誦志以巡邦國。明王所以垂拱而天下理者。非家至而日見之也。實賴腹心耳目之臣。審訓念于中外。俾悳澤教化。敷於四海。情有所達。事適其宜。上下交暢。則天地和應矣。喻我朝旨。寄於宗英。銀青光祿大夫行尚書兵部侍郎襄武縣開國公李涵。志以足言。學于古訓。安和孝敬。慎靜尚寬。服居大僚。常所親信。每受重寄。必揚休聲。往以幽薊渤碣之間。戎府方州之大。俾付王命。以親諸侯。至于再三。秉此純一。盡人臣之節。罔或辭難。徇國家之利。豈憚勤遠。信以協誠。惠以交福。周爰咨度。不遑啓處。邊陲寧晏。敬賴親賢。今以侯伯之勳勞。師人之戍守。顧其功效。宜有撫巡。高選中朝。允茲僉議。加以丞相之副。增其原隰之華。時惟懋哉。無替厥服。可兼御史大夫充河北宣慰使。餘如故。

## 劉晏宣慰河南淮南制

敕、書曰。元后作人父母。又曰。一夫不獲。則曰時予之辜。政或不平。訟或不理。則人受其弊。氣生其災。噢咻連聲。愁苦無告。州縣長吏。莫之省憂。念茲疚懷。中夜三歎。朕以否悳。託於人上。永言理道。敢不勵精。自兵亂一紀。事殷四方。耕夫困於軍旅。蠶婦疲於餉饋。欲求無事。豈可得乎。致令戶口減耗。十無一二。而河南、淮南西、又甚。諸道得非蒐乘補卒之數。急賦橫稅之煩。致使惶駭匪寧。流庸不復。兼亦親人之職。少有政術稱者。放富役貧。多患不均。靡室靡家。皆籍其穀。無衣無褐。亦調其庸。雖節制廉察。務令調理。而貪官暴法。未絕姦原。誅求無厭。鰥寡重困。永然遐想。過實在予。巡撫之寄。資於碩德。某官某、政府之舊。道在安人。自河之南。天下之半。底慎財賦。衣食京師。久於倚任。多所弘濟。因其旋南。將所攸屬。所至之處。宣示詔書。撫將校之勤勞。問黎元之疾苦。事有未便。任或不稱。委之釐革。歸於允當。或假其征徭。私有聚斂。或託其貢獻。公然乾沒。厚取於人。歸怨於上。虧損時化。朕甚懼焉。宜委某與節度觀察。切加疏理。勿令寃濫。以副憂勞。其官吏有犯。便禁身推問。具狀聞奏。當峻刑典。以息貪殘。

## 喻安西北庭諸將制　　常衮

敕、天下既定。萬里寧一。豈王者獨運而臻此耶。實賴文武將守、腹心之臣。宣力強任。捍禦于外也。往以蕃戎並暴。縱毒邊表。乘釁伺隙。連兵累年。城門晝閉。王師遐阻。遮殺漢使。盜取節印。恣睢甚厲。橫逆天理。而國朝未暇襲遠。置於度外。實五京二庭存亡危急之秋也。河西節度使周鼎、安西北庭都護曹令忠、爾朱某等。義烈相感。貫于神明。各受方任。同獎王室。率辛李之將。用甘陳之謀。與羌騎校尉、王侯君長以下。自金河玉關至于南北戊午。踰流沙。跨西海。□蒲類。破白山。戰事致命。出於萬死。賴天之靈。以戰則尅。不動中國。不勞濟師。橫制數千里。有輔車首尾之應。以威以懷。張我右掖。稜振於絕域。烈切於昔賢。微三臣之力。則度隍踰隴。不復漢有矣。每有使至。說令忠等憂國勤王。誠徹骨髓。朝廷聞之。莫不酸鼻流涕。而況於朕心哉。遐想賢勞。耿嘆何已。或恐凶醜狡譎。反復離間。妄說國難。搖動人心。今所以疏其事實。一以相報。近有流落蕃中十數年者至闕庭。知犬戎惡稔。上疑下阻。日就殘滅。加之疾疫。災及羊馬。山谷塡委。天亡之時。及匈奴自速其禍。諸蕃連衡。以功進取。力屈氣衰。已逃於苦寒之地。西北邊患。蕩然以清。至於九夷南盡百越。玉帛來朝於魏闕。包茅入貢於王祭。党項□附。回中大寧。天下郡國。一其教理。王畿征調。漸復平時。子儀移鎮於邠郊。抱玉進攻於天水。士馬百萬。嘗令悉□西方垣翰之寄。所宜協心戮力。抗厲威武。同赴戎會也。勉卒志業。以時康功。慶流子孫。永永無替。高映勳典。豈不休哉。每念戰守之士。十年不得解甲。白首戎陣。忠勞未報。心之惻怛。難忘終食。要當候大旆所指。窮荒蕩定。懸爵位以相待。傾府庫之所有。以答西州賢士大夫忘身報國之誠。遺詔諭意。非一二所能盡也。

## 宣慰湖南百姓制　　常袞

敕、震澤之南。數州之地。頃以水潦暴至。沱潛潰溢。旣泛城郭。復瀦原田。連歲大歉。元元重困。餒殍相望。流庸莫返。加之以師旅。煩之以賦稅。哀我矜人。何以堪命。朕君臨之道。猶鬱牧養之政。未弘咎之所降。諒在於此。雖天災流行。厥有恆數。而夕惕昃厲。豈忘責躬。夫振人育物。大易之明文也。自漢魏以來。水旱之處。必遣人巡問。以安集之。國朝因其制焉。亦命近臣撫慰。俾諭求瘼之意。用紓將泛之急。宜令中散大夫給事中賀若察往湖南宣慰。處置。其百姓遭損、不能自存者。應須振給蠲免。宜與本道觀察使商量處置了聞奏。仍賫詔書。躬自問恤。宣示郡邑。令知朕心。

## 宣慰嶺南制

敕、理天下者、先務於安遠。本人情者、必令其上達。或刑罰不中。德施未孚。則生怨咨。是以申喻。朕以服領之表。方隅之大。南盡百越。專制萬里。擇將置守。常亦難之。至於臨遣。屢有明誡。俾施惠政。以恤疲人。而長吏議法不平。作威以逞。因其猜阻。陷我忠良。馮季康、何如瑛等。南方右族。累代純臣。協其義烈之心。積有艱危之效。惑於所譖。虐用其刑。遂使羣生無告。朕比託人上。每勞日昃。天地之生成。父母之慈愛。聞此濫罰。惕然疚懷。尋亦辨明。特令昭雪。如聞溪洞尙有紛擾。哀我士庶。勞於甲兵。豈不求安。良有已也。所以更謀良帥。先用舊德。兼御史大夫徐浩。歷典中外。長於撫綏。素所信任。玄冬之首。當至彼方。必能大布風化。永淸邕管。仍令尙書比部員外郎莫臧用、往嶺南宣慰。問以疾苦。弔其死喪。其季康等遇害之家。躬自存撫。切加贍恤。務令得所。以慰孤遺。其軍州有所結聚。申明中旨。懸示大信。但已歸附。即同平人。豈惟復業安居。當亦隨才命職。兼至桂州宣慰。應水旱所損。或須蠲免宣與觀察使商量。勉膺朝寄。以稱朕懷。

## 奉天遣使宣慰諸道制

古者天子有巡守之義。以考國典。以觀人風。在時多虞。或所不暇。乃命卿士。使於四方。問人疾苦。廉吏善惡。苟副所任。則如親臨。在安平之時。得資勤恤。當禍亂之際。得無省憂。朕不敏不明。肆于人上。撫御失道。誠信未孚。寇盜頻興。阻兵拒命。哀我臣庶。陷于匪人。顧茲田疇。鞠爲茂草。不念柔服。遂事徂征。徵發甲士。萬里必至。暴露營壘。連年不息。冒于鋒及。繼以死傷。煢嫠無依。父母廢養。存者積思家之怨。歿者倍異鄉之痛。又以軍資滋大。公儲不充。厚取於人。罔率厥典。科條雖設。誅斂無常。農工廢棄於生業。商賈咨嗟於道路。軍儲日益。閭閻日空。凋瘵日窮。徭賦日甚。以財力之有限。供求取之無涯。暴吏肆威。鞭笞督責。嗷嗷黔首。控告何依。怨氣上騰。咎徵斯應。疫癘荐至。水旱相承。罪非朕躬。誰任其責。朕自嗣位。逮及六年。連兵不解。以逾四稔。雖本非獲已。義在濟人。而事有重勞。敢忘咎己。皆以朕躬寡昧。居安忘危。致寇之由。實始於此。予則不德。人亦何辜。愧恨積哀。痛心疾首。昨者改元施令。悔往布新。將使反側獲安。則干戈自弭。賦役差減。則衆庶就康。還定流亡。與之休息。猶懼思慮不周於庶務。誠感未達於遐方。一理失中。一夫不獲。則何以謝天譴。致人和。俾代予言。其在良弼。宜令門下侍郎同中書門下平章事蕭復。充山南東西、荆南、湖南、鄂岳、江南、江西、淮南、浙西東、嶺南、福建等道宣慰安撫使。嗚呼往率厥職。敬服朕命。慰勉征戍。勞徠困窮。訪其所要。察其所弊。淹滯必達。寃濫必申。無憚幽遠而不被。無略細微而不恤。洎于編甿。比屋咸若朕之躬親。股肱惟良。則予有賴。其諸道將士。並準今年正月一日制。嚴備疆界。勿使侵擾。仍各令本將速具名銜等第上奏。悉與甄叙。其有殊功勁節。越超常倫。別條事迹。當□優奬。百姓每年兩稅定額外。自餘徵率。一切並停。課勉農業。各令安業。寇難既定。漸戢干戈。朕當躬先簡約。庶務節省。兩稅之外。亦更減除。其諸事緣急切、交須處分者。卽所在節度觀察商議。裁度處分。務合便宜。其餘利害。還日上奏。朕當詳省。以求厥中。宣布遠邇。咸知此意。

## 收復京師遣使宣慰制

朕獲承先顧。付以大器。懼德不類。貽列聖羞。虔躬惕勵。罔敢暇逸。將欲立法。一致和平。小信未孚。羣心遂阻。理化乖當。百度失中。君臣之間。鬱堙不達。致寇雖深於罪己。興戎猶昧於省躬。期靜亂以濟人。反勞師而黷武。行者被殺傷之苦。居者重賫送之勤。四海騷然。靡有寧處。京輦之下。杼柚亦空。環列之中。遺戍殆盡。略內而勤遠。安居而忘危。賊臣誘姦。乘間竊發。豺狼穢于宮闕。士庶陷於塗炭。作威以毒。仇視我人。萬姓嗷嗷。呼天無告。有殞踣以抗節。有脅從以假命。且一夫不獲。辜實在予。予以君臨萬邦。作人父母。既才謝覆育。又從而咎之。其心愧悚。一食三嘆。退舍內訟。介于□□。庶乎有瘳。以答譴戒。皇天悔禍。宗社降靈。腹心爪牙。奮謨宣力。元惡稔慝。脫身遁逃。餘黨歸誠。率衆來附。歛沴氛而闢閶闔。剪鯨鯢以淸郊原。函夏再寧。室家相慶。非將相夾輔王室。卿士交修予違。軍旅叶心。畢命盡敵。豈伊寡昧。克復興運。戡定大難。載感予懷。宜令吏部侍郎班宏。充上都宣慰使。勞問將士。撫綏蒸黎。招集流亡。安慰反側。朕續當整駕。揀日還京。告謝于祖宗。請罪于天地。策勳行賞。以報忠良。明宣所懷。咸使知悉。

### 安撫淮西歸順將士百姓制

敕、李希烈首亂淮瀆。又侵滎汴。兇威所及。罔不脅從。百姓既罹於網羅。將士兼質其家口。哀我衆庶。厄寃莫伸。雖欲歸降。何由自達。朕爲人父母。不克保安。遂使忠良。横遭脅汙。興言閔悼。自餘脅從。一切不問。如能去逆効順。因事建功。明設科條。以示褒勸。其有以一州降者。便授刺史。封異姓王。實封五百戶。以一縣降者。便授縣令。封郡公。賜實封二百戶。以萬人以上降者。授刺史。封國公。賜食邑三百戶。其餘各以功効。節級甄升。列爵建官。以俟能者。朗然明信。朕不食言。宣示遠人。各令知悉。

### 處分淮西敕

敕、乃者希烈亂常。阻兵竊號。汙脅士衆。殘虐蒸黎。朕志在好生。誠深罪己。爲人忍恥。不忍加兵。惟茲一軍。代著忠節。果殲元惡。不替舊勳。詢于衆情。請拜戎帥。人亦勞止。期於小康。屢乖恤下之方。重致喪身之禍。由朕薄悳。俾人不寧。撫此萬邦。且愧且悼。猶賴將校士旅。秉其誠心。邦人不驚。軍部無撓。以此節効。良有可嘉。所宜慰安。俾洽寬澤。應將士吏人、承前所有罪犯。無輕重一切釋放。曠然昭洗。咸與更新。其先受莊宅財物等。各以見管爲主。將士衣糧、並家口糧等。一例並準舊例。以時給付。不得停減。先令優與賞設。亦準元勑處分。務令豐厚。以稱朕懷。仍加曉諭。各令知悉。

### 建中四年伐兩河叛帥慰勞本道百姓敕

敕、朕嗣守大業。於今五年。承祖宗之成烈。受明靈之耿命。何嘗不損己求瘼。視人如傷。思省徭賦。以康邦俗。納羣生於壽域。躋大化於升平。而德罔虛薄。志不昭感。叛人未附。戎馬方殷。在予之責。鑒寐多懼。自兩河背叛。兇逆相因。殺害無辜。竊盜城邑。搖蕩我邊鄙。荐食我黎元。勞我師徒。費我征賦。累更時歲。未克底寧。朕子育萬人。務康暴亂。棄其細故。待以初誠。申之以大信。示之以好惡。將冀迷乃知復。困則能通。亦欲先德後刑。有征無戰。不勞師旅。以致和平。而包藏禍心。自相搆釁。侮侵朝旨。偸恤甲兵。去順効逆。曾無悛志。謂天可罔。謂責可逃。緩之則爲患日深。逼之則處困猶鬬。挾藏詐慝。詭毒萬端。陷此忠良。申雪無路。朕爲人父母。實所痛心。豈可忍此姦回。爲之覆幬。是以大整師旅。肅爾天誅。載清寓縣。以息黎庶。事不得已。而至于斯。頃以軍興。飛輓相次。軍供之費。餽運之勤。屢擾農商。或擅其利。州縣徵賦。重及疲人。朕心在止戈。日冀蠲復。先志未就。後慮繼之。徵責既加。名目猶廣。百姓私養。無以自贍。惟是夙夜。不遑晏寧。豈不知耕織之艱難。轉輸之勞苦。每一念至。載深憂旰。儻上玄垂祐。烈祖降靈。憑將帥之謀。股肱之力。俾我一戎。永清四海。則頒賦名目悉停兩稅定數。亦各減放。以便萬姓。咸與昭蘇。各委節度觀察刺史縣令。所在郡邑。明加曉喻。使知予意。朕鬱于大道。遠邇未臻。必假人力。以清多難。宣布中外。咸使聞知。

### 貞元元年慰撫平盧軍先陷在淮西將士敕

敕淮寧軍將士等。頃自平盧。來赴國難。涉溟海不測之險。滅兇賊作亂之徒。其後分鎭淮西。防秋隴上。奉我王事。久著勳勞。或耆老見存。或子弟相繼。舉其誠効。並是勳臣。頃被李希烈脅從。無路申雪。永言勳舊。實可憫傷。近者已勑諸軍不加征伐。冀能相率歸保功名。副我念舊之心。成其自新之節。其陷在淮西將士。應有親族。委節度觀察使及刺史縣令等切使安存。使皆得所。如有莊宅店鋪、奴婢六畜產業等。各任如舊。不得輒有侵擾。如全家沒在淮西。更無親族爲主者。卽官爲檢校。待當主復。卽時檢付。仍分明布告。咸使知之。

遣使安撫水災諸州詔

朕以薄德。托於人上。勵精庶政。思致雍熙。而誠不動天。政或多失。陰氣作沴。暴雨洊臻。自江淮而及荆襄。歷宋亳而施河朔。其間郡邑。遞有水災。城郭多傷。公私爲害。壞損田舍。次及田苗。或親戚之漂淪。或貲產之沉溺。爲之父母。所不忍聞。興言疚懷。良深惻憫。夙夜祇畏。悼于厥心。是用寢不獲安。食而忘味。時宜賑恤。庶洽幽明。宜令中書舍人奚陟。往江陵襄郢隨鄂申光蔡等州。左庶子姚濟。往陳許宋亳徐泗等州、祕書少監雷咸。往恆冀德棣深趙等州。京兆少尹韋武。往揚楚廬壽徐潤蘇常湖等州。百姓因水不能自存者。委宣慰使以賑給。死者各隨物故所在。官爲收斂埋瘞。其田苗所損。委宣撫使與所在長吏具奏。於戲。一夫不獲。一物失所。刑罰不中。賦斂不均。皆可以失陰陽之和。致水旱之沴。其繫囚及獄訟久未決者。所在長吏。卽與決之。務從寬簡。俾無冤滯。貪官暴吏。倚法害公。特加懲肅。用明典憲。災傷之後。切在撫綏。咨爾方鎭之臣。洎予守宰。宜悉乃心力。以恤凶災。宣布中外。咸使知之。

令潘孟陽宣慰江淮詔

理天下者。先修其國。國命之重。寄在方鎭。共理實惟列城。爲政繫乎屬縣。然則匹夫之耕。匹婦之織。積微成著。以供國用。永念蒸庶。厥惟艱哉。頃年以江淮租賦。爰及榷稅。委在藩服。使其平均。太上皇君臨之初。務從省便。遂令使府。歸在中朝。或恐巡院既多。職因交替。新制未立。舊目已紊。況汴河而東。瀕海之右。多名都奧壤。疆理接連。如或征戰不均。徵輸難濟。物輕貨重。法弊人勞。又聞江淮數道。比愆時雨。深憂黎庶之不足。軍國之闕供。政有所不宣。事有所未便。宰牧有課績。官吏有否臧。爰選使臣。申我休命。宜令度支及諸道鹽鐵轉運副使戶部侍郎兼御史大夫潘孟陽、專往宣諭。慰安疲甿。詢訪便宜。蠲除疾苦。安人利國。稱朕意焉。

# 唐大詔令集卷第一百十七

政事

慰撫下



## 慰撫下

### 宣慰魏博詔

奉君親。竭忠孝。人倫之大端也。賢智所以盡心。賞功勞。懋名節。國家之急務也。皇王所以致理。朕嗣服丕業。恭臨萬邦。每念政之未孚。化有不暨。怵惕惟勵。載勤于懷。常以爲肖質稟靈。皆思嚮善。亦在甄明撫導。推示至誠。樹績必使其光揚。罹患必圖其安緝。永言及此。終食豈忘。魏博大藩。東夏作屛。軍戎勇於見義。黎庶懷于有仁。自中原始兵革之虞。河朔爲用武之地。抱才器者、或感恩而盡力。申節効者、果因事而彰明。時將大寧。斯獲予志。昨者季安薨謝。其子幼童。姦邪憑依。安肆威福。一境危慄。懼致覆亡。比屋凋傷。疲於杼軸。田興仗義奮發。剪去憸人。大安方隅。屢獻忠懇。達三軍奉上之志。激千里望闕之誠。誓遵典彝。丕變舊俗。忠諫指切。感于朕心。是用特授旌旄。俾靖封略。言念將士。同德叶謀。守正如金石之堅。凌寒挺松柏之操。垂令名於不朽。示臣節於將來。淸風載揚。丹款可鑒。嘉尙歎息。勞於寢興。賞不踰時。式示旌勸。其管內百姓等。身勞耕稼。力竭征徭。念切于懷。用當憂憫。宜令司封郎中知制誥裴度。往魏博宣慰。親諭朕意。仍賜錢一百五十萬貫。以河陰院諸道合進內庫綾絹緜等支迗充賞給將士及六州縣百姓、差科。宜給復一年。使之蘇息。州縣之中。或有殘破偏甚者。委田興逐一便宜處分。朕以布澤之時。務從人欲。好生之德。期洽衆心。魏博管內。宜赦見禁囚徒。其與叶心立功大將及判官等。委田興具名銜聞奏。當有甄升。如有父母在。別加優卹。當道從前已來官吏將校等。或忠義可嘉。而刑戮濫及。如有此色。委田興條錄聞奏。當加追贈。如有家口見存。宜厚加優卹。管內高年者。或天寶遺人。夙霑皇化。或孤獨廢疾。不能自存。田興差官存問。仍量給粟帛。管內有淸勤奉職。爲衆所知者。田興具事迹奏聞。當加進改。如身在丘園。行義素著。或才兼文武。名節可稱。亦委田興具名聞奏。贈太尉季安、姻戚舊臣。嘗任將相。飾終之典。宜示優崇。其葬事。委田興差官勾當。禮物之間。務從周厚。田懷諫在疚之初。政出羣小。因致軍府騷然不寧。以其幼年不問。保善念功。惟恐不及。卹人厚下。唯恐不豐。庶乎大洽雍熙。遂櫜弓矢。爲仁由己。其道信然。樹德務滋。在乎終始。凡百多士。宜悉朕懷。

## 宣慰鎭州詔

朕聞帝王之宅定四海。子育羣生。如天無不覆。如日無不燭。其發號施令也如風。其行慶布惠也如雨。故能上符天道。下感人心。朕自嗣守寶圖。將欲恢弘王略。常懼化有所未至。恩有所不周。乃睠冀方。初喪戎帥。念乎三軍之士。洎乎四州之人。或懷忠積誠。而思用莫展。或災荒兵役。而望恤何階。今則昌運一開。忠誠著效。王承元首陳章疏。願赴闕庭。思保父兄之名。克固君臣之義。已加殊奬。別委重藩。又念成德軍將士等。叶心嚮義。丹款載申。方欲効其器能。各宜列於爵秩。大將史重歸、牛元翼等。已並超授榮寵。今更都加厚賜。普示深恩。兼以四州貧下百姓。當敷賑贍之惠。俾識含育之仁。宜令諫議大夫鄭覃、往鎭州宣慰。親諭朕意。仍共賜錢一百萬貫。以內庫及戶部見在疋段支迗充賞給將士。兼代四州貧下差科。州縣之中有殘破頗甚者。委弘正量便宜優卹。務令存濟。朕又以王澤所洽。天網方恢。宥過釋冤。與人休泰。其管內見禁囚徒。罪無輕重。並宜赦免。其大將等、雖已頒賜官爵。或慮有遺。並判官等。宜委弘正具名銜聞奏。如或父母在者。別具上聞。當加優卹。當道從前已來。官吏將校等。或忠義可嘉。而刑戮濫及。如有此色。亦條錄奏聞。當加追贈。如子孫見在。厚加優卹。仍具奏聞。四州之內。有高年惸獨。或承平遺老。夙覩皇風。或孤獨廢疾。不能自存者。差官就問。量給粟帛四州之內有奉職淸勤惠及百姓者具事跡聞奏當量加進改如有隱居山谷退在丘園行義素高名節可尙或才兼文武卓然可奬者具名薦聞朕以武俊之勳勞光于彝鼎士眞之恭恪繼被節旄承宗感恩亦克立效永言十代之宥俾錫一門之榮承宗兄弟並已授官爵如或未盡霑及亦當具聞奏其承宗葬事亦差官勾當禮物之間務令周厚嗚呼錄其遺忠延乎後嗣旌其衆善被於二方國有羡財不恡於卹隱朝有好爵無愛於賞功庶使八表大同五兵永戢宣示中外宜體朕懷

## 宣慰幽州詔

昔我玄宗明皇帝得姚崇宋璟使之鋪陳大法以和神人而又益之以張說、蘇頲、嘉貞、九齡之徒皆能始終彌縫不失紀律四十年間海內滋殖風俗謹朴君臣平和人無爭端卿大夫羞以贓罪鞫人於聖代矣況伺察乎由是網漏吞舟視盜不謹寇羯乘釁鼓爲妖氛天下持兵垂七十載朕顧眇末獲承祖宗分不得見四方無姑息之臣而九有復昇平之境矣上帝念我賚予忠賢盡獻提封恢纘舊服使遼陽八州之衆重覩開元之儀者時予侍中總之力也名藩重位予何愛焉劉總已極上台仍移重鎭兄弟子姪各授官榮大將賓寮亦宜超擢百姓等給復一年宜賜軍士錢一百萬貫以內庫錢充仍令宣慰使給事中薛存慶親諭朝旨與節度使丞相弘靖計會大將判官甄奬未及有父母在者並具名列上郡縣中有殘破甚者量便宜優卹平時耆老始見胡塵重覩朝儀得無悽抃遐想撫其兒稚自此免於兵鋒言念於茲用加優給管內有高年惸獨或廢疾不能自存者委弘靖差官就問量給粟帛管內州縣官吏有奉職淸勤惠及百姓委弘靖具事聞奏當與量加進改燕趙之間古多奇士隗臺如在代不乏賢如有隱山谷退丘園行義素高名節可尙或才兼文武卓然可奬者委弘靖具名薦聞於戲古人云安不忘危魏徵對太宗以守成之不易茲朕小子亦又何知而鎭冀克和（下闕）復古慄慄夙夜不遑荒寧實推祖宗之休尙賴股肱之力咨爾輔弼至於方嶽爾當勉於姚宋之功予無忘於天寶之戒宣示中外宜體朕懷

## 遣使宣撫諸道詔

朕纂承寶位司牧黎人夕惕朝兢期於康乂一夫不獲實疚於懷如聞淮南等道歉旱頗甚比頻救援尙未底寧言念流庸豈忘宵旰又慮災荒之際賦歛以興不有矜寬能無重困故令宣撫俾克慰安令殿中侍御史盧貞往浙東浙西道殿中侍御史李行修往江南宣歙等道安撫其淮南管內減放今年夏稅錢二十萬貫文浙西道七萬貫文浙東道二萬貫文宣歙道一十萬貫文並委宣撫使與所在長吏計議量管內諸道州縣災歉重輕於上供及留使州內均減作等級蠲放其應合徵者亦須優容爲理與長吏商量度其分數條奏其四道管內州縣刑獄並令疎理以絕寃滯如有枉濫官吏不能奉法貪冒奇慘令百姓由此不安者察訪以聞仍審與觀察使已下商量據所在事宜利病務於綏輯苟有利於人者便施行訖聞奏又訪聞江淮諸道富商大賈幷諸寺觀廣占良田多滯積貯坐求善價莫救貧人致令閭里之間翔貴轉甚夫裒多益寡著在格言周急勸分亦惟善政應

旱歉處州縣。有富商大賈及諸寺觀。貯蓄斛㪷。委所在長吏切加曉諭。速令減價出糶。如糶者、即令貸借。量爲取利。各立文記。至秋熟後、勒限塡還。其商賈及寺觀亦宜安住。不得因兹妄有攪擾。所有斛斗。縱是鹽商亦令准例出糶。所放人戶徵科。速定分數。書時牓示州縣。令早知委。用安其心。

爲將漳王事安撫中外敕

朕以菲德。奉兹丕構。雖虔恭修己。不敢暇逸。而誠亮格物。未能弘敷。遂使奸兇懷非覬之端。藩戚陷無君之責。外註宰臣。旁連禁吏。怵惕自咎。中宵靡寧。親臨鞫訊。改寘刑典。顧惟大義。實愧御家。猶慮險狡之徒。忿怨相冒。遂至誣引。或連非辜。載懷惕戒。宜諭深旨。應緣漳王及宋申錫被論告事。除今月六日已前準勑旨處分并捕捉王師文一人。餘並一切不問。宣示中外。用體朕懷。

令李踐方充西川宣撫使敕

蓋天人之際。相應如響。祥祲之來。各惟厥事。乃者兵革始罷。黎庶甫寧。而蜀土載罹震驚。方務綏緝。今又水潦爲沴。沉溺實多。載省奏章。益深軫慮。諒以朕澤不逮下。誠無感通。五事致咎。此方何罪。夙夜兢愧。憫歎良深。宜令戶部郎中李踐方、充西川宣撫使。應遭水人戶。委與本道觀察使計會。各量稅額。所漂損多少等第分數。蠲放今年夏秋稅錢及租子等。如上常平義倉有斛斗處。亦委德裕、遵古、開倉賑恤。更量加優賞。使得生聚。禁察苛暴。存安老疾。以副憂屬。稱朕意焉。

遣使宣慰諸道詔

大河而南。幅幀千里。楚澤之北。綿亘數州。近以水潦暴至。隄防潰溢。既壞廬舍。復損田苗。言念黎元。罹此災沴。或生業蕩盡。或農收索然。困餒凋殘。豈能自濟。是用勤灼疚於中懷。今故遣使臣詳問疾害。紓其墊溺之苦。申以勞徠之方。勉諭師徒。安存孤老。將我惠澤。冀蘇疲人。宜令給事中盧弘宣。往許鄭滑鄆曹濮等道宣慰。於戲。朕自君臨。勵精求理。常恐一物失所。每以萬物爲心。誠無感通。時有災害。夙夜愧悼。不知所以。宣示藩方。喩兹詔命。使寬其徭役。禁其侵漁。多方輯綏。俾速完復。布告畎庶。知朕意焉。

命李回宣慰幽鎮魏等道敕

敕、成德、魏博。皆出甲兵。俯臨賊境。秋氣已至。攻取是時。元逵、弘敬。制勝伐謀。必有成算。固須命使。遠訪嘉猷。又回鶻雖已遁逃。尚存餘燼。今朔風始勁。塞草具腓。猶未革梟音。敢懷狼顧。迫於飢窘。侵擾邊城。仲武久欲蕩除。俾無噍類。成其志業。壯彼威聲。亦在使臣。往諭朕意。各宜奮勵。早建殊功。解甲勞旋。免及祁寒之候。止戈除患。庶臻仁壽之期。咨爾帥臣。副予委遇。宜令刑部侍郎兼御史中丞李回、充幽州鎮魏等道宣慰使。會昌三年

遣使宣慰安南邕管敕

敕、四海九州。莫非吾之赤子。念兹遠俗。尤用軫懷。如聞日南自郭細爲亂之後。溪洞頻有不安。郎寧去歲已來。屢爲南蠻侵軼。遠思裔俗。載想疲黎。有

枉莫伸無辜受戮者多矣想思朝廷之弔問若大旱之望膏澤也是用申詔執事聿求使臣內外通班文武多士爰擇敏達副吾選求銀青光祿大夫檢校太子賓客兼右千牛衞大將軍侍御史上柱國宋涯早列和門夙通軍志公忠有素文武是經信義彰美於禁營政績茂宣於汧隴吾所求者爾其人乎昔司馬相如奉漢廷之命通西南夷路飛檄曉諭不勞師征夜郎牂牁等皆生梗之俗猶能永奉漢法于今稱之而況安南邕管皆吾藩方雖遠朝廷咸遵法理爾其將我憫憐之意深訪疾苦之源貧者撫之富者利之老者安之少者懷之盡爾公廉究茲利病因宜制變臨事合權能安遠方克致寧謐豈無崇秩以奬勤勞俾增石室之榮以盛軺車之貴無憚遐役佇立厥功可守本官兼御史中丞充安南邕管等道宣慰使（大中十一年四月）

## 遣使宣慰徐宿二州敕

敕徐宿二州將士百姓等去歲徐州戍卒專擅迴戈殺戮都頭剽奪器仗當時遠近言論朝廷便欲誅鋤朕以好生爲心懷士可恕不令究詰但任歸還將及本州又自疑阻俄興悖亂遽恣猖狂困辱廉使監軍戕害小使大將邀求符節專撓城池朕再三招懷丁寧慰諭啓自新之路垂宥過之言奸計逾堅慢辭彌犯塗炭百姓虐毒四封近年已來劇賊無比爰思止殺乃命興戎稽緩靈誅殆將周歲然而兇黨之外平人甚多皆被脅從遭其駈使每聞勝捷倍所歎傷今既底寧專令宣撫縷申明之深委使臣除弊利人蠲稅節用軍士衣賜俾其計量種麥是時已令給衈仍遣臨時裁度唯務便安皆負周才以展良術軍人百姓罹此橫禍災數致然勉於營生安茲樂土其餘事件並在德音指揮使臣專臨重此頒述今遣左散騎常侍劉異兵部郎中薛崇宣慰想宜知悉（咸通十年十月）

## 安恤天下德音

自累年已來四方多故雖已寧謐尚切防虞居安不忘於慮危有備可期於無患況海隅封略猶集戎兵天下租庸半資軍食而又徐泗戰爭之地瘡痍僅平江淮災沴之鄉流亡未占遂使物力凋耗人情艱危言念烝黎良深憫惻朕臨寶位十有四年憂勤無一日之安怵惕居兆人之上紹先王之遺訓守列聖之丕圖所以未明求衣分夜方寢靜思致理罔敢怠荒顧臣寮而委以腹心視寰宇而同於掌握管絃娛樂不替於萬幾稼穡艱難每臨於千畝今又物惟豐茂歲獲順成宜弘覆燾之恩用作生靈之福應諸道州府軍人百姓委所在長吏各承詔旨切務慰安瘡痍僅平者尤在撫綏流亡未占者倚深招諭物力凋耗之處速致安全人情艱危之時無更侵擾遠年逋欠且緩併徵近日歸還勿更加稅勸農重穀以備飢荒訓卒練兵用防寇盜但躬行儉約政不煩苛省宴樂則務贍軍需絕餉遺則盡資公用漸使疲羸蘇息帑藏充盈滅朕之憂勤寬朕之怵惕雖臣子之分必竭其忠誠而君父之心寧忘其誠勵我有爵賞以酬有勞我有憲令以懲不一凡在方鎮岳牧邑宰僚佐各揚爾職克副予懷（咸通十四年六月）

## 宣撫東都官吏敕

敕東都留守王渢、河南尹劉允章及分司御史官僚、皇城將吏、府縣官、僧道耆壽百姓等朕端居上京默念東洛常恐宗廟不得嚴肅宮闕或至蕭條省寺荒涼。井廛凋耗。府縣有疲羸之苦。郊原貽蝗旱之災。雖鑾輅翠華。未期巡幸。而臨軒負扆。常注憂勤。昨者草寇憑陵。王師討伐。勤勞車甲。綿歷星霜。巡環於十二郡間。塗炭於數千里內。方聞翦滅。又致猖狂。王仙芝等縱脅生靈。聯攻縣邑。纔收陽翟。又破郡城。不日復陷汝州。兼擄郡守監軍使。兇黨既盛。人心易搖。尋聞洛邑震驚。都城紛擾。舊相護几筵迴避。羣官挈妻子奔逃。工商失業以無依。黎庶捨家而竟出。朕每聞奏報。彌切驚憂。心如納隍。手若馭索。便罷重陽內宴。以示焦怛之懷。而宗社降靈。神祇助順。尋聞寇盜不敢侵踰。吹燎火以南旋。却洪波於北注。今則官兵漸集。王室頓安。公卿可以還舊居。閭巷足得復生業。況聞秋田大稔。物價稍低。雖暫履於艱危。必終成於康濟。今差左諫議大夫楊授、工部員外郎李巢、專往宣慰。凡屬長吏官僚等。切在條理安存。必令減節征徭。均平賦稅。無使虐吏重困疲人。諸道師徒。多已屯集。累勑有司官吏。不令供餽闕遺。亦委使臣勞諭將卒。專俟凱旋之日。當行慶賜之恩。乾符三年九月

## 遣使宣慰蘄黃等州敕

君后惻隱之心。必先於濟物。朝廷發生之澤。本務於弔人。納隍雖軫於四維。滅燎尚延於數月。朕每念愁毒。良增震嗟。王仙芝、尚君長等。跡自椎埋。結成嘯聚。呼澤而豺狼相應。掠地而鷄犬無遺。是以所寇州城。便爲荆棘。黔首盡逃於山谷。遺骸欲遍於丘墟。皆由時平不務於構兵。歲久遂至於忘戰。以致望風喪敗。迎刃殲夷。縣道皆空。人靈胥怨。嘆兇徒之未服。念赤子之無辜。蓋朕誠信未能感昭。慰曉莫能通達。須漸資於完復。俾稍慰於流離。爰命腹心。往詢疾苦。今故遣國子司業李夷遇、將我惠渥。卹彼荒殘。拯塗炭之沉淪。解瘡痍之呻痛。應汝隨申安蘄黃等州。凡經王仙芝尚君長所攻刼處。悉加撫輯。遍問存亡。其有已歸復人戶。仰所在州縣。各酌量遭罹重輕。減放租稅。其今年幷至來年春季內、所有差役。並宜放免。其田苗如經軍馬踐踏。兼人戶有戰陣死亡者。全與放免。其有衣冠士族。經亂兵橫罹殺戮者。仰於屬省錢內量給衣衾櫬櫝。速與葬送。幷爲設祭。慰其營魂。衆暴骨遺骸。委在城郭郊野。無親故收認者。宜作大塚以瘞之。將校常主牙旗。新曾加戰。折股斷臂。解脛陷胸。進不念身。誓死報國。亡歿者當與褒贈。見在者終身不停衣糧。仍令本州縣官吏。下闕遇難不撓。臨危向公。枉陷兵鋒。合嘉名節。仰所在錄名奏聞。當與追贈。其有道路郵館之所。傳遞警急之時。或驛吏驚奔。賊徒焚爇。仰宣慰使量所在物力。重爲經營。冀備追風。免妨乘馹。其衣冠將吏軍人百姓。遭焚刼甚者。委州縣審細檢勘。以義倉斛㪷賑救。且令粗濟飢危。所在府庫囷倉。亦有不經刼盜。或恐奸吏乾沒隱欺。切仰勘驗虛實。分析申奏。其有留州留使錢物。皆是十月已前。秋賦之初。須仗循良。漸自收斂。節其橫費。酌彼軍需。講於耕戰之餘。用濟公私之急。其須添器械。更浚城隍。猶防烏合之徒。重有鯨銜之勢。推我隱憂之意。俾觀急病之能。況十室之中。必有忠信。數郡之內。漸復人煙。所宜互佩韋弦。重張琴瑟。全由良吏。善撫疲人。應有緩急之間。便宜所切。州縣之利病。奏請之未行。仰宣慰使與所在刺史縣令、細詳事由。逐件聞奏。兼期知我萬幾之重。俟黎元而共安。九重之深。願風俗而同泰。委是將命。以布朕心。乾符四年九月

# 唐大詔令集卷第一百十八

政事

招諭

遣裴敦復往江東招討海賊敕

諭西京逆官敕

招諭僕固懷恩詔

招諭金商鄧州界逃亡官健制

諭涇州將士詔

諭梁崇義詔

招諭朱滔詔

招諭河中李懷光詔

招諭河中敕

招諭淮西將吏敕

授王武俊司徒李抱眞司空招諭朱滔制

諭朔方等軍將士敕

討李希烈不許諸軍侵抄詔

招諭討劉闢詔

招諭劍南諸州詔

招諭蔡州詔

討王承宗招諭敕

## 招諭

### 遣裴敦復往江東招討海賊敕

敕、近聞江東小有寇盜。多因詿誤。或被脅從。輒聚萑蒲。遂爲草竊。固當自斃。豈足在懷。猶慮郡縣遐遠。江山阻闊。百姓之間。妄有驚擾。河南尹裴敦復、頻更委任。夙著高名。必能慰諭甿俗。肅淸姦宄。安人禁暴。實佇良圖。宜攝御史大夫。仍持節卽往江南東道宣撫百姓。幷招諭海賊。仍便處置。迴日奏聞。

### 諭西京逆官敕

敕西京應被逆賊安祿山脅從官張通儒、田乾眞、鄧李陽、安神威、及諸官吏等。咸聽朕命。我國家統天立極。奄有四海。百四十載于玆矣。緝唐虞之舊政。恢周漢之鴻業。蠻夷戎狄。罔不敬從。山川鬼神。罔不祗肅。鳥獸魚鱉。罔不寧阜。五聖之德。洽于人心。上皇戡內難而昇中。推精誠以御下。和平致理。垂五十載。而祿山賤豎。大逆負恩。以羶腥犬羊之士。受節制熊羆之寄。潛圖悖亂。誘誑奚羯。盜我府庫。竊我朱紫。偷我甲兵。假我威力。而錫與我將士。斯役我邊人。脅惑三軍。舉兵向闕。載籍已來。惡逆兇悖。未有如逆胡之甚也。夫國家屯戹。自古有焉。夏有夷羿之災。而少康克復。周有犬戎之難。而宣王中興。漢有猾莽之釁。而光武底定。蓋厄運時數也。亦天將稔兇族之惡。延國祚之意哉。朕今親總六師。次于岐下。使郭子儀領朔方精騎三萬。步卒五千。幷回紇兵二萬人。使王思禮領安西北庭河隴馬步五萬。合其勢東收長安、馮翊、平陽、河東、絳郡。一麾已拔。不勞血刃。又令劉正臣領平盧精兵。連奚契丹。南收范陽。又令李光弼、程千里領馬步七萬出太行。收河洛。人百其勇。華夷一心。指期剋日。掃蕩區宇。卿等或累葉崇勳。或淸時良吏。乃祖乃父。忠貞本朝。一朝蒼黃。遇脅狂寇。想皆被詿誤。應非本心。退爲兵刃所臨。遁有妻孥之累。僶俛受死。逼迫畏威。權從賊命。遂失臣節。便復惶恐。歸順無由。朕深察之。可以言恕。且爲不善於昭明之中者。人得而誅之。爲不善於幽暗之中者。鬼得而誅之。天道固然。神不可罔。自昔作亂首禍。孰有不誅夷滅戮者哉。卿等宜審鑒是非。自圖成敗。翻然改過。轉禍爲福。或率徒侶歸順。或以一身來投官軍。皆捨其罪。如能轉殺逆黨。兼以兵降。當加厚錫。非止免戾。爾無反側。朕不食言。今故使人特詔往諭。去就之計。卽宜報來。無殺使臣。以厚爾過。若須達表疏。亦別遣行人。朕必全之。却令報去。春秋有反

經之義。吉凶之勢。在於斯須。至德二年正月

## 招諭僕固懷恩詔

佐命大臣。自天所授。納于將相。委以腹心。休戚實同。始終無易。太保兼中書令、靈州大都督府長史、單于鎮北副大都護、充朔方節度關內支度營田鹽池押諸蕃部落副大使知節度事、六城水運使、兼河中副元帥、上柱國、大寧郡王懷恩。朕之元輔。上帝賚予。道備五才。能包三傑。長策制敵。精誠感神。夙奉先朝。志平多難。授旗朔野。扈蹕岐山。前驅啓行。所指皆尅。收關河之襟帶。復都邑之衣冠。以義斷恩。毁家殉國。躬擐甲冑。駈馳十年。遇戰則酣。逢堅必脆。總統戎旅。通和夷狄。決策東向。殲厥渠魁。掃淸祆氛。芟薙逋梗。海隅萬里。一舉蕩平。遂欲息馬投戈。坐而論道。當朝大政。並以咨之。聽載賡之歌。爲千古之式。移軍汾上。方欲凱旋。疑隟之端。搆於羣小。浮言初起。且以強大自嫌。邪說又生。或謂功高不賞。以滋淹恤。因有沉猜。撫之若驚。喩之未解。朕以白日旌信。明神鑒心。若有負功臣。是大欺天下。爲人君者。豈有此乎。尋聞聚族而謀。知欲垂橐入覲。其子瑒猶懷反側。更有遷延。少年輕佻。操履非正。私庭跋扈。違背君親。朔方義師。心如父子。怒其懷貳。遂共梟懸。凶子既誅。大軍方擾。蒼黃奔竄。遠在邊州。察其深衷。本無他志。蓋緣憂懼。漸及於斯。眷念之心。無忘鑒寐。況勳書盟府。象列雲臺。錄功念勞。豈以小而累大。君臣之義。情實如初。厚祿崇班。固宜仍舊。但以河北諸將。自竭義誠。朔方三軍。已有管屬。不可更置統領。復爲節制。其先任靈州大都督府長史、單于鎮北副大都護、及河北副元帥、朔方節度等使宜並停。其太保兼中書令、上柱國、大寧郡王並如故。但當詣闕。更亦不疑。再三言提。庶早牽復。欲令方寸。懸示萬邦。爾無我虞。朕言不再。久勞于外。必無成功。收之桑榆。殊未爲晚。甘言之誘。王者不爲。危而悔之。嗟何及矣。切令宣示。遠副朕懷。

## 招諭金商鄧州界逃亡官健制

勑。軍興十年。征戍未息。禦侮之士。服勞干戈。各著戎勳。豈忘臣節。或統隸之處。失於撫循。致令離逷軍麾。播遷山谷。言念於此。憮然傷懷。金商及鄧州界逃亡官健等。往以數州之間。道路氛梗。哀我將校。屬當寇虞。戰守之功。始終可錄。誠宜自愛。共保令名。豈賞罰所加。或非適中。而資糧不給。由此無聊。遂至流亡。因相結聚。竄身重險。求活草中。迫以困窮。焉能自固。既非義取。又懼刑章。豈不懷歸。良有以也。且君示人以信。必在推誠。臣事上以忠。莫如遷善。儻翻然相率。歛衽而來。自合棄瑕。況其無過。朕當捨而不問。咸與惟新。智者見於未萌。古人重其改往。遞相勗勉。早決良圖。仍委刺史縣令。自賫詔書。親至山谷。分明諭旨。一一招攜。所有懷附。切加慰納。問其所欲。各使便安。若願歸田農。當恤生業。如請入軍伍。亦聽食糧。務令悅從。以洽朝化。宣示將士。知朕意焉。

## 諭涇州將士詔　楊炎

告涇州將士等。朕自臨寓縣。體道未弘。施政未洽。頃以原州在西郊內地。密邇王畿。而夷狄往來。於焉畜牧。戎心既啓。邊事益勞。所以議築其城。將爲

久計。不能遠徵夫役。遂使近借軍人。故命齎四十日糧。擬令事畢卽放。朕卒然改易軍使。不及與將校商量。而狂謬之流。扇動生變。遂令爾一州士衆。狼狽失圖。在予闕詢謀之義。俾爾陷反側之黨。而事不得已。至於用兵。旣有攻圍。頗多傷殺。哀我將士。忽爲寇讎。靜言思之。孰甚玆痛。是以夙夜軫念。思宥其辜。況爾等服勞王家。積有年歲。肅宗因爾以正天下。代宗因爾以安封域。備歷艱險。莫非誠效。朕方倚爾爲股肱之衞。視爾如父子之軍。豈謂事起倉黃。變善成惡。今重圍已合。諸道悉會。欲引涇水以灌州城。念爾一城之人。亡命相守。城陷就戮。豈可求生。朕是用隱然疚心。益加憫悼。況吐蕃和使。見在闕下。回紇可汗。來受册命。積年外患。今旣底寧。伊爾小失。理宜容貸。今旣遣官。特赦爾罪。自聞喜已下。一無所問。爾欲求之戎狄。予不汝違。欲散入諸軍。亦惟爾志。衣糧之不備者。並合資給。道路之不達者。亦令導送。亡者勿得追捕。來者厚加禮接。朕方責己悔往。示大信於天下。終不罔爾將士。而爲誘詐。予言不信。天實棄予。嗚呼。朕子育黎元。因其得所。而令爾一州士衆。進不獲盡忠於國。退不獲自保其家。圍守之中。敗亡是懼。將何昭宣大號。撫柔夷夏。朕之自咎。天監予衷。爾尙聽予言。無惑玆訓。建中元年

## 諭梁崇義詔　楊炎

敕。朕聞君臣之分。義固金石。將相之職。任同安危。在昔哲王。罔不注意。體合股肱。則付之以大位。道形終始。則載之以丹書。所以保親諸侯。弘樹一德者也。朕自纂統。于玆三載。兢兢業業。日愼一日。任夫難任。安夫難安。實賴公侯藩輔。作鎭于外。將帥戎士。盡瘁勤王。冀忠賢之同德。躋億兆於仁壽。思達寤寐。動推至誠。大開胸懷。彰示天下。雖奸邪不逞。搆造異端。離間往來。反白作黑。下動危疑之勢。上陳似是之言。焚其表章。前後數四。未嘗不寘以極法。竄于窮荒。庶夫纔諛杜口。謠妄卷跡。中外上下。俱臻太和。豈止同體之不疑。萬方之知我而已。金紫光祿大夫、檢校、刑部尙書、襄州刺史、山南東道節度使梁崇義。往以邦家不寧。襄漢未靜。奮自諸將。累建戎勳。忠謀僉一。保大安衆。授鉞南紀。表正江山。勒輯士人。克謹侯度。惠化周洽。俗阜風移。踰二十年。績用光備。內修貢職。首課方州。朕夙茂勳德。用崇爵命。而忠規益勵。亟請來朝。期啓乃心。以成吾事。尋以郭昔、鄭茂勳、鄭和叔等。奸謀參會。庸狡妄作。朕雖聽斷無惑。寘以嚴科。猶聞疑貳不安。外求援助。是何顚沛。以舉謂我。齷齪而動。憮然懷想。深用歎惜。夫禹湯前古之聖后也。一夫不獲。有納隍之懼。齊桓霸者之中人也。舉讎棄怨。致九合之功。朕上爲人君。子育萬國。涉道日淺。誠明未敷。使心腹耳目之臣。負義懷忠之士。坐相猜阻。交質往來。構此異端。頓虧大節。頃亦頻遣將命。諭達至情。近得章奏。猶云隔在恩外。言之有犯。豈爲是乎。終用咎悔。永思更始。今予命爾檢校、戶部尙書、同中書門下平章事。餘並如故。兼賜以鐵劵。鏤其勳庸。期于永終。與國無極。是表至公之舉。用昭勿貳之懷。嗚呼。其敬之哉。無再聽邪說。無外蓄弘心。唯臣道是固。惟國章是守。天命可畏。敬順予言。其管內諸將。三軍官健。久勤征鎭。咸著忠勞。數年已來。未更敍錄。比類諸道。實合甄收。其大將委中書門下。卽條件進擬。自餘委本使。一月內具名聞奏。仍令殿中侍御史張著與□□使孟遊仙同往宣諭。布告軍府。令悉朕懷。

## 招諭朱滔詔

朱滔受任薊門。累著成績。委遇既重。祿秩亦崇。臣節中虧。自貽伊阻。洎賊泚構亂。僭竊上京。弟兄之親。在法無捨。朕以罪不相及。情有可原。待以如初之誠。廣其自新之路。執迷不復。固敗是求。蹙喪而歸。既困方悟。累獻款疏。深陳懇誠。省之惻然。良用憫歎。雖將相嫉惡之志。固所難容。以君上懷柔之情。未忍拒絕。且善莫大於改過。德莫盛於好生。宜令武俊、抱眞開示大信。深加曉諭。若誠心益固。善跡先彰。朕當掩釁錄勳。與之昭雪。宣告衆庶。咸使知聞。

## 招諭河中李懷光詔

李懷光往因職任。頗著幹能。朕嗣位之初。首加拔擢。託爲心膂。授以旌旄。頃歲河朔不寧。令往征討。任兼將相。恩極寵榮。及朱泚猖狂。誘奸作亂。擾動京邑。逼迫奉天。懷光率領全軍。奔赴國難。兇逆逃遁。宗社再寧。保安朕躬。實有所賴。委元帥河中之權。兼太尉中書令之秩。廣增實封。賞及宗親。人臣之盛。莫與爲比。豈朕報懷光不崇。京邑未收。嫌釁已搆。被朱泚潛使奸人說誘。又受張佋等惑亂之辭。曾不覺知。自生疑阻。遂與元惡通和往來。朕志在推誠。事皆掩覆。禮遇轉厚。委任益深。都不悛心。稔惡日甚。勑書慰問將士。懷光並不令宣。三軍咸欲收城。懷光並不令出。自云已共朱泚定約。並不能更事國家。兼朱泚所遣來人見。宣慰勑使。公言迫脅。無復君臣。朕以眇身。獲承鴻業。務全大計。遷幸山南。蒼黃之間。備歷危險。賴朔方等將士。保守忠義。恥陷惡名。不謀同辭。誓守臣節。懷光知將士之意。不可改移。徑往河中。偷安朝夕。據其罪跡。情實難原。然以奉天解圍。嘗著勳烈。昨又遣男璀等謝罪。懇請束身歸朝。朕憫其改過之誠。念其赴難之效。以功贖罪。務在優容。令給事中兼御史大夫孔巢父、齎先授懷光太子太保勑牒。往河中宣慰訖。三日內便與懷光同赴上都。所在保護。不得邀截驚動。違者按以軍令。仍許懷光將百人已下。隨身防援。如欲便令家口同行。亦聽。懷光若到闕庭。必保全終始。厚加恩寵。待之如初。仍賜實封五百戶。子孫承襲。代代無絕。信如皦日。朕不食言。朔方軍素推忠義。國家每有危難。未嘗不立大功。子儀再收京城。皆是此軍之力。昨又遠從河北。來赴奉天。逆賊畏威。望風奔遁。眷言殊績。朕豈暫忘。其軍將士。各竭忠至誠。叶心戮力。橫遭迫脅。無路自申。每一念之。痛心自咎。昔者君臣阻隔。只爲懷光一人。今懷光自請入朝。猶捨其罪。況諸將並是功臣。各宜坦然。更勿憂慮。所有官爵實封。并賜名定難功臣。一切如故。仍準元勑超五資與改轉。

## 招諭河中勑

勑朔方及諸軍應在河中絳州朝邑將士等。並以義烈繼代。勳業冠時。艱虞已來。常濟國難。肅宗、代宗再復京邑。皆是朔方將士之功。去歲朕在奉天。凶黨攻逼。解圍赴急。亦賴此軍。故當深念爪牙。情均骨肉。濟朕危厄。感之豈忘。頃以懷光背恩。自生猜阻。熒惑將士。汙脅忠良。朕頻降詔。深惻於衷。今王師四臨。即至尅捷。將士百姓。款附甚多。或棄其鄉園。或捐其家族。脫身効節。良有可嘉。特宜撫綏。以獎誠效。應淮西及界內、及鄭汴等州將士歸順者。委所在節度防禦等使。收管。切加存恤。優給資糧。仍具名銜奏聞。當與甄敘。并給遣衣賜。其百姓從賊界歸者。亦委所在觀察使、刺史、量以本道本州錢物賑給。令得存濟。如情願便住者。卽配死戶田產。使營生業。若欲赴諸州縣者。隨其所之。當時給文牒發遣。不得止遏。所至之處。準前優賞。率土之濱。莫非王臣。雖陷寇中。諒非獲已。但能効順。卽是平人。務予招綏。副朕所恤。

## 招諭淮西將吏敕

敕、朕臨御已來。連兵不息。自經播越。方歷險難。耳聞鼙鼓之聲。目覩殺傷之苦。由是覺悟。悔於興師。既省己以知非。尤欲人之遷善。至乃歲充賞設。度支卽據界首及行營軍額。分配定數。逐便支送。仍委本道都統節度防禦都團練使、卽條錄功第名銜聞奏。並與甄敍。其行營將士。仍各放歸本道。明加宣諭。令悉朕懷。

## 授王武俊司徒李抱眞司空招諭朱滔制

敕。三公之職。論道經邦。序五行之和。任百事之理。歷代崇重。不常厥官。天祚皇家。茂生才傑。比義齊烈。同寅協恭。以德允台階之望。以勳當井賦之錫。聿膺並命。式副具瞻。開府儀同三司、檢校、司空、同中書門下平章事、使持節、恆州諸軍事、守恆州刺史、成德恆冀深趙等州節度觀察處置等使、瑯琊郡王王武俊。秉心沉密。臨事果斷。忠而能力。勇且有仁。奮發之初。渠魁卽戮。危疑之際。大節克彰。開府儀同三司、檢校、尚書左僕射、同中書門下平章事、潞州大都督府長史、充昭武軍澤潞磁邢等州節度觀察處置度支營田使、上柱國、符陽郡王李抱眞。質重氣和。內精外朗。智窮變化。守必以恆。克著明誠。動有攸利。謨猷屢告。規益弘多。皆勠力盡瘁。志匡王室。陳師鞠旅。同討不庭。仗大義而萬衆叶心。體至公而千里同契。合軍於呼吸之頃。決策於指麾之間。并轡載馳。親執桴鼓。兇徒殄殪。河右廓清。國家無北顧之虞。姦慝沮南侵之計。時乃□□。厥功茂焉。敷五教以阜人。均九土以居衆。俾爾更踐□□。偏□洪休。仍加眞食。以貽後嗣。武俊可檢校、司徒、同中書門下平章事、實封五百戶。餘並如故。抱眞可檢校、司空、同中書門下平章事。賜實封五百戶。餘並如故。嗚呼。古人有言。唯治亂在庶官。矧惟輔臣。與國同體。明聽朕命。爾其欽承。

## 諭朔方等軍將士敕

朕嗣位不明。輕費尙力。謂武可以靜暴慢。謂刑可以懲姦邪。德之不修。亂是用長。士馬疲耗。蒸黎流離。罪在朕躬。誰任其咎。自去歲遭變。再經播遷。歷山川之險艱。知軍旅之勞苦。惟省前過。悔憤盈懷。追往事而不及。庶後圖之可補。以九廟爲重。而下書再三曉諭。皆被懷光隱匿。兼亦妄有加增。朕之誠懷。竟未宣布。夙夜自愧。寢食不安。今時屬嚴凝。例須衣賜。豈以懷光一人拒命。遂令將士並不霑恩。朕於功臣。義存終始。其朔方及諸軍應下闕河中絳州朝邑將士等。今春冬衣賜。並準一月二十一日制。緣赴奉天解圍功等第給賞錢物等。宜令所司。並許科別收貯。待道通流。卽當時支遣。其歸順者續給。其將士等先賜實封。一切準元敕。並配州給牒。馬燧、渾瑊、逐分送付。令其差人下闕受。仍明加宣諭招撫。務令忠義之士。各悉朕意。

## 討李希烈不許諸軍侵抄詔

陸贄

敕、李希烈阻兵淮右。虐害蒸人。朕哀憫無辜。横遭脅制。若興師行討。卽玉石俱焚。所以頻下詔書。再三開諭。曾無悛革。但益憑陵。忠勇之徒。皆思奮擊。朕悔於征伐。務在含容。豈以一夫無良。遂令萬姓罹禍。安人忍恥。是朕素懷。今東作方興。麥秋在近。儻行侵掠。深害農功。一方之人。實足矜愍。應與淮西接界州縣。各委本道都統節度防禦團練等使。申明前勑。嚴設隄防。務使農人。遂其耕穫。賊若不先侵軼。但自保守封疆。勿令越境。暴犯田苗。及其侵抄。務宣朝化。以洽遠人。仍於所在界首。明加招諭。咸令知悉。

招諭討劉闢詔

劍南西川。疆界素定。藩鎮守備。各有區分。頃因元臣薨謝。隣境不睦。劉闢乃因虛搆隙。以忿報讎。遂勞三軍。兼害百姓。朕志存含垢。道務安人。遣使宣論。委以旄鉞。如聞道路壅塞。未息干戈。輕肆攻圍。擬圖呑併。爲臣之體。義在勝殘。命將興師。蓋非獲已。宜令山南西道節度使嚴礪、領當道士馬。與劍南東川節度使李康、犄角應接。仍令神策行營節度使高崇文、領馬步五千人爲左軍。左右神策京西行營兵馬使李元弈、領馬步二千人爲次軍。並相續繼發。仍仰高崇文等、各差人先與嚴礪計會齊進。朕以三蜀之人。本無過犯。征鎮將士。各著勳勞。迫於威制。不能自拔。各宜分明曉諭。令悉朕懷。如劉闢稟奉朝經。軸兵却歸本鎭。朕務存誠信。必當委待如初。其效順之誠。臨陣歸款。高位重賞。當不食言。如尙執迷。自貽覆滅。法旣無赦。令在必行。宜一乃心。恭守所職。其置頓糧料等。仍委度支使差官勾當。無令闕失。

招諭劍南諸州詔

朕聞皇祖玄元之誡曰。兵者。凶器也。不得已而用之。恭惟聖謨。常所祗服。故雖文告有所不至。誠信有所未孚。姑務安人。必能忍恥。朕之此志。亦可明徵。近者德宗皇帝舉柔服之規。授宰衡之任。弘我廟勝。遂康巴庸。故得南詔入貢。西戎寢患。成績始著。元臣喪亡。劉闢乘此變故。坐邀符節。朕以枉成命者。雖乖於理體。從權便者。所冀於輯寧。竟違卿士之謨。遂允僥求之志。朕之於闢。恩亦弘矣。曾不知負牛羊之力。飽則遙兇。畜梟獍之心。馴之益悖。誑惑士伍。圍迫梓州。誘陷戎臣。塞絶劍路。師徒所至。燒掠無遺。干紀之辜。擢髮無數。朕爲人司牧。育彼黎元。如闢之罪。非朕敢捨。是用叶羣率之謀。除百姓之害。永清妖孽。底定一方。伐罪弔人。於是乎在。其逆賊劉闢在身官爵。宜並削除。今王師鼓行。尋濟天險。梓潼城守。已解攻圍。壓卵注螢。坐看撲滅。其西川將士。如有乘此聲勢。飜然改圖。梟斬兇魁。以効誠節。必當特加爵秩。高位重賞。朕無愛焉。其餘將吏等。但能去逆効順。以所領歸降者。超三資授官。以一身降者。亦與改轉長行官健。歸順者。並與敍錄。仍加賞給。其西川管內刺史等。當其阻亂。孰克靜柯。雖章表未通。而衷誠可見。今能歸款。亦仍舊職。如或乘機立效。因事建功。並特加酬賞。務極優厚。夫皇王之道。弔伐所加。義在除殘。情非樂戰。故脅從罔理。必誡於徂征。焚溺是衷。俾興於傒怨。禁暴止亂。其在茲乎。況有跡陷兇徒。心非黨惡。歸我無路。遂至淪胥。言念斯流。尤深軫惻。所以明喻將帥。罪止渠魁。其餘染汚。一切勿問。布告遐邇。宜悉朕懷。

## 招諭蔡州詔

敕、朕嗣膺寶位。于茲十年。每推至誠。以御方夏。庶以仁化。臻於太和。宵衣旰食。意屬於此。今淮西一道。未達朝經。擅自繼襲。肆行寇掠。將士等迫於受制。非是本心。遂令此軍。若墜淵谷。朕每念此。爲之興懷。思去三面之羅。庶遵兩限之義。故擇慈惠之長。授之隣封。俾申朝旨。敷我大信。山南東道節度管內支度營田觀察處置等使、金紫光祿大夫、檢校司空、使持節、襄州諸軍事、兼襄州刺史、御史大夫、上柱國、鄭國公、食邑三千戶嚴綬。信能及物。寬以服人。道融謙光。志尙柔克。一登揆務。三命齊壇。戎機吏術。靡不更練。必能招懷不類。敷我國恩。宜授兼申光蔡等州招撫使。仍與鄰道將帥等。卽同糾率。共申曉諭。其淮西將士官吏等。如有歸國。仰量其高下。便授職任。仍具聞奏。卽超授官爵。縱舊有罪犯。一無所問。吳元濟如東身歸朝。亦當棄瑕錄用。其百姓有歸投者。仰便給糧食。仍與田宅。務加存卹。使其安堵。待事平之後。淮西將士、宜共賜錢二百萬貫。百姓給復三年。詔書所不該者。委嚴綬量其所宜。條件聞奏。庶盡綏懷之義。以申生育之恩。若尙敢執迷。不能遷善。至於問罪。自有常刑。宜以誠懷。使其知悉。

## 討王承宗招諭敕

敕、自古哲王之有天下也。懲其暴亂。則法所宜加。察其情狀。則罪有不及。故太尉兼中書令武俊。忠扶邦國。節著艱難。覽視册書。想見風槩。而承宗毁棄門戶。違悖君親。遽肆姦兇。自貽討伐。欒盈干紀。寧忘武子之勳。蕭延紹封。無廢鄭侯之嗣。矧忠而見節。禮以議賢。宜降深恩。庶行中典。載明樵採之禁。兼茂歸降之制。好生之德。俾浹人心。止殺之源。用孚朕志。其王士平、士則、並宜各守舊官。其武俊實封。仍特賜士則承襲。鎮州大將。並著茂勳。言念其勞。每用增歎。其有食封者。並且依舊。不須停給。如領兵軍將、以所領歸降者。超三資與官。賜實封二百戶。仍賞錢一萬貫文。其武俊、士眞、松楸墳墓。行營諸軍。並不得輒有毁伐。除暴勝殘。事非獲已。布德施澤。仁豈遠乎。用彰弔伐之師。式示皇王之道。宣布內外。宜悉衷懷。元和四年十月十七日

## 討鎮州禁侵掠敕

敕、鎮冀管內諸州百姓等。莫匪王人。皆同赤子。蓋戀生業。遂迫兇威。暴賦急征。旣嗟於無告。冒鏑觸刃。又慮其俱焚。言念于茲。良深憫惻。其應討鎮州諸軍。所到之處。宜先存撫百姓。使安其業。勿令擄掠傷害。以副朕心。

## 招諭王庭湊詔

朕初撫天下。實在便安。故委同捷節旄。處以華壤。顧彼童孽。豈克當之。然蔑棄君親。不容覆載。忠臣義士。咸同忿嫉。非朕生事。致於興戎。庭湊承累朝恩榮。據四郡士衆。將謂率先問罪。以圖勳名。而乃影援逆寇。干犯王旅。諸道使命。繫爲纍囚。內兵滄州。抗戰四境。交支郡之管籥。棄隣好之姻親。無恩於家。忘義於國。而猶特降中使。許其轉環。詞旨堅執。曾無少悛。近者又令宰臣遺書。許以効順。王誥一去。寂耳無聞。朕以成德一軍。代建勳力。聆風拭目。待之實殊。豈爲庭湊一人。致使傷及百姓。今迫藩臣懇請。連章繼宣。示羣公卿士。參詳可否。以觀衆情。義不容誅。列狀斯在。今亦酌其簡便。以適事

機，亦以嘗在先朝，曾効忠款，寵獎逾等，驟至三公。開其自新，以全臣節，朕之恩義，亦不負矣。其諸道與鎮州鄰接處，宜並絕其進奉，嚴加警備。其有突犯，及隨指揮，並宜依詔旨處分。諸道須有移軍出界，並不得焚毀廬舍，橫加殘害。歸投者撫之，拒命者禦之。如有忠臣義士，以一州或城鎮降者，並依討滄州例處分。其上都進奏院，宜令御史臺、京兆府切加守捉，禁其出入，待後勑處分。如庭湊翻然改悔，乞効忠勳，上表陳誠，須有聞奏，亦委鄰界當時轉爲進上，不得停留。於戲！朕亦以帝王至仁，以安兆庶，以黃老清淨，用寧寰宇。文告屢施而不從，兵革在郊而未戢，德不能洽，誠有未孚，致費厥詞，良多愧歎。太和二年八月

## 令鎮州行營兵馬各守疆界詔

門下：聖人之教，先德後刑；王者之師，有征無戰。所以體人經遠，要終責實，導利天下，端由一人。情雖獲已，務臻斯道。朕以寡昧，嗣守丕業，威不能禁暴叛、戢干戈，德不能濟生靈、完物力，以至于起師戎之役，陳原野之刑，然謂有功，固已多愧。始者逆賊同捷，統戎專地，弄兵恃寵，不受文告，不服朝廷。本貴清淨，唯務含弘，常欲安其反側，匿其瑕穢，曾不悔禍，是用徂征。賴天地降靈，中外叶力，兇渠就戮，滄海甫安。我本興師，事止於此。言念士衆，以及里閭，並遭脅從，久陷塗炭，殺傷之外，殘瘵可哀，已各有獎錄，及令賑恤，仍委長吏，更加綏緝。王庭湊因緣同捷，遂此沉迷，及交鋒刃，益縱豺豕。今滄德既已平殄，庭湊猶未悛懲，合乘兵威，便圖攻討。然欲更令思省，未忍重有傷殘，又以行營諸軍，久勞于外，憫其暴露，且議旋歸。況兵有可用而不用，謂之不武，則失柄；有不宜用而用，謂之黷武，則興亂。弛張在我，豈止一途。其鎮州四面行營兵馬，並宜各歸本界，且自休息，使耕農不廢，儲峙有常。見存者苟獲阜安，未來者亦將焉往。朕志已定，姑務保寧。諸道縱有能指期攻取鎮州者，亦非朕意。何者？庭湊一身負累，三軍百姓，皆是吾人，豈忍非辜，罹其殺害。朕爲人父母，義切生成，每念迫以兇威，不得保其性命，或使役夫遠念家業，或剗剝資糧，或朝夕不免於飢寒，或冤濫以致其愁痛，寢食之際，未嘗暫安。其幽州、河東、易定、齊德、昭義、魏博等道，但要保境，勿相往來。若庭湊以四郡之地，三軍之衆，率誠歸闕，翻然効順，則不獨棄其舊惡，兼亦別議新恩。以至自知計力窮盡，而能束身請命，亦當待以不死。唯此一事與達表章，其餘並勿聽信。鎮州四面節將，或功勳已茂，或感憤方深，皆欲乘時以圖盡敵。然國家之本，愛人爲先，縱能翦平，豈免傷殺。今但環境設備，使之不能侵軼，須以歲月，自當誅除，此所謂不戰之功，不勞而定也。其應討滄州行營將士，並已遣使各加賜勞。其死事之後，傷痍之人，及濱河州縣兵戈所聚、水潦爲敗者，並有制命，悉令惠養優恤，副我意焉。然猶慮長吏未能將明，或有漏落，委中書門下準五月十三日勑，詢訪事實，務令周給。於戲！我理天下，但恐道化未至，不慮寇孽不平。若宗社之靈，風教所及，則四夷八蠻，猶當航海慕化而來，豈山東四郡，獨能拒命。夫退修教而降崇，不戮人而克敵，予之所尚，今也其時。凡在中外庶僚羣帥，悉力竭忠，尚弼予理。宜示遐邇，各體朕懷。主者施行。太和三年六月八日

# 唐大詔令集卷第一百十九

政事

討伐上



## 討伐上

### 令秦王討王世充詔

取亂侮亡。聖人於是致治。安民和衆。大武所以戡功。兵革之興。義資靖難。出軍命將。蓋非獲已。自隋氏數窮。天下鼎沸。豺狼交爭。黔庶凋殘。朕受命臨御。志存寧濟。率土之內。咸思覆育。聲教所覃。莫不清晏。唯彼伊洛。尙隔朝風。世充作梗。肆行凶暴。虐害良善。擁迫吏民。反道亂常。日月滋甚。禍盈釁積。天亡有徵。心腹猜攜。黨援孤絕。農畝荒廢。糧廩內空。城隍社稷。勢將崩潰。弔民問罪。今實其時。可令陝東道行臺、上柱國、秦王世民。總統諸軍。東踰崤澠。分命驍勇。百道俱進。救彼塗炭。誅其凶渠。凡此授律。義在拯民。府庫貲財。一無所利。尅敵制勝。効策獻功。官賞之差。並超恆典。其有背賊歸款。因事立勳。卽加寵授。務隆厚勸。武德三年七月

### 討輔公祏詔

禁暴戢兵。昔王於是致治。亂常干紀。有國所以明刑。東南道行臺、尙書左僕射、上柱國、舒國公輔公祏。本自凡伍。素無藝用。往因擾亂。連結徒旅。與吳王伏威、同心協力。保據江淮。早率所部。遠歸朝化。錄其功效。授以官爵。任管方隅。榮寵兼至。不能勵身奉上。克保名節。遂乃包藏禍心。圖爲不軌。自伏威入朝之後。公祏卽行專擅。違犯朝憲。不顧典章。徵斂穀帛。掠奪子女。肆其殘忍。妄行誅殺。驅役士民。招集姦盜。毒流衆庶。怨結遐邇。國家務存含養。未申刑罰、每加懲誡。冀其自改。今乃稱兵內侮。假相署置。驅扇蟻徒。敢行抄竊。惟彼凶逆。速宜勦定。命將授律。義在安民。已令天策上將、太尉、領司徒、尙書令、陝東道大行臺、雍州牧、領十二衞大將軍、上柱國、秦王世民。爲江南道行軍元帥。董率驍勇。風驅電擊。麾旆所臨。當卽崩潰。凡此罪惡。止在魁渠。脅從之徒。一無所問。縱有已陷賊黨。非其本心。拔難而來。因立功効。此等之類。皆與官賞。江淮以南。比遭毒螫。吏民困辱。各不聊生。平定之後。並給優賞。卽令撫慰。各令安堵。勳賞之科。具如別格。宜明宣布。咸使聞知。武德六年九月

### 親征安祿山詔

黃軒撫運。旣統蚩尤之旅。炎漢應期。亦有陳豨之伐。雖德合仁覆。或震雷霆之威。功侔載物。匪容原野之罪。蓋所以除殘禁暴。伐罪恤人。聖帝賢君。孰能無此。朕以菲薄。纘承丕構。乘時御宇。慙繼統於百王。旰食宵衣。軫納隍於一物。多歷年所。億兆咸知。安祿山本自細微。擢之行伍。進小忠而自售。包巨猾以貪天。予每含容。冀其遷善。列在衣冠之右。授之師旅之權。賜與無涯。邀求罔極。凡經寵任。中外畢聞。今遂竊我干戈。欺我將士。妄宣密旨。假託妖言。人畏凶殘。苟從逼脅。稱兵向闕。殺掠無辜。此而可原。孰不可忍。前所出師命將。足以除凶去孽。仍聞阻兵西路。左次南轅。朕義在救焚。情存拯溺。雖螗蜋舉斧。自當屠潰。而蜂蠆有毒。必藉討除。今親總六師。率衆百萬。鋪敦元惡。巡幸洛陽。將以觀風。因之掃殄。太山壓卵。未可喻其重輕。洪波注螢。不暇收其光焰。宜令所司卽擇日進發。其河西、隴右、朔方。除先發蕃漢將士及守軍郡城堡之外。自餘馬步軍將兵健等。一切並赴行營。各委節度使統領。仍限今月二十日齊到。旣緣翦除兇逆。暫赴東京。宮掖侍從。並令減省。至於供億。都無所需。其扈從文武官及飛騎閑廄馬家。并諸色人等。應食公糧者。並以官物支供。仍從此身齎鍋幕。緣路並不須置頓。在於黎庶。固免勞煩。布告遐邇。宜知朕意。天寶十四年十二月

## 貶田承嗣永州刺史詔

自古屈法申恩。與之更始者。爲君之道也。務善改過。期於自新者。爲臣之節也。其或棄瑕含垢。弘貸之澤已深。而挾僞藏奸。干紀之情轉露。則亦中外同棄。刑憲不容。西漢伏信越之誅。東京舉萌寵之罰。此皆前王典式也。魏博節度支度營田觀察處置等使開府儀同三司、太尉、檢校、尚書左僕射、同中書門下平章事、兼魏州大都督府長史、上柱國、鴈門郡王田承嗣。出自行間。策名邊戍。早參戎秩。効用無聞。嘗輔凶渠。駈馳有素。洎再平河朔。歸命轅門。朝廷俯念遺黎。久羅兵革。自祿山肇禍。瀛博流離。思明繼釁。趙魏堙厄。枌榆井邑。靡獲安居。骨肉室家。不能相保。念其彫瘵。思用撫寧。以其先布款誠。寄之爲理。所以委授旄鉞之任。假以方面之榮。期爾知恩。庶能自効。崇賚茂賞。首冠朝倫。列異姓之苴茅。登上公之禮命。子弟童稚。皆聯臺閣之華。妻妾僕媵。並授國邑之號。人臣之寵。舉集其門。將相之權。兼領其職。夫宰相者。所以匡輔王室。庥庇生靈。獻可替否。救災恤患。而乃據國家之封壤。仗國家之兵戈。調國家之征賦。掩有資實。憑竊威靈。內苞凶邪。外示矯順。陷誤良善。賊害平人。騁其樂禍之心。俾叶同惡之體。且相衞之略。所管素殊。而逼脅軍人。使之翻潰。因其驚擾。便進軍師。事跡暴彰。奸邪可見。不然者。豈志淸之亂。曾未崇朝。子期光朝。會於明日。足知先有成約。指期而來。是以蔑棄典刑。擅興戈甲。既云相州騷擾。隣境救災。旋卽更幷磁州。重行威虐。此實自相矛盾。不究始終。三州既空。遠邇驚陷。更移兵馬。又赴洺州。實爲暴殄不仁。窮極殘忍。又薛雄乃衞州刺史。固守本藩。忿其不附。橫加凌虐。門盡屠戮。非復噍類。酷烈無狀。人神所冤。又四州之地。皆列屯營。長吏屬官。擅請補署。精甲利器。良馬勁兵。全軍之資裝。農藏之積實。盡收魏府。迨無孑遺。更復收管將士。去其本部。刼質妻子。給我資糧。觀其所爲。蓋在無赦。且倉庾者。平人之膏血。恣行貪竊。甲兵者。干城之腹心。輒爲舉動。欲行討問。正厥刑書。猶示含容。冀其遷善。俾予東夏之人。終免無辜之酷。抑予典憲。務使慰安。遂遣知古。遠奉詔書。喻以深旨。命承昭副茲麾鉞。撫彼舊封。而承昭又遣親將劉渾。先傳詔命。承嗣逡巡相衞。仍刼知古偕行。先令姪悅。潛扇軍吏。至使引刀自割。抑令騰口相稽。黨衆諠囂。請歸承嗣。按其姦狀。足以爲憑。此而可容。何者爲罪。今尙全其首領。更授藩條。貸以朝章。用遵時令。其承嗣宜貶授永州刺史。兼許十歲已下一男一女隨身。便路赴任。委河東節度使兼御史大夫薛兼訓。簡練馬步一萬五千人。卽赴邢州。取承昭處分。逐便招撫。應變權宜。成德軍節度使、檢校。左僕射寶臣。精選驍雄馬步三萬二千人。屯集深冀貝州等路。幽州節度使留後、兼御史大夫朱滔。舉馬步軍二萬五千人。進逼滄瀛。權宜招討。淄靑等節度使、檢校、左僕射正己。率所管馬步三萬人。北臨德博。淮西節度使、檢校、右僕射忠臣、永平軍節度使、兼御史大夫李勉。汴宋節度使留後、兼御史大夫中丞田神玉。幷河陽澤潞等道兵馬。共六萬五千人。直據淇園。皆擐甲整戈。犄角相應。如承嗣不時就職。尙在執迷。則所在進師。按于軍法。今數郡之地。迫受其兵。深哀士人。重遭剽掠。丁壯離於農畝。工女廢於蠶桑。胡寧忍之。蓋非獲已。緬思塗炭。過在朕躬。其昭義軍管內五州。宜給復二年。仍委承昭撫慰。務令蘇息。且聖人之教。必也勝殘。王者之師。存於止殺。其魏博磁相等將士。並懷忠義。皆被脅從。但恐玉石俱焚。當宜各思自拔。除其首惡。咸與惟新。事定之時。罪止元凶一身。幷其姪悅。其餘官吏將帥。爰及弟姪子等。能自歸順者。一無所問。如有擒執渠魁。下其城邑。便以承嗣在身官爵、資財、田宅、一切迴賜。自餘立功者。節級酬賞。夫軍行除害。本以安人。將吏所經。薪芻必禁。秋毫之犯。律有常刑。凡在師人。各宜深誡。於戲。天地之大德。時或降霜。皇王之至仁。亦聞用鉞。顧惟寡薄之理。昧於授任之明。以至興戎。多斃黎庶。布告天下。令知朕懷。

討李希烈詔

李希烈。頃梁崇義叛逆。使之專征。既集勳庸。大加恩禮。名極台輔。賞延子孫。而乃負德棄身。去忠效逆。攻刼道路。擅陷鄧州。而又圖□汴州。攘奪尉氏。攻圍鄭圃。暴犯汝墳。已勑神策、汴滑、河陽、東畿、汝州、淮南、山南、荆南、湖南、劍南、江西、鄂岳等道十五萬衆。尅日齊進。弔人靖亂。罪止元凶。有能斬希烈歸降者。四品已上。以希烈官爵授之。五品已下。封異姓王。實封四百戶。諸軍將士、斬希烈者。亦準此例封賞。以軍城降者。便以其職授之。賜其實封。賊平後。除供當道外。百姓給復三年。朕德之不明。化有不洽。未躋仁壽。尙勞甲兵。中心咎悼。無忘鑒寐。

討李希烈詔

朕臨御萬方。失於君道。兵革不息。于今五年。憫衆庶之勞。悔征伐之事。而李希烈蔑義棄德。反常虐人。朕哀彼生靈。陷于塗炭。苟在拯物。不憚屈身。故於首春。特布新令。赦其殊死。待以初誠。使臣纔及於郊畿。巨猾已聞於僭竊。酷烈滋甚。吞噬無厭。將相大臣。咸懷憤激。繼陳章疏。固請討除。朕恭行天誅。本爲去害。兵戈既接。玉石難分。言念忠良。遭罹脅制。雖欲改節。厥路無由。受汚終身。銜寃沒代。淪胥以溺。誠足痛傷。豈孽自一夫。而毒流百姓。爲人父母。寧不媿懷。宜令諸節度使將欲進軍。先加曉喻。王師致討。唯在元凶。所有脅從。一切勿問。如能去逆効順。因事建功。明設科條。以示褒勸。

削奪李惟岳官爵詔

李惟岳。其父寶臣有忠勞于王室。夷險之際。猶全誠効。而惟岳隳其父業。蔑棄國恩。縗絰之中。擅掌戎務。矯陳款狀。冀邀爵祿。外結凶黨。益固奸謀。不孝不忠。宜肆原野。朕尙念其前緒。容以自新。俾護父喪。以其屬歸闕。待以好爵。遇之如初。告諭既勤。罔有悛革。蠢爾狂狡。自貽滅亡。除暴去邪。國有恆典。其惟岳在身官爵。並宜削除。罪止元惡。餘無所問。其屬吏將校。能以所部兵馬州縣來降者。便授以本職。仍如封賞。斬惟岳首者。節級加官賞。

討吳少誠詔

吳少誠。非次擢用。授以旌旄。秩居端揆之榮。任摠列城之重。期申報効。奉我典常。而秉心匪彝。自底不類。兇狡成性。扇誘多端。外肆矯誣。內懷疑阻。毀忠廢信。棄德崇姦。擅動甲兵。屢越封境。壽州茶園。輒行縱奪。唐州詔使。潛搆殺傷。干黷國章。已在無赦。朕以王者之德。在乎好生。人君之體。務於含垢。寧屈己以宥罪。不殘人以興師。是以上稽宗社之威。外抑忠賢之請。庶其悛革。當議優容。今更幸隣境之喪。逞貪亂之志。焚掠縣邑。殘暴平人。朕冀其知非。爲之忍恥。亟頒詔令。未許出師。至乃攻逼許州。肆其蠆毒。恣行殺戮。流害黎蒸。惡稔禍盈。人神同棄。輿言致討。實悼予衷。宜令宣武軍、河陽三城、鄭、滑等州節度。東都汝州等軍。犄角相應。同逼申光蔡州。恆冀幽州、淄青、魏博、易定、澤潞、太原、淮南、等州、徐泗、山南東道、鄂岳等軍。各發士馬。遂便犄角齊進。同爲討伐。大軍四合。計日殲夷。嗟我忠良。受茲詿誤。或心存憤激。而力屈兇威。玉石俱焚。良增憫惻。其所收得少誠管內州縣百姓官吏等。宜切加慰撫。各示安存。淮西將士等。夙著勳庸。素懷忠義。爲其脅制。深可哀矜。若能因事建功。捨逆效順。朕當復其職位。待以官封。其吳少誠在身官爵。並宜削奪。其有叶心同謀。擒斬少誠者。先有官未有官者。並授御史中丞及大夫。封異姓王。賜封五百戶。賞錢萬貫。莊宅各一所。子孫永爲功臣。先有御史中丞。異姓王。及刺史者。卽超轉三資。改轉官賞。其才器行業。爲衆所推者。便授節使。如有心懷忠憤。謀斬少誠。被其屠戮者。先無官者。追贈三品。賜實封二百戶。先有官者。贈二品官。賜實封三百戶。仍各一子正員五品官。已有官者。超三資與正員官。其所在百姓。有能團結士衆。討除梟斬少誠者。準例封賞。人臣之所保者忠。天地之所助者順。報功宥善。朕不食言。於戲。朕司牧黎元。爲之宗極。化有所未洽。信有所未孚。致茲興戎。增用媿悼。然不暫勞、無以逸俗。不誅暴、無以安人。咨爾藩鎭。方州列辟。連帥所宜。戡翦大憝。永康兆人。其戮力一心。以副朕意。應諸道準勑赴蔡州許州將士等。皆竭忠誠。盡心奉國。並懷感激。叶力勤王。若能梟斬少誠者。亦準前例賞。策勳之典。朕所必行。如少誠平後。應赴行營將士。超三資改官。其賞物節級。當續有處分。其將士月糧。在後迴給家口。宣示中外。咸令知悉。

## 討李錡詔

朕聞好生者、天地之仁。不任乎肅殺。止戈者、帝王之武。不尚乎誅鉏。恭惟至言。可謂明誠。朕祗荷前訓。纘承丕圖。每思道以自弘。豈佳兵而在念。雖封陲阻命。有戡亂之征。蜀郡平妖。獻夷兇之捷。而所傷皆及於百姓。所費寧止於千金。靜言思之。往往興嘆。不得已豈復用師。李錡屬列宗枝。任居方伯。窮赫奕之貴。飽綢繆之恩。待以親賢。報之以逆節。授以師律。用之以亂常。肖圓首方足之形。無五常百行之性。頃者累陳章疏。勤請會朝。姦態不形。僞言甚懇。朕頗謂誠志久方允從。乃降詔書。俾修覲禮。示以後命。委其深心。而梟音驟呼。虺毒橫厲。初則詐疾。後乃縱兵。寮屬以獻規受屠。使臣以傳命見脅。朕務於含垢。未忍明言。累降中人。命遵前旨。無軺車之戒路。有沴氣之滔天。加以日逞淫刑。冤痛者無告。日興暴賦。杼柚者皆空。赤子咸罄於糇糧。白刃屢膏於頸血。朕爲人父母。爲之惻然。罪人無狀。邦有常刑。顧惟紀綱。豈敢廢墜。其討伐之師。並已有處分。尅期齊進。其李錡在身官爵階勳等。並宜削除。仍令宗正寺削一房屬籍。其兩都及諸州府。應有李錡莊宅錢物等。並委所由官簿錄聞奏。浙西將士。素非同惡。朕所深知。迫於兇威。不能自達。但王師進討。因事立功。梟斬渠魁。以効誠節。必當特加爵秩。超異等倫。其將吏等以所領歸降者。超三資授官。以一身降者。亦超資改轉官。健歸順者。厚加賞給。仍與敘錄。明諭將士。罪止一夫。其餘染汚。一切不問。

於是詔淮南節度使王鍔。充諸道行營兵馬招討處置使。仍以內官右監門衛大將軍薛尙衍。充都監招討宣慰使。宣武、義寧、武昌之師。各三千。幷淮南、宣歙之師。並取□州路進討。江西兵士三千人。取信州進討。浙東兵士。取杭州路進討。

削奪王承宗官爵詔

天地以大德煦物。而高秋勵肅殺之威。帝皇以至道育人。而前王設誅罰之典。於是有版泉之役。有丹浦之威。情豈佳兵。義存禁暴。朕嗣膺寶曆。於玆五年。以惕厲居于人上。以仁恕撫于天下。恭惟文祖之訓。敢以武功爲先。昨者吳罰興妖。師徒獻捷。朕每念陳原野之衆。行鈇鉞之刑。雖舉彝章。頗懷慙德。蓋不獲已。豈樂於斯。王承宗頃在苫廬。潛窺戎鎮。而內外以事君之禮。將而必誅。分土之儀。專則有辟。朕念其先祖。嘗有茂勳。貸以私恩。抑於公議。使臣旁午。以告諭孽童。俯伏以陳誠。願獻兩州。期無貳事。朕亦欲收其後效。用以曲全。授節制於舊疆。齒勳賢於列位。況德棣本非成德所管。昌期又是承宗懿親。俾撫近隣。斯誠厚澤。外雖兩鎮。中實一家。而承宗象恭懷奸。胥貌稔禍。欺裴武於得位之後。縲昌期於受命之中。豺狼之心。飽之而逾發。梟獍之性。養之而益生。加以表疏之間。悖慢斯甚。神祇所以不祐。天地所以不容。智士所以奮懷。義夫所以興憤。式遏亂略。期於無刑。龔行天誅。示於有制。其諸道諸軍進討。已從別制處分。王承宗在身官爵。並宜削除。其鎮州營內將士官吏。久在戎行。未知朝典。或陷於邪說。或迫以兇威。雖有忠誠。無由自達。但能効順。即是王人。豈止惟新。當加寵渥。其有能迴戈弭寇。因事立功。特有褒崇。不拘資次。貴爵厚祿。設之而高懸。實封名藩。待之以茂賞。其以一州歸順者。便與當州刺史。仍賜實封二百戶。先是刺史、以州歸順者。超三資與官。仍賜實封三百戶。以一縣歸順者。超兩資與官。賜實封一百戶。其長行官健歸順者。當與優厚褒賞。如將校內有翻然改圖。梟斬元惡者。授以不次之位。寵以殊賞之封。王承宗如能革心悔過。束身入朝。待之如初。一切不問。仍準舊官爵寵授。於戲。王者之師。蓋除於暴亂。止戈之武。豈願於傷殘。而承宗不能負荷舊勳。祇承新命。自貽其咎。寧怨于天。遽此興戎。至於用鉞。固非素意。用歎于懷。百辟萬方。宜諒朕志。

王承宗絕朝貢敕

敕、天地至廣。有自絕者不得容。皇王至仁。有當誅者不敢赦。朕纘承丕業。虔奉睿圖。樂戰佳兵。每思聖祖之誡。納汙藏垢。嘗佩先哲之言。罪有難原。事非獲已。成德軍節度管內度支營田恆冀深趙德棣等州觀察處置等使、銀青光祿大夫、檢校、吏部尚書、兼恆州大都督府長史、御史大夫、上柱國王承宗。洗滌疵瑕。累加獎授。列在藩方之重。待以忠正之途。謂懷君父之恩。克勵人臣之節。而動思棄命。恣逞非心。傲很反常。橫厲無畏。以其先祖常立忠勳。每爲含容。庶聞悛革。曾不知陰謀逆狀。久則逾彰。凶德禍機。盈而自覆。乃敢輕肆指斥。妄陳表章。潛遣姦人。竊懷兵刃。賊殺元輔。毒傷憲臣。縱其兇殘。無所顧忌。推窮事跡。罪狀彰明。周覽獄詞。良用驚歎。今罪人咸伏。首惡有歸。雖當去害之誅。猶軫錄功之念。宜令絕其朝貢。使自懲省。冀其飜然改過。束身歸朝。攻討之宜。更俟後命。儻或不能遷善。即當續有處分。所爲指使。蓋自承宗。其事不在於三軍。其辜恐延於百姓。所以但絕朝貢。未加討除。如不自新。止於有罪。咨爾成德之衆。勉於忠順之機。博野樂壽之郊。本范陽管界。劉總自受朝寄。常罄公忠。既有繼於能勞。則宜仍其舊服。其博野樂壽兩縣。並却賜劉總收管。太中大夫、檢校、左散騎常侍、兼少府少監、駙馬都尉、賜紫金魚袋王承系。亦由勳伐之後。錫以姻戚之榮。莫顧寵私。用苞涅慝。交通謀慮。叶比奸兇。撫茲情狀。合正典刑。俾居遐遠。猶示寬弘。宜於黔府安置。朝請郎、守太子左贊善大夫、賜紫金魚袋王承迪。朝請郎、守丹王府司馬、上柱國、賜紫金魚袋王承榮。國有彝章。亦宜從坐。承迪宜於歸州安置。承榮宜於通州安置。仍並馳驛發遣。各委本道。具到州府月日奏聞。雲麾將軍、上護軍王士平。忠武將軍守左神武軍將軍事、兼御史大夫、賜紫金魚袋王士則。並志秉恭德。家承茂勳。既申下闕惡之議。亦以全功臣紹續之慶。示朝典旌別之宜。委中書門下即加獎授。於戲。朕方以五常之道。刑于萬國之風。猶有棄德而崇奸。興穢以自臭。惟訓導之不至。顧菲薄而增慙。尙欲依違。務弘天網。而公卿庶尹。多士具僚。繼有陳論。咸請誅討。沉吟軫慮。未忍加兵。屈法申恩。迺茲懲絕。迫於公議。難徇衷懷。宣示中外。咸令知悉。

## 討鎭州王承宗德音

上天垂象。耀弧矢之芒。先王取威。陳鈇鉞之柄。蓋所以昭宣七德。保乂兆人。故窮陰有助於歲功。而大刑無廢於國典。朕承累聖之休祉。奉昊穹之眷命。道思格物。心豈佳兵。期致俗於和同。庶納人於軌度。緬窺鐘鼎。無忌衛國之勞。永惟帶礪。每存延代之賞。故太尉武俊。頃因多難。首建大勳。懸捧日之明誠。遏滔天之逆豎。武烈有過於震電。壯容具紀於丹青。餘風凜然。雖死不朽。是宜子孫席寵。邦國同休。而王承宗墜乃弓裘。隳其門戶。不思祖考之德。忍與梟獍同謀。不顧天地之恩。敢以豺狼爲性、飽則逾悖。撫之不馴。兇狂屢見於表章。戕賊竊加於宰輔。四方同駭。千古所無。朕以思人愛樹。投鼠忌器。優柔而不斷。隱忍而未征。屈其憲法。惟絕朝貢。俾之思過。將爲革心。而乃先動干戈。屢犯城邑。焚燒剽刼。流毒于人。罪惡既不可容。誅討蓋非獲已。況四面征鎭。憤激咸同。中朝卿士。奏議相繼。雖覆以天道。欲更含弘。而迫於羣情。須正刑典。宜令河東、幽州、盧龍、義武、橫海、魏博、昭義等節度兵馬。計會進討。其承宗在身官爵。並從削奪。言念乃祖。嘗著功庸。蠢茲狡童。自取廢絕。其所襲實封。宜迴賜武俊子右金吾衞將軍士平。俾之纂承。無乏祭祀。若承宗翻然改寤。束身入朝。必議加恩。不唯貸法。如沈迷自若。討伐遂行。則罪止一身。其駈脅之徒。一切不問。大軍既臨。計卽殲殄。其成德將士等。或染汙俗。或迫兇威。雖有忠誠。無階自達。但能去逆効順。因事立功。隨其高下。厚加寵賜。如有梟斬渠魁。及執送京兆。以効誠節者。其承宗在身官爵土地等。便以回授。仍與實封五百戶。莊宅各一區。錢二萬貫。如有能率所管兵馬。及以城鎭來降者。並超三資與官。仍實封二百戶。錢一萬貫。其以州降者。便與刺史。仍賜實封二百戶。如本是刺史。更超三資與官。賜實封三百戶。以縣降者。超兩資與官。賜實封一百戶。其以一營一栅降者。節級褒升。務從優厚。其諸軍行營將士。如有先登陷陣。屠城下邑者。亦準此處分。其接近賊界諸道應赴行營將士。如有能梟斬承宗者。亦準前例處分。其接近賊界州縣。自軍興已來。供饋繁併。嗟我疲瘵。良增憫然。應元和十年兩稅斛斗錢物在百姓腹內者。并十一年夏稅。並宜放免。其有城鎭將士百姓。守節拒賊。身死王事者。各委長吏優給其家。仍具事跡聞奏。當加褒贈。其有潛謀誅斬承宗。被其屠戮者。優加追贈。并賜錢帛。仍與一子官。六州百姓。莫匪吾人。墜於塗炭。深用嗟惻。兵之所至。不得妄戮。及焚燒廬舍。掠奪貲產。并有拘執以爲俘馘。事平之後。給復三年。其六州管內百姓。能相率來歸者。所在安存。各加優奬。方當春候。務切農桑。邊界之人。慮妨耕織。應緣軍務所須。並不得干擾百姓。如要車牛夫役工匠之類。並宜和雇。優給價錢。賊平之後。應立功將士。並與超資改官。節級賜物。續有處分。於戲。朕正位凝命。竭誠嚮方。勞謙爲心。慈儉爲寶。而化未陶於頑傲。澤未浸於隱微。荐興甲兵。布在原野。中宵愧歎。當宁憂兢。庶將除奸。非曰尚武。宣示中外。宜體至懷。

討吳元濟敕

敕、天地之化。由肅殺而成歲功。帝王之道。以威武而輔文德。朕祗荷鴻業。撫臨庶邦。務先含弘。每慎征戰。俾懷仁者有恥且格。畏罪者見善則遷。而或昏迷不龔。告命不及。固興悖亂之孽。自速原野之誅。除害正刑。國有彝典。吳元濟逆絶人理。反易天常。不居父喪。擅領軍事。諭以詔旨。曾無敬恭。熒惑一方之人。迫脅三軍之衆。以其父少陽嘗經任使。爲之軫悼。命申奠祭。臨遣使臣。陵虐封疆。遂致稽阻。絶朝廷之禮意。忘父子之恩情。旋又掩襲舞陽。傷殘吏卒。焚燒葉縣。騷擾閭閻。恣行寇鈔。無所畏忌。朕嘗念賞延之義。重傷藩帥之門。尚欲納於忠順之途。處以顯榮之列。未能飭法。猶爲包荒。再以詔書。俾申招撫。而蠆毒滋長。姦心靡悛。壽春西南。又陷鎭柵。窮兇稔惡。縱暴挻災。覆載之所不容。人神之所共棄。良非獲已。致此興戎。蓋以方伯連帥。同請討除。伐罪弔人。故茲申命。宜令宣武、忠武、太原、武寧、淮南、宣歙等州兵馬。合勢山南東道、及魏博、荊南、江西、劍南東道兵馬。與鄂南計會。東都防禦使與淮汝鄭節度、及劍南、義成軍兵馬。犄角相應。同爲進討。吳元濟舊有官秩。宜並削除。大軍既臨。計卽勦殄。嗟我淮右之衆。本爲勤王之師。雖是脅從。頻已昭洗。念此勳力。未嘗弭忘。近羅狡童。又此詿誤。心懷忠順。迫在兇威。苟能率誠。卽可收效。其淮西將士。有能梟斬兇渠者。先是六品已下官。授三品正員官。其先授五品已上官者。節級升進。仍與實封五百戶。莊宅各一區。錢二萬貫。如能率所管兵馬。以城鎭來降者。亦與改轉。仍賜錢帛。諸道應赴行營將士。斬元濟者。亦準此處分。吳元濟如能束身歸朝。並與洗雪。若不能改過。罪止一身。其餘汙脅。一切不問。接賊界州縣百姓。軍興已來。供饋繁併。言念疲瘵。良增憫然。元和九年兩稅斛斗錢物等。在百姓腹內者。并十年夏稅。並宜放免。其有城鎭將士百姓。守節拒賊。身死王事者。各委長吏優給其家。仍具事跡聞奏。當加褒贈。并賜錢帛。仍與一子官。三州百姓。莫匪吾人。諸軍所至。不得妄加殺戮。焚燒廬舍。據奪資產。并有拘執以爲俘馘。事平之後。給復二年。三州內有自置義營保柵。王師所至。能相率來降。各加酬奬。時當春候。務切農桑。應緣軍務所須。並不得干擾百姓。如要車牛夫役及工匠之類。並宜和雇。仍給優價。賊平之後。應立功將士。並與超資改官。節級賜物。於戲。朕率循理道。靡敢荒寧。思致中和。以康億兆。而德之寡薄。化未昭宣。爰及用兵。良深愧歎。顧非重武。其在止戈。宣示中外。咸令知悉。

# 唐大詔令集卷第一百二十

政事

討伐下



## 討伐下

## 令百僚議征李師道敕

李師道潛苞禍心。僞布誠懇。緣自淮西用兵已後、愆釁屢彰。累有疏陳。請捨兇逆。當道租稅。頻年不送。陰通信使。數致帛書。又逆黨訾嘉珍等。蓄聚兇徒。謀燒洛邑。所圖不軌。臨發事彰。又使其徒燒刼河陰庫倉。沮國大計。中使李重秀、宣諭到本道。又縱官健陵暴。況又元和十年六月。傷害宰相。事之端本。實啓潛謀。凡此罪名。皆當不赦。朝廷以新平淮寇。貴且息人。素爲含容。令其獻效。師道自知罪過。難掩群言。累遣崔承寵、王玄同、自將表陳。請令長子入侍。兼獻沂密海三州。林英續來。又獻三州圖印。幷奏其男發日。國家每務弘貸。屈法招綏。今忽翻然。盡變前意。應所陳列。無非妄言。其師道幷軍將健兒表共三道。詞頗悖慢。宜出示百寮。議可征可捨以聞。

## 討李師道詔

天覆至弘。爲惡者每聞於自絕。國章具舉。干紀者難逭其常刑。玄言致戒於佳兵。丹浦本非其樂戰。朕纘承鴻業。祗奉睿圖。居軫納隍。動思濟物。仗以大信。御茲萬邦。省躬靡忘於憂勤。弘道必先於撫諭。猶以庶政多乖。至誠未孚。兢兢之心。豈自暇逸。近者淮右致討。宿兵累年。宗社降靈。妖氛克殄。方櫜弓而匣刃。期阜俗以息人。旋議徂征。諒非獲已。李師道代荷寵榮。謬居垣翰。功不列於勳籍。過難逭於簡書。尙復潛苞禍心。果是僞布誠懇。頃屬問罪蔡土。徵師合圍。助彼寇讎。敢爲影援。陰通信使。密致帛書。累抗表章。請捨元惡。所圖不軌。事匪一端。遂至伏聚奸兇。震驚洛邑。焚刼內庫。擾動河陰。皆欲撓軍旅之深機。阻邦國之大計。加以擅興甲兵。侵軼徐方。驅逼戎行。凌脅中使。惡逾滋蔓。志益猖狂。乃者盜發京師。實啓端本。又常賦不入。自致愆違。凡此罪名。皆在不赦。朕以新除淮寇。務息征師。素爲含容。豈令獻効。而乃懷其積惡。懼彼群言。將佐交馳。頻疏疊至。歸心首罪。請命求哀。特降使臣。往加宣諭。而師道請令長子、入侍闕庭。願獻三州。列上圖印。指期而發。飛奏以聞。詐爲納地之謀。翻稔滔天之逆。凡所陳列。無非怨妄。露其悖慢之詞。備在封章之內。明示百辟。衆怒一心。咸請致誅。以懲無上。猶爲伏念。至于旬時。又聞遽越封疆。寇掠德棣。焚爇村落。縱暴誕災。大肆鴟張。曾無畏忌。斯則人神之所共棄。天地之所不容。罪惡貫盈。理當撲滅。宜令宣武、魏博、義成、武寧、橫海、等軍節度兵馬。分路並進。同力攻討。相爲犄角。其李師道在身所有官爵。並宜削奪。其淄青將士。如能梟斬兇渠者。先是六品已下官。授三品正員官。其先是五品已上官者。節級超獎。仍與實封五百戶。莊宅各一區。錢二萬貫。於戲。動衆興師。誠有乖於至理。養災蓄患。懼流毒於生人。敷信未化於窮兇。格物深慚於菲德。甫平寇難。遄務討除。宵旰在懷。良深愧歎。庶將去暴。永用止戈。宣示中外。咸令知悉。

## 討淄青禁焚燒廬舍敕

敕、寇孽背恩。自取誅翦。黎元不幸。久陷兇殘。王師有征。義先拯物。苟加殘暴。諒匪予懷。況諸軍討伐已來、百姓歸投相繼。既足嘉憫。尤宜撫存。時屬春陽。各務農業。陶我惠化。當令便安。其淄青四面諸道兵馬。應入賊界。收城邑所至。百姓明加曉諭。任其營生。輒不得妄行傷殺。及有拘縶。焚燒廬舍。掠奪資產。開發墳墓等事。並宜禁斷。詔下之初。已有處分。今更申勑。切在遵行。

討鎭州王庭湊德音

朕嘗讀玄元書。至於佳兵者是樂殺人。因念自孩名之逮于羈丱。不三十年不能爲成人。豈忍以一朝之忿。驅而殺之。然而田弘正首以六州之衆。歸於朝廷。開先帝之雄圖。變河朔之舊俗。除去苛暴。昭宣惠和。愛人如身。養士如子。拊循教訓。必以忠孝爲先。是以魏之師徒。一年而知恩。二年而知禮。三年而相與讓於道矣。故南征淮蔡。東伐青齊。北定趙地。元勳茂績。皆自魏師。肆我憲宗。付之心膂。入則輔弼。出則藩垣。推誠不疑。近實無比。顧朕小子。獲受丕圖。嗣守不遑。何暇恢復。而承元請覲。冀郡擇才。苟非勳賢。不敢輕授。是用咨我元老。臨於是邦。而又寵諸將以懋官。加三軍以厚賜。復其租入。惠彼蒸黎。於此一方之人。可謂無有不至。而梟音未革。狠顧猶存。忍害忠良。恣爲殘賊。臨軒震悼。撫几驚嗟。天乎不仁。一至於此。朕下爲君父。上奉祖宗。毀舟檝於鯨鯢。陷股肱於虵豕。尚欲因循忍恥。僶俛偷安。非惟傷心於田氏之子孫。亦將何顏謁先帝之陵廟。人神共憤。卿士叶謀。咸願誅夷。用申寃痛。便合興師進討。以剪姦兇。尚念一軍之中。豈無義勇。倉卒變動。必非衆謀。苟得其魁。餘復何罪。宜令魏博、橫海、昭義、河東、義武等軍。各出全軍。以臨界首。仍各飛書檄。具論朝旨。如王庭湊能執首謀爲亂扇動三軍者。送至隣道。或就鎭州處置。然後束身歸朝。必當超獎。授三品正員官。幷與實封五百戶。其餘三軍將士。一切不問。其中大將等。或有能相諭。翻然改圖者。各隨事跡。當加寵擢。如王庭湊遂迷不寤。諸道宜便進軍。以時剪滅。苟不得已。至於用師。其有効忠。則宜懸賞。如有梟斬兇渠者。先是六品已下官。宜與三品正員官。先是五品已下官。節級升進。仍與實封三百戶。莊宅各一區。錢二萬貫。以一州歸順者。便與當州刺史。仍賜實封二百戶。如先是本州刺史。以一州歸順者。超三資與官。仍與實封三百戶。一縣歸順者。超兩資與官。實封一百戶。如有能率所管兵馬。幷以城鎭來降。並超三資與官、仍賜官爵。實封一百戶。賜錢一萬貫。以身降者。亦與改轉。仍賜錢帛。應赴行營將士。如有能梟斬兇渠者。亦準前例處分。其有城鎭將士百姓等。守節拒賊。身死王事者。各委長吏優給其家。仍具其事跡聞奏。當加褒贈。其有潛謀誅斬渠魁。被其屠戮者。宜便加追贈。幷賜錢帛。仍與一子官。諸軍所至。不得妄加殺戮。焚燒廬舍。掠奪資產。幷有拘執以爲俘馘。其管內州縣。有能自置義營堡柵。王師所至。能相率來歸。各加酬獎。時當秋候。務切農功。邊界之人。懼廢耕織。應緣軍務所須。並不得干擾百姓。如要車牛夫役工匠之類。並宜和雇。須各情願。仍優給價錢。賊平之後。應立功將士。並與超資改官。節級賜物。其長行官健歸降者。亦當優賜褒賞。幽陵變擾。誠謂亂常。以其旁害賓寮。有異上加台鉉。較其輕重。示以招攜。尚開迷復之門。用廣自新之路。如聞賊中文牒。妄作異端。皆指朝廷徵兵。欲戍邊塞。此皆狂詐。扇動人心。況今邊上甲兵。足以備禦。欲令知委。故重宣明。仍委所在節將。以此告諭。昔者堯舜之俗。比屋可封。虞芮之人。讓畔可感。仁義則水火可蹈。忠信則蠻貊可行。由是言之。亦在化之而已。逮我長理。何其遠哉。豈朕之滿假荒寧。自聖、而不可教耶。將朝之魁梧骨鯁。自持、而莫我念邪。二者之來。皆朕不敏。內省終夕。其心浩然。於虖。封域之中。干戈作矣。廊廟罇俎。無忘弭寧。布告朕懷。以須良畫。主者施行。長慶元年八年十四日

討王庭湊詔

雷霆霜雪。上天所以成物。明罰飭法。聖人垂之易象。豈春陽不可以獨化。將輔理固在於刑威乎。則遏亂禁非。法天齊俗。諒有爲而然也。李同捷罪暴寰宇。告之則悖。寵之盆陵。亂君臣父子之紀綱。棄覆育生成之恩義。則叛討之命。蓋不得已焉。而王庭湊作我藩臣。久膺寵命。致爵位於擾攘之際。齊恩澤於忠義之倫。而首鼠同捷。使起墨縗。黨惡之心。劇於武兕。負德之醜。逾於梟獍。藩方統帥。飛疏互來。朝右公卿。懇章繼奏。皆期鳴鼓問罪。奮戈啓行。朕道希包荒。志在含垢。多端曲護。大開坦途。諭之使致奇功。告之將酬重位。而傲很彌甚。兕肆不悛。形惡言於報章。資盜糧於狡寇。屢有降卒。備驗奸蹤。潛軍入援德棣。縱燎以焚瀛莫。河東易定。被毒騷然。若尙爲包容。則孰分逆順。其王庭湊在身官爵。並宜削奪。應諸道與鎭州接界處。各宜逐便攻討。其鎭州將士。如有梟斬庭湊者。六品已下。便授三品正官。先是五品已上官者。節級超奬。仍賜宅一區。錢二萬貫。如有能率所管兵馬以州來降。超三資與官。仍便正授刺史。賜錢一萬貫。以城鎭來降者。超三資與官。仍賜錢五千貫。如庭湊束身歸朝。並與洗雪。若執迷安禍。罪止其身。其餘脅污。一切不問。於戲。原野陳師。雖前王之不免。干戈屢動。諒菲德之（下有闕誤）所興。愧啓爾輔弼之臣。暨于藩守□帥。爾尙悉乃忠力。匡予寡昧。

討李同捷詔

王者之御天下也。推其志誠。格以大順。臣子之奉君父也。効以奔走。竭其忠貞。故能上下交感。家邦用寧。其有專上周旋、干紀悖戾。怠棄彝典。矯誣當時。固人神之所不容。古今之未能赦者也。朕以菲德。祇荷鴻業。將躋俗於至厚之域。致人於無過之地。永用勞慮。惻然于懷。李同捷幸席舊勳。不思纘緒。斬焉未幾。私行墨縗。毒殺忠良。擾惑部校。稽之國憲。難逭常刑。朕以頃在先朝。已稽中旨。實遵成命。未議改圖。庶乎舞階以服有苗。因壘而降崇國。使臣旁午。優詔指明。而又越留務之權。授之戎帥。拔負海之地。置之中華。推恩含垢。斯亦至矣。（中闕）之惠。昭我好生之德。若迷而忘復。用不自通。天網雖寬。國刑難逭。應諸道節度有別鎭行營兵馬。比令權受指麾者。並依前收管。不在抽移之限。仍委有司進前調計資糧器械。與諸師類會。使之豐備。勿有闕遺。其李祐所統兵馬至多。旣逼德州。自是本道糧餽不乏。進取已深。宜令依前於當處守禦。用圖克拔。昔漢破先零。營平資糧粟之備。晉擢符氏。安石謹上流之師。遠猷旣恢。殊伐斯至。且戰期無敵。師克在和。討罪旣彰於有名。出征必俟於先勝。咨爾列位。當體朕懷。

討鳳翔鄭注德音

門下、王者之御天下也。推至誠以格物。委大信以任人。故能邦家用寧。上下交感。所以詔爵祿而不慆。待臣下而無疑。豈謂變起股肱。患生毗倚。鑒寐興歎。難弭于懷。且負德背恩。干紀悖戾。而古今未有能濟。蓋人神之所不容。逆賊鄭注。氣本兇狂。志懷奸逆。害時蠹政。卜射張皇。行詐而緣術多端。黷貨而谿壑難滿。情惟黠白。口可鑠金。罔冒包藏。爲惡滋甚。朕九重之內。不得備聞。擢於妄庸。驟列華貫。入司喉舌。出寄爪牙。惟務廢忘。不思報國。棄生成之恩義。亂君臣之紀綱。稔惡興妖。前古未有。罪同梟獍。法在必誅。況詔旨旣追。已離城邑。險謀且敗。中途遽迴。又迤邐使人迎接逆賊李訓。稽之國憲。豈逭常刑。其鄭注在身所有官爵。並宜削奪。將士如有能奪揚義勇。執戮渠魁者。先是五品已下官者。便授三品正員官。先是五品已上官者。節級超奬。仍賜莊宅各一區。錢二萬貫。如有能率所管兵馬。以州郡來降者。超三資與官。便正授岳牧。仍賜錢帛。諸道將士雖各守疆土。非爲進攻。如被侵掩。因事立效者。亦准前例節級處分。賊能向義悔過。束身歸朝。並與洗雪。仍加寵奬。幽明可鑒。朕不食言。但有欵誠自通。卽委諸道與奏。若不能悛改。自取誅夷。罪止一身。其餘脅污。一切不問。其有迫於兇威。曾著失節。顧存家族。事出權時。待其平寧。並從寛宥。將士如有潛謀立功。効順被其屠戮者。並優加追贈。並賜錢帛。仍與一子官。應州縣百姓。陷在暴虐。莫保性命。誠可哀矜。諸軍環境。不得妄加殺戮。幷焚爇廬舍。掠奪資產。及有拘執以爲俘囚。如有歸投者。諸道據丁壯老弱。量加優卹。仍給與空閑田宅。使就生業。事平之後。願歸本貫者亦聽。鳳翔一軍。素著忠義。每臨霜雪之際。實見松筠之心。凜然義風。簡在朕志。其大將及軍士。並宜坦懷自處。勿以爲憂。兵革既平。寵待如故。鄭注初到鎭日。聞有優賞。軍將常例。不足爲疑。州縣百姓。亦當優給。勉於自効。以保令圖。於戲。佳兵者。聖祖之所誡。文德者。前哲之所崇。肆予寡昧。敢忘丕教。然以齊四方者號令。立人紀者君臣。斯言苟違。大倫安設。今則絕其奔軼。示以申嚴。懷柔誠貴於止戈。執惡何慚於用武。布告中外。咸知朕懷。太和九年十一月二十四日

## 討潞州劉稹制　李德裕

門下。定天下者。致風俗於大同。安生人者。齊法度於畫一。雖晉之狐趙。家有舊勳。漢之韓彭。身爲佐命。至於干亂紀律。罔不梟夷。禁暴除殘。古今大義。劉悟頃居海岱。嘗列爪牙。屬師道阻兵問罪。三面開網。一境離心。乘此危機。遂能歸命。憲宗嘉其誠欵。授以南燕。穆宗待以腹心。委之上黨。招集死士。固護一方。逮于末年。已虧臣節。劉從諫生稟戾氣。幼習亂風。因跋扈之資。以專封壤。恃紀綱之力。以襲兵符。暫假展珪之儀。終□上綬之請。隟駒爲喩。魏豹姑務於絕河。井蛙自居。孫述頗聞於險地。誘受亡命。妄作妖言。上訶朝廷。潛圖左道。接壤戎帥。屢奏陰謀。顧累卵之可矜。豈泉魚之是察。曁于沉痼。曾靡哀鳴。猶駐將盡之魂。恣行邪僻之志。罔感舊效。自樹狡童。中使挾豎。莫覩其朝服。近臣銜命。不入於壘門。逆節甚明。人神共棄。其贈官及所授官爵。幷劉稹在身官。並宜削奪。成德軍節度使何弘敬。姻連王室。任重藩維。愨陳一至之誠。亟揚九伐之命。吳漢任職。受詔而初無辦嚴。卜式朴忠。未戰而義形於內。況成德軍嘗以驍騎橫陣。首破朱滔。戰氣方酣。再迴魯陽之日。鼓音不息。三周不注之山。魏博軍亦以大旆涉河。竟殲師道。建十二道之旗鼓。以列降人。剗六十年之厲階。盡歸皇化。士傳餘勇。軍有雄名。必能稟酇侯之指蹤。成葛亮之心伐。咨爾二帥。朕所注懷。成德軍節度、鎭冀深趙等州觀察處置等使、金紫光祿大夫、檢校司徒、兼鎭州大都督府長史、御史大夫、駙馬都尉、雲騎尉、元逵。宜守本官。充北面招討澤潞使。餘如故。魏博等州節度觀察處置等使、銀青光祿大夫、檢校戶部尚書、兼鎭州大都督府長史、御史大夫、上柱國、何弘敬。宜守本官。充東面招討澤潞使。餘如故。曩者烈祖在藩。先天啓聖。符瑞昭晰。績事煥於泗亭。鑾輅巡遊。金石刻於泰岱。實□可封之俗。久爲仁壽之鄉。艱難以來。頗著誠節。必非固惡。咸許自新。其昭義軍舊將士及百姓等。如保初心。並赦而不問。昭義舊大將等。如能捨逆効順。以州郡士衆歸降者。必厚加賞。如能擒送劉稹者。別授土地。以報

勳庸。其鄉村百姓。所在團結。歸者亦加爵賞。劉悟鄆州舊將。及劉從諫近招致將士等。喻以善道。宜聽朕言。凡秉義立名。須明大順。未有忠於所奉。上悖君親。昔卻至有言。受君之祿。是以聚黨。有黨而爭。罪孰大焉。田橫能得士心。人多致命。伏於海島。莫敢猖狂。及漢高召之。奔走向闕。豈嘗違拒漢使。止留田橫。惟慕義以成仁。不相從而作亂。故使其主歿延殊寵。光顯令名。爾等既有義心。宜思改悔。如能感喻劉稹。束身歸朝。必當待之如初。特與洗雪。爾等舊校。亦並甄酬。仍委陳夷行、劉沔、王茂元、各進兵同力攻討。其諸道進兵。並不得焚燒廬舍。發掘邱墓。擒執百姓。以爲俘囚。桑麻田苗。皆許本戶爲主。罪止元惡。務安生靈。於戲。藩維大臣。抗疏於外。髦雋舊老。昌言於朝。戒朕以祖宗之法。不可私一族。刑賞之柄。所以正萬邦。宜用甲兵。陳於原野。朕以恩不聽。群臣以義固爭。詢曰僉謀。諒非獲已。布告中外。明體朕懷。會昌三年七月

## 討伐王郢詔

王郢江鄉賤卒。營伍微材。忽撫御之小乖。敢憑陵而搆亂。迫脅將相。盜竊干戈。刦貨財於建業之城。聚徒黨於狼山之戍。尋則浮江泛海。掠鎮攻城。焚摽三州。傷殘萬戶。又於福建管內。毒害生靈。陵犯紀綱。悖違天地。朕爲人屈法。惡殺好生。累降勑書。曲存招諭。王郢包藏姦慝。誑惑軍師。詐示歸降。密爲抗拒。昨者拘留魯實。已驗兇狂。今聞再犯温州。顯與官軍鬬敵。魯實陷在舟檝。王師敗於鋒鏑。兩浙震驚。百姓憂擾。滔天之罪。擢髮難書。然以分野興災。雖關定數。神祇助順。必翦群兇。既違雨露之恩。寧逭雷霆之殛。是以別銓名將。更益雄師。兼福建之精兵。雜番禺之戰士。水陸俱發。腹背齊攻。須尅旬時。必破妖孽。除先徵諸道五千一百人。及福建、南海、并虔吉衢婺等州兵士外。令更抽忠武軍一千五百人。感化軍五百人。泗州五百人。宣州五百人。都計一萬五千已上。前左神武軍大將軍宋皓。負關張勇智。有韓白英雄。累著戰功。再居環衞。思豺狼之未滅。耻荆棘之猶存。誓願長驅。速清群醜。今除授檢校、左散騎常侍、守右龍武大將軍、兼御史大夫、充江南諸道招討使。應新舊行營兵士。悉取指揮。各宜憤激忠誠。淬礪戈戟。乘機翦撲。取勢芟夷。速立殊勳。迎俟超奬。其王郢部下徒黨等。或本同謀議。或偶被脅從。或因窮餓依投。或遭俘縲指使。所宜捨逆就順。去暗趨明。勉圖富貴榮華。勿受驅除翦戮。如生擒及斫得王郢頭歸順者。當授四品正員官。并賞錢一萬貫。賜莊宅各一區。如能率衆於所在解甲歸降者。亦當厚與爵賞。明垂信誓。必不欺渝。凡在忠烈之徒。皆宜賈勇增氣。乾符三年六月

## 討草賊詔

亂常干紀。天地所不容。伐罪弔人。帝王之大典。歷觀往代。遍數前朝。其有怙衆稱兵。憑兇搆孽。或疑迷於郡縣。或殘害於生靈。初則狐假鴟張。自謂驍雄莫敵。旋則鳥焚魚爛。無非破敗而終。蓋以逆順相懸。幽明共怒。近者龐勛拒命。王郢挻災。結聚至多。猖狂頗甚。尋則身膏原野。喉斃僕姑。貨財分散於他人。親戚誅夷於利刃。則有方從叛亂。忽竊歸降。回吉凶於反掌之間。變禍福於立談之際。諸葛爽今爲刺史。朱寔見作將軍。弘霸任郎職於禁營。宋再雄策名於淮海。莫不身名光顯。家族乂安。近者諸道奏報。草賊稍多。江西淮南。宋亳曹潁。或攻刦郡縣。抗拒官軍。或窘厄商徒。俘掠進奉。出彼入

此鳥逝風驅。雖云俊利於一時。豈不憂危於終日。以有限之逆黨。敵無數之王師、寧論歲時。必自殲滅。朕以寬弘致理。慈愍居心、每念蒼生。皆同赤子。恨不均其衣食。各致豐肥。寧忍迫於鋒鋩。斷其身首。是以誕敷文誥。且務招攜。如或不襲用兵。無悔其王仙芝、及諸道草賊頭首等。見制勑後。各宜洗心悔禍。解甲收兵。詣所在州府投降。便令申奏。必當超授官爵。厚賞貲財。永作忠臣。常居祿位。其節級自補職掌等。亦於大藩鎮內。量材與職。額衣糧。其拋棄田園。脅從隊伍者。並當撫綏慰勞。各令歸業營農。是謂捨暗從明。得生逃死。依朕命者。豈不休哉。如或頑傲不悛。兇強自恃。猶纏兵甲。尙困鄉閭。使田者不耕。蠶者不織。則須爲人除害。非曰黷武佳兵。宜令諸道帥臣。選練驍勇將卒。分兵截道。併力合威。必務剪除。不得縱翫。其主兵大將。若全擒戮得一大草賊數至三百人已上者。超授將軍。仍賞見錢一千貫文。如斬首級稍多。攻破徒黨。收奪貲財器械。覆驗摭實者。據其功績高下。授官賞財。如逢寇不追。臨陣不戰。貪黷逗撓。敗失師徒。宜令本州道勘尋。準軍法處分。應鄉縣田園之內。有材傑敢勇之人。若能糾率丁夫。捍禦寇賊。搴旗斬將。破陣成功者。委所在長吏速具聞奏。亦與官職優賞。如鄭溢、湯群之輩。皆以分領郡符。朝廷必不食言。鄉黨所宜助順。嗚呼。宿麥將實。秋苗正滋。漸及蒸煥之時。豈是戰爭之日。唯願務農偃甲。布德行恩。遍告州閭。各宜知悉。乾符四年三月

## 討楊師立制

朕以眇身。恭臨大寶。唯思克相上帝。寵綏四方。而況於垣翰之中。臣僚之內。豈不能掩其瑕舋。而欲肆之法網乎。其有包藏禍心。違拒君命。罪惡既彰其悖亂。誅鋤難逭於彝章。迫於群情。蓋非獲已。光祿大夫、檢校、司空、兼尙書右僕射、上柱國、中山縣開國公、食邑二千戶、楊師立。本實庸材。曾無遠慮。幸因薄伎。久列禁軍。遂委節旄。蓋循事例。必謂保其富貴。勵乃忠貞。況自朕出狩巴庸。頻加渥澤。進水土之劇任。兼輔相之殊榮。不能上報國恩。而乃敢虧臣節。昨因制置防遏。不肯發兵。遂有替移。尋升端揆。罔思寵待。輒恣兇謀。鼓潼水之驚波。作左綿之沴氣。不遵詔命。偷固戎藩。動衆興師。欲收其郡邑。重門守險。顯絕於朝廷。據綿州奏聞。楊師立已于涪城屯兵下寨。又差都將郝蠲等、占奪綿州。帶甲數千。去州十里。賴有奉國兵士。禦敵殺戮。大挫鋒鋩。城池方遂保全。士庶免罹塗炭。續據劍州申報。楊師立與刺史姚卓文、欲領兵士。直赴西川。兼署姚卓文充指揮使。應仍與鎮縣書板。反狀具明。況聞廣集庸丁。教習武藝。稅外恣行掊斂。支郡無處完全。別置親軍。用爲心膂。及令捍寇。莫整鼓旗。大校阻謀。延頸被戮。而又致害監庫。家累骨肉。洎于判官元從。無不罹殃。又殺送官告內使。更無噍類。深用驚歎。此固覆載之所不容。人神之所共棄。其楊師立在身官爵。及先父所贈官。兼母所封邑號等。並宜削奪。令西川節度使、太尉、兼中書令陳敬瑄。以義制事。擁銳敏之師徒。擅訓齊之政令。必能勦除逆豎。鎮定蜀川。已兼三州都指揮等使。宜令差兵攻討處分。應楊師立判官、及將校官吏等。如或不同謀議。及衣冠僧道百姓等。臨事脅從者。宜各審詳情狀。切務安存。無令誤有殺傷。致其寃濫。其將校等。如有梟擒楊師立歸順者。朝廷別議獎酬。其立功將校等。委敬瑄等第聞奏。亟行賞典。嗚呼。作孽者誠自投於法網矣。亦由吾理化之道未信于人焉。負扆凝思。良深自咎。布告天下。咸使聞知。中和四年二月

## 削奪陳敬瑄官爵制

朕以賞罰二柄。不可廢也。助順誅逆。自古行之。陳敬瑄出身屠沽。驟竊旄鉞。包藏奸逆。侮慢朝廷。敢行專殺之威。尤顯不臣之節。惡昭圖之直筆。溺□贍于中流。傲狠之心。唯思殘害。猖狂之志。日甚沉迷。先皇帝再幸梁洋。方當艱否。廣張形勢。欲脅乘輿。全蜀賦租。不供天府。百城牧守。皆出私人。近者爰命台臣。往持戎律。冀因交代。亦許罷歸。而又結黨連群。以拒王命。深溝高壘。輒恣兵威。罪既滔天。誠宜共棄。其陳敬瑄在身官爵。宜並削奪。兒姪等。委中書門下商量處分。文德元年十二月

## 削奪李罕之官爵制

敕、朕聞君天下者。先賞而後罰。立教化者。貴德而賤刑。其或道之以爵而不勸。是稟匪人之性。豈悛不赦之謀。雖軍旅屢興。有慙區宇。而干戈勿用。何去頑嚚。邢磁洺等州節度觀察處置等使、金紫光祿大夫、檢校司徒、同中書門下平章事、守邢州刺史、上柱國、隴西郡王、食邑三千戶李罕之。閭閻下品。竄穴微生。憑厲氣以感時。依兇徒而干紀。剽刼郡縣。攘害蒸黎。水絕安流。陸無砥道。先皇帝捨于斧鑕。委以招修。唯聞屠伯之名。寧有字人之意。而又擅離河內。竊據東郊。谿壑貪心。涸伊瀍而不潤。烏鳶利觜。啗鄩鄏以成空。旋逃原野之誅。還聚萑蒲之衆。時以上京初復。群情未安。宥十死之正刑。委三城之重地。仍加相印。俾耀兵權。冀懷再造之恩。永戢無厭之暴。而乃復招逋逸。輒留貢輸。始則結王友遇而寇攘。終則投李克用而侵軼。且山北以邢洺為要害。爾則引戎馬以屠攻。洛京以懷孟為咽喉。爾則肆爪牙而搏噬。謂其當路。終可欺天。不知祖宗垂休。佑予纘繼。中外陳懇。成我蕩平。專政之令纔行。同德之捷已獻。度其鼎釜。無一安存。降以絲綸。用彰攻伐。其李罕之在身官爵。並宜削奪。注毀委招討使宰臣張濬（下闕）駱全雍悉加存卹。於戲。禍福無門。惟人自召。爾為將相而不能全身。爾授旌旗而翻聞起亂。罪在不赦。朕安敢私。凡百同盟。共懲始禍。布告中外。咸使聞知。大順元年五月

## 討董昌制

夫雷霆雪霜。上天降以成物。明罰飭法。哲王垂以理人。是則陽春不可以獨為歲功。仁恕不可以專為君德。威刑之作。其在斯乎。朕以眇身。祗膺大寶。奉祖宗之丕訓。荷天地之洪休。八年于茲。一日無怠。遜于志者。必本於情。苟懲誡之不明。懼典章之斯廢。威勝軍節度使、檢校太尉、同中書門下平章事、隴西郡王董昌。出於行伍。屬遇艱難。權握兵戎。位崇將相。器才盈而自覆。鼎必折而遂傾。因憑生祠。輒有狂計。假陳妖異。惑亂邪巫。鼓噪危樓。偽為建國。不思理代。徒生犬吠之音。欲就叢祠。妄舉狐鳴之兆。賴浙西節度使錢鏐與諸州等。皆忠誠憤激。壯志堅高。始以逆順之理。飛章諭之。而不悟。次以攻伐之謀。與約脅之。而不迴。至于率兵直以劃壘。雖假言幻惑。止遏兇邪。終為閉壁偷安。不思束身歸罪。是其陰詐。猶欲張皇。魚戲鼎而雖亦可哀。蜋怒轍而終為不率。天討有罪。鬼得而誅。其董昌在身官爵。並宜削奪。仍委錢鏐進兵攻討。越城之內。士庶且多。寧無勇敢之徒。善以功名自許。如有梟戮生擒董昌者。授三品正員官。賞錢一萬貫。如有官者。超三資酬獎。如是董昌威制。曾助妖謀。翻然改過。圖功轉禍為福。有所自効者。罪並不問。賞

即與之鳴戲。惡殺好生。人君令德。仗順伐逆。武夫令猷。鳴鼓而攻。旣非獲已。奪戈而起。亦宜愼諸。勿發勿焚。無誤無失。罔俾觀聽者謂我黷武而佳兵也。乾寧二年五月

# 唐大詔令集卷第一百二十一

政事

捨雪上



## 捨雪上

## 原劉武周宋金剛等詿誤詔

朕發跡太原。陳師汾澮。底定京室。廓清函夏。惟彼晉魏。事等豐宛。近者妖寇憑陵。侵斥郊境。害虐良善。擁遏吏民。大軍東討。義存拯難。芟夷醜類。實在弔民。凡厥渠魁。已就殲殄。脅從之輩。情有可原。宜許自新。義深蕩滌。其代州、潞州、隰州、并州等四總管內。自武德三年四月二十二日以前。被劉武周、宋金剛等所詿誤者。罪無輕重。皆赦除之。各令復業。一無所問。州縣城堡有固守忠節。抗禦凶徒者。具錄聞奏。別加褒賞。

## 宥劉武周餘黨詔

祝網泣辜。彰乎舊典。赦過宥罪。著自前經。往者劉武周竊據邊陲。擁逼良善。石嶺以北。皆罹其弊。雖武周奔竄。寄命蕃夷。而殘黨餘氛。尚懷旅拒。致使朔漠猶警。關塞未寧。屢動干戈。久違聲教。代州總管定襄王大恩。勤績克著。安輯邊境。討擊未賓。率其從化。朕君臨天下。義存撫育。念彼凋弊。若納諸隍。但朔代黎元。逆命日久。今雖歸附。仍懷反側。其代州總管府內石嶺以北。自武德四年二月二十九日以前。所有愆犯。罪無輕重。悉從原宥。可並令安居復業。勿使驚擾。

## 赦河南諸州爲王世充詿誤詔

朕初膺靈命。撫育萬邦。一物失宜、憂責在己。是以昧旦丕顯。昃食忘勞。思流惠澤。被於率土。日者世充作梗。僭擅一方。侵虐士民。阻絕聲教。鞏洛之地。比邑連城。受制凶威。莫能自免。翹足引領。乞師請命。朕愍彼黎庶。獨爲匪民。命將出軍。用申撫字。兵威所震。醜徒慴服。元惡頓顙。面縛軍門。殄滅氛祲。混同文軌。拯彼遺民。出乎塗炭。宜從蕩滌。與之更始。可赦河南諸州舊爲世充所詿誤者。自武德四年六月四日以前。皆除其罪。若有率其部衆。保全城邑。因事立功。以歸朝化者。量其效績。就加職任。奇才異行。隨事旌擢。鰥寡孤獨。以時恤理。亡命山澤。詔書到後三十日不來歸首者。復罪如初。

## 寬宥逆人親黨敕

蘇頲

敕。朕聞古先哲王。臨御天下。以刑止殺。罪疑惟輕。懲惡勸善。義不相及。管仲實讐。身爲良佐。嵇康既戮。子爲忠臣。昔人美談。前事非遠。間者元惡大憝。實繁有徒。仗順行誅。法在無舍。朕惟薄德。獲承丕運。敬託群公之上。固以百姓爲心。且逆豎支黨。及其親婭。頃屬多難。今屯而亨。與之洗滌。用徇於寬惠。多令遷貶。孰安于反側、故一切勿論。欲明本體。而有司所奏。尚未該詳。緣累黜削。或乖平允。豈朕受天明命。作人父母之意歟。將朕之誠意。且未能諒。將治者多緒。不厘其失。思之憮然。甚非所謂。其親累人貶人等。所司宜更詳審。務令折衷。重申朕意。咸使坦懷。俾爾周行。川凝庶績。唐隆元年七月六日

## 矜放緣坐敕

蘇頲

敕。朕聞古先帝王。受天之命。承天之序。萬方罪己。百姓爲心者。蓋司牧于至公。豈崇高於大寶。朕猥守丕緒。克恭嚴訓。答神祇之貺。賫敬愛之道。二祀于斯矣。頃逆賊竇懷貞等首謀逆亂。敢肆兇悖。交羽林而竊發。指玉堂而睥睨。雖觸瑟之兆。禍積於猖狂。而援旗以問。變生於倉卒。太上皇震威電激。

睿略天斷。命朕襲行。應時戡翦。衆所同棄。人其乂安。已而承姑射之期。奉華胥之志。爰釋重負。鍾于薄德。顧如臨而益懼。思若濟而罔知。將何以慰四聖之休。成一人之教。伏以太上皇比親庶績。念于朕躬。逸於承歡。未知爲政。而內有聲樂。外有畋漁。從魏文河曲之遊。追漢宣杜城之好。因時命賞。幾忘在予之責。他日爲言。非專代天之理。今退而自省。殷鑒前弊。損之爲戒。仁豈遠乎。朕其再思。當不二也。俾爾卿士。下洎元元。體朕至誠。勉遵大化。欲使陽和時雨之惠。利有攸往。肅殺申霜之威。存而不作。故事非獲已。期在無刑。憫然永懷。將布寬典。書不云乎。罰不及嗣。古之制也。其逆人親黨。緣坐合死者。特宜放免。配爲城奴。仍差使領送。自餘支黨往還。一無所問。與更始者。令安反側。與再生者、時垂哀憫。屈彼尋常之法。矜其至重之命。庶有光武焚書之事。成湯解網之恩。凡厥遠近。咸遣知悉。先天二年七月十三日

## 原免兩京被賊逼授僞官詔

朕聞古先哲王。愼罰以恤人命。脅從罔理。罪疑惟輕。成湯有解網之仁。光武有焚書之令。蓋念彼至理。緩其刑章。是以法不濫加。刑所以措也。間者時遭寇逆。患在干戈。衣冠之流。逼迫者衆。事不獲已。情稍矜焉。頃者委在三司。窮其五聽。議重者累申刑典。稍輕者猶被勾留。況時久淹延。人皆窘乏。衣食且猶不給。家屬又悉乖離。艱難之憂。無甚於此。豈朕泣辜宥罪。作人父母之意耶。況德澤頻加。科條遞減。原其事狀。稍近平人。豈可尙議遷貶。增其反側。萬方有責。罪實在予。一物失所。憂捋若厲。永言憫念。用惻于懷。其兩京官應被賊逼授僞官。三司所推問未了者。一切放免。其賊中守本官、至冬方選。曾受驅馳。既寬刑典。免其貶降。並至來冬放選。合得官時。仍委所司。量事輕重注擬。其已貶官者。續有處分。乾元元年六月

## 受賊僞官令均平改擬詔

刑政之本。皇王大要。政事或失厥中。則有乖於御下。王者所以持平愼恤。蓋在於斯。朕纘服鴻緒。躬臨庶政。何嘗不內軫泣辜之念。外覃解網之恩。詔書所下。期於必當。往以衣冠之伍。受職賊廷。量其輕重。俾申貶黜。比聞三司處置。未甚均平。或同科之中。升降有異。或謫任之所。風宜不一。頗招情故。殊匪至公。是以搢紳之間。不無竊議。有司奉法。其若是耶。又流降量移。久申詔令。省司類例。事尙稽違。遂使嶺嶂踰時。積流荒之歎。雨露凝澤。壅如絲之旨。逖聽遐邇。頗聞咨嗟。斯乃主者怠官。甚無謂也。宜令中書門下。類例三司先所貶官。各據科目。均平改擬。仍審勘前後制勅。應合霑恩。並速處分。準制合量移人。亦令吏部速比類聞奏。又緣頃經逆亂。中夏不寧。士子之流。多投江外、或扶老攜幼。久寓他鄉。或失職無儲。難歸京邑。眷言憫念。實惻予懷。宜令中書門下。牒本道責取名品。應五品已上官。並卽與進改。六品已下官。合序用名品。可收者亦量材敘用。仍據中外員闕。均融授官。其授京官者。仰本道勾當裝束。卽合赴京。授外官者。各令之任。餘不合授官、是士流者。所在州縣。一切安存。無害公私。勿令干擾。乾元二年八月

## 宥田承嗣詔

臣子之義。違而必懲。春秋之辭。服而先捨。故武威以制其不恪。文德以懷其自新。田承嗣誤惑奸邪。輒干紀律。朝有彝憲。當舉典刑。猶示含容。薄令降

黜。冀其遷悔。全彼平人。而不赴所貶之官。再任造端之將。遲迴師旅。綿引旬時。朕猶憫脅從。誤茲併命。其人何罪。顧悼增懷。深思改過之期。以救無辜之禍。而承嗣果能尅責。頻獻誠詞。泥首束身。請歸庭闕。輸心瀝懇。備在封章。而正己地邇藩陲。共昭誠欵。遂屢有陳奏。達其深衷。故以悔非之誠。全其改往之志。翻然効順。頗用嘉之。卽宜與子姪家口等。同赴上都。當待以殊恩。永守終吉。豈不美歟。其魏博所管官吏將士僧道耆老百姓等。初因迫脅。曾受驅馳。或久拒官軍。辭不獲已。或徵科郡邑。出入門庭。皆懼於不全。蓋素非元惡。既往之咎。並與惟新。一無所問。或先在昭義軍管內諸州軍者。並宜却還本貫。各安舊業。昭義所管官吏將士。截耳軍健。身及家口先在魏博等州者。妄有驅逼。各被質留。原其初心。本非舊惡。既因詿誤。先令蠲除。仰卽歸本州。亦一切莫問。各守所務。無相奪倫。王典無私。信存賞罰。脅從罔理。前聖嘉謀。歸命者必全。知過者皆宥。今既納承嗣之懇請。亦已虛懷。捨脅從之前非。悉令原免。如其譎詭時日。猶事逗遛。國有常刑。法難屢屈。過期不至。獲罪如初。諸道兵馬。卽宜同力協心。大軍尅期。不可追悔。轉禍為福。唯在此時。至于再三。非不深切。想及官吏將士已下。奉而行之。知朕懷也。

## 復田承嗣官爵制

昔在虞舜。舞干羽于兩階。而苗人服。須漢高帝遣陸賈。而赦南越。光武亦下璽書。招附竇融。然則太上以德撫人。其次因時制事。或有阻兵梗化。未從紀律。將畏刑以紓禍。俟文告而斯懷。則明恕之道。宥過為大。其來久矣。永州刺史、前魏博等七州節度觀察處置管內支度營田等使、開府儀同三司、太尉、檢校尚書左僕射、同中書門下平章事、兼魏州大都督府長史、上柱國、鴈門郡王、食邑實封一千戶、田承嗣。頃因封壤之外。或收郡邑。是以下尺一之詔。徵縣道之師。貶刺零陵。式彰典憲。而國家十連將帥。千里旌旗。軍騎繈屬於山河。樓船鎖結於淮海。而承嗣轅門宿將。方面舊臣。授鉞持衡。素經委遇。乃繕甲陳備。越河應敵。然未離魏郡。嬰壘自固。頻遣章奏。開欵申誠。至祈革心。永用遷善。又聞聚族興歎。恒思更新。廢食遺寢。沉憂成疾、夫為君上者。承天子人。兼育廣覆。一夫不獲。則曰時予之辜。今河南河北之人。皆朕之人也。豈可不念隱恤。求逞其心。令其父兄乘城。子弟攻取。矢石之下。骨肉相殘。邑里之間。敵讎交斃。而兵連禍結。麋餉取貲。暴賦急征。井閭殫竭。男釋耒耜。女廢蠶桑。流離凍餒。擠于溝壑。而欲勞師黷武、必舉彝章。終夕惟慮。誠所未忍。且使蒼生、罹此塗炭。皆由朕司牧無方。非朕不德。誰之過也。今將損膳撤懸。內省歸咎。以寬承嗣。宜並復本官爵。仍委在彼勾當軍州事。不須入朝。弟庭琳、及子姪等。凡所連坐貶降者。一切釋放。並還本官。仍依舊職掌驅使。其魏縣將吏百姓。及宋汴過河將袁奉珪、祝舜井、將士等。並從原宥。一無所問。於戲。以欲使人。必求諸道。澤渚時禁。仁有被於泉魚。麛卵不傷。德可懷於鳥獸。今則偃干戈之務。全億兆之人。庶茲明誠。上合天瞻。公卿百辟。悉朕意焉。

## 宥李忠臣詔

納忠引過。人臣之大節。錄用念功。帝王之彝典。雖藩鎮之守。秉律或虧。而股肱之良。懋勳斯在。不忘求舊。特用優賢。淮西節度觀察處置使、開府儀同三司、檢校、司空、同中書門下平章事、汴州刺史、上柱國、西平郡王李忠臣。純性直方。深衷厚實。自然文武之器。雅有將帥之才。勇則本仁。謀常制勝。頃者王室多故。戎事方殷。奮不顧私。義形于色。遠自遼海。首拔全軍。擁義勇之師。徇邦家之急。出入百戰。勤勞兩河。委以旌麾。寄在淮右。不俟駕而赴命。每先期而即戎。俾鎮大梁。實參元輔。倚賴之重。中外式瞻。戎部之間。政刑或撓。雖在危難。能竭公忠。戀闕勤誠。再馳道路。降服請罪。至于再三。言念勞臣。良深憫歎。酌於軍志。失政有懲。舉以朝經。議勳可恕。罷其方面之務。省其臺閣之煩。論道之司。仍處三公之列。分土之爵。尙居五等之封。用示優崇。服我嘉命。可檢校、司空、同中書門下平章事、散官勳封如故。朕與功臣。本同休戚。其於任遇。豈易始終。庶將傳慶子孫。寧止保其祿秩。凡百卿士。宜悉朕懷。

### 宥李懷光示諭河中將士詔

間者變興京邑。朕播越奉天。李懷光仗義帥師。自遠赴難。逆黨奔潰。危城解圍。錄其茂勳。嘉其明節。所以任崇元帥。位極上台。而天祿滿盈。志慮迴惑。信受間諜。自生疑貳。朕以匡復大計。藉其成功。曉諭將相。禮待殊厚。而野心不革。狼顧逾甚。欺誘群帥。襲奪衆軍。誣陷信臣。拒違詔命。與朱泚結固。通使往反。放肆兇威。彰示狂逆。務爲刧脅。迅發醜言。萬情失圖。諸將咸憤。所以重茲巡狩。越次梁岷。違奉宗祧。淪汙士庶。撫心自咎。良增愧歎。實由朕格物之誠不至。知臣之鑒不精。允惟此軍。功著王室。安祿山之作亂。肅宗以朔方之衆復區夏。僕固懷恩之縱逆。代宗用朔方之師靜關塞。洎朕涉此多難。露處奉天。內則擐甲登陴。外則歷險赴難。寒不挾纊。夜不釋戈。邦國不傾。寇讐斯屏。竭誠致命。萬衆一心。朕方期收復皇都。策勳命賞。永同休戚。大報功勞。豈謂餘孽未平。叛臣速禍。臨制將士。莫由自申。憤激於衷。誓不同惡。每一念此。惻然疚心。猶以懷光舊勳。務於容貸。其副元帥、太尉、中書令、河中尹、朔方諸道節度觀察等使。宜並罷免。改授太子太保。其所管兵馬。委本軍自舉一人功高望重者。便宜統領。速具奏聞。當授旌旄。以從人欲。應朔方及諸軍在行營并奉天兵士春衣等。時方暄熱。並未支給。每想暴露。豈遑安居。今江淮轉運輕貨。般次即至。續當支遣。朕知朔方將士忠順。惜朔方將士功名。所以慇懃再三。視遠如邇。斯言必信。無自棄焉。

### 誅李懷光後原宥河中將吏并招諭淮西詔

陸贄

朕聞自昔哲王。以道化下。不竭物以充欲。不勞人以樹威。億兆之心。如戴父母。兵革不試。四方來同。苟昧於德綏。務以力勝。士旅疲耗。蒸黎困窮。幸以成功。豈云有補。李懷光久從戎旅。頗著忠勞。拔於等倫。授以旄鉞。誓師河朔。奔難奉天。有夷兇嫉惡之誠。有救患釋圍之績。俾介元帥。仍升上台。秉心匪彝。自底不類。怙衆貪亂。附奸脅君。致朕再遷。幾危宗祏。洎股肱宣力。賊泚就誅。率土之人。咸懷奮擊。朕獨排群議。未忍加兵。命復官封。志期全貸。迷昏不返。悖慢逾彰。殘害使臣。侵敗王略。密邇京邑。人愁無聊。諭之不悛。乃用致討。上帝悔禍。元臣叶議。克集茂勳。以夷大難。渠魁授首。餘衆革心。制勝以謀。兵無血刃。雖事非獲已。義在救人。而本其所由。情深罪己。蓋信誠未著。撫馭或乖。至使功臣。陷於誅戮。謂之尅敵。能不愧心。然以懷光一家。法當殲殄。念其昔居將相。嘗寄腹心。罪雖挂於刑書。功已藏於王府。以干紀之迹。固合滅身。以赴難之勤。所宜有後。非常之澤。俾洽幽明。雖屈彝章。庶旌往効、大夫君子、無我有尤。宜以懷光一男爲嗣。賜莊宅各一所。聽住京城。仍還懷光首及屍。任便收葬。其妻、及諸子孫、在室女等。并遞送澧州。委李皐逐便安置。使得存立。其出嫁女、及諸親戚。並宜釋放。應先陷河中將士等。皆嬰迫脅。無路申明。多是朔方舊人。素蘊忠義。并幽州涇原將士。頃被朱泚脅從。收京之時。奔竄□□。□其本末。情有足矜。況能協力同謀。舉城歸順。錄其成効。咸與維新。宜一切洗雪。勿爲瑕累。先有官爵實封者。並許仍舊。其中首謀効順。事跡著明。委副元帥條件聞奏。別加甄奬。河中及同州百姓。並經陷賊。又久屯軍。骨肉流離。生業廢棄。興言軫念。良用惻然。宜各給復一年。京兆府奉先、美原等縣。緣與同州接近。隨便供軍。杼軸既繁。流亡頗衆。委京兆府尹、卽量優恤。條件聞奏。仍加招緝。使各安存。河東保義軍節度營田觀察處置等使、銀青光祿大夫、檢校司徒、同中書門下平章事、兼太原尹、北都留守、北平郡王燧。惟嶽降生。爵爲時傑。奉上勵匪躬之節。訓師懷盡敵之謀。略地無遺。攻城必拔。發揚以威强寇。感激而服叛徒。嘉謀屢聞。能事畢著。朔方河中同絳陝虢等州節度、及管諸軍行營兵馬副元帥、河中絳州節度觀察處置使、開府儀同三司、行侍中兼河中尹、咸寧郡王瑊。鑒識精明。宇量弘博。秉義率衆。推誠待人。堅持不奪之心。亟陳必勝之略。輯睦士旅。慰安流庸。盛德克彰。崇功允集。惟乃二帥。一其誠心。奉行天誅。同奬王室。有崇讓之美。有禁暴之能。元惡既除。全城底定。是加寵命。以答崇勳。燧可兼侍中。仍與一子五品正員官。并階。餘並如故。瑊檢校、司空。仍與一子五品正員官。餘並如故。華州潼關鎭國軍節度使、開府儀同三司、檢校、右僕射、兼華州刺史、御史大夫、武康郡王駱元光。邠寧等州節度觀察處置等使、檢校、左僕射、兼邠州刺史、御史大夫、許昌郡王韓遊瓌。坊丹延等州觀察使、檢校、兵部尚書、兼御史大夫、東平郡王詹朝臣等。並節著艱危。功成討伐。鎭于衝要。隱若長城。取彼兇殘。進無堅陣。比義同德。廓清戶隅。宜增食於眞封。且延榮於孫子。可各賜實封二百戶。仍與一子六品正員官、並五品階。餘並如故。應諸軍同討懷光將士等。一自征役。淹歷歲時。被服干戈。略無寧息。賴茲勤効。是有成功。宜共賜物三十萬端疋。以充宴賞。仰度支卽般次歸本道。仍令所司敍錄。卽超資與轉改。其中大將、及功効殊尤者。委本使速具名銜聞奏。先與處分。其先在河中將士。亦宜賜錢宴設。如本是奉天定難功臣。準勑合給賞者。度支排比支付。嗚呼。自國家多難。二紀于茲。朕嗣位七年。連兵五載。追惟往事。悔恨盈懷。今二孽纖誅。諸方甫定。哀彼淮右。獨爲匪人。其帥不龔。其衆何罪。朕晨慮夕惕。念之於懷。數州窮□。戰爭則流禍及於天下。利病之勢。較然相懸。俾人羅殃。寧我忍恥。今勳賢列鎭。疆理有經。縱未偃戈。足以保境。況天地之大。無所不容。豈令是邦。永隔朝化。因茲大慶。使洽鴻恩。諸道應與淮西接連。宜各守封境。非彼侵軼。不須進討。仍委所在長吏。明加招諭。宣布朕懷。李希烈若能歸降。待之不死。其餘將士官吏百姓等。一切洗滌。與之更新。先有官封。亦皆仍舊。如能去逆効順。因事建功。理當甄升。以□褒勸。其所優賞科條。並準前勑處分。朕恩與海內。去危圖安。宥過自新。雖大必宥。朗然明信。彰示兆人。期爾庶邦。自求多福。無有遠邇。咸使聞知。

## 放李希烈將士還本道詔

李希烈負恩作亂。刼脅平人。朕念生靈無辜。務欲息兵捨罪。累行赦令。皆許自新。言必再三。事出誠素。此朕含垢忍恥。屈法爲人之心。天下所明知也。希烈固執兇圖。驅脅將士。違我詔命。犯我甲兵。今月三日、遣僞署申隨唐鄧四州都知兵馬使杜文朝。率馬步五千人。入襄州北界。山南東道節度使樊澤勒兵馬與戰。大破其徒。斬級生擒。蕩除略盡。又於陣上生擒杜文朝、及大將馬坦然等。此皆朕德不昭感。教未敷行。致使平人脅從逆命。其帥有罪。其人何辜。朕所以省表悼心。感事增歎。猶冀改過。尚可息兵。再明屈己之心。式洽好生之義。其陣上生擒將士馬坦然等七百九十人。宜令樊澤給衣服糧食。並令放還。并寫前後赦文勑命。宣示懷寧將士等。有能向化者。準赦令一切不問。官爵如初。其有傷痍未盡復者。並委醫療。令其得所。其陣上所殺人。宜差所由官於側近埋瘞。兼立牌記。無使暴露。欝吾春和。其杜文朝身領全軍。事得由己。不能歸順。力屈就擒。待到日當有處分。

## 誅李希烈原宥淮西將吏詔　　陸贄

赦、反易天常。悖違人紀。衆之所棄。罔或逃誅。李希烈蔑德背恩。窮奸極暴。謂神器可以力取。謂生靈可以詐欺。志在兇殘。躬行僭竊。罪無所茈。法所難容。朕以君德不修。致人於禍。究其端本。過實在予。不忍蒸黎。重相攻戰。屢施詔命。務欲懷柔。抑群帥奮發之誠。駐諸軍討逐之勢。不憚屈己。期於息人。希烈曾無悛心。益逞驕志。虐毒滋甚。呑噬無厭。惡貫既盈。自底夷滅。開府御史中丞臨郡王陳仙奇。忠勇有謀。沉毅能斷。據闔境受汚之憤。導三軍思順之心。唱義一呼。群情響附。廓清氛祲。殲戮渠魁。驛書上聞。函首入獻。方隅既乂。戎役其休。懸賞之科。是宜必信。其以仙奇爲檢校、工部尚書、兼蔡州刺史、御史大夫、充淮西節度使。仍賜食封五百戶。應淮西管內將士官吏百姓等。頃迫兇威。遂從脅制。既誅元惡。俱是平人。除李希烈一家。其餘並準前後赦勑。原免更無所問。其將士等。或本屬平盧。或久鎭淮右。素推忠義。累著勳庸。果能協志同謀。輸誠奉順。以茲節效。良有可嘉。委仙奇即以諸邑官錢。優與宴勞。其中首建謀議。同斬希烈人等。宜並條錄聞奏。節級褒賞。比年以來。有潛圖効順。大節著明。計或未行。爲賊屠害者。亦宜審加訪察。具事跡以聞。如有子孫。仍錄名聞奏。百姓等久經淪陷。兼被傷痍。想茲凋殘。實足憫惻。除供當道軍用之外。宜給復二年。應被希烈差點兵馬及團練子弟、並放散。其本額將士之中。有不樂在軍。願歸農業者。委刺史量給逃死戶田宅。并借貸種粮。優復終身。使之存濟。宜令尚書左丞鄭叔則充淮西宣慰使。嗚呼。往欽哉。自希烈叛命。于今五年。王澤不通。下情亦阻。所宜宣我信令。以釋危疑。敷我惠澤。以慰疲瘵。滌清汚俗。咸與惟新。底綏一方。以稱朕意。

# 唐大詔令集卷第一百二十二

政事

拾雪下



## 拾雪下

### 重原宥淮西將士等詔　陸贄

敕、乃者希烈亂常，阻兵竊號，汙脅士衆，殘虐烝黎。朕志在好生，誠深罪己，爲人受恥，不忍加兵。惟茲一軍，代着忠節，果殲元惡，不替舊勳，詢于衆情，就拜戎帥。人亦勞止，期於小康，旋乖恤下之方，重致喪身之禍，由朕薄德，俾人不寧。撫臨萬邦，且愧且悼，賴將校士旅，秉其誠心，邦人不驚，軍部無撓，以茲節効良。有可嘉所。宜慰安。俾洽寬釋。應士吏人等。承前所有諸色過犯。罪無輕重。一切釋放。曠然昭洗。咸與更新。其先請受莊宅財物者。各以見管爲主。將士衣賜節料幷家口糧等。一切並準舊例。以時給付。不得停減。先合優與賞設。亦準元勑處分。務令豐厚。以稱朕懷。仍加曉諭。各使知悉。

## 放淮西生口歸本貫詔　陸贄

勑、遷徙家鄉。分離骨肉。有生之酷。莫甚於茲。朕撫育兆人。庶臻理道。懲過不可以不罰。原情不可以不矜。將推內恕之心。用廣自新之路。應從李希烈作亂以來。諸道所擒獲淮西生口。配隸嶺南黔中等道。宜一切釋免。放歸本貫。其投降人等。權於諸州縣安置者。亦任各從所適。

## 釋放妖妄人李廣弘支屬勑

勑、天地之大德曰生。聖人之裁非曰義。以刑止殺。疑則從輕。懲惡勸善。期於不濫。故光武有焚書之令。成湯有解網之仁。滌除疵瑕。昭示誠信。安人慎罰。其在斯乎。予臨四方。迨茲九載。運經多難。今迄小康。何嘗不馭朽兢惶。納隍軫慮。思天下之重。以百姓爲心。刑政所施。志存欽恤。與其過察。寧失不經。妖妄人李廣弘等。潛構異端。訛言惑衆。姦迹彰露。並伏誅夷。其陸絳、陸授、董昌、王昌、徐綱、謝恍等。附會凶邪。協謀同惡。未就禽獲。在法難容。宜令所在州縣。切加捕捉。其餘支屬。還往更不推窮。慮有狂狡之徒。尚相恐惑。如此之輩。並宜禁斷。於戲。朕以不明。昧於化導。人之多僻。過實在予。然思患防微。理當重慎。咨爾文武爪牙之士。環衞之臣。各宜謹乃攸司。嚴於禁察。以徇公爲意。以肅下爲誠。協寧邦家。以及黎庶。敬恭所事。可不慎歟。宜布遐邇。咸知朕意。貞元三年十月

## 雪吳少誠詔

含弘覆育。天道之至仁。改過效順。人臣之大節。朕受昊天之睠。居兆人之上。常恐一物失所。一夫不獲。勵精思理。不敢康寧。然而信有所未孚。誠有所未至。俾我藩翰。致於危疑。我之黎元。弊於師役。爲之司牧。實悼於衷。是用錄其遷善之心。舉茲宥過之典。滌蕩瑕累。與之更新。吳少誠擢授旌旄。常所委任。頃因疑誤。擅動甲兵。攻逼許州。焚掠縣邑。朕撫臨方夏。期在乂安。念此蒸人。迫於羣議。故非獲已。爰至興師。鋒刃之閒。不無傷害。永言及此。深用疚心。所以務於綏懷。先示招諭。少誠遂能改過。上獻表章。兼與三軍備陳誠懇。詞理深切。感於朕心。是用申恩。以章大信。宜從洗雪。俾復官封。可依前檢校右僕射、兼蔡州刺史、御史大夫、彰義軍節度、申光蔡等州觀察支度營田使。其淮西將士等。代葉王臣。本懷忠義。皆能變節。同保令名。念茲忠誠。載深嘉歎。各復舊職。咸使如初。宣示中外。令知朕意。

## 雪王承宗詔

帝者承天子人。下臨萬國。觀乾坤覆育之施。常務其曲全。用德刑撫御之方。每先其弘貸。叛則必罰。服而捨之。稽于典謨。亦尚斯道。朕祗荷前訓。纘嗣丕圖。底寧方隅。蕩滌氛祲。上以攄祖宗之宿憤。下以致黎庶之阜康。思厚者生。務去者殺。至於包荒掩慝。屈法申恩。苟哀誠之可矜。則宥過而無大。王

承宗頃居喪紀。常見賣於隣封。後領藩垣。或受疑於朝野。國恩雖厚。時憲未容。咸實自貽。寵非我絕。百辟卿士。昌言在庭。四方諸侯。飛奏盈篋。競請致討。爭先出軍。尚復廣示招懷。務存容納。至于動衆。事豈願然。閫境惘羅其殺傷。退舍爲休其士伍。取陷焚溺。能無慘嗟。以其先祖武俊。有勞王室。書在甲令。銘于景鐘。雖再駕之師。每從人欲。而十代之宥。常切朕懷。近以三朝稱慶。八表流澤。廣此鴻霈。開其自新。而承宗果能飜然改圖。披露忠懇。遠遣二子。進陳表章。緘圖印以上聞。獻德棣之名部。發囷奉粟。拚竈貢鹽。地願復於職方。物請歸於司會。且天子所臨。莫非王略。析茲舊服。將表爾誠。諒申効順之心。悉見納忠之志。抑而不撫。何以示懷。朕念此方。其猶赤子。一物失所。寢興靡寧。忍驅樂土之人。令就陳原之戮。既克剪暴。常思止戈。予之此心。天地昭鑒。況常山師旅。舊有功勞。將改往以修來。誓酬恩而遷善。鑒精誠之俱切。俾渙汗之載敷。曠滌乃愆。斷在朕志。復此殊渥。常懷永圖。其王承宗所有瑕釁。特宜洗雪。依前守銀青光祿大夫、檢校、吏部尚書、兼鎮州大都督府長史、御史大夫、上柱國、充成德軍管內支度營田鎮冀深趙等州觀察處置等使。應成德軍將士官爵實封等。一切仍舊。待之如初。其管內四州百姓。委承宗厚加安慰。令守生業。官吏已下。各守職分。於戲。禍福無門。善敗由己。所鑒既因於克念。易轍因獲其就安。行之惟艱。守在勿失。凡百庶士。宜知朕懷。

## 宥淄青大將敕

敕、魏博及義成軍節度、送到擒獲逆賊李師道下都知兵馬使夏侯澄、兵馬使朱澄等。共四十七人。附麗兇黨。拒抗王師。國有常刑。悉合誅戮。朕以其久居汚俗。皆被脅從。況討伐已來。時日未幾。縱懷轉禍之計。未有効款之由。情似可矜。朕不忍殺。況三軍百姓。孰匪吾人。詔令頒行。罪止師道。方欲拯於塗炭。是用活其性命。誠爲屈法。庶使知恩。並宜特從釋放。仍令却遞送至魏博及義成軍。各委節度收管驅使。如緣父母血屬。猶在賊中。或羸老疾病。情切歸還者。仍量事優賞放去。務相全貸。何所疑留。

## 敕鎮州德音

門下、仲尼有言。詩云、執轡如組。審此言、可以爲天下也。蓋爲聖人組修其身。而成文於彼。故伯益贊禹。則曰滿招損。謙受益。所以服有苗。夏后啓亦云。吾德未至、教未善。故能克有扈。苟齊俗以禮。化人以躬。尚可感於神明。柔於蠻貊。況累聖遺教。昪平舊風。堅金在鎔。爲人之所鑄。猛獸在柙。由人之所馴。因而撫之。敢忘前訓。朕以菲德。纂承鴻緒。屬先皇掃刷中寓。康濟兆人。八表晏然。五兵咸息。常兢懷於繼述。思致理於和平。豈以樂戰爲心。佳兵在念。而鎮州以承宗云亡。自歸誠款。幽州以劉總懇志。願釋兵符。相繼來同。無思不服。非朕勤於遠略。力以致之。亦既綏柔。咸加霈澤。不愛金帛、以惠於戎士。不吝爵賞、以寵其偏裨。復以一二台臣。嘗推謹愿。庶將朕志。以靖方隅。而佚於既安。莫能思患。曾未累月。旋聞叛離。朕亦欲因其人心。命將擇帥。顧念弘正、盡忠先朝。身嬰戕害。家受屠戮。爲之元首。能不痛心。是用下制。先申告諭。求其兇惡。冀釋幽冤。仍令四面節度。各守封境。不欲遽加誅討。所望自効忠誠。而將士等懼罪以相保。王庭湊爲衆之所迫。固其州壤。捍以兵鋒。每聞戰爭。永念黎庶。爲之君父。又可忍乎。是用輟食忘寢。晝夜萬慮。恭惟烈祖之訓。必用兼愛之心。務以安人爲國本。不以窮武爲威力。顧予寡昧。敢忘遵承。爲追念以興師。已極君臣之分。以軫憂而捨罪。豈非帝王之道。況王庭湊倉卒之際。本非始謀。接之以恩榮。自當展其志力。委之以戎鎮。必冀效於勳庸。禍福無門。行之則是。弛張在我。用亦何常。苟推信誠。便保忠順。苟得其衆。孰非吾人。擢而用之。式示榮寵。宜特捨雪。仍授檢校右散騎常侍、兼鎮州大都督府長史、御史大夫、充成德軍節度鎮冀深趙等州觀察處置等使。應成德軍將士官吏。一切依舊。待之如初。仍令兵部侍郎韓愈充宣慰使。於戲。朕於彼三軍。惠非不至。於彼闔境。恩非不周。今弘寬大之典。以應陽和之令。使離散者見親愛之樂。暴露者歸室家之安。各宜感悅。以就寧泰。布告中外。體朕意焉。

## 雪王庭湊詔

帝王之御大器也。上法天意。下順人情。何嘗不欲舞干羽以致懷來。滌汙垢而弘惠貸。朕以寡昧。獲守昌圖。享二百餘年之丕基。纂十三列聖之洪業。而涉道猶淺。燭理不昭。德未洽於生靈。信未孚於微隱。至使河朔殘梗。藩臣阻絕。既多在予之責。每軫納隍之念。頃者滄州拒命。將帥專征。有國彝章。非朕敢赦。諒功成九伐。當事止於一方。況成德本軍。早列勳籍。庭湊初意。亦獻嘉謀。因緣細微。互搆隙釁。且聞朝廷則挂刑書。雖欲上陳。固難自達。及滄德翦定。甲兵偃戢。拜章辨數。納欵隣封。爰因台臣。俾通王命。備聞恭惕。延望私恩。感激而情動三軍。歡呼而聲馳四郡。朕猥居兆人之上。常懼一物失所。雖外示君臣之義。實內猶父子之親。豈可使覆載之中。不霑雨露。照臨之下。獨隔輝光。斷自予衷。靡聽輿議。既改之而不吝。則待之而如初。俾服官榮。載膺寄任。爵服盡在。恩禮用加。其王庭湊。可依前授金紫光祿大夫、檢校司徒、兼鎮州大都督府長史、御史大夫、上柱國、太原郡開國公、食邑二千戶、充成德軍節度鎮冀深趙等州觀察處置等使。於戲。天道之所助者曰順。人倫之所重者曰忠。爲君在於不疑。爲臣在於無貳。然後上下交暢。以底泰寧。當弘令猷。勉收來効。凡百卿士。宜體朕懷。

## 洗滌長慶亂臣支黨德音

門下、皇王之令。兇慝必寘於嚴誅。天地之仁。含育亦存乎在宥。除惡務絕其根本。原情必諒於親疎。詿誤之嫌。用安反側。舉寬弘之典。盡滌瑕痕。追惟長慶之初。亂臣賊子之輩。人神共憤。覆燾不容。頃以論刑。是從流竄。而東宮親昵之黨。亦參帷幄之謀。顧倫冒以取恩。陷君父於不義。必資懲創。以蕩奸源。議法當然。非朕敢赦。而曾不知過。交搆流言。興謗道途。扇惑人聽。蓋以從前搜捕未盡。巢穴猶存。再令根尋。果獲支黨。無非近戚。咸伏其辜。在臣節而既虧。於國章而難逭。並已從別勑處分。除竄逐遐荒。及配諸陵守當外。應諸惡黨。從祖兄弟子壻妻族。內外親戚。門生故吏。及以來別居。并從疎遠等。降德音後。不問諸司諸使。更不用尋勘。務從寬恕。俾絕憂疑。唯先推鞫得姓名合流者。雖已逃竄。如獲日。準前勑處分。頃者屢降明詔。以順人心。重此究窮。蓋非獲已。今則更無餘孽。永絕猜嫌。攄憤之志既申。懲惡之刑亦至。乘春布澤。大與惟新。明示中外。咸知予意。主者施行。

## 復陳敬瑄官爵制

大海所以長百川者。下流必納。大地所以載萬物者。有質皆容。哲后體之。事無常勢。弔人拯溺。則龔發王師。錄舊棄瑕。則大開法網。斷自朕志。又何愧焉。陳敬瑄發跡禁軍。遂居大鎮。因緣遭遇。窮極寵榮。先皇帝頃屬艱難。遂至巡狩。敬瑄當鎮都會。頗罄忠誠。大則有天下赴難之師。皆求宿衞。次則有官司奔走之吏。重瓶朝廷。玉帛波輸。梯航露集。實竭勇智。備極經營。度支日費。而未省告勞。供饋星繁。而竟無橫歛。全由盡節。果叶中興。朕初奉宗祧。未熟政理。遽忘前績。俄至興師。責楚子之苞茅。爾雖曠職。望公孫之豆粥。予亦無恩。致我勞臣。莫明素志。近者視朝無事。乙夜觀書。則盧綰之在四夷。尙堅夙衞。周勃之居一縣。足表厚誣。前史具存。殷鑒何遠。矧朕冲眇。敢忘勳勞。相印兵符。高爵顯位。既從昭雪。寵宜如初。勉思禍福之門。重契君臣之分。抑人情而遵天道。既已無疑。思福善而誡禍盈。使當自省。王建、顧彥朗等。久屯師旅。頗罄忠勤。盡懷頗伏之謀。俱奉及瓜之戍。眷言勳効。常所歎嘉。今則大布寬仁。永安詿誤。在稟垂囊之令。勿辜偃革之恩。便令部領師徒。各歸所任。其迴戈將士等。仰彥朗王建、以奉本道上供錢物。量事優賞訖奏。兼聞楊晟等、深知逆順。首率歸投。陳勁草之心。備輿櫬之禮。書之信史。永播忠規。敬瑄重作藩侯。列牧復爲州將。勉斯和叶。以保初終。無搆厲階。重貽伊戚。敬瑄可開府儀同三司、太師、兼中書令、成都尹、上柱國、潁川郡王。食邑四千戶。食實封八百戶。充劍南西川節度副大使。知節度事、管內觀察處置、統押近界諸蠻、及西山八國、雲南、安撫制置、營田供軍糧料等使。於戲。刻舟求劍。取笑古人。膠柱調絃。故難忘理。以茲通變。冀息干戈。苟有利於蒼生。又何辭於改作。布告遐邇。咸使聞知。大順二年三月

# 唐大詔令集卷第一百二十三



## 購募

### 募擒王世充爵賞詔

世充僭逆．拘逼黎元．向化之徒．無由自達．朕悪煩百姓．不欲興戎．久猷。兵威．未窮征討．然而縱溢彌甚．暴虐不悛．歎彼方隅．久遭塗炭．賊旣糧盡計竭．

衆叛親離。惡稔貫盈。亡徵已見。今則分命驍勇。步騎齊趍。直指洛濱。衝其巢穴。招納降附。拯救阽危。務在安人。豈求實利。兵馬所到。有因事立功。擒兇制勝者。重頒爵命。厚加褒賞。其金玉寶藏。分賜將士。酬賞之科。仍依別格。宜明申布。咸使聞知。（武德三年七月）

### 購殺武元衡賊勑

朕以不德。恭臨萬邦。不敢自逸。每懷兢惕。而兇狡竊發。殲我股肱。是用當宁廢朝。通宵忘寐。永懷匡輔。何痛如之。宜極搜擒。以攄憤毒。天下之惡。天下共誅。念茲臣庶。固同憤歎。宜令京城及諸道。所在□同捕逐。有能獲賊者。賜錢一萬貫。仍與五品官。已有官者。量加超授。如本雖同謀。或曾停止。但能糾告。當捨其罪。仍同此科。敢有藏匿。全家誅戮。布告遠近。使明知之。（元和十年六月）

## 平亂上

### 平竇建德赦

自隋氏失馭。政散民流。盜賊交侵。區宇離析。惵惵黔首。俱被焚溺之災。元元無辜。並困豺狼之吻。朕受天明命。君臨八極。克除暴亂。大拯氓黎。聲教所覃。無思不服。唯彼趙魏。尚隔朝風。建德往因喪亂。連羣結黨。竊州據邑。擅置官僚。叛渙一隅。恣行兇虐。朕愍彼河朔。久遭塗炭。納隍軫慮、無忘興寢。但以凋弊之後。惡煩士衆。且事含弘。未先討擊。然而遊魂放命。數稔貫盈。駈率犬羊。圖爲侵斥。與王世充欲相救援。輙來舉斧。以抗大軍。兵威所臨。醜徒崩潰。生擒建德。囚致軍門。凡厥徒黨。皆就虜獲。歷稔逋寇。一舉廓清。蕩滌遺民。與之更始。可赦山東諸州爲建德詿誤者。自武德四年五月八日以前。皆赦其罪。

### 平王世充赦

詔曰。天生蒸民。樹之司牧。光宅區宇。撫字黎庶。日月照臨。文明於是統極。雷雨作解。順時所以布化。往者隋季道衰。刑政廢缺。九服雲擾。五岳塵飛。率土之民。墜於塗炭。瞻天踴地。控告無所。朕愍彼橫流。志存拯溺。投袂鞠旅。肇建義旗。伐暴除虐。克寧宇縣。靈祇叶贊。遐邇樂推。景運所集。祗膺寶位。戡剪多難。撫輯遺民。溥被萬方。情均覆育。然而世充放命。擾亂周韓。建德遊魂。虔劉趙魏。害虐良善。阻絕朝風。言念匪民。久罹凶毒。滿堂之樂。猶有向隅。納隍之歎。無忘旦夕。是以出車命將。伐罪吊民。宗廟威靈。卿士効節。旌旂所拂。醜徒冰泮。二凶授首。萬方廓清。書軌大同。氛祲澄蕩。邊壥解柝。烽燧無虞。振旅休兵。塗歌里抃。今既九圍寧謐。八表乂安。思與吏民。勵精更始。朕惟寡德。政道多違。陰陽不調。致使亢旱。深思惕懼。震悼于懷。解網崇恩。宜流愷澤。可大赦天下。自武德四年七月十二日昧爽以前。大辟罪已下。已發露未發露。悉從原免。自武德二年十二月三十日以前。亡官失爵者。量聽敍用天下民庶。給復一年。其陝鼎函虢□芮六州供轉輸之費。幽州管內。久隔寇戎。給復二年。身死王事。量加褒贈。律令格式。且用開皇舊法。孝子順孫。義夫節婦。所在詳列。旌表門閭。奇材異行。隨狀薦舉。高年惸獨。量加賙卹。

## 平輔公祏敕

詔曰。自有隋失馭。盜賊交侵。四海羣飛。六合雲擾。上天降鑒。爰命朕躬。戡定凶災。廓清宇縣。然而江湖之外。水鄉僻遠。向化之民。未能自達。逆賊輔公祏。搆扇凶醜。蟻聚蜂屯。侵虐黎民。搖動城邑。憫茲塗炭。義在弔撫。命彼偏師。聊申薄伐。沿流而下。乘機剋定。氛祲清蕩。遐邇乂安。文軌大同。朝野咸慶。今朱明戒序。時方長育。宜順天心。播茲仁惠。可大赦天下。自武德七年四月一日昧爽以前大辟罪已下。已發露。繫囚見徒。悉從原免。其犯十惡劫賊。官人枉法受財。主守自盜。及常赦所不免。流配以上道者。並不在赦例。亡命山澤。挾藏軍器。百日不首。復罪如初。其江州道行軍。經塗悠遠。非無勞倦。應供運轉輸及從軍役者。並宜給復二年。從軍內有犯罪。除解官人立勳效者。並復官爵。仍依本品。隨才處分。揚越之民。新沾大化。見在民戶。給復一年。其與賊同心。共為逆亂。非被迫脅。情狀難原者。不在赦限。

## 皇太子建成齊王元吉伏誅大赦

朕恭膺寶位。臨馭萬方。綏育黔黎。于茲九載。欲使仁惠之政。達於天下。德義之方。孚于宇宙。豈謂莫大之釁。近發蕭牆。反噬之惡。滅於天性。皇太子建成。地居嫡長。屬當儲貳。處以少陽。冀克負荷。遂昵近羣小。聽受邪謀。蔑棄君親。離阻骨肉。密圖悖逆。潛為梟獍。司徒齊王元吉。寄深磐石。任惟翰屏。寵樹既厚。職位非輕。背違天經。協同元惡。助成隱慝。遞相驅扇。醜心逆迹。一旦盡彰。惟彼二凶。罪窮數稔。禍不旋踵。自取屠戮。念茲醜惡。慙戀盈懷。今禍難既除。氛祲澄蕩。國步夷坦。政道惟新。思與萬民。滌除更始。可大赦天下。自武德九年六月四日申時以前。罪無輕重。已發露未發露。禁囚見徒。悉從原免。凶逆之事。止有二人。自餘徒黨。其被詿誤。一無所問。各從洗蕩。其僧尼道士女冠。宜依舊定。國朝之事。皆受秦王處分。

## 平內難敕

大盜移國。朝有賊臣。見危授命。家多義士。朕以凶閔。觸緒糜潰。奸豎構扇。傾陷宗社。潛圖竊發。機兆未萌。相王第三子臨淄郡王隆基。糾合同盟。忠勇奮怒。志除兇黨。保護邦家。逆賊韋溫、馬秦客、葉靜能、宗楚客、紀處訥、武延秀、趙履溫、楊均業等。密行鴆毒。先聖暴崩。朕志不圖全。枕戈泣血。風雲玄感。情計陰通。太平公主男衛尉卿薛崇暕。與前同州朝邑縣尉劉幽求。惣監鍾紹京。日夜共謀。誓誅逆黨。兇徒驚恐。投竄無所。今天衢交泰。氛祲廓清。宜申作解之恩。以洽升平之化。自唐隆元年六月二十一日昧爽以前。大辟以下。常赦所不原者。咸赦除之。其逆賊頭首。咸已斬決。自餘支黨。一無所問。內外官三品以上。賜爵一級。四品已下加一階。隆基可封平王。實封一千戶。賜物五千段。薛崇暕封立節郡王。食實封五百戶。賜物三千段。鍾紹京可銀青光祿大夫。守中書侍郎。潁川郡開國公。食實封二百戶。賜物一千段。前同州朝邑縣尉劉幽求可朝議大夫。守中書舍人。仍參知機務。中山縣開

國男食實封二伯戶利人府折衝𢊍副宗可雲麾將軍行左金吾衞中郎將賜物一千段

## 收復西京還京詔

聖人有作弧矢爰興歷代已來征伐靡廢自逆胡已死餘孽猶存所統蕃人多以利合亦有因事便被脅從朕誓雪國讎餘無所問中夜痛憤志安蒼生其假息偷生據城自守鼎魚幕鷰何以喻茲廣平王及諸將分隊夾攻迎軍破敗橫屍遍野積甲如山二十里內可知多少其中逼迫同被殺傷言念于茲良深憫悼今兵馬乘勝便取東京平盧節度兼領奚契丹五萬又收河北天下之事計日可平緣京城初收要安百姓又掃洒宮闕奉迎上皇以今月十九日還京應緣供頓務須減省豈忘艱弊當別優賞宣示百姓令知朕懷（至德二載十月）

## 收復京師詔

詔曰出震乘乾立極開統謳歌歷數啓聖千齡文物聲名握圖六葉安祿山夷羯賤類頑兇殘愎頃以捍邊有功專制方面同人者貌謂報効恩私異人者心乃苞藏逆亂以爲中原無備干戈可動而毒害深流禍變倉卒塗炭萬姓輿言痛憤朝市之內忽肆兇殘衣冠之中咸被點汚朕作人父母志雪國讎是用中夜奮發提戈問罪自靈武聚一旅之衆至鳳翔合百萬之師親總元戎掃淸羣孽出師之日仍下寬令殲厥渠魁餘無所問有能翻然歸順自縛軍門復其官爵仍加優賞將士等以大軍一舉玉石俱焚元惡就誅兇殘並戮僵屍遍野匹馬不遺今西土罷兵咸已寧輯河洛氛祲一朝翦除廣平王俶受委元帥能振天聲左僕射子儀決勝無前克成大業復有迴紇葉護及雲南子弟并諸蕃兵馬等皆竭誠向化助戰賈勇事同破竹易若摧枯朕入城之日百姓等咸思戴商復喜覩漢煙雲風景皆是祥光里巷歡呼唯聞相慶朕早承聖訓嘗讀禮經義切奉先恐不負荷今復宗廟於函洛迎上皇於巴蜀導鑾輿而反正朝寢門而問安寰宇載寧朕願畢矣且復人將有主敢當天地之心輿豈在予實憑社稷之祐京城僧道耆壽百姓比者時穀翔貴薪芻不給困窮之極朕嘗繫心緣初收京城倉庫未積國用稍足豈忘施惠其諸色行人因陣敗沒并坊市百姓及諸色番胡召募并本是元惡兇黨昨因破賊所在潛藏並仰於府縣及御史臺陳首一切原其罪如有不首被人言告捉獲者並從軍法其京城內外文武官有受賊補署罄其心腹自祖及父皆承國恩就逆背順頓忘臣節或有守舊官者請俸料爲賊判事或判事之際中間得替并有攝賊僞官兼知職掌其中有京官外官及前資白身皆受擢用其中有隱迹不出故辭疾病色類既廣人數又多宜令御史臺憲部大理三司據狀勘責條件聞奏其有外官充使及先有職掌并事故及隔絕未赴任在城者亦委三司勘責聞奏又賊中臺府坊市所由人等比與逆賊追捕皆造事端損害忠良仍奪財物爲蠹尤甚情不可容宜令崔光遠禁身切加推問一一具狀聞奏勿令漏網其內侍省及左右龍武羽林軍閑廐飛龍諸武官應先合從駕人等其中臨行潛避遂受賊驅使並各委本司使括責量情狀輕重奏聞其有隱盜倉庫及偷劫逆賊家錢物或受賊寄附與賊貨易並與賊請祿料等因此隱沒者並限勑到十日內各於所由陳首其物便准數送納本色并還不須科罪慮已有破用徵納艱辛仍拾分放三分以弘寬貸其近日逆人及隔絕人莊

宅。宜卽括責。一切官收。又聞人家子女。多被侵逼。且非本情。宜一切不須尋問。或與逆賊居住鄰近。及作意故往來。情非切害。一時之事。有殊逆黨。亦宜釋放。其有受賊僞度人。宜令所司括責。並勒還俗。其僧及道士。各改本色。所在寺觀。勿許居止。今兩京無虞。三靈通慶。何以昭事。宜在覃恩。待上皇到日。當更有處分。咨爾有衆。知朕意焉。至德二年十一月

## 至德二載收復兩京大赦

詔曰。軒轅有版泉之戰。帝堯有丹水之師。湯有葛伯不祀。周有獫狁孔棘。古之王者。奉若天命。不敢不正。亂常干紀。不得不誅。日者逆豎猖狂。敢行稱亂。朕嗣守鴻業。欽承睿圖。枕戈嘗膽。撫劍泣血。罔不夙夜。若涉春冰。賴天地疾威。社稷憑怒。上皇丕烈。萬國允懷。因時致討。爲人請命。由是義夫奮發。迴紇籍兵。邦圻關輔之士。汧隴河湟之衆。沙朔羌戎之騎。微盧蠻貊之人。萬里雲趨。四方霧合。旣張我伐。咸一乃心。蠢茲蜂蠆之餘。尙負螳蜋之力。自京南合戰。洛北追奔。百萬摧鋒。一戎而定。昔夏以有窮之亂。克之者四十年。漢以新莽之篡。復之者六千日。今環周未再。氛祲廓清。風振海而波蕩。雷破山而石裂。寰區重闢。日月增輝。此皆三靈叶贊。累聖垂祉。豈予小子。能集大勳。頃以先掃宮室。奉迎鑾駕。紫宸初正。黃屋未歸。耆老之望。則深庭闈之戀猶積。所以自天之澤。必本於承顏。作解之恩。尙稽於俟命。今六飛屆止。萬姓昭蘇。義奉君親。慶深家國。不失舊物。與俗惟新。宜弘肆眚之典。共熹以康之福。可大赦天下。常赦所不免者。咸赦除之。其逆人能自投降。率衆款附。及殺獲逆人。其以郡縣軍城降者。並如超賞。應與安祿山同謀反逆枝黨。及李林甫、王鉷、楊國忠等一房。並不在免限。武德、開元、及蜀郡、靈武、元從功臣。有先巳沒死王事者。並加優贈。各與子孫一人官。乘輿幸蜀。天步多艱。人心且搖。臣節斯見。太子太師、幽國公韋見素。開府儀同三司、內侍監、齊國公高力士。開府儀同三司、右龍武大將軍、潁川郡公陳玄禮。開府儀同三司、左龍武大將軍田長文。開府儀同三司、左龍武大將軍張崇俊。特進右龍武大將軍杜休祥等。勇不顧死。危能致命。或竭誠羽翼。仰北辰而環拱。或叶契心膂。聚東井以全歸。疇茲錫社之恩。永以誓河之義。見素加開府儀同三司。實封三百戶。力士加實封三百戶。玄禮進封蔡國公。實封三百戶、長文進封鴈門郡公。崇俊進封南陽郡公。休祥進封馮翊郡公。各實封二百戶。朕龔行天罰。誓兵朔野。幸以一旅之衆。遂成九有之師。言念經綸。豈忘締搆。銀青光祿大夫、尙書右僕射裴冕、識宇沖深。體局貞固。輸忠佐命。肇契興王。加開府儀同三司。封冀國公。食封三百戶。光祿大夫、殿中監同正員、判行軍事李輔國、志除凶惡。忠誠濟危。加開府儀同三司。殿中監依前判行軍事。封成國公。實封五百戶。銀青光祿大夫、宗正卿、兼工部侍郎李遵、義切維城。勳參定國。加特進、封鄭國公。實封二百戶。開府儀同三司、兼鴻臚卿、同正員、中軍都知兵馬副大使管崇嗣、能訓戎律。以佐兵權。進封鉅鹿郡公。實封二百戶。中軍都虞候、特進、兼鴻臚卿、同正員李鼎、加開府儀同三司。進封保定郡公。雲麾將軍、右□□衞大將軍、右羽林軍宿衞內供奉王燒、加特進、封太原縣侯。仍各實封一百戶。自寇戎奸宄。王師未振。瞻言京邑。尙聚犬羊。廣平王俶、修學好古。令德孝恭。志存邦家。誓雪讎耻。爰鞠其旅。元戎啓行。可封爲楚王。食實封二千戶。銀青光祿大夫、尙書左僕射、兼武部尙書、同中書門下平章事、兼靈武大都督府長史、單于安北副大都護、

持節、充朔方節度關內支度營田鹽池押諸蕃部落副大使、知節度事、六城水運、朔方管內採訪處置使子儀。才光三傑。功格十臣。克煒皇威。載昌大業。加司徒。兼尚書右僕射。進封代國公。食實封二千戶。平章事已下並如故。開府儀同三司、兼鴻臚卿、同正員、朔方左廂兵馬使、同節度副使、姑臧縣子僕固懷恩、進封豐國公。實封二百戶。開府儀同三司、兼右金吾衛大將軍、同正員、仍充四鎮伊西北庭行軍兵馬使李嗣業、履險忘軀。破敵匡難。可兼衛尉卿。同正員。封虢國公。食實封二百戶。銀青光祿大夫、守司徒、兼戶部尚書、同中書門下平章事、兼御史大夫、鴻臚卿、太原尹、北京留守、河東節度副大使、薊國公光弼、全德挺生。英才間出。干城禦侮。坐甲安邊。可司空。兼兵部尚書。同中書門下平章事。進封魏國公。食實封八百戶。開府儀同三司、御史大夫、兼工部尚書、持節、充招討西京、幷定武威武興平等軍、兼關內節度河西隴右伊西四鎮行軍兵馬使王思禮、養銳先聲。蓄奇後殿。可開府儀同三司、行工部尚書、兼御史大夫、封霍國公。實封五百戶。光祿大夫、太常卿、同正員、兼御史大夫、淮南西道節度採訪使、潁川太守來瑱、可開府儀同三司、兼御史大夫、封潁國公。餘如故。特進、太僕卿、南陽太守、兼御史大夫、權知襄陽郡事、金鄉縣公魯炅、蘊是韜略。副茲節制。可開府儀同三司、兼御史大夫、封祁國公。仍各食實封二百戶。兼京兆尹、持節、充京畿採訪計會招召宣慰處置事崔光遠、毀家成國。致命前茅。可特進。行禮部尚書。封鄴國公。食實封三百戶。開府儀同三司李光進、慎固封守。克獻殊勳。封范陽郡公。食實封二百戶。賢非后不享。后非賢罔乂。社稷之任。必在良臣。左相苗晉卿、忠不忘君。才惟濟代。弼成大業。保乂王家。可特進。行侍中。封韓國公。食封五百戶。憲部尚書、同中書門下平章事李麟、蘊德成務。含貞軌物。發揮常業。潤色皇猷。可金紫光祿大夫。刑部尚書、同中書門下平章事崔圓、允釐庶績。康濟多難。一匡天下。大庇生人。可特進。行中書令。封趙國公。食實封五百戶。朝散大夫、守中書侍郎、同中書門下平章事、河南節度采訪處置使、賜紫金魚袋張鎬、謀猷惟允。綱紀立程。總茲戎律。懿是謀府。封南陽縣公。餘並如故。銀青光祿大夫、太子少師房琯、嘗以經術。輔導朕躬。加金紫光祿大夫。封清河郡公。銀青光祿大夫、守太子少保、嗣虢王巨、頃以宗支。居守京邑。加金紫光祿大夫。越國公峘、總兼元戎。克寧全蜀。可金紫光祿大夫。戶部尚書、郇國公韋陟、持衡流品。式序百工。可金紫光祿大夫。吏部尚書、銀青光祿大夫、守禮部尚書李峴、饋運周給。開物成務。可光祿大夫。行御史大夫。兼京兆尹。封梁國公。大中大夫、吏部侍郎、賜紫金魚袋蘇震、供億蒸徒。臨事益辦。可銀青光祿大夫。行吏部侍郎。其赴蜀郡、靈武、元從官、及在路扈從官、三品以上、與一子官、四品已下、與一子出身、六品以下、量與進改。功臣將士、勳業高者、當別有處分、應見任五品以上、當別與官階。其陣亡人、令所在郡縣、收骸骨瘞埋、具酒食致祭、各與追贈、其家給復三載。諸郡縣、或隔絕賊境、則困於凶殘、或犒宴官軍、則弊於賦斂、其來載租庸、三分放一。其天下百姓、應諸色人句徵、及欠負官物、一切放免。宜令中書門下、簡使即分道宣慰。所至郡縣。審問百姓閒利害。有須釐革處置者。一一奏聞。其園苑內、有閑廐使、總監、各據所管地界耕種、所收草粟、以供軍馬。其宮女、及狗豹鷹鶻之類、宜即停減。屋宇車輿、衣服器用、並宜準式、珠玉寶鈿平脫、金泥織成刺綉之類、學官即宜精選、務令講習簡擇。郎官有堪任太守縣令者、委京清資五品已上、及郎官御史聞薦。其郡縣官有灼然清白、理行尤異、百姓中孝悌力田、不求聞達者、委采訪使聞奏。其有文經邦國、學究天人、博於經史、工於詞賦、善於著述、精於法理、軍謀制勝、武藝絕倫、並任於所在自舉、委郡守銓擇奏聞、不限人數。其律令格式未折衷者、委中書門下簡擇通明識事官三兩人、並法官兩三人刪定。近日所改百司額、及郡名官名、一切依故事。頃以上皇在蜀、朕亦居岐、蜀郡宜改南京、鳳翔郡為西京、西京為中京、蜀郡改為成都府、鳳翔郡府尹以下官寮、並依三京名號。吳山改為吳岳、其祠享官屬、並準五岳故事、天柱山老君廟、改為啓聖宮。五品以上清資官及三品以上官、上郡太守、父見在無官及官卑者、並與五品官、父祖先亡歿者、贈一人官、祖母亡歿、亦追贈邑號。忠臣事君、有死無貳。烈士徇義、雖沒猶存。其李憕、盧奕、顏杲卿、袁履謙、許遠、張巡、張介然、蔣清、龐堅等、卽與追贈、訪其子孫、厚其官爵、家口深加優賞。其內外文武官、枉遭逆賊殺害、及身赴朝廷、并逃難山谷、其父子兄弟伯叔等、為賊捕捉損害、及謀反正人言語洩漏、因遭賊戮、並勘責奏聞、當與追贈。天下侍老、八十以上、版授有差、並賜緋魚袋。太原久遭圍逼、給復三年、上黨等郡縣、堅壁多時、力窮方下、絕食尙守、情亦可矜、宜各給復三載、其好時奉先兩縣、進退禦寇、徵求復多、各給復三載、蜀郡上皇親幸、萬乘久居、明年租賦、且依常式、起後載給復三載。良娣張氏、望氣知歸、當熊見節、可冊為淑妃。進封南陽郡王傑為趙王、新城王僅為彭王、潁川王僩為兗王、第七男侹封涇王、第九男傜封襄王、第十男佋封興王、第十一男倕封杞王、第十二男偲封邵王、第十三男侗封定王、淑妃已下、所司擇日卽行冊命。雖知子之明、慙於往哲。而睦親之義、蓋所隨時。持盈尊師、及儀王已下、各賜全物五百疋。諸長公主、各與一子官、嗣王及郡縣主、各與一子六品官、皇五等已下、及九廟子孫、及親等人見任者、並與轉改。內外文武官三品已上、賜爵一級。四品已下、各加一階。應紀敍三品五品、量加減兩考。蜀郡鳳翔扈從官九品已上、更賜勳兩轉。溥天之下、賜酺五日。主者施行。

平朱泚後車駕還京赦

門下、致理之體。先德後刑。禮義興行。故人之耻格。教令明當。則俗致和平。然後姦慝不萌。暴亂不作。古先哲后。莫不由斯。國家受命。百七十載。八聖儲慶。敷佑下人。邁種寬大之德。累蠲苛酷之令。蓋仁之所積者厚。故澤之所流者深。茲予小子。獲主重器。昧於治亂之道、溺於因習之安。授任不明。賞罰乖當。立法以齊衆。而犯命愈甚。興戎以除害。而長亂益多。繁賦蓄姦。乘釁竊發。九廟乏祀。□□靡依。猰㺄肆其吞噬。豺狼穴於宮闕。歲未云半。載罹播遷。仰慙穹昊。俯媿臣庶。敢愛賈越。苟全眇身。誠懼益縱寇儲。重辱宗社。忍恥誓志。庶補前差。賴億兆之心。不忘先德。將帥戮力。恭行天罰。俾予寡昧。再膺多祜。紉乾綱於既紊。復天柱於將傾。言旋鎬京。不改舊物。宗祧以序。朝享有期。責重慶深。彌增感歎。嗚呼。君者所以撫民也。君苟失位。民將安仰。朕既不德。致寇興禍。使生靈無告。受制兇威。苟全性命。急何能擇。或虧廢名節。或貪冒貨利。陷于法網。事匪一端。究其所由。自我而致。不能撫之以道。乃欲繩之以刑。豈所謂恤人罪己之誠。含垢布和之義。滌清汙俗。咸與更新。可大赦天下。自興元元年七月二十二日昧爽以前。大辟罪以下。已發覺未發覺。已結正未結正。繫囚見徒。常赦所不原者。咸赦除之。今年五月二十八日已前、左降官卽與重移、已經量移、未復資者、更移近處。流人及配隸、罰鎮効力、並卽放還。亡官失爵、放歸不齒、量加收敘、未復資者、更與進改。其黜免人等、有素著行能、旁遭譴累、特加錄用、勿以為負。不有忠者。誰復社稷。

不有勞者。誰從巡狩。連帥之重。所以殿邦禦戎也。二千石之任。所以分猷共理也。方鎮將校。勤奉戎役。中外寮吏。恪居官次。國有大慶。所宜同之。內外文武、及致仕官、三品以上、賜爵一級、四品以下、賜加一階、仍賜勳兩轉。司徒兼中書令晟、膺時傑立、光輔中興、再定皇都、一匡天下、推恩之典、貽慶無窮、宜與一子五品正員京官。侍中瑊、沉邃忠厚、服勞王家、保全危城、克清大憝、嘉乃懋績、次于寵章、宜與一子六品正員京官。鎮國軍潼關節度使、檢校、右僕射、韓遊瓌、奉天行營諸軍節度使、檢校、右僕射、戴休顏等。咸秉大節、著于艱難、同勳叶忠、翼我興運、各與子七品正員官。諸道節度使、及行營都知兵馬使、都虞候、與元扈從左右金吾大將軍等、各與一子八品正員官。應諸軍赴上都收復將士。俱以純誠。奮其勇節。連年帶甲。百戰摧鋒。有忘身以効命。有滅親以徇義。誓平國難。如復私讎。竟揚貔武之雄。克清梟獍之孽。策勳行賞。傳嗣榮親。播乃功名。與國終始。自去年冬以來、未經甄敘者、卽與超八資改轉、已經甄敘者、更與超三資進改、三品以上、祖父母父母在、先無官封者、量授致仕官及邑號、亡者並與追贈、四品已下、父母在、先無官封者、亦授致仕官及邑號、亡者與追贈、其賞錢卽委所司依元赦支給、應扈從將士、三品以上、賜爵兩級、四品以下、各加兩階、仍並賜勳三轉、其祖父母父母官封追贈、及支給賞錢、並準收京城將士例處分、應扈從官、普恩之外、三品已上、更賜爵一級、四品已下、更加一階、若常參官、祖父母父母先無官封者、量授致仕官及邑號、亡者並與追贈、諸州刺史、普恩外、賜爵一級、諸道進表官陪位者、更加一階、其奉天定難及元從功臣、宜令本軍本使卽定名聞奏、所司各準元勑優賞、其諸道鎮軍、及行營將士、三品已上、賜爵一級、四品以下、加一階。仍準今年正月一日制、速與甄敘、成德、淄青、魏博。等節度下、並諸道運應歸順將士等。各蘊誠義。丕著功勞。由朕失於撫綏。頃歲暫懷疑阻。尋能勵節。不替舊勳。是茲宴安。俾沾王澤。卽約額支計。各賜錢賞設。仍委本道節度、準前後赦勑。速條流甄敘。其朔方幷諸道、應在河中管內、幷同州將士等。自遠赴難。解其重圍。念茲功勞。並未酬報。雖遭脅制。情有可憐。應到行營、未經甄敘者。並準元敕、超五資改轉。其賞錢比收京將士例、各給一半、委本軍兵馬使速條錄奏聞、所司卽計給付。其食實封者、配額令其請受。應天下諸道州府將士、如有年老、及疾患尩弱、不任軍旅、願歸鄉里者、並給終身優復、州縣切加存恤、勿令侵擾、如無家業可歸者、給田宅使得全濟。見危致命、先典所尙。况忠衞社稷。殺身成功。朕於斯人。義有加等。贈太尉秀實。天授貞烈。沮茲姦邪。蒼黃之中。獨蘊神斷。將紓國難。詭收寇兵。兇謀既墮。吾事果濟。忠誠奮發。手擊渠魁。英風凜然。振邁千古。宜差官致祭。幷旌表門閭。府縣護其喪事。緣葬所要。一切官供。仍於墓所立碑。以揚徽烈。其所賜實封五百戶。嫡子授正員三品。諸子各授正員五品官。委中書門下卽準元敕處分。應諸道諸軍將士、有身亡王事、委本道本使具名銜聞奏。卽與褒贈、仍以在身官爵、授其子孫、內外文武官、及諸親諸色人等、有橫遭殺害者、各聽其家及親戚、於所司陳牒、勘責聞奏、亦與追贈、如卽著忠烈、衆所明如、仍訪其子孫、量加優恤。尙齒養老。王風之首。三代制理。未或遺年。朕將遵古典以興化。本人心而教孝。用優秩賜。以慰里閭。京兆府耆壽。年八十已上、並與版授刺史、仍賜紫、八十已下、及諸州府迎駕耆壽、並與版授本縣令、仍賜緋、天下侍耆壽等、亦各與版授本官、如九十以上者、州縣長吏、歲時躬親省問、貧弱不能自存者、重賜粟帛。頃屬多難。人俗流弊。加之以師旅。因之以飢饉。賦役繁起。農桑失時。哀我疲人。汔可小息。

然以國計猶歉。軍資靡充。未盡復除。良增愧悼。應天下建中四年年終以前、所有諸色負欠在百姓腹內者、一切放免。百司諸軍諸使舉放利錢、今年六月以前百姓欠負未納者、亦並停徵、京兆府百姓普恩之外、給復一年。其供頓官吏。委京兆尹類例具名銜聞奏。量與優賞。古者計戶以署吏。因時而建職。既不乏士。亦無冗員。今田畝汙萊。版籍凋耗。齊人編戶。託庇官曹。貪吏黠胥。誘爲囊橐。啓姦隳業、爲害尤甚。應京百司色役人及流外等、委御史大夫、即與諸司諸使長官審定商量。據見所掌事之閑劇。□定聞奏。仍挾名送中書門下。務從減省。副朕憂人。以後須署置。並定名先奏。仍永爲恆式。今年正月一日赦書、節目未行者。並舉而行之。赦書或有未該。即比類條件聞奏。敢以赦前事相言告者。以其罪罪之。亡命山澤。挾藏兵器。百日不首。復罪如初。赦書日行五伯里。布告遐邇。咸使聞知。興元元年七月二十三日

# 唐大詔令集卷第一百二十四



## 平亂中

### 誅李惟岳後優卹易定等道詔

李惟岳蔑棄父業。不率王命。敢肆狂狡。援結頑兇。朕初示容貸。佇其遷善。欲明天討。未即加誅。故諭之禍福。先以文誥。忠良感激。義勇爭勸。元惡梟戮。遐方底寧。立千載之勳。安兆庶之命。此朕所以當扆興懷。感念成功者也。張孝忠、康日知、王武俊等。並書勳竹帛。分掌方鎮。文武之任。寄同心膂。既舉崇封之典。宜弘善貸之命。其易定、深趙、恆冀節度觀察管內幕府將士。州縣官吏。比在迫脅之中。制非由己。今元惡授首。理合惟新。承前過犯。捨而不問。自官軍出征。所有誅戮。並令州縣瘞埋。勿令暴露。有家屬者。并許收葬。管內百姓。除本道所用者外。給復三年。

破淮西李希烈敕

敕、朕纂奉王業。託于人上。仁不被物。義不勝姦。頃聲蔑聞、暴亂連起。叛臣希烈。竊據淮沂。誠彼夫無良。亦由朕不德。撫御之道。失之於前。師旅一興。綿聯莫解。服勞者從役不暇。受汙者無路自新。通邑化為丘墟。遺骸遍於原野。每念及此。心傷涕流。且自昔勞師。靡有不悔。以虞舜之聖。屈於苗人。漢武之強。弊於戎虜。矧乎德猶不逮。力或未全。我其永懷。亦已自警。乃者下哀痛之詔。布寬大之恩、普天載新。殊死畢宥。然則尚勞師旅。作扞封陲。有累歲離棄室家。有經時不解甲冑。忠雖為國。咎實在予。君人若斯。寧不知愧。賴將相士旅。一其誠心。奮揚武威。慎固疆宇。遠人思服。元惡就誅。蒸黎方致於安寧。役戍永期於休息。懋官以旌美。賜宴以勞旋。賞不踰時。式遵彝典。都檢校、司空、同中書門下平章事劉玄佐。宜與一子五品正員官。節度使、檢校尚書右僕射、兼御史大夫李澄。檢校、兵部尚書、兼御史大夫曲環。檢校、戶部尚書、兼御史大夫樊渾等。並與子孫一人七品正員官。防禦使、工部尚書、兼御史大夫賈躭。都團練使、檢校、左散騎常侍、兼御史大夫盧玄卿。御史大夫張建封等。並與子孫一人八品正員官。檢校、司空、同中書門下平章事李抱眞。檢校、司空、同中書門下平章事李納。檢校、尚書左僕射、同中書門下平章事韓滉。檢校、工部尚書、兼御史大夫田緒等。並遣將士五千人。赴河南行營。同討不庭。厥有成績。抱眞、納、滉、宜並與子孫一人六品正員官。緒與子孫一人八品正員官。應與淮西接界州縣、本軍鎮守、及諸道赴行營將士等。宜共賜物三十萬端疋。以充賞設。度支即約據界首及行營軍額上、配定數目、逐便支送、仍委本道都統、節度、都防禦、都團練使。即條錄具名銜聞奏。並與甄敍、其行營將士。仍各放歸本路。明加宣諭。令悉朕懷。貞元元年六月

平李迺詔

干紀挾邪。罪在無捨。立忠効節。賞不踰時、善惡之理既明。懲勸之義斯著、頃李萬榮男迺。包藏姦險。違背君親。悖侵朝章。扇動軍旅、縱其豺狼之性。徇其梟獍之心。迫脅使臣。妄有希覬。壓蠱其父。謀害其兄。名教之所不容。臣子之所同棄。而又恣為不道。虐及無辜。伊婁說、張伾、劉叔向、並是忠良。橫遭殺戮。萬榮臥疾。不能制止。永言及此。深用軫懷。李迺稔惡貫盈。宜正刑典。其伊婁說等三人。委中書門下即與追贈。仍各與一子八品正員官。應在汴州將士等。志堅金石。節勵冰霜。叶奉邦家。感懷憤激。不受熒惑。問罪姦兇。就縛軍中。傳獻闕下。勳庸特茂。遐邇所知。宜獎忠勞。各加優賞。並與進改。仍令董晉三月內具名銜聞奏。仍共賜錢三十萬貫。委董晉逐便取鹽鐵轉運使錢物分給。宣武軍節度都虞候、兼御史大夫鄧惟恭。都押衙、兼御史大夫杜皓。大將王應鳳、曹元偘、楊燕奇、劉惟清、陳文朝、陳沛、張庭芬、薛文翰、趙臧用、李庭光、宇文澹、李國信。並竭忠効誠。績用昭著。惟恭可檢校、左散騎常侍、依前兼御史大夫、賜實封百二十戶、一子七品正員官、並賜物四百疋。杜皓、英幹、並可右散騎常侍、依前兼御史大夫。應鳳已下。各加官賜。貫、庭芬、仍同節度副使大將等二百六十五人。並優與改官。在城將士。被李迺脅從。邀逼制使者。事不由己。朕所深知。今並一切不問。宋州刺史、兼御史大

夫劉逸準、亳州刺史兼御史大夫食封五十戶許孝常、潁州刺史兼御史大夫高立昭等、咸竭爲臣之節、各懷奉國之誠、並可檢校右散騎常侍、各賜實封一百戶、其本官並如故、仍各賜物二百五十疋、其三州將士今別賜錢十萬貫、亦並委董晉準前敕逐便取鹽鐵轉運使錢物分給、仍委董晉速具名聞奏、當與甄錄。

## 平劉闢詔

朕聞去天下之害者、受天下之利、故陳諸原野、非爲樂戰、法彼震曜、本乎愛人、五材不聞用兵、七德必於禁暴、皇王之道、豈不然歟、逆賊劉闢、時之妖孽、處肖形之內、罔識君親、同人代之間、別爲梟獍、因元臣之蓄聚、恃庸蜀之江山、誘誤生靈、扇充桀逆、朕荷祖宗之丕業、執邦國之大經、人之亂常、法所不捨、乘茲衆憤、爰戒徂征、興戈矛於關西、發戎馬於幷郡、五營禁旅、七萃神兵、合貔武之雄、授鷹揚之帥、守無絕險、進靡堅營、廛城而壁壘皆空、接刃而欃槍盡掃、瓦解冰泮、摧焉無餘、徽盧彭濮、從茲底定、蕩三蜀之流患、除一方之大殘、豈予寡德能致於此、斯皆宗社降祐、啓無疆之休、將帥叶謀、成永康之福、祇若靈睠、嘉乃衆心、予懷惕然、若蹈冰谷、其收復成都諸大將、並擒獲劉闢軍將等、委崇文與都監軍使俱文珍條流等第聞奏、即有甄升、其賞物等、委崇文等節級分賜、務令優厚、投降將士、亦委崇文、文珍條流聞奏、西川諸州鎮刺史大將及參佐官吏將健百姓等、應被脅從補署職掌、一切不問、西川百姓等、久陷兇逆、不免傷殘、其兩稅錢等、委本道觀察使量事矜減、其東川州縣及山南西道、當兇徒焚劫之後、王師攻取之辰、發輓饋軍、繕完補缺、一日之費、豈止十金、三軍所資、盡出百姓、永言勞弊、朕所軫懷、其東川元和三年上供錢並放、留州留使錢、委觀察使量事矜減、仍具數奏聞、山南西道元和二年上供錢量放一半、官軍陣亡將士等、並委崇文與監軍審勘、具名銜事跡申奏、即與褒贈、其家口等、並委本軍優賞、五年不停衣糧、並委所在州縣、速爲收葬、仍量事致祭、陷在賊中官吏百姓等、應有節義著明、無辜受戮者、並委節度使具名跡奏聞、當與追贈、仍優給其家、分疆設都、蓋資共理、形域壤制、亦在稍均、將懲難以銷萌、在立防而有素、故賈生之議、以楚益梁、宋氏之規、割荊易郢、酌於前事、宜有變通、其西川資簡陵榮昌瀘等六州、宜割屬東川、於戲、制理經邦、必垂意於未亂、而養災蓄患、固難策於已然、撲彼燎原、至於用鉞、永言迷復、載軫俱焚、忝爾多方、體予深志、布告天下、咸使聞知。

## 平李錡德音

天地之德、佐助者忠良、鬼神之靈、斃踣者盈貫、故有無狀之釁、顚越以敗常、則有不奪之誠、感慨以明節、易所謂功業見乎變、書所謂不善降百殃、積惡必至於滅身、見機寧俟於終日、應若影響、昭然著明、李錡受恩三朝、授任千里、勺水拳石、以至高深、潤草塗原、豈酬亭毒、而棄我厚德、稔其姦心、滔天以肆其逆謀、擢髮未窮其醜行、乃者式舉戎旃、申嚴國刑、將鼓雷霆之威、以誅梟獍之罪、鎮海軍左廂兵馬使兼御史中丞子良等、外弘智慮、內激精忠、擐甲執兵、取凶人之柄、瀝肝嘗胆、懷勁草之風、迴戈以掩其羽毛、竟夕遂擒其魁首、天府無一金之費、已靜江流、王師無一戰之勞、已除人害、莫大之節。卓然無倫。非常之功。斯謂不朽。高位重賞。予何愛焉。殊加寵榮。顯示旌勸。其張子良等超異酬賞。並從別勑處分。其立功將士等。並準平西川例。節級優賞甄叙。其左廂官健等。素聞効順。亦宜霑賞。並從別勑處分。王澮、趙錡等。仗節死義。殺身成仁。無罪無辜。受茲殘酷。所宜褒表。並勸忠貞。即加追贈。仍令州府致祭收葬。其王澮如有子弟。服滿日。與一子八品正員官。如更有無辜受戮。及脫身効順者。亦委元素具事跡聞奏。當有褒贈。及加甄錄。如受戮之中。有長行官健。勿停糧賜。優給其家。浙西管內官吏及職掌人。若被迫脅驅使者。但情非同惡。一切不問。每念疲甿。久罹虐政。而又迫於逆命。驅以饋軍。攫斂則灌以漏卮。傷殘則烈于猛火。永言於此。如納諸隍。宜申蠲貸之恩。冀息呻吟之苦。其潤州今年秋稅未徵納者。一切放免。其管內諸州。如李錡作亂之後。橫加徵剝。委元素審如勘責。具色目聞奏。其榷酒錢。亦宜處置聞奏。應討伐之師。如未出本界者。委本道量加賞給。如已出界者。仰具聞奏。朕惟前王之訓。欽慎典刑。今為惡者就誅。而建勳者已錄。庶將櫜弓偃革。遂物之生成。力穡勸分。致人於富壽。覆車垂永鑒之轍。端扆扇無為之風。咨爾萬方。宜知朕意。

## 平吳元濟詔

朕聞天地之於萬物也。道深煦育。而雷電震曜。時警其不庭。帝王之臨九有也。德尚撫綏。而原野陳師。必加于有罪。是以將伐而捨。義在止姦。禍召由人。孽固難逭。朕嗣膺寶曆。恭守丕圖。自靖亂巴。庸除妖海浙。戡翦群慝。將期理平。保合太和。非欲生事。逆賊吳元濟。蓄姦稔惡。憑固阻兵。擅釋父喪。悖違軍命。行虧天性。義絕人倫。厲殘忍之聲。豺狼是類。忘生成之德。梟獍為心。大告屢加。逆謀轉甚。是宜用社。至于出軍。猶弘吊伐之方。必兼討諭之命。元臣統護。授幃幄之深謀。上宰專征。運廟堂之成算。群師畢力。萬旅一心。戰以力摧。襲由奇勝。李愬全師直進。堅壁洞開。兇渠就執於城池。餘孽奔降於草莽。霧廓冰泮。淮濆永清。斯皆宗社垂休。人神協贊。仰荷靈貺。俯嘉衆誠。惕然衷懷。載益之厲。頒爵授賞。予何愛焉。其收蔡州擒吳元濟節度及諸大將等。並從別敕處分。諸立功將士等。委韓弘、裴度、與行營諸道節度使、速條流等第聞奏。即有甄升。其賞物等。已令節級優厚支遣。亦具別勑處分。其投降將士。亦委韓弘、裴度、與諸道節度使計會。條流聞奏。其中有是雜差點百姓子弟、便放歸營農。仍具數聞奏。其淮西諸州縣官吏將健等。雖被脅汚。皆非本心。除同惡巨蠹者。一切不問。其淮西百姓等。陷此兇逆。久罹殘傷。莫匪吾人。寧忘優恤。宜準元敕給復二年。仍委州縣長吏設法安撫。其近賊四州。自王師問罪。供費實繁。頻有優矜。放其稅賦。尚慮人多困竭。務俾昭蘇。其來年夏稅。亦宜放免。比來諸州府供億行營。勞役尤甚者。宜令放免。委有司條流聞奏。即議優恤。自經戰伐。所有傷痍。至於殉國捐軀。効忠立節。每加憫歎。寤寐是懷。其官軍陣亡將士。並委韓弘、裴度、與諸軍審勘。具名銜事跡申奏。即與褒贈。其家口等。並委本軍優賞。仍五年不停衣糧。并所在州縣。速為收葬。仍量事致祭。其將士有因戰陣傷損尤甚。以致殘廢者。各委本軍厚致優恤。仍勿停衣糧。其陷在賊中官吏將士百姓等。應有節義著明。無辜受戮者。宜令州縣府長吏致祭收葬。仍並委節度使具名跡聞奏。當有褒贈。仍優賞其家。先已褒贈者。委長吏訪其子孫聞奏。當與甄錄。其家亦推例優賞。於戲。制理垂規。每思去殺。而亂常作逆。多自干誅。爰念與師至干殄寇。累年之內。徵役靡寧。除害雖本於爲人。敷化終慙於用鉞。宵衣永歎。良所愧焉。咨爾萬方。宜諒予志。

### 破淄青李師道德音

門下、朕聞三光下燭。懷忠秉義者。其節必彰。四海環周。作逆崇奸者。其禍必大。况乎恩有負於覆載。禮自悖於君親。罪盈而神怒旣加。惡甚而人謀乃發。衆所共棄。誅何可逃。逆賊李師道。苞慝稔兇。背德蔑義。勳皆干紀。言必欺天。因海岳之山川。爲虵豕之窟宅。忘寵祿於累代。恣殘忍於一方。怙亂自至於滅身。冒戮難窮於擢髮。朕祗臨寶位。仰奉丕圖。除暴本務於好生。用武尙慙於耀德。肆命群帥。會兵龜蒙。旗鼓相望。城壘連下。淄青都知兵馬使、金紫光祿大夫、試殿中監、兼監察御史劉悟。義勇中激。沈謀外通。攄三軍嚮順之誠。申列郡受汙之憤。迴戈首唱。萬旅響從。渠魁就殲。梟獍同戮。載馳馹騎。函首上聞。氛祲廓淸。方隅底定。功有卓異。理當優崇。旌善勸能。用昭必信。其劉悟所酬官賞。並從別勑處分。其同立功將士等賞物。已有處分。支遣委宣撫使楊於陵。與本道計會。速條流功效等第聞奏。續加甄奬。魏博以全軍濟河。俯壓賊壘。摧懾兇狡。導致忠良。□□叶謀。詐爲保授。旣剪逆豎。宜甄茂勳。諸道行營。咸盡忠力。至於攻取。尅捷繼聞。應緣討伐將士。歸還之際。合有宴勞、賞賜等。並從別敕處分。仍各委本道條流有功將士聞奏。當議甄錄。其淄青管內州縣官吏、軍鎭將健。及諸色職掌人等。久罹脅汙。自拔無由。撫事量情。亦可矜恕。除同惡巨蠹者。其餘一切不問。其淄青道百姓等。陷此兇逆。久被殘傷。昨因阻兵。尤肆暴虐。吾人是念。豈忘優矜。宜給復一年。仍委本州縣長吏。設法綏撫。其管內有高年廢疾。幷鰥寡惸獨。貧弱尤甚者。委觀察到日。差官存問。幷量與粟帛訪問。比者賊中應有百姓斛㪷。皆被收納。今春農時。貧乏者衆。恐有不辦耕桑。便失生業者。宜令存問。如有此色。取所奮貯斛㪷。量事給與。令充種食。俾得存濟。其賊中雜差點子弟夫役。便放還本處。其中有不能自存者。量事優恤。百姓商旅諸色人中。有被分外無名賦歛者。並當勒停。自興討伐。言念傷痍。扞患捐軀。納忠徇國。良深隱憫。寧捨寤懷。其官軍有陣亡將士等。委本軍審勘。具名銜事跡申奏。卽與褒贈。仍令本軍優賞其家。三年不停衣糧。幷委所在州縣。速與收葬。量事致祭。其將士有因戰陣傷損尤甚。以致殘廢者。各委本軍厚加優恤。仍勿停解。其陷在賊中官吏百姓等。應有節義著明。無辜受戮者。宜令州府長吏致祭收葬。仍委節度使到日。具名跡聞奏。當有褒贈。仍加優賞。其淄青封域。歷稔氛昏。管內名山大川。在祀典者。宜令宣撫使與本鎭計會。差官備禮致祭。其祠廟中應緣陳設器服等物。是賊中所置者。並宜廢撤。特加修換。用致虔誠。於戲。朕恭己嚮明。撫御九有。推情以恕。出令在寬。而叛逆反常。自貽天討。迷於告諭。速彼誅鋤。轉禍必有忠臣。爲亂同於覆轍。旣除逋寇。庶洽太和。偃戢干戈。諒從此始。布告遐邇。咸使聞知。主者施行。元和十四年二月二十一日

### 破汴州李夰敕

敕、理天下者、務於安遠。邇致康濟者、資於懷兆人。朕統馭萬邦。式敷王度。任藩方以俾乂。冀干戈之載戢。虔恭惕厲。未始暫忘。推予是心。布及中外。昨者夷門逐帥。逆將興師。蒼黃變生。士庶無告。逆賊李夰。駈掠忍害。流離毒痛。在浚之郊。若鼎將爨。逼脅我軍士。盜竊我戈鋋。駈馳外垧。敢肆蠆毒。朕所

以不降明命。未行天誅。容其革心。以俟迷復。蓋以一方軫念。三面開羅。將弘愛物之私。用表好生之德。而梟音忞醜。狠顧憑兇。危巢已焚。禽猶自若。光顏、韓充、曹華、智興等。感激忠勇。揮戈誓師。雷霆鼓旗。所向風靡。逆黨殲殄。郊原霧清。熊羆之師。漸及摩壘。夫疾風斯來。而勁草方辨。熾火將燎。而良金益明。果聞義烈之臣。奮起轅門之內。一揮斬首。三令無喧。嚴城洞開。以候來帥。永言忠效。是錫寵章。其梟斬逆賊李岕宣武軍都知兵馬使李質、已從別敕處分。忠武、兗海、武寧、鄭滑等軍將士等。感主帥之忠誠。忘身赴敵。覩寇仇而忿嫉。決命爭登。高承簡以睢陽一郡之師。當虵豕奔衝之勢。咸能勦其醜類。如刈草菅。各振軍聲。用宣威略。其忠武、兗海、武寧、鄭滑應赴行營及宋州將士等。幷節級各有賞物。已別敕處分。支給委本軍。據功勞額例給散。歸還之時。仍加宴勞。朕念彼無辜。墜茲塗炭。橫爲兇狡。駈脅傷夷。其汴州管內。州縣官吏。軍將鎮健。及諸色職掌人等。頃罹脅汙。自拔無由。事情亦可矜恕。除同惡巨蠹者。其餘一切不問。仍加牓示。如或妄有恐嚇言告者。科其反告之罪。干戈蹔興。里閭必害。眷言農畝。是廢耕桑。其汴宋鄭三州。罹此兇逆。士馬屯集。供億併繁。雖事乃徇時。而人亦勞止。予懷軫念。豈忘優矜。其三州界內。有兵馬所到州縣。百姓或被驚擾處。且於今年秋稅三分內量放免一分。仍委州縣長吏。切加綏撫。其賊中雜差點子弟夫役。並宜放還鄉里。俾安生業。其中有不能自存者。量事優卹。應百姓中有被分外無名賦歛者。並當時勒停。義士忠臣。見危死節。賞功褒美。冀及殤魂。惠卹其孤。庶明報効。軍有陣亡將士等。幷李岕爲亂已來。有潛謀効順。誠節可嘉。幷因此遇害者。並委本軍審勘。具名銜事跡申奏。當與申奬。及加褒贈。仍令本軍優給其家三年。不停衣糧。幷委所在州縣。速爲收葬。量事致祭。其將士有因戰陣。傷損尤甚。以致殘廢者。各委本軍厚加優卹。仍勿停解。掩骼埋胔。國之令典。迫於兇醜。誠可傷嗟。念其本亦吾人。蓋由事非獲已。其經戰陣處。所有賊中遺骸。並委所在州縣。隨事收瘞。勿令暴露。於戲。弔伐之道。予遵格言。靖寇安人。豈忘終日。朕載櫜弓矢。思保黎元。而雨露所均。動植所繫。一夫竊歎。朕每興懷。況茲浚郊。都邑之會。所以愼擇將帥。期於乂安。今寇孽已清。封壤寧息。師之所處。用軫于衷。將申宥恤之恩。庶息瘡痍之苦。布告中外。咸使聞知。長慶二年八月二十五日

# 唐大詔令集卷第一百二十五

政事

平亂下



## 平亂下

### 平張詔德音

韋處厚

朕祇荷大構，屬當沖眇，九廟之嚴，因予以輕重，四海之大，由我以慘舒，每懷推誠，不敢自用，大布利澤，嘉聞讜言，庶無懲尤，少釋重負，豈虞信不及於物。德不動于人。以懷宴安。遽遭此寇。張韶、蘇玄明等。駈率工徒。劫擕兵刃。白晝竊發。暴犯宮闈。震驚朕躬。近幸禁壘。卽時勒五常騎士。七萃熊羆。少命偏師。纔分左廣。自申及酉。撲滅皆盡。斯實上玄降鑒。宗社垂休。愍予沖人。俾無顚覆。其兩軍立功將士。已節級優賞。諸將校其白部領軍士者。委有司卽條流甄奬。具名聞奏。其逆賊親屬。同知情之外。一切不用追擾。尚恐因緣仇隙。告訴平人。自今已後。縱爲妖黨。有小詿誤者。並許自新。亦不須勘問。嗚呼。秦皇車碎於博浪。漢祖心動於栢人。或不悟而終亡。或自新而流祚。齊晉多難以啓國。衞邢無難而喪邦。蓋謂憂勤則福興。安肆則禍稔。天其意者警於予乎。而今而後。知玄貺可以德歸。神器難乎力恃。咨爾股肱輔臣。庶寮百辟。洎方郡侯伯。有位之士。無或棄予。謂不可教。其有違道傷理。徇欲懷安。面刺庭攻。無有隱諱。成王之紹文統。武帝之開高業。皆莅阼日早。享國歲深。夫豈佗哉。蓋大臣維之而不跌。無羞於二王者。緊爾多士乎。

## 破李同捷德音

敕。王者誅暴亂。弔傷殘。明賞報功。拯弊綏衆。蓋爲邦之大紀也。李同捷頃自先朝。擅謀專土。輒抗成命。私行墨縗。暨朕臨御。實思含垢。授之以兗海。諭之以詔書。使臣相望。兇妄自若。而更挻妖結黨。劫衆阻兵。毒流無辜。害被闔境。繇是藩臣瀝懇。卿士獻規。至于興戈。諒非得已。自元戎環壤。王旅進攻。卵窺危巢。飈振槁葉。動必乘於機會。退皆扼其咽喉。故戴義啓入郛之殊庸。李祐展下城之勝略。累稔逋寇。一朝剷平。此誠天人合符。中外叶力。永言勳勤。無忘寤思。其戴義及李祐應加爵命。并幽州及齊德兩道行營立功將士。各有賞賜。並已從別敕處分。其賜物仍委度支逐便速與支送。仍命使臣分往宣慰。各於當處厚加宴勞。其立功軍將。未經寵授者。委戴義、李祐、卽差次等第。速具聞奏。卽有甄奬。用答勳勤。李同捷力屈計窮。方圖轉禍。朕好生存性。初議貸刑。而面縛在途。陰懷狡計。夜縱火號。潛誘家僮。更謀網漏。自速梟誅。憫彼兇魁。坐沉家族。顧伊貽戚。載軫于懷。其母孫氏。妻崔氏。并男及家口等。並宜特從寬宥。令於湖南管內諸州。有空閑處安置。其將卒不涉翻覆者。委戴義、李祐。審加勘責。各與衣粮。分配駈使。其滄景等州將士。有謀執兇黨。竟遭誅夷。或雖被劫致。能全名節者。並委李祐按實條奏。量加贈錄。其滄景德棣等四州百姓。有是近日被賊點召團結者。並放歸營農。除非同惡相濟。以死拒命者。餘一切勿問。四州百姓。久陷汚俗。每罹威虐。莫匪吾人。今既脫難。當施德令。並宜給復一年。不能自存者。量給種食。其刺史縣令。仍令中書門下愼擇循良。俾加存撫。應諸將校。自經戰伐。或致死亡。載念捐軀。每深憫歎。並委戴義、李祐。審加勘定。具名銜事跡申奏。卽與褒贈。其長行官健陣亡者。並令所在長吏量與收葬。同爲祭酹。其家口有在者。各委本軍優卹。仍三年勿絕粮賜。其有因中矢石。遂至殘廢者。各委本軍厚加存養。仍給衣粮。終身勿絕。敕旨有未該者。委戴義、李祐比類更作條件奏聞。其昭義義武等軍、行營在賊境者。比相犄角。皆有功勤。各別有處分。於戲。盤師除害。義切於安人。撫俗策勳。道存於布澤。爰申彝典。且乂新邦。咨爾多士。宜悉朕意。太和二年五月十三日

## 誅興元亂兵敕

乃者蠻寇。入犯蜀川。令興元招募一千人。隨事防遏。雲蠻既退。賞設放歸。事理之間。亦爲得所。奸臣犯紀。戕害元戎。遂擇新帥。委之窮竟。果副朕意。盡

誅羣兇八百餘人。一時梟斬。并諸叛將。同日誅夷。省狀念功。嗟賞何極。其衞志忠已下將吏等。委温造節級分付訖聞奏。王景延等。以李絳遇害時。皆能誓身徇節。奮不顧生。宜委中書門下。即與褒贈。其王景延仍與一子正員官。兼委温造優卹家事。務令得所。宣示中外。咸使聞知。太和五年八月一日

誅王涯鄭注後德音

門下。朕以翼翼之心。孜孜求理。十年之內。庶政未凝。極於焦勞。志在博採衆說。聿親奇士。冀獲長才。取其節焉。不顧發迹。故李訓、鄭注。咸得進言。既望沃心。每許造膝。邪人姦色。順非而澤。信行聽言。深心厚貌。包藏不作。僞辨無疑。梟獍之心。禍亂忽作。意欲剪除中外。悉去大臣。志願非常。自謀安泰。賴上天垂祐。宗社降靈。同惡雖多。奸謀竟敗。忠臣輸力。保護朕躬。是日弭寧。已嘗敷告。尚聞閭里。未悉予心。猶有浮言。謬相誑惑。朕君臣之際。疑間不行。致此妖狂。槪非哲惠。前月二十一日。王涯、賈餗、舒元輿、李訓、鄭注、李孝本、韓約、羅立言、王璠、郭行餘、魏逢等。親率金吾兵仗。又郭行餘、王璠領部下將健。持兵上殿。叶謀不軌。傾覆社稷。謀害中外。凡此兇徒。悉已梟戮。絕其遺類。以謝忠良。內外庶臣。卿士百辟。體予前志。宜即自安。無惑浮言。尚相恐怖。聿式惟新之慶。宜申在宥之恩。在京百司見禁囚徒。流死罪遞減一等。未結正者。推問畢日。準此處分。諸色所由長吏。陷於脅從。雖有名籍。涉於詿誤者。一切不用更問。仍付左右神策、兩金吾、京兆尹、御史臺。並準恩赦處分。休更追捕。其有潛藏迴避。限日令出。各歸本司。逆人親族。已處置外。其餘周親已上。一切不問。所在更不用繫留聞報。其先有定名捕捉者。所在尋逐獲日聞奏。不得漏網。昨者有擅入逆人之家。盜掠財物。擁無故之利。生怙亂之心。尚猶縱酒聚徒。妖言惑衆。志於劫掠。恐嚇居人。假託軍司。輒持兵器。及以前月二十一日事。妄相告訴者。委御史臺、京兆府。嚴加伺察。擒捉奏聞。所在集衆決殺。不在恩赦之限。於戲。齊晉之難。桓文是興。注訓之妖。朕志先定。識邪正之路。辯消長之言。覩衆臣宣力於急難。見禁旅摧兇於頃刻。當時危之際。識臣節之勤。藏之於心。何日可忘。宣示中外。宜體朕懷。太和九年十二月十六日

給事中臣承瑕等言。臣聞干紀之臣。竊發之寇。三代已降。不能無之。陛下睿謀神斷。電擊天誅。刑雖愼恤。人鮮幸生。躬夏禹泣辜之心。行成湯解網之惠。納隍軫慮。釋縛惠仁。渙汗滂流。殊私遐布。旬月之間。再有恩蕩。有以見陛下愍物之心也。而又大啓刑書。除詔中外。不疵細過。思闡大猷。雖法設狴牢。物無縲絷。咸許自新。與之更始。好生之德。達于上玄。含垢之恩。洽于下土。用和在宥。乃聖人之心。去殺勝殘。則王者之事。屬歲聿云暮。節及春陽。順覆載發生之始。敷雷雨作解之時。則率土同心。孰不欣幸。臣等忝居近侍。獲覩德音。無任忭躍慶悅之至。謹奉制書如右。請奉制付外施行。謹言。

誅王涯等德音

朕以寡德。祗荷睿圖。于茲十年。夙夜寅畏。恐至誠不達。景化未敷。屈己以安四方。推信以待百辟。不謂患生呲倚。變起奸兇。亦以失於任人。致此氛沴。朕爲人父母。子育生靈。憂萬姓之靡寧。懼一物之失所。況至理之代。先德而後刑。所以上下歡康。中外淸晏。慮有連累。即傷太和。且賞不踰時。式彰褒勸。其今月二十一日排難宣力。功成謀議。及能應機梟斬鄭注者。節級各加官賞。其次立功及卓隊將士。合在賞給者。即有差等處分。其將校等。合與

改轉。委本軍條流具名聞奏。謀逆之人。已斷腰領。子戮家破。俾當極誅。元惡與李訓、鄭注、王涯家族。除已處置外。妻女奴婢並入官。貲貨產業。天下所在切加檢責。據數聞奏。其餘親黨。除同居知情外。不同謀計者。一切不問。諸色官吏所由。其日受逆長指令。欲出力同惡者。並以兩軍推問。尋捕處斬訖。尚慮因緣讎隙。妄告平人。自今已後。縱同官司微涉詿誤。一切不問。潛藏疑懼者。許三日內各歸本司。不得輒相恐動。韓約首為詐惡。逆罪滔天。雖羅捕未獲。終天網不漏。宜委御史臺、京兆府、兩金吾速催促所由。齊出搜索。獲日聞奏。如輒有人隱藏不告者。罪及一門。如知去處。隱藏密來告說者。必當厚賞。於戲。朕求理之心。唯才是與。聽言信行。不慮苞藏。豈謂邪人負我如此。其中誘陷。必有脅從。須挂刑名。載深寃歎。其中節目。踈理未盡。須更商量者。委中書門下續卽條奏。宜示遠邇。咸使聞知。

## 誅王涯等告諸陵詔

敕。兇徒竊發。震駭京師。中外協心。卽時擒斬。昨者將戮叛黨。咸告廟社。國之大事。合謁諸陵。宜令所司。卽擇日撰儀。差官奠告。太和九年十一月

## 平潞州德音

門下。朕聞覆載之內。逆命者必滅其身。日月所臨。亂常者必覆其族。矧有恩孤亭毒。禮悖君親。罪惡貫盈。人神共棄。咎將自執。禍豈能逃。逆賊劉稹。苞祖父之奸謀。肆豺狼之很戾。動干紀律。力逞兇頑。招亡命而為腹心。憑山川而為險固。脅從百姓。殘忍一方。積惡成殃。擢髮難數。朕恭承寶位。祗畏上天。每戒佳兵。常思去殺。事關除暴。理合興師。遂命戎臣。會兵攻伐。鼙鼓奮雷霆之怒。戈鋋行原野之誅。惡黨既擒。元兇就戮。載馳驛騎。傳首上聞。又獻捷音。降書繼至。是用丕變弊俗。洗蕩妖氛。式布新恩。獲全舊土。念彼戰爭之地。況當凋瘵之餘。租賦且蠲。征徭合減。其澤潞五州。共給復一年。河南府當路縣、太原府及接昭義界縣、河陽、懷州、陝、晉、絳及當路州縣。今年秋稅並宜放免。酬忠旌善。爵賞宜加。其行營立功節度使。並別敕處分。其大將已下。委本道各具功效聞奏。續有處分。諸道行營。咸盡忠力。至於攻取。剋捷屢聞。應緣討伐將士。歸還之際。並有優賞。已從別敕處分。離鄉征役。固有勤勞。臨陣殺傷。寧無殞歿。行魏祖弔魂之禮。施周文葬骨之仁。其行營將士陣歿者。先已有敕。便令子弟填替。如無子弟。三年不停衣糧。有因戰陣傷損手足。永廢者。終身並不得停衣糧。陣歿將士骸骨。先令所在埋瘞。不許便令將歸。今已事平。如家口遷取。委所在州縣量事應接發遣。如無親屬來取者。重與改瘞。勿令暴露。仍都與設祭。諸道行營陷沒將士見在昭義者。各放歸本道。其澤潞五州百姓。先因用兵逃散在諸處者。委元逵、弘敬、劉沔、元式、石雄、安存發遣。各令歸業。仍委盧鈞設法招攜。務於綏緝。其有劉從諫已後暴賦加徵害於百姓者。並宜放免。用兵已來。劉稹所招收團練官健。放歸營生。五州內百姓。如有家事蕩盡。交切飢餓者。委盧鈞且以軍糧賑貸。如先有倉窖被賊收管未破用者。並還本主。其莊田已為人占奪者。亦並却回。今秋獪及種麥。如自無麥種子者。且以官麥貸借。如五州又自無麥種子者。共借三萬石。令供軍院逐便支付。其先賢墳墓碑記。先後為人所知。被發掘。却與掩藏。仍量與致祭。其諸色人內。如有文學節行。比來藏避從諫。隱跡山林者。並令搜訪。具以名聞。又自劉悟、從諫至劉稹逆命已來。如有忠

義之徒。曾謀歸國。爲殘害者。並具聞奏。當有贈卹。應五州界內戰處所在骸骨。如無主者。並與收拾埋瘞。今遣吏部侍郎高銖、給事中盧弘正、專往宣慰。存問疾苦。撫卹凋殘。迴日各宜具利害聞奏。於戲。朕以四海爲家。兆人爲子。一夫不獲。常所慊然。□□不寧。每勞軫慮。今逆黨已戮。內地無虞。偃戢干戈。謀從此始。庶乎元氣。保合太和。遐邇聞知。當體予意。主者施行。會昌四年九月十八日

## 平徐州制

朕以眇身。獲承丕業。虔恭惕厲。十載于茲。況荷十七聖之鴻休。紹三百年之慶祚。將求理本。敢忘宵衣。雖誠信未孚。而寅畏不怠。既絕意於苑囿。固無心於畋遊。業業兢兢。日愼一日。休徵罔應。沴氣潛生。南蠻將罷於戰爭。徐寇忽孤於惠養。招諭不至。虐暴滋深。竊弄干戈。擅收州鎭。將邀符印。輒恣兇殘。不畏神祇。自貽覆滅。股肱之臣。以罪惡之難捨。腹心之衆。爲悖逆之可誅。爰集甲兵。用救塗炭。上將宣力。內臣叶心。選用皆得於良材。掃盪纔及於周歲。絕干紀反常之噍類。懲亂臣賊子之奸謀。今則已及偃戈。重康黎庶。疇庸之典。在絲髮以無私。懋賞之時。貴纖毫之必當。其四面行營立功節度使。既成茂勳。宜加酬獎。並取別敕處分。應諸道行營都將已下。節級軍將。各委本道具功勞名銜。分析聞奏。當續有處分。如有功效高者。仍別具歸本道已後、仍節級與遷改職名。及向後本軍有職掌員闕。先於行營軍將中選揀任使。以獎勤勞。被堅執銳。冒涉寒暄。解甲櫜弓。還鄉復業。須幣帛之賜。免差役之征。應四面行營將士。今既平寧。宜令次第放歸本道。其賞賜疋段。已從別敕處分。至本道後。仍令節度使各加犒宴。放歸私第。便令歇泊。未用差使。如人並免差科色役。如本廂本將。自今後有節級員闕。且先以行營軍健、量材遞相差署。用酬征伐之勞。迴戈將士。賞給疋段。各已支給發遣訖。各令中使押領。到軍前。仍委四面將帥及本都大將。於本道軍營內。與中使對面給付。不得輒令下吏所由。剋剝一尺一寸。應迴戈將士。經歷州縣。令供頓遞。朝廷並各有處分。宜令長吏切加勾當。準備供給。不得令有欠闕。臨敵用命。力屈殞身。須慰殤魂。以彰忠節。超與職事。仍加任使。如無父兄子弟。只有妻女者。卽委州使厚加贈卹。當令存撫。如是都將至都虞候陣亡者。具名銜聞奏。當與贈官。應陣歿將士。有父兄子弟願從軍者。便令本道塡替。如無父兄子弟。仍且給衣粮三年。不得停給。因戰陣傷損。手足永廢者。終身並不停給。應陣歿將士及百姓。衣冠爲賊殺害者。其骸骨、平寧之後。如有家口親屬。取歸本道收葬。仍委所在縣量事應接發遣。如無親屬來取者。卽令所在州縣。重與改瘞。勿令暴露。兼仰與設祭。王者以仁恕爲本。拯濟是謀。元惡既已誅鋤。脅從理宜寬宥。除龐勛親屬。及桂州迴戈逆黨。爲賊脅從。及縱因戰陣拒敵官軍。招諭不悛。懼法逃走。皆非本惡。蓋鋒刃所臨。今並釋放。一切不問。委四面將帥。州縣鎭戍。所在要路。分明牓示。四散招攜。仍許兩月內所在陳首。并令長吏便放歸本管。任自營生。不得妄有攪擾。其中如有才藝超異者。便收錄驅使。應徐宿濠三州城內。收復之後。見在軍人百姓。除龐勛及桂州逆黨親屬。并爲龐勛腹心。謀議凶惡。須加刑戮外。餘並一切不問。應舊軍將官吏。節級所由。既已釋放。並令却還本職驅使。用示殊恩。地經戰伐。人率流亡。閭里既已歸還。征賦先宜蠲免。其徐宿濠泗等州。應合徵秋夏兩稅。及諸色差科色役。一事已上。並從十年蠲放三年。州縣所由。輒不得妄入鄉村。攪擾百姓。待三年已後。量其事力。續議條流處

分餘側近州縣．爲賊燒刼處．令本道檢勘傷殘甚處．分析聞奏．待奏到續議放免．編甿失業．丘井無人．桑柘枌榆．鞠爲茂草。應行營處百姓田宅產業爲賊殘毀燒爇者．今平寧之後．百姓既已招攜．並許識認．各本主便自收管．州縣及官吏權要．並不得妄有侵奪．如百姓有家業、爲賊擄刼蕩盡．交切飢餓者．委所在長吏．牒逐便供軍使、量加給恤．如百姓先有倉窖．被賊收管者．並還本主．應行營處鎮砦．曾爲打刼占據．收復之後．須却令官吏主將．除見在殺降將吏官寮．及先是本官勾當外．餘委所在州縣．選擇良吏．委之緝理．俾令百姓有所歸投．捨逆從順．臣節既昭．頒祿册勳．官常斯切．應有効順投降軍將官吏．節級立功勞．雖有酬．淺者及有未沾恩者．委四面將帥．更子細重分析聞奏．待到處分．應募征行．已從犒賞．還鄉休役．務令優容．應諸道差赴行營將士．其中本非舊額官健．因緣征討召募差行者．迴戈了後．如有不願食粮．聽從其便．亦準前項．除兩稅外．放三年雜役．九原可作．千載不忘．尚禁樵蘇．寧傷丘隴．應有先賢墳墓碑記．爲人所知．被賊發掘．卽却與掩藏．仍量置祭．十室之邑．尚有所師．遁跡閭門．獨行高節．拒不義之召．絕無厭之求．熏穴莫尋．焚林可取．盧徐宿濠等州縣管內．有素懷忠義．不助兇徒．樹謀歸國．爲賊殘害者．具名聞奏．當與贈卹．如諸色人內有文學節行．因用兵藏避．隱跡山林．並令搜訪存撫．自用兵已來．郡邑皆罹攻刼．遠念驚撓．尤在慰安．今遣左散騎常侍劉異、兵部郎中薛崇、專往宣撫軍人百姓．卹問閭里疾苦．迴日具利害分析聞奏．於戲．朕以四海爲家．兆人爲心．一物失所．每軫納隍之憂．一方未寧．常負阽危之戒．今元凶就戮．逆黨誅夷．載戢干戈。永銷氛祲．庶平妖孽．允洽嘉祥．遐邇知聞．當體予意．咸通十年十月

## 平楊師立詔

楊師立趍走庸流．瓶筲賤品．因緣禁旅．忝冒藩方．忘天地覆載之恩．虧臣子忠孝之道．積禍既久．懷奸已彰．爰自左州．擢居右揆．蓋全君臣之分．益施含育之仁．殊不知梟獍逾兇．豺狼難養．敢違詔命．連害使臣．據蛙井以睢盱．固牛涔而旅拒．敬瑄開張武略．稟奉睿謀．選將果得於雄材．練兵莫非於教士．舞梯衝而將平雉堞．整旗鼓而已挫蟲沙．副高仁厚攻心之術．成鄭君雄反掌之計．果梟逆首．盡戮兇徒．捷音纔奏於九天．喜氣自浮於四海．殊勳盛烈．前古無儔．已賜詔命獎示訖．其首級宜令西川節度使準例處分．中和四年六月

## 平楊師立宣示中外詔

朕子育萬方．爲人父母．常欲含哺四海．均養九州．去三面之網羅．推一心於教化．共躋仁壽．永使治平．豈於將帥之間．勳舊之內．不思終始．遽及誅鋤．但楊師立本無汗馬之勞．擢處建牙之任．年纔五十．位及於公侯．恩被一門．榮沾於骨肉．有弟與子．皆列朝班．自母及妻．畢開邑號．師立之愛君體國．未見一毫．唯朕優遇寵私．實爲異等．而不知逆順．但肆惡盈．初則寢廢詔書．扇動軍伍．後又容縱盜賊．殘害鄉閭．且巡使是朝廷官員．有除移則不許交代．監務是度支公事．遣區分則堅拒敕文．本道不屯甲兵．妄占上供錢物．命使尋究．虛有支分．害監軍使於本城．殺官告使於近驛．干紀之謀有素．不臣之跡轉彰．中外臣寮．共知狂悖．包含掩慝．未忍疵瑕．竟迫於多難之時．須明國法．止殺之義．難顧私恩．遂命西川節度使、兼太尉、中書令、潁川郡

王敬瑄。點檢軍士。仍委行在都指揮使十軍軍容令孜量抽三兩道迎駕兵士。指期齊進。同議討除。三令五申。止擒元惡。戢兵禁暴。不損平人。整王師而易若建瓴。殲叛卒而勢同破竹。初雖閉壘。旋乃下城。果見其黨離心。兇渠傳首。不假別命將帥。不勞遠取干戈。謦欬之餘。遂夷梟獍。代宗朝、同華節度使周智光、亦因國家多難。敢逞兇心。擅殺杜冕一家。以報私憾。及逆節萌露。又刼諸道上獻。及掠剽行路衣冠。將謂朝廷力不能制。亦是纔議征討。已爲帳下所戮。師立之事。頗類智光。猰㺄磨牙。豺狼當道。若存兇逆。必長亂階。朕知人不明。爵賞踰量。盈兹小器。煩我大刑。況善陣不交。曾無夭枉。未勞一矢。便戮元兇。諸道節度觀察防禦等使。位重藩宣。義均休戚。未覩平戎之奏。常深許國之誠。副我分憂。固同慶快。鄭君雄顯分逆順。卓有功名。拂秋水以捐軀。向錦川而拜首。姜膽遽剖。袁顱遂梟。須議加恩。用激忠節。已從別敕。超授官資。仍賜莊宅、錦綵銀器、寶玉腰帶等。餘準詔旨處分。中和四年六月

平孫儒德音

朕以沖眇。嗣守丕圖。思我高祖太宗創業之勞。憲宗宣宗理平之道。何嘗不兢兢業業。旰食宵衣。上冀紹於耿光。次期臻於無事。不懈一日。于兹五年。然近者藩鎭未寧。兵戈屢動。復以辰象垂忒。運行愆期。每推愛物之誠。深軫納隍之念。銷兵罷戰。前古之佳猷。宥過滌瑕。當今之令典。將敷霈澤。以遂羣倫。淮南浙西宣州三道。自孫儒結釁已來。塗炭益甚。井邑多成灰燼。里閭變爲邱墟。父母妻孥。不得相保。田園第宅。無以自安。如聞州府急於征徭。官吏切於課績。徵科□□。罕有完膚。禁繫狴牢。更無生路。苛縱如此。何以和元氣。何以致太平。須示憂勤。將期富庶。其淮南三道管內州縣。自大順二年已前。諸色逋懸。並宜放免。自景福元年已後。夏秋兩稅。委長吏斟酌鄉縣戶人厚薄。其有凋殘甚處。別議矜放。縱有稍可任持。亦在薄其徵斂。所冀逋逃漸復。封境乂安。不惟減九重之焦勞。抑且顯諸侯之風化。又孫儒未破之日。兵力方強。側近專城。固難支敵。當不免與之來往。時有供須。蓋是脅從。豈皆情願。淮南節度使楊行密。位冠侯藩之右。名兼卿相之崇。自當推厚下之規。修睦鄰之好。無乘時以兼微弱。無小事而結仇讎。應與孫儒蹤跡交涉者。並宜免罪。不在究尋。各保封疆。用蘇疲瘵。易稱作解。史載泣辜。庶將罪己之典。亦冀從人之欲。應京畿及關輔內見禁囚徒。除官典犯贓、及殺人外。並宜遞減。敕命分析。限赦文到後三日疎放聞奏。被褐懷玉。固逸代之奇才。灌園鬻蔬。亦超時之獨行。將期致理。豈可遺賢。應天下山林之中。衡泌之下。或懸頭刺股。枕石漱流。有志未言。無媒自達者。委所在長吏速以名聞。仍接借入京。委中書門下量才獎用。其鄉閭父老。八十以上。及鰥寡孤獨。并瘖聾跛躄者。委所在長吏量加優卹。勿使栖遲。於戲。下闕 天子也。如手足之奉軀體。左右上下。動須保持。本或不寧。亦難知濟。凡曰股肱。宜體朕意。宣布內外。咸使聞知。景福元年八月

平楊守亮等敕

敕。夫勝殘去殺。古聖之格言。阜俗安人。前王之令典。逆賊楊守亮、楊復恭、楊守信等、結爲黨援。聚作奸邪。謂天可欺。謂神可罔。言唯訕上。旣驗於無君。動卽謀人。非因其有道。枉殺元舅。沉溺一家。□□節旄。阻留恩命。隔西川之貢奉。絕數鎭之綱商。欲使朝廷支費不充。又遣藩方資粮有闕。擢髮不足

以數罪。糜軀未足以當辜。萬姓脂膏。苛斂作奉身之具。一方丁壯。盡駈爲不軌之兵。以至夫不得耕。婦不得織。愁歎壽盈於道路。瘡痍已遍於鄉閭。每切焦勞。不忘頃刻。昨者幸賴股肱重寄。心膂元臣。共興貔武之師。盡破豺狼之窟。今則煙塵頓息。戈甲已寧。□戍懷堵之期。用遂息肩之泰。得不去其前弊。示以新恩。爰興惻隱之心。乃降優弘之命。應興元管內及洋州金商等州。兵火傷殘之後。各委長吏切加安存。至於賦稅。並宜酌量矜減。其雜色差役。亦仰權停。如有百姓軍人。前資後任。凡有詿誤。一切不問。其京畿界內。有兵馬屯駐之處。亦委京兆府量與蠲免。俾令通濟。無使重傷疲瘵。其鳳翔、邠寧、秦州、東川、華商等道將士等。二年于役。苦戰摧兇。竟予盪平。寧忘酬獎。應立功大將節級等。各委本道節度使定其功狀。具名銜聞奏。當議處分。又飛輓之勞。宴賞之費。盡出方面。不在朝廷。誠曰嘉謀。亦由叶力。應用軍已來本判官并主掌官吏。各仰分析奏聞。各與獎拔。於戲。王者爲心。不欲一物失所。君人御宇。豈忘四海爲家。全資有土之臣。共廣無私之化。布告中外。咸使聞知。乾寧元年八月

# 唐大詔令集卷第一百二十六

## 政事

### 誅戮上

# 誅戮上

## 劉洎賜自盡詔

詔曰。小人在列。爲蠹則深。巨猾當樞。懷奸必大。侍中、檢校戶部尚書、清苑縣開國男劉洎。出自閭伍。言行罕稱。於國無涓滴之勞。在朕匪枌榆之舊。但以駈策稍久。頗有吏能。擢於凡瑣之間。收其鳴吠之用。超倫越次。使居常伯。紆靑襲紫。攝職文昌。冀有葵藿之情。知慙雨露之澤。茲朕行旅。小乖和豫。凡百在位。忠孝纏心。每一引見。涕泗交集。洎獨容顏自若。密圖他志。今行御史進狀。奏洎乃與人竊議。窺窬萬一。謀執朝衡。自處霍光之地。窺弄兵甲。擅總伊尹之權。猜忌大臣。擬皆夷戮。朕親加臨問。初猶不承。傍人執證。方始具伏。此而可恕。孰不可容。且皇太子治春秋鼎盛。聲溢震方。異漢昭之童幼。非周成之襁褓。輒生負圖之望。是有無君之心。論其此罪。合從孥戮。但以夙經任遇。不忍梟懸。宜免其家累。賜以自盡。貞觀十九年十二月

## 楊愼矜賜自盡詔

左道亂常。邦家所禁。逞兇謀逆。天地不容。戶部侍郎兼御史中丞楊愼矜。潛蓄回邪。率由奸險。猥承門緒。得齒朝行。爰自卑微。謬加超擢。寄之帑藏。總彼均輸。殊不知外矯清廉。內懷貪冒。趦趄百變。以此徇身。首鼠萬端。專爲罔上。觸途苛刻。歸怨國家。還俗僧史敬忠、兇慝逆徒。狂愚賤品。乃妄陳讖緯。別覬異圖。密與交通。將期委質。仍自以亡國之後。克復攸歸。遂乃手記災祥、窺覦時變。言肆惡悖。心在不臣。惡跡既彰。款驗咸服。戴天履地。面目何施。梟首夷宗。未云塞責。但以務弘大體。志在寬刑。尙免嚴誅。容其自斃。其楊愼矜宜賜自盡。其兄少府少監愼餘、洛陽令愼名等。不合隨從。並爲同惡。亦宜令自盡。其史敬忠、首建逆謀。實爲巨蠹。宜決重杖一百。闕鮮于賁詐稱敬忠當王。附會凶人。宜決重杖六十。長流。闕其范滔妄說妖言。與之昵狎。宜決六十。長流嶺南臨江郡。其王庭耀、既爲傭作。終不論告。決四十。配隸黔中郡。楊愼矜外甥、前通事舍人辛景湊、引致非類。成此禍端。宜決四十。配流嶺南晉康郡。其義陽郡司馬嗣虢王巨、雖則不涉凶謀。終與敬忠相識。宜解却官。於南賓郡安置。其太府少卿張瑄、素以妄庸。專行險詖。比緣愼矜薦引。驟歷班榮。因此結交。潛爲黨援。況犯贓私。情逾難恕。宜決六十。長流嶺南臨封郡。其右威衞執戟、攝天馬監副監万俟承暉、妄畜圖書。與愼矜解說。潛相黨附。爲蠹實深。宜決重杖六十闕其閑廐使、殿中監韋衢、忝膺重寄。不存公道。受愼矜囑請。爲承暉奏官。諂黷愈彰。比周斯在。宜貶與遠官。應配流及安置人等。所在卽差綱馳驛領送。其楊愼矜及兄弟、幷史敬忠、有莊宅等。宜並官收。其家口男女等。並令所司準法卽配流嶺南諸郡。其張瑄、及万俟承暉、鮮于賁等男女。並一房家口。亦準此配流。其內外近親。不可尙列班榮。及居京轂。宜令三司使卽括責奏聞。且臣之事君。有死無二。匹夫徇義。猶或忘軀。豈有位亞六卿。任兼三獨。父子相續。俱承重委。兄弟不次。皆列通班。而更陰圖不軌。潛覬異望。靜言思此。良可歎息。除惡務本。

與衆共之。令出惟行。蓋非獲已。中外僚庶。咸使聞知。

王鉷賜自盡詔

敕曰。人臣無將。有必誅之義。王制所禁。在難捨之刑。銀青光祿大夫、御史大夫、兼京兆尹、殿中監、閑廐使、隴右羣牧監使、及天下戶口色役和市和糴、坊作園苑、長春宮栽接、幷京畿及關內採訪等使王鉷。性本凶愎。行惟奸險。徒以早膺擢用。累踐崇班。持憲尹京。任委斯重。八閑六尚、寵寄惟深。殊不知外飾公忠。干冒非據。內懷姦詐。包藏不測。任海川狂愚不逞。妖惑無良。而乃潛與通情。仍希非望。及覺彰露。便令滅口。韋會聞此事跡。話於私庭。遽令追掩。殞於縣獄。邢縡久懷逆謀。專構惡黨。其弟銲、始終結約。常與交通。託云弟識。其實由己。今神明所殛。凶黨伏辜。縱刑且踈。欲逃其罰。然天地雖廣。何所容身。宜賜自盡。戶部郎中王銲、蓄積梟獍之心。包藏狂悖之計。與逆人邢縡。久託深交。供其資糧。同爲凶惡。自申款暱。十載于茲。所有逆謀。咸共謀畫。此而不罰。其若法何。猶寬殊死之典。俾從杖刑之責。宜於朝堂集衆杖殺。

李林甫除削官秩詔

爲臣之道。貳則有辟。事君之致。將而必誅。故左僕射、兼右相、吏部尙書、上柱國、晉國公、贈太尉、廣陵大都督李林甫、爰因宗室。奬以班序。逮履清貫。尤持矯飾。鄙夫患失。狡迹多端。朕待以勿疑。任當殊重。恩私踰分。崇高至極。秉據樞衡。垂二十載。豈知外表廉愼。內包兇險。籌謀不軌。覬覦非望。昵比庸細。譖害忠良。悖德反經。師心蘊慝。福禍生於喜怒。榮辱由其愛憎。使搢紳箝口。行路側目。淫祀夜禱于神祇。厭勝家崇於蠱道。遵空養素。實繁有徒。旣畢禬禳。旋勤其命。阿布斯振降塞上。委於綏輯。敢行交結。輸竭深衷。嚴室焚香。要之誓信。指期撤警。縱以叛離。且肆犬羊之羣。侵軼我疆埸。方申犄角之契。圖危我宗社。可隱之狀。所不忍言。以親黨薦引。咸歸諂黷。子息蕃多。曾無教誨。貪叨納賂。依倚成姦。鬩墻屢聞。敗官相次。作僞滋久。晚節頗彰。含垢在予。猶示弘蔽。鬼得誅而溢盡。惡布露而難容。逮從訊鞫。事皆昭著。殲夷噍類。曷足懲愆。鞭斲屍棺。未云塞責。但以常經使任。特寬恒典。其在身所有官秩。並追除削。俾同凡庶。許其殯掩。男前將作監岫。率由下劣。不承朂□。驕恣越度。過失彌深。且配流黔中延德郡。前司儲郎中崿、配流蒼梧郡。前太常少卿嶼、配流臨封郡。仍並除名。卽綱馳驛領送。自餘男有官者。令所司卽勘會。亦除名。各配流嶺南及黔中遠惡郡。女在室、幷男未有官者、取其情願。任隨兄弟。朕念其驅策。尙懷仁恕。旣貸生成之恩。赦其殞嗣之罰。仍每房各乞奴婢三兩人。幷與緣身衣服粮食。使其存濟。自餘資產。一切官收。男孫有官者、解却。無官者、勒隨父幷家口、並續遞途流所。至捉搦。勿許東西。縱會恩赦。不在量移之限。其林甫男女妻等、有罪非妄。惟其子婿諫議大夫楊齊宣、覩其不善。尋有薄功。跡異同惡。頗申誠款。幷自餘至親、應合累者。續有處分。噫。堯謂達聰。四凶在列。周稱盛德。三監假擾。知人之美。誠愧格言。明罰斯加。非無累歎。凡百在位。咸自誡焉。

處置受賊僞官陳希烈等詔

人臣之節。有死無二。爲國之體。將而必誅。況乎委質賊庭。宴安逆命。耽受寵祿。淹更歲月。不顧恩義。助其效用。此而可宥。法將何施。達奚珣等。或受任台輔。位極人臣。或累葉寵榮。姻聯戚里。或歷踐臺閣。或職通中外。夫以犬馬微賤之畜。猶知戀主。龜蛇蠢動之類。皆能報恩。豈曰人臣。曾無感激。有靦面目。事於寇讎。亂臣賊子。何以過也。自逆賊作難。傾覆邦家。凡在黎元。皆含怨憤。殺身徇國者。不可勝數。此等黔首。猶懷國恩。豈有列在崇班。苟茲祿位。不思君親之分。唯與凶逆同心。受任於梟獍之間。諮謀於豺虺之輩。靜言思此。情何可矜。朕志欲含弘。法務寬貸。然凶惡之類。自招其咎。人神所棄。天地不容。原其本心。皆合殊死。就中情狀。仍有區分。達奚珣等一十八人、並宜處斬。陳希烈等七人、並賜自盡。前大理卿張均、特宜免死。長流合浦郡。

周元幹等死沒制

敕、大逆不道。抵夷族之誅。同惡相濟。當棄市之法。以懲干紀。式按彝章。周元幹。賊臣之子。兇慝成性。與父階亂。厥罪惟均。卲賁敢有包藏。恣其悖虐。怙侈滅義。攘敓撟虔。戮及無辜。罪浮於師。其周元耀、蔣羅漢、尹元經、毛寄彬、李尙林等、共肆醜圖。且明反狀。猶捨斧鑕。俾全腰領。其劉憲、周壽、崔勸等、同附姦邪。俱行扇惑。以情斯蠹。法當死沒。並依前件。朕自君臨萬國。思措五刑。不虞兇殘。有此冒犯。寘以明憲。期於止殺。凡百卿士。知朕意焉。

李岾賜自盡制

敕。恃衆專殺。謂之亂常。合族倂命。謂之不道。按以春秋。重其責帥。況自悖人理。實生厲階。合從棄市之論。尙就議親之減。李岾幸以宗屬。列於藩任。政之不脩。亂是用長。輕侮法令。動搖軍州。御史姚奭、巡到所部。其弟參於佐理。諸將素有猜嫌。欲加之罪。不可無狀。遂言使者之來。事在不測。俾其完聚兵甲。變更將守。潛疏其意。以搆禍萌。而岾親自點竄。詐云奭之遺墜。以此疑衆。因而合謀。弟兄宗黨。咸盡淪胥。而斃又陷教家。勒兵抗威。以拒所統。人不堪命。一方騷然。頃發近臣。密令按理。醜圖既露。姦狀甚明。示有小懲。以從遠斥。詢于羣議。頗屈常典。朕思以道德在宥天下。庶使一代之人。登於仁壽之域。風化猶薄。政教不明。致令長吏專此威暴。無罪無辜。横分身首。寃氣慘結。有傷天和。惕然增懷。深自咎責。期於止殺。不可措刑。寬其斧鑕之誅。降從盤水之禮。宜賜自盡。雖恩不掩義。道在無私。而禮有緣情。實亦多愧。王者之法。敢忘至公。凡百卿士。宜悉朕意。

決李少良等制

敕、李少良、韋頌等、兇險悖戾。反常逆理。恣其讒說。將構禍階。離間君臣。矯誣中外。醜圖奸狀。按驗皆明。殿中侍御史陸珽、幸忝清憲之職。仍參儒館之事。交結非類。包藏不測。豈有周行之列。容此二兇。亦既同惡。法當均罪。並宜付京兆府決痛杖一頓。朕每以君子小人。貌同心異。必先觀行。然後察言。豈茲譖讟。能迴聽斷。夫招賢納諫。君之體也。獻直盡規。臣之節也。朕次席思理。佇聞政道。豈謂奸慝。紊茲彝倫。須判忠邪。以正刑典。凡百在位。宜悉朕懷。

姜敬初賜自盡制

敕、不敬之大。在於毁犯園陵。自擅之重。切於矯誣詔令。有此亂常之道。必貽無赦之責。姜敬初自以瑣劣。得參姻婭。錄其先効。擢在西臺。素無行能。已速官謗。朕永感霜露。式瞻松柏。以其職司。俾往祗事。輒於禁域。擅鑿連崗。當衣冠之出遊。臨歲月之所建。既有犯於神御。又不利於王室。知其不可。固有所專。一昨臨遣。再三戒敕。無君棄命。兇蠹尤深。書不云乎。刑故無小。況釋之抗陵土之議。申屠致廟堧之誅。處以殊死。未云塞責。不忘私眷。特緩嚴刑。宜賜自盡。史忠烈、王臣子等。忝從所職。敢有挾邪。事既同科。法當均罪。亦宜賜自盡。其家資並收沒。其駙馬裴倣。雖不知情。合當緣坐。宜削官爵。拘於私第。永清公主亦隨在宅。仍絕朝參。使知警愼。朕自君臨。每思刑措。豈圖戚里。干我國章。任匪其人。有慙所鑒。議法難恕。撫懷增惕。百辟卿士。知朕意焉。

劉希暹賜自盡制

敕、合體者君臣之分。二心者天地同誅。搆茲亂階。當與衆棄。開府儀同三司、行太僕卿、兼御史中丞、充神策軍兵馬都虞候、淄川郡王劉希暹、幸以微謬。□□榮秩。典司禁戎。作我心膂。外雖承命。內不盡忠。泄漏朕言。幾危吾事。念嘗自任。使冀以自新。分委戎柄。授之經略。而干冒貨賄。谿壑無厭。恣以苛刻。師人積怨。輒懷顧望。潛蓄異圖。假談咎徵。上悖天理。誘我忠良之士。妄言禍亂之端。惡狀已彰。情在難恕。賴勳賢叶力。沮發姦兇。遂命公卿。兼之法吏。再三訊鞫。情款昭然。戮尸市朝。未云塞責。氂纓盤水。尙許歸全。特從寬典。宜賜自盡。朕臨馭萬邦。于茲九稔。每以外攘夷狄。未戢干戈。常亦推食解衣。躬撫將校。義均休戚。期保始終。神明所知。誠契無負。禁網疎闊。小過必遺。豈虞姦臣。有此干紀。罪成惡稔。以寘嚴科。天下之法。不可私也。刑其無捨。良用憮然。文武庶僚。宜悉朕意。

誅元載敕

任賢去邪。懸於帝典。獎善懲惡。急於時政。和鼎之寄。匪易其人。中書侍郎、同中書門下平章事元載。性頗奸回。跡非正直。寵待踰分。早踐鈞衡。亮弼之功。未能經邦。成務挾邪之志。恒以罔上面欺。陰託妖巫。夜行解禱。用圖非望。庶追典章。納受贓私。貨鬻官秩。凶妻忍害。暴子侵牟。曾不隄防。恣其陵虐。行僻詞矯。心很貌恭。使沉抑之流。無因自達。賞罰差謬。罔不由茲。頃以君臣之間。重於去就。冀其遷善。掩而不言。曾無悔非。彌益凶戾。年序滋遠。釁惡貫盈。將肅正於朝班。俾伸明於憲網。宜賜自盡。朕涉道猶淺。知人不明。理績未彰。遺闕斯衆。致茲刑辟。憫愧良深。僶俛行之。務申沮勸。凡在中外。宜悉朕意。

劉晏賜自盡敕

亂常干紀。罪莫大焉。除惡去邪。刑其無捨。忠州刺史劉晏、性本奸回。志惟兇慝。頃司邦賦。歷踐朝倫。割剝爲功。毒痛黎庶。按問贓賄。不知紀極。朕將崇政本。必去憸人。猶是含弘。務全大體。俾從降黜。尙列藩條。覬亂之幸。掩而不問。旋乃結聚亡命。擅興師徒。罔有悛心。力行無度。播于人聽。惡跡彰聞。爰命運率。閱實其罪而蒐乘補卒遍於鄉閭。執銳被堅出乎郊境。拒捍朝貢。威脅使臣。人之無良。一至於此。孽由自作。法所不容。正其典刑。以懲姦蠹。宜賜自盡。仍令庾準差官勾當處置聞奏。

## 誅劉闢敕

劉闢生於士族。別蓄梟心。斵刼蜀人。拒捍王命。逞其狂逆。詿誤一州。俾我黎元肝腦塗地。賊將崔綱等同惡相扇。至死不回。咸宜伏辜。以正刑典。劉闢男超郎、豺狼醜類。難議生全。務盡之刑。同類九人並宜處斬。

## 誅李錡并男師回敕

李錡幸因宗屬。早列方隅。德宗藉有土之權。委之以泉貨。順宗重維城之寄。授之以旌旄。恩深兩朝。榮溢當代。朕恭承寶祚。首命端僚。君臣之分。益親天地之恩無盡。僞詞三上。懇請入朝。推以至誠。許其重任。曾不知居不疑之地。懷不測之端。有梟獍噬食之心。恃牛羊項領之力。久蓄亡命。敢有亂常謂干戈可得而興。江山可得而恃。悖言肆口。逆狀滔天。滅身之辜。擢髮難數。國有大典。與衆棄之。爲人除害。非朕敢捨。致茲用辟。終所愧懷。李錡并男師回準法處斬。其餘枝黨。已從別敕處分。

## 誅殺武元衡賊張晏等敕

敕、張晏、李惠嵩、李寓、嚴清、受命孽臣。害我良弼。兇虐之甚。古今所無。雖姦源不窮。而天網難漏。擒捕斯獲。兵刃具存。自相證明。遂得情實。宜從極法。以快衆心。并康少貢造端合謀。不可異等。並宜處斬。張公佐、李少寧、徐良季、胡弟奴、高志巡、田再興、楊日暉、華季進、胡抱直、劉憲生、秦詮、及李惠嵩妻阿馬等、並合從坐。況乃同情。宜付京兆府、決痛杖一頓處死。蘇表藏蓄兵器。衒耀軍謀。朋遊悉無賴之徒。取受多不軌之物。屬當搜索。爰得兇人。京輦之下。豈容此輩。宜決杖八十。配流費州。其妻阿康、奴綠耳等、不識陰情。難書罪罰。趙環等妻阿樊、阿唐、張晏二女、初則不知。終然同惡。悉付京兆府、各決二十口放。其鎮州進奏趙環、并官健、及王承宗行官家人魏昇朝等一十八人、並赴京兆府收管。待後疏理處分。侯倫、李莫、雖言已歸本道。欲於何處逃刑。待捕獲日。準例處分。張晏趙環等七人、如更有親族。並合搜檢。準今年八月敕處分。其刀劍器械等、並付所由準法處分。

# 唐大詔令集卷第一百二十七

## 政事

### 誅戮下

誅吳元濟敕
處置李齐敕
誅王涯等敕
處置楊弁敕
劉從諫剖棺暴尸敕
誅郭誼等敕
誅張谷等告示中外敕
楊收賜自盡敕
嚴譔賜自盡敕
誅黔州刺史秦匡謀敕
處置蕭遘等敕
誅杜讓能宣示天下詔
崔昭緯賜自盡敕
王摶賜自盡敕
柳璨賜自盡敕

## 誅戮下

### 誅吳元濟敕

敕、吳元濟豺狼醜類．敢悖天常．不知覆載之恩．輒肆猖狂之計．拒捍成命．焚劫隣封．詿誤我平人．殘傷我赤子．縣邑黎庶．號呼屢聞．朕爲人父母．得不興愧．亦嘗告諭．曾靡悛心．稔慝挻災．日滋月盛．所以命貔貅之旅．致原野之誅．雷霆所當．巢穴盡覆．獲此兇豎．正其刑書．與衆棄之．斯爲國典．宜準法處斬．其餘支黨．從別敕處分．

### 處置李㝏敕

汴州逆賊李㝏、竊據城池．坐邀符節．率其兇黨．敢拒王命．今旣梟首於闕下．宜令所司準式．其男道源、道樞、道倫、道安等．叛逆之子．固不可原．理須正刑．集衆處斬．

### 誅王涯等敕

敕、王涯等身爲宰臣．委任至重．與其徒黨．恣其兇惡．潛搆姦謀．鄭注草萊卑末．寵遇殊常．而乃竊發殿庭．同爲扶豎．邪險之狀．古今所未聞．賴宗社降靈．重臣協力．斯須銷滅．京師晏寧．天下之人．所同歡快．謀惡之罪．國有常刑．其王涯、賈餗、舒元輿、王播、郭行餘、李孝本、羅立言．宜令左右神策軍．差兵馬防援．準舊例．領赴郊廟及兩市．令衆訖．於獨柳樹下．並仰準法處分．

### 處置楊弁敕

敕、楊弁起於卒伍．獲在偏裨．方屬徂征．敢爲桀逆．迫逐師旅．嘯聚叛徒．朕姑務苟安．未加顯戮．捨其悖亂．令赴行營．遂駐南轅之盛．已盜北門之管．戰備符璽．幷而竊之．恣石會之重關．潛輸逆鎭．釋賈羣之縲紲．俾遂姦謀．成榆社之□心．召漢水之同惡．蠆毒近發於懷袖．蟻壤幾類於江河．康政等被汾邑之遺風．習莘墟之有禮．遽忘臣節．仍助兇威．控弦登陴．曾不興感．以卵投石．自取滅亡．雖禁暴除殘．國之大典．然致其陷辟．終用愧懷．

### 劉從諫剖棺暴尸敕

敕、前代張角、王陵、伏罪之後．皆已身死．並加追戮．抑有舊章．劉從諫疾困之時．署劉稹兵權．潛謀繼襲．雖先已削奪．合正刑書．宜令剖棺暴尸．就潞州市號令三日．仍便隨事埋瘞．會昌四年八月

### 誅郭誼等敕

劾理髖髀者、不可以嬰芒刃。圖草蔓者、必在乎絕本根。故有甲兵以正其刑。鳴鐘鼓以聲其罪。爰用重典。以淸亂邦。逆賊郭誼等、狐鼠之妖。依丘穴而自固。牛羊之力。得水草而逾兇。久從叛臣。皆負逆氣。頃者劉從諫背德反義。掩賊藏姦。積其怙亂之□。毋非親吏之計。劉公直、安全慶、各憑地險。屢抗王師。每肆悖言。罔懷革面。吳寇將敗。周尙務□於陸梁。隴坻向平。王健猶稱其□死。況郭誼、王協、聞邢洺歸款。懼義旅覆巢。賣孽童以圖全。據堅城而請命。擐甲以祈於撫納。要君以蓋其前愆。天地神祇所難容捨。昔伍被詣吏。不免就誅。延岑出降。終亦夷族。致之大辟。無用愧懷。郭誼、王協、劉公直、安全慶、李道德、李佐堯、劉武悳、董可武等。並宜處斬。其餘支黨。並從別敕處分。

誅張谷等告示中外敕

敕、頃者劉從諫與李訓、鄭注。結刎頸之交。濟其姦謀。以圖不軌。張皇兵勢。脅制朝廷。自擅一方。外爲三窟。張谷、陳揚庭等、兇愚無行。狡詐多端。昔在京師。人皆嫌惡。自知險薄。無所庇身。投迹戎藩。寄命從諫。多懷怨望。得肆陰謀。或妄設妖言。成其逆志。或爲草章表。飾以悖詞。旣無孝於君親。曾不愧於天地。自朕君臨方寓。姑務含容。而怙亂益堅。包藏未息。誘受亡命。招聚妄徒。志猶恃於金湯。心不利於王室。近又敢爲狂計。扶助孽童。汙我忠義之軍。叶其豺豕之黨。天之所棄。神得而誅。逆賊劉稹、弟稙、曹九滿郎、五娘君郎、四娘、堂兄漢卿、匡周、堂弟會卿、匡堯、穗、逆賊張谷、并男涯、解愁、何六偃郎、孫男小吉、兄台、男小曾、門哥、牽郎、修文、千駒、陳庭揚、并男巢郎、宜力、男醜奴、張浛、并男歡郎、三寶、門客甄、伎術人鄭諗、蔣黨、逆賊李訓兄仲景、郭行餘男台、王涯姪孫羽、韓約男茂章、茂實、王播男掘、並就昭義梟斬訖。夫爲善者天報以福。爲惡者天報以殃。今沴氣旣消。逆節咸服。方布和於四海。庶息患於五兵。宣示中外。各令知悉。

楊收賜自盡敕

敕、驩州流人楊收。謬承奬擢。任以台衡。志每搆其貪汙。迹頗彰於黷貨。欺天罔上。罪不可逭。俾全其生。是爲妄貸。宜令內養郭全穆、於其所在賜自盡。咸通十年二月

嚴譔賜自盡敕

敕、前鎭南軍節度使、檢校工部尙書嚴譔、器本瑣微。志惟兇險。廣用賄貨。交結姦邪。致楊收不顧刑章。恣爲威福。以桂林江西之重。舉爾爲名。納陳珍奇寶之私。竊我良守。所令按覆。不欲追窮。頃聞海隅多難。徵發爲備。蠻寇未息。供饋方繁。或擅納衣糧。或廣補戍卒。尅剝求取。知無不爲。罔地欺天。何嘗自愧。而又因榷使妄訴闕庭。欲以資財用爲排抑。楊收旣當極典。□□□□嚴誅。將令肅振朝綱。貴免紊亂邦憲。中外臣庶。當體予懷。宜所在賜自盡。咸通十年

誅黔州刺史秦匡謀敕

敕、黔南舊制、兵數不少者。蓋沿天嚴險。地連昆夷。外有蠻夷。內可固守。以數百兵置於要害。則千萬衆不能奔衝。秦匡謀守鎮四年。曾無少備。但聞擾侵溪洞。貪冒貨財。人有離心。兵多虛額。致羣蠻如風火而至。使闔郡爲煨燼之餘。莫顧黎元。肆爲酷毒。自攜金帛。拋棄城池。報奏之間。謬妄非一。況統戎失律。負國深恩。天地不容。人神共怒。禍將覆滅。惡乃貫盈。雖償棄市之誅。未塞亂常之罪。膏于鈇鉞。顯示華夷。欲使將來。知我用法。宜奪在身官爵。委荊南節度使集衆處斬。其家口田宅資財並籍沒。仍令御史臺、及諸道長吏、檢責以聞。其親屬合當連坐者、委御史臺及諸道搜獲。具名聞奏。如待奏到。指揮處分。

## 處置蕭遘等敕

敕、逆賊僞宰相蕭遘、鄭昌圖、裴澈、皆代荷國恩。身極人爵。或兩府鈞衡之任。或六官兵賦之權。所宜罄竭丹誠。祗膺茂寵。而遽隳臣節。輒肆逆謀。挾扶跡屬之人。遂成篡奪。駈脅端良之士。大恣猖狂。誑惑藩方。馳書邊徼。妄徵故事。欲動人情。並居僞廷。同干相位。事主之道。何以爲心。賴遠近輸誠。祖宗垂祐。忠臣發憤。妖孽就誅。今則興復有期。廟朝重正。顧惟凉悳。益所兢慙。然則刑賞之科。所以示天下而申懲勸也。其於用捨。朕不敢私。撫事論辜。難逃極典。宜令所在集衆斬訖。聞奏。布告天下。宜體朕懷。光啓三年三月

## 誅杜讓能宣示天下詔

夫賞有功而刑有罪。享國明規。邪必去而任無私。君人大節。其有顯犯典憲。謀危宗祧。難貸大刑。式謝四海。崖州流人李周潼、驩州流人段詡、儋州流人西門重遂、雷州司戶參軍杜讓能等、結爲姦黨。請發禁軍。假言防託山南。乃攻伐近鎮。傾危宗社。讒搆忠良。包藏禍心。附會狂計。昊穹降鑒。宗廟炳靈。大臣繼有封章。列藩瀝懇論奏。朕親鞫問。罪狀顯然。須行憲章。諒非獲已。於戲。朕以童眇。嗣膺丕圖。任用之間。固無疑事。而讓能一居台鼎。八換星霜。必謂能罄忠誠。不辜所任。殊不知手操國柄。身作亂階。政以賄成。化由財進。舉枉錯直。愛憎繫於一時。鬻爵賣官。聚斂逾於巨萬。仍復舉倍息之利。恣兼并之心。市肆貨財。日歸私第。隣伍店宅。旋入所居。政事決於胥吏。奢華縱於婦女。丘某一家杖殺。曾不奏聞。湘外二年兵戈。曾由敗易。或以口□蓋藏。或以枉誤交通。朕以久務含弘。未能決謫。一旦彰露。萬口咨嗟。重遂等三人始終同謀。表裏相濟。納貨則更相問遺。謀人卽盡放往還。至於煙塵四郊。紛披九陌。擁兵而固請巡幸。差人而縱火宮中。頃刻之間。警蹕無禁。綴旒累卵。未足爲危。四罪既誅。中禁立定。國法斯在。朕何敢私。尙慮道途傳聞。遠近謬誤。四海之內。未悉事端。故降書命。明示天下。凡在臣庶。宜體朕懷。景福元年六月

## 崔昭緯賜自盡敕

敕、朕猥以眇身。恭臨大寶。修前王之法度。奉列聖之紀綱。未嘗以喜怒之心。行其賞罰。唯務以誠信之道。示于寰區。有功有勞。既不吝於爵祿。負恩負法。寧可貸其誅夷。是謂至公。庶臻理道。左降官崔昭緯頃居內署。粗著微勞。擢於侍從之司。委以爕調之任。而不能忠貞報國。端慎處身。潛交結於姦

臣致漏洩於機事。星霜累換。匡輔蔑聞。其罪一也。而又快其私忿。輒恣陰謀。托崔鋋之嶮巇。連行瑜之計策。遂令引兵向闕。怙衆脅君。故宰臣韋昭度、李磎、並被無辜殺戮。幾危宗社。顯辱君親。其罪二也。及行瑜敗滅。京國甫安。而乃自懼欺誣。別營附託。又於藩閫。潛請薦論。不惟苟免罪愆。兼亦再希任用。貪榮冒祿。僭濫無厭。敗俗傷風。賢愚共鄙。其罪三也。又將厚賂。欲結諸王。輕侮我之憲章。玷瀆朕之骨肉。貨財之數。文字具存。賴諸王作朕腹心。嫉其僭竊。盡將昭緯情款。兼其親吏姓名。直具奏聞。拒其求託。昭緯曾居宰輔。備歷清崇。但欲逞其回邪。都不顧其事體。觀其識見。實駭聽聞。其罪四也。自姦邪既露。情狀難容。尙示寬恩。未行極典。投于荒裔。冀其自新。不能退省罪尤。恭承制命。速赴貶所。用守常規。而猶自務宴安。尋聞所在留駐。攪擾藩閫。侮慢朝章。曾無懷畏之心。可驗包藏之計。罔知愆咎。誹謗朝廷。其罪五也。朕以恩澤者、帝王之雨露。刑法者、邦國之雷霆。無雨露則庶物不榮。無雷霆則萬方不肅。朕今體天道以化育。遵王度以澄清。罪既昭彰。理難含垢。凡百多士。宜體予懷。其崔昭緯宜差使往所在賜自盡。中書門下準此處分。乾寧三年五月

## 王摶賜自盡敕

王摶材類蕭葦。器劣瓶筲。秉鈞無救於時情。畜志常多於姦計。結朋豎黨。蠹物害公。包聚貨財。肥濃私室。綰領官職。贍濟一門。雖行降黜之寬恩。未塞衆心之忿怒。須歸極典。方正朝章。宜令內養似先知賫、於其所在賜以自盡。光化三年六月

## 柳璨賜自盡敕

密州司戶柳璨交通悖逆。脅負明恩。每稔禍於偷安。欲危人而自固。罔知畏憚。唯肆姦回。既兇慝以貫盈。實朝野而共怒。况復聚貪爵秩。恣逞威權。據其狡猾之端。須降誅鋤之命。宜除名配崖州充長流。百姓委御史臺差人所在賜自盡。天祐二年十二月

# 唐大詔令集卷第一百二十八

議立回鶻可汗詔

遣使册回鶻可汗詔

## 綏撫

### 鎭撫夷狄詔

畫野分疆。山川限其內外。遐荒絕域。刑政殊於函夏。是以昔王御世。懷柔遠人。義在羈縻。無取臣屬。渠搜卽敍。表夏后之成功。越裳重譯。美周邦之長筭。有隋季世。黷武耀兵。萬乘疲於河源。三年伐於遼外。搆怨連禍。力屈貨殫。朕祗膺寶圖。撫臨四極。悅近來遠。追革前弊。要荒蕃服。宜與和親。其吐谷渾已修職貢。高句麗遠送誠款。契丹靺鞨。咸求內附。因而鎭撫。允合機宜。分命行人。就申好睦。靜亂息民。於是乎在。布告天下。明知朕意。（武德二年二月）

### 令蕃客國子監觀禮教敕

敕、夫國學者。立教之本。故觀文字可以知道。可以成化。庠序爰作。皆粉澤於神靈。車書是同。乃範圍於天下。自戎夷納款。日夕歸朝。慕我華風。敦先儒禮。由是執於干羽。常不討而來賓。事於俎豆。庶既知而往學。彼蓬麻之自直。在桑椹之懷音。則仁豈遠哉。習相近也。自今已後。蕃客入朝。並引向國子監、令觀禮教。（開元二年十二月二十二日）

### 賜入朝新降蕃酋敕

敕關內、河東、河西入朝新降蕃酋等曰。嘉爾蕃酋。慕我朝化。相率歸附。載變炎涼。而忠懇不渝。誠勤是勵。深宜輯乃戎索。捍彼方隅。使烽火無驚。障塞咸謐。則厚賞崇班。當取富貴。朕比加恩貸。爾實安堵。猶恐衣服未盡充。災患且未恤。永言於此。良用憮然。其今春不入朝都督衙官并箭頭將軍在蕃者。已令王晙、張說、楊敬述等。取軍中庫物各量賜爾等衣一副。部落中有疾苦。便量給藥物。無令田隴廢業。含養失所。遞相勉諭。以悉朕意。（開元八年三月）

### 放諸蕃質子各還本國敕

敕、我國家統一寰宇。歷年滋多。九夷同文。四隩來暨。夫其襲冠帶。奉正朔。顒顒然向風而慕化。列於天朝。編於屬國者。蓋亦衆矣。我則順之以時雨。煦之以春陽。淳惠以柔之。中孚以信之。玄風既同。羣物茲遂。莫不自天壤窮海域。厥角以請吏。執贄而來庭。皇唐之惠。於此爲盛。今外蕃侍子。久在京師。雖威惠之及。自遠畢歸。而羇旅之意。重遷斯在。宜命所司勘會諸蕃充質宿衞子弟等。量放還國。契丹及奚延通質子。並卽停追。前令還蕃首領等。幽州且住交替者。卽放去。朕欲鳥獸咸若。華夷共安。來則納其朝謁之心。去則隨其生育之意。推我至誠。崇彼大順。含弘之施。惠莫厚焉。

遣牛仙客往關內諸州安輯六州胡敕

敕、古之降虜。皆置邊郡。將遂畜牧之性。以示柔懷之惠。河曲之北。先有六州羣胡。編列。積有年序。往緣康待賓等、輒搆兇黨。自取誅夷。詿誤蕃落。損汙良善。因茲移隸、令其失業。永言戀本。寧不懷歸。朕每念及昆蟲。猶慮失所。況於此輩。豈忘安輯。如聞已有逃在關內諸州。及先招攜在靈慶州界者。宜委侍中牛仙客。於鹽夏等州界內。選土地良沃之處。都置一州。兼量戶多少置縣。其有先所隸州未來者、亦放歸各令據簿籍勘會。勿容虛假。處置訖聞奏。

放不從亂吐蕃使人歸國敕

劉闢招誘外蕃。用資叛亂。而西番顧盟。竟無助逆。雖使在其間。而義無所失。其吐蕃並分別送付本界。以其寒冱涉遠。各給衣物糧食發遣。（元和年）

放吐蕃使歸國敕

朕臨御萬邦。推布誠信。西戎納款。積有歲時。中或虧違。亦常包貸。我有殊惠。寧不是思。重譯貢珍。道途相繼。申恩示禮。曾無闕焉。昨者蕃使奉章。人至京輦。將君長之命。陳和好之誠。臨軒召見。館餼加厚。復以信幣。諭之簡書。亦既言旋。才及郊甸。遽聞蟻聚。來犯封陲。河曲之間。頗為暴擾。背惠棄約。斯謂無名。公議物情。咸請誅絕。朕深惟惠化之未被。豈慮夷俗之不賓。其國失信。其使何罪。釋其縲縶。以遂性。示之弘覆。以志懷予衷。苟孚庶使知感。其使論矩立藏等。并後般來使。並宜放歸本國。仍委鳳翔節度使。以此意曉諭。（元和十四年正月）

## 命官

葛邏祿葉護開府儀同三司制

葛邏祿葉護特進頓毗伽、特禀英姿。擅雄荒服。威信馭衆。知略超羣。仗弘義以立節。竭至誠而向順。逆虜阿布思、丘山積釁。天地匪容。未就誅夷。仍茲鼠竄。遂能率引弓之旅。佐轉戰之師。生縛兇渠。咸殲醜類。雖不長元惡。顧神理之必誅。而與我同仇。乃忠勇之斯美。疇其茂績。寵以殊榮。可開府儀同三司。封金山王。依舊充葉護。祿俸於北庭給。其葉護妻及母。並封為國夫人。（天寶十二年九月）

回紇葉護司空封忠義王制

功濟艱難。志存邦國。萬里絕域。一惠同心。求之古今。所未聞也。回紇葉護。特禀英姿。挺生奇略。言必忠信。行表溫良。才為萬人之敵。位列諸蕃之長。屬凶醜亂常。中原未靜。以可汗有兄弟之約。與國家興父子之軍。奮其智謀。討彼凶逆。一鼓作氣。百萬摧鋒。三旬之間。兩京克定。力拔山岳。精冠風雲。蒙犯曾不辭其勞。急難無以踰其分。固可懸之日月。傳諸子孫。豈惟裂土之封。誓河之賞。夫位之崇者。司空第一。名之大者。封王最高。可司空。仍封忠義王。每歲送絹二萬疋至朔方軍。宜差使受領。（至德六年十一月）

嗢沒斯懷化郡王制

昔秋嘗獻籌。歸忠於大國。日逐避禍。納款於明廷。宜帝嘉其一心。寵之優禮。或存故王之印綬。或賜歸惪之美名。爰舉舊章。式崇新命。回紇嗢沒斯特進。倜儻慕義。沉雄有謀。駃騠之生。勢超千里。鷙鳥之擊。氣厲九秋。屢獻款誠。布于邊將。尋執反虜。不遺君親。戢其餕殍之徒。曾靡秋毫之犯。旋觀所履大節甚明。朕與回紇代結姻親。久敦隣好。念其狂亂。義在固存。則且撫其酋豪。顯其大順。使諸蕃知我招攜之禮。更逾往昔之恩。仍加帶礪之封。俾受爪牙之寄。服茲休寵。可不敬哉。可特進左金吾衛大將軍員外置同正員。仍封懷化郡王。（會昌二年五月）

嗢沒斯歸義軍使制

回鶻代雄絕漠。名振北番。而乃厭金革之強。慕朝廷之禮。願襲冠帶。思覩漢儀。蟬蛻自致於潔清。豹變獨蔚其文彩。不有髦傑。孰啓壯圖。嗢沒斯稟氣陰崧。含精斗極。生知忠孝。神付兵鈐。自強之心。隱如敵國。銳上之器。森若戈矛。果能因亂布誠。覩機立節。深叶懷柔之志。不因告諭之辭。昔者取士殊隣。秦能致霸。得賢異地。晉實用材。是宜優以寵光。處之權貴。納褒忠之顯效。錫歸美之嘉名。俾建旆於新軍。示絕席於諸將。勉修臣節。服我官常。可檢校工部尚書。兼左金吾衛大將軍同正員。充歸義軍使。懷化郡王。（會昌二年六月）

## 封立

薛延陀眞珠毗伽可汗詔

天地之惪。平分於四時。皇王之道。無偏於萬國。故能亭育黎庶。覆燾區夏。聲教咸曁於遠方。爵命不遺於殊俗。薛延陀眞珠毗伽可汗。器宇沉毅。識見允明。夙見時機。早稟正朔。忠誠峻節。克著於塞外。貢獻琛賮。不絕於王府。加以訓勗子嗣。輯寧種落。俱率藩職。咸慕朝風。其子沙鉢彌葉護拔酌、達度莫賀咄頡利苾。並志懷敦確。氣幹強果。或志竭忠款。乃心闕庭。或遠經朝覲。拜首軒陛。言念丹誠。良用佳尚。宜錫徽號。用申褒寵。拔酌可封葉護可汗。仍賜狼頸纛四、鼓四。頡利苾可封達度莫賀咄葉護。賜狼頭纛二、鼓二。仍令左領將軍梁方師、持節備冊命。（貞觀十二年九月）

突厥李思摩爲可汗制

天地大惪。覆載極於八荒。日月貞明。臨照周於萬物。是以哲王撫運。聖人垂法。經邦立政之道。取則於萬化。興亡繼絕之義。靡隔於華夷。惟彼北戎。

代居荒塞。養畜牧於天山之外。擅勇敢於瀚海之濱。逮其末葉。狂愚嗣位。侵盜之釁。禍結於諸華。苛暴之風。毒被於大漠。酋豪攜貳。部衆離阻。革面者相望於道路。請命者塡委於闕庭。朕情切納隍。志存懷遠。乃命上將。拯其將溺。元戎才動。倒戈相繼。而屠耆歸命。單于反接。分地之長。解辮而來王。引弓之民。盡落而內附。龍城既殄。狼塞遂空。朕愍其破亡。恕其瑕釁。解縛焚櫬。賜以再生。收電回霜。宥以寬政。於是選內外之職。分珪組以授之。擇肥饒之地。設州縣以處之。開倉庫以卹其飢寒。馳輶軒以問其疾苦。恩侔中夏。禮均舊臣。十載于茲矣。朕受命三靈。敷恩百姓。爰初薄伐。非貪闢土之功。洎於克定。實弘安民之道。久欲存其亡國。反其遺萌。尙恐瘡痍未瘳。衣食不足。今歲月已積。年穀屢登。種衆增多。畜牧蕃息。繒絮無乏。咸棄其氈裘。菽粟有餘。靡資於狐兔。便可復其舊庭。繼其□緒。歸三祠於沮澤。旋十角於盧山。使復會蹛林。弭其依風之思。重宴樂水。遂其向日之歡。然而左方既建。右地已設。必俟君長。一其號令。自非擊鞮貴種。醢落忠誠。何以宣布朝化。輯寧番服。右武候大將軍、化州都督、懷化郡王李思摩。器懷沉毅。識用詳明。早慕皇風。夙效丹款。寵以賜姓。榮以高爵。內典巡徼之重。外受連率之任。譽光朝職。簡在朕心。宜錫以藩號。紹其宗祀。可乙彌泥孰俟利苾可汗。幷賜之鼓纛。仍令就其部備禮册命。突厥及胡諸州安置者。並令渡河。還其舊部。俾夫世作藩屏。同茲帶礪。長保邊塞。傳諸後昆。貞觀十三年七月

封突厥可汗夫人呂氏孫氏等制

門下、突厥可汗夫人呂氏、孫氏等。毳幕來賓。錦車將命。單于侍子。榮已列於漢庭。閼氏貴人。寵宜加於蠻邸。呂氏可封瀚海夫人。孫氏可封納款夫人。主者施行。先天二年八月三日

黠戞斯爲可汗制

敕、我國家光宅四海。君臨八荒。聲教所覃。册命咸被。況乎族稱宗姓。地接封疆。爰申建立之恩。用廣懷來之道。有加常典。得不敬承。黠戞斯國、生窮陰之鄉。稟玄朔之氣。少卿之後。冑裔且異於蕃夷。大漢之中。英傑自雄於種落。日者居于絕徼。隔以強鄰。空馳向化之心。莫通事大之禮。旋能奮其武勇。清彼朔陲。萬里歸誠。重譯而至。時既當於無外。義必在於固存。是用特降徽章。載明深懇。加其美號。錫以丹書。貽厥后昆。遂荒有北。舉茲盛典。彰示遠戎。咸服寵光。永孚恩化。可册爲宗英雄武明誠可汗。命右散騎常侍兼御史中丞李拭、持節充册立使。仍令有司擇日備禮册命。會昌五年五月

議立回鶻可汗詔

朕聞王者立悳。必本於念功。天下歸仁。莫先於興滅。回鶻久爲與國。嘗建大勳。累申式配之儀。兼展稱藩之禮。天寶末、興兵之後。國步未夷。殄彼兇妖。率其忠勇。控弦而至。革車之會增威。止戈而歸。犀毗之賜甚寵。殊庸盛典。煥烈縑緗。是爲親鄰。戍其邊衞。故牧馬遠迹於朔野。烽火罷照於甘泉。雖云華夷。歡若親戚。會昌中、虜廷喪亂。可汗淪亡。狼顧既困於歲收。鼠竊或行於邊堠。時屬姦臣當軸。懦將操戈。因樂禍以乘危。遂興戎而生事。不念救災之義。盡爲助順之功。驅彼流離。窘爲徒隸。情惟懷土。自比南冠之悲。跡則亂華。未免北風之思。舊國空瞻其茂草。名王猶困於旅人。想彼窮危。寧無慨

歎。朕君臨萬有。子育兆人。雨露之所霑濡。日月之所照燭。欲令自遂。必念好還。乃眷朔易之雄。況當勳力之後。每思報德。實用究懷。所以頻遣詔書。俾勤尋訪穹廬莫覩。甌脫已平。萬騎豈無。其忠臣六角冀存其貴種。頗勞寤寐。屢閱歲時。沙漠既空。井邑猶在。近有回鶻來款朔方。帥臣得之。送至闕下。又有回鶻隨黠戛斯李兼至朝廷。各令象胥。徵其要領。音塵可訪。詞旨必同。願復本邦。仍懷化育。皆云龐特勤今爲可汗。尙寓安西。衆所悅附。颯宰相以忠事上。誓復龍庭。雜虜等以義向風。頗聞麕至。□契素願。慰悅良多。俟其歸還衙帳。當議特舉册命。今遣使臣。且往慰諭。況情深振撫。道既切於懷來。而功濟艱難。義豈忘於繼絕。至如待呼韓以殊禮。約冒頓以和親。止於嘉其來朝。亦或慮其爲患。今則因此離散。追彼功勳。俾立國於狠居。稍聚人於烏合。再尋舊好。宜舉良圖。報告天下。咸知朕意。大中十年二月

遣使册回鶻可汗詔

夫興滅繼絕。有國之懿圖。推亡固存。先王之令典。在春秋時。秦、齊、列國之諸侯也。秦穆尙存於晉嗣。齊桓猶繼於莒土。況我國家。超邁皇王。幷包宇宙。昔者回鶻可汗、在武德之初。始畢效力於太宗。在天寶時。葉護有功於京洛。乾元至德之際。輿子儀叶心。大破西虜。自爾以降。誼爲舅甥。歲有通和。情無詭詐。會昌中。其國實遇天災。莫能地着。盡皆散徙。遂至滅亡。朕自纂承丕圖。常多軫惻。爰命使者。將遠撫之。訊厥存亡。俾求嗣立。軺車才至於靈武。蕃使已及於塞垣。迨至闕庭。深陳血懇。稱可汗已立。諸部賓歸。實資神祇之衞。乃藉忠勳之力。果能克紹。叶纂舊圖。頗協人願。深契朕志。尙恐未爲諸蕃所信。猶疑新造之邦。是用特命使臣。遵行册禮。於戲。布悳茂功。柔遠祇邇。前代之所以稱理也。使若敖氏之無後。何以勸善。須布中外。咸使聞知。表朕中懷。不問夷夏。可册爲嗢祿登里羅汨沒密施合俱錄毗伽懷建可汗。命檢校、祕書監、兼御史中丞王端章、持節册使。仍令所司擇日備禮策命。大中十年十一月

# 唐大詔令集卷第一百二十九

## 蕃夷

### 册文

册突厥李思摩爲可汗文

册疏勒國王文

册莫賀咄吐屯爲順義王文

册突厥苾伽骨吐祿爲可汗文

册骨吐祿三姓毗方伽頡利發文

册突騎施黑姓可汗文

册回紇爲英武威遠可汗文

册新羅王金乾運文

册新羅王太妃文

册新回鶻可汗文

册回鶻可汗加號文

册回鶻彰信可汗文

大中十一年册回鶻可汗文

### 盟文

扶餘與新羅盟文

與吐蕃會淸水盟文

### 賑卹

遣使賑撫回鶻制

捨雪

原吐谷渾制

宥吐谷渾制

洗雪平夏党項德音

## 冊文

### 冊突厥李思摩爲可汗文

於戲。突厥部衆代居沙漠。元戎纔舉、龍城克定。三部種類。十角酋渠。咸襲冠帶。俱爲臣妾。朕光宅六合。亭育萬品。爰降大造。存其亡國。既復故庭。乃樹君長。惟爾右武候大將軍、化州都督、懷化郡王李思摩。器量明遠。識用宏通。地稱貴種、望高賜姓。忠孝之節。簡於朕心。明智之材。重於蕃落。朕是用命爾爲乙彌泥孰俟利苾可汗。傳之子孫。爲唐藩屏。上鑒自古。下觀近代。守誠節者、咸保其國。人爲凶惡者、必及於覆敗。往欽哉。爾其鑒茲往事。祗服朕言。奉國以丹赤爲先。御下以信義爲本。勉正爾身。勤卹爾衆。無昵邪佞。無遠忠良。無自驕奢。無爲貪暴。兢兢業業。以綏爾疆土。可不愼歟。貞觀十三年七月

### 冊疏勒國王文

惟開元十年、歲次戊辰、正月戊戌朔十四日辛亥、帝若曰。萬邦述職。無隔華夷。五等疏封。式固藩屏。咨爾疏勒阿摩支、知王事、左武衞將軍、員外置、裴安定。誕靈蒲海。稟秀葱山。藴義以立名。蹈仁而成德。雖日月所照。莫非王土。而烽燧時警。猶曰虜庭。遂能扞彼邊陲。歸我聲教。載聞疇庸之義。俾弘利建之風。今遣大理正攝鴻臚少卿喬夢松。冊爾爲疏勒王。於戲。允迪由庚。勿替敬典。綏厥戎落。永爲漢藩。往欽哉。

### 冊莫賀咄吐屯爲順義王文

維開元二十八年、歲次庚辰、三月丁亥朔二十二日戊申、皇帝若曰。於戲。茂秩攸升。疏封有命。寵榮斯及。必在英賢。咨爾石國王莫賀咄吐屯、代襲誠節。器標果斷。盡忠向化。捍藩陲。頃以蘇祿殘妖。尙爲邊梗。乃能因其隣國。授以良圖。候彼疆埸。相爲表裏。致令克淸邊徼。遠輯殊方。實賴心膂。載宣勳力。靜言襃異。非爾而誰。是用冊爾爲順義王。爾其敬愼王猷。撫寧部衆。永保藩輔。可不愼歟。

### 冊突厥苾伽骨吐祿爲可汗文

維開元二十八年、歲次庚辰、三月丁亥朔、二十六日壬子、皇帝若曰。於戲。乃瞻陰方。代有君長。至於膺我盛禮。榮彼殊隣。必擇其人。諒無虛授。咨爾突厥苾伽骨咄祿可汗。氣稟崆峒。材雄朔漠。見事無惑。執心不渝。以先代已來。結好中國。自纘承舊業。克繼前修。遠遣使臣。來朝闕下。義之所感。情實嘉焉。不有褒稱。孰彰忠順。是用冊爾爲可汗。今遣從弟左金吾衞將軍賀。持節禮冊。往欽哉。可汗其丕承徽章。益勵名節。永保多福。以昭後昆。可不愼歟。

### 冊骨吐祿三姓毗方伽頡利發文

維天寶十二載、歲次癸巳、九月己亥朔、六日甲辰、皇帝若曰。咨爾骨咄祿伊難如三姓毗方伽頡利發、夫崇德報功。帝王之事。講信脩睦。人臣之禮。卿久佐蕃部。備更戎落。知鷹居不可以長。早賓朝化。蕃俗不能自理。遠仗皇威。深悟變通。克知成敗。豈唯款塞之懇。常有扞邊之心。言志披誠。有增嘉歎。今授卿左羽林軍大將軍員外置同正員。兼錫冊書鐵劵。永執蕃禮。無替華風。克終令名。常保祿位。可不愼歟。

### 冊突騎施黑姓可汗文

維天寶十二載、歲次癸巳、九月己亥朔、六日甲辰、皇帝若曰。咨爾骨咄祿毗伽突騎施黑姓可汗、特進登里伊羅密施、立國推信。表賢在忠。旣效信以推誠。亦旌忠而懋賞。卿才略備舉。知勇兼資。強足抗敵。威能率下。故得甲兵孚訓。族類懷仁。旣嚮順以移風。亦事大而知禮。是用載加茂秩。式崇錫命。今授卿特進爲突騎施可汗。卿敬勉良圖。光昭盛典。保我疆埸。惡我寇讎。俾業固山河。福綏種落。永祗恩寵。可不愼歟。

### 冊回紇爲英武威遠可汗文　　賈至

維至德二載、歲次丁酉、十一月某日、皇帝若曰。夫定禍亂者曰武。建功名者曰義。惟武與義。是謂明德。回紇毗伽可汗、生而英姿。邁越前古。代濟威赫。主祀北天。與唐脣齒。奕葉姻好。安祿山竊弄邊兵。暴亂函夏。誘脅戎卒。毒蠹黎人。而可汗心懷感激。義動天地。爰命葉護。統率銳師。叶贊官軍。驅除兇逆。或犄其足。或角其首。二旬之內。雍洛掃清。振古已來。義莫斯大。朕是用式遵典禮。封崇徽號。敬冊可汗爲英武威遠可汗。每載賞絹五萬疋。於戲。陰陽和而天地泰。四時和而萬物阜。北土不靖。有唐封而固之。中原多難。可汗義而赴之。惠好和洽。與日月永。子孫百代。克享鴻休。欽哉。其無替朕命。

### 冊新羅王金乾運文　　常衮

維大曆三年、歲次戊申、正月朔、二十八日、皇帝遣某官某乙、持節冊命曰。於戲。建萬國者、不獨於中夏。嗣一姓者、必求於令德。咨爾新羅王金憲英男乾運、爰自祖宗。撫有東表。克生明懿。載茂勳伐。采章文物。久洽華風。忠敬孝恭。率由純性。用蕃君子之國。能執外臣之禮。夫繼代之重。擇賢而授。是用建爾冢社。祚于青丘。敬其所守。纂其舊服。忠以奉上。惠以撫下。永修東藩之職。無替先君之命。肅膺典禮。可不愼歟。

### 冊新羅王太妃文

維大曆三年、歲在戊申、二月景子朔、十日乙酉、皇帝使某官某乙、持節冊命曰。於戲。子承冢嗣。作藩輔之臣。母加尊稱。蓋春秋之義。咨爾新羅王金乾運母。素推勳族。雅有華風。其德可尚。其儀可則。鑒於圖史。式是禮容。儷東方君子之國。處中壼貴人之位。事上以敬。接下以仁。睦我親鄰。亦資內助。有教子之明訓。膺繼代之新命。固可以崇峻徽懿。光昭盛禮。是用册爲新羅王太妃。修乃慈範。撫其嗣君。永懷前人。無改其道。欽承典册。可不慎歟。

## 册新回鶻可汗文　白居易

維長慶元年、歲次辛丑、四月景寅朔、二十一日景戌、皇帝若曰。唐有天下。垂二百載。列聖垂拱。八荒卽敍。舟車之所及。日月之所照。威綏仁董。罔不嚮化。惟此之氣。積厚而靈。靈發象生。生象豪傑。義信武烈。代爲名王。□□東方。亦有君長。雄圖鬥智。莫之與京。國朝已來。寖清風澤。或效功伐。或申婚媾。同和協比。以訖于今。今朕不德。祗嗣大統。推義布信。以初爲常。矧乎柔遠申恩。睦鄰展禮。茲惟舊典。垂自祖宗。虔奉恭行。安敢失墜。咨爾九姓回鶻君登里羅羽錄沒密施句主錄毗迦可汗、地生奇特。天賜勇智。英姿所莅。雄略所加。諸戎雜虜。愛畏柔服。風靡山立。清寧一方。宜人有土。受天百祿。特推代嗣。實來告予。曰予一人。實降册命。是用遣使朝議大夫、檢校左散騎常侍、兼少府監、御史大夫、雲騎尉、賜紫金魚袋裴通、副使朝議大夫、守少府少監、兼御史中丞、襲衞國公、食邑三千戶、賜紫金魚袋賈璘等、持節備物。册爲登里羅羽錄沒密施句主錄毗伽可汗。於戲。善必有鄰。德無不答。此崇恩禮。則彼竭信誠。克保大義。永藩中夏。昭昭天地。實聞斯言。

## 册回鶻可汗加號文　白居易

維長慶元年、歲次辛丑、某月朔、某日、皇帝若曰。北方之強。代有君長。作殿玄朔。賓于皇唐。粤我祖宗。錫乃婚媾。五聖六紀。二邦一家。此無北伐之師。彼無南牧之馬。兵匣鋒刃。使長子孫。叶德保和。以至今日。咨爾回鶻君登里羅羽錄沒密施句主錄毗伽可汗、義智忠肅。武毅勇健。天之所授。時而後生。故東漸海夷。西亘山狄。惠寧威制。鱗帖草偃。聲有聞於天下。氣無敵於荒外。而能事大國。遠納忠賢。請仍舊姻。誓嗣前好。朕惟睦鄰是務。柔遠爲心。旣降和親之命。遂申飾配之禮。禮物大備。寵章有加。喜動陰山。光增昴宿。夫以回鶻雄桀如彼。慶榮若此。雖自貴曰天驕子。未稱其盛。雖自尊曰天可汗。未稱其美。宜賜嘉號。以大誇將來。今遣使某官、副使某官某等、持節加册爲信義勇智雄重貴壽天親可汗。於戲。釐降展親。大惠也。進册加號。大名也。宜思大德。稱大名。懋哉始終。欽若唐之休命。

## 册回鶻彰信可汗文

維太和七年、歲次癸丑、某月日、皇帝若曰。王者運神功以清九有。敷至德以柔四夷。雖萬國遠邦。皆有君長。而一時縟禮。特厚親鄰。用昭絕漠之榮。式示徽章之貴。克膺盛典。允屬雄材。咨爾九姓回鶻愛登里羅汨沒密施合句錄毗伽彰信可汗、代濟公忠。時推英毅。剛明有守。信實不渝。總北方勁悍之師。慕中華清淨之化。克紹前訓。實懷遠圖。慶叶承家。願申永好。彼無侵軼。此務綏安。兩國咸歡。六姻彌重。事大之義。而志合春秋。相嚮之誠。而皎如日月。使者旁午。贄幣交馳。詞意綢繆。禮貌恭恪。是嘉誠款。宜賜寵光。必能虔受新恩。纂乃舊服。今遣使寧遠將軍、兼御史大夫、上柱國、賜紫金魚袋、嗣唐王弘實、副使中大夫將作少監兼御史中丞賜紫金魚袋嗣澤王容等、持節備禮冊爲九姓回鶻愛登里羅汨沒密施合句錄毗伽彰信可汗。於戲。海內四極。惟唐舊封。天下一家。與我同軌。舉茲典冊。布于神明。爾其愼固封疆。祗守名器。罔墜先烈。載揚令猷。欽承禮文。以作來範。

大中十一年冊回鶻可汗文

皇帝若曰。我國家誕膺天命。光宅中土。居臨九有。包舉八荒。聲教所加。冊命咸及。而況回鶻。北方之強。代濟忠烈。惠行隣境。俗慕華風。立國以來。嘗效誠節。代爲甥舅。每歲通和。推誠不疑。爲我與國。當會昌之際。自屬天災。人罕粒食。上下離散。牙帳爲墟。地多種落。所侵國甚黍離之歎。朕自登寶祚。每軫素懷。爰發使臣。訪其後嗣。軺車既出。蕃使爰來。咨爾回鶻可汗。挺此雄材。生於貴族。能收既絕之燼。常懷再振之心。願嗣天驕。載歸地着。發使請命。誠辭可哀。夫親仁善隣。國家之寶。興滅繼絕。王者之宜。況朕布德滂仁。施於海外。爾乃堅誠勵節。行乎域中。所以公侯子孫。道在必復。華夏屛衞。理宜長存。既將還定舊封。欽承墜緒。克紹崇構。允膺鴻休。今遣使臣朝議郎、檢校秘書監兼衞尉少卿御史中丞、上柱國、賜紫金魚袋王端章、副使臣朝議郎、檢校尚書工部郎中兼國子禮記博士、御史、賜緋魚袋李潯、持節備禮冊命爲九姓回鶻嗢祿登里羅汨沒密施合俱錄毗伽懷建可汗。爾其服我恩榮。膺茲位號。勉脩前好。恢復故疆。宜克己於蹛林。長歸心於魏闕。無怠爾志。永孚于休。

## 盟文

扶餘與新羅盟文

往者百濟先王。迷於逆順。不敦隣好。不睦親姻。結託高麗。交通倭國。共爲殘暴。侵削新羅。剽邑屠城。略無寧歲。天子憫一物之失所。憐百姓之無辜。頻命行人。遣其和好。負險恃遠。侮慢天經。皇赫斯怒。龔行弔伐。旌旗所指。一戎大定。固可瀦宮汙宅。作誡來裔。塞源拔本。垂訓後昆。然懷柔伐叛。前王之令典。興亡繼絕。往哲之通規。事必師古。傳諸曩冊。故立前百濟大司稼正卿扶餘隆爲熊津都督。守其祭祀。保其桑梓。依倚新羅。長爲與國。各除宿憾。結好和親。恪承詔命。永爲藩服。仍遣使人右威衞將軍魯城縣公劉仁願親臨勸諭。具宣成旨。約之以婚姻。申之以盟誓。刑牲歃血。共敦終始。分災恤患。恩若弟兄。祗奉綸言。不敢失墜。既盟之後。共保歲寒。若有背叛。不恆二三其德。興兵動衆。侵犯邊陲。明神鑒之。百殃是降。子孫不育。社稷無守。禋祀磨滅。罔有遺餘。故作金書鐵券。藏之宗廟。子孫萬代。無敢或犯。神之聽之。是饗是福。麟德二年八月

與吐蕃會淸水盟文

唐有天下。恢奄禹跡。舟車所至。莫不率從。俾以累聖重光。歷年惟永。焯王者之丕業。被四海以聲教。與吐蕃贊普。代爲婚姻。固結隣好。安危同體。甥舅

之國。將二百年。其間或因小忿。棄惠爲讎。封疆騷然。靡有寧歲。皇帝踐祚。愍茲黎元。俾釋俘囚。以歸蕃落。蕃國展禮。同茲叶和。行人往復。累布成命。是必詐謀不起。兵革不用矣。彼猶以兩國之要。求之永久。古有結盟。今請用之。國家務息邊人。外其故地。棄利蹈義。堅明後約。今國家所守界。涇州西至彈箏峽西口。隴州西至淸水縣。鳳州西至同谷縣。暨劍南西山大渡水東。爲漢界。蕃國守鎭。在蘭渭原會。西使臨洮。又東至成州。抵劍南西界磨些諸蠻。大渡水西至南。爲蕃界。其兵馬鎭守之處。州縣見有居人。彼此兩邊見屬漢諸蠻。以今所分見住處。依前爲定。其黃河已北。從故新泉軍直北至大磧。直南至賀蘭山駱駝嶺爲界。中間悉爲閑田。盟文所不載者。蕃有兵馬處、蕃守。漢有兵馬處、漢守。並依見守。不得侵越。其先未有兵馬。不得新置。并築城堡耕種。今二國將相受辭而會。齋戒將事。告天地山川之神。惟神照臨。無得憖墜。其盟文藏於宗廟。副在有司。二國之成。其永保之。建中

## 賑卹

### 遣使賑撫回鶻制

自古帝王撫寧荒服。忠於國者。則有繫絕之恩。順於道者。則有固存之義。所以厚其嚮化。優以報功。回鶻累代姻親。久脩臣禮。服我聲教。保茲信誠。嘗以國難識其忠良。嚴霜見其貞松。疾風知其勁草。永言勳力。豈忘予懷。如聞紇扢斯攻。兵折衆叛。畜產大耗。國又荐饑。流離轉徙。遠逾沙漠。近因太和公主遣使入朝。已知新立可汗。寓居塞下。告窮請命。未有所歸。每念艱危。載深憫惻。今欲救恤窮困。撫慰傷痍。使四方知朕不忘舊勳。報其大順。昔句奴乖亂。呼韓近塞。漢宣帝轉粟二萬石。下闕 俾其安輯離散。漸就漠南。再復舊疆。永保恩好。宣示中外。宜體朕懷。會昌元年十二月

## 捨雪

### 原吐谷渾制

伐罪弔人。前王高義。興亡繼絕。有國令典。吐谷渾擅相君長。竊據疆埸。虔劉黎庶。積惡既稔。天亡有徵。朕君臨四海。含育萬類。一物失所。深責在予。所以爰命六軍。申茲九伐。義存活國。情非黷武。其子大寧王慕容順。隋氏之甥。志懷明悟。長自中土。早慕華風。爰見時機。深識逆順。以其父愎諫違衆。獨陷迷途。遂誅邪臣。存茲大計。翻然改轍。代父歸罪。忠孝之美。深自可嘉。子能立功。足以補過。既往之釁。特宜原免。然其建國西鄙。已歷年代。卽從廢絕。情所未忍。繼其宗祀。允歸令胤。可封順西平郡王。食邑四千戶。仍授趉胡呂烏甘豆可汗。所司量遣使人備禮册命。貞觀九年五月

## 宥吐谷渾制

文德懷遠。列聖之弘規。興亡繼絕。至仁之通訓。吐谷渾發迹東胡。竄居西域。負險自固。擅立君長。爰在前代。通使中原。或爲叛臣。不恆厥德。近者慕步薩鉢爲主。老而智昏。迷而忘返。志懷首鼠。虔劉疆埸。朕頻命行人。慇懃誘諭。不納忠信之言。唯行蜂蠆之毒。及六軍問罪。尚令申諭。遂無悛革。以至滅亡。其子順、困蹙事窮。措身無所。委命下吏。輿櫬轅門。故命解網釋俘。繼其宗祀。乃懷貳志。遵彼覆車。曾未浹旬。自貽屠戮。子燕王諾曷鉢、弱不好弄。幼稱通理。纔纂舊業。即逢內難。故遣旌節。遠申安撫。遂能率其種類。同竭款誠。盡落傾巢。趍謁使者。屈膝頓顙。尊奉朝化。請頒正朔。願入提封。丹誠內發。深可嘉尚。宜隆寵章。懋茲賞典。可封河源郡王。食邑四千戶。仍授烏地也拔勒豆可汗。即遣使人。備禮册命。貞觀十年三月

## 洗雪平夏党項德音

平夏南山。雖云有異。源流風俗。本貫不殊。我國家累聖已來。許居內地。久奉聲教。亦立功勞。朝廷撫綏。常布恩信。近者邊陲之帥。制御乖方。遂有兇悍之徒。不率父兄之教。或侵暴州鎮。或攻掠道塗。告諭罔悛。猖狂頗甚。朕君臨區寓。深念黎元。凡曰含生。皆同赤子。但欲爲民除害。固非黷武佳兵。每覩殺傷。深多愍惻。是以去年特雪平夏。驅除南山。及聞窮困無歸。復有懷來之意。遂令白敏中、李安業、分統諸軍。先示招攜。仍加訓練。但知非則赦免。不得已則誅鋤。王者之師。義實在此。近得敏中狀申。南山盡願歸降。瀝懇輸誠。唯思展效。請般運粮料。乞保護封疆。閱其奏章。深愜朕意。昔者或有剽劫。必推南山。南山或有寇攘。亦指平夏。既相非斥。互說短長。終難辨明。祇益讎怨。今則並從洗雪。咸許自新。但能各務安全。遞相勸勉。保其生業。絕彼侵踰。從前所有愆違。自此一切不問。唯鹽州深居沙□。塞上農桑。軍士衣粮。須通商旅。沿路堡栅。事須修營。今委李安業、依朝廷制置。差兵建築防守。猶恐部落妄懷疑慮。仍令李安業駐軍塞門。朕之屈法從人。斯爲極矣。若執迷不返。干犯國章。後悔難追。深宜自省。大中五年七月

# 唐大詔令集卷第一百三十

蕃夷

討伐



平亂



告廟

破薛延陀告廟詔　校注，文與七九卷重複．今删

平戎告廟敕

## 討伐

### 命皇太子討稽胡詔

稽胡部類．居近北邊．習惡之徒．未悉從化．潛竄山谷．竊懷首鼠．寇抄居民．侵擾亭堠．可令皇太子建成、總統諸軍．以時致討．分命驍勇．方軌齊驅．跨谷彌山．窮其巢穴．元惡大憝．卽就誅夷．驅略之民．復其本業．行軍節度．期會進止．皆委建成處分。武德四年九月

### 討吐谷渾詔

近以吐谷渾恃其遐阻．屢擾疆場．肆行凶虐．種類乖離．爰命將士．申茲弔伐．有征無戰．所向摧殄．渠魁竄迹．自貽滅亡．朝威遠暢．邊亭靜謐．朕君臨寰宇．志在含弘．不欲因彼危亂．絕其宗祀．乃立僞主之子大寧王慕容順、招撫餘燼．守其舊業．而順曾不感恩．遽懷貳志．種落之內．人蓄怒憤．遂創大義．卽加剿絕．雖復權立其子．所部又致擾亂．競動干戈．各行所欲．朕憂勞兆庶．無隔夷夏．乃睠西顧．良用矜惕．若不星言拯救．便恐塗炭未已．兵部尙書潞國公侯君集等、咸才兼文武．寄深內外．嘉謀著於廟堂．茂績書於王府．必能宣風閫外．克定遐方．量其事機．綏撫經略．分遣使人．明加曉諭．如有不遵朝旨．敢興異圖．卽合精銳．隨便剪撲．盡威懷之道．稱朕意焉．

### 討高昌王麴文泰詔

明罰敕法．聖人垂懲惡之道．命將出車．王者戒定亂之德．故三苗負固．虞帝所以興師．鬼方不恭．殷宗所以薄伐．朕嗣膺景命．君臨區夏．弘大道於四海．推至誠於萬類．憑宗社之靈．藉股肱之力．億兆獲乂．尉候無虞．建木棘林．山經靡記之域．幽都大夏．王會不書之君．莫不革面內款．屈膝請吏．襲冠帶於魏闕．均貢賦於華壤．而高昌麴文泰、猶爲不軌．敢興異圖．事上無忠款之節．御下逞殘忍之志．往經朝謁．備加恩禮．谿壑難滿．曾無報效．禽獸爲心．遽懷凶狡．詔命之嚴．稟承之誠．既闕王人之重．祗敬之禮亦虧．自隋季道消．天下淪喪．衣冠之族．疆場之人．或寄命諸戎．或見拘寇手．及中州既定．皇風遠肅．人懷首丘．途經彼境．皆被囚縶．加之重役．忍苦遐外．控告無所．又伊吾之右．波斯以東．職貢不絕．商旅相繼．琛賮遭其寇攘．道路由其擁塞．又西蕃突厥．戰爭已久．朕愍其亂離．志在安輯．乃立咥利始可汗兄弟．庶令克復舊基．文泰反道敗德．惡安好禍．間諜曾豪．交亂種落．遂使氈裘之長．亟動干戈．引弓之人．重罹塗炭．又焉耆之地．與之隣接．文泰嫉其盡節．輕肆凶威．城池有危亡之憂．士女嬰劫掠之酷．加以虐用其衆．毒被所部．賞罰

無章。內外嗟怨。繕造宮室。勞役日興。修營輿輦。僭侈無度。法令深刻。賦斂繁重。舉手動足。咸罹網羅。畜牧園果。悉有征稅。衆力既盡。人財已竭。飢寒荐至。憤歎盈途。比室連甍。不勝苛政。故老兒童。思霑王澤。朕受命上玄。爲人父母。禁暴之道。無隔內外。納隍之慮。切於寢興。錄其舊款。仍懷愍念。所以頻遣使人。具申朝旨。勗以爲善之規。示以自新之路。庶知感悟。無煩師旅。而昏迷遂性。荒怠不悛。貫盈之釁既稔。夭亡之期已及。況復文武具僚。戎狄君長。請傳刃者相屬。懷逐雀者比肩。宜順夷夏之心。以申吊伐之典。討凶渠之多罪。拯無辜之倒懸。今遣交河道行軍大總管、吏部尚書侯君集。副總管、兼右屯衛將軍薛萬鈞、副總官、左屯衛將軍薛孤吳兒、行軍總管、武衛將軍牛進達等。董率衆軍。弘宣廟略。乘驛進路。同會虜庭。莫不氣奪風雲。精貫日月。援桴懷憤。投距爭先。良將奮建瓴之威。銳卒效如貔之勇。冀馬燕犀。猶迅雷之震擊。雲梯地道。若至神之變化。以此制敵。事等摧枯。以此屠城。易於反掌。然朕矜憫之心。有懷去殺。勝殘之道。無忘好生。若文泰面縛軍門。泥首請罪。特弘焚櫬之澤。全其將盡之命。自餘臣庶。棄惡歸誠。並加撫慰。各令安堵。以明逆順之理。布茲寬大之德。如其同惡相濟。敢拒王師。便盡大兵之勢。以致上天之罰。明加曉諭。稱朕意焉。貞觀十三年十二月

## 討高麗詔

行師用兵。古之常道。取亂侮亡。先哲所貴。高麗莫支離蓋蘇文。殺逆其主。酷害其臣。竊據邊隅。肆其蜂蠆。朕以君臣之義。情何可忍。若不誅翦遐穢。何以懲肅中華。今欲巡幸幽薊。問罪遼碣。行止之宜。務存儉節。所過營頓。無勞精飾。食唯充飢。不須珍膳。水可涉渡者。無假造橋。路可通行者。不勞修理。御營非近州縣。學生父老等。無煩迎謁。隋室淪亡。其源可覩。良由智略乖於遠圖。兵士疲於屢戰。政令失度。上下離心。德澤不加於匹夫。刻薄彌窮於百姓。當此之時也。高麗之主。仁愛其民。故百姓仰之如父母。煬帝殘暴其下。故衆庶視之如仇讎。以思亂之軍。擊樂安之卒。務其功也。不亦難乎。何異入水而惡其濡。踐雪而求無跡。朕緬懷前載。撫躬內省。昔受鉞專征。提戈撥亂。師有經年之舉。食無盈月之儲。至於賞罰之信。尙非自決。然猶所向風靡。前無橫陣。蕩氛霧於五岳。翦豺狼於九野。定海內。拯蒼生。然則行軍用兵。皆億兆所見。豈虛言哉。及端拱巖廊。定策帷扆。身處九重之內。謀決萬里之外。北殄匈奴種落。有若摧枯。西滅吐谷渾、高昌。易於拾芥。包絕漠而爲苑。跨流沙以爲池。黃帝不服之人。唐堯不臣之域。並皆委質奉貢。歸風順軌。崇威啓化之道。此亦天下所共聞也。況今豐稔多年。家給人足。餘粮栖畝。積粟紅倉。雖足以爲兵儲。猶恐勞於轉運。故多駈牛羊。以充軍食。人無裹粮之費。衆有隨身之廩。如斯之事。豈不優於曩日。加以躬先七萃。親決六奇。使攻無所守。戰無所拒。略言必勝之道。蓋有五焉。一曰以我大而擊其小。二曰以我順而討其逆。三曰以我安而乘其亂。四曰以我逸而敵其勞。五曰以我悅而當其怨。何憂不克。何慮不摧。可布告元元。勿爲疑懼耳。貞觀十八年十月

## 親征高麗詔

觀乎天道。鼓雷霆以肅萬物。求諸人事。陳金革以威四方。雖步驟殊時。質文異制。其放殘殺。禁暴虐。戮干紀。討未賓。莫不仗義而申九伐。文德昭於率土。因時而董三令。武功成於止戈。朕祗膺寶曆。君臨宇縣。憑宗社之靈。藉卿士之力。神祇儲祉。夷夏宅心。故上柱國遼東郡高麗王高建武。夙效丹款。

早奉朝化。忠義之節。克著於嵎夷。職貢之典不愆於王會。而其臣莫離支蓋蘇文、包藏凶忒。招集不逞。潛興計謀。奄行弑逆。寃酷纏於濊貊。痛悼徹於諸華。簒彼藩緒。權其國政。法令無章。賞罰失所。下陵上替。遠怨邇嗟。加以好亂滋甚。窮兵不息。率其羣兇之徒。屢侵新羅之地。新羅喪土。憂危日深。遠請救援。行李相屬。朕愍其倒懸之急。爰命輶軒之使。備陳至理。喻以休兵。曾不知改。莫遵朝命。窺窬亭障。首鼠窟穴。完聚更切。賦斂尤繁。丁壯盡於鋒刃。羸老斃於板築。久廢耕桑。咸罹飢饉。生肉表異。顯其亡徵。雨血爲妖。彰其數盡。比室愁苦。闔境哀惶。華髮青衿。不勝苛政。延頸企踵。思霑王澤。昔有苗弗率。勞大禹之駕。葛伯仇餉。勤成湯之師。況亂常巨寇。紊三綱而肆逆。滔天元惡。窮五刑而莫大者哉。朕所以宵分興慮。日旰忘食。討罪之懷。既深於投袂。救人之義。彌軫於納隍。類上帝而戒途。詔夏官而鞠旅。可先遣使持節。遼東道行軍大總管英國公勣、副總管江夏王道宗。士馬如雲。長駈遼左。奮夷岳之威。屠虵豕於險瀆。乘建瓴之勢。斬鯨鯢於鏤方。行軍總管執失思力、行軍總管契苾何力等。率其種落。隨機進討。契丹蕃長於句折、奚蕃長蘇支、燕州刺史李玄正等。各率其衆。絕其走伏。使持節平壤道行軍大總管張亮、副總管常何、副總管左難當等。舟檝相繼。直指平壤。新羅王金善德、傾其城邑。竭其府藏。荷不貲之澤。復累業之讎。出樂浪而衝腹心。臨沃沮而蕩巢穴。百濟王扶餘義慈、早著丹赤。深識時機。棄歷稔之私交。贊順動之公戰。贏粮蓄草。唯命是從。凡此諸軍。萬里齊舉。頓天羅於海浦。橫地絡於遼陽。朕然後經塗白狼之右。親巡玄菟之城。執金鼓而戒六軍。載太常而麾八陣。使流蕩者魚爛。握炭者冰消。誅渠魁於惡稔。吊黎庶於角崩。其或擁衆立功。或行間自拔。宜弘寬大。各復農土。有勞者、當加其賞。懷能者、不滯其才。如其長惡莫悟。迷途遂往。斧鉞既下。必嬰喪元之悲。玉石一焚。徒致噬臍之歎。具宣朕旨。咸使聞知。貞觀十八年十二月

高麗班師詔

朕聞之。聖人慎罰。觀兵於再駕。明王舉事。制勝於三年。合諸侯以討逆。既擒而且縱。總海內以除殘。臨刑而止殺。其故何哉。信由上天之德曰生。王者之師曰義。是以網開三面。干舞七旬。豈有恣欲稜威。取鯨鯢而竭澤。覆巢探穴。罄麛卵以塗原者乎。憬彼島夷。僻居鯷壑。晉皇淹駕。纔克一城。隋帝頻師。淪兵百萬。朕光承寶曆。司牧普天。陶化紫宸。法兩儀而導俗。推心黔首。徇方寓以勞神。纖介不安。終宵輟寢。蠻陬未乂。日旰忘飡。是以遠涉天厓。比焦原而未險。長駈若木。譬平圃以非遙。憤角遼陽。躬親節度。摐金海表。震曜威靈。剋其玄菟、橫山、蓋牟、磨迷、遼東、白巖、卑沙、麥谷、銀山、後黃等。合一十城。凡獲戶六萬。口十有八萬。覆其新城。駐蹕建安。三大陣前後斬首四萬餘級。降其大將二人。裨將及官人酋帥子弟三千五伯人。兵士十萬人。並給程糧。放還本土。又獲馬牛各五萬。館穀十旬。不假運粮之費。徒兵累萬。咸發兼乘之歌。自夏涉秋。係虜相次。由燕及雍。襁負不絕。緬惟湯文取亂。常懷偃伯之心。虞夏勝殘。實弘光被之美。有懷戢武。造次何忘。但以賊帥莫離支、猶不授首。本圖未果。志無旋旆。忽屬徼外霜嚴。海濱寒沍。念茲兆衆。便命班師。朕所向必摧。上靈之祐也。所攻無敵。勇夫之力也。方且仰酬玄澤。展大禮於郊禋。賚此勤勞。錄摧鋒於將士。有勳者別頒榮命。無功者並加優卹。諸渡遼海人。應加賞命及優復者。所司宜明爲條例。具狀奏聞。朕將親爲詳覽。以申後命。貞觀十九年十月

## 命呂休璟等北伐制　　　　　　　　　　　　　　　蘇頲

門下、朕聞守在四夷。蓋安人以和衆。加於百姓。豈窮兵而黷武。然則日之所出。弗俾于化。故知天之所討。必襲其罰。自然啜虔劉肆暴。桀驁反常。獨爲匪人。假命驕子者有歲時矣。雖奉書就邸。或遵於聲朔。而控弦犯塞。已毒於疆埸。朕惟務懷柔。每在含忍。遂使庶邦憤積。稽其六月之師。遄寇禍盈。窮此百年之運。金山道前軍大使特進賀臘毗伽欽化可汗突騎施守忠。二庭貴緒。萬里聲威。忠而善謀。勇則能斷。自膺殊禮。名寵於外蕃。思立大功。志勤於中國。兼遣弟右監衛將軍守節。長驅沙漠。直指金徽。默啜舉其種類。來相抗拒。近殪於鋒鏑之下。已若亂麻。遠憑於廟堂之上。將同破竹。堅昆在右。犄角而東。並累獻封章。請屠巢穴。朕又聞不得已而用者。孰若兵機。不可得而違者。迺符人事。永言取亂。宜戒徂征。右領軍衛將軍、兼檢校北庭都護、碎葉鎮守使安撫十姓呂休璟。心堅鐵石。氣橫風雷。始則和戎之利。先得晉卿。終而逐虜之功。永邀漢將。可爲金山道行軍大總管。北庭副都護郭虔瓘、安處哲等。懷才抱器。蓄銳俟時。慣習軍容。備知邊要。並可爲副大總管。領瀚海、北庭、碎葉等漢兵及驍勇健兒五萬騎。金山道前軍大使特進賀臘毗伽欽化可汗突騎施守忠。領諸蕃部落兵健兒二十五萬騎。相知計會。逐便赴金山道。朔方道行軍大總管右武衛大將軍、攝右臺大夫同中書門下三品、上柱國韓國公張仁愿。文武將相。莫之與京。心腹爪牙。是所緊賴。當分閫之任。受昇壇之律。嘗願身先士卒。不以賊遺君父。與副大總管右監門衛大將軍魯受信等。將蕃漢兵募健兒。武用絕羣。飛騎城傍等十五萬騎。赤水軍大使涼州都督司馬逸客。外寬內明。正辭直道。標慷慨之節。曾不顧身。蘊經營之志。期於盡敵。與右武衛將軍陳家丘、右金吾衛翊府中郎將李玄道、副使右驍騎衛鹿陵府折衝能昌仁、左衛神山府折衝陳義忠等。領當軍及當界蕃漢兵募健兒七萬騎。豐安軍大使靈州都督甄粲、副使張趙璧、常元寂等。領蕃漢兵馬六萬騎。防禦羣牧大使臨洮軍使甄亶。領當軍、莫門積石等軍兵募。及秦蘭渭城等州大家子弟。總二萬騎。建康軍使甘州刺史李守徵、玉門軍使肅州刺使湯嘉惠、墨離軍使瓜州都督李思明、伊吾軍使伊州刺使李昚交等。各領當軍兵馬。與突騎施守忠、呂休璟等計會。共爲表裏。莫不運其長策。悉心而效六奇。接以短兵。指掌而論七縱。使天陣齊舉。雲罝備設。賈勇於飲醪之夫。一以當萬。揚威於汗血之騎。左縈右拂。咸擊鼉斬蛟。曳牛佩豕。必能力殫窮海。聲壓大荒。刈谷蠡之庭。拔權渠之壘。不遑渭橋之拜。已見陰山之哭。然則持旌節金鼓者。所以問不賓。誅有罪。而比夫不誠。復迷則凶。俾存開網之仁。預軫焚岡之歎。休璟所須兵馬甲仗。一事已上。仍依別敕處分。主者施行。景龍四年五月十五日

## 命姚崇等北伐制

黃門、朕聞上古聖王之致理。則教之以戰。臨之以兵。蓋威不恭而服不順也。故始於禁暴。終於偃伯。斯不得已而用之。朕以寡昧。誕膺鴻業。思欲率於動靜。歸之教化。豈要荒之外。棄爲匪人。而亭育之中。視則如子。罔不遵我文軌。納其貢賦。歲時相望。道路抵屬。而默啜素稱桀驁。鳴鏑於狠居。頃自懷柔。獻書於象魏。朝廷所以許其通好。議以和親。使臣累齎繒帛。侍子令襲冠帶。庶中國無事。長城罷守。戢于干戈而銷劍戟者。朕之意焉。豈謂我盟不

渝。爾約斯背。伊庭之際。遂敢侵軼。西北偏隅。尚聞嘯聚。雖摧其精銳。而困於圍逼。此不虞之失也。朕嘗憐之。犬羊無親。不可恃信而輕敵。熊羆有勇。咸能宣威而制勝。朕由是詢卿士之奏。攬英雄之心。謀元帥而得佐軍。恢遠圖而舉長策。隨時之義。其在豫乎。兵部尚書、兼紫微令、監修國史、上柱國、梁國公姚崇。天假其才。日新厥德。禮義爲本。居有四科。蓍龜是先。坐知千里。以仲山甫之操。管夷吾之能。智湧泉而不窮。精貫日而逾勵。信廟堂之柱石。鼎鼐之鹽梅。必能奮爾六奇。光我三傑。可持節、靈武道行軍大總管。管內諸軍。咸受節度。右領軍衛大將軍、兼檢校、單于大都護、鎮守軍使張知運。寬厚沈毅。外方內直。威而勇決。自攝單于之臺。惠則撫循。咸仰將軍之樹。可中軍副大總管。權檢校、原州都督李欽憲。家承將相。器兼文武。求古人之節。臨事不回。讀前史之言。好謀而斷。可左軍副大總管。檢校、左威衛將軍、靈州都督呂休璟。慣知邊要。久探戎律。誠期報國。去病安用家爲。奮不顧身。伯昭不使遺賊。可右軍副大總管。左驍衛將軍論弓仁、右金吾衛大將軍勿部珣、左領軍衛郎將、攝本衛將軍張眞楷、單于副都護臧懷亮、右領軍衛中郎將王海賓、前朔州刺史劉元楷、右武衛郎將楊楚客、幷州定淸府果毅元蕭然等。頗牧爲用。關張其敵。懷才倜儻。嘗邀百勝之功。立志經營。備習九章之訓。弓仁及珣。並可前鋒總管。眞楷可左虞候總管。懷亮可右虞候總管。海賓、元楷、楚客、蕭然等。並可行軍總管。大僕少卿田崇璧、鄜州刺史韓思復等。強力從政。精心在公。知無不爲。利有攸往。入敷事典。省閣稱其閑練。出綜條察。吏人畏其嚴明。崇璧可兼行軍長史。思復可兼行軍司馬。兵部郎中李休光、司勳郎中張敬中、兵部員外郎楊欽明、江州別駕李邕等。或特達珪璋。所謂登壇之寶。或翩翻書記。曾聞及霤之詞。可以光贊出車。弘宣入幕。並可行軍判官。靈武軍兵。加滿十萬人。舊馬既少。宜於內外閑廄、抽壯馬、添滿六萬匹。原夏等州要害處。亦量加馬。其後軍兵六萬人、馬二萬匹。先來點定。宜令衛尉卿李延昌、左羽林將軍楊敬述等。至冬檢閱。且當處團結。待後進止。其有先鋒破賊。斬馘摧堅。功效灼然者。並委軍將便定功賞。不須限以常格。總管以下。有損失兵馬。不能力戰。棄軍逃命者。便斬。其有棄軍入賊。不能死節者。妻子依叛緣坐法。凡此和衆。誓于師兵。統燕犀冀馬之雄。屯斬蛟擊黿之勇。皷鞞沸野。旌旆干雲。豈式遏於河塞。方震驚於沙漠。於是乎善醪以信之。厚餌以賞之。戮楊干之僕。必行其令。持穰苴之兵。不枉其法。堅壁淸野。則投石而有餘。追奔逐北。則掃塵而無類。俾權宜於閫外。仍布告於天下。蹔勞永逸。在此行焉。主者施行。開元二年二月二十八日

## 命薛訥等與九姓共伐默啜制

黃門。朕聞天所與者。奉天命而不違。人所棄者。順人心而致伐。由是古先帝王。光宅區縣。實仗威武。用淸荒戎。時義遠矣。默啜以叛亡餓隸。凶忍遺孽。敢迷聲朔。獨匪吾人。禍皆所召。妖不自作。舉其巢穴。盡是離心。瞻我闕庭。相望內面。猶竄身於寒苦。且寄命於旬時。當胡運之已窮。在軒兵而必逐。九姓部落等。忠誠貫日。義烈聞風。數其擢髮之愆。成於屈指之計。請除驕子。累遣使臣。摧鋒而願先駈。蓄銳而期後。命右羽林軍大將軍、朔方道大總管薛訥、左衛大將軍、安北副大都護、郯王府長史、平郡公張知運、右羽林軍將軍、兼涼州都督、赤水大使楊敬述、右驍衛將軍、大武軍大使干仁誓、右武衛將軍、大使杜賓客、豐州都督、西受降城使呂休琳、勝州都督、東受降城使邵宏、左金吾衛大將軍、迴紇伏帝匐、左衛大將軍渾元忠、左武衛大將軍

似和舒、右武衛將軍兼賀蘭州都督契苾承祖等、或出將入相。有經濟之才。或敦詩悅禮。有韜鈐之算。或嫖姚仕漢。有遮虜之勳。或由余入秦。有伐戎之策。謀彼元帥。擇于佐軍。可以授旗。遂行推轂而進。訥可中道大總管。賓客、宏休琳等爲副。知運可東道大總管。弓仁、晉等爲副。敬述可西道大總管。伏帝匐、元忠、和舒、承祖等爲副。各領馬步五萬人。與九姓計會。三軍既整。百道齊入。吳鈎楚練。照曜陰山之峰。冀馬燕犀。張皇窮漠之地。況彼寇惡積。我師義動。知存亡者觀其兆。摧枯朽者鮮其力。庶使疆埸罷燧。從此息人。邊鄙不虞。因而盡敵。布告天下。咸遣聞知。主者施行。開元四年正月二日

### 討回鶻制

天之所廢。難施繼絕之恩。人之所棄。當用侮亡之道。朕每思前訓。豈忘格言。回鶻比者自強。妄恃久爲桀驁。凌虐諸部。結怨近鄰。紇扢斯潛師彗掃。窮居瓦解。種族盡膏於原野。區落遂至於荆榛。今可汗逃走失國。竊號自立。遠踰沙漠。寄命邊陲。朕念衰殘。尋加賑卹。每陳章表。盡詐諛之詞。接我使臣。如全盛之日。無傷禽哀鳴之意。有困獸猶鬭之心。去歲潛入朔川。大掠牛馬。今春掩襲振武。逼近城池。可汗皆自率兵。首爲寇盜。不耻破敗。莫顧姻親。河東節度使劉沔。料敵伐謀。乘機制勝。發胡貉之騎。以爲前鋒。搴翖侯之旗。伐彼在穴。短兵鏖於帳下。元惡軼於轂中。況乘非六羸。衆纔一旅。儲備已竭。計日可擒。太和公主居處不同。情義久絕。懷土多思。亟聞黃鵠之歌。失位自傷。寧免綠衣之歎。念其羈苦。常軫朕心。今已脫於豺狼。再見宮闕。上以攄宗廟之宿憤。次以慰太皇太后之深慈。永言歸寧。良用欣感。其回鶻既以破滅。義在翦除。宜令諸道兵馬。便同進討。河東立功將士已下。優厚賞給。續條流處分。應在京外宅及東都修功德回鶻。並勒冠帶。各配諸道收管。其回鶻及摩尼寺莊宅錢物等。並委功德使與御史臺、及京兆府各差官點檢收抽。不得容諸色人影占。如犯者。並處極法。錢物納官。摩尼寺僧委中書門下條流奏聞。於戲。昔漢宣帝値匈奴乖亂。有擁護之恩。郅支單于背叛禮義。傷毀威重。漢史所以明可誅之罪。二虜禍福。皆自取焉。四夷百蠻。宜以爲鑒。布告中外。深體朕懷。會昌三年正月

## 平亂

### 破高麗詔

五兵爰始。軒皇戰于阪泉。七德攸基。唐帝剋于丹浦。莫不除兇翦暴。道濟生靈。斥土開疆。威加四海。朕欽承寶曆。削平天下。六合之內。咸以爲家。三光所臨。義無偏照。由此環裨之表。咸淼淼以航深。垓寓之中。盡顒顒而面內。而島夷陪隸。虐弒其君。毒被朝鮮。災流濊貊。幼孤者不勝苛暴。忠槩者仰我來蘇。朕言念匪人。深懷夕惕。親御戎軒。躬執金鼓。意在以殺止殺。仁育被於羣生。用刑清刑。義征戡於不惠。廓滔天而調雨露。禽猾夏以正封疆。用此佳兵。事非獲已。仰申天罰。遂乃龔行。先命行軍大總管英國公勣、行軍總管張儉等。率領驍銳。元戎啓行。北狄西戎之酋。咸爲將帥。奚霫契丹之旅。皆

充甲卒。如貔億計。躍馬千羣。總萃遼東之城。攻其南面。副大總管江夏郡王道宗、第一軍總管虢國公張士貴等、率五陵之勁卒。董六郡之良家。分麾引道。攻其西面。申命前軍大將軍夔國公弘基等、分統猛士。塡其壕塹。賊據城臨險。激梁水以環流。聳堞陵雲。壓頹山而膺懼。於是雲羅四合。地道九攻。危城倏以復隍。湯池俄而失險。猶且析骸窮壘。居巢幕以偷安。轉骨深溝。坐積薪而待燎。愍其塗炭。申其再造。頻加誨誘。固執迷塗。由是猛士衝冠。壯夫挺劍。咸頓首於馬前。請因機而電掃。難違衆議。爰詔許之。乃分命諸軍。四面雲合。朕登高遐矚。授其節度。又命檢校、太常卿、鄂國公敬德、領黃門之軍樂。奏玄雲之雅歌。將帥聞之增憤。士卒由其作氣。于時凍雨初晴。驚風漸急。聊命縱火。數處熠然。焚其樓雉。並爲煨燼。合城男子。面縛軍門。取彼渠魁。屬之司敗。千載逋寇。一朝淸蕩。斯並宗廟降靈。上玄幽贊。忠臣猛將。盡節陳謀。勁卒勇夫。輕身效命。叶同心力。成此大功。豈朕一人。獨能致此。今茲克捷。普天同慶。宜令頒下。咸使聞知。貞觀十九年四月

## 降高麗頒示天下詔

上天之道。先德而後刑。王者之師。有征而無戰。是以炎農翦暴。夙沙自縛其君。玄德興師。有苗不固其險。朕勞神濟物。以百姓而爲心。則天弘化。環四海而開宇。義非獲已。由是舉兵。每蓄哀矜。深存宥罪。自濟遼水。先令告喩。而蓋牟不革其面。遼東猶抗其斧。旣觸天網。遂縱兵鋒。未展鷹揚。已皆魚爛。朕乃鼓行乘勝。師次白巖。凶徒相率。登陴拒守。因山構壘。仰切浮雲。縈澗疏隍。下臨無地。妖氛蝟聚。如憑劍閣之深。同惡鴟張。若負洞庭之險。乃命行軍大總管英國公勣等、統咀齕冠鷄之將。率搴鼇斬蛟之士。石發甚於星霣。樓毀同於山壞。朕憫彼同焚。情深惻隱。乃親御八駿。敕勸三軍。賊旣倒懸。方思轉禍。積甲齊於熊耳。獲庚方於海陵。建十州之旗。各復於桑梓。反三韓之士。不易於農肆。焚櫬錫爵。駈馳遼浿之間。鑿井耕田。編列牟辰之野。古人有言曰。全國爲上。蓋斯之謂焉。又燕碣土風。素多霖霪。軒皇遭召雨之寇。晉后苦涌水之灾。自朕出師。上靈幽贊。旭日澄霽。膚雲輟陰。所指未有堅城。所向乃無完陣。天道人事。義等合符。窮穴傾巢。庶將非遠。宜以大慶。頒示普天。貞觀十九年三月

## 破高麗賜酺詔

上帝明威。鼓雷霆而震曜。先王仗順。用甲兵而吊伐。故能經綸九野。淸滌八荒。二十七征。玄王創其鴻業。五十二戰。黃帝垂其大名。騰有國之英猷。光列代之通典。朕荷構乾象。大庇羣生。池濛汜而苑扶桑。紐天紘而疆日域。蠢茲皮服。敢亂天常。但折彼蠡股。何俟五丁之力。射其雀目。無假萬弩之機。然以先聖數焚。成言援手。自惟己任。是用躬親。故知矢石交前。非勝巖廊之道。介冑爲飾。不逮旒冕之容。若命將以授戈。愧奉身而役物。爰親征而沐雨。務勞形以安衆。二儀宜鑒。所向弗違。自涉遼陽。受降之城累築。曾未期月。獻凱之歌日奏。傳烽告捷。異往昔之照甘泉。資敵爲糧。矯向時之挽紅粟。復以今日中、攻其安市城。重圍四布。勢同三板之危。縣命短晨。哀其守陴之哭。高麗僞主。掃其境內。罄茲驍銳。咸發從軍。爰自平壤。長駈影援。有徒十五萬。連旗三十里。煙火稽天。若黃虵之吐霧。彀騎橫野。邁赤蟻之爲羣。朕心計料其地形。屈指籌其破日。分命衆將。各稟新書。臨事設奇。因機制變。行

軍大總管李勣、率總管虢國公張士貴等、馬步軍十四總管。當其西南面。又命趙國公無忌、率馬步軍二十六總管。馳自東谷。合其來道。抵背扼喉。塞其歸路。朕乃潛師偃旆。登于北山。候彼交鋒。於茲聳轡。若處中天之闕。俯周宮於目前。如登太岳之岑。觀魯邦於掌內。出其不意。凶徒遂擾。初爲一陣西拒勣軍。及此三分。因而大潰。流血川溢。滄波爲之暫丹。斬級彌山。髗骨以之成岳。蓋由鋒鏑交下。玉石同湮。雖則可哀。理無兼濟。其兵將大耨薩延壽惠眞、率其餘衆。一心輸款。但高麗國政本□二人。今總□僞軍。隻輪不返。大慶允集。益深祗懼。可歸美清廟。昭告懋功。頒示萬邦。賜酺三日。（貞觀十九年六月）

## 收復河湟德音

自昔皇王之有國也。何嘗不文以守成。武以集事。參諸二柄。歸于大寧。朕猥荷丕圖。思弘景業。憂勤戚惕。四載于茲。每念河湟土疆。綿亘遐闊。天寶末。犬戎乘我多難。無力御奸。遂縱腥羶。不遠京邑。事更十葉。時近百年。進士試能。靡不竭其長策。朝廷下議。皆亦宜其直詞。盡以不生邊事爲本圖。且守舊地爲明理。荏苒于是。收復無由。今者天地儲祥。祖宗垂祐。左衽輸款。邊壘連降。刷耻建功。所謀必尅。實賴樞衡妙筭。將帥雄稜。副玄元不爭之文。絕漢武遠征之悔。甌脫頓空於內地。斥堠全據於新封。莫大之休。指期而就。況將士等櫛沐風雨。暴露郊原。披荆榛而刁斗夜嚴。逐豺狼而穹廬曉破。動皆如意。古無與京。念此誠勤。宜加寵賞。涇源宜賜絹六萬疋。靈武宜賜絹五萬疋。鳳翔、邠寧宜各賜絹四萬疋。並以戶部產業物充。仍待季榮、叔明、李玭、君緒、各回戈到鎮。度支差脚支送。四道立功將士。具名銜聞奏。當議甄訓。其秦威原三州。并七關側近。訪聞田土肥沃。水草豐美。如百姓能耕墾種蒔。五年內不加稅賦。五年後已量定戶籍。便任爲永業。其京城有犯事合流役囚徒。自今已後。一切配十處收管。温池鹽利。可贍邊陲。委度支制置聞奏。鳳翔、邠寧、靈武、涇原四道長吏。能各於鎮守處。遣官健耕墾營田。即度支給賜牛粮種子。每年量得斛㪷多少。便充軍粮。亦不限約定數。三州七關鎮守官健。每人給衣粮兩分。一分依常年例支給。一分度支加給。仍二年一替換。其家口委長吏切加安存。官健有莊田戶籍者。仰州縣放免差役。秦州至隴州以來。道路要置堡柵。與秦州應接。李玭與劉皐。即便度計聞奏。如商旅往來。興販貨物。任擇利潤。一切聽從。關鎮不得邀詰。其官健父兄子弟通傳家信。關司並亦不得邀詰阻滯。如要墾闢種田。依百姓例處分。三州七關。如少器械。長吏與量據所申聞奏。由除刺史關鎮使後。三五月內。差人巡檢。如有脩築部署。課績尤深。并訓練有序者。其刺史關鎮使。雖新除官爵。亦更與超升。其官健節級。更與優賞。山南西道、劍南、山川邊界。有沒蕃州縣。量力收復。其兵士委本道差遣。如要錢物接借。亦具聞奏。三州七關。創置戍卒。且要務靜。如有羌戎潛來博易。輒不得容納。委刺史切加禁斷。或有投降吐蕃。到邊上收取。本道令長吏奏取進止。嗚呼。七關要害。三郡膏腴。候館之殘址可尋。唐人之遺風尚在。追懷往事。良用興嗟。夫取不在廣。貴保其金湯。將必有時。詎計於遲速。今則便務修築。不進干戈。必使足食足兵。有備無患。載洽亭育之道。永致生靈之安。中外臣寮。宜體朕意。（大中三年八月）

## 平党項德音

冒法干紀。豈限於華夷。伐罪吊民。固資於典訓。朕端拱御寓。六年于茲。兢兢業業。不敢怠忽。常恐一物失所。羣心靡寧。旰食宵衣。思底于道。屬者以黨羌恣爲侵叛。尤苦農商。朕爲民父母。豈無憫惻。雖傷財害物。非朕躬之願。而禁暴定功。實武經之要。是以爰興師旅。龔行天討。而兇渠稔惡。稽曠歲時。師宿既勤。物力將絀。賴宗社儲祉。中外叶心。大搜妖巢。盪定關隴。誠殫財而凋力。亦暫費而永寧。今則軍功以成。制置將就。息民解甲。固在及時。捨罪緩刑。所宜布澤。南山黨項。爲惡多年。化諭不悛。頗爲邊患。既興兵士。經歲討除。拒官軍者、悉就誅擒。懼法令者、皆從逃竄。大開湯網。已施去殺之仁。遠並堯時。寧限可封之屋。今聞殘寇。無所依歸。皆是王民。豈忘惻憫。其南山党項。已出山者。或聞迫於飢乏。猶行刼奪。平夏不容。無處居住。今委李福且先遣蕃官安存招誘。令就夏銀界內。指一空閑田地居住。所有從前掛涉惡跡者。今一切不問。唯再犯疆界。却入山林。或不從指揮。卽召募平夏党項精銳者討逐。義不容捨。如能革心向化。願同平夏。卽須輸誠獻款。跡效分明。撫馭之間。便同赤子。如有屈事。卽任於本鎭投狀論理。仍各令本界遣了事軍將安存。平夏党項。素聞爲善。自旬月已來。發使安撫。尤見忠順。一如指揮。更不猖狂。各守生業。自玆必令永戴恩信。長被華風。或聞從前帥臣。多懷貪黷。部落好馬。悉被誅求。無故殺傷。致令怨恨。從今已後。必當精選淸廉將帥。撫馭羌戎。明下詔條。漸令知委。靈鹽、夏州、邠寧、鄜坊、四道官吏。自用兵已來。責辦公事。亦甚辛勤。軍將皆已得官。文吏未酬勞績。宜令每道揀選公勤有勞效官吏。具名銜聞奏。有官者與依資轉遷。無官差攝者。當與正官。仍具差攝年月申奏。直須公當。不得轉受囑託。如是將帥親情。亦須具言。四道百姓。徵斂不時。差役至多。疲瘵亦甚。或聞屋宇。被賊焚燒。至於桑麻。亦遭斫伐。生業既失。須加安存。宜各給復三年。其無屋可居。無田可耕者。委長吏量事接借。一一奏聞。仍須早設法招攜。速令歸復。勿令豪富便占產業爲主。自用兵已來。諸道應徵發之處。所有將健。或沒於鋒刃。或存被瘡痍。雖經褒贈。及曾優卹。委本道更加存撫。或因廢疾。不任在公者。終身不停衣粮。如情願迴與子孫兄弟甥姪者。便與補替。應討伐党項。諸道在行營將士。已頒賞賜。候邊上制置司敍績。節級放還。仍委本道敍錄。具名聞奏。當議甄獎。自用兵已來。京畿與鄜坊、邠寧兩道接界。及當路諸縣。差役繁併。物力凋殘。若無優矜。必難存立。其今年季夏稅錢及靑苗錢。每貫量放三百文。其斛㪷量放一半。仍委京兆尹差官子細磨勘。其或雖在鄉村。不曾經供應者。不在準例放限。仍一一條件等第聞奏。如是分路處。就中更校偏併者。量加優卹。必使均平。其所放錢及斛㪷。委戶部以實錢支塡。仍令京兆府各下諸縣。散牓鄉村要路。曉示百姓。務令知委。用兵已來。城鎭曾遭陷沒。官健百姓。因被殺傷。親戚既無。遺骸在野。委所在長吏差人爲收拾。如法埋瘞。仍量事致祭。應有增修城鎭。添置堡戍。委所在將帥擇其要害。絕彼窺覦。切務堅完。令可固守。邊上不許以兵器作部落博易。從前累有制敕約勒。非不丁寧。近年因循。都不遵守。自今已後。委所在關津鎭鋪。切加捉搦。不得輒有透漏。其犯者推勘得實。所在便處極法。其所經過州縣關津鎭鋪。節級痛加懲責。義無容貸。其間或情涉隱欺。準所犯人處分。党項本是邊甿。只合州縣撫馭。致令一朝侵叛。由於處理乖方。既往不可加刑。從今必欲行法。自此後。邊上逐界皆已有制置把捉。如或更有羌寇侵盜。卽是將帥依前貪求。當先加罪於本界邊將。然後翦逐寇賊。通商之法。自古明規。但使處處流行。自然不煩饋運。委邊鎭宜切招引商旅。盡使如歸。除禁斷兵器外。任以他物。於部落往來博易。應緣徵兵處。士馬皆效勤勞。亦已各有賞賜。其本道將帥。當續議量加酬獎。京畿及鄜坊、靈鹽、邠寧、夏州、幷涇州、鳳翔、振武、天德等道。自用兵已來。人頗勞苦。今須德澤。須及曲恩。應見禁囚徒。據罪遞減一等。唯官典犯枉法贓、及賊中持仗刼人、故殺人等。不在此限。如有積年逋賦。徵督不得者。長吏條流聞奏。準格律大功已上親及女婿外甥不許連任。自用兵已來。諸道節將、及長吏權且差親表主持公事。兵罷之後。理當不然。其三族內親並不得令主兵權及充要職。如是元在本軍先充職掌者。亦須具名聞奏。自用兵已來。科配百姓。事取濟辦。多出權宜。今旣罷兵。諸道節度防禦刺史及鎭使等不得更依前妄有科配。仍令各具本管侵害百姓事須釐革者。作條件聞奏。自党項擾亂已來。所在多被攻刼。白刃之下。必有孝子順孫、義夫節婦。事跡可有稱者。委所在長吏察訪。優卹其家。仍具名聞奏。將加旌異。於戲。蠻夷猾夏。雖用於常刑。撫馭乖方。致興於薄伐。傷夷暴露。朕甚愧焉。是用覃恩。以慰勞瘁。布告中外。咸使聞知。（大中五年四月）

## 告廟

### 平戎告廟敕

敕。邊境爲患。莫甚於林胡。朝廷是虞。幾煩於將帥。車徒屢出。芻粟載勞。使燕趙黎氓。略無寧歲。而山戎種落。常爲匪人。近有野心。窮而歸我。曾是懷附。每所綏柔。而不變梟聲。輒爲獸搏。幽州節度副大使張守珪等。乘間電發。表裏奮討。積年逋誅。一朝剪滅。則東北之祲。便以廓淸。河朔之人。差寬征戍。皆上憑九廟之略。下仗羣帥之功。今其凱旋。敢不以獻。宜擇吉日告九廟。所司準式。（開元九年）

# 校勘表 有〔顧〕字者爲顧廣圻校語

| 頁數 | 行數 | 本文 | 校語 |
|---|---|---|---|
| 三二 | 倒三 | 吏道全消辦已及期者或衆人恤者幾希 | 疑有脫誤。各本同。 |
| 一二〇 | 倒四 | 趙適邅 | 名凡兩見。官階不同。必有一誤。 |
| 一六六 | 一〇 | 日乙亥 | 以壬辰朔推算應爲丁未。 |
| 二〇七 | 二 | 阿史那所妻 | 『所妻』。四庫本作『所妻』。適園本作『的妻』。 |
| 二五九 | 一五 | 執我大柄貳茲地 | 原作『職我大柄貳地』。據翁本改。 |
| 二六六 | 五 | 罔俟冲騄 | 冲騄不可解。各本同。 |
| 二七六 | 九 | 重辭恩鼎 | 庫本作『重開衞幕』。 |
| 三一六 | 八 | 久大之業 | 上下似有脫文。各本同。 |
| 三一七 | 一一 | 郭子儀都統諸道兵馬收復范陽制 | 庫本無此文。 |
| 三三九 | 倒一 | 彌光巡警之功 | 句下脫誤甚多。據庫本校補十六字。 |
| 三五〇 | 一〇 | 來更之職人勞首循吏之理行 | 文不可解。似有脫誤。各本同。 |
| 三七九 | 六 | 天寶六年南郊赦闕 | 〔顧〕此篇脫去。應依英華四百二十五補。但英華非原文。 |
| 三七九 | 倒三 | 求而不匱 | 〔顧〕此下英華有『祈穀則九載可登。焚柴則三載無闕。是知上靈大德。不私於亭毒之仁。正直聰明。有感於馨香之薦。瞻高欲語。無易茲道。』四十六字。 |
| 三八〇 | 二 | 奉高禋而肅事 | 〔顧〕此下英華有『揚宗祖之休命。酌壇場之令典。百神受職。三才合契。』二十字。 |
| 四一八 | 倒一 | 濮陽郡王徹祭北岳 | 上文已有北岳。此『北』疑『中』之訛。 |
| 四三九 | 一四 | 閟宮鬱鬯 | 此下十九字疑有誤。各本同。 |
| 四四四 | 倒四、五 | 違以英運睿謀心果 | 疑有脫誤。各本同。 |
| 四五〇 | 八 | 大帝福謙斯其效矣 | 適園本作『振絕代之英聲。舉天下之能事。』似所據抄本不同。四庫本及翁本均無此兩句。 |
| 四五四 | 倒五 | 誠而京師 | 上下似有脫誤。各本同。 |
| 四七〇 | 倒二 | 頒行新律詔 | 〔顧〕英華四百六十四文較多。但與此不同。 |
| 四八三 | 倒三 | 手力資諫 | 『諫』或『練』之訛。各本同。 |
| 四九七 | 三 | 建易州縣（分目） | 〔顧〕英華四百六十四有詔令以鄭汴等州爲王畿制。天授二年四月二十九日。疑在本卷。今脫。或在前卷闕文內。又有置北都制。開元十一年正月。皆前卷闕文無疑。蓋畿輔別爲十一門也。 |
| 五九一 | 八 | 巡門家提 | 此句疑有脫誤。各本同。 |
| 六〇三 | 七 | 必聞於庶 | 『於庶』似誤。各本同。 |
| 六三五 | 二 | 討鎭州王庭湊德音 | 此文四庫本失載。據英華『長慶元年德音』全文校正。 |
| 六五〇 | 六、七 | 釋放妖妄人李廣弘支屬勅及雪吳少誠詔（分目） | 四庫本無此兩文（目錄註闕）。顧校亦註失葉。據適園本校補。 |
| 六五三 | 六 | 頗伏之謀 | 『頗伏』疑誤。各本同。 |
| 六六七 | 三 | 四海環周 | 『環周』。四庫本作『永清』。適園本作『有君』。各明一義。 |